# RESPONSABILIDADE CIVIL POR OFENSA AO CRÉDITO OU AO BOM NOME

FILIPE MIGUEL CRUZ DE ALBUQUERQUE MATOS

# RESPONSABILIDADE CIVIL POR OFENSA AO CRÉDITO OU AO BOM NOME

Dissertação de Doutoramento em Ciências Jurídico-Civilísticas pela Faculdade de Direito da Universidade de Coimbra

ALMEDINA

# RESPONSABILIDADE CIVIL POR OFENSA AO CRÉDITO OU AO BOM NOME

AUTOR
FILIPE MIGUEL CRUZ DE ALBUQUERQUE MATOS

EDITOR
EDIÇÕES ALMEDINA, SA
Av. Fernão Magalhães, n.º 584, 5.º Andar
3000-174 Coimbra
Tel.: 239 851 904
Fax: 239 851 901
www.almedina.net
editora@almedina.net

DESIGN DE CAPA
FBA.

PRÉ-IMPRESSÃO | IMPRESSÃO | ACABAMENTO
G.C. GRÁFICA DE COIMBRA, LDA.
Palheira – Assafarge
3001-453 Coimbra
producao@graficadecoimbra.pt

Janeiro, 2011

DEPÓSITO LEGAL
321453/11

Os dados e as opiniões inseridos na presente publicação são da exclusiva responsabilidade do(s) seu(s) autor(es).

Toda a reprodução desta obra, por fotocópia ou outro qualquer processo, sem prévia autorização escrita do Editor, é ilícita e passível de procedimento judicial contra o infractor.

---

*Biblioteca Nacional de Portugal – Catalogação na Publicação*

MATOS, Filipe Miguel Cruz de Albuquerque

Responsabilidade civil por ofensa ao crédito ou ao bom nome
ISBN 978-972-40-4358-6

CDU   347

*À memória de meu Pai
... que o decurso do tempo tem
   tornado ainda mais viva e presente*




*À minha mãe
pela sua presença constante*

# ABREVIATURAS

| | |
|---|---|
| Ac. | – Acórdão |
| AcP | – Archiv für die Civilistische Praxis |
| An. Der. Civ. | – Anuario de Derecho Civil |
| Anot. | – Anotação |
| AfP | – Archiv für Presserecht |
| BFD | – Boletim da Faculdade de Direito de Coimbra |
| BGB | – Bügerlisches Gesetzbuch |
| BGH | – Bundesgerichtshof |
| BGHZ | – Entscheidungen des Bundesgerichtshofes in Zivilsachen |
| BMJ | – Boletim do Ministério da Justiça |
| BVerfG | – Bundesverfassungsgericht |
| Cal. L. Rev. | – California Law Review |
| Cfr. | – Confrontar |
| CJ | – Colectânea de Jurisprudência |
| Cont. Imp. | – Contratto e Impresa |
| Dec.-Lei | – Decreto-Lei |
| Dir. Fam. Pers. | – Il Diritto di Famiglia e delle Persone |
| Dir. Inf. | – Il Diritto dell'Informazione e dell'Informatica |
| Dir. Just. | – Direito e Justiça |
| Doc.D.C. | – Documentação e Direito Comparado |
| DR | – Diário da República |
| Enc. del Dir. | – Enciclopedia del Diritto |
| Fest | – Festschrift |
| FI | – Il Foro Italiano |
| Gaz. Pal. | – Gazette du Palais |
| Giur. Comm. | – Giurisprudenza Commerciale |
| Giur. Cost. | – Giurisprudenza Costituzionale |
| Giur. It. | – Giurisprudenza Italiana |
| Giust. Pen. | – Giustiza Penale |
| Harv. L. Rev. | – Harvard Law Review |
| HGB | – Handelsgesetzbuch |
| JuS | – Juristische Schulung |

| | |
|---|---|
| JW | – Juristische Wochenschrift |
| JZ | – Juristenzeitung |
| L. Q. Rev. | – Law Quarterly Review |
| Marsh. L. R. | – Marshall Law Review |
| MDR | – Monatsschrift für deutsches Recht |
| MLR | – Modern Law Review |
| N.J.W. | – Neue Juristische Wochenschrift |
| Noviss. Digesto It. | – Novissimo Digesto Italiano |
| OLG | – Oberlandesgericht |
| Quadr. | – Quadrimestre. Rivista di Diritto Privato |
| R.L.J. | – Revista de Legislação e de Jurisprudência |
| R.O.A. | – Revista da Ordem dos Advogados |
| RabelsZ | – Zeitschrift für ausländisches und internationales Privatrecht |
| Rass. Dir Civ. | – Rassegna di Diritto Civile |
| RDCom | – Rivista del Diritto Commerciale e del Diritto Generale delle Obbligazioni |
| RDE | – Revista de Direito e Economia |
| RDES | – Revista de Direito e Estudos Sociais |
| Resp. Civ. Prev. | – Responsabilità Civile e Previdenza |
| Rev. int. dr. comp. | – Revue Internationale de Droit Comparé |
| Rev. Int. Dr. Ec. | – Revue Internationale de Droit Economique |
| Rev. Min. Pub. | – Revista do Ministério Público |
| Rev. Trim. Dir. Civ. | – Revue Trimestrielle de droit civil |
| Rev.Dir.Just. | – Revista Direito e Justiça |
| RFDUL | – Revista da Faculdade de Direito da Universidade de Lisboa |
| RG | – Reichsgericht |
| RGZ | – Entscheidungen des Reichsgerichts in Zivilsachen |
| Riv. dir. civ. | – Rivista di Diritto Civile |
| Riv. It. Dir. Pen. | – Rivista Italiana di Diritto Penale |
| Riv. Trim. dir Proc. Civ. | – Rivista Trimestrale di Diritto e Procedura Civile |
| STJ | – Supremo Tribunal de Justiça |
| v.g. | – verbi gratia |
| VersR | – Versicherungsrecht |
| ZStW | – Zeitschrift für die gesamte Strafrechtswissenschaf |

# PARTE I
# A LIBERDADE DE EXPRESSÃO: DIMENSÃO ESTRUTURANTE DO ART. 484.º

Não se torna possível proceder a uma correcta abordagem do tema que constitui o objecto da nossa investigação – responsabilidade civil por divulgação de factos ofensivos do crédito e do bom nome – sem previamente nos debruçarmos sobre os referentes axiológicos nucleares subjacentes ao enquadramento normativo do art. 484.º do Código Civil([1]). Com efeito, ao estatuir um ilícito pela divulgação de factos ofensivos ao crédito e ao bom nome, o legislador teve necessariamente de levar a cabo uma ponderação dos interesses ou valores confluentes: a liberdade de expressão, por um lado, e o direito ao crédito e ao bom nome, por outro. Pelo que representando a liberdade de expressão dimensão estruturante do regime jurídico acolhido no art. 484.º, impõe-se, como condição de intelegibilidade deste preceito legal, começar por analisar as notas essenciais e caracterizadoras deste valor jurídico. E ainda aqui, apesar de nos encontrarmos em face de princípio fundamental conformador da vida de toda e qualquer sociedade livre e democrática, cuja influência regulativa transcende amplamente as relações entre os particulares, na óptica do nosso estudo interessa-nos apenas perspectivá-lo num enfoque juscivilístico. A fim de não cairmos numa análise conceitualista, tomaremos como ponto de partida a estrutura da realidade jurídica em apreciação, para depois, de harmonia com as conclusões obtidas na sequência desta abordagem, procedermos ao enquadramento dogmático da liberdade de expressão.

Na parte II, aquando da delimitação do âmbito normativo do art. 484.º, levaremos a cabo uma tarefa análoga, com o objectivo de dilucidar o sentido e a extensão atribuída pelo legislador civil aos bens jurídicos do bom nome e do crédito.

---

([1]) São do Código Civil os artigos doravante citados sem referência.

Com o conhecimento destas realidades contrastantes (liberdade de expressão *versus* e crédito), mas harmonizáveis entre si, estaremos em condições de reflectir criticamente sobre o regime estabelecido no art. 484.º: avaliaremos as soluções expressamente avançadas pelo legislador para o ilícito ao crédito e ao bom nome e ainda avançaremos critérios orientadores para a resolução de questões não clara e abertamente enfrentadas pelo Código Civil aquando da regulação do instituto.

Principiemos, então, por tentar dilucidar a relevância axiológico--normativa assumida pela liberdade de expressão no âmbito da norma onde se consagra a responsabilidade civil pela divulgação de factos ofensivos ao crédito e ao bom nome.

# CAPÍTULO 1
## CONSIDERAÇÕES PRELIMINARES

**1.1. A comunicação como condição indispensável da existência humana**

Enquanto ser intrinsecamente disperso e indeterminado, o homem busca, para se afirmar enquanto pessoa, um contexto no qual possa suprir a sua natural indeterminação([2]). O homem necessita, pois, sem qualquer sombra de dúvida, de encontrar um espaço de interacção e de comunicação([3]) onde sinta os outros enquanto seres portadores das mesmas necessidades e comparticipantes de um acervo de referentes culturais comuns.

---

([2]) Neste sentido, cfr. DIAS, J. FIGUEIREDO, *O Problema da Consciência da Ilicitude em Direito Penal*, 5.ª ed., Coimbra, 2000, pág. 196 e ss. (o autor perspectiva a liberdade do homem como uma "liberdade da decisão" – "o homem determina a sua acção através da livre decisão sobre si mesmo"), CAMPOS, D. LEITE, *Os Direitos da Personalidade: Categoria em reapreciação*, in Nós (Estudos Sobre Direitos das Pessoas), Coimbra, 2004, pág. 162, *O Direito e os Direitos da Personalidade*, in Nós..., *ob. cit.*, pág. 110 e ss. (o autor reporta-se aqui à contextualização dos direitos de personalidade na sociedade tradicional), REINHARDT, RUDOLF, *Das Problem des Allgemeinen Persönlichkeitsrechts, Zugleich eine Besprechung von: Heinrich Hubmann, "Das Persönlichkeitsrecht"*, in AcP, 1954, págs. 550-551, BRANDNER, HANS E., *Das allgemeine Persönlichkeitsrecht in der Entwicklung durch die Rechtsprechung*, in J.Z., 1983, págs. 688-690.

([3]) Estamos a reportar-nos à comunicação enquanto condição indispensável ao desenvolvimento das relações inter-subjectivas, ou seja, como pressuposto necessário para a

Sem renunciar à sua ineliminável autonomia individual, o homem-
-pessoa é em simultâneo um ser eminentemente social, afigurando-se, por
conseguinte, a comunidade como condição ontológica da sua existência.

afirmação do homem como pessoa. Porém, a comunicação não deixa de se configurar como uma dimensão essencial da realidade social, mesmo para quem prefigura esta a partir de uma visão sistémica. Na perspectiva sufragada por Niklas Luhmann, a sociedade é concebida como um hipercomplexificado sistema no qual se encontram integrados uma pluralidade de sub-sistemas sociais, cada um dos quais dominado por uma lógica própria e onde a comunicação desempenha um papel fundamental para a estruturação e reprodução dos mesmos. Cfr., a este propósito, BRONZE, F. PINTO, *Lições de Introdução ao Direito*, Coimbra, 2006, págs. 210 e ss. Em causa não se encontra, no entanto, uma dimensão comunicativa da realidade social entendida como condição ontológica da existência humana, mas antes como uma característica concebida em termos sistemáticos, ou seja, com o objectivo de garantir o carácter autopoiético dos subsistemas sociais. A consequência de uma tal concepção a nível da caracterização dos direitos fundamentais traduzir-se-á numa instrumentalização da liberdade de expressão à satisfação de necessidades e objectivos sistemáticos.

Diferente se apresenta no plano da discussão das ideias uma outra concepção defendida pelo filósofo germânico Habermas, onde também se coloca em destaque a relevância da ética e da razão como dimensões estruturantes das hodiernas sociedades abertas e plurais. Apela-se, em tais contextos, para as exigências ineluctáveis de intervenção comunicativa dos cidadãos nos procedimentos dialéctico-dialógicos da formação da opinião pública. Tendo em conta a multiplicidade de interesses e valores conformadores das diversas áreas sociais em confronto no âmbito de sociedades abertas, os participantes no diálogo público apenas estão dispostos a aceitar como referentes ou pontos de apoio da discussão aquelas categorias resultantes de um amplo consenso emergente do contínuo e permanente debate estabelecido nas sociedades democráticas.

Ora, entre essas categorias contam-se precisamente os direitos fundamentais, cujo exercício individual não se encontra, no entendimento de Habermas, condicionado a quaisquer exigências de ordem sistemática, antes visando tornar possível uma verdadeira comunidade de interferência intersubjectiva, onde a discussão seja aberta a todos (acerca da racionalização comunicacional de Habermas, cfr. CARVALHO, ORLANDO DE, "Para um novo paradigma interpretativo: O projecto social global", *in B.F.D.*, 1997, pág. 5), ANDRADE, M. COSTA, *Consentimento e Acordo em Direito Penal*, Coimbra, 1991, pág. 122 e ss. (nota 236), *Liberdade de Imprensa e Inviolabilidade Pessoal – Uma Perspectiva Jurídico-Criminal*, Coimbra, 1996, pág. 57.

Desta feita, a liberdade de expressão ganha, aqui, ao contrário de quanto deixámos referido a propósito do pensamento de Niklas Luhmann, uma feição relacional e intersubjectiva. Cumpre ainda sublinhar que a orientação de Habermas se filia num pensamento liberal, tentando porém adaptá-lo às exigências e novos desafios colocados pelas modernas sociedades democráticas. Para uma análise mais desenvolvida da teoria sistémica de Luhmann e da razão comunicativa de Habermas e do respectivo impacto no universo dos direitos fundamentais, mormente a propósito da liberdade de expressão, cfr. MACHADO, JÓNATAS, *A Liberdade de Expressão. Dimensões constitucionais da esfera pública no sistema social*, Coimbra, 2002, pág. 121 e ss., e pág. 146 e ss.

Nas palavras de Castanheira Neves, o homem não coexiste apenas com os outros no mundo, mas é antes um "ser com os outros"([4]).

Composta por uma pluralidade diversificada, e por vezes até contrastante, de valores e significantes culturais, a sociedade oferece ao homem as condições para completar, através do universo cultural, aquilo que a sua natureza deixou incompleto. Torna-se então forçoso concluir por uma complementaridade entre a *autonomia individual da pessoa humana*([5]) e a sua *dimensão comunitária*.

Apenas em comunidade o homem pode afirmar a sua liberdade nas mais variadas formas pelas quais se pode concretizar. De igual modo, é no confronto e interacção comunitária que o indivíduo pode adquirir

---

([4]) Cfr. NEVES, A. CASTANHEIRA, *Curso de Introdução ao Estudo do Direito,* (lições policopiadas), Coimbra, 1971-1972, págs. 117 e ss.

Paradigmática se revela neste contexto a perspectiva de Orlando de Carvalho, de acordo com a qual, mesmo no universo específico da actividade empresarial, profundamente marcado pela concorrência e luta, a relação com os outros é vista como condição de possibilidade da vida das empresas "também aqui existir é existir com o outro", cfr. CARVALHO, ORLANDO DE, *Empresa e lógica empresarial, in* B.F.D., Estudos em Homenagem ao Prof. Doutor Ferrer Correia, Coimbra, 1997, pág. 21.

De igual modo, também Leite Campos se refere à ineluctável sociabilidade do homem, apesar de considerar que a personalidade deste não depende do seu estatuto social. Na sua perspectiva, "o cristianismo libertou o homem da natureza (e da cidade) sem contudo o transformar em eremita". Assim sendo, "antes de ser social, o homem é singular". Todavia, "mesmo se o «eu sou» existe antes do «ele é», o «eu sou» implica intrinsecamente uma referência à pessoa de outrem, pressuposto da coesão social...", Cfr. CAMPOS, DIOGO LEITE, *Lições de Direitos da Personalidade,* 2.ª ed., Coimbra, 1992, pág. 56-57. No mesmo sentido, *A relação da pessoa consigo mesma, in* Comemoração dos 35 anos do Código Civil e dos 25 anos da reforma de 77, Coimbra, 2006, págs. 142-143. Também a este propósito Faria Costa, invocando Deus Hermes da Grécia antiga, considera que o acto comunicacional ... prende-se com aquilo que de mais profundo, denso e radical o homem tem: a relação com o outro, ou, se se quiser, a manifestação da "minha" liberdade vivida com a liberdade do "outro", COSTA, JOSÉ DE FARIA, *Entre Hermes e Creonte: um novo olhar sobre a liberdade de imprensa, in* Revista de Legislação e Jurisprudência, ano 135.º, n.º 3936, pág. 138, *o Círculo e a Circunferência: Em Redor do Direito Penal da Comunicação,* Direito Penal da Comunicação (Alguns Escritos), Coimbra, 1988, págs. 39-40. Na mesma linha se pronunciou ainda Gomes da Silva, SILVA, MANUEL GOMES DA, *Esboço de Uma Concepção Personalista do Direito, in* Revista da Faculdade de Direito da Universidade de Lisboa, 1964, pág. 62.

([5]) Como justamente sublinha Gomes da Silva, por natureza o homem "vive unido aos seus semelhantes, assim na comunidade, como na história, mas nem por isso deixa de ter um fim pessoal e singular". Cfr. SILVA, MANUEL GOMES DA, *Esboço de Uma concepção..., ob. cit.,* pág. 91.

consciência da sua profunda igualdade[6] com os demais intervenientes nas relações intersubjectivas.

Ora, a liberdade e a igualdade[7] constituem notas fundamentais para poder compreender uma das facetas nucleares da pessoa humana: a autonomia individual.

Por seu turno, o espaço comunitário não é mais do que o reflexo da interacção individual, e sai tanto mais enriquecido quanto maior for a participação e a colaboração dos indivíduos no seu seio.

Apesar de, do ponto de vista sócio-filosófico, se poder afigurar tautológico tudo quanto se afirmou, pareceu-nos indispensável partir destas premissas para poder avançar no plano da reflexão. Desde logo, na análise e estudo da liberdade de expressão impõe-se partir das conclusões atrás indicadas: a faculdade de comunicar[8] e o espaço comunitário onde aquela se há-de afirmar constituem dimensões indefectíveis da pessoa humana.

Destarte, o enquadramento desta figura, bem como a resolução dos problemas jurídicos em torno dela suscitados, deve nortear-se, quer a partir das mais elementares exigências da autonomia individual, quer levando em linha de conta as necessidades imperiosas de integração comunitária[9]. Correspondendo por vezes a interesses dialécticos, tais exigências

---

[6] Vide NEVES, A. CASTANHEIRA, *Curso de Introdução...*, ob. cit., págs. 114 e ss. O mesmo pensamento transparece nas *Lições de Direitos da Personalidade* de Leite de Campos, Cfr. CAMPOS, DIOGO LEITE, *Lições de Direitos...* ob. cit.., pág. 82, e na obra de Capelo de Sousa, SOUSA, R. CAPELO DE, *O Direito Geral de Personalidade*, Coimbra, 1995, pág. 291, (especialmente nota 712).

[7] Neste sentido se pronuncia Leite de Campos para quem "a liberdade e a igualdade são dois continentes imprescindíveis dos direitos da pessoa", Cfr. LEITE DE CAMPOS, *Lições de Direitos...*, ob. cit., pág. 81.

[8] Neste sentido, Cfr. COSTA, JOSÉ FARIA, *As Telecomunicações e a Privacidade: O Olhar (in)Discreto de Um Penalista*, in As Telecomunicações e o Direito na Sociedade da Informação (Actas do Colóquio organizado pelo IJC em 23 e 24 de Abril de 1998), Coimbra, 1999, págs. 49 e 50 (especialmente nota 2 da pág. 49).

[9] Nem sempre a relação de complementaridade dialéctica entre as vertentes individual e comunitária da liberdade de expressão encontrou eco no modo como foi sendo delimitado ao longo dos tempos o âmbito deste valor fundamental. O pensamento moderno--iluminista, fortemente dominado pela preocupação de proteger e exaltar a autonomia individual, configurou a liberdade de expressão como um instrumento capaz de permitir o debate e a discussão racional entre os homens enquanto seres livres e iguais. Com o propósito de fortalecer os desígnios da burguesia em ascensão, o liberalismo hiperbolizou a dimensão individual da liberdade de expressão. Este modelo individualista onde se alicerçou o Estado demo-liberal acabou por ignorar o carácter eminentemente social do homem.

Não admira, portanto, o surgimento de vozes críticas a esta perspectivação individualista dos direitos fundamentais, destacando a imprescindível necessidade de levar em

não deixam, no entanto, de poder coexistir harmonicamente no todo do contexto social onde se afirmem.

## 1.2. A Dupla Vertente (individual/comunitária) da liberdade de expressão. Unidade incindível entre a liberdade de pensamento e a liberdade de expressão

Antes de nos debruçarmos sobre a natureza jurídica da liberdade de expressão, procurar-se-á colocar em destaque alguns dos seus traços característicos. Ao procedermos assim quer-se evitar uma visão conceitualista, que tome como ponto de partida da reflexão as categorias conceituais, e não a realidade de onde estas necessariamente partem e simultaneamente incidem.

Nas palavras de Capelo de Sousa "com a liberdade de expressão e de informação garante-se a liberdade de pensamento na sua vertente de inserção social, ou seja, a autodeterminação de cada um a exprimir e a divulgar livremente o seu pensamento pela palavra, pela escrita, pela imagem ou por qualquer outro meio, bem como as autonomias complementares em matéria de cada um poder informar, informar-se e ser informado e assim de poder responder e rectificar"([10]).

Deste ensinamento resulta bem claro que na liberdade de expressão se tutelam simultaneamente aspectos essenciais da autodeterminação da pessoa humana e da sua indiscutível necessidade de integração comunitária. Por um lado, protege-se a "liberdade de pensamento", por outro, como o autor refere, tem-se em conta a sua "vertente de inserção social".

Torna-se então indubitável reconhecer a cada pessoa a faculdade de, livremente, formar as suas concepções acerca dos mais variados aspectos

---

linha de conta a dimensão comunitarista dos mesmos. Nesta linha de orientação se filia o ensinamento de MacIntyre e Sandel. Apesar de cada uma das críticas destes autores ao modelo liberal dos direitos fundamentais apresentar particulares especificidades consubstanciadas basicamente numa maior contestação e dureza de McIntyre ao próprio posicionamento político do liberalismo, em confronto com uma denúncia de teor apenas epistemológico ao dito modelo levada a cabo por Sandel, certo é que em ambas as perspectivas se reflectem as referidas preocupações comunitaristas. Acerca do pensamento de Sandel e MacIntyre e das críticas por si dirigidas ao modelo liberal, cfr. HIRSCH, H. N., *A Theory of Liberty, The Constitution and Minorities,* New York, 1992, pág. 242.

([10]) Cfr. SOUSA, R. CAPELO DE, *O Direito Geral de Personalidade...,* ob. cit., págs. 273-274.

do contexto social no qual se insere[11]. Nisto se traduz a liberdade de pensamento. Trata-se de algo inato ao homem enquanto ser racional.

Inquestionável se deve afigurar ainda a possibilidade de cada um, de modo igualmente livre, exprimir, por palavras, pela escrita, pela imagem, ou por qualquer outro meio considerado por si idóneo, as suas concepções ou pensamentos. Destarte, a liberdade de expressão permite sancionar, no **foro externo**, uma liberdade que a cada um no **foro interno** é inegável reconhecer: a liberdade de pensamento[12].

Assim delineada, a partir dos seus traços fundamentais, a figura em análise constitui, por um lado, um mecanismo de tutela da autodeterminação individual, e, por outro, um instrumento imprescindível de interacção ou integração comunitária[13][14].

---

[11] Acerca desta faculdade cfr. SOUSA, R. CAPELO DE, *O Direito Geral de Personalidade...*, ob. cit., pág. 267, RIGAUX, FRANÇOIS, *La Protection de la Vie Privée et des Autres Biens de la Personalité,* Paris, 1990, pág. 209.

[12] Em torno desta distinção entre liberdade de pensamento e liberdade de expressão ou de divulgação, tendo em conta o artigo 21 da Constituição Italiana, na qual estas duas vertentes se manifestam, *vide* BARILE, PAOLO, *Libertà di Manifestazione del Pensiero,* Enc. del Dir., XXIV, págs. 427-428. Neste âmbito, o autor problematiza se estaremos em face de dois direitos distintos, ou se não se tratará antes de uma e mesma figura onde se tutelam diversas manifestações. Barile acaba por se inclinar para esta última orientação, ao defender que os vários modos de expressão ou divulgação do pensamento não constituem senão meios instrumentais necessários à efectivação dessa liberdade.

[13] Ao referirmo-nos à dimensão comunitária subjacente à liberdade de expressão, não queremos pôr em destaque um papel fundamental por ela desempenhado: instrumento indispensável à construção e consolidação de um Estado de Direito Democrático.

Na verdade, não pode conceber-se o pluralismo partidário afirmado como pedra angular da dinâmica democrática, sem o reconhecimento constitucional da liberdade de expressão. A lide partidária não é senão o produto do confronto de opiniões, ideais e propostas livremente divulgadas pelos seus protagonistas. Apenas a livre circulação de informações pode permitir aos cidadãos uma participação activa e esclarecida numa sociedade democrática e plural. Cfr, neste sentido, LÖFFLER, MARTIN, *Der informationsanspruch der Press und des Rundfunks, in* N.J.W., 1964, pág. 2277, *Die Sorgfaltspflichten der Press und des Rundfunks, in* N.J.W., 1965, pág. 942.

Intrinsecamente relacionadas com esta encontra-se a liberdade de acesso às fontes informativas, bem como a livre exploração e controlo dos meios de comunicação social, em suma, dimensões essenciais das liberdades de Imprensa e de Empresa. A este propósito, vide BARILE, PAOLO, Enciclopédia del Diritto, XXIV, Libertà di Manifestazione ..., ob. cit., pág. 438 e págs. 441-457, FERNANDEZ, ANTONIO AGUILERA, *La libertad de Expresión del Ciudadano y la Libertad de Prensa o Información (Posibilidades y Limites Constitucionales),* Granada, 1990, págs. 3-4 e págs. 21-43, RIGAUX, FRANÇOIS, *La Protection de la Vie Privée et des Autres Biens de la Personalité,* 1990, págs. 209-210, TIRELLI, FRANCESCO, Informazione e Responsabilitá Civile, Milano, 1996, págs. 3 a 5.

Todavia, neste contexto a liberdade de expressão e seus corolários é encarada como princípio estruturante do Direito Público e não enquanto faculdade ou prerrogativa dos indivíduos (salvo alguns aspectos atinentes à liberdade de empresa). Ora, para o nosso estudo interessa-nos fundamentalmente visualizá-la enquanto uma faculdade que se afirma no campo da interacção humanamente significativa entertecida entre os particulares.

Limitando-nos, no entanto, a uma análise superficial da liberdade de expressão enquanto princípio estruturante do nosso ordenamento jurídico constitucional, convém pôr em destaque um aspecto fundamental: a sua efectivação só será lograda se não se lhe levantarem obstáculos, desde logo, a nível legal. Assim sendo, não fará sentido proclamar esta liberdade como valor fundamental, e simultaneamente instituir um sistema de censura, cuja tarefa se traduz em limitá-la. Cfr., a este propósito, CLAUDIO CHIOLA, "Il diritto – dovere all'informazione", *in Tutela dell'Onore e Mezzi di Comunicazione di Massa* (Atti Del Convegno Giuridico "Informazione Diffamazione Risarcimento" promosso dal Centro di Iniziativa Giuridica Piero Calamandrei), Milano, 1979, pág. 63.

Basta ter em consideração a experiência da censura vivida no *Ancien Régime*, que obrigou à publicação no estrangeiro dos escritos dos principais pensadores como Voltaire e Montesquieu para constatarmos a mencionada incompatibilidade entre a liberdade de expressão e a censura. Para uma análise desenvolvida da história da censura no *Ancien Régime*, cfr. HERRMANN-MASCARD, V. N., *La Censure des Livres à Paris, à la fim de l'Ancien Régime (1750-1789)*, 1968.

Do próprio texto constitucional português (n.º 2 do art. 37.º) claramente resulta a proibição de "qualquer tipo ou forma de censura", apresentando este impedimento constitucional um âmbito geral. Na verdade, a proibição da censura estende-se a qualquer forma de expressão ou de informação, e não somente à transmitida pelos meios de comunicação social. Para além demais, destinatário desta proibição é toda e qualquer entidade capaz de poder impedir a livre divulgação ou expressão de informações. Neste sentido, cfr. GOMES CANOTILHO e VITAL MOREIRA, *Constituição Portuguesa Anotada*, (artigos 1.º a 107.º), vol. I., 4.ª ed. revista, Coimbra, 2007, págs. 574-575. Também a lei fundamental alemã no art. 5.º abs 1. satz 3, proscreve, *expressis verbis*, qualquer tipo de censura. Acerca deste preceito da lei alemã, cfr. BRANAHL, UDO, *Medienrecht (Eine Einführung)*, 4.ª ed., Westdeutscher Verlag, 2002, pág. 26.

Apesar da inexistência de órgãos públicos legitimados para exercer funções de controlo à livre expressão dos meios de comunicação social constituir a regra nas democracias da civilização europeia ocidental, tal não significa necessariamente a ausência de entorses ou ataques a esse valor fundamental.

Com efeito, a luta partidária dirigida à conquista do poder no âmbito de um Estado de direito democrático nem sempre se desenrola de acordo com certas exigências tidas por fundamentais para a edificação e consolidação das democracias. Comummente o debate de ideias, a discussão de programas e o apontar de linhas estratégicas para a acção são substituídos pela divulgação de slogans desprovidos de conteúdo ideológico, e por campanhas puramente publicitárias. Como resultado destas práticas, o campo da luta política manifesta-se como terreno propício à demagogia e ao boato. Do ponto de vista sociológico assistese á criação dos mais variados "lobbies" representativos de múltiplos interesses sócio-económicos, mais ou menos ocultos e inconfessados.

Tais distorções ao funcionamento dos nossos sistemas democráticos acabam por ter um reflexo expressivo na acção dos meios de comunicação social, porquanto estes se traduzem em veículos privilegiados para a afirmação da liberdade de expressão. Acerca destes perigos para a formação da opinião pública e para o debate político, cfr. COSTA, A. RODRIGUES DA, "A Liberdade de Imprensa e as limitações decorrentes da sua Função", *in Revista do Ministério Público*, 1989, (Jan. a Março), pág. 9, SUNSTEIN, CASS, *Democracy and the problem of Free Spreech*, New York, 1993, págs. 53 e ss., BALDELLI, PIO, "La diffamazione occulta", *in Tutela dell'onore e Mezzi di Comunicazione di Massa*, Milano, 1979, pág. 197 e ss.

Queremos referir-nos, de modo particular, a certas técnicas de distorção utilizadas frequentemente nos *media*: **omissão, incompletude, parcialidade** e **tendenciosidade** das notícias divulgadas. Cfr., a este propósito, GRANDI, ROBERTO, *Texto y contexto en los medios de comunicacion. Análisis de la informacion, Publicidad, Entretenimiento y su consumo,* Barcelona, 1995, págs. 205-206, LÖFFLER, MARTIN, *Die Sorgfaltspflichten..., ob. cit.,* pág. 943.

Neste cenário, a objectividade e a imparcialidade da informação cedem amiúde a tendências ideológicas de Partidos ou grupos sócio-económicos dominantes, evitando-se através destes expedientes o ingresso de novas entidades na cena política. Acerca deste panorama característico das sociedades democráticas e plurais, *vide* a reflexão de Capelo de Sousa, SOUSA, R. CAPELO DE, *Conflito entre a liberdade de imprensa e a vida privada,* AB VNO AD OMNES, 75 Anos da Coimbra Editora (1920-1995), Coimbra, 1998, pág. 1124, ZIPPELIUS, REINHOLD, *Demokratie und Meinungslenkung, in* Juristische Schulung, 1965, pág. 380.

Deste modo, muitas destas forças minoritárias sentem-se excluídas e vão-se organizando progressivamente para resistir ao *status quo* dominante. No limite, estes movimentos de resistência desembocam em acções violentas, com consequências particularmente nefastas. Acerca destas novas técnicas de distorção através da imprensa, e dos seus efeitos sociais perversos, Cfr PECORELLA, GAETANO, *Nuove techniche di diffamazione a mezzo stampa, in* Tutela dell'onore e Mezzi di Comunicazione di Massa, *ob. cit.,* págs. 167-170.

Num tal contexto de distorções à liberdade de expressão impõe-se referir um fenómeno bem característico dos Estados democráticos onde impera o pluralismo informativo: a auto-censura jornalística e a já aludida segregação ou marginalização das posições minoritárias. Com efeito, a auto-censura resulta, desde logo, da manifesta impossibilidade de os jornalistas publicarem todas as notícias possíveis e desejáveis a fim de alcançar uma informação completa e cabal. Impõe-se assim, muitas vezes, a opção pela divulgação de certas notícias em detrimento de outras. Ora uma tal selecção só é possível fazer-se com recurso a critérios baseados num pretenso consenso comunitário, ou numa opinião dominante tida, por vezes, até como incontrovertida. Vejam-se, a este propósito, as considerações expendidas por Jónatas Machado, onde o autor alude a este tipo de censura jornalística, Cfr. MACHADO, JÓNATAS, *Liberdade de Expressão..., ob. cit.,* pág. 593, SIASCIA, LEONARDO, *La diffamazione come mezzo di lotta culturale e politica, in* Tutela dell'onore e Mezzi di Comunicazione di Massa, Milano, 1979, pág. 235-236 (o autor alerta, de um modo particular, para a obsessão dominante nas sociedades democráticas de alcançar a unanimidade e o unanimismo).

Poder-se-á então sufragar a existência de uma **dogmática dominante**, com a qual se há-de proceder à mencionada tarefa de selecção. Por seu turno, o ideal do **pluralismo**

**informativo**, segundo o qual a todos é permitida a livre divulgação das suas opiniões e ideias, não consegue, como já atrás deixámos mencionado, lograr plena efectividade mesmo no âmbito das democracias mais consolidadas.

Entre outros obstáculos, alguns de resto já referidos, destacamos o acesso às fontes informativas e à liberdade de imprensa, onde se registam com efeito, múltiplas limitações legais e regulamentares.

Para além do mais, à tese pluralista encontra-se subjacente um certo relativismo axiológico susceptível de poder neutralizar a força crítica das opiniões contraditórias. Ao sustentar-se como premissa de raciocínio a irrelevância da opção por uma qualquer proposta ideológica, politica ou sociológica, na medida em que do ponto de vista valorativo elas devem ter-se por necessariamente equiparáveis, acaba por retirar-se ou atenuar-se a eficácia de propostas alternativas ou até mesmo a emergência destas.

Poder-se-á então legitimamente questionar se a auto-censura constitui um fenómeno inevitável das hodiernas sociedades democráticas? Uma tal questão deve merecer resposta negativa. Todavia, impedir a ocorrência destas situações não constitui tarefa fácil. Assim, para alcançar uma efectiva liberdade de expressão impõe-se, desde logo, sufragar e criar condições para uma **informação crítica**. A valorização da crítica implica o abandono da dura ortodoxia das teorias **pluralista** e **dogmática**, mas não exclui, antes pressupõe o aproveitamento dos seus válidos contributos.

Sem querer negar a inevitável existência de referências ou padrões valorativos estáveis, resultantes, a maioria das vezes, de consensos comunitários mais ou menos amplos, impõe-se, no entanto, aceitar a crítica e a própria reversibilidade desses padrões. Deste modo, às referências dogmáticas deve andar associada também a nota da mutabilidade. Acerca da nota dogmática enquanto característica da ordem jurídica, Cfr. NEVES, A. CASTANHEIRA, *O Direito (O Problema do Direito), O Sentido do Direito,* lições policopiadas, pág. 46 e ss.

Destarte, para evitar a marginalização dos dissensos, torna-se mister o reconhecimento, a quem quer que avance propostas, soluções ou projectos, da possibilidade da sua submissão a uma pública discussão crítica. Em suma, quem submeter à apreciação pública um certo projecto não pode considerar-se necessariamente como possuidor da verdade. Pelo contrário, terá de admitir o debate e aceitar inclusivamente a maior força conformadora doutras propostas alternativas. Assim sendo, também não se pode postular a indiferença ou irrelevância da opção entre projectos distintos, somente pela circunstância de, no plano racional, eles se afigurarem como equivalentes. Não é assim igualmente de aceitar os excessos de relativismo inerentes à posição pluralista.

Sobre esta polémica em torno da auto-censura, e em particular a análise das teorias pluralista e dogmática e da respectivas críticas, Cfr. CAVALLA, FRANCESCO, "Censura e diffamazione como strumenti di emarginazione del dissenso", *in Tutela dell'Onore..., ob. cit.*, págs. 301-307, FERNANDEZ, ANTÓNIO AGUILERA, *La libertad de Expresión del Ciudadano..., ob. cit.*, págs. 2-3, BALLE, FRANCIS, *Médias et Sociétés*, Paris, 1990, 5.ª ed., pág. 219.

([14]) A este propósito, cumpre destacar que a busca da verdade constitui um dos fundamentos comummente avançados na doutrina para explicar a emergência da liberdade de expressão (Cfr., a este propósito, a integração feita por Jónatas Machado da procura da verdade no âmbito das finalidades substantivas da liberdade de expressão. Cfr. MACHADO,

JÓNATAS, *A liberdade de expressão...*, ob. cit., págs. 237 e ss.). Na base do aparecimento deste valor fundamental de qualquer ordenamento civilizado encontra-se a convicção optimista de que a verdade se alcança na sequência da livre discussão ou debate de ideias. Esta visão favorável à emergência da liberdade de expressão teve como cenário histórico--social as discussões teológicas travadas durante o séc. XVII em torno da verdade e do erro, e encontrou no pensamento de John Milton um autorizado representante. Segundo esta corrente de pensamento, a verdade alcança-se através de um processo crítico-dialógico no qual a todos é reconhecida igual capacidade de participação. Recusase assim a existência de verdades pré-definidas, heterónoma e superiormente impostas (neste contexto, cumpre salientar uma íntima ligação entre a descoberta da verdade e o plano da consciência individual). Com efeito, a verdade resulta de um debate livre e igual de ideias, no qual a todos é atribuída idêntica possibilidade de participação. A verdade passa então a ser vista como um objectivo a atingir com este amplo fórum de discussão e já não como um categoria ou referência objectiva heteronomamente imposta. Para um melhor esclarecimento acerca deste trânsito da verdade objectiva para a verdade como objectivo, cfr. MACHADO, JÓNATAS, *A liberdade de expressão*, ob. cit., págs. 23-27. No séc. XIX, o problema da descoberta da verdade volta de novo à ribalta, sendo então tratado segundo uma perspectiva empírico-científica ao tempo dominante (é precisamente no contexto de uma tal racionalidade que as ideias de John Milton sobre a liberdade de expressão são repensadas por Stuart Mill. Na verdade, o ambiente da discussão é nesta época bem diferente, apresentando-se mais desprovido de referências religiosas e transcendentais. A tendência para a secularização intensificou-se de um modo particular nesta época).

O grande desafio da descoberta da verdade centra-se assim na verificação da conformidade entre as propostas e declarações com a realidade. Apesar das especificidades impostas pelo pensamento lógicoconceitual e sistemático-dedutivo dominante na época, certo é que o princípio ou a regra da comprovação, então introduzido, ainda hoje se revela particularmente importante na tarefa primordial de descoberta da verdade, mormente no universo probatório (Cfr., neste sentido, MACHADO, JÓNATAS, *A liberdade de expressão...*, ob. cit., pág. 243.). Porém, a ideia subjacente ao pensamento positivista, segundo a qual a verdade se pode alcançar de forma definitiva pela mediação de categorias lógico-conceituais e de axiomas racionais, em si mesmos auto-subsistentes, encontra-se já ultrapassada, quer a nível das ciências empíricas, quer no contexto do pensamento jurídico, não fazendo hoje sentido a afirmação do dogma da infalibilidade deste discurso racionalista (Particularmente relevante neste percurso conducente à queda do mito da autosubsistência e plenitude lógica das propostas científicas foi o pensamento de Karl Popper. Para o autor, as propostas científicas encontram-se, por natureza, sujeitas à refutação, não admitindo, portanto, a existência de verdades absolutas. Para além disso, Popper considera que o conhecimento científico é limitado, encontrando-se as respectivas premissas especialmente condicionadas pelo objecto relativamente ao qual se reportam. Desta feita, não é possível sufragar a plenitude e infalibilidade do pensamento científico. Este espírito relativista subjacente a tais orientações filosóficas contribuiram de modo decisivo para, do ponto de vista socio-político, criar as bases de uma sociedade aberta).

No mundo do Direito, a contextualização das propostas, bem como a perspectivação das mesmas a partir de concepções jurídicas diversas, determinam necessariamente que a verdade aí alcançada se apresente mediatizada através de um panóplia multiforme de referências. Razão por que, em lugar da certeza absoluta ou infalível, atinge-se apenas, na maioria das situações, um certo grau de plausibilidade.

O mundo moderno é fundamentalmente caracterizado pela relativização do saber. No âmbito de sociedades democráticas, onde a liberdade e o pluralismo constituem dimensões nuclearmente constitutivas, abre-se um contínuo espaço de debate crítico em torno dos mais variados projectos histórico-sociais. Torna-se particularmente difícil estabelecer consensos acerca de todas as questões relevantes para a dinâmica social.

Tais dificuldades não dispensam a imprescindível tarefa de dar como assente um conjunto de parâmetros, a partir dos quais se torna possível assegurar o funcionamento de instituições e sectores vitais da sociedade. Revelar-se-á impossível a vivência das pessoas em comunidade se não existir um mínimo de bitolas ou critérios consubstanciadores da verdade prevalecente nos vários sectores de actividade.

Conquanto tais verdades não se configurem como absolutas e irreversíveis, elas revelam-se fundamentais à existência social, pois de outro modo a sociedade converter-se-ia num autêntico caos. O relativismo axiológico tem de conter-se necessariamente dentro de certos limites, sob pena de haver lugar à sua convolação num indesejável niilismo. Para alguns, o niilismo axiológico pode ser entendido como um consequência da procura pragmática da verdade. Tendo em conta as particulares dificuldades em demonstrar o pensamento de Milton e Mill, de acordo com o qual a verdade se alcança através de um debate aberto e livre, a verdade, de acordo com a perspectiva do mercado livre das ideias, configura-se antes como o resultado de uma avaliação das diferentes propostas, de acordo com os mecanismos e critérios prevalecentes no mercado, enquanto esforço de livre encontro de concepções e opiniões. No fundo, importa determinar no contexto do mercado de confrontação de ideias qual a concepção vencedora ou mais apta. Verdadeiramente importante para esta orientação é alcançar um resultado, revelando-se indiferente o sentido, do ponto de vista axiológico-moral, considerado mais relevante pelo mencionado mercado livre de ideias. Uma tal fungibilidade relativamente aos critérios valorativos conduz a um inevitável relativismo ou indiferença axiológica, o qual, no limite, se consubstancia num autêntico niilismo. Para uma análise mais desenvolvida da teoria do mercado livre das ideias e das críticas que lhe são dirigidas, cfr. MACHADO, JÓNATAS, *A liberdade de expressão..., ob. cit.*, pág. 246 e ss. Não apenas se torna tarefa difícil a determinação dogmática dos critérios da verdade, como também se revela particularmente complexo aos actores sociais difundirem com neutralidade, transparência e imparcialidade, as dimensões concretas desse valor fundamental por si experimentadas e vivenciadas.

O acesso às fontes do conhecimento das mais diversificadas realidades nem sempre é permitido de modo ilimitado (basta tomar em consideração as múltiplas restrições impostas pelo segredo profissional), o respeito devido a certos bens jurídicos fundamentais, como o bom nome e o crédito, impedem a divulgação, sem entraves, dos factos verdadeiros, e certas práticas ou usos sociais dominantes inibem uma divulgação sem constrangimento das mais variadas questões. Estes constituem condicionalismos significativos que impedem a liberdade de expressão de atingir integralmente uma das suas finalidades substantivas: auxiliar na descoberta e na transmissão da verdade. Está em causa, no entanto, um ideal ou objectivo essencial a atingir com o exercício das prerrogativas incluídas

Razão por que, apesar de, *prima facie*, a liberdade de expressão estar apenas associada ao domínio do relacionamento entre cada pessoa e os demais sujeitos com quem venha a entabular contactos sociais([15]), não

---

naquele *Rahmenrecht*. Porém, mesmo no plano das finalidades associadas ao valor da liberdade de expressão, a descoberta da verdade não constitui o desiderato único e último.
Como justamente sublinha Jónatas Machado "semelhante objectivo deixa de fora uma parte significativa de condutas expressivas desligadas do discurso racional mas dotadas de relevo social. Pensa-se, designadamente, na expressão de emoções, sentimentos e opiniões, na formulação de juízos estéticos ou de valor, na discussão de opções em sede de políticas públicas, etc., tudo domínios em que a procura da verdade está longe de constituir um elemento decisivo" (Cfr., MACHADO, JÓNATAS, *A liberdade de expressão...*, ob. cit., pág. 246.). Não obstante a descoberta da verdade representar um traço fundamental na caracterização da liberdade de expressão, certo é que o âmbito deste valor fundamental é substancialmente mais diversificado e rico.

([15]) Estamos a reportar-nos ao domínio da inter-acção humanamente significativa, ou seja à intersubjectividade relevante para efeitos da disciplina jurídica. Na verdade, ao direito compete regular as relações no âmbito do contexto social, nas quais a posição de cada um é condicionada pela situação do outro. Cfr. FERREIRA, M. CAVALEIRO, *Direitos Humanos e Estado de Direito*, in Revista da Faculdade de Direito da Universidade de Lisboa, 1997, pág. 88. Neste contexto, qualquer que seja a posição dos sujeitos na relação jurídica – de igualdade ou superioridade económica – o conteúdo das relações resulta fundamentalmente do confronto das necessidades e possibilidades de cada um dos seus intervenientes.
Diferentes se apresentam, no entanto, as acções e situações abrangidas pelo espaço de intervenção da moral. Acerca da distinção entre o âmbito da intervenção do direito e da moral, cfr. CUPIS, ADRIANO DE, *Etica Religiosa e Obbligo Giuridico*, in Riv. Dir. Civ., 1986, II, págs. 463-464. Aqui somos antes confrontados com a categoria aquiniana da alteralidade. Cada pessoa encontra-se, neste âmbito, confrontada perante si própria, com a sua consciência. Prevalece então o foro interno, e quando eventualmente a opção tomada a este nível assume repercussões no plano externo, nunca há lugar a uma verdadeira inter-acção. Basta pensar no exemplo clássico do acto caritativo da esmola dada a um pobre. Com efeito, o destinatário desta conduta deve ser visto como um mero beneficiário, uma vez que a sua posição não foi determinante para definir o conteúdo da relação. Agir ou não agir, optar por um sentido ou por outro quando eventualmente se age, fica dependente da consciência de cada um, sendo esta, por seu turno, moldada pelos preceitos de uma moral positiva. Acerca da distinção entre a intersubjectividade e a alteralidade, cfr. NEVES, A. CASTANHEIRA, *O Direito*, ob. cit., pág. 20 (nota 18).
De quanto ficou exposto, parece estabelecer-se uma linha fronteiriça entre o Direito e a Moral que passa por uma acentuação do carácter **externo** do primeiro e pela relevância do foro **interno** da segunda. Tal corresponde ao cerne nuclear de critérios tradicionalmente avançados por certos sectores da doutrina para distinguir o Direito da Moral – o critério do motivo da acção, e o dos meios. De acordo com o primeiro, o Direito assenta numa vinculação heterónoma, enquanto a Moral caracteriza-se basicamente por uma nota de autonomia. Por seu turno, o critério dos meios coloca em destaque o diferente tipo de sanções correspondentes à violação dos preceitos da moral (sanções internas), e ao desrespeito das regras jurídicas (sanções externas, podendo passar até pelo uso da força).

deixa de se reportar também, de modo inequívoco, ao poder de auto-determinação do pensamento e consciência de cada um([16]). Não restam, portanto, dúvidas acerca da existência de uma unidade incindível formada pelas liberdades de pensamento e de expressão, em termos tais que a devida compreensão desta última leva implicada necessariamente a primeira([17])([18]). Uma tal indissociável ligação apareceu já claramente

    Se é certo que nenhum destes critérios pode ser aceite na sua pura ortodoxia, porquanto o primeiro ignora a importância da adesão prática-axiológica dos comandos normativos pelos seus destinatários como condição fundamental de vigência do Direito, e o segundo poderia admitir a coacção como dimensão essencial do Direito, a verdade é que de qualquer um deles se pode extrair uma característica importante para esta distinção entre o Direito e a Moral: o já aludido carácter externo daquele e a maior relevância interna desta.
    Todavia, este traço distintivo não pode ser considerado, de modo algum, critério determinante ou decisivo para resolver a questão. Com efeito, também no âmbito da Moral se podem individualizar acções com repercussões externas – (ex. do acto caritativo atrás mencionado) e no Direito não se ignora a relevância que pode assumir o elemento interno, ou o estado de espírito de cada um (basta pensar na tutela dispensada pelo legislador à boa-fé subjectiva; arts. 243.º, 291.º e 583.º, n.º 2). No tocante ao critério dos meios e do motivo de acção enquanto parâmetros de distinção entre o Direito e a Moral, cfr. SILVA, MANUEL GOMES DA, *Esboço de Uma Concepção Personalista...*, ob. cit., págs. 78 e ss., JUSTO, ANTÓNIO SANTOS, *Introdução ao Estudo do Direito*, Coimbra, 2001, pág. 21 e ss., MONTEIRO, ANTÓNIO PINTO, *Noções gerais de Direito*, (apontamentos policopiados destinados aos alunos do Curso de Administração Autárquica), Coimbra, 1985, págs. 5-6, MENEGHELLI, RUGGERO, *Sul diritto come dover essere, in* Riv. Dir. Civ., 1994, I, págs. 866-867.
    ([16]) A propósito da tutela da liberdade de consciência (*Gewissensfreiheit*) no plano religioso, onde cumpre destacar o direito individual à autodeterminação de um tal domínio da esfera existencial, livre de todo e qualquer constrangimento exterior, mormente estatal, cfr. JEMOLO, ARTURO C., *Il diritto positivo e il diritti della coscienza, in* Giurisprudenza Italiana, Vol. CXVI (1964), pág. 91 e ss, LEONTIN-JEAN CONSTANTINESCO, *Die Persönlichkeitsrechte und ihr schutz im französischen Recht, in* AcP, 1960/1961, (159), pág. 332.
    ([17]) Neste sentido, cfr. REBELO, MARIA GLÓRIA, *A responsabilidade civil pela informação transmitida pela televisão*, Lisboa, 1999, pág. 33; FERNANDEZ, ANTÓNIO AGUILERA, *La Libertad de Expresión del Ciudadano ...*, ob. cit., 1990, págs. 7 e 8.
    Algo de semelhante se passa com a liberdade contratual. Este princípio estruturante do direito das obrigações encontra mesmo expressa consagração legal no art. 405.º. No entanto, nesta norma apenas se faz alusão a uma das suas vertentes: a liberdade de fixação ou estipulação do conteúdo dos contratos. Porém, ninguém discute que subjacente a esta faceta se encontra uma outra, necessariamente anterior à acabada de mencionar: a liberdade de celebrar ou deixar de celebrar contratos (liberdade de celebração dos contratos). Para além destas dimensões, um terceiro corolário, também não referido na norma legal em análise, se pode descortinar no âmbito deste princípio fundamental: a liberdade de escolha do co-contratante. Somente da análise conjugada destes poderes fica devidamente compreendido o alcance da liberdade contratual.
    Assim sendo, e apesar de a face mais visível da liberdade contratual se traduzir no poder confiado às partes de modelarem livremente o conteúdo dos contratos, não se quer

explicitada no art. 361.º do código de Seabra, onde, a propósito da caracterização do direito originário à liberdade, se fazia referência ao exercício das faculdades intelectuais, entre as quais se evidencia o **pensamento** e a **expressão**, sugerindo que aquele constitui um *prius* face à liberdade de expressão.

## CAPÍTULO 2
## A LIBERDADE DE EXPRESSÃO NUMA PERSPECTIVA JUSCIVILÍSTICA

**2.1. A liberdade de expressão num enfoque juscivilístico. Princípio jurídico fundamental ou direito subjectivo. A fundamentação juscivilística da liberdade de expressão**

Conforme já deixámos referido, através da liberdade de expressão tutelam-se dimensões fundamentais da pessoa humana, umas reportadas à autonomia individual, e outras respeitantes à sua inegável e imprescindível necessidade de integração comunitária.

De igual modo, também já se acentuou que extravasa os propósitos do nosso estudo o enfoque da liberdade de expressão e informação enquanto princípio estruturante de um Estado de Direito democrático([19]).

---

com isso significar que outras das suas dimensões fundamentais devam ser ignoradas apenas pela circunstância de serem mais ocultas e se afigurarem como condições prévias para o seu correcto entendimento. No sentido de considerar implícita no art. 405.º a liberdade de celebração dos contratos, cfr. VARELA, J. ANTUNES, *Das Obrigações em Geral, I*, 10.ª ed., Coimbra, 2005, pág. 232.

([18]) Uma tal conclusão surge confirmada pela fórmula utilizada no art. 11.º da declaração francesa dos direitos do homem de 1789 para definir a liberdade de expressão. Na verdade, o diploma mencionado visualiza este valor fundamental de qualquer ordenamento jurídico civilizado como "a livre comunicação de pensamentos e opiniões". Ora, a uma tal concepção encontra-se naturalmente subjacente o reconhecimento da liberdade de pensamento. No sentido de considerar a liberdade de imprensa, enquanto modalidade particular da liberdade de expressão, como uma manifestação de liberdade de pensamento, cfr. COSTA, A. RODRIGUES DA, *A Liberdade de Imprensa e as Limitações Decorrentes da sua Função, in* Revista do Ministério Público, 1989 (ano 109, Janeiro a Março), pág. 9.

([19]) A propósito da distinção entre a liberdade de expressão como direito subjectivo e a sua perspectivação enquanto princípio jurídico fundamental dirigido à tutela do interesse colectivo à informação, cfr. CHIOLA, CLAUDIO, *L'Informazione Nella Costituzione*,

Cumpre, porém, salientar que a análise da liberdade de expressão enquanto concreta situação do poder individual, precede naturalmente a sua consideração como princípio jurídico fundamental[20].

Interessa-nos agora proceder ao enquadramento juscivilístico da liberdade de expressão. Para levar a cabo uma tal tarefa cumpre situá-la, desde logo, num contexto mais amplo, no âmbito do qual se apresenta apenas como uma concreta manifestação. Queremos referir-nos ao bem jurídico fundamental da liberdade humana. Por seu turno, a liberdade humana, enquanto elemento integrante da autonomia dos indivíduos, constitui manifestação fundamental da personalidade, cuja tutela geral o legislador civil estabelece no art. 70.°.

Razão por que a fundamentação positiva, em termos juscivilísticos para a liberdade de expressão deve colher-se neste preceito[21][22]. Dife-

---

Padova, 1973, págs. 7 e 8, *Il Diritto-dovere...*, *ob. cit.*, págs. 61-62, COSTA, A. RODRIGUES DA, *A Liberdade de Imprensa...*, *ob.cit.*, págs. 9 e 10. ORSELLO, GIAN PIERO, *Il Sistema Radiotelevisivo Nell'Ordinamento Internazionale*, Milano, 1984, pág. 338 e ss. ROSSEN, HELGE, *Freie Meinungsbildung durch den Rundfunk*, Baden-Baden, 1988, pág. 24 e ss. (o autor integra no âmbito do art. 5. abs. 1 G.G., os dois termos desta distinção). WASSERBURG, KLAUS, *Der Schutz der Persönlichkeit im Recht der Medien: Ein Handbuch über die Anspruche auf Schadensersatz, unterlassung, widerruf und gegendarstellung*, Heidelberg, 1988, pág. 102, ZIPPELIUS, REINHOLD, *Demokratie und...*, *ob. cit.*, pág. 382 e ss.

Para uma análise mais pormenorizada da relevância exercida pela liberdade de expressão, e de um modo particular da liberdade de crítica cultural no âmbito das sociedades democráticas, *vide* HENNEBERG, CLAUS H., *Grenzen der Kunstkritik*, in Das Persönlichkeitsrecht im Spannungsfeld Zwischen Informationsauftrag und Menschenwürde, Munique, 1989, pág. 58 e ss.

[20] Neste sentido, cfr. BRANAHL, UDO, *Medienrecht...ob. cit.*, pág. 17.

[21] Neste sentido, Cfr. SOUSA, R. CAPELO DE, *O Direito Geral de Personalidade*, *ob. cit.*, pág. 256 e ss. De igual modo, situando a liberdade de expressão no âmbito do direito geral de personalidade, apesar de este não encontrar expressão jurídico-positiva no direito civil alemão, *vide* REINHARDT, RUDOLF, *Das Problem des Allgemeinen Persönlichkeitsrechts...*, *ob. cit.*, pág. 556, WASSERBURG, KLAUS, *Der Schutz der Persönlichkeit...*, *ob. cit*, págs. 56-57.

[22] Em termos constitucionais, o art. 70.° do Código Civil encontra paralelo, a partir da revisão constitucional de 1997, no art. 26.°, n.° 1. Na verdade, aí se consagra o direito fundamental ao desenvolvimento da personalidade. Não podemos, no entanto, considerar este preceito como uma novidade. Desde logo, porque o desenvolvimento da personalidade como um todo constitui inegável corolário do valor da dignidade da pessoa humana, cuja tutela resultava já do art. 1.° da Constituição. Na Lei Fundamental Portuguesa, bem como noutros textos constitucionais da Europa Ocidental, a dignidade humana surge, na verdade, como matriz fundamentante dos direitos fundamentais. Para uma melhor compreensão do valor da dignidade humana, caracterizada por Michelle Gobert como um princípio de esperança e de hesitação, mas nunca como um dircito subjectivo. Cfr. MOLFESSIS, NICOLAS,

*La dignité de la personne humaine*, Economica, 1991, pág. 127 e ss. (bem como as opiniões expendidas por Michelle Gobert nas conclusões desta obra colectiva). Para além de mais, já antes da revisão constitucional levada a cabo em 1997, a formula "desenvolvimento da personalidade" encontrava afloramentos em várias disposições constitucionais (art. 69.º, n.º 2 do art. 70.º e 73.º, n.º 2). Neste sentido, Cfr. PINTO, PAULO MOTA, *O Direito ao Livre Desenvolvimento da Personalidade*, in Portugal-Brasil ano 2000, Stvdia Ivridica, B.F.D., Coimbra, 1999, págs. 151-156. Todavia, esta expressa consagração operada com o art. 26.º, n.º 1, muito semelhante de resto, ao texto do art. 2.º, § 1, da Constituição alemã (em sentido diverso, Gomes Canotilho e Vital Moreira consideram que o direito ao desenvolvimento da personalidade não surge no contexto constitucional português como um direito mãe, à semelhança do que se passa na Alemanha, CANOTILHO, VITAL MOREIRA, *Constituição da República Portuguesa Anotada*, 4.ª ed. rev., vol. I. (artigos 1 a 107), Coimbra, 2007, pág. 463), vem assim tutelar, em termos inequívocos, múltiplas dimensões essenciais da pessoa humana: o substracto da individualidade (de uma individualidade autónoma e livre), e a liberdade geral de acção.

No tocante à liberdade geral de acção, o legislador constituinte, através da utilização naquela norma geral de um conceito indeterminado, teve em vista proteger o poder de autoconformação reconhecido a toda e qualquer pessoa, na multiplicidade dos poderes ou faculdades que lhe são inerentes. Trata-se de um conceito aberto, com potencialidades expansivas, sempre apto a receber novas e diversificadas manifestações. Destarte, parece estabelecer-se uma indiscutível ligação entre o direito ao desenvolvimento da personalidade e o direito à liberdade previsto no art. 27, n.º 1. O direito à liberdade não conhece a mesma amplitude no Código Civil germânico, uma vez que a tutela delitual do §823, abs. I se confina apenas à liberdade corporal de movimentos, Cfr., DEUTSCH, ERWIN, AHRENS, HANS-JÜRGEN, *Deliktsrecht, Unerlaubte Handlungen, Schadensersatz, Schmerzensgeld*, 4. Auf., München, 2002, RZ 185. Ora, assim sendo, ficam afastadas quaisquer dúvidas acerca da consagração de um direito geral de liberdade. Para além das concretas e particulares manifestações do direito à liberdade (arts. 37.º e 38.º, 41.º, 42.º, 43.º, 46.º, 47.º, 55.º da Constituição da República Portuguesa), o direito ao desenvolvimento da personalidade acolhe no seu âmbito uma pluralidade inominada de comportamentos humanos que se traduzam em afirmações de um espaço de liberdade.

Ora, é sobretudo em relação a essa panóplia de direitos de liberdade inominados (*Inominatfreiheitsrechte*), que o artigo 26 exerce a sua função de norma de recolha (*AuffangTatbestand*) ou de complementação (*Auffanggrundrecht*). Com efeito, no tocante às manifestações nominadas do direito à liberdade, prevalece a disciplina normativa que lhes é reservada. Acerca da referida relação de subsidiariedade entre o art. 26.º, n.º 1, e os direitos especiais da liberdade, cfr. PINTO, PAULO MOTA, *ob. ant. cit.*, págs. 205 e ss.

Através da introdução deste conceito indeterminado na ordem constitucional assegurou-se uma correspondência entre esta e a ordenação jurídico-civilística (art. 70.º), saindo assim reforçado o princípio da unidade da ordem jurídica. Com efeito, os direitos da personalidade constituem "instrumentos jurídicos de concretização dos direitos fundamentais no direito privado", Cfr. PINTO, PAULO MOTA, ob. ant. cit., págs. 226, FERNANDES, LUÍS CARVALHO, *Teoria Geral do Direito Civil*, vol. I, 2.ª ed., Lisboa, 1995, pág. 66, e o direito geral de personalidade encontra hoje correspondência em termos jus-constitucionalisticos no direito ao desenvolvimento da personalidade.

rente tinha sido a opção do Visconde de Seabra, ao tipificar no art. 361.º o direito à liberdade como um direito originário([23]). Porém, uma tal técnica

---

Há, no entanto, quem conteste a identidade de perímetro entre o bem da liberdade objecto de tutela civilística e o mesmo enquanto perspectivado em termos constitucionais. Na opinião de Capelo de Sousa "o direito fundamental à liberdade previsto no art. 27.º, n.º1, da Constituição não é tão amplo como o juscivilístico direito à liberdade decorrente da tutela geral da personalidade do art. 70.º do Código Civil...", SOUSA, R. CAPELO DE, *O Direito geral ..., ob. cit*, pág. 256 (nota 595). Convém sublinhar que o autor se pronunciou neste sentido numa altura (1995) em que o legislador constituinte ainda não havia consagrado o direito ao desenvolvimento da personalidade (art. 26.º, n.º 1). No mesmo sentido, afirmando uma diversidade de âmbito do direito à liberdade nos planos civilístico e constitucional, *vide* HUBMANN, HEINRICH, *Das Persönlichkeitsrecht*, Colónia, Böhlan, 1967, pág. 113 (nota 25).

Em termos de regime jurídico, ao conceber-se, numa óptica jus-constitucionalística, o valor da liberdade no seu sentido mais amplo, tem como consequência colocar qualquer alteração introduzida no âmbito do direito à liberdade, mesmo atinente a aspectos meramente acessórios ou periféricos desta, na dependência do regime de reserva relativa de competência legislativa da Assembleia da República (al. b) do n.º 1 do art. 168.º da C.R.P.). De igual modo, todas as manifestações do direito à liberdade, mesmo as concernentes a elementos acessórios, funcionariam como limites materiais da revisão constitucional (art. 288.º, al d) da C.R.P.). Para além disso, sujeitar-se-iam as restrições introduzidas em aspectos acessórios do direito à liberdade, ao regime apertado dos n.º 2 e 3 do art. 18.º da C.R.P., quando este não deverá respeitar a zonas não nucleares dos direitos, mas fundamentais ou básicas. Para uma análise mais detalhada das implicações de regime jurídico derivadas de uma concepção ampla do direito à liberdade numa perspectiva constitucional, Cfr. SOUSA, R. CAPELO DE, *ob. loc. ant. cit*.

Independentemente de a adopção de uma perspectiva constitucional mais alargada do âmbito do direito à liberdade levantar alguns obstáculos de ordem prática à regulamentação do exercício do mesmo, consideramos ser inevitável aderir a um tal entendimento face à introdução do art. 26.º, n.º 1 do texto constitucional. Se, de acordo com a nossa exposição anterior, tal já era defensável antes da revisão constitucional de 97, a partir daí não resta qualquer margem para dúvidas. Com efeito, apesar do preceito em análise não se referir *expressis verbis* ao livre desenvolvimento da personalidade, deve considerar-se necessariamente implicada, no seu âmbito de tutela, a liberdade geral de acção. Razão por que o direito à liberdade previsto no art. 27.º, n.º 1 da C.R.P. enquanto elemento constituinte do desenvolvimento de personalidade dever ser concebido em termos tão amplos ou expansivos quanto este. Sufragar um entendimento diverso tem como efeito esvaziar de conteúdo um conceito que por natureza é indeterminado, e como tal, com potencialidades expansivas insusceptíveis de se confinarem a certos sectores ou manifestações concretas do comportamento humano.

([23]) Como salienta Castro Mendes, a consagração dos direitos originários no diploma legislativo ficou fundamentalmente a dever-se à influência do Visconde de Seabra, cfr. MENDES, J. CASTRO, *Teoria Geral do Direito Civil*, vol. I, Lisboa, 1995, (Lições 1978/1979), pág. 85. Não apenas neste universo específico, mas na própria elaboração do Código de 1867, se revelou decisiva, não obstante a influência do modelo napoleónico, a influência

legislativa não foi ao tempo isenta de críticas. Várias foram as vozes (Ferrer Neto Paiva, Moraes de Carvalho, Dias Ferreira) que se levantaram contra a consagração da categoria dos direitos originários([24]). Segundo um tal entendimento doutrinal, todos estes direitos são, no fundo, uma natural emanação da personalidade humana. No fundo, tais críticas manifestavam-se mais consentâneas com a solução actual acolhida pelo legislador, ou seja, a existência de um direito geral de personalidade. Porém, e em rigor, o disposto no art. 2383.º do código de Seabra – "os prejuízos que derivam da ofensa de direitos primitivos, podem dizer respeito à personalidade física ou à personalidade moral..." –, deve considerar-se como a fonte inspiradora do art. 6.º do anteprojecto de Manuel de Andrade([25]), que, por seu turno, corresponde, no essencial, ao nosso art. 70.º.

Ora, como sabemos, esta disposição legislativa não se limita senão a reconhecer a personalidade humana em toda a sua amplitude, em termos bem mais latos do que os previstos no art. 2383.º do código de Seabra, cuja previsão se confinava apenas ao universo da responsabilidade civil.

Nas palavras de Orlando de Carvalho, trata-se de um "direito que abrange todas as manifestações previsíveis e imprevisíveis da personalidade humana, pois é, a um tempo, direito à pessoa ser em devir ... Trata-se de um *jus in se ipsum* radical, em que a pessoa é o bem protegido, correspondendo à sua necessidade intrínseca de autodeterminação"([26])([27])([28]).

---

de António Luís de Seabra, cfr. JUSTO, A SANTOS, *Recordando o Visconde de Seabra, no Centenário do Seu Falecimento, in* B.F.D., Coimbra, 1995, pág. 607 e ss., CORDEIRO, A. MENEZES, *Teoria Geral do Direito Civil – Relatório –,* Lisboa, 1988, págs. 117-119.

([24]) Para uma análise mais desenvolvida das críticas doutrinais à consagração da categoria dos direitos originários no código de Seabra, cfr. CORDEIRO, A. MENEZES, "Os direitos de personalidade na civilística portuguesa", *in R.O.A.*, n.º 61, 2001, pág. 1236 e ss.

([25]) ANDRADE, MANUEL DE, "Esboço de um anteprojecto de código das pessoas e da família / Na parte relativa ao começo e ao termo da personalidade jurídica, aos direitos e ao termo da personalidade jurídica, aos direitos da personalidade ao domicílio", *in* B.M.J., n.º 102, 1961, págs. 155-156.

([26]) Cfr. CARVALHO, ORLANDO DE, *Teoria Geral do Direito Civil,* Coimbra, 1981, pág. 180. No mesmo sentido, LARENZ, HANS, KARL, WOLF, MANFRED, *Allgemeiner Teil des Bürgerlichen Rechts,* München, 2004, pág. 128, BRANDNER, HANS E., *Das Allgemeine Persönlichkeitsschutz in der Entwicklung durch die Rechtsprechung, in* JZ, 1983, pág. 689 e ss., MIRANDOLA, PICO DELLA, *On the Dignity of Man, On Being and de One,* Heptaplus, Bobbs-Merril Company, Indianopolis, 1977, pág. 4 e ss.

([27]) Todavia, e na perspectiva do autor, este direito geral de personalidade traduz-se numa concreta manifestação de um poder com uma vocação jurisgénica – o poder de autodeterminação da pessoa. Na verdade, este "poder de poder" precede o mencionado direito geral. Cfr. CARVALHO, ORLANDO DE, *Teoria Geral do Direito Civil, ob. cit.*, pág. 40.

Destarte, o poder de autodeterminação surge enquanto espaço de conformação da esfera de interesses pessoais, tanto no domínio da alteralidade como no da inter-subjectividade, e, como tal, pressupõe inelutável e naturalmente a liberdade enquanto seu elemento integrante e caracterizador.

Por seu turno, entre os instrumentos privilegiados de afirmação da autodeterminação individual, cumpre destacar o direito subjectivo. Com efeito, o direito subjectivo é **poder** radicado na pessoa, e é também exercido de acordo com o critério desta. Trata-se de um poder "congénito ou coetâneo de cada relação jurídica concreta"([29]).

Enquanto elemento integrante do núcleo da relação jurídica, o direito subjectivo traduz-se numa concreta posição de primazia, a qual investe o seu titular nos poderes de exigir ou pretender de outrem um determinado comportamento([30]). Afirmando-se o direito subjectivo como mecanismo de tutela da autodeterminação individual e revestindo as características acabadas de mencionar, cabe-nos neste contexto questionar se a liberdade de expressão configurará um direito deste tipo.

---

Por seu turno, a cláusula Geral do art. 70.º, constitui fundamento de múltiplos e concretos direitos da personalidade que se traduzem em específicas manifestações da autodeterminação humana. Cumpre ainda referir que a delimitação do âmbito de muitos destes direitos se encontra dependente da actividade jurisprudencial, tendo em conta os termos amplos em que surge configurado no art. 70.º. Com efeito, a jurisprudência portuguesa patenteia alguns exemplos de protecção dispensada a manifestações da personalidade humana com uma directa fundamentação no direito geral de personalidade. Assim sucedeu com o paradigmático acórdão do Supremo Tribunal de Justiça de 28 de Abril de 1977, onde se individualiza um "direito à **saude** e ao **repouso**, essencial a uma equilibrada existência física, da autora ora recorrente, **ínsitos na sua personalidade para os efeitos do art. 70.º do Código Civil**". Não contestando o acerto desta decisão ao garantir a tutela da personalidade no caso sub índice, parece-nos porém discipiendo individualizar o direito à saúde e ao repouso como uma realidade jurídica distinta daqueloutra tradicionalmente abrangida no âmbito do direito à integridade física. Para uma análise mais desenvolvida deste acórdão do Supremo Tribunal de Justiça, cfr. acórdão do Supremo Tribunal de Justiça de 28 de Abril de 1977, in Boletim do Ministério da Justiça, n.º 266, pág. 165 e ss.

([28]) Acerca do importante papel desempenhado pelo direito geral da personalidade na defesa da autodeterminação humana face aos múltiplos focos de ataque emergentes na sociedade hodierna (em particular a comunicação social), cfr., CAEMMERER, ERNEST VON, *Der Privatrechtliche Persönlichkeitsschutz nach deutschem Recht*, in Festschrift für Fritz von Hippel, Tübingen, 1967, págs. 27-31, WASSERBURG, KLAUS, *Der Schutz der Persönlichkeit..., ob.cit.,* pág. 33.

([29]) Cfr. CARVALHO, ORLANDO DE, *Teoria Geral ..., ob. cit.*, pág. 37.

([30]) Por todos, cfr. CARVALHO, ORLANDO DE, (a propósito do direito subjectivo em sentido estrito), CARVALHO, ORLANDO DE, *Teoria Geral.., ob. cit.,* pág. 85.

Antes, porém, de responder a esta questão, não podemos deixar de nos debruçar, ainda que sumariamente, sobre o conteúdo deste valor fundamental do ordenamento jurídico.

## 2.2. Dimensões essenciais do conteúdo da liberdade de expressão. A clássica trilogia "poder de informar, de informar-se e de ser informado"

A este propósito, poderíamos reconduzir muito sinteticamente a vasta panóplia de faculdades ínsitas na liberdade de expressão à clássica trilogia "poder de informar, de informar-se e de ser informado", expressamente mencionada na parte final do n.º 1 do art. 37.º da Constituição da República Portuguesa([31]).

Porém, cada um destes três poderes não pode ser concebido unidimensionalmente, uma vez que uma correcta delimitação do âmbito de tais faculdades implica o acolhimento de uma pluralidade indeterminada de concretas objectivações, com conteúdos díspares, fundamentalmente determinados, em função da inventiva dos particulares face às concretas circunstâncias que constituem objecto das notícias a divulgar ou a apreender. Esta impossibilidade de exacta definição do conteúdo da trilogia em análise não constitui, no entanto, um obstáculo intransponível a uma correcta inteligibilidade acerca do âmago caracterizador dos vários poderes naquela integrados.

Debruçando-nos sobre o *poder de informar*, os particulares aparecem basicamente em cena na posição de emissores de notícias, abrangendo-se sobretudo aqui a já mencionada vertente ou dimensão externa da liberdade de expressão([32]). No tocante ao posicionamento no circuito informativo de quem divulga informações ou juízos valorativos, devemos reconhecer-lhes um papel de protagonistas, ou seja, um papel activo na circulação dessas mensagens.

Já em relação ao *poder* que se reconhece a qualquer pessoa *de se informar*, a questão nuclear centra-se fundamentalmente na liberdade de acesso

---

([31]) Acerca desta trilogia, cfr. BELLANTONI, DOMENICO, *Lezione dei diritti della persona*, Padova, 2000, pág. 12.

([32]) Para além desta faceta, consubstanciada na liberdade de transmitir informações sem impedimentos, há quem integre ainda no âmbito do direito de informar uma vertente positiva traduzida no direito a meios para informar, cfr. GOMES CANOTILHO e VITAL MOREIRA, *Constituição da República Portuguesa...*, ob. cit., pág. 573.

aos meios de comunicação([33]). Não se revela possível a divulgação de notícias se não se assegurar às pessoas o direito a manterem-se devidamente informadas. Desta feita, o poder dos *socii* de se informarem deve considerar-se como um instrumento indispensável para garantir a dimensão interna da liberdade de expressão consubstanciada na liberdade de pensamento.

Apesar de não assumirem um papel tão dinâmico no circuito informativo como os emissores das notícias, certo é que a correcta caracterização do *status* de quem se informa apenas se revela possível tomando em devida conta os actos de iniciativa ou de impulso reveladores do acesso à informação. Assim, no "direito de se informar", podemos considerar ainda incluido o poder de recolha de fontes de informação. Poder este que, na moderna sociedade de comunicação, é basicamente conferido aos órgãos de comunicação social (art. 38.º, n.º 2, a. b) da C.R.P.)([34])([35]), ou seja, aos emissores. Todavia, na sua posição de recolectores de informações, não têm uma atitude tão activa quanto a assumida quando divulgam as notícias.

Por fim, e relativamente ao direito de ser informado, podemos descortinar uma particular afinidade com o direito que a cada um é reconhecido de se informar([36]). Também neste âmbito, os particulares se devem considerar como beneficiários de uma orgânica institucional capaz de lhes permitir manterem-se informados acerca da realidade onde se integram.

Nesta perspectiva, o "direito a ser informado" pode igualmente configurar-se como um importante instrumento para garantir uma efectiva

---

([33]) Acerca da caracterização do direito a informar-se como liberdade de acesso aos meios de comunicação, cfr. BALLE, FRANCIS, *Médias....*, *ob. cit.*, pág. 227.

([34]) Neste contexto, Oliveira Ascensão chama a atenção para os potenciais conflitos suscitados entre o "direito de se informar" e o direito ao espectáculo, reportando-se, de modo particular, à questão do acesso dos jornalistas a recintos privados desportivos, cfr. ASCENSÃO, J. OLIVEIRA, "Direito à informação e direito ao espectáculo", *in R.O.A.*, 1988, pág. 15 e ss.

([35]) A circunstância de o poder de aceder às fontes de informação ser fundamentalmente exercido pelos meios de comunicação levanta problemas delicados de limites entre quanto pode ser considerado como possibilidade *"Möglichkeit"*, e quanto já pode atingir o perigo da exclusividade, *"Exklusivität"* no acesso às mencionadas fontes. Sobre esta problemática, *vide* a obra de Heribert Prantl (sobretudo a II parte), PRANTL, HERIBERT, *Die Journalistische Information Zwischen Ausschluârecht und Gemeinfreiheit (Schriften zum Deutschen und Europäischen Zivil – Handels – und Prozeârecht, BD 99)* – Bielefeld, Gieseking, 1983, XV, e ainda, BRANAHL, UDO, *Medienrecht...*, *ob. cit.*, pág. 19.

([36]) Como sugestivamente consideram Gomes Canotilho e Vital Moreira, "o direito a ser informado é a versão positiva do direito de se informar", cfr. GOMES CANOTILHO e VITAL MOREIRA, *ob. ant. cit.*, pág. 573.

liberdade de pensamento([37]). Porém, e no tocante ao posicionamento dos *socii* no circuito de divulgação de notícias, cumpre colocar em destaque a situação de destinatários, e por conseguinte, uma maior passividade associada ao *status* de quem tem direito a ser informado.

Esta análise atomística levada a cabo em torno dos vários poderes integrantes da trilogia que espelha em termos sintéticos o conteúdo essencial da liberdade de expressão, não permite, de modo algum, escamotear a profunda interdependência entre tais direitos.

Desde logo, a conexão estreita entre o "direito a informar-se e o direito a ser informado", constitui algo de inconstestável. Para além disso, não podemos também ignorar a força irradiante deste binómio a nível do poder de informar. Com efeito, a actuação das múltiplas faculdades ínsitas na vertente externa da liberdade de expressão, supõem necessariamente um substracto que, no essencial, resulta dos ensinamentos ou contributos colhidos com o exercício dos direitos "a informar-se e a ser informado".

### 2.3. A liberdade de expressão e as questões judiciais. A clássica trilogia e a emergência do "direito à crítica judiciária"

Nas sociedades plurais onde as três vertentes fundamentais da liberdade de informação – direito a informar, a informar-se e a ser informado – constituem garantias indeclináveis para o funcionamento da democracia, os *mass media*, com os seus múltiplos meios de intervenção, interferem nos mais variados domínios da vida social.

Se um tal cenário representa realidade incontornável e salutar neste mundo de interdependências, não deixa, no entanto, de se apresentar como

---

([37]) No âmbito da doutrina italiana, há quem conteste a qualificação do direito a ser informado como um direito de personalidade. De acordo com este entendimento, as informações e as notícias não podem ser consideradas como um bem em sentido jurídico. Não é possível então falar a este propósito de direitos absolutos, mas antes de situações jurídicas de natureza relativa entabuladas entre quem pretende aceder às informações e quem as detenha para as difundir, cfr., neste sentido, FERRI, GIOVANNI, *Diritto all'Informazione e Diritto all'Oblio, in* Riv. Diritto Civile, 1990, I, pág. 801 e ss.

Em sentido diverso, considerando o direito a ser informado como um mecanismo de garantia da liberdade de manifestação do pensamento e como tal uma dimensão fundamental da personalidade humana, cfr. LIPARI, NICOLÒ, *Libertá d'informare o diritto ad essere informato? (Spunti di riflessione), in* Dir. Radiodiff., 1978, pág. 5 e ss., intervenção *in Il riserbo e la notizia* (Atti del Convegno di Studio – Macerata, – 5-6marzo 1982), Nápoles, 1983, pág. 246.

fonte de particulares riscos. Pretendemos, neste momento, debruçar-nos sobre a problemática relação da comunicação social com a administração da justiça por via judicial.

Cada vez com maior frequência, os órgãos de comunicação social preocupam-se com os litígios pendentes em tribunal, sobretudo com aqueles susceptíveis, pela natureza das matérias abordadas e ou a notoriedade dos seus intervenientes, de despertar maior curiosidade no público.

Ao abrigo da liberdade de informar foi-se sedimentando um espaço dedicado à informação judicial, emergindo aí uma espécie de "direito à crítica judiciária"([38]).

Tradicionalmente, este direito tem-se objectivado em reportagens jornalísticas na imprensa escrita e falada onde se divulgam imagens, acompanhadas de comentários respeitantes a processos judiciais. Estão aqui em causa transmissões diferidas no tempo de casos forenses. Neste contexto são frequentes os comentários a decisões judiciais já pronunciadas, por vezes acompanhados de algumas imagens do julgamento, ou tão somente do local onde este decorre.

Mas, apesar de este modelo de actividade jornalística se manter perfeitamente actual, não podemos ignorar o vasto manancial de oportunidades oferecidas pelos modernos meios audiovisuais. Na verdade, as novas técnicas de comunicação permitem alcançar resultados outrora nunca pensados. Entre os efeitos mais surpreendentes alcançados pelas novas tecnologias conta-se a possibilidade de transmissão directa dos eventos noticiosos. Neste arquétipo de comunicação conseguese atingir uma convergência diacrónica entre o momento da ocorrência dos factos e aqueloutro da sua difusão televisiva ou radiofónica. Estes novos meios audiovisuais permitem assim uma maior proximidade dos destinatários às situações noticiadas, mesmo quando a distância geográfica seja significativa. Deste modo, tem-se nos últimos tempos fomentado ampla participação virtual de vastíssimo auditório em eventos culturais, religiosos, desportivos e jurídicos.

Uma tal magia dos *media* de tornar o mundo mais pequeno e os homens mais próximos entre si não pode, todavia, deixar de se considerar envolvida por algumas aporias. Desde logo, a participação do público não é efectiva ou real, mas simplesmente virtual. Para além disso, estes novos

---

([38]) Na doutrina italiana fala-se a este propósito de "cronaca giudiziaria". Neste sentido, Cfr. SERGIO, GUSTAVO, *Libertá d'Informazione e Tutela dei Soggetti Deboli, in* Diritto di Famiglia e delle Persone, n.º 2, 2000, pág. 816.

fenómenos da comunicação permitem o acesso a matérias de extrema complexidade pelo público, público desprovido, a mais das vezes, de conhecimentos especializados.

Assim sendo, o efeito mágico atrás mencionado corre o risco de se consubstanciar numa mera ilusão: a da descomplexificação ou a desconsideração da natural e inevitável complexidade de certas realidades histórico-sociais. Ora, a concretização deste perigo é de molde a arrastar consigo desvantagens mais significativas do que os méritos pedagógicos e formativos coenvolvidos nestas coevas "realidades virtuais".

Acresce que a publicidade mediata([39]) é susceptível de causar graves agressões aos direitos de personalidade dos protagonistas da lide transmitida pelos meios audiovisuais. Na verdade, a publicidade da audiência difundida em directo via televisiva ou radiofónica torna o conflito judicial em assunto familiar a um público indeterminado. Destarte, a personalidade dos sujeitos processuais, parcial ou totalmente revelada nas declarações proferidas e atitudes tomadas em juízo, encontra-se substancialmente mais exposta. Já as fotografias dos julgamentos, acompanhadas ou não de eventuais comentários ou relatos jornalísticos, divulgados de modo diferido, apesar de serem de molde a causar graves prejuízos à honra, bom nome ou crédito dos visados, não revestem a potencialidade danosa da crítica anónima e feroz perante um auditório com uma latitude indeterminável que a publicidade mediata consegue fomentar de modo exponencial([40]).

---

([39]) Fala-se de publicidade mediata na medida em que o público intervém ou participa no *iter* de difusão das informações. Assim sendo, regista-se um fenómeno de mediação desempenhado pelos destinatários das mensagens audiovisuais. Curiosamente, estes destinatários acabam por cumular a posição de autores de eventos noticiosos. Por contraposição, o figurino clássico da crítica judiciária desenvolvida directamente pelos jornalistas no exercício da sua liberdade de expressão integra-se no âmbito de uma outra categoria, comumente designada de publicidade imediata. Acerca da distinção entre publicidade imediata e mediata, Cfr. SERGIO, GUSTAVO, in *Libertá d'Informazione ...*, ob. cit., págs. 814 e ss.

([40]) *Prima facie,* poder-se-á apenas falar de uma diferença de grau entre a publicidade imediata e mediata conferida pelos meios de comunicação social às questões e procedimentos judiciais. A transmissão directa dos acontecimentos é susceptível de despertar uma maior curiosidade do público, dada a maior actualidade do evento noticioso. Na verdade, mesmo quando os meios audiovisuais transmitem integralmente os factos histórico-sociais de forma diferida decorreu já um lapso temporal entre a emergência do evento e a sua divulgação, permitindo assim ao auditório um período de reflexão, e por conseguinte uma maior racionalização dos acontecimentos. Em suma, o impacto das notícias é menor e simultaneamente o auditório torna-se, por regra, mais circunscrito. Para além desta diferença quantitativa, confirmada de modo particular pela circunstância de no âmbito da publicidade mediata se divulgarem normalmente os acontecimentos na íntegra, enquanto na publicidade imediata, por regra, se difundirem apenas passagens ou extractos parciais dos eventos, a própria essência do fenómeno comunicativo apresenta-se também diversa. Enquanto a nível da publicidade imediata assume particular relevância a mensagem difundida pelos jornalistas, já no contexto da publicidade mediata o seu núcleo central encontra-se no meio audiovisual utilizado, ou seja, na própria técnica em si. Neste sentido, cfr. SERGIO, GUSTAVO, *Libertá d'Informazione...*, ob. cit., pág. 821. Em ambos os contextos abre-se o espaço para comentários ou afirmações distorcedoras da realidade, mas uma diferença substancial no tocante à fonte informativa não pode ser de algum modo escamoteada. As informações difundidas no quadro da publicidade imediata representam o resultado da actividade jornalística. Apesar de estas notícias poderem constituir a base para a emergência de uma pluralidade de declarações menos fidedignas da realidade noticiada, certo é que a fonte originária das informações não deixa de oferecer certas garantias. Na verdade, estamos a falar do exercício de uma actividade para a qual se requer uma preparação especializada dos seus profissionais e cujos *modus operandi* devem respeitar um código deontológico.

Desta feita, as *leges artis* do sector jornalístico representam importante filtro para se proceder a uma selecção séria e cuidadosa das notícias. E, quando, como muitas vezes sucede, o sensacionalismo noticioso se sobrepõe ao rigor informativo, os lesados nos bens da sua personalidade encontram melhores condições para o ressarcimento das suas pretensões indemnizatórias.

O cenário acabado de traçar a propósito da publicidade imediata não encontra paralelo no âmbito da publicidade à distância. Desde logo, e no tocante à fonte das informações, registam-se importantes diferenças no tocante à sua titularidade. Com efeito, o monopólio da divulgação das notícias deixou de pertencer aos jornalistas, e é agora partilhado e mediado por um público indeterminado e anónimo. Desta sorte, os autores das informações difundidas a propósito das realidades transmitidas pelos meios audiovisuais deixaram de ser necessariamente profissionais preparados e especializados. Em nome de um saudável pluralismo e de uma facilidade de acesso à informação pode-se, no entanto, correr o risco de a informação ser originariamente tratada por pessoas completamente desprovidas de preparação técnica para as apreender e transmitir. Ora, falta aqui, à semelhança de quanto ocorre no âmbito da publicidade imediata, um tratamento criterioso das informações, razão por que os riscos de adulteração da realidade se apresentam neste contexto particularmente mais agravados. Apesar de nos referirmos de modo particular aos efeitos indemnizatórios decorrentes das ofensas ao bom nome e crédito em virtude de afirmações distorcidas da realidade factual, não podemos deixar de ter em conta outros perigos coenvolvidos no âmbito da publicidade à distância. A transmissão em directo de audiências de discussão e julgamento pode arrastar consigo um problema particularmente delicado. Queremo-nos referir à eventual convolação da natureza das realidades transmitidas pelos meios audiovisuais. Com efeito, o sensacionalismo criado em torno deste tipo de notícias pode ser de molde a "politizar" estas questões tipicamente jurídicas. Para tal contribui de modo decisivo a falta de preparação técnica da generalidade do público que constitui o

## 2.4. Tentativa de delimitar o âmbito da liberdade de expressão: uma ineliminável referência ao seu sentido negativo e positivo

Particularmente relevante na delimitação do âmbito da liberdade de expressão é a inevitável referência ao seu duplo sentido: sentido negativo e sentido positivo[41].

Por um lado, não pode afirmar-se a liberdade em análise quando simultaneamente se aceitem e legitimem mecanismos exteriores de

---

auditório das transmissões audiovisuais. Acerca deste risco de politização das questões judiciais, Cfr. SERGIO, GUSTAVO, *Libertá d'Informazione...*, ob. cit., págs. 816 e 821.

[41] Uma tal distinção, tendo em conta o enquadramento constitucional do art. 37.º, aparece expressamente formulada por Gomes Canotilho e Vital Moreira. Para estes autores, o sentido negativo traduz-se no direito de não ser impedido de exprimir-se, enquanto o sentido positivo configura-se como um direito de acesso aos meios de expressão. Como manifestações daquela primeira acepção enunciam a liberdade de criação cultural, a liberdade de consciência e de culto, a liberdade de aprender e ensinar, a liberdade de reunião e de manifestação.

No tocante ao sentido positivo, integram no seu âmbito o direito de resposta, o direito de antena dos partidos e organizações sindicais e profissionais e o direito das igrejas a meios de comunicação próprios. Cfr. GOMES CANOTILHO e VITAL MOREIRA, *Constituição da República Portuguesa*, ob. cit., pág. 573. Ainda a propósito desta distinção, considerando o sentido negativo e positivo como dimensões essenciais da liberdade de expressão, ANDRADE, M. COSTA, *Liberdade de imprensa...*, ob. cit., págs. 71-72 (reportando-se especificamente à liberdade de imprensa), ROSSEN, HELGE, *Freie Meinungsbildung...*, ob. cit., pág. 115 e ss.

Apesar de nos colocarmos numa perspectiva diferente – a perspectiva de um civilista –, o critério acabado de mencionar vem confirmar uma nota por nós já sublinhada: a liberdade de pensamento forma com a liberdade de expressão um conjunto indissociável.

Concordando no essencial com o critério atrás mencionado, consideramos, no entanto, dever atribuir-se ao sentido negativo da liberdade de expressão uma dimensão mais ampla. Conforme teremos ocasião de precisar, a base de compreensão do sentido negativo desta liberdade fundamental consubstancia-se fundamentalmente nas exigências contidas no brocardo *"nemo potest cogi ad factum"*. Assim sendo, para além do "direito de não ser impedido de exprimir-se", inclui-se também no âmbito do sentido negativo da liberdade de expressão a possibilidade que a cada um é dada de optar, sem quaisquer constrangimentos, entre exprimir-se ou não exprimir-se.

De acordo com esta orientação, fica, desde logo, subentendida a possibilidade de, na eventualidade de alguém pretender usar da faculdade de expressão, poder fazê-lo livremente (base de compreensão do sentido positivo da liberdade de expressão). No mesmo sentido, embora a propósito da liberdade de associação, veja-se a dupla vertente – positiva e negativa –, enquanto elementos caracterizadores deste valor fundamental, cfr. HORIOU, M. PAUL, *La Protection de la Personalité en Droit Social Belge*, in Travaux de l'Association Henri Capitant pour la Culture Juridique Française, Tomo XIII, 1959-1960, pág. 155. No tocante ao sentido negativo da liberdade de expressão, cfr. SOUSA, NUNO, *A liberdade de Imprensa*, Coimbra, 1984, pág. 141.

constrangimento susceptíveis de influenciar ou mesmo determinar o seu conteúdo.

Divulgar ou não determinados juízos de valor ou informações, e antes disso orientar o pensamento de acordo com determinada perspectiva ou sentido valorativo, constituem claras manifestações de exercício do poder de autodeterminação de cada indivíduo. Poder-se-á então resumir no brocardo *"memo potest cogi ad factum"* o atrás mencionado sentido negativo[42] da liberdade de expressão.

A emergência de certos direitos subjectivos públicos como a oitocentista liberdade de imprensa, representa aliás uma manifesta caracterização desta vertente negativa. Como sugestivamente refere Faria Costa, a liberdade de imprensa deve ser perspectivada, não obstante as profundas convulsões registadas a nível comunicacional com o aparecimento da *net*, enquanto guardiã e vigilante dos sinais mínimos de animosidade ou de confinamento que Creonte queira impor[43].

Por outro lado, e tendo em conta a multiplicidade de poderes e faculdades envolvidas nesta liberdade fundamental, importa destacar uma outra vertente, mais ampla e rica, sem a qual não ficaria devidamente inteligível o seu conteúdo. Referimo-nos fundamentalmente aos seus mais variados modos de objectivação: a divulgação de notícias ou informações de factos e acontecimentos reais, a emissão de opiniões técnicas e científicas, a expressão de opiniões críticas ou juízos valorativos[44].

---

[42] De igual modo, colocando em destaque esta componente negativa, a propósito da caracterização da liberdade geral de acção, enquanto elemento estruturante do direito fundamental ao livre desenvolvimento da personalidade (art. 26.º, n.º 1, da CRP), cfr. PINTO, PAULO MOTA, *O Direito ao Livre Desenvolvimento...*, ob. cit., pág. 203. Com efeito, o autor refere-se expressamente a um sentido negativo ao considerar que "o direito ao livre desenvolvimento da personalidade não protege, nomeadamente, apenas a liberdade de actuação, mas igualmente a liberdade de não actuar (não tutela, neste sentido, apenas a actividade, mas igualmente a passividade...)". Ainda a propósito da distinção entre o sentido positivo e negativo do direito à liberdade, cfr. do mesmo Autor, *Os Direitos de Personalidade no Código Civil de Macau, in* Separata do B.F.D., vol. LXXVI, Coimbra, 2000, págs. 231-232. Também Jónatas Machado, a propósito da liberdade de consciência enquanto dimensão essencial da liberdade religiosa, defende que o "Direito visa proteger todas as opções que o indivíduo tome em matéria religiosa, mesmo quando se trate de decisões de rejeição...", cfr. MACHADO, JÓNATAS E., *Liberdade Religiosa Numa Comunidade Constitucional Inclusiva, in* Stvdia Ivridica, B.F.D., Coimbra, 1996, pág. 194.

[43] Cfr. COSTA, JOSÉ DE FARIA, *Entre Hermes...*, ob. cit., pág. 141.

[44] Por seu turno, a estes diversos modos de objectivação da liberdade de expressão pode abstractamente corresponder uma pluralidade de interesses ou fins prosseguidos por quem os leva a cabo.

De igual modo, impõe-se aqui uma referência aos concretos *modus faciendi* que podem assumir os tipos de divulgação ou transmissão acabados de referir: a palavra, a escrita, a imagem, a arte[45]. Optar por qualquer um dos tipos de divulgação, e por algumas das formas acabadas de indicar resulta de um processo de escolha individual. Assim sendo, a delimitação do objecto e conteúdo das informações transmitidas deriva do exercício do poder de autodeterminação do emissor[46]. Salvo, obviamente, quando esteja em causa a transmissão de factos, porquanto a realidade funciona aí como limite e critério das informações divulgadas.

Do exposto resulta claramente a impossibilidade de definir, em termos exaustivos, esta faceta positiva da liberdade de expressão. Concluir em sentido contrário será negar a virtualidade expansiva do seu conteúdo, dada a rica e diversificada panóplia de poderes aí implicados. Apesar de se incluir no âmbito da vertente positiva da liberdade de expressão uma pluralidade de poderes ou faculdades, insusceptível, enquanto tal, de uma enumeração exaustiva, tal não significa, no entanto, ausência de limites[47]. Não podemos, com efeito, confundir liberdade com arbítrio.

---

Ao transmitir informações, ou ao emitir opiniões, um jornalista pode ter em vista apenas objectivos de rentabilização económica da sua empresa, ou pretender igualmente garantir uma informação correcta ou fidedigna ao público em geral, e, por vezes, até satisfazer tão somente a curiosidade dos leitores desenvolvendo assim uma imprensa sensacionalista. Uma concreta identificação dos fins prosseguidos pode revelar-se crucial, mormente quando a actividade desenvolvida é susceptível de contender com direitos de outrem, como sejam a honra ou a intimidade da vida privada. A este propósito, cfr. SOUSA, R. CAPELO DE, *O Direito Geral ...*, ob. cit., pág. 537, PINTO, PAULO MOTA, *Os Direitos de Personalidade no Código ...*, ob. cit., pág. 220, nota 42. Ao longo do trabalho teremos, pois, ocasião de nos referir à relevância das finalidades prosseguidas pelo agente nas hipóteses em que as afirmações por ele divulgadas consubstanciem ilícitos ao bom nome e ao crédito.

[45] Independentemente do impacto, em termos de público, que tais meios de divulgação possam assumir. Com efeito, uma mesma carta pode ter como destinatário apenas o indivíduo concretamente determinado, ou um número indeterminado de pessoas, se, por exemplo, tiver sido divulgada por um meio de comunicação social. E nesta última situação, tendo em conta o meio, em concreto utilizado, a divulgação da notícia é susceptível de assumir uma eficácia irradiante maior ou menor.

[46] Neste sentido se pronuncia Jónatas Machado, considerando que o sentido positivo dos direitos, liberdades e garantias permite "aos seus titulares a actualização das possibilidades e alternativas que o mesmo acolhe, de acordo com as exigências da sua autodeterminação...", cfr. MACHADO, JÓNATAS, *A Liberdade de Expressão...*, ob.cit., pág. 379.

[47] Neste sentido, cfr. *Rufschädigende Behauptung einer Scientology – Mitgliedschaft – Fall Helnwein LB BveriG, Bescl. V. 10.11.1998 – 1 BVR 1351/96*, in N. J. W., München und Frankfurt, 1999, pág. 1324.

De igual modo, certas normas legais, como por exemplo a lei de liberdade de imprensa, não deixam de estabelecer algumas restrições a este valor fundamental. Para além das limitações legais, outras de carácter mais genérico se podem afirmar. Reportamo-nos aquelas derivadas da boa fé, dos bons costumes ou do fim social ou económico do exercício da liberdade de expressão. Ao mencionarmos estes limites está-se a integrar a figura em análise nos quadros da sindicância da ilicitude através do abuso do direito (art. 334.º). Ora, a este propósito algumas dúvidas se podem suscitar. Com efeito, o instituto do abuso do direito foi fundamentalmente delineado para o âmbito dos direitos subjectivos. Tal resulta, desde logo, do teor literal do art. 334.º "é ilegítimo o exercício de um direito ...". No entanto, e em relação à liberdade de expressão, suscitam-se-nos dúvidas se estaremos em face de um autêntico direito subjectivo. Como adiante concluiremos, no nosso entendimento, não é esta a qualificação que mais se lhe ajusta.

Mesmo para quem perfilhe esta perspectiva não deve, todavia, excluir-se a aplicabilidade, neste âmbito, da cláusula geral do abuso do direito. Tal significaria ficar prisioneiro de uma visão meramente literal deste preceito legal. Ora, atendendo à *ratio legis* da norma, parece-nos que o legislador ter-se-á querido referir a todo e qualquer poder ou faculdade, independentemente da questão de saber se lhe ajustará a concreta qualificação de direito subjectivo. A favor desta compreensão mais ampla do abuso do direito. Cfr. Costa, M. Almeida, *Direito das Obrigações,* 10.ª ed., Coimbra, 2006. págs. 87 e ss., "A Eficácia Externa das Obrigações. Entendimento da Doutrina Clássica"*, in Revista de Legislação e de Júrisprudência,* ano 135.º, n.º 3936, pág. 134, Monteiro, J. Sinde, *Responsabilidade por Conselhos, Recomendações ou Informações,* Coimbra, 1989, págs. 180-181 (nota 13), Correia, A. Ferrer, Xavier, Vasco Lobo, "Efeito externo das obrigações; abuso do direito; concorrência desleal (a propósito de uma hipótese típica)"*, in Revista de Direito e Economia,* 1979, I, págs. 10-12, Sá, F. Cunha de, *Abuso do Direito,* 1973, pág. 574 e ss., Cordeiro, A. Menezes, *Tratado de Direito Civil Português, I, Parte Geral (tomo IV),* Lisboa, 2005, págs. 242 e 246, Carvalho, Pedro Nunes de, *Omissão e Dever de Agir em Direito Civil,* Coimbra, 1999, pág. 217 e ss., Júnior, E. Santos, *Da Responsabilidade Civil de Terceiro por Lesão do Direito de Crédito,* Coimbra, 2003, pág. 519 e ss. (apesar de o autor se pronunciar contra a solução da responsabilização de terceiro por via do abuso do direito). No mesmo sentido, na doutrina italiana, cfr. Giuliani, Aldo, "La tutela aquiliana della reputazione económica"*, in Contratto e Impresa,* 1985, pág. 88. Um entendimento diverso é sufragado por Carneiro da Frada, *vide,* Frada, M. Carneiro, *Teoria da Confiança e Responsabilidade Civil,* Coimbra, 2004, pág. 165 (nota 121).

Uma ressalva importa, no entanto, fazer: não estando em causa direitos subjectivos, o abuso do direito não se afirmará por violação manifesta dos limites impostos pela boa fé. Na verdade, a boa fé encontra nas relações de interferência inter-subjectiva o campo privilegiado da sua actuação. Configurar-se-á então um abuso do direito por violação dos bons costumes.

Acerca da relevância da boa fé no âmbito de relações inter-pessoais, fontes de particulares relações de confiança, cfr. Varela, J. Antunes, *Das Obrigações em Geral, I, ob. cit.,* pág. 125 e ss., Carvalho, Orlando, *Teoria Geral do Direito Civil, ob. cit.,* págs. 55-56, Alarcão, Rui de, *Direito das Obrigações* (texto elaborado por J. Sousa Ribeiro, J. Sinde Monteiro, Almeno de Sá e J. C. Proença, com base nas lições do Prof. Doutor Rui de Alarcão), ed. policopiada, Coimbra, 1983, pág. 98, PROENÇA, JOSÉ C. BRANDÃO, *A Conduta do Lesado como pressuposto e critério de imputação do dano extracontratual*, Coimbra, 1997, págs. 410-411.

Questões particularmente melindrosas, neste âmbito das limitações impostas pelos bons costumes à liberdade de expressão, podem ser suscitadas por publicações de natureza científica ou artística. Com efeito, obras desta índole podem socorrer-se, com frequência, de imagens, expressões ou outros tipos de manifestações susceptíveis de colocar dúvidas quanto à sua conformidade com um sentido ético-moral dominante em determinada comunidade num certo período histórico.

Poder-se-á então legitimamente questionar do carácter obsceno de certas obras que revistam algumas das características mencionadas. Averiguar da licitude/ilicitude destas publicações não constitui tarefa fácil. Como ponto de partida para a reflexão em torno das relações entre ciência/arte e obscenidade há quem se atenha a uma máxima simples, mas relevante enquanto base de análise, de acordo com a qual a ciência tem em vista a descoberta da verdade e as respectivas obras dirigem-se a um público especializado, (cfr. BLIN, HENRI, CHAVANNE, ALBERT ET DRAGO, ROLAND, *Traité du Droit de la Presse*, Paris, 1969, págs. 488-489), e a arte orienta-se por ideais de beleza. Com efeito, e reportando-nos ao domínio artístico, pode revelar-se necessário recorrer a meios ou instrumentos aparentemente cruéis onde perpassa uma certa brutalidade para alcançar obras revestidas de um esplendor estético. Poder-se-á então sufragar que "sem sombras não resplandece a luz". A propósito destes argumentos, cfr. CARNELUTTI, FRANCESCO, *Arte e Oscenitá*, Il Foro Italiano, 1947, volume LXX, pág. 95., GRECO-VERCELLONE, *I diritti sulle opere dell'ingegno*, Torino, 1974, pág. 54. Há igualmente quem justifique o recurso a este tipo de expedientes em nome da emotividade artística. Desta feita, a obra de arte, por ser arte, e como tal marcada por padrões emotivos, não se revelaria nunca como contrária aos ditames impostos pelos bons costumes.

Detenhamo-nos mais nas questões jurídicas suscitadas em torno do confessado fim social das obras artísticas. A este propósito, poder-se-á questionar se o verdadeiro problema está em averiguar da conformidade das obras artísticas com as exigências éticas impostas pelo ordenamento jurídico respectivo, ou se não se traduz apenas em aquilatar da efectiva necessidade de recorrer aos meios atrás referidos para alcançar a finalidade artística desejada. De acordo com esta última perspectiva, impõe-se apreciar a idoneidade ou adequação dos meios para alcançar os aludidos objectivos de natureza estética. Assim sendo, impunha-se, desde logo, atender ao comummente designado no sistema jurídico alemão *"Zweckmässigkeit"*.

Pensamos, no entanto, que o problema em análise não pode ser encarado apenas nos quadros de compreensão oferecidos por uma racionalidade estratégica. De outro modo, estar-se-ia a legitimar uma solução já atrás enunciada, a qual julgamos não ser de sufragar: quando estiverem em causa finalidades estéticas ou artísticas não se podem visualizar meios ou realidades obscenas.

Na senda de Carnelutti, julgamos que na arte, assim como no âmbito de outros domínios culturais, tem que existir uma medida. Ora, uma tal medida há-de ser determinada em função de exigências ético-jurídicas fundamentais dominantes em determinada comunidade. Razão por que tem que se atender necessariamente aos limites ditados pelos bons costumes

A liberdade de expressão enquanto bem juscivilísticamente tutelado confronta-se, desde logo, com outros bens e valores igualmente merecedores de protecção jurídica. Direitos da personalidade, entre os quais destacamos, o direito à honra, ao bom nome e ao crédito, à reserva da intimidade da vida privada, o direito à imagem, podem funcionar como importantes limites ao exercício desta liberdade. Consciente de tais limitações, já o código de Seabra no art. 363.º estatuía que "o direito de expressão é livre... mas o que dele abusar em prejuízo da sociedade ou de outrem, será responsável na conformidade das leis".

Desta feita, podem registar-se concretos conflitos entre as exigências regulativas destas realidades. Quando tal suceder, a jurisprudência deve tomar em devida consideração tanto as exigências regulativas da liberdade de expressão, quanto aqueloutras implicadas na tutela dos bens fundamentais da personalidade.

---

(cfr. a este propósito, decisão trib. Corr. Seine, 21 Oct., 1964, *in Gaz. Pal.*, 1964, 2, 439). Assim sendo, não basta que o meio de expressão artístico utilizado atinja de modo eficaz os mais elevados padrões estéticos. Necessário é também que as manifestações artísticas não conflituem com exigências ético-jurídicas fundamentais, mormente não se traduzam em gritantes violações dos bons costumes.

Neste sentido se pronuncia Capelo de Sousa. Para este autor, as obras artísticas são susceptíveis de ser consideradas como obscenas, tendo em conta as exigências ditadas por "padrões ético-sociais vigentes". No entanto, para afirmar a existência de um abuso do direito por violação dos bons costumes, impõe-se ter em consideração as particulares circunstâncias do caso, nomeadamente ter em conta se se regista ou não o propósito do autor da obra em a divulgar, e em caso afirmativo, qual o âmbito da divulgação, em particular, o círculo de destinatários por esta abrangidos. Assim, veja-se o exemplo elucidativo avançado pelo civilista: "um pintor pode representar uma figuração susceptível de ser considerada obscena pelos padrões estético-sociais vigentes, sem que isso constitua abuso do seu direito geral de personalidade ou do seu direito de liberdade de criação artística (art. 42.º da Constituição) até porque isso pode corresponder a uma fase evolutiva da sua personalidade. Mas já haverá abuso do seu direito geral de personalidade se expuser tal quadro a menores". Cfr. SOUSA, R. CAPELO DE, *O Direito Geral...*, *ob. cit.*, pág. 532.

Para uma análise mais detalhada das várias perspectivas e argumentos atrás indicados, cfr. a anotação de Carnelutti à sentença do Tribunal da Milano de 14 de Maio de 1947, a propósito da publicação da versão italiana do romance "L'amante di Lady Chatterley" de D. H. Lawrence, CARNELUTTI, FRANCESCO, *Arte e Oscenitá*, *ob. cit.*, págs. 94-96.

METAFORA, VICENZO, *Satira, Opera Satírica e diritto d'autore*, in Contrato e Impresa, 2001, 2, pág. 763 e ss., (especialmente 768) – (encontramos aqui uma referência expressa à obrigação de o autor de uma obra satírica se abster do recurso a expressões gratuitamente ofensivas).

## 2.5. Encruzilhada dogmática na qualificação da liberdade de expressão como princípio jurídico fundamental ou direito subjectivo. As perspectivas de Carnelutti e de Pugliese

A propósito da qualificação da liberdade de expressão enquanto princípio fundamental do ordenamento jurídico italiano, mormente do respectivo sistema constitucional (art. 21.º da Constituição Italiana), esgrimiu-se uma guerra de argumentos entre dois reputados juristas italianos: Carnelutti e Pugliese.

Esta polémica doutrinal teve a sua origem no artigo publicado por Carnelutti em memória de Calamendrei sobre o direito à intimidade de vida privada[48].

Debruçando-se sobre a importância desempenhada pela liberdade de expressão na edificação de um regime democrático, Carnelutti distingue claramente a liberdade enquanto valor fundamental dos direitos subjectivos. Enquanto a liberdade implica a ausência de limites e uma perfeita igualdade de posições entre os protagonistas das relações em torno dela entertecidas, o direito subjectivo pressupõe uma supremacia do seu titular face ao sujeito sobre quem recai o dever.

Na óptica do autor, a liberdade de expressão não deve configurar-se como um direito subjectivo a divulgar tudo aquilo que se pensa e quer. Caso contrário, a vida social converter-se-ia num caos. Assim sendo, este valor estruturante do Estado de Direito democrático conhece limitações definidas pelo ordenamento jurídico, razão por que onde estas se imponham não existe espaço para a afirmação de um autêntica liberdade.

Onde a liberdade de expressão se manifesta plenamente é na vertente negativa de "não dizer aquilo que não se pensa". Por outras palavras, e expondo agora o pensamento do autor pela positiva, o que o ordenamento jurídico pretende realmente garantir com a consagração deste valor fundamental é a conformidade da palavra difundida com o pensamento. No fundo pretende-se assegurar a cada um a possibilidade de falar tal como pensa, evitando assim que o cidadão seja obrigado a dizer aquilo que não pensa.

Para Carnelutti reside aqui o traço essencialmente distintivo entre os regimes democráticos e os totalitários. A preocupação destes últimos não é apenas, na perspectiva do autor, evitar dissensos, mas sobretudo alcançar

---

[48] CARNELUTTI, FRANCESCO, "Diritto alla vita Privata", in Riv. Trim. dir. pubbl., 1955, pág. 3 e ss.

uma homogeneidade a nível do pensamento divulgado pelos cidadãos. Torna-se então fundamental colocar em destaque a "liberdade de calar" e não tanto, como pretendia um entendimento mais liberal da liberdade de expressão, a possibilidade de cada um dizer o que quer. No entendimento de Carnelutti, o erro desta visão liberalista radica sobretudo na imediata identificação entre liberdades e direitos subjectivos.

Num quadrante oposto, esgrimindo argumentos muito diversos, situa-se um outro grande jurista italiano: Pugliese. De acordo com a perspectiva sufragada por este professor, seria demasiadamente timorato circunscrever o âmbito da liberdade de expressão à possibilidade de cada um "não dizer aquilo que não quer". As exigências de um Estado de Direito democrático supõem necessariamente uma concepção mais ampla e prospectiva deste valor fundamental.

Segundo Pugliese, para além da questão de saber se está em causa um direito subjectivo, cumpre verdadeiramente averiguar se será correcto restringir a liberdade de expressão a um entendimento apenas negativo, ignorando assim a vasta panóplia de faculdades ou prerrogativas subjacentes aquele valor fundamental.

Neste contexto, alerta ainda para o perigo de esta perspectiva limitada alcançar foros de cidade em relação a outras figuras conexas com a liberdade de expressão, como sejam, o direito de reunião e de associação. Ao recusar-se a integração de uma vertente positiva no âmbito daquele valor fundamental corre-se o risco de paralisar o normal funcionamento da vida democrática. Na verdade, excluir-se-ia, deste modo, toda e qualquer possibilidade de ocorrência de fenómenos gregários objectivados na livre manifestação de uma vontade colectiva.

Pugliese contesta ainda de modo incisivo a ideia de Carnelutti, segundo a qual a expressa admissibilidade da "liberdade de não dizer ou de calar" constitui a verdadeira pedra de toque de uma sociedade democrática. De acordo com o autor, nenhum regime autocrático defende como seu pressuposto teórico a obrigação de cada cidadão aderir e difundir as concepções dogmáticas na base das quais aquela se edifica[49]. Não nega, contudo, que o objectivo primordial deste tipo de organização sócio-política

---

[49] Esta conclusão de Pugliese encontra uma clara ressonância no art. 19.º da nossa Constituição de 1933, o qual consagrava o direito de resistência a ordens que infringissem as garantias individuais. Como a este propósito sublinha Menezes Cordeiro, "o autoritarismo do Estado Novo resultava da prática do regime e não da Constituição de 1933", cfr. CORDEIRO, A. MENEZES, "Os direitos de personalidade na civilística portuguesa", in R.O.A., ano 61 (2001), pág. 1232.

se traduza em fomentar a homogeneização colectiva. Todavia, um tal desiderato é, segundo o seu entendimento, sobretudo alcançado através de expedientes de pressão psicológica, e não tanto com exigências jurídico-formais([50]).

Deste modo, Pugliese, contrariamente a Canelutti, não considera que o âmbito da liberdade de expressão resulte basicamente dos limites impostos pelo ordenamento jurídico à iniciativa dos indivíduos.

Bem pelo contrário, o ordenamento jurídico ao proclamar o direito de cada um a manifestar o seu pensamento quer reconhecer a todo o cidadão a faculdade de expressar, do modo por si considerado mais adequado, as suas concepções ou ideias acerca dos mais variados domínios da mundovidência histórico-social, exigindo-se obviamente o respeito dos limites estabelecidos pelo ordenamento jurídico para o exercício da liberdade de expressão. Observadas tais limitações, os particulares contam no seu exercício com a obrigação de as autoridades não se emiscuirem, impedindo assim a concreta realização de tais poderes ou faculdades. Desta feita, Pugliese ao caracterizar a liberdade de expressão coloca o acento tónico sobretudo na **iniciativa** reconhecida aos particulares e não tanto na **inércia** que obviamente se encontra também tutelada no âmbito deste valor fundamental([51]).

## 2.6. Eficácia irradiante da liberdade de expressão: relevância da liberdade de expressão nas relações entre os particulares e os poderes públicos e nas relações entre os particulares

Nesta breve excursão em torno das características da liberdade de expressão, cumpre referir ainda uma nota comum à sua vertente negativa e positiva.

---

([50]) A este propósito, cfr. ainda ZIPPELIUS, REINHOLD, *Demokratie und ...*, ob. cit., págs. 379-380.

([51]) Vide PUGLIESE, GIOVANNI, *Diritto di cronaca e libertá di pensiero*, in Foro Italiano, 1958, vol. LXXXI, pág. 138 (em nota). De acordo com este entendimento, poder-se-á dizer, em termos mais simples, que a liberdade de expressão é sobretudo "**liberdade de falar**", e não tanto "liberdade de calar". Para uma análise mais desenvolvida desta problemática doutrinal em torno da caracterização da liberdade de expressão, cfr. CARNELUTTI, FRANCESCO, "Diritto alla Vita Privata", ob. cit., págs. 3 e ss., *A proposito della libertá di pensiero i risposta ad un sorriso*, in Foro Italiano, 1957, vol. LXXX, págs. 143-145, PUGLIESE, GIOVANNI, *Diritto di ...*, ob. cit., págs. 136-141.

Este valor essencial, qualificado no plano constitucional como direito fundamental, tanto se afirma no plano das relações entre os particulares, como nas relações estabelecidas entre estes e entidades ou poderes públicos. Uma tal conclusão retira-se, desde logo, da análise do n.º 1, art. 18.º da Constituição da República Portuguesa. Com efeito, a liberdade de expressão aparece integrada no catálogo dos direitos fundamentais no âmbito dos direitos, liberdades e garantias([52])([53]).

---

([52]) Neste preceito constitucional estatui-se, desde logo, a aplicabilidade directa das normas relativas aos direitos, liberdades e garantias (por todos, vide Sousa, R. Capelo de, *Lições de Direito das Sucessões I*, Coimbra, 2000, pág. 43(nota 69). Com esta solução pretende-se afirmar o carácter jurídico-positivo, e não apenas programático, destes preceitos, assim como a sua eficácia imediata. Neste sentido cfr. Andrade, J. Vieira de, *Os Direitos Fundamentais na Constituição Portuguesa de 1976*, 2.ª edição, Coimbra, 2001, pág. 200 e ss. Convém, no entanto, realçar que eficácia imediata não é sinónimo de exequibilidade imediata dos preceitos em análise. Basta atentar naqueles direitos para cujo exercício efectivo se exige uma regulamentação complementar ou um procedimento, cfr. neste sentido, Andrade, J. C. Vieira de, *ob. ant. cit.*, págs. 203-204. Para além de prescrever o efeito de aplicabilidade directa, a norma em análise vem definir uma questão algo complexa: o âmbito da sua aplicabilidade.

Na verdade, a admissibilidade da vinculação dos particulares pelas normas relativas aos direitos fundamentais começou, de acordo com um entendimento liberal tradicional, por ser negada. Todavia, tal concepção foi sendo alterada, desde logo, em virtude da pressão exercida pelas profundas modificações registadas no contexto social entretanto delineado de acordo com os padrões propostos pelo modelo do Estado providência.

A doutrina alemã denominou esta realidade por *Drittwirkung der Grundrechte*. Trata-se de uma espécie de eficácia externa ou de efeitos em relação a terceiros dos direitos fundamentais. Criticando esta designação por a considerar eivada de um preconceito liberalista, vide, Vital Moreira e J. Gomes Canotilho, *Constituição...*, *ob. cit.*, págs. 384-385.

Para maiores desenvolvimentos da matéria, vide Andrade, J. Vieira de, *Os Direitos Fundamentais nas Relações entre Particulares*, in BMJ, Documentação e Direito Comparado, n.º 5, 1981, págs. 233-238, e pág. 247, Silva, Vasco Pereira da, *A vinculação das entidades privadas pelos Direitos, Liberdade e garantias*, in RDES, ano XXIX, n.º 2, 1987, págs. 262-265, Ribeiro, J. Sousa, *Constitucionalização do Direito Civil*, in BFDUC, vol. LXXIV, Coimbra, 1998, págs. 730-733 e pág. 742, Sudre, Frederic, *Droit à la Liberté d'Expression (art. 10.º de la convention Européenne des Droits de l'Homme)*, in La Semaine Juridique, Jan. 2001, pág. 193.

Uma tal eficácia externa dos direitos fundamentais ter-se-á inspirado nas propostas doutrinais juscivilísticas da eficácia externa das obrigações. Reportando os seus contributos para o âmbito dos direitos, liberdades e garantias, dir-se-á então que além do efeito principal destes direitos traduzido na vinculação das entidades públicas, cumpre também destacar os seus efeitos reflexos quanto às relações entre os particulares. Sobre este assunto, cfr. Silva, Vasco Pereira da, *A Vinculação ...*, *ob. cit.*, págs. 259-260. Sendo, como acabamos de ver, controversa esta designação, há quem prefira apelidar a realidade em análise por eficácia horizontal dos direitos fundamentais.

Dando como assente a relevância dos preceitos em análise no âmbito das relações de direito privado, podem, no entanto, descortinar-se propostas doutrinais que propendem para a aplicabilidade imediata ou eficácia absoluta dos preceitos constitucionais (perspectivas monistas), e outras tendentes a defender uma aplicabilidade apenas mediata dos direitos fundamentais nestes domínios, ou seja, através de uma regulamentação de Direito Privado (perspectivas dualistas). Acerca destas perspectivas, cfr. CANOTILHO, J. GOMES, *Direito Constitucional e Teoria da Constituição*, 7.ª edição, 2003, pág. 448 e pags. 1287-1288 (o autor distingue antes a este propósito, entre a teoria da eficácia "directa" ou "imediata" – *ummittelbare, direkte Drittwirkung* – e a teoria da eficácia "indirecta ou "mediata" – *mittelbare, indireckte Drittwirkung*, ANDRADE, J. VIEIRA DE, *Os Direitos Fundamentais na Constituição...*, *ob. cit*, págs. 242-250, CANARIS, CLAUS-WILHELM, *Grundrechte und Privatrecht, in* Archiv für die Civilistiche Praxis, 1984, págs. 202 e ss. (a propósito das perspectivas monistas e respectivas críticas), e pág. 210 e ss (quanto às perspectivas dualistas), MÄSCH, GERARD, *Chance und Schaden*, Tübingen, 2004, pág. 231 e ss. A nível legislativo, cumpre fazer menção à Lei n.º 18/2004, de 11 de Maio, que transpôs a Directiva n.º 2000/43 CE, do Conselho, de 29 de Junho, e onde se encontra vertido o princípio da igualdade de tratamento entre as pessoas, sem distinção de raça ou etnia (trata-se, na verdade, de um exemplo paradigmático de aplicabilidade mediata dos direitos fundamentais nas relações entre os particulares).

Um tratamento adequado desta problemática implica, no nosso entendimento, articulação entre os contributos e valores subjacentes às orientações expostas, bem como particular atenção quanto ao tipo de relações estabelecidas entre os particulares no tocante aos concretos direitos fundamentais nelas envolvidos. Assim, impõe-se, desde logo, conciliar exigências fundamentais decorrentes do princípio da igualdade com os valores básicos da autonomia privada, entre os quais se destaca o livre desenvolvimento da personalidade, livre iniciativa económica e a liberdade negocial (valores aos quais é reconhecida dignidade constitucional).

Com efeito, os princípios referidos em último lugar constituem elementos estruturantes do direito privado, e sem a consideração destes não é pois possível apreender devidamente a questão da eficácia dos preceitos relativos aos direitos, liberdades e garantias nas relações entre os particulares. Neste contexto, torna-se ainda fundamental averiguar da natureza das relações entre os particulares. Convém assim analisar o tipo de relação, com vista a averiguar se se trata de uma situação em que uma das partes se encontra investida de um especial poder, ou se, ao invés, nos encontramos em face das típicas relações de direito privado, ou seja, relações entre iguais. Para uma caracterização das relações de paritária intersubjectividade enquanto relações típicas de direito privado, cfr. NEVES, A. CASTANHEIRA, *O Direito...*, *ob. cit.*, pág. 7-10.

Uma tal distinção revela-se-nos de facto indispensável. Somente no âmbito das primeiras, os particulares podem assumir a veste de sujeitos passivos de direitos fundamentais, ocupando assim a posição tradicionalmente reservada ao Estado no contexto daqueles. Não podemos ignorar que os direitos, liberdades e garantias começaram por se afirmar como pretensões dirigidas contra o Estado, e, apesar das muitas transformações registadas, ainda hoje são marcados por essa nota caracterizadora. Neste sentido, cfr. ANDRADE, J. VIEIRA DE, *Os Direitos Fundamentais nas Relações*, *ob. cit.*, pág. 247, CANARIS, CLAUS-WILHELM,

*Grundrechtswirkungen und Verhältnismässigkeitsprinzip in der Richterlichen Anwendung und Fortbildung des Privatrechts*, in Juristisches Schulung, ano 29, 1989, pág. 162.
De igual modo, também Casalta Nabais parece perfilhar este entendimento ao pronunciar-se sobre o acórdão do Tribunal Constitucional n.º 198/85. Neste aresto, caracteriza-se o direito ao sigilo de correspondência como "um daqueles que, por sua natureza, não pode deixar de ter um alcance *erga omnes*, impondo-se não apenas ao poder público e aos seus agentes, mas igualmente no domínio das relações entre os privados". Comentando a decisão, o autor entende que o direito ao sigilo de correspondência não esgota, nem nunca esgotou, os seus efeitos apenas no plano das relações entre os particulares e os poderes públicos. Para além disso, considera como objectivo fundamental da teoria da *Drittwirkung* ou da *Trirdparty applicability* estender a eficácia daqueles direitos fundamentais, em princípio dirigidos apenas contra os poderes públicos, também "às relações entre particulares decorrentes da autonomia privada, nomeadamente nas relações contratuais". Vide NABAIS, JOSÉ CASALTA, *Os Direitos Fundamentais na Jurisprudência do Tribunal Constitucional, in* B.F.D., vol. LXV, 1989, pág. 75, nota 32.

As especificidades da eficácia dos direitos fundamentais manifesta-se, desde logo, na diversa intensidade da sua influência em função do contexto onde se fazem sentir. Basta proceder ao confronto entre as relações familiares (menores e pais ou tutores) e aquelas outras entretecidas entre trabalhador-empregador. Em qualquer das situações podemos facilmente constatar a supremacia de uma das partes. Não temos, no entanto, quaisquer dúvidas em afirmar a maior relevância dos preceitos relativos aos direitos, liberdades e garantias nas relações laborais. Neste sentido, cfr. ANDRADE, J. VIEIRA DE, *Os Direitos Fundamentais na Constituição..., ob. cit.*, pág. 256, PINTO, PAULO MOTA, *O Direito à Reserva sobre a Intimidade da Vida Privada*, B.F.D., vol. LXIX, Coimbra, 1993, pág. 555 e ss. (referindo-se apenas ao direito estudado nesta obra: o direito à reserva sobre a intimidade da vida privada), CANARIS, CLAUS-WILHELM, *Grundrechtswirkungen und ..., ob. cit.*, pág. 162 e págs. 166-167. No entanto, mesmo no âmbito destas relações de poder, os direitos fundamentais nunca se afirmam com a mesma intensidade registada no confronto com os poderes públicos. Tal entendimento é sufragado por Vieira de Andrade, invocando o argumento incontestável de que aqui se encontram "excluídas as faculdades de exigir a protecção positiva ou activa dos direitos e liberdades, que só podem ter como destinatário o Estado, detentor do monopólio da coacção", cfr. ANDRADE, J. VIEIRA DE, *Os Direitos Fundamentais na Constituição..., ob. cit.*, pág. 257, nota 48.

Bastante diversa se nos afigura a relevância assumida pelos direitos, liberdades e garantias nas relações típicas de direito privado, ou seja, nas relações entre iguais. Neste âmbito, os particulares já não podem considerar-se como sujeitos passivos de direitos fundamentais. No entanto, os preceitos a eles atinentes não deixam de aí pontificar. Impõe-se, todavia um maior respeito pelos valores fundamentais, já atrás aludidos, tutelados no Direito Privado: liberdade negocial, livre iniciativa económica, rapidez e segurança das negociações, ... cfr., neste sentido, colocando em relevo o papel da autonomia privada nas relações entre os particulares, CANARIS, CLAUS-WILHELM, *Grundrechtswirkungen und ..., ob. cit.*, págs. 166-167.

Destarte, em face do respeito devido à liberdade dos particulares, pode-lhes ser permitido introduzir restrições ao tratamento igualitário imposto por via constitucional.

Cfr. PINTO, CARLOS A. DA MOTA, *Teoria Geral do Direito Civil*, 3.ª ed., Coimbra, 1999, págs. 74-75. Assim, segundo o autor "ninguém pode invocar o princípio da igualdade para impugnar um testamento em que o testador beneficie um ou alguns filhos relativamente a outros, *vide* PINTO, CARLOS A. DA MOTA, *ob. ant. cit*, pág. 77. Em sentido diverso, sufragando uma visão mais abrangente, nos termos da qual a vinculação das entidades privadas pelos direitos fundamentais é idêntica à registada quanto aos entes públicos, cfr. VITAL MOREIRA e J. J. GOMES CANOTILHO, *Constituição...*, *ob. cit.*, págs. 385-386.

Tais limitações poderiam afigurar-se como intoleráveis se tivessem como protagonista uma entidade pública, ou até mesmo um particular investido numa situação especial de poder. Porém, relativamente às relações entre particulares, apenas será de admitir a intervenção correctiva dos direitos fundamentais quando aqueles no exercício da sua liberdade atinjam intoleravelmente a dignidade humana dos demais. Neste sentido, cfr. ANDRADE, J. VIEIRA DE, *Os Direitos Fundamentais na Constituição...*, *ob. cit.*, pág. 260 e ss., PINTO, CARLOS A. DA MOTA, *Teoria Geral do Direito Civil*, *ob. cit*, págs. 75, RIBEIRO, J. SOUSA, *Constitucionalização ...*, *ob. cit.*, págs. 751-752, PINTO, PAULO MOTA, *O Direito ao Livre...*, *ob. cit.*, pág. 241.

De quanto ficou exposto resulta clara a relevância das normas atinentes aos direitos fundamentais no âmbito das relações jurídicas privadas, bem como o grau diversificado de influência por elas exercido consoante o tipo de situações a regular. No tocante à necessidade de conciliar as exigências constitucionais de segurança dispensadas pelo Estado aos particulares e da garantia de liberdade de acção com a disciplina da responsabilidade delitual alemã §823 do B.G.B., a propósito do direito ao ressarcimento dos prejuízos sofridos pelo lesado, (de um modo particular quanto à reparação dos lucros cessantes), cfr. MÄSCH, GERALD, *Chance ...*, *ob. cit.*, pág. 234.

Questão diversa, à qual de resto já nos referimos, diz respeito ao modo de aplicação dos preceitos constitucionais. A um tal propósito, têm surgido propostas doutrinais diferentes, às quais já fizemos referência. Parece-nos, a este propósito, imprescindível que as exigências constitucionais sejam filtradas de acordo com a realidade jurídico-positiva civilística. Na senda de Mota Pinto, a aplicação das normas constitucionais à actividade privada opera-se quer através de normas de direito privado que reproduzem o seu conteúdo (art. 72.º do Código Civil e art. 26.º da Constituição) quer por cláusulas gerais e conceitos indeterminados cujo conteúdo é integrado com valores constitucionais (art. 280.º do Código Civil), e somente em casos excepcionais, ou seja, na ausência dos expedientes técnicos referidos, se aplicam imediata e independentemente de qualquer regra de direito privado. Neste sentido, cfr. PINTO, CARLOS A. MOTA, *Teoria Geral, ob. cit.*, págs. 74-75 (defendendo uma subsidiariedade de princípio no recurso às normas constitucionais). De igual modo, cfr. PINTO, PAULO MOTA, *O Direito ao Livre...*, *ob. cit.*, págs. 238-240, FERNANDES, LUÍS CARVALHO, *Teoria Geral do Direito Civil*, vol. I, 2.ª ed., Lisboa, 1995, págs. 29-30.

Referência particular deve ser deixada ainda a propósito dos meios de tutela dos direitos fundamentais no âmbito destas relações. Também aqui deve prevalecer uma ideia semelhante: a prevalência dos meios de tutela específicos do direito privado. Neste contexto, podemos destacar a obrigação de indemnizar fundada em responsabilidade civil por violação de direitos de personalidade (483.º, n.º 1 e 70.º e ss.).

Para além disso, pode sustentar-se ainda a aplicação do regime das invalidades – a nulidade – decorrente da violação da ordem pública (art. 280.º). Mesmo quando não seja possível a aplicação deste mecanismo de tutela típico do direito civil, à mesma solução da nulidade se poderá chegar por aplicação directa dos preceitos constitucionais. Na verdade, dado o carácter imperativo destas normas, serão considerados inválidos os acordos negociais que as contrariem. Poder-se-á neste contexto abrir ainda a possibilidade, em lugar da nulidade, se proceder a uma redução do conteúdo vinculativo dos acordos negociais violadores das regras constitucionais. Neste sentido, cfr. RIBEIRO, J. SOUSA, *Constitucionalização...*, ob. cit., pág. 749.

Também não é de ignorar a possibilidade, nos termos limitados em que é admitida, de recurso aos meios de auto-tutela dos direitos. Basta pensar numa hipótese de legítima defesa como meio de reacção à divulgação pública do conteúdo de uma carta confidencial cuja titularidade pertence a quem se defende. Por fim, refira-se ainda a faculdade de lançar mão de procedimentos cautelares, uma vez verificados os pressupostos de que depende a aplicação de tais expedientes processuais. Considere-se, a título exemplificativo, a apreensão de correspondência colocada sob a guarda de um depositário, quando haja grave receio de este último proceder ao seu extravio.

Pereira da Silva admite ainda o recurso à execução específica nos casos em que exista uma prévia oferta de contratar ao público, como acontece com os restaurantes e cinemas. Cfr. SILVA, VASCO PEREIRA DA, *A vinculação das entidade privadas...*, ob. cit., pág. 273. Tal solução logrará ainda maior apoio naquelas situações em que tais actividades são exercidas em determinado meio num regime de monopólio e digam respeito a bens essenciais. Ainda neste sentido, admitindo a obrigação de contratar quando, em certas situações, a adopção de condutas discriminatórias ofendam gravemente a dignidade humana, cfr. RIBEIRO, J. SOUSA, *Constitucionalização...*, ob. cit., págs. 752-753.

[53] Convém, no entanto, sublinhar que, numa perspectiva juscivilística, a liberdade de expressão aparece integrada no âmbito dos direitos de personalidade. Mesmo não a considerando como um particular direito de personalidade, mas antes como fonte de diversos direitos desta natureza, parece-nos inevitável o seu enquadramento nesta sede. Ora é precisamente este entendimento que releva na óptica do nosso trabalho. Todavia, e sobretudo a partir da Constituição de 76, estendeu-se o número dos direitos de personalidade reconhecidos constitucionalmente como direitos fundamentais. Para além da expressa consagração constitucional de múltiplos direitos de personalidade, como é o caso da liberdade de expressão, impõe-se ter em conta o disposto no n.º 1 do art. 16.º da Constituição, segundo o qual "os direitos fundamentais consagrados na Constituição não excluem outros constantes das leis".

Tal não significa concluir por uma identidade entre os direitos de personalidade e os direitos fundamentais. Basta pensar, por um lado, em direitos de personalidade nos quais se tutelam áreas não essenciais da personalidade humana, e como tais não podem ser elevados à categoria de direitos fundamentais, e por outro, em direitos fundamentais cujo objecto de tutela não respeita a bens da personalidade. Esta distinção não se revela isenta de consequências a nível de regime jurídico. Com efeito, e apesar de mecanismos próprios da tutela constitucional (art. 18.º, n.º 1 e n.º 3, 168.º, n.º 1, al. b), da CRP) se estenderem aos direitos de personalidade constitucionalizados, certo é que os direitos de personalidade *tout court*, são objecto de um tratamento no plano juscivilístico (art. 70.º, n.º 2 e 483.º). Para uma análise mais detalhada da distinção entre os direitos da personalidade e os direitos fundamentais, cfr. SOUSA, R. CAPELO DE, *O Direito Geral ...*, ob. cit., pág. 581-586.

*Prima facie*, poderá configurar-se um contra-senso debruçarmo-nos sobre a eficácia em relação a terceiros dos direitos fundamentais a propósito da caracterização da liberdade de expressão, depois de insistentemente termos decidido perspectivar este valor fundamental numa concepção juscivilística, e não como garantia institucional.

Uma tal contradição é apenas aparente. Com efeito, os direitos fundamentais não deixam de se conceber como posições jurídicas subjectivas atribuídas aos particulares pela circunstância de a sua fonte se encontrar na Constituição[54]. Como sugestivamente considera Menezes Cordeiro, "os direitos fundamentais dobram uma série de figuras que disfrutam de protecção noutros níveis, nomeadamente o civil"[55].

Para além disso, a previsão a nível constitucional dos poderes jurídicos atribuídos aos *socci* é susceptível de conferir uma maior efectividade às respectivas posições no plano juscivilístico através do recurso a importantes expedientes jurídicos como a interpretação conforme a Constituição[56].

Não podemos ainda ignorar a circunstância de no nosso ordenamento jurídico a tutela dos direitos da pessoa ter alcançado um nível de aprofundamento mais intenso a nível constitucional que o atingido no contexto do direito civil. Várias são as razões justificativas de uma tal assimetria. Por um lado, a Constituição de 76, inspirada no aprofundamento dogmático da matéria dos direitos fundamentais registado a partir da década de 70[57], surge como uma legislação inovadora nesta matéria. Por outro, não podemos ignorar as hesitações sentidas no âmbito da civilística portuguesa quanto ao acolhimento da categoria dos direitos de personalidade, apesar de forte tradição nacional no tratamento destas matérias. Não obstante se ter operado a consagração no Código de Seabra de um elenco de direitos originários, certo é que a matéria da tutela da personalidade não conheceu os desenvolvimentos que seriam normalmente de esperar[58].

---

[54] No sentido de conceber os direitos fundamentais como posições jurídicas para cuja caracterização se revela decisivo o critério da fonte, cfr. CORDEIRO, ANTÓNIO MENEZES, *Tratado de Direito Civil Português, Parte Geral, Tomo I*, 3.ª ed., Coimbra, 2005, pág. 374.

[55] CORDEIRO, ANTÓNIO MENEZES, *Tratado de Direito Civil*, I, ..., *ob. cit.*, pág. 375.

[56] A este propósito, cfr. CORDEIRO, ANTÓNIO MENEZES, *Tratado de Direito Civil*, I, ..., *ob. cit.*, pág. 376.

[57] Sem querer ignorar, de resto, a recepção pelas sucessivas constituições portuguesas (1821, Carta Constitucional de 1826, 1838, 1911 e 1933) de elencos, mais ou menos vastos, de direitos do homem.

[58] Não queremos, no entanto, negar o assinalável esforço de tratamento desta matéria levado a cabo por autores, como Manuel de Andrade, Cunha Gonçalves, Pires de Lima

## 2.7. Carácter defensivo dos direitos filiados na liberdade de expressão e eficácia erga omnes

Estando a liberdade de expressão integrada no universo dos direitos de personalidade, ou em termos mais precisos, constituindo esta a matriz ou base de fundamentação de uma multiplicidade deste tipo de direitos, não podem levantar-se quaisquer dúvidas acerca da natureza *erga omnes*[59] desses concretos poderes ou faculdades (*diritto di cronaca,* direito de crítica política, cultural...).

---

e Antunes Varela, Mota Pinto e Orlando de Carvalho. Para uma análise mais desenvolvida da evolução registada no direito civil para o acolhimento dos direitos de personalidade, cfr. CORDEIRO, A. MENEZES, *Os Direitos de personalidade na civilística portuguesa, in* R.O.A., ano 61, 2001, pág. 1232 e ss.

([59]) Estamos a reportar-nos apenas àquelas manifestações da liberdade de expressão que constituem direitos subjectivos. Com efeito, em relação à liberdade de expressão enquanto *Rahmenrecht*, a mesma solução não nos parece sufragável. Depõem assim, contra o reconhecimento da natureza *erga omnes*, certos aspectos reputados como essenciais à sua caracterização. Desde logo, a extrema dificuldade de delimitação do objecto da liberdade de expressão, tendo em conta o seu carácter indeterminado e difuso. Enquanto fonte inesgotável de poderes e faculdades cujo conteúdo se pode apresentar multiforme, torna-se quase impossível prever as concretas formas da sua objectivação.

Destarte, impor a toda a comunidade jurídica o respeito pela liberdade de expressão enquanto direito complexo e indeterminado poderia acarretar consequências indesejáveis do ponto de vista da segurança jurídica. Diversa se afigura, no entanto, a solução advogada a propósito dos concretos e específicos direitos subjectivos naquela fundamentados, os quais se traduzam em direitos de personalidade. Em relação a estas particulares manifestações reconhecidas pelo ordenamento jurídico já não se colocam as objecções atrás apontadas, razão por que, sem margem para dúvidas, podemos visualizar aí a referida eficácia *erga omnes*.

No tocante à liberdade de expressão enquanto direito individual, o seu aparecimento encontra-se normalmente associado ao pensamento de Milton e de Locke, nomeadamente aos contributos por estes deixados em matéria de liberdade religiosa. Ao conceber a igreja como um organização societária livre, no âmbito da qual aos crentes deve ser assegurada uma autêntica vivência da fé individual, Locke acaba por oferecer um inestimável contributo para perspectivar a liberdade de expressão como um direito dos cidadãos, mormente dos fiéis. Com efeito, apenas se pode garantir a liberdade religiosa dos crentes se lhes for permitido simultaneamente divulgar sem constrangimentos as suas opiniões sobre tais matérias. Não podemos deixar de contextualizar o pensamento do autor num ambiente de fervorosa discussão teológico-confessional, ocupando aí as matérias de ordem religiosa uma posição de primazia. O direito à livre expressão dos indivíduos funcionou então como um instrumento indispensável para a concreta manifestação da fé individual. Neste sentido, cfr. MACHADO, JÓNATAS, *A Liberdade de Expressão..., ob. cit.,* págs. 60-61.

Aos titulares de tais poderes([60]), a ordem jurídica reconhece uma posição de soberania no gozo dos respectivos bens da personalidade.

Destarte, em relação a todos os membros da comunidade jurídica (sujeitos passivos) exige-se-lhes a adopção de comportamentos negativos (*non facere*). Aos direitos de personalidade anda sobretudo associado um conteúdo defensivo, mercê da configuração que lhes foi dada pelo jusnaturalismo germânico, fortemente influenciado pela filosofia kantiana([61]), repudiando assim claramente o modelo francês, que com alguma flexibilidade estendia o *modelo da propriedade* à compreensão dos bens da

---

([60]) Normalmente ligamos a titularidade dos poderes e faculdades envolvidos na liberdade de expressão às pessoas físicas. Contudo, as pessoas colectivas, ou na designação de Orlando de Carvalho, as pessoas jurídicas *strictu sensu* (cfr. CARVALHO, ORLANDO DE, *Teoria Geral ...*, *ob. cit.*, pág. 112) podem também assumir a mencionada titularidade. Uma tal conclusão, apesar de inquestionável, levanta particulares questões atinentes à capacidade jurídica de gozo das pessoas colectivas. Na verdade, a capacidade jurídica destes entes não é de natureza geral. De acordo com o art. 160.º, vale, nesta matéria, o princípio da especialidade do fim, nos termos do qual, as pessoas colectivas podem ser titulares dos direitos e obrigações necessários à prossecução dos seus fins.

Desta feita, aqueles direitos estritamente pessoais, como o direito à vida, integridade física, ficam desde logo afastados da sua esfera jurídica. Contudo, o mesmo não se poderá sustentar em relação a outros direitos com significativas repercussões na esfera social. Referimo-nos antes de mais à liberdade de expressão. De igual modo o bom nome e o crédito, como teremos ocasião, contam-se entre a panóplia de prerrogativas cuja titularidade pode ser assumida pelas pessoas colectivas. Circunscrevendo-nos tão somente à liberdade de expressão, esta pode configurar-se como um instrumento indispensável ao desenvolvimento da actividade de certos entes colectivos, como sejam as associações, fundações, sindicatos, organizações da igreja.... Todavia, o exercício dos poderes inerentes a este valor fundamental encontra-se mais limitado quando confrontado com as possibilidade de afirmação pelas pessoas físicas do inúmero feixe de faculdades ligado à liberdade de expressão.

Se no entanto compararmos, a este propósito, a posição das pessoas colectivas privadas com a das pessoas colectivas públicas somos levados a concluir, na senda de Capelo de Sousa, por uma maior amplitude de valor da liberdade de expressão quanto às pessoas colectivas privadas. Com efeito, o interesse público prosseguido por tais entes colectivos, assim como as correlativas exigências de imparcialidade e transparência na sua actuação, determina que "o direito geral da liberdade se acha, em todas as pessoas colectivas públicas, muito limitado pelo regime de direito público, que impõe uma maior determinação, especialidade e restrição dos fins das pessoas colectivas públicas (face mesmo ao verificado nas pessoas colectivas privadas). Cfr. SOUSA, R. CAPELO DE, *O Direito Geral ...*, *ob. cit.*, pág. 602-603.

([61]) Para uma análise desenvolvida acerca da influência do pensamento filosófico de Kant na delimitação da categoria dos direitos de personalidade, cfr. COING, HELMUT, *Der Rechtsbegriff der Menschlichen Person und die Theorien der Menschenrecht, in* Id., *Zur Geschichte des Privatrechtsystems*, Frankfurt am Main, 1962, pág. 56 e ss.

personalidade([62]). Não admira assim que os direitos de personalidade sejam fundamentalmente concebidos nas ordens jurídicas continentais de inspiração alemã, como realidades extrapatrimoniais([63]). Fala-se então aqui de uma obrigação geral de abstenção e, de um modo particular, a propósito dos direitos da personalidade, de uma obrigação geral de respeito ([64]).

---

([62]) Cfr. RESTA, GIORGIO, *Autonomia Privata e Diritti della Personalitá*, Napoli, 2005, pág. 28 e ss.

([63]) Porém, e como teremos ocasião de referir cada vez mais, a compreensão dos direitos de personalidade tem evoluído de uma perspectiva meramente defensiva, para uma concepção complexa onde é reconhecida a tais realidades uma dupla vertente (pessoal/patrimonial). Neste contexto, cumpre sublinhar que na doutrina francesa desde há muito certos autores põem em destaque a vertente patrimonial dos direitos de personalidade, cfr. JOSSERAND, LOUIS, *La personne humaine dans le commerce juridique*, in D.H., 1932, chr., pág. 1 e ss. Para maiores desenvolvimentos acerca da mencionada evolução de uma estrutura defensiva para uma concepção dos direitos de personalidade com estrutura mista, RESTA, GIORGIO, *Autonomia Privata ...*, *ob.cit.*, pág. 9 e ss.

([64]) Neste sentido, cfr. CARVALHO, ORLANDO DE, *Teoria Geral...*, *ob. cit.*, pág. 106. Referindo-se ao dever dos sujeitos passivos dos direitos de personalidade fala de um "dever de respeito, que não se traduz num mero dever de abstenção, mas envolve virtualmente prestações positivas (dever geral de auxilio, C. Pen., art. 219.º; incumbências do Estado por força do carácter cogente dos direitos económicos, sociais e culturais reconhecidos na Const. da Rep.)". De igual modo, cfr. também, SILVA, MANUEL GOMES DA, *Esboço de uma Concepção personalista...*, *ob. cit.*, págs. 113-114, SOUSA, R. CAPELO DE, *O Direito Geral...*, *ob. cit.*, pág. 389 e PINTO, PAULO MOTA, *O Direito à Reserva ...*, *ob. cit.*, págs. 482-483, nota 12, OPPO, GIORGIO, *Diritto privato e interessi pubblici*, in Riv. Dir. Civ., 1994, I, pág. 26. Na mesma linha de orientação, Carvalho Fernandes, ao caracterizar os direitos da personalidade, além de se referir à natureza *erga omnes* enquanto aspecto nuclear para a sua compreensão, considera que não é de excluir " a possibilidade de se identificarem direitos da personalidade que apresentam uma configuração relativa, consubstanciando-se como direitos subjectivos públicos cívicos, isto é, como direitos a obter uma prestação do Estado". FERNANDES, LUÍS A. CARVALHO, *Teoria Geral...*, *ob. cit.*, pág. 190.

Tanto Orlando de Carvalho como Carvalho Fernandes ao referirem-se respectivamente a "incumbências do Estado por força do carácter cogente dos direitos económicos, sociais e culturais reconhecidos na Const. da Rep.", e a "direitos a obter uma prestação do Estado", estão a destacar a posição de sujeito passivo de direitos subjectivos susceptível de ser assumida pelo Estado. Por estarem em jogo exigências e interesses tão relevantes como sejam os bens da personalidade humana, sobre o Estado podem recair também prestações de *facere*. Reportando-se às liberdades da comunicação, Jónatas Machado considera as ajudas do Estado à imprensa e a existência de um serviço público de radiodifusão como exemplos paradigmáticos de deveres de prestação a cargo do Estado. Cfr. MACHADO, JÓNATAS, *A Liberdade de Expressão...*, *ob. cit.*, pág. 381. Desta feita, este tipo de direitos envolve, por regra, particulares limitações jurídicas ao poder político do Estado. Estamos a referir-nos aqui aos comummente designados pela doutrina direitos subjectivos públicos.

Um exemplo significativo desta categoria de direitos pode colher-se no art. 519.º, n.º 3, do Código de Processo Civil. Em causa está realmente a tutela de valores fundamentais ligados à personalidade humana, razão por que o Estado (os órgãos judiciais) tem de respeitar a recusa, por parte das pessoas indicadas no preceito mencionado, em colaborar na descoberta judicial da verdade. Uma tal obrigação de respeito, pode até implicar, para os órgãos judiciais, prestações de *facere*.

Não se pense, no entanto, que a categoria dos direitos subjectivos públicos respeita apenas à tutela de bens da personalidade humana. Basta atentar no direito à concessão de alvará para o exercício de uma actividade licenciada. Neste âmbito tutelam-se apenas interesses de índole diversa: interesses de natureza patrimonial. Particular relevo, no contexto em análise, assumem ainda os direitos económicos, sociais e culturais de natureza juspublicística, bem como os direitos de participação política. Com efeito, o exercício destes direitos implica a criação, por parte dos entes públicos, de certas condições, as quais, por sua vez, dependem muitas vezes da adopção de comportamentos positivos (*facere*) por parte daqueles. Aliás, a génese dos direitos subjectivos públicos encontra-se ligada ao advento das democracias representativas. Para uma análise mais desenvolvida dos direitos subjectivos públicos, cfr. Justo, António Santos, *Introdução ao Estudo...*, ob. cit., pág. 53-55.

A propósito da natureza e tipologia dos direitos subjectivos públicos, vide, Neves, A. Castanheira, *Introdução ao Estudo do Direito*, Coimbra, 1968-1969, pág. 405, Justo, António Santos, *Introdução ao estudo ...*, ob. cit. págs. 53-58, Sousa, R. Capelo de, *O Direito Geral ...*, ob. cit., págs. 586-589.

Como resulta claro da exposição anterior, toda a vasta problemática suscitada em torno dos direitos subjectivos públicos extravasa manifestamente o círculo de valores e interesses inerentes aos direitos da personalidade. De resto, a matriz genética de tais direitos reveste natureza essencialmente publicística, e é neste domínio onde se continuam de resto a encontrar as suas manifestações mais significativas. Assim sendo, não se pode desenvolver o estudo da obrigação geral de respeito centrado unicamente a partir da categoria dos direitos subjectivos públicos. Como acabámos de referir, o seu âmbito é substancialmente mais amplo. Apenas nos referimos aos direitos subjectivos públicos a propósito da caracterização da obrigação correlativa aos direitos da personalidade, porque existem certas *fattispecies* daquele tipo onde se tutelam facetas e aspectos fundamentais da personalidade humana. Encontramos então na vasta panóplia dos direitos subjectivos públicos exemplos significativos a partir dos quais o estudo da obrigação geral de respeito pode resultar mais esclarecido e completo.

Cumpre, no entanto, salientar que os deveres de acção impostos aos demais membros da comunidade jurídica com vista a permitir o gozo dos bens da personalidade pelo seu titular não surgem indiscriminadamente. Impõem-se a todos os membros da comunidade jurídica quando resultarem da lei (não forçosamente apenas da lei civil, mas também da lei penal – art. 200.º do Cód. Pen.), do estatuto deontológico de certas profissões, ou do "espírito do sistema, nomeadamente dos velhos princípios gerais do direito *neminem laedere e suum cuique tribuere* (cfr. Sousa, R. Capelo de, *O Direito Geral ...*, ob. cit., pág. 427).

De igual modo, podem ainda considerar-se como fonte de deveres de acção as designadas "situações de ingerência". Nestas hipóteses, o agente criou, com uma conduta anterior, uma situação de perigo ou de risco, razão por que sobre ele há-de recair também

São as exigências de solidariedade e de corresponsabilidade, decorrentes da natureza comunitária da pessoa humana, que impõem, para além dos deveres de abstenção (igualmente presentes nos *Herrschaftsrechte*), a adopção de comportamentos positivos dirigidos a assegurar o efectivo e integral gozo dos bens da personalidade pelo titular dos respectivos direitos([65]).

---

um dever de a eliminar. Para além destas situações, deve aceitar-se, na esteira de Figueiredo Dias, que certas situações de proximidade sócio-existencial do agente com bens jurídicos protegidos podem constituir ainda fonte de deveres de acção, Cfr., DIAS, J. FIGUEIREDO, *Direito Penal*, sumários de lições, Coimbra, 1975, pág. 166 e ss.

Destarte, quem quer que se encontre nas situações atrás mencionadas deve adoptar comportamentos positivos aptos a permitir ao titular dos direitos de personalidade gozar dos bens objecto da respectiva tutela. Aqui reside o carácter genérico da obrigação de respeito associada aos direitos de personalidade.

Todavia, e ao contrário de quanto sucede a propósito dos deveres de abstenção, o surgimento dos deveres de acção só ocorre em circunstâncias específicas. Uma tal diferença é de resto compreensível, porquanto se exigíssemos que a globalidade dos comportamentos impostos aos sujeitos passivos dos direitos de personalidade revestisse conteúdo positivo, a liberdade de acção dos membros da comunidade jurídica ficaria gravemente tolhida. Neste sentido, *vide* SOUSA, R. CAPELO DE, *O Direito Geral ..., ob. cit.*, pág. 423. Inversamente, "a autonomia e o autodesenvolvimento de cada pessoa humana, bem como a natureza individualizante e exclusivista dos bens da personalidade juridicamente tutelados, implicam que a generalidade dos comportamentos impostos aos sujeitos passivos nas relações de personalidade incorporem fundamentalmente deveres jurídicos de abstenção". Cfr. SOUSA, R. CAPELO DE, *O Direito Geral ..., ob. cit.*, pág. 423.

([65]) Cumpre destacar aqui, de um modo particular, o dever de solidariedade social tutelado pelo art. 200.º do Cód. Penal. Neste dispositivo legal (corresponde ao art. 219.º do Código Penal de 1982), "o fundamento legitimador ... é a solidariedade humana que deve vincular todo e qualquer membro da sociedade", cfr. por todos, CARVALHO, AMÉRICO TAIPA DE, *Anotação ao art. 200 do Código Penal, in* Comentário Conimbricense do Código Penal, Parte Especial, Tomo I, Coimbra, 1999, pág. 846. Razão por que, quem deixar, verificados os pressupostos deste preceito, – risco ou perigo eminente de lesão substancial de bens pessoais (vida, integridade física e liberdade), derivado das mais variadas circunstâncias (naturais ou humanas) – de prestar o auxílio necessário ao afastamento do perigo, incorre na prática de um crime de omissão de auxílio. Destarte, o ilícito reside na ausência ou omissão da prestação de auxílio, porquanto em tais situações impende sobre qualquer pessoa (crime comum) um dever de agir. Trata-se, como decorre de toda a exposição, de um dever geral de auxílio.

Não se confunda, no entanto, tal dever com a obrigação, de resto não plasmada no Código Penal, de impedir a prática de crimes. Em causa estaria também um dever genérico, mas com uma amplitude tão vasta que a sua consagração, equacionada no anteprojecto Eduardo Correia, acabou por não se verificar. Seguindo o pensamento de Taipa de Carvalho, "uma coisa é o dever de impedir a prática de todo e qualquer crime, outra o dever de impedir a lesão de um determinado bem jurídico", cfr. CARVALHO, AMÉRICO TAIPA DE, ob. ant. cit., pág. 847.

Não se pode então afirmar uma diferença estrutural([66]) entre a obrigação passiva universal e a obrigação geral de respeito, mas apenas pôr

---

Distinto do dever geral de auxílio é o dever pessoal de garante previsto no n.º 2 do art. 10.º do Cód. Penal. Enquanto o primeiro se fundamenta num dever geral de solidariedade, este último supõe um especial dever pessoal de garantia. O fundamento desse dever de garantia encontrar-se-á nas situações de ingerência, ou seja, na criação de um perigo pelo agente, através de uma conduta activa anterior. Razão por que as hipóteses de "comunidade de vida", ou as "posições de senhorio ou de domínio", e de um modo particular as comummente designadas "situações de monopólio" devem ser consideradas como campo propício ao surgimento das ditas "situações de ingerência". Cfr. neste sentido DIAS, J. FIGUEIREDO, *anotação ao acórdão de 28 de Abril de 1982, in* Revista de Legislação e de Jurisprudência, ano 116.º, págs. 52-53, *Direito Penal, sumários..., ob. cit.,* pág. 166 e ss., CARVALHO, AMÉRICO TAIPA DE, *A Legítima Defesa,* Coimbra, 1995, pág. 240-241, nota 32.

Uma tal diferença de natureza entre estes deveres parece justificar a prevalência do dever de garante quando o bem jurídico em perigo seja de idêntico valor ao protegido pelo dever de auxílio. Assim sendo, o crime de omissão de auxílio parece estar numa relação de subsidiariedade com o crime de omissão impura. Neste sentido, cfr. CARVALHO, AMÉRICO TAIPA DE, *ob. ant.cit.,* pág. 862, DIAS, J. FIGUEIREDO, *anotação ao acórdão..., ob.cit.,* págs. 55-57. CARVALHO, PEDRO NUNES DE, *Omissão..., ob. cit.,* págs. 240-241.

([66]) Uma tal diversidade manifesta-se antes na distinção entre os direitos reais e os direitos de crédito.

Com efeito, os primeiros são direitos com eficácia absoluta, enquanto os segundos caracterizam-se pela relatividade quanto aos seus efeitos. Ora então, o lado passivo dos direitos reais traduz-se numa obrigação passiva universal, enquanto no âmbito dos direitos de crédito afirma-se, ao invés, um específico dever de prestar. Esta dualidade (anonimato/ intersubjectividade) constitui, sem dúvida, um traço de distinção estrutural dos direitos em análise. Todavia, nem sempre se revelou ou revela pacífica a distinção, quanto aos efeitos, entre os direitos reais e os direitos de crédito. Na doutrina nacional, tenha-se em conta a voz discordante de Menezes Cordeiro, para quem os direitos de crédito também gozam de eficácia absoluta. Cfr., CORDEIRO, A. MENEZES, *Direitos Reais,* Lisboa, 1979, pág. 307 e ss.

Uma doutrina alemã – a doutrina da eficácia externa do crédito – fez tremer as certezas dogmáticas em torno desta nota distintiva. De acordo com os seus ensinamentos, os direitos de crédito, para além da sua natural eficácia relativa, poderiam produzir também efeitos em relação a terceiros. A responsabilização de terceiros face ao credor (principal consequência de regime jurídico da doutrina da eficácia externa das obrigações), não ocorria, no entanto, de forma automática. Tornava-se necessária a verificação de certos requisitos, além de que o seu âmbito se circunscrevia a certas situações. Pressuposto fundamental, de acordo com esta perspectiva, para a oponibilidade a terceiros dos direitos de crédito, traduzia-se no conhecimento (o qual equivalia a uma presunção de má-fé) por parte de terceiro da relação creditória na qual se vai imiscuir.

No tocante ao âmbito de aplicação da aludida doutrina, a directa responsabilização de terceiro face ao credor seria de sufragar nas hipóteses de: a) cooperação com o devedor para a violação do direito de crédito (comummente designada por hipótese do terceiro cúmplice). b) ataque ao substracto do crédito, seja ele dirigido à pessoa do devedor, seja ele desferido ao objecto da obrigação. Para uma análise mais desenvolvida da doutrina da eficácia externa do crédito, cfr. ANDRADE, MANUEL A. DOMINGUES, *Teoria Geral das Obrigações*, 1966, 3.ª ed., pág. 51 e ss. (o autor reporta-se de modo particular à perspectiva sufragada em França por Derrupé), VARELA, J. ANTUNES, *Das Obrigações em Geral, I, ob. cit.*, pág. 175 e ss., SERRA, ADRIANO VAZ, *anotação ao acórdão do Supremo Tribunal de Justiça de 16 de Junho de 1964.*, in Revista de Legislação e de Jurisprudência, ano 98, pág. 19, ALARCÃO, RUI DE, *Direito das Obrigações..., ob. cit.*, pág. 68 e ss., COSTA, M. ALMEIDA, *Noções Fundamentais de Direito Civil*, 4.ª ed., Coimbra, págs. 397 e 398 (nota 3). Esta orientação doutrinal chegou a alcançar acolhimento no acórdão do Supremo Tribunal de Justiça de 16 de Junho de 1964, por influência dos ensinamentos de Ferrer Correia, cfr., CORREIA, A. FERRER, *Da Responsabilização de Terceiro que Coopera com o Devedor na Violação de um Pacto de Preferência*, in Revista de Legislação e de Jurisprudência, ano 98, págs. 355 e 369, *Estudos Jurídicos II*, pág. 33 e ss., mas não teve consagração no nosso direito positivo, nem correspondência com a posição maioritária da doutrina nacional. Com efeito, *de iure conditio*, a doutrina da eficácia externa, além de não ter obtido expressa consagração, parece ter sido, por seu turno, repudiada em face do disposto nos artigos 406.º, n.º 2, 1306, art. 495.º, n.º 3 (por argumento a *contrario sensu*). Acerca destas soluções legais contrárias à consagração da doutrina em análise, cfr. VARELA, J. ANTUNES, *Das Obrigações em Geral, I, ob. cit.*, pág. 179 e ss., ALARCÃO, RUI DE, *Direito das Obrigações..., ob. cit.*, págs. 72-73, COSTA, M. ALMEIDA, *Noções Fundamentais de Direito Civil*, 4.ª ed. revista e actualizada, Coimbra, 2001, págs. 24-25. *De iure condendo*, a equiparação dos direitos de crédito aos direitos reais propugnada pela doutrina da eficácia externa implicaria graves limitações à liberdade contratual, e por conseguinte o risco de provocar uma paralisação do tráfico jurídico. Neste sentido, cfr. ALARCÃO, RUI DE, *Direito das Obrigações, ob. ant. cit.*, pág. 70. Por todas estas razões, não cremos ser defensável, face ao nosso ordenamento jurídico, uma tal perspectiva. Assim sendo, mantemo-nos fiéis à tradicional dicotomia – eficácia relativa/absoluta – seguida na distinção entre os direitos de crédito e dos direitos reais. Situando-nos, porém, nos quadros de uma ortodoxa relatividade contratual, pode admitir-se excepcionalmente uma responsabilização de terceiros face ao credor nas hipóteses em que a conduta daquele configure um abuso do direito(art. 334.º).

Apesar de o resultado jurídico ser idêntico em ambas as situações – oponibilidade a terceiros dos efeitos das relações obrigacionais – o seu enquadramento é, no entanto, muito diverso. Nas hipóteses referidas em último lugar não se pode visualizar o aludido efeito externo das obrigações. Na verdade, o terceiro será responsabilizado na medida em que a sua conduta contrarie, de forma manifestamente excessiva, exigências ético-jurídicas fundamentais.

Destarte, em causa está a violação ostensiva dos limites impostos pelos bons costumes, isto porque neste âmbito não se pode descortinar uma relação de interferência inter-subjectiva capaz de justificar a intervenção moderadora do princípio da boa-fé. Acerca da responsabilização de terceiro por via do abuso do direito, cfr. por todos, VARELA, J. ANTUNES *Das Obrigações em Geral, I, ob. cit.*, págs. 177-178, ALARCÃO, RUI DE, *ob. ant. cit.*, págs. 74-75, COSTA, M. ALMEIDA, *Direito das Obrigações..., ob. cit.*, pág. 122-123 (nota 1 da pág. 122). Porém, há quem defenda a responsabilização do terceiro nos termos do art. 483.º, sem necessidade de recorrer ao instituto do abuso do direito, cfr. VASCONCELOS, P. PAIS, *O efeito externo da obrigação no contrato-promessa, in* Scientia Ivridica, Braga, 1983, pág. 105 e ss.

Ainda no contexto da extensão a terceiros das relações obrigacionais, podemos destacar algumas outras situações não integráveis nos quadros da doutrina da eficácia externa, uma vez que os efeitos face a terceiros se produzem num sentido exactamente inverso. Como exemplo paradigmático deste outro núcleo de hipóteses, considere-se, desde logo, o contrato a favor de terceiro regulado nos artigos 443.º e seguintes. Neste tipo contratual, o terceiro (estranho à relação contratual, e mantendo-se sempre enquanto tal, mesmo quando adira ao benefício) adquire um direito de crédito exigível ao promitente. Trata-se, sem dúvida, de uma figura modelar claramente denunciadora de uma certa erosão do princípio da relatividade dos contratos.

Com efeito, encontramo-nos aqui face a situações integráveis no âmbito do 406.º, n.º 2. Apesar de este preceito ser apontado por vários autores como um dos argumentos de direito positivo contrários à consagração da doutrina da eficácia externa, não lhe devemos atribuir um peso tão determinante. Senão vejamos: enquanto no âmbito normativo desta disposição legal está fundamentalmente em causa a projecção de efeitos contratuais em relação a terceiros, já no âmbito da eficácia externa se passa algo diverso. Aqui, alguém estranho à relação contratual (um terceiro) vem imiscuir-se no interior desta provocando a sua destruição. Socorrendo-nos de representações esquemáticas, poder-se-á dizer que enquanto na figura em análise se opera um "movimento de dentro para fora", nos quadros dogmáticos da teoria alemã passa-se o contrário: um "movimento de fora para dentro". Razão por que só faz algum sentido invocar esta norma como argumento para negar a doutrina da eficácia externa, na medida em que subjacente a um tal preceito se encontra a ideia de relatividade contratual.

No contexto em que nos situamos – a projecção para o exterior dos efeitos contratuais – do contrato a favor de terceiro, dever-se-á fazer ainda menção a outras figuras próximas como sejam os contratos com efeitos reflexos sobre terceiros (contrato de locação) e os contratos autorizativos de prestação a terceiros (*ermächtigenden Verträge zugunsten eines dritten*).

Em qualquer destas modalidades contratuais, o terceiro, ao invés de quanto sucede no contrato a favor de terceiro, não fica investido na titularidade de um direito de crédito, mas é tão só beneficiário indirecto da prestação. Para uma caracterização destas figuras próximas do contrato a favor de terceiro, cfr. VARELA, J. ANTUNES, *Das Obrigações em Geral, I, ob. cit.*, pág. 410 e ss., SERRA, ADRIANO VAZ , *Contratos a favor de terceiro. Contratos de prestação por terceiro, in* Boletim do Ministério da Justiça, n.º 51, 1955, pág. 29 e ss.

Cumpre ainda fazer referência a uma outra figura jurídica mais recente oriunda da jurisprudência e doutrina alemãs, onde se faz igualmente sentir a erosão da eficácia relativa dos contratos, e também amplamente trabalhada na doutrina nacional. Estamos a falar do contrato com eficácia de protecção para terceiros. Caracterizado por Sinde Monteiro como "um tipo mais fraco de contrato a favor de terceiro «em sentido amplo»", cfr. MONTEIRO, J. SINDE, *Responsabilidade por conselhos..., ob. cit.,* pág. 520: também aqui se regista uma extensão a terceiros dos efeitos contratuais. Todavia, o terceiro não fica investido, em tais situações, na titularidade de um direito de crédito, nem tão somente é tido como beneficiário reflexo das prestações contratuais. Os terceiros vêem a sua posição jurídica salvaguardada, na medida em que também em relação a eles se faz sentir a protecção decorrente dos deveres de conduta derivados da relação contratual. Neste aspecto – extensão a terceiros dos deveres de conduta emergentes do contrato – reside o núcleo essencial de caracterização desta modalidade contratual, distinguindo-se assim da panóplia de figuras próximas do contrato a favor de terceiro. No entanto, e à semelhança dos contratos com efeitos reflexos a terceiros, e dos contratos autorizativos de prestações a terceiros, o contrato com eficácia de protecção para terceiros participa da nota da atipicidade, e da circunstância de o terceiro não adquirir, ao invés de quanto sucede no contrato a favor de terceiro, um direito de crédito.

Para uma análise mais pormenorizada do contrato com eficácia de protecção para terceiros, vide MONTEIRO, J. SINDE, *Responsabilidade por conselhos..., ob. cit.*, pág. 518 e ss., anotação ao acórdão do S.T.J. de 12 de Novembro de 1996, *in* Rev. Leg. Jur., ano 132, pág. 31 e ss., anotação ao acórdão do S.T.J. de 17 de Fevereiro de 2000 e sentença do Tribunal de Comarca de Santo Tirso de 2 de Maio de 1996, *in* R. L. J., ano 133, pág. 24 e ss., SILVA, J. CALVÃO DA, *Responsabilidade Civil do Produtor*, Coimbra, 1990, pág. 302 e ss., FRADA, MANUEL CARNEIRO DA, *Teoria da Confiança e Responsabilidade Civil*, Coimbra, 2004, pág. 133 e ss., (especialmente nota 108). DIAS, GABRIELA F., *Fiscalização de Sociedades e Responsabilidade Civil*, Coimbra, 2006, págs. 97-99. Ressalvado, no entanto, este leque de eventos contratuais, que constitui um manifesto entorse à regra da relatividade dos contratos, a eficácia relativa dos direitos de crédito, por contraposição ao carácter absoluto dos direitos reais, traduz-se numa diferença estrutural destas categorias de direitos.

Particularmente complexa se pode revelar, neste contexto, a intervenção de terceiros no âmbito das negociações contratuais. A posição de terceiros no *iter negotii* pode, porém, apresentar-se diversificada. Por vezes sente-se a necessidade de assegurar a protecção da saúde e ou propriedade de terceiros ligados às partes envolvidas no processo negocial. Uma tal preocupação não constitui, de resto, novidade porquanto já na génese da construção dogmática da culpa *in contrahendo* ela se fez sentir. Basta pensar nos casos linóleo e da folha de hortaliça decididos na jurisprudência alemã. Para uma análise destes exemplos paradigmáticos da jurisprudência germânica, cfr. FRADA, MANUEL CARNEIRO DA, *ob. ant. cit.,,* nota 96, pág. 88 (a propósito do caso da folha de hortaliça).

Noutras situações, os terceiros podem, dado se encontrarem ligados a uma das partes envolvidas nas negociações contratuais, vir a assumir relevância na conformação do *iter negotii*. Refira-se, a este propósito, a intervenção de peritos financeiros ou advogados no período pré-contratual, as mais das vezes derivada da existência de uma relação contratual com uma das partes. Em tais hipóteses levantam-se, pois, alguns problemas delicados de enquadramento dogmático, de um modo particular o apelidado por Carneiro da Frada "alargamento do âmbito subjectivo da culpa pré-contratual". Cfr. FRADA, MANUEL CARNEIRO DA, *Teoria da Confiança..., ob. cit.*, pág. 115 e ss.

Aqui podem confluir, com efeito, algumas vias de fundamentação jurídica, desde o contrato com eficácia de protecção para terceiros, a uma responsabilidade profissional, à responsabilidade do representante (*Sachwalterhaftung*). Não é, no entanto, pacífica a inserção deste tipo de situações nos quadro explicativos da culpa *in contrahendo*, mau grado a

em relevo a maior amplitude e riqueza de conteúdo inerente a esta última, em virtude da particular natureza dos interesses envolvidos.

Com efeito, em causa está a tutela da personalidade humana, nas suas múltiplas e diversificadas manifestações. A natureza pessoal subjacente aos direitos da personalidade obriga assim a integrar no âmbito de uma obrigação de sentido negativo – obrigação passiva – certos deveres de acção, em virtude de indeclináveis exigências de solidariedade humana.

---

sua extrema flexibilidade. O instituto da culpa *in contrahendo* foi basicamente pensado para os intervenientes nas negociações, as futuras partes do evento contratual a concluir. Tendo em conta o seu típico âmbito subjectivo, certos autores recusam-se então a admitir a responsabilização de terceiros nesta fase pré-contratual, neste sentido, *vide* CABRAL, RITA AMARAL, anotação ao acórdão arbitral de 31 de Março de 1993, *in* Revista da Ordem dos Advogados, ano 55 (1995), pág. 206.

Apesar de inquestionavelmente ser este o âmbito normal da responsabilidade pré-contratual, não nos parece, tendo em conta a formulação do art. 227.º, dever excluir-se *in limine* a extensão do instituto a terceiros. Com efeito, o conceito de negociação inerente ao preceito acabado de mencionar tem natureza indeterminada. Razão por que a adequada resolução deste problema passa pela análise da sua teleologia. Seguindo, a este propósito, o pensamento de Carneiro da Frada, dir-se-á: "a culpa pré-negocial realiza e concretiza princípios fundamentais da ordem jurídica. Sobre as suas exigências se moldam depois os concretos deveres impostos aos sujeitos (em nome da boa-fé). Não se vê por isso como pretender que o autor da lei tivesse querido, com a formulação que escolheu, cercear o campo de aplicação desses princípios. Deste modo, mesmo ao considerar-se existir alguma estreiteza no seu modo de expressão e julgando-se não ser possível, ainda que por interpretação extensiva, abranger no âmbito do art. 227.º os casos de responsabilidade de terceiro, está seguramente aberta a porta a um desenvolvimento do Direito, para além da letra daquele preceito, de modo congruente com as exigências desses princípios". Cfr. FRADA, MANUEL CARNEIRO DA, *Teoria da Confiança ..., ob. cit.*, págs. 154-155 e ainda *Uma "terceira via" no direito da responsabilidade civil? / O problema da imputação dos danos causados a terceiros por auditores de sociedades,* Coimbra, 1997, pág. 98 e ss. Também no sentido da responsabilização de terceiros na fase pré-contratual se pronuncia Ferreira de Almeida, cfr. ALMEIDA, CARLOS FERREIRA DE, *Texto e Enunciado na Teoria do Negócio Jurídico, II,* Coimbra, 1992, págs. 1007-1008, SILVA, J. CALVÃO DA, *Responsabilidade Civil..., ob.cit.,* pág. 337 e ss. (especialmente nota 3 da pág. 338).

Nesta perspectiva, os terceiros, à semelhança das partes envolvidas nas negociações contratuais, podem assumir a direcção e conformar autonomamente as negociações. Destarte, também a eles pode ser extensivo o disposto no art. 227.º. Ao defender-se tal posição, mais não se sufraga que uma interpretação teleológica desta norma, ou um desenvolvimento transistemático do direito. Carneiro da Frada considera ainda haver neste contexto espaço para aproveitar as virtualidades da doutrina da confiança, cfr. FRADA, MANUEL CARNEIRO DA, *Teoria da Confiança ..., ob. cit.*, págs. 155-156.

## 2.8. Titularidade universal dos direitos filiados na liberdade de expressão

No tocante à titularidade dos poderes ou faculdades integráveis na liberdade de expressão, impõe-se destacar a característica da generalidade ([67]). Por estarem em causa meios fundamentais ou essenciais([68])

---

([67]) Uma tal característica aparece associada aos poderes ou faculdades ligados à liberdade de expressão pela simples razão de nesta se tutelarem valores e bens da personalidade. Ora, os direitos de personalidade são, por natureza, gerais. Porém, há quem conteste a atribuição de tal epíteto a uma certa categoria de direitos, como sejam a honra, a imagem e a reserva sobre a intimidade da vida privada, em virtude de a tutela destes direitos andar sobretudo associada a pessoas dotadas de uma certa notoriedade pública: artistas, empresários, jogadores de futebol... Encontrar-nos-iamos perante os designados direitos de classe.

Referindo-se a esta objecção crítica a propósito do direito geral de personalidade, Sinde Monteiro considera que da circunstância de a "generalidade das decisões dizer respeito a figuras proeminentes apenas se pode concluir que estas são para os *mass media* mais 'interessantes' do que o cidadão anónimo ou sem influência". Cfr. MONTEIRO, J. SINDE, *Responsabilidade por Conselho* ..., ob. cit., pág. 230. No mesmo sentido, PINTO, PAULO MOTA, *O Direito à reserva* ..., ob. cit., págs. 489-490, *Os Direitos de Personalidade no Código Civil de Macau*, ob. cit., págs. 210-211, FESTAS, D. OLIVEIRA, *Do Conteúdo Patrimonial do Direito à Imagem, Contributo para um Estudo do seu Aproveitamento Consentido e Inter Vivos* (edição policopiada), 2002-2003, pág. 66 (nota 256). Com efeito, as necessidades de protecção destes direitos faz-se sentir mais intensamente relativamente a esta categoria de pessoas. No entanto, e paradoxalmente, o âmbito do direito à imagem ou da reserva da intimidade da vida privada das pessoas públicas é, por via de regra, mais estreito e de difícil delimitação. Por terem saído do anonimato, o "eu social" destas pessoas assume particular ênfase, ficando assim a individualidade de cada uma delas particularmente diminuída. A curiosidade do público volta-se sobre elas e existe um maior controlo, por parte daquele em torno dos comportamentos adoptados pelas figuras eminentes. Nas sociedades hodiernas, a aludida fiscalização da vida das figuras públicas opera-se fundamentalmente através das notícias veículadas pela comunicação social.

Ao divulgarem factos e ao emitirem opiniões, os titulares dos órgãos de comunicação mais não fazem do que exercer prerrogativas básicas fundadas na liberdade de imprensa por eles desenvolvida. Estão assim subjacentes interesses públicos ao exercício da aludida liberdade, e a toda a actividade de comunicação social na qual aquela se objectiva, devendo, por conseguinte, ser-lhe reconhecida uma inquestionável função social. Acerca do "papel construtivo, informativo e formativo da imprensa", cfr. SOUSA, R. CAPELO DE, *Conflitos entre a liberdade de imprensa* ..., ob. cit., pág. 1123.

Um tal interesse público justifica assim a invasão da "vida pública" e até da vida privada das pessoas dotadas de notoriedade, sem todavia se poder ignorar que estas últimas não deixam de merecer uma protecção de bens fundamentais ligados à sua personalidade: a imagem, a reserva de intimidade da vida privada. Neste sentido, *vide*, PINTO, RICARDO LEITE, *Liberdade de Imprensa e Vida Privada,* Revista da Ordem dos Advogados,

para a afirmação da personalidade humana, qualquer pessoa se pode configurar como centro de imputação de tais poderes.

Tal constatação não é inconciliável com uma outra, também inegável: a de que o exercício privilegiado do feixe das faculdades que constituem o conteúdo da liberdade de expressão é reservado fundamentalmente, no contexto dos Estados de Direito alicerçados nos pilares da democracia representativa, aos grupos participantes na contenda político-partidária e a quem controle ou exerça funções nos meios de comunicação social.

Com efeito, não se pode extrair, de quanto se acabou de afirmar, a conclusão de que estamos perante direitos pertencentes a certas classes ou elites. Um Estado de Direito Democrático construído sob os auspícios de uma sociedade plural e conflitual é necessariamente um espaço aberto onde o acesso à actividade política e profissional é, por natureza, livre. Basta atentar no disposto no art. 47.º da Constituição([69]).

---

ano 54.º, Lisboa, 1994, pág. 135, RAPOSO, MÁRIO, *Sobre a protecção da intimidade da vida privada, in* R.O.A., ano 32, 1972, pág. 579, MARQUES, JOSÉ A. SACADURA GARCIA, *A tutela geral da Personalidade e o direito ao bom nome na jurisprudência do S.T.J., in* Comemorações dos 35 Anos do Código Civil e dos 25 anos da reforma de 77, Coimbra, 2006, pág. 118(nota 27).

Impõe-se, isso sim, resolver os eventuais conflitos resultantes da intercepção nos casos concretos dos interesses contrastantes, tendo em conta, antes de mais, a delimitação do âmbito dos direitos em confronto. Neste sentido, cfr. PINTO, PAULO MOTA, *A Protecção da Vida Privada e a Constituição, in* BFD, separata vol. LXXVI, Coimbra, 2000, págs. 191-194. Para uma análise mais pormenorizada dos conflitos entre a liberdade de imprensa e a vida privada (distinguindo a este propósito entre conflitos aparentes e conflitos reais), e dos critérios avançados para a resolução dos conflitos reais entre estes valores, cfr. SOUSA, R. CAPELO DE, *Conflitos entre a liberdade de imprensa ..., ob. cit.,* pág. 1132 e ss.

([68]) Indissociavelmente ligado à nota da generalidade encontra-se a característica da essencialidade. Filiando-se a liberdade de expressão no "direito à pessoa ser em devir" previsto no art. 70.º, não admira que as múltiplas faculdades em que aquela se projecta se traduzam em instrumentos essenciais para qualquer ser humano se afirmar como pessoa. Destarte, estamos perante prerrogativas inerentes a toda e qualquer pessoa, e por conseguinte podem qualificar-se de gerais. Neste sentido, associando a todos os direitos da personalidade a nota caracterizadora da essencialidade, cfr. RAPOSO, MÁRIO, *Da Intimidade da Vida Privada, in* R.O.A., ano 32.º, 1972, pág. 575. Na mesma linha de orientação, referindo-se mais genericamente à característica da essencialidade do bem jurídico da liberdade, cfr. SOUSA, R. CAPELO DE, *Os actos ilícitos civis de pedofilia violadores do direito geral de personalidade, in* Comemorações dos 35 anos do Código Civil e 25 anos da reforma de 77, Coimbra, 2006, pág. 148.

([69]) Para melhor caracterização desta liberdade constitucionalmente reconhecida, cfr. MIRANDA, JORGE, "Liberdade de trabalho e de profissão", *in Rev. Dir. Est. Sociais,* vol. XXX, Série 2, 1988, pág. 145 e ss., AMORIM, J. PACHECO, "A liberdade de Profissão",

Convém, no entanto, sublinhar que estamos, neste particular contexto, a referir-nos a um especial segmento da liberdade de expressão: a liberdade de imprensa. Integradas fundamentalmente num mesmo universo – a sociedade de informação[70] –, a liberdade de expressão e a liberdade de imprensa distinguem-se entre si em função das suas especificidades.

No tocante às afinidades entre ambas, cumpre, desde logo, sublinhar a existência de uma relação filial, no âmbito da qual a liberdade de expressão assume um papel matricial ou fundamentante face à liberdade de imprensa[71].

---

in Estudos Comemorativos dos Cinco Anos da Universidade do Porto, Coimbra, 2001, pág. 595 e ss.

[70] Tanto a liberdade de expressão quanto a liberdade de imprensa fazem parte integrante da designada, por Gomes Canotilho, "Constituição da informação", vide GOMES CANOTILHO e VITAL MOREIRA, Constituição da República..., ob. cit., pág. 571. Basta atentar na integração sistemática dos preceitos constitucionais, nos quais aquelas encontram guarida, para justificar uma tal qualificação. Juntamente com as normas constitucionais atinentes à entidade administrativa independente para a regulação da comunicação social (art. 39.º) – Entidade Reguladora da Comunicação Social, criada pela Lei n.º 53/2005, de 8-11 –, e aos direitos de antena, de resposta e de réplica política (art. 40.º), a liberdade de expressão (art. 37.º) e a liberdade de imprensa e dos meios de comunicação social, constituem o núcleo duro da aludida constituição da informação.

[71] Uma tal conclusão parece, desde logo, legitimada, a nível constitucional, no plano sistemático. Na verdade, e como já atrás deixámos mencionado, o legislador constituinte inseriu a liberdade de imprensa no âmbito da liberdade de expressão. Seguindo de perto a opinião de Capelo de Sousa , esta opção é a que melhor corresponde à teleologia do instituto.

O autor colocou em confronto esta posição com uma outra igualmente admissível e adoptada, por sua vez, pelo n.º 1 do art. 1.º do Dec.-Lei n.º 85-C-75. Neste diploma, o legislador preferiu enquadrar a liberdade de expressão nas suas múltiplas manifestações, no contexto do "direito fundamental dos cidadãos a uma informação livre e pluralista". Bem vistas as coisas, estão subjacentes, a cada uma das perspectivas, ângulos diversos para visualizar a mesma realidade. Enquanto o legislador constituinte colocou o acento tónico no "emitente da declaração emergente da liberdade de expressão", a lei de imprensa centrou-se na "figura do emissário dessa mesma declaração".

Quanto a nós, e na senda deste Professor, "não é propriamente um direito à informação que faz nascer a liberdade de imprensa, desde logo, porque a própria liberdade de imprensa visa não apenas informar, mas também formar, pensar os problemas, criticar e por vezes até satirizar. Há, assim, uma necessidade de o próprio pensamento individual se expandir e se exprimir, independentemente dos resultados que ocorram na esfera jurídica alheia ...", cfr. SOUSA, R. CAPELO DE, Conflitos entre a liberdade de imprensa ..., ob. cit., pág. 1127. No mesmo sentido, filiando a liberdade de imprensa na liberdade de expressão (LARENZ, KARL, WOLF, MANFRED, Allgemeiner Teil ..., ob. cit., pág. 139) e perspectivando estas faculdades a partir do cidadão enquanto emissor e não como receptor, cfr. ANDRADE,

Dada a existência desta filiação, podemos então concluir por uma maior elasticidade ou força expansiva da liberdade de expressão. Neste contexto, devemos destacar ainda uma relação de especialidade entre ambas([72]).

---

M. Costa, *Liberdade de Imprensa...*, ob. cit., págs. 40-41, Fernandez, Antonio Aguilera, *La Libertad de Expresión del Ciudadano ...*, ob. cit., págs. 3 e 4. Porém, esta discussão perdeu, em face da redacção da lei da imprensa n.º 2/99, boa parte do seu significado. Com efeito, o legislador no art. 1.º, n.º 1, deste diploma afirma *expressis verbis* que a liberdade de imprensa é garantida nos termos da Constituição, e depois no n.º 2 do mesmo preceito considera incluído no âmbito deste valor fundamental a trilogia "direito de informar, de se informar, e de ser informado". Desta feita, além de não colocar o acento tónico da fundamentação da liberdade de imprensa na óptica do destinatário das notícias, faz ainda no n.º 1 do art. 1.º uma referência aos termos em que aquela surge garantida na Constituição. Ora, como já referimos, neste âmbito a perspectiva relevante é a do emitente das notícias.

([72]) Neste sentido se parece inclinar Jónatas Machado, apesar de afirmar expressamente que "a liberdade de imprensa não deve ser vista como um caso especial relativamente à liberdade de expressão..", cfr. Machado, Jónatas, *A liberdade de expressão...* Ao fazer tais afirmações, o autor pretende fundamentalmente colocar em destaque a autonomia substantiva e material das liberdades acabadas de mencionar, e não ocultar a manifesta interligação e dependência da liberdade de imprensa face à liberdade de expressão. Com efeito, o autor, logo depois de ter recusado qualificar aquela forma de liberdade como um caso especial da liberdade de expressão, acaba por configurá-la como um subcaso desta última.

Para além disso, Jónatas Machado insistiu, ao longo da sua exposição sobre a matéria, na íntima ligação dogmática constitucional e histórico-jurídica registada entre os dois institutos. O autor pronuncia-se também acerca da dependência da liberdade de imprensa face à categoria mais ampla da liberdade de expressão, considerando esta como uma bitola para apreciação de admissibilidade da divulgação dos conteúdos divulgados, quando não estiver em causa o específico meio de comunicação para a respectiva transmissão, cfr. Machado, Jónatas, *A Liberdade de Expressão...*, ob. cit., págs. 504 e ss. Na mesma linha de orientação, *vide* Parga, Manuel Jiménez de, *"La televisión privada en la Constitución"*, in Revista Cuenta y Razón, 1981, 4, pág. 127, Balle, Francis, *Médias...*, ob. cit., págs. 234-235.

Há quem se refira também à existência de uma estreita ligação entre a liberdade de imprensa e a liberdade de expressão, não colocando, porém, em destaque a relação filial da primeira face à segunda. Nesta linha se situa Nuno e Sousa, procedendo à comparação do âmbito destes valores fundamentais, sem colocar em destaque a maior amplitude da liberdade de expressão. O autor coloca em pé de igualdade as liberdade de expressão e de imprensa, realçando apenas as especificidades correspondentes a cada uma destas categorias. De acordo com este entendimento, enquanto a primeira categoria mencionada se caracteriza basicamente a partir do conteúdo, a liberdade de imprensa toma sobretudo em conta o meio. Para além disso, a liberdade de expressão é vista essencialmente como um "direito de liberdade subjectivo", ao contrário da liberdade de imprensa, onde se coloca em primeiro plano o aspecto institucional.

Configurando-se a liberdade de imprensa como manifestação da liberdade de expressão do pensamento([73]) através de meios de comunicação social escritos, dever-se-ão considerar incluídos no seu conteúdo certos poderes ou faculdades de natureza editorial: a liberdade de fundar jornais, de determinação do seu conteúdo...([74]). No essencial, estes poderes extravasam manifestamente do campo das relações entre os particulares, implicando antes pretensões ou exigências dirigidas aos poderes públicos, *maxime,* o Estado.

Com isto não queremos de algum modo retirar a liberdade de imprensa de um domínio onde a sua influência se afigura particularmente significativa: a intersubjectividade privada. Ao permitir-se aos particulares divulgarem factos e opiniões através da imprensa, e tendo esses eventos noticiosos um considerável poder modelador da consciência dos seus destinatários, ou até contender de modo significativo com bens da perso-

---

Apesar das características distintivas indicadas se encontrarem presentes em qualquer destas categorias, os traços especificamente apresentados pelo autor como base nuclear da distinção não são aqueles que permitem alcançar uma distinção clara entre as figuras. Com efeito, as notas atrás referidas são comuns tanto à liberdade de expressão quanto à de imprensa e o grau de intensidade com que contribuem para a caracterização de cada uma das figuras pode ser praticamente o mesmo. A principal diferença entre estas categorias encontra-se precisamente na maior densidade axiológica e indeterminação normativa de liberdade de expressão face à liberdade de imprensa. Para uma análise mais desenvolvida da posição criticada, cfr. Sousa, Nuno, *Liberdade..., ob. cit.,* pág. 142.

([73]) Na doutrina germânica é frequente associar duas vertentes fundamentais à liberdade de imprensa: uma de índole subjectiva-individual, e outra objectiva-institucional. Com a primeira das dimensões referidas visa-se fundamentalmente a defesa das posições jurídicas dos sujeitos ligados à imprensa (jornalistas, jornais e outros órgãos de comunicação social), quer nas relações entre os particulares, quer naqueloutras entabuladas entre estes e o Estado, enquanto a vertente objectiva-institucional coloca sobretudo em destaque o interesse público da tarefa desempenhada pela imprensa(*öffentliche Aufgabe*) no contexto de uma sociedade democrática e plural. Acerca desta distinção, cfr. Gädeke, Peter, *"Pressefreiheit". Medienrecht, Lexikon für Wissenschaft und Praxis,* Berlin, 1994, págs. 317 e ss., Schneider, Peter, *Pressefreiheit und staatssicherheit,* Mainz, 1968, pág. 64, Weber, W., *Innere Pressefreiheit als verfassungsproblem,* Berlin, 1973, págs. 62 e ss.

([74]) Em texto referimo-nos apenas ao conceito de liberdade de imprensa em sentido restrito, ou seja, tomámos somente em consideração a imprensa escrita. Porém, este valor fundamental pode ser também perspectivado num sentido amplo. Como sublinha Jónatas Machado, na liberdade de imprensa podem incluir-se "genericamente, todos os meios mecânicos, químicos ou electrónicos de impressão, reprodução e difusão de notícias", cfr. Machado, Jónatas, *A Liberdade de Expressão..., ob. cit.,* pág. 507. No mesmo sentido, *vide,* Canotilho e Vital Moreira, *Constituição..., ob. cit,* pág. 581 (considerando que a Constituição Portuguesa no art. 38.º acolhe o conceito formal amplo), Fechner, Frank, *Medienrecht,* Tübingen, 2000, págs. 141 e ss, Sousa, Nuno, *A Liberdade...,* págs. 3-4.

nalidade alheios como sejam a honra, a imagem, a intimidade da vida privada, forçoso se torna concluir pela relevância da liberdade de imprensa nas relações entre os particulares.

Desta breve excursão em torno da liberdade de imprensa, e do confronto estabelecido com o valor da liberdade de expressão, resultou claro o carácter tutelar deste último bem como a sua maior amplitude.

Não se afigura, no entanto, pacífica a integração da liberdade de imprensa no conteúdo essencial da liberdade de expressão. Configurando-se a estrutura nuclear da existência e funcionamento da imprensa escrita ou audio-visual, há quem perspective antes a liberdade de imprensa como uma concreta manifestação da liberdade de empresa([75]), autonomizando--a claramente daquele valor fundamental onde comummente se considera filiada.

## 2.9. A questão da natureza extrapatrimonial dos direitos de personalidade e a qualificação da liberdade de expressão como direito subjectivo

Maiores dificuldades se levantam à qualificação como direitos subjectivos dos direitos que versem sobre bens da personalidade humana, com base no argumento do carácter extra-jurídico([76]) desta última.

---

([75]) Neste sentido se pronuncia no âmbito da doutrina espanhola Carmen Chinchilla, aduzindo em favor da sua orientação argumentos de ordem sistemática colhidos no plano constitucional, cfr. MARIN, CARMEN CHINCHILLA, *Derecho de información, libertad de empresa informativa y opinión pública libre*, in Revista Poder Judicial, 1986, 3, pág. 69, PARDO, J. ESTEVE, *Régimen jurídico-administrativo de la televisión*, Madrid, 1984, pág. 123.

([76]) Cfr., a este propósito, SILVA, M. GOMES DA, *Esboço de uma concepção ..., ob. cit.*, pág. 112. Para este autor, o direito subjectivo deve ser perspectivado como uma imposição ontológica da existência humana, e não como uma criação técnica. A pedra angular desta concepção personalista encontra-se assim no homem concreto e não no homem abstracto, tal como o concebe o normativismo e o decisionismo. Neste sentido, cfr., também, MARTINEZ, PEDRO SOARES, *O Homem e a Economia*, in Revista da Faculdade de Direito da Universidade de Lisboa, 1997, pág. 109.

Como sublinha Gomes da Silva, o fim do direito consubstanciado na concreta realização da personalidade humana implica o inevitável reconhecimento de que cada pessoa encerra um conjunto de valores universais da humanidade, insusceptíveis de serem compreendidos à luz de uma concepção ética fundada num concretismo ou individualismo radical (*ob.ant.cit.*, pág. 87 e ss.).

Porém, mesmo na senda desta concepção personalista do direito, os direitos de personalidade podem ser concebidos como direitos subjectivos. Perspectivando o direito sub-

Assim, e no tocante à liberdade de expressão, deve tomar-se em conta, como já de início deixámos sublinhado, que qualquer forma de liberdade se traduz num valor inerente à dignidade da pessoa humana, porquanto a autonomia individual supõe indefectivelmente os atributos da igualdade e da liberdade. Trata-se, com efeito, de um valor inerente à personalidade humana. Ora, como sabemos, a pessoa nas suas exigências irredutíveis antecede o direito.

Qualquer ordenamento jurídico civilizado tem de imperativamente reconhecer a sua existência([77]), mas limita-se tão-só a esse reconhecimento. Com efeito, esses valores não são uma concessão ou atribuição do Direito. Estão em causa poderes naturais, não assumindo a intervenção da ordem jurídica natureza constitutiva. Porém, uma intervenção meramente declarativa ou homologadora do ordenamento jurídico não exclui *de per se* a qualificação dos direitos de personalidade como direitos subjectivos. Com efeito, a liberdade de expressão pode ser entendida como uma realidade inerente ao homem, susceptível de ser perspectivada como um "bem", para este poder alcançar os fins plenos da sua realização. Para além disso, esta simples intervenção declarativa do direito apenas pode

---

jectivo como uma manifestação da exigência ontológica da personalidade humana que a lei explicita através da afectação jurídica de um bem a finalidades capazes de servir essa exigência, então a liberdade, a vida..., etc., podem configurar-se como realidades imanentes do homem que, por analogia, merecem o mesmo nome de direitos, pois são indispensáveis para este atingir o seu fim último, ou seja, a actuação da personalidade (*ob.loc.ant.cit.*, págs. 112-113). Na senda de uma concepção personalista dos direitos da pessoa, cfr. FERREIRA, MANUEL CAVALEIRO, *Direitos Humanos...*, *ob. cit.*, pág. 87 e ss.

([77]) A falta de um tal reconhecimento anda associada às práticas dos regimes autocráticos. No entanto, na maior parte dos casos, os respectivos ordenamentos jurídicos não deixam de formalmente aceitar e até proclamar a liberdade enquanto valor fundamental. Uma tal dissonância entre os alicerces teóricos de edificação desses Estados, e os procedimentos atentatórios das mais elementares exigências da dignidade humana registados nos mais variados domínios de actuação político-administrativa, encontra uma justificação em razões de ordem estratégica. Com efeito, a adesão ao nível dos princípios em relação a valores tidos como unanimemente aceites no contexto de sistemas jurídicos civilizados e democráticos representa, as mais das vezes, um expediente para conquista do poder político.

No entanto, e como já deixámos mencionado, a civilização ocidental, profundamente inspirada nas concepções judaico-cristãs, funda a vida social no respeito inalienável pela personalidade humana. Desta feita, a protecção da dignidade humana constitui a pedra angular sobre a qual se edificam os ordenamentos jurídicos deste contexto civilizacional. Neste sentido, cfr. CASART, ME GEORGES, *Le Controle Judiciaire des Renonciations Conventionnelles aux Droits Aliéniables de la Personalité en Droit Belge*, *in* Travaux de l'Association Henri Capitant pour la Culture Juridique Française, tomo XIII, 1959-1960, págs. 144-146.

colher sentido útil quanto ao valor da liberdade de expressão globalmente considerado, mas já não será necessariamente de aceitar, com a mesma intensidade, em relação a todas as concretas manifestações nela fundadas.

Ao analisarmos o diversificado feixe de faculdades integradas em direitos, como o direito patrimonial de autor, o direito de associação, o direito de fundar meios de comunicação social..., apercebemo-nos com facilidade de um maior protagonismo assumido pelo ordenamento jurídico na sua outorga. Estamos aqui caídos em campos onde se revela importante a ponderação da conjuntura sócio-económica, ou seja, das condições específicas do espaço onde tais valores se vão efectivar, bem como das directrizes dogmáticas e metodológicas mais adequadas para optimizar a sua concreta realização. Para levar a cabo este desiderato não encontramos dentro do universo jurídico ninguém mais competente que o legislador. O grau de importância das matérias, o seu carácter mais ou menos estruturante, poderá até legitimar a intervenção de entidades legiferantes diversas. Assim, quando estiverem em causa opções fundamentais acerca de matérias essenciais e de particular melindre quem deve pontificar é o legislador constituinte([78]).

Não queremos, contudo, concluir que todos os direitos subjectivos filiados na liberdade de expressão tenham de ser expressamente previstos a

---

([78]) Bem vistas as coisas, a concretização do direito geral de personalidade previsto no art. 70.º ficou a dever-se, em grande medida, à obra do legislador constituinte de 76, apesar do vanguardismo da nossa lei civil quanto a esta matéria. Com efeito, ao estabelecer um catálogo de direitos fundamentais do cidadão tais como o direito à identidade pessoal, à cidadania, à palavra, à protecção legal contra quaisquer formas de discriminação (art. 26.º C.R.P.), o texto constitucional explicitou dimensões nucleares da personalidade humana tuteladas até então apenas de modo implícito na cláusula geral do art. 70.º. Bem diversa se apresenta, em termos comparativos, a evolução registada em torno do direito geral de personalidade no espaço jurídico germânico.

Na ausência de um preceito legal do B.G.B. semelhante à nossa disposição de direito civil, a jurisprudência e a dogmática tedesca tendo em conta os horríveis atropelos à personalidade humana levados a cabo pelas forças nazis durante a guerra, e baseando-se nos arts. 1.º e 2.º da Constituição de 1949, começaram a bater-se pela existência de um direito geral de personalidade (*allgemeiner Persönlichkeitsrecht*). Acerca do confronto da evolução registada a propósito do direito geral de personalidade nos espaços jurídicos português e alemão, cfr. VARELA, J. ANTUNES, *Alterações Legislativas ..., ob. cit.*, págs. 140 e ss. Quanto ao papel preponderante assumido pela jurisprudência na construção e desenvolvimento do direito geral de personalidade no direito alemão, cfr. NIPPERDEY, HANS CARL, *Tatbestandsaufbau und systematik der deliktischen grundTatbestand, zum "referentenentwurf eines gesetzes zur Änderung und Ergänzung Schadenersatzrechtlicher Vorschriften"*, in N. J. W., 1967, pág. 1895 e ss.

nível legislativo. Assim sendo, estar-se-ia a negar a incontestável elasticidade e força expansiva da liberdade de expressão enquanto *Rahmenrecht*. Apenas se quer colocar em evidência a importância do reconhecimento conferido pelo ordenamento jurídico àquelas concretas situações de poder que, pela sua estrutura, configuram autênticos direitos subjectivos.

No essencial, o direito subjectivo representa um instrumento de afirmação da autonomia individual. Deste modo, na base da compreensão de uma tal figura tem de encontrar-se necessariamente a vontade. Aliás, depende da vontade do titular a opção pelo não exercício ou pelo exercício das faculdades inerentes aos direitos subjectivos e, nesta última hipótese, os concretos modos de exercício que estes sejam susceptíveis de assumir.

Destarte, as concretas situações de poder que consubstanciam tais direitos emergem do poder da autodeterminação dos particulares, e podem revestir modalidades tão diversas quanto as solicitadas pelas múltiplas conjunturas económico-sociais à inventiva das pessoas.

No entanto, não podemos ignorar que o direito subjectivo é simultaneamente uma([79]) técnica de regulamentação adoptada pelo direito([80]).

---

([79]) Neste sentido, tenha-se em conta o pensamento de Orlando de Carvalho ao considerar que "o direito subjectivo é algo de exterior, de não necessário e de disponível em face do poder de autodeterminação, ou seja, que já aí ele reveste características que o definem como algo de externo ou de mecânico, como um meio técnico, que não só se não confunde com esse poder radical, mas que admite, inclusive, uma certa descolagem relativamente ao poder a cujo serviço se encontra. Cfr. CARVALHO, ORLANDO DE, *Teoria Geral* ..., *ob. cit.*, págs. 36-37.

Desta feita, e sem querer de algum modo fazer uma abstracção da *voluntas* ou do poder onde se funda o direito subjectivo, e à luz do qual tem que indefectivelmente ser entendido, não podemos deixar de o considerar, numa perspectiva estrutural, como uma técnica ou mecanismo de regulamentação. Para uma análise mais desenvolvida das perspectivas subjectivista e objectivista do direito subjectivo, cfr. VASCONCELOS, P. PAIS, *A Participação Social nas Sociedades Comerciais,* Coimbra, 2005, pág. 420 e ss.

Estamos assim a considerar dois planos distintos entre si, mas profundamente ligados. Reportamo-nos aqui aos designados, por Orlando de Carvalho, corte funcional (conceito de interesse) e corte estrutural (conceito preceito) da relação jurídica civil, numa linguagem fortemente inspirada na distinção de Heck entre sistema interno e sistema externo. Acerca desta distinção entre corte funcional e corte estrutural da relação jurídica civil, cfr. CARVALHO, ORLANDO DE, *Teoria Geral* ..., *ob. cit.*, pág. 15 e ss. No mesmo sentido se pronuncia Enrico Gabrielli ao distinguir, no âmbito dos direitos subjectivos, o plano conceitual ou sistemático, daqueloutro histórico e sociológico. De acordo com o entendimento do autor, a circunstância de o direito subjectivo se configurar como um expediente técnico e conceitual não pode, de modo algum, fazer ignorar as solicitações histórico--sociais e as reivindicações ideológicas determinantes para o aparecimento de uma tal categoria. Gabrielli na sua exposição reportava-se ao esforço da pandectística em perspectivar

Desta feita, um poder só pode ser considerado como tal, no contexto ou no quadro de um ordenamento jurídico. Não estamos, na verdade, a reportar-nos tão somente a poderes naturais. Trata-se de poderes juridicamente relevantes.

Socorrendo-nos da perspectiva sufragada por Júlio Gomes e António Frada a propósito da problemática em torno da natureza do negócio jurídico, consideramos que "determinar porque é que uma dada ordem jurídica, num concreto momento histórico e cultural, está disposta a colocar o seu poder coercivo ao serviço de certos e determinados acordos entre particulares, mas não ao serviço de outros, é questão que nunca se deixa reconduzir, na nossa opinião, à mera vontade dos intervenientes, devendo sempre atender-se, na sua resposta, ao interesse social, à utilidade que a

---

a realidade jurídica a partir de categorias conceituais. A orientação sistemático-conceitual não pode, contudo, ignorar as realidades inerentes aos conceitos. Ora, a categoria jusracionalista dos direitos subjectivos representa um mecanismo de tutela do individualismo pós-revolucionário e dos interesses das classes sociais em ascensão. Aliás, e em rigor, a defesa das prerrogativas individuais é assegurada neste contexto através de lei, no quadro da qual o exercício dos direitos dos particulares encontra a sua justificação e os seus limites. Acerca da necessidade de compreender a categoria do direito subjectivo à luz do plano ideológico social, cfr. GABRIELLI, ENRICO, *Appunti su diritti soggettivi, interessi legittimi, interessi collettivi, in* R.T.D.P.C., 1984, pág. 969 e ss.

([80]) De igual modo, a atribuição de direitos subjectivos, e desde logo, o reconhecimento de capacidade jurídica de gozo às pessoas colectivas (também designadas por Orlando de Carvalho por pessoas jurídicas *strictu sensu*, cfr. CARVALHO, ORLANDO DE, *Teoria Geral...*, *ob. cit.*, pág. 112), prende-se com exigências de nível técnico ou de regulamentação jurídica. Aliás, o reconhecimento pelo ordenamento jurídico da personalidade colectiva é o resultado de uma elaboração técnica.

Poder-se-á, no entanto, contestar este entendimento, na medida em que as pessoas colectivas representam um meio ou instrumento de prossecução de interesses humanos. Destarte, em última análise, a matriz referencial destes entes encontra-se sempre na vontade humana. Sem querer negar esta verdade apodítica, não podemos, contudo, deixar de acentuar a vertente de construção técnica que está na base da admissibilidades das pessoas colectivas. Como acabámos de mencionar, a personalidade colectiva afigura-se como um meio ou instrumento, instrumento esse resultante de uma elaboração técnico-conceitual.

Ora, se os direitos subjectivos das pessoas singulares (ou físicas) representam uma técnica de regulamentação adoptada pelo direito, o mesmo se tem de afirmar, e por maioria de razão, quanto àqueles cuja titularidade seja permitida às pessoas colectivas. Com efeito, enquanto em relação às pessoas singulares se pode configurar um elenco de direitos inerentes à própria personalidade humana(vida, integridade física, intimidade da vida privada), o mesmo já não pode afirmar-se em relação às pessoas colectivas. Ao invés, quanto a estas cumpre destacar um princípio estruturante do seu regime jurídico: o princípio da especialidade do fim.

comunidade retira da existência de uma garantia para a execução de determinados acordos"[81].

Reportando-nos então ao direito subjectivo enquanto categoria nuclear na teoria do negócio jurídico, consideramos também que a sua existência e tutela se encontram umbilicalmente na dependência do ordenamento jurídico.

Como já deixámos referido, o poder só é juridicamente relevante na perspectiva do ordenamento jurídico[82]. Para além disso, o poder é atribuído em vista do seu exercício. Ora, a sua efectivação só se tornará possível se a ordem jurídica colocar o respectivo arsenal sancionatório ao serviço das legítimas pretensões dos titulares de tais prerrogativas.

Considerando especificamente o campo dos direitos filiados no valor da liberdade de expressão, e a título meramente exemplificativo, ao direito moral de autor enquanto imediata manifestação da liberdade de expressão artística ou cultural, constatamos ter particular acuidade quanto acabámos de afirmar. De que valeria proclamar o direito de cada um à livre concretização de projectos ou ideias, se simultaneamente a ordem jurídica não colocasse à disposição do autor meios para assegurar a sua efectiva realização? Assim, e neste contexto, é essencial para quem concebe uma obra do espírito que lhe seja assegurada a assunção e o reconhecimento face a terceiros da respectiva paternidade.

Razão por que o ordenamento jurídico coloca à disposição do autor meios capazes de garantir tal prerrogativa ou pretensão ao criador da

---

[81] Cfr. GOMES, JÚLIO VIEIRA e FRADA, ANTÓNIO SOUSA, *Acordos de Honra, Prestações de Cortesia e Contratos*, in Estudos Dedicados ao Prof. Doutor Mário Júlio de Almeida Costa, Lisboa, 2002, págs. 884-885. Ainda a este propósito, RIBEIRO, J. SOUSA, *Os Contratos – Programa e outras técnicas consensuais de execução do plano em França*, in R. D. E., n.º 1, 1978, pág. 194. Sobre a diversa relevância assumida pelo binómio *voluntas-verba* em várias etapas da doutrina romanística, cfr. JUSTO, A. SANTOS, *Vontade e Negócio Jurídico no Direito Romano. Breve Referência ao Direito Português*, in Comemorações dos 35 Anos do Código Civil e dos 25 Anos da Reforma de 77, vol. III, Direito das Obrigações, 2007, pág. 171 e ss.

[82] A este propósito atente-se no ensinamento de Orlando de Carvalho, ao considerar que o poder de autodeterminação é um poder *sob a sanção do ordenamento jurídico em vigor*, o que significa não apenas que está à sombra do Direito – do Direito que vale na respectiva circunstância – mas que *acata ou incorpora o controle do Direito*, pois se deseja um poder *secundum legem*. Para o que necessariamente se submete aos limites da lei (preço da mesma força que a lei lhe atribui) e implicitamente faz seus os mecanismos dessa lei: as consequências que, queira ele ou não queira, tem de admitir como condição *sine qua non* da concessão da tutela ou da eficiência da tutela", Cfr. CARVALHO, ORLANDO DE, *Teoria Geral...*, ob. cit., pág. 23.

obra. Estamos a pensar num leque de expedientes técnico-jurídicos muito diversificado que vai do registo([83]) à acção de indemnização por responsabilidade civil (art. 483.º, n.º 1), passando pela eventual publicação da sentença condenatória de quem ilicitamente assumiu a paternidade de uma obra de outrem.

Ora, é precisamente por tudo isto que o poder de alguém assumir a paternidade intelectual de uma obra e de sentir perante terceiros o reconhecimento dessa qualidade se configura como poder jurídico, uma vez que se encontra sob a alçada do Direito. Desta feita, uma correcta compreensão dos direitos subjectivos passa por levar em linha de conta os contributos, quer das orientações voluntaristas, quer das perspectivas normativistas. Tais considerações devem, por conseguinte, considerar-se também extensivas aos concretos poderes filiados na liberdade de expressão que, por tudo quanto acabámos de expor, se devam qualificar como direitos subjectivos.

## CAPÍTULO 3
## LIBERDADE DE EXPRESSÃO: DIREITO SUBJECTIVO OU RAHMENRECHT?

### 3.1. A liberdade de expressão como Rahmenrecht. A delimitação dos bens jurídicos protegidos e o ilícito extracontratual

A necessidade de delimitação do objecto dos direitos representa uma característica pressuposta ou exigida pelo regime jurídico estatuído no nosso ordenamento jurídico para a responsabilidade civil. De acordo com o prescrito no art. 483.º (n.º 1), a obrigação de indemnizar surge quando se registar a violação de direitos de outrem ou de normas destinadas a proteger interesses alheios. De igual modo, mas como uma última *ratio*, existe o dever de indemnização quando o agente incorre em abuso do direito, nos termos do art. 334.º.

Centrando-nos nas duas variantes da ilicitude consagradas no art. 483.º (n.º 1), somos forçados a concluir que o legislador português quis

---

([83]) Cfr. arts. 213 e ss. do Código do Direito de Autor e dos Direitos Conexos (Dec.--Lei n.º 334/97, de 27 de Novembro).

dispensar tutela delitual a posições jurídicas suficientemente delimitadas na primeira variante, ao referir-se a direitos de outrem, os quais, por seu turno, se consubstanciam em direitos subjectivos absolutos. Estes direitos versam sobre bens determinados, porquanto somente em relação a situações jurídicas com contornos suficientemente conhecidos se pode assacar um juízo de censura aos agentes causadores, com a sua conduta, da respectiva violação. Na verdade, só podemos aceitar a eficácia *erga omnes* destes direitos, quando as posições jurídicas por eles tuteladas possam ser conhecidas por "terceiros com relativa facilidade"([84]). De outra forma, a segurança jurídica seria gravemente ameaçada, e correr-se-ia o risco de uma certa paralisação do tráfico jurídico.

Os membros da comunidade inibir-se-iam de actuar com receio de eventualmente virem a ser obrigados a responder pela violação de situações ou posições jurídicas por si desconhecidas, na medida em que os contornos destas não se encontrem suficientemente definidos no âmbito da consciência jurídica geral.

Apenas em relação a direitos com contornos definidos e conhecidos se pode proferir um juízo de culpa quanto às condutas de quem os viola. Com efeito, a reprovabilidade do comportamento do agente implica a consciência da ilicitude([85]), ou seja, a pré-figuração por aquele do resultado ilícito das suas actuações. Ora, como é possível prefigurar resultados em face de realidades desconhecidas pelos protagonistas do tráfico jurídico? Desta feita, este requisito subjectivo da responsabilidade civil não se pode considerar preenchido quanto a direitos com conteúdo impreciso e indeterminado. Não queremos, no entanto, advogar a necessidade, para efeitos de ocorrência da ilicitude extracontratual na primeira variante, de os direitos de outrem se encontrarem rigorosamente delimitados.

Idênticas observações não podem dirigir-se relativamente a outros direitos com conteúdo manifestamente elástico, tal como sucede com o direito de propriedade. Apesar do leque de faculdades ou prerrogativas do titular de um tal direito se revelar multifacetado, certo é que, em obediência ao princípio da individualização([86]), a constituição ou modificação dos direitos reais apenas é permitida quando respeite a objectos certos e determinados.

Ora, relativamente aos direitos de personalidade, tal não se passa de idêntica forma, pois como sabemos, de um modo geral, estão em causa

---

([84]) Neste sentido, cfr. SERRA, ADRIANO VAZ, *Requisitos da Responsabilidade Civil*, in Boletim do Ministério da Justiça, n.º 92, pág. 100.

([85]) Salvo as hipóteses em que a conduta culposa do agente se integre na modalidade de negligência inconsciente.

prerrogativas indispensáveis ao desenvolvimento da personalidade humana *in totum*. Razão por que nem sempre se torna fácil estabelecer com precisão o conteúdo de faculdades tão complexas. Tais realidades não permitem, de modo algum, excluir a obrigação de indemnizar por ilícito extracontratual, quando estiver em causa a violação de posições jurídicas com estas características. Apenas se torna exigível que os direitos subjectivos com um certo conteúdo e extensão, mais ou menos delimitados, façam parte integrante de um conjunto de princípios e valores jurídicos comunitariamente aceites como tal, de molde a serem perceptíveis e sentidos nessa qualidade pela generalidade dos membros da comunidade[87]. Deste modo, o grau de especificação das prerrogativas filiadas no direito geral de personalidade, ou na liberdade de expressão, será necessariamente inferior ao imposto no universo dos direitos reais.

A mesma exigência de determinabilidade se faz sentir a propósito da 2.ª variante da ilicitude. Apenas nos encontramos face a um ilícito na 2.ª variante prevista no art. 483.º quando ocorrer a violação dos interesses protegidos pela norma legal. Ora, a norma legal de protecção tutela de forma directa e imediata determinados interesses dos particulares. Estando em causa, por regra, normas de direito público, não deixam os interesses privados de ser directamente acautelados e protegidos. Não está aqui em causa uma simples protecção reflexa ou derivada daqueloutra dispensada em primeira linha aos interesses da colectividade[88].

De igual modo, a propósito da última *ratio* da sindicância da ilicitude – o abuso do direito – importa tomar em consideração os interesses e os fins protegidos pelos direitos subjectivos. Com efeito, apenas quando se viola de forma clamorosa os limites impostos pela boa fé, bons costumes, ou pelo fim social ou económico dos direitos, nos encontramos face a um abuso do direito. Destarte, torna-se fundamental atender ao problema da

---

[86] Para uma análise mais desenvolvida deste princípio (comummente designado na doutrina germânica por princípio da especialidade), cfr. MESQUITA, M. HENRIQUE, *Direitos Reais (sumários das lições ao curso de 1966-1967)*, Coimbra, 1967, págs. 12-14. JUSTO, A. SANTOS, *Direitos Reais*, Coimbra, 2007, págs. 26-27.

[87] Neste sentido, cfr. SERRA, ADRIANO VAZ, *Requisitos ...*, *ob. cit.*, págs. 111-112. De igual modo, reportando-se às dificuldade de protecção delitual do direito geral de personalidade (art. 2.º, abs. 1 G.G.), dada a indeterminação do respectivo âmbito, cfr. LARENZ, KARL, WOLF, MANFRED, *Allgemeiner Teil...*, *ob. cit*, págs. 127-128.

[88] Neste sentido, cfr. por todos, SERRA, ADRIANO VAZ, *Requisitos ...*, *ob. cit.*, pág. 62-63, 70 e ss., VARELA, J. ANTUNES, *Das Obrigações ...,I*, *ob. cit.*, pág. 536 e ss., COSTA, M. ALMEIDA, *Direito das Obrigações ...*, *ob. cit.*, pág. 563, SOUSA, R. CAPELO DE, *Teoria Geral de Direito Civil*, vol. *I*, Coimbra, 2003, págs. 236-237.

delimitação do âmbito dos direitos([89]), apesar de um certo nível de indeterminação dos parâmetros, a partir dos quais se vai averiguar da conformidade do seu exercício.

O sistema delitual alemão, muito próximo do nosso, parece ter sido também particularmente sensível a esta exigência de determinabilidade do âmbito dos direitos e interesses protegidos. Aliás, uma tal preocupação faz--se sentir aqui de modo mais intenso. Enquanto a 1.ª variante da ilicitude contida no art. 483.º, n.º 1, se encontra formulada em termos amplos, de modo a albergar todos os direitos subjectivos absolutos, já o § 823.º, alínea 1 do B.G.B., obedece à regra da tipicidade, atenuada, é certo, pela alusão feita na parte final do preceito a "outros direitos". Na verdade, no B.G.B. apenas se faz expressa menção ao direito à vida, ao corpo, à saúde, e à liberdade. Ora, se virmos bem, todos os bens aí protegidos se encontram suficientemente delimitados, podendo-se assim considerar, em maior ou menor medida, objectos de particulares poderes de imposição, disposição e exclusão, salvo o tocante ao direito à liberdade. No entanto, dada a circunstância de a liberdade aparecer colocada, em termos sistemáticos, ao lado da vida, do corpo e da saúde, a orientação doutrinal dominante propende para considerar apenas protegida por esta disposição a liberdade de movimento corporal, e já não a liberdade de determinação([90]).

---

([89]) Um domínio onde não parece ser exigível grande rigor na delimitação dos direitos subjectivos atingidos prende-se com o recurso à acção de abstenção. Como forma de reagir à violação daqueles direitos, os titulares para fazerem cessar a ocorrência de comportamentos lesivos, podem exigir judicialmente que os lesantes sejam inibidos da prática de tais actos. Assim sendo, o juiz ao proferir decisão vai interferir nas condutas futuras do agente. Sendo imprescindível debruçar-se sobre o âmbito do direito violado, a fim de averiguar da ilicitude da intervenção e definir então o conjunto de actividades que o lesante se deve abster, não nos parece no entanto ser exigível uma prévia e rigorosa delimitação dos direitos. Com efeito, na sentença o juiz não vai obrigar o agente a pagar uma indemnização pela violação de um direito de conteúdo indefinido. Razão por que os limites dos direitos subjectivos podem ser fixados judicialmente, caso por caso. Contendendo apenas com as condutas futuras do agente, não pode este considerar-se atingido pela falta de uma prévia delimitação dos direitos. A segurança jurídica dos particulares apenas seria atingida se lhes pudesse ser imposta uma obrigação de indemnizar por responsabilidade civil decorrente da violação de direitos cuja extensão e conteúdo se apresentassem muito nebulosos ou indefinidos. Inspirando-se de modo particular no pensamento de Larenz, Vaz Serra pronuncia-se claramente neste sentido. Cfr. a este propósito, SERRA, ADRIANO VAZ, *Requisitos ...*, *ob. cit.*, pág. 100, nota 96.

([90]) Cfr. ENNECCERUS-LEHMANN, *Recht der Schuldverhältnisse*, 15.ª ed., 1958, § 823, I, 2 d, PALANDT, *Bügerliches gesetzbuch*, anotação ao § 823, alínea I, 65 Auf., München, 2006, pág. 1232.

Desta feita, afastada da tutela fica a liberdade geral de acção, precisamente por não ser um bem jurídico com uma configuração facilmente delimitável. Ao referir-se de um modo mais genérico a "outros direitos", o legislador germânico poderá ter querido aí considerar incluídos aqueles direitos de personalidade aceites e reconhecidos pela consciência jurídica geral como direitos subjectivos.

### 3.2. Delimitação dogmático-jurisprudencial do círculo de bens e interesses protegidos e conflitos de interesses

A natureza poliédrica deste instituto manifestada na multiplicidade de faculdades e poderes em que se concretiza permite que lhe seja associado, a propósito da sua qualificação, o epíteto de "Direito-quadro" (*Rahmenrecht*)([91]).

Assim, no tocante às características fundamentais da liberdade de expressão, mormente as implicadas na distinção anteriormente feita entre as suas vertentes negativa e positiva, e em relação às quais se justifica este enquadramento dogmático, não deixaremos aqui já grandes novidades. Relembramos sobretudo, a já atrás mencionada dificuldade de exacta delimitação do conteúdo da liberdade de expressão.

Não constitui portanto tarefa de mera lógica subsuntiva a identificação dos vários tipos de agressões aos bens integrantes do instituto em análise, e em função da qual se poderá determinar a natureza e o âmbito dos direitos aí envolvidos, bem como do carácter lícito/ilícito do seu exercício, atentas as exigências regulativas implicadas noutros direitos de personalidade com eles eventualmente conflituantes.

Abre-se aqui um largo espaço para a intervenção da doutrina e da jurisprudência([92]) com vista, antes de mais, a determinar os bens ou interesses envolvidos na liberdade de expressão.

---

([91]) Neste sentido se parecem inclinar alguns autores no âmbito da doutrina alemã e francesa, cfr. WASSERBURG, KLAUS, *Der Schutz der Persönlichkeit...*, *ob. cit.*, pág. 102, BALLE, FRANCIS, *Médias...*, *ob. cit.*, págs. 234-235.

([92]) Estamos a referir-nos à complementaridade entre as actividades da dogmática e da jurisprudência, e que se traduz na denominada, por Castanheira Neves, jurisprudência em sentido amplo.
Na verdade, a dogmática face à jurisprudência exerce funções complementares de um duplo sentido: **antecipante** e **projectante**. Por um lado, ao explicitar as virtualidades normativas implícitas nas normas jurídicas, a dogmática acaba por desvendar critérios de solução de problemas não expressamente formulados naquelas. Ao fornecer pontos de

Para além desta importante tarefa de delimitação do âmbito normativo do instituto, compete ainda, sobretudo à jurisprudência, confrontar e valorar os interesses da personalidade, *in casu*, contrastantes. O cumprimento de tal desiderato só se tornará possível se o intérprete identificar devidamente os bens ou interesses conflituantes com a liberdade de expressão, tomando, para o efeito, em devida conta os critérios de comportamento disponibilizados pela ordem jurídica para caracterizar tais posições ou situações jurídicas([93])([94]).

---

apoio ao decidente, permitindo aos juízes cumprir a sua função decisória e evitando assim muitas vezes o *non liquet*, a doutrina orienta e antecipa o sentido das decisões judiciais. Por outro lado, num sistema romano-germânico de fontes, como é o nosso, a actividade da jurisprudência reveste uma natureza casuística. Donde, a projecção a nível sistemático da relevância normativa das decisões dos tribunais só é possível graças à intervenção da doutrina.

Dilucidando os critérios normativos subjacentes à decisão *a quo*, sai-se do plano concreto e individual do conteúdo judicial, e enquadra-se a problemática decidenda nos cânones normativos de um sistema jurídico onde a principal fonte de direito tem carácter geral e abstracto. Ora, uma tal tarefa de "reelaboração das decisões judiciais" devida à mediação da dogmática, concretiza a já mencionada função auxiliar projectante deste estrato do sistema jurídico. Acerca destas funções da dogmática, e da já atrás aludida jurisprudência em sentido amplo, cfr. NEVES, A. CASTANHEIRA, *Fontes do Direito, Digesta*, vol. *II*, Coimbra, 1995, págs. 89-90. No mesmo sentido, cfr. MESSINETTI, DAVIDE, *Recenti orientamenti sulla tutela della persona. La moltiplicazione dei diritti e dei danni*, in Riv. Crit. del Dir. Priv., 1992, pág. 175.

([93]) Reportamo-nos concretamente a bens da personalidade, tais como a honra, o bom nome e o crédito, a intimidade da vida privada, a imagem, cujas exigências valorativas a eles ligadas são susceptíveis de conflituar total ou parcialmente, com a liberdade de expressão. Neste sentido cfr. *Rufschädigende behauptung einer scientology...*, ob. cit., pág. 1324. Podemos neste contexto convocar com toda a oportunidade o entendimento liberal, de acordo com o qual, o legítimo exercício de todo e qualquer direito se encontra condicionado pelo respeito devido aos direitos de outrem, cfr. a propósito deste entendimento no âmbito dos limites impostos ao exercício do *diritto di cronaca*, – *Responsabilitá Civile – Fatti lesivi dell'autri reputazione – divulgazione di notizie di cronaca – obbligo di controlo (Cod. Civ. 2043, 2049)*, in Foro Italiano, I, 1956, pág. 4 e ss, BARILLE, PAOLO, *La Libertá di espressione del pensiero e le notizie false, esagerate e tendenziose*, in Il Foro Italiano, 1962, I, pág. 860, CONSO, GIOVANNI, *Libertá di espressione e tutela dell'onore nei mezzi di comunicazione di massa*, in Tutela dell'Onore e Mezzi di Comunicazione di Massa, Milano, 1979, págs. 38 e 41.

([94]) Neste sentido, cfr., SOUSA, R. CAPELO DE, *Conflitos entre a liberdade de imprensa ...*, ob. cit., págs. 1136-1137, WASSERBURG, KLAUS, *Der Schutz der Persönlichkeit...*, ob. cit., pág. 102. Em causa está aqui a ponderação de matéria de direito. Como refere Capelo de Sousa, a propósito dos conflitos entre a liberdade de imprensa e a vida privada, "é preciso também juntar à matéria de facto a matéria de direito. Assim temos primeiramente que determinar os bens ou valores jurídicos de cada expressão da liberdade de imprensa ou da vida privada conflituantes".

Como a este propósito justamente sublinha Sinde Monteiro, o juízo de ilicitude nas hipóteses em que nos encontrarmos face a um "direito--quadro", "pressupõe necessariamente uma ponderação do valor da acção e do desvalor do resultado, de bens e interesses"([95]). Encontramo-nos

---

Uma tal tarefa afigura-se, na verdade, essencial, porquanto através dela se torna possível despistar situações que numa primeira análise se podem configurar como conflitos de direitos, mas na realidade não revestem tais características. Isto porque o âmbito de protecção assegurado por qualquer direito não é, em princípio, ilimitado.

Destarte, podem ocorrer comportamentos ou manifestações que numa primeira análise se apresentam como modos de exercício de um determinado direito, quando afinal, tendo em conta os interesses e valores abrangidos por aquele, não representam qualquer forma válida da sua afirmação. Assim, se alguém invoca a liberdade de expressão artística para fazer buracos no muro de um vizinho, pensamos não ser correcto falar de um conflito entre a liberdade de expressão artística e o direito de propriedade.

Não podemos, de modo algum, sustentar que com base na invocação daquele valor fundamental se coloquem sob o seu manto protector condutas manifestamente ilícitas.

De igual modo, a boa fé, os bons costumes, o fim económico e social (art. 334.º) do direito, a ordem pública (art. 280.º) e certas prescrições legais podem constituir importantes limitações à afirmação ou exercício dos direitos.

Ora, assim sendo, existem certas manifestações ou comportamentos que devem considerar-se excluídos do âmbito normativo de certos direitos, porquanto se encontram atingidos por um conjunto mais ou menos amplo de proibições. Neste sentido se pronunciam os defensores das teorias do *Tatbestand* restrito a propósito dos direitos fundamentais. Para uma análise mais pormenorizada das teorias do "*Tatbestand* restrito" e do "*Tatbestand* alargado" dos direitos fundamentais e das críticas que lhe são dirigidas, *vide* CANOTILHO, J. GOMES, *Direito Constitucional de Conflitos e Protecção de Direitos Fundamentais, in* Revista de Legislação e de Jurisprudência, ano 125.º, pág. 38 e ss.

Neste contexto, não se poderá configurar uma situação de colisão de direitos, porquanto em relação a um dos direitos envolvidos no aparente conflito não é possível sustentar a existência de um modo legítimo do seu exercício. Razão por que, a este propósito, há quem fale de colisão aparente de direitos, ou, num enfoque mais constitucional, em limites imanentes.

A propósito da colisão aparente de direitos, cfr. SOUSA, R. CAPELO DE, *Conflitos entre a liberdade de imprensa ..., ob. cit.*, pág. 1132 e ss. *Direito Geral de Personalidade, ob. cit.*, pág. 533.

Em relação à teoria dos limites imanentes, cfr. CANOTILHO, J. GOMES *Direito Constitucional..., ob. cit.,* pág. 450 e pág. 1279 e ss. (o autor pronuncia-se em termos críticos relativamente à afirmação de uma tal teoria, considerando preferível falar de restrições não expressamente autorizadas pela Constituição, uma vez que os limites ao exercício dos direitos devem afirmar-se *a posteriori*, na sequência da colisão de direitos. Rejeita, assim, a existência de limites prévios), ANDRADE, J. VIEIRA DE, *Os Direitos Fundamentais na Constituição..., ob.cit.,* pág. 282 e ss.

([95]) Cfr. MONTEIRO, J. SINDE, *Relatório sobre o Programa, Conteúdo e Métodos de Uma Disciplina de Responsabilidade Civil*, Coimbra, 2001, pág. 24.

aqui situados perante um tipo de ilicitude em que as diferenças entre as duas perspectivas fundamentais (a "ilicitude do resultado" e a "ilicitude da conduta"), acerca do critério relevante para a determinação do ilícito, acabam por se esbater([96]). Na verdade, estando em causa fórmulas tão abertas e elásticas, a violação dos "direitos-quadro" não constitui, nem mesmo para quem, como nós, propende para a "ilicitude do resultado", um indício de antijuridicidade da conduta do agente.

### 3.3. Critérios de resolução de conflitos entre direitos filiados na liberdade de expressão e outros bens da personalidade. Questão prévia: "será possível falar de conflitos entre direitos de personalidade?"

Não pode, no entanto, o decidente limitar-se a uma delimitação do âmbito normativo dos direitos ou interesses potencialmente conflituantes([97]). Impõe-se também uma mobilização dos arrimos metodológicos

---

([96]) Neste sentido, cfr. ESSER-JOSEF, SCHMIDT-EIKE, *Schuldrecht*, vol. I *(Allgemeiner Teil) (Entstehung Inahlt und Beendigung von Schuldverhältnissen)*, 8.ª ed., Heidelberg, 1995, pág. 139. Acerca da distinção entre "ilicitude da conduta" e "ilicitude do resultado", cfr. MONTEIRO, J. SINDE, *Responsabilidade Delitual. Da Ilicitude, in* Comemorações dos 35 Anos do Código Civil e dos 25 Anos da Reforma de 77, vol. III, Direito das Obrigações, 2007, págs. 467-468.

([97]) Convém, no entanto, não confundir estas situações com aquelas outras de concurso de direitos. Com efeito, estamos perante domínios substancialmente diferentes. Enquanto, nas hipóteses de colisão ou conflito de direitos, o direito de um titular entra em confronto com o direito de um outro titular, nos casos de concurso de direitos passa-se algo de diverso: o comportamento duma pessoa faz suscitar a invocação de vários direitos.

Considere-se, a propósito deste último núcleo de situações, o exemplo sugestivo apresentado por Gomes Canotilho: "um sacerdote profere um sermão em que ataca outras religiões, suscitando o problema de saber se o "direito ao sermão" se insere no âmbito da protecção do direito ou liberdade de crença, no âmbito da liberdade de expressão ou no âmbito da liberdade de profissão".

O autor, a propósito da mencionada distinção, adverte ainda para os problemas colocados pelos casos de concurso de direitos. Refere-se, de um modo particular, à dificuldade de determinar, de entre os vários direitos envolvidos na conduta do sujeito, aquele com base no qual se pode fundar a sua pretensão jurídica.

Para além disso, e tendo em conta a possibilidade de uma intervenção restritiva dos poderes públicos no âmbito dos direitos fundamentais, pode colocar-se o problema de "submeter ao crivo jurídico-constitucional a legitimidade ou ilegitimidade das dimensões restritivas dos actos dos poderes públicos incidentes sobre comportamentos reentrantes nos *tatbestände* de vários direitos fundamentais".

dos critérios de direito positivo portadores de soluções orientadoras para a resolução de eventuais conflitos([98]). Na jurisprudência portuguesa, a

---

Ainda no contexto da destrinça entre a colisão e o concurso de direitos, e a propósito do primeiro tipo de situações, Gomes Canotilho equaciona a possibilidade de aplicar aqui as categorias jurídico-penais do concurso de crimes (concurso real, ideal e concurso legal ou aparente). Tratando-se de problemas fundamentalmente distintivos, não deixa, no entanto, de lhe estar subjacente a mesma situação: "a um e o mesmo comportamento do cidadão podem ser aplicadas várias normas jurídicas". Para um maior desenvolvimento em torno da distinção entre a colisão e a concorrência de direitos, vide CANOTILHO, J. GOMES, *Direito Constitucional de Conflitos...*, ob. cit., pág. 264-266.

([98]) Na verdade, as circunstâncias do caso submetidas à apreciação jurisdicional hão-de ser valoradas de acordo com critérios ou regras metodológicas, encontrem-se ou não estas positivadas. Ora, qualquer critério valorativo, pela circunstância de o ser, transcende regulativamente a realidade que constitui objecto da sua regulação (neste sentido, cfr. NEVES, A. CASTANHEIRA, *Curso de Introdução...*, ob.cit., pág. 107).

Razão por que a estas normas ou regras andem associadas as características da generalidade e da abstracção. Aliás, na família romano-germânica de fontes, onde o nosso sistema jurídico se filia, a regra é a das normas jurídicas possuírem aqueles atributos. Por seu turno, a generalidade e a abstracção, enquanto características essenciais das normas legais fazem desta técnica de regulamentação o instrumento privilegiado para a resolução dos conflitos histórico-sociais nas sociedades plurais e conflituais dos nossos dias. Cfr., a este propósito, NEVES, A. CASTANHEIRA, *Fontes ...*, ob. cit, pág. 73).

No tocante às regras metodológicas disponibilizadas pelo nosso ordenamento jurídico para orientar a concreta resolução dos conflitos de direitos, cumpre antes de tudo fazer uma menção quanto ao seu âmbito de incidência. Desde logo, a intervenção de tais critérios só se poderá fazer sentir quando perante uma concreta situação conflituante estiverem preenchidos os pressupostos jurídico-materiais de cada um dos direitos envolvidos. Por outras palavras, quando nos encontrarmos face a um conflito real de direitos.

Colocados então perante tais situações de colisão, torna-se forçoso o recurso aos critérios fornecidos pelo art. 335.º. Trata-se de uma norma que reflecte opções axiológico-jurídicas do legislador acerca de um modelo de sociedade capaz de suprir os conflitos aí emergentes. Com efeito, qualquer tecido social, conquanto ainda se apresente muito coeso, não pode ignorar a dimensão do conflito como sua nota essencialmente caracterizadora. Apenas se torna imperioso encontrar critérios para a sua resolução, porquanto todo o conflito encontra na respectiva superação o seu destino histórico-social. Neste sentido, vide, NEVES, A. CASTANHEIRA, *O Direito ...*, ob. cit., pág. 127 e ss.

Respondendo a esse nível de preocupações, o art. 335.º fornece directrizes fundamentais. Aí se distinguem dois tipos de situações:
 a) Colisão entre direitos iguais ou da mesma espécie
 b) colisão entre direitos desiguais ou de espécie diferente.

Embora o preceito em análise separe claramente grupos de hipóteses e lhes faça corresponder soluções diversas, certo é que a interpretação e concretização dos critérios aí subjacentes estão longe de corresponder a uma operação lógico-dedutiva. Abre-se aqui um largo espaço para uma actividade valorativa, onde compete à doutrina e à jurisprudência densificar as referências axiológicas deixadas em aberto pelo legislador.

Cumpre, na verdade, averiguar da importância e do peso relativo dos direitos em conflito. Ora, uma tal tarefa não pode ser confiada à livre apreciação dos titulares dos direitos. Propugnar semelhante solução implicaria cair num subjectivismo insustentável face ao valor da segurança jurídica. A via correcta consiste antes em apreciar a importância dos interesses ou bens envolvidos nos direitos colidentes de acordo com as concepções dominantes na ordem jurídica, tendo em conta nomeadamente as exigências da unidade da ordem jurídica. A este propósito, cfr. SCALISI, VICENZO, *Danno e ingiustizia nella teoria della responsabilitá civile*, in Riv. Trim. Dir. Proc. Civ., 2004, n.º 3, pág. 808 e ss., FALZEA, ANGELO, *Gli Standards valutativi e la loro aplicazione, ora in Id, richerche di teoria generale del diritto e di dogmatica giuridica, I. Teoria generale del diritto*, Milano, 1999, pág. 369 e ss.

Referimo-nos de um modo particular às valorações facultadas pelo Direito Penal onde o arsenal sancionatório se afigura particularmente sensível à natureza e importância dos bens atingidos. A adopção deste modo de proceder não se apresenta, no entanto, isento de dificuldades.

Desde logo, discute-se a possibilidade e ou a viabilidade de definir uma ordem ou escala hierárquica de valores. Com efeito, tendo em conta o devir histórico-social e as consequentes mutações ideológico-culturais, pode tornar-se extremamente complexo determinar de modo estável aquilo que axiológico-jurídicamente se pode reputar como mais relevante, sobretudo no âmbito de sociedades plurais e democráticas. Cfr., neste sentido, ANDRADE, M. COSTA, *Liberdade de Imprensa...*, ob. cit., págs. 284-285.

Não ignorando esta aporia, certo é também, no entanto, que qualquer comunidade não prescinde em cada momento histórico social de um conjunto de padrões socialmente estabilizados e estabilizadores da vida histórico-social. A este propósito, cfr. FRANZONI, MASSIMO, *Il danno non patrimoniale, il danno morale: una svolta per il danno alla persona*, in Corr. Giur., 2003, pág. 1039 e ss. Podendo estes ser reversíveis, não deixam simultaneamente de se traduzir, no momento em que pontificam, em repositórios dos valores ético-comunitariamente prevalentes, e como tal, em bitolas ou critérios de aferição, de conduta.

Apesar de todas as dificuldades descritas, não é impossível determinar quais os valores tidos como preponderantes na comunidade e aquilatar, de acordo com o sentir comunitário dominante, da importância ou valor àqueles atribuído. Não nos encontramos contudo a estabelecer uma ordem abstracta de bens ou de valores juridicamente relevantes. Contra uma abstracta ponderação de bens ou valores jurídicos, *vide* HUBMANN, HEINRICH, *Das Persönlichkeitsrecht...*, ob. cit., pág. 51 e ss. Isto, porque o decidente ao apreciar o conflito de direitos *sub índice,* tem de tomar em devida consideração as circunstâncias do caso, mormente, os particulares bens ou valores protegidos pelos direitos em confronto, os concretos modos de exercício dos poderes neles envolvidos, a posição relativa dos titulares dos direitos, tendo sempre em atenção certas circunstâncias sócio-existenciais. Levados em linha de conta todos os elementos materiais e jurídicos relevantes da situação concreta, compete depois apreciá-los e valorá-los de acordo com os padrões disponibilizados pelo ordenamento jurídico, e que correspondem ao sentir comunitário dominante. Ao proceder--se deste modo apenas se está a acompanhar uma tendência para a objectivação já há largos anos registada no direito civil em vários campos, como sejam o da apreciação da culpa (critério do bom pai de família) e o da interpretação jurídica (doutrina da impressão do destinatário).

Assim, no plano da valoração poder-se-á unanimemente sufragar a proeminência dos interesses pessoais face aos patrimoniais. A este propósito, CORDEIRO, A. MENEZES, *Direito do Ambiente, Princípio da Prevenção, Direito à Vida e à Saúde,* anotação ao acórdão do Supremo Tribunal de Justiça de 2 de Julho de 1996, *in* Separata da Revista da Ordem dos Advogados, ano 56, II, Lisboa, 1996, págs. 681-682. Cumpre todavia concretizar estas directrizes ou premissas valorativas.

Dada a multiplicidade de conflitos emergentes na realidade, podem registar-se situações com contornos muito diversos: colisão entre direitos de personalidade e direitos reais, entre direitos reais, entre direitos reais e direitos de crédito ...

Assim, quando se verificar uma colisão entre direitos da personalidade, poder-se-á falar de um conflito de interesses do mesmo nível (interesses de natureza pessoal). Neste sentido se pronuncia a jurisprudência dominante a propósito do conflito entre a liberdade de expressão e a honra e o bom nome, cfr. acórdão do Supremo Tribunal de Justiça de 29 de Outubro de 1996, *in* B.M.J. n.º 460, págs. 692-693, acórdão do Supremo Tribunal de Justiça de 5 de Março de 1996, *in* B.M.J. n.º 455, 1996, pág. 420 e ss., acórdão do Supremo Tribunal de Justiça de 20 de Setembro de 1995, *in* B.M.J. n.º 449, 1995, pág. 59. Porém, cumpre averiguar qual ou quais os concretos interesses ou bens de personalidade protegidos pelos direitos em conflito. De uma tal indagação poder-se-á concluir pela diferente intensidade ou importância dos bens pessoais envolvidos, sustentando-se então a prevalência daquele direito onde se façam sentir necessidades de protecção de interesses mais nevrálgicos da personalidade humana. Pode, por exemplo, em certas situações ser necessário revelar o conteúdo de uma carta de certa pessoa e atingir assim o direito ao segredo da correspondência, para assegurar a tutela da honra de outrem. Como a propósito da colisão entre direitos da mesma natureza sublinha Menezes Leitão, impõe-se, como regra, uma abstenção pelos titulares dos direitos de comportamentos ou faculdades normalmente integrados nos respectivos âmbitos, sob pena, de assim não procedendo, se registarem situações de ilicitude desencadeadoras de responsabilidade civil, cfr. LEITÃO, L. MENEZES, *Direito das Obrigações, I,* 5.ª edição, Coimbra, 2006, pág. 298.

Por seu turno, e em contrapartida não é inverosímil verificar-se um conflito entre um direito de personalidade e um direito real, ou seja, de direitos de natureza diversa. *Prima facie,* e por regra, deve concluir-se pela prevalência do primeiro. A este propósito, veja-se a paradigmática anotação de Vaz Serra ao acórdão do Supremo Tribunal de Justiça de 6 de Maio de 1969, onde o autor defende a prevalência dos direitos de personalidade face aos direitos reais, tendo em conta o disposto no n.º 2 do art. 335.º, SERRA, ADRIANO VAZ, anotação ao acórdão do Supremo Tribunal de Justiça de 6 de Maio de 1969, *in* Revista Leg. e Jurisp., ano 103.º (1970-71). n.º 3249, pág. 374 e ss.

Porém, procedendo-se a uma adequada valoração dos interesses em conflito pode-se chegar à conclusão contrária. Repare-se na seguinte situação: um grupo folclórico local invocando o direito de criação artística e de associação procede à ocupação de uma pequena sala da junta de freguesia para aí guardarem os instrumentos musicais. Perante uma tal situação, prevalecerá o direito real da Junta de Freguesia, e os interesses patrimoniais por ele tutelados, apesar dos critérios habituais de valoração apontarem para a preponderância dos interesses de natureza pessoal.

Na base desta inversão da escala normal de valores encontra-se a falta de adequação registada no modo de exercício do direito de personalidade em causa. Apesar de o grupo pretender utilizar o imóvel como instrumento para a realização do direito de criação artística, certo é, no entanto, que a falta de autorização para o gozo do referido bem fere esta actuação de ilicitude.

Não falamos já de situações, registadas com alguma frequência, nas quais se invoca o citado direito à criação artística para efectuar pinturas murais. No nosso entender, não nos encontramos sequer perante manifestações susceptíveis de ser abrangidas no direito invocado. Estamos perante hipóteses integráveis na já mencionada teoria dos limites imanentes. Diferente é a posição a este propósito assumida por Capelo de Sousa, pensando o autor tratar-se de uma colisão entre interesses de natureza pessoal e interesses patrimoniais, registando-se aqui a prevalência destes últimos, porquanto os primeiros não se inserem nos "valores vitais" da personalidade humana. Cfr. SOUSA, R. CAPELO DE, *O Direito Geral ...*, ob. cit., pág. 540, nota 66.

Em face de quanto ficou exposto, a mobilização dos critérios contidos no art. 335.º impõe uma valoração concreta das situações conflituantes. Por um lado, podemos encontrar-nos perante direitos da mesma espécie, mas registar-se, em termos relativos, a prevalência de um destes direitos. Tais situações podem aflorar com particular acuidade no âmbito dos conflitos suscitados entre a liberdade de expressão e o bom nome, cfr., a este propósito, MARQUES, JOSÉ A. SACADURA GARCIA, *A Tutela Geral da ...*, ob. cit., págs. 117-119 (nota 27). Todavia, e neste contexto, veja-se a posição do acórdão do S.T.J. de 26 de Abril de 1994 (cfr., *in* B.M.J. n.º 436, 1994, págs. 370-384), onde o Supremo Tribunal considera, não apenas em resultado de uma ponderação relativa, o direito ao bom nome e reputação como hierarquicamente superior ao direito de informação e crítica da imprensa. Desta feita, o S.T.J. considerou, ao arrepio da posição considerada por nós mais defensável, estarem em causa direitos de natureza desigual. No mesmo sentido, cfr. Acordão do S.T.J. de 24 de Outubro de 1995, *in* B.M.J. n.º 450, pág. 403, acórdão do S.T.J. de 26 de Setembro de 2000, *in* Colectânea de Jurisprudência, ano VIII, tomo 3, pág. 42, e mais recentemente o acórdão do Supremo Tribunal de Justiça de 8/3/2007, *in* http:/www.dgsi.pt/jstj.nsf/n.º convencional JSTJ000, proc. 07B566, pág. 22 de 30. Esta tendência para a afirmação da superioridade hierárquica de direitos da personalidade como o bom nome e o crédito face a outros direitos da mesma natureza acaba por fazer tábua rasa dos ensinamentos da doutrina da concordância prática. Por outro lado, registam-se ocasionalmente situações de colisão entre direitos abstractamente desiguais, onde deve sustentar-se, perante o caso concreto, a prevalência daquele que em princípio é de menor relevância. Para o apuramento do direito proeminente numa concreta situação de conflito pode revelar-se preciso o apoio de critérios complementares de valoração, como sejam o da acumulação de interesses (*Interessehäufung*), da intensidade dos interesses (*Interessenintensität*), e o da radicação de interesses. Acerca destes critérios, Cfr. SOUSA, R. CAPELO DE, *O Direito Geral ...*, ob. cit., págs. 546-547, *Conflitos entre a Liberdade de Imprensa ...*, ob. cit., págs. 1138-1139.

Cumpre, no entanto, salientar que nestas hipóteses de prevalência de um dos direitos em conflito, o exercício do direito proeminente deve reger-se dentro dos parâmetros da adequação e da proporcionalidade com vista a evitar um total aniquilamento do direito preterido.

matéria de conflito dos direitos de personalidade começou a ser tratada com regularidade sobretudo a partir da década de 90([99]).

Ao longo da exposição temo-nos referido ao conflito entre direitos de personalidade e aos critérios legais e arrimos metodológicos adequados para a sua resolução, por aceitarmos como dado incontestável a possibilidade de ocorrência de colisões entre este tipo de direitos.

---

Temos considerado até aqui apenas os casos de desnivelamento entre direitos colidentes. No entanto, e como resulta *expressis verbis* do n.º 1 do art. 335.º, quando nos encontramos face a um conflito entre direitos da mesma espécie a regra é dispensar-lhes um tratamento igualitário ou nivelado. Subjacente ao critério contido neste preceito: "devem os titulares ceder na medida do necessário para que todos produzam igualmente o seu efeito, sem maior detrimento para qualquer das partes" encontra-se basicamente a ideia de concordância prática no exercício dos direitos. Para maiores desenvolvimentos acerca do critério da concordância prática, cfr. CANOTILHO, J. GOMES, *Direito Constitucional...*, ob. cit., pág. 1282-1283, ANDRADE, M. COSTA, *Liberdade de Imprensa...*, ob. cit., págs. 33-34 e 284 e ss., LEITÃO, L. MENEZES, *Direito das Obrigações, I ...*, ob. cit., pág. 298, MÄSCH, GERALD, *Chance ...*, ob. cit., págs. 233-234. A nível jurisprudencial, cfr. acórdão do Supremo Tribunal de Justiça de 29 de Outubro de 1996, *in* B.M.J., n.º 460, 1996, pág. 686 e ss.

Na tentativa de densificação deste princípio da concordância prática, Capelo de Sousa avança alguns critérios para solucionar conflitos de direitos iguais nas relações de personalidade. A este propósito, refere-se o autor à aplicação ora do princípio da alternativa ou de desvio (*Ausweichprinzip*), ora do princípio da equiparação ou compensação (*Ausgleichprinzip*). Para uma análise mais desenvolvida destes critérios, cfr. SOUSA, R. CAPELO DE, *O Direito Geral ...*, , ob. cit., pág. 548. Subjacente a estes critérios encontra-se pois uma ideia básica – a da **optimização** dos valores ou bens tutelados pelos direitos em conflito. Importa, no entanto, ter presente que um tal desiderato só pode ser alcançado sob a reserva do possível, isto porque, como deixámos referido a propósito do art. 335.º, impõem-se cedências recíprocas no exercício dos direitos conflituantes por parte dos seus titulares.

Deixámos aqui traçados, em termos muito resumidos, os critérios norteadores para a solução dos conflitos reais de direitos, sem ignorar, como várias vezes deixámos referido, a importância da concreta valoração judicial das circunstâncias do caso. A propósito desta concreta tarefa de apreciação, não queremos deixar de sublinhar a importância que pode vir a assumir a tomada em consideração da concreta intenção prosseguida pelo titular do direito aquando do seu exercício.

Do ponto de vista das consequências jurídicas, cumpre referir que a falta de cedência no exercício de direitos, seja na hipótese de direitos de igual ou desigual valor, determina a ilicitude do comportamento do respectivo titular.

([99]) Vejam-se, a este propósito, os exemplos paradigmáticos das decisões do supremo de 27 de Junho de 1995 (onde está em causa uma hipótese de ofensa ao bom nome e ao crédito, *in* B.M.J., n.º 448, págs. 378-389), de 5 de Março de 1996 (a propósito de uma situação de lesão ao bom nome através da imprensa, *in* C.J./Supremo IV, 1996, 1 – págs. 122-129), e de 24 de Fevereiro de 1999 (ainda um caso de violação do bom nome perpetrada pela comunicação social, *in* C.J./Supremo VII, 1999, I, págs. 118-122).

Porém, a existência de conflitos entre direitos de personalidade não é uma questão incontrovertida a nível doutrinal. Estas hesitações não se têm reflectido de modo particular na actuação dos tribunais, os quais se encontram mais preocupados em encontrar soluções para os referidos conflitos do que propriamente em apurar a questão prévia da admissibilidade da sua existência.

Com efeito, a principal fonte de conflitos de direitos consubstanciada na incidência de dois ou mais direitos sobre o mesmo objecto jurídico, não se verifica no universo aqui em análise. Não podemos admitir que um bem da personalidade de uma pessoa seja simultaneamente visto como objecto de um direito da mesma espécie na titularidade de outra pessoa([100]). Uma situação de colisão de direitos, supõe a verificação de certos pressupostos, como sejam a pluralidade de titulares e a impossibilidade de exercício simultâneo e integral desses poderes([101])([102]).

---

([100]) Com base nesta circunstância há quem entenda que o factor determinante da emergência da colisão de direitos radica na identidade do objecto dos direitos em confronto, acabando por não admitir a existência de conflitos entre os direitos de personalidade. Neste sentido, cfr. FERREIRA, M. CAVALEIRO DE, "Do exercício e da tutela do direito", Conferência proferida na Faculdade de Direito da Universidade de Lisboa, 1968, ed. policopiada, pág. 305.

Não obstante a inexistência da identidade de objecto característica das situações de colisão, há quem confine a sua ocorrência às hipóteses de estado de necessidade. Com efeito, em tais casos, pode existir apenas uma coisa capaz de permitir o exercício dos direitos de personalidade de vários titulares, não sendo, como tal, permitido o exercício simultâneo daqueles.

Estamos a pensar na clássica situação da existência de uma única tábua e dos dois náufragos que dela necessitam para salvar as suas vidas. A circunstância de o direito à vida dos náufragos ter uma referência comum a um único bem – a tábua – constitui a causa da emergência do conflito de direitos. Neste sentido, cfr., BERENGUER, JOSÉ LÓPEZ, "La Colisión de derechos", in A.V.M., 1955-1956, pág. 88 e ss.

Cumpre ainda mencionar a posição de Wittkowsky, para quem a colisão de direitos de personalidade apenas podia ser admitida nos casos de homonímia, ou seja, no âmbito do direito ao nome, e mesmo nesse contexto com muitas reservas. Para uma análise mais desenvolvida da perspectiva de Wittkowsky, cfr. SEQUEIRA, ELSA VAZ DE, *Dos pressupostos da colisão de direitos no Direito Civil*, Lisboa, 2004, pág. 254-255.

([101]) Neste sentido, cfr. SEQUEIRA, ELSA VAZ DE, *Dos pressupostos da colisão...*, ob cit., pág. 15 e ss.

([102]) Onde podemos aceitar a existência de situações de colisões de direitos é no âmbito dos direitos de crédito, quando dois direitos de crédito com conteúdo total ou parcialmente igual se dirijam ao mesmo sujeito passivo. Veja-se a este propósito o exemplo sugestivo avançado por Elsa Sequeira: "existe colisão de direitos creditícios, por exemplo, se A estiver adstrito ao dever de entregar a coisa x tanto a B como a C. Nesta hipótese, na medida em que não só o sujeito passivo das relações obrigacionais aqui em causa é comum, como também o é o objecto mediato dos direitos de crédito em confronto, apenas um dos credores conseguirá a prestação", cfr. SEQUEIRA, ELSA VAZ DE, *Dos pressupostos ...*, *ob. cit.*, pág. 196.

Um outro domínio onde se pode colocar uma questão de colisão de direitos é o da constituição de direitos pessoais de gozo sobre a mesma coisa e durante idêntico lapso temporal. Aliás, o nosso Código Civil, resolve, *expressis verbis,* um tal problema ao consagrar no art. 407.º a regra da prevalência.

Inspirada nos ensinamentos das doutrinas francesa (Laurent, Aubry e Rau) e italiana (Tedeschi e Betti), encontramos, porém, na dogmática nacional uma forte oposição à tese da admissibilidade de colisão de direitos no âmbito do art. 407.º. Para Elsa Sequeira, nas situações previstas neste preceito do Código Civil, o que se regista são situações de conflito de interesses e não de direitos. De acordo com este entendimento, o regime da dupla constituição de direitos pessoais de gozo sobre uma determinada coisa deve ser idêntico ao da dupla alienação de uma coisa.

Assim sendo, no âmbito do art. 407.º, não se constituem dois direitos válidos e eficazes, tendo em conta o regime prescrito na primeira parte deste preceito legal. Apenas o primeiro contraente adquire, na sequência do contrato de locação celebrado, um direito válido e eficaz. Em contrapartida, o segundo contrato é nulo, cabendo a este segundo contraente tão somente um direito à indemnização e já não o poder de exigir a entrega da coisa. Não possuindo os dois direitos uma vida própria no mesmo lapso de tempo, será impossível admitir a existência de uma autêntica colisão de direitos. Para uma análise mais desenvolvida em torno da questão da dupla constituição de direitos pessoais de gozo como um caso de colisão de direitos, cfr. SEQUEIRA, ELSA VAZ, *Dos pressupostos...*, *ob. cit.,* págs. 70 e ss.

Porém, na doutrina nacional há quem, pura e simplesmente, qualifique as situações previstas no art. 407.º como casos de incompatibilidade entre direitos pessoais de gozo. Neste sentido, cfr. VARELA, J. ANTUNES, *Das obrigações, I...,* *ob.cit.,* págs. 160-179 (nota 3), MESQUITA, M. HENRIQUE, *Obrigações Reais e Ónus Reais,* Coimbra, 1990, págs. 154 e ss. (em especial nota 50).

Concebendo o direito do arrendatário como um direito de crédito, dotado embora, por força das regras legais (1057.º, 1037.º e 407.º) de notas de realidade, Henrique Mesquita admite claramente a validade de contrato de arrendamento de coisa alheia, bem como a validade de um contrato-promessa de alienação ou oneração de bens alheios, ou parcialmente alheios, não considerando aplicável a tais situações o regime previsto no art. 892.º. Na sequência deste entendimento, o autor considera que não faz sentido estender a regra da prioridade temporal ao âmbito do arrendamento, onde estão em causa relações de carácter meramente obrigacional. Assim sendo, a resolução do problema suscitado pela existência de "dois contratos de arrendamento conflituantes" dever-se-ia resolver de acordo com os princípios que regem as obrigações, por força dos quais a liberdade negativa do devedor se mantém incólume.

Aliás, tendo em conta a possibilidade de o credor (arrendatário) mais recente ter já entrado no uso da coisa, a solução mais adequada seria, à semelhança do disposto no art. 1380.º do Codice Civile, a da prevalência do contrato celebrado em segundo lugar. Para uma análise mais desenvolvida da tese de Henrique Mesquita acerca da natureza jurídica do direito do arrendatário, cfr. MESQUITA, M. HENRIQUE, *ob. loc. ant. cit.,* págs. 131 e ss.

Ora, no âmbito dos direitos de personalidade, a dúvida acerca da possibilidade de existência de conflitos entre eles decorre da questão de saber se é possível efectivamente falar de um exercício simultâneo e integral de direitos em tais hipóteses. Apesar de não se registar uma identidade de bem ou de objecto nestas circunstâncias, importa sublinhar, na senda de Capelo de Sousa, que se pode registar uma colisão entre "as modalidades possíveis de actividade material através das quais se realiza o exercício do direito geral de personalidade ou dos direitos especiais de personalidade de uma certa pessoa.... Com as modalidades igualmente possíveis da actividade material correspondente ao exercício do direito geral de personalidade, dos direitos especiais de personalidade ou de outro direito subjectivo por parte de outra pessoa"([103]).

Tendo em conta a multiplicidade de factores determinantes da emergência de conflitos de direitos, o autor admite a existência de colisões tanto entre os direitos de personalidade([104]), como entre os direitos de personalidade e os direitos patrimoniais. Desta feita, basta o entrecruzamento de exigências comuns para se afirmar a existência de conflito de direitos, apesar de entre os mesmos não se registar uma identidade de bem ou de objecto, tal como sucede nesta área dos direitos de personalidade.

Uma tal posição tem sido, porém, alvo de uma certa contestação, por se entender que a colisão só é de afirmar quando os direitos efectivamente existem, e não quando as formas de exercício de um deles se devam considerar ilícitas. Em tais hipóteses está verdadeiramente em causa um problema de definição dos limites extrínsecos aos próprios direitos, os quais se traduzem em aparentes e não autênticos conflitos. Não está aqui em causa uma hipótese de determinação de limites ao exercício dos direitos, tal como sucederia se de um verdadeiro conflito se tratasse([105]).

---

([103]) Neste sentido, cfr. SOUSA, R. CAPELO DE, *O Direito Geral..., ob.cit.*, pág. 251.

([104]) Neste sentido, também se pronuncia Menezes Cordeiro ao considerar que mais recentemente a colisão de direitos assume um particular relevo no âmbito dos conflitos entre os direitos de personalidade e a liberdade de imprensa, e não tanto, como se verificou ao longo do séc. XX, no sector clássico da colisão entre direitos de crédito ou entre garantias. Cfr., CORDEIRO, A. MENEZES, *Tratado de Direito Civil... I, ob. cit...*, pág. 381.

([105]) Nesse sentido se pronuncia Elsa Sequeira, criticando, a este propósito, a jurisprudência sobre esta matéria por qualificar como colisões situações de definição de limites externos aos próprios direitos. Porém, a autora vai ao ponto de negar claramente a possibilidade de existência de conflitos de direitos entre os direitos de personalidade, por entender que uma tal admissibilidade é susceptível de pôr em causa a própria unidade do sistema jurídico. Importa, no entendimento da autora, estabelecer os limites das normas que se entrecruzam, definindo assim os limites extrínsecos dos próprios direitos conferidos

Salvo os casos de exercício manifestamente abusivo do direito, ou de falta de pressupostos para afirmação da existência do mesmo, admitimos claramente a possibilidade de ocorrência de colisões entre direitos de personalidade. A propósito do conflito entre a liberdade de expressão e o bom nome e o crédito de outrem, não podemos falar de uma autêntica colisão de direitos quando estiver em causa a divulgação de factos manifestamente falsos que diminuem a reputação social das pessoas visadas com as declarações. Porém, já é possível configurar uma situação de conflito nas hipóteses de transmissão de factos verdadeiros, ou não demonstravelmente verdadeiros, mas desproporcionados e, como tais, susceptíveis de atingir o bom nome e o crédito de quem nestas declarações é referenciado.

Na hipótese mencionada em primeiro lugar podemos falar de colisão aparente([106]) de direitos, enquanto na segunda será possível individualizar um autêntico conflito, não obstante poder haver lugar para a afirmação de um ilícito civil. Importa então ter bem presente a temática coenvolvida na colisão de direitos, no âmbito da qual intervém a relevância regulativa do princípio da proporcionalidade, para se poder determinar o âmbito do ilícito ao crédito e ao bom nome.

---

pelas normas colidentes. Apenas assim se evitam as inadmissíveis antinomias normativas no âmbito do sistema jurídico.

Apenas em relação aos direitos instrumentais da personalidade Elsa Sequeira admite a possibilidade de conflitos. Referindo-se aqueles bens indispensáveis para a tutela efectiva dos direitos de personalidade, a autora já admite a possibilidade de exercício do direito de uma pessoa obstar à correspondente actuação do direito de uma outra, exemplificando com a hipótese de "um lugar de estacionamento reservado para grávidas, ser disputado por duas condutoras nas condições requeridas", cfr. SEQUEIRA, ELSA VAZ DE, *Dos pressupostos...*, *ob. cit.*, pág. 288. Para uma análise crítica mais desenvolvida desta matéria, cfr. *ob. loc. ant. cit.*, pág. 276 e ss.

([106]) O mesmo se pode afirmar relativamente ao conflito entre o direito do empregador a trabalhos suplementares e o direito ao descanso do trabalhador mencionado no acórdão da Relação do Porto de 11 de Outubro de 1999. Porém, a colisão é aqui apenas aparente, por não se encontrarem preenchidos todos os requisitos exigíveis para a admissibilidade do aludido direito do empregador ao recurso de trabalhos suplementares. No mesmo sentido se inclina Elsa Sequeira, cfr. SEQUEIRA, ELSA VAZ, *Dos pressupostos*, *ob. cit.*, págs. 285-286.

## 3.4. Dificuldades da tarefa de delimitação da liberdade de expressão como Rahmenrecht. Os riscos de um subjectivismo judicial

Nesta complexa e articulada actividade valorativa envolvida nos *Rahmenrechte* podem registar-se, contudo, alguns riscos. Destaque-se de um modo particular o perigo de um certo subjectivismo judicial, capaz de tornar as proposições normativas àqueles ligadas em fórmulas vazias ou sem sentido. Com efeito, o resultado de tantas e apuradas ponderações pode traduzir-se em reais dificuldades na constatação da ilicitude([107]), dada a relatividade dos critérios com base nos quais se opera a delimitação dos interesses ou bens protegidos nesses direitos-quadro.

Cumpre, no entanto, sublinhar que tal risco de imprecisão não se apresenta, de um modo geral, incontornável. Assim, e a propósito da liberdade de expressão, algumas das suas manifestações essenciais são suficientemente delimitadas quanto ao seu conteúdo, configurando-se mesmo como autênticos direitos subjectivos.

Trata-se de direitos especiais cuja referência matricial se encontra no direito-quadro([108]), mas cujas particularidades lhes conferem uma vida autónoma([109]). Destarte, encontramo-nos, em tais situações, perante relações de especialidade.

---

([107]) Neste sentido, mas a propósito da caracterização do Direito Geral de Personalidade, Cfr. NIPPERDEY, HANS CARL, *Tatbestandsaufbau und systematik...*, *ob. cit.*, pág. 1987, EHMANN, HORST, *Zur Struktur des Allgemeinen Persönlichkeitsrechts*, in Jus, 1997, pág. 193 e ss. De igual modo, a respeito da generalidade dos direitos da personalidade, cfr. LIGI, FRANCO, *Il diritto alle vicende e la sfera della personalitá*, in Il Foro Italiano, 1955, vol. LXXVIII, pág. 388.

([108]) Tendo em conta a relação filial existente entre as liberdades de comunicação e a liberdade de expressão, Jónatas Machado utiliza a designação germânica (*Mutterrecht*), assim como a típica formulação do direito inglês (*Cluster right*), para se referir à mesma realidade por nós denominada através da categoria do direito quadro (*Rahmenrecht*). O autor considera imprescindível uma remissão para o valor fundamental da liberdade de expressão a fim de permitir a clarificação do âmbito e conteúdo de um conjunto de faculdades ou poderes naquela filiados, tais como as liberdades de opinião, informação, de imprensa, assim como vários direitos dos jornalistas e a liberdade de radiodifusão e de todos os subdireitos destas dependentes. Para uma análise mais desenvolvida deste relacionamento entre a liberdade de expressão e as liberdade de comunicação, cfr. MACHADO, JÓNATAS, *A Liberdade de Expressão...*, *ob.cit.*, págs. 370 e ss.

([109]) Pode, a este propósito, estabelecer-se um paralelo com a relação entretecida como o direito geral da personalidade e os direitos especiais da personalidade. A este propósito discute-se se o direito geral de personalidade configura um único e exaustivo direito, excluindo-se como tal quaisquer outros direitos dirigidos à tutela de manifestações particulares da personalidade, ou se ao invés não se deverá visualizar antes como um direito matriz ou quadro no qual se filiam certas manifestações particulares – os direitos especiais da personalidade. Concebendo nós o direito geral da personalidade como um "*ius in se ipsum* radical", continuamente aberto à assimilação de novos conteúdos e manifestações, parece ficar prejudicada uma visão fechada e auto-subsistente daquele mais consentânea com a perspectiva primeiramente indicada. Sufragamos assim um entendimento dinâmico do direito consagrado na cláusula geral do art. 70.º. Acerca da qualificação do direito geral de personalidade, *vide,* EHMAN. HORST, *Zur Struktur..., ob. cit.,* pág. 193, FIKENTSCHER, WOLFGANG, *Schuldrecht,* 9 Auf., Berlin, 1997, Rz 1225.

De igual modo, referindo-se às relações entre o direito geral de personalidade e os direitos especiais, cfr. REINHARD, RODOLF, *Das problem des allgemeinen..., ob. cit.,* pág. 559, VARELA, J. ANTUNES, *Alterações legislativas do direito ao nome,* in Revista de Legislação e de Jurisprudência, ano 115.º, n.º 3710, págs. 140 e ss. Também Robert Scheyhing ao debruçar-se sobre a concepção de Otto Von Gierke a propósito do direito geral da personalidade e das suas relações com os demais direitos de personalidade, considera estar subjacente ao pensamento deste autor uma concepção dinâmica e aberta daquele *Rahmenrecht,* SCHEYHING, ROBERT, *Zur geschichte des persönlichkeitsrechts im 19. jahrhundert,* in AcP, 1959/1960, págs. 523-524. Certos autores, como Regelsberger, destacando o papel central – *Rechtszentrum* – do direito geral de personalidade vão mesmo ao ponto de o considerar como referente e garante do direito de propriedade, *vide* a este propósito a exposição de Robert Scheyhing acerca do pensamento de Regelsberger, SCHEYHING, ROBERT, *Zur geschichte des persönlichkeitsrechts..., ob. cit.,* pág. 523.

Assim sendo, manifestações como o direito ao nome, à imagem, à intimidade da vida privada, devem ser vistos como particulares projecções de um direito mais amplo (*Rahmenrecht*), dotadas é certo de uma determinada autonomia. Neste sentido, configurando o direito geral de personalidade como um *Rahmenrecht,* cfr. STEGMANN, OLIVER, *Tatsachenbehauptung und werturteil in der deutschen und französischen presse,* Tübingen, 2004, pág. 129, MÜLLER, C. F., *Großes Lehrbuch, Schellhammer/Zivilrecht nach Anspruchs – Grundlagen,* 1994, pág. 391.

Relativamente aos direitos especiais de personalidade assim concebidos, poder-se-á ainda colocar a questão de saber se obedecem à regra da taxatividade, ou se, pelo contrário, não valerá aqui uma maior liberdade quanto aos concretos modos da sua emergência. Em conformidade com a visão mais aberta do direito geral de personalidade por nós perfilhada, propendemos obviamente para a orientação apontada em último lugar.

Tal não equivale a que toda e qualquer manifestação da personalidade humana, enquanto concreto modo de realização da pessoa como ser livre e responsável, se traduza em autónomo e particular direito subjectivo. Na verdade, impõe-se que tais manifestações correspondam a certas situações típicas dotadas de coerência e homogeneidade internas, susceptíveis de em seu torno se individualizarem concretos poderes de exigir ou de pretender. Amiúde, a sua emergência advém de impulsos registados a nível da actividade jurisprudencial e dogmática. A delimitação dos direitos especiais de personalidade decorre em grande medida da resposta adequada destes modos constituintes do direito às exigências multifacetadas do contexto histórico-social.

No entanto, não convém estender demasiadamente o leque dos direitos criados por tal via. Torna-se necessário referenciar estes contributos a um quadro normativo com potencialidades de fundamentação, ainda que este se encontre influenciado por aqueles. Referimo-nos obviamente a arquétipos ou categorias abertas à assimilação de novas manifestações ou concretos modos de exercício, e cuja delimitação do âmbito se há-de reportar, em ordenamentos jurídicos como o nosso, a referentes normativos mais amplos e com maiores virtualidades explicativas. Estamos a pensar concretamente no direito geral de personalidade.

Com isto não estamos a querer sustentar a imprescindibilidade da consagração jurídico-positiva dos direitos especiais de personalidade, e tão-pouco a limitação do surgimento por via legislativa de tais espécies. Apenas defendemos uma necessária referência das múltiplas e concretas manifestações da personalidade humana a tipos jurídicos, que por contraposição aos conceitos gerais abstractos padronizados, podem caracterizar-se pelo seu carácter relacional e aberto. Seguindo de perto o ensinamento de Pais de Vasconcelos, "nos tipos, a parcela da realidade designada mantém-se íntegra sem ser amputada do diferente. Os tipos juntam o comum e o incomum em torno de algo que constitui o critério de tipificação e que dá coerência ao conjunto", cfr. VASCONCELOS, P. PAIS DE, *Contratos Atípicos*, Coimbra, 1995, pág. 37. Para uma distinção entre tipos e conceitos, *vide* ainda, ob. ant. cit., pág. 24 e ss.

Distinguimos assim claramente esta tipicidade dos tipos conhecidos no âmbito dos direitos reais. Aqui regista-se um efeito de cristalização ou sedimentação capaz de facultar, em muitas situações, uma aplicação lógico-subsuntiva dos tipos legais às concretas situações jurídico-reais. Afastada assim, como começámos por sublinhar, a taxatividade dos direitos especiais de personalidade, cumpre agora explicitar a relação entre estes e o direito geral de personalidade. Trata-se, como é óbvio, de uma relação de especialidade.

Destarte, a circunstância de existir uma disciplina particularmente reservada a certos direitos de personalidade, não invalida o recurso às virtualidade normativas da cláusula geral do art. 70.º. Aliás, um tal apelo pode revelar-se imprescindível para completar ou esclarecer alguns aspectos deixados em aberto ou com formulação imprecisa no regime particular fixado para essas situações especiais da personalidade. Esta referência complementar ao direito geral de personalidade, permite assim bloquear a crítica dirigida à admissibilidade dos direitos especiais de personalidade, segundo a qual a autonomização destes è susceptível de conduzir a uma indesejável desagregação e atomização da personalidade humana. Neste sentido, cfr. SOUSA, R. CAPELO DE, *O Direito Geral...*, ob.cit., pág. 562 e ss. Em sentido contrário, negando a existência de direitos especiais de personalidade dado o risco de desagregação da personalidade e propugnando tão só a afirmação de um único e amplo direito geral de personalidade, cfr. GIAMPICCOLO, GIORGIO, *La tutela giuridica della persona umana e il c. d. diritto alla riservatezza*, in R.T.D.P.C., Ano XII, 1958, págs. 465-466 e 468-471. Nesta linha de pensamento se situa também Carnelutti e Cataudella, CARNELUTTI, FRANCESCO, *Diritto alla Vita Privata, Contributo alla teoria della libertá di stampa*, in Riv. Trim. Dir. Proc., 1955, pág. 17, CATAUDELLA, ANTONINO, *La Tutela Civile Della Vita Privata*, Milano, 1972, pág. 76 e ss.

Porém, a doutrina italiana não se pronunciou unanimemente em tal sentido. Basta atentar nas posições, a este propósito, assumidas por De Cupis e Pugliese para chegar a uma tal conclusão. Na verdade, estes autores repudiam vivamente a existência de um direito geral de personalidade por o considerarem uma "abstracção" insusceptível de ter lugar num ordenamento jurídico positivo. Apenas admitem os direitos especiais de personalidade, e propõem a via da integração analógica para tutela de manifestações de personalidade não expressamente tuteladas. Cfr. DE CUPIS, ADRIANO, *Riconoscimiento Sostanziale, ma non Verbale, del diritto alla riservatezza*, in Foro Italiano, 1963, cols. 1299-1230, PUGLIESE, GIOVANNI, *Il Diritto alla "Riservatezza" nel quadro dei diritti della personalita*, in R.D.C., ano IX, 1963, págs. 606-608, 622-627. Também no âmbito da doutrina nacional o direito geral de personalidade não tem um acolhimento unânime. Para além da extensão desmesurada do respectivo objecto, consideram que não se verificam no nosso ordenamento jurídico as razões justificativas do direito germânico (a tipicidade da ilicitude extracontratual) para a emergência do direito geral de personalidade. Cfr., FESTAS, D. OLIVEIRA, *Do conteúdo patrimonial ..., ob.cit.,* pág. 61 (nota 238).

No entanto, em relação à possibilidade de estender por analogia a tutela do direito à privacidade para além das situações especialmente protegidas na lei, através do direito ao segredo e à imagem, as posições de De Cupis e de Pugliese não são coincidentes. Enquanto o primeiro defende claramente esta possibilidade, este último manifesta-se contrário a uma tal posição. Para uma análise mais detalhada desta discussão, cfr. DE CUPIS, ADRIANO, *Il Diritto alla Riservatezza existe*, in Foro Italiano, 1954, cols. 91-92.

Bem vistas as coisas, a consagração jurídico-positiva de um direito geral de personalidade em alguns ordenamentos jurídicos adveio precisamente do reconhecimento da insuficiência da técnica positivista, limitada a certas manifestações parcelares ou bens especiais da personalidade humana. Se a consagração legislativa de especiais direitos de personalidade facultou por um lado uma delimitação mais precisa e maturada dos bens específicos que constituem objecto de tais direitos, por outro evidenciou a estreiteza da técnica utilizada.

Com efeito, muitas e importantes manifestações da personalidade humana ficavam desprovidas de qualquer protecção jurídica. Para evitar tais situações ficava sempre aberta ao intérprete a via da analogia, quando a identidade entre o bem não regulado e a manifestação da personalidade expressamente tutelada assim o permitisse. No entanto, a utilização de um tal expediente, cujas dificuldades são sobejamente conhecidas, não permitiria resolver muitas situações reputadas como essenciais à afirmação da personalidade humana. Cientes de tais dificuldades, alguns ordenamentos jurídicos livraram-se das peias positivistas a que se encontravam aprisionados, e conciliaram-se com o seu fundo jusnaturalista, dando guarida a um direito geral de personalidade.

Por seu turno, a delimitação do âmbito deste último resultou, nos ordenamentos onde se registou uma tal evolução, mais apurado, dado o confronto com as virtudes e fragilidades das regulamentações sectoriais ou parcelares até aí existentes. Este tipo de percurso registou-se no ordenamento positivo português, porquanto apenas em 1966 se vem a consagrar um direito geral de personalidade, não obstante "o fundo jusnaturalista subjacente às disposições do Código Civil de Seabra relativas aos direitos originários", cfr. SOUSA, R. CAPELO DE, *O Direito Geral..., ob. cit.,* pág. 83.

Retomando, em jeito, conclusivo, as ideias, a este propósito, inicialmente expendidas, poderemos então constatar a importância da admissibilidade de um Direito Geral de Personalidade, o qual não se traduz num único e esgotante direito, deixando assim espaço para afirmação de direitos especiais de personalidade. Por seu turno, estes direitos

Porém, mesmo quando seja reservada uma especial disciplina jurídica a tais específicos poderes, não fica invalidado o recurso ao quadro normativo do direito mais amplo([110]), o qual sempre há-de funcionar como uma base complementar ou norma de recolha (*Auffangtatbeständ*)([111]). Apesar do regime jurídico destes direitos especiais se poder apresentar bastante completo, a referência ao direito quadro afigurar-se-á sempre útil, quanto mais não seja para dissuadir qualquer dúvida a propósito da delimitação dos seus âmbitos. De resto, a compreensão das partes revelar-se-á tanto mais completa quanto se tiver em devida consideração as múltiplas potencialidades do todo.

Desta feita, ainda quando nos encontramos face a manifestações da liberdade de expressão mais concretas e precisas, a definição de um juízo de ilicitude em tais contextos passará por uma referência aos critérios mais amplos e vagos subjacentes à caracterização daquele valor fundamental.

Todavia, dada a multiplicidade de faculdades inerentes à liberdade de expressão, nem sempre a apreciação da ilicitude se apresenta uniforme neste âmbito. Com efeito, nem todas as manifestações da liberdade de expressão se traduzem em direitos subjectivos([112]).

Basta atentar nos interesses jurídicos dignos de tutela normativa, mas em relação aos quais não se podem vislumbrar concretas situações de poder. Em tais hipóteses impõe-se interpretar devidamente as normas

---

não obedecem ao princípio da taxatividade, apesar da sua compreensão e delimitação se processar, as mais das vezes, no âmbito de tipos normativos abertos, assim como por referência ao direito com particularidades expansivas por excelência – O direito geral de personalidade. Com efeito, com este estabelecem uma relação de especialidade e nele encontram uma base complementar.

([110]) A este propósito, reportando-se à relação de subsidiariedade do Direito Geral de Personalidade face a certos direitos especiais neste filiados (direito ao nome, direito de autor ...), cfr. NIPPERDEY, HANS CARL, *Tatbestandsaufbau und Systematik...*, ob. cit., pág. 1993-1994, MEYER, JUSTUS, *Wirtschaftsprivatrecht, Eine Einführung*, 6.ª ed., Dresden, 2006, pág. 192.

([111]) Num sentido mais restritivo quanto à função de *Auffangtatbeständ* do direito geral de personalidade quando estejam em causa direitos de personalidade com um regime especial, circunscrevendo uma tal tarefa apenas em relação a novas manifestações da personalidade, cfr. LARENZ, KARL, WOLF, MANFRED, *Allgemeiner Teil...*, ob. cit., pág. 128.

([112]) A este propósito, veja-se o catálogo de direito filiados na liberdade de expressão enunciado por Larenz/Wolf, onde além de diversos direitos com assento constitucional, faz ainda referência aos interesses legítimos mencionados no §193 do StGB, bem como aqueloutros protegidos pelo §23 da *Kunst UrhG*, cfr. LARENZ, KARL, WOLF, MANFRED, *Allgemeiner Teil...*, ob. cit., pág. 139.

respeitantes à liberdade de expressão e individualizar os interesses aí protegidos. Somente assim é possível averiguar, *in casu*, se o dano resultou da violação do círculo de interesses protegidos pela norma([113]).

Não se pense contudo que a ilicitude no contexto da liberdade de expressão se circunscreve ao campo extracontratual. Apesar do ilícito contratual não constituir o alvo das nossas preocupações, não podemos ignorar os múltiplos direitos e obrigações criados ao abrigo da liberdade contratual pelos titulares dos concretos poderes de exigir em que se projecta a liberdade de expressão. Basta pensar nos contratos celebrados entre os artistas e as casas de espectáculos, onde se estipulam as concretas condições de exercício da actividade artística (acústicas, de encenação, vestiários, duração do contrato, etc.). Não estando nestes convénios unicamente em causa a liberdade de expressão, não podemos esquecer que a liberdade contratual constitui apenas o meio de efectivação de uma das modalidades características daquele *Rahmenrecht*: o direito de criação artística. Nestas hipóteses, o ilícito traduz-se precisamente no não cumprimento das concretas cláusulas contratuais susceptíveis de permitir o efectivo exercício da liberdade de expressão na situação aí disciplinada.

Questão distinta prende-se com a validade das condições estipuladas pelas partes nestes eventos contratuais. A este propósito, impõe-se ter particularmente em conta o disposto no art. 280.º, bem como todo o regime jurídico positivo atinente ao negócio jurídico. Para além de mais, e porque estamos perante matéria respeitante a aspectos nucleares da personalidade humana, e por conseguinte em face de direitos fundamentais, deve ter-se especialmente em atenção a disciplina constitucional neste domínio

---

([113]) Estamos a referir-nos à 2.ª variante da ilicitude extracontratual contemplada no art. 483.º, n.º 1. A propósito da 2.ª variante da ilicitude, não podemos ignorar que os interesses dos particulares têm de se encontrar directa e imediatamente protegidos pela norma. Com efeito, não nos encontramos face a uma norma legal de protecção quando àqueles é reservada uma tutela meramente reflexa de outros interesses (mormente de natureza pública) acautelados a título principal. cfr. VARELA, J. ANTUNES, *Das Obrigações em Geral, I...*, ob. cit., pág. 536 e ss., COSTA, M. ALMEIDA, *Direito das Obrigações*, ob. cit., pág. 563, MÜLLER, C. F., *Groβes Lehrbuch...*, ob. cit., pág. 394. Ainda a propósito das normas legais de protecção, cfr. CANARIS, CLAUS-WILHELM, *Schutzgesetzeverkehrspflichten-Schutzpflichten*, in "Festschrift für Karl Larenz zum 80. geburtstag", München, 1983, pág. 27 e ss. (especialmente págs. 45 e ss). No âmbito do direito da concorrência, do direito de autor, e até mesmo no universo do direito penal (cfr. a contraordenação estatuída no art. 205.º, n.º 1, al. a) do Código do Direito de Autor e dos Direitos Conexos (Dec.Lei n.º 334/97, de 27 de Novembro)), podemos deparar-nos com normas em cujo âmbito de protecção se tutelam interesses juridicamente relevantes filiados no valor fundamental da liberdade de expressão.

estabelecida. A título exemplificativo, não se pode considerar fonte válida de obrigações a cláusula pela qual o artista assume uma vinculação perpétua perante a casa de espectáculos.

Tratam-se, na verdade, de problemas diversos. Enquanto no primeiro grupo de situações nos encontramos preocupados com a descoberta do ilícito, ou seja, do não cumprimento de obrigações validamente assumidas, no segundo núcleo de hipóteses a nossa atenção prende-se com um problema prévio: averiguar da validade das cláusulas contratuais. Apesar de distintos, estes problemas não deixam de conexionar-se entre si. Com efeito, consideradas inválidas as cláusulas contratuais, não faz muito sentido preocuparmo-nos com o incumprimento das obrigações daquelas decorrentes. Na verdade, não sendo a convenção entre as partes fonte válida de obrigações, não interessa então estar a apreciar a conformidade da conduta das partes com um critério contratual deficiente ou imperfeito, e, como tal, insusceptível de ter força vinculativa para as partes.

### 3.5. A indeterminação do conteúdo e as dificuldades de atribuir à liberdade de expressão o epíteto de direito subjectivo

Todas estas considerações em torno do quadro da ilicitude delineado a propósito da liberdade de expressão permitem concluir por uma indeterminação do objecto da sua tutela. Neste momento da exposição uma tal conclusão não traz nada de novo. Basta atentar no esforço até aqui desenvolvido para caracterizar a liberdade de expressão, destacando a esse propósito as suas notas essenciais, para constatar, como uma evidência em si mesma, quanto se acabou de afirmar.

Porém, o carácter difuso e indeterminado da liberdade de expressão constitui forte obstáculo ao enquadramento da figura no contexto dos direitos subjectivos. Como já atrás deixámos mencionado, os direitos subjectivos configuram concretas situações de poder, supondo como tal a ligação do seu titular a um determinado bem ou situação jurídica. Perante a complexidade e extensão do objecto da liberdade de expressão *in totum*, como podemos vislumbrar uma concreta situação de poder face a um *quid* tão indeterminado e genérico?

Ora, assim sendo, parece-nos mais correcto visualizar a liberdade de expressão como um *Rahmenrecht*, ou uma *Richtlinie*, ou seja, como uma fonte de inúmeros poderes ou faculdades jurídicas.

Seguindo de perto a classificação de Orlando de Carvalho, podemos com propriedade sustentar aqui a existência de faculdades jurídicas primárias. Nas palavras do autor, estas faculdades "como prolongamentos, que são, do poder de autodeterminação jurisgénico, precedem a constituição das RJCS, precedem as concretas situações de poder que entram no núcleo das relações de direito. São, pois, um *prius* dos direitos subjectivos, mas não direitos subjectivos autênticos"([114]).

Na verdade, estes poderes ou faculdades, uma vez anteriores a qualquer relação jurídica, existem independentemente da concreta ocorrência destas últimas. A título de exemplo, não se pode negar a ninguém a liberdade de expressão artística, mesmo quando o seu titular nunca venha a realizar qualquer criação desta natureza. Configura-se deste modo a liberdade de expressão como um "poder de poder", que relativamente às concretas posições de poder nela fundamentadas aparece como uma potência face aos respectivos actos.

Sem ter a pretensão de esgotar a vasta panóplia de direitos subjectivos filiados naquele valor fundamental, não deixaremos de referenciar alguns exemplos significativos([115]), como sejam os direitos de livre divulgação de informações (*diritto di cronaca*), de livre investigação histórica e científica, de crítica política, de associação, de reunião([116]), de fundar meios de comunicação social, de filiação partidária, de rectificação, de resposta, de publicação de sentença condenatória referente a actos ofensivos à liberdade de expressão, de impressão, de difusão de escritos ...([117]). Como assinalámos, não foi nosso propósito sermos exaustivos na enumeração levada a cabo, pois, na verdade, múltiplas e muito diversas se podem apresentar as faculdades em que a liberdade de expressão se pode objectivar. À economia do nosso trabalho interessa fundamentalmente levar em linha de conta o direito à livre divulgação de informações e a liberdade de investigação histórica, científica e cultural, não em toda a sua amplitude, mas enquanto tais faculdades se concretizem na transmissão de realidades factuais.

---

([114]) Cfr. CARVALHO, ORLANDO DE, *Teoria Geral do Direito Civil*, ob. cit., pág. 92.

([115]) A este propósito, *vide* a enumeração efectuada por Larenz/Wolf, LARENZ, KARL, WOLF, MANFRED, *Allgemeiner Teil...*, ob. cit., pág. 139.

([116]) A propósito da íntima ligação das liberdades de associação e de reunião à liberdade de expressão, cfr. SUDRE, FRÉDÉRIC, *Droit de la Convention Européenne des Droits de l'Homme*, in Semaine Juridique, n.º 3, Janeiro 2002, I, 105, pág. 132.

([117]) No tocante aos direitos de impressão e de difusão de escritos podemos integrá-los na comummente apelidada liberdade de imprensa. Neste contexto, considerando a liberdade de imprensa – *droit de la presse* – como veículo da liberdade de opinião, a qual por seu turno, se encontra implicada na liberdade de expressão, cfr. BLIN, HENRI, CHAVANNE, ALBERT et DRAGO, ROLAND, *Traité du Droit...*, ob. cit., pág. 17.

Ora, em relação a estas concretas manifestações da liberdade de expressão não temos quaisquer dúvidas em considerá-las como verdadeiros direitos subjectivos. Referindo-se *expressis verbis* ao esforço de autonomização conceitual dos atributos do direito geral de personalidade, Antunes Varela sustenta que "essencial, nesse plano, é que haja realmente **formas diversificadas** de tutela dentro da área geral da personalidade e que tais ramificações possam servir de base criteriosa à entronização de **direitos subjectivos diferenciados**"([118]).

Encontramo-nos aqui perante facetas da personalidade moral da pessoa humana, a qual se encontra globalmente protegida no art. 70.º, e cuja ofensa ou ameaça de ofensa é susceptível de desencadear os mecanismos de tutela aí previstos. Esses modos de tutela, como seja a responsabilidade civil, procedimentos cautelares ..., representam, com efeitos, formas típicas de efectiva afirmação dos direitos subjectivos.

Não colhe, assim, contra este enquadramento da matéria, a objecção de que no âmbito dos direitos de personalidade não estamos face a direitos subjectivos, porquanto não se vislumbram aí autênticas situações de poder. Não podemos contestar serem inerentes ao poder característico dos direitos subjectivos as faculdades de disposição por parte do seu titular. Invocando a este propósito o pensamento de Castanheira Neves, devemos caracterizar estes direitos como "positiva afirmação da autonomia pessoal... que se traduz na titularidade ou na pretensão pessoal... **dispositiva** (cabendo de qualquer modo na disposição pessoal do titular)"([119]). Porém, a tónica essencial para a caracterização dos direitos de personalidade tem o seu principal fundamento na necessidade de defender as manifestações essenciais da dignidade da pessoa humana, perante as agressões de terceiros, afirmando-se então aqueles direitos como importantes instrumentos de afirmação de tais exigências axiológicas.

### 3.6. Limitações à liberdade de expressão e poderes de disposição dos titulares

Encontrando-se os direitos subjectivos emergentes no âmbito da liberdade de expressão bastante condicionados pelas limitações impostas pelo interesse público([120]) subjacente àquele valor fundamental enquanto

---

([118]) Cfr. VARELA, J. ANTUNES *Alterações legislativas..., ob. cit.*, pág. 144.
([119]) NEVES, A. CASTANHEIRA, *Curso de Introdução..., ob. cit.*, pág. 231.
([120]) No universo das limitações impostas pelo interesse público, cumpre fazer uma particular alusão às exigências ético-axiológicas consubstanciadas nos conceitos de moral

pública e bons costumes. Socorrendo-nos da sugestiva terminologia de Pais de Vasconcelos, poderemos a este propósito referir uma tutela objectiva da personalidade, cfr. VASCONCELOS, P. PAIS, *Teoria Geral do Direito Civil*, 3.ª ed., Coimbra, 2005, pág. 39 e ss. No plano constitucional não encontramos a moral pública e os bons costumes como conceitos precisos, capazes de funcionar como fundamento autónomo de restrições aos direitos fundamentais, nomeadamente à liberdade de expressão.

Particularmente difíceis de distinguir entre si, estes conceitos indeterminados encontram-se muito associados à actuação de regimes autocráticos, com o objectivo de neutralizar ou impedir a divulgação de certas perspectivas ou orientações político-ideológicas. Não obstante as dificuldades de proceder a uma distinção entre a moral pública e os bons costumes, há quem tente traçá-la, fazendo coincidir uma concepção de **Bem** perspectivada a partir dos efeitos ou resultados públicos das condutas com a primeira das categorias mencionadas, e identificando os bons costumes com uma tentativa de encontrar um conceito ou noção objectiva de **Bem**, cfr. MACHADO, JÓNATAS, *A Liberdade de Expressão...*, ob. cit., pág. 849. Não sendo nosso propósito entrar no âmago de uma tal discussão, sempre diremos que subjacente a qualquer dos conceitos mencionados se encontram referentes axiológicos ligados à ideia de algo reputado como comunitariamente bom, valioso e justo.

Esta dificuldade de precisar aquilo que uma determinada comunidade considera como valioso e bom, sobretudo no contexto de sociedades democráticas plurais e abertas, onde a multiplicidade das perspectivas ideológicas, políticas, culturais... aí prevalecentes devem ser tratadas em condições de igualdade, constitui uma das principais causas de um certo cepticismo criado em torno dos critérios valorativos supramencionados. Sobre tais dificuldades, cfr. JEMOLO, ARTURO C., *Il diritto positivo...*, ob. cit., pág. 92, BARILE, PAOLO, *La libertá di espressione del pensiero e le notizie false...*, ob. cit., pág. 859 e ss., BLIN, HENRI / CHAVANNE, ALBERT / DRAGO, ROLAND, *Traité...*, ob. cit., pág. 486.

O relativismo axiológico supra-mencionado, particularmente sentido mas sociedades hodiernas ocidentais, constitui forte obstáculo para alcançar consensos em torno de questões sociais, políticas, ideológicas e culturais, consideradas como fundamentais para a vida comunitária. Para além disso, as plataformas comuns de entendimento acerca de tais matérias são particularmente contestadas pelos grupos minoritários representantes de perspectivas diferentes. A obtenção de consensos é sentida pelas minorias como um instrumento de censura susceptível de impedir o exercício dos poderes ou faculdades ínsitas no valor da liberdade de expressão.

Todas estas dificuldades, associadas à circunstância de o nosso texto constitucional não fazer qualquer menção às categorias da moral pública e dos bons costumes, constituirão um obstáculo insuperável para a sua admissibilidade? Deveremos então considerar o conceito de bons costumes constante do art. 334.º de duvidosa conformidade constitucional? Todas as dificuldades enumeradas são incontornáveis, mas cumpre determinar se, apesar disso, não será de admitir a existência de um acervo de referências axiológicas no plano constitucional susceptíveis de poderem reconduzir-se às categorias dos Bons Costumes e da Moral Pública. No sentido de considerar o conceito de ordem pública como uma condição conatural de qualquer sistema democrático, cfr. CONSO, GIOVANNI, *Libertá di espressione e tutela dell'onore...*, ob. cit, pág. 39-40. Com efeito, a defesa da dignidade da pessoa humana enquanto ser livre e responsável subjacente à

garantia institucional, poder-se-á questionar se os seus titulares detêm na verdade poderes dispositivos. Neste contexto, cumpre, antes de mais relembrar que, na óptica deste estudo, não nos interessa tanto analisar a liberdade de expressão enquanto princípio estruturante de um Estado de Direito democrático, mas sobretudo considerá-la como um centro de imputação de poderes atribuídos aos particulares.

Sem negar contudo algumas possíveis restrições ao exercício das prerrogativas albergadas na liberdade de expressão a nível da interacção das pessoas, desde logo, por estarem em causa direitos da personalidade([121]), parece-nos ser impensável concluir, em virtude dessa circunstância,

---

nossa ordem constitucional, a necessidade de garantir uma igualdade de tratamento a todos os cidadãos, a tutela dispensada a certos bens jurídicos fundamentais, como o bom nome e a reputação, as garantias dispensadas à liberdade religiosa, todos constituem valores fundamentais susceptíveis de poderem contribuir para erigir um conceito material de moral pública ou de bons costumes no plano constitucional. Neste sentido, vide, MACHADO, JÓNATAS, ob. ant. cit., págs. 854-855.

Impossível se torna no âmbito de sociedades democráticas abertas e plurais aceitar uma perspectiva unidimensional de moral pública ou dos bons costumes capaz de servir os desígnios de uma determinada corrente ideológico-política. De igual modo, estas categorias não se podem conceber como irreversíveis, pois os consensos alcançados em determinado momento no contexto histórico-social em torno de certas matérias estão sujeitos a discussão, e são, como tal, susceptíveis de ser revistos.

Não aceitar uma tal reversibilidade equivaleria a ignorar o inevitável dinamismo histórico-social e a necessária emergência de novos paradigmas e critérios regulativos aptos para dominar sistematicamente os desafios por aquele suscitados. De acordo com o figurino constitucional dominante nas sociedades ocidentais, a moral pública materialmente construída a partir dele não é heteronomamente imposta, nem tem uma origem transcendental, mas resulta antes de um amplo debate travado pelas forças sociais mais representativas. Cumpre ainda referir que o confronto de ideias donde resultam os consensos não se confina apenas ao debate político-ideológico, estendendo-se antes aos mais variados domínios de actividade social. Tendo em conta estas observações, devemos responder negativamente às questões supra colocadas, sem daqui se poder concluir que o conceito de bons costumes do ordenamento jurídico-civilístico se deva considerar moldado de acordo com semelhante categoria dominante no plano constitucional.

([121]) Acerca das limitações de interesse público impostas no âmbito dos direitos da personalidade, e as dificuldades daí resultantes para a sua caracterização como autênticos direitos subjectivos, cfr. PASSARELI, SANTORO, Dottrine generali dell diritto civile, Nápoles, 1954, pág. 34, TEDESCHI, UGO, Il diritto alla riservatezza ed alla verità storica, in Riv. del Dir. Commerciale, 1957, II, págs. 200-201. Ainda a este propósito Messinetti coloca o acento tónico na caracterização dos direitos de personalidade no dever de abstenção por estes imposto à generalidade dos membros da comunidade jurídica, e na consequente funcionalização dos remédios (ressarcitórios e reintegrativos) aplicados nas hipóteses da

pela indisponibilidade de tais poderes ou prerrogativas individuais. Apenas queremos colocar aqui em evidência a característica da **irrenunciabilidade dos direitos de personalidade**. Desta sorte, se aos titulares de tais prerrogativas lhes é permitido consentir em limitações quanto ao respectivo exercício([122]), já não se pode admitir, contudo, a renunciabilidade destes direitos([123]).

Bem vistas as coisas, a liberdade contratual, apesar de constituir a principal fonte de direitos e obrigações para as partes, conhece também significativas limitações. Basta atentar na redacção do artigo 405 "dentro dos limites da lei...", para chegar a uma tal conclusão. De igual modo se pronuncia o art. 280.º, no tocante à delimitação do objecto negocial. Constitui assim ideia errónea identificar a plena disponibilidade com ilimitabilidade no exercício dos direitos. Impõe-se, antes, averiguar se nos

---

sua violação ao fim primordial da tutela da pessoa humana. Uma tal posição encontra-se claramente condicionada pelo reconhecimento da dificuldade de conceber os direitos de personalidade como autênticos "poderes de disposição", cfr., MESSINETTI, DAVIDE, *Recenti orientamenti..., ob. cit.,* pág. 179 e ss.

([122]) Neste sentido se tem pronunciado em Itália certa doutrina, ao admitir limitações contratuais ao exercício do direito à imagem, não obstante este direito, enquanto direito de personalidade, dever ser concebido como indisponível. Em consonância com a natureza eminentemente pessoal de tais direitos, uma tal doutrina admite a livre revogabilidade pelos respectivos titulares do consentimento prestado, salvo quando o exercício de uma tal faculdade configure um abuso do direito, cfr. NICOLA, VALERIA DI, *L'atto di disposizione del diritto all'immagine ha, dunque, natura non patrimoniale, in* Contratto e Impresa, 2005, n.º 2, pág. 463 e ss. Não entramos aqui em mais desenvolvimentos em torno da discussão doutrinal a este propósito surgida em Itália, pois em breve teremos oportunidade de a analisar de modo mais detalhado. Tendo em conta tais particularidades, há quem defenda a emergência de um novo ramo da capacidade jurídica, quando esta se reporte à prática de actos jurídicos pessoais. Com particular relevo no domínio do consentimento para a realização de intervenções cirúrgicas, a capacidade para consentir enquanto modalidade autónoma da capacidade de exercício é perspectivada como uma concreta manifestação do direito ao livre desenvolvimento da personalidade (art. 26.º, n.º 1, da Constituição). Acerca desta proposta de criação de uma nova categoria de capacidade jurídica, cfr. PEREIRA, ANDRÉ DIAS, *A capacidade para consentir: um novo ramo da capacidade jurídica, in* Comemorações dos 35 anos do Código Civil e dos 25 anos da reforma de 77, Coimbra, 2006, pág. 199 e ss.

([123]) Cfr., a este propósito, HÖRSTER, HEINRICH EWALD, *A Parte Geral do Código Civil Português (Teoria Geral do Direito Civil),* Coimbra, 2003, pág. 267 e ss., SCHWERDTNER, PETER, *Das Persönlichkeitsrecht in der deutschen zivilrechtsordnung,* Berlin, Schweitzer, 1977, pág. 96. Esta ideia de irrenunciabilidade dos direitos, atenta a sua natureza pessoal e indisponível, afirma-se também a propósito do direito potestativo ao divórcio, *vide,* OLIVEIRA, GUILHERME, anotação ao acórdão do Trib. Rel. de Coimbra, de 28 de Novembro de 1995, *in* R. L. J., ano 129, pág. 284.

encontramos face a posições jurídicas susceptíveis de atribuir poderes de disposição relativos a certos bens, dos quais possam surgir relações de cooperação ou exclusão com os demais membros da comunidade jurídica.

Uma vez definida a existência de tais poderes, e tomando na devida consideração os limites axiológico-normativos ditados ao seu exercício, podemos então concluir que as prerrogativas de disposição podem ser gozadas pelos seus titulares de modo pleno. Ora, se em relação a alguns direitos de personalidade se registam, sem margem para dúvidas, fortes limitações aos poderes de disposição([124]), tal não pode, no entanto, afirmar-se quanto à generalidade dos direitos filiados na liberdade de expressão.

Quanto acabámos de referir é tanto mais correcto se tivermos na devida conta os múltiplos interesses protegidos em tais direitos. Com efeito, não se titulam neste âmbito apenas facetas intimamente ligadas à personalidade humana. Encontram-se também envolvidos aspectos de natureza diversa, mormente de índole patrimonial. Realce-se a este propósito quanto se passa no tocante aos direitos de associação, de criar meios de comunicação([125]), de impressão([126]) ..., e até em relação ao direito patrimonial de autor.

---

([124]) Reportando-se aos valores da liberdade, igualdade, dignidade, integridade física e moral, Oppo considera que as situações jurídicas em seu torno criadas não revestem a característica da disponibilidade, cfr. Oppo, Giorgio, *Diritto Privato...*, ob. cit., pág. 26. Neste contexto, cumpre destacar de um modo particular o direito à vida. cfr. Vasconcelos, P. Pais, *Teoria Geral...*, ob.cit., pág. 39, *A Natureza das Coisas, in* Estudos em Homenagem ao Professor Doutor Manuel Gomes da Silva, Coimbra, 2001, pág. 753. De acordo com um entendimento judaico-cristão dominante na cultura europeia ocidental, segundo o qual a vida é um valor supremo e indisponível, a autonomia privada como princípio estruturante do direito civil encontra-se no âmbito deste direito de personalidade completamente amputada. Na verdade, não se afigura admissível neste contexto qualquer limitação voluntária ao exercício de tal direito.

([125]) Mais estritamente ligados à preocupação de criar um espaço de comunicação aberto e plural, cumpre fazer uma menção aos direitos à aquisição de espaço publicitário e de acesso à propriedade e aos transportadores de comunicação. Ao permitir a aquisição nos meios de comunicação social de espaço para fazer publicidade comercial ou de outra natureza (política, cultural...), encontramo-nos colocados face a um direito com um conteúdo de natureza económica. Implica, desde logo, uma contraprestação pecuniária a cargo de quem acede ao espaço publicitário. Não obstante o pendor manifestamente económico-comercial deste direito, cumpre não negligenciar outras dimensões com ele particularmente conexionadas onde o conteúdo patrimonial não se apresenta como determinante: a liberdade editorial e de comunicação das empresas de comunicação, cfr., neste sentido, Moore, Roy L., *Mass Communication Law and Ethics*, Mahwah, N. J., 1999, págs. 269 e ss.

No tocante ao acesso à propriedade e aos transportadores de comunicação, está em causa um direito das empresas exploradoras de redes de comunicação com uma dimensão manifestamente patrimonial. Com efeito, no seu âmbito inclui-se uma pluralidade de

Em qualquer das realidades apontadas se podem discernir concretos modos de exploração ou de organização económica de certos bens. Abre-se aí, com certeza, um amplo campo para aplicação dos paradigmas dominantes na disciplina das relações jurídicas reais e creditórias, onde se registam limitações significativas à liberdade de expressão, não tanto a nível axiológico-normativo, mas antes no plano organizacional([127]).

---

faculdades desta natureza: passagem, ocupação e instalação de equipamentos, constituição de servidões... Para uma melhor caracterização deste direito, cfr. Machado, Jónatas, *A Liberdade de Expressão...*, *ob. cit.*, págs. 704 e ss.

([126]) Ainda no âmbito da liberdade de imprensa, Gomes Canotilho e Vital Moreira mencionam uma vasta panóplia de prerrogativas (direitos de intervenção na orientação editorial dos órgãos de informação, de acesso às fontes de informação, à protecção da independência profissional, de eleger órgãos de redacção...), cujo âmbito e os mecanismos necessários para a sua efectivação são definidos em função de opções legislativas, cfr. CANOTILHO, J. GOMES e MOREIRA, VITAL, *Constituição...*, *ob. cit.*, págs. 582-584. Ora, a definição legal do regime de todas estas questões implica uma correcta ponderação das exigências da liberdade de expressão, por um lado, com aspectos respeitantes ao direito de propriedade e até de responsabilidade civil, por outro.

([127]) Estas limitações à liberdade de expressão são distintas daqueloutras atrás mencionadas em que o âmbito deste valor fundamental do ordenamento jurídico é restringido em virtude da necessidade de tutela de outros bens jurídicos da personalidade (bom nome, crédito, honra...). Nestas situações acabam por surgir verdadeiros conflitos de direitos, resolúveis de acordo com os critérios enunciados no art. 335.º.

Ora, o mesmo não se verifica no tocante a este tipo de restrições, onde o fundamento determinante das mesmas se relaciona com aspectos organizatórios, institucionais..., em suma, com interesses públicos susceptíveis de influírem de modo decisivo na conformação do âmbito da liberdade de expressão.

Na verdade, o exercício deste *Rahmenrecht* encontra-se dependente do modo como os poderes públicos regulam um conjunto de elementos considerados particularmente relevantes para a sua efectivação. Certas circunstâncias espaço-temporais (o livre acesso a determinados locais, a permissão de permanência nos mesmos para além do horário normal do seu funcionamento, a possibilidade de uma fácil utilização de certos bens e de beneficiar de alguns serviços ...) podem constituir importantes condicionamentos à realização dos múltiplos poderes incluídos no âmbito da liberdade de expressão.

Por não estarem aqui em causa verdadeiras limitações ao conteúdo dos direitos, mas tão somente condições relativas ao modo do respectivo exercício, há quem considere verificarem-se aqui apenas condicionamentos e não autênticas restrições aos direitos fundamentais. A este propósito, veja-se a posição do acórdão do Tribunal Constitucional n.º 201/86, *appud* MACHADO, JÓNATAS, *A liberdade de Expressão...*, *ob. cit.*, pág. 711, nota 1539.

Porém, em termos de resultado, estes condicionamentos não raras vezes conduzem a limitações tão fortes aos direitos quanto as restrições propriamente ditas. Estes condicionalismos são normalmente integrados na categoria dos limites incidentais. Não estando em causa limitações directas aos direitos fundamentais, por vezes corre-se o risco da regulamentação destas questões escapar às exigências de reserva de lei formal, revelando-se

Não queremos, no entanto, sugerir que estas normas de direito patrimonial são as principais responsáveis pela definição do curso da vida dos direitos atrás mencionados. Tal seria inaceitável, porquanto os aspectos patrimoniais aqui destacados encontram-se indelevelmente funcionalizados à plena realização da pessoa humana. Destarte, no território dos direitos emergentes da liberdade de expressão enquanto faculdade jurídica primária, a protecção dos valores ligados à personalidade humana situam-se num primeiro plano.

Por estar em causa uma realidade mista, com as características acabadas de descrever, parece-nos ser este um campo onde, respeitadas as exigências constantes do n.º 1 do art. 81.º, se dá guarida a várias situações de restrição *ex voluntate* deste tipo de direitos. Atente-se, a título exemplificativo, na possibilidade de se estipularem por via contratual restrições no âmbito do direito à livre expressão artística. Pense-se, a este propósito, nas cláusulas de exclusividade apostas em contratos de trabalho ou de prestação de serviços celebrados entre um artista e a casa de espectáculos onde actua.

Abstraindo do regime próprio do contrato de trabalho ou de prestação de serviços aplicável a cada situação concreta, a cláusula de exclusi-

---

então particularmente importante esta categoria dos limites meramente incidentais, cfr. MACHADO, JÓNATAS, *ob. ant. cit.*, pág. 714. No entanto, quando as condições organizatório--institucionais se revelarem decisivas para a afirmação da liberdade de expressão, não se suscitam quaisquer dúvidas quanto à submissão da regulamentação das mesmas a reserva de lei geral, levadas a cabo pelo legislador ordinário da respectiva especialidade (administrativo, penal, fiscal...). Desta feita, deparamo-nos em tais situações perante limites constitucionalmente autorizados.

A exigência de lei geral e abstracta, para regular as restrições e condicionamentos dos direitos fundamentais, prende-se com a necessidade de garantir que as intervenções, efectuadas nos vários domínios onde tais limitações se fazem sentir, sejam, tanto quanto possível, neutrais. Como sublinha Jónatas Machado, "para serem consideradas leis gerais elas devem ser, em princípio, *content-neutral*, não tendo como orientação finalística específica a limitação dos bens protegidos pelas liberdades de comunicação, enquanto direitos alvo", cfr. MACHADO, JÓNATAS, *ob. loc. ant. cit.*, pág. 715.

Para além disso, estas leis limitativas devem revestir as características da precisão, clareza e determinabilidade. Tais requisitos prendem-se com a necessidade de salvaguardar o valor da segurança jurídica neste domínio particularmente sensível – o das restrições aos direitos fundamentais. Desta feita, as fórmulas legais devem, neste contexto, evitar o recurso a conceitos indeterminados, pois doutra forma poder-seia cair no risco de um arbítrio judicial na concretização dos mesmos.

Para uma análise mais desenvolvida desta matéria, mormente no tocante à distinção entre limites constitucionalmente expressos e autorizados, directos e incidentais, restrições e condicionamentos aos direitos fundamentais, requisitos das leis limitativas de tais direitos, cfr. MACHADO, JÓNATAS, *ob. loc. ant. cit.*, págs. 708 e ss.

vidade representa uma manifesta limitação à liberdade de expressão artística. Com efeito, tendo em conta as condições contratuais estipuladas, o artista fica impedido de exercer a sua actividade numa casa de espectáculos de um terceiro.

Destarte, tal representa uma amputação no exercício de um direito de personalidade. Apesar de perfeitamente válida, uma tal restrição não pode, em qualquer circunstância, colocar o titular desse direito numa situação tal que o impeça de desfrutar de modo efectivo do bem da sua personalidade aí tutelado([128]). Razão por que o legislador, com o objectivo de evitar vinculações perpétuas, ou pelo menos excessivamente duradouras, venha a estabelecer no n.º 2 do art. 81.º a livre revogabilidade das limitações voluntárias aos direitos de personalidade([129]).

---

([128]) Neste sentido, condenando as restrições perpétuas derivadas de cláusulas de não concorrência ilimitadas no tempo e ou no espaço, por considerar que tais situações correspondem a ataques inadmissíveis à liberdade, culminando em situações de escravatura, cfr. NERSON, M., *De la protection de la personnalité en droit privé français*, in Travaux de l'Association Henri Capitant pour la Culture Juridique Française, tomo XIII, 1959-1960, págs. 75-76, CASART, ME GEORGES, *Le Controle Judiciaire des Renonciations Conventionnelles aux Droits Aliénables de la Personalité en Droit Belge*, in Travaux de l'Association Henri Capitant pour la Culture Juridique Française, tomo XIII, 1959-1960, pág. 127 e pág. 140.

([129]) A regra de livre revogabilidade das limitações voluntárias aos direitos de personalidade funda-se na circunstância de o consentimento dos particulares afectar bens jurídicos estritamente pessoais, cfr., a este propósito, VASCONCELOS, P. PAIS, *Teoria Geral...*, ob.cit., págs. 54-55 (o autor fala neste contexto de uma vinculatividade unilateral dos contratos). Uma tal especificidade permite assim explicar a dissonância do princípio nesta área vigente face àqueloutro prevalecente no domínio contratual, onde vigora a regra da revogação por mútuo consenso (art. 406.º, n.º 1, e art. 230.º). Neste contexto, cumpre destacar a viva discussão suscitada no âmbito da dogmática italiana a propósito da disponibilidade do direito à imagem pelos respectivos titulares, concretizada através da celebração de acordos contratuais respeitantes a este bem, onde se cruzam valores pessoais e patrimoniais, e da consequente faculdade de quem consentiu tais limitações revogar o acordo prestado. Impõe-se, com efeito, realçar a importância de um tal debate no âmbito de um ordenamento positivo, onde hoje não encontramos uma disposição semelhante ao art. 81.º, n.º 2. Por um lado, há quem não admita aqui a existência de verdadeiros acordos contratuais, mas tão somente de actos unilaterais de vontade, susceptíveis de serem livremente revogados, atenta a natureza pessoal dos bens jurídicos em análise, cfr. GALGANO, FRANCESCO, *Diritto civile e commerciale, II, 1*, Pádua, 2004, pág. 177. Por outro, uma certa doutrina considera que o direito à imagem não pode conceber-se como um direito de personalidade, mas como um direito patrimonial respeitante a bens imateriais, e enquanto tal é susceptível de ser objecto de acordos contratuais, não livremente revogáveis pelos titulares dos direitos que são objecto das limitações, cfr. VERCELLONE, PAOLO, *Il diritto sul proprio ritratto*, Turim, 1959, pág. 112 e ss. Por fim, cumpre mencionar a posição dos

Com esta solução, o legislador sopesa de modo equilibrado, por um lado, a possibilidade dos titulares dos direitos de personalidade optarem, tendo em conta os seus mais variados interesses e circunstâncias de vida, pelo concreto modo do seu exercício, por outro, dada a particular relevância da matéria regulada e a natureza tendencialmente indisponível dos bens em causa, a faculdade de retracção quanto a opções onde devem prevalecer incólumes as facetas da personalidade envolvidas no acto voluntário de limitação([130]). Ora, é ainda em nome da ponderação harmoniosa dos interesses contratantes do titular dos direitos de personalidade e da contraparte, nos acordos respeitantes ao concreto modo do respectivo exercício, que se compreende a obrigação de indemnizar prevista na parte final do preceito em análise.

Desta feita, as limitações registadas aos poderes de disposição no âmbito dos direitos filiados na liberdade de expressão não constitui um argumento decisivo para os excluir do elenco dos direitos de personalidade.

### 3.7. Limites sociológicos à liberdade de expressão. Razões justificativas para a sua emergência

Como referimos a propósito da dupla vertente (individual/comunitária) da liberdade de expressão, este princípio estruturante do Estado de Direito democrático acaba por converter-se, no plano da realidade fáctica, num instrumento privilegiado de manipulação da opinião pública colocado ao serviço dos detentores do poder político e económico. Já nos referimos a diversas formas de manifestação deste fenómeno de instrumentalização do

---

autores que admitem a celebração de acordos contratuais em torno do direito à imagem, com o reconhecimento aos respectivos titulares da faculdade de revogarem o consenso prestado, tendo em conta a natureza pessoal dos bens tutelados, cfr., FABIANI, MARIO, *Considerazioni in margine all'esposizione in pubblico di un ritratto-nudo*, in Il Diritto di Autore, 1956, pág. 386, Peretti, Griva, *In tema di diritto alla propria immagine*, in Riv. Dir. Comm., 1953, pág. 40, SGROI, VITTORIO, *Spunti sui diritti degli interpreti nel quadro dell'elaborazione dell'opera cinematografica*, in Riv. Dir. Ind., 1954, II, pág. 260.

Porém, mesmo em face do disposto no n.º 2 do art. 81.º, há quem sustente que este preceito deve ser objecto de uma interpretação restritiva, quando o fundamento concreto do exercício do poder de revogar se reporte ao aproveitamento económico de bens da personalidade, como a imagem. Cfr. SOUSA, R. CAPELO DE, *O Direito Geral...*, ob. cit., pág. 350, FESTAS, D'OLIVEIRA., *Do Conteúdo Patrimonial...*, ob.cit., pág. 280 e ss.

([130]) A este propósito, cfr. RIBEIRO, J. SOUSA, *O Problema dos Contratos / as cláusulas contratuais gerais e o princípio da liberdade contratual*, Coimbra, 2006, pág. 73 e ss.

público através dos meios de comunicação social. Neste momento pretendemos antes indagar o porquê, ou a razão de ser de um tal cenário que ameaça atingir gravemente os alicerces das democracias. Apesar de se tratar de um problema marginal relativamente ao enfoque da liberdade de expressão numa perspectiva juscivilista, não podemos deixar de lhe fazer menção, porquanto as práticas de manipulação do público através dos *mass media* constituem um terreno propício para a emergência de ataques aos valores da personalidade de outrem, entre os quais destacamos o bom nome e o crédito.

Na senda de Castanheira Neves, o problema parece residir no modo como se concebe comunicação enquanto factor básico de realização e dinamização da convivência histórico-social. A este propósito cumpre fazer referência aos três tipos fundamentais de comunicação dilucidados pelo nosso Mestre: "– A comunicação que se estabelece entre pessoas concretas e infungíveis, mediante a linguagem hermeneuticamente assimilada e que, numa situação de bilateral alteridade, mobiliza a dialógica argumentativa – é a humana comunicação originária e autêntica e, por isso, di-la--ei *comunicação-comunicação* – a comunicação que se realiza pela troca de informações, através de meios específicos (ou especificados) que lhe correspondem, entre sujeitos de um certo "sistema de informação", numa recíproca unilateralidade de selecção e transmissão, e em que apenas cabe, pelo lado do receptor, uma selecção-reacção – e que designarei por *comunicação-informação* "a comunicação que tem as características gerais do tipo anterior, mas com a particularidade importante (além da índole e nível específicos da sua informação) que lhe advém dos meios com que actua (os *mass media*) e do seu receptor-destinatário, que é o público em geral – essa é a *comunicação-publicização*"([131]).

Num universo cultural dominado por uma racionalidade científico--tecnológica, a ânsia desenfreada de acumulação quantitativa de dados tem determinado uma perda progressiva da dimensão reflexiva acerca do sentido da existência humana, e do espaço de apreciação crítica dos sentidos e referências culturais. Razão por que as sociedades hodiernas são basicamente dominadas por modelos de comunicação/informação e de comunicação/publicização. Neste contexto regista-se um autêntico niilismo axiológico, onde "tudo vale o mesmo, porque afinal nada vale nada"([132]).

---

([131]) Cfr. NEVES, A. CASTANHEIRA, *Uma perspectiva de consideração da comunicação e o poder – ou a inelutável decadência eufórica, notas de um esboço de reflexão*, in Estudos de Direito da Comunicação, Coimbra, 2002, págs. 91-92

([132]) Cfr. NEVES, A. CASTANHEIRA, *Uma perspectiva de consideração da comunicação* ..., ob. cit., págs. 102-103.

Os destinatários envolvidos nos circuitos informativos são hoje uma massa anónima, um público indiscriminado, comportando-se como sujeitos amputados de liberdade crítica que docilmente assimilam qualquer mensagem. Este é o panorama tipicamente criado pelos principais meios responsáveis pela divulgação das informações – os *mass media* –, onde ou não há lugar para proceder a uma selecção das informações transmitidas, ou esta se faz pura e simplesmente a partir dos códigos fornecidos pelos próprios *mass media*. Estes códigos permitem assim tornar comum ao informador e receptor a informação transmitida([133]). A comunicação--informação tem o seu pólo dinamizador nos *media*, razão por que o modelo de comunicação prevalente nas sociedades hodiernas é o da comunicação-publicização. Ora, este é precisamente o campo ideal para a intervenção de poderes heterónomos, na medida em que os receptores dos circuitos de comunicação se encontram desprovidos de distância crítica apoiada no plano de uma qualquer validade fundamentante.

No âmbito das sociedades democráticas, onde se apresenta indiscutível a soberania da opinião pública, o poder político tem sempre a tentação para dominar e manipular os meios privilegiados de transmissão das mensagens informativas, ou seja, os *mass media*. Na verdade, quem hoje dominar os meios de comunicação social detém um poderoso instrumento para influenciar e controlar o comportamento de um público indeterminado, *et por cause*, um papel determinante na formação das consciências. Razão por que o poder político aspira pelo controlo dos *media*. Tomadas as rédeas da comunicação desenvolvida, as estratégias políticas atingem mais eficazmente os seus objectivos.

Com efeito, o jogo político só pode ser compreendido no contexto das estruturas comando-obediência, e no âmbito de uma lógica de domínio (dominante-dominado). Logo, atingir o controlo dos meios mais poderosos de conformação dos comportamentos sociais implica dispor de uma esfera significativa de poder. Mais ainda, significa alcançar um poder sem resistência ou oposição, na medida em que as consciências se encontram adormecidas numa profunda anomia ou entropia cultural. A este propósito afigura-se-nos sugestivo o pensamento de Castanheira Neves ao pronunciar-se sobre a matéria em causa nos seguintes termos: "a comunicação-publicização como que terraplena o campo para o poder, ao amortecer e ao tornar dócil a autonomia da resistência crítica, e ao oferecê-lo

---

([133]) Acerca do discurso codificado utilizado pelos *mass media*, cfr. HENRIQUES, PAULO VIDEIRA, *"Os excessos de linguagem" na imprensa,* Coimbra, 2002, págs. 210-211.

assim à possibilidade da demagogia. Mais do que isso, ela fez-se personagem mesmo do poder (positiva ou negativamente sua longa *manus*) ao concorrer decisivamente para a formação da "opinião pública"([134]).

Um tal cenário não deixa de levar coenvolvidos particulares riscos, como seja o perigoso avanço e afirmação de regimes autocráticos. Longe nos encontramos do modelo liberal, potenciado pelo optimismo da *Aufklärung*, segundo o qual "a comunicação e o poder não manifestariam só uma diferença, traduziriam sobretudo uma oposição em que iria uma exigência de denúncia e resistência. De um lado, a aberta possibilidade da luz que esclarece e liberta, de outro lado as sombras manipuladoras de uma estratégia de domínio"([135]).

Urge combater esta promiscuidade entre o poder e a comunicação para evitar os nefastos efeitos que ela possa vir a ocasionar. Todavia, só é possível estabelecer um tal combate com a emergência de uma racionalidade crítico-reflexiva. Apenas sob uma tal óptica é possível abrir espaço para um diálogo crítico em torno das informações divulgadas pelos meios de comunicação social. Desta forma será possível reconduzir a comunicação/publicização ao sentido mais puro e ideal de qualquer modelo de comunicação – o arquétipo da comunicação/comunicação.

**Breves conclusões em torno da liberdade de expressão enquanto dimensão estruturante da personalidade humana**

Em jeito de síntese, a liberdade de expressão enquanto elemento estruturante da personalidade humana não é susceptível de ser objecto de uma análise unidimensional. Uma correcta compreensão deste valor fundamental, inerente a todo e qualquer ser humano, implica, antes de tudo, uma tomada de consciência acerca do seu carácter multifacetado.

Na verdade, encontramo-nos face a uma fonte irradiante de múltiplos poderes ou faculdades, com conteúdos muito diversos. Sem termos a pretensão de proceder a uma análise circunstanciada dessa vasta panóplia de prerrogativas, impõe-se destacar, atenta a sua essência, o duplo sentido – negativo e positivo – que deve presidir à caracterização de tais faculdades.

---

([134]) Cfr. NEVES, A. CASTANHEIRA, *Uma perspectiva de consideração ..., ob. cit.*, pág. 103.

([135]) Cfr. NEVES, A. CASTANHEIRA, *Uma perspectiva de consideração ..., ob. cit.*, págs. 89-90. Acerca da comunicação como contrapoder, *vide* SOARES, ROGÉRIO EHRARDT, *Colóquio – comunicação e poder,* in Estudos de Direito da Comunicação, Coimbra, 2002, págs. 87-88.

Por um lado, a protecção inalienável devida à liberdade de expressão impede qualquer tipo de constrangimento ou de pressão exercida sobre os respectivos titulares. Por outro, e numa óptica mais atenta ao concreto exercício dos poderes ou qualidades naquela encerrados, o ordenamento jurídico aceita como legítimas uma multiplicidade de manifestações ou objectivações daquele valor fundamental. A inventiva das partes e a complexa conjuntura histórico-social são as causas determinantes da emergência de um cenário tão multiforme de poderes ou prerrogativas.

Tendo assim consciência da dificuldade de caracterizar em termos exaustivos este valor fundamental, não deixámos, no entanto, de proceder a uma tentativa de aproximação quanto às suas características nucleares. Enquanto valor radicado na dignidade da pessoa humana como ser livre e responsável, a liberdade de expressão constitui fonte de direitos ou prerrogativas que, por seu turno, participam das notas da **universalidade**, do **carácter *erga omnes* dos direitos de personalidade** e de uma **natureza extrapatrimonial**.

Tratando-se de um valor da personalidade elevado à categoria de direito fundamental constitucionalmente reconhecido, a sua eficácia afirma-se tanto nas relações com os poderes públicos, quanto naqueloutras entretecidas entre os particulares. Destarte, também neste âmbito se encontra ultrapassado o preconceito liberal tendente a restringir os efeitos dos direitos fundamentais às relações entre os particulares e o Estado, visualizando-os apenas como afirmações de poder daqueles perante este último.

No tocante à difícil questão de enquadramento jurídico da liberdade de expressão, cumpre averiguar se este valor fundamental configura um autêntico direito subjectivo. A este propósito impõe-se, antes de tudo, distinguir a liberdade de expressão enquanto fonte de múltiplos poderes ou prerrogativas, dos concretos direitos ou faculdade naquela filiados.

Em relação a múltiplas objectivações da liberdade de expressão, tais como o direito de livre associação, de reunião, de resposta, de livre circulação de informações e de crítica, não se nos suscitam dúvidas em qualificá-los como direitos subjectivos. Nestes contextos consegue-se visualizar com facilidade concretas situações susceptíveis de conferir aos respectivos titulares poderes de exigir ou de pretender de outrem determinadas prestações.

No entanto, quanto à liberdade de expressão globalmente considerada, temos algumas dificuldades em reservar-lhe idêntico tratamento jurídico. Pensamos antes preferível atribuir-lhe o qualificativo de "Direito-Quadro" (*Rahmenrecht*). Na verdade, a liberdade de expressão constitui uma fonte ou matriz referencial de múltiplos direitos subjectivos. Socorrendo-nos da terminologia de Orlando de Carvalho, encontramo-nos perante faculdades jurídicas primárias, as quais se podem considerar como "um *prius* dos direitos subjectivos, mas não direitos subjectivos autênticos"([136]).

Tratando-se de um instituto com uma tão grande elasticidade, não constitui tarefa simples determinar com exactidão as hipóteses que neste contexto consubstanciam autênticos ilícitos([137]). Com vista a alcançar um tal objectivo, impõe-se que o intérprete tenha definido previamente qual o círculo de bens ou interesses abrangidos pelo âmbito normativo deste valor fundamental. De igual modo, convém tomar em consideração os critérios metodológicos susceptíveis de resolver os eventuais conflitos entre a liberdade de expressão e outros direitos ou valores fundamentais.

Esta indeterminação de conteúdo e a consequente dificuldade de delimitar o respectivo objecto constituem os principais obstáculos à caracterização da liberdade de expressão como direito subjectivo. No entanto, é a força expansiva deste valor fundamental que lhe confere o papel de quadro referenciador (*AuffangTatbestand*) na caracterização e delimitação do âmbito normativo dos concretos direitos ou faculdades naquele filiados.

Já não pode constituir obstáculo significativo à qualificação da liberdade de expressão como direito subjectivo a circunstância de estarem em causa bens da personalidade indisponíveis. Semelhante argumento, normalmente invocado por quem recusa atribuir aos direitos de personalidade o epíteto de direitos subjectivos, não pode neste âmbito encontrar grande acolhimento, porquanto muitos dos interesses ou bens tutelados pela liberdade de expressão se encontram na inteira disponibilidade dos seus titulares. A inexistência de um tal impedimento não é, porém, condição suficiente para a afirmação da qualidade de direito subjectivo a este valor fundamental. Com efeito, as dificuldades colocadas a esse enquadramento, já atrás mencionadas, subsistem e revelam-se decisivas para a exclusão de um tal atributo.

Maior complexidade assume a este propósito o obstáculo traduzido no carácter extrajurídico dos bens da personalidade humana. Ora, a liberdade de expressão, enquanto concretização da inelutável liberdade humana,

---

([136]) CARVALHO, ORLANDO DE, *Teoria Geral...*, pág. 91 e ss.

([137]) Neste sentido, referindo-se às dificuldades de determinação da existência do ilícito a propósito do direito à empresa enquanto *Rahmenrecht*, cfr. HERGENRÖDER, CURT WOLFGANG, anotação à decisão de 21.3.2001 do O.L.G. Rostock, *in* DZWIR 2002, Heft 2, págs. 76-77.

traduz-se numa dimensão antropológica essencial. Razão por que o direito ao tutelar a liberdade de expressão mais não faz do que, em certa medida, reconhecer algo de pré-existente. Uma tal constatação pode afigurar-se como legítima quando reportada a este valor fundamental globalmente considerado, mas já não é de igual modo pertinente quando se tomem em consideração os concretos poderes ou direitos filiados na liberdade de expressão.

Neste último contexto, podem na verdade encontrar-se vários exemplos demonstrativos da relevância autónoma assumida pela técnica ou regulamentação jurídica no tocante à emergência dos direitos ou faculdades jurídicas. Uma tal discussão entretecida à volta da natureza jurídica da liberdade de expressão não reveste apenas interesse especulativo. Basta pensar, desde logo, no plano da determinação do ilícito. Assim, e no nosso contexto, quem atingir o bom nome e o crédito de outrem pratica um facto ilícito especialmente regulado na lei (art. 484.º). Destarte, o núcleo essencial de compreensão do ilícito passa aqui também pela delimitação do âmbito dos bens ou valores jurídicos do bom nome e do crédito de outrem, sem se contestar a sua qualificação como direitos subjectivos.

Todavia, não podemos esquecer que a divulgação dos factos susceptíveis de provocar a violação destes bens, se encontra, no plano jurídico, legitimada naquela liberdade fundamental. A determinação da existência do ilícito, em tais situações, não pode prescindir de uma correcta análise dos poderes exercidos pelo emitente das declarações ofensivas.

Posto isto, no âmbito deste preceito encontram-se latentes situações de conflitos entre os bens jurídicos mencionados. A resolução de tais problemas, com apelo aos critérios disponibilizados pelo nosso ordenamento jurídico (art. 335.º) e devidamente aclarados pelo dogmática, implica uma prévia e necessária determinação do âmbito dos bens jurídicos em conflito. Ora, no tocante às situações caídas na alçada normativa do art. 484.º, impõe-se saber qual o tipo de faculdade ou de poder exercido ao abrigo da liberdade de expressão.

Cumpre, desde logo, averiguar se nos encontramos em face de um particular direito subjectivo filiado na liberdade de expressão cujos contornos se encontrem definidos com mais ou menos precisão, ou se ao invés nos deparamos tão só com uma invocação genérica daquele amplo e complexivo valor fundamental.

Com efeito, o intérprete encontra-se numa situação diversa consoante se esteja perante o primeiro ou o segundo núcleo de hipóteses. Assim, torna-se bastante mais simples determinar qual o círculo de interesses ou valores protegidos pelo direito invocado, quando estivermos confrontados com um concreto direito subjectivo filiado na liberdade de expressão. A natureza dos interesses ou valores envolvidos, assim como a intensidade com que foram protegidos pelo ordenamento jurídico, tornam-se mais facilmente intuídos nas hipóteses acabadas de mencionar.

Maiores dificuldades se suscitam quando quem procede à divulgação de factos invoque apenas e genericamente a liberdade de expressão. Dada a mais ampla indeterminação do seu conteúdo, impõe-se então uma tarefa mais aturada para averiguar qual o tipo de faculdade ou poder que se encontra em jogo e qual o género de interesses ou valores jurídicos aí envolvidos. Desde logo, impõe-se saber se nos deparamos com uma faculdade que encontra efectiva guarida no âmbito daquele amplo valor fundamental, que não se traduza num mero interesse juridicamente tutelado, ou com valores ou dimensões integrantes da faceta institucional da liberdade de expressão.

Destarte, a indeterminação do conteúdo deste *Rahmenrecht* suscita maiores hesitações nesta imprescindível tarefa prévia de delimitação, e consequentemente tais dificuldades repercutem-se depois na concreta resolução das eventuais situações de colisão de direitos ou interesses. Com efeito, as hipóteses de colisão de direitos são tanto melhor decididas quanto mais claramente se encontrar definido o quadro ou círculo de interesses concretamente conflituantes.

# PARTE II
# CARACTERIZAÇÃO DO BOM NOME E DO CRÉDITO

Após termos centrado a nossa atenção em torno da liberdade de expressão enquanto referente axiológico imprescindível para uma correcta compreensão do ilícito ao crédito e ao bom nome, não podemos deixar, em seguida, de analisar os bens jurídicos do bom nome e do crédito, cuja tutela é expressamente almejada pelo legislador no art. 484.º.

Aliás, já ao longo do primeiro capítulo deixámos bem frisado que o núcleo essencial do delito em estudo se consubstancia na desarmónica convivência entre o modo como são exercidas as faculdades ínsitas na liberdade de expressão do declarante e a forma como deve ser perspectivada a tutela do bom nome e do crédito.

Como também já tivemos ocasião de mencionar, o nosso legislador civil não teve em vista regular genérica e indiscriminadamente o desalinho susceptível de se registar entre os valores jurídicos mencionados. Apenas esteve na mira das suas preocupações garantir uma protecção jurídica aos lesados, quando o bom nome e o crédito dos mesmos tenha sido atingido pelas comummente designadas declarações de ciência.

Revela-se então mister proceder a uma apreciação, segundo um enfoque juscivilístico, dos bens jurídicos com dimensões axiológicas de sentido contrastante com o exercício do *"diritto di cronaca"*. Não queremos com isto enjeitar a possibilidade, ou melhor dito, a necessidade, de nos socorrermos dos contributos de outros ramos do saber jurídico (direito constitucional e penal) onde o bom nome e o crédito encontram também uma tutela adequada. Neste percurso, em ordem à delimitação do âmbito e determinação do conteúdo dos direitos em estudo, impõe-se uma inelimável referência a figuras vizinhas como a honra, a fama, o decoro social, e a reserva da intimidade da vida privada.

Deter-nos-emos de modo especial sobre um direito de personalidade – o direito à identidade pessoal – emergente no espaço dogmático-jurisprudencial italiano com particular intensidade na década de 80 do século passado, apesar de os contributos para a sua génese remontarem a tempos mais longínquos. Um tal estudo é sobretudo movido pelo propósito de aquilatar se haverá necessidade de, face ao ordenamento italiano, e sobretudo em relação à arquitectura delineada pelo legislador português a propósito da tutela de personalidade e da responsabilidade civil, autonomizar esta realidade jurídica. Como iremos ter ocasião de analisar, constitui questão pertinente definir se os traços estruturantes do aludido direito à identidade pessoal não coincidirão, no essencial, com as características dos direitos à honra e ao bom nome.

Porém, e mais importante que esta digressão juscomparatística, revela-se o debate acerca da própria utilidade da norma onde se consagra o ilícito civil do crédito e do bom nome. Impõe-se, então, analisar com algum cuidado o problema da autonomia do direito ao bom nome e ao crédito, face a outros direitos tradicionalmente protegidos pelo ordenamento jurídico português, como é o caso da honra. Ora, são todos estes desafios que nos propomos enfrentar, já de seguida, neste novo capítulo.

# CAPÍTULO I
## O BOM NOME: UMA PROJECÇÃO DA HONRA?
## O BOM NOME E ALGUMAS CATEGORIAS AFINS

### 1.1. O bom nome e o crédito: categorias distintas? Traços de aproximação e distinção

Mesmo sem analisar detalhadamente os conceitos do bom nome e do crédito, podemos reconduzi-los, sem qualquer margem de dúvidas, a uma ideia de reputação ou prestígio desfrutado pela pessoa no meio social onde vive ou exerce a sua actividade profissional. Aliás, já no art. 360.º do código de Seabra se incluía *expressis verbis* o bom nome e a reputação como dimensões essenciais do direito originário à existência, com a preocupação aí bem patente de explicitar a matriz fundamentante destes direitos: a dignidade moral da pessoa. Não se fazia, porém, à semelhança de quanto sucede no actual Código Civil, qualquer referência ao crédito.

Uma tal associação dos bens jurídicos do bom nome e crédito ao conceito de reputação, apesar de angular, revela-se ainda muito genérica, correspondendo apenas a uma primeira aproximação do problema.

Desde logo, não podemos reduzir simplisticamente a complexidade, subsumindo as realidades em análise a um conceito único e vago onde se ignorem as especificidades evidenciadas pelo próprio legislador ao regular a matéria. Da letra do art. 484.º parece resultar ter sido propósito do seu autor referir-se ao bom nome e ao crédito como sendo realidades distintas. Na verdade, se estivesse em causa o mesmo bem jurídico, não faria qualquer sentido o legislador estar a referir-se a duas categorias jurídicas. Ao fazer-se menção a "prejudicar o crédito ou o bom nome" está claramente a exprimir-se uma ideia de alternativa. Ora, a alternância apenas pode ter lugar quando nos encontramos confrontados com realidades diversas.

Não podemos então deixar de evidenciar os traços distintivos das figuras mencionadas no art. 484.º, apesar de estas participarem de um conjunto de características integráveis numa mesma matriz referencial. Desde logo, cumpre salientar o carácter mais genérico do bom nome face à figura jurídica do crédito.

Por bom nome poder-se-á entender o prestígio, a reputação, o bom conceito associado([138]) à pessoa no meio social onde vive ou exerce a sua actividade profissional([139]). Um tal conceito corresponde, no essencial, à *"consideration"* do direito francês e à *"Ansehen"* do direito germânico.

Para a delimitação deste bem jurídico torna-se fundamental o apelo a um conjunto de referências sociais, nomeadamente às categorias do *status* e dos papéis sociais. No tecido social as pessoas são fundamentalmente identificadas a partir de um conjunto de notas derivadas de códigos ou bitolas urdidos no âmbito das mais variadas conjunturas ou sectores da sociedade.

---

([138]) Neste contexto, revela-se curiosa a posição de Giampicollo acerca do bom nome ou reputação social. Identificando também o bom nome com respeitabilidade social, o autor, ao caracterizar este bem jurídico, não coloca apenas em relevo o sentido que normalmente lhe é associado – o prestígio como fonte de contactos profícuos –, mas põe ainda em relevo uma outra dimensão menos comum – a respeitabilidade social enquanto meio de proteger as pessoas de relações sociais hostis.

Na verdade, uma tal dimensão de "neutralidade", apesar de não ser comumente posta em relevo, deve considerar-se também como traço estruturante da reputação ou do bom nome. Para uma análise mais desenvolvida da matéria, cfr. GIAMPICOLLO, GIORGIO, *La tutela giuridica della persona umana e il c.d. diritto alla riservatezza, in* Rivista Trimestrale di Diritto e Procedura Civile, 1958, pág. 459.

([139]) Neste sentido, Cfr. VARELA, J. ANTUNES, *Das Obrigações em geral I...*, ob. cit., pág. 549, SOUSA, R. CAPELO DE, *O Direito Geral ...*, ob. cit., pág. 304, FACCI, GIOVANNI, *Il risarcimento dell danno per violazione dei diritti della personalità, al di fuori della privacy, in* Responsabilitá Civile e Previdenza, 2000, pág. 1487, DOGLIOTTI, MASSIMO, *Le persone fisiche, in* Trattato di Diritto Privato, diretto da Rescigno, II, Turim, 1982, pág. 135.

Tendo em conta a actividade profissional desempenhada pelos indivíduos, a sua situação familiar, o modo como ocupam os tempos de lazer([140]), bem como outras indicações relacionadas com os concretos comportamentos por si assumidos, a sociedade acaba por traçar um perfil de cada pessoa, em relação ao qual são criadas certas expectativas e associados alguns deveres e direitos.

Ora, em relação ao bom nome, está fundamentalmente em causa uma ideia global, formada a partir das convenções sociais vigentes em determinado momento, acerca do perfil ou posição social de uma pessoa.

Já no tocante à caracterização do crédito enquanto bem jurídico tutelado no âmbito do art. 484.º, impõe-se uma particular ligação da ideia de prestígio ao universo dos negócios e da actividade empresarial. O prestígio tem como ponto de referência as relações entabuladas entre quem desenvolve uma actividade económica e os respectivos fornecedores, credores, clientes e outros terceiros([141]).

Pensamos que o legislador terá querido reportar-se basicamente à capacidade e à vontade do indivíduo para cumprir os seus compromissos obrigacionais([142]). Considerar-se-ão integrados no "crédito de outrem", todos aqueles atributos susceptíveis de definirem o perfil ou a posição sócio-económica, ou por vezes, até mais especificamente, a projecção assumida no mundo dos negócios (**projecção negocial**), por determinada pessoa, ou empresa.

Revela-se então fundamental para a caracterização do crédito, levar em linha de conta a **capacidade de iniciativa económico-negocial**, basicamente consubstanciada na aptidão para tomar decisões económicas, fazer projecções, e granjear contactos negociais com os demais parceiros, assim como a **seriedade** e a **correcção negocial**([143]).

---

([140]) No mesmo sentido, a propósito da caracterização da *"Ansehen"*, cfr. STEGMANN, OLIVER, *Tatsachenbehauptung...*, *ob. cit.*, pág. 86. Na jurisprudência nacional, veja-se o recente acórdão do S.T.J. de 8/3/2007, *ob. cit.*, pág. 17 de 30.

([141]) A este propósito, cfr. BROSIO, MANLIO, anotação à decisão da corte di cassazione 7 agosto 1935 (Azienda Commerciale – avviamento – elementi costitutivi), *in* Il Foro Italiano, vol. LXI, 1936, I, col. 1581.

([142]) Cfr., neste sentido, VARELA, J. ANTUNES, *Das Obrigações... I*, *ob. cit.*, pág. 549, HELLE, ERNST, *Der Schutz der persönlichen Ehre und des Wirtschaftlichen Rufes im Privatrecht*, Tübingen, 1957, pág. 50 (o autor caracteriza ainda as possibilidades aquisitivas *"Fortkommen"* expressamente mencionadas no §824 do B.G.B.), SCHWERDTNER, PETER, anotação à decisão do B.G.H. de 7.2.1984, *in* J.Z., 1984, pág. 1104 e ss. No plano jurisprudencial, cfr. a conhecida decisão do Reichsgericht de 1933, R.G., *in* JW, 1933, pág. 1254.

([143]) Cfr. CALABRESE, ANTONELLO, *Diritto di Cronaca, cronaca giudiziaria, tutela della reputazione e della credebilità economica dell'imprenditore*, *in* Riv. Trim. Dir. Proc. Civ., 1995, pág. 755.

Reportando-se o art. 484.º a ofensas dirigidas ao crédito ou ao bom nome de qualquer pessoa singular ou colectiva, então não podemos considerar apenas aqui abrangidos os sujeitos individuais, aos quais comummente andam associados os atributos acabados de mencionar, mas também as empresas entendidas como "unidade teleológico-orgânica"([144]) são susceptíveis de ser titulares da mencionada capacidade de iniciativa ou decisão económica.

Como ensina Sinde Monteiro([145]), o facto capaz de prejudicar o crédito é susceptível de contender "com a situação financeira, o âmbito da actividade negocial, a qualidade dos produtos produzidos ou distribuídos, a sua formação ou êxito profissionais". Não basta apenas a divulgação de afirmações atinentes a um determinado sector, ou sistema globalmente considerado. Com efeito, tais afirmações ou não atingem especificamente ninguém, ou apenas podem prejudicar mediatamente quem esteja integrado no sector ou universo visado pelas declarações([146]).

---

([144]) Socorrendo-nos aqui da trilogia de Orlando de Carvalho a propósito da caracterização da empresa e da lógica empresarial, podemos então distinguir o **sujeito empresário** que se identifica pela titularidade da decisão empresarial, a **empresa em sentido subjectivo**, concebida como uma unidade teleológico-orgânica dessa decisão, e a **empresa em sentido objectivo**, entendida como uma unidade económico-instrumental capaz de efectivar a decisão, cfr. CARVALHO, ORLANDO DE, *Empresa e lógica empresarial, ob.cit.*, págs. 18-19. Ora, todos os atributos referenciados em texto para caracterizar o crédito das pessoas singulares e colectivas, andam associados ao empresário e à empresa em sentido subjectivo. De igual modo, também Oliveira Ascensão, admite expressamente o valor da reputação associado às empresas. Cfr. ASCENSÃO, J. OLIVEIRA, *Concorrência desleal*, AAFDL, Lisboa, 1994, pág. 138.

([145]) Vide MONTEIRO, J. SINDE, Relatório Sobre o Programa, Conteúdo e Métodos..., *ob. cit.*, pág. 47. O autor inclui ainda no círculo de factos capazes de prejudicar o crédito aqueles que sejam lesivos da honra. Todavia, não confina unicamente a ofensa ao crédito às afirmações ofensivas da honra. Ao considerar violado o crédito, uma vez verificados os ataques aos atributos supra-mencionados, Sinde Monteiro reconhece indiscutivelmente a este bem jurídico uma especificidade e autonomia face à honra. Reportando-se também ao bem jurídico do crédito, Capelo de Sousa caracteriza-o como a "projecção social das aptidões e capacidades económicas desenvolvidas por cada homem". O autor integra uma tal categoria num conceito de honra em sentido amplo, sem no entanto evidenciar a autonomia do crédito face ao direito no qual o filia. Cfr. SOUSA, R. CAPELO DE, *O Direito Geral..., ob. cit.*, pág. 304-305.

([146]) A este propósito, cfr. a paradigmática decisão do B.G.H. de 2.7.1963, ao não considerar suficiente para aplicar o §824 as críticas dirigidas à aptidão de um sistema de produção utilizado por uma empresa no fabrico dos seus produtos, B.G.B. § 824, 823, *(Aufstellen von Behauptungen im Rahmen eines allgemeinen systemvergleichs)* in N.J.W., 1963, págs. 1871-1872, DEUTSCH, ERWIN, anotação à decisão do B.G.H. 2.7.1963, *in* Juristenzeitung, 1964, págs. 510-511.

Para uma correcta compreensão deste bem jurídico pode revelar-se indispensável o conhecimento de um conjunto de regras específicas vigentes no contexto onde se desenvolve a actividade da pessoa atingida no seu crédito.

Apenas o recurso às *leges artis* de um determinado sector permitirá por vezes apurar se os comportamentos adoptados por quem se considera visado no seu crédito são reveladores da falta de capacidade ou vontade de cumprir as suas obrigações([147]). Esta especificidade dos estatutos pri-

---

No mesmo sentido se orienta a decisão do B.G.H. de 13.10.1974, ao não considerar incluído no âmbito normativo do §824 do B.G.B., por faltar o carácter imediato da agressão (*unmittelbare Betribsbezogener*), a falsa informação de preços feita por uma revista da área do sector automóvel que veio a afectar o volume de negócios de uma empresa que utilizava os produtos relativamente aos quais foram feitas as incorrectas afirmações. No entendimento deste tribunal superior, os danos sofridos pela empresa foram meramente reflexos dos factos falsamente divulgados na mencionada publicação. Cfr., B.G.H., 13.10.1964, §824, §823 (*Haftung des Herausgebers eines marktberichtes wegen unrichtigen Preisnotierung), in* N.J.W., 1965, págs. 36-37.

([147]) Nomeadamente em matérias conexionadas com a pontualidade do cumprimento das obrigações, como seja a questão dos prazos, o recurso às *leges artis* de um certo sector de actividade pode ser considerado essencial. Com efeito, os usos aí prevalecentes, não raras vezes, determinam a estipulação de prazos considerados mais adequados ao tipo de negociações preponderantemente desenvolvidas num tal universo. Apesar de certos comportamentos debitórios configurarem hipóteses de incumprimento quando reportadas a um determinado ramo de actividade, tal não significa sejam necessariamente valorados da mesma forma noutros domínios. Aqui se faz sentir amiúde a influência do **contexto** no seio do qual se desenvolvem os comportamentos objecto do juízo de valoração.

No entanto, não são apenas os usos do tráfico os únicos elementos atendíveis para formular um juízo acerca da capacidade ou vontade de cumprimento de uma pessoa. Particularmente relevante a este propósito pode traduzir-se a vontade contratual manifestada pelas partes acerca de alguns aspectos indiciadores da credibilidade negocial de um indivíduo. Desta feita, por convénio, os contraentes têm a faculdade de alterar os prazos e outras concretas condições de cumprimento dos vínculos obrigacionais dominantes no respectivo sector de actividade. Basta pensar na estipulação de prazos diversos dos normalmente definidos pelos usos negociais, bem como na possibilidade de as partes alterarem os concretos termos de cumprimento das obrigações dentro do condicionalismos previstos nos art.s 837.º e seguintes.

Ora, a adopção de comportamentos diversos dos usualmente emergentes em certos domínios de actividade pode encontrar uma justificação em acordos contratuais em tais contextos concluídos, determinando então a ilicitude das afirmações susceptíveis de provocar aviltamento no perfil económico de alguém, quando as mesmas denunciem a existência de condutas desviantes dos contraentes.

([148]) Acerca da responsabilidade profissional, colocando sobretudo em destaque o seu papel de instância crítica aos contributos da doutrina da confiança, cfr. FRADA, M. CARNEIRO, *Teoria da Confiança..., ob. cit.,* pág. 329 e ss.

vativos das mais variadas categorias profissionais constitui justamente um obstáculo à possibilidade de erigir a construção de um corpo de regras comuns a todas as actividades, tal como sufragam os defensores do instituto da responsabilidade profissional, enquanto fonte autónoma da obrigação de indemnizar([148]).

Ora, a descoberta da verdade material, além de ser fundamental, constitui também uma questão prévia. Com efeito, somente quando se desenvolver esta actividade probatória é possível determinar se as afirmações de facto difundidas pelo agente são verdadeiras ou falsas([149]). Estando em causa, não raras vezes, matérias dotadas de uma particular especificidade, o esclarecimento destas questões revela-se particularmente difícil e acessível apenas a quem consiga proceder à descodificação das bitolas ou critérios regulativos vigentes nos sectores de actividade onde os problemas se colocam([150]). Assim, e a título meramente exemplificativo, no âmbito das relações bancárias, a determinação da existência da *Kreditwürdigkeit*([151]) faz-se a partir de um conjunto de elementos específicos, como sejam os balanços anuais, o *Kreditstatus* (situação de endividamento pessoal ou da empresa), os planos de investimentos, mapas de evolução de custos e do volume de negócios([152]). Destarte, a divulgação de informações inexactas

---

([149]) Como teremos ocasião de referir ao longo do trabalho, o Direito não trata indiferentemente a Verdade e a Mentira. Aliás, no âmbito de ordenamentos jurídicos como o alemão, onde a responsabilização do agente por violação do crédito de outrem apenas resulta da divulgação de afirmações fácticas falsas, o apuramento da falsidade das declarações divulgadas revela-se essencial. Porém, a responsabilidade baseada no §824 do B.G.B. apenas surge quando as notícias, para além de falsas, se reportam especificamente à esfera económico-negocial do agente. Aliás, apenas assim se compreende a referência feita na lei alemã à "*geeignet*" da divulgação de factos falsos para colocar em perigo ou provocar a diminuição do crédito e das possibilidades aquisitivas de outrem. Razão por que o B.G.H. (7.02.1984) não considera mobilizável o mencionado preceito da lei alemã quando os prejuízos económicos sofridos derivem de outras formas de actuação, como sejam as greves e os boicotes (J.Z., 1984, págs. 1100-1101). Neste sentido, cfr. ainda SCHWERDTNER, PETER, anotação à decisão do B.G.H. de 7.2.1984..., *ob. cit.*, pág. 1104.

([150]) Como sugestivamente considera Oppo, não podemos substituir a ética dos negócios, das empresas, da técnica, da ciência, por uma qualquer ética social dominante, cfr. OPPO, GIORGIO, *Diritto dell'Impresa e Morale Social, in* Riv. di Dir. Civ., 1992, I, pág. 25.

([151]) Distinta se configura a *Kreditfähigkeit* entendida como a capacidade ou competência para a exigibilidade de créditos de outrem em situações de representação, execução testamentária e fideicomissos, à qual é subjacente a capacidade negocial (§104 BGB). Cfr. ADRIAN, REINHOLD/HEIDORN, THOMAS *Der Bankbetrieb*, 15 auflage, Wiesbaden, 2000, pág. 401.

([152]) Acerca dos elementos relevantes na determinação da *Kreditwurdigkeit* nas relações bancárias, cfr. ADRIAN, REINHOLD/HEIDORN, THOMAS *Der Bankbetrieb...*, *ob. cit.*, pág. 402 e ss.

ou desproporcionadas acerca destes elementos pode revelar-se altamente lesiva do crédito dos visados pelas declarações.

Não obstante a caracterização do crédito implicar uma referência a universos específicos, tal não invalida que a violação do crédito resulte de se ter criado no público uma impressão desfavorável quanto à genérica capacidade e vontade da pessoa visada em cumprir as suas obrigações([153])([154]). Assim sendo, está em causa o perfil económico-negocial dos indivíduos, o qual por sua natureza, reveste uma natureza genérica, embora a sua exacta determinação implique uma abordagem específica([155]).

Ficam assim expostos os principais traços caracterizadores do bom nome e do crédito, permitindo, desde já, identificar as peculiaridades de cada um destes bens jurídicos. Ao longo deste capítulo teremos ocasião de formular uma ideia mais precisa acerca das realidades aqui em análise.

### 1.2. Em busca de uma noção de honra: os contributos da dogmática penal

Em face desta primeira digressão efectuada em torno dos bens jurídicos protegidos no art. 484.º, parece revelar-se imprescindível um olhar atento sobre o modo como o nosso ordenamento jurídico encara a tutela desse valor nuclear da pessoa humana que se consubstancia na honra.

---

([153]) Neste sentido, Cfr. HELLE, ERNST, *Der Schutz der persönlichen Ehre...*, ob. cit., pág. 51.

([154]) Para além desta capacidade genérica e vontade de a pessoa cumprir as suas obrigações, o §824 I do B.G.B. refere-se ainda a *"erwerb"* e à *"fortkommen"*, entendidas, respectivamente, como capacidade aquisitiva de posições negociais, e aptidão para conquistar posições negociais futuras. Porém, tal como sublinha Helle, não se revela necessário para desencadear a aplicação do preceito que tais atributos negociais sejam todos e totalmente afectados (no mesmo sentido, cfr. DEUTSCH, ERWIN, anotação à decisão do B.G.H. de 2.7.1963..., ob. cit., pág. 511, e anotação à decisão do B.G.H. 21.6.1966..., ob. cit., pág. 94 e ss.). Em sentido diferente se manifestou o R.G., cfr. J.W. 30, 1732.

([155]) Paradigmática se revela neste contexto a decisão do B.G.H. de 7.2.1984, ao considerar apenas na alçada do §824 I a diminuição do *"good will"*, quando este bem jurídico tenha sido afectado na sequência de declarações com âmbito limitado à esfera jurídico-negocial do visado. Cfr. J.Z., 1984, pág. 1099 e ss., e a respectiva anotação de Peter Schwertner..., ob. cit., pág. 1103 e ss. No mesmo sentido, já se havia pronunciado o B.G.H. na decisão de 21.6.1966, cfr. B.G.B. §824, 823 (*Unrichtige Berichterstattung über Arbeitweisse von Haushaltsgeräten – teppichkehrmaschine*), in N.J.W., 1966, pág. 2011.

Ninguém pode contestar o alto destaque atribuído à honra no âmbito da generalidade dos ordenamentos jurídicos civilizados([156]).

([156]) Todavia, a inexistência no B.G.B. de uma cláusula geral semelhante ao art. 70.º levantou algumas dificuldades ao reconhecimento da tutela juscivilística da honra no quadro dos direitos subjectivos protegidos pelo §823 I. Sobretudo até à publicação da lei fundamental alemã, a opinião dominante a nível doutrinal e jurisprudencial orientava-se no sentido de considerar taxativa a enunciação dos quatro bens da pessoa (vida, corpo, saúde e liberdade) feita naquele parágrafo do B.G.B.. Os restantes bens da personalidade apenas gozariam de protecção quando disposições especiais da lei a previssem, como decorria do §12.º. onde já se consagrava o direito ao nome.

Para além disso, a protecção da personalidade seria assegurada através de normas penais onde os interesses dos particulares estivessem directa e imediatamente acautelados. COING, HELMUT, *Zur Entwicklung des Zivilrechtlichen Persönlickeitsschutzes, in* J.Z., 1958, pág. 558. Registando-se então a violação de uma *"Schutzgesetz"*, onde os bens de personalidade se encontrassem protegidos, não poderia deixar de ser garantida a tutela delitual do §823 II. Prevalecia assim o modelo de protecção civilística indirecta da honra. A este propósito, cfr. STEGMANN, OLIVER, *Tatsachenbehauptung..., ob.cit.*, pág. 57 e ss. Idêntico modelo, e pelas mesmas razões, se desenvolveu no direito italiano. Cfr., a este propósito, ZENOZENCOVICH, *Onore e reputazione nel sistema del diritto civile*, Napoles, 1985, pág. 2 e ss.

Este modelo juscivilístico de defesa dos bens jurídicos pessoais, onde a honra se encontra incluída patenteava manifestas insuficiências. Na base das fragilidades de um tal sistema esteve sobretudo uma concepção divulgada a partir de meados do séc. XIX e confirmada pela revogação da *actio iniuriarum aestimatoria romana* levada a cabo pelo art. 11.º da introdução do Código processo penal germânico de 1871 (*Reichsstrafgesetzbuch*), de acordo com a qual ao Direito Civil competiria basicamente proteger os direitos e interesses patrimoniais, relegando-se para o Direito Penal a tutela da honra e outros bens extrapatrimoniais. Acerca desta matéria, *vide,* MOOSHEIMER, T., *Die actio iniuriarum aestimatoria im 18 und 19 jahrhundert. Eine untersuchung zu der gründen ihrer abschaffung,* Tübingen, 1997, pág. 13 e ss., SEILER, H.H., *Römisches deliktisches schadensersatzrecht in der obergerichtlichen rechtsprechung des 19 jahrhunderts, in* Festschrift für Hermann Lange, zum 70 geburtstag am 24 januar 1992, Stuttgart-Berlin--Köln, 1992, pág. 245 e ss.

Uma tal tarefa foi assim praticamente assegurada pelo Código Penal germânico de 1871. Ora, foi precisamente o enraizamento deste paradigma que esteve na base das hesitações a este propósito sentidas nas comissões responsáveis pelos trabalhos preparatórios do B.G.B.. Neste contexto, se a primeira comissão propendia para a defesa de uma protecção delitual do direito à honra, já a segunda se recusava a concebê-lo como um direito absoluto. Acerca da protecção dos direitos de personalidade no B.G.B. antes da entrada em vigor da Constituição alemã, Cfr. SERRA, ADRIANO VAZ, *Requisitos da Responsabilidade..., ob. cit.,* pág. 20, COING, HELMUT, *Droit a l'Honneur et Droit d'Information en Droit Allemande, in* Mélanges en l'Honneur de Paul Roubier, Tome II, Paris, 1961, págs. 403 e ss.

A consagração na alínea 1 do art. 2.º da Constituição alemã do direito ao livre desenvolvimento da personalidade veio levantar algumas perplexidades quanto à protecção delitual dispensada pelo §823 I no tocante à matéria dos direitos de personalidade.

Ao reconhecer-se na senda de Nipperdey a eficácia deste direito fundamental no âmbito das relações entre os particulares, o direito ao livre desenvolvimento da personalidade poder-se-ia configurar como um direito subjectivo privado, e assim sendo considerar-se integrado na categoria *"sonstiges Recht"* mencionada no §823 I. A este propósito, cfr. LARENZ, KARL, *"Das Allgemeine Persönlichkeitsrecht" im recht der unerlaubten Handlungen, in* N.J.W., 1955, págs. 521-525, BRANDNER, H. ERICH, *"Das Allgemeine Persönlichkeitrecht in der entwicklung durch die rechtsprechung", in* J.Z., 1983, págs. 689-696, Leuze, Dieter, *Die Entwicklung des Persönlichkeitsrechts im 19. Jahrhundert/ Zugleich ein beitrag zum verhältnis allgem. Persönlichkeitsrecht-rechtsfähigkeit*, Bielefeld, Gieseking, 1962, pág. 80 e ss.

Aceitando-se um tal entendimento, a honra até então desprovida de protecção civilística, por não se encontrar especialmente tutelada em qualquer preceito do B.G.B., poderia agora conceber-se como um direito subjectivo privado filiado no atrás referido direito ao livre desenvolvimento da personalidade. Com efeito, foi ganhando corpo na doutrina a ideia de que a tutela juscivilística da honra deve ser entendida como uma exigência imposta pela defesa da dignidade humana. A este propósito, *vide*, REINHARD, RUDOLF, *Zivilrechtlicher Schutz des Ansehens und berechtige interessenwahrung, in* Festschrift für Heinrich Lange, München, 1970, pág. 195 e ss, HUBMANN, HEINRICH, *Das Persönlichkeitsrecht..., ob. cit.*, pág. 288 e ss., BETHGE, HERBERT, *Das Persönlichkeitsrecht als Grundrecht – Ausstrahlungen im Bereich von Meinungspresse – und Rundfunkfreiheit*, UFITA 95, 1983, págs. 251-253 (o autor considera a honra como uma dimensão do direito geral de personalidade consagrado no n.º 1 do art. 2.º da Constituição alemã).

De igual modo, no plano jurisprudencial, o *Bundesgerichtshof* acabou também por sufragar este entendimento, considerando o direito ao livre desenvolvimento da personalidade (no caso *Lesenbrief,* onde estava em causa o envio por um advogado de uma carta para uma publicação periódica, tendo esta, sem o consentimento daquele, divulgado a correspondência como uma carta ao leitor) introduzido pelo texto constitucional de 49 como um direito absoluto e postulando a necessidade de interpretar os preceitos do direito civil em conformidade com as novidades introduzidas na Constituição, Cfr. B.G.H. 25.5.1954, B.G.H.Z. 13, pag. 334-341 (caso *Lesenbrief*) e B.G.H.Z., 26, 349, *in* J.Z., 58, pág. 571.

Também o B.G.H., depois de admitir de modo incontroverso a existência de um direito geral de personalidade, e com o objectivo de definir o seu conteúdo e limites, sufragou a integração da honra no âmbito deste direito. Cfr. B.G.H., 21.11.61, *in* N.J.W., 1962, pág. 152, B.G.H., v. 19.9.1961-VI ZR 259/60 (neste aresto esteve em causa a apreciação do anúncio publicitário em que um professor de moral surge aos olhos do público como um símbolo sexual). Ora, este entendimento de acordo com o qual os diversos atributos indefectivelmente caracterizadores da pessoa humana, além de serem subsumíveis no direito consagrado na alínea 1 do art. 2.º da Constituição alemã, devem considerar-se igualmente relevantes no plano das relações juscivilísticas, foi sendo gradualmente e unanimemente aceite. Razão por que no momento actual da evolução dogmático-jurisprudencial não se suscitem grandes dúvidas quanto à tutela delitual a dispensar à honra como um "outro direito" (*ein sonstiges Recht*) no âmbito da alínea 1 do §823 do B.G.B. Cumpre, então sublinhar a posição subsidiária do direito geral de personalidade, através do qual é garantida a tutela de bens, como a honra e a intimidade da vida privada, os quais

Também o direito positivo português confere uma larga protecção jurídica a este bem precioso, seja a nível constitucional([157]), criminal([158]) ou civilístico.

---

não se encontram mencionados no §823 I do B.G.B. Neste sentido, cfr. MEYER, JUSTUS, *Wirtschaftsprivatrecht...*, *ob. cit.*, pág. 192. Realçando também o carácter subsidiário do direito geral de personalidade face à insuficiência da tutela penal da honra, cfr. BRANAHL, UDO, *Medienrecht...*, *ob. cit.*, pág. 78 e 105 e ss. Aliás, apenas assim se conseguiu repor o equilíbrio entre a protecção dos bens patrimoniais, no âmbito dos quais a propriedade deve ser considerada como um modelo referencial, e a defesa dos interesses e valores eminentemente pessoais.

Com efeito, não fazia sentido atribuir à honra enquanto valor preciosíssimo da personalidade humana um relevo inferior ao conferido ao direito absoluto da propriedade. Neste sentido, Cfr. SERRA, ADRIANO VAZ, *Requisitos da Responsabilidade...*, *ob. cit.*, pág. 23.

([157]) O nosso legislador constitucional no art. 26.º considera, apesar de não se lhe referir *expressis verbis*, a honra como um bem jurídico merecedor de tutela ao prescrever: "a todos são reconhecidos os direitos... , ao bom nome e reputação".

([158]) De igual modo, o legislador penal sempre se revelou empenhado na defesa da honra. Já no âmbito do Código de 1852 eram considerados como ilícitos criminais a difamação (art. 407.º) e a injúria (art. 410.º). As sucessivas modificações legislativas ocorridas na lei criminal substantiva (Código Penal de 1982, revisões de 1995 e de 1998) mantiveram inalterada a preocupação deste ramo do direito face ao bem da honra. No capítulo VI do actual Código Penal encontram-se tipificados os vários ilícitos contra a honra. A defesa da honra continua a centrar-se basicamente nos crimes da difamação e injúria, uma vez que os tipos previstos nos art.s 182.º e 183.º têm como pressuposto o regime estatuído nos art.s 180.º e 181.º.

Maior especificidade face a esta *summa divisio* deve reconhecer-se ao crime de ofensa à memória de pessoa falecida (art. 185.º do Código Penal) e ao ilícito constante do art. 187.º (ofensa a pessoa colectiva, organismo ou serviço). No tocante ao crime de ofensa a pessoa colectiva, a autonomia em relação aos crimes de difamação e de injúria é compreensível, tendo em conta a dificuldade de delimitar com precisão o conceito de honra a propósito das pessoas jurídicas. Em relação ao ilícito previsto no art. 185.º do Código Penal, registou-se, com as alterações introduzidas pela revisão de 1995, uma clara autonomização deste crime face ao da difamação. Com efeito, no anterior art. 169.º era feita uma expressa remissão para o tipo legal de difamação. Uma tal modificação legislativa foi aplaudida na doutrina por se considerar agora o "tipo mais transparente". Neste sentido, Cfr. COSTA, JOSÉ DE FARIA, anotação ao art. 185.º do Código Penal, *in Comentário Conimbricense do Código Penal, Parte Especial, Tomo I*, Coimbra, 1999, pág. 655. Na opinião do autor, o anterior art. 169.º "ao chamar-se a difamação, como elemento do tipo, estava, de certa forma, ainda a pressupor-se, se bem que de maneira oculta ou não racionalizável, a própria pessoa como entidade viva". Cfr. COSTA, JOSÉ DE FARIA, anotação ao art. 185.º..., *ob. cit.*, pág. 655.

Centrando-se todavia a defesa da honra no âmbito do direito criminal na distinção entre difamação e injúria, cumpre deixar aqui esboçado, de um modo muito genérico, os termos da distinção. Enquanto na difamação a violação da honra envolve uma divulgação de factos ou juízos perante terceiros, na injúria a honra é atingida directa e imediatamente

Antes de entrar propriamente na apreciação do regime jurídico delineado pelo nosso direito privado para a tutela da honra, cumpre, desde logo, proceder à caracterização deste bem jurídico pessoal.

Por estar em causa um bem jurídico tão valioso e relevante do ponto de vista subjectivo, não admira a proliferação a nível conceptual de um elevado número de definições[159] com o objectivo de proceder à delimitação do respectivo conteúdo.

Socorrendo-nos neste particular domínio dos ensinamentos de Faria Costa, poderíamos reconduzir os múltiplos conceitos de honra a "duas concepções básicas: a concepção fáctica e a concepção normativa da honra"[160][161].

---

pelo infractor. Socorrendo-nos da sugestiva linguagem de sabor geométrico utilizada por Faria Costa "a difamação pressupõe uma relação tipicamente triangular enquanto a injúria se basta por uma conexão bipolar", Cfr. COSTA, JOSÉ DE FARIA, anotação ao art. 180.º do Código Penal..., ob. cit., pág. 608.

Todavia, o modelo do Código Penal napoleónico de protecção da honra das pessoas, no qual se inspirou o antigo art. 407.º da lei criminal, distingue a difamação da injúria com base num critério diverso. De acordo com esta orientação, o traço distintivo essencial radica no carácter genérico ou específico do facto ofensivo da honra. Se na difamação a causa da violação deste bem fundamental da personalidade radica num facto **determinado**, já na injúria a imputação é formulada de modo genérico. A propósito deste critério distintivo, Cfr., SANTOS, J. BELEZA, *Algumas considerações jurídicas sobre crimes de difamação e injúria, in* R.L.J., ano 92, pág. 181, DIAS, J. FIGUEIREDO, *Direito de Informação e tutela da honra no Direito Penal da Imprensa Português, in* Revista de Leg. e Jurisp., ano 115 (n.ᵒˢ 3694-3705), pág. 105.

Não obstante as especificidades capazes de explicar a idiossincrasia a propósito de cada um dos tipos legais de crime, existe, apesar disso, uma profunda afinidade entre os dois ilícitos. Em ambos os casos, os bens jurídicos protegidos pelo tipo legal são a **honra** e a **consideração**. Ora, é precisamente esta profunda afinidade que justifica a elevação destes dois tipos legais de crime a modelo ou paradigma da tutela penal da honra.

[159] Na sequência de uma contagem de noções de honra em escritos jurídicos, Tenckhoff identificou mais de sessenta conceitos em torno deste bem jurídico, Cfr. TENCKHOFF, JÖRG, *Grundfälle zum Beleidigungsrecht, in* Jus, 1988, pág. 199 e ss.

[160] Neste sentido, Cfr., COSTA, JOSÉ DE FARIA, Anotação ao art. 180.º..., *ob. cit.,* pág. 603.

[161] A delimitação do bem jurídico da honra em termos juscivilísticos a partir dos clássicos conceitos **fáctico** e **normativo** oriundos do direito penal, encontra também adeptos no âmbito da dogmática alemã. Neste sentido se orienta Hubmann, apesar de não deixar de reconhecer especificidades nos âmbitos normativos de protecção penal e civil deste bem jurídico. Cfr. HUBMANN, HEINRICH, *Das Persönlichkeitsrecht..., ob. cit.,* pág. 288 e ss.

De igual modo, também no âmbito da jurisprudência germânica encontramos exemplos onde a protecção da honra no âmbito do direito civil anda associada à tutela penalística deste bem jurídico. Neste sentido, cfr. OLG Saarbrücken, *in* N.J.W., 1997, pág. 1376 e ss.

De harmonia com a primeira das orientações acabadas de mencionar, a honra é definível a partir de elementos ou critérios empíricos. À semelhança de quanto sucede na doutrina e jurisprudência germânica, também o pensamento juscivilístico se ancora neste domínio temático nos contributos facultados pela dogmática penal, concebendo-a como uma espécie de fenómeno sociopsicológico([162]), independentemente de uma possível valoração axiológica. Porém, de acordo com a segunda perspectiva apenas é possível caracterizar este bem jurídico fundamental a partir de uma imprescindível dimensão antropológica ao serviço da qual o direito se encontra. Como sublinha Alexander Ignor, não se torna porém possível estabelecer uma fronteira precisa entre as duas orientações em confronto, uma vez que acaba por se registar uma sobreposição entre ambas. Por um lado, a concepção normativa encontra-se dependente dos aspectos e relações factuais que constituem o núcleo essencial da honra numa perspectiva fáctica. Por outro, esta última orientação coenvolve uma pré-compreensão normativa, porquanto a honra enquanto fenómeno leva necessariamente implicada uma prévia valoração axiológica acerca da dignidade pessoal([163]).

Determinada, no essencial, a bissectriz distintiva entre as concepções fáctica e normativa, não podemos, todavia, ignorar a diversidade de perspectivas subsumíveis em cada uma destas orientações.

Basicamente poderemos reconduzir tal multiplicidade à dicotomia honra subjectiva / honra objectiva no âmbito da concepção fáctica de honra([164]), e à distinção entre perspectiva normativo-social e conceito normativo-pessoal de honra no domínio da orientação normativa de honra.

Tendo em conta a idiossincrasia própria de cada um dos grandes universos atrás distinguidos, devemos, no entanto, realçar uma certa afinidade entre a honra subjectiva e a concepção normativo-pessoal, assim como entre a honra objectiva e a perspectiva normativo-social de honra.

Com efeito, nas duas primeiras categorias enunciadas o bem jurídico da honra é definido independentemente de uma valoração social

---

([162]) Cfr. TENCKHOFF, JÖRG, *Grundfälle...*, ob.cit., pág. 54.

([163]) Cfr. IGNOR, ALEXANDER, *Der StrafTatbestand der Beleidigung*, Baden Baden, 1995, pág. 36. No mesmo sentido, ANDRADE, M. COSTA, *Liberdade de Imprensa*, ob. cit., págs. 77-79.

([164]) Com o mesmo sentido, mas usando terminologia diversa, Costa Andrade refere-se a este propósito à distinção entre honra interior (*innere ehre*), e honra exterior ou objectiva identificada com a *gute ruf*, cfr. ANDRADE, M. COSTA, *Liberdade de imprensa...*, ob. cit., pág. 79.

expendida em seu torno. Ora, está em causa uma ideia de auto-estima([165]), ou seja, o respeito moral de cada pessoa em relação a si mesma (*innere ehre*), como se entende a propósito da honra subjectiva, ora se perspectiva este valor jurídico como um aspecto indefectível da personalidade humana, não constituindo a sociedade onde o indivíduo se integra a sua fonte, à semelhança do entendimento preconizado pelo conceito normativo-pessoal (*personale ehrenfassung*)([166]).

---

([165]) Esta dependência de apreciações puramente subjectivas torna o conceito fáctico de honra subjectiva num critério pouco seguro para aferir da existência de violações ao bem jurídico aqui considerado. Desde logo, impor-se-ia uma protecção exagerada em relação às ofensas dirigidas a indivíduos egocentristas ou auto-suficientes, mas em contrapartida deixar-se-ia sem tutela quem, em virtude de incapacidade, idade, ou qualquer outra circunstância, não esteja em condições de se aperceber das agressões dirigidas à sua honra. Acerca de tais fragilidades denunciadas pelo conceito fáctico da honra subjectiva, Cfr., FARIA, JOSÉ DE, anotação ao art. 180.º..., *ob. cit.*, pág. 604. Para além disso, o conceito de honra interior assume pouca relevância no tocante às ofensas contra ela dirigidas por terceiros. Rigorosamente, a auto-estima apenas pode ser sacrificada pelo próprio, e não por outrem. Neste sentido, ARAÚJO, J. SILVA, *Crimes contra a honra,* Coimbra, 1957, pág. 91, BEIGNIER, BERNARD, *L'Honneur et le Droit,* Paris, 1995, pág. 49-50. Idênticas observações podem ser dirigidas à concepção normativa-pessoal, uma vez que esta dimensão da honra encontra-se também a "coberto da possibilidade de lesão por terceiros", ANDRADE, M. COSTA, *Liberdade de Imprensa..., ob. cit.,* pág. 81. Na década de 70 do século passado, estas críticas ao entendimento da honra como facto psicológico fizeram-se sentir com particular acuidade na dogmática penal italiana, cfr., a este propósito, MUSCO, ENZO, *Bene Giuridico e tutela dell'onore,* Milano, 1974, pág. 10 e ss. Ainda acerca das divergências suscitadas pela aplicação dos critérios subjectivo e objectivo de honra para apreciar as ofensas dirigidas a este bem jurídico, cfr. VASCONCELOS, P. PAIS, *Teoria Geral..., ob.cit.,* pág. 61.

Ao considerar a honra como "aquele mínimo de condições, especialmente de natureza moral, que são razoavelmente consideradas essenciais para que um indivíduo possa com legitimidade ter estima por si, pelo que é e vale", Beleza dos Santos inclina-se para uma concepção subjectiva da honra embora contemporizada por um parâmetro objectivo destinado a contornar as fragilidades por aquela patenteadas. Na verdade, ao referir-se às condições de natureza moral... razoavelmente consideradas essenciais, o autor não confere relevo "a tudo aquilo que o queixoso entende que o atinge (...) mas aquilo que razoavelmente, isto é, segundo a sã opinião da generalidade das pessoas de bem, deverá considerar-se ofensivo daqueles valores individuais e sociais". *Vide,* SANTOS, J. BELEZA, *Algumas considerações jurídicas sobre crimes de difamação..., ob. cit.,* pág. 167.

As fortes críticas dirigidas a uma concepção puramente subjectiva de honra fundam-se no inequívoco reconhecimento da existência de interesses públicos, para além dos particulares, coenvolvidos na tutela deste bem jurídico fundamental.

Por seu turno, tanto o conceito de honra objectiva, como a concepção normativo-social([167]) caracterizam o bem jurídico em análise a partir de representações sociais (*äuβere ehre*). Fundamental é a ideia formulada pelos outros em relação à pessoa, tal como sufraga a perspectiva fáctica objectiva, ou o valor atribuído ao indivíduo em virtude das normas reguladoras das relações interpessoais, tal como defende o entendimento normativo-social([168]) (*soziale ehrenfassung*). No fundo, em qualquer destas orientações a honra afigura-se como sinónimo de bom nome, reputação, consideração...

Apesar das afinidades existentes entre os binómios distintivos enunciados a propósito das concepções fáctica e normativa de honra, certo é que as doutrina e jurisprudência penais propendem hoje maioritariamente para defender as perspectivas normativas, em virtude das manifestas limitações patenteadas por um entendimento de honra como um mero *factum* empiricamente determinável([169]). Com efeito, a compreensão deste bem jurídico implica uma referência necessária a uma dimensão ético-axiológica.

Excluído desta difícil tarefa de delimitação do bem jurídico da honra fica um sentido que comummente lhe é associado, o qual se traduz no **íntimo valor moral da pessoa**. Com efeito, numa tal acepção de honra,

---

([166]) Neste sentido se inclina Hans Hirsch, cfr., HIRSCH, HANS J., *Ehre und Beleidigung, grundfragen des strafrechtlichen ehrenschutzes,* Karlsruhe, 1967, págs. 30 e 54.

([167]) Entre os principais adeptos de uma concepção normativo-social de honra, cfr. WOLFF, E., *Ehre und Beleidigung. Zugleich eine besprechung des gleichnamigen buches von H.J.Hirsch"*, in ZStW (Zeitschrift für die gesamte Strafrechtswissenschaft), 1969, pág. 886 e ss.

([168]) Neste sentido se inclina uma perspectiva clássica germânica, cfr. SAUER, WILHELM, *Die ehre und ihre verletzung,* Berlin, 1915, pág. 6 e ss. Ao fazer depender a caracterização da honra de um conjunto de regras ou de juízos exteriores, estas perspectivas de pendor objectivista não deixam de apresentar também algumas fragilidades. Um dos perigos traduz-se na fragmentação do conceito de honra, em virtude de esta se encontrar associada a *status* determinados. Consoante o contexto sócio-cultural onde o indivíduo se encontre integrado, assim será conferido um valor à sua honra em conformidade com as regras específicas aí dominantes. Poderíamos assim falar de uma honra dos artistas, dos políticos, dos professores... Acerca da variabilidade enquanto característica da *äuβere ehre*, cfr. STEGMANN, OLIVER, *Tatasachenbehauptung..., ob. cit.,* pág. 64.

Para além disso, ao exaltar-se excessivamente a dimensão objectiva na caracterização deste bem fundamental da personalidade humana, corre-se o risco de negar o reconhecimento da honra a quem viva solitariamente, além de se instrumentalizar a dignidade da pessoa humana a um determinado *status*. Para uma apreciação mais detalhada das críticas à concepção fáctica objectiva da honra e à perspectiva normativo-social, Cfr., COSTA, JOSÉ DE FARIA, anotação ao art. 180.°..., *ob. cit.,* págs. 604 e 606.

([169]) Cfr., a este propósito, ANDRADE, M. COSTA, *Liberdade de Imprensa..., ob. cit.,* pág. 79-80.

não se está a ter em conta uma perspectiva jurídica da sua tutela, mas antes um sentido puramente moral. Assim sendo, poder-se-á dizer que um tal bem, por se encontrar subtraído do plano da intersubjectividade, não é susceptível de violação por terceiros([170]).

Delineadas em termos breves as coordenadas fundamentais das várias concepções de honra dominantes no panorama doutrinal, cumpre indagar da posição assumida pelo direito civil ao proteger este valioso bem jurídico pessoal. Basicamente dever-se-á questionar se a tutela juscivilística da honra se circunscreve apenas a uma dimensão mais pessoal ou íntima, ou se abrange ainda os aspectos exteriores relacionados com a reputação ou a consideração social.

Uma resposta adequada a este problema implica, desde logo, uma análise do enquadramento sistemático no âmbito do qual se fundamenta a tutela da honra. Neste contexto, não podemos ignorar a umbilical ligação entre este bem jurídico e o direito geral de personalidade consagrado no art. 70.°([171])([172]).

Protegendo-se através desta cláusula geral a personalidade humana *in totum*, claramente encontram aqui guarida tanto os aspectos ligados ao nosso eu-pessoal, como aqueles conexionados com o eu-social de cada indivíduo.

---

([170]) Neste sentido, cfr. LIOTTA, MAURIZIO, *Onore (diritto all')*, in Enciclopedia del Diritto, XXX, pág. 203.

([171]) Cfr., neste sentido, CORDEIRO, A. MENEZES, *Tratado de Direito Civil Português, Parte Geral, tomo III, Pessoas*, Coimbra, 2004, pág. 45 e ss., FESTAS, D'OLIVEIRA, *O Direito à Reserva da Intimidade da vida privada do trabalhador no Código do Trabalho*, in R.O.A., n.° 64, 2004, pág. 396.

([172]) O enquadramento do conceito de honra no âmbito do direito geral de personalidade encontra também acolhimento no âmbito da dogmática germânica. Uma tal posição vai de encontro ao propósito de autonomizar a concepção civilística de honra face ao modo como o direito penal procede ao tratamento deste bem jurídico. Com efeito, podem registar-se ofensas à honra sem todavia poderem ser valoradas, do ponto de vista do ordenamento jurídico-criminal, como particularmente reprováveis.

No plano do direito civil, o conceito de honra cujas características são impossíveis de definir em termos positivos precisos, adquire assim uma correcta inteligibilidade no âmbito dos desenvolvimentos permitidos pelo direito geral de personalidade. Questiona-se mesmo neste âmbito, se não se poderá admitir uma protecção fundada no direito geral de personalidade contra a difusão de afirmações falsas, conquanto se revelem como valorativamente neutras "*wertneutral*", admitindo assim a existência de um direito à verdade. Porém, quer na doutrina quer na jurisprudência alemãs, uma tal possibilidade tem sido contestada, cfr., a este propósito, STEGMANN, OLIVER, *Tatsachenbehauptung...*, ob. cit., pág. 146 e ss. Para uma análise mais desenvolvida da integração do conceito civilístico de honra no âmbito do direito geral de personalidade, cfr. STEGMANN, OLIVER, *ob.ant.cit.*, pág. 132 e ss.

Desta feita, não existe qualquer obstáculo, de ponto de vista da fundamentação jurídica, à admissibilidade de um conceito de honra em sentido amplo. Por seu turno, toda a vasta panóplia de faculdades jurídicas ínsitas nesta categoria jurídica são susceptíveis de ser impostas ao respeito alheio, ou seja, da generalidade da comunidade jurídica([173]).

Assim sendo, a honra deve configurar-se como um direito referencial, em cujas exigências regulativas se pode apurar e determinar o sentido e o âmbito de outros direitos subjectivos absolutos merecedores de tutela aquiliana([174]).

Não é apenas no âmbito do n.º 2 do art. 70.º, mas também no quadro do n.º 1 do art. 483.º que o direito subjectivo em análise encontra a base da sua protecção técnico-jurídica.

Ora, do ponto de vista do sistema delitual arquitectado pelo nosso Código Civil, parece ser de exigir a determinabilidade dos poderes ou faculdades invocados pelos particulares([175]). Sob pena de a segurança jurídica ser indefectivelmente atingida, não é possível estar a exigir a outrem a observância de deveres de abstenção face a faculdades com contornos completamente indefinidos.

Deste modo, todas aquelas faculdade ligadas quer a uma ideia de "honorabilidade pessoal", quer a um sentido de "honra social", uma vez se apresentem suficientemente delimitadas, devem caracterizar-se como direitos subjectivos absolutos.

A honra deve então considerar-se merecedora de protecção delitual nas concretas manifestações do seu elástico conteúdo. Razão por que, tal como teremos ocasião de referir, nem sempre existem fundamentos justificativos para a emergência de direitos destinados a tutelar dimensões

---

([173]) Neste sentido, Cfr., Sousa, R. Capelo, *O Direito Geral..., ob. cit.*, pág. 305, Cordeiro, A. Menezes, *Tratado de Direito Civil, I..., ob. cit.*, pág. 143, Vasconcelos, P. Pais, *Teoria Geral..., ob.cit.*, pág. 60.

([174]) O âmbito de tutela aquiliana dos bens pessoais dos actuais sistemas jurídicos romano-germânicos revela-se incomensuravelmente mais amplo que a protecção dispensada pela fonte inspiradora deste instituto (*Lex Aquilia*) a tais realidades. Com efeito, este diploma regulador de responsabilidade extracontratual tinha um âmbito de aplicação de cariz manifestamene patrimonial. Para uma análise desenvolvida do âmbito normativo de *lex aquilia*, cfr. Justo, A. Santos, *Lex Aquilia, in* separata de Estudos em Honra de Ruy de Albuquerque, Coimbra, 2006, pág. 116 e ss.

([175]) Neste sentido se pronuncia Vaz Serra ao debruçar-se sobre o sistema delitual germânico delineado no §823, e em particular sobre a inclusão do direito geral de personalidade no I do §823 do B.G.B., Cfr., Serra, Adriano Vaz, *Requisitos da responsabilidade..., ob. cit.*, pág. 20 e ss.

fundamentais da personalidade humana, cuja garantia se alcança adequadamente no âmbito do bem jurídico da honra, tal como sucede com algumas das realidades cobertas com o direito à identidade pessoal.

Porém, mesmo relativamente a facetas da pessoa susceptíveis de merecerem um tratamento autónomo relativamente à honra, tal como sucede com o direito à imagem, cujo bem jurídico protegido se consubstancia na aparência exterior, não se identificando com o "perfil" ou "imagem social" da pessoa([176]), certo é que esta dimensão social da honra constitui, não raras vezes, uma referência matricial indispensável para compreender e valorar as violações perpetradas no direito à imagem. Isto não apenas porque muitas das deturpações e ataques dirigidos à aparência das pessoas coenvolve simultâneamente uma diminuição do prestígio por estas desfrutado no meio social([177]), mas em virtude da tutela da imagem propriamente dita acabar por encontrar uma última matriz de fundamentação axiológica numa ideia de dignidade social.

### 1.3. Ainda a propósito da delimitação do conceito da honra: a dualidade da vertente interna e externa à luz da Lei Oorgância Espanhola de 82

No Direito Espanhol, a protecção dos direitos de personalidade como a honra, a intimidade da vida privada e a imagem foi garantida de modo expresso até à Lei Orgânica de 1982([178]) apenas através da Consti-

---

([176]) Cfr., neste sentido, FESTAS, D'OLIVEIRA, *Do conteúdo patrimonial...*, *ob. cit.*, págs. 60-61. A nível jurisprudencial, o acórdão do S.T.J. 27.5.1999, *in* Col. Jur. Supremo VII (1999), págs. 122-123.

([177]) Tais hipóteses foram expressamente previstas pelo legislador de 66 no art. 79.º, n.º 3. Oliveira Festas fala a este propósito de uma protecção instrumental do direito à honra (socorrendo-se do mesmo raciocínio para a intimidade) através da imagem. A grande preocupação do autor traduziu-se em evidenciar a independência do direito à imagem face ao valor da honra, relativamente ao qual aquele foi concebido durante algum tempo como uma mera projecção sem autonomia própria. Porém, as situações integradas no âmbito do art. 79.º, n.º 3, não devem considerar-se de tutela instrumental da honra, pois tal significaria subjugar à imagem um direito de personalidade axiológicamente mais denso (a honra). Aquilo que realmente se verifica é uma violação de dois bens jurídicos autónomos. Acerca da protecção instrumental da honra através da imagem, cfr. FESTAS, D'OLIVEIRA, *Do conteúdo patrimonial...*, *ob. cit.*, pág. 43-45.

([178]) Diploma que já foi entretanto objecto de alterações com a entrada em vigor das leis orgânicas 3/1985, 29 de mayo, 5/1992 de 29 de octubre e 10/1995 de 23 de noviembre.

tuição([179]). Além de se encontrarem abrangidos pelo âmbito de protecção do art. 18.º, n.º 1 da lei fundamental espanhola, o n.º 4 do art. 20.º desta *grundgesetz* reforçava a garantia de tais direitos, ao dispor que o seu exercício devia considerar-se como um limite a um outro valor com dignidade constitucional: a liberdade de expressão.

A ausência de uma regulamentação civilista especialmente dedicada a esta matéria, não afastou a relevância, por via da aplicação das regras gerais da ilicitude extracontratual, destes direitos no âmbito das relações de direito privado. Consideramos, no entanto, particularmente louvável a intervenção legislativa de 1982, ao conferir *expressis verbis* uma ampla protecção no plano do direito privado aos direitos de personalidade da honra, da intimidade da vida privada e da imagem([180])([181]), dissuadindo assim quaisquer reticências eventualmente suscitadas quanto a uma tal tutela([182]).

---

([179]) Porém, não podemos concluir pela inexistência de tutela no plano juscivilistico destes direitos de personalidade no período que antecedeu a entrada em vigor da lei de 1982. Uma vez preenchidos os requisitos da ilicitude extracontratual, os comportamentos lesivos do direito à honra, intimidade da vida privada e imagem eram susceptíveis de desencadear o regime delineado nos arts. 1902.º e ss. do Código Civil espanhol. Um tal entendimento encontra, de resto, um acolhimento unânime na doutrina espanhola. Sobre a matéria, vide SUEIRO, MARIA E. ROVIRA, *Daños a los Derechos de la Personalidad (l'honor, intimidad y própria imagem), Lecciones de responsabilidad civil* (Coordinador – Fernando Reglero Campos), Navarra, 2002, pág. 411 e ss.

Questão particularmente pertinente no contexto da articulação do regime geral consagrado nos arts. 1902 e ss. do Código Civil Espanhol com a legislação especial em matéria de direitos da personalidade (Lei Orgânica de 82), relaciona-se com a ausência de qualquer referência neste diploma legal ao requisito da culpa. Poder-se-á então legitimamente questionar se a lei de 82 quis consagrar a responsabilidade objectiva num domínio tão sensível, como o da tutela da personalidade. Tendo em conta o fundamento moral e pedagógico da culpa no âmbito da responsabilidade civil, pensamos dever aplicar supletivamente o regime do ilícito extracontratual ás ofensas aos bens da personalidade tutelados na lei orgânica de 82, pois também no ordenamento jurídico espanhol o fundamento da responsabilidade civil objectiva resulta da lei e não da actividade criadora da jurisprudência. Para além demais, a estatuição de responsabilidade objectiva neste particular domínio, representaria uma forte limitação à liberdade de expressão, pois tal como entende o Tribunal Constitucional Espanhol, a intromissão ilegítima dos bens da personalidade protegidos no art. 18.º da Constituição encontra-se dependente de uma conduta negligente do agente baseada na falta de cumprimento de um dever de diligência na busca da verdade. Neste sentido, Cfr. SUEIRO, MARIA E. ROVIRA, *ob. ant. cit.*, págs. 420-421.

([180]) Curiosamente, a legislação espanhola (n.º 3 do art. 1.º), entrando um pouco no domínio da actividade da dogmática, procedeu à caracterização dos direitos supra mencionados, qualificando-os como prerrogativas **irrenunciáveis, inalienáveis e imprescritíveis**.

Tais características são atributos indissociáveis dos direitos de personalidade, mas normalmente constitui tarefa da doutrina levar a cabo o enquadramento e conceitualização

De acordo com o disposto no art. 2.º, n.º 1, desta lei civil, a correcta delimitação dos direitos aqui tutelados implica a tomada em consideração de uma dupla vertente – objectiva/subjectiva – subjacente a estas realidades jurídicas. O âmbito dos direitos à honra, intimidade e imagem é determinado, desde logo, em função das ideias a esse propósito prevalecentes numa determinada sociedade em certo momento histórico: "El derecho al honor, a la intimidad personal y familiar y la própria imagen quederá delimitada par las leyes y por los usos sociales". Encontramo-nos então colocados perante categorias permeáveis à evolução registada no contexto histórico-social.

Porém, revela-se também fundamental para a caracterização dos direitos supra-mencionados a perspectiva ou a concepção pessoal dos respectivos titulares acerca do âmbito de tutela a conferir a tais prerrogativas. Para evitar a prevalência do mero subjectivismo, ou de uma dimensão intimista destes direitos de personalidade, a lei orgânica espanhola de 82 considera os actos ou os comportamentos das pessoas como as bitolas delimitadoras do núcleo de protecção a conferir aos bens jurídicos da honra, intimidade ou imagem. No fundo, a concepção pessoal em torno destes direitos será aquela que for determinada em função de comportamentos adoptados, os quais serão, enquanto tais, objecto de uma apreciação de acordo com critérios comunitários vigentes.

---

das realidades jurídicas. Sendo indiscutível o acantonamento dos direitos à honra, à intimidade e à imagem no universo dos direitos de personalidade, então não seria difícil associar-lhes as características da irrenunciabilidade, inalienabilidade e da imprescritibilidade. Aliás, tendo-se consagrado na parte final do n.º 3 do art. 1.º, a solução da irrenunciabilidade prévia pelos titulares dos direitos à tutela jurídica concedida por esta lei, nenhuma dúvida restava quanto ao reconhecimento desta característica como dimensão fundamental da honra, da intimidade e da imagem. Trata-se, no entanto, de um pormenor de técnica legislativa pouco comum, que no caso concreto não redunda em nenhuma incorrecção, servindo antes para melhor caracterizar as realidades protegidas por esta norma.

([181]) Ao contrário da legislação portuguesa, onde o direito à imagem (art. 79.º), o direito à reserva sobre a intimidade da vida privada (art. 80.º) e o direito à honra (cuja tutela decorre do art. 70.º), são regulados separadamente, a lei espanhola de 82 não se debruça autonomamente sobre cada um destes direitos, fazendo até depender a protecção de alguns deles da tutela dispensada a outros. No fundo, o direito civil espanhol mais não fez que seguir a técnica já utilizada pela constituição, onde no art. 18.1 a honra surge tutelada no mesmo artigo onde se prevê a protecção da intimidade e da imagem. Tendo em conta as especificidades de cada um dos direitos mencionados, julgamos preferível o modelo adoptado pela nossa legislação, na qual se respeita a autonomia de cada um deles.

([182]) Evitam-se, desde logo, as dificuldades inerentes à questão da eficácia dos direitos fundamentais nas relações jurídicas privadas (*Drittwirkung*).

No tocante à honra, o n.º 7 do art. 7.º da lei de 1982 confere um particular relevo à sua dimensão interna, referindo-se expressamente à auto-estima enquanto objecto de tutela. Não seria, porém, necessário fazer uma particular menção a esta vertente do bem jurídico da honra, pois a correcta delimitação dogmática em torno de tal realidade jurídica leva-a necessariamente implicada.

A legislação espanhola além de ter invadido uma coutada naturalmente reservada à actividade doutrinária, não foi também muito feliz nas formulações utilizadas. Com efeito, a lei de 1982 refere-se á auto-estima por contraposição à fama. Terá sido então propósito legislativo fazer referência à *summa divisio* dimensão interna e dimensão externa da honra.

Porém, o modo como foi objectivado um tal desiderato manifesta alguma dissonância com a realidade substancial retractada nos conceitos de fama e auto-estima. Estamos a querer reportar-nos à referência à categoria da fama, a qual, no fundo, quer significar a dimensão externa da honra. Ora, se assim é, a lei de 1982 deveria ter-se socorrido do conceito de bom nome ou reputação, pois tais realidades é que traduzem o sentido efectivamente pretendido pelo legislador. Como teremos ocasião de referir, a fama não constitui um traço estruturante da personalidade humana. Em causa está apenas uma evanescente ou efémera notoriedade pública, emergente num contexto meramente conjuntural.

A fugacidade própria desta categoria não permite integrá-la naquele elenco de bens fundamentais da personalidade humana, merecedores, nessa qualidade, de uma protecção jurídica autónoma.

Com isto não queremos afirmar a indiferença do ordenamento jurídico em relação a uma tal característica eventualmente associada ao percurso de vida das pessoas. Na verdade, o atributo da fama torna os sujeitos a quem esta se reporta alvos preferenciais da curiosidade pública. Desta feita, a intimidade da vida privada e a imagem das pessoas famosas são merecedoras da tutela dispensada pela ordem jurídica a estes bens fundamentais da personalidade, tendo em conta as particulares circunstâncias conjunturais que solicitam uma tal protecção. Quando a fama das pessoas se intromete no âmbito normativo de tutela dos direitos de personalidade, então ser-lhe-á dispensada uma protecção neles fundamentada, tomando necessariamente em consideração certos aspectos espacio-temporais e de intensidade ou grau de tutela, reclamados pelo carácter circunstancial desta realidade.

Em face de tais considerações, não vemos razões válidas para o legislador espanhol ter conferido um tão grande destaque à fama. Encontramo-nos aqui perante mais um exemplo flagrante em que seria aconselhável o legislador ter-se abstido de se imiscuir em considerações de ordem conceitual.

Cumpre ainda indagar se a legislação civil espanhola de protecção da honra, da intimidade e da imagem, contém uma disposição semelhante ao nosso art. 484.º. No tocante aos bens jurídicos protegidos por este preceito de direito delitual, podemos, desde logo, destacar a falta de referência do direito espanhol relativamente a um dos bens jurídicos integrados no âmbito normativo do art. 484.º – o crédito.

O mesmo não se verifica quanto ao bom nome e à reputação social. Com efeito, o n.º 3 do art. 7.º refere-se *expressis verbis* a estas realidades sinónimas, e o n.º 7 da mesma disposição legal considera a fama enquanto objecto de tutela.

Ora, como já atrás deixámos mencionado, a protecção dispensada à fama apenas terá algum sentido se este bem jurídico for entendido como reputação social ou bom nome. Importa então proceder a um confronto entre o modo como a tutela do bom nome é levada a cabo no âmbito do art. 484.º, com o tipo de protecção efectuada na lei espanhola de 1982. Debruçando-nos sobre a tutela dispensada por este diploma legislativo, deparamo-nos no n.º 3 do art. 7.º com uma defesa mediata ou reflexa do bom nome perante a divulgação de factos. Com efeito, nesta hipótese normativa apenas se consideram relevantes para efeitos de tutela as violações do bom nome decorrentes de divulgação de factos relativos à intimidade da vida privada. Desta feita, a protecção aqui dispensada ao bom nome encontra-se indefectivelmente dependente da existência de intromissões na vida privada dos lesados com a divulgação dos factos.

Por seu turno, no n.º 7 da lei em análise já o âmbito da tutela da "fama" se revela mais amplo no tocante ao tipo de declarações ofensivas, admitindo-se aí uma defesa deste bem jurídico, quer em relação a afirmações de factos, quer quanto a juízos de valor.

Essa maior amplitude da tutela conferida por este número do art. 7.º revela-se ainda na circunstância de o legislador fazer referência[183] quer

---

[183] Curiosamente, a legislação espanhola de 82, à semelhança das técnicas de regulamentação penalísticas, procedeu neste preceito à enumeração das condutas susceptíveis de configurarem "intromisiones ilegítimas". Porém, não se consagra aqui a regra da taxatividade. Aliás, mesmo relativamente aos comportamentos qualificados legalmente como ilícitos, a determinação da ilicitude encontra-se particularmente dependente da mediação judicativa, revelando-se essencial neste contexto a atendibilidade à relevância conformadora dos usos sociais, tal como resulta da letra do n.º 1 do art. 2.º da lei orgânica de 82. Desta feita, a definição do ilícito à honra, intimidade e imagem não tem carácter automático.

O princípio do *numerus apertus* constitui assim a regra mais consentânea com a natureza destes direitos, cuja delimitação do conteúdo se encontra indelevelmente dependente

às "acciones" quer às "expresiones" susceptíveis de lesar a "fama e a auto--estima" como pressupostos de responsabilização do agente. Destarte, a lei espanhola admite claramente a existência do ilícito ao bom nome quando estiverem em causa declarações tácitas, uma vez que claramente as equipara às afirmações expressas. Evitam-se assim as especulações suscitadas face ao silêncio do art. 484.º relativamente a esta questão.

Sendo este o modelo delineado pelo direito espanhol relativamente à protecção civil da honra, da intimidade e da imagem, devemos então concluir pela inexistência neste ordenamento jurídico de um regime idêntico ao estatuído pelo nosso art. 484.º.

Com efeito, no n.º 3 do art. 7.º a protecção do bom nome relativamente à divulgação de factos não tem paralelo com o nosso ilícito ao bom nome e ao crédito, porquanto o bem jurídico do bom nome não é tutelado autonomamente. Por seu turno, o n.º 7 do art. 7.º desta lei espanhola de 82, concede uma protecção mais próxima da consagrada pelo regime geral delineado nos nossos arts. 70.º e 483.º, pois a reputação social surge aí como um bem protegido contra qualquer ofensa, consubstancie-se esta numa declaração de facto ou num juízo de valor, numa declaração expressa ou tácita. Para além disso, em nenhum preceito da lei em análise se faz menção ao bem jurídico do crédito.

Apesar da diversidade do regime jurídico espanhol em matéria de protecção civil da honra, intimidade e da imagem, certo é que, pelo menos relativamente a um dos bens jurídicos tutelados pelo nosso art. 484.º – o bom nome – cumpre registar também a protecção que aí lhe é expressamente dispensada.

### 1.4. O bom nome como dimensão essencial da honra

Os dados jurídico-positivos em função dos quais se entretece o enquadramento normativo do bem jurídico da honra não são, por si,

---

de particulares circunstancialismos histórico-sociais. Para além disso, estando em causa a protecção de bens com relevância constitucional, um tal princípio constitui o meio preferido para lhes assegurar uma tutela mais eficaz. Ora, de acordo com o entendimento constitucional maioritário, deve-se optar, entre as várias interpretações possíveis relativas às normas consagradoras dos direitos fundamentais, por aquelas consideradas como as mais idóneas para assegurar a sua protecção. Acerca da consagração do *numerus apertus* no âmbito do art. 7.º da Lei Orgânica 1/82, cfr. SUEIRO, MARIA E. ROVIRA, *Daños a los derechos, ob. cit.,* págs. 415-416.

determinantes para a opção por qualquer uma das concepções atrás esboçadas. Tanto uma perspectiva restritiva, como um entendimento amplo([184]) deste bem jurídico fundamental, podem ser sustentáveis. A opção por uma das concepções em confronto depende assim de um juízo valorativo onde sejam devidamente sopesadas as exigências axiológicas fundamentais conexionadas com o bem jurídico da honra.

Não podemos ignorar a este propósito os ensinamentos de Castanheira Neves, de acordo com os quais a comunidade é condição ontológica da existência humana, e como tal, contexto indispensável para afirmação do *sum proprium*. Todavia, e paradoxalmente, o *sum comune* apenas se pode configurar como tal se representar a expressão da convivência das autonomia individuais([185]).

Representando a honra um traço indefectível da personalidade humana, não pode a sua caracterização deixar de reflectir uma harmónica convivência dos traços individuais e comunitários da pessoa. Razão por que sufragamos uma concepção ampla de honra([186])([187]) onde encontrem guarida essa multiplicidade de elementos indispensáveis à afirmação da personalidade.

---

([184]) Quando nos referimos a uma perspectiva restrita de honra estamos apenas a reportar-nos às atrás mencionadas concepções subjectiva e normativo pessoal. Todavia, ao abordarmos esta questão numa acepção mais lata, consideramos aí incluído, além dos conceitos acabados de enunciar, aqueloutros onde se manifesta relevante a influência modeladora das considerações de ordem social, ou seja, a honra objectiva e a concepção normativo-social.

([185]) Neste sentido, Cfr., NEVES, A. CASTANHEIRA, *Introdução ao Estudo do Direito (lições proferidas ao curso jurídico 71/72)*, págs. 120-121.

([186]) Na mesma linha de orientação se tem manifestado a jurisprudência e a doutrina jurídico-penais. Referindo-se a esta questão, Figueiredo Dias considera que "a jurisprudência e a doutrina jurídico-penais têm correctamente recusado qualquer tendência para uma interpretação restritiva do bem jurídico "honra" que o faça contrastar com o conceito de "consideração", Cfr. DIAS, J. FIGUEIREDO, *Direito de Informação e Tutela...*, ob. cit., pág. 105. Neste sentido tem propendido a jurisprudência e a doutrina germânica dominante, cfr., a este propósito, STEGMANN, OLIVER, *Tatsachenbehauptung...*, ob. cit., págs. 63-64.

Todavia, mesmo no âmbito da doutrina Penal Portuguesa se fizeram sentir vozes no sentido contrário, Cfr., SANTOS, J. BELEZA, *Algumas considerações jurídicas...*, ob. cit., págs. 167 e ss. No entanto, como já fizemos menção, Beleza dos Santos contemporizava a concepção de honra em sentido restrito com considerações de natureza objectiva "aquilo que razoavelmente, isto é, segundo a sã opinião...", SANTOS, J. BELEZA, *ob. ant. cit.*, pág. 167.

([187]) Neste sentido, a propósito da caracterização da dimensão objectiva e subjectiva da honra, Cfr., HELLE, ERNST, *Der Schutz der persönlichen...*, ob. cit., págs. 1 ss. Para além disso, o autor considera imprescindível para uma adequada tutela do bem jurídico da honra, a protecção simultânea das vertentes acabadas de mencionar: *"Wegen ihrer sozialen und individuellen bedeutung bedarf die ehre des rechtsschutzes"*, Vide, HELLE, ERNST, ..., ob. loc. ant. cit., pág. 2.

A adesão a um entendimento restritivo da honra comporta consigo o risco de uma abordagem demasiadamente intimista em torno deste bem jurídico([188]), mais consentânea porém com o universo da ordem moral([189]).

Além de se encontrar ao arrepio da tendência para a objectivação registada no mundo civilístico, uma tal concepção revelar-se-ia ainda ameaçadora das mais elementares exigências de segurança jurídicas impostas pela intersubjectividade própria desta área jurídica. Delimitadas as coordenadas fundamentais para a caracterização da honra, cumpre averiguar, no quadro das referências axiológicas relativamente indeterminadas deste bem jurídico fundamental, das relações entertecidas entre o bom nome e o crédito tutelados no art. 484.º e este direito mais amplo.

No fundo, interessa fundamentalmente proceder ao confronto do âmbito destes bens jurídicos com o objectivo de determinar se revestirá sentido útil a tutela delitual dispensada no Código Civil ao bom nome e ao crédito. Tendo em conta as directrizes atrás delineadas para tentar alcançar uma noção de bom nome ou reputação com relevância juscivilística podemos integrar as notas caracterizadoras deste bem jurídico na dimensão objectiva da honra([190])([191]) mencionada a propósito da perspec-

---

([188]) Na doutrina germânica tem-se colocado em destaque a impossibilidade de aceitar um direito à autodefinição da posição social. Contesta-se assim a possibilidade de cada pessoa, ao arrepio das convenções e usos sociais dominantes, delimitar o seu posicionamento no tecido social "*selbstdefinierten sozialen geltungs-anspruchs*". Cfr., neste sentido, STOLL, HANS, *Der Persönlichkeitsschutz In Der Neuesten Entwicklung Der Verfassungsgerichtlichen Rechtsprechung*, in Jura, 1981, pág. 135 e ss., HUBMANN, HENRICH, *Kritikfreiheit, Zitierfreiheit und Interpretationsvorbehalt*, UFITA, Bd. 94 (1982), pág. 51 e ss, STEGMANN, OLIVER, *Tatsachenbehauptung...*, ob. cit., pág. 141. e ss.

([189]) Como sabemos o plano da moral é fundamentalmente dominado pela interferência regulativa da categoria tomística da alteralidade.

([190]) Neste sentido, Cfr., ANDRADE, M. PAULA GOUVEIA, *Da Ofensa do Crédito e do Bom Nome. Contributo para o Estudo do art. 484 do Código Civil*, Lisboa, 1998, pág. 56.

([191]) Algo contraditória se manifesta a posição a este propósito sustentada por Maria da Glória Rebelo.

Adoptando como ponto de partida do seu raciocínio uma "concepção eclética de honra", na qual se faz incluir uma vertente interna ou subjectiva e uma outra externa ou objectiva, e fazendo coincidir esta última dimensão com os conceitos de "reputação, bom nome ou fama", não se percebe como, logo de seguida, a autora, com o objectivo de delimitar os conceitos de honra e reputação, considera que a honra respeita apenas à esfera psíquica do titular. Cfr., REBELO, MARIA DA GLÓRIA C., *A Responsabilidade Civil Pela Informação*, ob. cit., pág. 60.

Desde logo, Glória Rebelo faz derivar o conceito juscivilístico de honra de uma análise do n.º 1 do art. 26.º da Constituição de 1976, sem ter a preocupação de analisar as eventuais especificidades da tutela dispensada pelo direito privado a este bem jurídico

tiva fáctica, bem como da concepção normativo-social referida no contexto da orientação normativa de honra.

Na verdade, o bom nome tem necessariamente de ser entendido como uma espécie de um género mais amplo, ou seja, da honra. Como sugestivamente considera Mayer, *"l'honneur, c'est l'oeil de la conscience, la considération c'est le regard du corps social"*([192]).

Curiosamente, nem na nossa Lei Fundamental, nem no Código Civil existe uma expressa menção à tutela da honra, referindo-se, no entanto, ambos os textos legislativos ao bom nome. Num preceito dirigido à protecção dos comummente designados direitos de personalidade([193]), a

---

fundamental. No entanto, não é esta concepção de honra avançada pela autora que deve constituir objecto das nossas críticas, porquanto o entendimento amplo de tal valor, retirado da análise da nossa Lei Fundamental, corresponde, no essencial, à perspectiva por nós sufragada no âmbito do direito civil.

Maiores perplexidades nos causam as profundas contradições patenteadas no discurso de Glória Rebelo quando se propõe densificar o conteúdo do conceito de honra em sentido amplo. Tais confusões devem-se fundamentalmente ao facto de a autora ter tentado traçar uma fronteira rigorosa entre o conceito de honra e de reputação. Nesta sua tentativa, ou amputa o conceito de honra, circunscrevendo-o unicamente à sua dimensão subjectiva, como já atrás referimos, ou acaba por, mais adiante, estabelecer uma distinção quase imperceptível e pouco correcta entre tais bens jurídicos.

Com efeito, não encontramos razões justificativas para autonomizar a categoria da reputação da dimensão objectiva do bem jurídico da honra com a qual aquela verdadeiramente se identifica. Bom nome e reputação são realidade sinónimas, integradas no conceito objectivo de honra, não se percebendo, por conseguinte, o pensamento de Glória Rebelo ao afirmar que "o aspecto objectivo da honra, no sentido de reputação, bom nome ou boa fama ... leva-nos a diferenciar entre honra e reputação. A honra e a reputação são bens tipicamente sociais, frequentemente confundidos. Semanticamente, a honra está referida directamente ao trato dado ou recebido pelos outros (*honorem habere, honorem tribuere)* e a reputação é o rumor, a voz pública, renome que está relacionado com o eco que a pessoa produz na opinião pública".. Cfr., Rebelo, Maria da Glória C., *A Responsabilidade Civil Pela Informação*, ob. cit., pág. 62.

Desta feita, não vislumbramos qualquer sentido útil à distinção atrás efectuada entre a honra e a reputação. Com efeito, a noção de honra referida neste extracto por Glória Rebelo, coincide com a vertente objectiva deste direito, razão por que a reputação em nada dela se distingue. A autora parece atribuir a esta última categoria um sentido puramente formal moldado em arquétipos sociológicos. Em contrapartida, a honra aparece aqui associada a uma dimensão mais substancial traduzida na ideia do respeito social. Trata-se todavia de uma distinção evanescente, uma vez que o respeito desfrutado por alguém no seu meio social depende em boa medida de rumores, ecos, ou imagens... acerca de si transmitidos no meio público. Como todos sabemos, o perfil ou a imagem social de uma pessoa resulta não necessariamente de um apuramento fidedigno de sua exacta posição ou *status*, mas ainda de um conjunto de representações, mais ou menos reais ou ficcionadas a

Constituição da República Portuguesa no n.º 1 do art. 26.º reconhece a todos os cidadãos o direito ao bom nome e reputação([194]).

Apesar de a honra não ter sido mencionada na letra deste artigo, em nada contende com o reconhecimento de dignidade jurídico-constitucional a este bem jurídico. Com efeito, a doutrina constitucionalista considera a honra incluída no âmbito da protecção do art. 26.º, equiparando sem hesitações o bom nome a este direito([195]).

De resto, como sabemos, não é tarefa do legislador, nem mesmo do constitucional, formular conceitos jurídicos, ficando o intérprete livre para interpretar, de acordo com os quadros dogmáticos disponíveis, as classificações legais. Aliás, e neste particular contexto, a introdução do n.º 1 do art. 26.º no texto constitucional de um direito ao desenvolvimento da personalidade([196]) permite fazer derivar a tutela da honra desta cláusula geral semelhante ao art. 70.º.

---

seu propósito esboçadas. Assim sendo, o bom nome e a reputação nem sempre se baseiam numa verdade material, mas sim numa verdade ficta ou presumida. A este propósito. Cfr., HELLE, ERNST, *Der Schutz der persönlichen Ehre...*, ob. cit., pág. 1.

([192]) Cfr. MAYER, DANIÉLE, *Am. zu TGI* Paris, 18.4.1985, D 1985, I, págs. 434-435. No mesmo sentido, colocando em destaque a vertente exterior ou social da reputação, BEIGNIER, BERNARD, *L'honneur et le droit,* Paris, 1995, pág. 154.

([193]) Em termos sistemáticos, o direito ao bom nome e reputação aparece previsto no artigo imediatamente posterior aos preceitos onde se consagra o direito à vida (art. 24.º da CRP) e o direito à integridade pessoal (art. 25.º da CRP). Aliás, a própria epígrafe do art. 26.º se reporta a "outros direitos pessoais", com o objectivo de salientar a pertença dos nove direitos distintos protegidos neste preceito ao mesmo núcleo de matérias daqueloutros mencionados nos preceitos anteriores, ou seja à problemática dos direitos de personalidade. Neste sentido, Cfr., CANOTILHO, J. GOMES e MOREIRA, VITAL, *Constituição da Republica Portuguesa anotada,* 4.ª edição revista, Coimbra, 2007, pág. 461.

([194]) Seguindo de resto a tradição constitucional portuguesa desde 1933. Na verdade, a Constituição de 33 foi a primeira lei fundamental portuguesa a prever a defesa do "direito ao bom nome e reputação" no âmbito dos direitos e garantias individuais dos cidadãos. Até então a tutela destes direitos era assegurada apenas por via reflexa, através das limitações impostas à liberdade de expressão do pensamento no art. 7.º da Constituição de 1822 e nos textos constitucionais sucessivos de 1838 e de 1911.

([195]) Neste sentido, Cfr., CANOTILHO, J. GOMES e MOREIRA, VITAL, *Constituição da República...,* ob. cit., pág. 466.

([196]) Como já atrás referimos, apenas com a revisão constitucional de 1997, o direito ao desenvolvimento da personalidade encontra expressa consagração na lei fundamental. Até então, somente se descortinavam dispersas em vários preceitos da constituição algumas referências à dignidade humana enquanto matriz axiológica indispensável à compreensão dos direitos, faculdades ou prerrogativas pessoais aí consagrados.

Não restam então dúvidas que a honra constitui um direito referencial onde o bom nome e a reputação social se fundamentam, independentemente da sistematização e das formulações utilizadas pela Constituição ou pelo Código Civil.

O confronto entre o âmbito dos bens jurídicos da honra e do bom nome, implica ainda uma análise da estrutura desta última categoria para nos podermos pronunciar acerca da sua natureza jurídica. A honra, como já atrás concluímos, trata-se de um direito matricial com eficácia *erga omnes*.

Cumpre agora averiguar se o bom nome ou reputação, cuja filiação naquele direito mais amplo se revela incontestável, se pode qualificar como um autêntica direito subjectivo. Com efeito, poder-se-á questionar se o bom nome não se traduzirá antes num interesse legítimo protegido por uma norma específica, no caso, o art. 484.º. Uma resposta adequada a esta questão, implica antes de tudo determinar se, não fosse a circunstância deste bem jurídico estar previsto na norma supramencionada, poderíamos igualmente conferir protecção jurídica contra as agressões dirigidas ao bom nome. Tendo nós já concluído que o bom nome ou a reputação constituem autênticos **poderes** ou **faculdades** integrados na honra enquanto direito matriz, impõe-se responder afirmativamente à interrogação atrás colocada.

Para além disso, estão em causa poderes ou faculdade oponíveis a todo e qualquer membro da comunidade jurídica, impondo-se ao respeito não só dos particulares, como do próprio Estado. Razão por que não temos dúvidas em qualificar o bom nome como um verdadeiro direito subjectivo[197]. Assegurada a tutela deste bem jurídico através do art. 483.º, n.º 1, não se revela imprescindível, à semelhança de quanto se verifica na doutrina germânica, invocar para fundamento directo da sua protecção jurídica o direito geral de personalidade[198]. Tendo em conta a tipicidade acolhida no §823 I do BGB, inexistindo uma norma especial de protecção destinada a acautelar dimensões concretas da reputação (§823 II BGB), e atenta a maior estreiteza do bem jurídico protegido no §824 do BGB face ao âmbito do nosso art. 484.º, faz algum sentido a convocação feita por certos autores do *Rahmenrecht* atrás mencionado. Ora, tal não sucede no ordenamento jurídico português. Antes pelo contrário. Deparamo-nos antes com uma tutela normativa particularmente reforçada deste bem jurídico.

---

[197] Neste sentido, Cfr. ANDRADE, M. PAULA GOUVEIA, *Da ofensa do crédito...*, *ob.cit.*, págs. 56-57.

[198] *Vide* BRANAHL, UDO, *Medienrecht...*, *ob. cit.*, págs. 111-112.

Relativamente ao crédito, a sua qualificação como um interesse jurídico particularmente relevante, e como tal digno de protecção jurídica, não pode, de todo em todo, ser aceite. O crédito tutelado no art. 484.º abrange uma multiplicidade de faculdades, interesses e características com uma particular densidade, insusceptível de poder reduzir-se a um conjunto específico de interesses particulares. De igual modo, também não nos parece aceitável conceber o preceito onde aquele aparece regulado como uma norma de protecção.

Não queremos, contudo, negar a existência de muitas normas legais de protecção destinadas a salvaguardar, de modo mais específico e directo, certos aspectos e qualidades subsumíveis no bem jurídico do crédito.

Muitos aspectos relacionados com a segurança dos produtos, métodos e organização do processo produtivo, higiene... são objecto de uma particular disciplina legal e regulamentar, e a sua concreta e correcta observância implicam uma melhoria da imagem ou perfil sócio-económico de quem se encontre investido na obrigação de cumprir tais exigências.

Não podemos também ignorar todo um elenco de normas, de um modo particular as oriundas do direito da concorrência, onde se protegem certos aspectos que até extravasam as dimensões patrimoniais salvaguardadas pelo crédito.

Com efeito, certas disposições onde se estabelecem limitações à livre concorrência, quer se traduzam em condicionamentos ao exercício de certas actividades profissionais([199]), quer constituam medidas específicas destinadas à salvaguarda da clientela ou do aviamento, acabam por acautelar aspectos particularmente relacionados com as possibilidades aquisi-

---

([199]) Basta referir no âmbito do nosso ordenamento jurídico, as fortes limitações outrora impostas por via legal (art. 50.º do Dec.-Lei n.º 48547, de 27 de Agosto de 1968, para o qual remetia, *expressis verbis*, a Portaria n.º 936-A/99, de 22 de Outubro, arts. 1.º e ss.) à abertura e instalação das farmácias. Tendo fundamentalmente em vista salvaguardar o interesse público ligado à boa prestação de serviços farmacêuticos, reservando, por isso, a propriedade e a coordenação do exercício das funções de farmácia de oficina única e exclusivamente a farmacêuticos, o art. 83.º do referido Decreto-Lei não deixava, no entanto, de tutelar, de modo directo e imediato, o aviamento e clientela das farmácias. Basta pensar nas exigências da comumente designada capitação (n.º 1, al. a) do art. 2.º da Portaria n.º 936/99, de 22 de Outubro), isto é, um determinado número de habitantes em certo território, como condição *sine qua non* para a abertura de uma farmácia, para podermos constatar quanto acabámos de afirmar. Apesar do novo quadro legal permitir o acesso à propriedade das farmácias a não farmacêuticos (art. 14.º, n.º 1, do Dec.-Lei n.º 307/2007, de 31 de Agosto), certo é que as considerações atrás expendidas mantêm-se válidas, tendo em conta os novos limites de capitação definidos pelo art. 2.º da Portaria n.º 1430/2007, de 2 de Novembro.

tivas e a prosperidade mencionadas no §824 do B.G.B. e no n.º 3 do art. 733.º do anteprojecto Vaz Serra.

Não podemos, no entanto, confundir realidades distintas. Uma coisa é admitir a existência de normas legais de protecção destinadas a tutelar aspectos particulares do bem jurídico crédito, ou de algumas dimensões complementares do mesmo, outra bastante diversa é qualificar o crédito como interesse juridicamente protegido, e o art. 484.º como uma norma legal de protecção.

No tocante à admissibilidade da existência de normas de protecção em torno do crédito, não se levantam particulares obstáculos. Desde logo, pode revelar-se importante a elaboração de um tal tipo de normas, tendo em conta as particulares dificuldades em precisar se os interesses nelas protegidos são susceptíveis de ser merecedores de tutela no âmbito do bem jurídico crédito. Estando, no entanto, em causa interesses com uma específica relevância jurídica, a sua protecção por via da 2.ª variante da ilicitude pode assim permitir dissuadir as dúvidas de outro modo suscitadas, acerca da sua inclusão no âmbito da tutela dos direitos absolutos.

De resto, a existência de mecanismos gerais de protecção, não invalida a emergência de formas especiais de tutela dos mesmos bens ou valores jurídicos. Maior justificação se pode ainda encontrar para a existência de normas destinadas a proteger interesses não integráveis no âmbito do crédito, mas sim do contexto de outros valores complementares, como sejam as possibilidades aquisitivas e a prosperidade. Não sendo estes bens merecedores de uma tutela jurídica "a se", e estando em causa interesses com uma particular dignidade jurídica, não vislumbramos razões justificativas para lhes vedar uma merecida tutela.

Já em relação à qualificação do crédito incluído no âmbito normativo do art. 484.º como um simples interesse juridicamente protegido, não podemos, pelas razões já atrás referidas, aceitar um tal enquadramento dogmático.

Quanto ao direito ao crédito tutelado no art. 484.º, pensamos ser correcto perspectivá-lo na qualidade de direito de personalidade com uma forte dimensão patrimonial, tal com teremos ocasião de nos referir adiante. Poder-se-á a este propósito falar de um direito de personalidade *sui generis*.

Basicamente encontramo-nos confrontados com uma reivindicação da personalidade ao ordenamento jurídico, exigindo aquela um dever geral de respeito pela imagem ou perfil sócio-económico da pessoa. Ora, a salvaguarda desta dimensão sócio-economica individual, a qual constitui sobretudo a concretização de um certo *status* social ou do desenvolvimento de uma actividade profissional ou empresarial, constitui uma condição indispensável para a pessoa humana se poder afirmar na comunidade como tal.

## 1.5. Uma breve referência a categorias afins ao bom nome: a fama e a questão do decoro social

No tocante à caracterização do bom nome, há quem proceda à distinção entre este bem jurídico e um outro com ele particularmente conexionado: a fama[200]. Inspirando-se nos ensinamentos da doutrina norte-americana, Jónatas Machado coloca em evidência uma diferença de grau entre estas categorias.

Correspondendo a fama aquilo que "dizem de ti", e não a quanto "pensam de ti", tal como sucede com a reputação e o bom nome, então encontramo-nos face a um bem jurídico mais efémero ou evanescente que este último. A diferença estabelece-se, desde logo, de acordo com um critério temporal, pois como a este propósito sublinha W. Funk "a reputação dura mais tempo"[201].

Bem vistas as coisas, não está em causa apenas uma distinção de ordem quantitativa entre os bens jurídicos em confronto. Traduzindo-se a reputação numa imagem, projecção ou lastro social da pessoa, estamos então colocados perante um bem jurídico cuja titularidade pode ser assumida por toda e qualquer pessoa, independentemente da sua maior ou menor notoriedade pública. Ora, o mesmo não se verifica quanto à fama. Entendida como sinónimo de popularidade, estrelato, em suma, como uma expressão meramente formal e visível da reputação, a fama encontra-se dependente de um conjunto de circunstâncias específicas e conjunturais, cuja verificação apenas é susceptível de ocorrer relativamente a uma certa categoria de pessoas. Não admira então que consideremos a fama como um fenómeno social colectivo[202].

Não temos dúvidas em reconhecer a titularidade da fama a artistas, poetas, políticos, cientistas e investigadores, ou até relativamente a certas pessoas, que em virtude da sua ligação a um determinado facto (ex.: processo judicial) tenham adquirido momentaneamente notoriedade pública. Porém, o mesmo não se pode afirmar quanto à grande esmagadora maioria de sujeitos cuja vida social permanece oculta do olhar atento do grande público.

Desta feita, o bem jurídico da reputação ou do bom nome encontra uma imediata referência na irredutível e ineliminável dignidade da pessoa

---

[200] MACHADO, JÓNATAS, *A Liberdade de expressão...*, ob. cit., págs. 759-760.
[201] Cfr. MACHADO, JÓNATAS, *A Liberdade de expressão...*, ob. cit., pág. 760.
[202] A este propósito, cfr. FERNANDEZ, CRISTINA, *The Right of Publicity on the Internet*, Marq. Sports L.J. 8 (1988), pág. 315.

humana, sendo, como tal, participante da característica da universalidade. De melhor ou pior reputação social, toda a pessoa é, em princípio, susceptível de gozar de um tal bem. O mesmo não se pode afirmar quanto à fama, pois, como já referimos, trata-se de um atributo não associável a um número muito significativo de pessoas. Como sugestivamente considera Marco Panella, a fama não é um atributo da pessoa, configurando-se antes como uma realidade engendrada pela opinião pública([203]).

Em face de todas estas considerações, somos levados a concluir que a fama não possui relevância jurídica autónoma, apenas se revelando uma dimensão atendível da reputação, quando nos encontrarmos perante pessoas que gozem de uma particular notoriedade pública.

Próximo do bom nome encontra-se o comummente designado decoro social. Desde logo, em qualquer destas categorias está fundamentalmente em causa o perfil ou a imagem criada em torno de um indivíduo em virtude de um conjunto de regras ou representações sociais. Todavia, não podemos ignorar as especificidades próprias de cada um destes conceitos, capazes de justificar a respectiva autonomização.

O apreço ou prestígio social reconhecido a uma pessoa em virtude de uma panóplia, mais ou menos vasta, de convenções urdidas no tecido social assume uma relevância jurídica. Desta feita, os ditames societários que determinaram a criação de uma representação, perfil ou imagem, não se quedaram unicamente nesse plano, assumindo também implicações jurídicas. Razão por que o nosso legislador considerou o bom nome como um bem jurídico digno de protecção específica. Ora, tal não se verifica a propósito do decoro social. Por decoro, deve entender-se a boa educação, lisura, o fino trato..., revelado pelas pessoas nas relações sociais por si entabuladas. Apesar da delicadeza do trato poder constituir um indício puramente formal da adopção de comportamentos conformes com a boa-fé, ao direito não interessa propriamente se os indivíduos são socialmente considerados mais ou menos bem educados. Nenhuma sanção jurídica pode ser desencadeada em relação a comportamentos tidos como susceptíveis de violar as regras de cortesia social. Uma tal conclusão é igualmente válida quer quanto às relações de direito público, quer no tocante ao domínio por nós fundamentalmente considerado, ou seja, o da intersubjectividade própria do direito privado. Como resulta *expressis verbis*

---

([203]) Neste sentido, cfr. PANELLA, MARCO, *Assassínio o tortura dell'immagine: difendersene, impedirlo per salvare com la "persona" la vita civile e il fondamento della democracia*, in Tutela dell'Onore e Mezzi di Comunicazione di Massa, Milano, 1979, pág. 227.

do n.º 2 do art. 398.º, o objecto da obrigação tem de "corresponder a um interesse do credor, digno de protecção legal", Por seu turno, e de acordo com o entendimento doutrinal dominante, apenas se podem constituir validamente obrigações quando a prestação corresponder a um interesse do credor sério, razoável, e com relevância jurídica[204].

Desta feita, não pode, por exemplo, ser tida como fonte de obrigações a convenção pela qual alguém se obrigue a cumprimentar o seu vizinho sempre que com ele se encontrar. Uma tal prestação não é digna de protecção jurídica[205]. Apesar de poder satisfazer interesses relevantes no plano de certos ordenamentos normativos (a cortesia, as regras de trato social...), este tipo de conduta não cai seguramente na alçada do elenco de exigências de relacionamento social reguladas pelo Direito. Em termos subjectivos, os interesses coenvolvidos no âmbito da ordem de trato social podem revelar-se até particularmente mais significativos e conformadores da conduta das pessoas. De igual modo, a inobservância das normas integradoras deste tipo de ordenamento pode envolver sanções particularmente penosas, como seja a completa marginalização social das pessoas. Todavia, uma tal relevância não encontra uma idêntica repercussão no ordenamento jurídico[206].

Em face de quanto ficou exposto, não temos dúvidas em, por um lado, confirmar a já mencionada autonomia do decoro face ao bom nome, e, por outro, negar ao decoro social a qualidade de bem jurídico.

Uma tal conclusão não se revela incompatível com a possibilidade de, a propósito de algumas matérias, o ordenamento jurídico atribuir algum relevo ao decoro. Assim, e no tocante ao direito à imagem, o legislador no n.º 3 do art. 79.º confere protecção jurídica ao decoro. De igual modo, como sublinha Capelo de Sousa, "o simples decoro apela ao respeito de certos padrões de conduta social tidos como importantes no relacionamento social e, como tais, juridicamente relevantes, *v.g.*, em matéria de "bons costumes"[207]. Para além do relevo assumido por esta categoria

---

[204] Cfr., VARELA, J. ANTUNES, *Das Obrigações... I, ob. cit.*, págs. 108-109.

[205] Cfr., a este propósito, os exemplos sugestivos apresentados por Antunes Varela, VARELA, J. ANTUNES, *Das Obrigações... I, ob. cit.*, pág. 108 (nota 1)

[206] Para uma melhor caracterização da ordem de trato social, Cfr. JUSTO, ANTÓNIO SANTOS, *Introdução ao Estudo ..., ob.cit.*, págs. 26 e ss. O autor distingue ainda a ordem de trato social de um conjunto de usos sociais sem carácter normativo, apontando como exemplos paradigmáticos a incluir num tal universo, os hábitos de passear ou de comer a horas determinadas. Estes usos, contrariamente às regras de trato social são desprovidos de carácter normativo. *Vide*, JUSTO, ANTÓNIO SANTOS, ob. loc. ant. cit., pág. 26 (nota 2).

[207] Cfr., SOUSA, R. CAPELO DE, *O Direito Geral..., ob. cit.*, pág. 305 (nota 753).

na determinação do sentido atribuível à cláusula geral dos bons costumes, cumpre ainda sublinhar a importância conferida às meras regras de convivência social no âmbito das boas práticas aconselhadas no exercício de certas actividades profissionais. Neste contexto, cumpre destacar o art. 90.º do Estatuto da Ordem dos Advogados([208]) onde expressamente se estatui o dever geral de urbanidade.

No entanto, o relevo atribuído nestas situações ao decoro derivou de uma ponderação do legislador quanto à essencialidade das exigências de uma agradável convivência para o desenvolvimento de determinadas relações de interferência intersubjectiva. Não está então aqui em causa a relevância autónoma das regras de etiqueta ou de cortesia. Na sequência deste nosso entendimento em torno do conceito de decoro social, pensamos não ser de incluir enquanto atributo do direito à honra, os aspectos nuclearmente caracterizadores daquela figura. Mesmo aderindo, como tivémos ocasião de referir, a um conceito amplo de honra, o decoro social não deve considerar-se aí abrangido([209]).

### 1.6. Diferenças de tratamento legislativo em torno do bom nome e da reserva da intimidade da vida privada

O direito ao bom nome deve ser visto tão somente como uma subespécie do género mais amplo da honra, mais propriamente como a vertente externa ou social dessa dimensão indelével da personalidade humana. Desta feita, uma vez atingida a reputação social de uma pessoa, a sua honra dever-se-á considerar necessariamente atingida. Tal não sucede, no entanto, quanto ao direito à reserva sobre a intimidade da vida privada, uma vez que não se regista uma sobreposição entre estes bens jurídicos. Com efeito, nem sempre a violação da intimidade implica uma correspondente agressão ao valor da honra.

Não estamos obviamente a recusar a possibilidade de a mesma acção envolver um ataque simultâneo destas duas categorias, mas apenas queremos refutar a inevitabilidade da produção de um tal resultado. No âmbito da protecção destes direitos estão em causa bens jurídicos distintos.

---

([208]) Na redacção que lhe foi dada pela Lei n.º 15/2005, de 26 de Janeiro, com as alterações introduzidas pelo Dec.-Lei n.º 226/2008, de 20 de Novembro.

([209]) Em sentido diverso se inclina Capelo de Sousa ao integrar o decoro na honra perspectivada em sentido amplo, Cfr. SOUSA, R. CAPELO DE, *O Direito Geral...*, ob. cit., págs. 304-305.

Enquanto na honra visa-se fundamentalmente proteger quer o respeito desfrutado socialmente pelas pessoas, quer o sentimento de respeito e auto-estima individual, já na reserva da intimidade pretende-se basicamente salvaguardar o sigilo ou a discrição em relação a aspectos da vida pessoal, considerados indispensáveis à afirmação da individualidade pessoal de cada um. Estes aspectos tanto podem respeitar a certas manifestações da convivência social([210]) quanto a domínios de maior interioridade individual([211]).

Apesar de defendermos uma concepção em sentido lato do direito à reserva sobre a intimidade da vida privada, estamos, no entanto, longe de sufragar a sua identificação com a *privacy* anglo-saxónica([212]) em cujo âmbito se incluem para além das prerrogativas de abstenção de toda e qualquer forma de intromissão no âmbito deste direito, a própria liberdade

---

([210]) Durante algum tempo a jurisprudência norte-americana sustentou que as figuras públicas não eram titulares do *right of privacy*, uma vez que o seu *modus vivendi* implicaria uma renúncia a este direito (uma tal orientação pontificou de modo decisivo na solução dos casos Melvin V. Reid, e Martin V. F.Y.I Theatre Co.). Para uma análise mais desenvolvida deste entendimento, cfr. NIMMER, MELVILLE B., The Right of Publicity, in Law & Contemp. Probs., 1954, pág. 204 e ss. Porém, uma tal posição encontra-se hoje superada. Neste sentido, cfr. LARENZ, KARL, WOLF, MANFRED, *Allgemeiner Teil...*, *ob. cit.*, pág. 136, GERLACH, JÜRGEN VON, *Der Schutz der Privatsphäre von Personen des Öffentlichen Lebens in Rechtsvergleichender Sicht*, in J.Z., 1998, pág. 741 e ss. A nível jurusprudencial, veja-se a paradigmática decisão do B.G.H. de 1996 relativa a Carolina do Mónaco, sobre a qual nos voltaremos a pronunciar (B.G.H., *in* N.J.W., 1996, pág. 1128), bem como a conhecida decisão do B.G.H. respeitante a Willy Brandt (B.G.H., *in* N.J.W., 1996, pág. 593). Cumpre ainda fazer menção à decisão paradigmática do Tribunal Europeu dos Direitos do Homem de 24 de Junho de 2004 relativa ao caso Von Hannover *v* Germany, onde o direito à privacidade das figuras públicas surge delineado em termos bastante mais amplos que na jurisprudência do Bundesgerichtshof, cfr. http://cmiskp.echr.col.int/tkp 197/views.asp? item=1&portal=hbkm faction= html&highlight=von%20%7C%20hannover %20%7c%20 germany & sessionid=5445295& skin=hudoc-en.

([211]) Neste sentido, a propósito do art. 26, n.º1, da Constituição, Cfr., PINTO, PAULO MOTA, *A Protecção da Vida Privada...*, *ob. cit.*, pág. 163, págs. 166-169. De igual modo, no tocante à tutela juscivilística do direito à intimidade da vida privada, Rabindranath também o configura em termos bastante amplos, apesar de distinguir claramente, ao contrário de P. Mota Pinto, os conceitos de vida privada e de intimidade. Todavia, em relação ao direito previsto no art. 26.º, n.º 1, da Constituição, o autor configura-o em termos restritivos, considerando apenas aí abrangido pelo seu âmbito a "esfera íntima", Cfr., SOUSA, R. CAPELO DE, *Conflitos entre a liberdade de imprensa...*, *ob. cit.*, pág. 1127 e ss.

([212]) Recusando também uma identificação da privacidade norte-americana com o direito á reserva sobre a intimidade da vida privada, *vide*, GOMES, M. JANUÁRIO, *O problema da salvaguarda da privacidade antes e depois do computador*, Lisboa, 1982, pág. 15

de determinação e condução da vida privada([213]). No entanto, um tal entendimento não deixou de ser acolhido pelo Acórdão do Tribunal Constitucional n.º 128/92. Encontramo-nos perante uma posição particularmente inspirada na concepção ampla de Warren/Brandeis em torno do *right of privacy*. Não obstante nos afastarmos de um entendimento tão abrangente, não podemos, porém, deixar de destacar a decisiva influência destes autores para consolidar a autonomia dogmática deste direito, situando a sua delimitação fora dos quadros conceptuais da propriedade, ou da *breach of contract*([214]). A posição assumida por esta instância jurisdicional em tal decisão tem entretanto sido alvo de alguma revisão, num sentido mais restritivo. Basta atentar em arestos posteriores (acórdãos n.º 319/95, 263/97 e 355/97) para chegarmos a uma tal conclusão([215]).

No fundo, tanto num como noutro dos direitos em análise podem intersectar-se aspectos ligados à sociável insociabilidade do homem. Todavia, o traço essencialmente distintivo do direito à reserva da intimidade reside na **reserva**, **sigilo** ou **segredo** relativo a um núcleo de matérias constitutivas do espaço íntimo da pessoa. Apesar de ter por objecto um conjunto de matérias cuja delimitação não é rigorosa, dependendo antes de uma pluralidade de circunstâncias, entre as quais, o *status* social do titular do direito, fundamental é considerar o dever de segredo, como a dimensão nuclear, do dever de abstenção correlato deste direito de personalidade([216]). Na verdade, o mesmo não sucede a propósito do direito à honra onde a obrigação geral de respeito correspondente a este direito absoluto se circunscreve apenas à ideia nuclear subjacente ao *naemine laedere*, ou seja, de não causar prejuízos a outrem. Desta feita, não se

---

([213]) De acordo com a concepção de Prosser, no âmbito do *right of privacy* deveria incluir-se ainda o direito ao aproveitamento dos valores patrimoniais da personalidade, ou seja, o comummente designado *right of publicity*, não obstante as doutrina e jurisprudência americanas já tivessem autonomizado um tal direito, cfr. PROSSER, WILLIAM L., *in* Cal. L. Rev. 48 (1960), pág. 406.

([214]) A este propósito, cfr. CABRAL, RITA A., *O Direito à Intimidade da vida privada (breve reflexão acerca do art. 80.º do Código Civil)*, *in* Estudos em Memória do Professor Doutor Paulo Cunha, Lisboa, 1989, pág. 373 e ss., FESTAS, D'OLIVEIRA, *O Direito à Reserva da Intimidade...*, *ob. cit.*, pág. 374, *Do conteúdo patrimonial...*, *ob. cit.*, pág. 118 (nota 512).

([215]) Para uma análise mais aprofundada da questão, Cfr., PINTO, PAULO MOTA, *A Protecção da Vida Privada...*, *ob. cit.*, pág. 157 e ss

([216]) No tocante à diversa amplitude do âmbito do direito à reserva da intimidade da vida privada, SOUSA, R. CAPELO DE, *O Direito Geral...*, *ob. cit.*, págs. 326 e ss. Em relação à importância do segredo para a caracterização do direito à reserva da vida privada, Cfr., SOUSA, R. CAPELO DE, *O Direito Geral...*, *ob. cit.*, págs. 316 e ss., PINTO, PAULO M., *A protecção da vida privada...*, *ob. cit.*, págs. 169 e ss.

regista uma violação do direito à honra pela circunstância de serem divulgadas informações acerca do respectivo titular, mas unicamente quando estas se revelem deformadoras dos bens naquele protegidos.

Não está aqui em causa a proibição de recolha e ou divulgação de dados respeitantes à intimidade das pessoas, uma vez que a esfera da privacidade irredutível de cada um não constitui o alvo de protecção deste direito[217].

Aliás, a honra das pessoas não é comparável a uma redoma impenetrável, antes pelo contrário constitui um bem social inestimável, para cuja afirmação contribuem em boa medida as opiniões acerca delas emitidas no contexto social.

Tendo em conta todas estas considerações em torno do cerne distintivo dos direitos à honra e à reserva sobre a intimidade da vida privada, parecem-nos dispiciendos alguns critérios avançados comummente na doutrina com o objectivo de proceder à autonomização destas figuras jurídicas. Assim, não nos parece decisiva a orientação de acordo com a qual as ofensas à honra têm na base a divulgação de factos falsos, enquanto a violação da intimidade da vida privada se fundamenta tão somente na propalação de afirmações verdadeiras. Por um lado, a *exceptio veritatis* não funciona no nosso ordenamento jurídico como uma causa genérica de exclusão da ilicitude no âmbito das ofensas à honra. Por outro, não apenas as informações verdadeiras podem considerar-se ofensivas do direito à reserva da intimidade com base no argumento de que apenas estas lhe dizem efectivamente respeito. De um modo particular, quando a falsidade das afirmações não for de todo em todo evidente, e respeitando as informações à vida privada, poder-se-á registar uma devassa inadmissível neste direito de personalidade[218].

De igual modo, também não sufragamos uma distinção entre estes dois direitos de personalidade baseada na perspectivação da honra em termos fundamentalmente morais. Segundo um tal entendimento, o direito à honra visa proteger a "imagem moral exterior da pessoa", enquanto a esfera privada do indivíduo, por se traduzir numa projecção vital deste, pode não implicar o sacrifício de exigências morais[219].

---

[217] Acerca da destrinça entre a proibição de recolha e de divulgação de dados, a propósito da delimitação do direito à reserva sobre a intimidade da vida privada, Cfr. PINTO, PAULO M., *A protecção da vida privada...*, ob. cit., págs. 171.

[218] A propósito deste critério distintivo entre o direito à honra e à intimidade da vida privada, e das respectivas críticas, vide, PINTO, PAULO M., *O Direito à reserva sobre a intimidade da...*, ob. cit., págs. 540 e ss.

[219] Cfr. PINTO, PAULO M., *A protecção da vida privada...*, ob. cit., pág. 177.

Apesar da compreensão do bem jurídico da honra implicar a convocação de parâmetros de ordem moral, não podemos esquecer que um tal bem jurídico tem um carácter eminentemente social, e assim sendo, a sua configuração depende em boa medida do papel conformador da "aparência e da adequação social". Por seu turno, e em relação ao direito à reserva sobre a intimidade da vida privada, não podemos concebê-lo numa perspectiva puramente neutral em termos morais. Não obstante em certos aspectos a delimitação do seu âmbito poder entrar em contradição com exigências de natureza moral, a verdade é que a ideia nuclear subjacente à tutela de um tal direito, ou seja, a reivindicação pela pessoa humana de um espaço de "individualidade não partilhada" constitui um tipo de exigência também oriunda do universo da moral.

Tendo então em conta este diferente posicionamento dos direitos ao bom nome e à reserva sobre a intimidade da vida privada face ao bem jurídico da honra, consideramos haver razões justificativas para em sede de direitos de personalidade o direito à reserva sobre a intimidade da vida privada ser objecto de uma disciplina específica, autonomizando-o do direito geral de personalidade onde a honra se filia, ao invés do direito ao bom nome, em relação ao qual não se justifica um idêntico tratamento. Ora, se o legislador no contexto próprio entendeu fundadamente não tutelar em termos especiais a reputação social, não percebemos qual o motivo porque lhe veio conferir um tal destaque a propósito do regime jurídico da responsabilidade civil extracontratual por factos ilícitos, sendo certo que neste âmbito a protecção do direito ao bom nome era perfeitamente alcançada mesmo sem a previsão legislativa do art. 484.º.

### 1.7. Dúvidas acerca da oportunidade legislativa da tutela delitual do bom nome no art. 484.º. Um breve excurso em volta dos trabalhos preparatórios

Afastado definitivamente o art. 484.º do âmbito da segunda variante da ilicitude([220]) e sendo assegurada tutela delitual a este bem jurídico nos termos do n.º 1 do art. 483.º, fará algum sentido útil a protecção dispensada ao bom nome pelo art. 484.º? Não se terá registado aqui uma duplicação dispicienda de garantias relativamente ao mesmo valor jurídico?

---

([220]) O mesmo entendimento é acolhido por Paula G. Andrade, *Vide* ANDRADE, M. PAULA GOUVEIA, *Da ofensa do crédito...*, ob.cit., págs. 53 e ss.

Antes de responder propriamente a esta questão, cumpre salientar a natureza especial do ilícito ao bom nome e ao crédito([221]). Ora, não existe à partida qualquer obstáculo no ordenamento jurídico à admissibilidade de formas especiais de ilicitude. Conquanto os pressupostos ou o tipo de bem protegido, bem como qualquer outra circunstância particular configuradora da ilicitude, revistam peculiaridades não susceptíveis de serem assimiladas pelas regras gerais, poderá justificar-se um tratamento autónomo e específico de tais situações.

Cumpre então determinar se na nossa hipótese se verificarão razões para reconhecer a existência de um universo jurídico especial. Parece-nos, porém, que em relação ao bem jurídico do bom nome não encontramos motivos plausíveis para admitir uma tutela delitual específica quando esta já resulta amplamente garantida pela primeira variante da ilicitude.

Todavia, poder-se-á questionar se não se deverá explicar a individualização deste ilícito pela circunstância de o art. 484.º se dirigir à protecção do bom nome em situações bem delimitadas, ou seja, apenas nos casos de divulgação pública de factos ofensivos deste bem jurídico. Como sabemos, quando estiver em causa a difusão de juízos críticos ou meras opiniões, a tutela do bom nome não poderá ser feita através desta forma de ilicitude. Em tais situações, o lesado apenas poderá obter o ressarcimento dos danos sofridos através do recurso às regras gerais, mediante o apelo a parâmetros valorativos, no âmbito dos quais se enquadra a tutela da honra.

Ora, sendo a honra o direito onde se filia estoutro do bom nome, cumpre então saber se aquela não se encontrará protegida contra toda e qualquer agressão, mesmo quando esta se consubstancie na afirmação de factos. Não podemos deixar de responder afirmativamente a uma tal interrogação, tendo em conta o disposto nos arts. 70.º e 483.º, n.º 1([222]).

No entanto, não podemos escamotear também a maior potencialidade ofensiva das afirmações fácticas, quando confrontados com os juízos valorativos([223]), face a bens jurídicos da personalidade como é o caso do bom nome.

---

([221]) De igual modo, também os art.s 485.º e 486.º constituem normas especiais face à regra geral contida no art. 483.º, n.º 1. Neste sentido, Cfr., por todos, VARELA, J. ANTUNES, *Das Obrigações... I*, pág. 548, COSTA, M. ALMEIDA, *Direito das Obrigações...*, ob. cit., pág. 564, ALARCÃO, RUI DE, *Direito das Obrigações...*, ob. cit., págs. 206-207.

([222]) No mesmo sentido, reportando-se à protecção da honra no direito alemão, cfr. STEGMANN, OLIVER, *Tatsachenbehauptung...*, ob. cit., pág. 133.

([223]) Neste sentido, cfr. BAR, CHRISTIAN VON, *Deliktsrecht, Gutachen und Vorschlaege zur Überarbeitung des Schudrechts*, Band II, Koeln, 1981, pág. 1770.

Apesar de uma tal conclusão corresponder a um dado incontestável, não deve considerar-se, por si mesma, decisiva para atribuir um tratamento autónomo a tais situações. Isto porque, como já atrás deixámos assinalado, este tipo de hipóteses encontra-se plenamente protegido no âmbito da tutela da personalidade, e mais propriamente a propósito de um dos seus bens jurídicos mais valiosos: a honra.

Não se vislumbrando razões, do ponto de vista teleológico, no tocante ao bem jurídico do bom nome, para o surgimento do art. 484.º, apenas a história de elaboração do Código Civil poderá permitir encontrar pontos de apoio para explicar a subsistência no seu texto da referência a este bem jurídico.

Assim, no anteprojecto Vaz Serra dedicado à matéria da responsabilidade civil por factos ilícitos, o autor nos §1 e 2 do art. 731.º([224]) enuncia um regime regra muito próximo do constante no n.º 1 do art. 483.º. Todavia, no §1.º do art. 732.º deste trabalho preparatório, o eminente professor elenca um conjunto diversificado de direitos, cuja violação é subsumível no §1.º do art. anterior.

Entre os vários direitos aí mencionados constam precisamente os direitos de personalidade. Assim, no §1.º do art. 732.º, após se propor a tutela geral da personalidade: "o direito de exigir de outrem o respeito da própria personalidade, na sua existência e nas suas manifestações", procede-se à enumeração de uma lista de direitos densificadores da cláusula geral anteriormente prevista.

Nessa lista, apesar de não se fazer expressa menção ao bom nome, este não deixa de se considerar aí protegido, uma vez que a honra([225]), seu direito matriz, figura entre as várias dimensões essenciais da personalidade mencionadas no §1.º do art. 732.º. Aliás, mesmo não existindo uma indicação nesse sentido, o anteprojecto prevê neste parágrafo uma cláusula aberta susceptível de abranger uma panóplia mais ou menos ampla de bens de personalidade conquanto "possam ser suficientemente delimitados e sejam reconhecidos pela consciência jurídica dominante como devendo ser objecto de um direito de personalidade"([226]).

Esta necessidade de proceder a uma indicação dos vários bens da personalidade susceptíveis de serem merecedores de tutela delitual, depois

---

([224]) Cfr. Boletim do Ministério da Justiça, n.º 101, 1960, pág. 112 e ss.

([225]) Curiosamente, como já vimos anteriormente, a honra não aparece como um direito de personalidade nominado no código de 1966.

([226]) Cfr., SERRA, ADRIANO VAZ, *Requisitos da responsabilidade...*, ob. cit., pág. 103.

de no 1.º§ do art. 731.º(²²⁷) se ter optado por um regime baseado numa cláusula geral da ilicitude, deverá provavelmente encontrar-se relacionada com as hesitações doutrinais de reconhecimento aos direitos de personalidade da qualidade de direitos subjectivos(²²⁸). Na base de uma tal constatação está subjacente uma reacção ao conceitualismo pandectistico, por se considerar inaceitável que a própria pessoa possa ser considerada simultaneamente como sujeito e objecto da mesma relação jurídica, perspectivando-a então como titular de um direito sobre si própria. Apenas por finais do séc. XIX, a pandectistica alemã, devido à obra de consagrados autores, entre os quais destacamos Gierke(²²⁹), consegue alcançar a inclusão dos direitos de personalidade no âmbito dos direitos subjectivos(²³⁰).

(²²⁷) À semelhança de quanto se verificou com a enumeração dos bens da personalidade levada a cabo pelo legislador germânico no n.º 1 do §823 do B.G.B. Esta necessidade de identificar os direitos de personalidade como direitos absolutos, em lugar da fórmula mais aberta inicialmente proposta, parece ter resultado das hesitações existentes na dogmática ao tempo da elaboração do código civil germânico sobre a qualificação deste tipo de direitos como direitos subjectivos. Cfr. OLIVEIRA, NUNO P., *Sobre o conceito de ilicitude do art. 483.º do Código Civil*, in Estudos em Homenagem a Francisco José Velozo, Braga, 2002, pág. 526 (nota 13).

(²²⁸) A este propósito, tenha-se em conta a posição de Cabral de Moncada para quem os direitos de personalidade não eram verdadeiros direitos subjectivos. Cfr. MONCADA, CABRAL, *Lições de Direito Civil, Parte Geral*, 3.ª ed. (1959), págs. 74-75, e na 4.ª ed. póstuma (1995), págs. 73-74. Na mesma linha de orientação se situam autores como José Tavares e Guilherme Moreira. Acerca da posição destes eminentes juristas, cfr. TAVARES, JOSÉ, *Os princípios fundamentais do direito civil*, vol. I, 2.ª ed. (1929), pág. 282 e ss., MOREIRA, GUILHERME, *Instituições de Direito Civil Português – Parte Geral*, 1907, págs. 334-335.

De igual modo, também Antunes Varela (na senda de Scaduto e Rubino) apesar de considerar que a violação deste tipo de direitos é susceptível de fazer surgir a obrigação de indemnizar, nos termos do art. 483.º, n.º 1, manifesta alguma hesitação em qualificar alguns deles como direitos subjectivos, Cfr., VARELA, J. ANTUNES, *Das Obrigações... I*, ob. cit., pág. 534(nota 1).

(²²⁹) Cumpre, a este propósito, fazer menção à importante obra de Gierke, GIERKE, OTTO VON, *Deutsch Privatrecht, Band I, Allgemeiner Teil und Personnenrecht*, Munchen--Leipzig, 1936, pág. 702 e ss. (reedição da primeira edição de 1895). Não podemos, porém, ignorar a profunda influência do pensamento de Karl Gareis na obra de Gierke. As importantes obras de Gareis sobre a categoria conceptual dos direitos de personalidade e do respectivo posicionamento no sistema privatístico *"Die Privatrechtssphären im modernen Kulturstaate, Insbesondere im Deutschen Reiche*, in Zeitschrift für Gesetzgebung und Praxis auf dem Gebiete des Deutschen Öffentlichen Rechtes, 1877, pág. 137 e ss., e *Das Juristische Wesen der Autorrechte, Sowie des Firmen – und Markenschutzes*, in Archiv für Theorie und Praxis des Allgemeinen und Deutschen Handels – und Wechselrechts, 1877, pág. 185 e ss., estão na base de atribuição a este autor do epíteto de pai fundador da teoria moderna dos direitos de personalidade.

(²³⁰) Para uma análise mais desenvolvida em torno das dificuldades de aceitação dos direitos de personalidade como direitos subjectivos, cfr. LEUZE, DIETER, *Die Entwicklung*

Uma vez consagrado um direito geral de personalidade, no âmbito do qual se filiam uma pluralidade de específicos direitos de personalidade, e reconhecendose a estes modos de objectivação da personalidade a natureza de direitos subjectivos, não vislumbramos razões para proceder à referida casuística enumeração delitual([231]).

---

*des Persönlichkeitsrechts, ob. cit.*, pág. 103 e ss., SCHWERDTNER, PETER, *Der zivilrechtliche persönlichkeitsschutz, in* Jus, 1978, 5, pág. 292.

([231]) Não queremos, contudo, contestar a possibilidade de um tratamento legislativo autónomo dispensado àquelas manifestações da personalidade com contornos específicos e susceptíveis de configurarem reivindicações indefectíveis permanentes da pessoa humana ao Direito. Aliás, a lei portuguesa não deixa de tutelar especificamente alguns direitos de personalidade (nome (art. 72.º), imagem (art. 79.º), intimidade da vida privada (art. 80.º)), apesar da consagração do Direito Geral de Personalidade no art. 70.º.

Trata-se, na verdade, de uma técnica legislativa perfeitamente admissível, traduzida na enunciação a propósito de uma determinada matéria, de uma regra geral e de situações específicas merecedoras de uma referência autónoma. O mesmo se passa, de resto, a propósito da responsabilidade civil por factos ilícitos, estabelecendo o legislador o regime regra no art. 483.º, n.º 1, e logo de seguida (art.s 484.º a 486.º) enumerando vários delitos civis especiais.

Conquanto existam razões justificativas para tratar diversificadamente situações pertencentes a um mesmo género, não se descortina qualquer obstáculo, para, do ponto de vista sistemático, coexistirem a lei geral e as normas especiais. Ora, o mesmo não se verificava no anteprojecto, onde depois de se definir em termos abertos o regime regra no âmbito da responsabilidade por factos ilícitos, o autor veio de novo explicitar aquilo que previamente já se encontrava definido. Ou seja, resultando *expressis verbis* do §1 do art. 731.º a obrigação de indemnizar por violação dos direitos de outrem, não vislumbramos razão justificativa para Vaz Serra proceder à indicação dos direitos de personalidade enquanto categoria exemplificativa daquele tipo de prerrogativas. Desta feita, ou se registou uma inútil redundância, ou apenas as hesitações doutrinárias em torno do enquadramento jurídico da personalidade, poderão justificar esta sistematização do preceito aparentemente confusa.

Em face do conhecimento dogmático hoje pacificamente aceite, poderemos de certo modo entender a autonomização atribuída ao direito sobre empresas ou actividades profissionais, e ao direito ao crédito ou aquisição nos 2 e 3 do art. 733.º do anteprojecto. Com efeito, estão em causa realidades cuja inclusão na primeira ou na segunda variante da ilicitude previstas no art. 1.º se pode revelar duvidosa. Não entendemos, no entanto, a confusão sistemática suscitada pelo tratamento algo pormenorizado da matéria dos direitos de personalidade em sede delitual. Aliás, nem sequer coerente se revelou o tratamento da matéria da responsabilidade delitual no anteprojecto. Na verdade, pode constatar-se um desequilíbrio traduzido numa muito maior atenção dispensada à matéria dos direitos de personalidade face aqueloutra das relações jurídicas reais.

O tipo de abordagem levada a cabo neste trabalho preparatório apenas seria compreensível se tivesse havido uma opção pela enumeração dos bens susceptíveis de protecção delitual semelhante à utilizada pelo legislador alemão no 1.º§ do art. 823 do B.G.B. Todavia, neste contexto a orientação adoptada foi precisamente a contrária.

Neste sentido, parece-nos mais coerente a sistematização definitivamente acolhida no Código Civil, estabelecendo o legislador um regime regra em matéria de responsabilidade por factos ilícitos, seguido de um conjunto de hipóteses especiais igualmente susceptíveis de gerar a obrigação de indemnizar. Todavia, não se percebe a razão da inclusão do direito subjectivo ao bom nome como *Tatbestand* do art. 484.º, porquanto ele não se encontrava expressamente mencionado nos trabalhos preparatórios([232]).

Apenas algumas das perplexidades já mencionadas a propósito da tutela delitual dos bens da personalidade poderão justificar essa dispicienda menção ao bom nome contida neste ilícito especial previsto no Código Civil. No fundo, o rigor da análise em torno da história do preceito não permitirá explicar a referência feita a este bem fundamental da personalidade no art. 484.º. Apenas uma certa precipitação do legislador determinada por algumas contingências históricas poderá ser apontada como causa eventual da desnecessária inclusão do bom nome no âmbito normativo deste preceito.

---

([232]) Quando muito poder-se-ia admitir a autonomização do direito ao bom nome no âmbito sistemático dedicado ao tratamento da matéria respeitante aos direitos de personalidade, ou seja, na secção II do título II, do Livro I. À semelhança de outros direitos especiais de personalidade, o legislador poderia ter atribuído uma relevância particular ao bom nome, numa tentativa de proceder a uma correcta delimitação deste bem jurídico face ao *Rahmenrecht* onde este se filia, ou seja, o direito à honra. Todavia, não se registou sequer uma individualização do direito à honra perante o direito geral de personalidade previsto no art. 70.º. No fundo, estes direitos constituem autênticas objectivações de exigências axiológicas fundamentais, imprescindíveis à afirmação da pessoa humana enquanto tal. A identificação da existência de situações de violação das concretas manifestações destes direitos-quadro, implica uma ponderada apreciação das circunstâncias do caso. Face à natureza do bem jurídico tutelado no âmbito dos direitos à honra e ao bom nome, revelou-se dispiciendo proceder a uma regulamentação detalhada de tais matérias. Ora, não tendo o legislador assim procedido em sede dos direitos da personalidade, não vislumbramos razões para regular especificamente o direito ao bom nome na subsecção I, Secção V, do Livro II, Título I, dedicado à responsabilidade civil extracontratual.

Uma tal posição pode ser contudo alvo de contestação, tendo em conta o tratamento autónomo conferido pela nossa lei civil no art. 80.º ao direito à reserva sobre a intimidade da vida privada. Ora, também este direito revela particulares atinências com o bem jurídico da honra e apesar disso sentiu-se necessidade de volver sobre ele uma particular atenção, dedicando-lhe uma disciplina especial.

Todavia, não podemos equiparar liminarmente as situações. Por um lado, o direito à reserva sobre a intimidade da vida privada surge autonomizado na sede própria, ou seja, na secção do Código Civil dedicada aos direitos de personalidade, e não no âmbito da responsabilidade civil extracontratual. Por outro, no tocante ao direito especificamente regulado no art. 80.º justifica-se mais proceder ao seu tratamento autonomizado face ao direito geral de personalidade, e ao bem jurídico da honra que em relação ao direito ao bom nome, com já atrás deixámos mencionado.

Aliás, as próprias fontes inspiradoras da norma dedicada ao ilícito ao bom nome e ao crédito – o §824 do B.G.B. – não contêm qualquer menção ao direito ao bom nome([233]).

# CAPÍTULO 2
# O CRÉDITO E OUTRAS FIGURAS AFINS

## 2.1. A tutela do crédito de outrem

Cumpre agora debruçarmo-nos sobre a delimitação do bem jurídico do crédito([234]), a fim de aquilatar se a sua autonomização como uma forma especial de ilícito terá realmente sentido.

---

([233]) A este propósito, como iremos adiante referir acerca da tutela do crédito, a redacção do anteprojecto Vaz Serra (§3 do art. 733.º) revela-se bastante mais próxima do §824 do B.G.B.

([234]) Ao tutelar o bem jurídico do crédito, o legislador no art. 484.º quis unicamente abranger no seu âmbito as posições jurídicas individuais, excluindo-se assim da sua influência regulativa uma multiplicidade de sentidos susceptíveis de ser associados a essa categoria. Assim, neste contexto, poderemos discutir se tais posições jurídicas devem configurar-se como direitos subjectivos ou como simples interesses juridicamente protegidos, mas fica certamente afastada de toda e qualquer problemática a pretensão de integrar no universo das preocupações juscivilísticas do ilícito ao crédito, um sentido económico capaz de, em geral, lhe ser atribuído.
Na verdade, não está em causa a grande questão de ordem económica, traduzida na necessidade de facultar a quem seja detentor das fontes produtivas de um país, os meios económicos necessários para tornar rentáveis as actividades por si desenvolvidas. Acerca deste sentido económico do crédito, Cfr., COELHO, J. GABRIEL PINTO, *Operações de Banco*, 2.ª ed., Lisboa, 1962, pág. 8.
Aliás, mesmo quando seja perspectivado em termos económicos, ao crédito podem ser associados uma multiplicidade de sentidos. No entendimento de Sousa Franco, a noção básica de crédito a partir da qual podemos fazer derivar um conjunto diversificado de classificações, corresponde à "actividade económica consistente na realização de trocas com simultaneidade entre prestação e contra-prestação. Para que este desfasamento temporal assuma significado, o intervalo de tempo entre as prestações deve ser economicamente significativo, representando uma vantagem para o beneficiário do diferimento (e uma perda, a compensação por um "preço do tempo", para quem concedeu) e c.); e há-de ser superior ao que a simples necessidade técnica importa". Cfr., FRANCO, ANTÓNIO L. SOUSA, *Crédito*, in Enciclopédia Verbo Luso-Brasileira de Cultura, vol. 7.º, pág. 299. Na caracterização deste sentido económico, o autor destaca, porém, uma nota importante, considerada igual-

mente relevante para a delimitação do sentido jurídico com que o crédito foi acolhido no art. 484.º. Referimo-nos à ideia de *credere*, "assente na confiança que o credor tem na solvabilidade e no cumprimento futuro por parte do devedor". Cfr., Franco, António L. Sousa, *Crédito*, *ob.ant.cit.*, pág. 299. Definido assim, em termos gerais, o crédito num sentido económico, Sousa Franco enuncia depois uma série de categorias (crédito público, privado, bancário, de capital...) integrados num tal contexto. Situando-se o crédito referido no art. 484.º num plano estritamente jurídico, facilmente podemos concluir que nenhum destes conceitos corresponde ao bem que constitui o objecto da nossa análise.

Apesar do universo sobre o qual nos debruçamos se restringir apenas às posições jurídicas individuais, não podemos também identificar o crédito tutelado no art. 484.º com as relações jurídicas creditórias de que alguém seja titular. Com efeito, o preceito normativo em análise situa-se no plano delitual, considerando-se assim afastadas do seu âmbito as relações jurídicas de cooperação. Como sabemos, a violação dos direitos de crédito gera um outro tipo de responsabilidade: a responsabilidade contratual.

De igual modo, também não podemos identificar o bem jurídico protegido no art. 484.º com a *glaubigerschaft*. Na verdade, como sublinha Antunes Varela, na senda de uma certa orientação doutrinal germânica (*Larenz e Fikentscher*) Cfr., VARELA, J. ANTUNES, *Das obrigações...I, ob. cit.*, pág. 174, a titularidade do crédito deve ser concebida como um direito absoluto. De acordo com um tal entendimento, a relatividade do crédito diz respeito apenas ao objecto da prestação, mas já não à titularidade do direito de crédito. Apesar desta perspectiva não ser sufragada unanimemente na doutrina germânica (em sentido contrário, Cfr., GERNHUBER, JOACHIM, *Bügerliches recht,* 2.ª ed., 1983, §24, II, 4, pág. 194), consideramo-la, na senda de Antunes Varela, como "perfeitamente defensável em facc do direito português constituído". Quando alguém dolosamente se arrogue na titularidade de um crédito pertencente a outrem, incorrerá na obrigação de indemnizar derivada da violação de direitos absolutos nos termos do art. 483.º. Tal situação pode revelar-se frequente no âmbito das cessões de crédito não notificadas ao devedor, quando o cedente recebe deste a quantia devida ao cessionário, ocultando para tal a circunstância de já não ser o titular do direito de crédito. Com o objectivo de proteger a boa-fé do devedor, a lei considera este pagamento como bem feito (art. 583.º, n.º 2). No entanto, e como se verifica uma deslocação patrimonial sem causa justificativa da esfera jurídica do cessionário para a do cedente, surge a cargo deste último a obrigação de restituir aquilo com que se locupletou à custa do primeiro. Tendo, porém, em conta as exigências da subsidiariedade da obrigação de restituir o enriquecimento (art. 474.º), poderá impor-se ao cedente, como já vimos atrás, a obrigação de indemnização fundada na responsabilidade civil extracontratual. Em causa estão certamente os danos sofridos pelo cessionário, em virtude de não ter recebido atempadamente a quantia da qual era credor.

Cumpre, no entanto, sublinhar que a assunção pública de um crédito de outrem não implica necessariamente a violação do "crédito" do credor, e a consequente aplicação do art. 484.º. Porém, tendo em conta as circunstâncias do caso, a divulgação de um tal facto pode implicar uma diminuição do prestígio sócio-económico desfrutado pelo verdadeiro titular da relação jurídico-creditória. Basta pensar na eventualidade de uma tal titularidade representar, num determinado contexto, uma significativa situação economicamente vantajosa não autónoma, a qual pode ser considerada como responsável por uma boa parte do

Como já atrás deixámos referido, foi propósito do legislador distinguir no âmbito da ilicitude prevista no art. 484.º, a violação do bem jurídico crédito daqueloutra dirigida contra o bom nome. Apesar de distintos e autonomizados entre si, impõe-se reconhecer a existência de um valor referencial comum, do qual estes dois direitos se podem considerar participantes: a ideia de reputação ou prestígio. Sendo este um traço comum, onde se situará o elemento responsável pela distinção do bem jurídico crédito face ao bom nome?

Desde logo, devemos ter em conta que o crédito constitui uma forma de reputação não susceptível de ser vivenciada pela generalidade das pessoas. Estamos, com efeito, a reportar-nos a um tipo de prestígio ligado a uma determinada actividade económico-empresarial, ou até mais amplamente um certo contexto sócioprofissional([235]). Encontram-se assim excluídas da titularidade do bem jurídico do crédito, quem, em virtude da sua situação sócio-existencial, não se encontre investido num certo *status*([236]) ao qual estejam associados determinados direitos e deveres.

---

prestígio económico-negocial socialmente atribuído ao sujeito titular do direito de crédito. Em tais situações a propalação de uma falsa titularidade pode constituir fundamento para o surgimento de uma obrigação de indemnizar resultante da violação do crédito tutelado no art. 484.º. No entanto, e como atrás deixámos mencionado, a regra é subsumir este tipo de ilícito no âmbito do art. 483.º.

([235]) A este propósito, cfr. Acórdão do S.T.J. de 8/3/2007, *ob. cit.*, pág. 17 de 30.

([236]) Na aferição da existência ou ausência de um tal *status* sócio-profissional não podemos, no entanto, deixar-nos conduzir apenas por critérios meramente estatísticos, como aqueles que nos são fornecidos pelos censos de contabilização da população activa. A falta de desempenho de uma actividade profissional, em virtude de uma situação de aposentação, desemprego ou até de opção pessoal, pode constituir um indício da inexistência do bem jurídico do crédito na titularidade de quem se encontre numa tal posição, todavia não podemos forçosamente chegar a uma semelhante conclusão.

Com efeito, mesmo quem não faça parte integrante da comummente designada população activa, pode ser titular ou interveniente em relações jurídicas às quais esteja associado um determinado *status* social onde o crédito se considere um bem jurídico relevante. Assim, por exemplo, quem tiver a qualidade de proprietário e auferir rendimentos em virtude da titularidade deste tipo de direitos, entabula necessariamente com o Estado uma relação jurídica tributária, na qual o direito ao crédito pode representar uma importante prerrogativa imposta pelos particulares aos entes públicos estaduais, e irradiando além do plano tributário, poderá também impor-se aos demais cidadãos.

Desta feita, basta por vezes a ocorrência de relações jurídicas ocasionais para fazer emergir a importância do bem jurídico crédito em relação a quem normalmente não anda associada a titularidade de um tal direito, conquanto esta posição jurídico-negocial emergente venha a adquirir estabilidade. Não podemos assim determinar aprioristicamente, e em termos definitivos, a quem se pode reconhecer, numa perspectiva juscivilística, a

Porém, e uma vez que nos encontramos situados na órbita da ilicitude extracontratual, não constitui alvo das nossas preocupações questões ligadas às particulares capacidades e qualidades de quem tenha assumido a posição de parte no âmbito de uma relação contratual (v.g. agente comercial), quando tais problemas se colocam unicamente em sede contratual([237]).

No tocante à delimitação extracontratual do bem jurídico crédito, torna-se, porém, imprescindível o recurso ao "quadro estatutário" seja ele legal, ou contratual, para se poder aferir da existência de capacidade e de vontade de cumprimento das pessoas([238]), enquanto atributo cuja violação desencadeia o ilícito extracontratual. Por seu turno, estes atributos fundamentais do crédito económico-negocial podem ser valorados de modo substancialmente diverso, consoante o particular contexto sócio-profissional ao qual se encontram reportados.

A concreta mobilização do critério normativo contido no art. 484.º, implica pois uma concreta ligação entre os factos divulgados e a actividade negocial, os métodos de trabalho, a situação financeira, a qualidade dos produtos, ou outros aspectos específicos do *status* sócio-profissional das pessoas visadas pelas afirmações([239]).

Exige-se assim que o agente tenha o propósito de estar a dirigir ataques a uma situação concreta. As afirmações de facto devem ser respei-

---

titularidade do direito ao crédito. Apenas uma análise da concreta situação sócio-existencial das pessoas e das múltiplas relações jurídico-negociais em seu torno entertecidas é possível chegar a uma conclusão correcta sobre o assunto.

([237]) Estamos a pensar no delicado problema da indemnização de clientela do agente comercial em caso de cessação do vínculo emergente do contrato de agência. Além de transcender a área da responsabilidade extracontratual, a questão da angariação de clientela não se parece fundar unicamente no crédito do agente, uma vez que a actuação deste se integra no âmbito de uma relação contratual concluída com o principal, a qual reveste particulares especificidades. Por seu turno, mesmo admitindo a indemnização do agente por angariação de clientela, não é inteiramente líquido que a resolução do problema se situe no âmbito da responsabilidade civil, desde logo, pela dificuldade de determinar a existência de danos sofridos pelo agente. Cfr., CUNHA, CAROLINA, *A Indemnização de Clientela do Agente Comercial,* Coimbra, 2003, pág. 386 e ss. Cumpre neste contexto convocar a posição de Pinto Monteiro, de acordo com a qual a indemnização de clientela se fundamenta nos princípios gerais do enriquecimento sem causa, cfr. MONTEIRO, ANTÓNIO PINTO, *Contrato de Agência – anotação ao Decreto-Lei 178/86, de 3 de Julho,* 6.ª edição actualizada, Coimbra, 2007, págs. 137-138 (anotação ao art. 33.º).

([238]) No sentido de considerar a *Zahlungsfähigkeit* e a *Zahlungswilligkeit* enquanto elementos constitutivos do crédito de uma pessoa, Cfr., HELLE, ERNST, *Der Schutz der persönlichen Ehre..., ob. cit.,* pág. 50.

([239]) A este propósito, Cfr. MONTEIRO, J. SINDE, *Relatório sobre o programa, conteúdo..., ob. cit.,* págs. 47-48.

tantes aos específicos métodos de trabalho ou à particular capacidade financeira... de quem exerça uma determinada actividade empresarial ou profissional. Desde logo, só podemos visualizar um ataque ao crédito, quando a identidade da pessoa visada pelas declarações for claramente perceptível([240]).

Não devem, pois, considerar-se abrangidas pelo âmbito da aplicabilidade do art. 484.º aquelas afirmações fácticas reportadas genericamente a um certo sector de actividade, sem se dirigirem especificamente a uma determinada pessoa singular ou colectiva([241]). Também se encontram obviamente excluídas, por não serem declarações de facto, as opiniões técnicas ou científicas formuladas acerca dos métodos utilizados, ou das condições de higiene e segurança... existentes em certo ramo de actividade([242]). No tocante a estas últimas, a sua divulgação pode revelar-se particularmente importante para fomentar um diálogo técnico-científico em torno de certas matérias, e assim permitir promover o desenvolvimento dos respectivos métodos ou condições discutidos.

Já em relação aos factos reportados genericamente aos vários sectores ou domínios de actividade, a difusão dos mesmos pode considerar-se

---

([240]) Neste sentido, cfr. decisão do BGH 20.6.1978, *in* NJW, 1978, pág. 2151 e ss. De acordo com o mesmo entendimento, admitindo a aplicabilidade do §824 do BGB, por se verificarem hipóteses de ataque imediato ao crédito, BGH, *in* NJW, 1966, pág. 2010 e ss.(*Teppichkehrmaschiner*), BGH, *in* AfP, 1989, pág. 456 e ss. (*filmbesprechung*), B.G.H 2.7.1963, *in* J.Z., 1964, pág. 509, B.G.H., *in* N.J.W., 1966, págs. 2010-2011 (neste aresto coloca-se em destaque a exigência de as declarações comportarem a possibilidade de identificação do lesado, sem todavia ir ao ponto de impor a sua concreta identificação). Ainda a este propósito, HAGER, JOHANNES, anotação ao §824 do B.G.B., *in* Staudingers Kommentar zum Bürgerlichen Gesetzbuch, Berlin, 1999, págs. 802-803. SCHIEMANN, GOTTFRIED, anotação ao §824 do B.G.B., *in* Erman B.G.B., 11. auflage. Band. II, Münster, Köln, 2004, págs. 3089-3090.

([241]) Sobre a matéria, cfr. WENZEL, KARL, anotação à decisão do BGH de 20.6.1969, *in* N.J.W., 1970, pág. 187. O autor vai mesmo mais longe, ao exigir uma particular conexão entre as declarações de facto falsas e a lesão do crédito de determinadas pessoas singulares ou colectivas, não bastando apenas que as declarações sejam dirigidas individualmente a certas pessoas, sem revestirem, contudo, um conteúdo susceptível de ser especificamente ofensivo do respectivo crédito.

([242]) Neste sentido, se pronunciou a jurisprudência alemã ao não considerar procedentes as pretensões indemnizatórias deduzidas por um comerciante de peixe que viu o seu volume de negócios afectado na sequência de um programa televisivo onde foram desferidas críticas genéricas ao funcionamento do sector e aos produtos aí transaccionados, cfr. AmtSG Köln, *in* AfP, 1988, pág. 390. A este propósito, *vide* ainda BGH, *in* NJW, 1963, pág. 1871 e ss, O.L.G. Köln, *in* NJW, 1985, pág. 1643 e ss.

um meio particularmente importante de esclarecimento da opinião pública e de orientação das escolhas efectuadas pelos particulares([243]).

Do ponto de vista temporal, não se exige que as afirmações ofensivas se reportem unicamente à actual posição ou situação económico-financeira do visado.

Com efeito, poder-se-ão igualmente registar ilícitos ao bom nome e crédito decorrentes da divulgação de factos atinentes ao passado negocial das pessoas atingidas com as afirmações([244]).

Encontramo-nos, portanto, perante um tipo de reputação com contornos específicos([245]), nem sempre intersectada com o prestígio desfrutado pela mesma pessoa no meio social onde se encontra integrada. A circunstância de uma pessoa ser considerada aos olhos do público em geral como pouco séria e idónea, não invalida que goze de uma elevada reputação económico-negocial entre os seus parceiros de negócios. Basta para tanto cumprir com particular rigor os padrões regulativos do sector específico da sua actividade. Podem assim revelar-se particularmente ofensivas aquelas afirmações que "tomem a parte pelo todo". De igual modo, o facto de alguém não ter cumprido pontualmente as obrigações emergentes de uma determinada relação contratual, não legitima, por exemplo, as afirmações da contraparte de acordo com as quais o devedor inadimplente é uma pessoa pouco honesta([246]).

---

([243]) A propósito da importância deste tipo de afirmações para "a afirmação de uma opinião pública", Cfr. MONTEIRO, J. SINDE, *Relatório sobre o programa, conteúdo..., ob. cit.*, pág. 48 BRANAHL, UDO, *Medienrecht..., ob. cit.,* pág. 143. Na jurisprudência alemã, cfr. B.G.H., *in* N.J.W., 1963, págs. 1871-1872.

([244]) Cfr., a este propósito, decisão do BGH de 25.10.1953 (BGB §824, 1004, *Sachbefugnis Bei Klage Auf Unterlassung Kreditschädigender Behauptungen), in* NJW, 1954, pág. 72.

([245]) Neste sentido, cfr. WAGNER, GERHARD, anotação ao §824 do B.G.B., *in* Münchener Kommentar..., *ob.cit.,* págs, 1874-1875.

([246]) Poderão assim suscitar responsabilidade fundada no art. 484.º, as declarações de um advogado da parte vencedora de uma acção de condenação por incumprimento contratual, através das quais aquele venha a transmitir a ideia de que o réu é uma pessoa sem capacidade e vontade de cumprir as suas obrigações negociais. Com efeito, uma tal afirmação não pode legitimar-se pelos resultados alcançados naquele concreto processo judicial, porquanto as específicas questões processuais encontram-se dependentes de muitas contingências, mormente as relacionadas com problemas de índole probatória. Para além desta circunstância, também não nos parece admissível retirar conclusões generalizadas quanto ao crédito de alguém a partir de uma concreta situação em que a pessoa em causa não tenha procedido com a honestidade e lisura que lhe seriam exigíveis, em face dos usos do tráfego.

Importa ter bem presente que os factos com maior potencialidade ofensiva do crédito são normalmente divulgados perante um público com conhecimentos muito especializados, tornando-se, na maior parte das vezes, apenas perceptíveis perante esse círculo muito restrito de destinatários. Devem então considerar-se como particularmente ofensivas do crédito de outrem, todas aquelas afirmações factuais susceptíveis de colocarem em causa a iniciativa económico-negocial dos visados. A título meramente exemplificativo, podemos destacar a base factual das prospecções de mercado, das análises de conjuntura económica, dos estudos acerca dos factores produtivos e dos preços dos produtos, os *Warentests* ...([247])

Impõe-se então estar atento a estes universos específicos, porquanto as mesmas afirmações podem, noutro contexto, revelar-se perfeitamente inócuas, em nada abalando o bom nome da pessoa visada com as declarações de facto([248]). Cumpre então tomar em devida conta os códigos de ética prevalecentes nos respectivos sectores profissionais, a fim de melhor compreender o catálogo de deveres que impendem sobre tais pessoas. Apenas conhecendo uma tal normatividade específica será possível avaliar do impacto de certas declarações de facto, ou seja, de determinar se a factualidade transmitida se revela indiciadora do não acatamento pelos visados das suas atribuições profissionais. Com efeito, o crédito de alguém pode resultar particularmente abalado com a divulgação de factos que façam supor a adopção por parte de um profissional de comportamentos contrários a certas regras fundamentais, ou omissivos de certas condutas normativamente exigíveis([249]).

Esta afirmação de autonomia do crédito face ao bom nome não impede o reconhecimento de zonas de intersecção entre estes bens jurídicos

---

([247]) Campo particularmente fértil para a aplicabilidade do §824 do BGB é o das declarações de exclusão de candidatos a concursos públicos para a realização de obras, quando não se encontrem verificados os requisitos próprios previstos na legislação especial reguladora da matéria (VOB/A, VOL/A), para a ocorrência de tais situações. Cfr. RIESE, CHRISTOPH, *Vergaberecht,* Berlin Heidelberg, 1998, pág. 301.

([248]) No sentido de considerar as ofensas ao crédito e às capacidades aquisitivas previstas no §824 do B.G.B., de resto já atrás mencionado, como uma realidade distinta dos ataques à honra, referindo-se em particular a uma questão judicial onde se consideraram atingidos o crédito e as capacidades aquisitivas do dono de um talho pelas notícias difundidas num pequeno periódico local em que se lançavam suspeitas quanto à doença do filho do comerciante, Cfr., HELLE, ERNST, *Der Schutz der persönlichen Ehre...,* ob. cit., pág. 50. Apesar de em tal hipótese a notícia ser tida como particularmente lesiva do crédito do comerciante, não foi, porém, considerada como um ataque à sua honra.

([249]) A este propósito, cfr. BRANAHL, UDO, *Medienrecht...,* ob. cit., págs. 77 e 78.

e a existência de ataques simultâneos dirigidos a ambos. Aliás, o número de situações onde tal suceda pode até ser consideravelmente superior aqueloutras onde as ofensas ao crédito deixem incólume o bom nome.

Mas o essencial não é proceder a um exame contabilístico das múltiplas actuações ofensivas aos bens jurídicos supra-mencionados, mas antes retirar algumas ilações da referida autonomia dos valores jurídicos tutelados no âmbito do art. 484.º. Antes de mais, impõe-se reconhecer uma relação de especialidade entre o crédito e o bom nome, e para além disso a justificação de uma menção particular quanto à tutela do crédito. Assim sendo, *prima facie* poderemos encontrar algumas razões, ao contrário de quanto expusemos a propósito do bom nome, para uma disciplina jurídica específica em torno do bem jurídica crédito.

Não obstante a existência de uma relação de filiação do crédito na categoria jurídica da reputação social, devemos reconhecer a este bem um espaço intangível de vida própria. Ora, foi precisamente a falta de identificação de um *alliud* no bom nome, quando confrontado com a honra enquanto direito referencial, que nos fez considerar dispicienda a inclusão deste direito na hipótese normativa do art. 484.º.

Todavia, poder-se-á contestar a defesa por nós sufragada de uma tutela específica do crédito, sendo certo que este valor tem como referência axiológica o direito ao bom nome. Numa primeira abordagem parece então registar-se uma certa contradição lógica no nosso raciocínio. Não vislumbrando nós razões para um tratamento autónomo do direito ao bom nome, no qual o crédito se filia, como aceitamos então o destaque atribuído a este bem jurídico? Utilizando um argumento tributário da interpretação enunciativa, poderíamos então concluir que não se sufragando a tutela delitual do direito ao bom nome, **por maioria de razão**, não devíamos reconhecer o mesmo tipo de protecção ao bem jurídico do crédito.

No entanto, e como já várias vezes deixámos referido, o crédito caracteriza-se por um núcleo irredutível de individualidade, capaz de justificar quanto a ele uma disciplina jurídica diferenciada.

## 2.2. As especificidades da tutela delitual do crédito e o art. 484.º

Um outro aspecto a problematizar diz respeito à localização sistemática da tutela do crédito. Admitindo a existência de uma disciplina própria para este bem jurídico, não seria mais adequado proceder à sua tutela em sede de direitos da personalidade? Com efeito, em relação ao bom nome, chegámos à conclusão de que na eventualidade de se justificar uma disciplina específica da matéria, o seu lugar próprio seria na secção do código civil dedicada aos direitos de personalidade([250]).

Importa então averiguar se não deveremos chegar à mesma conclusão a propósito da tutela do crédito, considerando a sua inclusão no âmbito da responsabilidade civil delitual como uma solução pouco acertada.

Por um lado, o crédito enquanto sinónimo de reputação ou prestígio tem de configurar-se necessariamente como um bem eminentemente pessoal. Cumpre, todavia, indagar se no seu âmbito não se têm de considerar também integrados outros elementos, mormente de índole patrimonial, capazes de determinar um outro tratamento sistemático para esta matéria.

Uma tal averiguação implica uma mais detalhada análise deste bem jurídico, assumindo neste contexto alguma importância a história legislativa do art. 484.º, bem como os lugares sistemáticos paralelos onde o nosso legislador se inspirou.

Assim, e no tocante ao preceito germânico fortemente inspirador da nossa lei, além da referência ao **crédito de outrem** (*kredit eines anderen*), faz-se ainda expressa menção às consequências desvantajosas produzidas nas respectivas possibilidades aquisitivas (*Erwerb oder fortkommen herbeizuführen*)([251]). Devemos, então, claramente considerar que o §824 do B.G.B. não tem por objectivo a tutela de dimensões pessoais da personalidade humana, mas antes os *wirtschafliche interessen*([252]).

Numa primeira análise, este direito ao crédito parece assumir no B.G.B. uma amplitude maior, uma vez confrontado com o art. 484.º, onde

---

([250]) No âmbito do direito italiano, onde não encontramos uma disposição semelhante ao nosso art. 484.º, a reputação económica entendida em termos genéricos, ou seja, ignorando a tutela especial que lhe é concedida nos arts. 2595-2601 do Codice Civile, aparece perspectivada na doutrina como direito de personalidade. Por contraposição, a reputação económica no âmbito do direito da concorrência é concebida como capacidade de ganho, cfr., neste sentido, FERRARA, JR. FRANCESCO, *Teoria Giuridica dell'Azienda*, Florença, 1943, pág. 303 e ss, GIULIANO, ALDO, *La tutela Aquiliana...*, *ob. cit.*, págs. 80-81.

([251]) Desta feita, consideram-se expressamente abrangidos no âmbito do §824 do BGB, a posição económica actual e futura do visado pelas afirmações fácticas falsas. Neste sentido, SCHWERDTNER, PETER, anotação à decisão do BGH 7.02.1984..., *ob. cit.*, pág. 1104 (e a jurisprudência citada pelo autor na nota 21). Estando em causa uma empresa, podemos considerar aqui abrangidas as comummente designadas *Chancen* da doutrina germânica. Tais possibilidades ou perspectivas da empresa baseiam-se fundamentalmente na experiência negocial, bem como nas relações de facto patrimoniais da empresa com clientes e fornecedores. Sobre esta matéria, cfr. GIERKE, OTTO VON, *Die genossenschaftstheorie und die deutsche rechtsprechung*, Weidmannsche Verl., Berlin, G. Olms Verl., Hildesheim, 1963 (reprod. da ed. de 1887), pág. 9.

([252]) Neste sentido, cfr. STEGMANN, OLIVER, *Tatsachenbehauptung...*, *ob. cit.*, pág. 35.

apenas é feita uma mera menção a este bem jurídico, sem quaisquer outras indicações suplementares.

Sob este aspecto, poder-se-á considerar bastante mais próximo do Código Civil alemão, o §3 do art. 733.º do anteprojecto Vaz Serra. Para além do crédito de outrem, os trabalhos preparatórios referem-se também aos prejuízos causados à aquisição ou prosperidade de outrem. Ao reportar-se a este tipo de danos de índole manifestamente patrimonial, o autor dos trabalhos preparatórios quis, de modo claro e expresso, proteger o património das pessoas dos prejuízos decorrentes de factos deformadores da imagem ou perfil económico-social das mesmas.

Nem mesmo com esta configuração tão ampla do crédito, o anteprojecto tinha em vista a protecção do património em si mesmo. De igual modo, não se pretendia por esta via tutelar a empresa comercial ou industrial de que alguém seja titular como um direito absoluto. Com efeito, este objectivo era alcançado pelo §2 do art. 733.º do anteprojecto, onde expressamente se remetia para o §1.º do art. 731.º, ou seja, para a protecção de uma tal realidade em termos delituais.

Não temos quaisquer dúvidas em considerar como incluídos no âmbito da obrigação de indemnizar decorrente da violação da aquisição e prosperidade de outrem as frustrações patrimoniais futuras, isto é, os benefícios ou vantagens que o lesado seria capaz de auferir se não fosse a circunstância de ter ocorrido o facto lesivo[253]. Não podemos, no entanto,

---

[253] Estamos a reportar-nos basicamente à categoria dos lucros cessantes, onde se incluem os benefícios que o lesado ainda não tinha direito à data da prática do facto lesivo (acerca das origens desta categoria ainda não prevista na *lex aquilia*, cfr. JUSTO, A. SANTOS, *Lex Aquilia...*, ob. cit., págs. 20 e 45). Não se exige, ao contrário de quanto sufraga Pessoa Jorge, a existência, no momento da lesão, de um direito ao ganho inviabilizado pelo facto ilícito. Cfr., neste sentido, JORGE, F. PESSOA, *Ensaio sobre os pressupostos da responsabilidade civil*, Cadernos de Ciência e Técnica Fiscal, Lisboa, 1968, pág. 378. O autor não considera particularmente relevante, a propósito desta distinção, o momento da verificação dos prejuízos, falando da existência de danos emergentes como prejuízos futuros e lucros cessantes enquanto danos presentes.

Apesar de podermos visualizar danos emergentes cuja liquidação se torne difícil determinar aquando da prática do facto lesivo, relegando-se essa operação para o momento de execução de sentença (No sentido de não confundir a distinção entre danos emergentes e os lucros cessantes com aqueloutra em torno dos danos presentes e os danos futuros, Cfr., COELHO, F. M. PEREIRA, *O Problema da Causa Virtual na Responsabilidade Civil (reimpressão)*, Coimbra, 1998, pág. 82, nota 43) e de os lucros cessantes, por sua natureza, serem reportados a benefícios ou ganhos previsíveis do ponto de vista objectivo, no momento da ocorrência de lesão, não podemos deixar de considerar o período de verificação dos danos como a *summa divisio* deste critério distintivo.

circunscrever ao círculo dos lucros cessantes os danos ressarcíveis no âmbito do §3.º do art. 733.º do anteprojecto, uma vez que propondo-se proteger a prosperidade, Vaz Serra terá querido algo mais.

Para além de uma contabilização atomística de perdas patrimoniais futuras, pretendia-se garantir uma situação mais estável relacionada já com um projecto de vida económica, empresarial, negocial ou profissional em construção([254]) mesmo quando os resultados ainda não sejam necessariamente visíveis ao tempo da ocorrência da lesão.

---

No fundo, estamos a aderir a um critério jurídico ou meramente formal na distinção destas duas categorias de prejuízos. Tal como nos ensina Pereira Coelho "decisivo é só aqui que o lesado tenha ou não tenha um direito ao bem atingido (ou sobre o bem atingido) no momento do facto danoso, Cfr., COELHO, F. M. PEREIRA, *ob. ant. cit.*, págs. 81-82, nota 43.

Apenas a adopção de um critério económico ou substancial permitirá visualizar os lucros cessantes como uma diminuição patrimonial, isto é, como um dano presente ao tempo da ocorrência da lesão. Ora, de acordo com uma perspectiva económica do património, neste consideram-se não apenas as utilidades actuais ou os bens existentes na titularidade do lesado no momento da prática do facto lesivo, como ainda as utilidades futuras e as expectativas de aquisição de bens ou vantagens.

Numa tal óptica, tanto os danos emergentes, quanto os lucros cessantes, podiam assim ser considerados como diminuições patrimoniais ou danos presentes. Todavia, esta orientação não chega sequer a oferecer um critério para distinguir estes dois tipos de danos. Neste sentido, *vide,* Cfr., COELHO, F. M. PEREIRA, *ob. ant. cit.*, pág. 81 e 82, nota 43.

Regista-se assim um estranho entrecruzamento das perspectivas jurídicas e económica no pensamento de Pessoa Jorge. Por um lado, para afirmar a existência de lucros cessantes, o autor pressupõe a titularidade pelo lesado, no momento da lesão, de uma situação jurídica donde emerge o direito ao ganho frustrado. Por outro, o mencionado direito de ganho frustrado, abrange necessariamente as utilidades ou vantagens patrimoniais futuras, isto é, as não efectivadas ao tempo de prática do facto lesivo. Ora, para considerar este tipo de prejuízo como um dano presente, o autor tem de sufragar um perspectiva económica de destrinça entre os danos emergentes e os lucros cessantes.

Apesar de se socorrer de elementos envolvidos no critério jurídico de distinção entre danos emergentes e lucros cessantes, Pessoa Jorge não retirou dele as ilações devidas, uma vez que as situações por ele qualificadas como *lucrum cessans* devem antes considerar-se integradas, de acordo com esta perspectiva, na categoria dos *damnum emergens*.

Pela nossa parte, e de acordo com um entendimento jurídico, quando em texto falamos em frustrações patrimoniais futuras queremos genericamente considerar os ganhos ou os benefícios gorados, e não as vantagens patrimoniais já integradas na esfera jurídica jurídico-patrimonial ao tempo da ocorrência da lesão. Em rigor, estão aqui em causa autênticos danos emergentes.

([254]) Não queremos com isto significar que tal projecto se encontre já delineado, mas tão somente que essa dimensão económico-negocial se revele delineavel no futuro, em virtude dos atributos pessoais constitutivos do crédito ou do *status* económico-social de cada indivíduo. No entanto, poderão no momento da prática do facto lesivo já se ter também lançado as bases de um concreto projecto onde se fundamente o referido bem da

No fundo está aqui em causa um lastro de índole sócio-económica, mais ou menos concretizado, mas com potencialidades de objectivação determináveis.

Particularmente interceptada com a categoria do crédito, a prosperidade distancia-se dela pela circunstância de neste particular domínio se registar uma maior concretude. Apesar de no bem jurídico do crédito se encontrar já esboçado um perfil económico-social da pessoa, ainda não se regista aí o nível de objectivação associado à ideia aludida de prosperidade. Porém, a tutela das possibilidades aquisitivas e da prosperidade não figuram entre os bens jurídicos protegidos no art. 484.º.

Poder-se-á então legitimamente questionar se com tais supressões registadas neste preceito dedicado ao ilícito do bom nome e do crédito, o legislador não terá pretendido circunscrever significativamente o âmbito deste bem jurídico restringindo-o apenas ao universo das realidades não patrimoniais, tradicionalmente integradas na categoria dos direitos de personalidade.

Não se deverá apenas visualizar o crédito como sinónimo de bom nome ou reputação sócio-económica, entendidos como condições essenciais para a afirmação da personalidade humana em tais domínios?

Ninguém pode contestar a atribuição de tais características a este bem jurídico, mas torna-se impensável reconduzir a delimitação do seu âmbito a um entendimento puramente não patrimonial. Não obstante o âmbito da redacção final do art. 484.º se revelar mais restrito que o definido nos trabalhos preparatórios, ninguém pode contestar a forte dimensão patrimonial subjacente ao bem do crédito aí protegido.

Obviamente não se nos afigura correcto concebê-lo como um poder directo e imediato sobre uma coisa, em termos de se lhe atribuir uma natureza jurídica real. Como já acentuámos não se pretende neste contexto, à semelhança de quanto sucedia no §2.º do art. 733.º do anteprojecto, tutelar a empresa comercial e industrial, seja a sua própria existência ou a sua

---

prosperidade. No fundo, a prosperidade assim concebida era perspectivada numa dimensão sobretudo económica, não sendo decisivo para o apuramento da sua violação saber da existência ou inexistência do bem na titularidade do lesado ao tempo da prática do facto lesivo.

Fundamental para se atribuir a titularidade deste bem a uma determinada pessoa é a possibilidade de a formulação em relação a si de um juízo de prognose favorável quanto a uma situação de sucesso e estabilidade sócio-económicas. Ora, tais juízos apenas podem ser pronunciados na base de certos raciocínios fundados nas regras normais da experiência e da vida, e de um modo particular, naquelas, dentro destas, que se servem de base ao enquadramento da actividade sócio-economica dos indivíduos.

concreta actividade, como um bem absoluto([255]). Se tivesse vingado uma tal redacção, ter-se-iam dissuadido muitas dúvidas quanto à tutela da empresa enquanto realidade multiforme na qual se conjugam dimensões jurídicas com outros elementos meramente factuais. Como sabemos, um tal entrecruzamento tem suscitado inúmeras dúvidas doutrinais quanto à qualificação da empresa como uma universalidade de direito ou de facto([256]).

De igual modo, também não está aqui em causa a protecção em torno de bens imateriais, tal como sucede no universo das marcas, das patentes e do direito de autor, levada a cabo através dos comummente designados direitos sobre bens imateriais([257]). Também estes direitos, à semelhança dos da personalidade, podem versar sobre os bens ligados à personalidade humana. Porém, relativamente aos direitos sobre bens imateriais, os interesses económicos aí coenvolvidos autonomizam-se de tal modo da matriz pessoal da qual são oriundos que os bens jurídicos por eles tutelados se configuram como **transmissíveis** e **disponíveis**. Ora, como já atrás salientámos, tal não sucede com os direitos de personalidade, aos quais anda associada a característica da **intransmissibilidade** e os **poderes de disposição** se revelam limitados.

Devem, no entanto, considerar-se, sem margem para dúvidas, incluídas no âmbito do crédito as vantagens ou utilidades patrimoniais goradas

---

([255]) Poder-se-ia falar aqui, na senda de Isay, de um direito real imaterial, ou de um direito análogo à propriedade cujo objecto se traduziria na actividade patrimonial das empresas. Para maiores desenvolvimentos sobre esta matéria, Cfr., SERRA, ADRIANO VAZ, *Os requisitos da responsabilidade...*, ob. cit., págs. 24 e ss.

([256]) A propósito da *vexata qæstio* da qualificação da empresa como uma universalidade de direito ou de facto, cfr. ASCENSÃO, J. OLIVEIRA, *Estabelecimento Comercial e Estabelecimento Individual de Responsabilidade Limitada*, in R.O.A., 1987, pág. 13 e ss.

([257]) Para a emergência da categoria dos direitos sobre bens imateriais e determinação dos termos de distinção face aos direitos de personalidade foi decisiva a contribuição da dogmática germânica. Ao invés do que sucedeu na doutrina e jurisprudência francesas, onde se estendeu o conceito de propriedade de forma a aí integrar a protecção dirigida a bens imateriais e da personalidade, na Alemanha, em virtude da fidelidade mantida em relação à concepção romana daquele direito real, a tutela de tais realidades pessoais foi garantida através das categorias em análise. Cumpre destacar neste percurso, a influência das obras de Gierke e de Kohler, ficando-se basicamente a dever a este último autor a fixação dos critérios distintivos entre os direitos de personalidade e os direitos sobre bens imateriais. Como a este propósito sublinha Oliveira Festas, a emergência de tais direitos deriva da "recusa da doutrina germânica de aplicar a concepção romana de propriedade a coisas não corpóreas..., e não ao facto de o §823 do B.G.B. não ser uma cláusula geral equiparável ao art. 1382.º do C. Civ., cfr. FESTAS, D'OLIVEIRA, *Do conteúdo patrimonial...*, ob. cit., pág. 51 (nota 189).

em virtude da difusão de factos ofensivos da imagem ou prestígio sócio-económico das pessoas por estes visadas.

No fundo, os direitos de índole patrimonial, inexistentes ao tempo da divulgação das declarações fácticas, mas previsivelmente susceptíveis de ser adquiridos no futuro, como uma normal objectivação do perfil ou imagem sócio-económica das pessoas atingidas, não podem deixar de fazer parte do *quantum* indemnizatório devido por quem incorra no ilícito previsto no art. 484.º.

Mesmo não tendo subsistido na redacção final deste preceito a menção às possibilidades aquisitivas e à prosperidade, a categoria dos lucros cessantes não ficou de modo algum excluída das preocupações legislativas. Na senda de Christiane Wendehorst, importa colocar em destaque o carácter difuso e potencial dos danos causados na sequência de afirmações descredibilizantes. Atenta a dificuldade de contabilização destes *schadenspotencial,* revela-se fundamental para apurar os danos decorrentes da perda de oportunidades o recurso a presunções fundadas nos dados da experiência dos respectivos sectores de actividade. Desta feita, pode revelar-se fundamental num tal contexto os contributos fornecidos pelos dados estatísticos, cuja elaboração tem, por regra, na base uma racionalidade comparativa entre as perdas e as vantagens associadas ao exercício de determinadas actividades([258]).

Apesar de o ilícito ao bom nome e ao crédito não se destinar a garantir a integridade do património dos lesados([259]), nem tão pouco a defesa de *status* ou relações patrimoniais estáveis a estes associados, não deixa de ser imprescindível o apelo à vertente patrimonial para se poder caracterizar, em termos adequados, o bem jurídico do crédito. Aliás, este *minimum* de dimensão patrimonial não pode ser negligenciado, sob pena da tutela do crédito se revelar algo de evanescente.

---

([258]) Cfr., WENDEHORST, CHRISTIANE, *Anspruch und Ausgleich – Theorie Einer Vorteils – und Nachtelisausgleichung im Schuldrecht* (Ius Privatum Band 37), Tübingen, 1999, pág. 172 e ss. (especialmente pág. 174).

([259]) Neste sentido se pronunciou o BGH na decisão de 7.02.1984, a propósito do ilícito previsto no §824 do BGB. De igual modo, este tribunal superior também não considera que o objectivo "das Recht am eingerichteten und ausgeübten gewerbebetrieb" seja garantir a incolumidade do património do lesado. Cfr., decisão do BGH de 7.02.1984, *in* JZ, *ob. cit.,* pág. 1100.

## 2.3. Conteúdo patrimonial do direito ao crédito. O Direito ao crédito como direito de personalidade

Configurando-se o crédito como reputação ou bom nome sócio-económico, não temos quaisquer dúvidas em considerar a iniciativa, as capacidades de previsão e de prospecção, a perícia e o rigor técnico, a persistência e a firmeza negociais como dimensões estruturantes da realidade jurídica em análise.

Ora, todos os atributos acabados de elencar constituem simultaneamente *manifestações* e *condições essenciais* para afirmação da personalidade humana. Desta feita, encontramo-nos perante bens indissociáveis da personalidade humana, devendo, por isso, ser qualificados como valores de índole pessoal.

Tendo em conta que a natureza extrapatrimonial é comummente enunciada como nota caracterizadora dos direitos de personalidade, causa alguma perplexidade sustentar, tal como o fizemos atrás, a *natureza patrimonial do crédito*.

Subjacente a tais dificuldades encontra-se o entendimento tradicional inspirado nos ensinamentos novecentistas, profundamente marcado pela preocupação de encontrar um enquadramento adequado para a tutela dos bens da personalidade, o qual apenas podia ser alcançado fora da concepção clássica do direito subjectivo enquanto poder de vontade([260]). Com efeito, este enfoque voluntarista entendido como dimensão estruturante da categoria mencionada, revela-se tão-somente compreensível no âmbito de direitos como a propriedade, onde se afirma de modo pleno e integral o poder de disposição do titular sobre a coisa objecto do domínio.

Relativamente aos direitos de personalidade, a sua compreensão não dispensa a ineliminável referência a uma dimensão ética e antropocêntrica. Não é a situação de poder do titular do direito sobre o objecto que caracteriza as realidades em análise, mas antes a imposição de uma obrigação de respeito a todos os membros da comunidade jurídica, face a bens pessoais intangíveis([261]).

---

([260]) Para uma análise mais pormenorizada das razões justificativas da qualificação dos direitos de personalidade unicamente como direitos não patrimoniais, cfr. FESTAS, D. OLIVEIRA, *Do Conteúdo Patrimonial...*, *ob. cit.*, pág. 71 e ss.

([261]) Neste sentido, colocando o acento tónico da caracterização dos direitos de personalidade na obrigação passiva universal, e no correspondente *ius excludendi omnes alios* atribuído aos respectivos titulares, cfr. COELHO, F. M. PEREIRA, *O Enriquecimento e o Dano*, reimpressão, Coimbra, 1999, pág. 46 (nota 105).

Resta, no entanto, apurar se esta inevitável clivagem em torno da natureza dos interesses tutelados (patrimoniais/pessoais) pelos direitos reais, por um lado, e pelos direitos de personalidade, por outro, constitui um obstáculo insuperável ao reconhecimento da existência de direitos cuja matriz pessoal se revela inegável (direitos de personalidade), mas relativamente aos quais se pode afirmar também uma componente patrimonial([262]).

Negar uma tal realidade significaria ignorar um dado incontornável das sociedades hodiernas traduzido no aproveitamento económico dos bens da personalidade. No entendimento de Klippel, e na linha de um entendimento liberal, esta incindível ligação registada entre as dimensões pessoais e patrimoniais no âmbito dos direitos de personalidade encontra o seu fundamento na necessidade de garantia da autodeterminação individual([263]). Quem pode contestar a atribuição de poderes económicos exclusivos, tanto negativos, quanto positivos, ao titular do direito à imagem, ou ao autor de uma obra?([264]). Esta nota ou dimensão patrimonial não convola, porém, estes direitos de personalidade em direitos reais.

Bem vistas as coisas, também no âmbito do bem jurídico em análise – o crédito – se pode visualizar uma dimensão patrimonial. Basta tomar em consideração as melhores condições remuneratórias auferidas por um trabalhador altamente reputado, o maior valor de trespasse de um estabelecimento em virtude de com este se transmitirem também contratos

---

([262]) A este propósito cumpre salientar a posição do B.G.H. em relação ao caso Marlene Dietrich (B.G.H. 1.12.1999, in W.R.P. (Wettbewerb in Recht und Praxis) – 2000, pág. 746 e ss, e B.G.H. 1.12.1999, in W.R.P. – 2000, pág. 754 e ss.), onde está em causa o aproveitamento não autorizado da imagem da actriz com finalidades lucrativas (publicitárias). Nestas decisões, o B.G.H. acaba por reconhecer expressamente que no âmbito do direito geral de personalidade também há espaço para a tutela de valores patrimoniais. Para a apreciação crítica desta decisão, cfr. BEUTHIEN, VOLKER, *Schütz das allgemeine Persönlichkeitsrecht auch Kommerzielle Interessen der Person? Kritik an der Marlene Dietrich Entscheidungen des B.G.H.*, in ID. (a cura di), Persönlichkeitsgüterschutz vor und nach dem Tode, BadenBaden, 2002, pág. 75 e ss., STAUDINGER, A., SCHMIDT, R., *Marlene Dietrich und der (postmortale) Schutz Vermögenswerter Persönlichkeitsrechte*, in Jura, 2001, pág. 241 e ss.

([263]) Cfr., KLIPPEL, DIETHELM, *Historische Wurseln und Funktionen von Immaterialgüter und Persönlichkeitsrechte im 19. Jahrhundert*, in Zeitschrift für Neuere Rechtsgeschichte, 1982, pág. 154.

([264]) A propósito do aproveitamento económico em torno dos direitos à imagem e de autor, e da manutenção da sua qualidade de direitos de personalidade, cfr. MARINI, G., MARELLA, M.R., *La Costruzione Sociale del danno, ovvero l'importanza degli stereotipi nell'analisi giuridica*, in Riv. Crit. Dir. Priv., 1999, pág. 3 e ss., RESTA, GIORGIO, *Autonomia Privata ..., ob. cit.*, pág. 7 e ss, EDELMAN, BERNARD, *De la Proprieté – personne à la valeur-désir*, in D., 2004, chr., pág. 155 e ss.

relativos a profissionais competentes, e ainda a circunstância do aviamento de uma empresa ser condicionado de modo particular pela credibilidade de quem a explora([265]), para constatarmos que o crédito constitui um bem jurídico potenciador de relações económicas, ao qual, por conseguinte, se associa uma dimensão patrimonial.

Convocando a este propósito os ensinamentos de Capelo de Sousa, os bens da personalidade, apesar da sua extrapatrimonialidade, "têm grande relevância para a vida económica das pessoas e, inclusivamente, ..., da sua lesão podem resultar não apenas danos não patrimoniais, mas também danos patrimoniais"([266]).

Não poderemos falar a propósito do direito ao crédito, tal como o fizemos quanto à imagem, da possibilidade de um aproveitamento exclusivo deste bem jurídico por parte do respectivo titular. Desta feita, não é possível a admissibilidade de um acordo contratual cujo objecto se consubstancie no bem do crédito como uma entidade *a se* (ex.: licenciamento do crédito).

Todavia, sustentamos que a projecção sócio-económica de uma pessoa configura um lastro ou substrato patrimonial, em certas situações, susceptível de uma avaliação em termos pecuniários não apenas traduzível numa contabilização atomística das perdas ou lucros cessantes. Estamos a pensar, de modo particular, nas hipóteses em que o aviamento de uma empresa ou o êxito da actividade profissional de determinada pessoa, esteja fundamentalmente dependente do prestígio, competência e capacidade do respectivo titular. Uma tal posição defronta-se, desde logo, com a dificuldade prévia de determinar o grau de dependência das categorias em confronto: aviamento e sucesso profissionais, *versus,* prestígio e capacidade.

Constituindo o universo da patrimonialidade um terreno onde prevalecem exigências de rigor e objectividade, não representará o nexo de

---

([265]) A clientela enquanto conjunto de pessoas que entabulam relações com o estabelecimento (cfr, BROSIO, MANLIO, anotação..., *ob. cit.*, col. 1581, ABREU, J. COUTINHO, *Da Empresarialidade, as Empresas no Direito*, Coimbra, 1966, pág. 49 e ss.) constitui um índice do aviamento, e na opinião de certos autores este conceito de clientela abrange as pessoas atraídas pelas qualidades pessoais do empresário, ou seja, pelo crédito. De acordo com um tal critério, a clientela distingue-se assim de *l'achalandage* do direito francês, que num dos sentidos susceptíveis de lhe serem associados diz respeito às pessoas ligadas ao estabelecimento em virtude de factores materiais por este propiciados. Para uma análise mais desenvolvida dos conceitos de clientela e de *l'achalandage*, Abreu, J. Coutinho, ob. ant. cit., págs. 49-52. ROTANDI, MARIO, *Diritto Industriale,* 5.ª ed., Padova, 1965, pág. 76, CARUSI, DONATO, *Avviamento, Proprietá e Locazione,* Milano, 1992, págs. 19-25.

([266]) Cfr. SOUSA, R. CAPELO DE, *O Direito Geral...*, ob. cit., pág. 415.

dependência acabado de expor um obstáculo intransponível à possibilidade de quantificação do crédito? Desde logo, a dificuldade apontada não é, de todo, insuprível nas áreas ou actividades económico-sociais onde se revele possível levar a cabo uma análise comparativa([267]). Pense-se, no confronto do aviamento de empresas do mesmo ramo situadas numa determinada localidade, com condições logísticas, de financiamento, e enquadramento jurídico substancialmente idêntico. O diferencial quantitativo entre os aviamentos das empresas submetidas à análise comparativa ficará a dever-se certamente ao crédito de quem exerce a respectiva actividade.

Ora, nestas hipóteses, quando se verifique a divulgação de factos susceptíveis de provocarem uma diminuição do crédito, e feita a prova pelo lesado da impossibilidade de repor aos olhos do público o prestígio abalado, poder-lhe-á ser atribuído, a título indemnizatório, um montante equitativamente apurado pelo juiz correspondente à relevância económica de um tal bem jurídico, para além da contabilização dos lucros e perdas cessantes, decorrentes da diminuição objectivamente demonstrada, do aviamento.

Importa, no entanto, estar consciente das dificuldades acrescidas de proceder à realização de tais cálculos nas hipóteses de exercício de actividades sócioprofissionais em regime de monopólio, ou quando os termos da comparação do binómio aviamento/capacidade ou prestígio suponham uma referência inevitável a variáveis ou assimetrias significativas registadas a propósito dos sectores de actuação submetidos à análise comparativa.

A este propósito, podemos, desde logo, centrar a nossa atenção sobre certos domínios de actividade onde vigora um regime de condicionamento do respectivo exercício, encontrando-se este dependente de certos factores como o território e os índices demográficos, à semelhança de quanto ocorre entre nós com o sector da farmácia de oficina.

O grau de dependência do aviamento ou de sucesso profissional face à iniciativa ou capacidade de quem exerce a respectiva actividade revela-se aqui significativamente inferior aqueloutros domínios onde impere o regime da livre concorrência. Na verdade, a ligação da clientela ao profis-

---

([267]) Não queremos, porém, escamotear as dificuldades de proceder a uma tal análise comparativa, porquanto se torna muito difícil proceder a um confronto de posições em que a única variante seja o prestígio de quem detenha uma empresa ou exerça determinada actividade profissional. Com efeito, o "mercado socio-profissional" não se revela perfeito, e existem sempre assimetrias inerentes ao exercício das profissões (ex.: as bibliotecas dos advogados e as aparelhagens técnicas dos médicos), neste sentido, cfr. Brosio, Manlio, anotação à decisão da corte ..., ob. cit., col. 1582.

sional ou ao estabelecimento por este dirigido justifica-se, também com base noutros factores, entre os quais cumpre destacar a *necessidade* de aquisição dos bens, ou de acesso a serviços essenciais para a satisfação de exigências vitais, bem como a *comodidade* e *proximidade* do cliente ao estabelecimento ou ao profissional que faculta estes bens e serviços([268]).

Socorrendo-nos da terminologia de Rotondi, poderemos qualificar o aviamento de uma farmácia *"piú ancora che soggettivo, é avviamento oggettivo"*([269]). Não pretendemos com isto negar a influência do crédito na delimitação do aviamento deste tipo de estabelecimento, uma vez que mesmo quando nos encontramos face a grandes sociedades, o prestígio dos seus dirigentes revela-se fundamental (ex.: a influência de Agnelli na Fiat) para a dinamização das relações entre as empresas e terceiros (os clientes e fornecedores). Apenas se quer destacar as dificuldades acrescidas de proceder a uma determinação aproximada da relevância quantitativa do crédito profissional no universo acabado de mencionar.

Cumpre, porém, sublinhar que o reconhecimento de uma dimensão patrimonial ao bem jurídico do crédito, tal como sustentamos, não implica a correlativa autonomização do mesmo quer quanto à matriz pessoal onde se fundamenta, quer relativamente à "unidade jurídica"([270]) onde se projecta e influencia como é o caso das empresas. Se mesmo relativamente ao aviamento, que constitui um valor económico mais concreto, não aceitamos, na senda de Rotondi([271]), a sua qualificação como um elemento

---

([268]) Cfr, a este propósito, Brosio, Manlio, anotação à decisão da corte ..., ob. cit., col. 1582.

([269]) appud, Brosio, Manlio, anotação à decisão da corte ..., ob. cit., col. 1582.

([270]) No sentido de conceber a empresa ou o estabelecimento como uma unidade jurídica, cfr. CORREIA, A. FERRER E SÁ, ALMENO DE, *Oferta pública de venda de acções e compra e venda de empresa*, in separata da "Colectânea de Jurisprudência", IV Vol., 1993, pág. 18 e ss., Correia, A. Ferrer, Reivindicação do estabelecimento como unidade jurídica, in Estudos de Direito Civil, Comercial e Criminal, 2.ª ed., Coimbra, 1985, pág. 262 e ss. Cumpre, porém, sublinhar as dificuldades de alcançar um conceito unitário de empresa. De resto, tais aporias têm-se sentido com particular intensidade nos vários ordenamentos jurídicos continentais. A propósito de tais dificuldades no âmbito do direito germânico, italiano e francês, cfr. ABREU, J. COUTINHO, *L'Europeanisation du concept d'entreprise*, in Revue Internationale de Droit Economique, 1995, I, págs. 9-10 (especialmente nota 1).

([271]) ROTONDI, MARIO, *Diritto Industriale...*, ob. cit., pág. 75 e ss., CARUSI, DONATO, *Avviamento..., ob. cit.*, Capítulo I, pág. 1 e ss. No mesmo sentido, na doutrina nacional, CARVALHO, ORLANDO DE, *Alguns aspectos da negociação do estabelecimento*, in R.L.J., ano 115 (1982/83), pág. 10. Porém, uma tal posição não é unanimemente acolhida nas doutrinas estrangeira e nacional. Para uma análise mais desenvolvida sobre a discussão

autónomo da empresa, susceptível, enquanto tal, de ser considerado como objecto de negociação individualizada, então, por maioria de razão, não sufragamos a admissibilidade do crédito, enquanto elemento do aviamento, e qualidade da empresa ou do empresário poder ser perspectivado como um bem jurídico autonomamente negociável([272]).

Algumas perplexidades se podem suscitar relativamente ao alcance ou extensão a atribuir à dimensão patrimonial do bem jurídico crédito. Por um lado, concluímos, sem quaisquer hesitações, pelo reconhecimento do conteúdo patrimonial do crédito. Por outro, consideramos impossível admitir, tal como sucede a propósito do direito à imagem, a existência de acordos dirigidos ao aproveitamento económico exclusivo deste bem jurídico([273]). Estando em causa um bem eminentemente pessoal, não nos defrontamos com valores da personalidade comerciáveis, relativamente aos quais se possam afirmar as características da *disponibilidade* e da *transmissibilidade*.

Afirmada a insusceptibilidade do crédito constituir objecto autónomo de acordos contratuais, estamos claramente a evidenciar a natureza eminentemente pessoal deste bem jurídico, excluindo-os do âmbito dos direitos sobre bens imateriais, onde os interesses económicos assumem relevo

---

dogmática em torno da autonomia do aviamento, cfr. ABREU, J. COUTINHO, *Da Empresarialidade (As Empresas no Direito)*, Coimbra, 1996, pág. 49 (nota 125).

([272]) Acerca da maior concretude do aviamento relativamente ao crédito, cfr. Brosio, Manlio, anotação à decisão da corte ..., ob. cit., col. 1581.

([273]) Para uma análise mais desenvolvida acerca dos direitos de aproveitamento económico exclusivo dos bens da personalidade, cfr. KLÄVER, M., *Bereicherungsrechtliche Ansprüche bei einer Verletzung des Allgemeinen Persönlichkeitsrechts*, Hamburg, 1999, pág. 209, KLIPPEL, DIETHELM, *Der Zivilrechtliche Schutz des Namens*, in Ufita, 1988, pág. 259 e ss., FREITAG, A., *Die Kommerzialisierung von Darbietung und Persönlichkeit des Ausübenden Künstlers*, Baden-Baden, 1993, pág. 68 e ss. Neste contexto, cumpre ainda fazer referência à posição daqueles autores que fundamentam no direito à auto-determinação (*SelbstDarstellung*) os direitos supra-mencionados. Cfr., SEELMANN, *Menschenwürde Zwischen Person und Individuum von der Repräsentation zur Selbst-Darstellung?*, in Festschrift für Ernst-Joachim Lampe zum 70, Geburtstag, Berlin, 2003, pág. 301 e ss, BASTON, M., *Vogt, Der Sachliche Schutzbereich des Zivilrechtlichen Allgemeinen Persönlichkeitsrechts*, Tübingen, 1997, pág. 214 e ss. Ainda acerca da relevância autónoma dos interesses patrimoniais no âmbito dos direitos privativos sobre bens imateriais, cfr. MARQUES, J. REMÉDIO, *Biotecnologia(s) e Propriedade Intelectual. Direito de Autor. Direito de Patente e Modelo de Utilidade. Desenhos ou Modelos.* Coimbra, 2007, pág. 34 e ss., *Algumas notas sobre a patenteabilidade de animais e vegetais*, in Lusíada, Revista de Ciência e Cultura, Série Direito, 1998, n.º 2, pág. 341 e ss., PEREIRA, ALEXANDRE D., *Informática, Direito de Autor e Propriedade Tecnodigital*, in Stvdia Ivridica, 55, Coimbra, 1999, pág. 132 e ss.

autónomo([274]). Uma tal conclusão revela-se assim mais consentânea com a característica da extrapatrimonialidade omnipresente na órbita onde circulam os direitos de personalidade. Entre as consequências de regime jurídico daí decorrentes merecedoras de registo, cumpre destacar, desde logo, a impenhorabilidade([275]) deste valor da personalidade.

Ora, como poderemos então coerentemente conciliar a propósito da caracterização da mesma realidade duas expressões (extrapatrimonial e patrimonial) aparentemente antinómicas?

Se tivermos em atenção o domínio circunscrito a propósito do qual defendemos a relevância patrimonial do crédito – a área extracontratual ocupada pela divulgação de afirmações de facto respeitantes a sectores económico-sociais específicos, então teremos de concluir por uma importância mitigada desta característica. Apenas para efeitos de determinação do *quantum* indemnizatório pela violação de um bem da personalidade, assume uma verdadeira autonomia a tradução patrimonial do prestígio ou capacidade económico-negocial dos visados. Para além disso, e como deixámos referido, nem em todos os contextos económico-profissionais se torna possível proceder a uma determinação, conquanto equitativa, do valor económico do bem jurídico em análise.

Quando, porém, dentro dos condicionalismos mencionados, se revelar possível apurar a relevância patrimonial do crédito, o quantitativo assim determinado deverá ser concedido a título indemnizatório ao lesado, independentemente do ressarcimento dos lucros cessantes a que tenha direito na sequência dos factos ofensivos divulgados([276]). Não será, no entanto,

---

([274]) Para uma análise desenvolvida da distinção entre direitos da personalidade e direitos sobre bens imateriais, cfr. FESTAS, D. OLIVEIRA, *Do conteúdo patrimonial...*, ob. *cit.*, pág. 49 e ss.

([275]) Acerca da impenhorabilidade dos direitos de personalidade, cfr. MAZEAUD (HENRI, LÉON ET JEAN), E CHABAS, FRANÇOIS, *Leçons de Droit Civil, I, 2, Les personnes, la personalité, les incapacités*, Paris, Montchrestien, 1986, pág. 948.

([276]) Ao conceber-se o bem jurídico do crédito como um direito de personalidade com um forte pendor patrimonial, não se levantam, como já referimos, quaisquer problemas quanto à admissibilidade do ressarcimento dos lucros cessantes resultantes da sua violação. Na verdade, os lucros cessantes são danos patrimoniais que devem ser vistos como a repercussão na esfera jurídica do lesado da ocorrência de prejuízos reais, que podem ter sido causados em bens até insusceptíveis de avaliação pecuniária. Por contraposição a estes, encontramos os danos reais traduzidos basicamente na perda sofrida pelo lesado nos interesses materiais ou espirituais abrangidos pelo facto ilícito. Acerca desta distinção clássica entre danos patrimoniais ou danos de cálculo e danos reais, cfr., por todos, VARELA, J. ANTUNES, *Das obrigações...I*, ob. *cit.*, págs. 598-600, COSTA, M. ALMEIDA, *Direito das obrigações... I*, ob. *cit.*, pág. 595, MONTEIRO, A. PINTO, *Cláusulas limitativas e de exclusão de responsabilidade civil*, Coimbra, 1985, pág. 84 (nota 164), VELOSO, MARIA MANUEL, *A compensação do dano contratual não patrimonial (em especial no direito de autor)*, Coimbra, 1998, págs. 45-46, RAMOS, M. ELISABETE, *Aspectos substantivos da responsabilidade civil dos membros do órgão de administração perante a sociedade, in* B.F.D., Coimbra, 1997, págs. 240-241, SCOGNAMIGLIO, RENATO, *Il danno morale, in* Riv. Dir. Civ., 1957, I, pág. 287 e ss., MAJO, ADOLFO DI, *Tutela Rissarcitoria: Alla Ricerca di Una Tipologia, in* Riv. Dir. Civ., 2005, n.º 3, pág. 245 e ss, *La tutela civile dei diritti,* Milano, 2003, pág. 230 e ss., SALVI, CESARE, *La Responsabilitá Civile,* Giuffré, 1997, pág. 40 e ss. No mesmo sentido, mas distinguindo entre dano real e dano de cálculo, COELHO, F. M. PEREIRA, *O Problema da Causa Virtual na Responsabilidade Civil,* Coimbra, 1998, págs. 188-189 (nota 29), ALARCÃO, RUI DE, *Direito das obrigações, ob. cit.,* págs. 229-230.

Assim, ao visualizarmos no âmbito do direito ao crédito um conteúdo patrimonial, não temos quaisquer dúvidas em considerar que o legislador terá querido efectivamente incluir no círculo de danos correspondentes à violação de um tal direito os prejuízos de índole patrimonial, entre os quais se incluem os lucros cessantes. Um tal tipo de danos encontra-se naturalmente ligado ao exercício de uma actividade profissional e ou empresarial desempenhada por aquele a quem, em virtude da sua situação sócio-profissional, comunitariamente é reconhecido crédito ou prestígio sócio-económico.

Porém, também não se suscitam quaisquer dúvidas quanto ao ressarcimento dos lucros cessantes decorrentes da violação do bom nome, apesar de o prestígio e a reputação social não assumirem a mesma relevância ou conteúdo económico. Aliás, a figura dos danos patrimoniais indirectos surgida no âmbito das doutrina e jurisprudência italianas visou precisamente garantir o ressarcimento em dinheiro nas hipóteses de violação de bens de natureza pessoal, entre os quais se destaca o **bom nome comercial** ou o **prestígio profissional**. Cumpre, no entanto, contextualizar esta categoria, a qual emerge no âmbito do sistema jurídico italiano, onde as limitações à ressarcibilidade dos danos não patrimoniais (art. 2059.º do Codice Civile Italiano) são bastante mais intensas daqueloutras sentidas no nosso ordenamento jurídico(art. 496.º). A figura dos danos patrimoniais indirectos resulta sobretudo do "temor de ver determinadas situações relacionadas com bens pessoais serem por esse facto imediatamente concebidas como danos não patrimoniais". Neste sentido, Cfr. VELOSO, MARIA MANUEL, *A compensação do dano..., ob. cit.* , pág. 45, FRANZONI, MASSIMO, *Danno Morale, Contratto e Impresa,* 1990, n.º 1, pág. 329. Na verdade, qualificando os prejuízos decorrentes da violação de bens pessoais como danos não patrimoniais no âmbito de um sistema onde a sua ressarcibilidade surge particularmente limitada, corre-se o risco de deixar os prejuízos patrimoniais nestas hipóteses sofridos pelos lesados sem qualquer possibilidade de reparação. A doutrina italiana tem, na verdade, colocado em destaque a erosão sofrida ao longo dos tempos na regra da imediata equiparação entre a patrimonialidade do dano e a patrimonialidade do interesse lesado, cfr. FRANZONI, MASSIMO, *Danno Morale..., ob.cit.,* págs. 330-331, LIBERTINI, MARIO, *Le nuove frontiere del danno rissarcible, in* Cont. e Imp., 1987, pág. 95.

A categoria dos danos patrimoniais indirectos não constitui assim objecto de um tratamento dogmático autónomo no nosso panorama doutrinal. Com efeito, ao referirem--se aos danos indirectos os nossos autores têm sobretudo em conta o problema do nexo de

correcto configurar o crédito, como objecto de um direito real, ou considerar a vertente económica deste bem jurídico de tal modo autonomizada da sua matriz personalística, de modo a enquadrá-lo na categoria dos direitos sobre bens imateriais.

Sufragar a existência de direitos da personalidade que, sem perderem essa qualidade, assumam simultaneamente um conteúdo *pessoal* e *patrimonial*, corresponde a um entendimento monista igualmente acolhido a propósito de outros direitos da mesma natureza, como é o caso do direito à imagem ([277]). Não constitui, porém, nosso propósito transpor acritica-

---

causalidade entre o facto e o dano, representando esta categoria os prejuízos mediatos ou remotos ligados à prática do facto ilícito. A este propósito, Cfr., VARELA, J. ANTUNES, *Das obrigações...I, ob. cit.*, págs. 601 e 602 e pág. 896. Também na doutrina francesa (Carbonnier e Dupichot), há quem qualifique os danos indirectos como os prejuízos reflexamente sofridos por pessoas titulares de relações jurídicas conexas com quem foi directa e imediatamente atingido pela prática do facto lesivo. As pessoas afectadas por tais danos seriam atingidas não pelo próprio facto lesivo, mas pelas consequências práticas por ele produzidas em relação a outras pessoas. Invoca-se neste contexto, a título exemplificativo, os prejuízos causados ao patrão em virtude da incapacidade do seu criado, decorrente das agressões de que foi vítima.

Não se torna então necessário recorrer à categoria dos danos patrimoniais indirectos, tal como foi prefigurada pela doutrina italiana, quando no âmbito do nosso ordenamento jurídico positivo admitimos, sem tantas dificuldades, a compensação pecuniária dos danos causados nos bens insusceptíveis de avaliação pecuniária.

A grande questão que se nos coloca é se relativamente ao bom nome, se poderá afirmar, à semelhança de quanto sustentamos a propósito do direito ao crédito, a possibilidade de ocorrência de prejuízos susceptíveis de avaliação patrimonial, em virtude da dimensão económica susceptível de ser descortinada neste bem jurídico. Estamos neste contexto a convocar uma outra classificação dos danos consubstanciada na distinção entre danos patrimoniais e danos morais (ou não patrimoniais) (cfr. VARELA, J. ANTUNES, *Das Obrigações em geral, I..., ob. cit*, págs. 600-602, CORDEIRO, A. MENEZES, 2.º volume (reimpressão), Lisboa, 1994, págs. 285-286). Apesar de uma tal admissibilidade se confinar a hipóteses manifestamente contadas, certo é que não consideramos sufragável sustentar idêntica solução a propósito do círculo de prejuízos decorrente da violação do bom nome.

Com efeito, estando em causa direitos de personalidade onde se tutelem bens estritamente pessoais, como a integridade física, a honra e o bom nome, apenas podemos tomar em conta as repercussões negativas ocorridas na esfera patrimonial do lesado (danos emergentes e lucros cessantes), em relação aos quais se pode fixar um equivalente pecuniário como forma de reparação, cfr. Cfr. CORDEIRO, A. MENEZES, *Direito das Obrigações..., ob.cit.*, pág. 280, SCOGNAMIGLIO, RENATO, *Il Danno..., ob. cit.,* págs. 284-285, FRANZONI, MASSIMO, *IL Danno..., ob. cit.,* págs. 330, mas já não reconhecer a indemnização atribuida ao lesado como uma medida de restituição natural, tal como admitimos, apenas em situações muito especiais, a propósito da violação do crédito.

([277]) Para uma análise das posições doutrinais germânicas (Prosser, Freitag, Macold e Götting) que sustentam uma visão monista do direito à imagem, cfr. FESTAS, D. OLIVEIRA,

mente tais contributos para definir a natureza jurídica do crédito. Como já tivemos ocasião de sublinhar, o nível de individualização dos interesses manifesta-se mais intensamente no âmbito do direito à imagem que a propósito do crédito. Porém, não podemos permanecer indiferentes à tendência dogmático-jurisprudencial registada nas mais variadas experiências e áreas jurídicas([278]) no sentido de conferir relevância patrimonial à tutela dos bens da personalidade.

## 2.4. A emergência do direito à empresa no direito germânico e as insuficiências da tutela do crédito patenteadas pelo §824 do B.G.B.

A protecção da existência e da actividade das empresas comerciais ou industriais contra as perturbações imediatas que lhe são dirigidas proposta pelo n.º 2 do art. 733.º do anteprojecto Vaz Serra deve enquadrar-se no âmbito da problemática discussão suscitada no seio do direito germânico em torno da admissibilidade de um "direito sobre uma empresa industrial instituída e exercida" (*Recht am eingericheteten und ausgeübten gewerbebetrieb*), comummente designado de modo mais sucinto como direito à empresa (*recht am unternehmen*).

Em causa encontra-se um direito de elaboração doutrinal e jurisprudencial, com contornos pouco definidos e com manifestas dificuldades de

---

*Do Conteúdo patrimonial...*, ob. cit., pág. 136 e ss. e pág. 306 e ss. Todas estas concepções têm como denominador comum, ao contrário de quanto sustentam as perspectivas dualistas, a indissociabilidade das duas facetas (pessoal e patrimonial) coenvolvidas nos direitos de personalidade.

([278]) Depois de já nos termos reportado à evolução a este propósito registada no direito germânico, cumpre fazer menção à experiência norte-americana, onde se tem verificado uma crescente tendência para convocar os esquemas flexíveis da propriedade no âmbito da tutela dos bens de personalidade, cfr., neste sentido, BERNSTEIN, A., *How to make a nes tort: three paradoxes*, in 75 Tex.L.Rev. 1539 (1977), LIBLING, DAVID F., *The concept of property: property in intangibles*, in L. Q. Rev., 1978, pág. 103 e ss., NIMMER, MELVILLE B., *The right of publicity,* Law Contemp. Probs., 1954, pág. 215-216 (o autor coloca em destaque certos elementos, como o tempo, o esforço, e o dinheiro necessário para que os atributos da personalidade tenham valor patrimonial significativo). Porém, na Common Law, a tutela da dimensão patrimonial dos bens da personalidade entronca sobretudo numa perspectiva dualista, no âmbito da qual os aspectos patrimoniais são protegidos no âmbito do *right of publicity* (a propósito do *right of publicity,* cfr. LEITÃO, L. MENEZES, *O Enriquecimento sem Causa no Direito Civil,* Lisboa, 1996, págs. 747-748) enquanto a dimensão pessoal é garantida pelo *right of privacy*.

inserção sistemática no quadro de protecção dos direitos subjectivos delineado no B.G.B. De acordo com o entendimento de Ferrer Correia, a emergência deste direito à empresa no direito germânico resultou da circunstância do H.G.B. não fornecer uma regulamentação jurídica capaz de assegurar a tutela da empresa como uma unidade([279]). Porém, e no âmbito do nosso estudo, devemos sobretudo considerar que o direito à empresa emergente na doutrina alemã teve em vista alcançar um alargamento da protecção concedida no §824 contra as afirmações lesivas do crédito ou da aquisição([280]).

Diga-se em abono da verdade que o âmbito do direito à empresa instituída e exercida, tal como aparecia configurado nos trabalhos preparatórios do nosso Código Civil, era declaradamente mais amplo que aqueloutro então emergente no direito germânico. Com efeito, a protecção estabelecida a favor de um tal direito considerava-se também extensivo "a qualquer outra forma de actividade profissional". Assim sendo, enquanto na jurisprudência alemã se discutia amplamente se as considerações expendidas a propósito do alegado direito à empresa eram susceptíveis de valer em relação a qualquer outra actividade profissional exercida de forma não industrial ou comercial, o problema encontrar-se-ia claramente resolvido entre nós no sentido afirmativo.

O Tribunal do Reich, em 1904, propendeu, porém, para a existência de um direito à empresa, mas apenas quando a actividade da mesma se pudesse configurar como uma entidade instituída e em exercício([281]). Apenas o Tribunal Federal admitiu que a crítica prejudicial dirigida a um empresário cuja actividade não estivesse institucionalizada em termos organizatórios, poderia conceber-se como violação do direito à empresa([282]).

---

([279]) Neste sentido, cfr. CORREIA, A. FERRER, *Sobre a Projectada...*, *ob. cit.*, págs. 10 e 31.

([280]) Neste sentido, cfr. SERRA, A. VAZ, *Requisitos da responsabilidade...*, *ob. cit.*, pág. 24, MONTEIRO, J. SINDE, *Responsabilidade por Conselhos...*, *ob. cit.*, págs. 207-209 (nota 104, onde o autor se refere a posição idêntica de Fikentscher). Sinde Monteiro põe sobretudo em destaque a protecção da empresa contra hipóteses de divulgação negligente de juízos de valor, ou de factos verdadeiros mas altamente lesivos do crédito de outrem, sem existir interesse urgente na actuação do autor.

([281]) Sem se reportar específicamente à construção germânica do *"recht am eingerichten und ausgeübten gewerbebetrieb"*, a doutrina nacional propende a admitir a existência da empresa, mesmo quando esta não se encontra em funcionamento, cfr. CARVALHO, ORLANDO DE, *Critério e Estrutura do Estabelecimento Comercial, I, O Problema da Empresa como Objecto de Negócios*, Coimbra, 1967, pág. 306, ABREU, J. COUTINHO, *Da Empresarialidade...*, *ob.cit.*, pág. 45 e ss.

([282]) A este propósito, cfr. MONTEIRO, J. SINDE, *Responsabilidade por Conselhos...*, *ob. cit.*, pág. 212 (especialmente nota 113 – veja-se a jurisprudência aí citada).

Lançaram-se assim as bases para um entendimento do direito à empresa como um direito de personalidade, apesar da jurisprudência deste tribunal ter aderido a uma concepção mais estática.

Esta espécie de direito real imaterial, tal como era concebido por Isay, apenas se considerava protegido contra as perturbações imediatas([283]), ou seja, quando a actividade da empresa fosse de facto impedida ou limitada. De acordo com o entendimento do Tribunal do Reich, as actuações susceptíveis de apenas mediatamente prejudicarem a organização empresarial não eram, por regra, incluídas no âmbito deste tipo de ilícito. Comportamentos capazes de provocarem diminuições nos rendimentos das empresas, tais como aqueles dirigidos a perturbar as normais relações entabuladas com a clientela e os fornecedores daquelas, salvo quando existissem normas especiais do direito da concorrência a estatuírem o contrário, não deviam considerar-se como necessariamente lesivas do aludido direito à empresa.

Tais dificuldades sentidas na delimitação do âmbito deste direito conexionavam-se naturalmente com a indeterminação do seu conteúdo, o qual foi sendo delineado pelos contributos da actividade dogmático--jurisprudencial. Situando-nos perante o universo das cláusulas gerais, não constituiu tarefa fácil a determinação da existência da ilicitude nesta área, impondo-se para tal proceder a uma prévia triagem entre quanto podia ser considerado como socialmente adequado, e aquilo que devia ser qualificado como um autêntico ilícito.

Ora, este tipo de exigência não deixou de causar delicados problemas de ordem técnico-jurídica. De acordo com o critério da "ilicitude-resultado", a protecção delitual estabelecida na 1.ª alínea do §823 do B.G.B. parte do pressuposto da antijuricidade de toda e qualquer conduta violadora dos direitos ali tutelados. De acordo com uma tal perspectiva, ao lesado apenas cabe provar a existência de uma agressão ao seu direito para se presumir a existência da ilicitude. Compete então ao lesante invocar uma causa de justificação da ilicitude da sua conduta, para assim se exonerar da obrigação de indemnizar. Sufragando, na senda de Nipperdey, a equiparação do direito sobre a empresa comercial e industrial aos demais direitos do §823, alínea 1, integrando-o na categoria *"ein*

---

([283]) Este requisito do "carácter imediato do ataque" à empresa tem fundamentalmente em vista a delimitação deste direito face ao universo dos danos patrimoniais puros, cfr. WAGNER, GERHARD, anotação ao §824 do B.G.B., *in* Münchener Kommentar..., *ob,cit.,* pág. 1875.

*sonstiges recht..."*([284]), criavam-se algumas dificuldades em termos probatórios. Não podendo partir-se do pressuposto da antijuridicidade da conduta do lesante no âmbito do direito à empresa, impenderia então sobre o lesado o ónus de provar a inadequação social da conduta do lesante.

Além de uma tal solução ser criticável do ponto de vista da segurança jurídica, na medida em que fazia depender a definição da ilicitude de um juízo valorativo nem sempre facilmente determinável, revelavam-se ainda particularmente problemáticas as questões de ordem técnica suscitadas pela inclusão do direito sobre a empresa comercial e industrial no âmbito da 1.ª alínea do §823 do B.G.B. Razão por que, a aceitar-se uma tutela delitual deste direito, seria preferível elaborar uma norma especial onde se regulasse um tal ilícito, evitando assim as perturbações resultantes da inclusão de um direito no âmbito de um quadro referencial de protecção para o qual ele não tinha sido pensado([285]).

## 2.4. Direito à empresa: direito real ou direito de personalidade?

Igualmente problemática se revela a questão do enquadramento dogmático do "direito sobre a empresa comercial ou industrial existente e exercida". Poder-se-á perguntar qual é verdadeiramente o objecto de protecção deste direito. Estará em causa a defesa do livre desenvolvimento da personalidade, mormente das suas múltiplas potencialidades expansivas de aquisição e de exercício de uma actividade profissional? Ou, visar-se-á apenas proteger a actividade da empresa existente em termos absolutos, contra toda e qualquer perturbação imediata susceptível de provocar diminuições patrimoniais?

No fundo, importa saber se o direito sobre a empresa industrial ou comercial reveste uma natureza eminentemente pessoal, ou se lhe deve associar antes uma índole apenas patrimonial. A resposta a este tipo de interrogações depende fundamentalmente da amplitude atribuída a um tal

---

([284]) Para uma caracterização mais desenvolvida do direito à empresa como *"sonstiges recht"*, cfr. RAISCH, PETER, *Unternehmensrecht, i – unternehmensprivatrecht: Handels – und gesellschaftsrecht rowohlt*, Reinbek bei Hamburg, 1983, pág. 114 e ss. Na doutrina nacional, MONTEIRO, J. SINDE, *Responsabilidade por Conselhos..., ob.cit.,* pág. 206 e ss., SILVA, J. CALVÃO DA, *Responsabilidade Civil..., ob. cit.,* pág. 362 (nota 4), OLIVEIRA, N. PINTO, *Sobre o Conceito de Ilicitude do art. 483.º do Código Civil, in* Estudos em Homenagem a Francisco José Velozo, Braga, 2002, págs. 524-525 (nota 9).

([285]) Neste sentido, Cfr., SERRA, ADRIANO VAZ, *Requisitos da responsabilidade..., ob. cit.,* pág. 27, nota 26.

direito. O modo como o Tribunal Federal delimitou o direito à empresa, traduziu-se numa protecção da actividade económica em termos semelhantes aos que seriam alcançados com o direito de propriedade. Assim, a violação do direito à empresa fazia então presumir a ilicitude de toda e qualquer conduta desencadeadora dos respectivos ataques.

Esta configuração estática do direito à empresa instituída, ao garantir uma protecção à actividade empresarial em termos similares aos da propriedade, acabou por criar obstáculos significativos[286] a outros valores igualmente merecedores de tutela jurídica (a liberdade de expressão, limitando, desse modo, a actividade lícita dos jornais e de entidades cuja actuação contribui de modo decisivo para o esclarecimento da opinião pública (v.g., as responsáveis pela elaboração dos *Warentests*)[287]. Neste contexto, revelou-se decisiva a posição do Tribunal Constitucional Federal, ao colocar em relevo, a propósito do caso Lüth (1958)[288], a importância do direito à liberdade de expressão como alicerce de qualquer Estado de direito democrático[289]. Deixou então de pontificar a ideia, de acordo com a qual, qualquer atitude crítica pouco abonatória para a actividade de uma empresa deva ser considerada como ilícita.

Em lugar de se exigir que o discurso histórico, político, cultural..., se contenha dentro dos estritos limites da objectividade e da proporcionalidade, com o fim de manter incólume a actividade económica das empresas, passou apenas a impor-se que a crítica, nos mais variados sectores onde seja pronunciada, se norteie pelas exigências ineliminávies de pro-

---

[286] Veja-se, a este propósito, a minuciosa análise feita por Sinde Monteiro da posição assumida pelo Tribunal Federal alemão em diversas decisões onde os problemas mencionados em texto se registaram. Cfr. MONTEIRO, J. SINDE, *Responsabilidade por Conselhos..., ob. cit.,* pág. 211 e ss., e ainda KÜBLER, FRIEDRICH, *Öffentliche Kritik am Gewerblichen Erzeugnissen und beruflichen Leistungen, in* Archiv für die Civilistische Praxis, 1972, págs. 184-186.

[287] MOESER, EKKEHARD, *Neue rechtsprechung zur vergleichende werbung, in* N.J.W., 1987, pág. 1789 e ss.

[288] Acerca do caso Lüth e das suas profundas implicações no modo como a jurisprudência alemã passou a perspectivar o direito à empresa, cfr. MONTEIRO, J. SINDE, *Responsabilidade por Conselhos..., ob. cit.,* págs. 214-215, e ainda KÜBLER, FRIEDRICH, *Öffentliche Kritik..., ob. cit.,* págs. 186-188.

[289] No tocante à relevância do caso Lüth para a afirmação de um novo paradigma (distinto do existente durante a vigência da constituição de Weimar) em torno da compreensão das relações entre a liberdade de imprensa e outros bens jurídicos com ela conflituantes, colocando em destaque a importância da liberdade de expressão como princípio estruturante de um Estado de Direito, cfr. ANDRADE, M. COSTA, *Liberdade de Imprensa..., ob. cit.,* pág. 46 e ss.

mover o esclarecimento da opinião pública, proscrevendo-se assim a *schmäkritik*, ou toda a informação manifestamente contrária aos ditames da clareza e rigor expositivos.

Desta feita, foi-se consolidando um diverso entendimento do direito à empresa, perspectivando-o como uma manifestação ou dimensão essencial da personalidade. Concebendo o *"recht am unternehmen"* enquanto projecção ou objectivação económica da personalidade humana([290]), encontramo-nos então perante uma realidade jurídica mais flexível e consentânea com as exigências de mutabilidade histórico-sociais condicionadoras de todo o universo empresarial. Porém, parece-nos indiscutível afirmar-se aqui, à semelhança de quanto já dissemos a propósito do direito ao crédito, um direito de personalidade com uma relevante componente patrimonial.

A emergência da ilicitude decorrente da violação deste *Rahmenrecht* implica assim uma cuidada ponderação acerca dos interesses contrapostos aos das empresas, coenvolvidos nas acções contra estas desenvolvidas([291]). Apesar de ainda assim se revelar mais complexa a tarefa de definição da existência do ilícito, relativamente a quanto decorreria da sua perspectivação como direito de propriedade, e de não ser assegurada uma tão eficaz ressarcibilidade dos prejuízos económicos nesta órbita perpetrados, certo é que o entendimento personalista deste direito manifesta-se mais compatível com a necessária articulação dos interesses empresariais com outros valores, referentes ou exigências culturais, sociais([292]), históricos...

Particularmente significativo nesta querela em torno da natureza dogmática do direito à empresa, se revela a amplitude do círculo de danos puramente patrimoniais sofridos pelas empresas susceptíveis de serem ressarcidos. Com efeito, se concebermos o *recht am eingericheteten und ausgeübten gewerbebetrieb* como um direito de propriedade, a questão da ressarcibilidade das puras perdas económicas fica mais facilmente resolvida, porquanto tais prejuízos decorreriam da violação de prerrogativas integradas no conteúdo de um direito real.

Perspectivando o direito à empresa como um direito de personalidade com uma dimensão patrimonial, não podemos deixar de proceder à delimitação do círculo de prejuízos económicos susceptíveis de serem

---

([290]) Neste sentido se inclina Fikentscher, *Schuldrecht,* 9.ª ed., Berlim, 1997, págs. 753-755, Kübler, Friedrich, *Öffentlich..., ob. cit.,* pág. 196, Küster, Otto, *Persönlichkeitsschutz und Pressefreiheit,* 1960, pág. 7.

([291]) Neste sentido, cfr. Müller, C.F., *Großes..., ob.cit.,* págs. 391-392.

([292]) Cfr. Kübler, Friedrich, *Öffentlich Kritik..., ob. cit.,* pág. 191.

ressarcidos, na sequência da violação do direito à empresa, retirando-os, por conseguinte, da zona límbica dos danos puramente económicos. Sob pena de paralisar a liberdade geral de acção, consideramos mais razoáveis as posições que propendem a admitir apenas a responsabilidade pelos danos decorrentes de ataques intencionalmente dirigidos à empresa. A este propósito revela-se fundamental apurar do carácter imediato do ataque ou da agressão. Não basta que a actuação do agente se relacione com a empresa, sob a forma de ofensas dirigidas a elementos individualizáveis ou destacáveis da empresa (v.g. máquinas, funcionários...).

Neste contexto, Suscitam-se-nos particulares reservas quanto à admissibilidade de ressarcimento dos danos quando estejam em causa situações de boicotes, sabotagens, à actividade da empresa[293], não destinadas a criar um benefício concorrencial mas traduzindo-se em formas de actuação deliberadamente direccionadas a prejudicá-la. Não podendo incluir este tipo de actuações no âmbito do §824 do BGB[294], e não existindo uma protecção concedida genericamente pelo ordenamento jurídico alemão para tais situações[295], o direito à empresa poderá desempenhar, como entendeu o tribunal federal, um papel de um *AuffangTatbestand*[296]. No entanto, mesmo de acordo com este entendimento, revela-se fundamental que as sabotagens ou as paralisações do funcionamento da empresa não se traduzam num efeito meramente reflexo de um ataque genericamente desencadeado ao sector de actividade onde aquela se integra. Levantam-

---

[293] Como é claro, estamos a reportar-nos aquelas formas de paralisação da actividade da empresa juridicamente não legitimadas. Veja-se, a este propósito, MONTEIRO, J. SINDE, *Responsabilidade por Conselhos..., ob cit.,* págs. 207-208, onde o autor aprecia a posição do B.G.H, de 26.10.1951 e de 10.05.1957 favoráveis à tutela do direito à empresa nestas situações. Com efeito, idêntico raciocínio não se poderá admitir em relação ao exercício, dentro dos termos legalmente admitidos do direito à greve. Acerca das formas legítimas de boicote, enquanto manifestações da liberdade de expressão, cfr. MÜLLER, C. F., *Groâes..., ob.cit.,* pág. 393.

[294] Kübler apenas admite a ressarcibilidade dos danos causados na sequência de boicotes no âmbito do §826, dados os requisitos apertados estabelecidos pelo legislador alemão para admitir a aplicabilidade do §824, e por não considerar abrangidas estas situações no âmbito do direito à empresa, dada a falta do carácter imediato da agressão, cfr. KÜBLER, FRIEDRICH, *Öffentliche Kritik..., ob. cit.,* pág. 184.

[295] A este propósito, Cfr. SCHWERDTNER, PETER, anotação à decisão do B.G.H. 7.2.1984..., *ob. cit.,* pág. 1103 e ss., MONTEIRO, JORGE S., *Parecer Porto 2001,* págs. 26-27 (não publicado).

[296] Neste sentido, referindo-se ao papel subsidiário desempenhado pelo direito à empresa, cfr. MEYER, JUSTUS, *Wirtschaftsprivatrecht..., ob.cit.,* pág. 193, MÜLLER, C. F., *Großes..., ob.cit.,* pág. 391.

-se-nos, porém, as maiores dificuldades em aderir a um tal entendimento, pois deste modo a tutela do direito à empresa acaba por poder cercear de modo significativo o direito à livre crítica e divulgação de opiniões.

Abstraindo de todas estas problemáticas, decorrentes das bases pouco sólidas de delimitação de uma tal realidade, certo é que a admissibilidade de um direito à empresa comercial ou industrial existente e exercida no ordenamento jurídico germânico só pode ser entendido como uma tentativa de reforçar a protecção contra a concorrência desleal, e de combater com maior eficácia as afirmações ofensivas do crédito ou das possibilidade aquisitivas §824 do B.G.B.([297]).

Poder-se-á então legitimamente questionar se fará algum sentido, em face da nossa realidade jurídica, admitir a existência de um direito com contornos tão indefinidos como o direito à empresa. Partindo do pressuposto que o património não deve ser alvo de uma tutela genérica, pois daí decorreriam fortes limitações à liberdade geral de acção, a resposta deve ser negativa. Para além disso, e volvendo agora a atenção para as normas do nosso direito positivo, mormente para a disposição paralela ao §824 do B.G.B., podemos concluir pela maior abertura do art. 484.º quanto à admissibilidade da responsabilização do agente por factos verdadeiros. Mais ainda, o nosso art. 334.º não conhece as limitações patenteadas pelo §826 do B.G.B., onde se exige a produção dolosa de danos pelo agente. Razão por que as hipóteses de divulgação de juízos de valor negligentes, e de certas situações de boicote, encontram no ordenamento jurídico português, uma possibilidade de resolução que não justifica, à semelhança do direito alemão, a emergência de um autónomo, mas questionável, direito à empresa.

## 2.5. Âmbito de tutela da reputação económica no direito italiano e inexistência de uma protecção jurídica genérica da empresa

Com contornos distintos dos delineados na dogmática germânica a propósito do direito à empresa, também em Itália uma certa orientação jurisprudencial tenta suprir a inexistência de uma regulamentação positiva dirigida a uma protecção genérica "dell'impresa" através de uma extensão da tutela especial da conconcorrência (arts. 2598-2601 do códice

---

([297]) Cfr., neste sentido, SERRA, ADRIANO VAZ, *Os requisitos da responsabilidade...*, ob. cit., pág. 24.

civile) a situações onde não se encontrem preenchidos os requisitos de um tal regime jurídico([298]). Entre outras hipóteses, cumpre destacar os danos causados a uma empresa na sequência de um boicote indirecto promovido por um terceiro não concorrente, ou aqueloutros provocados por um antigo trabalhador, na sequência do lançamento no mercado de um produto semelhante ao do ex-empregador, sem no entanto estarem preenchidos os pressupostos para aplicação dos arts. 2598.º e ss. do códice civile([299]). Conquanto a conduta do agente se revele culposa, a ressarcibilidade dos danos causados ao lesado decorreria da circunstância de configurarmos em tais situações a existência de um "danno ingiusto", tendo em conta que a concorrência desleal representa uma sub espécie da ilicitude civil (art. 2043.º do códice civile).

Ao sufragar-se uma tal orientação, estar-se-ia a admitir uma subsidariedade necessária da tutela aquiliana relativamente à dispensada pelo regime da concorrência.

Ao ampliar-se deste modo um regime jurídico cujo objecto imediato se consubstancia na defesa da empresa, clientela, aviamento..., a domínios onde não está em causa a defesa de tais realidades, corre-se o risco de se exacerbar a protecção do valor constitucional da livre iniciativa económico-empresarial, porquanto esta já se pode considerar devidamente acautelada pelas regras gerais da responsabilidade delitual interpretadas de harmonia com as exigências constitucionais([300]), correndo-se até o perigo de conduzir a uma paralisação do tráfego económico-negocial, face às limitações impostas à actividade de terceiros. Impõe-se então averiguar o âmbito da protecção delitual dispensada à reputação económica. Antes demais, torna-se mister distinguir duas vertentes fundamentais deste bem jurídico: a reputação económica enquanto direito de personalidade, por um lado, e como capacidade de ganho ligada ao desenvolvimento de uma actividade empresarial, por outro.

Relativamente á primeira das vertentes mencionadas, estamos a considerar a reputação como sinónimo de atributo da personalidade([301]), ou

---

([298]) Com efeito, também no direito italiano não é admitida uma tutela geral do património, cfr. SALVI, CESARE, La Responsabilitá..., ob. cit., pág. 43.

([299]) Cfr. decisões da cassação de 12 giugno 1968, n. 1871, in GIUST. CIV., 1968, I, pág. 1814, e de 22 ottobre 1956, n. 3805, in Riv. Dir. Ind., 1957, II, pág. 209.

([300]) Neste sentido, cfr. GIULIANI, ALDO, La tutela aquiliana della reputazione economica, in Contratto e Impresa, 1985, I, pág. 80.

([301]) Neste sentido, cfr. GIULIANI, ALDO, La tutela aquiliana..., ob. cit., pág. 82-83, MARCHETTI, PIER G., Boicottaggio e rifiuto di contrattare, Padova, 1969, pág. 90.

perspectivada como a estima ou consideração desfrutada por alguém no respectivo meio social. No fundo, encontramo-nos situados no plano da tutela da honra, protegendo o ordenamento jurídico italiano este bem jurídico nos arts. 2043 do códice civile, e nos arts. 594.º (ingiuria) e 595.º (difamazione) do Códice Penale, consoante se esteja perante um ilíciro civil, ou penal, respectivamente.

Já no tocante à reputação económica entendida enquanto capacidade de ganho ligada ao exercício de uma actividade empresarial, e aos produtos lançados por alguém no mercado, torna-se difícil visualizar a existência de um direito subjectivo à reputação enquanto expressão da liberdade de iniciativa económica privada (art. 41.º const.). Aliás, seria particularmente difícil admitir a violação de tais hipotéticos direitos, uma vez que, fora do âmbito onde se possam aplicar as regras da concorrência, o legítimo exercício da actividade económica confronta-se igualmente com a regular actuação económica de outrem[302]. Desta feita, ou nos deparamos com uma protecção especial da actividade económica fundada nas regras da concorrência, ou de direitos privatísticos (sinais distintivos de produtos ou dos sujeitos), ou então não podemos reconhecer em termos gerais um direito subjectivo absoluto à reputação económica. Neste último domínio surgem com particular acuidade conflitos de interesses filiados no valor da liberdade de iniciativa económica, mas não situações de colisão de direitos.

Desta sorte, parece-nos excessivo aceitar a orientação supra mencionada, de acordo com a qual as regras da responsabilidade delitual se aplicariam susidiariamente às situações onde não se encontrando preenchidos os pressupostos da concorrência, se registam contudo danos na capacidade de ganho de quem exerce uma actividade económica. Uma tal perspectiva, além de não tomar em devida consideração as especificidades próprias da concorrência económico-empresarial[303] esquece igualmente que a reputação económica enquanto objecto de tutela delitual se traduz num direito de personalidade. Razão por que, à semelhança de quanto constatámos a propósito do direito à empresa no direito germânico, também no universo jurídico transalpino devemos perspectivá-lo como um direito de personalidade com um assinalável pendor ou vertente económica.

---

[302] RICCIUTO / ZENO-ZENCOVICH, Il dano mass-media, pág. 106.

[303] Cfr., neste sentido, BENUCCI, E. BONASI, Atto illecito e concorrenze sleale, in Riv. Trim. Dir. Proc. Civ., 1957, págs. 563 e ss., JAEGER, P.GIUSTO, La concorenza sleale come atto illecito e la prescrizione delle azioni relative, in Riv. Dir. Ind., 1961, págs. 124 e ss., FRANCESCHELLI, REMO, Concorrenza sleale, in Studi Riuniti di Diritto Industriale, Milano, 1972, pág. 590.

## 2.6. Breves conclusões acerca das razões justificativas da tutela dispensada ao crédito no art. 484.º

Não seria mais adequado o tratamento desta matéria em sede de direitos de personalidade, regulando o legislador o direito ao crédito nos arts. 70.º e ss. do Código Civil, autonomizando-o do direito geral de personalidade, ou pura e simplesmente fazendo derivar a sua tutela desta cláusula geral?

Uma resposta afirmativa a esta questão levar-nos-ia a considerar dispicienda, também em relação ao direito ao crédito, a ilicitude especialmente prevista no art. 484.º, uma vez que a tutela delitual desta manifestação essencial da personalidade humana resultaria perfeitamente garantida pelo n.º 1 do art. 483.º. Não partilhamos, no entanto, de um tal entendimento, porquanto estar-se-ia a ignorar a forte vertente patrimonial indispensável para uma correcta caracterização do direito ao crédito. Apesar desta indiscutível dimensão, também não podemos atribuir ao bem jurídico do crédito uma natureza jurídica real.

Para além disso, o legislador assegura tão somente uma protecção a este direito, dentro do universo específico das afirmações de facto. Tendo em conta a indefectível ligação dos factos ao exercício das actividades profissionais ou empresariais, e dada a objectividade reinante no universo factual, apenas a este pode ser associada uma potencialidade ofensiva nem sempre legitimada pelo valor da liberdade de expressão onde se funda o poder de divulgar este tipo de afirmações([304]).

Com efeito, não se devem admitir particulares limitações à difusão de opiniões ou juízos valorativos acerca dos métodos, qualidade, organização... de um determinado sistema produtivo, ou de certas operações ou tarefas desenvolvidas no exercício de uma actividade profissional, porquanto uma vez baseados em considerações de ordem técnico-científica, tais apreciações devem ser consideradas como particularmente importantes para o desenvolvimento de um certo sector profissional ou ramo de

---

([304]) Este argumento, por si só, não poderá ser suficiente para justificar a autonomização do crédito feita no art. 484.º. Como a propósito do bom nome já deixámos mencionado, também no âmbito da tutela geral da personalidade (arts. 70.º e 483.º) se alcança a defesa deste valores perante afirmações de facto. Apenas se podem invocar a favor de um ilícito especial limitado à divulgação de factos a circunstância destas afirmações revestirem, neste contexto do crédito, uma maior potencialidade ofensiva. Com efeito, as afirmações fácticas revelam-se mais ofensivas do crédito do que do bom nome de outrem. Isto porque a delimitação do âmbito do bem jurídico do crédito encontra-se ainda mais dependente do universo da factualidade que a configuração do bom nome.

actividade empresarial. Mesmo quando tais afirmações provoquem um abalo no prestígio sócio-economico de quem nelas seja visado, não poderemos concluir pela existência de um ilícito ao bom nome e ao crédito.

Não se encontrando uma tutela para o direito ao crédito no universo dos direitos absolutos de carácter real, e não se consagrando no nosso ordenamento jurídico "um direito à empresa existente e exercida", nem sequer uma protecção à prosperidade e às possibilidades aquisitivas individuais, julgamos correcta a criação de um ilícito especial onde o crédito concebido como um bem jurídico de personalidade com fortes implicações patrimoniais merece ser alvo de uma particular atenção pelo nosso direito positivo.

Consideramos assim haver razões justificativas para a autonomização da protecção jurídica do crédito, na medida em que existem aspectos significativos para a sua caracterização não susceptíveis de reconduzir-se aos referentes axiológicos da honra ou do bom nome. Para além disso, em relação ao crédito, ao contrário de quanto sustentámos quanto ao bom nome, pensamos ter o legislador optado por um enquadramento sistemático correcto. Apesar de o direito ao crédito dever ser basicamente qualificado como um direito de personalidade, certo é que certas especificidades do seu conteúdo não permitem a sua disciplina nessa sede. Parece-nos, assim, correcta a forma especial de ilícito prevista no art. 484.º, onde harmonicamente se consegue articular, do ponto de vista sistemático, o entrecruzamento da tutela jurídica de exigências de natureza pessoal e patrimonial.

# CAPÍTULO 3
## O DIREITO À IDENTIDADE PESSOAL: ÂMBITO DO DIREITO E A QUESTÃO DA SUA AUTONOMIA

**3.1. O modelo tradicional de tutela da personalidade humana. A emergência do direito à identidade pessoal: resposta adequada do direito italiano às sucessivas alterações histórico-sociais sofridas por aquele paradigma?**

No âmbito da dogmática e jurisprudência italianas é recorrente a invocação do direito à identidade pessoal. Um tal direito aparece aí autonomizado do direito à intimidade da vida privada, bem como dos direitos à honra e à reputação social.

Cumpre antes de mais proceder à caracterização deste direito de criação pretoriana, com vista à delimitação do seu âmbito.

Para além da tradicional tutela da aparência física dos indivíduos através de sinais distintivos, capazes de permitirem a sua identificação face aos demais concidadãos, outras vertentes ou aspectos fundamentais da personalidade humana encontram hoje guarida na configuração mais ampla associada a este direito à identidade.

No elenco dos meios tradicionais de tutela da individualidade cumpre destacar o direito ao nome[305][306], à imagem[307] e ao pseudónimo[308][309].

---

[305] Na verdade, o direito ao nome deve entender-se como uma manifestação da sociabilidade humana, por representar um elemento capaz de identificar os indivíduos, distinguindo-os dos demais membros da sociedade. Neste sentido se pronuncia Guilherme de Oliveira, vide OLIVEIRA, GUILHERME, *Critério Jurídico da Paternidade*, Coimbra, 1983, pág. 292, *Investigação de Paternidade Ilegítima: Inconstitucionalidade do art. 1860.º do Código Civil*, in Rev. Dir. Est. Soc., ano XXIV – 1977, pág. 165-166. Na mesma linha de orientação se situa Leâmann, ao considerar o direito ao nome como uma exigência social, e não uma reivindicação da própria natureza humana. Tendo em conta a eficácia distintiva do nome, o autor considera também abrangidos no âmbito de tutela do §12 do BGB, os monogramas, os símbolos familiares, as direcções..., cfr. LEβMANN, HERBERT, *Der Persönlichkeitsschutz juristischer personen*, in A.CP, 1970, pág. 287. Neste contexto, toma-se sobretudo em consideração a função de individualização do nome, a qual deve ser perspectivada como um interesse imaterial. Não está somente em causa o direito ao nome como um puro direito de personalidade, ou seja (*Namensnennung*), mas sim enquanto *Namensgebung*. Sobre esta matéria, vide ainda, GÖTTING, HORST PETTER, *Persönlichkeitsrechte als vermögensrechte (Ius Privatum*, Bd. 7), Tübingen, 1995, XIX, pág. 84 e ss. Ainda acerca das diversas funções associadas ao nome (individualização, expressão de dignidade, referência para a titularidade de direitos e deveres...), LIGI, FRANCO, *Nome Civile, Nome Familiare, Nome Commerciale*, in Foro Italiano, Vol. LXXVII – 1954, pág. 106, PONZANELLI, GIULIO, *Alcune Novitá in Tema di Diritto al Nome, In Giurisprudenza Italiana*, CXXXIII, 1981, págs. 375-376 (o autor, além das funções tradicionais de identificação dos indivíduos, acaba por atribuir-lhe uma configuração correspondente ao direito à identidade pessoal).

[306] Relativamente ao cognome, comummente designado como nome de família, o tribunal constitucional alemão, numa decisão paradigmática que considerou inconstitucional, por violação do princípio da igualdade entre os cônjuges, o 2.º parágrafo do art. 1355 (2.ª frase) do B.G.B, coloca precisamente em destaque a função de tutela da individualidade do cognome ao considerar "*Der geburtsname eines menschen ist ausdruck der individualität und identität: der einzelne kann daher grundsätzlich verlangen, daβ die rechtsordnung seinen namen respektiert und schütz. Eine namensänderung darf nicht ohne gründe gefordert werden...*", cfr. decisão do Bundesverfassungsgericht, 5 marzo 1991, in Quadrimestre, 1991, pág. 887. A este propósito, vide ainda, JAYME, ERIK, *Cognome e Protezione dell'Identitá della Persona*, in Riv. Dir. Civ., 1994, I, págs. 853-854.

Em causa estavam, de acordo com um entendimento jusnaturalista, valores essenciais da personalidade humana, configurando-se como direitos irrenunciáveis. De acordo com uma tal perspectiva, considerava-se então integralmente garantida pelo ordenamento jurídico a identidade pessoal de cada ser humano.

A completude de uma tal garantia resultava ainda da defesa assegurada pelos ordenamentos de inspiração jusnaturalística quanto a circunstâncias ou aspectos, do ponto de vista logístico ou físico, indispensáveis à afirmação da individualidade da pessoa. Estamos a reportar-nos ao direito ao domicílio, ao direito ao segredo ou à inviolabilidade da correspondência.

---

[307] Em França, a tutela da imagem como um direito de personalidade ocorreu tardiamente (por meados do Séc. XIX), se compararmos com o tratamento desta realidade pessoal noutros ordenamentos jurídicos, como o alemão e o italiano. No longo caminho trilhado no universo jurídico francês para a afirmação deste direito de personalidade, cumpre destacar a importância assumida pelo labor dogmático de Perreau. A este propósito, cfr. LIGI, FRANCO, *La Tutela dell'Imagine nel Diritto Comparato*, in Rivista del Diritto Commerciale, ano LII (1954), pág. 397 e ss. No ordenamento jurídico positivo italiano, a tutela do direito à imagem (art. 10.º do Cod. Civile) encontra-se intimamente dependente da protecção dispensada aos valores do decoro e da reputação social. Cumpre ainda registar uma certa evolução a nível dogmático a propósito da delimitação do âmbito deste direito, a qual se consubstanciou no progressivo abandono de uma perspectiva tradicional centrada exclusivamente na protecção dos meios de reprodução ou de representação de imagem, ou seja na identificação da imagem com o retrato. Cfr., GIANNINI, AMEDEO, *Sulla tutela del ritratto*, in Riv. Dir. Comm., 1953, pág. 365, FABIANI, MARIO, *Considerazioni in margine...ob. cit.*, págs. 387-388.

Em contrapartida, tem-se consolidado uma tendência para conceber a tutela da imagem como entidade *a se*, indissoluvelmente ligado à pessoa do seu titular. Nesta linha de orientação, há mesmo quem configure o direito à imagem em termos muito próximos do modo como é perspectivado actualmente o direito à identidade pessoal, ou seja, o direito de cada um a exigir dos outros o respeito pelo modo como se concebem e se posicionam na realidade social. A este propósito, cfr. BAVETTE, GIUSEPPE, *Immagine (diritto alla)*, in Enc. del Dir., XX, pág. 144, NICOLA, VALERIA DI, *L'atto di disposizione*, ob, cit., págs. 464-466.

[308] Como sugestivamente considera Bianca, o pseudónimo consiste no "diritto del sogetto all'uso exclusivo dell'apellativo che lo identifica socialmente). Relativamente ao direito ao nome, o pseudónimo tem pois a particularidade da sua eficácia distintiva se reportar a um determinado sector de actividade, cfr. BIANCA, C. MASSIMO, *Diritto Civile, I*, Milano 1990, pág. 175. De igual modo, FACCI, GIOVANNI, *Il rissarcimento...*, ob. cit., pág. 1498.

[309] Em causa está uma designação pessoal acessória que se traduz numa denominação de fantasia, permitindo assim aos particulares o desenvolvimento da liberdade de criação pessoal. Acerca da caracterização do direito ao pseudónimo, cfr. CUPIS, ADRIANO DE, anotação à decisão do Tribunal de Milano de 9 maggio de 1950, *Nome – nome altrui usato come presudonimo*, in Il Giurisprudenza Italiana, 1950, I, págs. 758-760.

Este núcleo de direitos permitiria assim criar as condições materiais ou físicas para a afirmação da identidade das pessoas face à comunidade. No epicentro da concepção jusnaturalística da personalidade humana encontra-se precisamente o homem enquanto entidade *a se*, sem tomar em devida consideração o seu papel de agente na construção e transformação da comunidade onde se encontra integrado.

Desta feita, a tutela da personalidade humana realizada de acordo com esta concepção antropocêntrica simples e linear, acaba por concretizar-se num sistema de *numerus clausus* de direitos de personalidade([310]). O acervo de direitos atrás mencionado, em torno do qual gravita a defesa jusnaturalística da identidade da pessoa humana tem inevitavelmente de continuar a afirmar-se como o núcleo duro da protecção de aspectos fundamentais da autonomia individual.

Esta concepção individualista da tutela da personalidade foi ainda reforçada pelo jusracionalismo moderno-iluminista, para quem a protecção da pessoa humana devia ser perspectivada em termos semelhantes aos da defesa assegurada à propriedade([311]) O grande objectivo do pensamento oitocentista centrava-se na protecção da propriedade e da liberdade, acautelando-se, deste modo, os privilégios da classe económica em ascensão: a burguesia dominante.

A defesa da propriedade era tida como condição indispensável para garantir a tutela da liberdade humana. No quadro desta visão egoística do homem, não havia lugar para preocupações em torno da defesa da honra, bom nome, intimidade da vida privada, uma vez que o sistema de tutela dos direitos de personalidade era destinado a satisfazer privilégios das classes dominantes, e estas detinham o controlo dos mecanismos de censura susceptíveis de evitar ofensas a estes bens da sua personalidade([312]).

---

([310]) Neste sentido cfr. TOMMASINI, RAFFAELE, *L'identità dei soggetti tra aparenza e realtà: aspetti di una ulteriore ipotesi di tutela della persona, in* Il Diritto alla Identitá Personale, Padova, 1981, págs. 78-79. Sobre a influência de uma tal concepção no modo como a experiência italiana até à década de 70 procedia ao tratamento da questão da tutela dos direitos de personalidade, circunscrevendo-a apenas aos direitos nominados, cfr. ALPA, GUIDO, *Danni alla persona e danni alla personalità, in* Tutela del'Onore e Mezzi di Comunicazione di Massa, Milano, 1979, pág. 179.

([311]) Acerca do *"modello proprietario"* de tutela da personalidade, cfr. MESSINETTI, DAVIDE, *Personalitá (diritto della), in* Enc. Dir., XXXIII, Milano, 1983, pág. 355, MARINI, GIOVANNI, *La giuridificazione della Persona. Ideologie e Techniche nei Diritti della Personalità, in* Riv. Dir. Civ., 2000, n.º 3, pág. 367 e ss.

([312]) Para uma análise mais desenvolvida da concepção jusracionalista da tutela da personalidade, cfr. RODOTÁ, STEFANO, *Tecniche risarcitorie e nuovi interessi, in* Tutela dell'Onore e Mezzi di Comunicazione di Massa, Milano, 1979, pág. 48 e ss.

Resta, todavia, interrogarmo-nos acerca da operacionalidade de um tal modelo face às múltiplas e sucessivas transformações sociais entretanto registadas. As estruturas sociais e políticas mudaram profundamente, assim como as perspectivas ideológicas e a racionalidade conformadora das mentalidades e dos múltiplos projectos sócio-culturais.

Assistimos ao trânsito de um absolutismo monárquico para um sistema político com uma estrutura inteiramente diversa: O Estado. Entretanto, a novidade do Estado demo liberal emergente dos ecos e fervores revolucionários cedeu lugar a um projecto político mais empenhado na conformação do contexto social e no bem estar e felicidade pessoal dos cidadãos, consubstanciado no comummente designado Estado de direito social[313]. Este último sistema político apresenta hoje sinais manifestos de envelhecimento, assistindo-se a uma tentativa do seu rejuvenescimento através de uma fuga para os esquemas privatísticos da contratação[314].

Do ponto de vista da racionalidade dominante deparamo-nos também com profundas mudanças ao longo dos tempos. Da racionalidade ético--ôntico-metafísica predicativa associada ao pensamento jusnaturalístico, à racionalidade de exterioridade construtiva (auto-subsistente nos seus axiomas, constitutiva nos seus modelos explicativos e sistemático-dedutiva nos seus desenvolvimentos) característica do jusracionalismo, a uma racionalidade critico-reflexiva mais consentânea com as exigências de uma sociedade plural e conflitual dos nossos dias, adviram matrizes axiológicas fundamentais no seio das quais se definiram e inspiraram as opções políticas, culturais e sociais, fundamentais de diversos momentos históricos.

Na sequência destas profundas convulsões, a posição dos particulares nas suas relações com os demais particulares, mas sobretudo enquanto

---

[313] Reportando-se ao tipo de relações entre a administração estadual e os particulares no Estado absoluto, no Estado liberal e no Estado social, M. João Estorninho considera que "se no Estado absoluto o administrado era encarado como um "súbdito", no Estado liberal como "cidadão" e no Estado social como "utente" de uma administração prestadora...", cfr., ESTORNINHO, M. JOÃO, *A Fuga para o Direito Privado (contributo para o estudo da actividade do direito privado da Administração Pública)*, Coimbra, 1996, pág. 14.

[314] Apesar do recurso pela administração aos mecanismos contratuais para a realização das suas atribuições remontar já ao direito romano, certo é que o alargamento das tarefas da administração pública no âmbito do Estado social tem determinado uma cada vez mais intensificada utilização das técnicas contratuais para o cumprimento das múltiplas funções estaduais. Para uma análise mais desenvolvida desta matéria, cfr. ESTORNINHO, M. JOÃO, *A Fuga..., ob.cit.,* pág. 42 e ss., *Requiem pelo Contrato Administrativo*, Coimbra, 1990, pág. 53 e ss., GUEDES, A. MARQUES, "O Contrato Administrativo", *in* "Estudos de Direito Administrativo", Cadernos de Ciência e Técnica Fiscal, Lisboa, 1963, pág. 65 e ss.

cidadãos perante o Estado foi-se alterando. As estruturas sociais e a respectiva hierarquia foram registando mutações: às relações de domínio ou supra-infra-ordenação entretecidas entre certas classes sociais (nobreza e clero) e o povo, sucederam-se proclamações de igualdade, as quais consubstanciaram, em rigor, novas formas de dependência, desta feita, ditadas pela supremacia económica de uma burguesia em ascensão.

As posteriores e sucessivas intervenções estaduais ditadas por exigências de justiça social ou distributiva visaram e têm ainda como escopo fundamental atenuar as situações de clivagem ou de diferenciação social. No entanto, perante a impossibilidade prática de corrigir todas as situações de desigualdade, e de mais amplamente erradicar os focos ou as verdadeiras causas dos desequilíbrios, cumpre realisticamente atender a tais desníveis para, sob a *reserva do possível*, tentar alcançar um maior equilíbrio[315].

Reportando-nos, de modo particular, ao plano das relações com o poder político, a situação dos cidadãos não foi sempre a mesma. A total submissão aos desígnios do monarca absoluto, a emancipação das vontades individuais alcançada sob os auspícios dos ideais da revolução francesa e objectivada na constituição de um ente novo – o Estado –, do qual se esperava tão somente a protecção dos direitos originários da liberdade e da propriedade, a perspectivação do Estado como uma entidade empenhada em promover o bem estar e a felicidade dos cidadãos[316], tendo

---

[315] No caminho percorrido no sentido de alcançar uma maior igualdade entre os cidadãos e assim permitir a emergência de relações de autêntica paridade entre os particulares, importa salientar as medidas legais ou regulamentares concretizadoras das exigências ínsitas na ideia de igualdade em sentido material.

Medidas de acção social como sejam a atribuição de bolsas de estudo, subsídios e isenções fiscais, regalias médicas para os deficientes ou para os mais carenciados, representam, na verdade, tentativas de sanar dificuldades reais impeditivas de uma efectiva igualdade entre as pessoas. Tratar o igual na medida do igual e o desigual na medida do desigual, contrariando assim uma nivelação de tratamento subjacente à igualdade formal defendida pelo pensamento moderno-iluminista, representa um poderoso instrumento de transformação social ao serviço das estratégias de actuação de um estado moldado sob os arquétipos da justiça e do bem estar social.

Além de mais, a superação da ideia de igualdade formal, e a prevalência regulativa do princípio da igualdade em sentido material, constituiu uma razão decisiva, do ponto de vista axiológico, para a superação do pensamento jurídico positivista. Neste sentido, cfr. BRONZE, F. PINTO, *Lições de Introdução...*, ob.cit., pág. 433 e ss.

[316] Acerca da relevância assumida pelos valores e princípios estruturantes do Estado de direito social na conformação da disciplina das relações de direito privado, cfr. MARINI, GIOVANNI, *La giuridificazione...*, ob. cit., págs. 361-363.

estes direito a exigir daquele as comummente designadas prestações sociais, corresponderam a paradigmas no seio dos quais, ao longo destes dois últimos séculos, se entreteceram as relações entre as instituições políticas da comunidade com os cidadãos. Não podemos ainda ignorar os grandes desafios colocados ao homem hodierno em virtude do alucinante desenvolvimento tecnológico, mormente a nível informático. Nas sociedades contemporâneas as pessoas encontram-se paradoxalmente cada vez mais livres e dominadas pela tecnologia.

Por um lado, as máquinas exoneram-nos de esforços inúteis outrora exigíveis, por outro, a vida quotidiana dos cidadãos encontra-se cada vez mais dependente da apreensão de um conjunto de novos códigos tidos como indispensáveis para a utilização dos mais diversos e sofisticados expedientes tecnológicos. Para além disso, cumpre ainda salientar as crescentes exigências de integração comunitária das autonomias individuais impostas pelos modelos de funcionamento das actuais democracias representativas, como condições de realização de múltiplas prerrogativas individuais.

Com efeito, o exercício de faculdades inerentes à liberdade sindical e de alguns direitos de participação política, assim como o próprio direito a desenvolver uma actividade profissional encontram-se em múltiplos aspectos dependentes da pertença do indivíduo a uma determinada organização sindical, partido político, ou ordem profissional.

Impõe-se ainda referir, face à mencionada crise do estado de providência, a cada vez mais imperiosa necessidade de inserção dos indivíduos em associações, cooperativas, e outras colectividades, como forma dos cidadãos conseguirem satisfazer as suas mais variadas necessidades. Ora, a autonomia individual dos membros das associações encontra-se fortemente condicionada pelas exigências estatutárias e legais reguladoras da actividade do ente associativo.

Desta feita, a teia de interdependências no contexto das hodiernas sociedades plurais conflituais, onde a especialidade do saber se impõe, afirma-se cada vez com mais intensidade, colocando assim o homem dos nossos dias face a diversas solicitações, acabando este por encontrar-se em círculos de relações jurídicas com novos e específicos contornos.

Não admira assim que as preocupações, aspirações e necessidades do homem dos nossos tempos se apresentem diversas daqueloutras prevalecentes e inquietadoras dos espíritos jusnaturalistas.

O modelo de tutela da individualidade da pessoa humana centrado nos aspectos físicos e exteriores de manifestação da personalidade e consubstanciado no reconhecimento dos comummente designados interesses ou valores primários([317]) (vida, integridade física, nome, imagem([318]), domicílio ...) está longe de esgotar e oferecer resposta adequada às múltiplas e intermináveis facetas ou vertentes da personalidade dos homens hodiernos.

Uma protecção adequada da individualidade da pessoa face aos riscos emergentes nas coevas sociedades implica necessariamente uma ampliação das áreas por aquela abrangidas([319]). A intimidade da vida privada([320]) e a realização espiritual dos indivíduos, a defesa das convicções ideológicas de cada um, o reconhecimento devido à reputação social de todo e qualquer cidadão representam inevitavelmente bens jurídicos fundamentais a que qualquer ordenamento jurídico civilizado tem de atender, para conseguir oferecer uma resposta cabal às incessantes e multiformes reivindicações que a personalidade humana actualmente lhes coloca.

Desta feita, foi genericamente sentida a necessidade de adequar o modelo jusnaturalistico de protecção da personalidade humana, de modo a conseguir uma idónea tutela da pessoa humana *in totum*.

---

([317]) Neste sentido se orienta a terminologia utilizada por TOMMASINI para designar estes bens jurídicos fundamentais, cfr. TOMMASINI, RAFFAELE, *L'identità dei soggetti tra apparenza e realtá aspetti di una ulteriore ipotesi di tutela della personna, in* Il Diritto alla Identitá Personale, Padova, 1981, pág. 79.

([318]) Aliás, como já atrás referimos, tem-se assistido a uma alteração do modo de perspectivar a tutela destes direitos tradicionais como o nome e a imagem. Com efeito, os direitos de personalidade acabados de mencionar já não se destinam apenas a proteger a integridade física das pessoas, devendo antes considerar-se integrados no âmbito de uma tutela mais ampla da personalidade humana. Não raras vezes, a lesão do nome e da imagem de outrem constitui um instrumento privilegiado para atingir o "património ou a verdade pessoal" dos respectivos titulares. Neste sentido, cfr. MACIOCE, FRANCESCO, *Tutela Civile della persona e identità personale,* Padova, 1984, Cap. I, *Diritto di Rettifica e Identità Personale, in* Giurisprudenza Italiana, vol. CXXXVI (1984), pág. 507, GAMBARO, ANTONIO, *Diritti della personalità, in* Riv. Dir. Civ., n.º 2, 1981, pág. 521 (referindo-se, de um modo particular, ao direito ao nome).

([319]) Este representa, aliás, o entendimento da doutrina maioritária, cfr. TOMMASINI, RAFFAELE, *L'identità dei soggetti tra apparenza e realtá ..., ob. cit.,* pág. 78 e ss., DOGLIOTTI, MASSIMO, *Il diritto alla identità personale nel quadro dei diritti della personalitá, in* Il Diritto alla Identitá Personale, Padova, 1981, pág. 66.

([320]) O reconhecimento pelos ordenamentos jurídicos do direito à intimidade da vida privada, nem sempre leva implicada a sua coetânea consagração a nível da legislação ordinária. Assim por exemplo, no direito positivo italiano apenas com a lei 675/96 se opera a expressa consagração deste direito. Até então, o fundamento normativo para o "diritto alla riservatezza" encontrava-se no art. 2.º da Constituição italiana e no art. 8.º da Convenção Europeia dos Direitos do Homem. Para uma análise mais desenvolvida desta questão, cfr. FACCI, GIOVANNI, *Il risarcimento del danno..., ob. cit.,* pág. 150 e ss.

Resta todavia interrogarmo-nos sobre quais os expedientes, do ponto de vista técnico, tidos por adequados para levar a cabo um tal desiderato. Neste contexto particular, impõe-se averiguar se existem razões poderosas para aceitar a autonomização do tão propalado, na doutrina e jurisprudência italiana, direito à identidade pessoal.

Uma resposta adequada a esta interrogação passa necessariamente por uma tentativa de delimitação do âmbito de um tal direito. Enfrentemos então, de seguida, este desafio.

### 3.2. O direito à identidade pessoal. Delimitação do seu âmbito. Um direito de criação pretoriana

Não constitui tarefa simples definir com precisão o conteúdo do direito à identidade pessoal. Diríamos mesmo tratar-se de uma missão praticamente impossível. Na verdade, encontramo-nos perante um direito de criação pretoriana, particularmente influenciado pelas contingências normativas de um determinado sistema jurídico: o italiano. Não queremos ignorar a genérica invocação deste direito feita no contexto doutrinal e jurisprudencial de outros ordenamentos jurídicos. Todavia é no espaço dogmático italiano[321] que encontramos uma maior construção conceitual erigida em seu torno.

---

[321] Quando nos reportamos à dogmática italiana, estamos, na senda de Castanheira Neves, a considerar também a actividade jurisprudencial. No tocante a este direito de criação pretoriana, cumpre referir a decisão da cassação de 7 de Dezembro de 1960, onde se contêm as primeiras referências ao direito à identidade pessoal. Este aresto que foi alvo da apreciação crítica de De Cupis, ainda não configurava, porém, o direito à identidade pessoal como um direito de personalidade autónomo. No plano doutrinal, a primeira referência a este direito encontramo-la na obra de De Cupis em 1949, DE CUPIS, ADRIANO, *Il Diritto all'Identità Personale*, Milano, 1949. Um tal entendimento veio a ser reafirmado noutros estudos do autor: *La Verità nell Diritto*, in Il Foro Italiano, 1952, IV, cols. 223-224, 1955, I, col. 560 e ss., *Tutela Giuridica Contro le Alterazioni della Verità Personale*, in Il Foro Italiano, 1956, I, cols. 1384-1386.

Neste percurso de afirmação doutrinal de um tal direito, cumpre salientar a posição de Bavetta que em 1970 atribuiu ao direito à identidade uma configuração mais ampla que a tradicional, basicamente consubstanciada nas exigências tuteladas pelo direito ao nome. Cfr., BAVETTA, GIUSEPPE, *Identità (Diritto alla)*, Enciclopedia del Diritto, Milano, 1970, XIX, pág. 953 e ss. Porém, também na dogmática portuguesa há quem também autonomize o direito à identidade pessoal, cfr. CARVALHO, ORLANDO DE, *Os Direitos do Homem no Direito Civil Português,* Coimbra, 1973, pág. 20 e ss.

Um direito resultante do labor da actividade jurisprudencial tem de apresentar um conteúdo necessariamente fluido e indeterminado. Com efeito, os contornos dos direitos criados por esta via são fundamentalmente delineados em função da argumentação jurídico-decisória dos arestos judiciais.

A determinação do âmbito destes direitos fica então muito presa do casuísmo judicial, sem se atender devidamente ao enquadramento das especificidades do caso no âmbito dos cânones normativos e dos princípios jurídicos fundamentais disponibilizados pelo ordenamento[322].

Torna-se então mister suprir tais deficiências, cabendo esta tarefa primordialmente à dogmática. No entanto, a divergência de opiniões em torno da fundamentação e enquadramento jurídicos fazem-se sentir amiúde de um modo indelével, e revela-se muitas vezes indispensável aguardar o decurso do tempo para se consolidarem as realidades jurídicas em discussão, bem como para alcançar uma harmonização dos critérios jurídicos idóneos para o seu tratamento. Ora, estes problemas revestem uma particular acuidade a propósito do propalado direito à identidade pessoal.

Os tópicos e as directrizes invocados no âmbito da caracterização dogmática do conteúdo deste direito apresentam-se, na verdade, muito vagos, revelando-se também algum dissenso quanto à própria questão prévia da sua admissibilidade[323]. Alguma confusão reina também a propósito do âmbito subjectivo do direito à identidade pessoal, discutindo-se de um modo particular a possibilidade da extensão da sua titularidade às pessoas colectivas, mormente às organizações políticas e partidárias.

Este clima de indefinição suscitado em torno da delimitação do direito à identidade pessoal não deixa, no entanto, de encontrar particulares razões justificativas. Para além da perplexidade e indeterminação própria da natureza do núcleo essencial de matérias aí coenvolvidas, cumpre ainda salientar as particulares contingências do sistema normativo italiano a propósito da temática dos direitos de personalidade. Todas as considerações

---

[322] Neste sentido, cfr, TARELLO, GIOVANNA VISINTINI, *Il c.d. diritto alla identitá personale e le reazioni della doutrina di fronte alla attivitá creatice di un diritto della giurisprudenza, in* Il Diritto alla Identità Personale, Padova, 1981, pág. 75, ZATTI, PAOLO, Il diritto alla identità e l'"applicazione diretta" dell'art.2 cost., in Il Diritto alla Identità Personale, Padova, 1981, pág. 54.

[323] A nível jurisprudencial revelam-se manifestas tais hesitações, as quais se patenteiam em alguns arestos onde não se considera necessário autonomizar o direito à identidade do direito à honra ou do direito à intimidade privada, cfr., neste sentido, Pret.Roma, 6 maggio, 1983, *in* Giur, mérito, 1984, I, págs. 55 (com nota di G. Azzariti, *in tema di tutela della personalitá*).

expendidas não ficam prejudicadas com a expressa menção no art. 2.º do dec. legislativo 196/2003 ao direito à identidade pessoal, uma vez que a delimitação do respectivo âmbito continua a pertencer à doutrina e à jurisprudência. Com efeito, o legislador italiano, além de fazer referência a este direito a propósito de um domínio específico – o tratamento de dados pessoais – não procedeu a qualquer abordagem em torno do seu âmbito.

### 3.3. Contingências normativas do ordenamento jurídico italiano e direito à identidade pessoal

Cumpre começar por analisar atentamente as especificidades deste ordenamento jurídico, para compreeendermos as razões da emergência deste direito à identidade pessoal, e não incorrermos na tentação de transpor acriticamente([324]) as conclusões aí alcançadas para a nossa realidade jurídica.

No tocante ao tipo de matérias implicadas na delimitação do âmbito deste direito, basta tomar em conta a sua necessária intersecção e filiação com a problemática dos direitos da personalidade, para nos apercebermos de imediato da envergadura e complexidade dos assuntos em discussão. Já em relação às particularidades do ordenamento jurídico italiano, mormente da regulamentação juscivilística destas matérias, cumpre, antes demais, salientar a ausência de uma disposição semelhante ao nosso artigo 70.º.

Ora, abre-se aqui espaço para retomar a discussão em torno da tipicidade dos direitos de personalidade, e a este propósito, voltar a equacionar os argumentos ínsitos nas propostas dogmáticas defendidas por Carnelutti e De Cupis. Não constitui nosso propósito reacender neste momento uma tal problemática, mas apenas relembrar as considerações já expendidas em seu torno no capítulo 3.º da parte I deste trabalho.

---

([324]) Reportando-se à questão do plurilinguísmo europeu em face dos desafios comunitários de uniformização legislativa, Gambaro chama a atenção para a necessidade de tomar em conta as especificidades conceptuais de cada ordenamento jurídico, ou até das famílias de direito às quais se reportam, para evitar os erros jurídicos suscitados por uma atitude acrítica de tradução de conceitos. Na perspectiva do autor, tais perplexidades manifestam-se com particular acuidade no âmbito do direito privado, tendo em conta o particular rigor conceptual que caracteriza este ramo do direito. Cfr., GAMBARO, ANTONIO, *A propósito del plurilinguismo legislativo europeo*, in Riv. Trim. Dir. Proc. Civ., 2004, n.º 1, pág. 297-298. No mesmo sentido, vide ainda, MARKESINIS, BASIL – HUMBERATH, H., *The german law of torts*, Oxford, 2002, págs. 59 e ss, MARKESINIS, BASIL, *Quattro secoli di convergenze e divergenze fra diritto inglese e diritto francese*, in Riv. Trim. Dir. Proc. Civ., 2005, n.º 3, págs. 839-840.

Impõe-se apenas acentuar que a falta de uma cláusula geral onde se tutele a personalidade humana *in totum*, pode legitimamente suscitar dúvidas acerca da necessidade de perspectivar como direitos subjectivos autónomos e novos, certas facetas da personalidade integrantes já do conteúdo de um outro direito de personalidade suficientemente delimitado, ou que se traduzem numa mera expressão, sem autonomia própria, da imprescindível tutela da dignidade da pessoa humana.

Na verdade, a expressa admissibilidade do direito à pessoa ser em devir, envolve o imediato reconhecimento pelo ordenamento jurídico de uma multiplicidade de facetas, ou aspectos, de ordem física ou espiritual, inerentes à personalidade de toda e qualquer pessoa[325].

Ao incluir-se no âmbito do propalado direito à identidade pessoal todo um conjunto de características constitutivas da personalidade humana, a saber, as experiências passadas, o estatuto actual de cada pessoa, incluindo aqui sobretudo as suas posições ou convicções ideológicas, políticas e morais[326], estamos a reportar-nos a traços estruturantes da personalidade humana, os quais acabam por caracterizar a pessoa enquanto tal[327]. Em causa está um direito de reagir a qualquer deturpação desferida à personalidade individual, e, por conseguinte, de impor o respeito pela sua *"verità individuale"*[328]. Socorrendo-nos da terminologia lapidar de De Cupis, o direito à identidade pessoal visa assegurar a tutela "della verità e contro la verità"[329].

---

[325] Na doutrina italiana recente, Pino considera que no âmbito de uma concepção dinâmica dos direitos de personalidade, o mesmo direito subjectivo pode justificar, em certos momentos e em particulares contextos, a emergência de uma constelação de situações jurídicas diversas. Cfr., PINO, G., *Il diritto all'Identitá Personale,* Bolonha, 2003, pág. 143. Desta feita, cumpre salientar os significativos obstáculos suscitados na prática à aceitação de uma concepção monista dos direitos de personalidade.

[326] Neste sentido, cfr. DOGLIOTI, MASSIMO, *Il diritto alla identitá personale nel quadro ..., ob. cit.,* pág. 66 (corresponde, por lapso tipográfico, à pág. 68 da monografia).

[327] Como a propósito da emergência na dogmática italiana de uma pluralidade de direitos da personalidade, entre os quais, a identidade pessoal, sublinha Mesinetti, que se impõe perspectivar a referência axiológica, a fim de evitar o panorama de fragmentação da sua tutela. Cfr., MESSINETTI, DAVIDE, *Recenti orientamenti..., ob.cit.,* pág. 173 e ss.

[328] Cfr. TOMMASINI, RAFFAELE, *L'identità dei soggetti..., ob. cit.,* pág. 83, PONZANELLI, GIULIO, *Alcune novità..., ob. cit.,* pág. 374, PARDOLESI, ROBERTO, anotação à decisão de 2 giugno 1980 (Pret di Roma), *in* Foro Italiano, 1980, I, col. 2046 e ss.

[329] Cfr., DE CUPIS, ADRIANO, *La Veritá nel..., ob. cit....,* col. 224. Cumpre, neste contexto, destacar a profunda influência exercida pela obra de DEL VECCHIO, *La Veritá nella Morale e nel Diritto,* Roma, 1952, na conformação do pensamento do autor acerca do direito à identidade pessoal.

Ora, tais traços ou características no âmbito de um sistema jurídico onde se dê guarida ao direito geral de personalidade, encontram neste a base da sua fundamentação, sem necessidade de levar a cabo grandes especulações acerca da sua natureza jurídica, ou de denominar com nova terminologia realidades suficientemente conhecidas e delimitadas([330]).

Desta feita, não admira que na ausência de uma norma semelhante ao nosso artigo 70.º, certos juristas italianos tenham procurado a base de fundamentação jurídica para o direito à identidade pessoal no art. 2.º da Constituição Italiana([331]).

---

([330]) Não queremos, no entanto, negar a inelutável possibilidade de a dinâmica historico-social chamar a atenção, de modo permanente, para a necessidade de protecção de certos aspectos da personalidade humana ainda não devidamente acautelados pelo ordenamento jurídico. Assim se explica a emergência de novos direitos de personalidade no âmbito de sistemas jurídicos não dominados pelo espartilho da tipicidade. Cumpre então admitir a relevância do momento material, ou seja do contexto histórico-social, para a criação do direito. Na verdade, o reconhecimento jurídico-positivo de novos direitos de personalidade, implica, como atrás deixámos referido, uma adequada consolidação das matérias tuteladas no âmbito da realidade de onde são originárias. Acerca da relevância do momento material no âmbito do processo de constituição do Direito, cfr. Neves, A. Castanheira, *Fontes do Direito, Digesta, vol. II*, Coimbra, 1995, pág. 56 e ss., Monteiro, J. Sinde, *Reparação dos Danos em Acidentes de Trânsito. Um estudo de direito comparado sobre a substituição da responsabilidade civil por um novo seguro de acidentes de trânsito*, Coimbra, 1974, pág. 19 e ss. Galgano, Francesco, *La globalizzazione nello specchio del diritto*, in Contratto e Impresa, 2005, n.º 1, pág. 435. Cumpre neste contexto destacar a inserção no B.G.B. da disciplina da ABG – Gesetz (§305-310, na redacção que lhes foi dada com a reforma de 2002), a qual foi aplaudida por certos autores germânicos, com base na consideração de que a concepção liberalista do código de 1896 já não se revelava compatível com as profundas mutações económico-sociais entretanto registadas. Cfr., neste sentido, Ulmer, Peter, *Das AGB- -Gesetz: ein eigenständiges kodifikationswerk*, in JZ, 2001, pág. 491 e Basedow, J., *Münchener kommentar zum BGB, II (Schuldrecht allgemeiner teil)*, München, 2003, anotação ao §305, R.N. 16, pág. 1063. Em sentido diferente se pronunciou Zimmermann, para quem uma tal inserção se traduziu num factor de desequilibrio (corpo estranho) num harmonioso sistema existente (*"klassische symphonie"*), cfr. Zimmermann, Reinhard, *Schuldrechtsmodernisierung?*, in JZ, 2001, pág. 171 e ss.

([331]) Neste sentido, cfr. Pace, Alessandro, *Il c.d. diritto alla identitá personale e gli artt. 2 e 21 della Costituzione*, in Il Diritto alla Identità Personale, Padova, 1981, pág. 36 e ss. (este autor encontra no art. 21.º da Lei Fundamental Italiana, para além do já mencionado art. 2.º, uma outra base de fundamentação positiva para o direito à identidade pessoal). A este propósito fala de uma relevância constitucional em sentido negativo deste direito. De acordo com este entendimento, o suposto direito à identidade funciona como um limite ou importante restrição à liberdade de manifestação do pensamento. A este propósito, cfr. ainda Spatolisano, Francesca Maria, *L'informazione e il diritto alla identitá personale*, in Il Diritto alla Identità Personale, Padova, 1981, pág. 151. De igual modo, cfr. Ajello, Michele, *Il diritto alla identità personale nella giurisprudenza sui diritti della persona*, in Il

Na verdade, a disposição acabada de mencionar impõe ao Estado o dever de salvaguardar a personalidade humana e os direitos de personalidade nela filiados contra os ataques que lhe são dirigidos. Com um âmbito de tutela um pouco diferente da cláusula geral do artigo 70.º do nosso Código Civil, dada a manifesta vertente de protecção social aí patenteada, o art. 2.º da Lei fundamental italiana, contém inequivocamente uma cláusula geral de tutela e promoção da personalidade humana fundada em exigências inderrogáveis de solidariedade([332]). Esta necessidade de alcançar uma fundamentação constitucional para a disciplina de relações entre particulares derivada da falta de uma regulamentação paralela da matéria no *Codice Civile*, não deixa de levantar algumas perplexidades.

Com efeito, encontramo-nos aqui colocados perante o delicado problema da aplicabilidade imediata ou mediata das normas constitucionais às relações privadas. Apesar de existir um consenso generalizado a propósito da admissibilidade e relevância incontestada dos direitos fundamentais, não deixam, no entanto, de se colocar algumas dúvidas quanto

---

Diritto alla Identità Personale, Padova, 1981, pág. 108-109, ZATTI, PAOLO, *Il Diritto alla Identitá e l'applicazione diretta...*, ob. cit., pág. 53 e ss., PIZZORUSSO, ALESSANDRO, *I profili costituzionali di un nuovo diritto della persona*, in Il Diritto alla Identità Personale, Padova, 1981, págs. 29 e ss. (este autor defende a filiação do direito à identidade pessoal no "diritto alla riservatezza", mas considera, por sua vez, que a fundamentação deste último se deve encontrar no art. 2.º da Constituição, o qual qualifica de "norma aberta").

No plano jurisprudencial, cumpre destacar as hesitações sentidas pela cassação acerca da filiação do direito à identidade pessoal no art. 2.º da Constituição Italiana (Cass. 3796/85), e a progressiva aceitação por esta instância da perspectiva monista da tutela geral da personalidade, onde a referência axiológica desta norma constitucional de conteúdo programático se revela essencial. Para uma análise mais desenvolvida deste itinerário jurisprudencial cfr., PALMIERI, ALESSANDRO, *Responsabilità Civile – Esercizio del Diritto di Cronaca*, in Il Foro Italiano, 1996, I, col. 1254 e ss.

([332]) Como sublinha De Cupis está em causa uma genérica afirmação de um princípio de solidariedade inspirador do ordenamento jurídico, destinado a objectivar-se em específicas obrigações estatuídas na lei ordinária. Cfr., CUPIS, ADRIANO DE, *La solidarietá Umana nel diritto Civile*, in Riv. Dir. Civ., 1985, II, pág. 621, no mesmo sentido, RICCIO, ANGELO, *L'equitá correttiva é, dunque, assurta a regola generale*, in Contratto e Impresa, 2005, n.º 3, págs. 928-929. Porém, como justamente sublinha Navarretta estas inelutáveis exigências constitucionais de solidariedade têm necessariamente de ser contemporizadas com um grau mínimo de tolerância do lesado, consubstanciado na irressarcibilidade dos danos considerados menos graves. Com efeito, a imposição deste "estado de conformação" ao lesado deve ser entendido como corolário das liberdades e direitos fundamentais que constitucionalmente lhe são reconhecidos, cfr. NAVARRETTA, EMANUELA, *Art. 2059 C.C. e valori costituzionali: dal limite del reato alla soglia della tolleranza, nt a trib. Roma 20 maggio 2002*, in Danno e Resp., 2002, pág. 870, VITTORIA, DANIELA, *un "regolamento di confini" per il danno esistenziale*, in Conttrato e Impresa, 2003, n.º 3, págs. 1232-1233.

aos concretos termos da admissibilidade da eficácia das normas constitucionais no âmbito do direito privado.

Não procederemos aqui à inventariação de tais problemas porquanto já a eles nos referimos sumariamente no capítulo introdutório, além de esta tarefa envolver um esforço que extravasa os propósitos de uma análise dominada por preocupações de natureza civil([333]).

Aliás, esta imprescindível necessidade de remissão para a ordem constitucional não se verifica no nosso ordenamento jurídico. Apesar do art. 70.º obviar tais dificuldades, não se afasta, no entanto, o problema comum ao art. 2.º da Constituição Italiana consubstanciado na determinação do conteúdo da cláusula geral aí consagrada.

Com efeito, a caracterização das faculdades ou poderes imbricados no direito ao livre desenvolvimento da personalidade levanta sempre particulares dificuldades, mercê do carácter fluido ou indeterminado daquele direito-quadro. Podemos então, e apesar de tudo, concluir pela existência de um vasto leque de problemas comuns conexionados com o tipo de matérias ou assuntos tratados, apesar das diversidades registadas a nível dos vários sistemas que sobre eles versam.

### 3.4. Delimitação do direito à identidade pessoal – principais notas caracterizadoras

Como já atrás deixámos sublinhado, a tutela da identidade extravasa hoje manifestamente os sinais exteriores de distinção da pessoa de cada indivíduo no contexto social onde se integra. Para além da protecção de pendor jusnaturalístico dispensada ao nome, pseudónimo, correspondência e domicílio ..., cumpre a qualquer ordenamento jurídico civilizado

---

([333]) Apesar do entrecruzamento de questões juspublicistas com problemas de natureza meramente civil no âmbito do problema da *Drittwirkung* dos direitos fundamentais, certo é que esta questão, tendo em conta os seus aspectos mais marcantes, se deve situar sobretudo na órbita das preocupações dos cultores do direito público, mais propriamente dos constitucionalistas. Não podemos, porém, ignorar que a emergência de questões interdisciplinares entre o direito público e o direito privado se fica a dever à forte influência regulativa assumida pelas constituições de certos ordenamentos jurídicos no âmbito da disciplina das relações privadas. Assim sucedeu no direito italiano a partir da década de sessenta, mercê da profícua actividade da corte constitucional, cfr. Cassese, Sabino, *La cultura giuridica dagli anno sessanta ad oggi*, in Riv. Trim. Dir. Proc. Civ., 2004, n.º 2, pág. 375.

defender ainda uma multiplicidade de facetas de ordem espiritual, cívica, cultural, religiosa ... da personalidade humana, porquanto tais atributos correspondem a traços individualizadores dos cidadãos no âmbito das modernas sociedades plurais e conflituais.

Tendo em conta os vários arrimos doutrinais e jurisprudenciais entretecidos acerca do suposto direito à identidade pessoal, devemos perspectivá-lo como um *Rahmenrecht*. Na verdade, o objecto (*gegenstand*) deste direito não se traduz num bem jurídico certo e determinado. Deparamo-nos, antes, perante uma realidade multiforme, de conteúdo indeterminado([334]).

Quando nos reportamos ao poder de cada um exigir dos demais membros da comunidade jurídica o respeito pelos traços constitutivos do seu perfil ou da sua identidade, estamos a fazer apelo a uma *fons fontium* de onde emana uma pluralidade de poderes ou faculdades. Desta feita, não está aqui em causa um concreto poder ou direito subjectivo, mas antes uma base de referência ou de fundamentação (pólo irradiador) de uma série de direitos com contornos mais ou menos definidos.

Se não vejamos: a liberdade religiosa onde se filia o direito de cada um a professar um credo religioso, bem como o poder de não aderir a qualquer orientação confessional, a liberdade de pensamento, na qual se baseia o direito de cada pessoa optar por uma determinada corrente ideológico-partidaria, as liberdades de reunião e associação enquanto instrumentos de realização daquele valor fundamental, constituem traços de ordem espiritual ou moral, modeladores da personalidade de cada um, permitindo a sua identificação no contexto social onde se integram. O mesmo se poderá sustentar quanto às liberdades de escolha e de exercício da profissão, de criação artística e cultural, de assumir os mais diversos estatutos e papeis([335]) sociais derivados de relações contratuais

---

([334]) Neste sentido, cfr. MACIOCE, FRANCESCO, *Diritto di rettifica e identità...*, ob. cit., pág. 506. Para o autor, a tutela da identidade pessoal alcança-se, quer através da protecção dispensada pelos vários direitos de personalidade previstos no ordenamento italiano, quer pelo recurso a instrumentos de defesa da personalidade humana previstos em normas específicas naquele integradas.

([335]) Apesar de frequentemente se confundirem, – estatutos e papéis – estão em causa realidades diversas. Enquanto os primeiros correspondem à grelha de direitos e obrigações dos *socci* em virtude da(s) posição(ões) por si assumidas na sociedade (status profissional, familiar ...), as funções, traduzem-se, antes, no conjunto de comportamentos e funções desempenhados pelos concidadãos pela circunstância de lhes corresponder um determinado status. Desta feita, apesar de profundamente imbricadas, estas realidades são encaradas por ângulos diversos. No tocante ao status, está em causa uma perspectiva

livremente concluídas. Valem neste âmbito as considerações já atrás expendidas a propósito da caracterização da liberdade de expressão, bem como do direito geral de personalidade.

Em face deste carácter multifacetado do direito à identidade pessoal, não admira que na doutrina e jurisprudência italianas tenham surgido vozes críticas quanto à autonomização do direito à identidade pessoal. Tendo em conta as afinidades registadas entre certos traços caracterizadores da identidade pessoal com matérias (a defesa dos direitos de personalidade) reguladas em institutos expressamente previstos na lei, tem-se registado uma tendência para a aplicação analógica destes, tal como sucede com o direito de resposta([336]).

Uma outra linha de orientação propende antes para proceder ao tratamento das realidades cobertas com o direito em análise, no contexto de categorias jurídicas, que apesar de não estarem positivadas, se encontram já solidamente consolidadas e autonomizadas na tradição da dogmática juscivilística italiana, tal como sucede com a honra e o bom nome([337]).

---

estática, já quanto aos papéis, o núcleo essencial da sua caracterização radica numa visão funcionalista, á qual é subjacente um entendimento dinâmico. A propósito destes conceitos, veja-se a delimitação levada a cabo por Castanheira Neves no âmbito da sua análise descritiva ou estrutural da ordem jurídica, cfr. Neves, A. Castanheira, *O Sentido do Direito...*, *ob. cit.*, págs. 112-116. Para uma análise crítica acerca do carácter estático do conceito de *status*, reportando-se, de um modo particular, à inadequação de uma tal nota característica no universo das relações familiares, onde se têm registado profundas mudanças nas últimas décadas, cfr. Messinetti, Davide, *Diritti della Famiglia e Identitá della Persona*, in Riv. Diritto Civile, 2005, n.º 2, págs. 146-150.

([336]) A este propósito, sustentando a aplicação analógica destes institutos às situações abrangidas pelo suposto direito à identidade pessoal, cfr. L. Bigliazzi Geri / U. Breccia / F.D. Busnelli / U. Nazoli, *Diritto Civile*, Turim, 1987, 1, pág. 168 e ss. Neste tratado coloca-se ainda em destaque uma outra forma de perspectivar o direito à identidade pessoal, configurando como um interesse legítimo que funciona como limite à liberdade de expressão.

No plano jurisprudencial, cumpre destacar a decisão da cassação de 22 giugno, 1985, onde o direito à identidade pessoal é admitido por via da aplicação analógica da disciplina prevista para o direito ao nome, cfr. *Persona física e diritti della personalità*, in Il Foro Italiano, 1985 (com anotação de Roberto Pardolesi), cols. 2211-2212.

([337]) A nível jurisprudencial, vejam-se as decisões do Tribunal de Roma, de 10 de Fevereiro de 1993, *in* Il Foro Italiano, 1994, I, col. 1237 (com anotação de Sorrentino) e de 2 de Novembro de 1994, *in* Il Foro Italiano, 1995, I, col. 1018. Ainda acerca das dificuldades da jurisprudência italiana para autonomizar o direito à identidade pessoal do direito à honra e ao bom nome, cfr. Facci, Giovanni, *Il risarcimento dell danno per violazion dei diritti della personalitá, al di fuori della privacy*, in Responsabilitá Civile e Previdenza, 2000, n.º 6, (vol. LXV), pág. 1507.

## 3.5. Diversos enfoques em torno do direito à identidade pessoal: o modelo intimista, o modelo da aparência, o modelo da integração comunitária. De novo um debate em torno das concepções subjectiva/objectiva – normativo-pessoal/normativo-social da honra?

Tendo como pressuposto que a tutela da identidade pessoal implica necessariamente o respeito devido a uma projecção ou imagem acerca da personalidade de alguém, importa então indagar qual é a dita "projecção" ou "imagem" que está efectivamente subjacente a este suposto direito[338]. Estará aqui em causa a defesa da imagem real da pessoa, o seu sentimento íntimo, no fundo, a concepção que alguém tem efectivamente de si próprio?

Não se tratará antes de uma projecção aparente da personalidade construída pelos indivíduos em função de certos códigos, concepções ou padrões sociais?

Poder-se-á ainda questionar se verdadeiramente não se deve antes visualizar o direito à identidade pessoal como a projecção social da individualidade da pessoa a partir das regras comuns da experiência, e tomando como base de apreciação os traços definidores do carácter individual objectivamente detectáveis ou cognoscíveis[339]?

---

[338] Andrea Rossato refere-se sugestivamente ao direito de cada pessoa a não ver desfigurado na comunidade o seu "património intelectual, social, religioso, ideológico, profissional" cfr. ROSSATO, ANDREA, *Diritto alla riservatezza*, in Riv. Dir. Civ., 1989, 2.ª parte, pág. 303.

[339] Acerca das três perspectivas através das quais se pode caracterizar o direito à identidade pessoal, cfr. TOMMASINI, RAFFAELLE, *L'identità dei suggetti tra apparenza e realtá ..., ob. cit.*, págs. 84 e ss. Tommasini considera que ninguém pode pretender uma tutela de uma personalidade fictícia, prescindindo da relevância específica dos seus comportamentos. De igual modo, também se pode impedir os terceiros de efectuarem projecções da personalidade de outrem diversas da sua identidade real, mas ancoradas numa aparência social baseada em usos ou hábitos sociais, geral ou sectorialmente, difundidos.

Tendo em conta estas premissas, o autor distingue três tipos de situações, procedendo a um tratamento jurídico diferenciado das mesmas. Em primeiro lugar, Tommasini nega a possibilidade de qualquer pessoa pretender a garantia pelo ordenamento jurídico de uma identidade artificial ou irreal, por si construída, em determinado momento histórico e em certo ambiente social. Em segundo lugar, reconhece a possibilidade de tutela nas situações em que haja a distorção da projecção da personalidade individual, sempre que esta se apresente coerente com o conjunto de comportamentos assumidos pelo indivíduo na realidade social, seja individualmente, seja como membro de um grupo ou organização social. Quando em tais hipóteses esta projecção da personalidade não corresponda à identidade real ou efectiva do sujeito, o autor, confere ao lesado o poder de exigir a cessação das

Antes de se avançar uma resposta para estas interrogações, julgamos conveniente integrar ou referenciar o núcleo essencial das posições co-envolvidas nestas dúvidas nas principais linhas de força, no seio dos quais, se há-de descortinar o sentido do direito à identidade pessoal.

Assim, a primeira das posições indicadas reveste um cunho manifestamente individual ou intimista, a segunda perspectiva é marcada fundamentalmente pela nota da aparência, tanto no tocante à vertente individual quanto à faceta social da individualidade, e a terceira das posições pretende orientar-se por preocupações de índole objectiva, propendendo para uma perspectiva mais socializante da identidade pessoal, salvaguardando, no entanto, a faceta íntima ou individual da identidade.

Debrucemo-nos, então, sobre o alcance destas propostas com o objectivo de melhor compreender o âmbito do suposto direito à identidade pessoal.

A defesa de uma perspectiva intimista ou de cariz manifestamente subjectivo da identidade pessoal representa uma opção dificilmente sustentável[340].

Desde logo, não impende sobre ninguém a obrigação de projectar para o exterior uma imagem inteiramente fidedigna dos traços íntimos da sua personalidade. Certos ordenamentos jurídicos, entre os quais se inclui o português, garantem a protecção da intimidade de vida privada através da atribuição aos particulares de um direito subjectivo. Desta feita, representaria um contra senso exigir dos membros da comunidade jurídica o reconhecimento ou aceitação de uma imagem ou projecção da pessoa que o ordenamento jurídico quis precisamente retirar do alcance da indiscrição ou conhecimento públicos.

Para além disso, torna-se muito difícil determinar com precisão a imagem efectiva que alguém faz de si próprio. A averiguação dos sentimentos mais íntimos e profundos de cada pessoa constitui uma tarefa muito difícil, para não dizer impossível, que extravasa manifestamente o universo das preocupações jurídicas. A adopção de um tal critério para

---

actividades ou comportamentos causadores da distorção da identidade, bem como o ressarcimento dos danos morais sofridos. Por fim, Tommasini refere-se aos casos de distorção externa, fundados em razões de ordem objectiva, da personalidade de outrem. Quando uma tal distorção implicar uma adulteração da identidade real ou essencial do indivíduo, tem este direito a exigir a cessação de tais representações distorcivas. Não terá, no entanto, direito ao ressarcimento dos danos, na medida em que as distorções da personalidade fundaram-se em razões objectivamente justificáveis. Cfr., a este propósito, TOMMASINI, RAFFAELLE, *L'identitá dei soggetti tra ...*, ob. cit., págs. 86 e 87.

[340] Neste sentido, cfr. ROSSATO, ANDREA, *Diritto alla riservatezza...*, ob. cit., pág. 304.

caracterizar a identidade pessoal revelar-se-ia um risco grave em relação a certos valores jurídicos fundamentais, como sejam a segurança ou certeza jurídica.

Por um lado, tornar-nos-íamos presas de uma apreciação casuística de resultados incertos, e por outro, estaríamos a vincular a generalidade dos membros da comunidade jurídica ao respeito de um direito de conteúdo indeterminado, ou mais rigorosamente, de conteúdo insondável.

Assim sendo, os destinatários do aludido direito à identidade pessoal estariam sujeitos a incorrer em responsabilidade civil pela violação de direitos de configuração duvidosa, não lhes sendo razoavelmente exigível o seu conhecimento. O resultado da aceitação de uma tal perspectiva, implicaria necessariamente uma certa paralisação do tráfico jurídico, em virtude dos particulares evitarem entabular relações jurídicas, mormente quando estas possam assumir relevo pessoal, com receio de se virem a imiscuir ilicitamente na esfera jurídica alheia. No fundo, as críticas dirigidas a este entendimento devem considerar-se substancialmente idênticas aqueloutras atrás mencionadas a propósito das concepções subjectiva e normativa pessoal de honra.

Por fim, e como já mencionámos, a indagação acerca dos sentimentos mais íntimos e profundos dos indivíduos encontra-se fora do âmbito das preocupações dos juristas([341]). Na verdade, estas questões vão mais de encontro aos objectivos da investigação de psicólogos, sociólogos, antropólogos, teólogos... Assim sendo, não raras vezes encontram-se aqui sobretudo em jogo matérias atinentes à ordem moral e à ordem de trato social, e não propriamente problemas estritamente jurídicos.

Voltando agora as nossas atenções para a perspectiva mencionada em segundo lugar, a qual se polariza em torno do valor da aparência, cumpre tecer algumas considerações. Ninguém pode escamotear o relevo atribuído pelo ordenamento jurídico, para múltiplos efeitos, ao valor da aparência([342]).

---

([341]) A este propósito, cfr. LIOTTA, MAURIZIO, *Onore...*, *ob. cit.*, pág. 203.

([342]) Basta pensar nas soluções dispensadas pelo nosso ordenamento jurídico a propósito da anulabilidade por erro das declarações negociais (art. 247.º) e da interpretação dos negócios jurídicos (art. 236.º). De igual modo, no domínio da representação, atente-se na importância assumida pela procuração aparente. Aliás, se nos situarmos no âmbito do direito comercial, a importância da aparência afigura-se manifestamente mais intensa. Na verdade, a tutela da aparência enquanto corolário do princípio da maior protecção da confiança constitui uma característica típica do direito mercantil que progressivamente se foi incorporando no direito privado, reforçando assim a tendência para a unificação do direito privado registada a partir do séc. XIX. Cfr., a este propósito, ABREU, J. COUTINHO, *Curso de Direito Comercial, vol. I.*, 6.ª ed, Coimbra, 2006, pág. 20 e ss. (especialmente pág. 21).

No contexto particular da identidade pessoal, a generalidade dos ordenamentos jurídicos reconhece a possibilidade das pessoas adoptarem um nome diferente do real. Como várias vezes mencionámos, já a protecção jusnaturalística dispensada à identidade pessoal reconhecia o direito ao pseudónimo.

Na verdade, o direito ao pseudónimo representa uma inequívoca caracterização da faculdade atribuída a qualquer pessoa de apresentar uma projecção da sua personalidade não correspondente à efectiva ou real. Com o reconhecimento de um tal direito tem-se em vista sobretudo garantir a realização das liberdades de criação artística e cultural. Bem vistas as coisas, as produções de índole artística ou cultural coenvolvem normalmente um espaço de ficção, confundindo-se amiúde os domínios do imaginário e do real. Ora, o pseudónimo vai precisamente de encontro à necessidade artística de afirmação da indispensável margem de aparência, ilusão ou ficção artísticas.

Em termos mais genéricos, basta ter em conta a admissibilidade das ficções jurídicas, bem como a importância atribuída pelos ordenamentos jurídicos à verdade presumida, para constatarmos que a realidade relevante para o mundo do direito não se consubstancia apenas no real-real, mas também num real concebido a partir de *standards*, ou cálculos de probabilidades decorrentes das regras normais da experiência e da vida.

Cumpre, no entanto, sublinhar que a importância reconhecida à aparência radica em exigências de simplificação probatória, dada a profunda complexidade do real sobre o qual incidem as temáticas jurídicas. Desta feita, apesar da aparência poder gozar de uma significativa relevância jurídica, não é, no entanto, legítimo concluir que as objectivações deste valor jurídico conduzam sempre a resultados desejáveis. Impõe-se necessariamente tomar em consideração os limites e condições dentro dos quais o real aparente ou o real construído pode ser tolerado no universo jurídico.

Reconstituir o real histórico, alcançar a verdade material no âmbito do tratamento de múltiplas matérias jurídicas, representam objectivos nucleares de qualquer ordenamento jurídico, por estarem em causa condições indispensáveis para alcançar a justiça. Todavia, não é apenas o valor supremo da justiça, mas também aqueloutro não menos relevante da segurança jurídica que impõe um tratamento sério, fidedigno e rigoroso dos assuntos e matérias jurídicas.

A vida em sociedade seria um caos se a cada pessoa fosse conferido o poder de exigir o respeito da imagem de si próprio, construída ou ficcionada a partir de esquemas ou representações sociais tidas como subjectivamente mais vantajosas, ou significativas. Apesar deste modo de conceber o direito à identidade pessoal levar implicado uma referência a parâmetros objectivos, como sejam as concepções, *standards* ou parâmetros sociais, o núcleo essencial da sua delimitação radica no entanto na subjectividade individual, em particular, no modo como cada um deseja, ou julga preferível, apresentar a sua imagem no contexto social.

Bem vistas as coisas, a faceta individualista da identidade pessoal acaba por prevalecer sobre a necessária e desejável dimensão comunitária deste suposto direito. Ao advogar-se esta perspectiva de conceber a identidade pessoal correr-se-ia o risco de a imagem projectada de cada indivíduo, a qual a sociedade tem de respeitar, se traduzir numa imagem meramente fictícia ou virtual. Abrir-se-ia aqui espaço para o triunfo do capricho ou do arbítrio, os quais podem ser toleráveis ou minimamente aceitáveis no domínio da ordem de trato social, mas a que de modo algum se pode dar guarida ou tutela jurídica. O direito pode admitir uma certa panóplia de comportamentos socialmente adequados[343], mas a sua admissibilidade tem de enquadrar-se no âmbito de uma valoração axiológica própria do mundo jurídico.

Ora, no contexto destas referências axiológico-jurídicas impõe-se considerar a necessária e exigível previsibilidade dos comportamentos dos homens em sociedade. A ordem jurídica tem infalivelmente de oferecer "um saber com que se pode contar"[344], o qual seria fortemente ameaçado com uma indiscriminada aceitação do arbítrio individual subjacente a esta concepção da identidade pessoal. Também relativamente a este entendimento devem-se fazer sentir as críticas já atrás referidas a propósito das concepções subjectiva e normativo-pessoal de honra.

---

[343] Como justamente sublinha Paula Ribeiro de Faria a propósito do pensamento do jurista alemão que formulou pela primeira vez (1939) o conceito de adequação social (Welzel), esta categoria enquanto conjunto de valores com os quais a sociedade responde aos factos, apenas se revela determinante para o direito se for concebida como um sentido valorativo que seja fruto de uma opção do ordenamento jurídico, e não como um puro facto, cfr. FARIA, PAULA RIBEIRO DE, *A Adequação Social da Conduta no Direito Penal (ou o Valor dos Sentidos Sociais na Interpretação da Lei Penal)*, Porto, 2005, pág. 43 e ss. Apesar de no âmbito do pensamento civilista, o conceito da adequação social não ter sido alvo do nível de elaboração e de tratamento alcançado no direito penal, não podemos, no entanto, ignorar os contributos deixados por Nipperdey e de Deutsch, NIPPERDEY, HANS CARL, *Rechtswidrigkeit Sozialadäquanz, Fahrlässigkeit, Schuld im Zivilrecht*, in N.J.W., 1957, pág. 1777 e ss., DEUTSCH, ERWIN, *Finalität, Sozialadäquanz und Schuldtheorie als Zivilrechtliche Strukturbegriffe, Wezels Fernwirkung auf die Zivilrechtsdogmatik*, in Festschrift für Welzel, 1974, pág. 227 e ss.

[344] Neste sentido, cfr. NEVES, A. CASTANHEIRA, *O Sentido do Direito...*, ob. cit., págs. 49-50.

Cumpre finalmente virarmos a nossa atenção para a última das perspectivas indicadas acerca do modo de conceber este suposto direito à Identidade pessoal. Como já atrás deixámos mencionado, trata-se de uma orientação que visa atingir um desejável equilíbrio entre as facetas individual e comunitária da "sociável insociabilidade humana" que se encontra projectada e objectivada na ideia de Identidade pessoal. Por um lado, arranca do pressuposto irrefutável de que nas relações sociais relevantes para o direito os seus protagonistas são encarados na qualidade de sujeitos investidos nos respectivos status e papeis sociais. Com efeito, o direito enquanto critério regulativo da vida social não se preocupa com as relações estritamente pessoais, ou seja, com aquele núcleo onde se confronta o eu pessoal de cada sujeito[345], mas sim com aquelas nas quais os indivíduos envolvidos se encontram mediados pelas suas máscaras sociais, isto é, onde se entrecruza o respectivo eu[346] social do sujeitos.

Não pode, então, o ordenamento jurídico fazer tábua rasa das regras normais da experiência e da vida, e do jogo de probabilidade que destas emergem, dos códigos e standards dominantes nos mais variados sectores sociais, porquanto tal implicaria a ignorância das especificidades próprias do objecto da sua regulação[347].

---

[345] Estão em causa relações integradas no âmbito da moral, onde cada sujeito é confrontado com a própria consciência. Socorrendo-nos da linguagem aquiniana encontramo-nos aqui caídos no campo da alteralidade. Ora, o direito debruça-se antes sobre o domínio da intersubjectividade humanamente significativa. Não queremos contudo negar a tutela dispensada pela ordem jurídica a relações de conteúdo puramente afectivo ou espiritual. Tais relações podem com efeito constituir o substrato de acordos contratuais, e serem de fonte válida de obrigações. Conquanto se destinem a satisfazer um interesse do credor digno de protecção legal (art. 398.º) não se suscitam quaisquer dúvidas quanto à sua inclusão no universo obrigacional.

Apesar de não revestirem conteúdo patrimonial, não podem considerar-se excluídas do âmbito do direito das obrigações. Sem querer entrar em desenvolvimentos acerca da antiga querela de patrimonialidade da prestação enquanto requisito das obrigações, apenas interessa aqui recordar que a ausência de patrimonialidade do vinculo jurídico não equivale a falta de coercibilidade do mesmo. Os mecanismos de autotutela dos direitos (nos termos excepcionalmente admitidos), a execução em via específica, o recurso aos mecanismos resolutórios, constituem expedientes que comprovam a relevância jurídico-obrigacional dos vínculos de conteúdo meramente afectivo ou espiritual. Neste sentido, cfr. por todos, VARELA, J. ANTUNES, *Das Obrigações em Geral, I, ..., ob. cit.*, pág. 101 ess.

[346] Estamos a apoiar-nos na linguagem de Simmel, segundo o qual cada pessoa representa um unidade incindível de tensão dialéctica de duas dimensões: o eu-pessoal e o eu-social. A este propósito, cfr. NEVES, A. CASTANHEIRA, *O Sentido do Direito..., ob.cit.,* pág. 116-117 (especialmente nota 119).

[347] Neste contexto, cumpre relembrar, a título meramente exemplificativo, alguns critérios jurídicos onde se faz sentir de modo particular a influência dos códigos ou usos

Desta feita, e no tocante à delimitação do âmbito do suposto direito à identidade pessoal, consideramos correcto que a imagem ou projecção da individualidade de cada pessoa seja definida em função de critérios de conformação social comunitariamente prevalecentes. Esta concepção apreendeu devidamente a dimensão comunitária da identidade pessoal, na medida em que o perfil, a imagem de cada pessoa só existem em sociedade e nos termos determinados pelos padrões ou critérios aí dominantes.

Assim se evitam os atropelos ao valor da segurança jurídica decorrentes da aceitação ou de uma perspectiva intimista ou da também já mencionada concepção de aparência da identidade pessoal. Poder-se-á, no entanto, questionar legitimamente se uma tal perspectiva não ignorará, por deixar na sombra, certos aspectos fundamentais da faceta individualista da identidade.

Uma tal crítica parece-nos, no entanto, excessiva. Como deixámos referido a propósito da enunciação das linhas de força desta perspectiva, a imagem ou projecção da pessoa apreciada em termos comunitários, implica o respeito e a consequente consideração dos traços pessoais da personalidade de cada indivíduo. No entanto, os traços ou características

---

socialmente prevalecentes na comunidade. Basta pensar na bitola do bom pai de família (art. 487.º, n.º 2) de acordo com a qual se procede à apreciação da culpa no âmbito da responsabilidade civil (acerca deste critério, cfr. MONTROSE, *Is Negligence an Ethical or Sociological Concept?*, in Modern Law Review, vol. 21 (1958), pág. 260 e ss.), e neste âmbito ao critério da culpa como deficiência da conduta (cfr. a este propósito, VARELA, J. ANTUNES, *Das Obrigações I...*, ob. cit., pág. 577 e ss.), no apelo efectuado às regras normais de experiência e da vida pela doutrina da causalidade adequada a propósito da averiguação do requisito do nexo de causalidade, na teoria da impressão do destinatário consagrada no art. 236.º a respeito da interpretação dos negócios jurídicos. Em todas estas hipóteses regista-se uma manifesta referência a padrões de valoração social, retirando a apreciação das questões jurídicas aí contempladas do domínio da pura subjectividade. Encontramo-nos face a um movimento de objectivação no qual se patenteia a clara preocupação de os critérios de apreciação jurídica apresentarem níveis de abstracção que os não deixem aprisionados às contingências da análise casuística.

Não se pense, contudo, que esta tendência para a objectivação representa uma solução ideal em todos os domínios onde logra obter concretização. Assim, e a título de exemplo, várias são as vozes discordantes levantadas a propósito do critério do bom pai de família. As dificuldades suscitadas em torno da exacta caracterização do perfil do homem-médio, as profundas limitações à liberdade de acção dos homens menos inteligentes ou capazes determinadas pela aplicação do critério, bem como os problemas levantados pela apreciação da culpa do lesado de acordo com a regra do 487.º, n.º 2, constituem o rol de dificuldade normalmente associado ao padrão regulativo do bom pai de família. Para uma análise mais desenvolvida destas críticas, cfr. GOMES, JÚLIO, *Responsabilidade subjectiva e responsabilidade objectiva*, in Revista de Direito e Economia, 1987, págs. 100-105.

atendíveis são apenas os objectivamente detectáveis ou cognoscíveis. Estamos a considerar aqui, entre outros, as 'posições ideológicas, as convicções espirituais e religiosas, o estatuto familiar das pessoas ...', mas já não os aspectos mais insondáveis da alma humana, como sejam os sentimentos mais íntimos e profundos da pessoa. Este critério parece então articular harmonicamente os contributos das concepções normativo-pessoal e normativo-social da honra.

Não se diga sequer que esta faceta mais íntima ou reservada dos indivíduos fica assim privada de toda e qualquer protecção jurídica. Tendo em conta uma imprescindível análise de conjunto dos critérios disponibilizados pelo ordenamento para tutela da personalidade humana, não podemos dar relevo a uma tal preocupação. Com efeito, o direito à intimidade da vida privada assegura a todo o indivíduo a defesa dos aspectos ou traços mais íntimos da sua personalidade face a terceiros([348]). Por nos encontrarmos perante direitos de personalidade, os demais membros da comunidade jurídica têm o dever de se abster de toda e qualquer conduta susceptível de atingir este reduto mais íntimo da pessoa.

Resulta assim assegurado pela negativa a defesa deste direito inalienável das pessoas. Não nos parece, no entanto, já aceitável que se possa exigir da comunidade o reconhecimento claro do perfil e imagem determinantes da personalidade de cada indivíduo, nos quais se integra o acervo de traços mais recônditos e insondáveis da personalidade individual.

Na verdade, foi este o erro no qual incorreram as perspectivas atrás mencionadas, convertendo em elemento determinante da compreensão de um direito aquilo que era apenas e tão somente um dos aspectos condicionantes e integradores de uma tal delimitação.

---

([348]) Uma tal defesa é assegurada mesmo perante representações exactas acerca dos elementos integrantes do direito à intimidade. Ora, em tais situações não se regista uma violação do direito à identidade pessoal. Esta diversidade de âmbito entre tais direitos, constitui uma das razões por que De Cupis confere autonomia ao direito à identidade pessoal face ao da reserva da intimidade da vida privada, cfr. DE CUPIS, ADRIANO, *La Veritá nel..., ob. cit.,* col. 223.
No nosso entendimento, não vislumbramos justificação para o tratamento autónomo dispensado à identidade pessoal. Com efeito, apenas podemos concluir pela maior amplitude do direito à intimidade da vida privada, onde o suposto direito à identidade encontra, para além doutras, uma matriz referencial. No mesmo sentido, no âmbito do direito italiano, cfr. MESSINETTI, DAVIDE, *Recenti orientamenti..., ob. cit.,* págs. 180-181, *Processi di formazione della norma e tecniche "rimediali" della tutela giuridica, scienza e insegnamento del diritto civile in Italia*, a cura di V. Scalisi, Convegno di Studio in Onoré del Prof. Angelo Falzea, Milano, 2004, págs. 202-205, e 214-217, *Sapere Complesso e Tecniche Giuridiche Rimediali, in* Europa e Diritto Privato, 2005, n.º 3, pág. 616 e ss.

A aceitar-se a existência do propalado direito à identidade pessoal, a perspectiva mencionada em último lugar, afigura-se-nos a mais adequada, porquanto procura estabelecer um harmonioso equilíbrio entre as vertentes individual e comunitária da personalidade humana.

### 3.6. A liberdade religiosa enquanto elemento integrador do âmbito do direito à identidade pessoal. Traço igualmente atendível na caracterização do direito ao bom nome

A profissão de um credo religioso constitui um traço estruturante da personalidade da pessoa. Qualquer ordenamento jurídico civilizado tem de reconhecer a existência de um espaço de vivência espiritual, no qual as consciências individuais se nutram e moldem por valores transcendentais, e manifestem em práticas e ritos as suas convicções interiores mais profundas[349]. A história tem demonstrado, nos múltiplos conflitos entretecidos ao longo dos séculos, assim como em grandes campanhas e obras colectivas edificantes, a profunda importância exercida pelas religiões em qualquer contexto social.

Não admira pois que a grande maioria das leis constitucionais elevem a liberdade religiosa à categoria de valor fundamental. A nossa lei fundamental não constitui excepção, reservando-lhe um lugar no catálogo dos direitos, liberdades e garantias (art. 41.º). A adesão a um credo religioso, implica sempre um acto de livre escolha, razão por que no âmbito da liberdade religiosa se dá guarida tanto à liberdade religiosa positiva, quanto à liberdade religiosa negativa[350].

---

[349] Acerca da importância da protecção dos sentimentos religiosos enquanto dimensão essencial da individualidade humana, e o modo como a jurisprudência francesa de meados do Séc. XX abordou a questão, cfr. NERSON, M., *De la protection de la personnalité...*, ob.cit., pág. 80 e ss.

[350] Neste sentido se pronunciam Gomes Canotilho e Vital Moreira ao qualificar a liberdade de religião como "a liberdade de adoptar ou não uma religião, de escolher uma determinada religião, de fazer proselitismo num sentido ou noutro, de não ser prejudicado por qualquer posição ou atitude religiosa ou antireligiosa...", cfr. CANOTILHO, J. GOMES e MOREIRA, VITAL, *Constituição..., ob. cit.*, pág. 243.

Referindo-se a esta distinção, Jónatas Machado, na senda de Erwin Fischer, considera que a liberdade religiosa negativa tem como objectivo conceber a religião como um assunto da sociedade civil, enquanto a liberdade religiosa positiva representa uma forma de aproveitamento pelos poderes públicos do fenómeno religioso. (convém sublinhar que o autor integra sobretudo no conteúdo do sentido positivo da liberdade religiosa as subvenções ou os apoios do Estado às confissões religiosas, e de um modo particular, as concedidas aos cre-

A indiferença religiosa (agnosticismo) assim como o repúdio pelos valores religiosos (ateísmo), correspondem a atitudes perfeitamente legítimas no âmbito de sociedades pluralistas, e de Estados de origem não confessional.

Ora, uma tal voluntariedade na escolha do credo religioso, assim como no exercício da prática religiosa, constitui a principal razão pela qual a opção por uma orientação confessional se pode considerar como traço estruturante da identidade pessoal, e uma dimensão fundamental do perfil social das pessoas.

Neste contexto, cumpre, no entanto, destacar um aspecto susceptível de condicionar a liberdade religiosa do indivíduo – a educação religiosa. O ingresso no universo religioso, a aprendizagem dos ritos não é para a maioria dos fiéis uma opção pessoal. A tradição religiosa do meio social onde se encontram integrados, e sobretudo o poder-dever dos pais de educar os filhos constituem as razões principais das limitações acabadas de mencionar.

Tomando como ponto de referência o modelo confessional da igreja católica, a integração na comunidade religiosa ocorre através do sacramento do baptismo, e o ensino da religião desenvolve-se nos centros de catequese das comunidades paroquiais. Por regra, são os pais, no exercício dos seus poderes-deveres, que decidem acerca da administração do sacramento do baptismo aos seus filhos, e lhes cabe também optar acerca da formação religiosa destes.

Ora, um tal cenário não se poderá revelar oposto à tão propalada liberdade religiosa de cada indivíduo, a qual se deve manifestar, desde logo, no momento genético da opção pela integração num credo religioso? Não nos parece, no entanto, registar-se uma tal oposição. Por um lado, os pais, ao abrigo dos seus poderes-deveres, limitam-se tão somente a exercer faculdades ou poderes inerentes à sua liberdade religiosa positiva. Por outro, os filhos não ficam impedidos de mais tarde se afastarem da orientação religiosa que lhes foi ministrada([351])([352]). Assim sendo, permanece

---

dos dominantes na sociedade), cfr. MACHADO, JÓNATAS, *Liberdade Religiosa ..., ob.cit.,* págs. 342-343. De igual modo, MIRANDA, JORGE, "Direitos fundamentais – liberdade religiosa e liberdade de aprender e ensinar", *in* Direito e Justiça, vol. III, 1987-1988, pág. 50.

([351]) A liberdade de mudança de religião, resulta, desde logo, da circunstância de os bens da personalidade não serem realidades estáticas, cfr. SOUSA, R. CAPELO DE, *O Direito Geral..., ob. cit.,* págs. 46-47.

([352]) Sobre este problema da liberdade religiosa no âmbito do exercício do poder paternal, cfr. KOZIOL, HELMUT, WESER, RUDOLF, *Bürgeliches Recht,* Band I, 11. Auflage, Wien, 2000, pág. 484.

sempre salvaguardada a liberdade religiosa negativa, razão por que a definição do respectivo estatuto religioso é sempre deixada sob a alçada da livre conformação individual.

Neste contexto, equaciona-se ainda se a opção dos pais quanto à educação religiosa dos seus filhos não condicionará indelevelmente o direito à identidade pessoal destes, gerando assim questões delicadas quanto à delimitação de um tal direito nas hipóteses de uma eventual mudança de orientação espiritual. Do ponto de vista substantivo, a liberdade religiosa negativa impede, como de resto já deixámos mencionado, a desfiguração do direito à identidade pessoal. Sendo este um direito de formação progressiva, com um conteúdo de contornos de algum modo imprecisos, não admira que possa assumir ao longo dos tempos uma configuração diversa. Conquanto se registe, mercê do processo de afirmação da personalidade e ou do ambiente sócio-cultural onde esta se alicerça, qualquer mutação nos traços definidores do carácter e do perfil individual, todo o sujeito tem o direito de exigir dos restantes membros da comunidade jurídica o respeito pelas suas novas orientações[353].

Cumpre, porém, sublinhar que a configuração do direito à identidade pessoal como um direito em contínua reconstituição equivale a considerar a identidade como um bem sujeito a mutação, mas não se pode, de modo algum, concebê-lo como um direito ilimitado. Admitir, em nome da aludida reversibilidade, a possibilidade de cada pessoa se apresentar aos olhos do público com um perfil ideal por si concebido, falseando para tal a realidade, representaria um manifesto abuso.

Não se quer com isto deixar de reconhecer um certo espaço de afirmação ou promoção social do indivíduo, o qual, de acordo com os ditames da ordem de trato social, se pode manifestar consentâneo com uma certa margem de *"aparência ou ilusão"*. Porém, daí a permitir uma adulteração dos dados reais, abrindo assim campo propício para a emergência de ataques à esfera jurídica de terceiros com quem se entabularam relações, vai ainda um passo gigante[354].

---

[353] Acerca do direito à identidade pessoal como um direito em contínua reconstituição, cfr. BONI, GERALDINA, *Tutela Rispetto al Trattamento dei Datti Personali tra Sovranitá dello Stato e Sovranitá della Chiesa Cattolica*, in Il Diritto di Famiglia e delle Persone, 2001, n.º 4, pág. 1702, nota 51, COLAIANNI, NICOLA, *Libertá religiosa e societá dell'informazione*, in Quad. Dir. pol. eccl., 1999, I, pág. 216.

[354] Neste sentido, contestando a configuração do direito à identidade pessoal como um direito ilimitado, cfr. COLAIANNI, N., *Libertá religiosa ...*, ob. cit., pág. 33.

## 3.7. Reversibilidade das opções religiosas. Alguns problemas

Algumas perplexidades formais ou procedimentais podem, no entanto, levantar-se em virtude de alterações pessoais quanto à orientação espiritual, livremente permitidas, como vimos, em termos substanciais. Queremos reportar-nos à pretensão de alguém que repudiou o credo religioso no qual foi educado pelos seus pais, proceder ao cancelamento do registo do baptismo que lhe foi ministrado. Em abono de um tal pedido, poder-se-á aduzir não só com a liberdade religiosa, como também com o direito à identidade pessoal.

Com efeito, sendo a confissão de um credo religioso, ou a ausência deste, um aspecto estruturante da personalidade de cada um, uma vez registada uma alteração significativa na orientação espiritual, a identidade pessoal transmuda-se também. Neste contexto, poder-se-á então invocar o hoje tão propalado direito ao esquecimento ("diritto all'oblio"), o qual representaria também uma prerrogativa integrada naquele direito mais amplo da identidade pessoal. O encontro da pessoa consigo mesma, nestas situações, implica então a ignorância de um passado espiritual, como a forma mais adequada de confirmar a nova orientação, sob este aspecto, assumida.

Desta feita, poder-se-á legitimamente questionar da possibilidade de proceder a uma modificação ou cancelamento, consoante os casos, dos documentos comprovativos do estatuto religioso de uma pessoa, de molde a repor o equilíbrio perdido entre uma nova faceta da identidade pessoal com os formalismos a este propósito ainda vigentes.

Aceitar uma tal possibilidade configura-se *a priori* a solução mais consentânea com a natureza constituenda do direito à identidade pessoal. Uma correcta ponderação do problema implica, no entanto, a consideração de outros interesses aí coenvolvidos.

Aliás, uma correcta inteligibilidade do direito à identidade pessoal envolve, para além do poder de livre escolha fundado na inelutável autodeterminação individual que a todos tem de ser reconhecida, outras facetas essenciais. Na verdade, não é correcto sufragar uma protecção do direito à identidade pessoal semelhante à tutela real dispensada para a propriedade[355][356]. A intrínseca sociabilidade do ser humano manifesta-se

---

[355] Neste sentido, cfr. BONI, GERALDINA, *Tutella Rispetto al Tratamento* ..., ob. cit. págs. 1694 e ss.

[356] Apesar de se registarem traços idênticos na tutela dos direitos mencionados. Estando em causa, em qualquer das situações direitos absolutos, a eficácia do direito de propriedade e do direito à identidade pessoal é precisamente a mesma, ou seja, produzem efeitos em relação a terceiros.

incompatível com a afirmação da identidade pessoal como uma coutada do individualismo. Certos elementos estruturantes da identidade individual, como sejam a profissão de um credo religioso, constituem simultaneamente dimensões íntimas([357]) e factores de integração num espaço comunitário. Aceder a um conjunto de bens ou serviços, adquirir certas posições vantajosas ou prerrogativas, não raras vezes, depende de um atributo do foro íntimo da pessoa. Tais atributos convolam-se então em modos de afirmação da identidade pública dos indivíduos, os quais representam inequivocamente uma vertente importante da identidade pessoal de cada um.

Ora, os comportamentos exteriorizadores das nossas convicções mais profundas contendem com a posição de terceiros, participando assim do universo da interacção comunicativa. Desta feita, a aludida pretensão de eliminar dos arquivos paroquiais um assento de baptismo não é uma decisão cujos efeitos se repercutam apenas na esfera do baptizado.

A cerimónia do baptismo representa um acto([358]) no qual intervêm várias pessoas para além do baptizado. Além de mais, o registo do baptismo é tratado, do ponto de vista da sua arrumação sistemática, de acordo com os métodos de organização administrativa próprios da igreja católica. Dito por outras palavras, a celebração de um baptismo é um evento da história da igreja, passando a constar também dos anais desta instituição.

As exigências históricas, por um lado, e a autonomia das profissões religiosas no tocante à sua organização administrativa, por outro, representam significativas aporias à aludida pretensão de eliminar os registos de baptismo dos arquivos da Igreja.

Apagar a memória histórica, mesmo quando esta se encontre carregada de momentos menos positivos, representa não só um desrespeito ao valor da verdade, como também um grosseiro erro histórico. Perspectivar a história como meras sobreposições de momentos, na qual o surgimento de um novo evento implica um automático esquecimento daqueloutros que lhe antecederam, pode servir certas estratégias de actuação conjunturalmente circunscritas e determinados interesses ideológico-sociais aí reinantes, mas não vai certamente de encontro ao imperativo ditado pela in-

---

([357]) Cfr., a este propósito, SOUSA, R. CAPELO DE, *O Direito Geral...*, ob. cit., pág. 272 (especialmente nota 654), MACHADO, JÓNATAS, *Liberdade religiosa...*, ob. cit., págs. 232 a 234.

([358]) Além de constituir no entendimento da Igreja Católica um sacramento através do qual o baptizado passa a integrar o corpo místico da igreja, adquirindo a qualidade de fiel (Cânones 96, 204, 842 e 849 do Código de Direito Canónico).

vestigação histórica de reconstituir as realidades passadas de acordo com elevados padrões de rigor intelectual. Ora, foi precisamente este o erro no qual incorreu o historicismo tributário do pensamento moderno-iluminista[359].

Para um agnóstico ou para um ateu pode constituir memória dolorosa a recordação do baptismo e da educação religiosa determinada pelos seus pais. Um tal sentimento não pode, de modo algum, escamotear a realidade histórica, tendo de confrontar-se necessariamente com ela. Além disso, esse dado histórico, não o impediu de assumir livremente uma nova orientação, não ficando assim aprisionado a uma opção anterior, sobre a qual não lhe foi possível emitir qualquer parecer.

A reconstituição do real histórico constitui um valor a tutelar em nome não só do interesse público, como também de interesses particulares. Basta pensar na legítima pretensão de qualquer particular em obter o registo do baptismo no qual foi interveniente para nos apercebermos da importância em conservar os arquivos paroquiais incólumes. Para além desta necessidade de preservação da memória histórica, cumpre ainda respeitar a já referida capacidade de auto-organização administrativa reconhecida às confissões religiosas mesmo no âmbito de estados de origem não confessional.

Na generalidade dos hodiernos estados da Europa ocidental onde pontifica o princípio da separação entre a igreja e o Estado, constitui entendimento pacífico que deve ser atribuído à igreja um espaço de livre conformação quanto aos assuntos que lhe estejam estritamente reservados (*ihre angelegenheiten*)[360]. No âmbito da dogmática jurídica germânica

---

[359] Neste contexto, cumpre distinguir a historicidade do historicismo. Enquanto a historicidade constitui uma dimensão nuclearmente constitutiva da história e de toda a investigação histórica, porquanto apela para o reconhecimento do dinamismo e dialéctica entretecida no contexto social, o historicismo representa a perspectivação do real histórico a partir dos cânones ditados pela razão moderno-iluminista. Esta atitude metodológica, tomando embora como ponto de partida o radical histórico coenvolvido na historicidade, acabou por cair no erro de seccionar a história em compartimentos estanques, mercê das exigências impostas pelo formalismo conceitualista do pensamento moderno iluminista. Para uma melhor caracterização da historicidade e do historicismo, cfr. Neves, A. Castanheira, *O Pensamento Moderno-iluminista como Factor Determinante do Positivismo Jurídico (a Origem Moderno-iluminista do Legalismo)*, lições policopiadas, págs. 10-13, Bronze, F. Pinto, *Lições de Introdução...*, ob. cit., pág. 326.

[360] Um tal princípio constitui no nosso ordenamento jurídico um limite material às leis de revisão constitucional (al. c) do art. 288.º da Constituição), fazendo assim jus à tradição republicana do Estado português. Como a propósito da caracterização deste princípio jurídico fundamental nos ensina a doutrina dominante, um dos seus corolários traduz-

fala-se sugestivamente a este propósito de um direito de auto-determinação eclesiástica (*kirchlichesellbstbestimmung*)([361]). Questões relacionadas com o culto, com a administração dos sacramentos, ou seja, assuntos de índole puramente espiritual têm de reger-se pelas normas próprias do direito canónico([362]).

---

-se precisamente na não ingerência do Estado na organização das igrejas e no exercício das suas funções e do culto, tal como, desde logo, resulta *expressis verbis*, do n.º 4 do art. 41.º. Neste contexto, apenas se revela admissível uma intervenção do Estado circunscrita à regulamentação de um conjunto de direitos instrumentais da liberdade de culto, como sejam, a liberdade de organização e associação privada, o direito de reunião... Cfr. CANOTILHO, J. GOMES e MOREIRA, VITAL; *Constituição da República Portuguesa Anotada..., ob.cit.,* pág. 613.

Para além deste corolário aqui colocado em evidência, cumpre destacar um outro, não menos relevante, para a delimitação do âmbito do princípio da separação entre o Estado e a igreja consubstanciado na ideia da não confessionalidade do Estado. Sobre estes dois corolários do princípio da separação entre a igreja e o Estado, cfr. ainda MIRANDA, JORGE, *Ensino de Religião e Moral nas Escolas Públicas, in* O Direito, 1998, I-II, pág. 498.

([361]) Cfr. CAMPENHAUSEN, AXEL F., *Staatskirchenrecht,* 2.ª ed., München, 1983, pág. 78 e ss.

([362]) Para além das questões mencionadas no texto, podemos ainda reconhecer às religiões as liberdades de ensino, de expressão e imprensa (n.º 5 do art. 41.º da Constituição Portuguesa), que se manifesta na possibilidade de ministrar um ensino no âmbito da respectiva confissão religiosa, consentâneo com os seus ditames espirituais próprios, e de disporem de "meios de comunicação social próprios para o prosseguimento das suas actividades".

Assim, e no tocante à liberdade de ensino, não se suscitam quaisquer dúvidas quanto à admissibilidade da igreja católica ministrar cursos de catequese aos seus fiéis e de garantir formação aos candidatos a sacerdotes nos seminários. Maiores perplexidades se colocam, porém, quanto ao ensino nos estabelecimentos públicos da disciplina de religião e moral. Neste contexto, não podemos deixar de convocar a regra da não confessionalidade do ensino público (n.º 3 do art. 43.º da Constituição) a qual, de resto, se traduz num corolário do princípio da separação entre a igreja e o Estado (cfr. MIRANDA, JORGE, *Ensino de Religião..., ob. cit,* pág. 498 e ss.), enquanto vector fundamental para encontrar soluções normativamente adequadas.

Cumpre ainda mencionar que a separação entre a igreja e o Estado imposta pela existência de estados laicos ou não confessionais, não determina necessariamente a emergência de modelos rígidos de separação, tal como sucede nos EUA. Apesar da Constituição de 1911 ter aderido a um critério rígido de separação, pensamos que a neutralidade do Estado face às questões de ordem religiosa, não constitui obstáculo a que aquele crie as condições adequadas para o exercício da liberdade religiosa. Ora, entre tais condições, pode contar-se precisamente a admissibilidade de um ensino religioso público, cfr. CANOTILHO, J. GOMES, *Anotação ao Acórdão 174/93, do Tribunal Constitucional, in* Revista de Legislação e de Jurisprudência, ano 126, 1993-94, n.ºˢ 3832 a 3834, pág. 212 e ss., MIRANDA, JORGE, *Ensino de Religião..., ob. cit,* pág. 499.

Tendo em conta esta argumentação, o Tribunal Constitucional (Acórdão 423/87) não considerou inconstitucional os arts. 1.º, 3.º, 4.º, 5.º e 6.º do Decreto-Lei n.º 323/83, de

De igual modo, a organização da documentação e registos comprovativos dos sacramentos deve ser feita de harmonia com os métodos próprios da Igreja, tendo em conta os princípios inspiradores das actividades da instituição([363]). A este propósito, dado nos encontrarmos situados no domínio do tratamento de dados pessoais, poder-se-á legitimamente questionar acerca da vinculação das entidades religiosas pela legislação vigente sobre a matéria. De um modo particular, a recolha de dados dos fiéis pelas confissões religiosas não se encontrará dependente do consentimento daqueles, ou de uma autorização, nos termos legalmente definidos, das entidades responsáveis pela tutela da matéria do tratamento dos dados pessoais?([364]).

---

5 de Julho, onde se admite que o Estado administre o ensino da religião e moral católicas nas escolas públicas elementares, médias e complementares, e simultaneamente se atribui autonomia às autoridades religiosas quanto à orientação doutrinária a seguir neste tipo de aprendizagem. Na perspectiva de Jorge Miranda, o Tribunal Constitucional, com esta decisão, tentou proceder à harmonização da regra da liberdade de ensino religioso, com aqueloutra da não confessionalidade do Estado. Cfr., cfr. MIRANDA, JORGE, *A Concordata e a Ordem Constitucional Portuguesa, in* Direito e Justiça, vol. V, 1991, pág. 171.

([363]) Referindo-se ao âmbito objectivo do direito de autodeterminação das confissões religiosas, Jónatas Machado reporta-se a um conjunto extenso e variado de matérias entre as quais menciona "a definição e interpretação dos princípios doutrinários do seu grau de vinculação, o exercício das funções de culto, a fixação dos pressupostos de admissibilidade de membros, a estrutura orgânica e funcional interna...", cfr. MACHADO, JÓNATAS, *Liberdade religiosa ..., ob.cit.,* pág. 247.

([364]) Neste contexto, cumpre salientar a polémica envolta em torno do art. 22.º da lei italiana 675/96. Um tal preceito limitou-se a estabelecer um regime regra no tocante ao tratamento de dados pessoais íntimos, sem atender às especificidades próprias ditadas pela autonomia das confissões religiosas. Com efeito, aí se impunha o consenso escrito do interessado e a autorização do garante para se poder proceder ao tratamento dos dados pessoais.

Este regime revelava-se assim mais severo que aqueloutro resultante da directiva Comunitária 95/46 CE de 24 de Outubro de 1995 dedicada a esta matéria. Neste diploma, após se enunciar no art. 8.º a regra da proibição do tratamento de dados pessoais íntimos, abria-se também uma excepção em relação às recolhas promovidas por fundações, associações, ou outros organismos de natureza política, religiosa, filosófica ou sindical.

Quando o objecto das recolhas versar unicamente sobre informações atinentes aos membros destas instituições ou a pessoas que com elas mantenham contactos regulares, com o objectivo de prosseguirem as suas finalidades e não houver qualquer propósito de as divulgarem a terceiros, então o tratamento de tais dados pessoais revela-se perfeitamente lícito. Manifestou-se então claro o propósito do legislador comunitário em proteger a actividade dos entes religiosos, filosóficos ou políticos, afastando obstáculos à recolha das informações pessoais que se manifestem necessárias à prossecução das suas finalidades. No sentido de considerar o regime inicialmente prescrito pela lei italiana 675/96 como mais rígido que aqueloutro decorrente da directiva 95/46 CE de 24 de Outubro, Cfr. NIZZO, C.,

*Il "Bel Paese" guarda al modello europeo, na estende la tutela alle persone giuridiche, in* Guida al Diritto, 1 Fev. 1997, n.º 4, pág. 57, NOVA A., *La tutela del diritto alla riservatezza nel tratamento dei dati personali, in* Aggiornamenti sociali XLIX, 1998, pág. 261.

O exemplo oferecido pela directiva comunitária e o coro de protestos doutrinais levantado contra a severidade do regime instituído pela lei 675/96 a propósito do tratamento de dados pessoais dos fiéis pelas instituições religiosas, constituíram as causas determinantes das alterações legislativas sucessivamente introduzidas com o objectivo de facilitar a recolha de dados pessoais. No rol das mudanças legislativas ocorridas no sentido do aligeiramento atrás mencionado, destaque-se, desde logo, o decreto legislativo de 28 de Julho 1997 n. 225(72) cujo art. 1.º se encontrou na base da introdução do 5.º parágrafo no art. 7.º da lei n.º 675. Neste decreto legislativo aboliu-se a necessidade de autorização do garante para as instituições religiosas recolherem informações respeitantes aos seus membros, mas manteve-se a exigência quanto ao consenso dos interessados como pressuposto de um válido tratamento das informações. Apesar desta alteração, registava-se ainda um distanciamento entre o regime da lei italiana e o instituído pela directiva.

A aproximação é alcançada porém com o art. 5 do decreto-legislativo de 11 de Maio de 1999 n.º 135. Aí se prescindiu do consentimento do titular dos dados relativamente às recolhas dirigidas por confissões religiosas que tenham convenções firmadas com o Estado. Conquanto as informações obtidas não se destinem a ser divulgadas pelas instituições a terceiros, sendo apenas utilizadas no interior das entidades para servir finalidades espirituais das mesmas, o tratamento dos dados pessoais é considerado perfeitamente lícito. Na base desta mudança legislativa está subjacente o entendimento, segundo o qual não faz qualquer sentido estar a sujeitar as confissões religiosas a limitações idênticas em matéria de tratamento de dados pessoais religiosos, aqueloutras impostas a entes comerciais ou demais entidades dirigidas à prossecução de fins não espirituais.

Com efeito, tendo-se baseado a adesão dos membros à respectiva instituição religiosa numa escolha livre daqueles, não se regista então o perigo da utilização dos dados pessoais trazer coenvolvida a segregação ou discriminação. Ora um tal risco pode já existir quando seja efectuado o tratamento deste tipo de dados em entidades não religiosas, ainda que direccionado a uma utilização meramente interna. Não se registando nestas instituições uma comunhão de ideais espirituais por parte dos seus membros, o conhecimento das convicções religiosas dos associados pode ser de molde a expô-los a críticas e até a comportamentos persecutórios. A este propósito, salientando a diversidade de posições entre as entidades confessionais e as não confessionais no tocante ao tratamento de dados pessoais religiosos, Cfr. BONI, GERALDINA, *Tutela rispetto all trattamento ..., ob. cit.*, pág. 1711.

Apesar de se poder criticar a solução instituída pelo decreto legislativo de 11 de Maio de 1999 n.º 135 pela disparidade de regime a que ficam sujeitas as confissões religiosas sem convenções estatuídas com o Estado, não podemos, no entanto, deixar de aplaudir a evolução por ele registada no sentido do fortalecimento da liberdade religiosa. Na verdade, uma tal disciplina permite às confissões religiosas atingirem de modo mais logrado os seus objectivos, sem que com isso os fiéis vejam diminuídas a tutela da sua intimidade. Não podemos, com efeito, ignorar que as restrições neste contexto infligidas à intimidade privada dos crentes foram por estes previamente consentidas. Assim sendo, estas limitações autoconsentidas representam simultaneamente um modo de limitação e de reforço

Não é possível responder adequadamente a esta questão sem ponderar toda a problemática atinente à autonomia das confissões religiosas([365]). Desta feita, cumpre equacionar se as especificidades próprias das actividades desenvolvidas pelas confissões religiosas não justificarão a introdução neste contexto de algumas derrogações às normas do direito comum, ou se ao invés, se poderá aceitar uma explicação sem quaisquer adaptações de tais regras.

O princípio da especialidade do fim enquanto critério regulativo da matéria do tratamento dos dados pessoais, constitui um auxílio precioso para a resolução do problema acabado de enunciar. As confissões religiosas através das respectivas instituições (associações, fundações...) e na prossecução das suas finalidades espirituais, podem aceder a um acervo de dados pessoais íntimos muito dificilmente disponibilizáveis a outras entidades. Ao ingressarem voluntariamente em determinadas colectividades religiosas, os seus membros predispuseram-se([366]) em nome da vivência das suas convicções espirituais, a uma certa devassa da sua intimidade, mormente em todos aqueles aspectos estritamente atinentes ao culto professado([367]).

Quanto a este elenco de assuntos não faz sentido condicionar a possibilidade de recolha de dados a um consentimento prévio do respectivo

---

da tutela da intimidade privada. Cumpre neste contexto fazer ainda menção ao dec. legislativo 196/2003 que actualmente regula a matéria do tratamento de dados pessoais, e onde se reflecte toda a evolução legislativa atrás referida.

([365]) No fundo, esta liberdade de auto-organização reconhecida às confissões religiosas não deve radicar apenas no atrás mencionado princípio da separação entre a igreja e o Estado, mas também na liberdade de associação prevista no art. 46.º da Constituição da República Portuguesa, cfr. MACHADO, JÓNATAS, *Liberdade religiosa, ob. cit.*, pág. 242.

([366]) No sentido de considerar o "acto de adesão livre e voluntário de um homem a uma determinada religião...", como um acto voluntário lícito, cfr. SOUSA, R. CAPELO, *O Direito Geral..., ob. cit.*, pág. 431.

([367]) Não faz assim sentido subordinar as entidades religiosas às mesmas exigências de tutela da privacidade em matéria religiosa impostas aos demais entes, associativos ou não, sem natureza confessional. Tais exigências constituem verdadeiras limitações impostas à indagação pelas autoridades, públicas e privadas, acerca das convicções religiosas individuais. No ordenamento jurídico português, um tal entendimento decorre literalmente do exposto no n.º 3 do art. 41.º da Constituição. Para uma análise mais desenvolvida desta temática, cfr. CANOTILHO, J. GOMES e MOREIRA, VITAL, *Constituição..., ob. cit.*, pág. 612. A diversidade de tratamento funda-se então na circunstância de as limitações suportadas pelos fiéis na sua intimidade resultarem da sua livre adesão ao ente associativo de natureza confessional. No interior da instituição religiosa da qual fazem parte, as convicções religiosas dos seus membros deixou portanto de se configurar como assunto íntimo. Neste sentido, Cfr. BONI, GERALDINA, *Tutela rispetto al trattamento..., ob. cit.*, págs. 1711 e ss.

titular, porquanto tal representaria um forte obstáculo ao exercício da liberdade religiosa([368]). Além disso, e do ponto de vista dos fiéis a quem os dados respeitam, uma tal exigência, traduzir-se-ia numa duplicação inútil de manifestações de vontade no mesmo sentido. Não se pode aliás considerar cerceada a liberdade dos crentes, porquanto lhes fica sempre aberta a possibilidade de abandonarem as instituições por entenderem que a sua esfera pessoal mais íntima se encontra gravemente atingida pelas pesquisas institucionais.

Fica, no entanto, vedado às instituições religiosas intrometerem-se de forma não expressamente autorizada em matérias de ordem temporal, pois, por regra, a condição de vida dos crentes em tais contextos rege-se segundo os princípios fundamentais da autonomia e da liberdade. Ressalvadas ficam apenas as hipóteses em que se registe uma interpenetração entre a situação religiosa dos crentes e a actividade profissional dos mesmos.

O exercício da profissão em instituições religiosas, ou a contribuição com rendimentos do trabalho para os encargos de manutenção das entidades confessionais, constituem situações frequentes e legítimas, onde se acentua de modo particular a interacção entre o plano religioso e o plano profissional. Aquilatar da legitimidade das instituições religiosas para recolher informações acerca dos seus membros implica uma análise cuidadosa do compromisso assumido pelos fiéis aquando da adesão ao ente. Apenas a partir daí será possível delinear o quadro de obrigações dos respectivos membros e o tipo de poderes atribuídos aos diversos órgãos da instituição.

Ora, esta espécie de convénio resultante da adesão constitui uma magna carta no quadro da qual se há-de fazer sentir a influência regulativa do princípio da especialidade do fim no tratamento dos dados pessoais. Desta feita, as exigências da especialidade([369]) e da proporcionalidade nas tarefas de recolha e tratamento dos dados não deixam de se fazer sentir face às confissões religiosas. No entanto, estas coordenadas axiológicas devem ter como matriz referencial a autonomia dos vários credos no tocante à definição de objectivos e organização das suas estratégias de actuação em matérias espirituais.

A questão do cancelamento dos registos de baptismo integra-se no âmbito da organização administrativa da igreja, devendo, por conseguinte,

---

([368]) Com efeito, estamos a reportar-nos a questões relacionadas com a escolha dos modos de formação, formulação e exteriorização da vontade dos fiéis, as quais, devem considerar-se integradas na esfera de autodeterminação das confissões religiosas, cfr. MACHADO, JÓNATAS, *Liberdade religiosa, ob. cit.*, pág. 247.

([369]) Neste sentido, cfr. MACHADO, JÓNATAS, *Liberdade religiosa, ob. cit.*, pág. 248.

ser tratada de acordo com os critérios próprios do direito canónico e pelas instâncias judiciais competentes para decidir este acervo de assuntos.

Neste contexto, podem, no entanto, levantar-se particulares dúvidas quanto à questão prévia da qualificação das matérias como assuntos espirituais ou como problemas de ordem temporal. Com efeito, nem sempre é fácil definir com rigor, dada a estreita ligação das questões, as fronteiras entre os domínios secular e espiritual[370]. No entanto, em relação à administração do sacramento do baptismo, quer do ponto de vista das condições substanciais, quer quanto aos conexos problemas de ordem administrativa, não se levantam quaisquer dúvidas quanto à sua qualificação como assunto de ordem espiritual. Afirma-se neste domínio com propriedade a independência e a soberania do direito canónico e da jurisdição eclesiástica[371].

---

[370] Neste sentido, Cfr. GRAZIANI, ERMANNO, *Limiti di sindiciabilitá del provvedimento canónico*, in Giurisprudenza Italiana, 1958, II, pág. 185, BONI, GERALDINA, *Tutela rispetto al trattamento...*, ob. cit., págs. 1728 e ss.

[371] Apesar da indiscutível qualificação como espirituais das matérias envolvidas na pretensão de cancelamento do registo de baptismo, ou em via subsidiária, a sua conversão de modo a torná-lo num documento anónimo, não deixam, porém, de se levantar dúvidas legítimas, quanto ao problema da determinação do tribunal competente para resolver a questão. Basta atentar na polémica a este propósito suscitada em torno da decisão do tribunal de Pádua, de 26 de Maio de 2000, para nos podermos realmente aperceber de tais dificuldades. Para uma consulta desta decisão do Tribunal de Pádua, Cfr. Giustizia Civile, LI (2001), I, págs. 235-236. Independentemente da análise do mérito da decisão, não se deixaram de levantar algumas interrogações quanto à competência do tribunal de Pádua, enquanto instância judicial integrada na organização judiciária comum italiana, para se pronunciar sobre uma questão de foro canónico. Cumpre então debruçarmo-nos sobre os argumentos esgrimidos ora favor, ora contra, a possibilidade do julgamento da pretensão de cancelamento do registo de baptismo ser efectuado pelo tribunal de Pádua.

Os defensores do julgamento desta questão canónica por tribunais cíveis consideram, que apesar de estar em causa um problema típico de direito canónico, não se pode, de modo algum, ignorar as repercussões do julgamento de uma tal questão fora do universo religioso. No âmbito das sociedades ocidentais, profundamente marcadas pela influência modeladora dos ideais católicos, uma decisão cujos efeitos se traduzam na exclusão do indivíduo dos sacramentos pode ser de molde a afectar a honra e a reputação social da pessoa.

Assim sendo, o Estado não pode alhear-se de toda problemática atinente à tutela dos direitos fundamentais da pessoa. Ora, fazendo os direitos de personalidade parte integrante daquele acervo, os tribunais comuns devem poder pronunciar-se sobre estas matérias. A este propósito, Cfr. BELLINI, PIERO, *Diritti inviolabili dell'uomo e formazioni sociali religiose (contributo all'interpretazione dell'art. 2 della costituzione)*, in Saggi di diritto ecclesiastico italiano, I, Soveria Mannelli (Catanzaro), 1996, pág. 196 e ss. Esta linha de pensamento não se pode, no entanto, considerar inteiramente inovadora, porquanto se filia no entendimento de autores clássicos, como Jemolo, de acordo com o qual a independência e a soberania da

De quanto se foi expondo, a resolução dos problemas de identidade pessoal suscitados pela mudança de orientação espiritual dos baptizados, subjacentes ao pedido de anulação ou cancelamento dos registos de baptismo destes últimos, só pode encontrar resposta adequada nas exigências regulativas próprias do direito canónico.

Ora, como deixámos mencionado, a natureza eminentemente relacional da cerimónia do baptismo, a preservação da memória histórica da

---

ordem eclesiástica não pode ser sinónimo de imunidade ou insindicância de decisões deste foro contundentes com direitos fundamentais do cidadão. Neste sentido, Cfr. JEMOLO, ARTURO C., *Lezioni di diritto ecclesiastico*, 5.ª ed., Milano, 1979, pág. 69 e ss.

Do lado oposto, os contestatários da competência do tribunal de Pádua para se pronunciar sobre a mencionada pretensão de cancelamento do registo de baptismo exaltam sobretudo os argumentos da independência e soberania da ordem canónica para as questões espirituais e da sua auto-organização administrativo-financeira. Retirar da alçada dos tribunais eclesiásticos questões de índole estritamente canónica equivale a um esvaziamento da independência reconhecida à Igreja pela generalidade dos hodiernos estados laicos. Assim, em conformidade com este entendimento, o julgamento de problemas desta índole por tribunais comuns representa uma manifesta violação do princípio da não ingerência do Estado em matérias de natureza confessional. Neste sentido, Cfr. BONI, GERALDINA, *Tutela Rispetto al Trattamento...*, ob. cit., págs. 1744 e ss.

A resolução deste tipo de dificuldades encontra-se por vezes facilitada, mormente quando entre o Estado e a igreja hajam sido estabelecidas convenções onde se definam critérios de repartição jurisdicional de competências entre os tribunais eclesiásticos e os tribunais comuns. Ressalvada tal eventualidade, cumpre fundamentalmente debruçarmo-nos sobre o tipo ou natureza das matérias submetidas a apreciação jurisdicional. A repartição das competências *ratione materiae* constitui assim o parâmetro mais adequado para resolver os problemas neste âmbito suscitados.

Desta feita, não nos parece necessário, face a questões consideradas tipicamente canónicas, ou a problemas de natureza manifestamente secular, indagarmos acerca da perspectiva, enfoque ou orientação emprestada ao tratamento daquele tipo de assuntos. Não reveste qualquer sentido útil uma tal análise quando, como nestas hipóteses, a natureza das matérias litigiosas se encontra claramente determinada. Apenas quando se suscitem dúvidas quanto ao teor dos assuntos submetidos à apreciação jurisdicional pode ter cabimento, dado a intrincada interpenetração dos assuntos espirituais com as matérias de ordem temporal, proceder a uma averiguação da perspectiva de acordo com a qual as matérias são abordadas. Descontadas estas hipóteses, não se revela, de todo em todo necessário, abrir o flanco a apreciações de natureza casuística quando os critérios gerais nos permitem resolver de forma mais segura os problemas.

Porém, o tribunal de Pádua dever-se-ia ter recusado a julgar a causa por falta de competência em razão da matéria. Solução idêntica seria também defensável no ordenamento jurídico português, no âmbito do qual é constitucionalmente (art. 41.º, n.º 4 da C.R.P.) reconhecida a independência e soberania das confissões religiosas quanto a assuntos de índole espiritual. Destarte, compete ao ordenamento jurídico especial de tais confissões, bem como aos seus foros judiciais próprios, encontrar as soluções adequadas para a resolução deste tipo de problemas.

Igreja, assim como dos respectivos arquivos ou documentos nos quais aquela se materializa, constituem razões significativas para justificar o indeferimento da pretensão de anular ou cancelar o registo do baptismo de um fiel que entretanto abandonou o seu credo religioso.

### 3.7.1. Repercussões no plano juscivilístico de questões de ordem religiosa: um campo de aplicação do art. 484.º

A dimensão espiritual da pessoa humana materializada na vivência de um credo religioso constitui indiscutivelmente um traço caracterizador do status pessoal de cada indivíduo que se assuma como crente.

Quer no âmbito de contextos culturais de base confessional, quer naqueloutros mais influenciados por um individualismo racionalista onde a religião pode representar uma dimensão importante, mas já não determinante da estrutura sóciocultural, o perfil religioso do indivíduo ou a ausência deste, não pode de modo algum deixar de ser valorado socialmente.

Factor de promoção social nuns casos, ou de segregação noutros, consoante a perspectiva histórico-cultural dominante, de acordo com a qual as condutas individuais são avaliadas, a condição religiosa representa um traço indelével da personalidade humana. Na generalidade dos estados da Europa ocidental fundamentalmente marcados por um humanismo cultural no qual a nossa identidade histórica igualmente se filia, a influência da religião cristã, particularmente da igreja católica, mas também da protestante, a nível das estruturas sócio-culturais faz-se sentir de modo particularmente significativo.

Todavia, a tradição religiosa encontra-se hoje muito contemporizada com as exigências regulativas ditadas pelas mais variadas correntes racionalistas[372], objectivando-se esta coabitação no plano político-constitucional no princípio fundamental da separação entre o Estado e a igreja. Do ponto de vista da organização político-administrativa, a generalidade dos estados europeus assenta em estruturas laicas ou seculares, nas quais se evidencia, no entanto, um manifesto respeito pelos valores religiosos.

O respeito e o reconhecimento da importância da religião implica a aceitação de uma disciplina normativa própria, bem como de uma jurisdição privativa para os assuntos do foro canónico.

Portanto, a resolução de problemas de índole puramente espiritual deve processar-se no âmbito da ordem jurídica canónica, em obediência à mencionada autonomia jurídico-administrativa reconhecida às confissões

---

[372] Não estamos a reportar-nos apenas ao racionalismo moderno-iluminista.

religiosas. As decisões das questões jurídico-canónicas pelos tribunais eclesiásticos têm por regra uma eficácia meramente interna([373]).

No entanto, tendo em conta a mencionada tradição religiosa da generalidade dos estados, a repercussão dos efeitos das decisões canónicas pode estender-se muito para além dos umbrais da ordem jurídica eclesiástica. A anulação de votos religiosos, a excomunhão de um fiel do âmbito da sua confissão religiosa, o cancelamento de registos atinentes à administração dos sacramentos, constituem, sem margem para dúvidas, decisões sobre assuntos estritamente espirituais, da competência dos tribunais eclesiásticos. Porém, a assunção de um novo status religioso decorrente dos respectivos efeitos decisórios acaba quase inevitavelmente por ser submetida à crítica social.

Desta feita, a mutação do estatuto religioso pode funcionar como factor de promoção ou de aviltamento da posição social de uma pessoa. Não se torna então difícil compreender o ambiente de alarido social suscitado em torno de tais eventos. Como vimos, o posicionamento religioso constitui um traço de identidade pessoal de cada indivíduo, razão por que se torna quase impossível manter uma neutral equidistância face a assuntos desta natureza.

Em termos resumidos, as repercussões no plano civilístico da resolução de questões tipicamente canónicas concretizam-se as mais das vezes em ofensas ao bom nome e, em menor medida, ao crédito de outrem. Nessa medida, a sanção contra comportamentos causadores de ofensas aqueles valores fundamentais na sequência dos litígios jurídico-canónicos, alcança-se no âmbito do direito privado.

Na verdade, o nosso Código Civil dispõe de mecanismos adequados para solucionar tais situações. A disposição legislativa que constitui o objecto central de atenção do nosso estudo constitui um instrumento fundamental para a tutela do bom nome e do crédito de pessoas singulares e colectivas([374]). Não ficando estes bens da personalidade privados de protecção jurídica no âmbito da ordem jurídica civil, e gozando as questões

---

([373]) Não queremos com isto negar a relevância de algumas decisões da jurisdição canónica na ordem jurisdicional comum. Com efeito, não podemos ignorar a existência de questões jurídicas genéricas, cuja resolução se encontre dependente de uma prévia decisão de questões conexas de natureza canónica.

([374]) Para além da tutela genérica da personalidade humana decorrente da cláusula geral do art. 70.º, onde encontram guarida valores fundamentais como a honra. Não podemos também omitir aqui a protecção da imagem e da intimidade da vida privada facultadas pelos artigos 79 e 80.

ora em análise de autonomia, a reparação destes prejuízos alcança-se autonomamente através de acção intentada junto dos tribunais comuns.

Com efeito, a causa de pedir que serve de fundamento a uma tal acção não se reporta aos mesmos factos que suscitaram o conflito jurídico-canónico. Razão por que, cada tipo de conflito deve ser resolvido, tendo em conta a sua estrutura e natureza específica, no âmbito de ordenamentos normativos e estruturas jurídico-processuais dotadas de características adequadas para fazer face às particularidades das questões controvertidas. Somente desta forma é possível ir ao encontro das exigências envolvidas no princípio da separação entre a igreja e o Estado, o qual implica necessariamente o devido respeito e o reconhecimento da ordem jurídica e judiciária própria de cada um destes entes.

Em face do exposto, não se revela necessário autonomizar a identidade pessoal do direito ao bom nome, uma vez que as repercussões negativas no perfil social das pessoas decorrentes das mutações ocorridas a nível da identidade pessoal religiosa são devidamente acauteladas através da tutela assegurada aquele bem jurídico, mesmo que ele não encontre um expresso reconhecimento no ordenamento positivo, tal como sucede no direito italiano.

### 3.8. A identidade política como traço estruturante da identidade pessoal. Problemática em torno da reversibilidade da verdade política e respeito dos dados históricos. Integração da identidade política no âmbito do bom nome

No elenco dos elementos constitutivos da identidade pessoal é comum destacar-se as convicções ideológico-políticas[375] enquanto traço individualizador da personalidade dos indivíduos.

A luta politica constitui um campo privilegiado para o debate de ideias, discussão de programas e realização de projectos. Todo este debate ideológico urdido em torno da realidade politica não pode, sob pena de desvirtuação da sua razão de ser, ser considerado como um fim em si mesmo, mas antes como um meio ao serviço da realização do homem em comunidade. Com efeito, todo e qualquer projecto politico deve visar a criação das condições indispensáveis para a valorização da pessoa, permitindo a esta a plena realização das suas múltiplas faculdades, alcan-

---

[375] Neste sentido cfr. ALPA, GUIDO, *Un questionário sul diritto alla identità personale*, Il diritto alla identità personale, Padova, 1981, págs. 18-19.

çando-se este desiderato apenas no contexto de uma sociedade modelada pelos valores nucleares da justiça e da segurança jurídica.

Desta feita, a participação do indivíduo na contenda político-ideológica, fornece então o substrato para caracterizar a identidade na sua faceta ou vertente política. A assunção da paternidade de determinadas opiniões ou concepções político-sociais, a participação em actividades politico-partidárias, bem como a integração de um indivíduo num grupo, associação ou família partidária e o correlativo direito a uma correcta identificação da sua posição ou inclinação ideológica, traduzem-se em importantes poderes ou faculdades delimitadores do âmbito da identidade política([376]).

---

([376]) No tocante a este suposto direito à identidade política, cumpre mencionar a paradigmática polémica decidida em 30 de Maio de 1979 no Tribunal de Turim que opôs M. Pannella ao Partido Comunista Italiano. Na base do conflito esteve um folheto distribuído pelo Partido Comunista Italiano, no qual se insinuava a participação de Pannella na lista eleitoral da "Nuova Repubblica".

Esta notícia tendenciosa e falsa provocou a reacção do líder do partido radical Marco Pannella, considerando-se este afectado na sua identidade pessoal, uma vez que as acusações de anticomunismo que lhe foram dirigidas distorciam as suas experiências e convicções político-partidárias, e eram susceptíveis, dada a profunda ligação do partido radical à carismática personalidade do seu líder, de afectar os resultados eleitorais desta força política. O juiz Adriano Bursatti deu procedência à pretensão do líder do Partido Radical, exigindo o cancelamento da distribuição do folheto, apesar de considerar não ocorrer violação da honra deste último. Com efeito, as acusações de proximidade ideológica com a "Nuova Repubblica", não são de molde, de *per se*, a distorcer a reputação de Marco Pannella, uma vez que este partido é reconhecido pelo ordenamento italiano. Não existe assim a insinuação de ligação do líder partidário a movimentos políticos clandestinos ou ilegais.

Todavia, ao sugerir-se uma tendência ideológica anti-comunista de Marco Pannella, o Tribunal considerou ter-se registado uma adulteração da identidade política do líder partidário, na medida em que as informações divulgadas não respeitaram as suas experiências e convicções políticas. Desta feita, a protecção dispensada ao político não se situou nos quadros tradicionais da protecção da honra, mas sim no âmbito de um direito à identidade política, enquanto traço estruturante da identidade pessoal dos indivíduos. Não se afigura, no entanto, inteiramente líquida uma tal fundamentação. Poder-se-á antes encontrar no âmbito dos limites juridicamente impostos à liberdade de informação, nomeadamente uma exigência de divulgação de notícias verdadeiras ou fidedignas, a razão justificativa para a tutela da posição de Marco Pannella. Neste sentido, cfr. BALLESTERO, Maria Vitoria, *Il Diritto alla identità personale nei rapporti di lavoro*, in Il Diritto della Identità personale, Padova, 1981, pág. 94.

A autora, salientando a evanescência do então aludido direito à identidade pessoal, realça a importância dos limites subjacentes à liberdade de informação, os quais se devem considerar diferenciados consoante nos encontremos face a uma crítica formativa dirigida a uma pessoa comum ou a uma figura pública.

À semelhança do que referimos em termos genéricos quanto ao direito à identidade pessoal, também a propósito da identidade política, enquanto traço estruturante daquela, a característica da mutabilidade é comummente considerada como uma dimensão fundamental. A verdade política, por contraposição à verdade jurídica, é por natureza reversível([377]).

No tocante aos discursos e às posições assumidas pelos políticos, deve haver sempre uma preocupação de contextualização, sob pena das análises em seu torno entertecidas carecerem de rigor. Torna-se então um cenário frequente a sucessiva alteração de posições políticas, e até o abandono dos grupos ou organizações partidárias por parte dos intervenientes na cena política.

Assim sendo, registam-se aqui, de modo particular, os problemas a nível da identidade pessoal atrás mencionados a propósito da mutabilidade enquanto característica fundamental daquela.

---

A resolução deste tipo de litígios passa pela ponderação do binómio liberdade de expressão – direitos de personalidade, não se revelando necessário para alcançar a tutela destes últimos a autonomização de um direito de contornos bastantes indefinidos – o direito à identidade pessoal.

Por seu turno, em relação à identidade política enquanto elemento estruturante daquela, também não se vislumbra a necessidade de criar um direito de âmbito tão amplo, quando já dispomos neste contexto de direitos da participação política com um espectro capaz de assimilar a mencionada identidade. Basta atentar nos direitos de participação política e filiação partidária, para chegarmos a uma tal conclusão.

Para uma análise mais detalhada do conflito entre o P.C.I. e Marco Pannella, cfr. DOGLIOTTI, MASSIMO, *Il diritto alla identità personale nel quadro dei diritto della personalitá*, in Diritto alla Identità Personale, Padova, 1981, págs. 66 e ss., VITERBO, ALFREDO, *Fatto processuale, Menzogna, Diritto della persona*, in Il diritto alla Identità Personale, Padova, 1981, págs. 164 e ss., BALLESTRERO, MARIA VITORIA, *Il diritto alla identità nei raporti di lavoro*, in Il Diritto alla Identitá Personale, Padova, 1981, págs. 93 e ss., AUTERI, PAOLO, *Diritto alla paternitá dei próprio atti e identità personale*, in Il diritto alla Identità Personale, Padova, 1981, págs. 98-99.

([377]) Nem sempre a verdade jurídica se apresenta inalterável. Apenas reveste a característica da irreversibilidade quando as decisões judiciais assumem força de caso julgado. No entanto, até esse momento a mutabilidade constitui também a característica dominante no domínio da averiguação da verdade jurídica.

No entanto, mesmo até ao trânsito em julgado da sentença, a reversibilidade no universo jurídico encontra-se dependente de uma posterior apreciação levada a cabo por uma entidade dotada de *auctoritas* para tal apreciação judicial. Trata-se portanto de uma mutabilidade muito circunscrita, particularmente dependente da observância de pressupostos específicos.

O mesmo não se pode afirmar quanto à verdade política, a qual, por natureza, se afigura reversível. Neste contexto, a modificabilidade das posições políticas resulta, ora da diversidade de perspectivas ideológico-sociológicas protagonizadas pelos litigantes de contenda política, ora da alteração das conjunturas histórico-sociais.

A revelação pública de convicções políticas já abandonadas por determinados políticos pode colocar problemas delicados quanto à licitude dos eventos noticiosos. Com efeito, quando as notícias divulgadas não ofereçam referentes de tempo e de espaço susceptíveis de contextualizar as convicções ou posições assumidas pelos protagonistas na cena política, corre-se o risco do público ficar convencido que o perfil político actual de tais individualidades corresponde ao descrito nos artigos difundidos.

Em tais circunstâncias, poder-se-á responsabilizar quem divulgou essas notícias, na medida em que elas provocaram uma distorção no perfil ou imagem política do visado pelas informações. Neste contexto é possível então visualizar uma violação do artigo 484.º, conquanto as informações transmitidas se traduzam em divulgação de factos, e estes consubstanciem uma lesão ao bom nome de outrem.

Diversos se apresentam aqueles eventos noticiosos onde se faz referência a posições políticas já ultrapassadas de determinadas individualidades, mas aquelas se encontram perfeitamente delimitadas em termos espaço-temporais. Em tais situações, uma vez verificado interesse público na sua transmissão, não encontramos razões justificativas para responsabilizar o autor destas notícias.

Parece-nos, na verdade, excessivo conferir ao mencionado direito à identidade pessoal uma tão ampla latitude capaz de atribuir ao seu titular poderes para se opor à divulgação de convicções partidárias por si anteriormente defendidas.

Tendo em conta que boa parte das posições partidárias foram assumidas publicamente e correspondiam a traços estruturantes da identidade pessoal dos indivíduos ao tempo da sua assunção, não encontramos então razões justificativas para quem defendeu certas concepções ideológicas em determinados momentos se possa opor, em toda e qualquer circunstância, à sua pública revelação, pela simples razão de no momento presente essas perspectivas não fazerem já parte do seu acervo de valores. Aceitar uma posição contrária implicaria defender a prevalência do puro subjectivismo em domínios onde a relevância do interesse público e da investigação histórica, poderão até justificar a divulgação dessas memórias históricas.

Com isto, não estamos a enjeitar a possibilidade de uma eventual responsabilização de quem difunda esses registos passados. Com efeito, quem no relato de eventos noticiosos respeitantes a factos e ou posições político-ideológicos passados respeitar fielmente as exigências de correspondência entre as declarações proferidas e a realidade, pode, todavia, não estar isento de responsabilidade civil. Basta para tanto comprovar-se a falta de relevância pública do interesse subjacente à divulgação das notícias, ou a manifesta desproporção entre a aludida motivação e os reflexos lesivos na honra ou bom nome do visado. Não procederemos, neste contexto, a maiores desenvolvimentos sobre a matéria em análise, pois teremos ocasião de mais tarde lhe dedicarmos uma maior atenção.

### 3.9. Carácter evolutivo da identidade pessoal e direito ao esquecimento. Encruzilhada em torno da protecção da identidade e das exigências de segurança

Tendo em conta a, já aludida, profunda ligação da característica da mutabilidade enquanto nota caracterizadora da identidade pessoal à conjuntura histórico-social na qual esta se projecta e desenvolve, cumpre ainda debruçarmo-nos sobre um aspecto importante da perspectivação diacrónica deste direito.

Importa então indagar acerca da amplitude, ou âmbito de influência desta característica da mutabilidade. Mais precisamente, devemos questionar-nos acerca da questão da existência de limites à afirmação de tal nota caracterizadora.

Será então admissível que cada pessoa possa impor à comunidade jurídica o respeito da imagem de si próprio tida como a mais adequada e apropriada em cada momento, exigindo simultaneamente o esquecimento de outras projecções ou imagens também por si anteriormente criadas, reputadas nessa ocasião como as mais ajustadas à identificação do seu perfil? Uma resposta adequada a este problema implica uma ponderação prévia e atenta acerca das vertentes individual e comunitária envolvidas no direito à identidade pessoal. Negando, como nos parece correcto, uma visão solipsista deste direito, cumpre atender às implicações comunitárias da identidade pessoal([378]). A ruptura com o passado na medida em que as repre-

---

([378]) Na encruzilhada em torno deste carácter evolutivo da identidade pessoal, e na respectiva possibilidade de mudança dos traços individualizadores da personalidade, bem como no consequente poder de imposição de tais alterações aos demais membros da comunidade jurídica, certa doutrina fala a este propósito de um direito ao esquecimento ("droit d'oubli"), (Diritto all'Oblio) e a jurisprudência italiana da Suprema Corte (13 maggio 1958, n. 1563) refere-se neste contexto a um *diritto al segreto del disonore*. Nas formulações dogmáticas um pouco indefinidas e nebulosas a este propósito esboçadas, o direito ao esquecimento conferiria a cada pessoa o poder de impedir a divulgação de factos, convicções e posições atinentes ao seu percurso de afirmação ou desenvolvimento pessoal, e até mesmo daquelas respeitantes aos seus antepassados, mas determinantes na modelação da sua personalidade. Numa visão um pouco mais ampla, há quem inclua ainda no âmbito deste direito faculdades de correcção ou até de eliminação ou expurgação de dados atinentes à identidade pessoal já não conformes com a posição actual dos sujeitos, mas ainda contidos em ficheiros de instituições públicas ou privadas.

Um direito assim concebido, seja com uma menor ou maior amplitude, abrangeria uma vasta panóplia de faculdades, todas elas dirigidas a manter incólume e a promover uma certa projecção dos traços estruturantes do perfil individual de cada pessoa na comunidade onde se encontra inserido.

Cabe então questionar se existem razões justificativas para autonomizar, do ponto de vista dogmático-conceptual, o mencionado direito ao esquecimento. Bem vistas as coisas, os poderes de impedir a divulgação de factos respeitantes à identidade pessoal dos titulares não se apresentam distintos daqueloutros integrantes do conteúdo do direito à intimidade da vida privada. Neste sentido, integrando o *Diritto all'Oblio* no âmbito da intimidade da vida privada, embora colocando em destaque certas especificidades da figura em análise, cfr. FERRI, GIOVANNI, *Diritto all'Informazione...*, *ob. cit.*, pág. 805. De acordo com o autor, no *Diritto all'Oblio* não está apenas em causa a contraposição entre quanto é público e quanto é privado, mas antes o problema da determinação das matérias que permanecem no âmbito da privacidade, não obstante já terem sido outrora divulgadas publicamente (a este propósito, cfr. GIAMPICCOLO, GIORGIO, *La Tutela Giuridica della Persona Umana ed il c.d. Diritto alla Riservatezza, in* Riv. Trim. Dir. Proc. Civ., 1958, pág. 640).

Importa então contemporizar as exigências da privacidade com a relevância pública dos assuntos tutelados pelo *Diritto all'Oblio*. Razão por que tais questões se encontram situadas no universo do direito à intimidade da vida privada. A este propósito, cfr. ainda, AULETTA, TOMMASO, *Il Diritto alla Riservatezza e "droit à l'oubli", in* L'Informazione e i Diritti della Persona, Nápoles, 1983, pág. 129, FACCI, GIOVANNI, *Il Risarcimento del Danno...*, *ob. cit.*, (o autor reconhece claramente as atinências do *Diritto all'Oblio* com o direito à intimidade e com o direito à identidade pessoal), SATURNO, ANGELO, *Notorietà della vita e riservatezza della morte: un confronto tra ordinamento spagnolo ed italiano, in* Riv. Diritto Civile, 1992, I, págs. 100-102 (reportando-se a uma questão decidida pelo Tribunal Constitucional espanhol – 2 dez. 1988).

Naqueles ordenamentos jurídicos, como o nosso, onde este direito encontra uma expressa consagração legal, ou ainda, quando apesar da falta de uma previsão específica, lhe é assegurada, por via de tutela aquiliana, protecção jurídica, não encontramos razões significativas para autonomizar o direito ao esquecimento do direito à intimidade da vida privada.

Poder-se-á, no entanto, questionar se tais razões se verificam quando nos encontramos situados perante a dificuldade de impedir a divulgação de factos, convicções ou posições respeitantes a antepassados, na medida em que tais realidades são igualmente importantes, e por conseguinte, determinantes na modelação da personalidade individual.

Neste contexto, deparamo-nos em rigor com um acervo de elementos respeitantes não propriamente à personalidade do titular do direito, mas sim face a aspectos ou características de outras pessoas, não obstante se registar uma estreita ligação entre ambas. Sobre esta matéria, cfr. FERRI, GIOVANNI, *Diritto all'informazione...*, *ob. cit.*, pág. 814 e ss.

Todavia, tendo em conta a influência modeladora de tais circunstâncias na personalidade do indivíduo, poder-se-ão considerar tais características como fazendo parte da própria intimidade privada daquele. Mesmo duvidando de um tal entendimento, a tutela jurídica das memórias familiares não deixa de ser assegurada de um modo autónomo em diversos ordenamentos jurídicos.

A lei portuguesa através dos artigos 71.º e 77.º confere a mencionada protecção. Assim, quando os factos divulgados assumam carácter ofensivo da personalidade dos antepassados já falecidos é permitido aos sujeitos referidos no n.º 2 do art. 71.º requerer as providências indicadas no n.º 2 do art. 70.º. Todavia, e mesmo que não se verifiquem os pressupostos deste preceito legislativo, garante-se uma protecção mais genérica no art. 77.º. Na verdade aí se defendem as memórias familiares, sejam elas respeitantes a entes falecidos ou ainda vivos, contra toda e qualquer divulgação de factos, verdadeiros ou falsos, susceptível de lesarem esse bem jurídico. As únicas limitações estabelecidas para a tutela, referem-se às exigências do meio de divulgação susceptível de atingir as memórias assumir forma escrita, e de as memórias revestirem natureza confidencial, ou serem atinentes à esfera da intimidade privada do visado.

Poder-se-á ainda registar, perante o referido sistema legal de defesa contra as agressões às memórias familiares, o risco de deixar sem protecção as afirmações verbais daquelas lesivas. Este obstáculo não se verifica, contudo, quando nos encontrarmos perante ofensas a pessoas falecidas (art. 71.º) e muito menos colhe quando os directamente visados com as mencionadas afirmações ainda se encontrarem vivos. Com efeito, nestas situações o ordenamento jurídico português, através da cláusula geral de protecção da personalidade do art. 70.º não deixa desacauteladas essas situações. Aliás, verificados que sejam os pressupostos do art. 484.º, poder-se-á ainda garantir uma tutela adequada para tais hipóteses através da protecção aí dispensada ao bom nome e ao crédito.

Relativamente à configuração deste direito ao esquecimento em termos amplos, de modo a incluir no seu âmbito os referidos poderes de correcção ou expurgação de elementos constantes de ficheiros ou arquivos oficiais já desactualizados, face aos novos traços determinantes da identidade pessoal, suscitam-se-nos muitas dúvidas. Como já deixámos mencionado a propósito da mutabilidade enquanto elemento caracterizador da identidade pessoal (no tocante à relevância do elemento temporal na configuração do direito ao esquecimento, cfr. FERRI, GIOVANNI, *Diritto all'informazione..., ob. cit.,* pág. 813 e ss., LAGHEZZA, PAOLO, *Il Diritto all'Oblio existe (e si vede), in* Il Foro Italiano, 1998, col. 1837, anotação à sentença de 15 maggio 1995 do Tribunal de Roma, *in* Il Foro Italiano, 1996, I, col. 2566 e ss.), a inclusão daquele tipo de faculdades no âmbito desse direito, assim como enquanto elementos integrantes do aludido direito ao esquecimento, depara-se com fortes obstáculos decorrentes quer de inelimináveis exigências de segurança jurídica, quer da autonomia administrativa reconhecida a certas entidades públicas ou privadas responsáveis pela gestão dos arquivos. Desta feita, colocamos fortes reservas quanto à aceitação de uma visão tão ampla do mencionado direito ao esquecimento.

Por tudo isto, não consideramos defensável autonomizar dogmaticamente o direito ao esquecimento. Por um lado, a tutela de muitos dos elementos comummente invocados como integrantes do conteúdo deste direito é assegurada através da protecção dispensada pelo nosso ordenamento a outros direitos. Por outro, alguns dos poderes ou faculdades incluídos no âmbito deste direito, só com *granum salis* podem ser admissíveis.

Não secundamos assim a decisão do Tribunal de Roma de 21 de Novembro de 1996 (Trib. Roma, 21 novembre, 1996 (ord.), *in* Dir. Inf., 1997, pág. 335) de acordo com a qual, o direito ao esquecimento reveste especificidades face ao direito à intimidade da vida privada susceptíveis de justificar um tratamento autónomo. De acordo com este aresto, o autor pretendia não tanto impedir a divulgação de notícias respeitantes à esfera íntima do indivíduo, mas sim de não permitir que uma pessoa, sem o seu consentimento, possa ser colocada perante uma notoriedade indesejada, em virtude da reinvocação de factos passados respeitante a seus antepassados.

Em causa estava a transmissão televisiva de um documentário onde se recordava a condenação penal responsável pela notoriedade de quem praticou o delito, bem como a relação sentimental em que este esteve envolvido e da qual resultou o nascimento de um filho, cuja tutela da identidade se pretende alcançar com a inibição de divulgação de tais notícias. A resolução do problema implicava antes de tudo averiguar da existência de um interesse público, e consequente actualidade do evento noticioso, bem como da observância das exigências da verdade e proporcionalidade na divulgação das informações. Somente reunidas estas condições, a liberdade de expressão tutelada no art. 21.º da Constituição Italiana poderia prevalecer sobre os direitos dos particulares à reserva da intimidade e ao esquecimento. O Tribunal de Roma, ponderando estas questões, entendeu não estarem preenchidas tais exigências, e considerou ter-se registado, no caso concreto, uma violação do direito ao esquecimento. Apesar do expresso reconhecimento do *Diritto all'Oblio* a nível jurisprudencial apenas se tenha verificado com este aresto, certo é que implicitamente já a ele se encontram alusões na decisão do tribunal de Roma de 15 maggio 1995 (*in* Foro Italiano, 1996, I, col. 2566). Neste sentido, cfr. FACCI, GIOVANNI, *Il risarcimento del danno...*, *ob. cit.*, págs. 1513-1515. Porém, como já atrás deixámos mencionado, a jurisprudência italiana já em 1958 se referia a este direito, designando-o, contudo, como *diritto al segreto del disonore* (neste sentido, cfr. FERRI, GIOVANNI, *Diritto all'Informazione...*, *ob. cit.*, pág. 807).

O direito ao esquecimento foi aqui visualizado como uma vertente positiva do direito à identidade pessoal. De acordo com uma visão mais ampla deste direito, já atrás assinalada, o respectivo titular tem não só poder de impedir uma divulgação distorcida ou falseada da sua identidade, como ainda a prerrogativa de conteúdo prospectivo traduzida na afirmação ou consolidação da mesma. No fundo, o objecto do direito à identidade seria aqui entendido como a identidade *in fieri*.

A divulgação de aspectos da vida íntima dos seus pais constituía aqui um obstáculo ao mencionado processo de afirmação da sua personalidade. Tanto mais que quando o menor (fruto de tal relacionamento amoroso) vem requerer a tutela inibitória, já a mãe se encontrava separada do seu pai (o detido, na sequência da condenação penal atrás mencionada), e tinha reconstituído a vida do ponto de vista sócio-profissional, conseguindo criar um ambiente afectivo e familiar propício ao equilíbrio psico-emocional do filho. Desta feita, da identidade pessoal de cada um faria parte um acervo de elementos não apenas respeitantes à própria pessoa, como ainda um conjunto de referências e aspectos respeitantes a terceiros, mas com influência modeladora decisiva para a personalidade de outrem.

O *Diritto all'Oblio* invocado pelo menor visava assim o silenciamento de factos e memórias prejudiciais à sua identidade. Não nos parece contudo, como já tivemos opor-

sentações pessoais de então não encontrem correspondência com a realidade actual, não pode admitir-se em termos ilimitados. Cumpre, antes de tudo, ter em conta as mais ineliminaveis exigências de segurança e certeza jurídica exigidas pela vivência comunitária.

A tutela das mais elementares exigências de segurança jurídica impõe, desde logo, o respeito dos direitos e obrigações resultantes de posições negociais assumidas em conformidade com os traços dominantes da personalidade das partes ao tempo da conclusão destes eventos. A ocorrência de alguma alteração, conquanto significativa e legítima, nos traços constitutivos da individualidade pessoal, não pode, de algum modo, contender com as relações jurídicas anteriormente concluídas, e no âmbito das quais foram determinantes outras características pessoais entretanto superadas.

O respeito devido às possíveis mutações na identidade pessoal não pode, de todo em todo, pôr em causa regras e valores fundamentais como o da pontualidade do cumprimento das obrigações, bem como a imprescindível estabilidade das relações jurídicas.

Além deste aspecto privatístico relacionado com a tutela da confiança, cumpre ainda salientar interesses de natureza pública, mormente de índole administrativa, impeditivos de uma relevância indiscriminada das mutações registadas a nível da identidade pessoal.

A necessidade das mais variadas instituições, sejam elas religiosas, políticas, sindicais, ..., de natureza pública ou privada, de índole asso-

---

tunidade de afirmar, ser necessário autonomizar o direito ao esquecimento enquanto vertente daqueloutro mais amplo – a identidade pessoal –, na medida em que as prerrogativas de abstenção fundamentalmente caracterizadoras do seu conteúdo, e a visão prospectiva da formação da sua personalidade, podem incluir-se, sem quaisquer dificuldades, no âmbito do direito à intimidade da vida privada do menor ou dos seus pais.

Em ordenamentos jurídicos onde se encontre consagrado um direito geral de personalidade, a base de fundamentação deste direito poder-se-ia encontrar precisamente na violação do direito à pessoa "ser em devir", e a tutela inibitória encontra a sua justificação no n.º 2 do art. 70.º. Tal não sucede, no entanto, na ordem jurídica italiana, justificando, pelo menos em parte, esta discussão dogmático-jurisprudencial. Porém, a admissibilidade deste direito ao esquecimento não se verificou unicamente nesta decisão do Tribunal de Roma. Também o Tribunal Constitucional na decisão de 12 de Abril de 1973 n. 38, e o Tribunal da Cassação em aresto de 27 de Maio de 1975 n. 2129 (Cfr. *in* Foro Italiano, 1976, col. 2895), aludiam ao direito acabado de mencionar. Na ausência de uma disposição legal juscivilística, a fundamentação positiva do *Diritto all'Oblio* tem sido procurada na aplicabilidade do art. 2.º da Constituição Italiana às relações entre os particulares. A propósito da análise da decisão do Tribunal de Roma de 21 de Novembro de 1996. Cfr. CASSANO, GIUSEPPE, *Giurisprudenza de Mérito, in* Il Diritto di Famiglia e Delle Persone, 1999, 1, págs. 141 e ss

ciativa ou cooperativa, ..., disporem de registos de dados, sejam elas atinentes à dinâmica da actividade propriamente dita, ou à situação dos respectivos membros, arrasta consigo a obrigação, ou pelo menos, a conveniência de proceder à conservação daqueles.

Apesar das eventuais alterações registadas na posição dos membros das instituições envolverem frequentemente uma desactualização dos dados constantes dos ficheiros, podem existir razões jurídicas e não meramente históricas ou afectivas, para a manutenção desses acervos informativos.

Desde o simples interesse na consulta dos processos, ao direito de extrair uma certidão, a qual pode funcionar em muitas situações como um pressuposto processual[379], passando pela necessidade de reconstituir situações jurídicas passadas onde se encontrem coenvolvidos os titulares dos dados, constituem hipóteses onde se podem vislumbrar motivos jurídicos ponderosos para a conservação de dados desactualizados constantes de arquivos.

De igual modo, a autonomia administrativo-financeira das instituições é susceptível de justificar a necessidade de manter incólumes os arquivos, não obstante os elementos deles constantes representarem apenas uma memória histórica.

Ora, é precisamente dentro deste quadro meramente exemplificativo de limitações que se deve admitir a relevância da mutabilidade ou do carácter evolutivo do direito à identidade pessoal. Assim sendo, a divulgação de dados desactualizados relativos a traços da identidade pessoal por tais instituições, ou por parceiros negociais, conquanto tenha na base um interesse legítimo, não poderá fazer suscitar a responsabilidade civil dos respectivos autores.

---

[379] Estamos aqui a invocar importantes exigências formais a que nenhum ordenamento jurídico se revela indiferente. Como sugestivamente consideram Ascensão e Pais de Vasconcelos, as exigências formais visam normalmente prosseguir certos fins, entre os quais se destacam a "reflexão, segurança e publicidade". Cfr., ASCENSÃO, J. OLIVEIRA / VASCONCELOS, P. PAIS, *Forma da Livrança e Formalidade*, in R.O.A., Ano 60, 2000, pág. 314.

# PARTE III
# DOS PRESSUPOSTOS ESPECÍFICOS DA RESPONSABILIDADE CIVIL POR OFENSA AO CRÉDITO E AO BOM NOME

Uma vez enunciados e caracterizados os valores ou bens jurídicos nucleares – liberdade de expressão, por um lado, e bom nome e crédito, por outro – tutelados pelo legislador no âmbito da disciplina jurídica fixada no art. 484.º, cumpre agora volver a nossa atenção sobre o universo específico onde todas as questões suscitadas por este ilícito civil se colocam: o plano da divulgação das declarações de facto. Estando em causa um pressuposto fundamental para a aplicabilidade desta disposição legal dedicada ao ilícito ao bom nome e ao crédito, não podemos deixar de propor alguns arrimos orientadores na resolução de problemas particularmente complexos neste âmbito levantados. Na ausência de uma noção legal de declaração ou afirmação de facto, compete-nos, não obstante o carácter espinhoso de uma tal tarefa, avançar alguns pontos de apoio para distinguir tais declarações daqueloutras onde se transmitem juízos ou apreciações valorativas. Trata-se, na verdade, de uma tarefa particularmente importante, uma vez que a intensidade de tutela dispensada à liberdade de expressão fica em boa parte dependente da extensão atribuível à categoria das afirmações de facto. Faremos a este propósito alusão a uma diversidade de contextos (o político, cultural, científico...), onde as declarações proferidas pelos respectivos protagonistas se revelam muitas vezes como um compósito de afirmações de facto e juízos de valor.

Dedicaremos também uma atenção especial ao carácter público das afirmações proferidas pelo agente, pois, como iremos referir, apenas estas se encontram sob a alçada do regime jurídico delineado no art. 484.º.

Ainda neste capítulo, não podemos deixar, a propósito da delimitação do círculo de destinatários das declarações ofensivas do bom nome e do crédito, de nos reportar aos ataques dirigidos às pessoas colectivas. Uma tal referência revela-se incontornável, uma vez que o nosso legislador se refere no preceito em análise, quer aos factos ofensivos do crédito e bom nome das pessoas singulares, quer aqueles susceptíveis de atingir idênticos bens jurídicos das pessoas colectivas.

# CAPÍTULO 1
# BREVE CONFRONTO ENTRE OS ARTS. 484.º E 485.º

**1.1. As informações e a divulgação de factos. A regra da irresponsabilidade pela transmissão de informações (o art. 485.º, n.º 1)**

Na sequência de quanto deixámos exposto acerca da liberdade de expressão como valor jurídico fundamental, não temos dúvidas em considerar a responsabilidade por transmissão de informações como uma solução excepcional.

A consolidação dos estados democráticos depende, em grande medida, da possibilidade reconhecida aos seus protagonistas de livremente divulgarem informações, e de sobre os acontecimentos noticiados emitirem juízos críticos.

Bem vistas as coisas, uma tal necessidade não é apenas privativa do universo da política, afirmando-se antes como uma preocupação sentida nos mais variados sectores da vida histórico-social. Basta volvermos a nossa atenção para o tráfico jurídico mercantil para se constatar a importância vital da comunicação entre os agentes económicos. A troca de informações quer acerca dos assuntos negociais, quer quanto aos sujeitos envolvidos nas relações comerciais, constitui um inquestionável factor de dinamização da actividade económica.

No epicentro da nossa investigação encontra-se um universo circunscrito tão somente à divulgação ou transmissão de factos. O nosso legislador ao delimitar a hipótese normativa do art. 484.º refere expressamente "quem afirmar ou divulgar um facto ...". Assim sendo, a divulgação de informações tem inevitavelmente de constituir objecto das nossas preocupações. Com efeito, a informação baseia-se necessariamente em dados históricos[380], e de um modo geral, limita-se única e exclusivamente ao mero relato dos mesmos.

---

[380] Neste sentido, cfr. GARCIA, PEDRO DEL OLMO, *Responsabilidad por daño puramente económico causado al usuário de informaciones falsas*, in Anuario de Derecho

Não pensemos, contudo, que toda a comunicação ou informação acerca dos factos (*tatsachenmitteilung*), representa inequivocamente um registo neutral destes feito pelo respectivo declarante. Com efeito, o relato dos acontecimentos é sempre marcado, mesmo que involuntariamente, pelo entendimento e perspectiva existencial do emissor acerca dos mesmos([381]).

Apesar de estar coenvolvida no âmbito das informações alguma margem, por vezes imperceptível de apreciação crítica([382]), certo é que o núcleo essencial do conteúdo das informações é constituído pelos factos sobre os quais versam.

Parece-nos então importante deixar *ab initio* definido o princípio geral no tocante à responsabilidade de quem, pelos mais variados motivos, procede à divulgação de informações([383]).

---

Civil, Tomo LIV, Fascículo I, 2001, pág. 345, MONTEIRO, J. SINDE, *Responsabilidade por Conselhos, Recomendações ou Informações,* Coimbra, 1989, pág. 15.

([381]) Cfr. PÄRN, FRANZISKUS, *Tatsachenmitteilung und Tatsachenbehauptung (zur naturalrestitution beim rechtsschutz der persönlichkeit)*, in N.J.W., 1979, pág. 2546.

([382]) Neste sentido, referindo-se às dificuldades práticas de distinção entre informações, conselhos e recomendações, cfr. MONTEIRO, J. SINDE, *Responsabilidade por conselhos..., ob. cit.*, pág. 16 e ss. De igual modo, também Pärn sublinha que os factos enquanto objecto das informações sobre eles transmitidas, nunca podem ser apreendidos na sua nudez. Cfr. PÄRN, FRANZISKUS, *Tatsachenmitteilung und ..., ob. cit.*, pág. 2546.

([383]) A admitir-se uma responsabilização pela divulgação de informações, os danos ressarcíveis seriam basicamente os danos puramente patrimoniais ou económicos. Neste sentido, cfr. GARCIA, PEDRO DEL OLMO, *Responsabilidad por daño puramente económico ..., ob. cit.*, págs. 262 e ss. BUSNELLI, FRANCESCO, *Itinerari europei nella "terra di nessuno tra contratto e fatto illecito": la responsabilità della informazioni inesatte*, in Contrato e Impresa, 1991, n.° 2, pág. 564.

Não podemos, de modo algum, ignorar as repercussões lesivas em bens jurídicos como a honra e o bom nome desencadeadas com a divulgação de informações falsas ou incorrectas. No entanto, estas questões encontram um tratamento adequado noutra sede. A tutela da honra assegurada, em termos gerais, pelo nosso art. 70.°, e a protecção dispensada ao bom nome e ao crédito, de acordo com o art. 484.°, constituem mecanismos jurídicos adequados para resolver tais problemas.

Os danos normalmente associados à prestação de informações incorrectas prendem-se sobretudo com prejuízos patrimoniais decorrentes de informações de bancos, e de peritos (advogados, arquitectos, engenheiros...) prestadas espontaneamente, ou na sequência de um pedido de esclarecimento dos respectivos destinatários. Não se encontra, no entanto, afastada a possibilidade de serem causados danos na integridade física das pessoas na sequência de informações erróneas. Consideramos sugestivo, a este propósito, um exemplo avançado por Sinde Monteiro: os esquiadores A e B perguntam a C, no cume de uma montanha, se a descida na direcção X é perigosa, respondendo este, que não ouviu bem e pensa na direcção Y, ser a descida segura e não existir perigo de avalanches, o que é rotundamente falso (cfr. MONTEIRO, J. SINDE, *Responsabilidade por conselhos ..., ob. cit.*, pág. 351, e pág. 430 e ss., onde o autor se reporta a vários exemplos das jurisprudências inglesa, alemã e francesa em que se registam danos causados nas pessoas em virtude de informações inexactas). Todavia, este núcleo é manifestamente limitado, face aqueloutro de danos puramente económicos resultantes de informações inexactas (cfr. MONTEIRO, J. SINDE, *Responsabilidade por conselhos..., ob. cit.*, pág. 350, GARCIA, PEDRO DEL OLMO, *Responsabilidad por daño puramente económico ..., ob. cit.*, pág. 263).

Aliás, de acordo com o entendimento de Sinde Monteiro, uma interpretação literal do art. 485.º, abre um conflito entre este preceito normativo e os princípios gerais da responsabilidade civil. Na verdade, e no tocante à violação dos direitos absolutos "não existe seguramente um dever jurídico geral de aconselhar (ou informar) o próximo para o proteger de danos na sua pessoa ou bens. De forma que a obrigação de informar exigida pela nossa lei para que nasça o dever de indemnizar só se verifica nos casos contados de delitos de omissão em que excepcionalmente aquele dever exista, nomeadamente quando o próprio agente criou (ou mantém) uma situação de perigo, impendendo então sobre ele o elementar dever de avisar sobre a existência desse perigo (deveres de segurança no tráfego). Tirando estes e os de prática de facto punível não haveria pois responsabilidade." (Cfr. MONTEIRO, J. SINDE, *Responsabilidade por Conselhos..., ob. cit.*, págs. 429-430). Todavia, como o autor bem adverte, em face da obrigação geral, estatuída na nossa lei, de não violar os direitos de outrem, a aplicação do n.º 1 do art. 483.º, não pode ser impedida pelo art. 485.º. " A protecção delitual dos direitos absolutos deve em princípio ser assegurada sem lacunas, com independência do tipo de conduta adoptada pelo lesante, muito especialmente com respeito a danos pessoais, e não será de ânimo leve que um aparente conflito entre normas nos leve a pensar o contrário" (Cfr. MONTEIRO, J. SINDE, *Responsabilidade por conselhos..., ob. cit.*, pág. 434). Já quanto aos danos tipicamente causados pela divulgação de informações incorrectas – os danos puramente económicos –, não é possível dispensar-lhes uma protecção delitual (art. 483.º). Desta feita, a responsabilidade por informações apenas se poderá efectivar nos termos excepcionais previstos no art. 485.º.

A questão da ressarcibilidade dos danos causados por informações inexactas, dada a multiplicação de esclarecimentos solicitados e ou prestados espontaneamente nos mais diversos sectores de actividade, tem suscitado a atenção das jurisprudência e doutrina estrangeiras. Em certos ordenamentos jurídicos (francês, suíço, italiano, espanhol, alemão) não encontramos normas destinadas a resolver, em termos gerais, o problema da responsabilidade por informações. Cumpre então resolver tais questões de acordo com as soluções decorrentes dos princípios gerais do direito das obrigações, tendo em conta as especificidades normativas dos respectivos ordenamentos jurídicos em matéria contratual, delitual, e da culpa *in contrahendo*. Diversa se apresenta a situação do Direito Austríaco, onde encontramos uma disposição (§1300 do Código Civil austríaco) especialmente dedicada a esta temática. Acerca da ressarcibilidade dos danos por informações inexactas no Direito Italiano, cfr. LUMINOSO, ANGELO, *Responsabilitá civile della banca per falsa ou inesatta information, in* Rivista del Diritto Commerciale, 1984, pág. 189 e ss., BUSNELLI, FRANCESCO, *Itinerari europei nella..., ob. cit.,* pág. 553 e ss. A propósito desta problemática no âmbito do direito espanhol, cfr. GARCIA, PEDRO DEL OLMO, *Responsabilidad por daño puramente económico..., ob. cit.*, pág. 257 e ss. Este autor associa a antijuricidade desencadeadora da

Antes de tudo, cumpre destacar um aspecto fundamental de toda esta problemática. Quem produz a informação, ou seja, o seu titular, ao invés dos demais criadores ou titulares de outros bens não detém um monopólio de todas as vantagens ou utilidades que os mesmos sejam susceptíveis de proporcionar. Os autores anglosaxónicos consideram sugestivamente que as palavras voam([384]), residindo nesta circunstância, quer a força das informações enquanto fonte criadora de vantagens ou utilidades para terceiros, quer o enorme risco nelas coenvolvido de causarem prejuízos a um círculo muito amplo e indeterminado de destinatários.

---

responsabilidade pela prestação de informações inexactas no âmbito do direito civil espanhol à violação do dever de cuidado. Procede então à identificação de diferentes grupos de situações. Por um lado, aquele onde existe uma prévia relação contratual, na sequência da qual é prestada a informação, e os deveres de cuidado na prestação das mesmas resultam naturalmente do evento contratual. Neste grupo de situações, as dificuldades colocam-se apenas quanto à definição do âmbito do dever de cuidado, sobretudo quando o informado não é parte contratante. Por outro, e mais complexo, se apresenta aquele grupo de casos cujo denominador comum se encontra na ausência de qualquer relação contratual, da qual resulte um dever de cuidado na divulgação das informações. Encontrando-nos então perante o núcleo noético da problemática da responsabilidade por informações. A responsabilização do agente por informações incorrectas implica a observância de certas condições, entre as quais a existência de uma **relação especial** entre o emissor e o receptor da informação. O agente fica neste contexto adstrito a um dever de cuidado, de molde a evitar prejuízos patrimoniais, de âmbito limitado aos aspectos nucleares da relação especial que mantém com o receptor das informações. Apesar de não se registar aqui um dever geral de cuidado, semelhante ao defensável no domínio dos danos causados às pessoas, ele não deixa de se afirmar com um âmbito limitado ou circunscrito.

Um outro critério normalmente avançado para a responsabilização do agente na área extracontratual reside na confiança razoavelmente depositada pelos destinatários no emissor e no teor das informações por si transmitidas. Sendo o transmitente um profissional reputado, é natural que os esclarecimentos por si prestados, no âmbito das suas atribuições, sejam tidos como referentes orientadores da conduta daqueles a quem se dirigem. A prestação de informações erróneas ou inexactas podem, desta feita, representar uma perturbação nas legítimas expectativas dos destinatários, tendo em conta a idoneidade dos agentes.

Cumpre ainda mencionar uma outra possível causa de responsabilização pela transmissão de informações. Queremos reportar-nos aos casos de assunção voluntária pelo emissor da eventual responsabilidade em que possa incorrer com a prestação de esclarecimentos. De acordo com este critério, quando um homem médio, colocado perante as concretas circunstâncias do caso, puder concluir que quem divulga as informações se responsabiliza pelos prejuízos patrimoniais por elas causados, então deverá aquele considerar-se responsável.

([384]) Neste sentido, cfr. PERLMAN, *Interference with contract and other economic expectancies: a clash of tort and contract doctrine, in* The University of Chicago Law Review, 1982, n.º 49, págs. 61-129, pág. 74, Craig, P.P., *Negligent misstatements, negligente acts and economic loss*, The Law Quarterly Review, Abril 1976, vol. 92, pág. 216.

Esta volatilização do destino das informações representa, com efeito, um foco de perplexidades jurídicas. Desde a dificuldade de identificação do autor das declarações, até à alteração superveniente do conteúdo destas, passando pelos ataques, mais ou menos expressos ou ocultos, a bens da personalidade dos destinatários das mesmas, tudo são motivos para a emergência de dúvidas de enquadramento e de regime jurídico.

Apesar de todos estes problemas, resulta clara, pelos vários motivos já atrás aludidos, a importância da divulgação ou transmissão de informações. Em termos muito genéricos, se os ordenamentos jurídicos optarem pelo endurecimento do regime jurídico nas hipóteses em que a divulgação de informações se encontre ferida de alguma inexactidão ou lapso, ou quando o autor das mesmas tenha revelado algum grau de culpa, conquanto leve, o resultado prático traduzir-se-ia num maior retraimento na prestação de informações.

Para além disso, e reforçando ainda as dificuldades de uma tal tomada de posição, cumpre ainda salientar que boa parte das informações divulgadas no tráfico jurídico são prestadas a título gratuito. Desta feita, constituindo as informações uma fonte de benefícios para terceiros, e não sendo atribuído qualquer correspectivo ao agente pela sua divulgação, a reacção natural será a recusa da transmissão de notícias([385]).

Todavia, e apesar de ser mais frequente, não se revela forçosa a gratuitidade das informações transmitidas. Com frequência, muitos esclarecimentos são proporcionados na sequência de serviços([386]) resultantes de obrigações contratualmente assumidas.

Mesmo quando assim suceda, em face da eventualidade do reforço das medidas sancionatórias para os autores de informações incorrectas e negligentes, a consequência traduzir-se-ia muito naturalmente no agravamento da remuneração de tais serviços. Em suma, tudo causas para privar o tráfico jurídico de um circuito informativo imprescindível para alcançar os seus objectivos essenciais.

Não podemos, no entanto, tomar apenas em conta os perigos da excessiva responsabilização dos dadores de informação. Impõe-se ainda ponderar devidamente outros interesses e posições implicadas neste domínio da transmissão de informações.

---

([385]) Não obstante se registar uma certa tendência nos vários ordenamentos jurídicos para admitir a responsabilização de quem divulgue informações a título de cortesia, certo é que o surgimento da responsabilidade em tais situações se revela mais difícil. Neste sentido, *vide* BUSNELLI, FRANCESCO, *Itinerari europei nella*..., *ob. cit*, pág. 567 e ss.

([386]) A propósito da informação perspectivada como um serviço, cfr. BUSNELLI, FRANCESCO, *Itinerari europei nella*..., *ob. cit,* pág. 554 e ss.

Torna-se, com efeito, mister acautelar os interesses dos destinatários dos circuitos informativos entertecidos no tráfico jurídico. Quem solicita esclarecimentos ou aqueles a quem estes sejam espontaneamente prestados apenas podem retirar deles proveito quando o respectivo conteúdo se paute pelas notas de verdade, correcção e clareza. Para além disso, o comportamento dos autores das informações não pode revelar propósitos de causar danos aos respectivos destinatários. Em suma, impõe-se frenar o risco de proliferação de mensagens informativas incorrectas e negligentes.

Uma tal exigência, a qual, se revela evidente e apodítica, não se filia apenas na tutela de interesses dos particulares que figuram nos circuitos de informação como destinatários. Em abono da necessidade de estabelecer mecanismos sancionatórios do comportamento de quem divulga informações incorrectas e negligentes, encontram-se, também do ponto de vista dos interesses a tutelar no tráfico jurídico, ponderosas razões de segurança jurídica([387]).

Uma regulamentação adequada desta problemática em torno da responsabilidade por informações tem de conciliar harmonicamente estes interesses contrapostos. Torna-se necessário encontrar soluções capazes de, por um lado, aumentar a qualidade da informação produzida, conquanto tal implique um agravamento do regime da responsabilidade, sem, por outro lado, comprometer a quantidade de informação divulgada, na medida em que tal se revela importante em termos gerais, para o tráfico jurídico.

Tendo precisamente em conta esta constelação de interesses contraditórios, o legislador português estatuiu um regime onde se revela clara a preocupação de os tutelar adequadamente. Assim, o n.º 1 do artigo 485.º consagra como regra a irresponsabilidade pelas informações([388]). No entanto,

---

([387]) Neste sentido, Cfr. MONTEIRO, J. SINDE, *Responsabilidade por Conselhos ...*, ob. cit., págs, 25-26; GARCIA, PEDRO DEL OLMO, *Responsabilidad por daño puramente económico...*, ob. cit., pág. 295.

([388]) Esta regra encontra-se, de resto, em concordância com a tradição jurídica romanística, segundo a qual, a divulgação de informações ou conselhos não revestia carácter vinculativo. A problemática em análise era tratada no direito romano a propósito do mandato (*Auftrag*). Aí se entendia que se o interesse na execução do mandato fosse apenas do mandatário, a prestação de informações ou conselhos não vinculava nem quem as dava nem quem as recebia. Porém, naquelas situações em que se pudesse detectar também um interesse do mandante, então já se poderia admitir a responsabilidade por informações. Desta feita, o surgimento de uma tal responsabilidade encontrava-se dependente da ponderação dos interesses envolvidos na relação de mandato.

Mais tarde, no período do direito comum, uma certa orientação doutrinária minoritária consagrou a responsabilidade por informações sempre que o conselho prestado tivesse

e tendo em conta a importância, para o tráfico jurídico, da qualidade da informação aí divulgada, o n.º 2 do mesmo preceito admite, em termos excepcionais, a responsabilidade. Uma vez verificadas as situações aí mencionadas, ou seja: a) assunção da responsabilidade pelo emissor das informações, b) existência de um dever de dar conselho, recomendação ou informação a cargo do agente e este tenha procedido com negligência ou intenção de prejudicar, c) configuração como facto punível do procedimento de quem difunde as informações, o legislador admite, *expressis verbis*, a responsabilidade por informações.

### 1.2. A responsabilização do agente pela divulgação de informações (art. 485.º, n.º 2) e os deveres de informação

Problema distinto da responsabilidade por informações mas com ele intrinsecamente conexionado, prende-se com a prévia averiguação da existência do dever de informação. Aliás, tendo em conta a redacção da nossa lei (n.º 2 do art. 485.º), existe obrigação de indemnizar os danos causados pela divulgação de informações nas hipóteses em que sobre o agente recaia o dever jurídico de dar o conselho, recomendação ou informação. Cumpre assim questionar se em relação a todo e qualquer membro da comunidade jurídica se pode afirmar a existência de um dever de informar os demais sujeitos com quem entabula relações jurídicas acerca dos múltiplos aspectos ou assuntos tidos por relevantes para a conclusão dos acordos.

---

sido precedido de um pedido prévio, por se entender existir, em tais situações, uma relação contratual tácita entre o dador e o receptor da informação. Actualmente, a legislação alemã continua, na senda dos ensinamentos romanísticos, a tratar a matéria da responsabilidade por informações no âmbito do mandato (actual §675(2), correspondente ao anterior §676 do B.G.B.). Aí se prescreve, como regra geral, a irresponsabilidade pela divulgação de conselhos. Seguindo a este propósito a perspectiva de Sinde Monteiro "esta disposição limita-se a remeter a resolução dos conflitos para os princípios gerais. O que faz em concordância com o estado científico da época, ressalvando a responsabilidade derivada de um contrato ou de um delito; ou seja, manda aplicar os critérios que de qualquer forma, mesmo sem a sua existência, teriam de ser chamados à colação". Cfr., MONTEIRO, J. SINDE, *Responsabilidade por conselhos ..., ob. cit.*, pág. 338, *Rudimentos da Responsabilidade Civil, in* Separata da Revista da Fac. Dir. Univ. do Porto, ano II, 2005, pág. 389. Na óptica do mesmo autor, esta norma destina-se, por um lado, a confirmar a tradição romanística da mera obsequiosidade dos conselhos, proscrevendo assim a orientação do direito comum que visualizava, neste âmbito, um acordo tácito entre o dador e o receptor das informações, e por outro, a deixar em aberto a via da responsabilidade delitual ou negocial para a resolução dos problemas suscitados nesta área.

O elemento literal da interpretação – "quando havia o dever jurídico", aponta precisamente para a solução contrária: a inexistência de um dever geral de informação. Apesar deste elemento interpretativo não nos proporcionar resultados decisivos, a verdade é que as conclusões por ele facultadas encontram um apoio significativo no clássico princípio *caveat emptor*, de acordo com o qual é a cada contraente que cabe informar-se acerca do sentido e alcance dos acordos por si livremente firmados.

No fundo, este princípio, com profunda influência na prática negocial, representa o reverso da ideia regulativa que constitui a pedra angular de toda e qualquer actividade negocial – o princípio da liberdade negocial.

Com efeito, a ampla autonomia reconhecida aos particulares para se decidirem quanto à oportunidade da contratação, definição do respectivo conteúdo, e escolha dos parceiros contratuais reputados como mais idóneos, implica necessária e simultaneamente maiores encargos no tocante às actividades individuais de pesquisa das circunstâncias e condições determinantes das opções acabadas de mencionar.

Aliás, se assim não fosse correr-se-ia o risco de uma certa paralisação do tráfico jurídico-negocial. Como todos bem sabemos, a actividade negocial, mormente a de natureza jurídico-mercantil, comporta sempre um certo espaço para afirmação da solércia, artifícios e estratégias, em suma, dos comummente designados *dolus bonus*[389].

Logo, quem se proponha encetar negociações com vista à conclusão de eventos contratuais tem de assumir uma certa margem de risco, a qual só poderá ser reduzida se desenvolver autonomamente uma actividade de pesquisa, informando-se acerca dos elementos essenciais do negócio in itinere.

Estas apodíticas observações têm, no entanto, de contemporizar-se com outras realidades, não menos evidentes, emergentes no coevo cenário jurídico-negocial. As profundas desigualdades económico-sociais engendradas pelas múltiplas situações de monopólio na exploração de bens essenciais, assim como o desnível técnico provocado pela cada vez mais acentuada divisão social do trabalho e correlativa especialização do saber, constituem causas determinantes de significativas assimetrias, não podendo

---

[389] Porém, a intervenção regulativa cada vez mais intensa do princípio da boa-fé no tráfico jurídicomercantil tem determinado uma maior circunscrição do espaço aí ocupado pelos *dolus bonus*. Acerca desta tendência no âmbito da jurisprudência francesa. Cfr. MESTRE, JACQUES, *Formation du contrat, in* Revue Trimestrielle de Droit Civil, 1994, n.º 1, págs. 93-95.

qualquer ordenamento jurídico civilizado ficar indiferente perante tais fenómenos([390]).

Sobretudo num universo como o direito civil, onde as relações jurídicas se caracterizam fundamentalmente pelas notas da intersubjectividade e igualdade económico-social dos seus protagonistas, cumpre dedicar uma atenção especial aos diversos focos de distorção, para evitar que o desnível económico-social dos particulares naquelas envolvidos se convole igualmente numa desigualdade jurídica.

Impõe-se então corrigir estes desequilíbrios fácticos, pois de outro modo a própria essência do direito privado corre o risco de ser duramente atingida. Neste cenário marcado por sinais manifestamente contraditórios deve realçar-se a enorme importância desempenhada pelo princípio da boa-fé no direito civil. Representando um relevante factor jurídico de superação do positivismo([391]), este conceito indeterminado constitui simultaneamente um mecanismo privilegiado de eticização das relações jurídicas.

Este entrecruzamento de solicitações materiais com exigências jurídicas fundamentais constitui precisamente o pano de fundo no âmbito do qual se hão-de entertecer soluções equilibradas a propósito do surgimento do dever de informação. Na senda de Sinde Monteiro([392]) "se o princípio da boa-fé constitui o fundamento jurídico, o fundamento material – nessa medida, a fonte – reside na desigualdade ou desnível da informação([393]), a qual, põe si só, não basta".

O desnível de informação entre os contraentes não é apenas compensável com a prestação espontânea de esclarecimentos por quem disponha de uma melhor preparação tecnico-científica. Reagindo contra a sua maior fragilidade, e diminuindo, por conseguinte uma certa margem de álea ou risco coenvolvida nas negociações, o contraente menos preparado tecnicamente pode solicitar esclarecimentos à contraparte.

---

([390]) Acerca da emergência de deveres de informação no âmbito das relações onde uma das parte assuma uma particular posição de supremacia ou de controlo, cfr. MONTEIRO, J. SINDE, *Responsabilidade por conselhos..., ob.cit., pág. 360,* o nosso estudo, *A fase preliminar do contrato,* Coimbra, 1995 (ed. policopiada), pág. 200 e ss., BUSNELLI, FRANCESCO, *Itinerari europei nella..., ob. cit,* pág. 567 e ss., RIENDEAU, ANDRÉ, *Colloque "La Bonne Foi: Rôlle et Exigences",* Revue de Droit Université de Sherbrooke, vol. 26, n.º 2, 1996.

([391]) No tocante aos factores estritamente jurídicos de superação do positivismo jurídico, Cfr. NEVES, A. CASTANHEIRA, *Introdução ao Estudo do Direito (lições proferidas ao curso jurídico 71/72),* pág. 76 e ss.

([392]) MONTEIRO, J. SINDE, Responsabilidade por conselhos..., *ob. cit.*, pág. 360

([393]) Acerca da relevância da posição relativa das partes para a emergência dos deveres de informação, cfr. CORDEIRO, A. MENEZES, *Direito Bancário,* relatório, Coimbra, 1997, pág. 126.

Independentemente da forma como o *deficit* de informação possa vir a ser suprido([394]), o fundamento jurídico para a obrigatoriedade de pres-

([394]) Não nos estamos a reportar em texto às hipóteses, também frequentes no tráfico jurídico negocial, em que o dever de informação resulta de um acordo entabulado pelas partes no decurso do processo negocial. Em causa estão os pactos de informação, nos quais o objecto dos convénios pré-contratuais se traduz precisamente nos deveres laterais de informação. O surgimento do dever de informação não se encontra aqui na dependência do concreto *modus faciendi* do desenvolvimento do *iter negotii*. Informar ou deixar de informar a contraparte das questões constantes do acordo, não representa apenas um problema de ponderação das exigências regulativas do princípio da boa-fé face às contingências do processo negocial em curso, mas antes uma questão de interpretação da vontade manifestada pelos contraentes no momento da conclusão dos mencionados convénios.

Esta figura dos pactos de informação em nada se confunde com as comummente designadas *letters of intent* de conteúdo mínimo. De utilização frequente no período pré--contratual, estes instrumentos constituem basicamente documentos onde se reproduz o desenvolvimento do *iter negotii*. Assumem particular relevo probatório, e enquanto verdadeiras memórias das negociações, evidenciam claramente a grande influência do princípio da boa-fé na fase pré-contratual enquanto fonte dos deveres de informação. Assim sendo, estes documentos pré-contratuais não apresentam quaisquer novidades face ao modo normal de emergência dos deveres laterais durante este período. Para uma melhor caracterização destas figuras précontratuais, cfr. MONTEIRO, A. PINTO (com a colaboração de Júlio Gomes), *Sobre as Cartas de Conforto na Concessão de Crédito, in* Ab Uno Ad Omnes / 75 Anos da Coimbra Editora, 1920-1995, Coimbra, 1998, pág. 418 (nota 9), SILVA, J. CALVÃO DA, *Negociação e Formação de Contratos, in* Estudos de Direito Civil e Processo Civil, Coimbra, 1996, págs. 59-60, e o nosso estudo, *A Fase Preliminar do Contrato*, 1995 (ed. policopiada), pág. 124 e ss., OMMESLAGHE, PIERRE V., *La Bonne Foi (Journées Lousianaises), in* Travaux de l'Association Henri Capitant des Amis de la Culture Juridique Française, tomo XLIII, 1992, pág. 33, DRAETA, UGO, *Il Diritto dei Contratti Internazionali, La Formazione dei Contratti*, Padova, 1984, pág. 53.

Maiores afinidades, do ponto de vista estrutural, com os pactos de informação, apresentam os acordos de confidencialidade, embora, na óptica dos efeitos produzidos, estes convénios se revelem antinómicos daqueloutros. Com efeito, e à semelhança dos pactos de informação, estipulam-se obrigações por via convencional não inteiramente coincidentes e até mesmo contrárias com o espontâneo desenvolvimento do processo negocial. Todavia, as exigências regulativas impostas pelos acordos de confidencialidade consubstanciam-se em deveres de abstenção, impedindo as partes neles envolvidas de divulgar informações obtidas no decurso do *iter negotii*. Assim sendo, o sentido destes acordos manifesta-se em clara oposição com o teor dos deveres impostos pelos pactos de informação.

No fundo, em qualquer destes convénios pré-contratuais, as partes com o objectivo de conferirem maior segurança às negociações, retiraram a questão do surgimento da obrigação de informação de um domínio onde a apreciação casuística se revela decisiva, para um campo onde aquela aparece previamente definida por mútuo consenso. Com isto não queremos negar a importância assumida, mesmos nestas hipóteses, pela concreta ponderação das circunstâncias e contingências do processo negocial, mas tão somente considerar que o referente essencial para a definição desta delicada polémica em torno da obrigação

tação de informação encontra-se, em qualquer circunstância, nas exigências de uma actuação honesta, correcta e leal, devidamente enquadrada no âmbito de relações específicas, com o objectivo de combater situações de desigualdade fáctica.

Por sua vez, o nível de exigibilidade do dever de informação encontra-se particularmente dependente de vários factores (frustração do fim contratual, particulares perigos envolvidos na execução dos contratos para as partes...), mas o mais relevante afigura-se-nos ser o da natureza da relação contratual firmada entre as partes.

Assim, no âmbito das relações jurídicas duradouras que impliquem uma particular relação de confiança entre as partes, (contrato de seguro[395], de trabalho[396], franchising[397], sociedade[398]...), os deveres

---

de informação se situa agora num plano ou grelha valorativa previamente definida pelas partes. Desta feita, a margem de relevância para a apreciação casuística, neste contexto, revela-se manifestamente inferior.

[395] Curiosamente, o contrato de seguro, no tocante à obrigação assumida pela companhia seguradora, deve qualificar-se como um contrato aleatório. Na verdade, a obrigação da seguradora – garantir a cobertura dos danos abrangidos pela apólice do seguro – é meramente eventual, podendo até nunca chegar a vencer-se. A ocorrência de um sinistro constitui a condição indispensável para a intervenção da seguradora. O mesmo se não diga da prestação a cargo do tomador do seguro, a qual deve ser qualificada como prestação reiterada ou com trato sucessivo. Para uma caracterização das prestações da seguradora e do tomador do seguro, cfr. o nosso *O Contrato de Seguro Obrigatório de Responsabilidade Civil Automóvel*, in B.F.D., Coimbra, 2001, págs. 392-394. Apesar da assunção pela seguradora, aquando da conclusão do contrato de seguro, da álea ou risco inerente a esta modalidade contratual, não lhe deve ser retirado o direito de ser devidamente informada acerca de factos ou circunstâncias susceptíveis de agravar o risco de ocorrência do sinistro dos quais tenha conhecimento o tomador do seguro. Só se configura legítimo que a companhia de seguros venha a suportar os danos provocados pelos infortúnios, surpresas ou novidades despoletadas por um certo mistério insondável da vida.

Não faria, portanto, qualquer sentido fazer recair sobre aquela certos "perigos previsíveis", atendendo a um conjunto de características ou circunstâncias imputáveis à esfera jurídica do segurado ou do objecto por si segurado. Se assim não se entendesse, o contrato de seguro converter-se-ia numa convenção leonina para as seguradoras, sobretudo naquelas áreas onde a modalidade contratual é legalmente obrigatória (seguro obrigatório de responsabilidade civil automóvel a partir da entrada em vigor do Dec.-Lei 408/79 e posteriormente alterado pelos Decs.-Lei n.º 522/85 e 291/2007). Desta feita, compreende-se ainda a solução consagrada no art. 429.º deste diploma legislativo (correspondente aos arts. 24.º e 26.º do Dec.-Lei n.º 72/2008, de 16 de Abril), onde claramente ressalta a existência a cargo dos tomadores dos seguros de deveres de informação acerca de circunstâncias susceptíveis de provocar um agravamento dos riscos garantidos. A propósito deste preceito do Código Comercial, cfr. o nosso artigo em publicação no Livro de Homenagem ao Prof. Doutor António Castanheira Neves, "O artigo 429.º do Código Comercial: delimitação do seu âmbito". Acerca do dever de chamar a atenção para a medida do risco ou para riscos atípicos e da sua ressonância na jurisprudência alemã, Cfr. MONTEIRO, J. SINDE, *Responsabilidade por conselhos..., ob. cit.*, págs. 363-364 (especialmente nota 80).

([396]) No âmbito do contrato de trabalho, as informações prestadas dizem fundamentalmente respeito à **pessoa** dos contraentes. O mesmo não se passa noutro tipo de contratos (empreitada ou franchising...), nos quais a relevância informativa se direcciona sobretudo para o objecto negocial. Uma adequada identificação deste, com alusão às suas principais características, bem como o esclarecimento acerca da adequação do mesmo para alcançar os fins contratualmente definidos, representam aspectos em torno dos quais é frequente a emergência de deveres de informação nas modalidades negociais atrás indicadas. A propósito das exigências informativas no contrato de franchising se reportarem fundamentalmente ao objecto negocial (modalidade de cálculo das *royalties*, âmbito de exclusividade territorial, características dos serviços oferecidos e assistência técnica do franchisador), cfr. GUERRINI, LUCA, *Sulla violazione degli obblighi di informazione in materia di affiliazione commerciale, in* Contratto e Impresa, 2005, pág. 1267 (nota 171).

Ainda no tocante ao objecto negocial, de um modo particular quando este se traduza numa prestação, podem apresentar-se particularmente significativas as informações relativas ao tempo e lugar de execução daquela. O esclarecimento acerca das condições climatéricas, ambientais, ou de particularidades do ponto de vista logístico podem revelar-se particularmente importantes no âmbito da conclusão de contratos de trabalho e de prestação de serviços.

Queríamos ainda destacar no universo destas múltiplas exigências de informação feitas sentir nos mais variados domínios negociais, a tendência crescente para o surgimento de deveres laterais de esclarecimento, aviso e informação no âmbito de relações contratuais, onde o tempo não exerce uma influência decisiva na configuração do objecto da obrigação. Reportamo-nos de um modo particular ao contrato de compra e venda, no âmbito do qual, cada vez com maior frequência emergem, para além do dever principal de entrega da coisa, deveres de informação a cargo do vendedor. O desnível técnico-científico entre as partes feito sentir de modo particular em domínios como a informática, ou em outros universos tecnológicos, constitui fundamento para o aparecimento de deveres de conduta.

Por vezes, com o contrato de compra e venda entrecruzam-se também elementos pertencentes a outro tipo contratual, mormente do contrato de prestação de serviço. Quando assim suceda, encontramo-nos caídos, amiúde, de modo até quase imperceptível, no âmbito de contratos mistos. Estamos então situados num campo onde nem sempre se torna fácil identificar o tipo de relação contratual entertecida. Saber se se trata de uma compra e venda *tout court*, ou de uma unidade contratual, onde além de elementos desta última se integram também aspectos constitutivos de outros eventos legalmente regulados, representa, em certas hipóteses, uma tarefa complexa apenas resolúvel nos quadros de uma apurada actividade interpretativa. No entanto, mesmo não se registando estas dificuldades, torna-se cada vez mais frequente o aparecimento, no âmbito das relações jurídicas tradicionalmente instantâneas, tais como a compra e venda, de deveres de informação. A este propósito, *vide*, MONTEIRO, A. PINTO, *Erro e Vinculação Negocial*, Coimbra, 2002, pág. 41 e ss. Apesar de mais frequentes, como nos referimos em texto, nos contratos com prestações duradouras (Neste sentido, cfr. MONTEIRO, A. MENEZES, *Da Pós-eficácia das Obrigações*,

de informação impõe-se com mais acuidade. Diversamente, no âmbito dos acordos tipicamente aleatórios, as exigências de informação fazem-se sentir menos intensamente.

Para além disso, e no âmbito do mesmo tipo de relação, o surgimento e o conteúdo dos deveres de informação encontram-se particularmente dependentes do desenvolvimento do *iter negotii*, assim como das particulares condições de cumprimento do programa contratual. Razão por que não podemos falar da execução em via específica como um mecanismo de tutela adequado para reagir contra o não cumprimento de deveres laterais de informação([399]).

Desta feita, a juridicidade dos comummente designados deveres de conduta revela-se apenas no plano ressarcitório([400]). Poder-se-á assim

---

Lisboa, 1984, pág. 41), estes não deixam de se afirmar de modo progressivo noutros domínios onde tradicionalmente não tinham um peso significativo.

([397]) Neste contexto, tenham-se em conta as exigências informativas impostas pela Lei 1.6 maggio 2004, n. 129, a propósito da *affiliazione commerciale*. Para uma análise mais desenvolvida das questões suscitadas em torno da desejável transparência informativa nos contratos de *franchising*, cfr. GUERRINI, LUCA, *Sulla violazione..., ob. cit.*, n.º 3, pág. 1263 e ss.

([398]) A propósito das obrigações decorrentes do contrato de sociedade enquanto contrato de execução continuada, cfr. CORDEIRO, A. MENEZES, *Direito das Obrigações,* 3.º vol., Lisboa, 1991, págs. 126-127.

([399]) Uma tal exclusão da admissibilidade de recurso à acção creditória no âmbito dos deveres de conduta, não pode, segundo uma certa doutrina, aceitar-se em termos tão conclusivos. Como sublinha Carneiro da Frada, nada impede, apesar de não constituir a regra, o recurso neste âmbito a acções destinadas "a exigir o seu cumprimento de modo a prevenir prejuízos: quer para condenar outrem à inibição de uma conduta, quer com o fim de remover uma situação de desconformidade já existente com o comportamento que é reclamado", cfr. FRADA, M. CARNEIRO, *Teoria da Confiança..., ob. cit.,* pág. 629 (nota 675). O autor não deixa, porém, de reconhecer que o mecanismo normal de tutela nas hipóteses de violação dos deveres de conduta se consubstancia na atribuição de um montante indemnizatório ao lesado. cfr. FRADA, M. CARNEIRO, *Contrato e Deveres de Protecção,* Coimbra, 1994, pág. 39 (nota 67).

([400]) Cfr., VASCONCELOS, L. PESTANA, *Dos Contratos de Cessão Financeira (Factoring),* Coimbra, 1999, págs. 198-199. O ressarcimento dos prejuízos sofridos pelo lesado tem em vista, na fase précontratual, reparar o dano da confiança, também designado por interesse contratual negativo. Colocar o lesado na situação em que se encontraria se o negócio não tivesse sido realizado, constitui o objectivo nuclear desta indemnização do dano da confiança. Ora, de acordo com a preferência atribuída na nossa lei (art. 562.º) ao princípio da restauração natural, em termos práticos tal pode equivaler a um desvinculação contratual.

Desta feita, a responsabilidade pela prestação de informações erróneas ou negligentes durante o *iter negotii* pode implicar o efeito jurídico da destratação. No entanto, como

sustentar com alguma propriedade que a relevância jurídica dos deveres de conduta se manifesta verdadeiramente no momento da sua violação.

Apesar de se manter a regra da inexistência de uma obrigação geral de informação, o legislador, dadas as múltiplas situações de desigualdade engendradas na coeva realidade jurídico-negocial, tem reforçado as exigências pré-contratuais de informação. Basta atentar nos deveres de informação impostos pelo legislador português ao regular a matéria das cláusulas gerais (arts. 5.º, 6.º e 8.º do Dec.-Lei n.º 446/85)([401]) para nos apercebermos de imediato da crescente relevância atribuída à obrigação pré-contratual de informar.

Aliás, o esforço cada vez mais acentuado para garantir uma efectiva posição de paridade dos contraentes nas relações jusprivatísticas não se circunscreve unicamente ao reforço da obrigação atrás mencionada.

Como nos ensina Sinde Monteiro "a protecção do consentimento, não só contra um *deficit* de informação, mas igualmente contra uma actuação irreflectida de ofertas contratuais, sobretudo face a métodos de negociação propícios a "apanhar de surpresa" a parte mais fraca (as atenções tendem a concentrar-se nos contratos concluídos "fora do local permanente de negócios") é também procurada através da ameaça de sanções penais, de acrescidas exigências de forma e multiplicação dos deveres pré-contratuais ou contratuais de informação, incluindo por vezes as próprias disposições legais que visam proteger a contraparte, da intro-

---

observa Sinde Monteiro "modernamente, em situações nas quais a destratação é dificilmente executável ou se mostra economicamente desvantajosa (sobretudo, mas não só, nos casos de compra de empresas), o BGH vem permitindo que o induzido em erro se atenha ao contrato, sendo indemnizado através da diminuição da contraprestação". Cfr. MONTEIRO, J. SINDE, *Responsabilidade por conselhos ...*, ob. cit., pág. 370. Em causa encontra-se a figura da adaptação ou modificação do contrato (*Vertragsanpassung*), a qual supõe a manutenção da relação contratual, embora modificada nalgum dos seus elementos ou condições, nomeadamente através do expediente da redução do preço, previsto entre nós no art. 911.º. Sobre esta matéria, Cfr. MONTEIRO, J. SINDE, *Responsabilidade por conselhos ...*, ob. cit., pág. 369 e ss.

([401]) Para uma análise mais desenvolvida da relevância dos deveres de informação no âmbito de contratação baseada no modelo das cláusulas contratuais gerais, cfr. MONTEIRO, A. PINTO, *Contratos de Adesão e Cláusulas Contratuais Gerais: Problemas e Soluções, in* Stvdia Ivridica 61 – Ad. Honorem 1 (Estudos em Homenagem ao Prof. Doutor Rogério Soares), Coimbra, 2001, pág. 1111 ss., *La transposition de la Directive Europeenne sur les clauses abusives au Portugal, in* European Review of Private Law, 2, 1997, pág. 202, RIBEIRO, J. SOUSA, *O Problema do Contrato...*, ob. cit., pág. 365 e ss., SÁ, ALMENO DE, *Cláusulas Contratuais Gerais e Directiva Sobre Cláusulas Abusivas*, 2.ª ed. rev. e aumentada, Coimbra, 2005, págs. 58-64.

dução de especiais direitos de revogação ou resolução a favor do consumidor, aliás concebidos segundo técnicas diversas, bem como da repressão da publicidade enganosa"([402]).

Apesar de distintas, a questão da obrigação de informar e aqueloutra da responsabilidade por informações, revelam-se interdependentes ou conexionadas entre si. Em tese geral, a inexistência de uma obrigação geral de informação implica, segundo uma linha de coerência teleológica, a correlativa regra da irresponsabilidade pela prestação de informações. Representaria um contra-senso que quem não se encontrasse obrigado a prestar informações, viesse a ser responsabilizado por alguma incorrecção ou inexactidão nos esclarecimentos por si espontaneamente prestados. Compete assim ao destinatário das informações apurar da fidedignidade daquelas a fim de prevenir-se contra eventuais prejuízos.

No entanto, quando em hipóteses especiais recaia sobre alguém um dever de informar outrem, já parece justificável responsabilizar quem, agora, no cumprimento de um dever, preste esclarecimentos e de um modo negligente ou intencional cause prejuízos a terceiros. Assim prescreve, e de modo coerente, o art. 485.º, n.º 2.

Não queremos com isto circunscrever a responsabilização do agente por informações às hipóteses de existência de um dever de informar. Desde logo, nos casos de assunção por aquele da responsabilidade pelos danos e aqueloutros de procedimento do agente se traduzirem num facto punível deve afirmar-se, nos termos da lei, a respectiva responsabilidade. Na verdade, encontramo-nos colocados perante situações substancialmente idênticas aquelas onde existe um dever de informação, razão por que têm de ser merecedoras do mesmo tratamento jurídico.

Cumpre ainda sublinhar a possibilidade aberta pelo art. 485.º de responsabilizar o agente por informações inexactas ou erróneas de acordo com os princípios gerais, porquanto a norma contida naquele preceito legal não se pode configurar como excepcional, e enquanto tal derrogatória dos referentes fundamentais em matéria de responsabilidade([403]).

---

([402]) Cfr. MONTEIRO, J. SINDE, *Responsabilidade por conselhos ...*, ob. cit., págs. 373-375. Atente-se, de um modo particular, nos múltiplos exemplos legislativos enunciados pelo autor, onde se faz eco das várias técnicas de protecção da parte mais fraca nos processos de contratação (em particular, nas notas 108, 109, 110, 111, 113, 114 e 116).

([403]) Como a este propósito sublinha Sinde Monteiro: "este preceito não é um espartilho normativo, um círculo fechado, mas um simples padrão ou marco no caminho" ... "ele não nos furta assim a liberdade de procurar uma solução justa com recurso aos critérios de valor existentes no sistema jurídico. Cfr. MONTEIRO, J. SINDE, *Responsabilidade*

## 1.3. A informação como fonte de responsabilidade no art. 484.º. Breve confronto entre o regime jurídico estatuído nos arts. 485.º e 484.º

Não se debruçou o nosso legislador, porquanto tal extravasaria as suas atribuições, sobre o conceito de informação para efeitos de aplicabilidade do art. 485.º. Cumpre ao intérprete, na ausência de critérios ou pontos de apoio legais, determinar o sentido a atribuir às informações mencionadas naquele preceito legal.

Pensamos ser prevalecente neste contexto o alcance associado a este conceito pela linguagem comum[404]. Quando alguém presta uma informação está necessariamente a referir-se a situações factuais, ou seja, a acontecimentos da vida real[405]. O alvo da *Auskunft* pode ser diversificado, reportando-se tanto a pessoas, quanto a coisas, ou ainda à ligação das primeiras às segundas. De igual modo, as informações tanto são susceptíveis de versar sobre factos ou acontecimentos isolados, como em relação a uma sucessão ou encadeamento de factos. Em suma, encontramo-nos colocados face às comummente designadas *declarações de ciência*[406].

Para além de terem como ponto de partida o universo factual, as informações devem ainda considerar-se exclusivamente confinadas a este contexto. Regista-se então uma inevitável intersecção entre o âmbito normativo dos arts. 484.º e 485.º.

Ao definir o *Tatbestand* da responsabilização por ofensas ao bom nome e ao crédito, o legislador apenas considerou aí incluídas as divulgações ou afirmações de factos. Apenas os factos, e tão somente os factos, se encontram no horizonte normativo da disposição legal dedicada a esta matéria. O mesmo não se poderá dizer a propósito do artigo 485.º, onde estão incluídos no respectivo âmbito normativo os conselhos e as recomendações.

---

*por conselhos ..., ob. cit.*, pág. 454. No mesmo sentido, referindo-se ao insucesso do modelo normativo utilizado pelo legislador português para regular a responsabilidade por informações, *vide* BUSNELLI, FRANCESCO, *Itinerari europei nella..., ob. cit.*, págs. 540-541.

[404] Neste sentido, Cfr. MONTEIRO, J. SINDE, *Responsabilidade por conselhos..., ob. cit.*, pág. 14.

[405] Cfr., BRANAHL, UDO, *Medienrecht..., ob. cit.*, pág. 37, ADRIAN, REINHOLD, HEIDORN, THOMAS, *Der Bankbetrieb (Lehrbuch und Aufgaben)*, 15.ª ed., Wiesbaden, 2000, pág. 106.

[406] O conceito de informação revela-se, porém, mais restrito que o de declaração. Na verdade, no âmbito desta última categoria, podemos incluir "declarações de 'validade', desencadeadoras de um dever – ser jurídico, como acontece com as declarações negociais", cfr., a este propósito, FRADA, M. CARNEIRO, *Teoria da Confiança..., ob. cit.*, pág. 160 (nota 117). Ainda relativamente às declarações de ciência, *vide*, SILVA, J. CALVÃO DA, *Cartas de Conforto, in* Estudos de Direito Comercial, Coimbra, 1996, págs. 379-380.

Não obstante se verificar uma certa afinidade([407]) entre as disposições legais atrás mencionadas quanto ao seu objecto de regulação, torna-se, no entanto, imperioso colocar em destaque as manifestas divergências entre ambas ao nível do tratamento jurídico desta matéria. Se ao debruçar-se sobre o tema da responsabilidade por informações, a nossa lei afirma peremptoriamente a regra da irresponsabilidade, já, ao invés, ao regular as violações ao bom nome e ao crédito, responsabiliza-se o agente pela afirmação de factos.

Esta aparente divergência de soluções arrastará consigo uma efectiva antinomia normativa? Apesar de se registar na disciplina do ilícito ao bom nome e ao crédito um desvio à regra da irresponsabilidade por informações contidas no n.º 1 do art. 485.º, e esta hipótese não se encontrar prevista entre o elenco de situações indicadas no n.º 2 do mesmo preceito, não podemos, de algum modo, visualizar neste contexto uma insanável contradição entre os respectivos regimes jurídicos.

Uma análise cuidada do âmbito normativo do art. 484.º, assim como uma tomada de posição acerca da natureza do preceito regulador da responsabilidade por informações conduzem-nos a uma tal conclusão. Bem vistas as coisas, na delimitação do ilícito ao bom nome e ao crédito, o legislador português não enuncia uma regra geral de responsabilidade pela divulgação de factos, *rectius*, informações. O seu propósito neste domínio é bem diverso e suficientemente circunscrito.

Apenas se responsabiliza o agente pela divulgação de factos quando estes se revelem ofensivos dos bens jurídicos do bom nome e do crédito. Desta feita, as informações transmitidas apenas podem constituir pressuposto de responsabilidade quando se revelem susceptíveis de causar prejuízos naqueles bens. Mas já não quanto a toda e qualquer perda patrimonial ou dano económico puro causado aos destinatários das informações([408]). Ora, como bem sabemos, o círculo de danos tipicamente abran-

---

([407]) Contudo, a aludia proximidade quanto ao objecto da regulação dos arts. 484.º e 485.º é apenas meramente relativa. Na alçada normativa deste último preceito legal incluem-se, para além das informações, os conselhos e as recomendações. Ora, estas últimas categorias, como nós iremos analisar em breve, não se circunscrevem unicamente ao universo dos factos. Desta feita, o âmbito normativo do art. 485.º, sob este aspecto, deve considerar-se mais amplo que aqueloutro da disposição precedente.

([408]) Os *"rein vermögensschaden"* ou utilizando a expressão anglo-saxónica *"pure economic loss"* traduzem-se em prejuízos puramente patrimoniais sofridos pelo lesado, sem que estes tenham na base a violação de direitos absolutos. Não admitindo uma protecção delitual dos direitos de crédito (em sentido diferente, cfr. a já citada posição de Menezes Cordeiro, na parte I, MARTINEZ, PEDRO R., *Cumprimento Defeituoso (em especial*

gido pela problemática de responsabilidade por informações é precisamente o das puras perdas económicas e não aqueloutro das ofensas aos bens jurídicos tutelados no art. 484.º.

Encontramo-nos, pois, perante um outro grupo de casos onde as informações podem vir a engendrar responsabilidade civil, embora com base em fundamentos distintos e bem específicos. Não vislumbramos, no entanto, qualquer motivo para concluir pela existência de uma antinomia normativa com a regra basilar estatuída na nossa lei civil em matéria de responsabilidade por informações.

Esta posição encontra, como já atrás indicámos, um importante apoio na própria natureza do art. 485.º. Os desvios enunciados no n.º 2 deste preceito legal à regra da irresponsabilidade formulada no n.º 1 do mesmo não se encontram sujeitos ao princípio da taxatividade. Abre-se

---

*na compra e venda e na empreitada)*, Coimbra, 1994, pág. 233 e ss.) , então excluiu-se, por via do delito, a tutela da posição de quem sofre puras perdas patrimoniais. Em favor desta solução tenha-se em conta a necessidade de garantir a liberdade da acção dos particulares, pois a protecção do património do lesado em termos gerais, tal como decorreria da admissibilidade do ressarcimento dos danos patrimoniais puros, implicaria uma significativa limitação daquele valor, em virtude de se conferir uma prevalência aos interesses patrimoniais do lesado, quando não há qualquer razão para tratar desigualmente a esfera patrimonial do lesante e do lesado. Acerca deste argumento, cfr. CANARIS, CLAUS WILHELM, *Schutzgesetzeverkehrspflichten – Schutzpflichten, in* Festschrift Larenz Zum 80. Geburtstag, pág. 27 e ss.

Para além disso, a admissibilidade, em termos gerais, do ressarcimento dos danos não patrimoniais seria susceptível de alargar significativamente o círculo de lesados com direito a indemnização, pois boa parte das vítimas deste tipo de prejuízos são terceiros mediata ou reflexamente prejudicados por danos causados a outrem, com quem mantinham relações negociais ou de proximidade. Entre os exemplos típicos de danos patrimoniais puros contam-se precisamente os casos de responsabilidade por informações, bem como os "cable cases". Levando a cabo uma análise mais desenvolvida acerca dos danos puramente patrimoniais, cfr. MONTEIRO, J. SINDE, *Responabilidade por Conselhos..., ob.cit.,* pág. 187 ss., *Responsabilidade Delitual..., ob.cit.,* págs. 464-465, FRADA, M. CARNEIRO, *Teoria da Confiança..., ob.cit.,* pág. 238 e ss., *A responsabilidade objectiva por facto de outrem face à distinção entre responsabilidade obrigacional e aquiliana, in* Direito e Justiça, Tomo I, 1998, págs. 299-300, FRADA, M. CARNEIRO, VASCONCELOS, MARIA JOÃO, *Danos Económicos Puros (Ilustração de Uma Problemática), in* Estudos em Homenagem ao Professor Doutor Marcello Caetano, vol. II, Coimbra, 2006, pág. 151 e ss, PICKER, EDUARD, *Positive Forderungsverletzung und Culpa in Contrahendo – zur Problematik der Haftung "Zwischen" Vertrag und Delikt, in* AcP 183 (1983), pág. 369 e ss, BANAKAS, EFSTATHIOS K., *Tender is the night: Economic loss – the issues, in* Civil Liability for Pure Economic Loss, London, The Hague, Boston, 1996, pág. 1 e ss, MEDICUS, DIETER, *Die Forderung als "Sonstiges Recht" nach §823 abs I BGB?,* Festschrift für Erich Steffen, Berlin, New York, 1995, pág. 333 e ss.

então a possibilidade de identificar outras hipóteses de responsabilidade do agente pela divulgação de informações para além das especificamente previstas na nossa lei.

Não está aqui em causa uma norma jurídica imperativa e excepcional. Antes pelo contrário, defendemos na senda de Sinde Monteiro a natureza meramente interpretativa da norma em análise. Como nos ensina o autor "a razão de ser de uma norma "especial" atinente ao nosso tema consiste em nos dizer quando não há responsabilidade (negocial, pelo mero facto de se dar um conselho). Só nisso. A outra questão, o saber quando ela nasce, tem, pela natureza das coisas, de receber uma resposta que varia consoante as épocas e o estado de cultura jurídica"([409]).

Uma tal perspectiva manifesta-se aliás em perfeita sintonia com as exigências cada vez mais intensas e diversificadas de prestação de informações no âmbito das hodiernas sociedades. Não fica assim afastada a aplicação dos princípios gerais da responsabilidade([410]), como já atrás deixámos mencionado, nem de normas onde a matéria da responsabilidade por informações possa vir a ser especialmente aflorada, embora com um sentido e âmbito diverso.

### 1.4. Os conselhos e as recomendações e o âmbito normativo do art. 484.º

Se em relação às informações enquanto *Tatbestand* do art. 485.º se colocaram algumas perplexidades a propósito da compatibilidade entre o regime jurídico consagrado nesta disposição com aqueloutro do ilícito ao bom nome e ao crédito, o mesmo não se pode afirmar no tocante aos conselhos e recomendações, os quais constituem, a par daquelas, elementos integrantes da hipótese do preceito atrás mencionado. Apesar destas possíveis incompatibilidades se revelarem, como já concluímos, apenas aparentes, não deixam de causar legítimas inquietações a um jurista atento,

---

([409]) Neste sentido, Cfr. MONTEIRO, J. SINDE, *Responsabilidade por conselhos...*, ob. cit., pág. 450.

([410]) Antes pelo contrário, como sublinha Sinde Monteiro "o alimento normativo para a resolução dos problemas de responsabilidade por informações temos de o ir procurar fora do art. 485.º, pois no local (n.º 2) onde se esperaria depararmos com uma remissão (como na fonte histórica) ou até, numa visão actualizada do moderno direito obrigacional, com novos subsídios, não se contêm afinal mais do que simples exemplos". Cfr. MONTEIRO, J. SINDE, *Responsabilidade por conselhos...*, ob. cit., pág. 453.

porquanto a mesma questão surge tratada em ambas as normas de modo bastante diverso.

Algo de diferenciado ocorre com os conselhos e as recomendações, uma vez que tanto no art. 485.º, como no art. 484.º, estas categorias não constituem, por norma, fonte de responsabilidade civil. Poder-se-á antes de tudo questionar se faz algum sentido proceder a um tal confronto, porquanto numa primeira análise da norma dedicada ao ilícito do bom nome e do crédito, a categoria dos conselhos e recomendações não aparece expressamente regulada.

Com efeito, o legislador só considera ilícitos os comportamentos violadores do bom nome e do crédito quando estes consubstanciem afirmações ou declarações de facto. Tratando-se de uma forma de ilicitude especial, e definindo o legislador como *Tatbestand* deste tipo de responsabilidade civil os factos, e tão somente estes, a averiguação da natureza dos conselhos revelar-se-á um problema necessariamente pertinente.

Aliás, e em bom rigor, também em relação às informações se colocam o mesmo tipo de dúvidas, porquanto também estas não são objecto de qualquer menção no art. 484.º. No entanto, como deixámos referido, as informações versam sobre factos, e o seu conteúdo circunscreve-se tão somente ao universo factual. Desta feita, apesar daquele preceito normativo não lhes fazer uma expressa alusão, a categoria das informações tem necessariamente de considerar-se incluída no âmbito das preocupações legislativas respeitantes ao ilícito do bom nome e do crédito.

Cumpre então agora debruçarmo-nos sobre os conselhos e as recomendações, a fim de averiguar se também eles se podem considerar como declarações ou afirmações de factos, e enquanto tais, pressupostos da responsabilidade civil estatuída no art. 484.º.

No conselho, assim como na recomendação, estão inevitavelmente coenvolvidos juízos de opinião. Quem aconselha outrem exprime o seu ponto de vista sobre determinada matéria e simultaneamente indica aos respectivos destinatários critérios ou propostas de orientação para as respectivas condutas naqueles domínios temáticos.

Outra nota caracterizadora dos conselhos prende-se com a sua falta de vinculatividade jurídica. Assim, as sugestões de acção ou de abstenção naqueles constantes não têm de ser forçosamente seguidas pelos destinatários. Aliás, esta última característica constitui um dos motivos pelos quais o nosso legislador consagra no art. 485.º a regra da irresponsabilidade pela divulgação de conselhos.

Situando-se esta categoria no universo valorativo, não devemos então considerar os conselhos como *Tatbestand* do art. 484.º. O mesmo se diga quanto às recomendações, as quais, em rigor se devem qualificar como uma sub-espécie, mais intensa quanto à exortação nela contida, de conselho.

Como nos ensina Sinde Monteiro, a recomendação "traduz-se na comunicação das boas qualidades acerca de uma pessoa ou de uma coisa, com a intenção de, com isso, determinar aquele a quem é feita a algo"([411]). A exclusão dos conselhos do âmbito do ilícito previsto no art. 484.º não representa, todavia, uma questão simples e linear. Na prática torna-se, por vezes, muito difícil estabelecer a destrinça entre as informações e os conselhos.

Não obstante os conselhos se traduzirem basicamente em juízos de valor, eles não deixam de reportar-se a factos. De igual modo, as informações podem levar implicadas algumas referências valorativas, uma vez que quem comunica os factos nem sempre consegue colocar-se numa posição de total neutralidade ou isenção. Apesar destas inevitáveis dificuldades de enquadramento([412]), não devemos, de modo algum, afastar--nos dos aspectos nucleares ou essenciais envolvidos nesta distinção.

Enquanto no conselho afigura-se verdadeiramente decisivo o momento subjectivo da valoração e a sugestão de condutas dirigidas aos respectivos destinatários, na informação confere-se antes relevância à dimensão objectiva da comunicação dos factos. Na verdade, esta vertente permanece na sombra, ou fica até mesmo completamente obscurecida quando está em causa a prestação de conselhos.

Quando é pedido um conselho, para o destinatário não interessa a matéria factual subjacente, mas sim a opinião emitida por um técnico, ou por uma pessoa qualificada, em cujas aptidões ou habilitações aquele confiou. Ora, este radical subjectivo constitui a principal razão pela qual a categoria em análise deve considerar-se excluída do universo das afirmações fácticas enunciado como hipótese normativa no art. 484.º.

Desta feita, a regra da irresponsabilidade dos conselhos mencionada no art. 485, n.º 1, aparece confirmada na disposição dedicada ao ilícito do bom nome e do crédito. A divergência a propósito do âmbito da responsabilidade do agente pela prestação de conselhos apenas se pode registar quando nas condições específicas mencionadas no n.º 2 daquele preceito,

---

([411]) Neste sentido, Cfr. MONTEIRO, J. SINDE, *Responsabilidade por conselhos...*, ob. cit., págs. 14-15.

([412]) A propósito destas dificuldades de distinção, Cfr. MONTEIRO, J. SINDE, *Responsabilidade por conselhos...*, ob. cit., pág. 16 e ss.

o agente possa ser obrigado a indemnizar os prejuízos decorrentes de uma tal divulgação([413]).

Poderemos então considerar mais ampla, conquanto em hipóteses excepcionais, a responsabilidade por conselhos estatuída no art. 485.º, porquanto ao abrigo da hipótese normativa do art. 484.º o agente nunca poderá cometer um ilícito pela sua divulgação.

## CAPÍTULO 2
## EM TORNO DA DISTINÇÃO ENTRE DECLARAÇÕES DE FACTO E JUÍZOS DE VALOR

**2.1. Os factos enquanto "Tatbestand" da responsabilidade civil prevista no art. 484.º**

Uma simples leitura do art. 484.º permite-nos identificar, sem qualquer margem para hesitação, como pressuposto para a responsabilização do agente, nas situações aí previstas, a afirmação ou divulgação de factos.

Apenas os factos, e já não os juízos de valor ou as opiniões, podem fazer incorrer em responsabilidade quem proceda à sua transmissão. Esta solução encontra-se também plasmada no §824 do B.G.B, onde o nosso preceito legislativo se inspirou. Procedendo a um breve confronto entre

---

([413]) Essa divergência traduzida numa maior responsabilização do agente pela divulgação de conselhos quando houver lugar à aplicabilidade do art. 485.º pode, no entanto, deixar de verificar-se quando no conselho transmitido o peso da comunicação da matéria factual subjacente à opinião naquele necessariamente contida seja considerado muito significativo. Em tais hipóteses, e uma vez verificada a ofensa do bom nome e do crédito, podemos admitir a responsabilidade de quem divulga conselhos por via do art. 484.º. Em causa estão as dificuldades práticas de distinção entre conselhos e informações, já aludidas em texto, que se manifestam com alguma frequência nos relatórios periciais. No entanto, poder-se-á sempre objectar a admissibilidade da responsabilização por conselhos, nas hipóteses acabadas de mencionar, ao abrigo do art. 484.º. Todavia, quando a comunicação de factos no âmbito de um relatório tenha um peso muito significativo, ainda que se encontre também aí envolvido um juízo de valor, essa componente do comummente designado "conselho" deve, em rigor, ser considerada como uma informação. Ora, assim sendo, apesar da terminologia utilizada, estamos colocados então perante uma hipótese de divulgação de factos, os quais quando preencherem os demais *Tatbestände* deste tipo de ilícito, integram-se perfeitamente no âmbito normativo do art. 484.º.

estas normas compreende-se melhor a limitação feita na hipótese normativa do preceito germânico ao domínio factual. Com efeito, na lei alemã exige-se, como pressuposto do ilícito, não somente a divulgação de factos, mas ainda que os mesmos se revelem contrários à verdade: *"wer der wahrheit zuwider eine tatsache behauptet..."*.

Ora, apenas em relação a factos, ou declarações de facto é possível comprovar a sua veracidade. Somente estes podem merecer o epíteto de verdadeiros ou falsos[414]. Os factos emergem unicamente da realidade histórico-social e apenas reportando-nos a ela é possível apurar se realmente ocorreram[415] e quais os exactos contornos por si assumidos. Referindo-se específicamente às declarações de facto, Carneiro da Frada realça sugestivamente a existência num tal universo de uma "presunção de verdade"[416]. Ao invés, os juízos de valor, as opiniões, os comentários não são em si mesmo verdadeiros ou falsos, apenas podendo ser reconhecidos e aceites pelos seus destinatários enquanto tais[417][418].

A propósito deste universo valorativo não está em causa a verdade, mas antes a rectidão (*Richtigkeit*) ou a justeza das respectivas apreciações subjectivas[419].

---

[414] Cfr. WELLBROCH, RITA, *Persönlichkeitsschutz und kommunikationsfreiheit. Eine analyse der zuordnungs problematik anhand der rechtsprechung der zivilgerichte und des bundesverfassungsgerichts*, Baden-Baden, 1982, pág. 102 e ss., BRANAHL, UDO, *Medienrecht..., ob. cit.*, págs. 66-67. A propósito do §186 do StGB, nesse sentido se inclina Schönke/Schröder, vide SCHÖNKE, ADOLF / SCHRÖDER, HORST, *Strafgesetzbuch Kommentar*, 26 Auflage, München, 2001, pág. 1557.

[415] A este propósito, cfr. MÜLLER, GERDA, *Ehrenschutz und Meinungsfreiheit, in* A. F. P., 1997, pág. 499.

[416] Cfr. FRADA, M. CARNEIRO, *Teoria da Confiança..., ob. cit.*, pág. 609. Ao considerar que toda a comunicação intenciona influenciar condutas alheias, criando assim expectativas no destinatário acerca da exactidão dos factos a que se reporta, o autor admite o surgimento da responsabilidade pela confiança nas hipóteses de declarações inexactas, tendo em conta a frustração das expectativas intrinsecamente causadas com a declaração. Acerca das declarações inexactas como fonte de responsabilidade pela confiança, cfr. *ob. ant. cit.*, pág. 607 e ss.

[417] Neste sentido, Cfr. PALANDT, *Bürgerliches gesetzbuch (kommentar)*, anotação ao §824, 65 Auf., 2006, München, pág. 1276, B.G.B. §823, 1004; 66 Art. 5I (*wessen eines sachverständigengutachtens*), B.G.H. urt. v. 18 10. 1977, *in* N. J. W., München, 1978, pág. 751.

[418] STEGMANN, OLIVER, *Tatsachenbehauptung..., ob. cit.*, pág. 11 e ss.

[419] Neste sentido se orienta o BGH, ao considerar a *richtigkeit* como uma característica apenas associada aos juízos valorativos, enquanto a *waherheit* deve ser considerada um atributo privativo das declarações de facto. Porém, esta alta instância jurisdicional acaba por não esclarecer o que se deve entender por *richtigkeit* e *waherheit*. Para uma análise

Assim sendo, e uma vez que o B.G.B. exige ainda para a responsabilização do agente nos termos do §824, o desrespeito ou a deturpação da verdade, compreende-se bem ter sido apenas eleito como pressuposto deste tipo de ilícito o universo factual. Tal não encontra paralelo no âmbito da legislação portuguesa, na qual a verdade não se configura como uma causa de exclusão do ilícito, e onde se deixa em aberto a relevância daquela enquanto requisito do ilícito do bom nome e do crédito.

Não estando expressamente mencionado o problema da verdade, abrir-se-ia campo para se incluir na hipótese normativa do art. 484.º, tanto as declarações de facto quanto os juízos de valor ou as opiniões, não fora a circunstância de o legislador excluir esta última categoria do âmbito da norma em análise.

Desta feita, e apesar das especificidades do objecto de cada um destes preceitos em confronto, a realidade material e os bens jurídicos versados pelo art. 484.º e o §824 situam-se basicamente no mesmo universo regulativo.

Os principais domínios de tutela visados por estas normas consubstanciam-se na reputação social enquanto vertente objectiva e exterior do bem jurídico da honra, e de um modo particular na credibilidade jurídico--negocial desfrutada pelos indivíduos no mundo das relações económico--mercantis([420]).

Talvez assim possamos compreender melhor a razão pela qual o nosso legislador, assim como o germânico, decidiram circunscrever o âmbito normativo dos respectivos ilícitos à mera divulgação de factos. Com efeito, dada a mais ampla possibilidade de comprovação da exactidão,

---

mais desenvolvida desta orientação jurisprudencial, cfr. BGH, in A.F.P., 1976, pág. 75 e ss, "Panorama", in N.J.W., 1982, págs. 2246-2247. De igual modo, considerando a *richtigkeit* como uma característica das declarações valorativas, SCHÖNKE, ADOLF / SCHRÖDER, HORST, *Strafgesetzbuch...*, *ob. cit.*, pág. 1557. Não fornecendo esta alta instância jurisdicional qualquer esclarecimento adicional acerca de quanto se possa entender acerca das categorias (*wahrheit/Richigkeit*), o sentido que lhes deve ser associado é o decorrente dos usos e convenções dominantes, cfr. ZIPELIUS, REINHOLD, *Übe die Wahrheit von Werturteilen, in Festgage für Theodor Maunz zum 70. Geburtstag am 1. September 1971*, pág. 507.

([420]) Estamos obviamente a considerar apenas um denominador comum subjacente a qualquer um dos preceitos referidos em texto. Com efeito, afastando-nos deste nível de meras considerações gerais, e dedicando-nos mais à caracterização dos bens jurídicos tutelados por estas normas, como mais adiante nos iremos debruçar, podemos constatar, sem dificuldades, a existência de particulares diferenças que acabam por distanciá-las a nível do seu objecto regulativo. Desde já, cumpre salientar o peso significativamente maior assumido no B.G.B. pela *kreditwürdigkeit* face á relevância atribuída à mesma pelo art. 484.º da nossa legislação.

rigor e veracidade das afirmações de facto, pela sua indissolúvel ligação à realidade histórico-social([421]), estas devem considerar-se, por sua natureza, dotadas de maior grau de ofensividade às realidades específicas protegidas por estas normas([422]). No amplo universo de tais declarações de facto podemos incluir todas aquelas afirmações respeitantes a acontecimentos, manifestações ou estados registados na realidade externa social (*außenwelt*). Para além destas *äußere tatsachen*, devemos ainda integrar na categoria em análise, as declarações que exprimem sentimentos, intenções, razões ou estados objectivamente determináveis, quando estes andem, por regra, associados aos comportamentos e condutas dominantes nos mais variados domínios. Encontramo-nos então perante os comummente designados *innere tatsachen*. Não se pense, contudo, que estamos a querer integrar no domínio factual as considerações emocionais, volitivas, ou intencionais cuja filiação naturalmente se encontra no universo valorativo. Reportamo-nos antes aquelas dimensões emocionais e intencionais susceptíveis de serem objectivamente determinadas, porquanto se convolaram pela reiteração da sua ocorrência, em dados de facto.

Idêntico raciocínio pode ser feito valer relativamente às relações da vida social juridicamente relevantes, entendidas apenas na qualidade de pressupostos de aplicação de normas ou regras jurídicas (*rechtstatsachen*([423]), ex.: a relação de propriedade). Como sabemos a propriedade coenvolve necessariamente a existência de um poder (relação) directo e imediato sobre uma coisa, e uma tal relação é susceptível de ser comprovada objectivamente. A forte ligação à realidade de todo este tipo de declarações confere-lhe, pois, uma forte potencialidade ofensiva.

Não podemos, porém, concluir pela ausência de perigosidade das meras opiniões ou juízos de valor face aos bens jurídicos do bom nome e do crédito. Em concreto, certas opiniões podem revelar-se até mais ofensivas destes bens jurídicos que a própria divulgação de factos.

Todavia, o legislador, ao regular determinado núcleo de matérias, deve atender sobretudo ao tipo ou essência dos assuntos sobre os quais se debruça, tendo em conta as suas características médias ou dominantes. Ora, sob este aspecto não se pode contestar a maior potencialidade ofensiva

---

([421]) Cfr., a este propósito, BRANAHL, UDO, *Medienrecht...*, ob. cit., pág. 67.

([422]) Neste sentido se pronuncia Zippelius no seu estudo "*Meinungsfreiheit Und Persönlichkeitsrecht*" Publicado Em 1985, *Appud*, ANDRADE, M. COSTA, *Liberdade de Imprensa...*, ob. cit., pág. 275.

([423]) Acerca desta trilogia (*äußere tatsachen, innere tatsachen e rechtstatsachen*), cfr. BRANAHL, UDO, *Medienrecht...*, ob. cit., pág. 66.

dos factos, dado a sua maior crueza e objectividade. Em contrapartida, o domínio das opiniões caracteriza-se por uma muito maior indeterminação e relativismo, podendo neste contexto assistir-se a um autêntico fogo cruzado de argumentos valorativos, onde a força de uns pode acabar por neutralizar a eficácia ofensiva de outros([424]). Não podemos a este propósito ignorar a tendência registada na cultura europeia ocidental, para a afirmação de um niilismo valorativo.

Mesmo no tocante às declarações ou afirmações de factos, não podemos perder de vista a regra da irresponsabilidade, dominante na regulamentação da matéria da responsabilidade civil([425]), e de um modo particular neste âmbito, onde para além da tutela de valores jurídicos fundamentais ligados à personalidade, prevalecem também linhas de força dominantes ligadas à defesa da liberdade de expressão.

Se por um lado, uma protecção adequada dos bens de personalidade envolvidos neste domínio solicita a aplicabilidade de medidas sancionatórias contra a sua violação, a liberdade de expressão constitui, por outro lado, uma referência axiológica fundamental na qual a regra da irresponsabilidade encontra um ponto de apoio decisivo. Desta feita, se ao abrigo deste valor nuclear se dá guarida à livre divulgação, seja de factos, seja de juízos valorativos, para efeitos do regime estatuído no art. 484.º, o regime de irresponsabilidade ditado pela liberdade de expressão assume uma maior amplitude no domínio das opiniões.

## 2.2. As dificuldades distintivas entre as declarações de facto e os juízos de valor. A omnipresença de uma atitude valorativa no universo da narração dos factos

O legislador português foi muito claro ao considerar as declarações de facto como o único factor determinante dos ilícitos ao bom nome e ao crédito. Porém, não avançou qualquer critério onde se possa basear a distinção entre os factos e os juízos de valor. Desta feita, temos de apoiar--nos nos contributos doutrinais para conseguir estabelecer fronteiras entre

---

([424]) Sobre este assunto, vejam-se as considerações expendidas no capítulo dedicado à liberdade de expressão.

([425]) Estamos a reportar-nos ao princípio *causum sentit dominus*, muitas vezes ignorado no âmbito das sociedades hodiernas, onde reina uma obsessão pela ressarcibilidade de todo e qualquer prejuízo. Para uma melhor caracterização deste princípio, cfr. MONTEIRO, J. SINDE, *Estudos Sobre a Responsabilidade Civil,* Coimbra, 1983, págs. 12, 25 e 131.

o universo factual e o das declarações valorativas. No entanto, ninguém pode iludir as profundas dificuldades práticas de saber onde acaba o âmbito das declarações de facto e começa o espaço dos juízos valorativos. Como a este propósito sugestivamente observa Costa Andrade "a distinção e a delimitação entre o juízo de valor e a imputação de um facto não conhecerão seguramente dificuldades invencíveis no plano abstracto e lógico-categorial. O mesmo não valerá já para o plano da subsunção concreta das constelações fácticas segregadas pela vida, onde as dificuldades e a complexidade sobem ostensivamente de tom"([426]).

Como directriz fundamental para proceder à delimitação destas categorias destaca-se normalmente a objectividade associada às declarações de facto, em confronto com a manifesta subjectividade inerente às opiniões ou juízos valorativos. De acordo com a orientação definida pelo B.G.H., encontramo-nos perante *Tatsachenbehauptung* quando se torna admissível provar a sua exactidão através dos meios de prova juridicamente aceites([427]). No tocante aos factos sobre os quais as declarações versam, a jurisprudência do *Bundesgerichtshof* qualifica-os a partir de três características fundamentais: a perceptibilidade, concretude([428]) e historicidade([429]).

---

([426]) Cfr., ANDRADE, M. COSTA, *Liberdade de Imprensa e Inviolabilidade Pessoal – Uma perspectiva Jurídico-Criminal,* Coimbra, 1996, pág. 276. Também a distinção entre afirmações de facto e juízos de valor assume relevância no plano das ofensas criminais à honra. Assim, no tocante à justificação do ilícito, se em relação aos juízos de valor o recurso ao exercício de um direito pode funcionar como causa dirimente enquanto concretização do princípio comum de ponderação de interesses legítimos, já relativamente às imputações de facto, a justificação das ofensas, implica uma fundamentação específica em que para além da prossecução de interesses legítimos, se revela ainda importante a tomada em consideração do risco permitido, ANDRADE, M. COSTA, *ob. ant. cit.,* pág. 274.

([427]) Cfr. B.G.H., in N.J.W., 1987, págs. 2225-2226, B.G.H., in N.J.W., 1997, págs. 1148-1149. Neste sentido se pronuncia Costa Andrade ao considerar que o juízo de facto "ganha em objectividade e generalização e, por vias disso, em cogência e heteronomia...", cfr., ANDRADE, M. COSTA, *Liberdade de Imprensa..., ob. cit.,* pág. 274.

([428]) Quando nos referimos à concretude ou ao carácter concreto das declarações de facto, queremos aludir à *konkretheit* enquanto possibilidade de concretização das afirmações. Não deixam de conceber-se como declarações de facto aquelas *Aussagen* que aquando da sua divulgação, o respectivo conteúdo não se encontra ainda concretamente determinado, mas se torna possível, pelo facto de a declaração se referir a um acontecimento da vida real, proceder à sua concretização.

Tomando como exemplo a questão *Justus Franz* decidida pelo O.L.G., reportada a actuação deste artista em 17-08-1996 em Dresden (cfr. O.L.G. Dresden, in N.J.W., 1997, pág. 1379), podemos claramente concluir que a simples declaração "*Justus Franz hat dirigiert*", apenas se considera concreta, uma vez se encontre determinado o tipo de actuação

Porém, na perspectiva de Hilgendorf, tais atributos devem reportar-se à categoria das declarações de facto, e não aos factos propriamente ditos. Com efeito, os factos são estados ou situações do mundo real, que pura e simplesmente existem. Constituem tão somente objecto da prova (*gegenstand des beweis*). Desta feita, as realidades de facto apenas se constatam, e as declarações acerca delas (*tatsachenAussagen*) é que são passíveis de uma actividade probatória (*beweisbar*). Logo, em rigor, as declarações de facto, e os factos, devem ser considerados como categorias distintas([430]).

Em contrapartida, relativamente às *werturteil*, o tribunal federal alemão classifica-as como apreciações subjectivas([431]). Comummente, na jurisprudência alemã o conceito weberiano de *werturteil*([432]) surge tratado como sinónimo de "*urteil*" e de "*meinungsäuβerung*". Todavia, uma imediata identificação destes conceitos afigura-se-nos vaga e imprecisa. No tocante à equiparação da *werturteil* à ideia de decisão, no sentido de algo dado como definido, parece-nos uma tentativa muito limitada para poder alcançar o verdadeiro sentido da categoria dos juízos valorativos. Com efeito, também no âmbito das declarações de facto, se procede à definição ou determinação de algo: os factos. Simplesmente, não se toma relativamente a estes uma posição valorativa. Poderemos então considerar que toda a *werturteil* é uma espécie de *urteil*, mas nem a toda *urteil* corresponde uma *werturteil*([433]).

---

bem como o local e a data onde esta teve lugar. Porém, não deixamos de nos encontrar perante uma declaração de facto concretizável, ou seja, susceptível do seu conteúdo ser determinado a partir das mencionadas referências espaço-temporais. Desta feita, a *konkretheit* mais do que uma característica das declarações de facto, deve conceber-se como uma condição, meio ou pressuposto para atingir uma tal qualidade. Cfr., a este propósito, STEGMANN, OLIVER, *Tatsachenbehauptung...*, *ob. cit.*, pág. 229 e ss. Acerca de concretude enquanto índice de existência de declarações de facto, cfr. WENZEL, KARL, anotação à decisão do BGH de 20-6-1969, *ob. cit.*, pág. 187 e ss., BRANAHL, UDO, *Medienrecht...*, *ob. cit.*, pág. 66.

([429]) A propósito destas características, qualificando os factos como realidades determináveis em termos espaço-temporais, e nessa medida, susceptíveis de localização na realidade histórico-social onde se situam, cfr. PÄRN, FRANZISKUS, *Tatsachenmitteilung...*, *ob. cit.*, pág. 2546.

([430]) HILGENDORF, ERIC, *TatsachenAussagen und werturteile im strafrecht: entwickelt am beispiel des betrugs und der beleidigung*, Berlin, 1998, pág. 113 e ss.

([431]) Neste sentido, cfr. BGH, *in* N.J.W., 1984, págs. 1102-1103, "Wahlkampfrede"

([432]) O conceito "*werturteil*" foi formulado por Weber em 1913 na sua obra *Gutachten zur Werturteilsdiskussion im Ausschuβ des Verein für Sozialpolitik*.

([433]) Neste sentido, cfr. STEGMANN, OLIVER, *Tatsachenbehauptung...*, *ob. cit.*, pág. 222 e ss.

Em relação à imediata equiparação da *meinungsäußerung* à *werturteil*, também se podem suscitar algumas reservas. Na verdade, podemos deparar-nos com opiniões intimamente ligadas aos factos, sem que exista propriamente um juízo de valoração relativo aos mesmos. Por vezes, a *meinungsäußerung* apenas se distingue da *tatsachenAussagen,* em virtude do teor das expressões utilizadas na emissão das declarações. Neste contexto, veja-se o exemplo sugestivo avançado por Oliver Stegmann, pondo em confronto três declarações: a) *"Castro beherrscht Kuba"*. b) *"Ich glaube daß Fidel Castro immer noch Kuba beherrscht"*. c) *"und ich halte das für schlecht, weil die kubaner unter seiner herrschaft leiden"*([434]). O autor qualifica a primeira afirmação como uma declaração sobre um facto, a segunda como uma opinião (*meinungsäußerung*) intimamente ligada aos factos, e a terceira como um autêntico juízo valorativo.

Apenas no último exemplo assinalado por Stegmann se regista a subjectividade característica da *werturteil,* porquanto na segunda hipótese apenas a utilização da expressão *"ich glaube"* veio provocar alguma incerteza no âmbito da declaração factual *"Castro beherrsch Kuba"*, podendo-se colocar dúvidas quanto à autonomização da opinião emitida relativamente aos factos narrados. Razão por que Oliver Stegmann, contrariamente à equiparação registada na jurisprudência entre as *werturteil* e *meinungsäußerung,* considera que todo o juízo de valor encerra em si uma opinião, sendo que nem toda a opinião emitida se traduz num juízo valorativo([435]).

Em jeito de síntese, podemos então concluir que quando se divulgam factos apenas se regista uma mera transmissão ou comunicação de realidades historicamente experimentadas, mas ao invés, a emissão de opiniões leva necessariamente coenvolvida uma apreciação crítica, baseada em concepções pessoais, artísticas, culturais ... Porém, este critério de

---

([434]) Cfr. STEGMANN, OLIVER, *Tatsachenbehauptung...,* ob. cit., pág. 222 e ss.

([435]) Nem sempre se torna fácil proceder a uma clara distinção entre as declarações de facto e os juízos de valor. Como o exemplo do texto bem demonstrou, por vezes as opiniões transmitidas consubstanciam-se em meras hesitações ou referências, sem que haja propriamente uma actividade pessoal de elaboração ou criação em torno das matérias divulgadas. Razão por que, em tais situações torna-se duvidoso se estamos já a sair do âmbito das declarações de facto, para entrar no universo dos juízos de valor. Tendo em conta a pequena ou até inexistente margem de valoração e de crítica, pode não ser descabido manter tais afirmações no domínio das declarações de facto. Para uma análise mais desenvolvida do pensamento de Oliver Stegmann sobre esta matéria, cfr. STEGMANN, OLIVER, *Tatsachenbehauptung...,* ob. cit., pág. 221 e ss. (e no tocante à conclusão mencionada no texto, *vide* pág. 223).

admissibilidade de prova das declarações proferidas não pode ser entendido em termos ontológicos, mas antes a partir de um consenso intersubjectivo tomado acerca daquelas([436]).

No entanto, as opiniões ou juízos valorativos reportam-se necessariamente a uma realidade factual, a qual constitui simultaneamente o seu ponto de partida e o seu campo de intervenção regulativa([437]). Não admira assim que a mesma realidade possa dar origem a afirmações de facto ou juízos de valor, como também não é de estranhar a circunstância da passagem de uma categoria para outra resultar de uma diferente atitude perante o *quid* da análise. Estando em causa um dado objectivamente comprovável como a idade, poder-se-ão emitir apenas declarações de facto, quando o autor pretenda simplesmente proceder a uma operação de contagem, ou realizar uma análise comparativa de um tal elemento baseada na pura factualidade (ex.: averiguar se duas pessoas têm a mesma idade). Porém, quando subjacente às declarações exista o propósito do agente levar a cabo comparações acerca daquele elemento nas quais possam influir considerações pessoais que ultrapassem o nível do confronto objectivo (ex.: com 32 anos "já não está novo" ou "ainda está muito novo")([438]), então encontramo-nos já perante juízos valorativos. A análise comparativa constitui um terreno propício para o objecto da declaração ser perspectivado em planos diversos, apesar de, como já deixámos referido, nem sempre ser necessariamente responsável pela convolação da natureza da declaração.

### 2.3. A perceptibilidade das declarações de facto

Uma nota característica comummente associada às declarações de facto é a sua perceptibilidade (*warnehmbarkeit*). Este traço distintivo das *Tatsachenbehauptungen* encontra-se, por seu turno, intimamente ligado à possibilidade de prova deste tipo de afirmações (*Beweisbarkeit*).

---

([436]) Neste sentido, cfr. WAGNER, GERHARD, anotação ao §824 do B.G.B., in Münchener Kommentar..., *ob.cit.*, pág. 1866.

([437]) Esta interferência recíproca entre a realidade factual e a apreciação valorativa constitui precisamente um nó górdio da distinção entre estas duas categorias. Neste sentido, cfr. BARILE, PAOLO/GRASSI, S., *Informazione (libertà di), in* "Noviss. Digesto it., Appendice IV", s.d., Torino, 1983, pág. 204, GAMBARO, ANTONIO, *Falsa luce agli occhi del publico (False light in the public eye), in* Riv. Dir. Civ., 1981, I, pág. 84.

([438]) Acerca da diferente perspectivação (factual, valorativa) da mesma realidade, (como por ex.: a idade), cfr. BRANAHL, UDO, *Medienrecht...*, *ob. cit.*, pág. 67.

Importa verdadeiramente apurar em face, quer dos antecedentes, quer das circunstância coetâneas à divulgação das afirmações, quer ainda no tocante aos desenvolvimentos futuros patenteados no real histórico, se as declarações do agente se reportam a uma concreta e determinada realidade. Desta feita, a característica da perceptibilidade deve reportar-se aos factos, e não às declarações relativamente a eles pronunciadas([439]).

Cumpre, com efeito, proceder a uma reconstituição da histórica dos factos, a fim de saber se nos encontramos perante situações objectivamente demonstráveis.

Este apelo à *"geschichtlichkeit"* dos assuntos retratados nas afirmações divulgadas assume uma particular acuidade quando estas se reportam a acontecimentos futuros. Neste contexto, assistiu-se a uma animada discussão em torno da notícia divulgada num jornal germânico em Agosto de 1992 onde se anunciava o casamento em Setembro (*"hochzeit im September"*) de Carolina do Mónaco.

Encontrando-nos perante a divulgação de planos futuros, cumpre-nos indagar se em causa não estarão juízos de prognose configuradores de autênticas apreciações valorativas. Na verdade, uma tal questão remete-nos para uma outra mais ampla, traduzida na determinação da natureza das prognoses: juízos de valor ou afirmações de facto.

Antes de nos debruçarmos sobre esta *vexata qæstio*, cumpre analisar o concreto problema suscitado em torno da notícia difundida no periódico alemão, por se tratar de um exemplo paradigmático onde as mencionadas dúvidas de qualificação se fazem sentir de modo intenso. Com efeito, a notícia reporta-se a um acontecimento ainda não ocorrido, relativamente ao qual se torna impossível proceder à comprovação da sua efectiva verificação na realidade histórico-social.

Resta saber se uma tal circunstância inviabiliza a possibilidade de descortinar a existência em tais hipóteses de divulgação de factos. Pronunciando-se sobre esta questão, o B.G.H. considera que este artigo contém o anúncio de um concreto facto futuro (*ankündigung einer konkreten zukünftigen tatsache*). De acordo com este entendimento, não está em causa a emissão de um juízo de prognose. Com efeito, este anúncio reporta-se, tendo em conta certas circunstâncias antecedentes e acontecimentos presentes, a planos concretos de casamento da princesa Carolina.

Ora, estes concretos planos podem ser, atentos os referidos condicionalismos temporais, susceptíveis de comprovação. Realizada uma ade-

---

([439]) Neste sentido se orienta também Oliver Stegmann, cfr. STEGMANN, OLIVER, *Tatsachenbehauptung...*, ob. cit., pág. 235.

quada actividade probatória, as afirmações acerca dos *heiratspläne* podem ser qualificadas como verdadeiras ou falsas.

Revela-se, neste contexto, fundamental averiguar da intencionalidade da princesa Carolina em contrair matrimónio um mês após a divulgação da notícia. A determinação da existência de uma tal intencionalidade não pode, porém, ser perspectivada como um facto imediatamente perceptível.

Todavia, não deixa de ser possível averiguar acerca dessa intenção através da convocação de toda a factualidade inerente *"innere tatsache"* (os antecedentes e as circunstâncias contemporâneas à divulgação das afirmações)([440]) às declarações proferidas.

Na situação *sub índice*, a expedição de convites de casamento, bem como o facto de se encontrar em preparação o vestido de noiva constituem elementos fundamentais para concluir acerca da intenção da princesa em casar no mês imediatamente após à difusão da notícia pela comunicação social. Tendo em conta a proximidade temporal das declarações proferidas face aos acontecimentos futuros relatados, poderá efectivamente questionar-se se em relação à aludida notícia do casamento de Carolina do Mónaco nos encontramos face a uma verdadeira prognose.

A tendência dominante na doutrina é para integrar os prognósticos no universo dos juízos de valor([441]). Reportando-se as prognoses a realidades ainda não empiricamente comprováveis, e baseando-se, por regra, a decisão de quem emite o prognóstico em regras de natureza técnica e científica, parece justificar-se a atribuição de uma natureza eminentemente valorativa a uma tal categoria.

Essa conclusão deve aceitar-se sem dificuldades quando nos situamos no âmbito do discurso político, constituindo aí as previsões uma forma usual de ataque ou de defesa dos protagonistas envolvidos em contendas desta natureza.

Porém, e numa vasta panóplia de juízos de prognose, o conteúdo das declarações proferidas reporta-se fundamentalmente a factos. Ora, é precisamente neste contexto, e de um modo particular nos prognósticos relativos a um breve lapso de tempo, que se podem colocar algumas dúvidas quanto à qualificação das prognoses como *Tatsachenbehauptungen* ou como *werturteile*.

---

([440]) Neste sentido, cfr. STEGMANN, OLIVER, *Tatsachenbehauptung..., ob.cit.*, págs. 235-236.

([441]) Neste sentido, cfr. LÖFFLER, MARTIN / RICKER, REINHART, *Handbuch des Presserechts*, 4 auflage, München, 2000, kap. 42, R325, SOEHRING, JÖRG, *Die Neuere Rechtsprechung zum Presserecht*, in N.J.W., 1994, pág. 14-21.

Cumpre neste contexto fazer uma particular menção à perspectiva de Hilgendorf relativamente a previsões meteorológicas de curto prazo. O autor questiona se a previsão *"morgen wird es regnen"* não se traduzirá numa *Tatsachenbehauptung*. Segundo a orientação dominante encontramo-nos perante uma declaração valorativa, e apenas dois dias mais tarde se tiver efectivamente chovido, a afirmação *"gestern hat es geregnet"* poderá configurar uma afirmação de facto.

Apesar de no momento da divulgação dessa declaração não ser possível ainda proceder à demonstração da sua veracidade, Hilgendorf considera porém como decisivo para a sua qualificação como *Tatsachenbehauptung* a possibilidade de no futuro proceder à prova empírica dos acontecimentos aí previstos. Em causa encontram-se previsões de curto prazo (*kurzfristigkeit*), relativamente às quais os factos prognosticados estão numa íntima conexão com as circunstâncias factuais existentes ao tempo da divulgação das afirmações.

No exemplo analisado por este autor germânico o tempo do dia seguinte deve considerar-se como um natural desenvolvimento das condições climatéricas do dia em que as previsões foram divulgadas([442]). Não obstante as dificuldades distintivas suscitadas pelo exemplo analisado, atenta a ampla base factual das previsões efectuadas nestes contextos, pensamos, no entanto, não ser admissível num procedimento judicial considerar a afirmação *"morgen wird es regnem"*, como um facto relevante sobre o qual o julgador possa proferir uma decisão([443]).

### 2.4. O trinómio de Rühl – Tatsache – Deutung – Wertung

Na doutrina germânica, o binómio declarações de facto – juízos valorativos foi considerado particularmente limitado, e apontado como causa de inexactidões de qualificação cometidas pela jurisprudência do Tribunal Federal.

Em lugar desta clássica distinção, Rühl propõe, em alternativa, na sua *Habilitationsschrift*, uma tríade da qual fazem parte os conceitos de *tatsache – Deutung – wertung*. Aparece assim uma categoria nova: *Deutung*.

---

([442]) Para uma análise mais desenvolvida acerca do pensamento de Hilgendorf sobre esta matéria, cfr. HILGENDORF, ERIC, *TatsachenAussagen und werturteil...*, ob. cit., págs. 143 e ss.

([443]) Neste sentido, cfr. STEGMANN, OLIVER, *Tatsachenbehauptung...*, ob.cit., pág. 234.

A necessidade de emergência de um outro conceito surge sobretudo no âmbito dos relatórios periciais, onde o grande relevo aí desempenhado pelas opiniões técnicas([444]), conduz a orientação doutrinária dominante([445]) a concebê-los como afirmações valorativas, e, enquanto tais, insusceptíveis de desencadear a aplicação da sanção da retractação das declarações divulgadas pelo autor dos respectivos relatórios e da possibilidade do exercício do direito de resposta pelos visados.

Não podemos, porém, contestar, como de resto já deixámos referido, que os estudos periciais levam implicada uma base factual, relativamente à qual são proferidas algumas decisões (*Tatsachenurteil*). Porém, e no essencial, os pareceres técnicos divulgam certos resultados após se terem efectuado as respectivas apreciações, e convocado a aplicação das regras da experiência, e das *leges artis*.

Porém, para Rühl, não obstante a natureza valorativa dos *sachverständigen gutachen*, certo é que a divulgação dos resultados tem subjacente certas conclusões acerca dos factos – *schlußfolgerungen* –, as quais devem considerar-se integradas na categoria por aquele denominada como *Deutungen*. Ora, relativamente às pessoas visadas com as conclusões dos relatórios, relevante é poderem exigir a retractação das inexactidões naquelas contidas, e desta feita os lesados reagirem contra a realidade abrangida na categoria autonomizada por Rühl.

Cumpre, porém, sublinhar que também as *Tatsachenbehauptungen* levam implicada uma *Tatsachenurteil*. Simplesmente, no âmbito dos relatórios periciais a relevância autónoma de uma tal categoria esgota-se no âmbito das *werturteil*, perdendo, por conseguinte, a sua autonomia, e a correspondente possibilidade dos visados pelas declarações recorrerem ao mecanismo de tutela da retractação.

---

([444]) Na base da concepção teórica de Rühl, tomaram-se em consideração algumas decisões do B.G.H. onde tais problemas se suscitaram, e de um modo particular a já mencionada questão "*graphologisches gutachten*", cfr. N.J.W., 1978, págs. 751 e ss. Com efeito, o parecer técnico a certo momento concluiu que "a autora escreveu as cartas anónimas". Ora, é relativamente a uma tal conclusão que assume relevância a convocação da categoria denominada por Rühl como *Deutung*. Cfr., RÜHLL, ULLI, *Tatsachen – Interpretationen – wertungen: Grundfragen einer anwendungsorientierten Grundrechtsdogmatik der Meinungsfreiheit,* Baden-Baden, 1998, pág. 236 e ss.

([445]) Não podemos, porém, falar a este propósito de uma unanimidade de posições doutrinais. Basta tomar em conta a orientação de HILGENDORF, ERIC, *TatsachenAussagen und Werturteile...*, ob.cit., pág. 197, PÄRN, FRANZISKUS, *Tatsachenmitteilung und Tatsachenbehauptung, in* N.J.W., 1979, págs. 2545 e ss.

## 2.5. A distinção de Pärn entre "Tatsachenmitteilung" e "Tatsachenbehauptung"

Nesta tentativa de delimitar os conceitos de declarações de facto e juízos de valor, não podemos deixar de fazer referência ao pensamento do autor germânico Pärn. De acordo com a sua perspectiva, deve evitar-se o recurso inútil e supérfluo à categoria *"werturteil"*, porquanto a distinção deve centrar-se antes nas categorias *"tatsachenmitteillung"* e *"Tatsachenbehauptung"*([446]).

No âmbito do direito civil germânico e da respectiva comunicação social, a conduta do agente susceptível de sanção consubstancia-se na comunicação de factos não verdadeiros (§824 Abs 1 B.G.B.). Razão por que o *tatbestând* deste preceito legal se traduza na *tatsachenmitteilung* e não na comummente designada *Tatsachenbehauptung*.

Para Pärn a comunicação dos factos permite formular aos respectivos destinatários uma decisão acerca dos mesmos (*Tatsachenurteil*). A pré-compreensão em torno da realidade fáctica permite ao receptor das informações "trabalhar" os factos e formular conclusões acerca dos dados transmitidos.

Assim sendo, a declaração acerca dos factos (*Tatsachenbehauptung*) situa-se já num outro plano: o da expressa formulação de conclusões ou convicções acerca da realidade factual previamente transmitida. Neste momento, o autor das declarações encontra-se já num estado de segurança e de conhecimento (*sicherheit, gewiβheit*), que lhe permite formular conclusões acerca da realidade analisada.

A distinção entre *tatsachenmitteilung* e *Tatsachenbehauptung* é alcançada por Pärn a partir de três características das decisões de facto (*Tatsachenurteil*) emitidas por aqueles que tiveram conhecimento das *tatsachenmitteilung*.

Desde logo, uma declaração supõe uma prévia apreciação ou convicção pessoal por parte de quem a formula, designada pelo autor por *"würdigende beurteilung"*, que não está presente na decisão dos factos.

Em segundo lugar, a *Tatsachenurteil* encontra-se numa íntima relação com os factos, razão por que, na senda do entendimento do B.G.H., quando estiverem em causa meras hipóteses ou prognósticos, não nos encontramos em face de uma tal categoria.

---

([446]) Para uma análise mais desenvolvida do pensamento de Pärn, cfr. PÄRN, FRANZISKUS, *Tatsachenmitteillung..., ob. cit.*, pág. 2544 e ss.

Por fim, apenas podemos admitir a existência de *Tatsachenurteil* quando o objecto da decisão (*bezugobjekte*) possa ser demonstrável, como sucede quando esteja em causa a determinação de questões de ordem temporal, de temperatura, ... Ao invés, quando a decisão implique uma ponderação ou relativização dos bens em presença, já não nos podemos encontrar face a uma *Tatsachenurteil*.

Esta proposta de Pärn para clarificar a questão da *summa divisio*, declarações de facto – juízos de valor, não se configura como uma autêntica inovação dogmática([447]), porquanto as três características por ele associadas à categoria da *Tatsachenurteil*, que funcionavam como traços nuclearmente distintivos dos conceitos por si avançados (*tatsachenmitteilung/ Tatsachenbehauptung*) não constituem uma verdadeira novidade face às premissas neste domínio já definidas em termos doutrinários.

Assim, e no tocante à por si aludida *"würdigende beurteilung"*, o autor deixa por esclarecer exactamente em que se traduz uma tal categoria. Em rigor, não se encontram neste contexto particulares diferenças face às valorações críticas inerentes ao clássico conceito da *"werturteil"*.

Em relação à segunda nota característica atrás mencionada, o autor nada avança relativamente à tradicional classificação *"der tatsache"* formulada pelo B.G.H.([448]).

Por seu turno, quanto ao terceiro traço distintivo das decisões de facto, não existem quaisquer novidades face à clássica doutrina da demonstrabilidade e clareza dos factos.

### 2.6. A funcionalidade das afirmações enquanto critério distintivo entre as declarações de facto e os juízos de valor. O critério de Steffen

Há quem considere infrutífera a tentativa de proceder a uma abstracta diferenciação entre as declarações de facto e os juízos de valor, e pretenda distinguir os diversos tipos de afirmações, atendendo sobretudo à funcionalidade ou efeito por elas assegurado no contexto da declaração. De acordo com uma tal perspectiva sufragada por Steffen, cumpre funda-

---

([447]) A este propósito, vide, STEGMANN, OLIVER, *Tatsachenbehauptung...*, ob. cit., págs. 238-239.

([448]) Neste sentido, cfr. TIMM, BIRTE, *Tatsachenbehauptungen und Meinungsäußerungen. Eine Vergleichende Darstellung des Deutschen und US – Amerikanischen Rechts der Haftung für Ehrverletzende Äußerungen,* Frankfurt am Main, 1996, pág. 62.

mentalmente averiguar se nos deparamos perante uma declaração em termos valorativos considerada como neutra ou "negativa", e como tal entendida como a base ou o suporte para a crítica, ou se não estará antes em causa uma apreciação crítica dos acontecimentos, onde não se considere minimamente relevante a história dos mesmos.

Assim sendo, a função (*funktionale sicht*) da *Tatsachenbehauptung* é fomentar a discussão, enquanto o papel da *werturteil* se consubstancia na análise crítica propriamente dita([449]). Em face de uma *Aussage* insusceptível de ser qualificada como *Tatsachenbehauptung*, cumpre então detectar as diferenças registadas na dualidade patenteada (*Tatsachenbehauptung/werurteil*) no âmbito da própria declaração.

Porém, as diferenças apontadas por Steffen no tocante aos efeitos desencadeados pelas declarações não se verificam de forma tão nítida como sugeria o autor([450]). Com efeito, muitas declarações de facto não se configuram necessariamente para os destinatários como uma decisão negativa. Basta tomar em consideração a declaração *"Justus Franz hat am 17.8.1996. die 9. sinfonie von Franz Schubert dirigiert"*, e a crítica acerca desta actuação feita pela *Dresdener Neuest Nachrichten – "Schuber wurde von Justus Franz Schlecht dirigiert"*([451]). Na verdade, esta apreciação valorativa acerca da intervenção do maestro extravasa manifestamente do círculo de interrogações suscitadas pela base factual da notícia divulgada. A declaração de facto apenas suscitava questões de índole probatória quanto à autoria e local do evento artístico, susceptíveis de confirmar a decisão positiva sobre tais questões contida na declaração difundida no órgão de comunicação social germânico. Apesar desta orientação alertar para o binómio existência/ausência de especulação como aspecto fundamental na distinção entre afirmações de facto e juízos de valor; não podemos, porém, considerar o critério da *"Funktionale sicht"* como uma orientação capaz de permitir uma clara e infalível destrinça entre as categorias em confronto.

---

([449]) Para uma análise mais desenvolvida do pensamento de Steffen, cfr. STEFFEN, ERICH, *Wahrheit und wertung in der Presserkritic, in* Archiv für presserecht, 1979, pág. 284.

([450]) Neste sentido, cfr. HILGENDORF, ERIC, *TatsachenAussagen..., ob. cit.,* pág. 99, STEGMANN, OLIVER, *Tatsachenbehauptung..., ob. cit.,* pág. 240-241.

([451]) Cfr. OLG Dresden, *in* N.J.W., 1997, pág. 1379.

## 2.7. Tópicos auxiliares para uma destrinça entre declarações de facto e juízos de valor

Dada a profunda imbricação entre a realidade fáctica e as opções ou os juízos valorativos, nem sempre constitui tarefa fácil saber onde acabam as declarações de facto e começam os juízos de valor. Como temos vindo a referir, trata-se de um terreno movediço, onde abundam as dúvidas e as confusões. Constitui missão impossível a enumeração de critérios rigorosos para levar a cabo a destrinça entre aquelas categorias.

Apenas é possível avançar tópicos ou pontos de apoio capazes de auxiliar o intérprete a clarificar as dúvidas. Antes, porém, de indicar alguns destes arrimos, cumpre, desde já, aludir ao tipo de problema jurídico aqui basicamente coenvolvido.

Em causa está, sem margem para dúvidas, uma questão de interpretação jurídica, devendo socorrer-nos dos critérios metodológicos disponibilizados no âmbito da interpretação das leis, e da interpretação dos negócios jurídicos. Com efeito, as declarações de facto susceptíveis de desencadear a responsabilidade civil estatuída no art. 484.º podem descortinar-se tanto em textos jurídicos[452] como em declarações negociais, e até mesmo em afirmações proferidas no decurso de processos judiciais[453][454].

---

[452] Na senda de Castanheira Neves, a interpretação jurídica não se circunscreve unicamente à interpretação das leis. Como o próprio autor define, está em causa um "acto metodológico de determinação do sentido jurídico normativo de uma fonte jurídica em ordem a obter dela um critério jurídico (um critério de direito) no âmbito de uma problemática realização do direito...", cfr. NEVES, A. CASTANHEIRA, *Interpretação Jurídica*, Digesta, vol. 2.º, Coimbra, 1995, pág. 338.

[453] Algumas dúvidas se podem colocar quanto à possibilidade de os comportamentos concludentes, comummente designados de declarações negociais tácitas (art. 217.º) constituírem um meio idóneo de divulgar ou afirmar factos. A resolução desta questão implica uma análise conjugada do âmbito normativo dos arts. 217.º e 484.º.

De acordo com a noção decorrente da lei, a declaração negocial é tácita "quando se deduz de factos que com toda a probabilidade, a revelam". Desta feita, não existe, *a priori*, qualquer obstáculo para a inclusão dos comportamentos concludentes na hipótese do art. 484.º. Antes pelo contrário, as declarações negociais tácitas consubstanciam-se elas próprias em factos. Assim sendo, e sob este aspecto, torna-se mais fácil considerá-las como *voraussetzung* do ilícito ao crédito ou ao bom nome, que muitas outras declarações negociais expressas, onde, mesmo quando predominam as afirmações fácticas se encontram sempre imbricadas referências valorativas.

No entanto, como iremos considerar mais adiante, a responsabilização por factos ofensivos ao bom nome e ao crédito, implica, como resulta da própria letra da lei, a afirmação ou difusão de factos. Ora, é em relação à observância deste requisito – a divulgação de

Abstraindo das particularidades próprias dos vários conceitos onde estas declarações se encontram vertidas, cumpre destacar alguns arrimos fundamentais atendíveis em toda e qualquer circunstância. Antes de mais impõe-se uma análise cuidada em torno do conteúdo([455]) das declarações onde se encontrem contidos factos ofensivos do bom nome e do crédito. Em causa está, com efeito, uma condição prévia indispensável a uma cuidadosa interpretação jurídica([456]).

Ao realizar uma tal actividade metodológica, o intérprete deve deixar-se sempre conduzir pelo propósito de determinar o sentido objectivo das declarações proferidas, tendo em conta o alcance a estas atribuível por destinatários independentes, não se revelando neste contexto decisiva a perspectiva subjectiva do autor das declarações([457]).

---

factos a terceiros – que algumas dúvidas quanto à admissibilidade de incluir as declarações negociais tácitas no âmbito do art. 484.º se podem legitimamente levantar.

([454]) Veja-se a este propósito a paradigmática decisão do BverfG de 16.3.99 (1. kammer des Ersten Senats). Aqui se discutia o recurso interposto por um advogado da decisão do O.L.G., a qual, confirmou o aresto judicial do L.G., que o havia condenado no pagamento de um montante indemnizatório por ter proferido na sequência de um processo judicial no qual era mandatário, declarações pouco ponderadas e levianas "*leichfertig*". O Tribunal de segunda instância considerou não se ter verificado nas declarações frívolas e inconsideradas a observância das exigências impostas pelos mais elementares deveres de cuidado. Desta feita, tais declarações devem configurar-se, no entendimento daquele órgão judicial, como afirmações de factos contrárias à verdade ofensivas do bem jurídico da honra, não funcionando, por conseguinte, o art. 5.º G.G. como causa justificativa da conduta do advogado (nem o §193 do StGB).

Uma tal conclusão com um carácter tão genérico não foi, porém, subscrita pelo BverfG. Cumpre, no entendimento deste tribunal superior, tomar em consideração as particulares circunstâncias do caso, a fim de constatar esta perspectiva. Com efeito, impõe-se acentuar que a um advogado, no exercício da sua actividade, é-lhe permitido utilizar de forma insistente e penetrante (*eindringliche*) certos slogans ou palavras de ordem (*schlagworte*). Assim sendo, as declarações por si proferidas deixam apenas de merecer a protecção conferida pelo valor fundamental da liberdade de expressão quando aquelas, por uma excessiva e manifesta inobservância dos deveres de cuidado, acabam por frustrar as exigências ali implicadas. Acerca desta questão Cfr., *Strafgerichtliche weurteilung wegen beleidigungsdelikten (1. kammer des ersten senats)*, Beschl. v. 16.3.1999 – 1 BVR 734/98, *in* N. J. W., München, 2000, pág. 199 e ss.

([455]) Neste sentido, Cfr. Strafgerichtliche veurteilung wegen beleidigungsdelikten, ..., *ob. cit.*, pág. 200, BRANAHL, UDO, *Medienrecht..., ob.cit.*, pág. 68.

([456]) Cfr., a este propósito, STEGMANN, OLIVER, *Tatsachenbehauptung..., ob. cit.*, pág. 214 e ss.

([457]) Neste sentido, cfr. anotação de Löffler à decisão do B.G.H. de 19.03.1957, B.G.B. §824, 831, (Haftung des Zeitungsverlegers), *in* N.J.W., pág. 1149, B.G.H., *in* N.J.W., 1997, pág. 2513, B.G.H., *in* N.J.W., 2004, pág. 598, PALANDT, *Bürgerliches*

Para além disso, na análise do conteúdo das declarações, o intérprete não se pode ater única e simplesmente ao teor literal das expressões ali contidas([458]). Desta feita, não é correcto debruçarmo-nos sobre as declarações em relação às quais se colocam dúvidas quanto à sua natureza jurídica numa perspectiva meramente formal([459]).

De igual modo, devemos tomar em consideração todo o contexto no seio do qual as declarações ofensivas ao bom nome e ao crédito são proferidas([460]). Revela-se assim mister tomar em atenção, os protagonistas das declarações, o círculo dos destinatários, o local e o tempo onde foram proferidas as declarações, bem como o tipo de declaração e a forma ou o meio como foi divulgada([461]).

Não se pode, de modo algum, considerar isolada ou autonomamente uma determinada declaração, quando o sentido desta apenas se torne perceptível por referência a outras anteriormente emitidas. Não raras vezes, as ofensas àqueles bens jurídicos fundamentais resultam de um fogo cruzado entre afirmações proferidas em sentidos diversos e por sujeitos diferentes.

Assim sendo, quando as dúvidas se levantam quanto ao teor da uma determinada declaração, a qual se apoia em dados ou elementos contidos em outras já divulgadas, impõe-se uma análise de toda a cadeia informativa a fim de esclarecer o sentido das realidades a que verdadeiramente aquela se reporta([462]). Aliás, esta necessidade de valorar o contexto no âmbito do qual as declarações são proferidas, procedendo-se a uma análise de conjunto e não fraccionada das mesmas, encontra um apoio significativo na relevância atribuída ao elemento sistemático no âmbito da interpretação das normas jurídicas.

---

*Gesetzbuch*, 65 auf., München, 2006, pág. 1275, BENEDIKTJANSEN, WOLFGANG: *Die Anwendung der Begriffe Tatsachenbehauptung und Werturteil alls allgemeines äuâerungsrechtliches Problem*, in A.F.P., 1987, pág. 669-670.

([458]) *Vide*, BRANAHL, UDO, *Medienrecht..., ob. cit.*, pág. 71.

([459]) Neste sentido, Cfr. *Widerruf von Tatsachenbehauptungen – "mit verlogenheit zum geld"*, B.G.H., urt. v.22.10.1987 – I ZR 247/85 (celle), in N. J. W., München, 1988, pág. 1589.

([460]) Quando nos referimos ao contexto onde as declarações são proferidas, devemos não apenas ter em conta as circunstâncias inerentes ao próprio texto ou a uma sequência de textos onde aquele se integre(acerca da importância da análise integrada do teor das declarações no âmbito do respectivo texto, cfr. acórdão do Supremo Tribunal de Justiça de 26 de Abril de 1994, in B.M.J. n.° 436, 1994, pág. 380, BGH, 30-1-1996, in N.J.W., 1996, pág. 1133, B.G.H. 12.5, 1987, in N.J.W., 1987, pág. 2225, B.G.H., in N.J.W., 2004, pág. 598, B.G.H., in N.J.W., 2002, pág. 1192), como ainda outros factores externos (históricos, sociológicos) capazes de permitir definir o seu sentido. Para uma análise mais desenvolvida da matéria, cfr. STEGMANN, OLIVER, *Tatsachenbehauptung..., ob. cit.*, págs. 217-218.

([461]) Cfr., BRANAHL, UDO, *Medienrecht..., ob. cit.*, págs. 71-72.

Para a resolução desta *vexata qœstio* da natureza factual ou valorativa das declarações constitui também um ponto de apoio importante a consideração do tipo de matéria naquelas versada. Reportando-se as afirmações divulgadas nos mais variados contextos a assuntos ou matérias específicas, torna-se mister atender aos usos do tráfico dominantes no respectivo sector([463]).

---

([462]) Ora é precisamente uma situação deste tipo que constitui objecto de apreciação do B.G.H. em 22.10.1987. Em causa estiveram declarações proferidas num jornal semanal dedicado a assuntos médicos em 23.3.1984, as quais provocaram reacções na associação dos médicos alemães. A mencionada entidade publicou, por seu turno, um conjunto de posições associativas, vindo estas a ser divulgadas no universo médico, causando grande indignação na direcção do semanário e determinando a publicação de um novo artigo. A este sucederam-se ainda afirmações da associação dos médicos, em relação às quais o director do semanário deduziu o pedido de revogação (*widerruf*) das mesmas.

A procedência de uma tal pretensão depende da qualificação das declarações proferidas pelo ente associativo como afirmações de factos. O L.G. considerou procedente o pedido, mas ao invés o O.L.G. revogou uma tal decisão. No tocante ao recurso desta decisão intentado pelo semanário, o B.G.H. deu guarida ao pedido de *widerruf* das declarações da associação de médicos. O problema discutido nesta instância superior de recurso cifrou-se basicamente em averiguar se nos encontramos face a declarações de facto, tal como considerou a primeira instância, ou se não estaríamos antes colocados perante juízos de opinião, tal como defendeu o tribunal recorrido.

Significativos foram sobretudo os critérios avançados no aresto judicial para a resolução da questão sub índice. A este propósito cumpre acentuar a importância atribuída ao conjunto das declarações proferidas pelos litigantes, nomeadamente à interpretação das afirmações de 25.4.1984, tendo em conta os elementos constantes na primeira declaração (23.3.1984) porquanto, nesta se encontraram vazados aspectos nucleares, sucessivamente discutidos e versados nas restantes. Para além disso, e por nos encontrarmos situados no universo específico da medicina, fez-se um particular e importante apelo aos usos deste sector do tráfico social (*verkehrkreisen*), para averiguar da natureza factual dos elementos constantes das declarações.

No mesmo sentido, considerando particularmente relevante o esclarecimento do sentido das declarações contidas em certos textos de acordo com um acervo informativo disponível noutros documentos com aqueles conexos, Cfr. *Unzutreffende Tatsachen im vergleichen Warentest* BGB §823, 824, B.G.H., urt v.21.2.1989 – VI ZR /18/88 (München), *in* N. J. W., München, 1989, pág. 1923. Neste caso, ao invés da situação apreciada no aresto anterior, os documentos paralelos para os quais o texto em apreciação faz um necessário apelo, não contêm declarações, mas antes *standards* pré definidos para proceder ao controlo de qualidade de determinadas mercadorias.

([463]) Particularmente significativo a este propósito se revela o exemplo colhido na jurisprudência alemã no tocante a declarações proferidas no âmbito de uma campanha eleitoral "*die CSU ist die NPD von Europa*". Tais afirmações apenas podem ser suficientemente inteligíveis tendo em conta a contenda política, mormente eleitoral, no contexto da qual foram divulgadas. Com efeito, apenas tomando em consideração todo esse ambiente se po-

Não raras vezes, apenas com o auxílio das regras dominantes em determinada área pode ser possível a destinatários com conhecimento específico([464]) de tais usos determinarem com algum rigor se certas declarações constituem juízos de valor, ou se não se traduzem antes em afirmações ou constatações de factos. Seguindo neste domínio as considerações objectivistas implicadas na doutrina da impressão do destinatário, não se pode considerar decisiva a perspectiva pessoal ou subjectiva do visado pelas declarações a fim de dissuadir as mencionadas dúvidas de enquadramento jurídico([465]).

Bem pelo contrário, impõe-se definir o sentido objectivo das declarações, determinando, de acordo com os conhecimentos especializados prevalecentes em certa áreas do saber, partilhados por uma comunidade de pessoas, mais ou menos ampla, se nos encontramos perante afirmações fácticas ou juízos de valor. Desta feita, e face à complexidade e especificidades técnicas patenteadas em certos ramos de saber, o padrão do destinatário razoável tido como relevante para a interpretação negocial, deve configurar-se como um perito mediano dotado de uma bitola de conhecimentos tidos por razoáveis para aquele universo técnico-cultural. Uma tal solução manifesta-se bem mais consentânea com as exigências de segurança jurídica que aqueloutra onde se atribua relevância à apreciação do lesado por factos ofensivos do crédito e do bom nome para efeitos de qualificação das supostas declarações lesivas como afirmações de facto ou juízos de valor.

---

dem apurar aspectos fundamentais como o escopo das declarações, com vista à delimitação do exacto alcance das mesmas, cfr. BverfGe, 61,1,9 "CSU", TIMM, BIRTE, *Tatsachenbehauptungen und meinungsäuβerungen. Eine vergleichende darstellung des deutschen und US – amerikanischen rechts der haftung für ehrverletzende Äuβerunge*, Frankfurt am Main, 1996, pág. 37.

Igualmente relevante se manifesta o condicionalismo histórico no seio do qual as declarações são divulgadas. Assim, por exemplo, se alguém atribuir a outrem o epíteto de nazi, cumpre situar cronologicamente tais afirmações. Com efeito, estas assumem um significado bem diverso, consoante a divulgação ocorra no final do Terceiro Reich, ou se verifique na actualidade. Nesta última hipótese, o autor estar-se-á seguramente a referir à filiação partidária do visado no NSDAP. A este propósito, cfr., ainda, BRANAHL, UDO, *Medienrecht..., ob. cit.,* pág. 69.

([464]) Neste sentido, cfr. WAGNER, GERHARD, anotação ao §824 do B.G.B., *in* Münchener Kommentar..., *ob. cit.*, pág. 1867.

([465]) Neste sentido, *vide*, STEGMANN, OLIVER, *Tatsachenbehauptung..., ob. cit.,* pág. 216. O autor considera irrelevante quer o sentido interpretativo pretendido pelo destinatário, quer a compreensão por si efectivamente atingida. De igual modo, cfr. LÖFFLER, MARTIN, anotação à decisão do B.G.H. de 19.3.1957, *in* N.J.W., 1957, pág. 1149.

Num domínio, por sua natureza, já tão delicado, abrir as portas para um subjectivismo interpretativo, implicaria necessariamente[466] subtraí-lo à influência regulativa de parâmetros ou critérios valorativos dotados de uma universalidade desejada por qualquer ordenamento jurídico civilizado.

Não podemos deixar, no entanto, de avançar qual o critério decisório nas hipóteses em que, não obstante o recurso aos tópicos atrás enunciados, o intérprete permanece em dúvida acerca da natureza factual/valorativa das declarações divulgadas. Na senda da doutrina germânica dominante, propendemos para afirmar a existência, em nome de uma mais eficaz tutela da liberdade de expressão, de juízos valorativos[467].

### 2.9. O cepticismo do "bundesverfassungsgericht" a propósito da distinção entre Tatsachenbehauptung e werturteil

Apesar do recurso a todos os critérios auxiliares mencionados, a distinção entre as declarações de facto e os juízos de valor nem sempre se pode alcançar com grande clareza. Por um lado, torna-se muito difícil admitir a existência de *"reiner tatsachen"*, porquanto toda a declaração acerca deles proferida leva sempre implicada, conquanto de modo imperceptível, uma certa visão ou tomada de posição pessoal[468]. Por outro, como temos vindo a referir, as apreciações valorativas têm sempre subjacente uma base factual, podendo esta assumir um peso significativo no âmbito da declaração globalmente considerada.

Em face de todas estas dificuldades, o *bundesverfassungsgericht* propende para considerar impossível a separação entre declarações de facto e juízos de valor (*untrennbarkeit von Tatsachenbehauptung und werturteil in einer äußerung*)[469][470].

---

[466] Na senda desta perspectiva objectivista, negando portanto qualquer relevância à opinião pessoal do destinatário das declarações no tocante à delimitação do âmbito das declarações de facto e dos juízos valorativos, Cfr. B.G.H., N.J.W. 97, 2513. Neste sentido, elegendo como critério interpretativo decisivo o do destinatário médio, N.J.W., 1982, pág. 1805, "Schwarzer Filz", N.J.W., 1982, págs. 2246-2247, "Klinikdirektoren", N.J.W., 1987, págs. 1398-1399 "Hauptleistung".

[467] Cfr. KÜBLER, FRIEDRICH, *Öffentlichkeit als Tribunal? – Zum Konflikt Zwischen Medienfreiheit und Ehrenschutz*, in J.Z., 1984, págs. 541 e 547, STÜRNER, ROLF, *Die Verlorene Ehre des Bundesbürgers – Bessere Spielregeln für die Offentliche Meinungsbildung*, in J.Z., 1994, pág. 865.

[468] Cfr. STEGMANN, OLIVER, *Tatsachenbehauptung...*, ob.cit., pág. 246.

[469] *Vide*, BverfG, 61,1,9,"CSU".

[470] Uma tal perspectiva não é unanimemente sufragada, havendo quem considere que na maioria das situações a distinção entre declarações de facto e juízos de valor se

Não obstante a distinção entre o universo das declarações de facto e os juízos de valor se traduzir nalgumas situações numa autêntica *vexata qæstio*, propendemos, na senda de Prinz/Peters, para rejeitar a tese da inseparabilidade, ou da impossibilidade de distinção destas duas categorias. Recorrendo às regras gerais da interpretação jurídica, e aos critérios auxiliares mencionados, importa analisar a declaração do agente no seu conjunto, e aí determinar qual a dimensão (factual/valorativa) considerada como preponderante. Com efeito, uma tal orientação permite-nos ultrapassar o estado de indecisão a que conduziria a já mencionada teoria da inseparabilidade.

Porém, concordamos com o critério supletivo avançado pelo *BverfG* para resolver as hipóteses de dúvidas insanáveis de separação entre as declarações de facto e os juízos de valor, de acordo com o qual, no conjunto a declaração deve qualificar-se como *werturteil*([471]). Uma tal solução revela-se, de resto, como a mais compatível com a necessidade de tutela do valor fundamental da liberdade de expressão, fomentando-se desta forma a livre circulação das notícias e informações no tráfico jurídico. Com efeito, a advogar-se a solução contrária, as pessoas coibiriam-se, em face do regime prescrito no §824, de emitir declarações.

### 2.10. "Echten fragen" e "rhetorischen fragen" e a distinção entre declarações de facto e juízos de valor

Questão particularmente pertinente neste contexto diz respeito à distinção entre as verdadeiras interrogações (*echten fragen*), e as interrogações retóricas (*rhetorischen fragen*). No tocante às *echten fragen*, não podemos admitir a existência neste contexto de verdadeiras declarações. Não estão em causa *Tatsachenbehauptungen* ou *werturteil*.

Antes pelo contrário, as interrogações formuladas são o ponto de partida para a emissão de declarações em torno dos assuntos questionados([472]). Encontramonos, assim, face a um *tertium genus*, ou seja, perante

---

revela possível, cfr., a este propósito, PRINZ, MATTHIAS / PETERS, BUTZ, *Medienrecht, Die Zivilrechtlinen ansprüche,* Munchen, 1999, RZ 10.

([471]) BVerfG, *in* N.J.W., 1983, pág. 1415. No mesmo sentido, cfr. KÜBLER, FRIEDRICH, *Öffentlichkeit als Tribunal?..., ob.cit.*, págs. 541 e ss., NEUMANN, HORST-DUESBERG, *Einschränkung des Geltungsbereichs des §824 B.G.B. durch die Meinungs – und Informationsfreiheit, in* N.J.W., 1968, pág. 81.

([472]) Neste sentido, cfr. TIMM, BIRTE, *Tatsachenbehauptungen..., ob. cit.*, pág. 24.

uma categoria autónoma([473]). Razão por que, deixando as questões em aberto (*also offen ist*), a doutrina e a jurisprudência tendem a equiparar as perguntas, sob a óptica da liberdade de expressão, a juízos de valor([474]). Com efeito, raramente as perguntas obedecem de modo rigoroso ao figurino das *echten fragen*, uma vez que nas interrogações encontram-se, com frequência, coenvolvidas apreciações valorativas respeitantes à realidade questionada. Para além disso, ao formular-se uma questão acerca de determinada matéria, não está o respectivo autor a pronunciar-se sobre a exactidão da mesma, mas, antes, a tentar averiguar da veracidade dos assuntos interrogados. Desta feita, e tomando em conta os quadros referenciais da liberdade de expressão, não podemos falar neste contexto de afirmações de facto, porquanto nestas a comprovação do rigor e exactidão das declarações já se revela possível.

Por seu turno, as perguntas retóricas não têm em vista provocar a emissão de uma *Aussage*, pois as respostas suscitadas por tais interrogações encontram-se na prática já nestas contidas. Neste universo não estão apenas implicadas ou subjacentes referências de facto ou valorativas, como na generalidade das perguntas formuladas, onde, apesar de tudo, não é tomada qualquer posição acerca do assunto indagado. Ao invés, aqui quem questiona não busca uma resposta, porquanto já se encontra esclarecido sobre a matéria([475]).

Integrando-se nestas perguntas autênticas declarações, então podemos neste contexto identificar a existência quer de declarações de facto, quer de juízos de valor([476]). Tem-se, porém, registado uma tendência na doutrina germânica para qualificá-las como *Tatsachenbehauptungen*([477]). De resto, um tal entendimento revela-se particularmente consentâneo com o combate dirigido à impunidade de quem dissimula sob a forma de pergunta a divulgação de autênticas declarações de facto.

Todavia, como a este propósito justamente sublinha Stegmann é possível admitir a existência de *werturteile* no âmbito das perguntas retóricas,

---

([473]) Neste sentido se pronunciou o Tribunal Constitucional alemão, cfr. *NJW*, 1992, pág. 1443.

([474]) A este propósito, cfr. ANDRADE, M. COSTA, *Liberdade de Imprensa...*, *ob. cit.*, págs. 276-277.

([475]) Neste sentido, cfr. ANDRADE, M. COSTA, *Liberdade de Imprensa...*, *ob. cit.*, págs. 277-278.

([476]) Cfr. a posição do Tribunal Constitucional alemão sobre esta matéria, *NJW*, 1992, pág. 1444.

([477]) Neste sentido, cfr. LÖFFLER, MARTIN / RICKER, REINHART, *Handbuch...*, *ob. cit.*, kap. 42, Rz 23 a. E.

ilustrando uma tal possibilidade com o seguinte exemplo *"warun ist A so ein schlechter mensch?"*([478]).

No entendimento do Bverfg, o critério essencialmente distintivo entre as verdadeiras perguntas, e as interrogações retóricas não deve centrar-se na preocupação de determinar se as interrogações contêm fundamentalmente afirmações factuais, caso em que seriam consideradas *rhetorische Frage*, ou se aquelas se encontram ausentes, devendo qualificar-se então como *echte Frage*.

Importa, antes, apurar, tendo em conta o conteúdo das perguntas formuladas, se nelas não se pode descortinar ainda qualquer tomada de posição acerca dos problemas questionados, ou se o objectivo inerente à interrogação levantada não é antes expor de modo sugestivo uma afirmação acerca dos assuntos problematizados.

Um critério auxiliar para distinguir as categorias em análise traduz-se em averiguar se nas questões levantadas não se poderão detectar já com precisão certos detalhes ou pormenores([479]) da realidade factual sobre a qual as interrogações versam. Com efeito, se tal ocorrer poderemos encontrar-nos perante perguntas retóricas configuradoras de declarações de facto.

## CAPÍTULO 3
## RELEVÂNCIA DA DISTINÇÃO ENTRE DECLARAÇÕES DE FACTO E JUÍZOS DE VALOR NUMA PLURALIDADE DE DOMÍNIOS

**3.1. Dúvidas de qualificação em torno das afirmações de facto e juízos de valor. A questão particular das declarações com relevância jurídica e os relatórios periciais**

Ora, é precisamente este entrecruzamento da realidade que lhes serve de substracto com as referências axiológicas fundamentantes que constitui a razão de ser da tensão dialéctica vivida no interior das declarações valorativas.

---

([478]) Vide STEGMANN, OLIVER, *Tatsachenbehauptung...*, *ob. cit.*, pág. 254.
([479]) A este propósito, cfr. BVERFG, *in* N.J.W., 1992, págs. 1142 e ss.

Estas dificuldades registam-se com particular acuidade no âmbito dos relatórios periciais, elaborados a propósito dos mais variados temas([480]).

Assim, e no plano jurídico, também se têm suscitado dúvidas de enquadramento a propósito de declarações onde se aluda à ocorrência de ilegalidades em determinadas situações. Basta consultar a jurisprudência do B.G.H. para nos apercebermos do melindre suscitado em torno deste tipo de afirmações([481]).

---

([480]) Neste sentido, cfr. SOERGEL B.G.B., *Bügerliches gesetzbuch, band 4, aufl. 11*, 1985, pág. 792.

([481]) Afigura-se paradigmática neste contexto a decisão do B. G. H. de 22.6.1982. No caso *sub índice* discutia-se fundamentalmente os problemas de responsabilidade suscitados por uma publicação em torno da regularidade jurídica da actividade médica exercida por um professor universitário como director clínico e pelos seus colaboradores numa clínica universitária, sobretudo pelas questões de compatibilidade do exercício das respectivas funções de direcção, com as tarefas de presidente de uma associação privada de hemodiálise naquele local também desempenhadas. O exercício da medicina pelo Professor e os seus colaboradores foi alvo de uma investigação levada a cabo por uma comissão de inquérito a requerimento do partido da oposição S.P.D. Não tendo sido concordantes as opiniões dos membros da comissão acerca de todos os aspectos em análise, o S.P.D., na sequência de todo este processo, fez publicar um artigo onde classifica como ilegal a actividade do professor universitário e dos seus colaboradores, assim como denuncia a falta de controlo das actividades exercidas na clínica universitária. Considerando-se atingidos na sua credibilidade e reputação, os membros da mencionada associação vêm requerer a retractação, quanto às declarações proferidas e a abstenção de futuras publicações no mesmo sentido, assim como a publicação da respectiva decisão condenatória do tribunal, a fim de reparar os prejuízos sofridos naqueles bens jurídicos fundamentais. Veja-se, neste contexto, decisão semelhante do *L.G. Oldenburg, in* AFP, 1987, pág. 721 – *"Rathausplünderer"*.

O Tribunal (B.G.H.) considerou parcialmente procedente o pedido de retractação quanto às declarações efectuadas e de proibição de futuras publicações orientadas no mesmo sentido, por considerar estarem em causa declarações de facto contrárias à verdade (§824). Para uma análsie desta decisão, cfr., ainda, BRANAHL, UDO, *Medientecht..., ob-cit.*, págs. 75-76 Uma tal qualificação não se revela isenta de dificuldades como bem demonstra a fundamentação do aresto deste tribunal superior.

Na verdade, a definição desta concreta situação como ilegal impõe uma apreciação das prescrições legais relativas ao enquadramento económico e de segurança dos hospitais, bem como das disposições reguladoras das actividades de coordenação dos directores clínicos (KHG, e BPflVO). Ora, esta tarefa de valoração implica o necessário apelo a quadros ou concepções jurídicas fundamentais (*rechtsaufassung*) (Cfr., *zur Abrenzung von (subjektiven) Meinungen gegenüber Tatsachenbehauptungen (hier: Bezeichnung eines verhaltens als "ilegal"*), in N. J. W., München, 1982, pág. 2247)) não podendo visualizar--se, de modo algum, como uma actividade meramente factual, Cfr. WAGNER, GERHARD, anotação ao §824 do B.G.B., *in* Münchener Kommentar..., *ob. cit.*, pág. 1868. Porém, o B.G.H. não considerou como plenamente justificadas ao abrigo da liberdade de expressão 5 I G.G. as declarações dos representantes do SPD, mormente quando estas têm na base

No fundo, manifesta-se neste contexto a *vexata* querela distintiva entre questões de direito e questões de facto.

Impõe-se então um olhar atento sobre esta vasta panóplia de relatórios técnicos e científicos([482]), porquanto este tipo de trabalhos comporta uma inevitável referência à realidade fáctica.

---

um conjunto de afirmações susceptíveis de ser objectivamente demonstráveis, e relativamente às quais os resultados da comissão de inquérito não se revelam concordantes. Com efeito, foram consideradas como *Tatsachenbehauptung* contrárias à verdade, as acusações de falta de controlo das actividades médicas a realizar pelo director clínico e de ambiguidade das funções por ele desempenhadas na já mencionada clínica, e que determinaram a sua qualificação como gerente comercial (*geschäftsfrüher*). Relativamente à determinação da relevância penal das afirmações *"geschäftsfüher s. betrüg landesbeamten s"*, ninguém contesta que a apreciação dos pressupostos e antecedentes relevantes para concluir pela relevância penal de uma conduta se traduzem basicamente em valorações ou juízos de valor (Cfr. N.J.W., 1965, págs 294(5), N.J.W., 1976, 1198, B.G.H., in N.J.W., 1974, pág. 1371). Todavia, as afirmações atrás referidas que determinaram o comentário em análise são susceptíveis de ser demonstradas pelos meios de prova disponíveis, dada a sua profunda imbricação com os factos e, como tal, não se devem considerar como valorações, mas sim como *Tatsachenbehauptungen*. Razão por que o B.G.H. considerou nesta parte procedente o pedido de retractação.

([482]) Na jurisprudência alemã encontramos exemplos demonstrativos de tais dificuldades. A decisão do B.G.H. (N.J.W., 1978, pág. 751 e ss., "graphologisches gutachten") reporta-se precisamente a uma situação onde se requer um exame pericial de escrita, com o fim de averiguar quem procedeu a um anónimo envio de cartas de conteúdo ofensivo e obsceno. Uma estação de correio (H.) destinatária de tais documentos, enquanto membro do Sindicato dos Serviços do Correio, solicitou um exame pericial, à polícia criminal, facultando para tal escritos da autoria de um sujeito suspeito residente no lugar onde se situava o mencionado posto de correio. Os resultados periciais confirmaram as suspeitas da estação dos correios, considerando aquele indivíduo como o autor das cartas anónimas.

Numa reunião do sindicato foram reveladas as conclusões das perícias realizadas, considerando-se o sujeito tido por responsável pelo envio da correspondência anónima particularmente atingido nos seus direitos de personalidade. O lesado deduziu em juízo um pedido de indemnização pelos danos por si sofridos, e para além disso requereu a revogação (*widerruf*) das declarações contidas nos pareceres dos peritos, bem como a publicação da respectiva decisão judicial num semanário local. O B.G.H. declinou o pedido de retractação formulado pelo lesado por entender que o parecer grafológico, constitui um juízo valorativo, e como tal, não é susceptível de retractação (*dem gutachten handele es sich im ein werturteil, das als solches nicht widerrufsfähig sei*).

Apesar da incontestável referência a uma determinada realidade factual, as pesquisas dos peritos não se reconduzem unicamente a este plano. No âmbito dos exames periciais à escrita, o confronto do documento submetido à análise com outros escritos do sujeito sobre quem recaem as suspeitas de autoria daquele, traduz-se indubitavelmente numa actividade de natureza factual. Neste sentido, cfr., BRANAHL, UDO, *Medienrecht..., ob. cit.,* pág. 76. Todavia, a análise das especificidades dos escritos, as analogias de grafia e demais caracte-

Tendo em conta a sua estreita relação com antecedentes ou elementos factuais, a comprovação dos resultados alcançados por tais estudos através dos meios de prova disponíveis, torna-se não só uma tarefa possível, como em muitos aspectos, um trabalho também necessário.

Todavia, na estrutura dos pareceres, relatórios, ou opiniões técnicas, decisivo não é a realidade material a que se reportam([483]), mas sim a carga valorativa neles patenteada. Neste sentido se tem pronunciado o BGH, ao qualificar os *sachverständigengutachen* como *werturteil*([484]). De acordo com um tal entendimento, a jurisprudência alemã dominante tem considerado que tanto um diagnóstico médico([485]), como a apreciação efectuada acerca do mesmo (ex.: erros de diagnóstico *"fehldiagnose"*)([486]) devem ser incluídos no universo das valorações.

Desta feita, os factos subjacentes perdem relevância autónoma, apenas assumindo verdadeiro significado a elaboração técnica e científica.

---

rísticas relevantes entre estes detectadas, apenas são descortináveis com o apoio de conhecimentos especializados, de grafologia, e com o apelo às regras da experiência, *Vide*, BRANAHL, UDO, *ob. ant. cit.*, pág. 76. Desta feita, não é, de todo em todo, possível negar uma margem de subjectividade subjacente a qualquer análise pericial. Deveremos então qualificar as conclusões das perícias como apreciações valorativas, e não como declarações de facto (Cfr., neste sentido, BGB §823, 1004; GG art. 5I (*wesen eines sachverstängigengutachtens*, B.G.H., 18.10.1977, *in* N.J.W, 1978, págs. 752-753. De igual modo, ZPO §138; BGB 823,824 (*Zur Beweisführung für beeinträchtigende Tatsachenbehauptungen*), *in* N. J. W., München, 1974, pág. 1710.

Não faz assim sentido sufragar a revogação de declarações emergentes num contexto onde pontificam uma pluralidade de perspectivas igualmente válidas, estando qualquer conclusão aí alcançada necessariamente colocada sob reserva de apreciação crítica. Defender o contrário implicaria não só fortes limitações à liberdade de investigação, como também uma leviana contestação da autonomia e relevância específica indelevelmente associada ao conhecimento técnico. Porém, neste sentido, cfr. SCHNEIDER, EGON, *Der Widerruf vom Werturteilen, in* M.D.R., 1978, pág. 613 e ss. Dúvidas de classificação em torno da natureza dos *Sachverständigengutachen* foram ainda suscitadas pelo B.G.H. no caso que ficou conhecido por *Alkoholintoxikation (in* N.J.W., 1999, pág. 2736).

([483]) Apesar de esta realidade assumir também um papel importante. Com efeito, os resultados dos estudos serão tanto mais fidedignos quanto os factos a que se reportam se encontrem devidamente circunscritos e comprovados. Não estando a situação factual subjacente clarificada, as perspectivas técnicas constantes dos estudos não se podem revelar senão como inconclusivas. Neste sentido, Cfr. B.G.B. §823, 1004; GG art. 5I (*Wesen eines sachverstandigengutachens)..., ob. cit.*, pág. 752.

([484]) Cfr. N.J.W., 1978, pág. 751. Neste aresto indeferiu-se o pedido de revogação das declarações proferidas por quem emitiu um *sachverständigengutachen* em virtude de este dever ser concebido como *werturteil*. Acerca desta decisão, *vide*, ainda, BRANAHL, UDO, *Medienrecht..., ob. cit.*, pág. 76.

([485]) Cfr., B.G.H., *in* N.J.W., 1989, pág. 774, B.G.H., N.J.W., 1989, pág. 2941.

([486]) Cfr., O.L.G. *Karlsruhe, in* AfP, 1997, pág. 723.

Neste contexto, revela-se fundamental o objectivo do destinatário. Ora, quando alguém solicita um estudo ou um parecer a outrem, encontra-se basicamente interessado na opinião por este emitida, tendo em conta os seus particulares conhecimentos, de acordo com as específicas *leges artis* prevalecentes na respectiva área do saber.

### 3.2. Um domínio controverso: "testes comparativos de mercadorias" (Warentests)

No âmbito da delimitação das declarações de facto e de direito, o controlo da qualidade das mercadorias, bem como os exames comparativos entre vários tipos ou espécies, suscitam, amiúde, questões particularmente delicadas. Idênticos problemas são suscitados pelos estudos comparativos de preços (*Preisvergleiche*).

Com efeito, no desenvolvimento deste tipo de actividades acabam por divulgar-se informações nem sempre exactas e precisas, colocando-se então particulares dúvidas quanto à possibilidade de suscitar a aplicação do art. 484.º

Antes de mais, cumpre salientar a importância e a relevância assumida pela publicação de testes de controlo da qualidade dos produtos no âmbito de uma sociedade de consumo. A complexificação do processo produtivo, as especificidades técnicas envoltas na utilização de muitos produtos, associadas à falta de preparação e conhecimentos dos consumidores são, entre outros, factores decisivos para a publicação de estudos técnicos, dos quais constem informações e esclarecimentos susceptíveis de elucidar os eventuais adquirentes de tais bens e serviços.

A transparência do mercado e a protecção do consumidor constituem objectivos fundamentais a atingir no contexto das hodiernas sociedades, encontrando estas finalidades um mecanismo privilegiado de objectivação no valor da liberdade de expressão. Na verdade, ninguém pode contrariar a legitimidade, do ponto de vista jurídico, da divulgação dos estudos técnicos atinentes às características e qualidades dos mais variados produtos, pois de outra forma estar-se-ia a atingir indelevelmente aquele valor fundamental[487]. Assim se compreende o surgimento de publicações dirigidas a uma tal finalidade, entre as quais podemos mencionar, a título meramente exemplificativo, a "*stiftung Warentest*" editada na Alemanha.

---

[487] Neste sentido, Cfr. *unzutreffende tatsachen im vergleichenden Warentest...*, *ob. cit.*, pág. 1923.

Apesar de se tutelarem, com a publicação dos resultados dos *Warentests,* interesses jurídicos indiscutivelmente relevantes, mormente os dos consumidores, não podemos deixar de evidenciar, em contrapartida, as suas potencialidades ofensivas face a bens jurídicos como o bom nome e o crédito dos produtores ou distribuidores de bens e serviços avaliados. Neste universo confluem, pois, interesses contrastantes, entre os quais cumpre destacar, por um lado, o interesse das empresas e produtores dos bens ou fornecedores de serviços ao livre desenvolvimento da sua personalidade ou da sua empresa([488]), e, por outro, as exigências implicadas na liberdade de informação das revistas ou de outro meio de comunicação onde os resultados dos estudos sejam publicados([489]).

Não raras vezes, os produtores e os distribuidores de determinados bens consideram-se atingidos na sua reputação económico-social por entenderem que as conclusões alcançadas nos exames comprovativos da qualidade dos bens não foram exactas ou precisas. Revela-se, neste contexto frequente, a invocação por aqueles de ofensas perpetradas pelos órgãos onde são publicados os resultados dos testes no respectivo direito à empresa. Em tais situações, constitui prática frequente a dedução de pedidos indemnizatórios e de inibição de publicação (*unterlassunganspruch*) de artigos onde constem os resultados dos *Warentests,* com o objectivo dos empresários ou produtores reagirem contra as aludidas ofensas causadas pelos órgãos de comunicação social. Ora, é precisamente a este propósito que emergem as dificuldades, porquanto o art. 484.º apenas é aplicável, como sabemos, à divulgação dos factos, e já não ao universo dos juízos valorativos.

Na verdade, nem sempre constitui tarefa fácil definir a natureza dos resultados alcançados nos aludidos exames às mercadorias. Aliás, revela-se de todo impossível qualificar, *a priori,* e em termos genéricos, os *Warentests.*

Impõe-se antes uma apreciação em torno das concretas análises efectivadas às mercadorias, para a partir daí delimitar, com algum rigor, quanto se pode considerar como declaração de facto ou como juízo valorativo.

Por norma, estes estudos apresentam uma estrutura mista, conjugando-se aí elementos de ambos os tipos. Desde logo, os testes aos bens devem

---

([488]) Neste contexto, há quem se refira a críticas ilegítimas a produtos ou prestações divulgadas através de Warentest ou preisvergleich, com fundamento na violação do direito à empresa dos visados, cfr. MÜLLER, C.F., *Großes...*, *ob. cit.,* pág. 393.

([489]) Cfr. BENUCCI, E. BONASI, *Liceità del Warentest, in* Riv. Dir. Comm., 1963, I, pág. 475.

nortear-se, tendo em conta as suas finalidades de orientação das escolhas dos consumidores, por parâmetros de isenção e de neutralidade. De acordo com o ensinamento de Hefermehl, os desideratos da objectividade e da isenção só podem ser alcançados uma vez respeitados os seguintes pressupostos: a) neutralidade do sujeito ou entidade que promove o teste; b) elaboração do teste de acordo com critérios de objectividade e justiça[490]; c) a exposição dos resultados deve ser condicionada ao objectivo principal de informação do público, razão por que qualquer crítica formulada tem de se considerar limitada por tal finalidade[491][492].

A imprescindível referência ao objecto da análise, a consequente necessidade de definir com rigor, através de adequados métodos de prova, as características dos bens, implica o necessário reconhecimento da existência de uma base factual no âmbito dos *Warentests*. Razão por que, recai sobre quem publica o resultado dos testes um particular dever de cuidado para conseguir garantir a objectividade da informação transmitida. Desta feita, deve considerar-se proibida a divulgação incompleta[493] dos resultados dos testes, porquanto desta forma se corre o risco de nos encontrarmos face a informações tendenciosas. De igual modo, o princípio da neutralidade considera-se violado quando se oculte a circunstância de os resultados dos testes terem na base a participação parcial ou total de concorrentes dos produtos cuja qualidade se avalia[494].

Por seu turno, quando na base da elaboração dos testes forem utilizados critérios diversos, impõe-se em nome da transparência, a publicitação dessas regras, em função das quais os resultados foram alcançados. Tais informações devem considerar-se, em si mesmas, independentes de todo e qualquer juízo valorativo sobre elas eventualmente pronunciado.

---

[490] Assim, e a título meramente exemplificativo, se o *Warentest* se debruçar sobre vários produtos de um mesmo género, os resultados dos estudos só se poderão considerar fidedignos se se tiverem analisado todos os respectivos produtos, bem como todas as suas características essenciais.

[491] Acerca da observância de tais exigências na publicação dos *Warentests*, veja-se a posição a este propósito assumida pela jurisprudência alemã, cfr. B.G.H. 10.3.1987 (Hamburg), *in* N.J.W., 1987, pág. 2223 e ss., Senat, B.G.H.Z., *in* N.J.W., 1976, pág. 620. Senat, *in* N.J.W., 1986, pág. 981.

[492] A falta da observância de um destes requisitos determina, de acordo com a opinião de Benucci, a responsabilidade delitual (art. 2043.° do Codice Civile) de quem publicou tais estudos. Cfr. BENUCCI, E. BONASI, *Liceitá ..., Ob. cit.,* pág. 475.

[493] Neste sentido, cfr., LÖFFLER, *Die Sorgfaltspflichten..., ob. cit.,* pág. 944, SCHULTZ, DIETRICH, *Vergleichender Warentest und recht am eigerichteten und ausgeübten gerwerbebetrieb, in* N.J.W., 1963, pág. 1801.

[494] Cfr., a este propósito, BRANAHL, UDO, *Medienrecht..., ob. cit.,* pág. 150.

Todavia, não podemos ignorar que a maioria destes testes culminam com uma qualificação dos produtos, na qual se encontra indiscutivelmente coenvolvida uma margem de apreciação valorativa. Ao considerarem certos bens de boa ou de má qualidade, os autores dos *Warentests* estão a socorrer-se de quadros ou referentes valorativos prevalecentes em determinado sector de actividade. Com base em tais *leges artis* acabam por tecer uma apreciação crítica face ao objecto da respectiva análise. Onde estes juízos de valoração se manifestam ainda com maior evidência é no âmbito dos estudos comparativos entre bens ou mercadorias.

O confronto entre os bens submetidos a tais análises implica uma ponderação relativa das qualidades ou propriedades dos mesmos. Torna-se, com efeito, muito difícil proceder em tais hipóteses, a uma análise puramente neutral ou objectiva. Normalmente, colocam-se em relevo as qualidades de um dos bens em apreciação, as quais acabam por ser definidas em função dos defeitos ou irregularidades detectadas nas demais mercadorias submetidas à respectiva análise. Neste cruzamento de apreciações em torno das características dos bens em confronto andam necessariamente envolvidas opiniões ou apreciações críticas, prevalecendo estas sobre a respectiva base ou matéria factual[495].

Aliás, se repararmos bem, as conclusões destes estudos acabam frequentemente por eleger como preferido um dos bens referenciados nos *Warentests* comparativos. Ora, a eleição de um produto face aos demais arrasta irremediavelmente consigo uma margem de ineliminavel subjectividade.

Face a esta coabitação de elementos factuais com referências valorativas[496] no âmbito dos estudos em torno da qualidade dos bens, importa, como já referimos, proceder a uma cuidada análise acerca do tipo de conclusões aí alcançadas. Para além desta apreciação casuística, cumpre ainda destacar alguns critérios de orientação susceptíveis de auxiliar o intérprete naquela árdua tarefa.

A este propósito consideramos oportuno fazer apelo a uma orientação também relevante noutros contextos jurídicos – a doutrina ou o critério da absorção[497].

---

[495] Neste sentido, Cfr. *unzutreffende tatsachen im vergleichenden Warentest...*, *ob. cit.*, pág. 1923, N.J.W., 1976, pág. 620, B.G.H, *in* N.J.W., 1965, pág. 325, N.J.W., 1987, págs. 2222 (2223).

[496] A este propósito, cfr., BRANAHL, UDO, *Medienrecht...*, *ob. cit.*, págs. 150-151.

[497] Estamos a reportar-nos à questão do regime jurídico aplicável aos contratos mistos. Reunindo-se num mesmo acordo elementos atinentes a diversos tipos contratuais

total ou parcialmente regulados na lei, impõe-se saber quais as regras aplicáveis a um contrato onde reina, quanto ao respectivo conteúdo, a característica da heterogeneidade. A nível dogmático têm sido avançados diversos critérios para resolver tais dificuldades.

As teorias da absorção, da combinação e da aplicação analógica são as propostas comummente indicadas para resolver tais desafios. De acordo com os ensinamentos da doutrina da absorção, impõe-se averiguar, entre as várias prestações integradas no contrato misto, qual a preponderante no âmbito da economia contratual. Identificando o tipo contratual dominante, a disciplina jurídica da relação seria então definida de acordo com o regime para aquele estatuído. Para uma análise mais desenvolvida da teoria da absorção, cfr. LARENZ, KARL, CANARIS-CLAUS-WILHELM, *Lehrbuch der Schuldrechts, vol. II, Besonder teil,* München, 1994, pág. 44 e ss., SICHIERO, GIANLUCA, *Il Contratto com causa mista,* Pádua, 1995, pág. 46-51 e 145 e ss. Uma outra orientação, com base na ideia de que nem sempre se torna possível individualizar um elemento preponderante no contrato misto, ou mesmo quando tal se consiga, não se afigura correcta a extensão da respectiva disciplina jurídica aos demais aspectos da relação contratual, propende para uma combinação ou harmonização de regimes. Desta feita, a teoria da combinação, defende a aplicação isolada a cada um dos elementos da relação contratual, do respectivo regime jurídico. O resultado traduzir-se-á, obviamente, na intervenção de múltiplas regulamentações a propósito de um único contrato.

Para além destas perspectivas, outros autores, qualificando os contratos mistos como categorias omissas na lei, conferem ao juiz o poder de definir, de acordo com os princípios vigentes no âmbito da integração dos contratos, mormente fazendo apelo às regras definidoras da disciplina de contratos análogos, o regime jurídico dessa espécie contratual nova. Uma tal orientação corresponde, à já atrás mencionada, doutrina da aplicação analógica.

Na senda de Antunes Varela, entendemos que "o intérprete não deve enfeudar-se a nenhuma delas, para não correr o risco de cair em puro conceitualismo lógico formal, que significa a inversão da ordem real dos valores servidos pelo direito", Cfr. VARELA, J. ANTUNES, *Das Obrigações em Geral..., ob. cit.,* pág. 290.

A definição do regime jurídico dos contratos mistos implica antes de tudo uma análise atenta da legislação vigente, a fim de averiguar se existe alguma disposição especialmente aplicável à espécie controvertida. A nossa legislação nos n.º 3 do art. 1028.º e no art. 2.º do Regime do Arrendamento Urbano, contém normas dirigidas precisamente à definição da disciplina de contratos mistos emergentes no âmbito da locação. Paradigmática a este propósito deve ser considerada a regra do n.º 3 do art. 1028.º, na medida em que nela se consagram os diversos critérios gerais atrás expostos para a resolução da questão do regime jurídico dos contratos mistos, susceptíveis, enquanto tais, de uma aplicação para além das situações de locação para finalidades diversas. Na verdade, neste preceito legal, consagra-se como regime regra a teoria da combinação, ressalvando-se, no entanto, na excepção final ali contida, a doutrina da integração analógica, e em casos contados, admite também a aplicação da perspectiva da absorção. Apesar de não ser vinculativa esta sucessão de critérios a propósito da disciplina de outras relações contratuais, cumpre, porém, levar em linha de conta a ponderação dos diversos critérios efectuada pelo legislador a

De acordo com uma tal orientação impõe-se averiguar, em face de um concreto *Warentest*, qual dos âmbitos – factual ou valorativo – se pode considerar preponderante. Desta feita, se alguma destas vertentes se puder destacar no contexto global do exame à qualidade dos bens como manifestamente dominante, então a declaração deve ser qualificada em conformidade com esse vector mais relevante.

Apesar de todo e qualquer *Warentest* levar implicada uma base factual, se globalmente for mais significativa a margem de apreciação valorativa, devemos então propender para considerá-lo como um juízo de valor[498]. E se ao invés, um exame das mercadorias ou bens se traduzir basicamente na comunicação de um acervo de informações acerca daqueles, devemos qualificá-lo como *Tatsachenbehauptung,* apesar de esta base poder permitir aos respectivos destinatários formular os seus juízos valorativos[499].

Não podemos cair, de modo algum, na tentação de considerar as conclusões expendidas como fórmulas mágicas para a resolução de todo e qualquer problema emergente neste domínio. Na verdade, ninguém pode ignorar os imbricados problemas suscitados nestas zonas intercomunicantes das declarações de facto e dos juízos de valor, nos quais emergem autênticos labirintos onde as fronteiras são muito ténues e, por vezes, até inexistentes. Em tais situações, não podem ter acolhimento os contributos da doutrina da absorção, devendo antes abrir-se espaço para a influência regulativa daqueloutra perspectiva da combinação.

Não sendo possível detectar um componente preponderante nos *Warentests*, cumpre então analisar cuidadosamente o seu conteúdo e

---

propósito de locação para finalidades diversas. Não obstante estarem em causa realidades oriundas de áreas diversas, certo é que a ideia subjacente à doutrina da absorção no âmbito dos contratos mistos consubstanciada fundamentalmente na subjugação do acessório face ao principal, pode também ser transposta para o domínio extracontratual – art. 484.º. Com efeito, nas hipóteses de afirmações onde se misturam elementos de diversas naturezas (factuais e valorativos) manifesta-se essencial determinar qual deles se paresenta preponderante no contexto global da declaração.

De acordo com o entendimento de que se deve tomar em consideração o sentido global prevalecente nas afirmações onde se misturem elementos factuais e juízos valorativos, cfr. Monteiro, J. Sinde, *Relatório sobre o programa...*, *ob.cit.*, pág. 46, *Persönlichkeitsrechtsverletzung durch Buchpassage*, B.G.H., 30-1-96, *in* N.J.W., pág. 1133, Wagner, Gerhard, anotação ao §824 do B.G.B., *in* Münchener Kommentar..., *ob. cit.,* pág. 1866.

[498] Neste sentido se pronuncia Aldo Giuliani, encontrando fundamento para os *Warentests* no *diritto di critica*, cfr. Giuliani, Aldo, *La Tutela Aquiliana, ob. cit.,* pág. 87.

[499] a este propósito, cfr. B.G.H., *in* N.J.W., 1989, pág. 1923.

identificar quais as afirmações daqueles constantes lesivas do bom nome e do crédito. Somente em relação aqueles aspectos susceptíveis de serem considerados como matéria factual poderá haver lugar à aplicação do art. 484.º. Ora, tal como referimos atrás, essa tarefa pode ser particularmente árdua. Também no ordenamento germânico idênticas dúvidas se têm suscitado, mas a tendência da jurisprudência alemã vai claramente no sentido de resolver toda esta problemática no âmbito das regras gerais, seja do §824 ou do §823I, sem recorrer, portanto, à regulamentação específica da concorrência desleal([500]).

Revela-se particularmente importante neste domínio dos testes de controlo da qualidade dos bens, o apelo ao critério do "leitor médio", para efeitos de qualificação das declarações como juízos de valor ou afirmações de facto.

No entendimento do B.G.H, quando os resultados dos *Warentests* possam facultar a um "leitor médio"([501]) o acesso a um conjunto de dados susceptíveis de permitir orientar as suas escolhas ou opções, devemos considerá-los então como *Tatsachenbehauptung*([502]).

---

([500]) Cfr., B.G.H., *in* N.J.W, 1976, pág. 620 e ss.

([501]) Entre nós, e no domínio aqui particularmente considerado (o da interpretação jurídica – art. 236.º), falamos antes em declaratário ou destinatário normal. Esta tendência para objectivação, manifesta-se também de modo particularmente significativo noutros domínios, em particular o da apreciação da culpa. Aqui se faz apelo ao critério do bom pai de família (art. 487.º, n.º 2), o qual se reporta necessariamente ao homem medianamente diligente, sagaz. Em causa está precisamente o perfil do "homem médio". Na bitola de apreciação têm-se em conta as capacidades medianamente registadas na generalidade das pessoas, de acordo com as regras normais da experiência e da vida.

([502]) Neste sentido se orientou a paradigmática decisão do B.G.H. de 21.2.1989. Em causa encontrava-se a publicação num jornal dos resultados de um teste de controlo de qualidade de colunas de som (*Lautsprecherboxen*), onde se consideravam estreitos os cabos utilizados por determinado produtor no fabrico daquelas. A partir de Abril de 1986, este fabricante passou a empregar cabos mais grossos na produção daqueles aparelhos de som, razão por que vem exigir judicialmente a não divulgação de notícias de teor idêntico em futuras publicações.

Colocou-se como questão central o problema de saber se estavam em causa declarações de facto susceptíveis de desencadear a aplicação de §824 do B.G.B. Tanto o L. G. quanto o tribunal de recurso indeferiram a pretensão do empresário. Por seu turno, o B.G.H. acolheu parcialmente este pedido, na medida em que as declarações proferidas, face às características patenteadas pelos novos modelos de colunas, revelavam-se contrárias à verdade. Idêntica posição não foi extensível às afirmações efectuadas a propósito das colunas antigas.

Este tribunal superior considerou que quando aos olhos de um "leitor médio" as declarações de facto assumem uma relevância própria, e sejam susceptíveis de orientar as

Torna-se assim decisivo que aos olhos de um "leitor médio", os factos constantes das declarações revistam um significado autónomo, e assim sendo, possam constituir a base para a formulação de juízos valorativos pelos próprios consumidores.

### 3.3. As declarações de facto e os estados de incerteza

As declarações de facto, enquanto pressuposto do art. 484.º, poderão não se traduzir necessariamente em afirmações peremptórias ou conclusivas?

Por regra, o ilícito ao bom nome e ao crédito encontra-se associado à divulgação de elementos ou circunstâncias de facto, cuja comprovação na e pela realidade histórico-social não coenvolve estados de dúvida, ou especulações.

Retiradas algumas dificuldades probatórias inerentes à própria historicidade social onde emergem os factos, cumpre, no entanto, acentuar que ao debruçar-se sobre estes, o intérprete toma uma posição definida acerca da matéria factual. Se assim não fosse, e admitissemos a inclusão, no âmbito da hipótese normativa do art. 484.º, das especulações e considerações do agente face à realidade objecto da sua análise, estar-se-ia a alargar o domínio do ilícito ao bom nome e ao crédito aos juízos de valor ou às meras opiniões.

No entanto, as declarações de facto podem, face a todo o contexto onde se encontram inseridas, constituir uma base para suscitar suspeitas (*verdacht*)([503]), formular presunções (*vermutung*), ou levantar interrogações (*fragen keit*)([504]). Apesar de indissoluvelmente ligadas aos factos,

---

opções dos consumidores quanto à escolha dos produtos, encontramo-nos em face de *Tatsachenbehauptung*. Desta feita, contra "*unzutreffende tatsachen im vergleichenden Warentest*" haverá lugar para aplicação do §824 do B.G.B, Cfr. *Unzutreffende Tatsachen im Vergleichenden Warentest...*, ob. cit. págs. 1923 e ss.

Também, a este propósito, Deutsch, partindo de uma análise não meramente literal do §824 do BGB, considera que nos *Warentests Tatsachenbehauptung e werturteil* estão funcionalmente misturadas, destinando-se os resultados dos estudos à divulgação ou comunicação de factos (*tatsachenmitteilung*). Desta feita, o §824 aplicar-se-á a este universo dos *tatsachenmitteilung*, cfr. DEUTSCH, ERWIN, *anotação à decisão do B.G.H. 2.7.1963...*, ob.cit., pág. 511.

([503]) No sentido de considerar que as declarações onde se contêm suspeitas se podem basear em factos, cfr. BRANAHL, UDO, *Medienrecht..., ob. cit.*, pág. 87.

([504]) Neste sentido se pronuncia Pärn, ao considerar que nas especulações (*Hypothesen*) e conexões (*Unterstellungen*) suscitadas em torno de declarações factuais,

todas as hipóteses acabadas de mencionar supõem uma base valorativa, a qual extravasa manifestamente o domínio puramente factual([505])([506]).

Com efeito, as expressões frequentemente usadas (*"soll angeblich"*, *"wahscheinlich"*) para lançar a suspeição sobre os visados pelas declarações, contêm já uma valoração acerca da situação narrada.

Na verdade, uma coisa são os indícios factuais na base dos quais alguém é considerado suspeito, outra bem diversa é o juízo de suspeição lançado sobre essa pessoa. De igual modo, são diversos os planos onde se colocam, por um lado, os elementos factuais constitutivos de uma determinada realidade, e por outro, as conclusões ou ilações retiradas, para os mais variados efeitos, de uma certa recorrência ou constância daquela matéria factual([507]).

Por fim, e no tocante às interrogações ou dúvidas suscitadas em torno dos factos divulgados, estas são também resultado de especulações ou considerações teleológicas proferidas sobre aqueles. As hipóteses ou sugestões acerca do sentido da matéria factual ou do modo como esta emergiu e se desenvolveu, implicam necessariamente uma actividade constitutiva de valoração([508]).

Desta feita, as suspeições, presunções, hipóteses ou dúvidas oferecidas nas declarações de facto, divulgadas pelo agente, não podem considerar-se propriamente como pressupostos de aplicação do art. 484.º.

---

não se encontram apenas integradas por factos, mas também por ficções, cfr. PÄRN, FRANZISKUS, *Tatsachenmitteilung..., ob. cit.*, pág. 2547.

([505]) Razão por que Chiarolla, considera sugestivamente que *"la cronaca non tollera aggiunte, insinuazioni, proposizione di dubbi..."*, cfr. CHIAROLLA, MIRELLA, anotação à decisão do Tribunal de Roma de 2 de Novembro 1994. *in* Il Foro Italiano, 1995, col. 1027.

([506]) Em sentido diferente, embora em termos não muito conclusivos, e reportando-se à aplicação do n.º 1 do art. 164.º do Código Penal de 1982, cfr. acórdão do Supremo Tribunal de Justiça de 5 de Março de 1996, *in* B.M.J., n.º 455, 1996, pág. 435.

([507]) Aliás, no plano jurídico devemos definir a presunção como uma inferência ou um processo lógico baseado em regras de experiência (cfr. a noção avançada a este propósito por Vaz Serra, *Provas/Direito Probatório-Material*, *in* B.M.J., n.º 110, 1961, pág. 183). Apesar de através deste processo lógico traduzido na presunção se poder vir a concluir pela existência de certa realidade factual (art. 349.º), certo é que o *iter* subjacente a essa conclusão implicou necessariamente uma reflexão valorativa apoiada nas "razões fundamentantes dos mais variados domínios da experiência. Desta feita, podemos concluir que subjacente às presunções se encontra um juízo de probabilidade. A este propósito, cfr. SILVA, J. NUNO CALVÃO, *Elisão Fiscal e Cláusula Geral Anti-Abuso*, *in* R.O.A., ano 66-II, Lisboa, 2006, pág. 803.

([508]) A este propósito, considerando o universo especulativo como um domínio insusceptível de prova, cfr. WAGNER, GERHARD, anotação ao §824 do B.G.B., *in* Münchener Kommentar..., *ob. cit.*, pág. 1868.

Em causa estão realidades onde a margem de intervenção valorativa se revela decisiva, razão por que devem ser excluídas do âmbito do ilícito ao bom nome e ao crédito. Uma tal orientação foi desde há muito acolhida pelo B.G.H.([509]), ao considerar imprescindível determinar qual a dimensão preponderante nas declarações quando estas contenham não apenas afirmações factuais ofensivas do crédito, mas também suspeitas, especulações, ou boatos. De acordo com este entendimento, impõe-se averiguar, segundo a perspectiva de um destinatário imparcial, se a vertente factual se revela dominante no contexto global das declarações([510]). Apenas neste caso se poderá convocar a aplicação do §824 do B.G.B. De igual modo, devemos considerar excluídas do âmbito normativo do art. 484.º os juízos de prognose ou outras declarações acerca dos factos futuros (*futurologisches Aussagegegenstände*), em virtude de neste domínio as afirmações não serem proferidas relativamente a factos concretamente ocorridos, não nos encontrando, portanto, em face de um *gegenwart gegenstand*([511]), e para além disso as conclusões alcançadas terem sobretudo na base a consideração de critérios valorativos.

Não podemos, no entanto, escamotear as potencialidades ofensivas das categorias supra-mencionadas na reputação social dos sujeitos por elas visados. Todavia, o nosso ordenamento jurídico oferece mecanismos de protecção adequados para essa vertente externa ou social da personalidade humana através dos quadros tradicionais de tutela da honra([512]).

---

([509]) Cfr., decisão do B.G.H. de 26.1.1951, *in* N.J.W., 1951, pág. 352.

([510]) De acordo com a aplicação de um tal critério, poder-se-á chegar à conclusão que certas declarações onde se lancem suspeitas constituam declarações de facto. Cfr. B.G.H., *in* N.J.W., 1978, pág. 2151.

([511]) Neste sentido, PÄRN, FRANZISKUS, *Tatsachenmitteilung und...*, *ob. cit.*, pág. 2547, WAGNER, anotação ao §824 do B.G.B., *in* Münchener Kommentar..., *ob. cit.*, pág. 1868.

([512]) A este propósito, cfr., SOUSA, R. CAPELO, *O Direito geral...*, *ob. cit.*, pág. 306. Nestas situações, a honra poder-se-á considerar atingida por declarações ocultas ou escondidas (*Verdeckte Aussage*), as quais se traduzem precisamente em imputações de factos disfarçadas, nos mencionados juízos de suspeição, nas presunções, ou nas hipóteses levantadas em declarações onde se misturam factos e juízos de valor. Ora, estas declarações implícitas ou ocultas podem ser colocadas para efeitos de protecção da honra, em pé de igualdade com aqueloutras expressamente formuladas. Basta para tal, que na perspectiva de um leitor médio, da declaração implícita se deduza inequivocamente a lesão a este bem fundamental da personalidade humana. No fundo, por via interpretativa, dever-se-á detectar se nestas declarações, tal como em relação às declarações expressas publicamente proferidas, se regista um carácter manifestamente ofensivo da consideração e respeito desfrutado pela pessoa no seu meio social. Neste sentido, Cfr. PALANDT, *Bürgerliches Gesetzbuch...*, *ob. cit.*, págs. 1275-1276. Porém, a jurisprudência constitucional alemã, em nome da tutela

O bem jurídico da honra perspectivado na óptica da consideração ou estima desfrutada por cada pessoa no respectivo meio ou ambiente social, constitui precisamente aquele aspecto da personalidade susceptível de ser mais atingido pelas afirmações geradoras de incertezas ou de dúvidas.

Aliás, constitui ainda um obstáculo à aplicação do art. 484.º relativamente ao autor das declarações a circunstância de os juízos de suspeição, as presunções, bem como as hipóteses levantadas poderem não ser da autoria de quem divulgou os factos donde aquelas emergiram. Quando tal suceder, torna-se ainda mais evidente a não atribuição de responsabilidade a quem propalou os factos desencadeadores de juízos ou valorações ulteriores.

Porém, como iremos referir adiante, uma vez respeitadas as exigências de rigor na recolha dos dados (fidedignidade das fontes), bem como os ditames da proporcionalidade no tocante ao conteúdo das declarações e havendo interesse objectivo na sua transmissão, a liberdade de expressão legitima a divulgação de factos, mesmo quando estes se revelam prejudiciais aos olhos dos respectivos destinatários([513]).

Se tais factos são capazes, face às regras da experiência ou de certos sectores específicos de actividade, de conduzir a certas ilações ou conclusões, as quais são já produto de uma valoração, tal não pode ser imputável ao agente a título de responsabilidade por divulgação de factos ofensivos ao bom nome e ao crédito([514]).

### 3.4. A manifesta exclusão dos juízos de valor ou meras opiniões do âmbito normativo do art. 484.º. Alguns universos particulares. Breves consideraçoes em torno da crítica ideológico-política

Ao longo deste caminho trilhado com o objectivo de definir critérios ou pontos de apoio para a destrinça entre declarações de facto e juízos de valor, ficou bem claro, desde início, a exclusão dos juízos valorativos da hipótese normativa do art. 484.º. Tal resulta *expressis verbis* da letra da

---

da liberdade de expressão, tem propendido para as qualificar como juízos de valor, *in* N.J.W., 1992, pág. 1440.

([513]) Neste sentido, cfr. BRANAHL, UDO, *Medienrecht...*, *ob. cit.*, pág. 87.

([514]) Apenas quando o agente, para além de transmitir os factos, formular também presunções, ou levantar suspeitas susceptíveis de atingir a honra dos respectivos destinatários, poderá haver lugar à sua responsabilização, com base na da tutela daquele bem jurídico fundamental (art.ºs 70.º e 483.º). Assim sendo, mesmo em tais hipóteses o regime jurídico adequado para o seu tratamento não é o definido no art. 484.º.

lei, a qual se reporta única e simplesmente à afirmação e divulgação de factos ofensivos do bom nome e do crédito([515]).

Encontram-se assim claramente afastados do âmbito do ilícito ao bom nome e ao crédito, as opiniões políticas e as declarações ideológicas ou de princípio proferidas no contexto dos mais variados contextos político-partidários. Os maus tratos discursivos protagonizados pelos dirigentes partidários na sequência de uma campanha eleitoral, uma vez circunscritos a questões de natureza político-ideológica, representam o exercício de um direito fundamental à participação política e à realização dos valores da liberdade de pensamento e de expressão, razão por que não são susceptíveis de responsabilizar os seus protagonistas, mesmo quando desfigurem o perfil ou imagem política dos destinatários de tais afirmações eleitorais([516]).

Com efeito, estas atitudes encontram-se justificadas pelas *leges artis* políticas e constituem práticas usuais de um tal universo. Compete então([517])

---

([515]) Em termos interpretativos temos de chegar a uma tal conclusão se atentarmos na natureza do preceito em análise, o qual se deve configurar como uma norma especialmente destinada a regular um particular domínio da reputação ou consideração social das pessoas.

A tutela dos bens jurídicos de contornos algo imprecisos, como o bom nome e o crédito foi alvo de uma norma (o art. 484.º), onde o legislador apenas considerou como pressuposto relevante a afirmação ou divulgação de factos. À semelhança do legislador alemão (§824 do B.G.B) foi propósito da nossa disposição legislativa circunscrever o âmbito deste ilícito à divulgação de factos, embora no B.G.B. o bom nome não seja alvo de tutela. Na verdade, e como sumariamente já atrás nos referimos, além das declarações de facto se revestirem de uma maior potencialidade ofensiva da reputação social, a divulgação de juízos valorativos ou opiniões encontra-se integralmente legitimada pelo valor fundamental da liberdade de expressão. Desta feita, a falta de referência legislativa (art. 484.º) aos juízos valorativos não pode ser vista, de todo em todo, como uma lacuna.

([516]) Cfr., a este propósito, B.G.H., 8.3.1966 (Anonyme verbreitung vom in ausländischer zeitung enthaltenen unwahren behauptungen), in N.J.W., 1966, pág. 1213 e ss.

([517]) Ao socorrermo-nos do verbo competir, não queremos de modo algum sugerir a existência neste contexto de um **dever** a cargo de quem tenha sido particularmente atingido na sua imagem política na sequência de uma campanha eleitoral. Encontrando-nos situados no universo político, parece não fazer grande sentido apelar para o rigor de conceitos jurídicos, com o objectivo de solucionar questões de índole diversa. Aliás, a revelar-se útil neste contexto a convocação de categorias jurídicas, então o ónus afigura-se-nos como a mais adequada.

Na verdade, cabe a quem se sente atingido na sua imagem e perfil político ponderar da oportunidade da reacção às críticas que lhe são dirigidas, e nessa eventualidade escolher os meios mais idóneos para alcançar um tal objectivo. Os cenários políticos são particularmente mutáveis, e uma tal circunstância pode determinar uma atitude de indiferença de quem se sentiu atingido perante o espectro de um eventual sancionamento político futuro

a quem sair diminuído na contenda eleitoral reabilitar a sua imagem política através dos meios considerados, em tal contexto, como mais idóneos ou eficazes para alcançar um tal efeito. Porém, a realidade histórico-política não se afigura sempre tão linear. Nem sempre a crítica política se encontra completamente depurada de referências factuais. Com o objectivo de conferir maior eficácia às críticas ideológico-políticas, os respectivos autores frequentemente se socorrem de memórias ou acontecimentos históricos nos quais se encontraram envolvidos os protagonistas da cena partidária.

Amiúde, em tais situações algumas das circunstâncias narradas não se encontram devidamente esclarecidas, e sob o pretexto de se levar a cabo uma pura crítica política ou uma investigação histórica, acabam por ser desferidas aos visados pelas declarações ofensas significativas à sua honra e consideração social.

Ora, quando assim sucede, os lesados poderão recorrer a diversos meios de tutela disponibilizados pelo ordenamento jurídico (*unterlassunganspruch*)([518]), e não apenas quedar-se pela defesa do seu bom nome e crédito no plano ideológico-cultural.

### 3.5. Juízos valorativos e as análises técnico-científicas

Idêntico raciocínio se pode fazer, tendo em conta as especificidades próprias dos respectivos ramos do saber, a propósito das valorações técnicas, científicas e culturais. Como já deixámos referido a propósito dos relatórios científicos e dos exames comparativos de mercadorias, estas categorias, apesar de se reportarem necessariamente a uma base factual, não podem deixar de ser consideradas, em si mesmas, como o resultado de um esforço autónomo de ponderação ou valoração.

Ora, essa valoração ancora-se numa racionalidade própria, seja ela tributária de uma determinada área do conhecimento científico, ou de um

---

por parte do eleitorado. Basta pensar na hipótese de o político em questão ter decidido retirar-se da actividade político-partidária. No fundo, as reacções adoptadas pelos políticos encontram-se profundamente determinadas pelas suas ponderações, e estas têm necessariamente em vista a procura das soluções mais vantajosas. Assim sendo, e socorrendo-nos de categorias jurídicas para o enquadramento deste tipo de comportamentos, a mais adequada seria efectivamente a do ónus.

([518]) Neste sentido, cfr. a decisão do B.G.H. de 11.1.1966, *in* N.J.W., 1966, pág. 647 e ss. (no aresto discutia-se a licitude de uma publicação feita num jornal semanal, onde se continha a referência à participação passada do visado pelas notícias em acontecimentos históricos, cuja veracidade não foi perfeitamente apurada).

certo sector técnico([519]). Ninguém pode então ignorar neste contexto a indiscutível relativização das propostas científicas, técnicas e culturais, não obstante os pressupostos dogmáticos dominantes nas respectivas áreas do saber em cada momento histórico-social. Porém, também os próprios pressupostos dogmáticos levam implicada uma certa realidade factual, na medida em que boa parte das categorias conceituais apenas se revelam inteligíveis uma vez determinados os *innere tatsachen*([520]). Todavia, uma tal dimensão acaba por ser praticamente absorvida pela discussão das ideias e das valorações axiológicas próprias de cada universo científico--cultural.

O debate e discussão das orientações científicas e culturais constitui um pressuposto indispensável à afirmação da liberdade de investigação. Assim, e a título meramente exemplificativo, um candidato à obtenção de grau de Doutor não pode deduzir um pedido de indemnização com fundamento no art. 484.º, por se considerar particularmente atingido no seu bom nome em virtude das violentas críticas do Júri às conclusões do seu trabalho de investigação.

De igual modo, encontra-se vedada ao candidato, ou ao já Doutor, a possibilidade de exigir aos membros do Júri ou a qualquer outro elemento da comunidade científica na qual se encontra integrado, a não divulgação (*Unterlassunganspruch*) de criticas desfavoráveis aos seus estudos.

Se um universitário se considerar atingido na sua idoneidade científico-académica na sequência de críticas dirigidas aos seus trabalhos, a melhor forma de preparar a sua defesa traduz-se na participação no debate universitário fazendo prova da validade das suas teses, de acordo com o estado actualizado das *leges artis* do respectivo ramo do saber.

### 3.6. Juízos crítico-valorativos e a liberdade religiosa

Um outro domínio, como já anteriormente tivemos ocasião de referir, onde as considerações expendidas anteriormente têm pleno cabimento é o espaço constitutivamente regulado pela liberdade religiosa.

O diálogo inter-religioso indispensável para a consecução das exigências axiológicas coenvolvidas naquele valor fundamental implica

---

([519]) Poderá, neste contexto, convocar-ser aqui a ideia de um privilégio da ciência (*wissenchaftsprivileg*), cfr. WAGNER, anotação ao §824 do B.G.B., *in* Munchener Kommentar zum Bürgerlichen Gesetzbuch, München, 2004, págs. 1868-1869.

([520]) Cfr., B.G.H., *in* N.J.W.-RR, 1999, págs. 1251-1252.

necessariamente um confronto de dogmas e de posições sustentadas pelas mais variadas confissões religiosas.

Por estarem em causa matérias de natureza espiritual, e enquanto tais, particularmente significativas e determinantes na orientação do comportamento dos fiéis, nem sempre o diálogo entre os vários credos religiosos se desenvolve de maneira pacífica. Desta feita, não é de todo em todo invulgar a emergência de cenários de tensão, onde os juízos valorativos proferidos se apresentem como particularmente ofensivos.

Todavia, mesmo quando tal suceda não estará em discussão a aplicabilidade do art. 484.º, na medida em que nos encontramos situados no universo das valorações([521]). Quem se sinta atingido na sua reputação social pelo fogo cruzado da crítica urdida em tais contextos de discussão, fica-lhe sempre aberta a possibilidade de defender os bens fundamentais da sua personalidade através da tutela da honra e dos demais direitos de personalidade. Assim sendo, os mecanismos gerais de tutela são susceptíveis de ser convocados nesta área, pela circunstância de não haver lugar para a intervenção de certos regimes especiais([522]).

---

([521]) Cfr., a este propósito, a paradigmática decisão do tribunal federal de 21 de Junho de 1966 ("Höllenfeuer"), BGHZ, 45, 296, onde, na senda da orientação do Tribunal Constitucional Federal, no caso Lüth, se deu uma particular relevância à livre crítica em detrimento dos interesses e direitos dos particulares, mormente do direito à empresa. Apesar de ao longo deste breve capítulo dedicado ao esclarecimento da posição dos juízos de valor ou opiniões face ao âmbito normativo do art. 484.º, nos termos referido apenas a determinados ramos ou sectores de actividade (ciência, religião, técnica, universidade) onde a margem de intervenção valorativa dos respectivos protagonistas se revela particularmente significativa, não podemos de modo algum, enunciar um princípio da taxatividade circunscrito aos domínios supra-mencionados. Com efeito, apenas procedemos a uma enumeração meramente exemplificativa, e por isso deve considerar-se também excluída da esfera de aplicabilidade deste preceito toda e qualquer declaração onde, de acordo com os critérios interpretativos já referidos, a actividade constitutiva da valoração crítica dos respectivos autores se possa considerar, não obstante a referência a elementos factuais, decisiva ou determinante. Em resumo, e recorrendo à expressão indicada no texto, todas as afirmações situadas no **universo das valorações** devem-se considerar afastadas do âmbito do ilícito ao bom nome e ao crédito.

([522]) Uma tal convocação pode revelar-se particularmente útil. Como em texto nos referimos, a discussão nos domínios científico, cultural, político e religioso... apresenta-se não raras vezes marcada por um clima de particular atrito. Não admira portanto a emergência de situações dúbias, em relação às quais se torne muito difícil distinguir com clareza onde acaba a crítica científica, cultural ..., e onde começa a agressão à personalidade dos protagonistas envolvidos em tais contextos.

Com efeito, a pretexto da realização de uma análise crítica dos mais variados aspectos temáticos, acabam por se dirigir significativos ataques à honra e outros bens da perso-

## 3.7. A sátira como expressão artística e a pluralidade das suas manifestações

Não é possível caracterizar devidamente a sátira sem colocar em evidência a dimensão de criação artística coenvolvida em tal universo. Inquestionavelmente uma obra satírica tem de conceber-se como um género artístico. Assim sendo, as criações satíricas devem conceber-se como manifestações da liberdade de pensamento e de expressão, repousando neste valor estruturante do ordenamento jurídico o seu fundamento de admissibilidade.

Encontramo-nos em face de criações de ordem espiritual cuja finalidade imediata se consubstancia em despertar no público destinatário um espírito crítico, ou até mesmo um ambiente de contestação relativamente aos mais diversos universos (político, social, cultural...) a que se reportam tais obras de engenho. Pretendendo o autor da obra satírica impressionar o seu público alvo, poder-se-á afirmar que se regista neste contexto um propósito claro de fazer ingressar os destinatários da sátira num universo distinto do plano da pura realidade fáctica. Utilizando uma expressão sugestiva a este propósito já empregue na doutrina italiana poder-se-á dizer que a sátira visa suscitar uma compreensão hilariante([523]) das questões versadas nas respectivas obras.

Do ponto de vista temático, devemos proceder à caracterização da sátira em função da natureza das matérias sobre as quais versa o produto das criações artísticas. Neste contexto, cumpre destacar a multiplicidade e a heterogeneidade dos assuntos susceptíveis de constituir objecto de intervenção satírica. A título meramente exemplificativo podemos referir a sátira política, a dos costumes, a artística, bem como aqueloutra orientada por escopos de índole publicitária([524]). Para além da classificação da sátira de harmonia com os assuntos tratados e as finalidades visadas com as obras satíricas, podemos ainda aludir a um outro critério distintivo que toma como ponto de referência os modos através dos quais estas criações

---

nalidade dos autores das obras e ou discursos submetidos às respectivas apreciações valorativas. Ora, quando tal suceda, o recurso ao regime geral de protecção da personalidade revela-se de grande significado, como já atrás deixámos sublinhado.

([523]) Foi este o modo como um autor italiano Vicenzo Metafora se referiu à sátira, cfr. METAFORA, VICENZO, *Satira, opera..., ob. cit.,* pág. 764.

([524]) Acerca das várias classificações da sátira, em função dos objectivos prosseguidos pelos autores das criações satíricas, cfr. WEISS, LUIGI, *Diritto Costituzionale di satira o diritto di pettegolezzo, in* Il Diritto di Famiglia e Delle Persone, 1994, pág. 184.

intelectuais são transmitidas ao público. A este propósito cumpre fazer menção aos sketches televisivos, às caricaturas jornalísticas...

**3.7.1. A sátira como instrumento de controlo do poder constituído**

Não encontramos no universo satírico uma preocupação de transmitir com fidedignidade e rigor uma determinada realidade histórico-social. A reconstituição da verdade histórica nos mais variados domínios temáticos não representa, ao contrário de quanto se passa no âmbito do direito à livre divulgação de informações e notícias(*diritto di cronaca*), um objectivo primordial, nem tão somente um critério de valoração da actividade de quem se dedica à sátira.

Antes pelo contrário, o discurso satírico é necessariamente ambíguo([525]), implicando quase sempre o recurso a técnicas artísticas idóneas para manipular ou adaptar a realidade sobre a qual se debruça aos propósitos mais ou menos, confessados ou ocultos, prosseguidos pelos autores das respectivas obras.

Aliás, do ponto de vista do relacionamento da sátira com a realidade histórico-social, não se revela necessário que a criação intelectual se reporte a uma certa factualidade na qual estejam envolvidas determinadas pessoas. Se em muitas hipóteses a criação satírica resulta de uma análise e apreciação humorística e até mesmo fantasiosa em torno de certas e concretas situações ou pessoas, tal não permite, no entanto, concluir pela existência de um único e exclusivo figurino de sátira. Para além do paradigma acabado de delinear, podemos deparar-nos com um outro onde a conexão entre a representação artística e a realidade não se consegue descortinar([526]). Estamos a reportar-nos aquelas obras satíricas em que o autor, mercê da sua actividade inventiva, procede à criação de personagens ou dá vida a uma realidade sem qualquer correspondência com o mundo real.

Porém, mesmo neste universo podemos visualizar uma referência mediata à realidade histórica, na medida em que tenha sido propósito do autor da sátira denunciar ou caricaturar um certo sector ou domínio do

---

([525]) Neste sentido, cfr. METAFORA, VINCENZO, *Satira, opera...*, ob. cit., pág. 770.

([526]) Acerca desta modalidade de sátira se pronunciam Schönke/Schröder, concluindo não ser possível visualizar em tais hipóteses ofensas à honra (*Ehrverletzung*), pois neste contexto apenas assume relevo a liberdade de conformação artística, cfr. SCHÖNKE/SCHRÖDER, anotação ao §185 do StGB..., ob. cit., pág. 1551.

([527]) Acerca da sátira genérica ou tipológica, enquanto crítica dirigida de modo difuso a uma categoria ou grupo social, cfr. SCHERMI, ALDO, *Diritto della personalitá e satira*, in *Giustizia Civile*, 1998, pág. 553.

contexto social([527]). Trata-se, contudo, de uma referência indirecta, e para além disso, não reportada a uma concreta e particular situação vivenciada no real histórico.

Desta feita, a única dimensão verdadeiramente relevante nesta modalidade da sátira é a elaboração crítica, humorística, não constituindo a referência à realidade um elemento a tomar em conta para a sua caracterização.

Tais considerações não deixam de ser igualmente extensivas, com as necessárias adaptações, à primeira modalidade de sátira atrás caracterizada. Também aí o mais relevante são os aspectos burlescos, os artifícios artísticos([528]) utilizados pelo autor da obras satírica para despertar a consciência crítica e a curiosidade do público acerca das matérias versadas na respectiva criação intelectual. Apesar de neste contexto o real histórico se poder considerar um elemento integrante da sátira, certo é que a sua posição no contexto global da respectiva obra é meramente secundária ou acessória.

O objectivo fundamental das obras satíricas, independentemente da modalidade por estas assumidas, traduz-se em despertar no público uma consciência crítica e uma atitude de denúncia face a um conjunto de situações ou de problemas sociais([529])([530]).

A arte tem-se traduzido, ao longo dos séculos, num poderoso aliado na luta pelas causas sócio-culturais. Podemos então considerar a sátira como uma instância de controlo ou consciência crítica do poder instituído, ou até mais rigorosamente dos vários níveis de poderes dominantes na realidade histórico-social([531]). Deste modo, podemos compreender o trata-

---

([528]) Na vasta panóplia de artifícios ou técnicas utilizadas pelos autores satíricos, mormente os humoristas, cumpre destacar a desfiguração da realidade através do empolamento ou hiperbolização de certas características fundamentais das pessoas ou acontecimentos narrados. Basta pensar, a título meramente exemplificativo, no aproveitamento pelos humoristas políticos dos defeitos físicos das figuras por si caricaturados: a conversão de um míope num cego, de uma pessoa de estatura baixa num anão, cfr., a este propósito, FERNANDEZ, ANTÓNIO AGUILERA, *La Libertá de Expression...*, ob. cit., pág. 135.

([529]) A este propósito, cfr. DOGLIOTI, MASSIMO, AL BANNO, ROMINA, ..., ob. cit., pág. 178, WEISS, LUIGI, *Diritto Costituzionale...*, ob. cit., pág. 183, LOPEZ, ETTORE, *Sui limiti di liceitá del diritto di satira*, in Il Diritto di Famiglia e Delle Persone, 1994, pág. 199, SCHERMI, ALDO, *Diritto della personalitá...*, ob.cit., pág. 552, CHIAROLLA, MIRELLA, *Satira e tutela della persona: il pretore e la "musa infetta"*, in Il Foro Italiano, 1990, I, pág. 3040.

([530]) Em qualquer das modalidades da sátira enunciadas no texto, a referência à realidade histórico-social revela-se meramente instrumental, cfr. CHIAROLLA, MIRELLA, *Satira e tutela...*, ob. cit., pág. 3042.

([531]) Tomando como referência a realidade nacional contemporânea, basta relembrar a importância desempenhada pelas caricaturas e pela sátira poética no combate às estruturas sócio-políticas do Estado novo.

mento mais benévolo, do ponto de vista da responsabilidade criminal, dispensado nos ordenamentos jurídicos dos estados democráticos à sátira e à caricatura enquanto manifestações artísticas([532]).

### 3.7.2. A sátira e a paródia

No universo das criações espirituais destinadas a suscitar no público uma visão hilariante acerca das matérias versadas nas respectivas obras de engenho, ocupa um lugar de particular destaque a paródia. Revela-se assim incontestável uma particular afinidade entre a sátira e a paródia, em termos tais que podemos considerar esta última como uma *species* da primeira, a qual se pode configurar, por seu turno, como um género mais amplo([533]).

Na paródia, a criação artística apresenta uma feição humorística, não obstante a obra na qual se baseia (obra parodiada) corresponda a um trabalho reflexivo e sério. Encontramos aqui bem patente uma especificidade da paródia, porquanto na sátira os meios de expressão artísticos utilizados não são necessariamente os cómicos ou jocosos. Nas obras satíricas as criações do espírito produzidas resultam amiúde da utilização de expressões sarcásticas e até brutais([534]). Os meios cómicos representam apenas uma, entre uma vasta panóplia, de formas e expressão utilizadas pelos autores satíricos para atingirem os seus objectivos. No plano da legitimação da paródia enquanto modo de expressão artística não podemos deixar de convocar aqui a liberdade de expressão, e neste plano destacar de um modo particular o interesse público do enriquecimento do diálogo no âmbito das sociedades plurais, fomentado precisamente através de um despertar das consciências críticas. Ora, como sabemos, uma das formas mais adequadas para conseguir o envolvimento das pessoas nos problemas sociais reside precisamente na sua dessacralização ou descomplexificação através de uma abordagem humorística sobre os mesmos.

Todavia, a admissibilidade da paródia enquanto obra de engenho não deixa de levantar algumas perplexidades atinentes à questão do rela-

---

([532]) A este propósito, cfr. ANDRADE, M. COSTA, *Liberdade de Imprensa...*, ob. cit., pág. 240 e ss.

([533]) Neste sentido, cfr. METAFORA, VINCENZO, *Satira, opera...*, ob. cit., pág. 781.

([534]) Reportando-se à sátira e à caricatura enquanto manifestações artísticas, Costa Andrade considera que "a essência destas formas autónomas de criação artística reside precisamente na exploração do grotesco, do ridículo...", "a caricatura e a sátira alimentam-se invariavelmente do exagero e da hipérbole...", cfr. ANDRADE, M. COSTA, *Liberdade de Imprensa...*, ob. cit., pág. 243.

cionamento entre a paródia como obra artística, e a obra parodiada enquanto objecto de intervenção daquela. Uma adequada ponderação entre os interesses dos autores da paródia e da obra parodiada não pode ser levada a cabo sem se partir do pressuposto que a paródia representa sempre uma criação artística, e como tal, uma obra nova e autónoma. Não obstante dever ser respeitado o conteúdo da obra parodiada, sob pena de se registar uma violação do direito moral de autor do seu titular, a verdade é que uma tal obra é objecto de uma reelaboração baseada em alterações externas introduzidas por quem cria a paródia.

Aos olhos do público tem de ser perceptível o surgimento de algo novo. Esta novidade consiste, porém, na reformulação exterior, em termos artísticos, do conteúdo de uma obra (a parodiada) que há-de permanecer inalterado[535]. No fundo, a paródia deve ser perspectivada como uma análise crítica que permite um novo olhar sobre um substrato intelectual pré-existente. Se, porém, para os destinatários desta obra de engenho nova, não se revelar inteligível esta qualidade da criação artística, então além de não se verificarem os requisitos necessários para verem garantidos as suas obras no plano do direito autoral, o respectivo autor pode vir ainda a ser responsabilizado perante o criador da obra parodiada. Na verdade, poder-se-á entender que o objectivo de quem criou a paródia se consubstanciou pura e simplesmente num ataque gratuito desferido à personalidade do autor da obra parodiada, pois não foram objectivamente detectadas as desfigurações inovadoras introduzidas. A responsabilização do parodiante poderá então residir na circunstância de se estar a criar no público a ideia errónea que o autor da obra parodiada criou uma obra com certas características, quando efectivamente assim não sucedeu. Isto por que as alterações introduzidas pelo autor da paródia, além de não terem sido suficientes para a qualificar como uma obra nova, acabaram por desfigurar a criação intelectual de referência (a obra parodiada).

Configurando-se indubitavelmente a paródia como uma criação intelectual não se revela, porém, exigível um elevado nível de criatividade para garantir a tutela do ordenamento jurídico a um tal tipo de obras de engenho[536]. Particularmente pertinente pela circunstância da paródia constituir uma obra de engenho com um mínimo de criatividade se revela

---

[535] *Vide*, a este propósito, MONTI, ALBERTO, comentário à decisão do Trib. Milano, ord. 29 gennaio 1996, *in* Foro Italiano, 1996, col. 1428.

[536] Neste sentido, se pronuncia unanimemente a doutrina. Na doutrina italiana, cfr. ARE, MARIO, *L'oggetto del diritto d'autore*, Milano, 1963, pág. 163 e ss., METAFORA, VICENZO, *Satira, opera...*, ob. cit., págs. 782-783.

a questão de saber se poderá falar-se de obscenidade neste particular contexto, ou se, na eventualidade de certas manifestações parodiantes se configurarem como contrárias à ordem pública e aos bons costumes, poderão ainda assim considerar-se como formas lícitas de exercício da liberdade de expressão([537]).

### 3.8. A relevância do critério da impressão causada no público destinatário no âmbito da sátira e da paródia

Torna-se fundamental para afirmar a existência da sátira ou da paródia que o público destinatário deste tipo de obras de engenho possa aperceber-se da emergência de tais manifestações.

Por seu turno, o público apenas poderá formular semelhante conclusão, se as próprias obras contiverem referências ou indicações capazes de objectivamente permitirem a identificação de uma nova realidade artístico-cultural([538]), distinta daquela que constitui o seu substrato referencial.

Apenas poderemos delimitar devidamente o alcance do critério proposto se tivermos em consideração o tipo de público que há-de assumir a posição de juiz na questão da determinação da natureza das obras de engenho divulgadas.

Seguindo de perto uma tendência objectivista prevalecente no tráfico jurídico em vários domínios temáticos, e de um modo particular a propósito da interpretação jurídico-negocial, devemos eleger como protótipo do público destinatário das obras satíricas e das paródias o homem médio. Não se torna assim necessário para se proceder à identificação de tais manifestações a opinião pronunciada por um especialista([539]).

Estando em causa, por regra, um tipo de crítica social e cultural dirigida para uma massa indiscriminada de pessoas, ou seja, para um público anónimo, não encontramos razões válidas para nos desviarmos da óptica analítica de um homem médio.

---

([537]) Sobre uma tal matéria já tivemos ocasião de nos pronunciar a propósito do exercício da liberdade de expressão no plano da criação artística (cfr., parte I, capítulo 2).

([538]) Neste sentido, cfr. LOPEZ, ETTORE, *Sui limiti di liccità ..., ob.cit.*, pág. 202, GIAMPIERI, ALBERTO, *Satira e reputazione del partido politico*, in Giurisprudenza Italiana, 1994, I, (Sezione II), pág. 345-346, PALMIERI, ALESSANDRO, *Gli insulti volano e le notizie strisciano: splendorie e miserie della satira televisiva*, in Il Foro Italiano, 1997, I, cols. 3700-3701.

([539]) Neste sentido se inclinam Schönke/Schröder, referindo-se à classificação das manifestações culturais de acordo com o critério de um leitor imparcial, cfr. SCHÖNKE/ SCHRÖDER, anotação ao §185 do StGB..., *ob. cit.*, pág. 1552.

Para além disso, e como já atrás deixámos referido, a tutela pelo ordenamento jurídico destas obras de engenho não se encontra dependente de um elevado nível de criação artística patenteado pelas mesmas.

Obviamente que este critério, proposto em termos tão genéricos, poderá conhecer algumas adaptações determinadas pelas especificidades do público([540]) alvo das obras satíricas e das paródias. Quando estas sejam direccionadas única e simplesmente para um público muito circunscrito, e particularmente dotado de elevados conhecimentos técnicos, então dever-se-á atender à opinião de um tipo de destinatário superior ao médio([541]). Porém, mesmo em tais tipos de contexto, devemos tomar sempre em conta qual o tipo médio de destinatário identificável dentro desse círculo específico.

No tocante aos resultados de aplicação deste critério, torna-se exigível que o público proceda à distinção entre a obra engenho(sátira ou paródia), e a obra ou o objecto que constituiu a base referencial destas novas manifestações culturais (a realidade histórico-cultural satirizada, e a obra parodiada).

Esta exigibilidade de distinção entre os dois tipos de obras ou realidades manifesta-se mais premente no âmbito da paródia, onde deve resultar clara a cisão entre a paródia e a obra parodiada, pois relativamente à sátira admitimos a existência de uma modalidade onde não se verifica nenhuma referência a uma concreta e determinada realidade histórico-cultural. Porém, mesmo em tais hipóteses parece exigível ser permitido ao público destinatário das manifestações satíricas identificar o tipo de realidade satirizada, conquanto esta tenha sido perspectivada pelo autor satírico em termos muito genéricos.

### 3.9. A sátira e a paródia e o âmbito do art. 484.º

No confronto efectuado entre a actividade satírica e o direito à livre divulgação de informações, e a sátira e a paródia, pudemos constatar a

---

([540]) Tais considerações poder-se-ão considerar particularmente inspiradas quer nos ensinamentos da doutrina da impressão do destinatário (art. 236.º, n.º 1), quer nos contributos das teorias objectivistas da interpretação jurídica. No tocante à identificação do público alvo das mensagens divulgadas revelaram-se preciosos os postulados da doutrina da impressão do destinatário, enquanto que relativamente à natureza do próprio objecto interpretando foram preciosos os esclarecimentos das teorias objectivistas da interpretação.

([541]) Acerca das especificidades do critério proposto em função do elevado nível de preparação técnica e cultural do destinatário das mensagens satíricas, cfr. PALMIERI, ALESSANDRO, *Gli insulti volano...*, ob. cit., col. 3701.

maior proximidade entre estes dois últimos tipos de manifestações culturais, por um lado, e um significativo distanciamento entre a sátira e o universo informativo, por outro.

Tais traços de aproximação e distanciamento revelam-se particularmente importantes a propósito da questão do posicionamento da sátira e da paródia no universo normativo do ilícito ao bom nome e ao crédito.

Circunscrevendo-se a interferência regulativa do art. 484.º às hipóteses onde se descortinem factos, então dever-se-á afastar do âmbito desta norma a sátira e a paródia. Como insistentemente referimos, encontramo-nos aqui colocados perante manifestações culturais, ou obras de engenho.

A crítica aos valores dominantes, o espírito irónico, os contextos culturais, filosóficos, estéticos, onde se integram as realidades satirizadas e parodiadas constituem referências constantes da análise satírica e paródica.

Não se torna necessário um grande esforço de construção dogmática para concluirmos que as realidades fácticas referenciadas por este tipo de obras são colocadas num plano secundário ou subalterno, perdendo toda a sua autonomia. Apenas se afigura relevante no domínio da sátira e da paródia o plano ou a dimensão valorativa. Este predomínio do plano crítico-valorativo sobre o factual permite-nos subtrair a sátira e a paródia dos limites impostos a nível da exposição pelos requisitos da verdade, da contextualização e da proporcionalidade, tal como sucede a propósito da transmissão de eventos noticiosos[542]. Com isto, não estamos a querer sugerir que os autores da sátira, paródia, ou de caricaturas não conheçam limites à sua actividade artística. Não podemos neste contexto ignorar as exigências inatingíveis de respeito pela dignidade humana dos visados por estas formas de manifestações artísticas.

Podemos, então, convocar com alguma oportunidade neste contexto o reforço da protecção da honra no âmbito dos juízos de valor alcançado pelo Tribunal Constitucional germânico[543] através da veemente condenação da Schmähkritik.

Ora é este distanciamento entre o *diritto di cronaca* e a sátira que esteve na base da tendência registada na jurisprudência italiana desde a década de 90 do século passado para autonomizar um novo direito de

---

[542] Como a este propósito sublinha Luigi Weiss, a sátira, por não constituir uma resposta a exigências informativas, não tem de se orientar pela verdade expositiva, nem obedecer a critérios de equilíbrio na exposição ou de racionalidade expositiva, cfr. WEISS, LUIGI, *Diritto Costituzional...*, ob. cit., pág. 192 (o autor propende para a orientação sufragada pelo Tribunal de Roma na decisão de 13 de Fevereiro de 1992).

[543] Neste sentido, vide, ANDRADE, M. COSTA, *Liberdade de Imprensa...*, ob. cit., págs. 290-291.

personalidade – o *diritto di satira*(⁵⁴⁴). Cumpre, no entanto, sublinhar que aquelas expressões da actividade satírica onde as referências à realidade histórico-social se revelam mais intensas são susceptíveis, nas situações onde simultaneamente a criação artística não se manifeste aos olhos do público tão evidente, de suscitar uma eventual aplicabilidade do art. 484.º. Já relativamente às obras emergentes no universo da paródia, a possibilidade de entrecruzamento entre as afirmações de facto e os juízos de valor é substancialmente menor.

### 3.9.1. A sátira e a tutela de outros direitos de personalidade

A circunstância de termos excluído o exercício da actividade satírica e da sua subespécie paródia do âmbito de aplicabilidade do art. 484.º, não implica, de modo algum, a denegação de tutela nas hipóteses de violação dos direitos de personalidade de outrem perpetradas através do exercício da sátira. Mesmo relativamente ao bem jurídico da reputação social atingido pelas criações satíricas, não está, de todo em todo excluída, a possibilidade de garantir o funcionamento do instituto da responsabilidade civil. Com efeito, torna-se perfeitamente possível fazer neste contexto uma aplicação articulada dos arts. 70.º e 483.º.

De igual modo, às violações da dimensão interna da honra ser-lhes-á reservado um tratamento idêntico. No elenco dos direitos de personalidade, por regra, particularmente atingidos pelas manifestações satíricas cumpre ainda fazer menção à imagem e à reserva da intimidade da vida privada. No tocante ao direito à imagem, um terreno particularmente propício à emergência de violações é o da caricatura enquanto subespécie do género satírico. Já em relação à intimidade da vida privada é no universo da sátira dos costumes que se regista o maior número de ataques a este bem da personalidade.

Não nos estamos, porém, a reportar à crítica genericamente dirigida a uma certa classe social, onde é frequente, a nível literário ou até da expressão plástica, o surgimento de personagens e de figuras consideradas

---

(⁵⁴⁴) A atitude da jurisprudência italiana em torno do *diritto di satira* tem-se revelado, no entanto, um pouco paradoxal. Se por um lado, se proclama claramente a autonomização da sátira face à *cronaca*, propondo a sua elevação à categoria de direito de personalidade, por outro, a casuística jurisprudencial propende para impor como limite ao exercício da sátira os requisitos da *verità*, *pertinenza* e *continenza*. Acerca das contradições patenteadas pela jurisprudência italiana em torno do *diritto di satira*, cfr. CHIAROLLA, MIRELLA, *Satira e tutela...*, ob. cit., I, c. 3039 e ss. (nota a Pret. Roma, ord. 16 febbraio 1989, MAYR, CARLO EMANUELE, anotação à decisão da cassação de 26 maggio 1996, n. 4943, *in* Annuario Italiano Diritto Autore, 1999, págs. 398-401.

como representantes tipo do grupo alvo da análise satírica, mas antes às apreciações do mesmo género especialmente reportadas a determinadas pessoas ligadas ao estrato social criticado. Neste último contexto, cumpre realçar, pela maior frequência prática, a sátira desenvolvida relativamente a pessoas que gozam de uma particular notoriedade pública.

Atendendo à maior exposição pública a que estas pessoas se encontram naturalmente sujeitas, não é de admirar a intensificação da crítica exercida sobre as mesmas. Poder-se-á convocar aqui a ideia já anteriormente afirmada da renúncia tácita do direito à reserva sobre a intimidade da vida privada por parte do respectivo titular, pela simples circunstância de este ter alcançado um estatuto de notoriedade pública([545]).

A circunstância da intimidade privada das pessoas públicas ser alvo de uma maior intromissão da curiosidade e da crítica alheia, em nada afecta a titularidade deste direito por aquelas, a qual, de resto, se mantém intangível([546]).

Razão por que o direito à intimidade da vida privada das pessoas com notoriedade pública continua a beneficiar de tutela jurídica, não obstante alguns condicionalismos quanto ao seu âmbito, quando se verificar uma hipótese de desrespeito do respectivo conteúdo.

Neste contexto, não parece igualmente correcto o entendimento dominante nalguma jurisprudência([547]), mormente na italiana, de acordo com o qual os efeitos restritivos do exercício da crítica irónica e satírica na imagem e na intimidade privada deve fazer-se sentir apenas relativamente às pessoas públicas([548]).Uma tal orientação é também sufragada por alguma

---

([545]) As limitações determinadas pela notoriedade pública aos direitos de personalidade da pessoa visada pela sátira são apenas as conexionadas com o estatuto de figura pública, não se admitindo, como sugestivamente sugere Schermi, uma *"invadenza diffusa"* da pessoa satirizada. Cfr. SCHERMI, ALDO, *Diritto della...*, *ob.cit.*, pág. 554.

([546]) Assim, e a título exemplificativo, não se deve considerar como um modo legítimo do exercício da sátira política, aquela hipótese em que a pessoa pública visada na sátira é apresentada aos olhos do público como um homossexual (SCHÖNKE/SCHRÖDER, anotação ao §193 StGB..., *ob. cit.*, pág. 1584). No mesmo sentido, considerando que a crítica satírica relativa a pessoas com notoriedade pública se deve reportar fundamentalmente a aspectos relacionados com as actividades ou funções a que se associa a sua projecção social, e não pode invadir, com propósito de criar escândalo, aspectos da vida privada, cfr. DOGLIOTTI, MASSIMO, AL BANO, ROMINA..., *ob. cit.*, págs. 180-181, WEISS, LUIGI, *Diritto Costituzionale...*, *ob.cit.*, pág. 192, LOPEZ, ETTORE, *Sui limiti...*, *ob. cit.*, págs. 205-206, PALMIERI, ALESSANDRO, *Gli insulti volano...*, *ob.cit.* cols. 3699-3700.

([547]) Para uma análise mais desenvolvida de uma tal orientação, cfr. METAFORA, VICENZO, *Satira, opera...*, *ob. cit.*, págs. 768-769.

([548]) Cfr. LOPEZ, ETTORE, *Sui limiti...*, *ob.cit.*, págs. 202-203.

doutrina, por considerar que apenas relativamente a pessoas com notoriedade pública é possível desenvolver um espírito crítico, e proceder a uma apreciação das mensagens transmitidas, pois em relação às pessoas comuns, o público não tem conhecimentos capazes de formular qualquer juízo valorativo.

Com efeito, também neste âmbito valem as ideias anteriormente expostas, porquanto, por um lado, também qualquer cidadão anónimo pode ver limitado o âmbito dos seus direitos de personalidade à imagem e à intimidade em homenagem ao livre exercício da crítica satírica[549], e por outro, porque a tutela destes direitos fundamentais da personalidade não deixa de ser assegurada unicamente pela circunstância da sua titularidade pertencer a pessoas com notoriedade pública.

# CAPÍTULO 4
# EM TORNO DO REQUISITO DA PUBLICIDADE DAS DECLARAÇÕES DE FACTO

**4.1. Difusão ou afirmação de factos: pressuposto fundamental para aplicabilidade do art. 484.º. Publicidade e confidencialidade das declarações**

Entre os *Tatbestände* do ilícito ao bom nome e ao crédito consagrado no art. 484º conta-se a difusão ou afirmação dos factos. Um tal requisito resulta expressis verbis da letra da Lei: "Quem afirmar ou difundir um facto..."

Impõe-se então determinar o alcance a atribuir a um tal pressuposto. Antes de mais, cumpre destacar a equiparação feita pelo legislador entre a afirmação e a difusão de factos. Com efeito, se fosse propósito de quem elaborou a lei autonomizar estas realidades, ter-se-ia socorrido da vogal "e", considerando então a afirmação e a difusão como requisitos autónomos.

Para além deste elemento literal da interpretação, não encontramos também qualquer razão válida para, do ponto de vista substancial, distinguir as categorias supra-mencionadas. Esclarecida esta questão prévia, cumpre debruçarmo-nos sobre o problema nuclear traduzido fundamentalmente na indagação acerca do sentido a atribuir a esta realidade da "afirmação ou difusão".

---

([549]) A este propósito, cfr. DOGLIOTTI, MASSIMO, AL BANO, ROMINA..., *ob. cit.*, pág. 180.

A um tal propósito não temos qualquer dúvida em afirmar a exigência da irradiação a terceiros, ou melhor dito, em face de terceiros, das declarações de factos proferidas pelo agente([550]). Para efeitos de publicidade das declarações pensamos que o legislador terá acolhido um conceito amplo. O conhecimento das declarações por terceiros tanto pode derivar da natureza pública do meio de divulgação utilizado, como de um qualquer outro contexto onde aquelas foram proferidas([551]).

De igual modo, e no tocante ao específico meio de transmissão pelo qual se conferiu publicidade às afirmações de facto é indiferente a sua forma. Quer a mensagem seja divulgada oralmente ou por escrito, e nesta última hipótese, através de forma solene ou de documento particular, o que se revela importante para efeitos de responsabilização do agente nos termos do art. 484º é a susceptibilidade, de acordo com as exigências legais([552]), ou as regras normais da experiência e da vida, das declarações chegarem ao conhecimento de um auditório mais ou menos amplo.

No que concerne à publicidade da declaração enquanto pressuposto da responsabilidade prevista neste preceito do Código Civil, cumpre tomar em conta o momento da sua formulação([553]), atendendo às respectivas exigências legais, regulamentares, bem como às práticas dominantes em tal período. Impõe-se então indagar, se à data em que as declarações foram proferidas, tendo em conta o enquadramento legal ou regulamentar em vigor, estas se devem considerar públicas.

Estando em causa declarações revestidas de publicidade, deve o seu autor ponderar devidamente o respectivo conteúdo, sob pena de incorrer no ilícito do artigo 484.º.

Se pelo contrário, nos encontrarmos face a declarações confidenciais ou sigilosas([554]), não haverá lugar a responsabilização do agente na

---

([550]) A este propósito, tendo em conta o §824 do B.G.B, Cfr. HELLE, HERNST, *Der Schutz der persönalichen ehre...*, ob. cit, pág. 50, PALANDT, ..., *ob. cit.,* pág. 1275. A nível jurisprudencial, B.G.H., *in* N.J.W., 1970, pág. 187 e ss.

([551]) Cfr. BverfG, *in* N.J.W., 2004, pág. 1942.

([552]) Existem alguns documentos cuja publicidade resulta de imposição legal. Tal sucede com os actos e negócios jurídicos registáveis. De igual modo, e em virtude de regulamentação estatutária, as actas dos entes associativos são acessíveis ao conhecimento do público. Também as decisões de órgãos colegiais, sejam eles pertencentes à administração estadual directa, indirecta ou á administração autónoma local, quando desencadeiam efeitos em relação a terceiros tornam-se acessíveis ao conhecimento público.

([553]) Cfr., neste sentido, BENEDIKT-JANSEN, WOLFGANG, *Die Anwendung...*, ob. cit., págs. 669-670.

([554]) A exigência de confidencialidade ou sigilo levanta, não raras vezes, delicados problemas no tocante à concreta identificação das situações de violação do mencionado

eventualidade de posteriormente, em virtude de alterações legais ou regulamentares, se registar a divulgação dos factos constantes daquela, pela circunstância, de neste momento, esse tipo de declarações gozar já de publicidade. Apenas se ressalvam as hipóteses em que a divulgação das declarações outrora confidenciais, não seja imposta por força da lei, mas corresponda à vontade do respectivo autor. Em tais situações, poder-se-á então suscitar a aplicação do art. 484.º. Caso contrário, constituiria uma violação flagrante do princípio da proibição da aplicação retroactiva das normas jurídicas sancionar o autor das declarações ofensivas do bom

---

dever. O cumprimento de deveres ou de exigências legais que implique a violação da obrigação de sigilo, assim como a dificuldade, tendo em conta a orgânica dos serviços no seio dos quais a confidencialidade é imposta, de identificar quem é terceiro para efeitos de divulgação das declarações representam, entre outras, causas de alguma perplexidade. Vejam-se, a este propósito, os problemas suscitados pela questão da violação do segredo de justiça.

As formulações legais onde se encontra prevista a quebra do dever de sigilo nem sempre se encontram definidas taxativamente, implicando a abertura ou a indeterminação das respectivas categorias uma particular actividade de interpretação e até de integração. Aliás, mesmo quando as condições para a inobservância do sigilo se encontram delineadas de modo exaustivo, as dificuldades interpretativas não se deixam também de se fazer sentir.

De igual modo, a divulgação de certos factos, sobre os quais, em geral, recaía a obrigação de sigilo, a determinadas pessoas pode não constituir a violação de um tal dever, mas antes o cumprimento de uma exigência funcional imposta por lei. No entanto, nem sempre se torna fácil separar com clareza quanto é legalmente imposto, de tudo aquilo que representa já a violação das exigências de confidencialidade. Assim por exemplo, um relatório sobre matéria confidencial elaborado por um técnico de um serviço público tem de chegar ao conhecimento do respectivo superior hierárquico. Algumas perplexidades podem, no entanto, colocar-se quanto à possibilidade de um funcionário divulgar a outros técnicos matéria factual objecto dos seus estudos com o objectivo de esclarecimento das dúvidas em torno daquela suscitadas. Inclusivamente, pode revelar-se útil uma apreciação dos factos por técnicos de outros serviços especializados nas respectivas matérias. A resolução destas dificuldades implica, antes de mais, que se precise a posição assumida pelas pessoas a quem é solicitada a colaboração. Somente pela análise do organigrama funcional dos serviços, bem como do estatuto das carreiras dos funcionários, se torna possível determinar se aquelas pessoas a quem se pedem os esclarecimentos devem ser tidas como terceiros.

Apesar de pertencerem a outras secções ou até mesmo a serviços distintivos daqueles onde se encontram integrados, os técnicos que solicitam os esclarecimentos, podem considerar-se integrados, mercê da regulamentação legal e estatutária aplicável, na mesma unidade funcional. Desta feita, e não obstante no sentido usual do termo serem considerados como terceiros, aqueles a quem os factos são divulgados, atentas as especialidades orgânico-funcionais, podem não assumir uma tal qualidade. Posto isto, nem sempre se pode concluir automática e aprioristicamente pela violação dos deveres de confidencialidade nas hipóteses em que certas afirmações fácticas chegam ao conhecimento de outras pessoas.

nome e crédito de outrem, porquanto as proferiu no pressuposto de serem confidenciais. Se posteriormente uma nova lei impõe a obrigatoriedade de publicação de tais declarações, e não se confere ao respectivo autor a possibilidade de introduzir algumas rectificações susceptíveis de eliminar ou atenuar as ofensas aos bens da personalidade de outrem, então, em nome daquele princípio, não o poderemos responsabilizar nos termos do art. 484.º([555]).

Abstraindo, no entanto, das mutações diacrónicas a nível legislativo, cumpre, como já atrás deixámos mencionado, tomar em consideração a natureza da declaração ao tempo da sua divulgação. Uma vez determinada, a natureza pública/confidencial da declaração, a regra fundamental para efeitos de aplicabilidade do art. 484.º impõe a destrinça entre dois tipos de hipóteses:

Tratando-se de um tipo de afirmação que goze de publicidade, podemos estar caídos no âmbito do ilícito ao bom nome e ao crédito([556]).

Estando em causa uma declaração sigilosa ou confidencial não haverá lugar para se discutir a aplicação daquela norma civilística([557]). Compreende-se, de resto, a *ratio* de uma tal distinção. As declarações mencionadas em último lugar não são susceptíveis, tendo em conta as regras normais da experiência e da vida, de provocar uma diminuição da consideração e respeito dos visados no meio social, na medida em que não são de molde a serem conhecidas por um público, mais ou menos vasto.

A título meramente exemplificativo, uma carta onde o seu autor narre factos susceptíveis de atingir algum dos bens fundamentais da personalidade do destinatário tutelados pelo art. 484.º, sendo-lhe dirigida directamente não cai no âmbito de aplicabilidade da referida disposição, dada a falta de publicidade do meio utilizado. O direito ao segredo e à inviolabilidade da correspondência enquanto instrumento fundamental de tutela da personalidade humana constitui uma inelutável garantia de confiden-

---

([555]) Sempre restará ao lesado a possibilidade de responsabilizar o agente nos termos gerais do art. 483.º. Aliás, uma tal faculdade já lhe era reconhecida no momento em que as declarações eram confidenciais.

([556]) Verificados que sejam, como é óbvio, os demais pressupostos fixados no respectivo preceito do Código Civil.

([557]) Salvo quando quem se encontra adstrito à observância do dever de sigilo não cumpre uma tal obrigação. Nessa circunstância, quem divulgar os factos conferiu-lhes publicidade, colocando-se automaticamente, para efeitos do art. 484, numa situação idêntica à de quem emite declarações, por sua natureza, públicas.

cialidade da correspondência epistolar([558]). Sentindo-se atingido na sua reputação e bom nome, ao destinatário da correspondência, resta-lhe lançar mão dos meios gerais de tutela disponibilizados pelo ordenamento jurídico, sendo-lhe permitido nomeadamente a defesa da sua honra.

**4.2. A divulgação das declarações e o caso particular da transmissão das declarações de terceiros**

Ao debruçarmo-nos sobre a divulgação de factos com o objectivo de delimitar o âmbito do ilícito ao bom nome e ao crédito, estamos sobretudo a pensar na hipótese usual do autor do evento noticioso relatar uma situação de facto por si vivenciada ou constatada, ou dar conhecimento ao público de realidades com contornos definíveis a partir de notas objectivas e publicamente cognoscíveis([559]). Em causa está a categoria tradicional

---

([558]) Existirá sempre um risco mínimo de a correspondência vir a chegar ao conhecimento de terceiros.

Basta pensar na hipótese, não verdadeiramente académica, de o destinatário deixar, por descuido, a carta referida em local onde seja acessível o conhecimento do respectivo conteúdo a outras pessoas.

Todavia, a ocorrência deste tipo de situações não deve ser imputada à esfera de responsabilidade do autor das declarações contidas na correspondência expendida. Não existindo neste contexto a tipificação deste género de risco, haverá lugar á aplicação das regras gerais da responsabilidade por factos ilícitos. Não poderemos então afirmar a existência de ilícito civil nestas situações por faltar, desde logo, um dos seus pressupostos fundamentais: o nexo de causalidade entre o facto e o dano. Nas circunstâncias acima mencionadas, os danos causados ao lesado ficaram a dever-se exclusivamente ao comportamento culposo deste último, e já não à conduta do agente.

De igual modo, quando quem teve conhecimento dos factos constantes da correspondência recebida por outrem proceder à sua divulgação, não se poderá considerar civilmente responsável pelos danos causados ao bom nome e crédito do destinatário da carta, o autor desta. Com efeito, entre o envio de correspondência e os danos causados nos bens tutelados no art. 484.º teve lugar a prática de um acto de terceiro – a pessoa que por motivos ocasionais teve conhecimento do conteúdo dos escritos e procedeu à posterior divulgação do respectivo conteúdo.

([559]) Apenas nos estamos a reportar às declarações factuais, pois apenas estas estão incluídas no âmbito do ilícito deliberado no art. 484.º. Todavia, as mesmas considerações devem valer para a divulgação de escritos onde se contenham juízos ou opiniões próprias sobre os mais variados assuntos. Apesar de excluídos das nossas presentes preocupações, também estes se integram na realidade albergada no âmbito da liberdade de expressão enquanto "direito quadro".

dos relatos jornalísticos, assim como das crónicas das mais variadas temáticas, comummente designada na doutrina italiana por *"notizia di cronaca"*([560]).

Para além das notícias comunicadas directamente ao público pelo autor da declaração, constitui também cenário frequente no universo jornalístico, cultural e científico, a divulgação de declarações de terceiros.

No decurso de uma entrevista um jornalista, não raras vezes, reproduz declarações de terceiros (políticos, cientistas, ou outras pessoas relevantes no contexto das matérias aí versadas). Com efeito, as entrevistas constituem eventos jornalísticos onde o recurso, por quem as dirige, a declarações de terceiros se traduz numa prática vulgar([561]). O mesmo pode suceder na sequência de uma campanha eleitoral, assistindo-se com frequência a discursos políticos com sucessivas referências a declarações de outros protagonistas da cena política, sejam eles correlegionários ou opositores.

De igual modo, também no contexto de um congresso científico ou de um seminário universitário nos deparamos com intervenções de conferencistas repletas de referências aos estudos e aos resultados de investigação de outros cientistas e académicos.

Ora, este universo da divulgação de declarações de terceiros não é inteiramente idêntico aqueloutro abrangido no âmbito do clássico *diritto di cronaca*. Na verdade, ao difundirem-se declarações de terceiros, o autor não se pronuncia directamente sobre a realidade, mas antes se reporta a esta, tendo em conta as declarações sobre a mesma expendidas por outrem([562]).

No tocante á licitude da divulgação de declarações de terceiros não se levantam quaisquer dúvidas. De harmonia com as exigências regulativas do valor fundamental da liberdade de expressão, o *ius narrandi* neste ancorado incluiu necessariamente a faculdade de difundir posições, pen-

---

([560]) A utilização desta terminologia para designar o tipo de realidades supra-mencionadas é seguida copiosamente na literatura jurídica italiana. Neste sentido, e a título meramente exemplificativo, Cfr. GUASTALLA, E. LUCCHINI, *Diritto di cronaca* e *Dichiarazioni di terzi*, in Riv. Dir. Civ., n.º 1, 1997, págs. 1 e ss. (e de um modo particular nas págs. 12 e 13, onde o autor de modo incisivo se reporta à distinção abordada neste título entre *"Diritto di cronaca"* e *"Dichiarazioni di terzi"*).

([561]) Cfr. *ingiuria e diffamazione – Diffamazione a mezzo stampa*, anotação de VOENA, GIOVANNI PAOLO, anotação à decisão do Tribunale Napoli, X Sezione Penale, 23 giugno 1978, *in* Giurisprudenza Italiana, 1979, parte II, pág. 242 e ss.

([562]) Neste sentido, Cfr. GUASTALLA, E. LUCCHINI, *Diritto di cronaca*, ob. cit., pág. 13.

samentos e realidades versadas por outrem([563]), apesar dos entorses aqui desferidos ao "modelo clássico".

Todavia, as especificidades destas declarações face ás afirmações da autoria de quem as emite não deixa de levantar algumas perplexidades, nomeadamente a nível de enquadramento e regime jurídico. Antes de mais, impõe-se averiguar se aos olhos de um destinatário médio a declaração difundida se afigura como uma **declaração de terceiro**.

Para além disso, cumpre ponderar, neste particular contexto, da medida de relevância assumida pelas causas gerais de justificação da ilicitude (verdade, interesse da colectividade no conhecimento das notícias divulgadas e adequação e proporcionalidade da forma de exposição) quando uma declaração deste tipo possa ser susceptível de afectar a reputação social de outrem.

Particularmente importante e conexionado com a observância dos requisitos acabados de referir, manifesta-se o problema da determinação da pessoa do responsável. Com efeito, poder-se-á legitimamente questionar se quem difundiu a declaração poderá ser responsabilizado na medida em que se limitou a transmitir uma realidade constatada ou uma opinião formulada por um terceiro.

### 4.3. Declarações de terceiros e a clareza de exposição ("Leale Chiarezza")

Em muitas situações de divulgação de declarações de terceiros, afigura-se particularmente melindrosa a questão de saber se nos encontramos efectivamente confrontados com um tal tipo de realidade.

Pela circunstância de a mesma declaração ser transmitida por mais de uma pessoa, nem sempre se revela fácil saber quem é o autor da realidade narrada ou do pensamento difundido. Identificar e enquadrar a situação sub-iudice na categoria dogmática das declarações de terceiros representa, antes de mais, um problema de interpretação.

Cumpre então, como já atrás deixámos mencionado, averiguar se de acordo com a perspectiva de um destinatário normal ou médio, este poderá concluir com clareza que a notícia não se traduz na directa narração

---

([563]) Neste sentido, Cfr. BARILE, PAOLO, *Libertá di manifestazione del pensiero*, Milano, 1975, pág. 34. Salvo, obviamente, quando em relação a tais declarações exista um dever de sigilo.

de um acontecimento real feita por quem a divulga, mas sim na reprodução de afirmações de terceiros([564]).

Por regra, a notícia da qual consta a declaração de terceiro não inclui única e simplesmente estas afirmações, abrangendo também um conjunto de informações complementares conexas com aquela, assim como comentários neste contexto formulados pelo autor do evento noticioso.

Referências ao contexto espaço-temporal no qual foi emitida a declaração do terceiro, menções a um conjunto de circunstâncias particulares (antecedentes, aspectos conjunturais) susceptíveis de melhor elucidar o teor das mesmas, constituem, entre outros, elementos integrantes do espaço noticioso onde aquela declaração também figura.

Em nome de inelimináveis exigências de uma clareza expositiva, o jornalista, o político, o cientista..., etc. deve esforçar-se por transmitir tais informações complementares e eventuais comentários com a maior isenção e neutralidade. Assim sendo, deverá evitar-se o recurso a expressões insinuosas, a sínteses valorativas, bem como será aconselhável a não utilização de um tom excessivamente dramático ou escandalizado nos comentários expendidos([565]). Estes cuidados poderão assim permitir que as informações acessórias constantes das notícias cumpram um dos seus objectivos fundamentais: permitir ao público dilucidar a existência de uma declaração de terceiro.

Em termos de técnica jornalística e tipográfica existem ainda outros meios capazes de clarificar a autoria da declaração transmitida. Desde o modo mais eficaz traduzido na expressa indicação do terceiro que fez a declaração (através do recurso às citações)([566]), passando por uma sepa-

---

([564]) Neste sentido, Cfr., SCALISI, ANTONINO, *Brevi riflessioni su "la libertà di cronaca ed il valore della persona umana"*, in Il Diritto di Famiglia e delle Persone, 1994, pág. 1366.

([565]) Estes são alguns dos vícios ou defeitos expositivos susceptíveis, de acordo com a emblemática decisão da cassação de 18 de Outubro de 1984 (onde ficou definido o "decalogo" del giornalista), de contender com a desejável *"leale chiarezza"*. Para uma apreciação da posição da doutrina italiana em torno das exigências da clareza expositiva no âmbito do exercício do *diritto di cronaca*, cfr. SCALISI, ANTONINO, *Breve reflessioni su "la liberta..."*, ob. cit., pág. 1389, PARDOLESI, ROBERTO, *Responsabilità Civile – diffamazione a mezzo stampa – diritto di cronaca – limiti (Cod. Civ., art. 2043)*, in Foro Italiano, 1984, I, col. 2713, GIORGIANNI, MICHELE, *La tutela della riservatezza*, in Rivista Trimestrale di Diritto e Procedura Civile, 1970, pág. 28, GAUDINO, LUIGI, *I Diritti Della Personalità*, in Persona e Danno (a cura di Paolo Cendon), Milano, 2004, pág. 704 e ss.

([566]) A este propósito, cfr. BRANAHL, UDO, *Medienrecht...*, ob. cit., págs. 85-86. O recurso a citações pode, porém, levantar algumas perplexidades, sobretudo quando as

ração dentro do texto da notícia entre as afirmações de terceiro e a restante exposição através da colocação daquelas entre parêntesis ("*virgolettato*")([567]), tudo representam técnicas válidas para garantir ao destinatário dos textos uma exigível clareza expositiva.

A clareza da exposição no âmbito da actividade jornalística não se deve considerar circunscrita unicamente á forma de apresentação do texto das notícias, mas será ainda extensível ao título([568]), subtítulo, eventuais

---

afirmações citadas comportem mais do que um sentido. Neste contexto, e com o objectivo de evitar a frequente utilização de citações erróneas ou inexactas, o Tribunal Constitucional Federal alemão em 1980, a propósito do caso Böll, definiu limites, reputados na doutrina germânica como particularmente exigentes para a ultilização desta técnica de divulgação das declarações de terceiros. De acordo com a orientação aí fixada, o emprego correcto das citações implica uma reprodução literal e integral do respectivo texto. Se o autor da notícia assim não proceder, deverá indicar aos destinatários que as declarações reproduzidas são acompanhadas por uma perspectivação pessoal das mesmas. Cfr. N.J.W., 1980, pág. 2073. Um tal entendimento afigura-se-nos particualrmente rigoroso, uma vez que não se basta com a perspectiva do destinatário médio e razoável atrás sufragada. Com efeito, de acordo com esta última perspectiva, sempre que de acordo com a compreensão deste tipo de destinatário, o conteúdo citado, apesar de não se traduzir uma reprodução fiel, ainda pudesse ser compatível com um dos sentidos imputáveis às afirmações de terceiro, então encontrar-nos-emos perante citações correctas. Para uma análise crítica na doutrina germânica desta posição do Tribunal Federal Alemão, cfr. FORKEL, HANS, "*Das bundesverfassungsgericht, das Zitieren und die Meinungsfreiheit. Überlegungen aus Anlass des Maastrich-Urteils*, in J.Z. (Juristenzeitung), 1994, pág. 638 e ss. (o autor reportava-se à decisão Maastrich (12.10.1993) onde o Tribunal Constitucional incorreu nos próprios vícios que denunciou a propósito do caso Böll).

([567]) Estando em causa declarações de terceiro difamatórias, e como tal atentatórias do bom nome e crédito de outrem, cumpre a quem elabora a notícia da qual aquelas constem socorrer-se desta técnica universalmente reconhecida, sob pena de se dever considerar, aos olhos de um leitor razoável, sufragada por aquele o referido conteúdo difamatório. Neste sentido, Cfr. GUASTALLA, E. LUCCHINI, *Diritto di cronaca...*, ob. cit, págs. 15 e 16, nota 40, *Injuria e diffamazione...*, anotação de Voena, GIOVANNI, PAOLO, ob. cit., pág. 243.

([568]) A grande relevância assumida pelos títulos jornalísticos constitui um dado incontestável. Mercê do ritmo alucinante das vidas quotidianas nas sociedades hodiernas, a leitura de um jornal limita-se frequentemente a uma consulta apressada dos respectivos títulos e subtítulos. Não admira, portanto, a preocupação da imprensa jornalística em apresentar títulos simultaneamente sucintos e sugestivos. Além de se pretender oferecer em poucas palavras uma ideia tão completa quanto possível do conteúdo do artigo, visa-se também criar um certo impacto no leitor, despertando-lhe pelo sensacionalismo do título, uma curiosidade para a leitura integral das notícias. A este propósito, cfr. *Injuria e Diffamazione...*, anotação à decisão do tribunal Napoli, X sezione..., ob. cit., págs. 246-247.

Desta feita, quando do artigo constem declarações de terceiro, o título deverá indicar ao leitor uma tal realidade. Na redacção desta parte inicial da notícia, cumpre então respeitar as exigências da clareza expositiva, sob pena de a formulação do título conduzir a resultados difamatórios. A este propósito, cfr. a decisão da cassação de 5 de Maio de 1995, n.º 4871, in Il Diritto dell'Informazione e dell'Informatica, 1995, pág. 880 e ss. (a qual se limitou a explicitar a orientação (decalogo del giornalista) já contida na paradigmática decisão desta instância de 18 de Outubro de 1984), CALABRESE, ANTONELLO, *Diritto di cronaca...*, *ob.cit.*, pág. 744 (nota 19) (o autor coloca em destaque a decisão proferida pela cassação de 12 dicembre 1991, onde se fazem explícitas referências às exigências de clareza expositiva a propósito dos títulos jornalísticos). Na nossa jurisprudência, veja-se o caso decidido pelo Supremo Tribunal de Justiça no acórdão de 27 de Junho de 1995 (acórdão do Supremo Tribunal de Justiça de 27 de Junho de 1995, in B.M.J., n.º 448, 1995, pág. 378 e ss). Com efeito, e dado o já mencionado sensacionalismo jornalístico, os títulos de certas notícias contêm afirmações muito contundentes e peremptórias, susceptíveis de fazer criar no público a ideia de nelas se encontrar encerrada a verdade.

Várias têm sido as decisões de tribunais italianos, nas quais se condenam os jornalistas pela publicação de artigos cujos títulos, reportando-se embora a declarações de terceiros, inculcam no público a imagem de serem da autoria daqueles profissionais. Referimo-nos em particular á sentença do Tribunal de Nápoles de 23 de Junho de 1978, onde estava em causa a apreciação de uma notícia na qual se fazia menção a afirmações de um parlamentar acerca da colaboração entre a magistratura e a máfia. Esta instância judicial considerou manifestamente censurável a publicação pelo director do jornal em lugares de destaque (*sumário, locandina, copertina*) certas afirmações do parlamentar "*Ecco i nomi dei magistrati corrotti*", "*Ecco perché accuso questi magistrati*", "*Bartolomei non deve restare in calabria un minuto di piú!*", "*il nodo mafia-magistratura passa attraverso la procura generale*". A forma como expôs a notícia, os lugares destacados onde fez publicar as referidas afirmaçõcs parlamentares, revelaram no entendimento deste tribunal uma plena adesão do jornalista e do director do jornal ao conteúdo daquelas, razão por que lhes deve ser associada responsabilidade pela sua publicação.

O modo como se procede ao tratamento das informações, com um particular destaque para as expressões empregues, bem como as técnicas gráficas utilizadas na elaboração de partes fundamentais do artigo, entre as quais destacamos os títulos, são determinantes para a interpretação da notícia feita pelos seus destinatários. A este propósito, consideramos elucidativa a demonstração feita por Guastalla do diferente impacto psicológico causado pela diversidade de técnicas utilizadas na elaboração de um título, apesar de qualquer uma delas se reportar à mesma realidade. Em causa estavam declarações de Caio acerca da culpa de Tizio, mormente quanto á convicção do primeiro no tocante á culpabilidade do segundo. Guastalla refere-se precisamente à alternativa dada ao redactor de uma notícia na qual figurem as afirmações de Caio a respeito da culpabilidade de Tizio. O título de um tal artigo poderá apresentar-se das seguintes formas: a) "*Existono la prove della colpevolezza di Tizio*"; b) "Caio: *existono prove della colpevolezza di Tizio*".

Na perspectiva do autor, o impacto dos referidos títulos é completamente diversa. Enquanto na primeira hipótese, o leitor poderá ficar com a imediata impressão que existem elementos de prova suficientes para demonstrar a prática por Tizio de um ilícito criminal, já no segundo título mencionado, resulta claro estar em causa a publicação de uma declaração do terceiro – Caio. Optando-se por esta técnica na elaboração do epíteto da notícia, o público fica esclarecido que a definição de culpa de Tizio se fica a dever a uma análise de Caio acerca deste problema.

sumários e fotografias([569]) que acompanham a notícia. No fundo, tanto a notícia *stricto sensu*, como todo o complexo noticioso, devem-se considerar submetidos à interferência regulativa das notas da precisão, rigor e clareza da exposição. No fundo, o jornalista, o cientista, o político,..., quando divulga declarações de terceiros deve ter a preocupação de reproduzir fielmente o teor das mesmas. Esta circunstância não impedirá os comentários e as críticas de quem procede à divulgação das declarações de terceiros. Sustentar o contrário representaria um ataque intolerável às mais elementares exigências co-envolvidas na liberdade de expressão, e em particular às múltiplas faculdades encerradas no *ius narrandi*.

Todavia, em homenagem às exigências da objectividade, neutralidade, e isenção da informação, a elaboração da notícia deve permitir ao público distinguir com clareza a declaração de terceiro dos respectivos

---

Com isto não se quer afastar a possibilidade, mesmo na primeira das hipóteses enunciadas, de o leitor se aperceber da existência de uma declaração de terceiro. Para tal, basta que o autor do artigo, com respeito das regras de clareza expositiva, contrarie a primeira impressão causada com o título. No entanto, face á já mencionada eficácia mediática desta parte inicial da notícia, pensamos ser mais correcto respeitar o cumprimento dos ditâmes da clareza expositiva logo nesta fase da elaboração do artigo. Doutra forma, poderá haver lugar para a responsabilização do jornalista, quer quando no desenvolvimento da notícia não venha a conseguir contrariar a primeira impressão causada, ou até mesmo quando atingindo um tal objectivo, não o tenha alcançado com a eficácia desejável para desfazer o impacto psicológico inicial provocado pelo título. Acerca dos comentários a este propósito expendidos por Guastalla, Cfr. GUASTALLA, E. LUCCHINI, *Diritto di cronaca...*, ob cit, págs. 16 e 17.

([569]) Veja-se a este propósito a paradigmática decisão da cassação de 5 de Maio de 1995, n. 4871. Apesar de no aresto judicial não estar propriamente em causa uma hipótese de divulgação de declarações de terceiro, nele se encontra subjacente um critério de rigor e precisão expositiva válido para a difusão de vários tipos de declarações (da autoria de quem as divulga, ou de terceiros).

Em discussão encontrava-se a publicação de uma entrevista no decurso da qual o entrevistado afirmava a existência de provas sobre ligações de alguns magistrados com certas organizações subversivas. Simultaneamente, a notícia vinha acompanhada por uma fotografia relativa a cenas de terrorismo, na qual figuravam três homens armados e de cabeça coberta, um dos quais se encontrava pronto a disparar. No entendimento deste tribunal superior, uma tal fotografia fez levantar a suspeita de ligações entre os magistrados aludidos na entrevista e as organizações terroristas. Desta feita, entendeu a cassação registar-se uma lesão da reputação social dos magistrados na sequência da supra mencionada entrevista. Uma tal solução baseou-se na circunstância de não se atender apenas ao teor literal do artigo, mas a todo o contexto da publicação. A propósito desta decisão judicial, Cfr. *Dir. Inform. e Informática*, 1995, págs. 880 e ss., (em particular p. 884). Ainda a propósito das exigências de clareza expositiva quando esteja em causa a publicação de fotografias, cfr. CALABRESE, ANTONELLO, *Diritto di cronaca...*, ob. cit., pág. 744.

comentários. No fundo, o jornalista deve elaborar a notícia de modo a que o público se aperceba da sua real posição face às declarações de terceiro, ou seja, de distanciamento face à matéria factual divulgada([570]).

Aliás, a clareza expositiva não vai apenas de encontro aos interesses do público destinatário das notícias, mas também representa uma importante válvula de segurança para o autor de tais artigos. Com efeito, se a declaração de terceiro possuir um conteúdo difamatório([571]), e quem proceder à sua divulgação respeitar os ditames da verdade, proporcionalidade, registando-se ainda interesse público no evento noticioso difundido, poderá eximir-se da responsabilidade por danos causados à personalidade dos visados com as declarações de terceiro([572]).

---

([570]) Nem sempre se torna fácil manifestar aos olhos do público um tal distanciamento quando as declarações de terceiro sejam acompanhadas de comentários de jornalista. Em tais situações revela-se problemático identificar o verdadeiro autor das declarações, acabando estas por ser imputadas a quem profere os comentários, cfr. BRANAHL, UDO, *Medienrecht...*, ob. cit., págs. 85-86.

([571]) Quando nos referimos a declarações com conteúdo difamatório, não estamos a considerar apenas as afirmações contrárias à verdade. Com efeito, também as declarações verdadeiras podem, de acordo com a nossa perspectiva, considerar-se atentatórias do bom nome e do crédito.

([572]) O problema da responsabilidade de quem procede à divulgação de declarações de terceiros reveste-se de uma particular complexidade, não havendo por conseguinte fórmulas apodíticas para resolver em termos definitivos tais dificuldades. Impõe-se, na verdade, tomar em consideração todo um conjunto de circunstâncias susceptíveis de influir no enquadramento da questão. Desde logo, a averiguação da eventual natureza confidencial da declaração de terceiros. Quando o terceiro tenha proferido as suas declarações num contexto onde se imponha a observância de sigilo, e mantendo-se as razões de confidencialidade, a divulgação por outrem de tais afirmações deve considerar-se necessariamente um acto ilícito. A título meramente exemplificativo, se a entidade patronal, na sequência de um processo disciplinar, profere declarações consideradas atentatórias aos bens da personalidade do trabalhador tutelados no art. 484.º, não pode ser considerada responsável nos termos deste preceito. Todavia, se alguém tendo acesso a tais informações, divulgar os dados constantes naquele processo, facultando assim o conhecimento destes a terceiros poderá incorrer na prática do ilícito ao bom nome e ao crédito.

Não queremos analisar aqui, por se extravasar manifestamente o âmbito da nossa exposição, as hipóteses de alguém imputar publicamente a outrem afirmações por este nunca proferidas. Na verdade, estamos a reportar-nos neste contexto a declarações efectivamente proferidas por terceiros e posteriormente difundidas por outras pessoas. Ora tal não sucede nas hipóteses acabadas de mencionar. Desta feita, em tais situações, para além da aplicação do art. 484.º, poderá afirmar-se a prática de um crime de falsas declarações, uma vez verificados os pressupostos dos tipos legais de crime previstos nos arts. 359.º e 360.º do Código Penal.

No entanto, as hipóteses típicas a considerar no âmbito da divulgação de declarações de terceiros são aquelas em que estes, por iniciativa própria ou por exigências legais, tornam

## 4.4. Declarações de terceiro ilícitas. O dilema da sua divulgação por outrem

No tocante à clareza expositiva debruçámo-nos fundamentalmente sobre a forma como o órgão de comunicação social procede à reprodução das declarações de um terceiro.

No entanto, este requisito fundamental para a boa elaboração das notícias deve ser analisado também a propósito da própria declaração de terceiro que é objecto da divulgação([573]). As próprias declarações de ter-

---

públicas as suas afirmações. Assim sendo, e no tocante á publicação por outrem de tais realidades não existe, *a priori,* qualquer obstáculo. Resta então, para efeitos de apuramento da responsabilidade civil, confrontar o conteúdo das declarações – a efectuada pelo terceiro e aqueloutra emitida por quem proceder à sua posterior divulgação. Nesse confronto torna--se necessário apurar se a declaração do terceiro tinha conteúdo difamatório. Caso a resposta seja negativa, e considerando-se os destinatários da notícia agora atingidos nos bens fundamentais da sua personalidade, então devemos ter como civilmente responsável quem procedeu, com alterações, à difusão das declarações de terceiro. Possuindo as afirmações deste último um carácter ofensivo da honra, bom nome e crédito de outrem, a responsabilidade de terceiro não faz declinar o ilícito em que se possa incorrer quem ulteriormente as divulga a um público mais ou menos amplo. Neste sentido se tem orientado a jurisprudência italiana dominante, cfr. Tribunal de Roma, 24 Settembre 1991, *in* Giust. Penal, 1993, II, pág. 310, Cass. 6 ottobre 1981, anotação Menghini, *in* Riv. Pen., 1982, pág. 638. Com efeito, se o jornalista, político, cientista,..., ao transmitir a notícia não respeita as mais elementares regras de clareza e rigor na exposição, bem como se não existe qualquer interesse colectivo justificativo para uma tal difusão ou o relevo que lhe é atribuído se revela desproporcionado ou excessivo, então tais sujeitos poderão também considerar-se responsáveis. Neste sentido, Cfr. GUASTALLA, E. LUCCHINI, *Diritto di cronaca..., ob. cit.,* pág. 13. Uma tal solução parece-nos defensável, porquanto o modo como o artigo foi elaborado veio a revelar-se também difamatório, apesar da declaração de terceiro aí constante também já revestir tal carácter.

([573]) Esta questão revela-se distinta daqueloutra respeitante ao carácter difamatório das declarações reproduzidas. Enquanto a propósito da difamação está em causa um problema substantivo de identificação dos bens fundamentais da personalidade atingidos com as afirmações difundidas ou com a falsidade das declarações divulgadas, no tocante à proporcionalidade e clareza expositiva das declarações de terceiro, a questão nuclear situa-se no plano da técnica ou forma subjacente á elaboração das notícias. Apesar de em certas circunstâncias o modo de exposição contribuir para conferir às declarações um carácter difamatório, ou até para agravar as ofensas já cometidas nas próprias declarações, não podemos deixar de autonomizar estes dois tipos de questões. Neste contexto, cumpre destacar a paradigmática decisão da cassação de 18 de Outubro de 1984, onde se enunciaram os critérios que devem presidir ao exercício da *cronaca,* sob pena de os jornalistas inċorrerem em responsabilidade civil. Entre tais directivas orientadoras, contam-se precisamente, em igualdade de condições a **veracidade** e o **interesse social das notícias**, a **clareza da**

ceiro podem ter sido elaboradas sem qualquer respeito por estas regras fundamentais da exposição. Não raras vezes, os jornalistas deparam-se com afirmações de outrem exaltadas, e marcadas por sugestões escandalosas. De igual modo, estes profissionais confrontam-se com afirmações de terceiros cuja importância das matérias aí versadas se revela pouco significativa face às graves repercussões causadas na esfera jurídico-pessoal dos respectivos destinatários.

Dada a importância de tais declarações para o esclarecimento das matérias versadas nos seus artigos, ou até com o objectivo de causar um maior impacto psicológico, despertando assim uma curiosidade acrescida do público, os jornalistas, políticos, estudiosos,..., defrontam-se com particulares dificuldades no tratamento das afirmações de terceiros.

Perante este tipo de afirmações desproporcionadas, cumpre ponderar devidamente a atitude a adoptar quanto à possibilidade de proceder à sua ulterior difusão. Abrem-se então algumas alternativas nesta fase prévia de opção quanto ao rumo a atribuir às notícias.

Reproduzir textualmente as declarações de terceiro, abster-se de publicá-las ou proceder á sua publicação após um prévio tratamento e adaptação, representam atitudes possíveis, quando alguém pretenda fazer uma alusão ou basear o seu discurso naquelas afirmações.

Em rigor, a abstenção de publicação não constitui uma verdadeira alternativa([574]), quando as matérias versadas no artigo resultem melhor

---

**exposição**. *Il "decalogo" del jornalista*, tal como foi definido pela cassação não ficou imune às críticas doutrinárias de E. Ropo e Pardolesi, os quais mostraram a sua preocupação face à possibilidade de responsabilização dos jornalistas em virtude do estilo literário utilizado, apesar de as notícias por aqueles divulgadas poderem revestir interesse social e serem verdadeiras. Um tal resultado decorria da equiparação do relevo atribuído pela cassação às várias directrizes modeladoras do exercício do *diritto di cronaca*. Diversamente se pronunciou Ferri, considerando que a cassação se limitou a individualizar algumas técnicas expositivas aparentemente inócuas, mas susceptíveis de provocar lesões significativas à dignidade de outrem, relativamente às quais a jurisprudência vinha já manifestando a sua censura. Para uma análise mais desenvolvida desta problemática, cfr. ROPPO, ENZO, *La corte di cassazione e il decalogo del giornalista*, in Nuova Giur. Civ. Comm., 1985, I, pág. 220 e ss., PARDOLESI, ROBERTO, Anotação a decisão da cass. 18 ottobre 1984, n. 5259, *in* Foro Italiano, 1984, I, c. 2713, FERRI, GIOVANNI, *Tutela della persone...*, ob.cit., pág. 624, CERRI, AUGUSTO, *Tutela dell'onore, riservatezza e diritto di cronaca in alcune sentenze della corte*, in Giur. Cost., 1974, pág. 1349 (para este autor, o requisito da clareza expositiva traduz-se numa mera tautologia).

([574]) Diferente foi, porém, o entendimento do supremo ao não considerar lícita a reprodução da imputação de factos ofensivos da honra divulgados por outrem, acórdão do Supremo Tribunal de Justiça de 5 de Março de 1996. Todavia, a propósito do caso *sub*

enquadradas e compreendidas com a referência às considerações de terceiros. Desde logo, esta opção não se encontra em conformidade com as exigências regulativas do princípio da liberdade de expressão, sobretudo quando haja um interesse da colectividade no conhecimento e esclarecimento de certas matérias, para o qual se revelem importantes as despropositadas e exageradas afirmações de terceiros.

Apenas poderemos compreender uma tal atitude inibitória quando as declarações, pelo seu conteúdo, se possam considerar manifestamente ofensivas dos bons costumes([575]). A este propósito poder-se-á, no entanto, ainda levantar dúvidas quanto à legitimidade de uma tal opção, na medida em que quando estão em causa declarações de terceiros com conteúdo difamatório não se defende, por uma tal circunstância, a abstenção de outrem as difundir.

Em causa estão, no entanto, realidades distintas. Enquanto nas hipóteses de violação dos limites impostos pelos bons costumes se infringem exigências ou interesses públicos condicionadores da liberdade de expressão, no âmbito das declarações difamatórias de terceiro regista-se apenas o desrespeito pelos direitos e interesses dos particulares.

---

*indice* entendeu que a divulgação de declarações de terceiros recentemente proferidas não devem responsabilizar quem agora as propala porque "passou pouco tempo sobre a data das primeiras notícias sobre os factos e por isso é de crer que o autor, com os escritos apreciados nesta acção, não tivesse aumentado o dano na sua honra em termos merecedores da tutela do direito (cfr. n.º 1 do art. 496.º do Código Civil), cfr. acórdão do Supremo Tribunal de Justiça de 5 de março de 1996, *in* B.M.J., n.º 455, 1996, pág. 434.

([575]) Neste sentido, Cfr. BARILE, PAOLO, *Libertá di manifestazione...*, ob cit, pág. 459. Na verdade, a reprodução de declarações de terceiros claramente atentatórias dos bons costumes poderá configurar um abuso no exercício da liberdade de expressão. Colocam-se a este propósito algumas dúvidas quanto ao enquadramento destas situações no âmbito do instituto do abuso do direito. Como resultou claro da nossa exposição acerca da natureza juscivilística de liberdade de expressão não a qualificámos aprioristicamente como um direito subjectivo, mas antes como um *Ralmenrecht*, no âmbito do qual se filiam uma pluralidade de concretos poderes de exigir ou pretender. Desta feita, ou nos encontramos situados face a faculdades (*ius narrandi* "Dirito di cronaca", direito de resposta...) cuja estrutura não levanta quaisquer aporias quanto á qualificação como direito subjectivo, ou perante uma genérica invocação da liberdade de expressão, a qual já não pode ser considerada no âmbito daquela categoria técnico-jurídica.

Ora, estando o instituto do abuso do direito delineado para as hipóteses de exercício de direitos subjectivos, poder-se-á levantar a questão de saber se será correcto sustentar-se a sua aplicação a propósito daquele valor fundamental genericamente considerado. A este propósito vejam-se as conclusões avançadas na parte I, Capítulo 2, dedicado à delimitação do âmbito da liberdade de expressão sentido negativo e positivo.

Razão por que se verifica entre os dois núcleos de casos uma diferença de essência, susceptível de justificar um tratamento mais severo para as situações de desrespeito dos limites impostos pelos bons costumes.

Não queremos com isto afastar a possibilidade de também em relação às declarações difamatórias proferidas por terceiros, o jornalista ou outra pessoa a cujo discurso estas possam interessar, se abstenha de proceder à sua divulgação. Para tanto, basta não existir um interesse socialmente relevante([576]) capaz de justificar a reprodução de tais afirmações.

De igual modo, quando na sequência de um pedido de retractação deduzido pelos destinatários das declarações ofensivas, o terceiro publicamente se penitenciou, retirando ou corrigindo os termos das suas afirmações, não será então legítimo a quem quer que seja voltar a publicá-las. Com efeito, ao difundir declarações cujo conteúdo já não corresponde ao pensamento, publicamente manifestado, de terceiro, o autor dos respectivos artigos ou crónicas incorre num duplo ilícito. Desde logo, uma tal conduta viola o direito de personalidade de terceiro e eventualmente os seus direitos de autor([577]), por se estar a distorcer o seu pensamento.

Para além disso, este comportamento envolverá a violação dos bens jurídicos da honra, bom nome e crédito dos visados pelas afirmações difundidas. Aliás a eventual responsabilidade civil a que houver lugar recairá, nestas situações, sobre o autor do artigo ou da crónica, e não sobre o terceiro, pela circunstância de as declarações reproduzidas já não corresponderem ao pensamento deste último.

No tocante a uma das outras opções mencionadas – a reprodução textual das declarações de terceiro – poderá ser considerada como a solução mais consentânea com as exigências do valor fundamental da liberdade de expressão. Ao optar por esta alternativa, o jornalista, o político ,... , cumprindo as regras mais elementares de exposição, e respeitando os

---

([576]) Reportando-se à existência deste requisito do interesse da colectividade no conhecimento de declarações difamatórias de terceiro, Udo Branahl exemplifica com a difusão televisiva de debates onde se discutem temas de relevância pública particularmente polémicos. Torna-se então bastante útil, neste contexto, difundir as perspectivas ou pontos de vista contrastantes acerca de matéria em debate. Idênticas considerações podem ser expendidas relativamente à transmissão de debates parlamentares em torno de questões onde não reine uma unanimidade de posições, cfr. BRANAHL, UDO, *Medienrecht..., ob. cit.,* pág. 85. No âmbito da jurisprudência alemã tem-se dedicado também uma particular atenção ao requisito de interesse público da difusão de declarações de facto de terceiros, *vide*, B.G.H., *in* N.J.W., 1977, pág. 1289.

([577]) Com efeito, se as declarações de terceiro constarem de uma obra por si publicada poder-se-á falar, em tais hipóteses, numa violação de direitos de autor.

ditames da verdade, interesse público([578]) da divulgação dos eventos noticiosos..., poderá eximir-se de responsabilidade([579])([580]). Por fim, importa

---

([578]) O interesse público ou social na divulgação das notícias não pode ser visto como um limite lógico ou objectivo essencial ao exercício do *diritto di cronaca*, tal como se afigura, em contrapartida, a exigência da verdade. Acerca da verdade como limite lógico, objectivo essencial do *diritto di cronaca*, cfr. DELITALA, G., *I limiti giuridici della libertá di stampa, in* Justitia, 1959, pág. 383. Com efeito, de um ponto de vista lógico, não se regista nas hipóteses de divulgação de notícias com interesse circunscrito a um pequeno círculo de destinatários, qualquer incompatibilidade com o exercício do *diritto di cronaca*. Neste sentido, cfr. NUVOLONE, PIETRO, *Libertá di cronaca,* Enciclopédia del Diritto, XI, 1962, pág. 423. Acerca do interesse público enquanto condição de exercício do *diritto di cronaca, vide,* ainda, CUPIS, ADRIANO DE, *In tema di offesa morale per mezzo della divulgazione cinematografica, in* Il Foro Italiano, I, 1949, cols. 506-507.

([579]) A exoneração do jornalista não decorre então da simples circunstância de se ter baseado em afirmações de outrem. Desta feita, não se deve excluir a responsabilidade daquele, em virtude de as notícias ofensivas da reputação de outrem já anteriormente terem sido divulgadas por outros periódicos. Neste sentido, cfr. *Ingiuria e diffamazione...,* anotação à decisão do tribunale Napoli, X sezione ..., *ob. cit.,* pág. 247.

([580]) Poderá questionar-se se não será excessiva a contínua responsabilização do autor de tais declarações, ou seja, do terceiro. Com efeito, a ofensa aos bens da personalidade dos visados com as afirmações de terceiro, não tiveram na base, nas hipóteses por nós agora consideradas, uma iniciativa do autor. Todavia, o terceiro ao tornar público as suas posições, não pode ter a pretensão de conseguir travar o efeito irradiante das palavras. Aliás, se as suas afirmações se reportam a uma categoria de pessoas com contornos definidos (uma classe profissional, membros de uma associação...), a generalidade das *Aussagen* poderá causar um círculo de danos manifestamente superior ao previsto pelo terceiro quando as proferiu.

Tal dependerá obviamente da determinação do âmbito subjectivo de tais declarações. Referindo-se a declaração a um conjunto de pessoas determinável, a partir de um conjunto de notas individualizadoras, e mantendo-se actuais as afirmações, poderá o conteúdo difamatório das mesmas atingir um núcleo de destinatários inicialmente aí não abrangidos, conquanto estes se possam considerar integrados nas condições naquelas delimitadas. Obviamente que a extensão da responsabilidade de terceiros a este tipo de situações não pode ser feito indiscriminadamente, dependendo antes de uma adequada definição dos âmbitos objectivo e subjectivo das declarações, bem como dos danos invocados pelos lesados, tendo em conta a concreta posição destes face ao teor das afirmações de terceiros de conteúdo difamatório. No fundo, o modo mais eficaz para o terceiro paralisar os efeitos sancionatórios ligados á divulgação das suas declarações, mesmo quando esta tenha na base um acto de outrem, traduz-se precisamente na retractação no mesmo meio de comunicação social, auditório político ou científico onde aquelas foram proferidas. Uma tal actividade tornada pública no mesmo meio de difusão, ou num instrumento de comunicação com idêntico impacto, permite, *in natura,* desfazer um conjunto de danos causados pelas declarações de conteúdo difamatório.

Pelo menos, em relação aos danos reflexos eventualmente provocados por aquelas, o terceiro conseguirá salvaguardar a sua posição. A este propósito, qualificando como ilícita

fazer menção á ultima das alternativas mencionadas – a publicação das declarações de terceiro devidamente filtradas pela óptica de quem procede à sua posterior transmissão.

Esta atitude evita, por um lado, os inconvenientes coenvolvidos na abstenção em difundir as afirmações de terceiro, e por outro, pode permitir a exoneração de toda e qualquer responsabilidade perante os visados das declarações, por parte de quem proceda a um tal tratamento. Com efeito, o interesse do público em ter acesso à informação não sai prejudicado, ao mesmo tempo que quem difunde as declarações de terceiro pode encontrar nestas os preciosos auxiliares de apoio para o esclarecimento das matérias versadas nos seus artigos.

Por seu turno, depurando as afirmações transmitidas de alguns elementos ofensivos da personalidade dos visados, quem procede à sua divulgação conseguirá, com toda a probabilidade, eximir-se de qualquer responsabilidade por ofensas dirigidas a este tipo de direitos.

Todavia, e paradoxalmente, ao introduzir alterações no conteúdo das declarações de terceiro, o jornalista, o político, o investigador,..., que nestas se apoia pode vir a distorcer completamente o sentido das mesmas. Ora, assim sendo, assistir-se-á a uma eventual emergência de responsabilidade de quem divulga as informações perante o seu autor. Não se colocando questões específicas de direitos de autor, registar-se-á pelo menos uma violação clara dos direitos de personalidade de terceiro – da sua liberdade de pensamento e de expressão.

Desta feita, em termos de responsabilidade, assistir-se-á, no contexto de uma tal alternativa, a uma dialéctica afirmação e negação daquela em relação a quem procede á transmissão das afirmações de terceiro, embora atingindo círculos diversos de lesados.

No entanto, não nos parece correcto admitir a existência de uma obrigação a cargo de quem divulgue eventos noticiosos, de proceder a uma adaptação do conteúdo e da forma das notícias difundidas([581]).

---

a divulgação de declarações de terceiros depois de estas terem já sido objecto de desmentidos credíveis, cfr. acórdão do Supremo Tribunal de Justiça de 5 de Março de 1996, *in* B.M.J. n.º 455, 1996, pág. 420.

([581]) Neste sentido se pronunciou o Tribunal de Roma em 3 de Outubro de 1995, a propósito da publicação de uma entrevista de um deputado que tinha chamado verme a um ex-colega de partido. De acordo com o entendimento desta instância judicial, não pode afirmar-se em relação a quem publica uma notícia com interesse publico, a obrigação de adequar o respectivo conteúdo e forma. Neste sentido, Cfr., *Dir. Inform. e Informática*, 1996, pág. 248. Na mesma linha de orientação se tem pronunciado a jurisprudência alemã

Em nome do cumprimento das exigências de clareza, objectividade, e proporcionalidade das declarações transmitidas não podemos, de modo algum, defender a institucionalização de uma espécie de censura "jurisprudencial ou casuística"([582]), susceptível de provocar graves entorses num outro requisito fundamental da comunicação: a verdade das mensagens transmitidas.

Com efeito, ao defender-se a adopção desta atitude face a publicação de declarações de terceiros, acaba por legitimar-se a objectivação de concretas manifestações de censura ao conteúdo das mesmas. Ora, não é de modo algum desejável que à já extinta "institucionalizada censura política", se substitua uma outra, com um âmbito de incidência mais concreto, mas com efeitos muito difusos e também particularmente atentatórios do valor da liberdade de expressão.

### 4.5. Assimetrias entre os títulos e conteúdo das notícias e o rigor informativo

As exigências de clareza e rigor expositivo não se fazem sentir apenas relativamente ao núcleo essencial da notícias, ou seja, quanto ao texto onde se faz a descrição circunstanciada dos acontecimentos. Numa sociedade marcada por ritmos de vida absolutamente alucinantes, onde o tempo urge, regista-se uma tendência crescente para o público destinatário da actividade da imprensa levar a cabo uma leitura apenas superficial e parcial do texto das notícias. Muito frequentemente as pessoas não prestam sequer atenção ao corpo das notícias, quedando-se numa leitura apressada dos respectivos títulos.

Por representarem a parte inicial e permitirem o primeiro contacto do público com o evento noticioso, a elaboração dos títulos deve obedecer a exigências várias, entre as quais, cumpre destacar o seu carácter sintético e sugestivo. Desde logo, o título traduz-se numa resenha ou síntese dos assuntos descritos ao longo da notícia.

Assim sendo, também não admira que a imprensa utilize as técnicas de comunicação consideradas mais idóneas para induzir ou apelar a leitura dos artigos. O recurso a expressões sugestivas, a palavras chave, e a técnicas

---

ao considerar que a redacção dos órgãos da imprensa não pode exercer qualquer influência no conteúdo das declarações de terceiros divulgadas, devendo antes manter uma posição de distanciamento, cfr. OLG Frankfurt, in N.J.W.-RR, 1986, págs. 606-607.

([582]) A este propósito, vide, GUASTALLA, E. LUCCHINI, Diritto di cronaca, ob. cit, pág. 15.

de comunicação como as aspas, os parêntesis..., constituem instrumentos frequentemente utilizados para chamar a atenção de um público muitas vezes distraído, sugerindo-lhe que proceda à leitura dos artigos divulgados na imprensa.

Tendo em conta o importante papel desempenhado pelos títulos na configuração global das notícias([583]), não é de estranhar que também relativamente à sua elaboração devam ser observadas exigências de *verdade, clareza* e *rigor* expositivos([584]). Não podemos, porém, ignorar as dificuldades dos *mass media* em cumprir tais ditames no âmbito de uma sociedade de informação dominada por um espírito de sensacionalismo e competitividade desmedida.

Tais exigências económico-sociais acabam por impor-se de modo tão significativo que os meios de comunicação social não conseguem resistir-lhes, dando origem ao aparecimento de títulos tendenciosos, equívocos, e desconformes com o teor das notícias integradas do corpo do artigo.

Este fenómeno de assimetria entre o título da notícia (**tendencioso, equívoco e inverídico**), e o desenvolvimento ou o texto do artigo (**rigoroso, claro e conforme a realidade dos factos descritos**), constitui o terreno propício para a emergência de violações dos direitos de personalidade de outrem e de aplicação do art. 484.º.

Mesmo quando o teor das notícias obedece inteiramente às exigências de rigor e verdade informativas, o autor do artigo pode ser responsabilizado pela circunstância do título envolver ofensas à personalidade dos visados, ou se crie a aparência do texto versar sobre uma realidade inexistente ou falseada. Como já atrás deixámos mencionado, uma significativa parte do público retém unicamente o sentido decorrente do título dos artigos, não procedendo à leitura, e consequente confronto, entre o seu conteúdo e os caracteres mais salientes e destacados do cabeçalho da notícia.

Paradigmática neste contexto se revela a decisão do B.G.H. de 5 de Dezembro de 1995([585]), onde se discutia o carácter ofensivo do direito geral de personalidade da visada (Carolina do Mónaco) pelos títulos de artigos publicados em vários jornais onde se sugeria que a princesa era

---

([583]) Neste contexto, Wagner chama a atenção para a importância de se proceder a uma interpretação das notícias no seu conjunto. Revela-se assim, mister, analisar articuladamente os títulos e o conteúdo das notícias, *vide,* WAGNER, GERHARD, anotação ao §824 do B.G.B., *in Munchener Kommentar..., ob.cit.,* pág. 1864.
([584]) A este propósito, cfr. CALABRESE, ANTONELLO, *Diritto di cronaca..., ob.cit.,* pág. 744.
([585]) Cfr., B.G.H. 5 Dez. 1995, in N.J.W., 1996, págs. 984-985.

portadora de uma doença cancerígena – "Carolina – ela luta corajosamente contra o cancro no seio". Apesar da leitura do texto do artigo infirmar a impressão causada pelo título, por aí se dar conta da razão de ser da notícia, ou seja, o auxílio prestado por Carolina do Mónaco a instituições empenhadas no combate ao cancro, certo é que o B.G.H. considerou que o direito geral de personalidade da pessoa visada pelo título da notícia foi indelevelmente atingido.

### 4.6. A divulgação de declarações de terceiros e o respeito pela verdade. As teorias do controlo único e do duplo controlo

Ao abordarmos esta questão da importância do respeito pela verdade nas hipóteses de difusão das declarações de terceiro, não estamos a querer debruçar-nos em termos genéricos sobre o problema da *exceptio veritatis* enquanto causa da exclusão da responsabilidade prevista no art. 484º.Trata-se, contudo, de um problema importante, neste contexto, o da definição do sentido a atribuir à inelimitavel exigência expositiva em termos jornalísticos, políticos[586], científicos, de as notícias exprimirem a verdade.

Com efeito, não constitui tarefa fácil determinar o que se entende por correspondência à verdade, quando nos encontramos face à divulgação de declarações de terceiros. Porém, torna-se fundamental esclarecer esta questão prévia, uma vez que quem transmite as declarações, acaba, não raras vezes, por assumir-se aos olhos do público como um garante da verdade ínsita nas notícias difundidas[587].

---

[586] Tendo obviamente em consideração as especificidades próprias do modo como deve ser perspectivado o valor da verdade nas diversas áreas onde os problemas são colocados. O rigor científico posto na exposição das matérias das mais variadas temáticas, impõe um esforço muito apurado na determinação da fidedignidade da realidade fáctica em relação á qual as investigações se reportam.
Ao aludirmos brevemente ao problema da verdade, estamos apenas a chamar a atenção para a relevância do universo factual subjacente à actividade desenvolvida nos mais variados sectores. Com efeito, se nos reportarmos ao domínio da valoração, seja no plano político, científico ou jornalístico, a verdade surge aí muito mais relativizada porque nos encontramos então situados num contexto onde a liberdade se afirma com intensidade significativamente maior. Não faremos aqui maiores desenvolvimentos, porquanto tal extravasa do âmbito das preocupações dominantes neste contexto da divulgação das declarações de terceiros.

[587] A este propósito, cfr. Pärn, Franziskus, *Tatsachenmitteilung, ob.cit.,* pág. 2546 (especialmente nota 14).

Basicamente deparamo-nos aqui perante um dilema consubstanciado nos seguintes termos: Por correspondência á verdade devemos ter em conta o confronto entre o conteúdo das afirmações de terceiro com a realidade à qual estas se reportam, ou será antes de atender à coincidência entre os factos narrados e os juízos manifestados pelos terceiros, e a notícia tal como foi divulgada por quem se baseou em tais declarações?

Bem vistas as coisas, o objecto da indagação sobre a verdade é diferente em cada um dos termos da alternativa acabada de esboçar. Enquanto na primeira perspectiva as atenções volvem-se sobre os factos versados nas declarações de terceiro, na segunda proposta, o objecto da análise traduz-se nas próprias declarações de terceiro.

A opção por uma das linhas de orientação expostas, além de implicar consequências jurídicas diversas, envolve ainda no plano dos princípios jurídicos uma diversidade de entendimentos particularmente significativa. Desde logo, cumpre salientar uma diferença fundamental no tocante ao cumprimento do dever de controlo das fontes de informação por quem difunde as declarações de terceiro.

Tomando em consideração a hipótese mais paradigmática do exercício da actividade jornalística, o jornalista teria de realizar um duplo controlo, quando se entenda que a indagação acerca da verdade deva ter por objecto os factos referidos nas declarações de terceiros. Ao publicar uma notícia da qual constassem tais afirmações, estes profissionais deveriam preocupar-se não somente com a reprodução fiel daquelas, como também em averiguar se as narrações efectuadas por terceiros correspondiam à verdade([588]).

Diversamente, de acordo com a segunda das alternativas atrás mencionadas, realizar-se-á apenas um único controlo sobre o teor das declara-

---

([588]) Na jurisprudência e doutrina italianas, várias são as vozes a levantar-se neste sentido. Cfr. decisão da cassação de 11 de Novembro de 1975, e 3 de Janeiro de 1975 (*in* Giust. Pen., 1975, II, pág. 602), cassação penal, sez. V, 9 dicembre 1981, n. 10908 (com nota de Menghini), *in* Rivista Penale, 1982.

De igual modo, um certo sector da doutrina transalpina tem propendido para apenas considerar a verdade constatada directamente pelos jornalistas, ou por estes apreendida em fonte de informação reconhecidas e qualificadas, como causa de exclusão de responsabilidade no exercício do *diritto di cronaca*, cfr. VASSALLI, GIULIANO, *Libertá di stampa e tutela penale dell'onore*, *in* Arch. Pen., 1967, I, pág. 31, BARILE, PAOLO, *Libertá di manifestazione...*, ob. cit., pág. 37, GUADAGMO, *Diritto di cronaca e diffamazione a mezzo stampa*, *in* Giust. Pen., 1951, II, pág. 880, RAMAJOLI, *Offesa all'onore della persona e libera manifestazione del pensiero*, Milano, 1966, pág. 54. Para estes autores, não basta um controlo da veracidade das declarações transmitidas baseado na simples verosimilhança.

ções de terceiro, a fim de assegurar uma sua reprodução fiel nos eventos noticiosos naquelas baseados([589]).

Subjacentes a estas diversidades encontram-se, por seu turno, linhas de pensamento igualmente díspares. Na verdade, quem sufrague o duplo controlo propende para uma visão mais rigorosa quanto ao modo de cumprimento do dever de controlo da exactidão das fontes informativas.

De acordo com este entendimento não se pode admitir a existência de "fontes de informação privilegiadas"([590]), razão por que quem procede à difusão de afirmações de terceiro tem de indagar escrupulosamente da exactidão dos factos relatados por terceiros.

Não podendo os órgãos de comunicação social configurar-se como uma caixa de ressonância de declarações difamatórias, o não cumprimento do dever de controlo por parte destes deverá fazer desencadear a sua responsabilidade civil pelos danos causados, não obstante a autoria das afirmações pertencer a terceiros([591]). Nesta óptica, o legítimo exer-

---

[589] Mais favorável a esta orientação são os autores que defendem um controlo da verdade dos factos narrados baseado na simples verosimilhança, cfr. FOIS, PAOLO, *Principi costituzionali e libertá di manifestazione del pensiero*, Milano, 1957, pág. 209, LEONE, F., *Diritto di Cronaca e diffamazione giornalistica, in* Giust. Pen., 1971, II, pág. 176. Porém, como a este propósito sublinha Vassali, um tal entendimento comporta particulares riscos, uma vez que as notícias verosímeis são susceptíveis de ter maior potencialidade danosa, porquanto as inverosímeis não são credíveis, cfr. VASSALLI, GIULIANO, *Libertá di stampa..., ob. cit.*, pág. 29.

Não falando claramente em verosimilhança, mas aderindo também a um sistema de controlo único, desde que quem exerça o *diritto di cronaca* se baseie em fontes atendíveis, cfr. SCALISI, ANTONINO, *Brevi riflessioni su..., ob. cit.*, pág. 1388. Cumpre neste contexto referir ainda a posição de penalistas que consideram o estado de verosimilhança como causa de justificação do ilícito, nas hipóteses de divulgação de notícias não verídicas, MUSCO, ENZO, *Stampa (dir. pen.), in* Enciclopédia del Diritto, XLIII, pág. 645-646.

[590] Ao referirmo-nos a fontes privilegiadas estamos a tomar em consideração o sentido com que o termo é fundamentalmente utilizado na jurisprudência, ou seja, o grau de atendibilidade das fontes noticiosas utilizadas pelos jornalistas. Neste sentido, acórdão do Supremo Tribunal de Justiça de 29 de Outubro de 1996, *in* B.M.J. n.º 460, 1996, pág. 686 e ss. Porém, podemos ainda conceber o qualificativo privilegiado para nos reportar-nos à *auctoritas* científica, cultural, ..., de quem profere declarações que venham a ser reproduzidas publicamente por outrem. Acerca desta distinção no âmbito da prática judiciária italiana, cfr. GUASTALLA, E. LUCCHINI, *Diritto di cronaca..., ob. cit.*, pág. 28 (nota 60).

[591] Neste sentido, Cfr. as decisões da cassação de 6 de Outubro de 1981 e de 30 de Junho de 1984 (1.ª Secção Penal). Estando em causa nas duas situações a difusão pelo jornalista de declarações proferidas por um entrevistado, estes arestos do tribunal superior decidiram não ser admissível a exoneração da responsabilidade do jornalista pela circunstância de o entrevistado ser a própria fonte informativa.

cício do *diritto di cronaca*, não pode ser visto como uma causa automática de exclusão da ilicitude.

Doutra forma, estar-se-ia a legitimar a afirmação de uma verdade putativa num domínio onde deve ser exigido um particular rigor e fidedignidade das fontes de informação. Porém, mesmo de acordo com o entendimento mais rigoroso de controlo, não se podem suscitar quaisquer dúvidas quanto à fidedignidade das fontes informativas, nas hipóteses em que as notícias divulgadas pelos órgãos de comunicação tiverem por base informações emanadas por órgãos funcionalmente competentes para as transmitir, como sejam os órgãos policiais relativamente a factos de conhecimento oficioso([592]).

Esta perspectiva, apresentando o mérito de tentar frenar os indiscriminados ataques à reputação e aos demais direitos da personalidade das pessoas, corre o risco de produzir inúmeros embaraços ao exercício da liberdade de expressão([593])([594]).

---

De acordo com a fundamentação constante nas soluções jurisprudenciais acabadas de mencionar, um jornalista não pode ater-se à ideia de existirem fontes privilegiadas de informação. Assim sendo, pesa sobre estes profissionais não só o dever de reproduzir fielmente as declarações de terceiros, como também aqueloutro de confirmarem a correspondência à verdade dos factos daquelas constantes.

Um pouco diversa se apresentou a decisão do Tribunal de Nápoles de 23 de Junho de 1978, onde a propósito das declarações de um parlamentar nas quais se fazia alusão a situações de corrupção pela máfia de alguns magistrados, se considerava que o parlamentar em causa devia ser considerado pelo entrevistador como uma pessoa qualificada.

Todavia, e não obstante se abrirem as portas, através deste tipo de fundamentação, para uma mais fácil exoneração de responsabilidade do jornalista por declarações difamatórias de terceiros, a mesma decisão considerava ser obrigação destes profissionais procederem a um "controlo mínimo" das informações antes da respectiva divulgação.

([592]) Neste sentido, cfr. *Ingiuria e Diffamazione...*, anotação à decisão do Tribunale Napoli, X sezione..., *ob. cit.*, pág. 245-246.

([593]) Neste sentido se pronuncia a defesa do apelante na Corte de Apelo de Milano, salientando o perigo de um tal entendimento conduzir a uma significativa redução da actividade jornalística, mormente no que concerne à modalidade da entrevista. Ora, em última análise coloca-se em causa, de acordo com esta posição, o próprio interesse público no conhecimento de factos relatados pelos entrevistados. Neste sentido, Cfr. App. Milano, 17 Novembro 1989, *in* Dir. inform. e informática, 1990, pág. 972.

([594]) De acordo com as exigências regulativas coenvolvidas nesta orientação, o jornalista, político, cientista ..., deve abster-se de reproduzir declarações de terceiros quer quando a veracidade dos factos nestas versados não seja demonstrável, quer nas hipóteses em que, apesar das possibilidades de demonstração, subsistam dúvidas quanto à correspondência à verdade dos factos divulgados.

Tendo em conta a extrema dificuldade de apurar a verdade factual, o jornalista terá assim de se abster de divulgar certas notícias cujo conhecimento pela colectividade se revela particularmente útil em determinadas áreas.

Em contrapartida, a orientação de acordo com a qual o controlo da verdade pelos jornalistas se deve reportar às declarações difundidas por terceiros e não aos factos nestas versados, afigura-se muito mais consentânea com as exigências regulativas envolvidas na liberdade de expressão. Na verdade, uma vez efectuado um relato fiel das declarações de terceiro, o jornalista vê excluída a sua responsabilidade conquanto o evento noticioso surja aos olhos do público como um mero relato daquelas.

Com efeito, as afirmações transmitidas não são da autoria de quem as difunde, mas sim de quem publicamente as proferiu. Para além disso, havendo interesse público no conhecimento dos factos e ou opiniões mencionadas nas declarações de terceiros, esta concepção consegue evitar os entorses aos valores da liberdade de expressão([595]), eventualmente levantados com a adesão à doutrina do duplo controlo.

---

A este propósito Emanuele Guastalla, refere-se à hipótese de publicação num jornal das declarações proferidas por um médico, na sequência de uma entrevista, de acordo com as quais um determinado medicamento lançado por um seu colega é não apenas inútil, como também susceptível de causar danos para a saúde dos pacientes.

Reportando-se este exemplo à emissão de juízos científicos, certo é que não será fácil o apuramento da verdade nestas situações, mas torna-se forçoso, para alcançar um tal desiderato, apurar a opinião de outros médicos da especialidade, confrontando-a com aqueloutra do criador da mencionada especialidade farmacêutica. Por seu turno, a qualidade do fármaco em questão apenas pode ser apreciada tendo em conta os conhecimentos médicos, terapêuticos ... dominantes nessa área no momento em que a apreciação acerca da verdade dos factos divulgados é realizada.

Desta feita, incumbe apurar, de acordo com as regras técnicas dominantes ao tempo da divulgação das afirmações se o fármaco é inútil ou se produz efeitos perniciosos na saúde dos pacientes. Não relevam portanto as conclusões posteriormente alcançadas em virtude dos avanços técnicos entretanto atingidos. Algo de semelhante se passa no âmbito da legislação portuguesa a propósito dos riscos de desenvolvimento, excluindo-se a responsabilidade objectiva do produtor pelos danos resultantes da sua concretização (art. 5.º, al. e) do Dec.-Lei n.º 383/89, de 6 de Novembro).

Suscitando-se dúvidas quanto à eficácia do medicamento, e não sendo viável convocar um grupo de técnicos para se pronunciarem em tempo útil sobre esta questão, a atitude mais prudente para os jornalistas será a abstenção da publicação da atrás mencionada entrevista. Todavia, uma tal atitude pode implicar uma privação significativa do direito à informação da colectividade, principalmente se em causa estiver um medicamento relativamente ao qual se colocava uma grande esperança na cura de certas doenças tidas como incuráveis. Com efeito, em tais situações pode revelar-se útil dar-se conta ao público do estado de dúvida, com termos científicos, que rodeia a produção do medicamento. Sobre esta questão, Cfr. GUASTALLA, E. LUCCHINI, *Diritto do cronaca..., ob. cit.*, págs. 23-24.

([595]) Neste sentido se tem pronunciado alguma jurisprudência italiana, cfr. a decisão do tribunal de Bolonha de 22 de dicembre 1986, *in* Resp. Civ. Prev., vol. 52, 1987, pág. 296, e o aresto da cassação de 17 marzo 1980 (com nota de Causarano), *in* Cass. Pen. Mass., 1981, pág. 186.

A defesa das posições sufragadas por esta perspectiva não implica, como *a priori* se podia supor, uma total impunidade de quem procede à divulgação das declarações de terceiros. Como começámos por referir, o reconhecimento de uma maior liberdade na difusão deste tipo de declarações fica dependente de uma condição fundamental: a reprodução fiel do conteúdo das afirmações de terceiros.

Assim sendo, se não forem observadas na elaboração do artigo as regras básicas da clareza expositiva e da proporcionalidade, poderá haver lugar para afirmação de responsabilidade[596] por parte de quem baseia as suas comunicações em dados ou pensamentos já anteriormente divulgados por outrem.

Expostas as linhas de força subjacentes às duas orientações avançadas a propósito do apuramento da verdade das declarações de terceiros, cumpre referir que estão em causa dois modelos susceptíveis de oferecer preciosos auxílios para a resolução dos problemas neste contexto suscitados[597].

Tendo sido indicadas as principais vantagens e inconvenientes das perspectivas em confronto, não consideramos oportuno optar, em termos abstractos e definitivos, por uma delas. Torna-se então importante tomar em consideração todo um conjunto de circunstâncias susceptíveis de influírem na concreta mobilização dos referentes axiológicos das teorias do controlo único ou do duplo controlo. Julgamos então preferível admitir uma solução de compromisso que não ponha o acento tónico nem no

---

[596] As questões de responsabilidade eventualmente suscitadas podem surgir numa dupla direcção: quer em relação aos destinatários das mensagens consideradas difamatórias, quer perante os próprios terceiros, em virtude das eventuais distorções desferidas às mensagens por si anteriormente divulgadas.

[597] Tendo em conta o amplo debate jurisprudencial suscitado em Itália em torno do modelo do controlo da verdade dos factos narrados ao abrigo do exercício do *diritto di cronaca*, a cassação proferiu um acórdão uniformizador (4/83 cass., sez. un, 26 marzo 1983), para tentar pacificar o clima de divergência existente acerca desta problemática. Neste paradigmático aresto, a cassação afasta-se claramente do critério da "*verosimiglianza*", indo ao ponto de excluir a admissibilidade de fontes informativas qualificadas, como uma certa orientação doutrinal transalpina, atrás referida, defendia. Compete então ao jornalista certificar-se sempre da correspondência objectiva dos factos narrados com a realidade onde estes emergem.

Porém, esta decisão judicial não deixa de reconhecer alguma relevância à verdade putativa. Com efeito, se o jornalista, de modo diligente e prudente, se esforçou por comprovar a atendibilidade da fonte informativa, então verá excluído o carácter doloso da sua conduta. Para uma análise mais desenvolvida da orientação contida na *sentenza n. 4/83*, cfr. FIANDACA, GIOVANNI, *Nuove tendenze repressive in tema di diffamazione a mezzo stampa?*, in Il Foro Italiano, 1984, II, pág. 532 e ss.

absoluto rigor imposto pela descoberta da verdade histórica, nem na orientação que se contenta com a mera verosimilhança da fonte informativa, mas antes no rigor e "*corretteza professionale*" de quem difunde notícias com base em declarações de outrem([598]). Torna-se então mister apurar se o jornalista, ou qualquer outra pessoa que procede à divulgação de eventos noticiosos avalia devidamente a credibilidade ou atendibilidade da fonte noticiosa, que neste contexto são as declarações de terceiro. Com efeito, apenas realizando com rigor esta tarefa de pesquisa podemos considerar que a conduta do emissor das notícias foi conforme com os parâmetros da "*corretteza professionale*".

Esta *vexatia quæstio* da descoberta da verdade não pode ser devidamente dilucidada sem se tomar em devida consideração o domínio ou área onde são emitidas as declarações de terceiros. Desta feita, basta tomar em consideração o universo da política para concluirmos pela necessidade de levar em linha de conta as especificidades próprias do sector.

### 4.6.1. Controlo da verdade das declarações de terceiros e factualidades política e científica

Não podemos ignorar a grande componente ideológica e sociológica dos discursos urdidos no espaço político. As afirmações políticas situam-se sobretudo no espaço da valoração e da crítica, perdendo assim relevância a realidade factual subjacente aos comentários. Para além disso, a factualidade política não é facilmente apreensível([599]), apresentando-se muito relativizada e mediatizada pela visão ideológica de quem sobre ela se debruça.

Mesmo no plano puramente cronológico, defrontamo-nos amiúde com particulares dificuldades de calendarização dos acontecimentos, quer pela ausência de fontes documentais, quer pelo profundo distanciamento temporal registado em certas situações entre o discurso dos políticos e a objecto da sua intervenção – a realidade histórico-política.

Propendemos então para aceitar uma perspectiva mais liberal no tocante ao controlo da verdade das declarações proferidas por terceiros.

---

([598]) Neste sentido se inclina Calabrese, cfr., CALABRESE, ANTONELLO, *Diritto di cronaca...*, pág. 743.

([599]) Acerca da dificuldade de estabelecer com precisão a fronteira entre a divulgação de factos e a emissão de juízos de valor no universo político, cfr. RAPISARDA, CARMELO, anotação à decisão do tribunal de Turim de 25 de marzo 1983, *in* Il Foro Italiano, 1984, II, cols. 386-387.

Exigir-se um particular rigor na apreciação da veracidade dos factos ou acontecimentos narrados por outros políticos([600]), poderia envolver uma certa paralisação da actividade política, assim como dos relatos jornalísticos a esta respeitantes.

Não faria sentido privar a opinião pública de ter conhecimento de afirmações políticas de terceiros, mesmo quando estas não correspondam à verdade, porquanto os destinatários das notícias têm o direito de efectuar as suas opções, devendo-lhes então ser permitido fazer a triagem entre o verdadeiro e o falso nas mensagens recebidas([601]).

Aliás, a reprodução fiel das declarações de terceiros, mesmo quando estas não correspondam inteiramente à verdade, permite aos cidadãos dilucidar entre os políticos com uma actuação honesta e leal daqueloutros apenas preocupados com manobras eleitorais([602]).

No fundo, está aqui em causa o direito de qualquer cidadão à recepção de informações([603]), ou seja, do já aludido "direito a ser informado".

De igual modo, por nos situarmos basicamente num universo onde se constata um peso significativo dos juízos valorativos, mesmo quando as declarações se reportem a realidades factuais, propendemos para defender a realização de um controlo único da verdade através da conformidade entre as próprias declarações de terceiro e a respectiva reprodução

---

([600]) Todavia poderá registar-se um particular interesse no apuramento da verdade dos próprios factos ou acontecimentos políticos relatados. Com efeito, a demonstração da falta de correspondência com a realidade das declarações de terceiros constitui uma das estratégias possíveis de descredibilização de quem proferiu tais afirmações, com o objectivo de alcançar dividendos político-eleitorais. No entanto, em tais situações já não nos encontramos situados no âmbito particular da nossa análise, uma vez que o relato fiel das afirmações de outrem, constitui apenas um ponto de apoio para um discurso próprio de quem procede à divulgação daquelas. No fundo, o objecto das atenções deslocar-se-ia aqui das declarações de terceiros para o artigo do político ou para a crónica jornalística onde aquelas são mencionadas.

([601]) Com efeito, as opções expressas pelos eleitores através do voto, constituem um instrumento privilegiado para sancionar, do ponto de vista político, as condutas menos honestas ou coerentes dos protagonistas da cena política. Neste sentido, cfr. LE PERA, *Intervista giornalistica e responsabilità del cronista per il reato di diffamazione*, anotação à decisão do trib. de Roma de 24 settembre 1991, *in* Giust. Pen., 1993, II, pág. 315.

([602]) A este propósito, Cfr. GUASTALLA, E. LUCCHINI, *Diritto di cronaca ...*, *ob. cit.*, págs. 30-31. POLVANI, MICHELE, *La diffamazione a mezzo stampa*, Padova, 1995, pág. 130.

([603]) Este direito deve ser visto, com todas as reservas já referidas em "Dimensões essenciais do conteúdo da liberdade de expressão – a clássica trilogia", como o reverso do direito à informação, o qual pode ser caracterizado como um directo corolário do valor fundamental da liberdade de expressão.

jornalística, artística..., no contexto das afirmações culturais, artísticas e científicas(604).

Não podemos deixar de salientar que a busca da verdade nestes domínios se encontra fundamentalmente ligada a preocupações de objectividade e coerência expositivas. Assim sendo, deparamo-nos com "juízos valorativos correctos", sempre que as mensagens divulgadas exprimam uma orientação ideológico-cultural consentânea com a realidade factual a que se reportam, analisada à luz do contexto cultura e social onde tenha emergido(605). Não apenas se considera relevante a sucessão factual sobre que versam as concepções valorativas, mas também, e com um peso muito significativo, a sequência lógica e harmónica com que são expostos os raciocínios e as considerações valorativas.

Apesar de defendermos, por princípio, a adopção de um modelo de controlo único no âmbito das afirmações proferidas no universo da política e da ciência, certo é que não devemos deixar de dilucidar devidamente o tipo de declaração de terceiro cuja divulgação é efectuada. Com efeito, quando estiverem em causa afirmações puramente factuais, e os factos aí

---

(604) A favor de uma equiparação entre as declarações do universo político e o da ciência e da economia, cfr. GUASTALLA, E. LUCCHINI, *Diritto di cronaca...*, ob. cit., págs. 31-32. No tocante às declarações científicas importa tomar em consideração, quer o teor das próprias afirmações, quer o auditório a que são dirigidas.

Estando em causa a discussão de questões puramente dogmáticas onde fundamentalmente se proceda à análise e crítica das diversas correntes de opinião, as afirmações neste contexto proferidas consideram-se verídicas quando os respectivos autores efectuem uma citação fidedigna das fontes onde se contêm as perspectivas criticadas. Todavia, se nos situarmos ao nível da própria elaboração dogmática ou conceptual, onde a construção de modelos ou paradigmas impõe amiúde uma indelével referência a uma realidade pressuposta, poder-se-á revelar de grande utilidade levar a cabo um duplo controlo da verdade.

A título meramente exemplificativo, um candidato à obtenção de grau de doutoramento deve ter a preocupação não apenas de citar correctamente as obras nas quais se recolhem as suas opiniões, como também de certificar-se da efectiva correspondência entre as afirmações onde se fundam os seus raciocínios e a realidade. Com efeito, não será fácil ao candidato conseguir exonerar-se das consequências dos erros nos quais incorre, mediante a invocação dos argumentos de autoridade onde sustentou as suas posições.

Não nos referimos apenas às implicações académicas ligadas à obtenção do grau, mas ainda aos eventuais problemas de responsabilidade civil coenvolvidos nas afirmações de facto quando estas se revelam ofensivas dos bens fundamentais da personalidade tutelados no art. 484.º. Por seu turno, a potencialidade ofensiva das declarações de facto pode não dirigir-se apenas aos membros do júri das provas, atingindo também outros elementos da comunidade científica que se considerem igualmente afectados na sua reputação por tais afirmações fácticas.

(605) Cfr. SCALISI, ANTONINO, Brevi riflessioni su "La libertá...", *ob. cit.*, págs. 1388-1389.

mencionados possam considerar-se revestidos de potencialidade ofensiva aos bens da personalidade, será aconselhável a quem proceda à sua divulgação realizar um controlo da verdade mais rigoroso, ou seja, um duplo controlo.

Todavia, mesmo neste particular contexto, a falta deste duplo controlo, não implica necessariamente uma responsabilização de quem difunde as afirmações de terceiro. Como já atrás deixámos mencionado, importa tomar em consideração outros factores igualmente atendíveis para a resolução deste problema da responsabilidade. Cabe destacar, pela sua importância, entre essas circunstâncias, a notoriedade do terceiro que emitiu as declarações bem como o interesse social no conhecimento das informações transmitidas.

Para o público pode revelar-se particularmente importante as afirmações proferidas por pessoas reputadas, pelas suas habilitações e conhecimentos específicos, como particularmente qualificadas em determinadas áreas do saber[606]. Assim, face ao lançamento no mercado de um novo fármaco tido por revolucionário no combate a uma determinada doença, pode revelar-se particularmente útil as declarações expendidas por um médico na área da especialidade a que o medicamento se reporta. Com efeito, tais considerações devem ser tidas como mais esclarecedoras que aqueloutras, nas mesmas circunstâncias, imputadas a um clínico geral[607]. Aliás, sendo as declarações de terceiros reportadas a questões técnicas, como sucede no exemplo acabado de mencionar, tanto maior será o grau de exigência posto na avaliação da competência técnica de quem as profere[608]. No entanto, a relevância a atribuir à notoriedade do declarante implica, por sua vez, a consideração de outros aspectos fundamentais, sob pena de se atribuir uma desmesurada amplitude a esta causa atendível no problema da determinação da responsabilidade pela divulgação de declarações de terceiros. Desde logo, a notoriedade do terceiro apenas

---

[606] Neste contexto, estamos a falar de fontes privilegiadas de informação, tendo em conta a qualidade do sujeito que divulga as declarações, de acordo com a distinção por nós efectuada na nota 590.

[607] Está aqui subjacente uma ideia de *auctoritas* do declarante, a qual decorre, por sua vez, do reconhecimento feito pela colectividade das particulares aptidões científicas, culturais ou técnicas de quem profere as declarações.

[608] Neste sentido, Cfr. GUASTALLA, E. LUCCHINI, *Diritto di cronaca...*, ob. cit., pág. 34. O autor coloca, a este propósito, em confronto a relevância assumida pelas fortes reservas ou críticas de um cientista face aos resultados das pesquisas alcançados por um seu colega, relativamente aos comentários sobre estes proferidos por um escritor ou um economista.

pode assumir algum relevo quando as respectivas afirmações se reportem a assuntos com importância ou impacto social, e digam também respeito a matérias da sua área de especialidade.

Reportando-nos ao exemplo atrás mencionado da introdução de um novo fármaco no mercado, as declarações a este propósito proferidas por um especialista da área não têm particular impacto quando se dirijam fundamentalmente a promover um ataque pessoal à conduta dos responsáveis pelo fabrico do medicamento. Não estando em causa a tomada de posições acerca de matéria com interesse para a colectividade, ou seja, o lançamento do fármaco, tais atitudes devem ser valoradas de acordo com as regras disponibilizadas pelo ordenamento jurídico positivo para a resolução dos atentados à honra e aos demais bens da personalidade humana.

Idêntica atitude não deve ser tomada quando as afirmações do terceiro especialista digam respeito a matérias da sua área de competência. Assim, e na hipótese em análise, se o médico com competência específica se pronunciar acerca das virtualidades terapêuticas dos fármacos ou das condições concretas do seu fabrico, mesmo que as suas afirmações não correspondam inteiramente à realidade factual, a sua conduta poderá não ser considerada contrária às mais elementares exigências do ordenamento jurídico[609].

Tratando-se de uma questão problemática e havendo um particular interesse do público em conhecer a posição de pessoas com conhecimentos específicos na matéria, os lapsos e incorrecções podem até considerar-se justificados. Apenas uma concreta ponderação das circunstâncias do caso, tendo em conta o tipo de incorrecção cometida, por um lado, e a particular relevância do conhecimento das matérias em discussão, por outro, permitirá formular um juízo adequado acerca de uma eventual justificação daqueles. Todavia, o mesmo peso não pode ser atribuído às afirmações proferidas em relação às mesmas matérias por um médico especializado em área diversa[610].

No contexto de uma sociedade particularmente marcada pela diversificação do saber[611], onde a especialização constitui uma característica

---

[609] Neste sentido, Cfr. GUASTALLA, E. LUCHINI, *Diritto di cronaca ...*, ob. cit., pág. 32.

[610] Em igualdade se devem situar, conforme já deixámos referido em texto, as declarações proferidas por um médico de clínica geral, por não serem dotados de conhecimentos específicos sobre tais assuntos.

[611] Sobretudo a partir da revolução industrial, as sociedades influenciadas por um tal processo assistiram a profundas mudanças nas suas estruturas sociais. A divisão social do trabalho e a correspectiva especialização do saber impuseram uma nova forma de relacionamento entre os *socii*.

incontornável, não faria qualquer sentido aceitar uma presunção de omnisciência quanto a toda e qualquer declaração de um especialista. Com efeito, as afirmações dos especialistas só podem considerar-se revestidas de uma particular *auctoritas* quando se encontrem directamente conexionadas com o objecto das suas investigações.

Destarte, a notoriedade([612]) do declarante apenas pode assumir particular relevância como causa de atenuação ou exclusão da responsabilidade por afirmações não correspondentes à verdade, nas hipóteses onde se manifeste inequívoco o interesse da comunidade pelo conhecimento dos assuntos aí versados e quando as declarações se circunscrevam à área do saber onde aquele se tenha especializado.

Logo, a responsabilidade do jornalista, político, cientista, quando divulga declarações com estas características pode ver-se atenuada ou até excluída. Ao longo desta breve exposição em torno da relevância a atribuir à notoriedade do declarante, fizemos sempre uma referência combinada com aqueloutro factor igualmente digno de menção – a importância social da notícia divulgada.

À semelhança de quanto referimos a propósito da notoriedade, também a importância social da notícia não é uma ideia imediata e facilmente apreensível. Não obstante estas dificuldades conceituais, consideramos importante deixar aqui referidas algumas notas capazes de auxiliarem a compreensão deste conceito indeterminado. Porém, faremos aqui apenas umas breves considerações sobre a matéria, uma vez que num dos capítulos da próxima parte teremos oportunidade de lhe dar uma maior atenção.

Desde logo, ao falarmos da importância social da notícia, queremos reportar-nos aquelas declarações ou afirmações reputadas pelo público,

---

As pessoas passaram a aproximar-se pelo que têm de diferente, determinando um tipo de solidariedade social diversa: a solidariedade orgânica. Tal representou uma mudança significativa face aos arquétipos sociais dominantes nas sociedades tradicionais, onde as pessoas basicamente se relacionavam em função do que tinham em comum. Em causa estava uma filosofia social diferente, particularmente marcada pela solidariedade mecânica. Para maiores desenvolvimentos acerca destas diferentes perspectivas em torno do valor da solidariedade, Cfr. NEVES, A. CASTANHEIRA, *O Direito ..., ob.cit.,* págs. 110-112.

([612]) Por sua vez, a competência e a notoriedade do declarante não são categorias susceptíveis de ser definidas apriorística e univocamente. Tratam-se, com efeito, de conceitos dotados de uma certa elasticidade, cujos contornos só surgem devidamente definidos face às particulares circunstâncias do caso concreto. Apenas procedendo ao confronto entre as qualificações do técnico que profere as declarações, com a especificidade da matéria sobre a qual se debruça, poderemos aferir devidamente a legitimidade ou *auctoritas* do declarante. Neste sentido, Cfr. GUASTALLA, E. LUCHINI, *Diritto di cronaca..., ob. cit.*, pág. 34 (nota 67).

ou seja, por um auditório mais ou menos amplo, como fundamentais. Assim sendo, não é exigível um interesse universal no conhecimento das notícias, sendo suficiente uma apetência sectorial pela apreensão das matérias nelas versadas.

Cumpre então distinguir entre os assuntos *ex natura* relevantes, daqueloutros cuja importância resulta de circunstâncias conjunturais. Informações relativas à meteorologia, a câmbios, à cotação do ouro..., são susceptíveis de provocar uma atenção generalizada do público.

O mesmo não se pode afirmar quanto às notícias respeitantes a certos "produtos financeiros" (as Opções, os Futuros, *Forwards* e os *Swaps*)([613]), a determinadas actividades e produtos das seguradoras, ou relativas a programas desenvolvidos em certos sectores específicos durante períodos de tempo circunscritos.

Enquanto no tocante ao primeiro grupo de informações, é a própria notícia que suscita a curiosidade e o interesse do público, já quanto ao segundo núcleo de hipóteses mencionado é um auditório restrito, mais ou menos especializado, quem confere relevância social ao evento noticioso.

Uma vez apurada a importância social das informações de harmonia com este binómio notícia/público, algumas ofensas aos bens jurídicos do bom nome e do crédito podem, em certas situações, considerar-se justificadas. O legítimo exercício do *diritto di cronaca* com fundamento na relevância das matérias noticiadas pode, na verdade, funcionar como causa de exclusão do ilícito.

Por fim, e para efeitos de aplicabilidade do art. 484.º, cumpre salientar a potencialidade ofensiva, tanto das informações com relevância universal, quanto daqueloutras com interesse sectorial. Todavia, em relação ao bem jurídico do crédito, as notícias com impacto circunscrito a certos sectores de actividade podem revelar-se com maior potencialidade ofensiva, porquanto a reputação social implicada naquele valor resulta sobretudo de um conjunto de referências específicas vigentes em determinado contexto sócio-profissional num certo lapso temporal.

### 4.7. A divulgação dos factos e o círculo de destinatários

Questão importante a propósito deste *Tatbestand* do art. 484.º consiste no problema da delimitação do núcleo de lesados susceptível de vir

---

([613]) Para uma análise mais desenvolvida destes produtos financeiros, QUELHAS, JOSÉ M., *Sobre a Evolução Recente do Sistema Financeiro (Novos "Produtos Financeiros")*, Coimbra, 1996, pág. 53 e ss.

a ser ressarcido pelos prejuízos sofridos no bom nome e no crédito, em virtude das afirmações divulgadas publicamente.

Dever-se-á apenas ressarcir aquelas pessoas intencionalmente visadas pelo declarante quando proferiu as suas afirmações? Ou a indemnização por danos decorrentes deste tipo de ilícito abrangerá ainda quem igualmente tenha sido atingido nos bens do bom nome e do crédito, apesar de o declarante não ter prefigurado tais pessoas no círculo de lesados pelas suas afirmações?

A resolução desta problemática não pode ser levada a cabo adequadamente sem se tomar em linha de conta o conflito aqui também afirmado entre as exigências da liberdade de expressão, por um lado, e a tutela dos bens jurídicos previstos no art. 484.º, por outro.

A opção por uma perspectiva mais restrita, de acordo com a qual apenas poderíamos conferir direito a indemnização com base neste preceito do código civil a quem fosse directa e intencionalmente visado pelas afirmações do declarante, revela-se mais consentânea com a defesa do valor da liberdade de expressão. Ao invés, de acordo com a segunda alternativa mencionada, impõem-se indiscutivelmente maiores limitações ao direito de cada um a divulgar o seu pensamento, em nome de uma mais eficaz protecção dos bens da personalidade e outros valores garantidos no âmbito do ilícito ao bom nome e ao crédito.

Sendo estas as linhas de força em termos axiológicos subjacentes a toda a problemática em análise, não podemos, porém, ignorar as questões técnicas a este propósito colocadas e no seio das quais se deve centrar a sua resolução. Encontram-se aqui entrecruzados problemas ligados a dois requisitos fundamentais da responsabilidade civil aquiliana: à culpa e ao nexo de causalidade entre o facto e os danos suportados pelos lesados.

No fundo está em causa a questão de saber se a culpa do declarante se deve reportar ao próprio facto da divulgação das informações, ou não será antes referida a todo o círculo de danos sofridos pelos lesados por tais declarações. Na senda de Manuel de Andrade "a previsibilidade será necessária quanto ao facto constitutivo da responsabilidade, quando esta pressuponha a culpa. Mas não tem que intervir quanto aos danos que do mesmo facto se originem"([614]).

Desta feita, não se torna necessária a prefiguração do resultado danoso pelo declarante face a toda a panóplia de danos sofridos pelos vários

---

([614]) Cfr. ANDRADE, MANUEL, *Teoria Geral das Obrigações* (com a colaboração de Rui de Alarcão), 3.ª ed., Coimbra, 1966, pág. 63. No mesmo sentido, *vide* ainda, VARELA, J. ANTUNES, *Das Obrigações em Geral I...*, *ob. cit.*, pág. 895.

sujeitos lesados pelas respectivas afirmações. Quem proferiu as declarações pode nunca ter pretendido causar prejuízos a um certo círculo de pessoas, mas se estas se considerarem atingidas por tais notícias, e uma vez que estes eventos noticiosos tenham sido culposamente publicitados, então, uma vez registada uma conexão entre os danos provocados e aqueles factos, haverá lugar para a ressarcibilidade dos prejuízos causados por tal ilícito ao bom nome e ao crédito. Apurado o requisito da culpa quanto ao facto da divulgação das notícias, a questão da extensão dos danos ressarcíveis deve ser resolvida na sua sede própria, ou seja, no domínio do nexo da causalidade.

Impõe-se então apurar se as afirmações não são, de acordo com as regras gerais da experiência e da vida, de todo em todo indiferentes para a produção do tipo de danos causados([615]).

Registado este juízo de adequação, o declarante dever-se-á considerar obrigado a indemnizar os prejuízos provocados mesmo em relação a pessoas por ele não prefiguradas no círculo de lesados. Quando muito poderá verificar-se uma redução no montante indemnizatório a cargo de quem proferiu as afirmações, tendo em conta o menor grau de culpa do agente([616]).

Se à divulgação das afirmações do declarante corresponder um interesse público relevante no respectivo conhecimento, não justificativo contudo da ilicitude, permite-se ao juiz fixar equitativamente "o montante indemnizatório em quantia" inferior à que corresponderia aos danos causados. Com efeito, a cláusula geral mencionada no art. 494.º – as demais circunstâncias do caso – permite ao juiz um abaixamento do montante

---

([615]) Uma vez situados no âmbito da responsabilidade civil por factos ilícitos, a orientação adequada para resolver os problemas da causalidade é a formulação negativa da doutrina da causalidade adequada. Desta feita, basta uma possibilidade mínima daquele tipo de facto provocar o género de danos causados, para haver lugar à responsabilidade civil do declarante.

Apenas quando os prejuízos produzidos tenham resultado da interferência de circunstâncias manifestamente extraordinárias ou anómalas, o nexo de causalidade se considera interrompido. A aplicação dos ensinamentos desta vertente negativa da doutrina da causalidade adequada ao domínio da responsabilidade civil por factos ilícitos corresponde à orientação doutrinal dominante. Neste sentido, Cfr. VARELA, J. ANTUNES, *Das Obrigações em geral I, ob. cit.*, págs. 893-894. Acerca das formulações positiva e negativa da teoria da causalidade adequada, Cfr. VARELA, J. ANTUNES, *Das Obrigações em geral I, ob. cit.*, págs. 887 e ss., COSTA, M. ALMEIDA, *Direito das Obrigações ..., ob. cit.*, pág. 763 e ss.

([616]) Com efeito, quanto aos danos não representados pelo declarante, o juízo de reprovação dirigido ao agente não poderá ser muito forte. Quando muito poderá falar-se apenas de negligência inconsciente.

indemnizatório nas hipóteses de se verificar um especial interesse da colectividade na divulgação das notícias.

## 4.8. A divulgação de factos ofensivos ao bom nome e ao crédito e as omissões

Ao longo do nosso trabalho temos identificado os "factos divulgados" como *Tatbestand* do art. 484.º, com a adopção de comportamentos positivos (acções) por parte do agente. Uma tal identificação traduz, de resto, uma solução mais consentânea com o valor fundamental da liberdade de expressão, ao abrigo do qual se legitima, como regra, a divulgação ou transmissão das afirmações de facto mencionadas no preceito dedicado ao ilícito ao bom nome e ao crédito, não obstante o respeito devido à dimensão negativa daquele *Rahmenrecht*. Para além demais, a letra da lei ao referir-se *expressis verbis* "quem afirmar ou difundir um facto..." parece sugerir que a conduta susceptível de responsabilizar o agente há-de consubstanciar uma acção.

Porém, e de acordo com as regras gerais aplicáveis à responsabilidade delitual, o facto enquanto pressuposto da responsabilidade civil deve ser entendido como todo e qualquer comportamento dominável ou controlável pela vontade humana([617]), podendo este traduzir-se numa acção ou numa omissão. Aliás, o nosso legislador debruça-se especificamente sobre a responsabilidade civil por omissões (art. 486.º), representando esta forma de ilícito, à semelhança de quanto se passa com o art. 484.º, uma ilicitude especial.

No ordenamento jurídico germânico, a doutrina partindo de disposições legais onde se impõem deveres específicos de garante (§ 836 do B.G.B.), tem vindo a desenvolver a teoria dos "deveres de segurança no tráfego" ou dos "deveres de prevenção dos perigos delituais", e por esta via acabou por estender a responsabilidade por omissões para além dos casos especialmente previstos na lei. Referindo-se a estas construções dogmáticas, Von Bar([618]) destaca o perigo da existência de um desenvol-

---

([617]) Apenas se quiseram excluir do universo da responsabilidade civil os factos naturais.

([618]) BAR, CHRISTIAN VON, *Verkehrspflichten, Richterliche Gefahrsteuerungsgebote im deutschen Deliktsrecht*, Carl Heymanns, 1980, pág. 25. Para uma análise mais desenvolvida acerca dos deveres de segurança no tráfico ou de prevenção do perigo, cfr. MONTEIRO, J. SINDE, *Responsabilidade por Conselhos...*, ob. cit., pág. 307 e ss., anot. ao Ac. do STJ de 12 de Novembro de 1996, na Revista de Legislação e Jurisprudência, Anos 131º e 132º, e anot. ao Ac. do STJ de 17 de Fevereiro de 2000 e Sentença do Juiz do 3º

vimento *contra legem* da responsabilidade por omissões. Resta então saber se a omissão, não excluída da noção de facto relevante para efeitos de responsabilidade civil, e prevista como fundamento da mesma nos termos especiais do art. 486.º, não poderá também funcionar como causa da responsabilização do agente nas hipóteses de ofensas ao bom nome e ao crédito de outrem. A resposta a esta questão implica, desde logo, uma ponderação acerca da possível incompatibilidade entre as especificidades das duas formas de ilícito em confronto: o ilícito por omissões e estoutro do bom nome e crédito.

Bem vistas as coisas, o legislador ao regular de um modo particular a responsabilidade por omissões, limita-se tão somente a especificar certas condições consideradas indispensáveis para fazer surgir a obrigação de indemnizar. Na base desta previsão está ínsito o reconhecimento de que, por norma, no universo da responsabilidade delitual o comportamento do agente traduz-se numa acção, por estar em causa a violação de deveres de abstenção correlativos dos respectivos direitos absolutos atingidos. Se assim não se entendesse, correr-se-ia o risco de introduzir no ordenamento jurídico um dever geral de cooperação, e com o seu reconhecimento, acabaria por se esvaziar de conteúdo o direito à intimidade da vida privada([619]). Todavia, e como nós já vimos, a própria noção de facto relevante para efeitos de ilícito extracontratual admite a inclusão no seu âmbito das omissões.

Razão por que, apesar de ser mais frequente, e do legislador ter sobretudo em mente as acções quando estatuiu acerca do ilícito ao bom nome e ao crédito, não vislumbramos qualquer obstáculo intransponível quanto à possibilidade de aceitar a inclusão no âmbito do art. 484.º de comportamentos negativos. Porém, uma tal solução apenas pode ser considerada admissível dentro de um quadro de condições particularmente limitadas, ou seja, como uma solução excepcional. Isto porque quer a letra, quer o espírito da lei, apontam, *a priori*, para confinar o art. 484.º a comportamentos positivos.

Assim sendo, apenas podemos aceitar a responsabilidade por omissões desde que se encontrem respeitadas as exigências colocadas pelo art.

---

Juízo de Competência Especializada Cível do Tribunal da Comarca de Santo Tirso, de 2 de Maio de 1996, (na mesma revista), Ano 133º, FRADA, M. CARNEIRO, *Teoria da Confiança...*, *ob. cit.*, pág. 233 e ss.

([619]) Cfr., neste sentido, LEITÃO, L. MENEZES, *Direito das Obrigações I*, *ob. cit.*, pág. 286, PIRAINO, FABRIZIO, *Diritti nazionali e comparazione, "ingiustizia del danno" e antigiuridicitá*, in *Europa e Diritto Privato*, 2005, pág. 761.

486.º, ou seja, se o agente tiver obrigado, por força da lei ou de negócio jurídico, a praticar o acto omitido, o qual, neste contexto particular, se há-de consubstanciar na divulgação ou afirmação de factos. Encontrando-se a responsabilidade por omissão dependente do não acatamento de uma adstrição pelo ordenamento jurídico, então o fundamento para a responsabilidade não se parece encontrar na frustração da confiança, a qual supõe necessariamente a prática de uma acção[620].

Para além disso, o acto originário desencadeador do ilícito ao bom nome e ao crédito não poderá ser uma omissão. O comportamento negativo do agente ocorrerá então posteriormente[621], e apenas poderemos responsabilizá-lo quando a omissão das mais elementares exigências para remover as consequências do ataque inicialmente dirigido tenham sido a principal causa da diminuição provocada ao prestígio e crédito do lesado.

No fundo, estamos a pensar nas hipóteses em que o evento causador dos prejuízos tenha uma dupla natureza – positiva e negativa –, em virtude da ausência de adopção das medidas adequadas para eliminar o dano ser considerada um factor tanto ou mais grave que a inicial divulgação de um facto falso, ou verdadeiro desproporcionado. A responsabilização do agente por omissões no âmbito do ilícito ao bom nome e ao crédito, além de se encontrar coligada ao facto positivo desencadeador da aplicação do art. 484.º – a afirmação ou divulgação de afirmações –, apenas se revela possível se os expedientes destinados à reparação dos danos causados pela divulgação permitirem total ou parcialmente removê-los. Apenas em tais situações, e só nestas, se poderá equiparar substancialmente a potencialidade ofensiva das omissões à das acções.

Cumpre ainda sublinhar a importância do factor tempo para a determinação da existência de ofensas ao bom nome e ao crédito em virtude de comportamentos omissivos. A falta de adopção de medidas idóneas

---

[620] A este propósito seguimos de perto a orientação de Carneiro da Frada, cfr. FRADA, M. CARNEIRO, *Teoria da Confiança...*, ob. cit., pág. 610 e ss.

[621] Um tal entendimento orientou, de modo decisivo, a decisão do Tribunal de Génova de 24 de Novembro de 1993, ao condenar um periódico pela difusão de notícias ofensivas da reputação económica de um empresário. A imposição pelo Tribunal de Genova da obrigação de reparar os danos causados ao visado na notícia, fundou-se também na atitude omissiva do jornal, ao não permitir o exercício do direito de resposta ao lesado, tal como lhe era exigido pelas leis da imprensa. Na perspectiva do Tribunal de Genova, uma tal actuação do periódico contribuiu de modo decisivo para o agravamento dos danos sofridos pelo lesado com a difusão da notícia ofensiva da sua reputação. Cfr., a propósito da decisão do Tribunal de Genova de 24 Nov. 1993, CALABRESE, ANTONELLO, *Diritto di Cronaca, ...*, ob. cit., págs. 756-757.

para apagar a imagem nefasta suscitada pela divulgação de factos falsos ou verídicos desproporcionados, produzirá efeitos tanto mais prejudiciais ao bom nome e ao crédito, quanto maior for o lapso temporal em que o agente persiste na manutenção do comportamento omissivo[622][623].

A persistência em não proceder à rectificação das afirmações inicialmente difundidas acaba por constituir a principal causa das ofensas ao bom nome e crédito das pessoas visadas pelas informações erroneamente transmitidas. Razão por que, uma vez detectado o erro das declarações, seja por quem as divulgou, seja por quem foi atingido pelo seu conteúdo, competiria ao autor das mesmas, por sua iniciativa, ou por solicitação dos lesados, proceder à rectificação dos dados responsáveis pela distorção das notícias transmitidas.

Estando o autor das declarações ofensivas, por força da lei ou de negócio jurídico, obrigado a proceder à correcção dos lapsos, então poderemos identificar nestas hipóteses uma omissão juridicamente reprovável, caso assim aquele não proceda. Bem vistas as coisas, o fundamento para proceder à correcção ou rectificação das afirmações distorcidas propaladas encontra-se na lei ou em negócio jurídico, e não no pedido judicial ou extra-judicial feito pelo lesado das declarações, com o objectivo de exigir do agente a restituição *in natura* dos prejuízos por si causados.

Apenas deste modo poderemos configurar a omissão como facto determinante da responsabilização do agente no contexto do ilícito ao bom nome e ao crédito. Doutra forma, far-se-ia depender a valoração da conduta omissiva do declarante do posicionamento subjectivo assumido pelo lesado face à divulgação das declarações ofensivas do agente.

Isto é, apenas quando as pessoas atingidas pelas incorrecções das declarações iniciais exigissem do lesante a rectificação das afirmações por si efectuadas, seria possível, em função da conduta subsequente do declarante, pronunciarmo-nos acerca da existência de um comportamento

---

[622] Como sabemos, a ligação do factor temporal aos comportamentos debitórios negativos revela-se indiscutível. Por sua natureza, a abstenção de agir constitui uma atitude que se protela ininterruptamente no tempo. Estas considerações parecem estar na base da classificação doutrinal das prestações de facto negativas como prestações duradouras de execução continuada. Neste sentido, cfr. VARELA, J. ANTUNES, *Das Obrigações I...*, ob. cit., pág. 93.

[623] Neste sentido se orienta a decisão de 20 de Julho de 2001 do Juiz de Círculo de Ponta Delgada, a propósito de um caso onde um banco é também responsabilizado nos termos do art. 484.º em virtude de comportamentos omissivos, cfr., a este propósito, sentença de 20 de Julho de 2001 do Juiz de Círculo de Ponta Delgada, *in* Colectânea de Jurisprudência, Ano XXVI – 2001, tomo IV, pág. 301.

omissivo deste último, e da respectiva gravidade. Se propendêssemos nesse sentido, o problema da omissão seria perspectivado única e simplesmente no contexto da obrigação de restituição, e da idoneidade dos mecanismos ressarcitórios, sem ter em conta a questão prévia da determinação da própria ilicitude, tal como aqui concebemos.

Obviamente que se entrecruzam neste particular domínio do ilícito ao bom nome e ao crédito, a questão da antijuridicidade da conduta com aqueloutra dos mecanismos de tutela integrados na obrigação de indemnizar[624].

Como atrás referimos, a confirmação do ilícito previsto no art. 484.º na hipóteses de omissão supõe a falta de adopção pelo agente das medidas idóneas para remover os danos causados pela divulgação dos factos ofensivos.

Porém, a adopção de tais medidas impõe-se, no contexto ora em análise, em virtude de exigências legais ou negociais, e a idoneidade das medidas reparatórias é apreciada aqui em termos gerais e abstractos, e não em função ou na dependência do pedido indemnizatório formulado pelo lesado[625].

Não se considerem meramente teoréticas ou especulativas todas estas preocupações em torno da admissibilidade e fundamentação da responsabilidade por comportamentos omissivos violadores do bom nome e crédito de outrem. A nível jurisprudencial têm-se, na verdade, suscitado conflitos susceptíveis de serem enquadrados no âmbito da categoria dos factos omissivos violadores do bom nome e crédito de outrem, devendo-lhes, como tal, ser aplicável o regime jurídico estatuído no art. 484.º.

Apesar de os tribunais aplicarem sem problemas a disciplina contida neste preceito às situações aqui analisadas, tem-se detectado simultaneamente a nível da fundamentação das decisões uma falta de referência ao enquadramento dogmático que tentámos esboçar ao longo deste capítulo[626].

---

[624] Assim poderá suceder quando estiver em causa a exigência de um periódico proceder à publicação da resposta, nos termos impostos pela Lei da Imprensa. Com efeito, encontramo-nos aqui perante um mecanismo de tutela tipíficado.

[625] Tal não exclui, obviamente, a relevância de um pedido ressarcitório eventualmente deduzido pelo lesado, com vista a exigir do agente a rectificação dos erros difundidos nas afirmações por este proferidas.

Este pedido poderá assumir uma particular importância no tocante à determinação da culpa do declarante. Com efeito, não será possível ao lesante invocar a, já por si, discutível falta de consciência do ilícito.

[626] Exemplo paradigmático de quanto acabámos de afirmar podemos colhê-lo na sentença de 20 de Julho de 2001 do Juiz de Círculo de Ponta Delgada. Discutia-se no caso

Mesmo quando se encontram cientes da potencialidade ofensiva dos comportamentos omissivos, os nossos tribunais acabam por não enfrentar os problemas técnico-jurídicos colocados pela redacção do art. 484.º, bem como as próprias dificuldades suscitadas, em termos gerais, pela responsabilização do lesante pelos danos causados na sequência de comportamentos omissivos.

---

*sub índice* a eventual responsabilidade civil extracontratual de um banco que, por deficiência do respectivo sistema informático, transmitiu informações erróneas ao Banco de Portugal quanto à credibilidade económico-financeira de uma empresa.

Na sequência de tais declarações, a nossa mais alta instituição bancária integrou a mencionada empresa numa lista de utilizadores de cheques que oferecem riscos. Ao ter ocasionalmente conhecimento de um tal facto, o lesado fez diligências junto do Banco de Portugal com o propósito deste proceder à reposição da verdade.

Tal situação saldou-se na produção de elevados prejuízos no bom nome e crédito da empresa visada pelas informações erróneas transmitidas pelo banco. O Juiz de Círculo de Ponta Delgada considerou muito correctamente que a ilicitude da conduta do banco, resultou não apenas da comunicação errónea acerca da situação económico-financeira da empresa ao Banco de Portugal, como também da omissão por parte daquele de qualquer diligência para remover os efeitos do lapso no qual incorreu. Como se pode ler no sumário da referida sentença "é ilícita a conduta do banco traduzida na comunicação ao Banco de Portugal da rescisão da convenção de cheque com a empresa cliente, sem ter motivo para tal..., e, depois, omite qualquer diligência com vista a removê-la da listagem de utilizadores de risco". Cfr., sentença de 20 de Julho de 2001, *ob. cit.*, pág. 229.

Porém, na senda da orientação jurisprudencial dominante, este aresto judicial não se debruçou sobre as dificuldades técnico-jurídicas levantadas pela redacção do art. 484.º à admissibilidade de responsabilização do declarante por comportamentos omissivos. Não se tendo confrontado explicitamente com esta questão, a sentença em análise pronuncia-se, no entanto, acerca de certos aspectos fundamentais para resolver os problemas suscitados pela relevância da omissão no âmbito do art. 484.º.

Estamos a reportar-nos à existência de um dever de correcção a cargo do banco quanto ao erro por si cometido, invocando a mencionada decisão judicial o art. 4.º do Dec.-Lei n.º 454/91, de 28 de Dezembro (diploma ao tempo regulador dos cheques sem provisão), como fundamento legal para a ilicitude consubstanciada na omissão de quaisquer diligências rectificativas.

Após se ter referido à violação pelo banco do disposto no citado Dec.-Lei de 91, o Tribunal de Ponta Delgada concluiu sem qualquer margem para dúvidas: "É logo por isso evidente a ilicitude da sua conduta", Cfr. sentença de 20 de Julho de 2001, *ob. ant. cit.*, pág. 301.

Em nome de um louvável rigor técnico, a fundamentação da decisão quanto a este problema da ilicitude dos comportamentos omissivos deveria ter sido mais detalhada e explícita. Todavia, como já deixámos mencionado, não contestamos o conteúdo e sentido da decisão do Tribunal de Ponta Delgada, baseada fundamentalmente na dupla vertente – positiva(acção) e negativa(omissão) do facto ilícito levado a cabo pelo lesante.

## 4.9. Divulgação de factos e os comportamentos concludentes

No capítulo segundo desta parte, dedicado à distinção entre afirmações de facto e juízos de valor, já havíamos colocado genericamente a questão de saber se as declarações tácitas seriam igualmente de incluir no âmbito do ilícito ao bom nome e ao crédito.

Nesse contexto, concluímos não existir qualquer obstáculo à sua inserção no art. 484.º, na medida em que as declarações tácitas **consubstanciam-se** ou **deduzem-se de factos**([627]).

Todavia, e como sabemos a afirmação do ilícito previsto na disposição acabada de mencionar, supõe a divulgação pública dos factos pelo agente. Desta feita, parece ser exigível o propósito ou intenção([628]) do declarante conferir publicidade às suas afirmações fácticas para o podermos responsabilizar.

Ora, torna-se bastante mais simples averiguar da existência de um tal propósito no âmbito das declarações expressas do que neste particular contexto dos comportamentos concludentes. Aliás, pode mesmo questionar-se se no âmbito das declarações tácitas é viável identificar uma tal intenção do declarante em publicitar o sentido dos seus comportamentos.

Antes, porém, de responder às questões acabadas de colocar, cumpre advertir da eventual falta de rigor técnico da inserção das declarações tácitas no âmbito do ilícito ao bom nome e ao crédito. Conforme o entendimento de Paulo M. Pinto "de declaração negocial tácita, no sentido próprio empregue no artigo 217.º – norma integrada numa secção relativa

---

([627]) Subjacente à distinção plasmada no art. 217.º, n.º 1, entre declaração expressa e tácita, encontra-se o critério do carácter directo ou indirecto da declaração. Assim sendo, e de acordo com a perspectiva de Manuel de Andrade, "na declaração tácita o comportamento declarativo não aparece como visando directamente – como que de modo frontal – exteriorização da vontade que se considera declarada por essa forma. Apenas dele se infere que o declarante, em via mediata, oblíqua, lateral, quis também exteriorizar uma tal vontade – ou pelo menos teve a consciência disso, cfr. ALARCÃO, RUI DE, *"Declarações expressas e declarações tácitas – o silêncio", in* BMJ, n.º 86, pág. 236.

Razão por que há quem prefira a utilização das designações "declarações directas e indirectas", "imediatas e mediatas", em vez daquelas que vieram a ter consagração legal. Porém, como a este propósito sublinha Rui de Alarcão, a opção pelo binómio "declaração expressa / declaração tácita", corresponde a uma terminologia mais corrente ou vulgar, e para além disso, como sublinha Carriota-Ferrara, as expressões alternativas não se revelam menos equívocas. Cfr. ALARCÃO, RUI DE, *"Declarações expressas...", ob. cit.,* pág. 235 (nota 4).

([628]) Estamos a referir-nos ao comportamento do agente como conduta voluntária, enquanto pressuposto fundamental da responsabilidade civil extracontratual.

aos negócios jurídicos –, só se pode falar se não estivermos já perante actos não negociais"[629].

No entanto, como o mesmo autor adverte, "verificamos, portanto, que a nossa lei, além de conter um preceito geral sobre a noção de declaração tácita, se refere frequentemente à qualificação de certos actos como "expressos" e "tácitos", quer para exigir que se verifique a característica "expresso", quer para esclarecer que tal diferenciação é irrelevante, quer para outros fins"[630][631][632].

Apesar do art. 484.º se situar na área da responsabilidade civil delitual, e este preceito não fazer sequer uma referência expressa à categoria das declarações tácitas, não deixa de ser pertinente questionar se os comportamentos concludentes se integram na hipótese normativa respeitante à responsabilidade por factos ofensivos do bom nome e do crédito. Com efeito, mesmo quando nos encontramos perante declarações negociais tácitas no sentido rigoroso do termo poder-se-ão suscitar problemas delituais. Basta, para tanto, que tais declarações coenvolvam ataques àqueles bens fundamentais da personalidade.

Não podemos ignorar que os comportamentos concludentes são aqueles factos[633] donde se pode retirar uma ilação. No nosso contexto não está sobretudo em causa extrair a partir dos factos a ilação de nos encontrarmos perante uma declaração negocial, mas antes a de averiguar se daqueles não se deduzirão ofensas aos bens jurídicos do bom nome e do crédito. Importa então determinar se do comportamento do agente se pode, de modo concludente, inferir a existência de um ilícito consubstanciado no ataque a estes bens da personalidade.

---

[629] Cfr. PINTO, PAULO MOTA, *Declaração tácita e comportamento concludente no negócio jurídico*, Coimbra, 1995, pág. 7.

[630] Vide PINTO, PAULO MOTA, *Declaração tácita ...*, ob. cit., pág. 6.

[631] Basta, por exemplo, pensar no art. 302.º, n.º 2, onde se prevê a renúncia tácita à prescrição. Este acto de renúncia, por natureza, não é considerado uma declaração negocial. Encontramo-nos pois perante uma hipótese onde a categoria da declaração tácita não surge mencionada no seu sentido técnico rigoroso.

[632] De igual modo, na doutrina alemã se faz alusão à possibilidade de o termo concludência ser utilizado num sentido diverso de declaração negocial tácita. A este propósito Flume procede à distinção entre o "agir concludente" correspondente a uma declaração de vontade, e o "comportamento concludente", sinónimo de conduta juridicamente relevante. Sobre esta classificação, Cfr. FLUME, WERNER, *Allgemeiner Teil des bürgerlichen rechts*, II band, Rechtsgeschäft, 4.ª ed., Berlim, 1992, §5, 4, pág. 72 e ss.

[633] A propósito da qualificação das declarações tácitas como factos concludentes (*facta concludentia*), cfr. ALARCÃO, RUI DE, "*Declarações expressas...*", ob. cit., pág. 236, ALMEIDA, CARLOS FERREIRA DE, *Teoria e enunciado...*, ob. cit., II, págs. 717-718.

Normalmente, as ofensas a estes valores resultam da divulgação de declarações onde a linguagem constitui o instrumento utilizado para comunicar. Desde logo, no tocante às afirmações expressas poder-se-á averiguar com relativa simplicidade da intenção ou vontade do declarante em dar a conhecer a terceiros o conteúdo das suas declarações.

Ora, como temos vindo a analisar neste capítulo a vontade de publicitar as afirmações fácticas constitui um dos pressupostos de aplicabilidade do art. 484.º. Impõe-se assim averiguar se as declarações proferidas pelo agente são revestidas de publicidade.

A grande questão está precisamente em saber se no âmbito dos comportamentos concludentes será possível detectar a existência da referida vontade de os tornar acessíveis ao conhecimento de um público mais ou menos vasto. Cumpre neste contexto investigar se o comportamento concludente do agente objectivou ou corporizou o seu propósito de publicitar as declarações([634]).

Como resolver então estas aporias? Antes de mais cumpre enquadrar todos estes problemas na sua sede jurídica própria. Na senda de Paulo M. Pinto, consideramos que "o critério para averiguação da existência de uma declaração tácita é interpretativo"([635]). Assim, e por nos situarmos no

---

([634]) Não estamos a querer aderir aquelas concepções que sufragam a existência de uma instância subjectiva a nível do juízo de concludência, competindo ao declarante o ónus de conhecimento do significado do seu comportamento, ao invés de quanto se pensa nas declarações expressas, onde tal ónus recai sobre o declaratário. Acerca destas orientações e da respectiva análise crítica, cfr. PINTO, PAULO M., *Declaração tácita...*, ob. cit., pág. 757. A questão é antes outra, ou seja, determinar, de acordo com critérios objectivos, se o propósito de publicidade se manifestou no comportamento concludente do agente.

([635]) Cfr. PINTO, PAULO MOTA, *Declaração tácita ...*, ob. cit., pág. 759. No mesmo sentido, FERRERO, ENZO, *"Dichiarazione expressa", "dichiarazione tácita" e autonomia privata*, Torino, 1974, pág. 92 e ss. Um pouco diversa se apresenta neste contexto a posição de Castro Mendes, que fala de um nexo de presunção entre os factos concludentes e a declaração. Razão por que este autor integra as declarações presumidas no âmbito das declarações tácitas, cfr. MENDES, J. CASTRO, *Teoria Geral do Direito Civil, vol. II*, Lisboa, AAFDL, 1979 (revista em 1985), pág. 60. De acordo com a formulação legal adoptada no art. 217, "quando se deduz de factos que, com toda a **probabilidade**, a revelam" a qual se afastou do teor do art. 648 do código de Seabra, onde o nexo de inferência entre os factos e a declaração era **necessário** (pela utilização do advérbio necessariamente), parece-nos mais correcta a posição de P. Mota Pinto, uma vez que o nexo de concludência se determina a partir de "inferências práticas", e tomando em consideração factores sociais e jurídicos e não apenas unicamente a partir de considerações de ordem lógica. Para uma análise mais desenvolvida acerca do "nexo de concludência", a ilação e a determinação de declaração tácita, cfr. PINTO, PAULO M., *ob. ant. cit.*, pág. 760 e ss.

âmbito de declarações receptícias, o critério jurídico adequado para resolver esta questão prévia será o da doutrina de impressão do destinatário consagrada no art. 236.º, n.º 1.

Apesar de os padrões interpretativos das declarações tácitas serem substancialmente idênticos aos convocados para a interpretação das declarações expressas([636]), não podemos deixar de referir algumas especificidades no tocante aos elementos atendíveis para levar a cabo a actividade hermenêutica dos comportamentos concludentes.

Não sendo utilizada a linguagem como forma de comunicação([637]), torna-se fundamental levar em linha de conta as circunstâncias de tempo e de lugar onde se integram os factos consubstanciadores das declarações tácitas.

Não obstante todos estes factores poderem assumir relevância também a propósito da interpretação das declarações expressas, a sua grande importância manifesta-se contudo a nível da determinação da existência e do sentido dos seus comportamentos concludentes([638]). De igual modo, também o contexto espaço-temporal, bem como outros elementos objectivos, entre os quais o nível sócio-cultural do declarante([639]) se revelam

---

([636]) A nível jurisprudencial, uma tal orientação foi também acolhida pelo acórdão do Supremo Tribunal de Justiça de 16-07-1981, que defendeu o recurso aos contributos da doutrina da impressão do destinatário, tanto para as declarações expressas, como para as tácitas, cfr. acórdão do STJ 16-07-1981, *in* BMJ, n.º 309, pág. 283.

([637]) Em nome do princípio da liberdade declarativa, estamos a referir-nos à linguagem no seu sentido mais amplo. Não apenas são de considerar aqui as formas mais típicas de comunicar (as palavras escritas ou faladas), mas abranger também os sinais, gestos, ou outro tipo de actos realtivamente aos quais seja reconhecida potencialidade comunicativa. Cfr., neste sentido, ALARCÃO, RUI DE, *"Declarações expressas..."*, ob. cit., pág. 233-234.

([638]) Acerca da relevância interpretativa do contexto espaço-temporal no âmbito das declarações tácitas, SCALISI, VICENZO, *La revoca non formale del testamento e la teoria del comportamento concludente,* Milano, 1974, pág. 207 e ss.

([639]) O conhecimento especializado de certas matérias permite a quem disponha desse *know-how* aperceber-se com mais facilidade da publicidade das declarações proferidas. A título meramente exemplificativo, refira-se o significado negocial inerente a determinados comportamentos adoptados no decurso de um leilão. Relativamente a quem exerce funções em tal sector de actividade não se colocam dúvidas da sua plena consciência quanto ao carácter público dos comportamentos assumidos no decurso de tais actos, bem como do sentido que lhes é associado.

O mesmo não se pode afirmar quanto a um qualquer leigo que adopte determinadas condutas durante tais eventos. No entanto, mesmo em relação a estes, não podemos ignorar a premissa fundamental constante do art. 6.º, de acordo com a qual "a ignorância ou má interpretação da lei" não escusa tais pessoas.

particularmente significativos para a descoberta do propósito do declarante divulgar publicamente as suas afirmações.

Apesar do propósito ou intenção de divulgação constituir uma questão de índole subjectiva, a identificação da sua existência, ou seja, a definição do carácter público – ou não público – da declaração, traduz-se numa questão de natureza interpretativa, salvo, quando tal resulte expressamente da lei. Com efeito, cumpre apurar se do comportamento do agente se pode concluir, com toda a probabilidade, que o conteúdo da declaração se dirigia a um público mais ou menos indeterminado.

Ora, um tal propósito consegue-se detectar em princípio com maior facilidade no contexto das declarações expressas, porquanto o sentido destas revela-se mais claramente perceptível pelo público e o declarante sem dificuldade tem consciência de uma tal circunstância. Em contrapartida, ao emitir um comportamento concludente, o declarante nem sempre está ciente se o público se aperceberá da existência de uma declaração e do conteúdo da mesma. Aliás, tendo em conta o ambiente de espontaneidade onde são proferidas este tipo de afirmações, o emitente pode nem estar consciente de ter perante si um público destinatário das suas mensagens.

Cumpre então averiguar, de harmonia com as regras normais de interpretação, se é possível, em face das circunstância do caso, reconhecer a existência do propósito de divulgar as informações. Face a uma resposta afirmativa, não deve constituir preocupação do intérprete saber se realmente o declarante teve consciência do carácter público da sua declaração[640].

---

Desta feita, mesmo quando não tivessem efectiva consciência do carácter público deste tipo de actos, sempre lhes seria exigido, de acordo com as exigências básicas da vivência comunitária, um tal conhecimento. Apesar de em tais circunstâncias a ilicitude eventualmente cometida com a divulgação das informações não ser excluída, o declarante poderia, com toda a probabilidade, conseguir uma atenuação do grau de censurabilidade da sua conduta.

[640] A circunstância de objectivamente se ter chegado à conclusão da existência da vontade de publicitar as declarações de facto, não invalida a possibilidade de terem ocorrido um conjunto de causas susceptíveis de atingir indelevelmente uma tal consciência da publicidade. Basta ter em conta o possível desconhecimento, sem ou com culpa, dos elementos determinantes do carácter público da declaração. De igual modo, o declarante pode ter emitido as afirmações por ter sido induzido em erro, por terceiros ou até pelos destinatários, quanto à inviabilidade de a sua declaração chegar ao conhecimento de terceiros.

Neste sentido se pronuncia Paulo M. Pinto, a propósito do juízo de concludência como resultado interpretativo, "A concludência depende tanto (*rectius,* tão pouco) de factores subjectivos do agente como os resultados da interpretação – só quando o agente "não puder razoavelmente contar" com a concludência do comportamento é que esta será afectada

Razão por que não existe qualquer obstáculo de princípio ao reconhecimento do propósito ou intenção de divulgar as afirmações no domínio dos comportamentos concludentes. Tanto no contexto das declarações expressas, quanto no tocante aos comportamentos concludentes, a determinação da existência deste *Tatbestand* no art. 484.º constitui um problema de interpretação.

Desta feita, apenas se pode registar uma diferença de grau a propósito do mesmo tipo de actividade hermenêutica desenvolvida nos dois domínios mencionados, consubstanciada num acréscimo de dificuldades quando nos reportamos às declarações tácitas. Cumpre então responder afirmativamente à questão já anteriormente colocada neste capítulo, podendo as declarações tácitas considerar-se também incluídas no âmbito normativo do ilícito ao bom nome e ao crédito.

Com efeito, neste universo cumpre tomar em consideração dois níveis de concludência: um primeiro associado à inferência a partir do comportamento do agente de ofensas ao bom nome e ao crédito de outrem, e um segundo relacionado com a averiguação do carácter público da sua conduta. Apesar de também em relação às declarações expressas se impor a determinação da existência destas duas questões para afirmar o ilícito, certo é que a circunstância de o agente não se socorrer dos meios normais de expressão ou de divulgação do seu pensamento, torna mais difícil o respectivo apuramento[641].

---

(por interpretação), e não logo que falte a vontade ou a consciência, faltas estas que dizem respeito a um outro problema". *Vide* PINTO, PAULO MOTA, *Declaração tácita* ..., *ob. cit.*, págs. 758-759. Ainda a este propósito, *vide,* a nota 57 da pág. 758 da ob. ant. cit.

[641] Como a propósito das relações de concludência justamente sublinha Ferreira de Almeida, suscitam-se aqui três círculos de problemas, relativos respectivamente, à própria relação de concludência, ao seu critério, e ao grau de segurança para a conclusão. Cfr. ALMEIDA, CARLOS FERREIRA DE, *Texto e enunciado...*, *ob. cit.,* pág. 717 e ss. Onde as maiores dificuldades interpretativas se colocam no tocante às declarações tácitas é precisamente no grau de segurança quanto às conclusões alcançadas.

## CAPÍTULO 5
## O ILÍCITO AO CRÉDITO E AO BOM NOME E AS PESSOAS COLECTIVAS

**5.1. A ofensa ao bom nome e ao crédito das pessoas colectivas**

Não temos quaisquer dúvidas, face à clareza da fórmula legal utilizada no art. 484.º, em garantir a tutela do bom nome e crédito das pessoas colectivas quando estas sejam atingidas por afirmações de facto consideradas ofensivas de tais bens jurídicos. Na verdade, o legislador português não circunscreveu a tutela do bom nome e do crédito às pessoas singulares, ao prescrever *expressis verbis* neste preceito "quem afirmar ou difundir um facto... de qualquer pessoa singular ou colectiva..."[642].

Apesar de considerarmos que a questão da titularidade do direito ao bom nome e ao crédito se encontra pacificamente resolvida[643] no ordenamento jurídico positivo português, não podemos deixar de acentuar a importância e a perplexidade da opção feita pelo nosso legislador civil nesta matéria. Torna-se impensável pronunciarmo-nos sobre esta temática sem levarmos em linha de conta a natureza instrumental ou a função socio-económica da personalidade colectiva[644].

---

[642] Ao invés, não encontramos no §824 do B.G.B. uma formulação equivalente, omitindo-se aqui qualquer referência ao *"kredit ... erwerb oder forkommen herbeizuführen"* das pessoas colectivas. Porém, o art. 19.3 da constituição Alemã admite a extensão do regime jurídico dos direitos fundamentais às pessoas jurídicas nacionais, desde que, pela sua natureza, se possam considerar aplicáveis a tais entes.

[643] Na doutrina nacional há quem conteste a titularidade de direitos de personalidade pelas pessoas colectivas, com fundamento na formulação utilizada pelo legislador no art. 70.º do Código Civil, onde apenas se faz referência a "indivíduos". Nesta linha de orientação, Pais de Vasconcelos considera que "a referência a "indivíduos", na letra do preceito, é intencional e tem o sentido de excluir da titularidade de direitos de personalidade as pessoas colectivas". No entendimento do autor, a circunstância do art. 484.º sancionar com a responsabilidade civil a ofensa ao crédito ou ao bom nome de uma pessoa colectiva, não tem "o condão de fazer as pessoas colectivas participarem de direitos de personalidade", cfr. VASCONCELOS, P. PAIS, *Direito de Personalidade,* Coimbra, 2006, pág. 126.

[644] *Vide,* a este propósito, PINTO, CARLOS A. DA MOTA, *Teoria Geral ....*, ob. cit., págs. 269 e ss., VASCONCELOS, P. PAIS, *Teoria Geral...*, ob. cit., pág. 136, GUITIÁN, ALMA MARIA R., *El derecho al honor de las personas jurídicas (comentário a la STC 139/1995, de 26 de Septiembre), in* Anuário de Derecho Civil, Tomo XLIX, fascículo II, Abril-Junio, MCMXCVI (1996), pág. 812.

No tocante às pessoas singulares, a personalidade jurídica representa uma ineliminável exigência ética imposta ao ordenamento jurídico, pela circunstância de todos os indivíduos terem direito a reivindicar o respeito pela sua dignidade pessoal. O reconhecimento pela ordem jurídica a todo e qualquer ser humano de uma profunda igualdade no tocante à possibilidade de ser titular de direitos e sujeito de obrigações, representa a expressão do bom nível civilizacional alcançado por tais ordenamentos.

Para além da tutela desta dimensão individual da personalidade humana, o direito não pode ignorar a vertente comunitária ineliminavelmente ligada à existência do homem, pois a integração comunitária constitui uma condição ontológica para a afirmação e desenvolvimento da pessoa. Enquanto ser gregário, cada homem precisa de partilhar os seus conhecimentos e experiências com os outros, e de congregar esforços para realizar um conjunto de objectivos e satisfazer uma pluralidade de interesses colectivos. Apenas a prossecução de tais objectivos e a tutela desses interesses podem permitir à pessoa humana suprir a sua indeterminação natural, através da realização alcançada num outro plano: o sócio-cultural.

Ora, ao reconhecer personalidade jurídica a organizações constituídas por um conjunto de pessoas ou por uma massa de bens[645], com o objectivo de alcançarem finalidades ou interesses comuns[646], o ordenamento jurídico vai de encontro à indiscutível necessidade de garantir a integração da autonomia individual no espaço comunitário[647].

---

[645] Ao referirmo-nos a organizações de base pessoal (conjunto de pessoas), e de fundo patrimonial (massa de bens), estamos a fazer alusão à distinção, dentro do universo das pessoas colectivas, entre as associações e as fundações. A linearidade deste critério distintivo tem sido, no entanto, colocada em causa pela emergência nas últimas décadas de novos entes organizatórios qualificados como fundações, entre os quais cumpre destacar as "fundações de participação" e as "fundações de comunidade". Tais entes acabam por revestir características mais próximas das tradicionalmente atribuídas às associações. Acerca destes novos modelos organizacionais e a tendência para a erosão da tradicional distinção entre associações e fundações, cfr. RIBEIRO, J. SOUSA, *Fundações: "uma espécie em vias de extensão"?*, in Comemorações dos 35 Anos do Código Civil e dos 25 Anos da Reforma de 77, volume II, Coimbra, 2006, pág. 251 e ss.

[646] Porém, como sublinha Coutinho de Abreu, reportando-se às sociedades unipessoais, a prossecução de "interesses comuns ou colectivos não é condição necessária para a personalização: as sociedades unipessoais são (normalmente) pessoas colectivas que visam prover a interesses individuais, privativos dos sócios-únicos...". Cfr., ABREU, J. COUTINHO, *Da Empresarialidade...*, ob.cit., pág. 200 (e nota 156, onde se faz referência à posição de Dias Marques, que há muito anteviu esta realidade).

[647] A este propósito, cfr. CORDEIRO, A. MENEZES, *O Levantamento da Personalidade Colectiva, No Direito Civil e Comercial*, Coimbra, 2000, pág. 10. Tendo em conta estas

Não obstante a atribuição de personalidade jurídica às pessoas colectivas se traduzir num instrumento precioso para alcançar a plena realização do homem, cumpre destacar a diferença fundamental entre o natural reconhecimento da personalidade singular, o qual é imposto como uma exigência indeclinável da dignidade humana, face à maior elaboração técnico jurídica coenvolvida na personificação das organizações de pessoas e de bens.

Se tivermos em conta que a personalidade jurídica de qualquer indivíduo se adquire com o facto natural do nascimento[648], independentemente de qualquer outro requisito, enquanto a atribuição da susceptibilidade abstracta para ser titular de direitos e obrigações às pessoas colectivas implica um reconhecimento normativo, condicionado ou por concessão[649], podemos então constatar a aludida distância entre as

---

considerações, Orlando de Carvalho designa sugestivamente as pessoas colectivas por pessoas jurídicas ou pessoas jurídicas *stricto sensu*. Na perspectiva do autor, enquanto a personalidade singular representa uma manifestação indefectível de um poder radical ou moral de qualquer indivíduo – o poder jurisgénico –, a personalidade reconhecida às pessoas jurídicas constitui uma exigência de disciplina jurídica para permitir uma adequada realização e protecção dos interesses humanos.

Razão por que as "pessoas jurídicas *strictu sensu* aparecem estruturalmente como pessoas, ao lado das pessoas propriamente ditas", cfr. CARVALHO, ORLANDO, *Teoria geral... ob. cit.,* pág. 25. Estas diferenças entre a personalidade singular e a personalidade reconhecida às organizações dirigidas à prossecução dos mais variados interesses humanos, são a causa justificativa do diferente tratamento sistemático dispensado a estas realidades jurídicas. Por um lado, a personalidade jurídica das pessoas singulares é versada pelo autor a propósito do conceito de relação jurídica segundo um "corte funcional", ou seja, tendo em conta o plano dos interesses ao serviço dos quais se encontra. Por outro, a personificação das pessoas jurídicas *stricto sensu* é abordada a propósito do "corte estrutural" de relação jurídica, isto é, tentando-se responder fundamentalmente a problemas de disciplina ou regulamentação jurídica.

Todavia, esta cisão operada no estudo da relação jurídica não implica, de modo algum, o aniquilamento ou exclusão de uma das categorias em análise. Melhor dito, "o conceito estrutural de RJ não anula o conceito funcional dessa relação". Muito ao invés, "o conceito funcional está sempre latente, sempre pronto a intervir, a opor o seu veto, quando o conceito estrutural desobserva a sua função", cfr. CARVALHO, ORLANDO, *ob. ant. cit.,* pág. 27. Este controlo do plano funcional sobre o conceito estrutural assume uma particular acuidade a propósito da avaliação da actividade e da própria delimitação da posição jurídica das commumente designadas pessoas colectivas.

[648] Uma tal solução resulta *expressis verbis* do disposto no n.º 1 do art. 66.º.

[649] O reconhecimento apresenta diversidades, tendo em conta o género de pessoas colectivas às quais se reporta. Assim, desde 74 (Dec.-Lei n.º 594/74), e na sequência deste, com as alterações introduzidas pelo Dec.-Lei n.º 496/77 ao art. 158.º, a modalidade de reconhecimento para os entes associativos deixou de ser, tal como se registava na versão

condições de emergência da personalidade em relação a estas duas categorias de pessoas aqui confrontadas.

Porém, as especificidades sentidas quanto à posição jurídica das organizações de pessoas e bens não se confinam unicamente a este momento genético, ou seja, ao seu nascimento para o mundo do direito. Sobretudo em relação ao problema que agora nos ocupa – a titularidade do direito ao bom nome e ao crédito das pessoas colectivas – as particularidades manifestam-se mais intensamente a propósito da capacidade jurídica de gozo. Como resulta, sem margem para dúvidas, do art. 67.º, a capacidade jurídica de gozo é uma categoria inerente à da personalidade jurídica[650]. Porém, enquanto a personalidade jurídica ou se tem, ou pura e simplesmente se é desprovido da sua titularidade, a capacidade de gozo tem-se, em maior ou menor medida[651]. Destarte, esta última categoria tem uma natureza mais conjuntural, enquanto a personalidade jurídica assume um carácter universal.

Tais considerações, sendo válidas no tocante às pessoas singulares, assumem uma particular acuidade quando circunscrevemos a nossa análise ao universo das pessoas colectivas. Na verdade, tendo em conta a nota de funcionalização que caracteriza indelevelmente as organizações de pessoas e bens[652] a quem o ordenamento jurídico atribui personalidade jurí-

---

originária do Código de 66, o da concessão para passar a assumir a forma de normativo condicionado (n.º 1 do art. 158.º). Já no tocante às fundações manteve-se o regime originário da concessão (n.º 2 do art. 158.º), ficando, como tal, a atribuição de personalidade jurídica a estas pessoas colectivas dependente de um acto individual da autoridade pública, podendo vislumbrar-se no âmbito da competência da autoridade administrativa decidente poderes discricionários e outros vinculados à lei. Para uma análise mais desenvolvida destas modalidades de reconhecimento, e das modificações legislativas neste contexto verificadas, cfr. Pinto, Carlos A. Mota, *Teoria Geral...*, ob.cit., pág. 309 e ss.

[650] Porém, em Roma só tinha capacidade jurídica quem possuísse os três *status*: *familiæ*, *civitatis* e *libertatis*, variando os direitos das demais pessoas em função do peso específico do seu *status*, com as inerentes *capitis deminutiones*, Cruz, Sebastião, *Direito Romano*, Coimbra, 1984, pág. 197 e ss.

[651] Cfr., a este propósito, Andrade, Manuel de, *Teoria Geral da relação Jurídica*, 1.º vol. (reimpressão), Coimbra, 1983, págs. 121-122.

[652] As finalidades a que se encontram adstritas as pessoas colectivas podem encontrar-se definidas em fontes diversas: a vontade do fundador, no caso das fundações, os estatutos (associações e cooperativas), o pacto social e a lei (sociedades comerciais), a constituição, a lei e os estatutos (instituições particulares de solidariedade social, comummente designadas por I.P.S.S.). No caso das I.P.S.S. estão em causa organizações cujos objectivos da sua constituição assumem relevância constitucional. Com efeito, o objecto da actividade destas instituições situa-se precisamente no âmbito da constituição social (n.º 5 do art. 63.º

dica, somos forçados a considerar a sua capacidade de gozo não apenas mais circunscrita, como também mais diversificada([653]).

A maior circunscrição deste tipo de capacidade das pessoas colectivas resulta da circunstância de se encontrarem afastados do círculo da titularidade dos seus direitos aquele acervo de prerrogativas com uma ineliminável referência à individualidade física e emocional([654]). Bem

---

da Constituição da República Portuguesa). Como sublinha a este propósito Licínio Lopes "a solidariedade social há-de ser o princípio que enforma e delimita, ao nível constitucional, o próprio objecto de actividade das IPSS... os objectivos estatutários das IPSS têm por fundamento a própria constituição", cfr. MARTINS, F. LICÍNIO LOPES, *As Instituições Particulares de Solidariedade Social,* Coimbra, 2009, pág. 132.

Razão por que a lei reguladora da actividade das I.P.S.S. (no essencial, o regime jurídico das I.P.S.S. é hoje definido pelo Dec.-Lei 119/83), e os estatutos das mesmas têm de respeitar as finalidades constitucionalmente delimitadas. Ao referir que o princípio da solidariedade social delimita o objecto de actividade das I.P.S.S., Licínio Lopes, apesar de não o fazer expressamente, acaba por convocar aqui uma regra omnipresente na delimitação do status de toda e qualquer pessoa colectiva: o princípio da especialidade do fim. A propósito da nota da funcionalização enquanto limite á titularidade dos direitos de personalidade pelas pessoas colectivas no direito norte-americano, cfr. ALLEN, ANITA L., *Rethinking the Rule Against Corporate Privacy Rights: Some Conceptional Quandaries for the Common Law, in* 20 Marshall L. Rev. 607 (1987).

([653]) No tocante às associações, para além dos fins específicos constantes dos respectivos estatutos, impõe-se ter em consideração uma dimensão nuclear da racionalidade instrumental subjacente aos entes associativos: a falta de escopo lucrativo. Porém, nem sempre constitui tarefa fácil a concretização da regra do constrangimento da não distribuição dos lucros. Não se levantando grandes perplexidades quanto à possibilidade da prática pelos entes associativos de actos lucrativos de natureza instrumental, já o mesmo não se pode afirmar quanto à admissibilidade de uma associação ter por objecto a exploração comercial de uma actividade económica sem, todavia, proceder à distribuição de lucros aos associados.

Tais dificuldades revelam-se tanto mais pertinentes, quanto é certo que em múltiplos sectores de actividade (investigação, formação profissional, utilização das novas tecnologias...), "uma leitura alargada do «fim não lucrativo», pode revelar-se particularmente útil porquanto assim não se põe em causa as exigências fundamentais do princípio da especialidade do fim. Para uma análise desenvolvida do princípio da especialidade do fim no âmbito das associações, cfr. HENRIQUES, PAULO V., *O regime geral das associações, in Comemorações dos 35 Anos do Código Civil e dos 25 Anos da Reforma de 77,* Coimbra, 2006, págs. 288-293.

([654]) Além do princípio da especialidade do fim anteriormente já referido no texto, a natureza dos direitos constitui um outro critério fundamental a tomar em conta para efeitos da atribuição de direitos de personalidade às pessoas colectivas. Encontramo-nos aqui colocados perante uma limitação à capacidade jurídica de gozo de índole geral, neste sentido, cfr. HENRIQUES, PAULO V., *O regime geral..., ob. cit.,* pág. 289. Apesar de intrinsecamente relacionados entre si, estes dois critérios devem considerar-se como autónomos. Neste sentido se pronunciou o Tribunal Constitucional espanhol acerca da possibilidade de extensão

vistas as coisas, o núcleo de direitos intimamente ligado ao desenvolvimento da personalidade humana – os direitos de personalidade – apresenta uma latitude muito menor quando se equaciona o problema da sua titularidade pelas pessoas colectivas([655]).

Uma simples análise de alguns direitos de personalidade tipificados no Código Civil (direito à imagem, direito à reserva sobre a intimidade da vida privada)([656])([657]) é suficiente ou para os não incluir na capacidade

---

dos direitos fundamentais às pessoas colectivas na paradigmática decisão 139/1995, de 26 de Septiembre, cfr. GUITIÁN, ALMA Mª RODRIGUEZ, El derecho al honor ..., ob.cit., págs. 807-808.

([655]) VASCONCELOS, P. PAIS, Teoria Geral..., ob. cit., págs. 152-153, BRANAHL, UDO, Medienrecht..., ob. cit., pág. 137.

([656]) O mesmo não se pode afirmar em relação ao direito ao nome que se encontra regulado no art. 72.º. Com efeito, o direito ao nome assume uma relevância muito significativa na actividade desenvolvida por determinadas pessoas colectivas, mesmo quando estas se destinem a prosseguir finalidades económicas lucrativas. Com efeito, tanto as sociedades comerciais, como os demais entes colectivos, têm o inquestionável direito ao uso de um nome. No direito germânico, a jurisprudência começou por aplicar analogicamente o §12 do B.G.B. às pessoas colectivas – primeiro aos entes de fim ideal, estendendo posteriormente a titularidade do direito ao nome aos mais variados tipos de associações e sociedades. Hoje revela-se pacífica na doutrina e jurisprudência alemã a atribuição deste direito às pessoas colectivas. Cfr., LEβMANN, HERBERT, Persönlichkeitschutz Juristischer Personen, in AcP, 1970, págs. 287, 288.

Porém, a disciplina jurídica do nome da empresa, ou do nome comercial do comerciante (firma), atenta a sua especificidade, é objecto de um tratamento autónomo por um outro ramo do direito – o direito comercial. Para além de tais especificidades, cumpre fazer menção a algumas diferenças estruturantes, e em geral detectáveis, entre o direito ao nome das pessoas singulares e das pessoas colectivas. Enquanto o direito ao nome das pessoas físicas lhes é heteronomamente atribuído pelos pais, na sequência dos poderes-deveres que lhes são conferidos pela relação de filiação, já as pessoas colectivas procedem, elas próprias, à escolha do seu nome. Ainda quanto a tais diversidades, cumpre salientar que relativamente às pessoas físicas vale, como regra, o princípio da imutabilidade do nome, enquanto as pessoas colectivas gozam de uma maior liberdade de proceder à sua mudança. A propósito destas diferenças entre o direito ao nome nas pessoas singulares e nas pessoas colectivas, cfr. KAYSER, PIERRE, Les Droits de la Personalité. Aspects Théoriques et Pratiques, 1971, pág. 490.

([657]) No tocante ao direito à reserva sobre a intimidade da vida privada há quem admita a titularidade de direitos análogos pelas pessoas colectivas, referindo-se a este propósito ao segredo dos negócios, o qual assume particular relevância no âmbito societário. Com efeito, às sociedades é comummente reconhecido o "secret des affaires", estando aqui em causa uma realidade jurídica com contornos vagos e imprecisos. Cfr., BRANAHL, UDO, Medienrecht..., ob. cit., pág. 137.

De acordo com este entendimento, apesar de relativamente às pessoas colectivas não poder falar-se de uma vida privada no verdadeiro sentido do termo, certo é que é destrin-

de gozo das organizações de pessoas ou de bens, ou para, aceitar inevitáveis desvios na disciplina jurídica que lhes é reservada quando admitirmos a possibilidade das pessoas colectivas serem titulares de tais prerrogativas.

O mesmo se diga em relação a outros direitos de personalidade não especificamente disciplinados, mas cuja tutela se revela inquestionável no quadro do direito geral de personalidade. Estamos a pensar, entre outros, no direito à livre determinação sexual. Com efeito, prerrogativas fundamentais incluídas no âmbito deste direito, como sejam a da livre escolha da orientação sexual, e certas dimensões desta liberdade, entre as quais se destaca a liberdade sexual negativa, encontram-se intimamente dependentes da identidade física e moral das pessoas humanas, ficando assim excluídas do círculo de direitos cuja titularidade possa ser encabeçada pelas pessoas colectivas.

Com isto, não estamos a querer afastar a possibilidade de constituição de organizações cujos objectivos se traduzam na difusão de ideias e realização de programas inseridos no âmbito da moral ou política sexual, e cujos fundamentos se encontram precisamente no valor da liberdade sexual[658]. Estamos, no entanto, a reportar-nos a prerrogativas incluídas na liberdade sexual, sem uma dimensão intrinsecamente pessoal, e enquanto tais compatíveis com a actividade desenvolvida pelas pessoas colectivas. Bem vistas as coisas, nos exemplos avançados não está apenas em causa

---

çável a actividade exterior desses entes jurídicos da sua vida interior, sendo esta objecto de protecção através do mencionado direito ao segredo. Cfr. KAYSER, PIERRE, *Les Droits de la Personalité...*, *ob. cit.*, pág. 491. Cfr., LEBMANN, HERBERT, *Persönlichkeitschutz...*, *ob.cit.*, págs. 285-286. Cfr., HUBMANN, HEINRICH, *Das Persönlichkeitsrecht...*, *ob.cit.*, págs. 337.

Mesmo admitindo a distinção entre uma faceta visível e uma outra invisível da vida das pessoas jurídicas, certo é que não nos parece defensável autonomizar um direito à reserva das pessoas colectivas como uma realidade análoga à dos indivíduos, capaz de ser protegida através do direito ao segredo. Com efeito, o segredo dos negócios, mormente o mercantil, coenvolve um conjunto de aspectos insusceptíveis de serem tutelados através do direito à intimidade. Aspectos significativos de uma tal realidade acabam por ser mais adequadamente tutelados através de outros direitos como a propriedade intelectual e industrial.

[658] Nas sociedades hodiernas profundamente marcadas por realidades dramáticas como a proliferação de doenças transmissíveis sexualmente (SIDA), assiste-se a uma emergência cada vez mais significativa de organizações basicamente dedicadas ao combate de tais enfermidades. Ora, no âmbito de tais instituições, a livre discussão de assuntos e temas relacionados com a liberdade sexual revela-se uma prioridade. O mesmo se verifica no contexto de instituições profundamente vocacionadas para a discussão deste tipo de matérias, por regra dotadas de concepções e programas integrados para reflectir sobre as questões que circulam na órbita da liberdade sexual, como são as organizações erigidas sob tutela religiosa.

a realização do valor da liberdade sexual, mas sobretudo o de permitir a livre divulgação de opiniões e perspectivas no âmbito desta temática. No fundo, em causa está a tutela de um valor fundamental do ordenamento jurídico: o da liberdade de expressão. Ora, a liberdade de expressão constitui um referente jurídico não apenas perfeitamente conciliável, como, de resto, indispensável à actividade desenvolvida pelas pessoas colectivas.

Devem considerar-se igualmente afastados da capacidade jurídica de gozo das organizações de pessoas e bens com personalidade jurídica, por se encontrarem ligados de forma indefectível à individualidade humana, aqueles direitos e status relacionados com relações jurídicas familiares (casamento, filiação, ...)([659]). Uma análise superficial de quanto acabámos de expor, poder-nos-ia levar a concluir pela exclusão dos direitos de personalidade da capacidade jurídica de gozo das pessoas colectivas.

Cumpre, porém, debruçarmo-nos atentamente sobre esta problemática, porquanto o bom nome e o crédito traduzem-se basicamente([660]) em manifestações da personalidade. Desta feita, se afastarmos genericamente os direitos de personalidade da capacidade de gozo das pessoas colectivas, por se entender que estes "são inseparáveis da personalidade singular" (art. 160.º), então não fará qualquer sentido a protecção delitual conferida pelo art. 484.º ao bom nome e ao crédito de tais entes. Essa atitude de exclusão apenas pode ser legitimada por uma análise precipitada de toda esta problemática. Como já atrás referimos, aceitamos, sem qualquer contestação, a titularidade da liberdade de expressão pelas pessoas colectivas, bem como o direito ao nome. Ora, estes valores fundamentais encontram na cláusula geral do art. 70.º e no art. 72.º os fundamentos juscivilísticos para a sua protecção.

Para além destas prerrogativas, muitas outras dimensões essenciais da personalidade humana igualmente tuteladas no âmbito do direito geral de personalidade são susceptíveis de encontrar uma concreta expressão ou objectivação no seio de determinadas colectividades. Antes de mais, a criação de pessoas colectivas tem na base o direito dos indivíduos à livre reunião e associação. Como nos ensina Castanheira Neves, os interesses fazem surgir entre os *socii* tanto relações de exclusão, como relações de cooperação([661]).

---

([659]) Neste sentido, cfr. PINTO, CARLOS A. MOTA, *Teoria Geral...*, ob. cit., pág. 319.

([660]) Básica, mas não exclusivamente, tal como tivemos ocasião de nos pronunciar a propósito da delimitação do âmbito do ilícito ao bom nome e ao crédito.

([661]) Neste sentido, Cfr. NEVES, A. CASTANHEIRA, *O Direito...*, ob. cit., pág. 137.

Assim sendo, ao criarem uma determinada organização, os seus membros visam realizar através desta certas dimensões fundamentais da sua personalidade, conferindo ao próprio ente colectivo uma determinada identidade([662]).

Não estamos, com isto, a querer atribuir às pessoas colectivas um autêntico direito geral de personalidade([663]). Uma tal posição afigura-se-

---

([662]) Ao considerarmos que o ente colectivo possui uma individualidade própria, distinta da dos seus membros, estamos a qualificar aquele, na senda da teoria orgânica, como um sujeito de direito vivo e real, e enquanto tal, passível de ser titular de direitos de personalidade como o bom nome. Neste sentido se inclina também Herbert Leβmann, cfr. Leβmann, Herbert, *Persönlichkeitsschutz..., ob. cit.,* pág. 271 e ss. Afastamo-nos assim de uma outra orientação tradicional, cuja paternidade é normalmente atribuída a Savigny (*in, Traité de Droit Romain,* trad, t., Paris, 1849), para quem as pessoas jurídicas também devem ser consideradas como um novo ente jurídico, perspectivando este, porém, como uma criação ou ficção jurídica. Acerca das teorias (ficção e orgânica) em torno da natureza da personalidade colectiva, e das críticas que lhes são dirigidas, cfr. Cordeiro, A. Menezes, *O Levantamento da Personalidade..., ob. cit.,* pág. 45 e ss. Considerando as pessoas jurídicas como sujeitos artificiais, uma tal perspectiva não lhes reconhece, ao invés da teoria orgânica, a titularidade de direitos de personalidade. Para uma análise crítica das perspectivas ficcionistas (ficcionismo personalista e ficcionismo patrimonialista), cfr. Vasconcelos, P. Pais, *Teoria Geral..., ob. cit.,* pág. 134 e ss..

A recusa de atribuição do direito ao bom nome às pessoas jurídicas é igualmente sufragada pela corrente revisionista, inspirada nos ensinamentos legados por Ihering nos finais do séc. XIX. De acordo com esta orientação, contrariamente ao defendido pela teoria orgânica, os únicos sujeitos de direito são os homens (as pessoas físicas). Razão por que, não faz sentido falar de reputação das pessoas colectivas como sendo algo de distinto do bom nome das pessoas que constituem o substrato pessoal das respectivas organizações. Neste sentido, cfr. Galgano, Francesco, *Le Associazioni, le fondazioni e i comitati, I grandi orientamenti della giurisprudenza civile e commerciale,* Padova, 1990, pág. 184, Roncero, R. Capilla, *La persona jurídica. Funciones y disfunciones,* Tecnos, 1984, págs. 88-89. Propendendo para a defesa da teoria orgânica, cfr. Guitián, Alma Mª Rodriguez, *El derecho al honor..., ob. cit.,* pág. 808 e ss. Dispensamo-nos, porém, de fazer alusão a outras construções teóricas urdidas a propósito da natureza jurídica da personalidade colectiva – a da "personificação de fim" de Ennecerus, ou do "sistema autopoiético" de Treubner, porquanto tal extravasaria o âmbito das nossas preocupações. Todavia, para uma análise crítica da posição de Treubner, *vide* Abreu, J. Coutinho, *Da Empresarialidade..., ob. cit.,* pág. 98 (nota 508).

([663]) Certos autores propendem, em termos não muito peremptórios, para sufragar uma tal solução, cfr. Pinto, Carlos A. Mota, *Teoria Geral... ob. cit.,* pág. 319. Por um lado, Mota Pinto inclui o direito geral de personalidade ao lado do direito ao nome, no elenco de direitos cuja titularidade é admitida às pessoas colectivas, não estabelecendo quaisquer restrições. Por outro, faz alusão a vários direitos ("à honra, à liberdade, etc.") filiados na cláusula geral do art. 70.º, provavelmente com o objectivo de proceder a uma especificação daqueles poderes susceptíveis, atenta a especialidade do fim prosseguido

-nos, na verdade, excessiva. Tratando-se de um direito com conteúdo manifestamente elástico, onde se incluem uma multiplicidade de faculdades previsíveis e imprevisíveis da personalidade humana, em suma, um direito à "pessoa ser em devir", torna-se muito difícil enquadrá-lo no contexto da **mais ou menos limitada, mas de qualquer modo sempre limitada**, medida concreta de direitos e obrigações atribuída às pessoas colectivas, atentas as particulares finalidades por si prosseguidas.

Com efeito, o direito de personalidade, em si mesmo considerado, não é susceptível de ser amputado ou cindido em diversas secções ou compartimentos. No seu âmbito integram-se indiscutivelmente um conjunto de poderes ou faculdades intimamente ligados à personalidade humana, razão por que a sua titularidade apenas pode ser admitida relativamente às pessoas singulares. Porém, a "sociável insociabilidade" humana supõe um inequívoco reconhecimento da titularidade de faculdades filiadas no art. 70.º às pessoas colectivas, em virtude do exercício desses direitos, em muitas situações apenas se revelar possível, ou eficaz, no seio de determinadas colectividades, seja através da interacção dos respectivos membros, ou da afectação de um conjunto de bens à prossecução de tais finalidades.

Admite-se assim a assunção pelas pessoas colectivas de certas objectivações ou concretizações do direito geral de personalidade, atentas as peculiaridades próprias impostas pelo princípio da especialidade do fim(art. 160.º). Com isto, não estamos a proceder à fragmentarização do direito geral de personalidade, mas tão somente a concebê-lo na sua verdadeira qualidade de *Rahmenrecht*.

---

pelas pessoas colectivas, de poderem ser conferidos a este tipo de entes. Esta necessidade sentida pelo autor de especificar alguns direitos filiados no art. 70.º, pode querer indicar que na sua opinião as pessoas colectivas podem ser titulares de algumas faculdades baseadas no *Rahmenrecht* contido neste preceito (as compatíveis com os seus fins), e não propriamente do direito geral de personalidade.

Neste sentido se pronuncia Herbert Leβmann, ao considerar inaplicável o art. 2.º da Constituição alemã em toda a sua plenitude às pessoas colectivas. Porém, o autor reconhece que o desenvolvimento da actividade das pessoas jurídicas apenas se torna possível através do reconhecimento a estes entes de certos poderes incluídos na cláusula geral supra mencionada. Razão por que Leβmann admite tão somente uma aplicação mitigada do art. 2.º da Lei Fundamental germânica às pessoas jurídicas. Cfr. Leβmann, Herbert, *Persönlichkeitsschutz..., ob.cit.*, pág. 268 e ss. Como o autor sugestivamente constata *"Steht juristischen personen kein allgemeines persönlichkeitsrecht zu wie natürlichen personen, so bedeutet dies nicht, daβ juristichen personen überhaupt kein persönlichkeitsschutz zukommt"*. Cfr. Leβmann, Herbert, *ob. ant. cit.*, pág. 271.

Na panóplia de direitos de personalidade reputados como fundamentais para as "pessoas jurídicas" contam-se precisamente os direitos ao bom nome e ao crédito([664]). Em virtude da actividade desenvolvida

---

([664]) Particularmente próximo destes direitos se encontra o já mencionado direito à empresa "*recht am eingerichteten und ausgeübten gewerbebetrieb*", com larga tradição na dogmática e na jurisprudência alemã, e cuja titularidade pode ser atribuída às pessoas colectivas. Não obstante estar em causa um direito susceptível de ser integrado na capacidade jurídica de gozo de qualquer pessoa, certo é que nos encontramos perante um tipo de poder naturalmente moldado à estrutura e fins das pessoas jurídicas, e de um modo particular aquelas dirigidas à prossecução de fins egoísticos ou lucrativos.
Neste contexto, revela-se paradigmático o recurso a esta figura jurídica pelo OLG Rostock a propósito da divulgação na Internet da "*Schuldnerspiegel*", "*Shop-schuldne*", "*Kunderzalt-nicht*", ou seja das comummente designadas listas negras de devedores inadimplentes. Este tipo de prática tem-se revelado crescente, acompanhando assim a tendência cada vez mais acentuada de conversão da Internet num mercado ou local privilegiado para a conclusão de negócios. Com o objectivo de garantir o bom funcionamento das operações negociais aí realizadas, e de um modo particular, reforçar a credibilidade de tais mercados, a divulgação informática das mencionadas listas configura-se como um instrumento de auxílio aos interesse económicos dos credores, protegendo-os dos devedores retardatários "*Säumigen schuldnern*". Cfr., a este propósito, HERGENRÖDER, CURT WOLFGANG, *anotação à decisão O.L.G. Rostock...*, *ob. cit.*, págs. 76 e 78.
Porém, a pública divulgação de dados económicos relativos a relações negociais privadas é susceptível de contender com o aludido direito à empresa, bem como com o direito à protecção dos dados, por sua vez profundamente imbricado com a auto determinação informativa, que não pode deixar de ser reconhecida a todo e qualquer devedor. Neste contexto, pode colocar-se em causa a legitimidade destes procedimentos informativos desenvolvidos por via informática, não obstante se poder invocar a favor da sua admissibilidade o valor fundamental da *meinungsfreiheit*, o qual assume particular relevo no âmbito económico. Foi precisamente com base numa ponderação relativa dos interesses em confronto – liberdade de expressão *versus* direito à empresa –, que o OLG Rostock conclui no caso sub índice ter-se registado a violação de um tal direito da sociedade visada com a divulgação dos dados informáticos.
Estando em causa a divulgação de informações que independentemente da veracidade do seu conteúdo, consubstanciem um autêntico boicote à actividade da empresa, deformando a sua imagem e sujeitando-a à irrisão pública, este Tribunal considera verificar-se um ilícito nos termos do §1823 do B.G.B., com base na violação do direito à empresa entendido como um *sonstiges recht*. Na fundamentação desta decisão foi suscitado o argumento contrário à solução do aresto segundo o qual os credores perante a eventual inadimplência dos devedores retardatários poderão socorrer-se dos meios de tutela colocados ao dispor pelo ordenamento jurídico (§284 abs 2, e 288 abs 1 do B.G.B.) recorrendo à fase executiva se assim for necessário. Porém, um tal argumento não assume um peso decisivo, porquanto na prática tais expedientes acabam por se revelar ineficazes. Uma tal inoperância dos mecanismos de tutela disponibilizados pela ordem jurídica, acaba por evidenciar a importância prática das listas negras dos devedores divulgadas na Internet, cfr. HERGENRÖDER, CURT WOLFGANG, *ob. ant. cit.*, págs. 78 e 79.

pelas pessoas colectivas e das relações entretecidas pelos seus órgãos([665]), as associações, sociedades, cooperativas e fundações... acabam por projectar para o exterior uma imagem de si mesmas.

A grande questão consiste em averiguar, em face das circunstâncias do caso, se a divulgação por via informática das listas de devedores não se traduzirá num ressurgimento inadmissível dos expedientes jurídicos típicos da idade média para perseguição do devedor. Cumpre, com efeito, tentar impedir a conversão da Internet num autêntico pelourinho (*Das Internet als pranger*). Na senda de Hergenröder, apesar de não se poder concluir em termos genéricos pela ilegitimidade dos procedimentos informáticos em análise, tal como parece sugerir a decisão do O.L.G. Rostock, impõe-se analisar cautelosamente a possibilidade de recurso a tais expedientes. Mesmo quando as informações divulgadas sejam conformes com a verdade, tal não se revela um argumento decisivo a favor da sua admissibilidade. Compete então analisar adequadamente os condicionalismos coenvolvidos na divulgação informática das listas de devedores, de molde a determinar se ocorrerá em tais hipóteses uma verdadeira "execução pública" dos devedores.

Aliás, a circunstância de o devedor não ter cumprido determinadas obrigações contratuais, não permite concluir pela existência de outras dívidas por si contraídas e não cumpridas, ou seja, por um perfil geral de inadimplente relativamente a uma tal pessoa. Para uma análise mais desenvolvida acerca do pensamento de Hergenröder acerca desta matéria, cfr. HERGENRÖDER, CURT WOLFGANG, *ob. ant. cit.,* pág. 76 e ss.

([665]) De acordo com uma perspectiva organicista, entre os órgãos e os entes onde se encontram integrados existe uma verdadeira identificação e não apenas uma relação de mera representação – (teoria da representação). Este diverso posicionamento dos órgãos face às pessoas colectivas não se pode considerar inócuo quanto ás consequências jurídicas por ele desencadeado. Com efeito, a opção por uma das perspectivas em confronto permitir-nos-á dar resposta à questão do reconhecimento da capacidade de exercício às pessoas colectivas.

Apenas quando a relação entre o órgão e a pessoa jurídica onde se integra seja de verdadeira organicidade, poderemos responder afirmativamente ao problema acabado de equacionar. Como sabemos, a capacidade de exercício consiste "na aptidão para pôr em movimento a capacidade jurídica por actividade própria, sem necessidade de se ser representado ou assistido por outrem". Cfr., PINTO, CARLOS MOTA, *Teoria Geral... ob. cit,* pág. 315. Concebendo-se os órgãos como representantes da pessoa colectiva, então regista-se uma autonomia entre a personalidade jurídica do representante e do representado que inviabiliza a afirmação da capacidade de exercício do ente colectivo. Neste sentido, cfr. MEYER, JUSTUS, *Wirtschaftsprivatrecht..., ob. cit.,* págs. 48-49.

Resta então saber o que nos permite concluir pela existência de uma relação de organicidade ou de representação. Como nos ensina Mota Pinto, a resposta a esta pergunta "infere-se da solução dada pela lei a um concreto problema de regulamentação: o problema da responsabilidade civil extracontratual das pessoas colectivas", cfr. PINTO, CARLOS MOTA, *ob. ant. cit.,* pág. 316. Salvo as hipóteses de representação voluntária onde existe uma relação de comissão, não se pode afirmar no ordenamento positivo português a responsabilidade civil extracontratual dos representados pelos actos dos seus representantes. Porém, o art. 165.º consagra a responsabilidade civil das pessoas colectivas. "Logo, as pessoas físicas que agem em seu nome e no seu interesse são ou integram verdadeiros órgãos e portanto

Como resultado das interacções sociais entretecidas pelas pessoas colectivas, estas vão granjeando uma certa reputação ou prestígio social, os quais representam bens jurídicos, em si mesmos merecedores de tutela. Na verdade, o bom nome do ente colectivo constitui uma fonte dinamizadora de novos contactos e relações negociais([666])

Desta feita, a divulgação de factos susceptíveis de abalar a identidade sócio-económica das pessoas colectivas pode provocar fortes prejuízos na actividade de tais entidades, privando-as de realizar novos negócios, ou fazendo-as incorrer em incumprimento de obrigações entretanto já contraídas. Está fundamentalmente em causa a protecção da dimensão ou vertente externa da honra, pois relativamente ás pessoas jurídicas não faz sentido autonomizar a dimensão interna deste bem jurídico, onde se tem em vista basicamente a tutela do respeito, auto-estima e consideração pessoal.

Com efeito, todos estes aspectos protegidos pela honra em sentido estrito contendem sobretudo com os aspectos emocionais ou íntimos, os quais se revelam inseparáveis da personalidade singular. Destarte, não

---

as pessoas colectivas – é legítimo afirmá-lo – têm capacidade para o exercício de direitos". Cfr., PINTO, CARLOS MOTA, *ob. ant. cit.,* pág. 318. A favor de uma relação de organicidade entre os membros dos órgãos e as pessoas colectivas onde estão integrados, cfr. ASCENSÃO, J. OLIVEIRA / FRADA, M. CARNEIRO, *Contrato celebrado por agente de pessoa colectiva. Representação, Responsabilidade e Enriquecimento sem Causa,* in Rev. Dir. Econ., anos 1990-1993, pág. 44 e ss. Concluindo pela existência de uma relação de verdadeira organicidade entre os órgãos e a pessoa colectiva onde se integram, podemos então concluir que a projecção exterior do ente colectivo se identifica fundamentalmente com a imagem que os respectivos órgãos e agentes vão delineando na sequência da sua actuação pública.

([666]) Neste sentido, cfr. GUITIÁN, ALMA M.ª RODRIGUEZ, *El Derecho al Honor..., ob. cit.,* pág. 807. A autora considera que o bom nome é condição indispensável para as pessoas colectivas, independentemente da sua natureza, poderem entabular com sucesso relações negociais com terceiros. De acordo com este entendimento, o bom nome e a reputação social constituem direitos susceptíveis de ser reconhecidos quer a pessoas colectivas de base patrimonial (fundações), quer aqueloutras de substrato pessoal mas com escopo lucrativo (sociedades comerciais, cfr. a este propósito a STC 139/1995, de 26 de Setembro), bem como ainda a qualquer outro tipo de organização. Deste modo, Alma Guitián afasta-se claramente das posições assumidas pelo Supremo Tribunal de Justiça Espanhol, de acordo com as quais às pessoas colectivas de substrato patrimonial não deve ser atribuído um direito ao "honor" (STS de 5 de Outubro de 1989, STS de 9 de Dezembro de 1993 e de 5 de Abril de 1994), cfr. GUITIÁN, ALMA M.ª RODRIGUEZ, *ob. ant. cit.,* pág. 812 (nota 11). Sufragamos inteiramente uma tal posição, por não se vislumbrar, quanto a esta matéria, a necessidade de proceder a um tratamento diferenciado, em função da natureza (pessoal//patrimonial) da pessoa colectiva.

podemos atribuir às pessoas colectivas um direito à honra concebido em termos gerais([667]), mas tão somente reconhecer-lhes a dimensão relacional desta manifestação essencial da personalidade, ou seja, um direito ao bom nome e ao crédito([668]).

---

([667]) Neste sentido se pronuncia Mota Pinto, cfr. PINTO, CARLOS MOTA, *Teoria Geral... ob. cit.,* pág. 319. Com efeito, o autor refere-se genericamente à atribuição às pessoas colectivas de um direito à honra. Porém, todas as considerações por si expendidas em torno do princípio da especialidade do fim, mormente as respeitantes às limitações à capacidade de gozo das pessoas colectivas derivadas da natureza das coisas, permitem-nos concluir que a sua opinião corresponde à por nós expressa no texto. Com efeito, o objectivo do autor não se dirigia a um estudo detalhado das várias dimensões do bem jurídico da honra, razão por que terá feito uma referência genérica à titularidade pelas pessoas colectivas deste bem jurídico.

Também sem grande preocupação de tratamento dogmático em torno do bem jurídico da honra, Manuel de Andrade integra na capacidade de gozo das pessoas colectivas o direito ao bom nome, identificando, por seu turno, esta faculdade, sem quaisquer especificações, com o bem jurídico da honra. Cfr., ANDRADE, MANUEL DE, *Teoria Geral... I,* pág. 123.

Alguma diferença se pode, contudo, descortinar nas referências feitas por estes autores à titularidade pelas pessoas colectivas do direito à honra. Enquanto Mota Pinto apenas faz alusão ao bem jurídico da honra, Manuel de Andrade refere-se primeiramente à possibilidade de as pessoas jurídicas serem titulares do direito ao bom nome, identificando de seguida este bem jurídico com aqueloutro da honra. No fundo, a este último autor apenas lhe faltou proceder a uma análise mais detalhada do direito à honra, pois ao referir-se num primeiro momento ao bom nome das pessoas colectivas, Manuel de Andrade terá querido referir-se, sem quaisquer dúvidas, à projecção social ou prestígio de tais entes, ou seja, à vertente externa da honra. Neste sentido se pronunciou o acórdão do S.T.J. de 8/3/2007, ao considerar incluído na capacidade de gozo das pessoas colectivas o direito à honra na sua vertente da consideração social. Revela-se a este propósito paradigmática a passagem do aresto onde se pode ler "isso significa que o bom-nome das pessoas colectivas, no quadro da actividade que desenvolvem, ou seja, na vertente da imagem, da honestidade na acção, de credibilidade e de prestígio social, está legalmente protegido", cfr. Acórdão do S.T.J. de 8/3/2007, *ob. cit.,* pág. 17 de 30.

([668]) Procedendo a uma análise detalhada do conceito jurídico de honra, e distinguindo **uma dimensão subjectiva** e uma **vertente objectiva** no âmbito deste valor jurídico fundamental, Alma Maria Guitián no capítulo 2.º da sua monografia "El derecho al honor de las personas jurídicas", identifica a honra das pessoas jurídicas com a boa fama e a reputação social deste entes.

Como justamente sublinha, as pessoas colectivas não se podem considerar afectadas na auto estima, pois estas não têm nem o sentido da dignidade nem a capacidade para sofrer. cfr. GUITIÁN, ALMA MARIA, *El derecho al honor de las personas jurídicas,* Madrid, 1996, 1.ª parte da obra. No mesmo sentido, referindo-se à inexistência da capacidade de autodeterminação, de consciência do sentido ético dos actos praticados e de vontade de acção das pessoas colectivas, cfr. LEβMANN, HERBERT, *Persönlichkeitsschutz..., ob. cit.,* pág. 269.

Num sentido mais restritivo se pronuncia Luísa Callejon, para quem, a partir de uma análise do direito fundamental à honra (18.1 da Constituição Espanhola), as pessoas colectivas não podem ser titulares deste bem jurídico fundamental, cfr. a 2.ª parte do 3.º capítulo da obra de CALLEJON, M.ª LUÍSA BALAGUER, *El derecho al honor,* Madrid, 1992. De igual modo, também Cossio não admite a titularidade da honra regulada no art. 18.1 da Constituição Espanhola pelas pessoas colectivas. No entendimento do autor, a fundamentação no direito civil para defesa do prestígio destes entes apenas se pode encontrar no art. 1902 do Código Civil e no art. 6.º do Estatuto da Publicidade (neste preceito relativamente apenas ao prestígio mercantil), cfr. COSSIO, M. DE., *Técnicas de proteccion y limites,* Valência, 1993, pág. 81 e ss. A fundamentação da tutela do prestígio das pessoas colectivas no art. 6.º do Estatuto da Publicidade não se nos afigura muito correcta, porquanto a lei geral da publicidade de 1988 revogou a lei de 61/1964 de 11 de Junho que havia aprovado o referido estatuto. A propósito desta problemática, cumpre fazer referência à posição assumida pelo Tribunal Constitucional espanhol na decisão proferida em 26 de Setembro de 1995 (STC 139/95 de 26 de Septiembre (BOE 14.10.1995)), onde se admite claramente o direito à honra (no sentido objectivo) das pessoas colectivas privadas, no caso, de uma sociedade comercial. Com uma tal decisão pôs-se termo às dúvidas suscitadas por anteriores arestos (STC 107/1988 de 8 de Junho (BOE 25.6.88)), onde o Tribunal Constitucional não reconhecia o direito à honra das pessoas colectivas públicas, nomeadamente de certos entes do Estado.

De acordo com a decisão de 1995, esta alta instância jurisdicional espanhola enuncia pela primeira vez os critérios dos quais depende a atribuição de direitos fundamentais à pessoas colectivas: a) os fins prosseguidos pelas pessoas jurídicas, b) a natureza dos direitos fundamentais. Segundo o primeiro dos critérios indicados, devem reconhecer-se às pessoas colectivas os direitos estritamente necessários à realização dos seus objectivos, bem como aqueles destinados a proteger a identidade e a existência do próprio ente. O segundo parâmetro, condicionado, de resto, ao anterior, exclui do âmbito da titularidade das pessoas jurídicas, os direitos com uma natureza estritamente pessoal (vida, integridade física) por não serem compatíveis com a estrutura do ente. Ora, bem vistas as coisas, este esforço de clarificação registado na jurisprudência espanhola, não se revela necessário na ordem jurídica portuguesa, porquanto o princípio da especialidade do fim (correspondente, no essencial, ao primeiro critério mencionado) encontra uma expressa consagração legal no art. 160.º.

Relativamente às hesitações jurisprudenciais suscitadas em Espanha quanto à titularidade de direitos fundamentais pelas pessoas colectivas privadas, na sequência da STC 107/1988, parecem-nos, na senda de Alma Guitián, excessivas, pois uma tal decisão referia-se unicamente aos entes públicos. Com efeito, a maioria da doutrina e da jurisprudência espanhola negaram, com fundamento nesta decisão, a titularidade de direitos fundamentais às pessoas colectivas. Para uma análise mais desenvolvida desta problemática, cfr. GUITIÁN, ALMA MARIA R., *El derecho al honor...*, ob.cit. , págs. 801 e ss.

No âmbito da doutrina germânica, podemos registar um consenso quanto ao reconhecimento às pessoas colectivas de uma honra profissional ou negocial. Neste sentido, cfr. HUBMANN, HEINRICH, *Das persönlichkeitsrecht...,* ob. cit., pág. 336, HELLE, HERNST, *Der Schutz der persönlichen...*, ob. cit., pág. 93, KRUG, *Ehre und beleidigungsfähigkeit von verbänden,* 1965, pág. 182, LEβMANN, HERBERT, *Persönlichen...*, ob. cit., pág. 289. Razão por que a aplicação do §824 do B.G.B. às pessoas colectivas não suscita dúvidas, apesar de a letra de lei não fazer uma expressa menção às pessoas colectivas. Onde a tutela desta honra profissional se revela manifesta é no n.º 8 do §4 da U.W.G..

No tocante à caracterização do bom nome e do crédito enquanto direitos de personalidade reconhecidos às pessoas colectivas, não existem particulares divergências dignas de registo face a quanto já foi exposto a propósito dos correspondentes bens jurídicos na titularidade das pessoas singulares. Cumpre apenas sublinhar a natureza mais marcadamente relacional do bem jurídico do bom nome e do crédito quando referenciados às pessoas jurídicas.

Na verdade, apesar da natureza eminentemente **social** e **relacional** do bom nome se revelar manifesta mesmo quando nos reportamos à capacidade jurídica de gozo das pessoas singulares, certo é que existe neste contexto uma referência imediata à dignidade humana enquanto base de fundamentação desta prerrogativa. Ora, no universo específico das pessoas colectivas está ausente uma dimensão eminentemente pessoal, razão por que o apelo à dignidade da pessoa humana enquanto matriz axiológica apenas se pode admitir em termos mediatos ou reflexos([669]).

Esta pequena diferença a nível da delimitação do bem jurídico do bom nome, não envolve, porém, particulares repercussões em termos da aplicabilidade do regime jurídico do art. 484.º às pessoas colectivas. A única diversidade susceptível de ser assinalada consubstanciar-se-ia na possibilidade de exclusão da responsabilidade do agente na hipótese de divulgação de afirmações de facto verdadeiras.

Uma tal alteração de regime colheria a sua justificação na menor densidade axiológica do bom nome das pessoas colectivas e na maior relevância atribuída à verdade, em tal universo, atenta a natureza acentuadamente mais sociológica e comunitária das pessoas colectivas. Tratando-se de realidades mais dependentes, quer quanto á sua emergência, quer em relação ao seu funcionamento, de padrões normativos de adequação social, então a vida destas organizações deveria admitir uma maior permeabilidade face às informações e notícias a seu respeito difundidas, sobretudo quando estas se revelem conformes com a realidade histórico-social.

No fundo, a maior publicidade das pessoas colectivas faria reduzir o espaço de protecção relativamente a certos bens jurídicos, atenta a menor dimensão pessoal dos mesmos. Tais argumentos não se revelam, contudo,

---

([669]) Como insistentemente temos vindo a referir, o reconhecimento de personalidade jurídica às pessoas colectivas vem de encontro à necessidade de as pessoas virem a realizar objectivos apenas alcançáveis no plano da integração comunitária. Tendo em conta esta característica da funcionalização dos entes colectivos às necessidades das pessoas, pode-se então encontrar sempre na dignidade da pessoa humana o fundamento último, mas mediato, da actividade e das características das pessoas jurídicas *stricto sensu*.

suficientes para justificar uma alteração de regime quanto a este problema fundamental da relevância da verdade. Na resolução do conflito de direitos (liberdade de expressão *versus* direito ao bom nome e ao crédito) tutelados no art. 484.º não podemos aceitar um total sacrifício dos direitos ao bom nome e ao crédito nas hipóteses em que os factos divulgados pelo agente sejam verdadeiros([670]). Uma tal solução poderá implicar um esvaziamento dos direitos ao bom nome e ao crédito das pessoas colectivas, em termos tais que praticamente determinem um aniquilamento das mesmas, sem que à transmissão da verdade corresponda um interesse social objectivamente valioso capaz de justificar tamanha restrição.

A menor densidade axiológica dos bens jurídicos ao bom nome das pessoas colectivas apenas poderá justificar um maior grau de rigor do juiz na determinação do carácter desproporcionado das afirmações difundidas face à natureza dos bens tutelados no art. 484.º. Assim sendo, quando estiver em causa a difusão de factos verdadeiros atentatórios do bom nome de pessoas colectivas mais difícil se torna afirmar a sua responsabilidade com fundamento na desproporção entre a relevância dos interesses prosseguidos com as declarações e as repercussões negativas por estas provocadas no bom nome e crédito das pessoas visadas.

### 5.2. Ilícito ao crédito e ao bom nome das pessoas colectivas e o círculo de danos ressarcíveis

Divergências mais significativas do ponto de vista das consequências jurídicas determinadas com base na qualidade dos destinatários das declarações ofensivas, fazem-se sentir a nível do círculo de danos ressarcíveis. A circunstância de os visados pelas afirmações de facto violadoras do bom nome e do crédito serem pessoas colectivas traz consigo algumas restrições a nível do objecto da obrigação de indemnizar. Estamos a reportar-nos ao problema da ressarcibilidade dos danos não patrimoniais.

Também neste particular domínio, o princípio da especialidade do fim impõe algumas derrogações. Apenas são susceptíveis de ser ressarcíveis os comummente designados "danos patrimoniais indirectos"([671]),

---

([670]) Nesse sentido se orientou o acórdão do S.T.J. de 8/03/2007, cfr. acórdão do S.T.J. de 8/03/2007, *ob.cit.*, pág. 22 de 30.

([671]) Acerca da ressarcibilidade dos danos patrimoniais indirectos, cfr. GRUNSKY, WOLFGANG, *Aktuelle probleme zum begriff des vermogensschadens...*, ob. cit., págs. 9-10, SCOGNAMIGLIO, RENATO, *Il Danno...*, ob. cit., págs. 283-285, CHIRONI, GIAN PIETRO, *Colpa extracontrattuale, II*, Turim, 1906, pág. 223.

ou seja, os prejuízos patrimoniais decorrentes da violação de bens ou valores, em si mesmos, não patrimoniais, entre os quais cumpre destacar o bom nome e o crédito.

Porém, quanto às lesões ocorridas em bens não patrimoniais cujos efeitos se fazem sentir no plano afectivo, ou no físico, como sejam os desgostos, os vexames, a perda de alegria de viver, as dores físicas, os complexos de ordem estética..., não podemos considerar as pessoas colectivas como sujeitos activos do respectivo direito à indemnização([672]). Com efeito, este tipo de prejuízos são absolutamente inseparáveis da personalidade singular, e como tal, o direito à indemnização para garantir a respectiva ressarcibilidade encontra-se afastado da capacidade de gozo das pessoas jurídicas(art. 160.º).

Como já referimos, o bom nome, a reputação, a projecção social, tem um cunho manifestamente mais relacional quando a sua titularidade se reporta às pessoas colectivas. Particularmente relevante para a tutela jurídica é o bom nome enquanto fonte geradora de contactos, relações negociais, possibilidades aquisitivas para os entes colectivos, e não o valor emocional, afectivo ou estimativo normalmente associado a estes bens jurídicos. Razão por que, uma vez verificado um ilícito ao bom nome e ao crédito cujo lesado seja uma pessoa colectiva, recai sobre o agente a obrigação de indemnizar os danos emergentes, os lucros cessantes, bem como outras perdas económicas significativas([673]) sofridas pelas organi-

---

([672]) Tal não invalida a atribuição de um direito à indemnização por danos não patrimoniais causados aos administradores, gestores, ou outros sujeitos que actuem em nome das pessoas colectivas. Cumpre, porém, proceder a algumas distinções. Quando estejam em causa afirmações ofensivas do bom nome dos administradores, gestores..., individualmente considerados, não temos quaisquer dúvidas em conceder-lhes indemnização pelos prejuízos não patrimoniais sofridos na sequência das declarações. Com efeito, não fazia qualquer sentido recusar-lhes um direito à compensação pelos prejuízos não patrimoniais pela simples circunstância de tais pessoas terem a qualidade de membros dos corpos directivos de uma pessoa colectiva. Tal solução representaria uma clara discriminação, pois não fora um tal status, ser-lhe-ia atribuído direito à indemnização por esse tipo de danos.

Todavia, se as declarações ofensivas forem dirigidas em relação a um órgão colegial das pessoas colectivas, então não deverá haver lugar à indemnização dos prejuízos não patrimoniais. Na verdade, de acordo com os contributos da perspectiva organicista, os órgãos identificam-se perante terceiros com o próprio ente colectivo. Ora, as pessoas colectivas não têm aquela sensibilidade susceptível de ser associada à personalidade singular, e como tal, não podem ser alvo dos típicos danos não patrimoniais: dores morais, sofrimento, angústia...

([673]) Estamos a reportar-nos àqueles prejuízos consubstanciados no abalo ou aviltamento do "lastro económico" das pessoas colectivas, ou seja, da individualidade económica

zações de pessoas ou de bens a quem tenha sido reconhecida personalidade jurídica([674]).

## 5.3. A multiformidade da capacidade de gozo das pessoas colectivas: um corolário do princípio da especialidade do fim

Temo-nos até ao momento referido à maior delimitação ou circunscrição da capacidade jurídica de gozo das pessoas colectivas quando confrontada com similar categoria das pessoas singulares. Cumpre agora debruçarmo-nos sobre a característica da maior diversidade dessa medida concreta de direitos e obrigações susceptíveis de ser encabeçados pelas pessoas jurídicas.

A nota da diversidade encontra-se intimamente relacionada com a multiplicidade de tipos ou géneros de pessoas colectivas, e das funcionalidades a que as mesmas se encontram adstritas. Antes de nos debruçarmos sobre os concretos direitos e obrigações que uma pessoa colectiva possa ser titular, impõe-se determinar os objectivos ou finalidade cuja prossecução constitui a causa da sua existência([675]). A classificação das pessoas colectivas em função das finalidades por si visadas, implica uma inelinimável referência à *summa divisio* neste contexto tida como funda-

---

autónoma ou status do respectivo ente. No fundo, estas características traduzem-se em elementos constitutivos do crédito enquanto bem jurídico tutelado no art. 484.º

([674]) Todas estas considerações são aplicáveis também aquelas organizações de pessoas ou de bens sem finalidade lucrativa. Com efeito, relativamente a estas entidades podem suscitar-se algumas dúvidas, face às exigências regulativas ditadas pelo princípio da especialidade do fim, quanto à sua capacidade para praticar actos com escopo lucrativo. Como nos ensina Manuel da Andrade, as pessoas colectivas de fim desinteressado não estão totalmente impedidas de praticar actos de natureza lucrativa.
Conquanto se destinem a alcançar meios económicos para poderem prosseguir os seus objectivos, não existem razões para impedir uma tal actuação. Cfr. ANDRADE, MANUEL, *Teoria Geral... I, ob. cit.,* pág. 124. Neste sentido se inclinou também o Supremo Tribunal de Justiça, no acórdão de 13 de Abril de 1994, cfr. a análise acerca da posição assumida pela jurisprudência portuguesa quanto a estas naturais limitações ao princípio da especialidade do fim feita por Mota Pinto, onde o autor nos dá também notícia de opiniões da Procuradoria de sentido contrário ao atrás indicado, cfr. PINTO, CARLOS A. MOTA, *Teoria Geral..., ob. cit.,* pág. 320, nota 369. Razão por que, na senda desta opinião Manuel de Andrade e Mota Pinto, não temos dúvidas que tais pessoas colectivas possam sofrer danos emergentes e lucros cessantes.

([675]) A este propósito, cfr. LARENZ, KARL, WOLF, MANFRED, *Allgemeiner Teil..., ob.cit.,* pág. 147.

mental: escopo lucrativo *versus* natureza não lucrativa ou altruística. Na verdade, a concreta actividade desenvolvida pelos entes colectivos e os interesses aí prosseguidos hão-de integrar-se numa das grandes categorias acabadas de mencionar.

Ora, a integração das pessoas colectivas numa destas categorias condiciona necessariamente o quadro e direitos e obrigações a ela correspondentes. Desta feita, para além de ser mais circunscrita([676]) a capacidade de gozo das pessoas jurídicas, apresenta-se também mais multiforme ou diversificada, em função dos objectivos desenvolvidos pelos entes colectivos.

Assim sendo, o círculo de direitos e obrigações atribuídos a uma sociedade comercial, revelar-se-á bem diverso daqueloutro reconhecido a uma associação com fins humanitários ou com objectivos de índole cultural. A prática de actos comerciais, e de outras operações com escopo lucrativo constituem actividades normais das sociedades. Mais dificuldades se suscitam quanto à capacidade de tais entidades para fazer e receber doações([677]).

Idênticas dúvidas se podem colocar, inversamente, em relação à prática por associações humanitárias ou com fins exclusivamente culturais de negócios com fins lucrativos ou actos de natureza especulativa. Com efeito, este tipo de actividades não se enquadram dentro dos objectivos que estas entidades se propõem alcançar.

---

([676]) Numa perspectiva crítica, cfr. VASCONCELOS, P. PAIS, *Teoria Geral...*, ob. cit., pág. 153.

([677]) Manuel de Andrade fazia derivar do princípio da especialidade do fim a incapacidade das sociedades comerciais para fazer doações, bem como para receber liberalidades, quer por doação, quer por testamento. De acordo com o seu entendimento, tais actos são contrários à finalidade própria de tais entes, a qual se consubstancia na prática de actos de comércio, com vista a obter lucros para dividir pelos sócios, cfr. ANDRADE, MANUEL DE, *Teoria Geral...*, ob. cit., págs. 124-125. Uma tal perspectiva foi sufragada tendo em conta os dados normativos do Código de 1867. Razão por que, como sublinha Mota Pinto, a solução negatória da capacidade para receber liberalidades por actos entre vivos *ou mortis causa*, não pode subsistir em face do Código Civil de 66. Como sublinha o autor "o artigo 2033, n.º 2, al. b), atribui às sociedades capacidade testamentária passiva e, quanto a doações, a sua aceitação não é mais destoante do fim especulativo da sociedade do que a qualidade de herdeiro ou legatário, pelo que se deve atribuir-lhe igualmente capacidade para as receber", cfr. PINTO, CARLOS A. MOTA, *Teoria Geral...*, ob. cit., pág. 320.

Já no tocante à capacidade para fazer doações, deve continuar a repudiar-se um tal poder. Porém, como resulta do n.º 2 do art. 6.º do Código das Sociedades Comerciais essa proibição não é total. Com efeito, "as liberalidades que possam ser consideradas usuais, segundo as circunstâncias da época e as condições da própria sociedade", não são consideradas contrárias aos fins das sociedades.

Porém, quando estas actividades tenham natureza ocasional, e o resultado das mesmas reverta exclusivamente a favor da prossecução de finalidades humanitárias ou culturais..., não vislumbramos qualquer obstáculo para a prática das mesmas. No fundo, tais actos e negócios encontram-se, em última análise, numa relação de instrumentalidade com os objectivos principais dessas entidades.

# CAPÍTULO 6
# OFENSA AO BOM NOME E CRÉDITO DE PESSOAS JÁ FALECIDAS

**6.1. As ofensas ao bom nome de pessoas já falecidas**

Uma simples análise do art. 484.º não nos permite admitir a indemnização por danos causados na sequência da divulgação de factos ofensivos do bom nome de pessoas já falecidas. Com efeito, a legitimidade para o exercício de um tal direito apenas pode ser conferida a um círculo de familiares próximos do ofendido, pois ao tempo da divulgação dos factos este já não tem personalidade jurídica.

Logo, se tivesse sido propósito do legislador garantir a tutela *post-mortem* do bom nome nesta sede, o preceito dedicado ao ilícito ao bom nome e ao crédito deveria ter feito menção aos parentes próximos enquanto titulares do direito à indemnização.

Poder-se-á, no entanto, questionar se uma tal omissão determinará, por si só, a inaplicabilidade do art. 484.º às hipóteses de afirmações de facto ofensivas do bom nome de pessoas já falecidas. Como sabemos, a interpretação e o estudo das normas jurídicas não deve realizar-se sem se atender devidamente à sua integração num determinado contexto normativo, ou seja, naquilo que em termos de hermenêutica jurídica designamos por sistema([678]).

Tendo em conta que o bem jurídico do bom nome tutelado no art. 484.º constitui uma manifestação essencial da personalidade humana, então uma correcta interpretação sistemática desta forma especial da ilicitude, não pode deixar de tomar em consideração o modo como o

---

([678]) Acerca da relevância do elemento sistemático da interpretação jurídica, cfr. NEVES, A. CASTANHEIRA, *Interpretação Jurídica ...*, *ob.cit.*, págs. 363-364.

ordenamento juscivilístico português regulou a matéria dos direitos de personalidade. Nomeadamente, quanto à questão que agora nos ocupa – a tutela *post-mortem* do bom nome –, não podemos deixar de nos debruçar sobre o n.º 1 do art. 71.º[679].

Num claro desvio à regra segundo a qual as relações pessoais cessam com a morte, este preceito do Código Civil garante uma protecção aos direitos de personalidade mesmo para além daquele momento.

Ora, entre os direitos incluídos no universo da tutela da personalidade, devemos destacar de um modo particular a necessidade de garantir *post mortem* a defesa do bom nome[680].

---

[679] No âmbito do direito penal deparamo-nos com um tipo legal de crime – ofensa à memória de pessoa falecida (art. 185.º do Código Penal) que confere uma protecção semelhante à dispensada no plano juscivilístico pelo n.º 1 do art. 71.º. Apesar de se registarem fortes afinidades entre ambos os preceitos, desde logo, a dialéctica interacção entre os interesses da livre investigação histórica e a tutela da personalidade, certo é que os bens jurídicos por eles protegidos não são inteiramente coincidentes.

Com efeito, o espectro normativo do art. 71.º revela-se mais amplo, nele se incluindo a defesa contra as ofensas aos direitos da personalidade da pessoa falecida, entre os quais podemos considerar a honra, o bom nome..., enquanto no art. 185.º do Código Penal o bem jurídico específica e autonomamente tutelado é a **memória**. No entendimento de Faria Costa, a memória traduz-se no "património do passado individual, compreendido, especificamente, como matéria operante no âmbito espiritual do presente", cfr. COSTA, JOSÉ DE FARIA, anotação ao art. 185.º..., *ob. cit.*, pág. 658, e deve ser concebida como um "bem jurídico autónomo, claramente diferenciado da honra".

Uma tal autonomia da memória face ao bem jurídico da honra revela-se, desde logo, na diversa densidade normativa dos direitos em confronto. A intensidade da repercussão da memória de uma pessoa que ao longo da sua vida adquiriu uma notoriedade pública é diferente da projecção na actualidade da memória de um cidadão anónimo. Ora, o mesmo não se verifica com o bem jurídico da honra, relativamente ao qual não podemos proceder a distinções de ordem quantitativa, em função da posição social do respectivo titular.

Porém, entre a honra e a memória existem manifestos traços comuns, concretizados, desde logo, na circunstância de toda e qualquer pessoa deixar uma memória, e constituindo simultaneamente certos traços fundamentais do património passado individual dimensões essenciais da honra dessas pessoas. Para uma análise mais desenvolvida acerca da distinção entre a honra e a memória, cfr, COSTA, JOSÉ DE FARIA, *ob. ant. cit.*, págs. 658-659.

[680] A admissibilidade de aplicação do art. 484.º às hipóteses de difusão de factos ofensivos do bom nome e crédito de pessoa já falecida é também uma solução sustentada pela jurisprudência do nosso Supremo Tribunal de Justiça. O acórdão de 3 de Fevereiro de 1999 constitui um exemplo paradigmático de acolhimento de uma tal orientação. O caso apreciado em via de recurso por este tribunal superior consubstancia um conflito suscitado por dois ilustres professores de medicina em torno do conhecido facto histórico "a queda de Salazar". Esta contenda surgiu já após a morte de uma das partes aí envolvidas (o Prof. Eduardo Coelho), na sequência de um artigo publicado pelo semanário "O Jornal" em

A reputação, o prestígio, a imagem social adquiridos por um indivíduo ao longo da vida têm de ser respeitados, mesmo quando essa pessoa deixou de existir, do ponto de vista físico. No contexto da civilização europeia ocidental, de raízes judaico-cristãs, a tutela *post-mortem* do bom nome assume uma relevância acrescida, tendo em conta o intenso culto da memória([681]) aí registado.

---

1988, intitulado "Mistérios da queda de Salazar". Aí foram publicados alguns escritos do já falecido professor, onde se dava conta da sua discordância quanto ao diagnóstico sobre o caso avançado pelo Prof. António Vasconcelos Marques.

Em resposta a tais afirmações imputadas ao Prof. Eduardo Coelho, o conhecido cirurgião Vasconcelos Marques respondeu através de um artigo publicado no mesmo jornal, onde procede à divulgação de factos cuja veracidade nem sempre se revela fácil de confirmar, mas tidos como particularmente ofensivos do bom nome do já falecido Professor. Ao abrigo da faculdade concedida pelo n.º 2 do art. 71.º, o cônjuge sobrevivo e os descendentes do Prof. Eduardo Coelho vêm pedir indemnização com fundamento na violação do bom nome deste conhecido médico assistente de Salazar.

Tanto a primeira instância, quanto o Tribunal da Relação indeferiram um tal pedido indemnizatório, considerando que estão em causa versões distintas em torno de uma complexa questão médica, e ainda pela circunstância de não se registar o *animus difamandi* por parte de quem divulgou os factos ofensivos. Sem nos querermos deter sobre uma tal fundamentação, excluindo quaisquer considerações acerca da necessidade de existência do *animus difamandi*, cumpre-nos, porém, discordar da irrelevância, para efeitos de responsabilidade civil, das declarações proferidas pelo Prof. Marques, pela circunstância de se entender que estão apenas em causa duas versões distintas acerca da questão médica suscitada pela queda de Salazar. Concordamos então com a posição do Supremo ao considerar que o problema não reside nas diferentes versões ou opiniões apresentadas em torno dos factos ocorridos, mas em determinar se as declarações de facto proferidas, falsas ou verdadeiras, são de molde a prejudicar o bom nome do Professor já falecido.

Com efeito, no caso *sub índice* não está apenas em causa a divulgação de opiniões médicas acerca das circunstâncias que envolveram a queda do estadista, mas sim a responsabilização do Prof. Marques por ter difundido factos capazes de prejudicar a reputação do seu colega já falecido. Para além da resolução de todas estas questões suscitadas pela aplicação do art. 484.º, o aspecto mais significativo da decisão contida neste acórdão é, desde logo, a afirmação da admissibilidade do ilícito ao bom nome quando as declarações de factos se reportem a pessoas já falecidas. Cfr., acórdão do S.T.J. de 3 de Fevereiro de 1999, *in* B.M.J. n.º 484, 1999, pág. 339 e ss.

([681]) Este culto surge mais intensificado nos ambientes onde a influência da religião cristã se faz sentir de um modo particular. Quem proceda à leitura da história à luz do Evangelho depara-se necessariamente com a vocação escatológica do homem. De acordo com a visão cristã, a existência humana tem um sentido, pois no fim da sua vida terrena os homens têm de se confrontar com o juízo de Deus. Um tal juízo poderá garantir aos seres humanos uma vida eterna, perpetuando-se assim indefinidamente a memória dos homens. Desta feita, o culto da memória encontra-se intimamente relacionado com a crença na imortalidade da alma.

Obviamente que os prejuízos decorrentes da desfiguração ou adulteração da notoriedade ou prestígio social granjeado ao longo da vida por determinada pessoa já não são efectivamente sofridos pelo titular do direito ao bom nome atingido, mas apenas pelos seus familiares ou conviventes mais próximos. Cumpre, então, questionar se o direito atribuído às pessoas indicadas no n.º 2 do art. 71.º (cônjuge sobrevivo ou qualquer descendente, ascendente, irmão, sobrinho ou herdeiro do falecido)([682]) se traduz num poder conferido *iure próprio* a tais sujeitos, ou se, ao invés, não se deve configurar como um direito do falecido, e transmitido aos conviventes a título sucessório([683]).

---

Colocado perante a questão escatológica, João Paulo II considerou que uma tal vocação é um atributo exclusivamente humano, pois a nação possui apenas um significado apenas histórico. Distinguindo claramente os planos, o sumo pontífice não deixa de registar a influência do juízo pronunciado sobre os homens sobre a própria história das nações. No seu entendimento, ao julgaram-se os indivíduos, as nações acabam também por ser objecto de um juízo valorativo, cfr. PAULO II, JOÃO, *Memória e Identidade,* tradução portuguesa de António Ferreira da Costa, 2.ª ed., Lisboa, 2005, pág. 77.

([682]) Ao fazer referência a "herdeiro do falecido, a nossa lei não circunscreveu o círculo dos beneficiários da indemnização por ofensas a pessoas já falecidas, aos herdeiros legítimos e legitimários. Para além destes, podem vir a concorrer à herança do falecido a(s) pessoa(s) que por este tenha(m) sido beneficiada(s) com uma deixa testamentária.

Desta feita, o critério decisivo para atribuição do direito à indemnização não é o do parentesco, mas sim o da proximidade existencial com a pessoas falecida.

Esta menção ao herdeiro falecido torna assim o círculo de beneficiários do direito conferido pelo n.º 1 do art. 71.º, mais amplo que aqueloutro constante do n.º 2 do art. 496.º, onde o critério da atribuição do direito indemnizatório é unicamente o do parentesco.

([683]) No fundo, coloca-se aqui uma questão semelhante à suscitada a propósito da compensação do dano da morte, prevista no n.º 2 do art. 496.º. Na senda de Antunes Varela, propendemos para conceber o direito à indemnização atribuído às pessoas mencionadas neste preceito como um *iure* próprio, e não como um direito que nasce no património da vítima e se transmite, por via sucessória, aos seus herdeiros. Esta problemática constitui uma autêntica *vexata quaestio,* tendo sido objecto de uma ampla discussão doutrinal e jurisprudencial. Acerca desta matéria, cfr. VARELA, J. ANTUNES, *Das Obrigações I...,* ob. cit., pág. 608 e ss. O autor manifesta uma clara discordância do sentido das orientações jurisprudenciais firmadas nos acórdãos do Supremo Tribunal de Justiça de 12 de Fevereiro de 1969 (onde não se reconhece a ressarcibilidade do dano da morte), e de 17 de Março de 1971 (no qual se admite a transmissão *mortis causa* aos herdeiros do dano da morte, com uma argumentação considerada muito discutível pelo saudoso Professor). Porém, um tal aresto mereceu a concordância de Vaz Serra na anotação feita na Revista de Legislação e de Jurisprudência, ano 105, pág. 63). De igual modo, o autor não aceita a orientação de jurisprudência posterior do Supremo Tribunal de Justiça (acórdãos de 16 de Março de 1973 e de 13 de Novembro de 1974). Divergindo da perspectiva de Antunes Varela por considerar mais defensável a transmissão do direito à reparação do dano da morte por via sucessória, cfr. CAMPOS, D. LEITE, *A Indemnização do Dano da Morte, in*

Sendo os danos decorrentes das ofensas ao bom nome efectivamente suportados, do ponto de vista afectivo e emocional, pelas pessoas indicadas no n.º 2 do art. 71.º, porquanto ao tempo da divulgação dos factos ofensivos o titular do direito de personalidade atingido já não tem capacidade intelectiva e volitiva, então tender-se-á a concluir que o direito à indemnização previsto neste preceito deverá ser conferido *iure* próprio a quem aí se encontra expressamente mencionado.

Porém, o legislador prolonga a personalidade jurídica(n.º 1 do art. 71.º), para efeitos de titularidade dos direitos de personalidade([684]), para além do facto jurídico da morte, razão por que a indemnização pelas ofensas aqueles dirigidas pode continuar a ser considerada na titularidade da pessoa falecida.

---

BFD, Coimbra, 1974, pág. 247 e ss, *A Vida, a Morte e a sua Indemnização*, (BMJ, 1987), *in* Nós – Estudos..., ob. cit., pág. 373 e ss., *Plaidoyer pour la vie: l'indemnisation du dommage de la mort, in* Archive de Philosophie du Droit, 1980.

Não poderíamos então propender para a mesma solução defendida a propósito do dano da morte no contexto das ofensas dirigidas a pessoas já falecidas? Apesar de se registar um conjunto de problemas comuns, cumpre, porém, destacar algumas diferenças nos domínios em confronto, as quais se revelam responsáveis pela diferença de tratamento jurídico dispensado às mesmas. Desde logo, o legislador, em termos sistemáticos, procedeu a um tratamento separado dos problemas. Tal revela-se compreensível, pois a tutela *post mortem* dos direitos de personalidade não se confina à questão ressarcitória da responsabilidade civil, tal como sucede com a questão do dano da morte.

Para além disso, o legislador, *expressis verbis*, estendeu a titularidade dos direitos de personalidade para além da morte, não podendo, por motivos óbvios, garantir idêntica protecção ao direito à vida. Com efeito, uma tal extensão traduzir-se-ia numa ficção jurídica *ex natura* inconcebível.

Razão por que as ofensas no caso do art. 71.º são dirigidas a bens considerados, por força da lei, na titularidade de uma pessoa já falecida. Ora, o mesmo não é claramente sustentável quando os ataques consubstanciam uma privação do direito à vida. Na verdade, a titularidade do direito cuja reparação é pretendida surge nestas situações irremediavelmente atingida, pois o facto que fez nascer o direito à indemnização provoca simultaneamente a perda da personalidade do lesado, sendo neste contexto absolutamente inverosímil admitir a perpetuação de um bem cuja configuração depende de uma existência física.

([684]) Obviamente que a titularidade dos direitos de personalidade pelas pessoas falecidas se apresenta mitigada, pois as faculdades ou poderes integrados no lado activo daqueles não podem ser exercitadas pelos defuntos. Apenas continua assegurada a protecção do lado passivo, ou seja, impondo-se aos demais membros da comunidade jurídica um dever geral de abstenção face ao estatuto pessoal (nas suas mais variadas objectivações), adquirido e, em geral, reconhecido à pessoa falecida, enquanto tinha uma existência física. Na verdade, já não é possível afirmar o direito da pessoa falecida ser fotografada por um bom profissional, mas mantém-se o poder de impedir a introdução de modificações nas reproduções fotográficas que do defunto foram sendo feitas ao longo da vida.

Desta feita, encontrar-nos-emos então perante um direito à indemnização adquirido pelo falecido, e transmitido aos conviventes referidos no n.º 2 do art. 71.º, a título sucessório[685]. Normalmente, o núcleo dos danos provocados pelas ofensas dirigidas aos direitos de personalidade das pessoas já falecidas traduz-se basicamente em prejuízos de índole não patrimonial.

Todavia, não podemos excluir, conquanto com menos extensão, a ocorrência dos comummente designados "danos patrimoniais indirectos" provocados pela violação do direito ao bom nome, mas sobretudo com as ofensas dirigidas ao crédito do falecido. Nestas situações, será possível às pessoas indicadas no n.º 2 do art. 71.º exigir indemnização por danos emergentes e até de lucros cessantes. Estamos a pensar num núcleo de hipóteses em que o posicionamento económico de uma empresa ainda se encontra muito ligado ao prestígio e à actuação do seu fundador, entretanto já falecido.

Num tal contexto, a divulgação de notícias ofensivas do crédito de quem já faleceu pode provocar um total estrangulamento da vida económico-negocial da empresa por aquela pessoa fundada[686].

---

[685] Neste sentido, contrapondo claramente a questão do ressarcimento do dano da morte, com a da violação dos direitos de personalidade do falecido,. prevista no n.º 1 do art. 71.º, cfr. VARELA, J. ANTUNES, *Das Obrigações... I*, ob. cit., pág. 611.

[686] A difusão de dados distorcidos relativamente à organização contabilística de uma empresa, levada a cabo pelo seu fundador (e que tinha sido sempre reputada como particularmente eficaz e inovadora), pode constituir uma situação enquadrável no art. 484.º. Com efeito, estando o sucesso negocial de uma tal empresa profundamente ligado ao rigor colocado por quem a fundou nas mais diversas actividades, mormente no tocante à respectiva organização contabilística, então a difusão de dados erróneos acerca de tais aspectos fundamentais da vida empresarial pode originar significativos prejuízos patrimoniais e constituir simultaneamente fonte de perdas significativas no futuro.

Mais ainda, a divulgação de tais informações é susceptível de determinar uma amputação particularmente grave na própria imagem ou lastro económico da empresa, à qual esteja também associada uma significativa e quantificável desvalorização patrimonial.

Estamos a referir-nos, de um modo particular, às situações em que as informações divulgadas constituem ofensas ao crédito da empresa. Isto porque o crédito desta se encontra indelevelmente ligado à posição e imagem sócio-negocial do fundador que foi alvo do referido ataque. A potencialidade ofensiva das declarações divulgadas nestas circunstâncias acaba por estar condicionada pelo factor temporal. Na verdade, a existência de um nexo de ligação entre a credibilidade do fundador e a desfrutada pela empresa no momento da divulgação dos factos está normalmente ligado ao decurso de um lapso de tempo não muito distante relativamente à morte de quem foi o grande responsável pelo prestígio da entidade visada pelas declarações. Uma tal conclusão funda-se na inquestionável mutabilidade das técnicas e métodos de organização empresarial, registada cada vez com maior

Revela-se aqui mais complexo o enquadramento jurídico da titularidade dos danos suportados pelos familiares conviventes do titular do direito ao crédito já desaparecido. Com efeito, relativamente ao crédito económico-negocial encontramo-nos perante um bem jurídico cuja titularidade se encontra igualmente partilhada entre a pessoa falecida e aqueloutra(s) que actualmente assume(m) a direcção da empresa. Razão por que, neste particular contexto, podemos considerar as pessoas indicadas no n.º 2 do art. 71.º como titulares, *iure* próprio, do direito indemnizatório, pelo menos parcialmente.

### 6.2. A questão do menor impacto das ofensas ao bom nome e ao crédito e o art. 71.º

Os factos ofensivos ao bom nome e crédito quando se reportem a pessoas já falecidas comportam uma inevitável referência ao passado. O prestígio e a reputação social quando esteja em causa uma hipótese subsumível no art. 71.º, sustentam-se em factos e circunstâncias relativamente aos quais a nota da actualidade se encontra *prima facie* ausente.

Razão por que, em regra, o impacto das notícias ofensivas nos bens jurídicos mencionados se afigura menor. Poderemos então considerar que a potencialidade ofensiva das afirmações de facto é inversamente proporcional à distância temporal a que os factos históricos se reportam[687]. Normalmente, o decurso do tempo contribui para um amortecimento do impacto dos acontecimentos narrados donde emergem ofensas à memória das pessoas já falecidas. Quando as declarações divulgadas se reportam a eventos distantes e longínquos, o auditório potencialmente interessado na

---

celeridade na prática jurídico-mercantil. Desta feita, a autonomização da vida empresarial face à personalidade a actuação dos membros da direcção ou dos fundadores constitui uma realidade frequente.

Porém, estas orientações expendidas a propósito da relevância do tempo na delimitação do ilícito ao bom nome e ao crédito, nas hipóteses de ofensas a pessoas já falecidas (n.º 1 do art. 71.º) devem ter-se como meramente indicativas. Com efeito, existem marcas ou referências deixadas pela actividade económico-negocial de determinadas pessoas de tal modo significativas que conseguem resistir à voracidade do tempo e das suas inovações. A formulação de um juízo adequado em torno de tais questões, implica pois uma análise atenta de muitos outros factores, mormente a natureza de actividade, dos métodos ou outras referências de ordem conjuntural… que possam estar coenvolvidas nas afirmações de facto ofensivas.

[687] Acórdão do Supremo Tribunal de Justiça de 3 de Fevereiro de 1999…, *ob. cit.*, pág. 351.

sua difusão pública torna-se cada vez mais circunscrito. Na verdade, muitas das pessoas que acompanharam o decurso dos acontecimentos narrados também já faleceram. Para além disso, os factos divulgados deixaram de ocupar um lugar de destaque na dinâmica da vida política, cultural e social das comunidades nacional e internacional onde emergiram.

Como sublinha o acórdão do Supremo Tribunal de Justiça de 3 de Fevereiro de 1999, o impacto das notícias relativas a factos passados acaba por reduzir-se "a franjas mais circunscritas da população que, pela idade, interesse cultural ou profissional..."([688]) continuam a ter interesse em reavivar o curso dos acontecimentos passados através do regresso das notícias ao universo da comunicação social.

Este menor impacto social da notícia relativa a factos passados pode assumir uma particular relevância no âmbito da determinação do montante a atribuir ao lesado a título de compensação de danos não patrimoniais, tendo em conta o disposto na parte inicial do n.º 3 do art. 496.º. Enquadrando o disposto neste preceito no âmbito do art. 494.º, esta menor ressonância social dos factos divulgados, além de poder atenuar o grau de culpabilidade do agente([689]), torna-se ainda susceptível de configurar como uma circunstância atendível para o efeito de fixação de um montante indemnizatório mais aligeirado.

Porém, e em contrapartida, para efeitos de exclusão da ilicitude com fundamento na prossecução de interesses legítimos tutelados nos direitos filiados na liberdade de expressão, a divulgação de factos passados já assume uma menor relevância enquanto causa de justificação do ilícito.

Apesar de não podermos confundir a actualidade do facto narrado com o interesse na divulgação([690]), certo é que, em regra, como deixámos

---

([688]) Neste contexto, e a propósito do período de mais de 50 anos estabelecido no n.º 3 do art. 185.º como condição objectiva de não punibilidade, Faria Costa considera que este lapso temporal no qual se vive um nojo colectivo se revela manifestamente excessivo. Tendo em conta a **aceleração histórica**, "o que hoje é presente cheio de fulgor e da expressividade que só este pode dar, ainda hoje se transforma em passado, reconhecível já na patine de um tempo gasto", cfr. COSTA, JOSÉ DE FARIA, anotação ao art. 185.º..., *ob. cit.*, pág. 663. Razão por que o interesse na divulgação das notícias, relativamente ao qual a punibilidade do art. 185.º do Código Penal constitui um obstáculo, regista-se sobretudo antes do lapso temporal mencionado no n.º 3 deste preceito normativo. Para uma análise mais desenvolvida acerca desta matéria, cfr. COSTA, JOSÉ DE FARIA, *ob. ant. cit.*, pág. 663 e ss.

([689]) Neste sentido se inclina o acórdão do Supremo Tribunal de Justiça de 3 de Fevereiro de 1999, *vide* acórdão do Supremo Tribunal de Justiça..., *ob. cit.*, págs. 350-351.

([690]) Tendo em conta a recorrência da história, os factos passados readquirem em muitas circunstâncias um certo impacto, despertando de novo a atenção do público.

mencionado, este interesse diminui com o decurso do tempo. Uma tal circunstância é claramente assumida pelo nosso ordenamento jurídico (art. 498.º, n.º 1), ao estabelecer um prazo prescricional para o exercício pelo lesado do direito à indemnização com o fundamento em ilícito civil.

Manifestando a nossa ordem jurídica um desinteresse pela perseguição do ilícito uma vez decorrido determinado lapso temporal, não faz sentido que à divulgação dos factos consubstanciadores da situação do ilícito corresponda um especial interesse capaz de permitir a sua exclusão([691]). Não estamos, porém, a querer deduzir do decurso do tempo ao qual se faz corresponder a prescrição do ilícito civil, a necessária perda de interesse na divulgação das afirmações de facto susceptíveis de poderem fazer desencadear a aplicação do art. 484.º.

Existindo um comprovado interesse público na difusão destas informações, este pode ainda funcionar como causa de exclusão do ilícito, mesmo depois de decorrido o prazo previsto no art. 498, n.º 1. Na verdade, estão em causa planos diversos. Enquanto a prescrição estatuída em tal preceito visa resolver questões de segurança jurídica no âmbito da problemática do ressarcimento dos prejuízos, já os interesses públicos subjacentes à divulgação das declarações de facto transcendem claramente um tal domínio, situando-se antes ao nível de uma análise substantiva da sua relevância.

### 6.3. A liberdade de investigação histórica e a tutela dos bens de personalidade do falecido

Constituindo as ofensas aos direitos da personalidade de uma pessoa falecida um ilícito civil (arts. 71.º, n.º 1, 483.º e 484.º), devemos então considerar a tutela desses bens jurídicos como um limite à livre investigação histórica. Representa um dado incontestável das sociedades modernas plurais e conflituais o grande destaque atribuído às ciências do espírito, entre as quais cumpre destacar o importante papel desempenhado pela história.

---

([691]) Nesse sentido, embora a propósito do ilícito de difamação, Faria Costa considera que seria "admitir uma insustentável contradição valorativa ao nível do ordenamento penal, se, para factos que nem sequer mereçam o desvalor inerente ao ilícito penal e para os quais decorreu o lapso de tempo idêntico ao prazo de prescrição do procedimento criminal que contempla os crimes mais graves, se defendesse que a sua narração, para mais ofensiva, é ainda um segmento significativo da prossecução de um interesse público legítimo", cfr. COSTA, JOSÉ DE FARIA, *Estudos Comemorativos do 150.º aniversário do Tribunal da Boa-Hora*, 1995, pág. 196.

Há mesmo quem na doutrina sugestivamente se refira a um direito à história([692]). A reconstituição dos acontecimentos passados implica necessariamente uma rememorização de quem em tais eventos assumiu um papel de protagonismo. Desta feita, a investigação histórica entrecruza-se com dimensões fundamentais da personalidade de pessoas já falecidas.

Não obstante o trabalho de investigação e reflexão histórica terem subjacente uma ineliminável margem de apreciação crítica dos respectivos autores, certo é que se torna necessário o respeito pela verdade da factualidade narrada, para se poderem considerar estes estudos como credíveis.

Porém, e como ao longo do trabalho temos tido ocasião de repetidamente referir, não basta a circunstância de as afirmações acerca das pessoas falecidas serem verdadeiras para considerar lícita a actuação do agente. Mesmo no tocante à descoberta da verdade histórica, tendo em conta a dificuldade de proceder a uma rigorosa reconstituição de acontecimentos passados já longínquos, deve exigir-se de quem leve a cabo um tal tipo de actividade um particular rigor na pesquisa, o qual se afere, por seu turno, pela qualidade das fontes([693]).

Aceitando-se a qualidade ou a bondade intrínseca das obras históricas, importa ainda debruçarmo-nos acerca do conteúdo das mesmas a fim de apurar das repercussões de tais trabalhos nos bens da personalidade das pessoas por estes visados. Revela-se fundamental, neste contexto, determinar se a coberto do interesse da comunidade na divulgação dos assuntos tratados pelos trabalhos históricos, não se verificará a intenção de invadir certos domínios da vida das pessoas já falecidas, mormente os respeitantes à sua vida privada. Salvo aqueles aspectos da intimidade pessoal que se revelem indissociavelmente ligados à época retratada, não encontramos razões para a investigação histórica exceder o espaço típico e natural da sua intervenção.

Reportando-nos, porém, ao relato daquele núcleo de factos considerados como incluídos no âmbito da crónica histórica, cumpre indagar acerca do respeito das exigências da proporcionalidade. Porém, o juízo de

---

([692]) Neste sentido, cfr. COSTA, JOSÉ DE FARIA, *anotação ao artigo 185.º...*, *ob.cit.*, pág. 661.

([693]) Como a propósito da justificação da ilicitude criminal prevista no art. 185.º do Código Penal é sublinhado, não basta para considerar uma conduta irrepreensível que o trabalho seja verdadeiro, exigindo-se ainda "o rigor da pesquisa, a unidade de sentido e a consistência das conexões, mesmo que factuais", cfr. COSTA, JOSÉ DE FARIA, *anotação ao art. 185.º...*, *ob. cit.*, pág. 662.

valor acerca do interesse relativo dos factos ou das opiniões([694]) divulgados, deve tomar em conta as especificidades decorrentes da circunstância das notícias difundidas se reportarem a pessoas já falecidas.

Como já atrás deixámos mencionado, o menor impacto social da divulgação de factos passados relativos a pessoas já falecidas, pode constituir um facto atendível, quer para efeitos de atenuação do grau de culpa do agente, quer para a fixação do montante indemnizatório (art. 494.º). Cumpre por fim sublinhar a importância assumida pela contextualização das notícias para a determinação da existência do ilícito por ofensas a pessoas já falecidas.

---

([694]) Referimo-nos em texto quer aos factos quer às opiniões, porquanto o ilícito por ofensas a pessoas já falecidas tem uma maior amplitude que o decorrente da divulgação de factos ofensivos ao bom nome. Porém, como já deixámos referido, o ilícito ao bom nome pode consubstanciar-se na divulgação de factos ofensivos a este bem jurídico relativamente a pessoas já falecidas. Quando tal suceder, encontramo-nos perante uma particular modalidade da ilicitude decorrente do art. 484.º.

# PARTE IV
# A RELEVÂNCIA DA VERDADE NA DELIMITAÇÃO DO ÂMBITO NORMATIVO DO ART. 484.º

Continuando este percurso já iniciado em anteriores capítulos, em ordem à delimitação do âmbito normativo do art. 484.º, importa volver agora a nossa atenção sobre um outro ponto nevrálgico para a caracterização do ilícito ao crédito e ao bom nome: o papel assumido pela verdade na configuração da ilicitude especialmente prevista neste preceito do Código Civil.

Resultando *expressis verbis* da letra da lei que a responsabilidade civil do agente apenas pode ocorrer quando se verificar a difusão de afirmações de facto, importa também apurar, em face do silêncio do nosso legislador sobre a matéria, se o ilícito ao crédito e ao bom nome apenas surge nas hipóteses de afirmação de factos falsos, à semelhança de quanto se verifica no modelo germânico do *kreditgefährdung*, ou se será de admitir ainda quando as declarações divulgadas se revelem conformes com a verdade.

A opção por uma das soluções em confronto não se revela tarefa fácil, porquanto aqui confluem com particular intensidade as exigências regulativas inerentes à liberdade de expressão, por um lado, e aos bens jurídicos do crédito e do bom nome, por outro. Cumpre então sopesar de modo equilibrado a relevância a atribuir à verdade enquanto valor nuclear de qualquer ordenamento jurídico e finalidade insita à liberdade de expressão, de modo a determinar se a afirmação dos factos verdadeiros deve considerar-se como uma causa de exclusão da ilicitude da conduta do agente, ou se não se impõe antes tomar em consideração a potencialidade ofensiva para o bom nome e crédito de outrem que as próprias declarações verdadeiras podem revestir.

Não se nos afigurando legítima uma resposta apriorística a esta interrogação, consideramos então oportuno convocar para o debate a influência assumida pelo princípio da proporcionalidade na delimitação do âmbito do art. 484.º. Apenas com este tipo de abordagem integrada nos parece possível analisar com maior rigor o papel a atribuir à verdade, e assim, encontrar uma resposta adequada à *vexata qæstio* da *exceptio veritatis*. Na encruzilhada do binómio verdade/falsidade dos factos divulgados pelo agente, não podemos deixar de reflectir acerca da justificação do ilícito através do recurso à cláusula da prossecução dos interesses legítimos (a propósito das declarações não demonstravelmente verdadeiras), no âmbito de um ordenamento jurídico, onde uma tal causa justificativa não encontra expressa guarida na lei. Ao contrário de quanto sucede no II §824 do B.G.B, revela-se necessário ponderar, à luz das exigências implicadas no valor da liberdade de expressão e das demais referências regulativas coenvolvidas no âmbito do ilícito ao bom nome e ao crédito, da sua relevância a propósito do nosso art. 484.º.

Profundamente imbricada com toda a problemática acabada de mencionar se revela aqueloutra atinente à questão da prova da culpa pela divulgação de factos ofensivos do crédito e do bom nome de outrem. Faremos então uma genérica incursão em torno das questões de ordem probatória, com vista a determinar se a propósito do ilícito ao bom nome e ao crédito existem afinal razões justificativas para estabelecer derrogações à regra geral do art. 487.º, n.º 1. A resposta a esta interrogação apenas logra algum sentido útil se previamente tivermos definida a questão de saber sobre que elemento ou *quid* deve incidir a actividade probatória: a verdade ou falsidade das declarações do agente, ou a perigosidade das suas afirmações, não obstante a veracidade das mesmas.

## CAPÍTULO 1
## A QUESTÃO DA RELEVÂNCIA DA "EXCEPTIO VERITATIS"

**1.1. O modelo germânico do §824 do B.G.B. e a circunscrição do *kreditgefährdung* à divulgação de factos falsos. A responsabilização do agente por divulgação de factos verdadeiros e juízos de valor no âmbito da U.W.G.**

O apuramento da relevância da *exceptio veritatis* enquanto causa da exclusão do ilícito ao bom nome e ao crédito previsto no art. 484.º implica uma prévia ponderação acerca do papel atribuído à verdade na delimitação do âmbito normativo deste preceito legal. Na letra da nossa legislação não se recolhe qualquer indicação acerca do posicionamento das afirmações do agente quanto ao valor da verdade. Dito de outro modo, não se exige *expressis verbis* que as declarações fácticas sejam contrárias à verdade para se suscitar a aplicabilidade do art. 484.º.

Cumpre então questionar se terá havido um qualquer propósito deliberado do nosso legislador ligado a esta omissão legal. Uma resposta adequada a tal questão implica, desde logo, a análise da disposição normativa onde se inspirou a nossa lei, desafiando os juristas a dedicarem alguma atenção ao §824 do B.G.B.

Começando por uma interpretação literal da legislação germânica dedicada a esta matéria, ressalta desde logo, com toda a evidência, uma diferença de formulação das normas em confronto.

De acordo com a norma do Código Civil alemão "*wer der warheit zuwider*([695]) *eine tatsache behauptet oder verbreitet ..., hat dem anderen den daraus entstehenden schaden auch dann zu ersetzen...*".

Resulta então deste preceito legal que apenas a divulgação de factos contrários à verdade é susceptível de responsabilizar o agente.

Em relação aos factos falsos, ninguém coloca em dúvida a sua potencialidade ofensiva da reputação social das pessoas por eles visadas([696]). Para além disso, nenhum ordenamento jurídico civilizado poderá considerar conforme as suas exigências fundamentais a divulgação de afirmações cujo conteúdo se consubstancie na adulteração da verdade.

Desta feita, a divulgação de factos falsos constitui sempre fundamento para a afirmação da existência de ilícitos civis conexionados com os bens fundamentais da personalidade. Resta, no entanto, questionar se face a ordenamentos jurídicos como o germânico, onde apenas se faz alusão à

---

([695]) o sublinhado é nosso.

([696]) Como a propósito das declarações ofensivas da honra sublinha Helle, uma afirmação contrária à verdade é susceptível de desencadear efeitos negativos na consideração social da pessoa visada. No mesmo sentido, BRANAHL, UDO, *Medienrecht..., ob. cit.,* pág. 79. Apesar da lei alemã não se pronunciar expressamente em tal sentido a propósito das ofensas à honra, certo é que tais conclusões não deixam de poder ser inferidas, conquanto mediatamente, de várias disposições do ordenamento jurídico germânico. (§186 e 187 do StGB). Por um lado, o §186 do StGB eleva o carácter não demonstravelmente verdadeiro das declarações a condição objectiva de punibilidade, e por outro, resulta claramente do §187 do StGB que a *unwarheit* deve ser considerada como fundamento de punibilidade. Cfr., HELLE, ERNST, *Die unwarheit und die nichterweislichkeit der ehrenrühigen behauptung, in* N.J.W., 1964, pág. 841.

Neste contexto, cumpre sublinhar que a autora considera que as declarações não demonstravelmente verdadeiras podem ser dotadas de uma potencialidade ofensiva idêntica à patenteada pelas declarações contrárias à verdade. Cfr., HELLE, ERNST, *ob.ant.cit.,* págs. 842 e 845.

difusão de factos falsos como *Tatbestand* do §824.º, não poderá afirmar-se uma obrigação de indemnização a cargo de quem publicamente transmite factos verdadeiros, quando estes sejam de molde a provocar lesões na reputação social de terceiros.

Tendo em conta a formulação deste parágrafo do B.G.B., torna-se de todo em todo inviável conceber um tal efeito jurídico no âmbito da tutela dispensada ao "crédito". Todavia, o direito alemão não permite uma indiscriminada divulgação de factos verdadeiros e de apreciações valorativas (*werturteilen*).

Basta pensar nas limitações estabelecidas em matéria de concorrência na UWG. A este propósito, não podemos ignorar os principais objectivos inerentes ao direito da concorrência. As normas e os princípios jurídicos vigentes neste domínio dirigem-se fundamentalmente a proteger duas categorias de destinatários: as próprias empresas concorrentes, de molde a garantir que a sua livre iniciativa económica seja desenvolvida de acordo com regras de correcção profissional([697]), evitando assim a ocorrência de perdas de clientela ou de ganhos económicos derivados do não acatamento de tais ditames([698])([699]), e os consumidores, auxiliando-os nas escolhas dos produtos transaccionados pelas empresas no mercado.

Numa sociedade altamente marcada pelo consumismo, os adquirentes podem encontrar nas múltiplas mensagens difundidas no mercado alguns pontos de apoio e sinais de alerta susceptíveis de os elucidar acerca das características e qualidades dos produtos que pretendem ter acesso.

Constitui assim um comportamento manifestamente desviante dos objectivos essenciais inscritos nas mais elementares regras da concorrência,

---

([697]) BENUCCI, E. BONASI, *Il sistema di vendita a prezzo imposto*, in Riv. del Dir. Commerciale, 1961, II, 464 e ss.

([698]) Acerca dos objectivos nucleares visados pelo direito da concorrência, e em particular, da concorrência desleal, cfr. GIULIANI, ALDO, *La tutela aquiliana..., ob. cit.*, pág. 73 e ss. Reportando-se, de um modo particular, à tutela dispensada pelo direito da concorrência aos próprios concorrentes, concebendo-a como uma "tutela privilegiata", cfr. ASCARELLI, TULLIO, *Teoria della concorrenza e dei beni immateriali*, Milano, 1960, pág. 197. De igual modo, OPPO, GIORGIO, *Diritto dell'Impresa...,ob. cit.*, pág. 24. Cumpre neste contexto, salientar o relevo atribuído à tutela da liberdade humana enquanto fundamento normativo do direito da concorrência, Vide CUNHA, CAROLINA, *Controlo das concentrações de empresas (direito comunitário e direito português)*, Coimbra, 2005, pág. 26.

([699]) Nas hipóteses de concorrência parasitária e de acordos de exclusividade, a sanção para este tipo de comportamentos destina-se fundamentalmente a proteger os interesses dos concorrentes e não os interesses colectivos dos consumidores. Cfr., neste sentido, GHIDINI, GUSTAVO, *La repressione della concorrenza sleale nel sistema degli artt. 2598 ss Cod. Civ.*, in Riv. Dir. Civ., 1969, II, págs. 407-410.

a utilização de técnicas publicitárias por um dos concorrentes para atingir em termos pessoais os demais agentes intervenientes no mercado.

Ora, uma tal proibição deste tipo de condutas deve afirmar-se quer quando esteja em causa um juízo valorativo, quer quando nos encontramos face a afirmações de facto. De igual modo, e neste particular contexto, tanto importa os factos divulgados serem verdadeiros ou falsos[700].

A protecção assegurada pelo n.º 7 do art. 4.º, de harmonia com a proibição genérica contida no §3 da UWG de 2004[701], tem em vista, entre outros objectivos, depurar as relações de concorrência de todo um conjunto de elementos sem relevância (*belanglos*) para a vida juridico-mercantil, proibindo-se assim os "*persönliche reklame*", que têm apenas por objectivo denegrir a imagem dos concorrentes.

Apesar da publicidade constituir indiscutivelmente um factor propulsor da vida dos negócios, não pode ser, no entanto, descurada a observância de um conjunto de exigências fundamentais com vista a alcançar uma sã e leal concorrência. Paradoxalmente, as limitações a uma indiscriminada e arbitrária concorrência fundam-se também em imperativos de funcionamento do próprio mercado.

Com efeito, cada vez ganha maior força a ideia de que as normas sobre a lealdade da concorrência se dirigem à tutela do interesse público e do consumidor, e já não apenas à defesa dos interesses dos concorrentes[702]. Aliás, o modelo germânico da concorrência desleal é profundamente marcado pela necessidade de garantir interesses individuais e supra-individuais[703], sendo estes distintos daqueles que são encabeçados pelos con-

---

[700] Neste sentido, Cfr. HELLE, ERNST, *Der schutz der persönlichen Ehre...*, ob. cit., pág. 61, JW, 1933, 1403 e 1454.

[701] Cumpre salientar que após a conclusão deste trabalho a UWG sofreu alterações, tendo as últimas sido introduzidas em 3 de Março de 2010. Nes percurso, destacamos sobretudo a adaptação do direito alemão às exigências impostas pela directiva 2005/29CE, de 11 de Maio (relativa às práticas comerciais desleais). Tendo em conta as modificações introduzidas, far-se-á indicação das mesmas ao longo do texto se os preceitos da lei de 2004 citados sofreram alterações.

[702] ASCENSÃO, J. OLIVEIRA, *Concorrência...* , ob. cit., págs. 6-7, JAEGER, P. GIUSTO, *Valutazione comparativa di interessi e concorrenza sleale*, in Riv. dir Ind., 1970, pág. 109 e ss., OPPO, GIORGIO, *Costituzione e diritto privato nella valutazione della concorrenza*, in Riv. dir. Civ., 1993, II, pág. 543 e ss.

[703] Em relação à preocupação de tutela dos interesses gerais do mercado (ex.: demais utilizadores não concorrentes...) patenteada pela lei germânica, Justus Meyer enuncia dois grupos de situações (*Rechtsbruch* e *Markstörung*) onde se registam com frequência violações significativas de tais exigências. No primeiro núcleo de hipóteses, à semelhança de quanto se prevê nos § 134 e 823 II do B.G.B., encontram-se abrangidas as violações de

correntes. Basta ter em conta a formulação do §1.º da U.W.G. de 2004 "*Es schutz zugleich das interesse der allgemeinheit an einem unverfälschten wettbewerb*"(neste concreto aspecto inalterada pela nova redacção introduzida pela lei de 3 de Março de 2010), para constatarmos o acerto de quanto atrás afirmámos.

Ora, é precisamente sob este pano de fundo que poderemos compreender melhor a querela em torno da imposição de limitações legislativas à publicidade comparativa. Porém, não se pense que as restrições a este tipo de publicidade outrora constantes da legislação portuguesa e alemã eram igualmente aceites pelos demais ordenamentos jurídicos. Basta atentar na experiência norte-americana, para concluirmos que, desde há muito, se admite a prática da publicidade comparativa.

*De iure condendo*, podem divisar-se argumentos, quer a favor, quer contra, a aceitação de um tal género publicitário. Por um lado, sustenta-se que a comparação entre produtos e serviços é susceptível de permitir um melhor esclarecimento do público acerca da qualidade dos mesmos. Desta feita, criar-se-ia assim um clima propício para os consumidores tomarem opções mais esclarecidas. Por outro, contesta-se a bondade desta argumentação, com fundamento em que a publicidade comparativa pode gerar um clima de guerra e acusações recíprocas entre os concorrentes, o qual em nada fomenta a desejável transparência do mercado. Para além disso, este tipo de competição é susceptível de favorecer as empresas com maiores recursos económicos([704]).

Neste contexto, pode legitimamente questionar-se a admissibilidade de uma declaração nos termos da qual um concorrente além de denunciar publicamente os elevados custos do processo produtivo de um colega de

---

normas de protecção (ambientais, licenças de produção...), cujo objectivo se traduza na tutela dos interesses gerais dos utilizadores do mercado (§ 4.º, n.º 11, da actual U.W.G.). Em relação ao segundo grupo, destaca-se sobretudo o recurso pelos concorrentes às técnicas publicitárias veiculadas pelos meios de comunicação de massa, susceptíveis de provocar distorções significativas no circuito regular de distribuição dos bens (ex.: o envio gratuito de produtos e promessa de serviços isentos de custos durante um certo lapso de tempo, distribuição de um tubo de pasta de dentes em todas as casas da cidade), para promoção e lançamento dos produtos. Como o autor sublinha, tais práticas apenas podem ser censuradas com fundamento no § 3.º do U.W.G.(corresponde, no essencial, ao n.º 1 do §3.º da nova redacção dada à U.W.G., apesar do seu âmbito ser hoje mais amplo e se reportar a toda e qualquer prática negocial desleal), Cfr. MEYER, JUSTUS, *Wirtschaftsprivatrecht...*, *ob.cit.*, págs. 236-237.

([704]) Para uma análise dos argumentos doutrinais em torno da admissibilidade da publicidade comparativa, cfr. ASCENSÃO, J. OLIVEIRA, *Concorrência...*, *ob. cit.*, págs. 148-149, assim como o preâmbulo da Directiva 97/55/CE, de 6 de Outubro de 1997.

profissão, enaltece em contrapartida a simplicidade e substancial redução de despesas envolvidas nos esquemas de fabrico de um produto idêntico por si produzido. Uma tal declaração pode, com efeito, considerar-se incluída no universo da publicidade comparativa, pois além do declarante se referir a um concorrente determinado, as afirmações proferidas reportam--se também a um determinado produto, e não apenas a um género([705]). Uma tal exigência de concretude das afirmações divulgadas, seja relativamente aos concorrentes, ou aos produtos, resulta, com toda a clareza, da definição de publicidade comparativa constante na lei U.W.G. de 3 de Julho de 2004 (§6.º, n.º 1 – uma tal formulação manteve-se inalterada na nova lei), e nos artigos 2A e 3A (nas suas várias alíneas) da Directiva 97/55/CE. Esse tipo de afirmações, apesar de, por regra, serem verdadeiras([706]), não raras vezes são susceptíveis de diminuir sem razão justifica-

---

([705]) Não nos encontramos situados no domínio da publicidade comparativa nas hipóteses de divulgação de afirmações genéricas ou de apreciações subjectivas exageradas ou hiperbólicas. Assim, e a título meramente exemplificativo, devemos considerar lícita a publicidade feita por um dos concorrentes aos seus produtos, considerando-os como de primeira qualidade ou mundialmente reputados. Neste sentido, cfr. ROTONDI, MARIO, *Le varie forme di lesione dell'avviamento come criterio di classificazione degli atti di concorrenza sleale*, in Rivista del Diritto Commerciale, 1956, I, págs. 356 e 357.

([706]) Com efeito, as declarações falsas proferidas por um concorrente com o fim de desacreditar um outro são normalmente tratadas pelas legislações sobre concorrência desleal de modo autónomo. No âmbito do antigo Código da Propriedade Industrial, um tal tipo de comportamento era colocado sob a alçada do n.º 2 do art. 212.º. Aliás, o Código da Propriedade Industrial apenas proibia expressamente as declarações falsas. Desta feita, colocava-se a questão de saber se, por exemplo, a publicidade comparativa não seria admitida, porquanto se baseia, por norma, em declarações verdadeiras. Todavia, configurando--se o tipo de condutas subjacentes à publicidade comparativa como actos de agressão, então a sua proibição fundava-se na cláusula geral do proémio do art. 212.º (normas e usos honestos) (correspondente ao art. 217.º do Dec.-Lei n.º 36/2003 de 5 de Março).
A questão da admissibilidade da publicidade comparativa, a partir de 1990, passou a ser regulada pelo Código da Publicidade. Apesar de restritivamente, certo é que este diploma abriu as portas à sua admissibilidade (art. 16.º do Decreto-Lei n.º 330/90, de 23 de Outubro). Uma tal solução continua hoje a manter-se, em face de um idêntico número do actual diploma regulador da matéria da publicidade (Decreto-Lei n.º 275/98, de 9 de Setembro).
A nível comunitário, o reconhecimento da publicidade comparativa surge confirmado pela Directiva 2005/29 CE de 11 de Maio (relativa às práticas comerciais desleais), que deu uma nova redacção ao art. 3.º A da Directiva 84/450/CEE.
Debruçando-nos agora sobre o regime jurídico italiano da concorrência desleal, podemos também concluir aí pela admissibilidade da responsabilização dos concorrentes por divulgação de notícias verdadeiras (*notizie vera*). Também aqui, a emergência do ilícito implica a não conformidade das notícias difundidas com os "*principi della correttezza professionale*". A este propósito, cfr. GIULIANO, ALDO, *La tutela aquiliana...*, ob. cit., pág. 78.

tiva a confiança depositada pelo público consumidor no perfil económico-financeiro do empresário nelas visado. Razão por que muitas hipóteses de publicidade comparativa são comummente tratadas no âmbito da concorrência desleal como actos de agressão([707]). Importa, no âmbito deste universo, distinguir as comparações baseadas em puras apreciações subjectivas daqueloutras fundadas em considerações de ordem objectiva. Com efeito, quando estas últimas corresponderem à verdade, o juízo acerca da sua admissibilidade deverá ser menos rigoroso que o proferido acerca das primeiras([708]).

Para já não nos referirmos à eventualidade de as declarações violarem certos deveres de sigilo impostos pelas *leges artis* do respectivo sector de

---

Questão particularmente pertinente neste contexto traduz-se em saber qual o sentido e dimensão atribuíveis aos *principi della correttezza professionale,* para os quais remete o n.º 3 do art. 2598.º do Codice Civile. Na doutrina e jurisprudência italiana não encontramos neste contexto uma opinião unânime.

De acordo com uma certa orientação, o art. 2598.º, n.º 3 do Cod. Civ. remete para princípios éticos directamente individualizados pelo juiz como intérprete da consciência colectiva (cfr., MINERVINI, GUSTAVO, *Concorrenza e Consorzi,* Milano, 1965, pág. 38; anotação à decisão da cassação de 18 aprile 1957, n. 1337, *in* Giust. Civ., 1957, I, pág. 1955), ou derivados de uma ética profissional (FERRARA, JR. FRANCESCO, *La teoria giuridica dell'azienda,* Florença, 1949, págs. 288 (nota 1) e 289, PATERIS, *La correttezza nella disciplina della concorrenza sleale,* Milano, 1964, pág. 125 e ss; App. Bologna, 14 Luglio 1956, *in* Il Foro Italiano, 1956, I, col. 1165).

Segundo um outro entendimento, o n.º 3 do art. 2598.º ao referir-se aos princípios de *"correttezza professionale"* tem sobretudo em vista os meros dados da *praxis* comercial, sejam eles entendidos como usos em sentido técnico (FRANCESCHELLI, REMO, *Importazioni libere in zona d'esclusiva e concorrenza sleale, in* Riv. Dir. Ind., 1954, I, pág. 113 e ss.) ou perspectivados como dimensão objectiva do costume (decisão do Trib. Milano de 7 gennaio 1958, *in* Riv. Dir. Ind., 1958, II, pág. 442).

Cumpre, por fim, fazer ainda alusão a uma posição intermédia, de acordo com a qual, a remissão feita no preceito do código civil italiano em análise para os princípios de correcção profissional tem em vista a apreciação das condutas dos concorrentes de acordo com os costumes comerciais qualificados dominantes em determinado ambiente profissional (SANTINI, GERARDO, *I diritti della personalitá nel diritto industriale,* Pádua, 1959, pág. 115). Sem querer entrar detalhadamente no âmago desta discussão, dado o seu pendor eminentemente teórico, impõe-se reconhecer que em todas as perspectivas enunciadas, a concreta aplicação do n.º 3 do art. 2598.º do Codice Civile suscita dúvidas quanto às questões da observância de exigências deontológicas, cfr. GHIDINI, GUSTAVO, *La repressione..., ob. cit.,* págs. 400 e 401.

([707]) Ao utilizarmos a designação de "acto de agressão", estamos a seguir de perto a terminologia usada por Kohler, ao distinguir os *irreleitungen* dos *feindseligkeiten.* Acerca desta distinção, cfr. KOHLER, JOSEF, *Der unerlautere wettbewerb,* Berlim e Leipzig, 1914, pág. 24 e ss.

([708]) Neste sentido, cfr. ROTONDI, MARIO, *Le varie forme... ob. cit.,* pág. 353.

actividade, sendo ou não, o segredo objecto de um direito privativo. Todavia, quando tal suceda, o ilícito deriva, desde logo, da mencionada violação, apesar de na base desta se encontrar um comportamento manifestamente contrário às exigências fundamentais de uma leal concorrência([709]). Neste tipo de situações encontramo-nos então face a uma conduta duplamente desconforme com os referentes valorativos da ordem jurídica.

Cumpre, no entanto, salientar a tendência das actuais legislações para admitirem a licitude da publicidade comparativa, revelando-se particularmente sensíveis aos benefícios por aquela trazidos à dinâmica dos negócios. Assim sucede com o §6.º, n.º 1 da U.W.G.([710]) (que corresponde na íntegra ao preceito similar da nova lei). Porém, o legislador germânico não deixou de olhar para este tipo de publicidade com uma particular desconfiança, acabando por exemplificar nos seis números deste parágrafo várias situações em que tal género publicitário se deve reputar como ilícito. Bem vistas as coisas, a admissibilidade da publicidade comparativa encontra-se associada ao reconhecimento que neste universo é, por regra, possível

---

([709]) Sobre a revelação e o abusivo aproveitamento dos segredos industriais e comerciais enquanto formas de concorrência desleal, cfr. ROTONDI, MARIO, *Le varie forme...*, ob. cit., págs. 341-343. GHIDINI, GUSTAVO, *La repressione della concorrenza...*, ob. cit., pág. 431 e ss., BOCHICCHIO, FRANCESCO, *La concorrenza sleale nel settor finanziario tra principi generali e specificitá*, in Contrato e Impresa, 2003, n.º 2, págs. 810-812 (porém, o autor não considera que a lista de clientes constitua um segredo empresarial, que impeça o promotor de produtos financeiros de a utilizar em relações contratuais novas e distintas daqueloutras fundadas no contrato entre esse promotor e o anterior intermediário financeiro).

([710]) A admissibilidade pelo direito alemão (U.W.G. de 2004) da publicidade comparativa representa o resultado da transposição da Directiva 97/55/CE que alterou a Directiva 84/450/CEE relativa à publicidade enganosa. Com efeito, a Directiva 97/55/CE veio admitir, dentro dos condicionalismos aí mencionados, a publicidade comparativa, representando assim uma tentativa para alcançar a uniformização a nível da legislação dos Estados-Membros deste tipo de práticas publicitárias. Deste modo, ficaram afastadas as dúvidas quanto à ilicitude de tais comportamentos concorrenciais. Como já atrás deixámos mencionado, estas práticas da publicidade comparativa são igualmente aceites pela Directiva 2005/29 CE de 11 de Maio (relativa às práticas comerciais desleais).

Ora, uma tal alteração legislativa operada no direito germânico representou um verdadeiro entorse à tradição germânica em matéria da concorrência desleal. Com efeito, a regra cifrou-se sempre na proibição dos *"vergleichende werbung"*, como resultava, desde logo, do art. 1.º da U.W.G., sendo apenas excepcionalmente admitidas algumas práticas de publicidade comparativa como resultava do antigo artigo da *gesetz gegen den unlauteren wettbewerb*. Para uma análise mais detalhada do modelo alemão clássico nesta matéria, cfr. HELLE, ERNST, *Der Schtuz der persönlichen...*, ob. cit., págs. 61-62.

identificar um particular interesse ou fim justificativo de publicamente proceder à comparação da pessoa, coisas, ou prestações dos concorrentes.

Da análise da construção legislativa alemã em torno da *vergleichende werbung*, não nos parece precipitado concluir que a aceitação de um tal modelo supõe algumas condições, entre as quais, cumpre destacar a veracidade das declarações([711]) proferidas e a circunscrição das mesmas aos objectivos em virtude dos quais foram admitidas, não excedendo, portanto, as fronteiras por aqueles fixadas([712]).

Neste contexto, impõe-se ainda fazer referência a um universo confinante com a publicidade comparativa consubstanciado na realização de comparações entre determinados sectores ou sistemas económicos onde se integra a actividade dos concorrentes emissores de mensagens publicitárias([713]).

Pode revelar-se condição de inteligibilidade dos diferentes sistemas de produção de bens, o confronto entre as diversas soluções técnicas e processos alternativos de fabrico utilizados pelos diversos empresários nos respectivos sectores de actividade. Onde a divulgação de informações deste tipo pode assumir particular acuidade é a propósito do lançamento no mercado de novos produtos, bem como tecnologias inovadoras para a sua criação.

Apenas pode considerar-se admissível e relevante a publicidade quando esta **constitua e na medida em que constitua** um instrumento idóneo para permitir o conhecimento das características dos produtos, ou

---

([711]) Por vezes, poder-se-á também admitir a divulgação de afirmações de factos respeitantes aos concorrentes cuja veracidade não seja demonstrável. Neste sentido, Cfr. HELLE, ERNST, *Der Schutz der persönlichen...*, *ob. cit.*, pág. 62.

([712]) Atentem-se a este propósito nas limitações impostas pelo §6.º II n.º 3 U.W.G., onde se proíbe que a publicidade comparativa produza um efeito de confusão nos destinatários, e no §6.º II n.º 2, do qual ressalta como condição de admissibilidade da publicidade comparativa, o confronto de características objectivas essenciais dos produtos ou prestações publicitadas, ou seja, de notas susceptíveis de demonstração (cumpre salientar que a redacção destes preceitos se manteve inalterada na nova lei). Nesta última limitação, resulta bem patenteada a relevância da verdade, enquanto na primeira restrição enunciada se manifesta evidente a necessidade de circunscrever a publicidade comparativa dentro das finalidades a que se dirige.

([713]) Com efeito, ao contrário de quanto sucede na publicidade comparativa, neste universo procede-se à análise e confronto do conjunto ou globalidade das características de um sector ou actividade. Ora, como deixámos referido, tal não ocorre naquela publicidade onde se compara a actividade de determinados concorrentes, ou seja, dos seus específicos produtos ou prestações. A este propósito, cfr. MEYER, JUSTUS, *Wirtschaftsprivatrecht...*, *ob. cit.*, págs. 228-229.

para lançar as bases necessárias a uma averiguação da fiabilidade das técnicas e dos processos utilizados na respectiva produção.

Assim sendo, o declarante apenas conseguirá atingir tais objectivos se não assumir a posição de juiz com competência decisória para definir a qualidade dos produtos comparados por via publicitária. Somente estando conscientes da necessidade de um distanciamento face ao conteúdo das mensagens publicitárias comparativas é possível atingir a imparcialidade indispensável([714]) para não exceder os limites dentro dos quais este tipo de publicidade é admitida.

Não se revela então aceitável que, sob o pretexto de se alcançarem tais finalidades, os concorrentes declarantes acabem por levar a cabo campanhas de descredibilização dos demais protagonistas do respectivo sector de actividade, entrando para tal no plano da crítica pessoal e numa apreciação depreciativa dos custos envolvidos nas técnicas e processos produtivos. Sufragamos assim o pensamento de Ernst Helle, segundo o qual *"zudem fehlt dem systemvergleich die aupreisung der eigenen ware und herabsetzung und auf kosten eines bestimmten mitbewerers..."*([715]).

Com o objectivo de evitar que sejam perpretados ataques ao crédito dos concorrentes proíbe-se, de acordo com os § 4.º, n.º 7 e 6.º II n.º 5 da U.W.G. (preceitos estes que mantiveram a mesma formulação na nova lei), a utilização de pareceres ou opiniões avalizadas de natureza económica (*"wissenschaftlichen gutachen"*) quando estes constituam um instrumento eficaz de agressão à pessoa e à qualidade dos produtos e prestações dos concorrentes.

Ora, como sabemos, por regra, os juízos ou valorações económicas não são susceptíveis de responsabilizar quem os divulgue nos termos do §824 do B.G.B. Para além disso, nada impede a utilização para fins publicitários de pareceres ou opiniões de natureza técnico-económica, conquanto com estes se tenha em vista unicamente a credibilização dos produtos ou serviços junto do mercado de consumo.

Todavia, quando estes conhecimentos científicos consubstanciem meios simuladamente empregues para escamotear a prossecução de finalidades absolutamente estranhas às exigências axiológicas de uma concor-

---

([714]) Quando assim suceda, poderemos considerar de harmonia com as exigências da boa fé a conduta publicitária do declarante concorrente. Na verdade, a admissibilidade da publicidade comparativa, supõe uma actuação de harmonia com os ditames de um correcto, honesto e leal proceder. Neste sentido, Vide HELLE, ERNST, *Der Schutz der persönlichen...*, ob. cit., pág. 62.

([715]) Cfr. HELLE, ERNST, *Der schutz der persönlichen...*, ob. cit., pág. 63.

rência leal([716]), então não obstante o seu carácter valorativo (*werturteil*), devemos responsabilizar quem procede à sua difusão.

Apesar de se admitir nas várias hipóteses mencionadas a tutela do crédito quando estiver em causa a divulgação de juízos valorativos ou de factos verdadeiros, não se pode concluir, no entanto, por uma protecção tão ampliada deste bem jurídico no direito alemão. Com efeito, não podemos esquecer que a tutela do crédito analisada neste capítulo se integra no universo específico da concorrência. Apenas quando estiverem em causa relações de concorrência, e os protagonistas destas assumirem a qualidade de empresas concorrentes([717]), será possível mobilizar o regime especial consagrado na U.W.G. Para além disso, dever-se-á aqui ter em conta que o direito da concorrência desleal, não pretende afirmar-se como um compêndio universal de ética, constituindo apenas uma ética especial da concorrência.

Por seu turno, e paradoxalmente, o universo regulativamente abrangido pela concorrência desleal pode considerar-se bem mais amplo que estoutro da tutela delitual do crédito. Bem vistas as coisas, podemos visualizar várias situações de ofensas ao crédito sancionáveis no âmbito da concorrência desleal, sem, no entanto, se registarem prejuízos na esfera jurídica dos concorrentes visados com as declarações.

---

([716]) Em termos probatórios, compete a quem tenha sido lesado pelo emprego desses expedientes estranhos ao universo publicitário, o ónus da prova dessa estranheidade.

([717]) Reportando-se ao art. 212.º do antigo Código da Propriedade Industrial, Oliveira Ascensão, considera que as normas sobre concorrência desleal apenas podem ser aplicadas quando nos encontrarmos perante actos de concorrência (acerca do modelo de concorrência pura, cfr. CORDEIRO, A. MENEZES, *Defesa da concorrência e direitos fundamentais das empresas: da responsabilização da Autoridade da Concorrência por danos ocasionados em actuações de inspecção*, in Concorrência, Perspectivas e Limites da Defesa da Concorrência, Coimbra, 2005, pág. 124). Esclarece ainda o autor que nos encontramos perante situações de concorrência quando os protagonistas actuem no mercado, e neste desenvolvam actividades concretamente concorrentes. Cfr. ASCENSÃO, J. OLIVEIRA, *Concorrência...*, ob. cit., pág. 57 e ss. De igual modo, JÚNIOR, E. SANTOS, *Da responsabilidade civil de terceiro..., ob. cit.*, págs. 531-532.

A nível jurisprudencial, orientação idêntica se encontra vertida no acórdão da Relação do Porto de 24-VII-70, ao considerar que "Não há concorrência desleal, se não houver luta de mercados, mas apenas uma afronta a certo e determinado crédito que é um dos elementos do estabelecimento do autor", acórdão da Relação do Porto de 24-VII-70, *in* BMJ, n.º 199, pág. 271.

De igual modo, também no âmbito do direito italiano resulta bem clara esta configuração da concorrência desleal como um ramo de direito especial, cfr. GIULIANI, ALDO, *La tutela aquiliana..., ob. cit.*, pág. 73 e ss.

Sobretudo no âmbito do modelo jurídico germânico da concorrência desleal, onde para além do interesse dos concorrentes e dos consumidores, confluem ainda como objectivos primaciais de protecção, outros interesses públicos[718] particularmente relevantes, esta independência da aplicação das normas do direito da concorrência face aos preceitos da responsabilidade civil[719] afirma-se com uma acuidade relevante. Assim, podemos compreender melhor o tratamento autonomizado dispensado no capítulo 2.º da U.W.G. de 2004 às pretensões de remoção do ilícito e de abstenção (*beseitigung und unterlassung §8*), por um lado, e ao ressarcimento dos danos, por outro (*schadensersatz §9.º*)[720].

Por fim, não podemos, porém, deixar de acentuar uma zona de confluência entre o §824 do B.G.B., e certas disposições da U.W.G. (§4.º n.º 8 – um tal preceito manteve-se inalterado na nova redacção dada à U.W.G.)[721]. Com efeito, em qualquer das disposições acabadas de mencionar se tutela o crédito relativamente à divulgação de factos[722]. De igual modo, tam-

---

[718] Ora, é precisamente neste contexto que podemos encontrar fundamento para a tutela penal da concorrência desleal.

[719] De igual modo, também no regime jurídico italiano da concorrência desleal, uma tal distinção se nos afigura notória. Se atentarmos no regime sancionatório (arts. 2599.º-2601.º do Codice Civile), apercebemo-nos que o ressarcimento dos danos constitui apenas uma das modalidade sancionatórias possíveis, cuja aplicação supõe o prévio e imprescindível requisito da responsabilidade civil: ocorrência de danos (art. 2600.º do Codice Civile). Uma tal conclusão resulta, de resto, legitimada pela circunstância do legislador italiano se referir genericamente no artigo anterior a um conjunto inominado de medidas destinadas a fazer cessar o ilícito da concorrência desleal. Ora, a concreta aplicação dessa panóplia não tipificada de medidas, não se encontra dependente da existência de danos. Acerca da prescindibilidade do dano no âmbito do regime jurídico italiano da concorrência desleal, cfr. GIULIANO, ALDO, *La tutela aquiliana, ob. cit.,* pág. 76 (o autor considera, de modo sugestivo, que no art. 2599.º do Cod. Civ., o legislador quis garantir em termos gerais a preservação do valor da liberdade de concorrência, enquanto no art. 2600.º do Cod. Civ. teve em vista o objectivo especifico do ressarcimento dos prejuízos sofridos no âmbito do exercício de actividades concorrentes... *ob.ant.cit.,* pág. 79).

Ainda acerca da diversidade dos meios de tutela coenvolvidos no universo da concorrência desleal, cfr. GUERRA, PIETRO, anotação à sentença do Tribunal de Milano de 3 febbraio 1958, *in* Foro Italiano, 1959, I, pág. 302.

[720] Apesar de terem sido introduzidas algumas alterações na redacção dos preceitos mencionados, certo é que do ponto de vista sitemático, os temas tratados nos §8.º e §9.º são os mesmos.

[721] Para já não falarmos da identidade do âmbito normativo deste preceito com o §187.º do STGB, quando esteja em causa a divulgação de factos falsos.

[722] A este propósito, *vide,* MEYER, JUSTUS, *Wirtschaftsprivatrecht..., ob. cit.,* págs. 225-226.

bém a parte final do §4 n.º 8 da U.W.G. estabelece uma cláusula de exclusão do ilícito semelhante à consagrada no §824 II do B.G.B.([723]).

Apesar das afinidades entre os preceitos em confronto se revelarem evidentes, certo é que não podemos deixar de ter em conta a especificidade das normas do U.W.G., porquanto estas apenas exercem a sua influência regulativa no universo circunscrito das relações de concorrência.

### 1.2. A cláusula geral do §826 do B.G.B. e a responsabilização do agente por divulgação de factos verdadeiros e juízos valorativos

Uma outra limitação significativa à divulgação de factos verdadeiros encontra-se na cláusula geral do §826 do B.G.B. (*"sittenwidridge vorsätzlichen schädigung"*).

Não podemos ignorar, antes demais, o valor fundamental da liberdade de expressão, na qual se baseia, desde logo, a legitimidade de cada pessoa divulgar o seu pensamento, sobretudo quando as declarações difundidas assentem em factos inteiramente coincidentes com a realidade social. Todavia, e como insistentemente temos vindo a frisar, este bem jurídico particularmente relevante tem de harmonizar-se com outras exigências, não menos fundamentais, tuteladas por outras categorias jurídicas, tais como a honra, o bom nome e a reputação económica.

O dinamismo histórico-social coloca sempre novos desafios ao saudável equilíbrio entre estas referências axiológicas diversas, mas conciliáveis entre si. Nesta encruzilhada, pode assumir assim um papel particularmente importante a cláusula indeterminada dos bons costumes para fazer face às novas e diversificadas formas de ataque à honra e à reputação económico-social([724]).

---

([723]) Neste contexto, podemos também acentuar as afinidades destas normas com o §193.º do STGB, sobre as quais nos referiremos mais tarde.

([724]) Esta cláusula geral consagrada no §826 do BGB representa um precioso instrumento não apenas para ladear as dificuldades suscitadas pelo estrito figurino de ilicitude delineado pelo §824, como mais genericamente se traduz num mecanismo idóneo para suprir os obstáculos levantados pelo sistema de tipificação do ilícito acolhido no §823.

Na verdade, a delimitação da ilicitude extracontratual adoptada pelo legislador germânico revela-se, não raras vezes, pouco permeável ao reconhecimento de novos comportamentos anti-jurídicos determinados pelas mutações histórico-sociais. Neste contexto, há quem defenda o recurso ao §826 para se conseguir alcançar a tutela do lesado nas hipóteses de ocorrência de danos puramente patrimoniais. Cfr. SALVESTRONI, UMBERTO, *Azione illecita e danno ingiusto*, in Contratto e Impresa, 1993, n..º 1, págs. 261-262. Porém, um

Nomeadamente no sistema jurídico germânico onde não é admitida a responsabilização pela difusão de factos verdadeiros com base no §824.º do B.G.B., o apelo a esta cláusula de sindicância da ilicitude pode revelar--se fundamental para salvaguardar o ordenamento jurídico positivo alemão de algumas fragilidades por si patenteadas([725]). Com efeito, a conclusão acerca da existência da ilicitude funda-se num juízo de desaprovação decorrente da conduta do agente se manifestar contrária à moral social dominante([726]) ("os *boni mores*" da doutrina tradicional).

Não constitui, porém, tarefa fácil a mobilização do critério normativo constante do §826 do B.G.B. para resolver os problemáticos conflitos suscitados entre o crédito e a honra, por um lado, e as concepções da vida (*Lebenswerten*) e outros importantes interesses pessoais relevantes (*Wesentlicher persönlicher interessen*), integradores da liberdade geral da acção e informadores do conteúdo de tais declarações lesivas daqueles bens jurídicos fundamentais, por outro.

Impõe-se, desde logo, uma particular atenção ao concreto *modus faciendi* assumido pelo conflito de interesses emergente na realidade his-

---

tal trajecto não pode ser seguido sem se tomarem em devida consideração os obstáculos suscitados pelas exigências, em matéria de culpa, colocados por esta norma do BGB. Com efeito, a reparação imposta por violação de exigências valorativas e ineliminaveis da consciência jurídica, esbarra-se com a imposição da causação dolosa de danos "*vorsätzlich schaden zufügt*". Consciente de tais dificuldades, os tribunais alemães tendem a inferir de uma conduta particularmente negligente e objectivamente contrária aos bons costumes, a existência de um comportamento doloso do agente.

O recurso a este tipo de ficções revela-se desnecessário num sistema como o nosso(art. 334.º), onde não se faz uma expressa menção ao dolo do agente enquanto condição para o responsabilizar nas hipóteses de violação manifesta das exigências dos bons costumes. Como a este propósito sublinha Sinde Monteiro: "o espaço hermenêutico do art. 334.º, na perspectiva considerada, situar-se-á assim entre a causação de danos, de uma forma ofensiva para os bons costumes, com intenção e com mera culpa". Para uma análise mais desenvolvidas das dificuldades suscitadas à jurisprudência alemã pela formulação legal do §826, em confronto com o sistema mais dúctil consagrado no art. 334.º, a propósito da ressarcibilidade dos danos puramente patrimoniais, cfr. MONTEIRO, J. SINDE, *Responsabilidade por Conselhos..., ob. cit.*, pág. 535 e ss.

([725]) Neste sentido, Cfr. HELLE, ERNEST, *Der schutz der persönlichen..., ob. cit.*, págs. 65-66. O autor salienta a este propósito o importante papel desempenhado pelo abuso do direito na integração das lacunas patenteadas pela regulamentação juscivilística positiva alemã no âmbito da tutela do crédito (*Rufschutz*) e da honra (*ehrenschutz*). O abuso do direito reveste então uma importância capital na defesa da honra e da reputação sócio-económica face aos ataques dirigidos a estes bens jurídicos pela divulgação de factos verdadeiros e de apreciações valorativas.

([726]) A este propósito, *Vide* CORDEIRO, A. MENEZES, *Da Boa-fé no Direito Civil*, II, Coimbra, 1984, pág. 1208 e ss.

tórico-social. Uma vez identificados os particulares interesses conflituantes, cumpre então aferir da sua concreta relevância, para em conformidade poder averiguar se as declarações proferidas se podem considerar como formas abusivas de agressão aos valores da honra e da reputação económico-social.

Com efeito, sopesando a importância dos valores em confronto, poder-se-á chegar à conclusão da existência de uma manifesta desproporção entre a relevância dos valores prosseguidos com a declaração divulgada e os bens da personalidade ou do universo jurídico-mercantil atingidos, claramente atentatória das exigências dos bons costumes.

A violação do princípio da proporcionalidade representa amiúde a chave para identificar as situações subsumíveis no âmbito do §826 do B.G.B., apesar de não ser mencionado *expressis verbis* nesta disposição legal. Na verdade, a concreta verificação da dimensão objectiva do §826 do Código Civil alemão – a violação dos bons costumes –, encontra-se muito frequentemente associada à ocorrência de violações àquele princípio regulativo[727][728]. Todavia, a desproporção poderá não resultar apenas da relativa ponderação do significado dos bens jurídicos em confronto, mas ainda do tipo ou concreta forma de actuação escolhida pelo agente para atingir as suas finalidades. Neste contexto, cumpre fazer intervir aqui um juízo de adequação entre o meio e o fim[729].

---

[727] Acerca da relevância da violação da proporcionalidade como condição da aplicabilidade do §826 do B.G.B. a propósito das situações de exclusão de candidatos a concursos públicos de obras, Cfr. RIESE, CHRISTOPH, *Vergaberecht, ob. cit.*, pág. 280.

[728] Também a propósito do instituto do abuso do direito consagrado no nosso art. 334.º, cumpre destacar a forte influência regulativa desempenhada pelo princípio da proporcionalidade. Através do instituto do abuso do direito pode-se, com efeito, reagir contra condutas que não consubstanciem violação de normas de comportamento, e, *a priori*, não qualificadas como ilícitas, mas susceptíveis de ser consideradas ilegítimas ou substancialmente injustas (o caso do Venire), cfr. FRADA, M. CARNEIRO, *Da inadmissibilidade da recusa de rectificação por venire contra factum proprium, in* Direito, ano 126, III-IV, pág. 681 e ss. Desta feita, o abuso do direito representa um instrumento adequado para prevenir a ocorrência de situações manifestamente injustas. Ora, a determinação da existência de situações de violação manifesta das exigências regulativas mencionadas no art. 334.º encontra-se particularmente dependente da conformação imposta pelos ditâmes regulativos da proporcionalidade. Com efeito, em nome da proporcionalidade e da tutela da liberdade de acção dos particulares, apenas quando as respectivas condutas ultrapassarem de modo excessivo certos referentes valorativos, se poderá convocar o instituto do abuso do direito. Acerca da influência regulativa do princípio da proporcionalidade no âmbito do abuso do direito, cfr. Frada, M. CARNEIRO, *Teoria da Confiança..., ob. cit.,* pág. 860-861 (especialmente nota 963).

[729] Este juízo de adequação apesar de ser tributário de uma racionalidade económica, não deixa de coenvolver uma análise valorativa acerca dos interesses ou bens jurídicos em presença.

Apesar dos interesses prosseguidos com as afirmações divulgadas serem particularmente significativos, a forma como a declaração foi divulgada, tendo em conta nomeadamente o meio escolhido para a transmitir a terceiros, ou o contexto que lhe conferiu publicidade, pode considerar-se manifestamente excessiva e desproporcionada.

Uma tal desproporção([730]) resultante do tipo de meio utilizado tem de revelar-se manifesta ou excessiva para se poder sustentar a aplicabilidade do §826.

Manifesta-se paradigmática neste contexto a decisão do Tribunal federal de 20.3.1954, na qual se consideram violados *"die guten sitten"* em virtude da publicação por um jornalista, num jornal local, de uma notícia verdadeira onde se faz alusão à suspeita do filho de um *"fleischermeisters"* se encontrar atingido pela doença *"Maul – und klauensenche"*. O interesse jornalístico na comunicação do evento não implicava de modo algum um tipo de intervenção tão altamente lesivo para a reputação sócio-económica do visado. Com efeito, a publicação no seio de uma pequena localidade de um artigo onde se faz menção a nomes de pessoas que exercem uma actividade profissional com algum impacto no respectivo meio, traduz-se indiscutivelmente num poderosíssimo instrumento de ataque à credibilidade desse indivíduo. Razão por que o *Bundesgerichtshof* considerou registar-se na hipótese sub-iudice uma clara desproporção entre o meio utilizado e a finalidade com ele visada prosseguir: *"hier war es die unverhältnismäßigkeit des Mittels zu einem au sich zulässigen zweck"*([731])([732]).

---

([730]) O juízo de desproporção entre a relevância dos interesses prosseguidos pelo agente ao proferir as suas declarações e os bens jurídicos fundamentais do bom nome e do crédito por estas atingidos, reveste um carácter fundamentalmente objectivo. Em causa está a apreciação da conduta do agente, tendo em conta a conformidade desta com as exigências fundamentais do ordenamento jurídico.

Ora, como a propósito de um "sistema móvel" de configuração da cláusula de violação dos bons costumes se pronuncia Sinde Monteiro, importa tomar em conta dois elementos fundamentais, um de carácter objectivo e outro subjectivo. Reportando-se, embora, a um problema diferente (a questão da responsabilidade por danos patrimoniais puros), certo é que das suas conclusões se podem inferir ilações genéricas acerca dos critérios norteadores para a mobilização do §826 do BGB e do art. 334.º. Destarte, a questão da desproporção tem de ser tomada necessariamente em conta na dimensão objectiva de conformação destas cláusulas gerais. Cfr. MONTEIRO, J. SINDE, *Responsabilidade por Conselhos...*, ob. cit., pág. 551 e ss.

([731]) VI.ZS. 20.III.1954, *appud* HELLE, ERNST, *Der Schutz der persönlichen ehre...*, ob. cit., pág. 70, (nota 17).

([732]) No mesmo sentido, apesar de não estar em causa a aplicação do §826 do B.G.B., se pronunciou o B.G.H. na decisão de 28.11.1958, *in* B.G.H.Z., 8, 142, relativa à

Referimo-nos até este momento às hipóteses de violação da cláusula geral dos bons costumes consagrada no B.G.B., cujo fundamento se pode encontrar associado ao desrespeito das exigências do princípio da proporcionalidade (*Verhältnismäßigkeitprinzip*). Não se pense, contudo, que o §826 do BGB representa uma fórmula mágica para resolver este tipo de problemas. Ao exigir o dolo do agente com pressuposto para a sua responsabilização, o legislador germânico levanta inúmeras dificuldades para incluir aí as hipóteses de actuação negligente, mesmo quando esta se consubstancie numa negligência grosseira.

Tais dificuldades não teriam sido levantadas se tivesse sido adoptada a formulação sugerida pelo §705 do primeiro projecto do BGB, onde não havia qualquer referência à questão da culpa. De acordo com uma tal proposta apenas se fazia menção à existência de acções, em si mesmas lícitas, em conformidade com a liberdade geral da acção, mas susceptíveis de responsabilizar os respectivos agentes quando as suas condutas se revelassem danosas e ofensivas dos bons costumes (*Als widerrechtlich gilt auch die kraft der allgemeinen freiheit an sich erlaubte handlung, wenn sie einem anderen zum schaden gereicht und ihre vornahme gegen die guten sitten verstoesst*").

Diferente, sob este aspecto, se configura a nossa cláusula do abuso do direito, a qual permite um amplo espaço de discussão hermenêutico acerca do âmbito subjectivo da sua aplicabilidade. Na esteira de Sinde Monteiro, pensamos que basta "a lesão negligente contrária aos bons costumes para gerar responsabilidade, como também, embora a título excepcional, se admitia nos trabalhos preparatórios do nosso Código Civil"[733].

Cumpre agora fazer menção a um outro tipo de condutas particularmente desconformes com as referências ético-jurídicas basilares de qualquer ordenamento civilizado. Queremos reportar-nos aquelas condutas cujo principal móbil se traduz em prejudicar os direitos de outrem[734], não

---

publicação de listas de maus pagadores por uma associação económica que terá atingido o "direito à empresa" de um dos seus associados. Na fundamentação da decisão jurisprudencial, considerou-se que a publicação da lista negra, além de não ser necessária, também não se revelou idónea, no tocante à adequação entre o meio utilizado e o fim atingido, uma vez que seria possível evitar um tão grave impacto na esfera do lesado.

[733] Cfr. MONTEIRO, J. SINDE, *Responsabilidade por conselhos...*, ob. cit., pág. 555. Acerca dos trabalhos preparatórios do Código Civil, SERRA, ADRIANO VAZ, *Abuso do Direito (em matéria de responsabilidade civil)*, in BMJ, ano 85, pág. 335 e ss.

[734] No direito italiano, a teoria dos actos emulativos obteve mesmo expressa consagração legal no art. 833.º do Codice Civile. Não admira assim a atenção especial dedicada pela doutrina italiana a esta matéria. Como sugestivamente refere Roberto Calvo, o art.

se vislumbrando um interesse justificativo na actuação do agente. Razão por que Vaz Serra considera que o universo dos actos *ad aemulationem* se deve integrar no domínio do abuso do direito subjectivo([735]). Apesar de o nosso texto legal não restringir o âmbito do abuso do direito aos actos emulativos, certo é que a integração destes comportamentos na cláusula geral do art. 334.º, não pode suscitar quaisquer dúvidas([736]).

Como nos ensina Orlando de Carvalho a propósito do instituto do abuso do direito, "sem a existência de um interesse a intervenção da jurisgenia da pessoa e, consequentemente, do direito subjectivo, fica privada de sentido, e, por isso, de relevância"([737]). Considerando existir uma ilegitimação radical no exercício do direito subjectivo quando estejam em causa este tipo de situações, o autor chama todavia a atenção para a necessidade de definir cuidadosa e previamente o mencionado pressuposto **da falta de interesse**.

Apesar do interesse concreto do titular do direito subjectivo constituir o verdadeiro *movens* do poder de autodeterminação jurisgénico do indivíduo, não é possível, no entanto, tomar apenas em conta a avaliação subjectiva do agente a propósito da sua existência. Importa então averiguar se o exercício do direito comporta objectivamente alguma vantagem para o seu titular. Podemos concluir nesse sentido, quando o exercício do direito represente para o respectivo titular a única forma de evitar um prejuízo([738]).

---

833.º exprime no universo "*degli iura in re*" a ampla proibição do abuso do direito, CALVO, ROBERTO, *Giurisdizione di equitá e gerarchie assiologiche*, in Contratto e Impresa, 2005, n.º 1, pág. 142. Ainda a propósito dos actos emulativos cfr. MAZONI, C., *Atti emulativi, utilitá sociale e abuso del diritto*, in Riv. Dir. Civ., 1969, pág. 601 e ss., PIRAINO, FABRIZIO, *Diritti nazionali...*, ob. cit., pág. 733.

([735]) Debruçando-se pormenorizadamente sobre a admissibilidade da concepção subjectiva do abuso do direito no direito romano através da proibição dos actos emulativos, o autor conclui pela estranheidade desta perspectiva, quer no direito romano clássico, quer no direito justinianeu, cfr. SERRA, ADRIANO VAZ, *Os actos emulativos no direito romano*, in BFD, ano X, 1929, pág. 529 e ss. Porém, Santos Justo considera que os glosadores e comentadores elaboraram a doutrina dos actos de emulação com base nas fontes romanas, cfr. JUSTO, A. SANTOS, *Direito Privado Romano I, Parte Geral (Introdução. Relação Jurídica. Defesa dos Direitos)*, in Stvdia Ivridica 50, Coimbra, 2000, pág. 50 (especialmente nota 193).

([736]) A este propósito, cfr. CORREIA, A. FERRER /XAVIER, VASCO LOBO, *Efeito externo...*, ob. cit., pág. 9 (nota 11), "é claro que com mais forte razão será de julgar abusivo o comportamento do terceiro quando seja inspirado tão-somente pelo propósito de prejudicar outrem...".

([737]) Neste sentido, Cfr. CARVALHO, ORLANDO, *Teoria Geral do Direito Civil...*, ob. cit., pág. 63.

([738]) Orlando de Carvalho refere-se a este propósito à "exigência de dívida, resolução de um contrato comutativo por inadimplemento do co-contratante, invocação da prescrição,

Mesmo quando o titular do direito afirme não retirar qualquer vantagem desta situação, alegando apenas ter o propósito de atingir os interesses de outrem, fundamental é ter em conta os parâmetros objectivos decorrentes das regras jurídico-positivas.

Distintas se apresentam as hipóteses onde o exercício dos direitos subjectivos apesar de poder coenvolver **em abstracto** um interesse para o respectivo titular, não satisfaz **em concreto** qualquer pretensão desse sujeito. Neste contexto, parece-nos sugestivo o exemplo avançado por Orlando de Carvalho "do caso de um direito legal de preferência que, *de per si*, é abstractamente vantajoso, mas que pode ser exercido pelo preferente só para se excluir um preferente convencional (não, v.g., pelo interesse em adquirir o objecto, mas pura e simplesmente para que outrem não o adquira)"([739]).

Ora, quando assim sucede, o agente não tem como móbil da sua conduta a satisfação de um interesse próprio, mas tão só o objectivo de prejudicar outrem. Configurando-se o interesse efectivo do titular do direito como um traço essencialmente caracterizador do poder de autodeterminação dos indivíduos, e exigindo-se a sua concreta verificação no exercício dos direitos subjectivos, estas situações onde reina apenas um "intuito emulativo" têm de enquadrar-se no âmbito do instituto do abuso do direito ([740]).

No ordenamento jurídico alemão, não se consagrou uma proibição geral do abuso, tal como sucede no nosso Código Civil (art. 334.º). O abuso do direito foi consagrado na parte geral (§226) do BGB a propósito da proibição da chicana. Como sublinha Sinde Monteiro, na senda de Teichmann, "Só a estreiteza da formulação do abuso no §226 provocou a «emigração» do tratamento científico da matéria, daquele para o §826 e daí para o §242([741]). Com efeito, ao proscrever-se no §226 do BGB "o exercício de um direito manifesta-se inadmissível quando só possa ter o escopo de provocar danos a outrem"([742]), acabou por circunscrever-se o instituto do abuso do direito ao universo dos actos emulativos. Razão por que, este

---

acção de reivindicação, acção possessória, edificação em prédio exclusivamente destinado a esse fim, etc., etc...", quando o exercício de tais poderes constitua o "único modo possível de não se produzir em concreto um empobrecimento ou um encargo para a pessoa". Cfr. CARVALHO, ORLANDO DE, *Teoria Geral...*, ob. cit., pág. 64.

([739]) Cfr. CARVALHO, ORLANDO DE, *Teoria Geral...*, ob. cit., pág. 64.

([740]) Neste sentido, Cfr. CARVALHO, ORLANDO DE, *Teoria Geral* ..., ob. cit., pág. 64.

([741]) Cfr. MONTEIRO, J. SINDE, *Responsabilidade por conselhos...*, ob. cit., pág. 541.

([742]) Mais ampla, por não estar apenas circunscrita à proibição da chicana, nos parece ser a formulação do § 1295 II do Código Civil Geral austríaco.

preceito acabou por ter uma reduzida aplicação ao longo de mais de um século de vigência da lei civil alemã.

Assim sendo, a convocação do §826 do Código Civil alemão pode revelar-se particularmente útil para oferecer soluções jurídicas adequadas nos casos de divulgação de afirmações de facto verdadeiras, desprovidas de um interesse concreto do agente, mas particularmente lesivas dos bens jurídicos de honra e de reputação sócio-económica de outrem([743]). Porém, e como já atrás deixámos mencionado, o número de situações susceptíveis de ser abrangido por tal preceito, revela-se particularmente limitado.

### 1.3. A verdade como causa de exclusão do ilícito previsto no §824 do B.G.B.

Como deixámos referido, o desrespeito da verdade constitui a pedra de toque do regime delineado no §824 do B.G.B. Pressuposto fundamental para se afirmar o ilícito especialmente previsto neste preceito do Código Civil alemão é precisamente a falta de verdade das afirmações de facto (*"unwahrer tatsbehauptungen"*).

Não se referindo *expressis verbis* o preceito em análise ao grau de culpa exigido ao agente para o responsabilizar, poderemos legitimamente interrogar-nos se será indiferente indagar acerca do tipo de censura dirigida ao agente quando transmite afirmações de factos a terceiros.

Uma resposta a esta questão implica uma inevitável referência ao preceito básico do B.G.B.(I §823) em matéria de responsabilidade civil delitual (*unerlaubte handlungen*). Logo na parte inicial desta norma se pode ler: *"wer vorsätzlich oder fahrlässig..."*([744]), responsabilizando-se então o agente quer quando a sua conduta seja mais ou menos reprovável do ponto de vista subjectivo.

---

([743]) Neste sentido se inclina Ernst Helle, procedendo a uma minuciosa análise de arestos judiciais onde se faz igualmente apelo ao §826 como cláusula residual e integradora de algumas lacunas no âmbito da tutela dos bens jurídicos da honra e do crédito. Uma tal conclusão resulta confirmada na apreciação levada a cabo pelo autor no capítulo 20 (*"Bloßstelllung und herabstzung §826 BGB"*) a propósito das questões judiciais por si identificadas como alíneas a), b), d), f), h) e i). Vide, HELLE, ERNST, *Der Schutz der persönlichen ehre...*, ob. cit., págs. 65-75.

([744]) Uma idêntica formulação encontramos vertida no preceito da legislação portuguesa dedicado a esta matéria. Também no art. 483.º n.º 1 se pode ler algo semelhante: "Aquele que, com dolo ou mera culpa..."

Sendo este o regime regra quanto ao pressuposto da culpa, cumpre indagar se existem razões justificativas para admitir derrogações neste particular domínio do *Kreditgefährdung*.

Não nos parece razoável considerar as declarações dolosas como a única categoria idónea para provocar violações ao crédito e às possibilidades aquisitivas de outrem. Independentemente do grau de censurabilidade associado à conduta do declarante, a difusão de factos contrários à verdade representa, do ponto de vista objectivo, um perigoso instrumento de ataque aos bens jurídicos protegidos no §824 do B.G.B.

Desta feita, apesar de o legislador germânico não reproduzir neste contexto a fórmula em matéria de culpa contida no I §823 do B.G.B., devemos considerar o regime geral aí definido. Aliás, como iremos referir, a formulação do preceito relativo ao *Kreditgefährdung* fornece indicações nesse sentido.

Para além disso, não teria qualquer cabimento restringir a responsabilidade do declarante às hipóteses de actuação dolosa([745]), pois o problema nuclear desta disposição legislativa centra-se na delimitação do ilícito.

Basta então que o desconhecimento pelo declarante da falta de correspondência com a realidade das suas declarações se fique a dever à inobservância dos níveis de diligência medianamente exigíveis pelo ordenamento jurídico([746]), para se poder afirmar a obrigação de indemnizar

---

([745]) Neste sentido, considerando ser apenas necessária a negligência do agente quanto ao desconhecimento da falsidade das suas declarações e circunscrevendo a aplicação do II §824 do B.G.B. às hipóteses de negligência, Cfr. PALANDT, *Bügerliches gesetzbuch...*, ob. cit., 1277, WAGNER, GERHARD, anotação ao §824 do B.G.B., *in* Münchener Kommentar..., ob. cit., pág. 1875-1876, e 1881.

([746]) *Vide*, neste sentido, a decisão do B.G.H. de 5.3.1963 – VI ZR 61/62 (Düsseldorf). Em causa estava uma hipótese de divulgação de declarações falsas e lesivas da honra do visado por uma notícia jornalística. Os redactores do artigo eram jornalistas com pouca experiência, e não indagaram devidamente da veracidade das fontes informativas (*informationsquelle*).

Não se abstiveram, no entanto, de publicar uma notícia onde consideraram o antigo administrador de uma associação federal como a figura chave de um grupo de ladrões e receptadores. Para além disso, os elementos integrantes do conteúdo da notícia (nome, apelidos, morada da pessoa suspeita), permitiam, no círculo onde o visado exerceu a sua actividade profissional, bem como na esfera dos respectivos conhecimentos pessoais, uma imediata associação da sua pessoa à prática de actividades criminosas. Neste contexto, o O.L.G. qualificou a conduta de quem escreveu o artigo como culposa. No entendimento desta instância judicial, os jornalistas deviam ter adoptado todas as medidas necessárias para evitar a publicação de notícias cujo conteúdo, não devidamente comprovado, acabaram por atingir indelevelmente a esfera pessoal de outrem. Cfr, neste sentido, B.G.H. urt. v. 5.3.1963 – VI ZR 61/62 (Düsseldorf), *in* N.J.W., 1963, pág. 904.

fundada no §824 do B.G.B. Aliás, uma tal conclusão surge suportada pela própria letra da lei, na parte final do I do §824 ao preceituar *"wenn er die unwarheit zwar nicht kennt, aber kennen muß"*.

Ora, a censurabilidade dos comportamentos decorrente da inobservância dos deveres de diligência integra-se nos quadros conceituais da negligência[747]. Uma análise teleológica do preceito alemão dedicado ao *kreditgefährdung*, permite-nos concluir não apenas que a negligência constitui uma modalidade da culpa suficiente para responsabilizar o agente neste contexto[748], como ainda lhe é reservado um tratamento particular no tocante ao problema da exclusão da responsabilidade civil do declarante.

No sistema germânico, dá-se acolhimento à comummente designada *"exceptio veritatis"*. Apesar do legislador não se referir expressamente no §824 a esta causa de exclusão, a sua admissibilidade resulta imediatamente dos clássicos resultados interpretativos baseados na natureza deste preceito[749].

Na verdade, este ilícito representa inequivocamente uma limitação significativa ao valor da liberdade de expressão. Todavia, o legislador con-

---

Apesar de não se fazer nesta decisão jurisdicional um apelo ao §824 do B.G.B., enquadrando-se antes a questão no âmbito das lesões de honra (*"beeinträchtigung der ehre"*) cujo fundamento positivo se encontra no §823, abs. 1, a questão nuclear da apreciação do grau de culpa do agente revelou-se nuclear, uma vez que estava em causa uma hipótese de compensação por danos não patrimoniais, e nestas situações o B.G.H. apenas tem concedido um tal direito ao lesado quando se verifique uma conduta dolosa do agente (*Herrenreiter-fall* e *Ginseng-fall*). Cumpre ainda mencionar, a referência do aresto judicial ao §831, com vista a responsabilizar também os editores incumbidos de organizar a publicação do jornal. No mesmo sentido, cfr. DEUTSCH, ERWIN, anotação à decisão do BGH..., *ob. cit.*, págs. 95-96.

[747] Neste particular domínio, a negligência do declarante afirma-se tão somente nestas hipóteses de desconhecimento da falsidade. Com efeito, relativamente às declarações **consabidamente falsas,** o declarante tem necessária consciência da *unwahrheit* das afirmações e, como tal, representa o resultado ilícito como uma consequência necessária da sua conduta. Como anteriormente já deixámos mencionado, a falsidade constitui sempre uma circunstância idónea para produzir agressões à reputação social de outrem. Assim sendo, quando estejam em causa declarações notoriamente falsas no âmbito do ilícito ao bom nome e ao crédito não parece haver espaço para afirmação do dolo eventual e da negligência, pois não poderá aceitar-se a relevância do erro acerca da falsidade das declarações, uma vez que esta é manifesta.

[748] Aliás, como já atrás fizemos referência, uma tal conclusão resulta, desde logo, de uma mera análise literal da lei.

[749] Acerca da relevância da *exceptio veritatis* no ordenamento jurídico germânico, cfr. LEIPOLD, DIETER, *Zur Beweislast beim Schutz der Ehre und des Persönlichkeitsrechts, in Beiträge zum Schutz der Persönlichkeit und ihrer Schöpferischen Leistung, Festschrift für Heinrich Hubmann,* Frankfurt am Main, 1985, pág. 271 e ss.

dicionou as restrições aos poderes fundados naquele valor fundamental, ao admiti-las tão somente quando se verifiquem determinados pressupostos.

O modelo germânico, além de estatuir a responsabilidade do declarante apenas no universo das afirmações de facto, restringe ainda este ilícito aquele núcleo mais restrito de declarações contrárias à verdade.

Trata-se, no fundo, de uma norma com carácter excepcional, fundamentalmente dirigida a reprimir o exercício abusivo das faculdades filiadas na liberdade de expressão de molde a proteger o **crédito** e as **possibilidades aquisitivas** enquanto bens em relação aos quais o ordenamento jurídico também reconhece uma particular dignidade.

Contendo o §824 do B.G.B. uma solução excepcional para as afirmações de factos falsos, somos obviamente forçados a admitir que o critério a reconhecer como regra deve ser precisamente o contrário([750]). Desta feita, não é possível no contexto do ilícito delineado neste preceito do Código Civil alemão, responsabilizar o agente pela divulgação de factos verdadeiros([751]).

Ao acolher com tão grande amplitude a *"exceptio veritatis"*, o legislador alemão manifestou-se muito sensível à necessidade de tutela dos interesses e poderes coenvolvidos no valor fundamental da liberdade de expressão. Estando em causa factos verdadeiros, presume-se([752]) ser particularmente importante para o funcionamento do mercado a divulgação das informações a este respeitante (quer se considerem os interesses dos empresários, quer aqueloutros dos consumidores).

---

([750]) Uma tal conclusão alcança-se facilmente no quadro dos resultados tradicionais da interpretação jurídica. Cumpre destacar, de um modo particular os cânones da interpretação enunciativa, de acordo com os quais é através do emprego de argumentos de carácter lógico que se descortinam os critérios de resolução dos problemas histórico-sociais contidos nas normas jurídicas. Com efeito, o argumento *a contrario sensu* constitui um raciocínio apenas válido no âmbito das normas excepcionais, logrando assim perfeita aplicabilidade a propósito da determinação do sentido do §824 do B.G.B.

Para além deste, a interpretação enunciativa socorre-se ainda doutros significativos argumentos lógicos, tais como: *ad maiori ad minus, ad minori ad maius,* por maioria de razão... Para uma análise mais desenvolvida da interpretação enunciativa, Cfr. NEVES, A. CASTANHEIRA, *Interpretação Jurídica, Digesta,* vol. II, Coimbra, 1995, pág. 367.

([751]) Como já deixámos mencionado, a responsabilidade pela publicação de declarações verdadeiras pode, porém, encontrar na UWG, ou no §826 do B.G.B. a sua base de fundamentação.

([752]) Presunção *iure et de iure,* na medida em que uma vez provada a verdade das suas afirmações não se torna possível formular um juízo de ilicitude em torno da actuação do declarante.

Para além disso, e com a mesma preocupação de proteger a liberdade de circulação de informações no mundo das relações jurídico-mercantis, o II §824 admite ainda a exclusão da ilicitude prevista nesta norma nas hipóteses em que o agente não tenha conhecimento da falsidade das declarações devido à sua conduta negligente.

Na verdade, as afirmações falsas negligentes do declarante são equiparadas às verdadeiras quando se verifique **um interesse legítimo**, seja da parte de quem emite a declaração, seja dos respectivos destinatários, na divulgação das informações.

Uma tal equiparação não se afirma automaticamente, exigindo-se o apuramento da existência de um interesse legítimo na transmissão daquele tipo de factos para aquela poder ter lugar. Ora, nem sempre se revela tarefa fácil determinar concretamente a legitimidade da divulgação([753]).

---

([753]) Veja-se a este propósito a decisão do B.G.H. de 3.12.1985. Discutiu-se aí se a publicação dos resultados de um estudo comparativo de preços de mercadorias determinou a violação do §824 do B.G.B. Com efeito, a publicação de Julho de 1982 da *Stiftung Warentest* não apurou devidamente da pertinência da inclusão de certas empresas num determinado grupo aquando da divulgação da lista de preços praticados na comercialização de certos produtos. Desta feita, o Tribunal considerou ter-se registado uma violação do dever de cuidado por parte da redactora, na medida em que esta se absteve de indagar devidamente da situação das várias empresas no tocante às condições de comercialização de certos produtos. Impunha-se, na verdade, uma prévia indagação acerca dos elementos comuns detectáveis na actuação das várias empresas, a fim de as poder integrar num determinado grupo. Cfr. B.G.B., v. 3.12., 1985-VI zr 160/84 (*Zweibrücken*), *in* N.W.J., 1986, pág. 982. Assim sendo, apesar de o declarante não ter conhecimento da falta de veracidade das afirmações, este não lhe ia deixar de ser exigido.

Uma outra questão prendia-se com o problema da aplicabilidade ao caso da exclusão prevista no §824 II. Não obstante se poder descortinar um interesse público na publicação dos estudos comparativos dos preços, o tribunal não o considerou suficiente para afastar o ilícito do *kreditgefährdung*. Com efeito, na liberdade de circulação das informações não se pode atender unicamente à posição de quem as divulga, mas ainda aos interesses dos respectivos destinatários.

Ora, a principal preocupação deste círculo de pessoas reside em obter informações correctas acerca dos preços dos bens. Não podemos ignorar que os destinatários dos *Warentests* são fundamentalmente os consumidores. Assim sendo, apenas a exactidão dos dados fornecidos nas listas comparativas de preços, permite orientar devidamente as escolhas dos adquirentes no âmbito de um mercado indelevelmente marcado por preocupações consumistas. Desta feita, a exigência de um particular cuidado na recolha das informações em ordem a elaborar com exactidão os resultados dos *Warentests*, não se pode considerar uma exigência desproporcionada. Cfr. B.G.H., urt v. 3.12.1985 ..., *ob. cit.*, pág. 982.

Apenas quando se alcança uma tutela simultânea desta multiplicidade de interesses, podemos afirmar a existência de um interesse legítimo na difusão ou na recepção das informações contidas nos exames comparativos dos preços dos bens.

Cumpre, no entanto, voltar a sublinhar que o Código Civil alemão apenas permite este tratamento de excepção quando o grau de culpa da conduta do declarante se revele diminuto. O regime jurídico estatuído no §824 do B.G.B. revela um amplo acolhimento da *exceptio veritatis*. Uma tal opção permite-nos concluir ter sido propósito do legislador germânico reforçar a protecção conferida ao valor fundamental da liberdade de expressão, o qual se revela particularmente importante no âmbito das relações jurídico-económicas.

Como deixámos já atrás referido, a previsão legislativa do *abs* II §824, situa-se numa linha de orientação particularmente preocupada com a tutela daquele *Rahmenrecht*. Estas conclusões não nos permitem considerar que o modelo germânico delineado a propósito do *kreditgefährdrund* descure a defesa do bem jurídico da reputação sócio-económica dos sujeitos atingidos pelas afirmações de facto.

Com efeito, o **crédito** e as possibilidade aquisitivas constituem referências axiológicas igualmente incluídas no âmbito da hipótese normativa do §824 do B.G.B., dispensando-lhes a lei alemã uma protecção significativa. Como teremos ocasião de referir, a reputação sócio-económica das pessoas individuais e colectivas encontra neste sistema jurídico uma tutela mais generosa, se tivermos em conta outros ordenamentos como o português, onde idêntica protecção também é assegurada.

Para terminar este elenco de breves conclusões, cumpre lembrar que esta norma não representa o único e exclusivo modo de garantir a defesa destes bens jurídicos. Impõe-se, na verdade, tomar em conta outras disposições da ordem jurídica germânica onde se possa encontrar uma protecção aquiliana do crédito, capaz de suprir alguns espaços de regulamentação deixados em aberto pelo §824. Estamos a reportar-nos, como de resto já fizemos atrás, à UWG e ao §826 do B.G.B., funcionando esta cláusula geral como uma última *ratio* de sindicância da ilicitude.

### 1.4. O papel da verdade na conformação do ilícito ao crédito e ao bom nome

Apesar da norma dedicada ao ilícito ao bom nome e ao crédito se inspirar basicamente no §824 do B.G.B., não deixam de se registar algumas diferenças significativas na formulação destes preceitos legislativos. Ora, uma das divergências traduz-se precisamente no papel atribuído ao valor da verdade no âmbito da delimitação do ilícito. Diversamente da legislação alemã, o Código Civil Português não exige para responsabilizar o agente pela divulgação de factos a *unwarheit*.

Com efeito, o legislador português refere-se apenas genericamente à afirmação ou difusão de factos, sem qualquer outra especificação. Não fornecendo a letra da lei qualquer indicação precisa quanto à admissibilidade da *exceptio veritatis*, este problema é deixado em aberto. Esta omissão legislativa confere assim legitimidade às diversas propostas avançadas para resolver esta *vexata quaestio*.

Tanto a aceitação da relevância da verdade como causa de exclusão da ilicitude definida no art. 484.º, quanto a negação da eficácia à *exceptio veritatis*, constituem soluções dogmaticamente sustentáveis([754]). De igual modo, a jurisprudência pode legitimamente inspirar-se por um ou por outro critério para decidir os concretos litígios submetidos à sua apreciação([755]).

Cumpre ainda neste contexto, chamar a atenção para a emergência de posições doutrinais intermédias fundamentalmente caracterizadas pela circunstância de resolverem a questão da *exceptio veritatis* a partir da análise e consideração cruzada ou conjunta do problema da verdade, com outros aspectos relevantes, como sejam a prossecução de interesses legítimos([756]) e a culpa([757]).

---

([754]) Basta atentar na divergência entre o pensamento de Antunes Varela e de Pessoa Jorge acerca desta matéria para constatarmos a viabilidade dogmática de qualquer das soluções defendidas pelos autores. Com efeito, enquanto Antunes Varela não admite a relevância da *exceptio veritatis*, Pessoa Jorge considera a verdade dos factos divulgados pelo declarante como causa de exclusão da ilicitude prevista no art. 484.º. Cfr., a este propósito, VARELA, J. ANTUNES, *Das Obrigações em Geral I, ..., ob. cit.*, págs. 548-549 (especialmente nota 2 da pág. 548), VARELA, ANTUNES e LIMA, PIRES DE, (Com a colaboração de M. Henrique Mesquita), *Código Civil Anotado, vol. I,* 4.ª ed., rev. e act.., Coimbra, 1987, pág. 486. Na mesma linha de orientação se situa Almeida Costa ao considerar que "a regra consiste na irrelevância da veracidade ou falsidade do facto...". Porém, o autor acaba por admitir a relevância da *exceptio*, "sempre que esteja em causa a prossecução de interesses legítimos", *Direito das Obrigações..., ob. cit,* pág. 564. De igual modo se pronuncia Menezes Cordeiro, ao considerar que em abstracto se deve admitir a responsabilização por factos verdadeiros. De acordo com o autor, as soluções para esta questão devem ser encontradas no âmbito das regras gerais de imputação delitual, cfr., CORDEIRO, A. MENEZES, *Direito das Obrigações, vol. II,* Lisboa, 1994, págs. 349-350. Para a análise da posição de Pessoa Jorge, cfr. JORGE, F. PESSOA, *Ensaio sobre os pressupostos...,ob. cit.,* pág. 310.

([755]) No sentido de negar eficácia à *exceptio veritatis* no âmbito do art. 484.º, Cfr., Acórdão da Relação de Lisboa de 21-05-1987, *in* Colectânea de Jurisprudência, XII, 3, pág. 88, e muito recentemente, o acórdão do Supremo Tribunal de Justiça de 8/03/2007, *cit.*, pág. 22 de 30.

([756]) Nesta linha de orientação se situa Menezes Leitão, ao distinguir as hipóteses em que à divulgação de factos verdadeiros corresponde a prossecução de interesses públicos, daqueloutras onde se regista uma ausência de interesses legítimos na difusão de tal tipo de factos. Enquanto no primeiro grupo de casos, o autor admite a relevância da *exceptio*

No entanto, a opção por uma das posições em confronto não se pode considerar irrelevante. Desde logo, do ponto de vista das consequências jurídicas, não é indiferente aceitar ou negar a relevância da *exceptio veritatis*. Com efeito, poderá estar em causa a responsabilização do agente ou a sua exoneração, consoante repudiarmos ou aderirmos à mencionada causa de exclusão. Não dispiciendas se revelam também as consequências, em termos probatórios, da adopção de uma ou outra das perspectivas em confronto.

Para além disso, e como questão prévia condicionante destes problemas de regime jurídico, cumpre destacar a diversidade teleológica na delimitação do próprio ilícito ao bom nome e ao crédito inerente às duas perspectivas atrás mencionadas. Por este motivo, consideramos imperioso proceder a uma análise cuidada da razão de ser da norma, com vista a determinar o núcleo essencial dos problemas suscitados em torno deste ilícito, e compreender a teia de interesses e valores aí coenvolvidos.

Neste contexto, e como já insistentemente temos referido, confluem exigências axiológicas antinómicas, mas conciliáveis entre si. Referimo-nos ao valor da liberdade de expressão, por um lado, e aos bens jurídicos do bom nome e do crédito, por outro. Cumpre então averiguar qual a influência desempenhada pela *exceptio veritatis* enquanto instrumento de valorização dos valores jurídicos em confronto.

Sob este aspecto, somos forçados a reconhecer que a exclusão da ilicitude pela circunstância do agente ter divulgado factos verdadeiros constitui uma medida manifestamente mais consentânea com as exigências axiológicas implicadas no valor fundamental da liberdade de expressão ([758]).

---

*veritatis* (ex.: divulgação acerca da má administração de negócios públicos), no segundo núcleo de hipóteses, Menezes Leitão exclui claramente a admissibilidade da procedência desta excepção (ex.: "alguém divulgar a quantidade de operações plásticas a que um cantor se submeteu"). Cfr. LEITÃO, L. MENEZES, *Direito das Obrigações..., ob. cit.*, pág. 300. Cumpre referir, que as conclusões do autor, levaram em particular linha de conta a relevância conferida à *exceptio veritatis* no âmbito dos tipo legais de crime previstos nos arts. 180.º, 181.º, 187.º e 192.º, al. d) do Código Penal (LEITÃO, L. MENEZES, *ob. ant. cit.,* pág. 209.).

([757]) Neste sentido se pronuncia Ribeiro de Faria ao defender, *de iure condendo*, a responsabilização por factos verdadeiros apenas nas hipóteses em que a conduta do agente seja dolosa. Porém, em face da omissão legal sobre a matéria, o autor prefere "reduzir a dimensão da matéria ilícita, e isso para não resultar chocante o uso para toda a natureza de factos (verídicos ou inverídicos) da simples negligência", cfr. FARIA, J. RIBEIRO, *Direito das Obrigações, vol. I.,* Coimbra, 2003, pág. 434.

([758]) Neste sentido se inclina Pessoa Jorge, ao considerar que a não aceitação da *exceptio veritatis* levaria a reputar como ilícita a actividade das agências de informações comerciais. Cfr., JORGE, F. PESSOA, *Ensaio sobre os pressupostos..., ob. cit.,* pág. 310. Um

Aliás, uma tal solução pode ser vista como o meio necessário para este *Rahmenrecht* recuperar algum espaço que regulativamente lhe foi retirado com a impreterível necessidade de responsabilizar o agente pela divulgação de factos falsos. Na verdade, a sancionabilidade da *unwarheit* representa, desde logo, um exercício de concordância prática com o objectivo de permitir a concreta realização de exigências regulativas contrastantes com a liberdade de expressão.

Assim sendo, admitir a restrição deste valor fundamental para além do estritamente necessário pode revelar-se bastante prejudicial à possível e indispensável conformação da sociedade pelas suas imposições normativas([759]).

Ora, aceitando-se a responsabilização do agente quando este transmite factos verdadeiros corre-se o risco de se estar a comprimir excessivamente um espaço naturalmente deixado à livre expressão do pensamento.

Ao invés, a opção pelo não acolhimento da *exceptio veritatis* favorece mais a tutela dos bens jurídicos ligados à reputação sócio-económica das pessoas. Uma tal perspectiva considera ser possível descortinar também nos factos verdadeiros uma potencialidade ofensiva do prestígio desfrutado pelos indivíduos num determinado meio social. Melhor dizendo, os factos apesar de corresponderem à verdade, podem, tendo em conta as condições e a forma da sua divulgação, configurar-se tão deformadores dos bens jurídicos da personalidade quanto aquela factualidade, por si mesma, inexacta ou falsa.

Poder-se-á objectar, considerando não ser necessário estabelecer tais entorses ao valor da liberdade de expressão, porquanto mesmo quando se admita a *exceptio veritatis*, sempre se encontram no âmbito dos sistemas jurídicos mecanismos adequados para proteger a reputação dos ataques desferidos pelos factos verdadeiros. Todavia, uma coisa é encontrar o fundamento para a responsabilização do agente através do recurso a mecanismos excepcionais provavelmente acantonados em contextos sistemáticos diversos, outra bem distinta consiste em alcançar a reparação das ofensas ao bom nome e ao crédito no quadro do respectivo ilícito.

Esta última possibilidade permitirá com certeza uma tutela mais eficaz de tais valores, desde logo, por facultar uma maior simplicidade na

---

tal argumento é contrariado por Antunes Varela, por entender que estando as agências autorizadas a funcionar "as informações que prestem vêm a corresponder ao exercício de um direito ou ao cumprimento de um dever contratual – o que basta para excluir a ilicitude da sua conduta. Cfr., VARELA, J. ANTUNES, *Das Obrigações... I, ob. cit.,* pág. 548 (nota 2).

([759]) Em contrapartida, uma tal posição envolverá um maior sacrifício dos valores da reputação sócio-económica das pessoas.

determinação do ilícito. Apesar de a responsabilização do agente pela divulgação de factos verdadeiros não se poder considerar automática([760]) quando se siga esta via, a admissibilidade da sua existência revelar-se-á mais simples pela circunstância de o legislador a propósito da tutela específica dos bens do crédito e do bom nome não ter excluído a possibilidade de aquele tipo de afirmações serem *Tatbestand* da responsabilidade.

Com efeito, fora deste âmbito, as declarações de facto verdadeiras apenas poderão servir de base à afirmação da responsabilidade do agente, se para além de tais características simultaneamente se enquadrarem dentro das exigências próprias das demais áreas onde emerge uma tal obrigação de indemnizar, quer estas digam respeito ao sector da concorrência, ou a domínios mais amplos como o dos bons costumes (*gutten sitten*), por via do abuso do direito. Desta feita, impõe-se a observância de requisitos adicionais, cuja determinação nem sempre se revela fácil.

### 1.4.1. Os trabalhos preparatórios e a *vexata qœstio* da *exceptio veritatis*

Ora, é precisamente sob o pano de fundo das exigências valorativas subjacentes ao preceito do Código Civil dedicado ao ilícito ao bom nome e ao crédito atrás mencionadas, que devemos tomar posição acerca do problema da relevância da *exceptio veritatis*. Antes porém de pôr termo a esta polémica, cumpre averiguar se o elemento histórico da interpretação não oferecerá também um apoio significativo para o seu esclarecimento. Apesar de, por regra, este elemento do espírito da lei não fornecer por si só, um critério interpretativo decisivo, não deixa, no entanto, de poder proporcionar importantes auxílios para a determinação do sentido das normas legais.

Assim sucede precisamente a propósito do art. 484.º, onde se torna bastante útil a análise dos articulados propostos no anteprojecto de Vaz Serra nos trabalhos preparatórios, e as alterações aí introduzidas pela 1.ª, e sobretudo pela 2.ª revisão ministerial. Aliás, os trabalhos preparatórios

---

([760]) Com efeito, cumpre averiguar se as afirmações verdadeiras se podem considerar também idóneas para atingir o bom nome e o crédito de outrem. No tocante às declarações consabidamente falsas não se suscitam quaisquer dúvidas, sendo possível concluir imediatamente pela existência de responsabilidade a cargo do declarante, uma vez estas se relacionem com a esfera da actividade económico-social das pessoas visadas pelas afirmações.

Ora, em relação ao primeiro tipo de factos, não é possível concluir no mesmo sentido, salvo quando o contexto e as circunstâncias especiais que rodeiam a sua divulgação permitam também visualizar a existência de uma concreta violação daqueles valores jurídicos fundamentais. Todavia, uma tal conclusão implica uma mediação valorativa, da qual se exclui necessariamente o seu carácter automático.

têm sido amiúde invocados como base de fundamentação de propostas dogmáticas e decisões judiciais neste contexto proferidas, por vezes, até como iremos observar, nem sempre com fidedignidade.

Debrucemo-nos então sobre a proposta avançada pelo eminente professor para discussão nos trabalhos preparatórios do Código Civil. No art. 733.º, n.º 3, propugnava o autor o seguinte: "Quem, **contra a verdade**, afirma ou difunde um facto..." ([761]).

Encontravamo-nos então perante uma redacção muito próxima da colhida no §824 do B.G.B.([762]). Porém, o texto do anteprojecto Vaz Serra sofreu logo na primeira revisão ministerial algumas alterações quanto ao papel desempenhado pelo **carácter não verídico** das declarações proferidas na delimitação do ilícito ao bom nome e ao crédito. Ao contrário de quanto se estatuía expressamente no anteprojecto, o art. 463.º da revisão ministerial de 1962 não atribuía à falsidade das afirmações de facto difundidas a qualidade de pressuposto ou atributo indispensável para a aplicação desta norma.

Com efeito, o texto entretanto proposto suprimiu a referência inicial contida no anterior trabalho preparatório "quem, contra a verdade ...", passando pura e simplesmente a referir-se à afirmação ou difusão de factos susceptíveis de pôr em perigo o crédito ou o bom nome.

---

([761]) O negrito é nosso.

([762]) Aliás, uma tal proximidade manifesta-se ainda a propósito de outras questões igualmente importantes versadas no articulado proposto por Vaz Serra. Assim, e no tocante à delimitação dos bens jurídicos abrangidos no âmbito da reputação sócio-económica aí tutelada faz-se menção não apenas ao "crédito de outrem", como também "aos prejuízos à sua aquisição ou prosperidade".

No fundo, uma fórmula próxima da contida no §824 do B.G.B.: "*der kredit zu gefährden oder sonstige nachteile für dessen erwerb oder fortkommem herbeizuführen...*". De igual modo, censurava-se, à semelhança do B.G.B., o desconhecimento da *unwarheit* dos factos divulgados, quando este tenha na base uma conduta negligente do declarante.

Vaz Serra referia-se expressamente: "se conhecia ou devia conhecer a inexactidão do mesmo facto...". Fórmula próxima é utilizada pelo legislador germânico na parte final do I §824 "*...wenn er die unwahrheit zwar nicht kennt, aber kennen muβ*". Para além disso, no articulado do n.º 3 do art. 733.º continha-se uma cláusula de exclusão da ilicitude semelhante à do II §824 do B.G.B.. Senão, vejamos: "**Se a inexactidão era ignorada pelo autor da afirmação ou difusão, não é ele obrigado** a indemnizar, caso a comunicação constitua, objectivamente, segundo o seu conteúdo, forma e circunstâncias, o meio necessário para a realização de um fim juridicamente aprovado do mesmo autor ou receptor".

Algo de semelhante se pode ler no II §824 do B.G.B. "*deren <u>unwarheit dem mitteilend unbekannt ist</u>, wird <u>dieser nicht zum schadensersatz verpflichtet</u>, wenn er oder der empfänger der mitteilung an ihr ein berechtiges interesse hat.*" (os sublinhados são nossos).

Não estamos com isto a contestar o lugar de destaque atribuído aos factos não verdadeiros no âmbito da primeira revisão ministerial, uma vez que, de acordo com a letra do art. 463.º, estes são qualificados como **especialmente** responsabilizantes: "responde pelos prejuízos causados, especialmente se o facto não for verdadeiro"([763]).

Para além disso, e por argumento *a contrario sensu*, se o autor das declarações desconhecer sem culpa a inexactidão dos factos divulgados, então alcança-se um resultado semelhante ao conseguido com a admissibilidade da *exceptio*. Sob este aspecto, não se registaram grandes modificações face ao disposto no n.º 3 do art. 733.º do anteprojecto Vaz Serra, apesar de a produção de um tal efeito jurídico resultar mais clara neste último articulado.

Sem querer negar o reconhecimento por parte da primeira revisão ministerial da maior aptidão ofensiva dos factos não verdadeiros para a perpetração do ilícito ao bom nome e crédito, certo é que o art. 463.º considera os factos falsos apenas como uma hipótese possível da responsabilização do agente. Para além destes, e apesar de não ser referido expressamente em tal preceito, também os factos verdadeiros podem determinar a ocorrência de ilícitos ao bom nome e ao crédito. Uma tal conclusão resulta não só da já mencionada eliminação da referência "contra a verdade", como ainda dos termos abertos com que foi proposta a formulação do art. 463.º da primeira revisão ministerial.

Mais significativas se revelaram as modificações introduzidas pela segunda revisão ministerial, onde deixou de ser feita qualquer referência à divulgação de factos falsos. Ao prescrever-se no art. 484.º apenas o seguinte: "quem afirmar ou difundir um facto susceptível ...", parece claramente ter sido propósito de quem levou a cabo esta segunda revisão ministerial, considerar os factos genericamente considerados, sejam eles falsos ou verdadeiros, como pressuposto da responsabilidade aí estatuída.

Cumpre neste contexto mencionar que a redacção do preceito saída desta revisão ministerial foi integralmente colhida no projecto do Código Civil([764]), e posteriormente integrada, sem quaisquer alterações, no Código Civil. Basta proceder a um simples confronto do texto do actual art. 484.º com a formulação deste na segunda revisão ministerial, para constatarmos a absoluta identidade do conteúdo dos mesmos.

---

([763]) Cfr. Código Civil, Livro II, Direito das Obrigações (1.ª Revisão Ministerial), Lisboa, 1962, pág. 47.

([764]) Cfr. Projecto do Código Civil, Lisboa, 1966, pág. 141.

Bem vistas as coisas, apenas no anteprojecto Vaz Serra a falsidade das declarações era elevada à qualidade de pressuposto da responsabilidade civil. A partir daí, a primeira revisão ministerial deixou de lhe fazer referência expressa, apesar de continuar a ser atribuído um relevo especial à divulgação de factos falsos, e a segunda revisão ministerial suprimiu toda e qualquer referência ao carácter verídico ou inverídico das afirmações factuais divulgadas pelo agente.

Ao ter optado por uma referência genérica à afirmação ou difusão de factos enquanto pressuposto do ilícito ao bom nome e ao crédito, o legislador terá certamente querido afastar-se da posição restritiva antes assumida, de acordo com a qual, se circunscrevia a ilicitude às hipóteses de falsidade das afirmações de facto difundidas. Tendo em conta a presunção de razoabilidade que impende sobre o legislador, não é crível considerar a mudança da sua posição ao longo da fase preparatória do art. 484.º como resultado de uma atitude leviana, ou de um puro esquecimento. Antes pelo contrário, toda a evolução traçada em torno do *iter* legislativo em análise, permite-nos concluir no sentido de se ter verificado uma deliberada e consciente mudança de posição([765]).

### 1.4.2. *Interpretações doutrinais e jurisprudenciais dos trabalhos preparatórios e exceptio veritatis*

As modificações registadas no decurso dos trabalhos preparatórios do art. 484.º constitui um dos argumentos invocados por quem contesta o acolhimento da *exceptio veritatis* por este preceito do Código Civil.

Antunes Varela, refutando a admissibilidade da mencionada excepção, considera que "no sentido da doutrina exposta poderá invocar-se, quer a modificação introduzida na redacção do artigo 463.º do Projecto (1.ª revisão ministerial), quer a diferença entre o texto do Código Português e o preceito paralelo do B.G.B. (§824)([766]).

Aliás, bem vistas as coisas, a alteração introduzida por este art. 463.º no anteprojecto Vaz Serra constitui uma das razões determinantes das diferenças entre o nosso art. 484.º e o §824 do B.G.B.. Com efeito, até

---

([765]) Em sentido diverso se pronuncia Jacinto Bastos, não se manifestando sensível às mudanças registadas no âmbito da fase preparatória do art. 484.º. Com efeito, o autor considera neste contexto determinante o "propósito que levou à elaboração primitiva desta norma...", invocando a proximidade da formulação do anteprojecto Vaz Serra com o §824 do BGB. Cfr. BASTOS, JACINTO R., *Das Obrigações em Geral (segundo o Código Civil de 1966), II (arts. 473 a 533)*, Lisboa, 1972, pág. 58.

([766]) Cfr. VARELA, J. ANTUNES, *Das Obrigações em Geral I*, ..., *ob. cit.*, pág. 548, nota 2.

esse momento, a redacção dos articulados do eminente civilista era muito idêntica à acolhida pela legislação germânica.

Assim sendo, parece ter-se registado uma mudança de rumo quanto à questão da admissibilidade da *exceptio veritatis* entre o momento do início da discussão das propostas e as posteriores alterações introduzidas durante os trabalhos preparatórios, que vieram a ser aceites na versão definitiva do Código Civil. Uma tal mudança consubstanciou-se na passagem de uma atitude de aceitação, para uma posição de repúdio da comummente designada *exceptio veritatis*.

Por seu turno, os defensores da tese contrária não atribuem relevo ao argumento histórico, abstendo-se de lhe fazerem menção e de sobre ele se pronunciarem criticamente([767]).

Em abono da exclusão da relevância da *exceptio veritatis*, há ainda quem invoque os trabalhos preparatórios do art. 484.º, considerando existirem já no art. 733.º, n.º 3, elementos capazes de permitir a responsabilização do declarante pela divulgação de factos verdadeiros. Neste sentido se orienta a Relação de Lisboa baseando-se na seguinte passagem do mencionado preceito do anteprojecto de Vaz Serra: "ou se dolosa ou culposamente apresentou o facto em condições desleais ou deformadoras([768]).

No entendimento desta instância jurisdicional superior, quando o autor dos trabalhos preparatórios se refere a "facto em condições desleais ou deformadoras" está a pensar nos factos verdadeiros. Além dessa referência a factos verdadeiros, o acórdão da Relação de Lisboa considera não haver "razões válidas para não equiparar a factos não verdadeiros os factos verdadeiros, mas dolosa ou culposamente apresentados em condições desleais

---

([767]) Basta atentar na fundamentação desenvolvida por Pessoa Jorge acerca da admissibilidade da *exceptio veritatis* para concordarmos com as afirmações efectuadas no texto. Com efeito, o autor não faz qualquer referência aos trabalhos preparatórios. Aliás, a invocação do elemento histórico da interpretação não nos parece favorecer a proposta por si defendida.

Como já tivemos ocasião de referir, o núcleo essencial do pensamento de Pessoa Jorge centra-se no elemento teleológico. No entendimento deste insigne jurista, a relevância atribuída à *exceptio veritatis* no âmbito do art. 484.º constitui a solução mais consentânea com a imprescindível liberdade de circulação de informações no universo jurídico-mercantil. Cfr. JORGE, F. PESSOA, *Ensaio sobre os pressupostos ..., ob. cit.*, pág. 310. Tal não sucede, porém, com Jacinto Bastos, que fazendo análise dos trabalhos preparatórios defende uma posição coincidente com a de Pessoa Jorge, cfr. BASTOS, JACINTO R., *Das Obrigações..., ob. cit.*, pág. 58. Porém, como já atrás deixámos sublinhado, o jurisconsulto não tomou em devida consideração as alterações registadas ao longo da elaboração do art. 484.º.

([768]) Cfr. SERRA, ADRIANO VAZ, *in* B.M.J., n.º 101...., *ob. cit.*, pág. 115.

ou deformadoras"([769]). De acordo com esta perspectiva, a falta de menção a este tipo de factos registada a partir da 2.ª revisão ministerial, não pode ser considerada como indício do propósito do legislador civil em excluir a responsabilidade do agente pela divulgação de factos verdadeiros. Antes pelo contrário, o projecto do Código Civil e a redacção definitiva do art. 484.º ao conservarem intactas as modificações neste contexto introduzidas pela última revisão ministerial, vêm apenas confirmar a desnecessidade de o legislador fazer uma expressa menção a um tal tipo de factos.

Uma apreciação crítica da análise da história do art. 484.º levada a cabo pelo acórdão da Relação de Lisboa de 21-5-1987, implica, desde logo, averiguar se podem considerar-se correctos os pressupostos na base dos quais este aresto fundamenta o seu raciocínio. Assim, cumpre então determinar se os aludidos factos apresentados em condições desleais ou deformadoras se podem qualificar como factos verdadeiros. Numa primeira análise do art. 733.º, n.º 3, do anteprojecto Vaz Serra parecem existir elementos susceptíveis de permitir uma distinção entre dois tipos de factos: os contrários à verdade, por um lado, e aqueloutros apresentados em condições desleais ou deformadoras.

Com efeito, o autor dos trabalhos preparatórios não se refere aos factos contrários à verdade e dolosa ou culposamente apresentados em condições desleais. Desta feita, não nos parece ter sido propósito de Vaz Serra fazer depender a falsidade dos factos divulgados da análise da intenção ou de uma particular atitude subjectiva do agente.

Apesar da culpa se configurar como pressuposto indissociável da responsabilização do agente pela divulgação de factos([770]), não podemos todavia considerar que a deturpação dos factos referidos nas declarações tenha resultado de um propósito ou intenção do agente em apresentá-los em condições desleais e deformadoras.

Assim sendo, tem alguma razão o acórdão atrás mencionado em autonomizar os factos distorcidos pelo agente dos factos contrários à verdade.

Em abono desta interpretação pode argumentar-se com o elemento literal([771]), uma vez que o legislador se socorreu da disjunção "ou" e não da copulativa "e". Em causa parecem então estar realidades ou categorias distintas.

---

([769]) Neste sentido, Cfr. Acórdão da Relação de Lisboa, de 21-05-87, *in* Colectânea de Jurisprudência, ano XII, tomo 3, 1987, pág. 89.

([770]) Independentemente da circunstância de os factos divulgados serem verdadeiros ou falsos.

([771]) Apesar de não ser decisivo, o elemento literal é o "primeiro factor hermenêutico a considerar e constitui o ponto de partida do intérprete", cfr. MONTEIRO, A. PINTO, *Venda*

Todavia, pensamos não ser possível concluir em termos gerais pela veracidade dos factos dolosa ou culposamente apresentados pelo declarante em termos desleais ou deformadores. Com efeito, não raras vezes as distorções introduzidas pelo declarante na base factual, à partida, correspondente à verdade histórico-social, podem já não nos permitir a qualificação das afirmações de facto como verdadeiras.

Desta feita, poderemos deparar-nos ou com afirmações de facto descontextualizadas e desproporcionadas, mas cuja veracidade não tenha sido atingida pelos artifícios ou maquinações do declarante, ou com um outro tipo de declarações, nas quais as condições da sua divulgação se afigurem de tal modo deformadoras, que se torne já muito difícil vislumbrar os elementos de facto autênticos e verídicos nelas contidos.

Enquanto o primeiro tipo de situações seria incluído nos factos apresentados em "condições desleais" (art. 733.º, n.º 3, do anteprojecto Vaz Serra), já o segundo grupo de hipóteses mencionadas deverá considerar-se integrado no elenco dos factos apresentados em condições "deformadoras"([772]).

---

*de Padrasto a Enteado, in* Separata da "Colectânea de Jurisprudência", ano de 1994, tomo IV, pág. 10.

([772]) A distinção aqui efectuada deve considerar-se meramente tendencial, porquanto as deturpações à veracidade dos factos encontram-se profundamente dependentes das condições concretas implicadas na transmissão dos mesmos. Desta feita, apenas uma análise casuística nos permitirá aquilatar devidamente das repercussões de tais condições na possibilidade de aceder ao conhecimento da própria essência dos factos relatados. Com efeito, não raras vezes a deslealdade na divulgação dos acontecimentos concretiza-se ou resulta de uma deformação dos mesmos.

No entanto, pensamos ser conveniente distinguir a divulgação de factos em condições desleais daqueloutras de difusão em condições deformadoras. Se assim não fosse, Vaz Serra não se teria socorrido de advérbios diferentes para designar o mesmo tipo de realidade. Apesar da deformação poder constituir, como já deixámos acima mencionado, uma forma de actuação desleal, certo é que se tratam de conceitos estruturalmente diversos e situados em planos distintos. Enquanto a deslealdade se afirma sobretudo no domínio da intencionalidade estratégica, a deformação reporta-se fundamentalmente ao campo das técnicas elaboradas para prossecução daquelas finalidades.

Com esta distinção não queremos, contudo, retirar conclusões quanto a um diferente grau de gravidade inerente aos dois tipos de intervenções, no tocante à sua potencialidade lesiva dos bens jurídicos do bom nome e do crédito. Se apenas uma análise casuística nos permitirá revelar a influência das circunstâncias envolventes na difusão dos factos quanto á sua veracidade, também somente o mesmo tipo de apreciação nos concederá a possibilidade de aquilatar do carácter ofensivo para os fins fundamentais tutelados no art. 484.º das situações mencionadas no n.º 3 do art. 733.º do anteprojecto Vaz Serra.

Todavia, mesmo em relação a estes últimos, não podemos genéricamente considerá-los como desconformes à verdade. Apenas quando os expedientes coenvolvidos na sua divulgação provoquem uma deturpação de tal modo significativa que se torne praticamente impossível abstrair da imagem distorcida dos acontecimentos transmitida ao público, não permitindo assim penetrar minimamente na sua essência, é que se poderão qualificar os factos como não verídicos.

Importa então levar em linha de conta o nível de deturpação dos factos introduzido pelo agente ao torná-los públicos. Assim sendo, uma diferença de grau poderá, neste contexto, atingir a própria essência dos factos, os quais, em si mesmos, se revelaram conformes com a realidade histórico-social.

Razão por que não estamos inteiramente de acordo com a análise dos trabalhos preparatórios do art. 484.º levada a cabo pelo acórdão da Relação de Lisboa de 21-5-1987. Apesar de em certas situações as conclusões facultadas por este aresto possam ser aceites, consideramos que o trunfo a favor da irrelevância da *exceptio veritatis* no âmbito do art. 484.º susceptível de ser retirado da história deste preceito legal, não se encontra no raciocínio naquele desenvolvido.

Na senda dos já atrás mencionados ensinamentos de Antunes Varela, o contributo do elemento histórico da interpretação a favor da inadmissibilidade da *exceptio veritatis* encontra-se "na modificação introduzida na redacção do art. 463.º do Projecto (1.ª revisão ministerial)".

Ora, a grande modificação no tocante à questão do problema da verdade enquanto elemento integrante da hipótese normativa teve já a sua génese na alteração efectuada na primeira revisão ministerial à parte inicial do preceito paralelo previsto no anteprojecto, ou seja, da expressão: "quem, contra a verdade…", e consumou-se de forma mais incisiva na segunda revisão ministerial, onde além de se manter a fórmula genérica "quem afirmar ou difundir um facto…", já adoptada no art. 463.º da primeira revisão, não se estabelece qualquer tratamento diferenciado entre a difusão de factos falsos e de factos verdadeiros.

Desta feita, e tendo em conta esta orientação, o argumento histórico da interpretação jurídica joga a favor da irrelevância da *exceptio veritatis* no âmbito do ilícito ao bom nome e ao crédito. Para além desta convocação do elemento histórico, a referência a uma outra dimensão do espírito da lei – a sistemática – ([773]) poderá constituir um ponto de apoio para melhor esclarecer esta *vexatio quaestio*.

---

([773]) Quando fazemos apelo ao elemento sistemático da interpretação jurídica, queremos fundamentalmente reportar-nos à inserção da norma interpretanda no âmbito de um

Apesar de até ao momento não termos feito expressa menção a um tal instrumento da interpretação jurídica, já a ele abundantemente recorremos. Na verdade, o confronto entre o modelo estatuído no B.G.B. com o delineado no nosso art. 484.º, bem como as ilações susceptíveis de serem retiradas das diferenças aí patenteadas apontam também no sentido da aludida irrelevância da *exceptio veritatis*.

# CAPÍTULO 2
# DA RESPONSABILIZAÇÃO DO AGENTE PELA DIVULGAÇÃO DE FACTOS VERDADEIROS

**2.1. Responsabilização do agente pela divulgação de factos verdadeiros. A relativização em torno da verdade e o carácter inter--relacional do crédito e do bom nome**

Cumpre então regressar ao aspecto fundamental em torno do qual se deve centrar a resolução desta problemática da admissibilidade da *exceptio*

---

universo mais amplo de disposições normativas onde aquela, tendo em conta a natureza das matérias aí reguladas, se integra. Por regra, está em causa o enquadramento da norma jurídica no instituto onde se filia. No caso, a compreensão do ilícito ao bom nome ao crédito previsto no art. 484.º no sistema de responsabilidade civil definido no ordenamento jurídico positivo português.

Com efeito, a convocação do direito pátrio constitui sempre a nossa primeira e, por norma, única referência. Uma tal circunstância deve-se fundamentalmente ao facto de as normas interpretandas serem critérios regulativos destinados a disciplinarem a realidade histórico-social que representa o objecto da sua intervenção, ou seja, o território nacional. Todavia, quando uma determinada norma jurídica se tenha inspirado num preceito pré--existente num outro ordenamento, ou se afigure particularmente semelhante a disposições vigentes em universos normativos diversos, então o elemento sistemático da interpretação deve alargar as suas fronteiras a tais domínios.

Com efeito, uma correcta compreensão dessas normas implica um contacto com as exigências axiológicas e as concretas referências sistemáticas dos ordenamentos jurídicos onde se encontram as respectivas fontes ou se podem descortinar conexões e analogias significativas. Ora, o confronto entre as normas de direito interno e os sistemas jurídicos estrangeiros, pode revelar-se particularmente importante no âmbito do ilícito ao bom nome e ao crédito. Basta ter em conta o recorrente confronto efectuado entre o art. 484.º e o §824 do B.G.B. A propósito do elemento sistemático da interpretação jurídica, Cfr. NEVES, A. CASTANHEIRA, *Interpretação...*, ob. cit., págs. 363-364.

*veritatis*, ou seja, à teleologia da norma. Tendo em conta, sob este aspecto, o quadro referencial de valores implicados no art. 484.º, a propósito desta questão da verdade, impõe-se, desde já, averiguar se a divulgação de factos verdadeiros poderá revestir potencialidade ofensiva dos bens jurídicos do bom nome e do crédito.

Ora, como já deixámos mencionado, a verdade relevante para o direito, apesar de representar um ideal a atingir por qualquer ordenamento, não pode, de algum modo, ser perspectivada em termos absolutos[774]. As suas exigências regulativas surgem reportadas a determinados contextos, e apresentam-se diversificadas consoante o particular domínio onde se fazem sentir.

De igual modo, o prestígio social e a reputação económica são categorias cuja delimitação se encontra particularmente dependente de circunstâncias conjunturais[775]. Mais ainda, poderemos considerar que a imagem por cada um de nós projectada na sociedade, ou pelos outros em relação a nós criada é construída sobretudo a partir de "aparências"[776] e até por vezes, de autênticas ficções[777].

Como já atrás deixámos referido, nem sempre a verdade relevante para o direito coincide com a verdade material. Particularmente importante para a correcta inteligibilidade das exigências regulativas daquele valor

---

[774] Acerca das dificuldades, a nível processual, em alcançar uma verdade material absoluta, cfr. SOUSA, M. TEIXEIRA, *Sobre a Teoria do Processo Declarativo*, 1980, pág. 50 e ss., ALEXANDRE, ISABEL, *Provas Ilícitas em Processo Civil,* Coimbra, 1998, pág. 80 e ss., RANGEL, R. FREITAS, *Registo da Prova: A Motivação das Sentenças Civis no âmbito da Reforma do Processo Civil e as Garantias Fundamentais do Cidadão*, Lisboa, 1996, págs. 24-26. A nível jurisprudencial tenha-se em conta o recente acórdão do Supremo Tribunal de Justiça (08/03/2007), onde claramente se reconhece que "o conceito de crença fundado na verdade não tem que traduzir uma verdade absoluta", cfr. acórdão do Supremo Tribunal de Justiça de 8/03/2007, *ob. cit.*, pág. 23 de 30.

[775] A propósito do carácter relativo do bom nome, cfr. BEIGNIER, BERNARD, *L'honneur et le droit,* Paris, 1995, pág. 154, CHAVANNE, ALBERT, in Juris-Classeur Pénal Annexes, tome 5, "Presse", fascicule 90, "Diffamation", Paris, stand:6, 1998, nr. 41.

[776] Na esteira da Lição de Castanheira Neves, as nossas relações sociais são fundamentalmente mediadas pelos *status* e papeis sociais. Ao invés, no campo das relações de amizade e de amor confronta-se o eu pessoal de cada um dos seus intervenientes. Neste sentido, Cfr. NEVES, A. CASTANHEIRA, *O Direito (O sentido...)...*, *ob. cit.,* págs. 115-116. Acerca do carácter relacional da honra reactivamente à qual o bom nome constitui uma manifestação particular, cfr., ANDRADE, M. COSTA, *Liberdade de Imprensa...*, *ob. cit.*, pág. 77.

[777] Sobre a relevância da verdade e da ficção no âmbito do Direito da Família, cfr. OLIVEIRA, GUILHERME, *Sobre a Verdade e a Ficção no Direito da Família*, in B.F.D., 1975, pág. 271 e ss.

nuclear é a referência às concretas circunstâncias espacio-temporais onde as declarações são proferidas.

Desta feita, a inevitável relativização em torno da verdade, tanto em termos gerais, quanto no âmbito específico do ilícito ao bom nome e ao crédito, impõe, como já salientámos, uma ineliminável tomada de atenção pelo contexto ou ambiente em relação ao qual se possam colocar questões quanto à relevância assumida por aquele valor fundamental do direito[778].

O autor de afirmações cujo conteúdo, pela sua especificidade, carácter técnico..., apenas se revele devidamente perceptível num determinado círculo e por um auditório restrito, deve ter um particular cuidado quando procede à sua divulgação fora do *locus* onde aquelas se possam considerar como particularmente relevantes. Com efeito, certas expressões tidas como inócuas e absolutamente inofensivas ao bem da reputação sócio--económica num determinado ambiente, podem revelar-se altamente lesivas da personalidade dos respectivos destinatários quando sejam transmitidas fora do contexto natural a que se dirigiam.

Basta referir uma hipótese de divulgação de afirmações de pendor técnico no âmbito de um auditório constituído basicamente por leigos. A título meramente exemplificativo, pense-se nas declarações pronunciadas por um docente universitário[779] acerca de um aluno ordinário (expressão contínuamente referida no meio académico para classificar o *status* dos estudantes que frequentam as aulas) perante um círculo de pessoas desprovidas de toda e qualquer formação académica. Em face de um auditório de pessoas completamente alheias ao universo específico do ensino e simultaneamente pouco esclarecidas sobre estas matérias, a qualificação de alguém como ordinário é susceptível de provocar um abalo significativo na estima social da pessoa assim adjectivada.

Em tais situações poder-se-á admitir a responsabilização do agente mesmo quando não se registe um comportamento desleal ou intuito difamatório por parte de quem profere tais declarações[780]. Assim sendo,

---

[778] Acerca da relevância do "binómio homem-mundo", para a delimitação do bem jurídico do bom nome, considerando a este propósito fundamental as exigências de integração comunitária, cfr. acórdão do Supremo Tribunal de Justiça de 27 de Junho de 1995, *in* B.M.J. n.º 448, 1995, pág. 386.

[779] Referimo-nos apenas aos docentes universitários, uma vez que a distinção entre aluno ordinário e voluntário é privativa do ensino superior.

[780] Com isto não estamos automaticamente a responsabilizar o docente universitário no exemplo mencionado no texto. Aliás, podem, quanto á hipótese exemplificada, questionar-se, se nos encontramos perante autênticas declarações de facto. Apesar de estar em

a descontextualização pode constituir uma causa, do ponto de vista objectivo, determinante da emergência de ofensas ao bom nome e ao crédito de outrem([781]).

## 2.2. Breve referência à exceptio veritatis no âmbito do ilícito criminal da difamação

Na apreciação da relevância da *exceptio veritatis* a propósito do ilícito ao bom nome e ao crédito, não podemos deixar de nos debruçar acerca da posição assumida pelo legislador penal português, acerca de uma tal questão, reportada, embora, ao crime de difamação([782]). Está em causa o tratamento da mesma questão jurídica, embora em domínios diversos. Apesar das especificidades próprias dos regimes civil e penal, devemos ter em conta as afinidades patenteadas entre o ilícito ao bom nome e ao crédito e o tipo legal de crime da difamação.

Conscientes das afinidades e das especificidades próprias de cada uma destas figuras, cumpre saber até que ponto as conclusões alcançadas pelo legislador penal podem ser assimiladas pelo regime obrigacional (art. 484.º). Com isto não estamos a querer sustentar qualquer ordem de precedência e prevalência do ordenamento jurídico penal sobre o civil.

Apenas pretendemos aquilatar se será possível aproveitar no direito civil dos ensinamentos deixados pelo legislador penal, uma vez que este, ao contrário daquele, tomou posição expressa sobre esta matéria.

Entre as causas de justificação do ilícito criminal da difamação, conta-se precisamente a prova da verdade (n.º 2 al. b) do art. 180.º do Código Penal)([783]). Não podemos, porém, conferir uma relevância autónoma a este

---

causa um conceito de ordem técnica, certo é que o apuramento da situação dos alunos ordinários tem subjacente uma realidade fáctica consubstanciada no exercício de uma actividade profissional, legitimadora de um conjunto de prerrogativas especiais. Ora, a aplicabilidade do conceito legal está dependente da comprovação de tais *Rechtstatsachen*.

([781]) No plano jurisprudencial, cfr. o acórdão do Supremo Tribunal de Justiça de 26 de Abril de 1994, *in* B.M.J. n.º 436, 1994, pág. 370 e ss.

([782]) Todas as considerações expendidas a propósito da *exceptio veritatis* no âmbito do crime de difamação, devem considerar-se extensivas, por força do n.º 2 do art. 181.º do Código Penal, ao crime de injúrias. Apenas se admite a remissão para o regime constante do art. 180.º, quando estiver em causa a imputação de factos. Uma tal ressalva é, de resto, perfeitamente compreensível, pois apenas quanto a estes, e já não no tocante aos juízos de valor, se torna possível aferir a sua conformidade com o real histórico-social.

([783]) Esta matéria era regulada em termos restritivos pelo art. 408.º do Código Penal de 1852. Dava-se aí relevo à prova da verdade quando estivesse em causa a imputação de

fundamento de exclusão do ilícito penal. Impõe-se proceder a uma análise conjugada desta causa com aqueloutra da prossecução de interesses legítimos mencionada na al. a) do citado preceito da lei penal.

Destarte, mesmo invocando a veracidade de imputações desonrosas, a conduta do agente não deixará de ser punível, se o direito à informação com base no qual divulgou as notícias não teve subjacente a realização de interesses legítimos[784]. Depreende-se ter sido propósito do legislador penal valorizar a transparência, a autenticidade e a frontalidade nas relações humanas intercomunicativas, mas não ao ponto de desconsiderar a necessidade imprescindível de tutela de outras dimensões fundamentais (interesse histórico, científico, pedagógico... ou outros interesses dignos de relevo) que se encontram subjacentes à liberdade de comunicação e de expressão.

Aliás, se assim não se proceder, ficam claramente ameaçadas certas dimensões fundamentais da personalidade humana (a honra, bom nome, crédito). A verdade surge neste figurino legal como um requisito cumulativo daqueloutro mencionado na al. a) do n.º 2 do art. 180.º – a prossecução de interesses legítimos.

*Prima facie*, poderíamos ser tentados a associar a operatividade da *exceptio veritatis* ao universo do direito penal da comunicação social. Apesar do campo conflitual por este normalmente aberto entre o direito à informação e os bens jurídicos da honra e da consideração constituir terreno propício para a invocação da *exceptio veritatis* no contexto do exercício da função pública informativa da imprensa, não podemos, porém, confinar a este universo específico a sua relevância conformadora. Desde logo, como já deixámos mencionado, o direito à informação exercitado pela imprensa não constitui condição suficiente para afirmação da existência de interesses públicos legítimos.

---

factos difamatórios relativos a empregado público, conexionados com o exercício das suas funções, ou se assim não fosse, quando os factos se reportassem à prática de crime. Deveu-se, todavia, ao Decreto de 28 de Outubro de 1910 a consagração da *exceptio veritatis* no âmbito dos crimes de difamação cometidos através da imprensa. Esta regra foi posteriormente acolhida por um decreto de 1926 (n.º 12008, de 29 de Julho), que constitui basicamente a lei da imprensa até 1971. De igual modo, também a lei n.º 5/71 de 5 de Novembro acolheu com uma certa amplitude a *exceptio veritatis*, tanto a propósito do crime de difamação, como em relação à injúria, embora de modo mais mitigado quanto a este tipo legal. Um tal entendimento encontra-se bem patenteado no art. 28.º da lei da imprensa de 75 (Dec.-Lei n.º 85-C/75, de 26 de Fevereiro).

[784] Cfr., a este propósito, os ensinamentos de Faria Costa "se se chega à conclusão de que a imputação desonrosa não cumpre um interesse legítimo, nos termos assinalados, não há lugar para qualquer produção de prova em ordem a demonstrar a verdade desses factos". COSTA, JOSÉ DE FARIA, *anotação ao art. 180.º do Código Penal...*, ob. cit., §53, pág. 622.

Para além disso, qualquer particular pode ver justificada a divulgação de afirmações difamatórias sem ter necessariamente de prosseguir interesses públicos. Como nos ensina Faria Costa "se A, para provar a sua filiação a B, em uma acção de paternidade, tornar públicas cartas deste, donde objectivamente ressalte desonra para B, não há a menor dúvida de que A está a prosseguir um interesse legítimo"([785])

Neste exemplo, a *exceptio veritatis* pode considerar-se como causa de exclusão do ilícito, não obstante os interesses legítimos invocados pelo agente serem meramente particulares. Não podemos assim circunscrever a eficácia da *exceptio veritatis* enquanto causa de justificação do ilícito a um círculo determinado de destinatários das afirmações, nem a um número restrito de pessoas susceptíveis de beneficiar da mencionada causa de exclusão.

Este modelo chegou a ser consagrado no art. 28.º da Lei de Imprensa de 75 (Dec.-Lei n.º 85/75 de 26 de Fevereiro), por se considerar ser esta a via mais eficaz de tutela do direito à informação e da liberdade de imprensa.

Na verdade, o legislador sentiu a necessidade de distinguir dois grupos de destinatários das imputações ofensivas da honra: os homens públicos e os particulares. Relativamente aos primeiros, e estando em causa imputações ofensivas divulgadas através da imprensa, a *exceptio veritatis* seria eficaz, enquanto se estivessem em causa particulares ou factos atinentes à vida privada ou familiar do difamado, a tutela da honra e da intimidade sobrepunham-se ao direito à informação, salvo quando ao exercício deste correspondesse a existência de um interesse público ou qualquer outro relevante. Porém, quando o direito violado fosse a intimidade da vida privada, não seria procedente a excepção da verdade([786]).

Procedendo a uma análise crítica das soluções delineadas pela lei da imprensa de 75, Figueiredo Dias sublinha que "os resultados a que conduz, com efeito, não dão satisfação bastante às exigências jurídico-constitucionais, nem em matéria de tutela da honra, nem em matéria de direito de informação. Em matéria de tutela da honra, porque casos há – e mesmo em relação a "homens públicos" – em que a imputação pela imprensa de factos verdadeiros mas ofensivos da sua honra deve ser punível"([787]).

---

([785]) Cfr. COSTA, JOSÉ DE FARIA, *ob. ant. cit.,* pág. 615.

([786]) Relativamente ao direito à intimidade da vida privada a protecção revelava-se portanto mais forte, uma vez que mesmo perante a existência de um interesse público ou legítimo não se admitia a exclusão do ilícito penal da difamação.

([787]) Cfr. DIAS, J. FIGUEIREDO, *Direito da informação e tutela da honra...*, *ob. cit.,* pág. 135.

Parece-nos assim mais equilibrado e justo o critério geral e universal acolhido pelo n.º 2 al. b) do art. 180.º do Código Penal, onde não é feita qualquer acepção nem quanto aos destinatários de imputações ofensivas, nem relativamente aos autores das mesmas. Para além disso, o legislador manteve salvaguardada a desejável protecção penal acrescida ao direito à intimidade da vida privada.

De acordo com a redacção da al. b) do n.º 2 do art. 180.º, do Código Penal, o legislador abre uma alternativa ao agente para alcançar o efeito por si pretendido. A via mais eficaz para afastar a punibilidade por difamação traduz-se na prova efectiva da verdade das declarações proferidas([788]). Porém, tendo em conta as dificuldades de conseguir um tal grau de demonstração, o legislador equipara à possibilidade acabada de mencionar uma outra traduzida na convicção séria do agente acerca da veracidade das afirmações por si proferidas: "tiver fundamento sério para, em boa fé, a reputar verdadeira".

A complexidade das organizações e instituições económicas, políticas, sociais e culturais constitui uma realidade incontornável das sociedades hodiernas profundamente marcadas pela especialização do trabalho e do saber. O conhecimento exacto e pormenorizado acerca da actividade e da orgânica de tais entidades nem sempre se revela acessível à generalidade das pessoas. Aliás, muitos aspectos nucleares da vida das instituições políticas, sociais..., encontram-se, por força de normas legais e regulamentares, subtraídas ao conhecimento do público, em virtude da obrigatoriedade de sigilo.

Razão por que, a verdade alcançada em muitos sectores da vida histórico-social é tão somente uma verdade aproximada, ou a verdade possível.

---

([788]) Referindo-se à prova da verdade como causa da exclusão da ilicitude criminal prevista no §186 do Código Penal Alemão (*üble nachrede*), Schönke/Schröder consideram-na alcançada quando se demonstre a exactidão dos elementos ou aspectos fundamentais das declarações. Relativamente ao núcleo essencial das matérias nestas versadas, os autores consideram necessário existir uma identidade entre as declarações e os factos a que estas se reportam. Tais considerações não devem ser extensivas a aspectos secundários das declarações ofensivas. Cfr. SCHRÖNKE/SCHRÖDER, *anotação ao §186 do StGB, in* Strafgesetzbuch Kommentar, *ob. cit,*, pág. 1562. Não podemos ignorar que no âmbito da *üble nachrede* a indemonstrabilidade da verdade deve ser concebida como condição objectiva de punibilidade, ou como causa de não exclusão da pena. No tocante ao ónus ou ao "risco da não-prova da verdade ou da indemonstrabilidade da verdade" entendemos que devem recair, tal como sublinha Costa Andrade, sobre o agente, cfr. ANDRADE, M. COSTA, *Liberdade de Imprensa..., ob.cit.,* pág. 85 (nota 30).

Estes obstáculos não deixam de se fazer sentir também em relação aos órgãos de comunicação social. Não obstante a maior facilidade de acesso por parte da imprensa a um acervo informativo mais vasto quando na base da sua actividade se encontre a missão pública de informar([789]), certo é que as condições actuais de exercício da actividade jornalística acabam por levantar significativas dificuldades ao desiderato de informar o público em termos inteiramente rigorosos e fidedignos.

As modernas e sofisticadas técnicas de imagem, som, gráficas..., conferem à informação um alcance cada vez mais planetário, obrigando os jornalistas a terem conhecimento de uma panóplia de notícias cada vez mais diversificadas. Para além disso, o impacto das notícias é tanto maior quanto mais imediata for a sua divulgação. Ora, a acérrima concorrência que se faz sentir no universo da comunicação social acaba por tornar a imediaticidade da notícia numa condição de viabilidade económica das empresas do sector([790]).

Todo este condicionalismo torna na prática impossível a comprovação da veracidade de todas as notícias enviadas pelas agências noticiosas. O saldo destas múltiplas contingências que rodeiam toda a actuação dos *mass media* acaba por traduzir-se numa certa ameaça à transparência e plena veracidade das notícias transmitidas. Desta feita, se se impusesse aos órgãos de comunicação, e às pessoas em geral, um rigor exaustivo na busca da verdade das afirmações fácticas por si proferidas, cercear-se-ia de um modo particularmente violento o valor da liberdade de expressão([791]).

Como justamente sublinha a este propósito Faria Costa "exigir para a publicação de uma notícia que o jornalista tivesse um grau de certeza equiparável, por exemplo, ao grau de certeza necessário para proferir uma sentença de condenação, seria inviabilizar de todo, mas de todo, o direito de informação"([792]). Para evitar um tal resultado, o autor considera

---

([789]) Com vista a permitir o cumprimento da sua função pública de informar, os órgãos de comunicação social acabam por ter acesso a fontes privilegiadas de informação junto das instituições estaduais e associativas, além de se fazerem sentir de forma mais ligeira algumas exigências de sigilo. A este propósito acabam por se suscitar delicados conflitos entre a liberdade de expressão e certos interesses associativos e corporativos.

([790]) Acerca das dificuldades coenvolvidas no exercício da actividade jornalística, cfr. MACHADO, JÓNATAS, *A liberdade de expressão...*, ob. cit., pág. 781 (especialmente nota 1784).

([791]) Podemos assim admitir a existência de uma "zona de risco permitido", onde o grau de probabilidade da divulgação de notícias ofensivas aos bens da personalidade pode aumentar, em nome de uma mais efectiva tutela da liberdade de expressão, KRIELE, MARTIN, *Ehrenschutz und Meinungsfreiheit, in* N.J.W., 1994, pág. 1894 e ss.

([792]) Cfr. COSTA, JOSÉ DE FARIA, *anotação ao art. 180.º*, ob. cit., pág. 623.

exigível para alcançar o rigor informativo a observância de um "conjunto de regras derivadas das *leges artis*, das regras de cuidado que cada grupo homogéneo cultiva e simultaneamente lhe dá coesão"([793]).

Ora, é sob o pano de fundo destas considerações que devemos intelegir o alcance da convicção séria, em boa fé, do agente quanto à veracidade das afirmações, enquanto causa de exclusão do ilícito criminal da difamação previsto no art. 180.º, n.º 2, al. b). Apesar de existir sempre um risco([794]) de se afectar a honra e a consideração das pessoas visadas pela divulgação de notícias não verídicas, esta perspectiva de encarar o problema tem o mérito de estabelecer limites adequados à relevância a conferir à convicção do agente na veracidade da notícia enquanto condição de justificação do ilícito.

Com efeito, a própria lei exige um fundamento sério (n.º 4 do art. 180.º do Código Penal) para o agente se encontrar convencido da veracidade das afirmações divulgadas. Sendo inquestionável estar em causa uma atitude subjectiva do agente([795]), isto é, uma crença ou convicção, certo é também que uma tal posição espiritual, há-de fundar-se, para poder ser relevante, no acatamento de normas de conduta, ou seja, em parâmetros objectivos. Numa linguagem civilística, poderíamos falar aqui de um entrecruzamento de elementos caracterizadores da boa-fé subjectiva e da boa-fé objectiva. Basicamente a referência legal "em boa-fé" traduz-se num estado de espírito do agente (boa-fé subjectiva) o qual deve radicar, por seu turno, num fundamento sério (boa-fé objectiva) para considerar como verdadeiras as afirmações por si divulgadas.

---

([793]) Cfr. COSTA, JOSÉ DE FARIA, *ob. ant. cit.*, pág. 622. A este propósito, e tendo em conta o disposto no art. 14.º, n.º1, al.a) do estatuto dos jornalistas (Lei n.º 1/99, alterada pela Lei n.º 64/2007, de 6 de Novembro) sobre estes profissionais recai o dever de "informar com rigor e isenção, rejeitando sensacionalismo e demarcando claramente os factos da opinião", "procurar a diversificação das suas fontes de informação e ouvir as partes com interesses atendíveis nos casos de que se ocupem" (art. 14.º, n.º 1, al. e) do Estatuto), "abster-se de formular acusações sem provas e respeitar a presunção de inocência" (art. 14.º, n.º 2, al. d) do Estatuto).

([794]) Faria Costa refere-se de modo sugestivo à existência de um risco permitido, Cfr. COSTA, JOSÉ DE FARIA, *ob. ant. cit.*, pág. 623.

([795]) Acerca das dificuldades de encontrar arrimos suficientemente delineados na jurisprudência francesa em torno deste conceito de boa fé, a propósito da relevância da subjectividade do agente no âmbito da lei de imprensa de 1881. Cfr., BOURGEOIS, ISABELLE, GROSSER, ALFRED, *Eine Komplexe Informationskultur, in* Wer Medien Bewacht. Medienfreiheit und ihre Grenzen im Internationalen Vergleich. Herausgegeben von Gerhard, Rudolf und pfeifer, Hans-Wolfgang, Frankfurt am Main, 2000, págs. 53, 57 e 61.

O afastamento da pura subjectividade como condição da relevância da *exceptio veritatis* aparece claramente confirmado pelo regime estatuído no n.º 4 do art. 180.º do Código Penal. Ao não admitir a existência de boa-fé nas hipóteses de falta de cumprimento dos deveres de informação exigíveis([796]), em face das circunstâncias do caso, o legislador penal confere manifestamente uma dimensão objectiva à convicção exigida ao agente como pressuposto de relevância da *exceptio veritatis*. Tendo em conta a já aludida dificuldade de acesso directo dos jornalistas ao infindável acervo de notícias por si transmitidas, a observância do dever de informação referido no n.º 4 do art. 180.º pode concretizar-se no recurso a fontes fiáveis de informação([797]).

Apesar de todas as considerações expendidas a propósito desta segunda via de exclusão do ilícito criminal da difamação serem extensivas a toda e qualquer pessoa que profira declarações desonrosas, não podemos deixar de as considerar, como fomos referindo, especialmente aplicáveis à actuação da imprensa. Com efeito, ponderados todos os condicionalismos envolvidos na actuação da comunicação social, a admissibilidade de justificação do ilícito criminal mesmo quando não é feita a prova da verdade representa uma inequívoca medida de tutela da função pública da imprensa([798]).

---

([796]) Por seu turno, o não cumprimento de tais deveres de informação constitui a base para a formulação de um juízo de culpa.

([797]) Cfr., neste sentido, COSTA, JOSÉ DE FARIA, *anotação ao art. 180.º...*, *ob. cit.*, pág. 623. Na mesma linha de orientação, reportando-se embora aos §186 e §193, do *Strafgesetzbuch* se pronunciou Schönke/Schröeder referindo a possibilidade do §193 legitimar o risco de divulgação de notícias ofensivas da honra não verídicas, alertando, no entanto, para a necessidade de limitar uma tal eventualidade através do cumprimento pela imprensa dos deveres de comprovação da autenticidade e fiabilidade das fontes de informação. De acordo com os autores, a garantia de cumprimento desta obrigação de controlo, passa, entre outras circunstâncias, pelo recurso a agências noticiosas de credibilidade incontestada, e ás fontes informativas oficiais, cfr. SCHÖNKE/SCHRÖDER, *anotação ao §193 do StGB*, *in* Strafgesetzbuch Kommentar..., *ob. cit*, págs. 1575-1576. Cumpre, porém, salientar que a admissibilidade no §192 do StGB da chamada *Formalbeleidigung* pode impedir a justificação do ilícito penal a título de prossecução de interesses legítimos.

([798]) Referimo-nos à função pública da imprensa e não genericamente a toda a actuação da mesma, pois quando os órgãos de comunicação social prosseguem interesses públicos, então o requisito da legitimidade constante da al. a) do art. 180.º encontra-se automaticamente preenchido.

## 2.3. Potencialidade ofensiva das declarações de facto verdadeiras e exigências de proporcionalidade

Particularmente significativo na análise da potencialidade ofensiva das afirmações verdadeiras aos valores tutelados no art. 484.º, é a ponderação das exigências do princípio da proporcionalidade[799]. Tendo em consideração que a fórmula aberta utilizada pelo nosso legislador abre espaço para admissibilidade da responsabilização do agente pela divulgação de factos verdadeiros, e sabendo, tal como concluimos na primeira parte, que subjacente ao ilícito ao bom nome e ao crédito se encontra uma hipótese de **colisão de direitos**[800], então parece-nos correcto sufragar a relevância constitutiva do princípio da proporcionalidade na delimitação do âmbito do art. 484.º.

Não estamos a querer apelar aqui para a importância reflexa assumida por esta regra fundamental a propósito do instituto do abuso do direito, mas antes a reconhecer a sua intervenção directa na determinação do ilícito ao bom nome e ao crédito quando esteja em causa a divulgação de factos verdadeiros. As exigências de proporcionalidade funcionarão, desta feita, como critério de sindicância da ilicitude nas hipóteses em que as afirmações verdadeiras divulgadas desrespeitem de modo manifesto os ditames de concordância prática, cuja observância se revela necessária para garantir a adequada tutela do bom nome e do crédito. Relativamente ao campo de intervenção do princípio da proporcionalidade a propósito do art. 484.º, não é correcto circunscrevê-lo ao nível das condutas descontextualizadas do agente.

---

[799] Este critério regulativo, também comummente designado por "princípio da razoabilidade, deve presumir-se subjacente a toda a ordem jurídica". Cfr., CARVALHO, AMÉRICO TAIPA DE, *A Legítima Defesa...*, ob. cit., pág. 316. Em sentido diferente, distinguindo claramente o princípio da proporcionalidade do princípio da razoabilidade, cfr. ANTUNES, L. COLAÇO, *Interesse Público, Proporcionalidade e Mérito: Relevância e Autonomia Processual do Princípio da Proporcionalidade, in* Estudos em Homenagem à Professora Doutora Isabel de Magalhães Colaço, Coimbra, volume II, 2002, pág. 542 e ss. Desta feita, mesmo quando a propósito de certos institutos ou normas jurídicas não lhe seja feita expressa menção, tal como sucede no âmbito do ilícito ao bom nome e ao crédito, o recurso às exigências regulativas deste princípio jurídico fundamental revela-se particularmente importante. Para uma análise da relevância atribuída ao princípio da proporcionalidade no âmbito do art. 484.º, cfr. acórdão do Supremo Tribunal de Justiça de 29 de Outubro de 1996, *in* B.M.J. n.º 460, 1996, págs. 686 e 693, acórdão do Supremo Tribunal de Justiça de 5 de Março de 1996, *in* B.M.J. n.º 455, 1996, págs. 432-433, acórdão do Supremo Tribunal de Justiça de 26 de Abril de 1994, *in* B.M.J. n.º 436, 1994, págs. 379-380.

[800] Neste sentido se pronuncia o acórdão do Supremo Tribunal de Justiça de 08/03//2007, ...*cit.*, pág. 22 de 30.

Apesar de em certas situações a violação das exigências deste princípio andar associada, ou resultar efectivamente, da divulgação de afirmações descontextualizadas([801]) não podemos, de modo algum, confundir estas duas causas de agressão aos bens jurídicos do bom nome e do crédito. Enquanto a propósito das declarações desproporcionadas está fundamentalmente em causa um juízo de ponderação acerca da importância ou valor dos interesses prosseguidos com as declarações transmitidas face à relevância assumida por aqueloutros tutelados e coenvolvidos no bem jurídico da reputação sócio-económica, no tocante às afirmações descontextualizadas o problema nuclear é distinto. Neste último domínio, interessa fundamentalmente averiguar das distorções registadas no sentido usual ou normal([802]) das informações transmitidas, pela circunstância de elas terem sido divulgadas junto de um auditório sem aptidão para compreender o significado dessas declarações.

No tocante à questão agora em análise – a responsabilização do agente pela divulgação de factos verdadeiros desproporcionados – não podemos apenas levar em linha de conta os grandes referentes axiológicos (a liberdade de expressão por um lado, e o bom nome e o crédito por outro) imprescindíveis a uma correcta análise do art. 484.º. Torna-se mister penetrar no concreto conflito de interesses gerado com a divulgação de afirmações ofensivas do bom nome e do crédito de outrem.

Com isto, não queremos apenas quedar-nos num plano puramente casuístico, mas antes aquilatar da relevância dos concretos interesses antagónicos face ás grandes referências axiológicas mencionadas. Na verdade, impõe-se saber em que medida as específicas declarações divulgadas concretizam valores susceptíveis de ser justificados na liberdade de expressão

---

([801]) Com efeito, a circunstância de certas afirmações terem sido proferidas num contexto diverso do habitual, poderá envolver a perda de relevo ou de importância assumida pelas mesmas em relação ao universo específico para o qual eram normalmente dirigidas. Acerca da relevância do contexto para a determinação do sentido das declarações, cfr. SCHMIDT, CHRISTIAN-LEITHOFF, *Die Verantwortung der Unternehmensleitung,* Tübingen, 1989, pág. 121. Ora, esta perda de valor das afirmações pode constituir um índice particularmente significativo a tomar em conta no juízo de ponderação implicado na análise em torno da observância da regra da proporcionalidade.

([802]) Quando nos referimos ao sentido usual ou normal das informações transmitidas não estamos a querer falar do significado que, por regra, lhes é associado na linguagem comum. Pretendemos antes reportarnos ao sentido normalmente atribuído no respectivo auditório natural. Ora, em causa pode estar um vocabulário técnico ou particularmente especializado apenas perceptível por um círculo restrito de pessoas. Todavia, para esse grupo de destinatários, os termos utilizados têm, de acordo com as *leges artis* do sector, um sentido usual ou normal.

e apurar também se os bens da personalidade de outrem por aquelas atingidos constituem atributos da reputação sócio-económica das pessoas tutelados no âmbito do art. 484.º.

Apurada esta questão prévia[803], ou seja, da existência e legitimidade dos interesses em confronto, impõe-se averiguar uma outra questão fundamental: a da adequação do meio utilizado face à(s) finalidade(s) a atingir[804]. Não admira assim que na doutrina a adequação (*geeignetheit*) seja

---

[803] Poderíamos falar a este propósito da necessidade enquanto condição ou pressuposto da actuação do agente. Desta feita, a conduta do declarante aparece justificada no plano dos valores. A comunicação do agente revelar-se-ia assim como um instrumento indispensável para a prossecução das exigências axiológicas fundamentais coenvolvidas naqueles bens jurídicos essenciais. Ora, também nesta actividade prévia se revela indispensável averiguar se foram cumpridas as exigências da adequação e da proporcionalidade. Acerca do cumprimento destas exigências pelas instituições bancárias no momento da recolha, divulgação e transmissão das informações, cfr. ADRIAN, REINHOLD/HEIDORN, THOMAS *Der Bankbetrieb...*, *ob. cit.*, págs. 106-107.

[804] Particularmente paradigmático neste contexto se tem revelado a posição assumida no âmbito da doutrina espanhola por alguns autores acerca dos critérios orientadores considerados idóneos para a resolução dos conflitos entre a liberdade de expressão e a tutela de certos direitos de personalidade (honra, intimidade da vida privada, ...). Reportamo-nos de modo particular ao ambiente doutrinal suscitado em finais da década de oitenta do séc. passado a propósito das decisões do Supremo Tribunal Espanhol e do Tribunal Constitucional (de um modo particular a decisão 6/1988) sobre a colisão de direitos atinentes aos bens jurídicos atrás mencionados.

Após uma década da entrada em vigor da Constituição Espanhola, começou a registar-se ao nível das mais altas instâncias jurisdicionais uma inversão da tendência sistemática que até então pontificava na jurisdição penal, de acordo com a qual o conflito entre a liberdade de expressão e a honra deveria resolver-se dando prevalência a este último bem jurídico. Na célebre decisão de 1988, o Tribunal Constitucional de Espanha definiu critérios diferenciados para a resolução dos conflitos entre a liberdade de expressão e os direitos de personalidade, colocando em destaque a importância de certos factores, mormente a notoriedade pública das pessoas visadas com as notícias lesivas, bem como a relevância pública dos assuntos versados nas notícias divulgadas, para assim conseguir estabelecer uma ordem de preferência entre os bens em conflito.

Com o propósito de afinar os critérios que estiveram subjacentes à resolução de múltiplos conflitos judiciais suscitados em torno destes valores jurídicos foi reconhecido um particular destaque por Ignacio de Otto e Tomás S. Vives ao princípio da proporcionalidade. Um tal critério regulativo deve ser perspectivado como um limite à liberdade de expressão, impondo-se então que essas restrições se revelem necessárias, adequadas e o menos lesivas para o valor em causa face a outras alternativas susceptíveis de serem adoptadas. Não se reportando especificamente à questão da veracidade das notícias difundidas, o critério avançado por estes autores em termos tão amplos parece-nos ter plena aplicação, quer nas hipóteses de divulgação de juízos de valor, ou de factos, e neste último universo, quer quando estes se revelem ou não verídicos. Para uma análise mais desenvolvida do pensamento destes

comummente perspectivada como uma dimensão estruturante deste princípio fundamental([805]).

Importa então averiguar se o declarante não disporia de outros meios distintos da divulgação das afirmações para atingir os seus objectivos e se todos eles se revelam não apenas suficientes mas ainda particularmente aptos para alcançar os escopos pretendidos. Apenas é possível proferir um juízo correcto acerca da adequação se previamente identificarmos a natureza dos interesses (culturais, artísticos, ideológicos, científicos...) prosseguidos com as declarações do agente. Com efeito, somente levando a cabo uma tal tarefa prévia se consegue descortinar se os interesses subjacentes à actuação do agente são susceptíveis de encontrar a sua matriz fundamentante no *Rahmenrecht* da liberdade de expressão. Para além disso, e numa fase subsequente, cumpre indagar se a divulgação pública dos factos, ou o tipo de publicitação escolhido se revela apropriado para atingir os objectivos determinantes da actuação do agente. Está aqui em causa o requisito da *"forma civile"* ou da *"continenza formale dell'esposizione"* mencionado no conhecido *decalogo dei giornalisti da corte cassazione* de 18 out.-1984.

Depois de efectuada toda a ponderação em torno da adequação, impõe-se apurar se a difusão de afirmações lesivas dos bens protegidos no art. 484.º constitui o único meio([806]) para o declarante atingir finalidades

---

autores, cfr. ANTON, TOMÁS S. VIVES, *Derecho Penal, Parte Especial, vol. I* (dirigido por Manuel Cobo del Rosal y otros), Valência, 1987, pág. 673 e ss., PARDO, IGNACIO DE OTTO y RETORTILLO, LORENZO MARTÍN, *Derechos Fundamentales y Constitución,* Madrid, 1988, pág. 110 e ss.

([805]) Cfr., CORREIA, SÉRVULO, *Legalidade e Autonomia Contratual nos Contratos Administrativos,* Coimbra, 1987, pág. 114 e ss. A nível jurisprudencial, cfr. acórdão do Supremo Tribunal de Justiça de 7 de Outubro de 1987, *in* B.M.J. n.º 370, pág. 295, acórdão do Supremo Tribunal de Justiça de 20 de Setembro de 1995, *in* B.M.J. n.º 449, pág. 57.

([806]) Aparentemente estaria aqui em causa o requisito da necessidade, na medida em que a difusão de afirmações **constituía** o **único meio** para o declarante alcançar os seus objectivos. Com efeito, na hipótese ora equacionada não se coloca um problema de pura proporcionalidade no tocante ao acto de escolha pelo agente da forma considerada mais adequada ou razoável para atingir as finalidades. Ao declarante não lhe restava outra oportunidade senão actuar deste modo.

Se assim não procedesse, apenas poderia abster-se de ter actuado, acabando por não levar a cabo os seus objectivos. Uma tal atitude poderá até considerar-se como a mais consentânea com a obrigação do declarante proceder com a diligência devida na ponderação dos interesses a prosseguir com a sua conduta. Ora, o cumprimento de uma tal bitola pelo agente encontra-se sobretudo conexionado com o problema da apreciação da culpa. Todavia, o declarante quando opta entre a actuação ou a abstenção efectua necessariamente um juízo de ponderação acerca das vantagens de adopção da sua conduta. Assim sendo,

relevantes à luz do valor fundamental da liberdade de expressão. Se assim suceder, a conduta do agente considerar-se-á em princípio justificada([807]).

esta decisão quanto à necessidade da difusão dos factos leva implicada uma outra onde intervém regulativamente o princípio da proporcionalidade.

Desta feita, não vislumbramos razões significativas para autonomizar o requisito da necessidade face ao da proporcionalidade, na delimitação do ilícito da divulgação de factos verdadeiros ofensivos do bom nome e do crédito. No sentido de considerar a necessidade (*erfordlichkeit*) como uma dimensão estruturante do princípio da proporcionalidade em sentido amplo, cfr. CORREIA, SÉRVULO, *Legalidade e Autonomia...*, *ob cit.*, pág. 114 e ss, ANTUNES, L. COLAÇO, *Interesse Público, Proporcionalidade e Mérito...*, *ob.cit.*, pág. 546 e ss., LEISNER, W., *Der Abwägungsstaat: Verhältnismäβigkeit als gerechtigkeit*, Berlim, 1997, págs. 196-197, ANDRADE, M. COSTA, *Liberdade de Imprensa...*, *ob. cit.*, pág. 287.

Na verdade, estas questões encontram-se profundamente imbricadas entre si, situando-se a apreciação do requisito da necessidade num plano teleológico, onde já se fazem sentir de modo indelével a ponderação de valores e interesses conflituantes, aí assumindo a regra da proporcionalidade um papel fundamental. Sufragamos assim o pensamento de Taipa de Carvalho a propósito da necessidade da acção de defesa no âmbito do Direito Penal. Na perspectiva do autor a "necessidade" da acção de defesa pressupõe que o defendente utilize um meio adequado (eficaz) e que, havendo vários meios adequados à sua disposição, ele utilize o menos gravoso para o agressor". Cfr., CARVALHO, AMÉRICO TAIPA DE, *A Legítima Defesa...*, *ob. cit.*, pág. 317. Apesar desta análise se centrar em torno do art. 32.º do Código Penal, onde não é feita qualquer menção à regra da proporcionalidade (acerca desta diversidade dos regimes civil e penal no tocante às exigências da proporcionalidade no âmbito da legítima defesa, cfr. DIAS, J. FIGUEIREDO, *Direito Penal, Tomo I, Questões Fundamentais, A Doutrina Geral do Crime*, Coimbra, 2004, pág. 410 e ss.), Taipa de Carvalho não sentiu necessidade de autonomizá-la do ponto de vista dogmático-conceitual.

Assim sendo, a situação de legítima defesa deve ser analisada globalmente, repudiando-se um fraccionamento do respectivo conceito, onde a exigência de razoabilidade da actuação do agente seja analisada numa fase posterior à da prévia definição da existência da legítima defesa.

Nas palavras do autor "esta exigência de razoabilidade impõe-se, desde o início, portanto, logo na análise e definição do sentido e do âmbito do conceito de "situação de legítima defesa". Esquecer a exigência de razoabilidade neste momento, e vir invocá-la só, *a posteriori*, quando se trata de caracterizar os pressupostos da acção de defesa, eis o que não parece razoável, nem lógica nem normativo-juridicamente. *Vide*, CARVALHO, AMÉRICO TAIPA DE, *A Legítima Defesa...*, *ob. cit.*, pág. 316.

([807]) Dizemos em princípio, porquanto se impõe, face ás concretas circunstâncias do caso, uma ponderação da importância dos valores prosseguidos com a transmissão das informações e aqueloutros do bom nome e do crédito dos destinatários. Acerca da imprescindível referência à concreta factualidade enquanto condição de delimitação das exigências da adequação, necessidade e proporcionalidade em sentido estrito, cfr. ANTUNES, L. COLAÇO, *Interesse Público, Proporcionalidade...*, *ob. cit.*, pág. 552 e ss.

Assim sendo, considerados insignificantes os interesses a atingir com a actuação do agente, tendo em conta as graves repercussões ocasionadas na reputação sócio-económica de outrem, o declarante poderá ser responsabilizado, não obstante o tipo de conduta assumida constituir a única via para este satisfazer os seus propósitos.

Maiores perplexidades se colocam nas hipóteses atrás esboçadas da existência de vários meios alternativos para o declarante alcançar os seus objectivos. Na eventualidade de existirem outros instrumentos alternativos, cumpre ponderar se a transmissão das declarações não se traduzirá na via menos ofensiva dos bens do bom nome e do crédito.

A título meramente exemplificativo, se o agente pudesse eficazmente atingir os seus desideratos através de uma comunicação confidencial ou de um tipo de declaração pública menos irradiante, então, apesar destas serem verídicas, poderíamos vir a responsabilizar o declarante com fundamento na desproporção do meio utilizado.

Finalmente, o decidente deve proceder a uma análise conjugada da relevância dos interesses prosseguidos nas declarações do agente com os valores ou bens jurídicos dos destinatários por estas atingidos e da margem de risco de afectação dos valores da personalidade coenvolvidos nas declarações divulgadas.

Para levar a cabo uma tal tarefa torna-se particularmente relevante atender ao contexto no âmbito do qual as declarações são proferidas([808]), à posição sócio-económica do lesante e do lesado([809]), às circunstâncias particulares conhecidas pelo declarante, ao impacto do meio de comunicação social utilizado para a divulgação das notícias... Encontramo-nos aqui situados, sem margem para dúvidas, perante o âmago da problemática do princípio da proporcionalidade([810]). Este epicentro do princípio regulativo em análise consubstancia aquilo que se pode designar por proporcionalidade em sentido estrito. Apenas debruçando-nos sobre o equilíbrio ou ponderação relativa entre os valores jurídicos em presença, se torna realmente possível concluir pela existência de ilicitude nas declarações com base nas quais se registou a violação dos bens jurídicos atingidos pelas decla-

---

([808]) Aqui se manifesta a intersecção entre as exigências da proporcionalidade e da contextualização das declarações.

([809]) A propósito da relevância da posição sócio-económica do lesado, cfr. ZENO--ZENOCOVICH, *La reputazione del magistrado,* nota a trib. Roma 19 giugno 1985, in Dir Inf., 1986, pág. 139 e ss., DE NOVA, GIORGIO, *Qualitá del soggetto leso e risarcimento del danno: il caso dell'uomo politico,* in Tutela dell'Onore e Mezzi di Comunicazione di Massa, Milano, 1979, pág. 110 e ss.

([810]) Uma tal dimensão do princípio da proporcionalidade parece estar subjacente à redacção do n.º 2 do art. 29 da Declaração Universal dos Direitos do Homem, ao prescrever que no exercício desses direitos e no gozo de tais liberdades ninguém está sujeito senão às limitações estabelecidas pela lei com vista exclusivamente a promover o reconhecimento e o respeito dos direitos e liberdades dos outros e a fim de satisfazer as justas exigências da moral, da ordem pública e do bem estar numa sociedade democrática.

rações([811]). Porém, não devemos levar a cabo uma análise seccionada do princípio da proporcionalidade, de acordo com a qual os juízos de adequação, necessidade e proporcionalidade em sentido estrito seriam concebidos como categorias autónomas e estanques. Com efeito, subjacente à apreciação da adequação e da necessidade, encontra-se já uma certa ponderação em torno da relevância dos bens jurídicos conflituantes.

### 2.3.1. A influência regulativa da proporcionalidade no âmbito do ilícito ao bom nome e ao crédito nos trabalhos preparatórios

A relevância do princípio da proporcionalidade no contexto do ilícito ao bom nome e ao crédito resultava *expressis verbis* do n.º 3 do art. 733.º do anteprojecto Vaz Serra. Apesar do enquadramento jurídico se revelar diverso nos trabalhos preparatórios, a questão da responsabilidade do agente pela divulgação de factos verdadeiros, em particular no tocante às suas causas justificativas, poderá considerar-se coincidente com os critérios por nós aqui sufragados. Com efeito, numa primeira fase de elaboração do art. 484.º constituía *Tatbestand* da responsabilidade do declarante a difusão de factos contrários à verdade.

Perante um tal pressuposto, aceitava-se como causa de justificação do ilícito a existência de um interesse legítimo do autor ou receptor na difusão das afirmações de facto([812]).

Esta causa de justificação do ilícito apenas se afirmaria nas hipóteses de negligência: "se a inexactidão era ignorada"([813]).

Além destas exigências para a ilicitude prevista no n.º 3 do art. 733.º poder ser excluída, Vaz Serra introduzia ainda uma ideia de necessidade "a comunicação constitua, objectivamente..., o meio necessário", e fazia também apelo à regra da proporcionalidade. "Entre os vários meios possíveis, deve, então, ser escolhido o que menos prejudique o lesado"([814]).

---

([811]) Cfr., a este propósito, a decisão do tribunal de Génova de 24 de Novembro de 1993 (comentada por Calabrese), CALABRESE, ANTONELLO, *Diritto di Cronaca...*, ob. cit., págs. 743-744.

([812]) À semelhança, como já anteriormente referimos, de quanto se verifica no II §824 do B.G.B.

([813]) Mais precisamente nas hipóteses de negligência inconsciente, pois, como já atrás deixámos mencionado, nas situações em que o agente tem consciência da falsidade das suas declarações então o resultado ilícito não pode ser prefigurado pelo declarante apenas de forma possível ou eventual.

([814]) Ao invés, no âmbito do II §824 do B.G.B. não se convoca este princípio jurídico como critério orientador para a resolução deste problema das causas de exclusão do ilícito do *kreditgefährdung*. Apesar desta referência não constar *expressis verbis* na lei, a doutrina

À semelhança deste regime jurídico proposto na fase preparatória do art. 484.º, consideramos também importante a influência regulativa da proporcionalidade no âmbito do ilícito ao bom nome e ao crédito pela divulgação de factos verdadeiros. Todavia, como resulta claro da exposição anteriormente efectuada a propósito da admissibilidade de aplicação do art. 484.º à difusão de factos verídicos, e do modelo de ilicitude ao bom nome e ao crédito definido nos trabalhos preparatórios deste preceito, a relevância do princípio da proporcionalidade opera em momentos e direcções bem diversas.

Com efeito, enquanto no n.º 3 do art. 733.º a desproporção das declarações divulgadas pode impedir a exclusão do ilícito delineado neste preceito, já no contexto do art. 484.º, a influência das exigências regulativas da proporcionalidade devem ser perspectivadas num sentido diferente. Neste contexto, a violação das exigências da proporcionalidade constitui uma das causas onde se fundamenta a responsabilidade do declarante pela difusão de factos verdadeiros. Ou seja, a desproporção registada nas declarações difundidas pelo agente é aqui qualificada como um elemento atendível na delimitação do ilícito ao bom nome e ao crédito.

Assim sendo, no âmbito do n.º 3 do art. 733.º do anteprojecto Vaz Serra, a regra da proporcionalidade assumia relevância a propósito da justificação da ilicitude, enquanto no contexto do actual preceito esta poderá[815] configurar-se como um elemento definidor do ilícito pela difusão de factos verdadeiros ofensivos do bom nome e do crédito.

Não obstante esta diversidade de enquadramento jurídico, em termos de regime jurídico, a solução é substancialmente idêntica, ou seja, o reconhecimento da interferência regulativa do princípio da proporcionalidade no âmbito do ilícito ao bom nome e ao crédito hoje consagrado no art. 484.º[816].

---

germânica considera-a importantíssima neste contexto. Neste sentido, Cfr. HELLE, ERNST, *Der schutz der persönlichen...*, ob. cit., pág. 40.

[815] A regra da proporcionalidade surge apenas como um elemento atendível na delimitação do ilícito pela divulgação de factos verdadeiros, e não como um pressuposto necessário. Como deixámos referido, a responsabilização do declarante pela divulgação de factos verdadeiros poderá basear-se noutros fundamentos, nomeadamente na mencionada descontextualização das declarações. Em tais circunstâncias, não se registando também uma violação das exigências da regra da proporcionalidade, este princípio já não constitui um factor determinante na definição de um juízo de ilicitude.

[816] Onde a regra da proporcionalidade assume também um particular relevo é no âmbito de certas causas de justificação da ilicitude previstas no art. 336.º e ss. , tais como a acção directa, a legítima defesa e o estado de necessidade. O legislador no n.º 1 do art.

No tocante ao juízo da proporcionalidade realizado pelo agente aquando da divulgação das suas afirmações de facto, poder-se-á legitimamente levantar a questão da existência de uma obrigação de diligência a cargo do declarante. Mais especificamente, importa saber se não será de exigir ao agente um especial dever de cuidado na indagação do peso relativo dos valores ou interesses em conflito, tendo em conta as particulares circunstâncias do caso.

Não temos quaisquer dúvidas em responder afirmativamente a uma tal questão, convocando neste particular contexto o critério do bom pai de família contido no n.º 2 do art. 487.º. Todavia, a indagação acerca do cum-

---

336.º (parte final), no n.º 1 do art. 337.º *in fine*, assim como na última parte do art. 339.º, refere-se expressamente à exigência do agente proceder a uma ponderação entre a relevância dos bens visados proteger com a sua conduta e o valor dos interesses por ela atingidos. Na verdade, pretende-se evitar a ocorrência de comportamentos excessivos ou desproporcionados.

Antes porém da referência a este requisito da proporcionalidade, a lei civil faz ainda menção, no tocante à acção directa e à legítima defesa, a um outro pressuposto: o da necessidade. Com efeito, de acordo com a redacção do art. 336.º "é lícito o recurso à força... quando a acção directa for indispensável...". De igual modo, a propósito da legítima defesa, no art. 337.º pode ler-se o seguinte: "Considera-se justificado o acto ..., desde que não seja possível fazê-lo pelos meios normais...". Nestas hipóteses parece justificar-se a autonomização do requisito da necessidade face ao da adequação, porquanto no âmbito da acção directa assim como no da legítima defesa, a justificação da ilicitude implica a imprescindibilidade, do ponto de vista empírico ou fáctico, da adopção de uma conduta.

Socorrendo-nos da terminologia de Taipa de Carvalho, a propósito da legítima defesa, num enfoque juspenalístico, poderíamos falar aqui de um **sentido descritivo** da acção de defesa. De acordo com um tal entendimento "uma acção de defesa será considerada necessária, quando ela for, segundo as circunstâncias concretas, considerada indispensável para repelir, facticamente, a agressão". Cfr., CARVALHO, AMÉRICO TAIPA, *A Legítima Defesa*, Coimbra, 1955, pág. 316. Todavia, uma vez definida a imprescindibilidade do recurso à força para auto-tutela dos direitos, a escolha do meio mais adequado para fazer face à agressão ou para exercitar o direito, implica já uma ponderação do peso dos valores ou interesses em conflito.

Ora, uma tal avaliação extravasa já manifestamente o plano puramente naturalístico, situando-se antes num nível teleológico. Ainda a propósito da análise dos pressupostos da acção directa e da legítima defesa e da destrinça no âmbito destes institutos entre o requisito da necessidade e da proporcionalidade. Cfr., VARELA, J. ANTUNES, *Das Obrigações em Geral I, ob. cit...*, pág. 553 e ss. Enquanto regra estruturante do ordenamento jurídico, o princípio da proporcionalidade exerce a sua influência regulativa em variadíssimas áreas. Refira-se, a título exemplificativo, o importante papel desempenhado pela proporcionalidade no âmbito da aplicação das medidas de segurança, cfr. DIAS, J. FIGUEIREDO, *Direito Penal Português. As Consequências Jurídicas do Crime* (reimpressão), Coimbra, 2005, pág. 506 e págs. 572-573.

primento de um tal dever encontra-se relacionada com o requisito da culpa, apesar de se poderem registar algumas repercussões no plano da ilicitude.

Verificando-se uma hipótese de divulgação de factos verdadeiros desproporcionados, existem na nossa perspectiva condições para poder afirmar a existência de um ilícito civil ao bom nome e ao crédito. A admissibilidade deste ilícito representa um entorse no valor fundamental da liberdade de expressão, razão por que se exige do decidente um particular cuidado e prudência na divulgação das suas afirmações.

Desta feita, quando perante um caso concreto se verifique uma pequena desproporção entre a relevância dos interesses prosseguidos pelo agente face ao valor dos bens do lesado atingidos pela declaração, e se chegar à conclusão que o declarante desenvolveu os esforços medianamente exigíveis para apurar da importância relativa dos interesses em confronto, então poderemos considerar justificada a ilicitude da sua conduta.

Na verdade, em tais circunstâncias, o agente apenas actua por estar convicto da adequação do seu comportamento. No tocante ao requisito da culpa, não temos quaisquer dúvidas em afirmar a sua exclusão, uma vez que a conduta do declarante se revela diligente.

Porém, a existência de declarações desproporcionadas parece apontar para a manutenção do ilícito, não obstante a justificação da culpa. Atendendo ao pequeno nível de desproporção revelado pela conduta do agente, e encontrando-nos situados perante um tipo de ilícito de contornos algo difusos([817]) e particularmente dependente da prudente apreciação judicial, não nos repugna considerar também justificada a ilicitude nestas situações.

Com efeito, não nos podemos esquecer que nos encontramos situados perante declarações de facto verdadeiras, e o Direito não pode tratar de modo idêntico a verdade e a mentira([818]).

---

([817]) Tendo o agente desenvolvido todos os esforços para avaliar a existência de desproporção, e chegando-se à conclusão que o grau de desproporção é diminuto, então em termos objectivos, deve concluir-se pela extrema dificuldade em apurar, em tais circunstâncias, este factor de determinação do ilícito. Acerca das dificuldades suscitadas a propósito do controlo da proporcionalidade, embora referidas ao âmbito da actividade discricionária da administração, cfr. ANTUNES, L. COLAÇO, *Interesse Púbico, Proporcionalidade e Mérito...*, ob. cit., págs. 559 e 563.

([818]) Neste sentido se pronuncia Sinde Monteiro considerando que "o direito não pode encarar com os mesmo olhos a verdade e a mentira". Cfr., MONTEIRO, J. SINDE, *Relatório Sobre...*, ob. cit., pág. 47, MORO, ALDO, *Osservazioni Sulla Natura Giuridica Della "Exceptio Veritatis"*, in Rivista Italiana di Diritto Penale, 1954, pág. 4. Ainda acerca da verdade enquanto valor nuclear do Direito, vide, FRADA, M. CARNEIRO, *A Verdade e o Direito,*

## 2.4. Dificuldades de definição do binómio veracidade/falsidade dos factos divulgados. Algumas causas de distorção da verdade

Neste particular contexto da responsabilidade civil do agente pela divulgação de afirmações de facto, nem sempre constitui tarefa fácil a classificação das afirmações difundidas como verídicas ou como contrárias à verdade. Antes de mais, estando em causa um problema de enquadramento jurídico, encontramo-nos então colocados perante uma questão prévia. Com efeito, antes de equacionar os termos e os critérios no âmbito dos quais o declarante poderá ser responsabilizado, impõe-se averiguar qual o tipo de factos difundidos.

A perplexidade de um tal enquadramento resulta, desde logo, da confluência neste contexto da mencionada *vexata quaestio* distintiva entre afirmações de facto e juízos de valor. Como nessa sede deixámos sublinhado, apenas as afirmações de facto constituem *Tatbestände* do art. 484.º, pois apenas estas são susceptíveis de serem submetidas a uma objectiva comprovação da sua fidedignidade com os dados da realidade histórico-social ou empírica a que se reportam. Centrando-nos, porém, neste universo específico da difusão de afirmações de facto, cumpre então tentar definir o que se entende por afirmações verídicas.

Em termos gerais, poder-se-ão considerar como verdadeiras aquelas declarações cujo conteúdo seja confirmado pela e na factualidade histórico-social ou naturalística ali referenciada. Desta feita, não podem de modo algum ser qualificados como verdadeiros os "factos desconformes com a realidade"([819]).

Por regra, quando nos reportamos aos factos não verídicos estamos a pensar apenas naquelas afirmações cujo conteúdo seja **totalmente** distorcido.

Porém, tendo em conta as inevitáveis dificuldades em reproduzir com exactidão([820]) os acontecimentos emergentes na realidade, não raras vezes os relatos, apesar da preocupação de fidedignidade dos respectivos autores, surgem nalguns aspectos distorcidos.

---

*João Paulo II e o Direito, in* Estudos por Ocasião do 25.º Aniversário do seu pontificado, Cascais, 2003, pág. 103 e ss.

([819]) Assim caracteriza Sinde Monteiro os factos não verdadeiros, *Vide,* MONTEIRO, J. SINDE, *Relatório sobre o programa, conteúdo..., ob. cit.*, pág. 47.

([820]) Tais dificuldades de reprodução do pensamento em termos linguísticos são claramente evidenciadas pelos autores que chamam a atenção para os riscos da compreensão da realidade jurídica única e simplesmente a partir dos enunciados linguísticos. Para uma análise mais desenvolvida da redução linguística do direito, cfr. NEVES, A. CASTANHEIRA, *Apontamentos de Metodologia Jurídica* (lições policopiadas), Coimbra, 1988-1989, pág. 3 e ss.

Entre os vários factores de distorção do conteúdo das declarações conta-se a incompletude da narração dos factos, assim como os exageros expositivos([821])([822]). Os factos descritos nas afirmações do declarante podem até corresponder à realidade, mas representarem tão somente uma fracção ou parcela dos acontecimentos.

Ora, este relato parcial ou incompleto pode distorcer irremediavelmente a imagem exacta dos fenómenos descritos([823]). Como justamente sublinha a esta propósito Gaetano Pecorella, encontramo-nos aqui perante um certo tipo de difamação perpetrada pela imprensa: a *diffamazione per omissione*([824]).

---

([821]) A este propósito, Cfr. , MONTEIRO, J. SINDE, *Relatório sobre o programa, conteúdo...*, ob. cit., pág. 47, *Rudimentos da Responsabilidade Civil...*, ob. cit., pág. 386.

([822]) Para além da já mencionada descontextualização das afirmações divulgadas. Porém, quando atrás nos pronunciámos quanto ao problema da descontextualização das declarações, o universo onde nos encontrávamos situados era bem diverso. Reportávamo-nos à descontextualização de afirmações verdadeiras enquanto causa genérica de agressões ao bom nome e ao crédito. No fundo, a descontextualização não era responsável pela convolação das afirmações verdadeiras em declarações não verídicas. Ora, o mesmo não se passa nas hipóteses agora consideradas. Neste âmbito, estamos a pensar nos casos em que a divulgação de informações verdadeiras fora do seu contexto próprio produz uma alteração na essência das mesmas, tornando-as contrárias à verdade.

([823]) Já no capítulo dedicado à responsabilidade do agente pela divulgação de factos verdadeiros no âmbito do direito germânico, fizemos menção à incompletude das declarações enquanto fundamento do respectivo ilícito. No entanto, o problema era aí abordado numa outra perspectiva. Com efeito, os factos, apesar de incompletos, mantinham-se verídicos, enquanto agora estamos a reportar-nos aquela base factual, em si mesma verdadeira, mas mercê de incompletude de exposição acaba por se transformar numa realidade distorcida. Neste sentido, se pronunciou a já mencionada decisão da cassação de 18 ottobre 1984, ao equiparar "*la veritá incompleta*" à "*notizia falsa*". Ainda a propósito desta equação "*veritá* incompleta = *non veritá* ", cfr. CALABRESE, ANTONELLO, *Diritto di cronaca...*, ob. cit., págs. 744-745.

([824]) O autor distingue neste contexto a *diffamazione per omissione* da *diffamazione per parzialitá*, incluindo nesta última categoria as situações em que os meios de comunicação social procedem a um tratamento diferenciado dos vários protagonistas envolvidos no conflito sobre o qual incide a notícia. A parcialidade alcançar-se-á então em virtude de os *mass media* conferirem maior visibilidade às posições de uma das forças litigantes, e tentarem simultaneamente minimizar as perspectivas antagónicas defendidas pela contraparte. Como resulta da exposição levada a cabo no texto, considerámos como sinónimas as notícias parciais e as notícias incompletas. No fundo, o radical comum a estas categorias encontra-se precisamente na omissão de dados relevantes do evento noticioso. De acordo com o nosso entendimento, a *diffamazione per parzialitá* subsume-se antes no universo das notícias tendenciosas. Para um maior desenvolvimento da distinção levada a cabo por Gaetano Pecorella, cfr. PECORELLA, GAETANO, *Nuove tecniche de diffamazione...*, ob. cit., pág. 169.

Importa então determinar em que termos uma visão amputada dos acontecimentos é susceptível de impedir o conhecimento pelos destinatários da essência da realidade narrada. Quando tal suceder, os factos divulgados, apesar de, em si mesmos, verdadeiros, acabam por converter-se em declarações falseadas, justificando como sublinha Helle, a aplicação de medidas restitutórias como a *widerruf* ([825]).

Uma tal indagação implica um inevitável apelo ao impacto causado pelas declarações no respectivo círculo de destinatários. Desta feita, e tratando-se de um problema de índole interpretativa, não nos podemos ater unicamente ao sentido meramente literal das informações([826])([827]). Para além disso, cumpre ainda pronunciarmo-nos quanto à qualidade dos destinatários colocados na posição de intérpretes das declarações transmitidas.

---

([825]) Neste sentido, cfr. HELLE, ERNST, *Der schutz der persönlichen...*, ob. cit., pág. 18.

([826]) Neste sentido, referindo-se porém a "sentido puramente textual", vide, MONTEIRO, J. SINDE, *Relatório sobre o programa, conteúdo...*, ob. cit., pág. 47. Tendo em conta a lição de Castanheira Neves em matéria de interpretação das normas jurídicas, o sentido textual, mesmo no âmbito da teoria tradicional, abrange não apenas o elemento literal, como também o espírito do preceito interpretado. Neste sentido, Cfr., NEVES, A. CASTANHEIRA, *Interpretação...*, ob. cit., pág. 362 e ss. Tais ensinamentos devem considerar-se também extensivos, quer em relação à interpretação das declarações negociais, quer no tocante a toda e qualquer declaração com relevância jurídica.

([827]) Para a determinação do sentido literal das afirmações do declarante pode revelar-se fundamental o recurso ao dicionário da respectiva língua, com vista a dissuadir eventuais dúvidas suscitadas quanto ao exacto significado a atribuir às expressões utilizadas no texto. Desta feita, quando as afirmações divulgadas sejam de molde, tendo em conta a bitola oficial em matéria linguística, a causar prejuízo ao crédito e ao bom nome de outrem, o seu autor pode vir a ser responsabilizado nos termos do art. 484.º, mesmo quando não tenha conhecimento exacto do rigoroso sentido das expressões utilizadas.

Todavia, o recurso ás fontes credíveis em termos semânticos constitui apenas um elemento atendível para a resolução dos problemas suscitados no âmbito do ilícito ao bom nome e ao crédito. Com efeito, se os termos empregues pelo declarante assumiram em determinado contexto, em função dos usos aí prevalecentes, um sentido diverso do tecnicamente exacto, é o significado definido por esse círculo de destinatários específico, e não tanto o extraído das bitolas linguísticas mencionadas que deve ser tido em consideração para averiguar da respectiva potencialidade ofensiva aos bens jurídicos tutelados no art. 484.º.

Apenas quando haja dúvidas quanto aos termos da convertibilidade do significado linguístico das expressões em função do contexto, ou nas hipóteses de o declarante emitir as afirmações perante um círculo de destinatários onde o sentido associado aos termos empregues seja o usual, o decidente deverá atender às bitolas linguísticas oficiais contidas nos dicionários e nas gramáticas. Não revestindo as afirmações do declarante, de acordo com tais parâmetros, ofensividade face aos bens do crédito e do bom nome, então as regras linguísticas podem funcionar como causa excludente, apesar de pretensão contrária do lesado.

Neste contexto, pensamos dever fazer-se apelo à figura "de um declaratário normal, colocado na posição do real declaratário", aproveitando assim os contributos deixados pela doutrina da impressão do destinatário a propósito da interpretação dos negócios jurídicos (art. 236.º).

Consideramos então ser relevante apurar qual o tipo de público a quem são preferencialmente dirigidas as declarações, a fim de determinar qual o círculo de destinatários capaz de ser colocado na posição de real declaratário.

Basicamente, as declarações sobre factos ou podem ser dirigidas a um público indiscriminado e como tal susceptíveis de ser apreendidas por um qualquer leigo, ou destinarem-se mais especificamente a um determinado círculo de profissionais([828]).

Razão por que não sufragamos, de modo necessário, o entendimento de acordo com o qual o sentido das declarações divulgadas deve ser correspondente ao "entendimento de um receptor não especializado face à comunicação de facto"([829]).

Não deixa de ser compreensível a referência à bitola de um **receptor não especializado**. No fundo, pretende-se alcançar uma definição da verdade com objectividade, revelando-se assim fundamental o entendimento da realidade alcançado por um público imparcial(não especializado).

Um tal critério pode ser bastante pertinente em relação ao primeiro núcleo de hipóteses enunciadas, ou seja, quanto ás declarações destinadas ao público em geral([830]). Todavia, sustentar a sua aplicabilidade quanto às informações de conteúdo específico, pode revelar-se desadequado. Com efeito, um receptor não especializado não se encontra, por regra, habilitado a compreender o sentido e alcance de tais peculiares declarações.

---

([828]) Basta pensar nos relatórios científicos apresentados na sequência da realização de congressos ou seminários. Não nos estamos obviamente a reportar às conclusões técnicas ali contidas, mas sim à realidade factual que constitui o suporte da elaboração de tais raciocínios. Na verdade, as conclusões técnicas fazem parte integrante do universo das opiniões ou dos juízos valorativos. Todavia, e no tocante à matéria factual constante dos estudos científicos, nem sempre esta se torna perceptível a um público descomprometido com os usos dominantes na respectiva área do saber. Para além de mais, a factualidade subjacente a um discurso técnico-científico aparece amiúde denominada por expressões cuja inteligibilidade apenas se revela possível a quem seja conhecedor das *leges artis* do sector.

([829]) Neste sentido, MONTEIRO, J. SINDE, *Relatório sobre o programa, conteúdo...*, ob. cit., pág. 47.

([830]) Neste sentido, se orienta a jurisprudência germânica dominante (B.G.H, *in* N.J.W., 1965, págs. 29-33, B.G.H., *in* N.J.W., 1989, págs. 1923-1924).

Ora, assim sendo, como poderá este tipo de destinatário ser eleito como interlocutor razoável para o apuramento da verdade em tais domínios? Uma outra causa possível de transformação de declarações, em si mesmas, verdadeiras em afirmações não verídicas reside nos exageros expositivos([831]). Nem sempre se torna fácil a quem procede ao relato dos acontecimentos histórico-sociais manter um desejável distanciamento da realidade por si narrada. Não nos estamos a querer reportar à frequente tendência para a propósito dos factos descritos o autor das notícias tecer comentários reveladores da sua mundividência ideológico-política. Pensamos antes naquelas situações em que quem procede à análise dos acontecimentos acaba por valorizar excessivamente certos aspectos, em detrimento de outras facetas igualmente relevantes da mesma realidade. Encontramo-nos então, perante as comummente designadas **notícias tendenciosas**.

Sem saírem propriamente do universo factual, e relatando acontecimentos efectivamente ocorridos, os autores das notícias, em virtude dos excessos linguísticos([832]) ou de uma falta manifesta de neutralidade expositiva, acabam por transmitir uma imagem falseada da realidade por si divulgada.

Ao debruçarmo-nos sobre a incompletude das declarações e os exageros expositivos estivemos a considerá-las enquanto causas objectivamente determinantes da emergência de afirmações inverídicas. Todavia, tal não obsta a que, do ponto de vista subjectivo, estes factores de incorrecção tenham sido deliberadamente utilizados([833]) pelo declarante para

---

([831]) Do ponto de vista substancial, devemos distinguir as notícias falsas deste núcleo de declarações que apesar de, em si mesmas verdadeiras, contêm, do ponto de vista objectivo, factores susceptíveis de provocarem distorções relativamente às realidades narradas. Neste sentido, distinguindo as notícias exageradas ou tendenciosas das notícias falsas, cfr. BARILE, PAOLO, *La Libertà di expressione del pensero e le notizie false,..., ob. cit.*, pág. 856 e ss., DE SIMONE, *Pubblicazione e diffusione di notizie false esagerate o tendenziose*, in Giustiza Penale, 1958, II, págs. 737-738, ESPOSITO, C., Giurisprudenza Costituzionale..., 1961, pág. 1904.

([832]) Não raras vezes, a causa das distorções introduzidas nos factos relatados resulta da pretensão dos autores das notícias impressionarem o público com a erudição da sua escrita. Não conseguindo alcançar o nível desejado na exposição dos acontecimentos, e não sendo este sequer requerido por um simples relato dos mesmos, o resultado acaba por ser uma transmissão desfigurada da realidade. Ou seja, não se situando a exposição no universo artístico da poesia ou da prosa, acabam por distanciar-se do objectivo fundamental de relatar com neutralidade e isenção os factos. Nestas hipóteses, os autores dos eventos noticiosos, não conseguindo justificar a sua actuação no plano da valoração ou criação artística, acabam por vir a ser responsabilizados nos termos do art. 484.º.

([833]) A circunstância da incompletude, os exageros linguísticos, a descontextualização,..., serem deliberadamente utilizados pelo declarante para falsear as declarações, distorcer a realidade factual. Neste sentido se pronuncia Ferrer Correia, ao referir-se às notícias tendenciosas como causa de possível aplicação do art. 484.º. O autor adverte precisamente para as situações, em que sob o pretexto de difusão de uma pretensa apreciação crítica objectiva de produtos ou serviços de uma empresa, o escopo de quem divulga as informações não é outro senão denegrir o visado na notícia([834]).

## 2.5. Coexistência num mesmo texto do binómio veracidade/falsidade

Tendo igualmente em conta as naturais limitações e dificuldades da expressão linguística, constitui também uma realidade possível no universo da crónica jornalística e do restante espaço informativo, a emergência de textos simultaneamente compostos de afirmações verdadeiras e falsas. Importa então saber qual a imagem criada pelo público acerca desta amálgama noticiosa, apreciando o texto do artigo no seu conjunto ou globalidade([835]).

No fundo, a grande questão consiste em averiguar se a parte ferida de incorrecção afectou a essência do evento noticioso em termos tais que somos forçados a reconhecer a falsidade da declaração *in totum*([836]).

---

demonstra precisamente que o agente teve consciência da eficácia desses meios estratégicos para alcançar as suas finalidades. Esta referência à intencionalidade do agente resulta, de resto, subjacente à distinção entre as várias técnicas de *"diffamazione a mezzo de stampa"* levada a cabo por Pecorella, perspectivando as notícias tendenciosas como um ilícito penal, cfr. PECORELLA, GAETANO, *Nuove tecniche..., ob. cit.,* pág. 169. Desta feita, ao falarmos da aptidão destes instrumentos no contexto de uma **racionalidade estratégica** ou **instrumental** (cfr. a este propósito, PARDOLESI, ROBERTO, *Responsabilitá civile – diffamazione a mezzo stampa – diritto di cronaca – limiti, in* Foro Italiano, 1984, I, pág. 2713) estamos claramente a incluí-los na categoria de factores ou causas objectivas de incorrecção.

([834]) Cfr. CORREIA, A. FERRER, *Sobre a projectada reforma da legislação comercial, in* Revista da Ordem dos Advogados, 1984, pág. 30 e nota 1 da pág. 31.

([835]) Neste sentido se pronuncia Sinde Monteiro, na senda de Ermann-Schiemann, ao considerar essencial averiguar a exposição na sua globalidade, de acordo com a óptica de um receptor não especializado. Cfr. MONTEIRO, J. SINDE, *Relatório sobre o programa..., ob. cit.,* pág. 47, *Rudimentos da Responsabilidade..., ob.cit.,* pág. 386.

([836]) Um tal problema revela assim algumas afinidades com aqueloutro da redução dos negócios jurídicos. Com efeito, no âmbito deste instituto previsto no art. 292.º deparamo-nos com negócios parcialmente nulos. O grande desafio aqui colocado consiste em averiguar se a parte viciada do negócio é susceptível de contaminar irremediavelmente a parte sã, ou se ao invés, esta última se mantém incólume apesar do vício existente no outro segmento negocial. A resolução do problema num ou noutro sentido tem necessariamente como pressuposto ou base de raciocínio a divisibilidade objectiva do negócio. Neste sentido, a propósito da questão da redução do contrato promessa bilateral assinado apenas por uma

Ao fazermos apelo à impressão causada pela notícia no círculo dos destinatários, com o objectivo de definir o sentido a atribuir à declaração onde a verdade e a falsidade se cruzam, estamos a enquadrar este problema, assim como aqueloutros da incompletude e dos exageros expositivos, em sede interpretativa. Ora, para esta abordagem do problema, a discussão hermenêutica revela-se fundamental. Obviamente não podemos confinar esta problemática apenas neste plano. Com efeito e como questão prévia revelou-se fundamental estabelecer um confronto entre o sentido normal colhido da globalidade das afirmações com a realidade material por estas convocada([837]).

Ora, uma tal atitude situa-se já num outro universo: os procedimentos probatórios. Apenas efectuando este tipo de diligências será possível apurar se o conteúdo global das declarações pode ser considerado como verdadeiro ou falso([838]). Por outras palavras, somente deste modo é pos-

---

das partes, Cfr. SILVA, J. CALVÃO DA, *Sinal e Contrato Promessa*, 11.ª edição, revista e aumentada, Coimbra, 2006, pág. 48 e ss.

De igual modo, no tocante à questão em análise estamos também a reconhecer a possibilidade de cindir os elementos verídicos dos aspectos falsos contidos nas afirmações do declarante. Apenas depois de efectuar esta separação se torna possível avaliar das interferências entre os vários componentes de uma realidade simultaneamente una e divisível.

Não queremos, no entanto, estabelecer aqui um paralelismo perfeito entre o instituto da redução com o problema da responsabilidade do agente pela difusão de declarações com elementos verídicos e falsos. Com efeito, enquanto a propósito da redução se impõe definir a vontade hipotética ou conjectural das partes, no domínio do esclarecimento das declarações difundidas pelo agente colocam-se particulares questões interpretativas não relevantes para o regime jurídico daquele instituto.

Particularmente conexionado com a questão da divisibilidade objectiva e da interferência comunicante dos vícios encontra-se uma outra, não menos relevante, para a resolução do problema da determinação da veracidade das afirmações através da identificação de elementos verídicos e falsos: a definição da parte ou vertente preponderante das afirmações difundidas. A descoberta no âmbito de uma realidade multiforme da sua dimensão mais significativa ou marcante, constitui, em certos domínios, uma operação fundamental, quer para efeitos de enquadramento, quer em termos de definição do regime jurídico a aplicar.

Na verdade, a propósito da *vexata quaestio* distintiva entre afirmações de facto e juízos de valor, considerámos essencial proceder à determinação da parte principal no âmbito de realidades mistas onde a factualidade e a valoração se entrecruzam.

([837]) Ou com as exigências definidas no ordenamento jurídico a propósito da verdade. Como já fizemos menção, nem sempre a verdade jurídica é necessariamente coincidente com a verdade material. Ora, em certos sectores, pode revelar-se suficiente a conformidade das declarações com determinadas exigências jurídicas, dispensando-se a árdua tarefa de proceder a uma exaustiva investigação da realidade social referenciada nas *Aussagen*.

([838]) Antes porém, já se havia realizado idêntica actividade probatória para se chegar á conclusão de que a declaração do agente era simultaneamente composta de elementos verdadeiros e falsos.

sível concluir se nos encontramos face a afirmações verídicas, ou perante declarações não verdadeiras.

Menores dificuldades interpretativas levanta a determinação de um outro factor de deturpação da verdade dos factos narrados: a falta de actualidade das informações transmitidas. Certos dados de facto podem outrora terem já correspondido à realidade, mas no momento da sua divulgação carecerem de idêntica confirmação no plano histórico-social. Impõe-se assim ao emissor de qualquer evento noticioso, apurar se os dados por si disponíveis para proceder à respectiva elaboração ainda se mostram conformes à realidade.

Uma tal investigação prévia revela-se indispensável quanto aos aspectos tidos como mais relevantes ou significativos da notícia, e considerados, por seu turno, com maior potencialidade ofensiva para os visados com as declarações. Com efeito, a alteração de certa circunstância histórico-social pode ter determinado uma mudança significativa no perfil sócio-económico dos destinatários das afirmações.

Não admira assim que sobre certas pessoas ou entidades, entre as quais cumpre destacar os jornalistas, agências noticiosas, bancos, seguradoras... se exija a organização e manutenção de um sistema de informação actualizado. Sobretudo numa época dominada pela **actualidade** e **imediaticidade** informática, revela-se indispensável uma devida organização do acervo de informações disponíveis, onde contínuamente se faça a triagem entre as informações actuais e aqueloutras já passadas, impondo-se relativamente a estas últimas ou a respectiva actualização ou a sua retirada[839].

### 2.6. Responsabilização por divulgação de factos verdadeiros e tutela presuntiva do bom nome e do crédito

Prima facie, ao defendermos a responsabilização do agente pela difusão de factos verdadeiros, sem ter de sair do âmbito da delimitação do próprio ilícito previsto no art. 484.º estamos a inclinar-nos para uma tutela mais presuntiva que real dos bens jurídicos do bom nome e do crédito. Estando em causa valores fundamentais cuja tutela radica na exigência inelutavelmente imposta a qualquer ordenamento jurídico civilizado de defesa da dignidade humana, cumpre ponderar os termos da protecção a

---

[839] Acerca das exigências de um sistema de informação actualizado à luz das exigências das condições negociais gerais bancárias, cfr. ADRIAN, REINHOLD/HEIDORN, THOMAS Der Bankbetrieb..., ob. cit, pág. 698 e ss.

dispensar aos corolários desta dimensão antropológica essencial face a outras exigências jurídicas, igualmente dignas de consideração, como sejam a verdade e a liberdade de expressão.

Não se considerando a verdade, por si só, como uma causa de exclusão do ilícito previsto no ar. 484.°, estamos a aceitar limitações ao valor da liberdade de expressão([840]) apenas justificáveis por se considerar indispensável a defesa da dignidade da pessoa humana como um valor *a se*.

Se o bom nome e o crédito fossem vistos única e simplesmente como uma mera expressão da posição ocupada pelos indivíduos na teia de interdependência social, então estes bens jurídicos não deveriam ser merecedores de protecção face à divulgação de notícias verdadeiras.

No fundo, mesmo quando a verdade pudesse representar um factor de alguma desconsideração social dos visados pelas declarações, tal representaria um tributo imposto pelas exigências impostas pela convivência comunitária. Uma tal concepção radica então numa visão realista e particularmente relativista do bem jurídico de reputação social.

Porém, se atendermos à matriz de fundamentação antropológica do bom nome e do crédito, apercebemo-nos da existência de uma relevância axiológica autónoma destes valores jurídicos reivindicativa de um espaço próprio de protecção. Ora, é sob este aspecto, e unicamente com o propósito de fazer realçar a importância do plano de validade onde se fundamentam estes bens jurídicos, que aceitamos uma visão presuntiva destes bens da personalidade.

Não pretendemos, contudo, fazer eclodir neste particular contexto uma visão jusnaturalista próxima da defendida por ordenamentos normativos distintos da ordem jurídica, tal como sucede no universo religioso([841]).

---

([840]) Bem vistas as coisas, a verdade funciona, desde logo como um limite negativo imanente ao exercício da liberdade de expressão, uma vez que a divulgação de informações contrárias à verdade representa, sem margem de dúvidas, um ilícito.

Todavia, e paradoxalmente, a verdade deveria constituir um aliado poderoso deste direito quadro, representando um factor indiscutível da sua afirmação. Tal não acontece no entanto, devendo o agente ponderar devidamente os termos das suas afirmações, mesmo quando estas sejam verdadeiras, com vista a garantir a defesa de outros valores particularmente relevantes do ordenamento jurídico (bom nome, crédito...). Desta feita, a verdade não restitui ao valor da liberdade de expressão o espaço que ela mesmo lhe retira enquanto limite negativo ao seu exercício.

([841]) De acordo com a mundovisão cristã, o homem deve ser respeitado na sua dignidade independentemente dos seus concretos méritos sociais. Com o intuito de assegurar o respeito da pessoa humana contra o perigo da maledicência e da calúnia, esta perspectiva sufraga a necessidade de alcançar uma harmónica intervenção regulativa dos valores capitais da verdade e da caridade. O amor pela verdade não pode ignorar o amor ao próximo,

De igual modo, não se encontra subjacente a estas observações qualquer visão política ou ideológica ancorada numa visão formal e presuntiva de reputação social com objectivos de perpetuação do poder instituído([842]).

Se do ponto de vista da fundamentação axiológica dos bens jurídicos do bom nome e do crédito, não consideramos oportuno aceitar um entendimento relativista dos valores em presença, já no tocante ao enquadramento da sua tutela revela-se indispensável o apelo a um conjunto de critérios jurídicos fundamentais e uma ponderação do valor relativo dos bens em conflito face a tais referentes.

O tratamento do problema da *exceptio veritatis* implica, como vimos, uma visão relacional e relativista, incompatível com um entendimento puramente formal ou presuntivo do bem da reputação social. Quando está em causa o diálogo entre os diversos bens jurídicos, impõe-se um juízo de ponderação em torno das suas exigências regulativas, como bem se comprova com a necessidade do recurso à regra jurídica da proporcionalidade na delimitação do ilícito ao bom nome e ao crédito previsto no art. 484.º.

---

que pressupõe o tratamento do outro com caridade, por se ver na pessoa de outrem alguém substancialmente idêntico a si próprio.

Assim sendo, cada homem deve evitar pronunciar-se sobre os defeitos dos outros, sob pena de uma tal interferência provocar uma diminuição no respeito social da pessoa visada com as afirmações. O dever de dizer a verdade terá de ceder face aos prejuízos por ele eventualmente causados aos outros. Concebendo o homem como uma projecção do Criador, o pensamento cristão defende um conceito formal ou presuntivo da honra. Neste sentido, Cfr. MORO, ALDO, *Osservazioni sulla Natura Giuridica...*, ob. cit., pág. 8.

Independentemente dos méritos atribuíveis a esta perspectiva, julgamos não a dever acolher em toda a sua pureza, uma vez que o universo jurídico atribui uma maior relevância à questão da integração da pessoa humana no respectivo contexto sócio-comunitário.

([842]) Não podemos ignorar a tendência dos Estados totalitários para configurarem a honra e a reputação social como valores intangíveis. Prescindindo de uma particular valoração da conduta do declarante, tendo em conta nomeadamente a situação dos destinatários visados pelo teor das afirmações difundidas, um regime autocrático não se coíbe de censurar o agente em nome da manutenção de uma paz social considerada conveniente para a consecução dos seus objectivos político-partidários. Desta feita, admitir a relevância da *exceptio veritatis* pode revelar-se altamente comprometedor do *status quo* existente. Na verdade, as notícias difundidas, apesar de verdadeiras, podem conter críticas fortes ao sistema político instituído.

Neste contexto, compreende-se o recurso, por razões ideológico-políticas, a uma perspectiva formal de reputação social e de honra. Uma adesão a este entendimento com base em tais motivações deve considerar-se manifestamente reprovável, pois tal representaria uma legitimação da emergência de formas de censura, e uma capitação inadmissível no valor da liberdade de expressão. Acerca da concepção formal e presuntiva da honra sufragada por razões ideológico-políticas, Cfr. MORO, ALDO, *Osservazioni Sulla Natura Giurídica...*, ob. cit., pág. 8.

Todavia, ao optarmos pela responsabilidade do agente pela divulgação de factos verdadeiros, acabámos por introduzir restrições no valor fundamental da liberdade de expressão. Ora, neste juízo de opção, não podemos deixar de reconhecer a influência de uma concepção presuntiva de reputação social.

## CAPÍTULO 3
## A PROSSECUÇÃO DE INTERESSES LEGÍTIMOS E A EXCLUSÃO DO ILÍCITO AO CRÉDITO E AO BOM NOME

**3.1. A prossecução de interesses legítimos como causa de exclusão da responsabilidade prevista no art. 484.º. o modelo germânico prescrito no II §824 do B.G.B.**

O nosso ordenamento jurídico não prevê a propósito do ilícito ao bom nome e ao crédito uma causa de exclusão da anti-juridicidade baseada na prossecução de interesses legítimos. Sob este aspecto, regista-se um certo distanciamento face à solução adoptada pelo §824 do B.G.B. relativamente a esta matéria. Com efeito, o II §824 admite a exclusão do ilícito quando o agente ou destinatário(s) das afirmações de facto tenham um interesse legítimo na sua divulgação, e a unwarheit das declarações proferidas não seja conhecida.

Ao admitir o afastamento da ilicitude com os fundamentos acabados de mencionar, o código civil alemão, apesar de profundamente preocupado em garantir a verdade informativa (I §824), não deixa de criar um pouco paradoxalmente, através do II deste parágrafo, condições propícias para a concretização do perigo de desrespeito deste valor fundamental[843].

Trata-se, no entanto, de um paradoxo mais aparente que real. Na verdade, a solução consagrada nesta parte do preceito dedicado à tutela do

---

[843] Este perigo encontra justificação em nome de uma efectiva tutela do valor da liberdade de expressão. Neste sentido se tem orientado alguma doutrina e jurisprudência alemãs, ao considerarem a causa derimente da ilicitude prevista no §193 do StGB, como uma manifestação especial do direito fundamental do direito de liberdade de expressão consagrado no art. 5.º da lei fundamental. Sobre tais orientações, cfr. ANDRADE, M. COSTA, *Liberdade de imprensa...*, ob. cit., pág. 340.

crédito (kreditgefährdung), não representa a regra geral informadora deste contexto normativo. Antes pelo contrário, em face da arquitectura do §824 do B.G.B., encontramo-nos perante uma autêntica excepção. Assim sendo, apenas quando se encontrem preenchidos determinados pressupostos e se tenha em vista a defesa de determinados interesses legítimos, se poderá admitir o afastamento da responsabilidade do agente.

Caso assim não fosse, e se atribuísse uma amplitude genérica a este II do §824, então seria legítimo detectar uma contradição insanável no regime jurídico do kreditgefährdung. Uma tal ambiguidade surge, desde logo, afastada pelo teor literal do próprio preceito. Ao dispor "Durch eine mitteilung, deren unwarheit dem mitteilenden unbekant ist", o legislador germânico quis abranger nesta secção do §824 apenas aquelas declarações cuja falta de veracidade não é conhecida (unbekant ist).

Desta feita, não podem ser integradas no contexto de uma tal causa de exclusão as afirmações de facto relativamente às quais seja possível formular um juízo de censurabilidade (*vorwerfbare*)([844]) ao agente pelo desconhecimento da falsidade das declarações proferidas, admitindo-se apenas a aplicação do II §824 do B.G.B. nas hipóteses de afirmações inverídicas negligentes.

Em face de um tal regime, não se afasta a possibilidade de o declarante ver excluída a sua responsabilidade em hipóteses de divulgação de afirmações contrárias à verdade. Conquanto não seja possível aquilatar com rigor no momento da divulgação das afirmações, a exacta correspondência dos factos divulgados com a sua efectiva verificação na realidade histórico-social, o declarante não pode ser considerado responsável pela circunstância de mais tarde se comprovar a unwarheit das declarações por si proferidas. Em causa estão declarações não demonstravelmente verdadeiras([845]).

---

([844]) A este propósito, cfr. *Münchener Kommentar..., ob.cit.*, pág. 1875, MEYER, JUSTUS, *Wirtschaftsprivatrecht..., ob. cit.*, pág. 196.

([845]) Não é esta a situação que se verifica no caso submetido à análise do Supremo Tribunal de Justiça, a propósito da qual foi proferida a decisão de 8/3/2007. Com efeito, no momento da publicação pelo jornal "Público" da notícia considerada ofensiva do bom nome e crédito do Sporting era já possível apurar a veracidade do evento noticioso, ou seja, determinar a existência por parte do mencionado clube desportivo de dívidas ao fisco. Porém, o rigoroso regime de segredo fiscal constitui um factor impeditivo para o cabal esclarecimento da verdade dos factos. Para além disso, os órgãos directivos do clube informaram os jornalistas na véspera da publicação da notícia sobre o assunto, tendo-lhes comunicado a regularidade da situação fiscal do clube. Em face de tudo isto consideramos correcta a posição do Supremo ao considerar "os factos provados não admitem, em termos de razoabilidade, a conclusão de que os recorridos imprimiram ao processo de difusão da

No entanto, o agente apenas vê excluída a ilicitude da sua conduta, se com esta visar prosseguir um interesse legítimo, próprio ou alheio([846]), objectivamente demonstrável([847]).

Quando assim suceder poderemos falar a este propósito da existência de um "*objektiv irrtümliche bejahung eines berechtigten interessen das verschulden ausschließen*"([848]).

A aplicabilidade do II §824 do B.G.B. implica assim uma correcta dilucidação do conceito de interesses legítimos utilizado pelo legislador.

---

notícia a escrupulosa observância das *leges artis* próprias da actividade jornalística", cfr. Acórdão do S.T.J. de 8/3/2007, in http://www...., *ob. cit.,* pág. 25 de 30.

([846]) A cláusula geral de defesa de interesses legítimos enquanto causa de exclusão da ilicitude tem subjacente uma noção ampla de interesse. Na verdade, em causa tanto pode estar a protecção do interesse público, como a defesa de interesses particulares, e a tutela de qualquer tipo destes interesses pode associar-se quer à prossecução de finalidade ideais, quer à consecução de objectivos materiais. Um tal entendimento deve ser igualmente sufragado a propósito da causa justificativa da ilicitude penal prevista no §193 do *Srafgesetzbuch,* cfr., a este propósito, Schönke, Adolf, Schröder, Horst, *anotação ao §193 de Lenckner, Theodor, in Strafgesestzbuch Kommentar,* 26 Auflage, München, 2001, pág. 1574. Não se pense, porém, que este entendimento tão amplo associado à interpretação da cláusula "*wahrnehmung berechtiger interessen"* foi sempre pacificamente aceite. Com efeito, a jurisprudência do *reichsgericht* propendia para não reconhecer à imprensa legitimidade para no exercício da sua função de informar invocar esta causa de exclusão da ilicitude penal. De igual modo, este tribunal superior entendia que o preceito em análise não se aplicava a qualquer pessoa que exercesse o direito de crítica em relação a assuntos da vida pública, do qual pudessem resultar, em função disso, ofensas à honra.

Um tal entendimento restritivo do âmbito de aplicabilidade do §193 do StGB sofreu sempre ampla contestação doutrinária, mas para a mudança a favor de uma perspectiva mais ampla revelou-se fundamental a decisão do aresto *Herren* do tribunal federal de 22.12.1959 (*in J.Z.,* 1959, pág. 375). Para uma análise desenvolvida da evolução doutrinária e jurisprudencial em torno do âmbito de aplicabilidade do §193 do StGB, cfr. Andrade, M. Costa, *Liberdade de Imprensa..., ob. cit.,* pág. 320 e ss.

([847]) Tendo em conta a distinção entre declarações não demonstravelmente verdadeiras e declarações consabidamente falsas, subjacente aos §186 e §187 do StGB, Leckner considera que a vítima deve efectuar a prova da falsidade das declarações divulgadas, sob pena de correr o risco de declarações falsas serem, na dúvida, consideradas não demonstravelmente verdadeiras. Com efeito, se assim ocorrer, o infractor pode alcançar a exclusão do ilícito através da convocação de um interesse legítimo para a sua actuação. Tal não sucederá, se ficar provado em juízo a falsidade das declarações de facto. Com efeito, a justificação do ilícito pela *wahrnehmung berechtiger interessen* não tem acolhimento em face do tipo legal previsto no §187 do StGB. Cfr., Schönke, Adolf / Schröder, Horst, *anotação de Lenckner, Theodor ao §193 do StGB..., in* Strafgesetzbuch Kommentar..., *ob. cit.,* págs. 1581-1582.

([848]) Neste sentido, cfr. *Münchener Kommentar,* 1986 (anotação de Mertens ao §824 do B.G.B.), pág. 1713.

Como resulta claramente da letra deste preceito, os interesses legítimos tanto podem referir-se à prossecução de finalidades do próprio agente, como do círculo de destinatários a quem as afirmações se dirigem, ou a uns e outros simultaneamente.

Basta pensar na divulgação através dos media([849]) de informações relativas a factos históricos cuja ocorrência é tida praticamente como certa, revestindo a sua divulgação um particular impacto para determinado círculo de destinatários pertencentes a certa categoria profissional. Assim, e a título meramente exemplificativo, um periódico da área da medicina pode não ser considerado responsável nos termos do §824, pela divulgação de uma notícia onde se relatam certos casos ocorridos em determinado estabelecimento hospitalar (relativamente aos quais já não se encontram registos das respectivas ocorrências), e cujo conhecimento pode revelar-se particularmente importante para os profissionais da saúde e para o público em geral.

Não obstante a divulgação de tais factos possa ter afectado particularmente a reputação da unidade hospitalar visada pela notícia, e mais tarde([850]) se venha a apurar que os factos propalados não se verificaram nos termos anteriormente difundidos, o periódico poderá considerar-se exonerado se demonstrar ter levado a cabo todas as diligências razoavelmente exigíveis para o esclarecimento da verdade([851]).

---

([849]) A imprensa constitui, na verdade, o universo privilegiado de aplicação da cláusula de prossecução de interesses legítimos, cfr., neste sentido, a propósito do §193 do StGB, ANDRADE, M. COSTA, *Liberdade de imprensa...*, ob. cit., pág. 320.

([850]) Em virtude de uma posterior descoberta dos registos onde constavam as respectivas ocorrências clínicas, ter permitido revelar que os factos divulgados afinal não ocorreram, ou pelo menos não revestiram as características divulgadas.

([851]) Estamos a reportar-nos à prova pelos *media* do cumprimento do dever de cuidado na recolha das informações divulgadas. Um tal dever de cuidado (*Sorgfaltpflichen*) reporta-se fundamentalmente ao conteúdo das notícias transmitidas, sendo a esse propósito muito importante a indagação acerca da verdade daquelas. Tendo em conta a natural dificuldade de apurar a exactidão das informações a divulgar, cumpre, pelo menos, aos órgãos de comunicação terem o cuidado de se debruçar sobre questões nucleares como sejam a actualidade das notícias e a fidedignidade das fontes informativas. Acerca da extensão deste dever de cuidado na recolha das informações transmitidas pelos *media*, cfr. SCHÖNKE, ADOLF / SCHRÖDER, HORST, *anotação de Lenckner, Theodor ao §193 do StGB...*, in Strafgesetzbuch Kommentar..., ob. cit., págs. 1582-1583, ANDRADE, M. COSTA, *Liberdade de imprensa...*, ob. cit., págs. 361-362.

Abstemo-nos, por tal extravasar manifestamente o âmbito das nossas preocupações, de averiguar a delicada questão de saber se o cumprimento do dever de informação constitui pressuposto da exclusão da ilicitude prevista no §193 do StGB, ou, até em termos mais

Tanto o interesse público([852]) prosseguido pelo agente na divulgação das notícias, como o dos destinatários na recepção das mesmas permite

genéricos, de qualquer causa de justificação do ilícito. Para uma análise pormenorizada desta questão, cfr. ANDRADE, M. COSTA, ob. loc. ant. cit., pág. 344 e ss.

([852]) Importa, no entanto, esclarecer, como questão prévia, qual o sentido a atribuir ao interesse público enquanto causa de justificação da ilicitude. Sob este aspecto, cumpre, desde logo, indagar se prosseguem necessariamente o interesse público aquelas pessoas que se encontram investidas de funções públicas, bem como aqueloutras a cuja actividade é reconhecido um manifesto interesse público.

No primeiro grupo, podemos incluir os agentes dos órgãos de soberania (representantes da administração estadual central, juízes...), enquanto no âmbito do universo mencionado em segundo lugar é forçoso destacar a situação dos jornalistas (a propósito da prossecução de interesses legítimos pelos meios de comunicação social, cfr. MEYER, JUSTUS, Wirtschaftsprivatrecht..., ob. cit., pág. 196). Ora, em relação a nenhum dos grupos referidos se pode afirmar de modo automático o interesse público da actuação dos respectivos membros.

Assim, no tocante aos primeiros, apenas se prossegue o interesse público quando os actos praticados por tais pessoas se encontrem integrados no organigrama das suas funções públicas, e o respectivo conteúdo se confinar às questões com manifesta relevância pública.

De igual modo, um jornalista não pode, com fundamento no seu indiscutível direito a informar, pretender, sem mais, invocar o interesse público das notícias por si difundidas. Neste sentido se orienta o acordão do Supremo Tribunal de Justiça de 08/03/2007, ... cit., pág. 22 de 30. Cumpre também indagar acerca do conteúdo dos respectivos conteúdos noticiosos para poder determinar da existência da mencionada razão justificativa da ilicitude. Assim, quando a imprensa desempenhar a sua função pública de informar, poderemos então referir-nos ao poder funcional (poder-dever) dos órgãos de comunicação social enquanto possível causa justificativa de ilícitos por si perpetrados. Cfr., a este propósito, acórdão do Supremo Tribunal de Justiça de 7 de Outubro de 1987, in B.M.J. n.º 370, 1987, pág. 292 e ss., acórdão do Suremo Tribunal de Justiça de 3 de Fevereiro de 1999, in B.M.J. n.º 434, 1999, pág. 339 e ss.

No fundo, não é suficiente, apesar de ser necessário, o plano da legitimidade formal para podermos constatar da presença de um interesse público justificativo da actuação do agente. Cumpre ir mais além e penetrar na substância das declarações, a fim de identificar se o interesse invocado pelo agente é, pela sua natureza, relevante para efeito de exclusão da sua responsabilidade.

Quanto se acabou de afirmar em relação à posição do emissor no tocante à aferição da existência de interesse público das declarações é igualmente válido a propósito da notoriedade de quem por estas é visado. Assim sendo, não é a circunstância de as notícias difundidas num periódico se reportarem a uma pessoa sobejamente conhecida pelo público em geral que permite necessariamente afirmar a verificação de um interesse público na respectiva divulgação. Se estiverem em causa assuntos do foro íntimo, além de em muitas hipóteses não ser legítima a sua divulgação, revela-se ainda muito duvidosa a presença de um interesse público legitimador da devassa de tais bens fundamentais da personalidade dos visados pelas notícias. De um modo geral, tais eventos noticiosos despertam uma

explicar a exclusão da ilicitude neste tipo de hipóteses. Cumpre, neste contexto, convocar oportunamente a ideia do risco permitido, de acordo com a qual é possível ao agente a divulgação de factos ofensivos da honra

---

intensa curiosidade do público, dando até origem a enormes tiragens jornalísticas ou fabulosas audiências.

Não querendo negar um espaço de intervenção à imprensa lúdica ou sensacionalista e devendo ser reconhecida em termos gerais como lícita este tipo de actividade jornalística, não devemos, todavia, considerá-la integrada no conceito de função pública de imprensa. Neste sentido, cfr. Dias, J. Figueiredo, *Informazione, diffamazione e risarcimento nel diritto portoghese, in* Tutela dell'Onore e Mezzi di Comunicazione di Massa, Milano, 1979, pág. 258, Costa, José de Faria, anotação ao art. 180.º..., *ob. cit.*, pág. 617, Andrade, M. Costa, *Liberdade de Imprensa..., ob. cit.*, págs. 367-370 (o autor refere-se de modo particular ao caso *Call-Girl-Ring* decidido pelo B.G.H. em 1973, onde se exclui o jornalismo sensacionalista da função pública da imprensa, bem como às reacções doutrinais suscitadas perante um tal aresto), Abreu, L. Vasconcelos, *A violação de direitos de personalidade pela comunicação social e as funções da responsabilidade civil. Recentes desenvolvimentos jurisprudenciais. Uma breve comparação luso-alemã, in* Estudos em Homenagem à Professora Doutora Isabel Magalhães Collaço, Coimbra, 2002, pág. 473 (analisa-se aqui a posição da jurisprudência portuguesa a propósito do jornalismo de escândalo, considerando-o excluído da função pública da imprensa), Branahl, Udo, *Medienrecht..., ob. cit.*, pág. 116.

Tendo-nos já reportado às questões da legitimidade formal do autor das declarações, bem como à notoriedade das pessoas por estas visadas, enquanto índices do interesse público das declarações onde se encontrem envolvidas, cumpre agora debruçarmo-nos sobre a extensão ou âmbito do conteúdo das notícias divulgadas. Ora, a este propósito torna-se mister determinar se a existência de interesse público apenas ocorre quando os factos propalados respeitem a toda a comunidade nacional. Responder afirmativamente a uma tal interrogação implicaria uma identificação entre interesse público e interesse nacional. Não nos parece necessária uma tal equiparação, pois como sublinha a este propósito Faria Costa "decisiva é, pois, a circunstância de a narração possuir uma ressonância que ultrapasse o círculo estrito das pessoas envolvidas", cfr. Costa, José de Faria, *ob. ant. cit.*, pág. 617.

Destarte, uma notícia com impacto regional, bem como as informações respeitantes a determinados grupos sócio-económicos (médicos, farmacêuticos, sindicatos...) podem assumir uma particular importância para a opinião pública no âmbito das sociedades democráticas. A divulgação de notícias e informações em matéria de política social, económica, cultural, transcende largamente os interesses e motivações sectoriais a que especialmente respeitam, porquanto se revelam essenciais para o esclarecimento e consciencialização de questões acerca de áreas vitais para o funcionamento das sociedades abertas e plurais, onde os cidadãos são convocados a participar na resolução dos problemas comuns. Não existindo um elenco taxativo de matérias de interesse público, e revelando-se esse mesmo núcleo de questões reversível, atento o natural dinamismo histórico-social, não podemos deixar de considerar os problemas atrás mencionados como assuntos de interesse público no contexto de toda e qualquer sociedade democrática e plural. Neste sentido, referindo-se à necessidade de defesa de uma "noção razoavelmente ampla" de interesse legítimo no âmbito das sociedades pluralistas, cfr. Machado, Jónatas, *A liberdade de expressão..., ob. cit.*, pág. 785.

e do bom nome, em nome da prossecução de interesses legítimos, apesar de não lhe ter sido possível indagar da veracidade das afirmações divulgadas([853]).

Com efeito, a difusão destas notícias poderá encontrar uma particular justificação no interesse público da promoção e desenvolvimento da ciência, assim como na prevenção e combate dirigido a determinadas doenças.

### 3.2. Declarações divulgadas em processos judiciais e a transmissão de informações a nível associativo. Domínios paradigmáticos de aplicabilidade da cláusula de prossecução de interesses legítimos

Um outro domínio onde a prossecução de interesses legítimos representa uma importante causa de justificação do ilícito é o da justiça. As afirmações de factos proferidos na sequência de processos judiciais([854])([855]) quando destinadas ao exercício dos direitos das partes não são susceptíveis de responsabilizar quem as profere, apesar de se poderem considerar atentatórias do bom nome e crédito das pessoas por elas visadas. O interesse público consubstanciado no esclarecimento da verdade dos factos permitirá às partes emitir certas declarações em juízo([856]), cuja divulgação pública das mesmas, em termos gerais, se revelaria proibida.

Porém, a legitimidade dos litigantes para difundir em tribunal afirmações atentatórias dos bens da personalidade de outrem([857]) encontra-se estri-

---

([853]) Veja-se, a este propósito, a invocação pela doutrina e jurisprudência germânicas da doutrina do risco permitido, como fundamento de exclusão do ilícito previsto no §193 do StGB, cfr. ANDRADE, M. COSTA, *Liberdade de imprensa..., ob. cit.,* pág. 340 e ss. Uma tal orientação encontrou também acolhimento na nossa jurisprudência (acórdão do Supremo Tribunal de Justiça de 5 de Março de 1996, *in* B.M.J., n.º 455, 1996, pág. 438).

([854]) Sejam eles de natureza civil ou penal

([855]) Neste sentido, cfr. PALANDT, *Bügerliches..., ob. cit.,* pág. 1277.

([856]) Cfr., a este propósito, VARELA, J. ANTUNES, *Das Obrigações...I, ob. cit.,* pág. 549 (nota 1).

([857]) Quando nos referimos aos bens da personalidade de outrem estamos normalmente a pensar nas pessoas coenvolvidas no conflito, isto é, nos litigantes, em relação a quem, por via de regra, são dirigidas as declarações. Com efeito, estando em causa um conflito judicial protagonizado por sujeitos com perspectivas distintas, compreende-se que o alvo subjectivo preferencial das afirmações proferidas em juízo seja aquele contra quem o declarante quer fazer valer o seu ponto de vista.

Porém, a questão processual pode não contender única e simplesmente com as partes, justificando-se também a divulgação de afirmações relativas a pessoas envolvidas no conflito histórico-social que está na base da relação jurídico-processual. Razão por que

tamente delimitada pelo *thema decidendum*. Razão por que não é permitido aos sujeitos processuais, a pretexto da discussão suscitada em torno da questão judicial controvertida, emitirem declarações fácticas([858]) ofensivas do bom nome e crédito das pessoas envolvidas no conflito, quando essas afirmações não se encontrem estritamente conexionadas com o objecto do processo. Em tais hipóteses, a liberdade de expressão do declarante encontra-se limitada, nos termos gerais, pelas exigências axiológicas derivadas dos direitos de personalidade das pessoas visadas pelas declarações.

Os eventuais interesses legítimos prosseguidos pelo agente não se encontram aqui justificados no quadro das exigências fundamentais de realização da justiça subjacentes à resolução de todo e qualquer conflito judicial. As considerações expendidas relativamente às afirmações proferidas pelas partes no decurso de um processo judicial para defesa dos seus direitos ou interesses, devem ser também aplicáveis a quem assuma a posição de mandatário.

Com efeito, um advogado apesar de não estar a defender o interesse próprio, encontra-se, em virtude da relação de representação, legitimado para tutelar o direito ou interesse de outrem ( o seu mandante). Desta feita, também a "cláusula de defesa dos interesses legítimos", poderá justificar a ilicitude de afirmações proferidas por estes profissionais no decurso dos processos judiciais([859])([860]).

---

"outrem" pode ser todo e qualquer sujeito referenciado, de modo ofensivo, directa ou indirectamente, nas declarações fácticas divulgadas por qualquer sujeito processual.

([858]) O mesmo comentário deve considerar-se extensivo à divulgação de opiniões ou juízos valorativos ofensivos da consideração e reputação social dos destinatários das declarações. Porém, tais hipóteses não são subsumíveis no âmbito do art. 484.º, sendo apenas permitido a quem se considerar lesado no bem jurídico da honra fundamentar a sua pretensão indemnizatória nos termos do art. 483.º, ou lançar mão dos procedimentos atípicos previstos no n.º 2 do art. 70.º, caso o fundamento do pedido não respeite a uma questão de responsabilidade civil, mas apenas a um problema de tutela geral da personalidade.

([859]) Neste sentido, a propósito do §193 do StGB, onde se estatuiu uma causa de justificação semelhante ao II §824 B.G.B., cfr. SCHRÖNKE, ADOLF / SCHRÖDER, HORST, *Strafgesetzbuch Kommentar ..., ob. cit.,* pág. 1577.

([860]) A justificação da ilicitude da conduta dos advogados no decurso dos processos judiciais não se encontra apenas limitada em função do objecto do processo, como também pelo cumprimento por parte destes profissionais do foro de regras deontológicas. Desta feita, não nos parece admitir a invocação da cláusula de defesa de interesses legítimos quando um advogado na sequência da interposição de um recurso qualifica o juiz como um burro, ou o acusa de ter cometido intencionalmente erros na decisão recorrida, cfr., neste sentido, SCHRÖNKE, ADOLF / SCHRÖDER, HORST, *anotação de Lenckner, Theodor ao §193 do StGB*, in Strafgesetzbuch Kommentar ..., *ob. cit.,* pág. 1585.

Cumpre ainda a propósito desta causa de exclusão do ilícito prevista no II §824, fazer alusão à tutela dos interesses dos associados relativamente às informações transmitidas pelos respectivos órgãos associativos[861].

Na verdade, os associados têm um particular interesse na divulgação por parte das entidades associativas de informações relativas a factos susceptíveis de influírem na sua posição jurídico-social. Porém, a tomada de posições acerca de determinados assuntos reputados como essenciais para os associados implica amiúde um esclarecimento prévio relativamente a elementos factuais cujo conhecimento se encontra reservado a certos membros da entidade associativa: os respectivos órgãos representativos.

Alguns desses aspectos factuais nem sempre revestem características e contornos suficientemente precisos e delimitados. Ou seja, por vezes a veracidade de tais factos não é susceptível de ser conhecida com rigor, mas podem avançar-se, tendo em conta as regras da experiência e da vida, e de um modo particular, as *leges artis* do respectivo sector de actividade, informações fiáveis quanto à factualidade relevante para a formação da vontade dos associados.

Desta feita, encontramo-nos então colocados perante um autêntico dilema: ou admitir a divulgação de informações mesmo quando se verifique algum risco de inexactidão dos dados transmitidos, e dos mesmos coenvolverem ataques ao bom nome e crédito de terceiros[862], ou recusar uma tal possibilidade, com a natural consequência subjacente a esta atitude de abstenção ou contenção, traduzida numa eventual paralisação de um certo sector ou ramo de actividade. Sopesados estes argumentos, a legislação alemã com o critério consagrado no II §824 do B.G.B., adoptou como solução preferencial a primeira das alternativas indicadas, por ser aquela que melhor acautela os interesses dos particulares enquanto membros de

---

[861] Acerca da relevância do II §824 do B.G.B. a propósito das associações ligadas à vida mercantil, em particular ao sector do crédito (*kreditvereinigungen*), cfr. MEYER, JUSTUS, *Wirtschafsprivatrecht...*, *ob. cit.*, pág. 196.

[862] Com efeito, as informações transmitidas nos vários domínios associativos implicam com frequência uma análise comparativa da situação de entidades congéneres. Ora, demonstrando-se a inexactidão dos dados divulgados pode-se registar a ocorrência de ataques ao bom nome e crédito das pessoas relativamente a quem as informações difundidas se reportavam. Encontram-se claramente excluídas desta problemática as declarações directamente proferidas por representantes associativos relativamente à posição de outros associados quando estas se reportem a assuntos de índole estritamente associativa. Em tais hipóteses falta, na verdade, um dos requisitos previstos no §824 do B.G.B. – divulgação perante terceiros, cfr. WAGNER, GERHARD, anotação ao §824 do B.G.B., *in* Münchener Kommentar..., *ob. cit.*, pág. 1873.

determinadas colectividades, ou como sujeitos integrados num determinado sector ou ramo de actividade, sem, no entanto, deixar desacautelados os direitos da personalidade de quem seja atingido pelo conteúdo inexacto das informações divulgadas. Com efeito, a tutela do crédito readquire a sua plenitude quando não se verifiquem razões ponderosas, do ponto de vista objectivo, para permitir o risco da livre divulgação de informações socialmente úteis[863].

No fundo, estabeleceu-se neste II § 824 uma solução de compromisso, de acordo com a qual se admite uma certa "relativização" da protecção dispensada aos direitos de personalidade em nome de importantes exigências de adequação e promoção sociais.

### 3.3. A crónica judiciária e a prossecução de interesses legítimos

No âmbito da administração da justiça levantam-se problemas delicados quanto á legitimidade da divulgação de notícias pela comummente designada "crónica judiciária". Constitui um dado inegável nas sociedades hodiernas civilizadas que os problemas relacionados com a justiça e a segurança suscitam uma atenção acrescida do público em geral. A curiosidade revela-se ainda mais intensa quando está em causa a divulgação de factos com relevância penal, mormente se estão pendentes processos judiciais.

Importa então questionar se a circunstância de ter sido instaurado um processo penal, ou de se praticarem actos importantes de tais procedimentos, como sejam a emanação de um despacho de acusação ou de pronúncia, constituem, por si só, factos justificativos da divulgação através da imprensa de notícias ofensivas da honra, bom nome e crédito das pessoas neles envolvidos.

Apesar de todas estas questões procedimentais assumirem relevância pública, desde logo, pelo facto de serem praticados por órgãos de soberania, não é possível a partir daí concluir automaticamente pelo interesse público da sua divulgação pela imprensa. A legitimidade para a publicação de tais notícias implica a tomada em consideração de outros aspectos fundamentais, entre os quais cumpre destacar as exigências de proporcio-

---

[863] No mesmo sentido, a propósito da causa de justificação consagrada no §193 do StGB quanto ao ilícito previsto no §186 do mesmo diploma, cfr. SCHRÖNKE, ADOLF / SCHRÖDER, HORST, *Strafgesetzbuch Kommentar ..., ob. cit.,* pág. 1577. Como sublinha Lenckner, o campo típico de aplicação do §193 do StGB é o §186 da lei penal alemã, LENCKNER, THEODOR, *"Die rechtfertigungsgründe und das Erfordernis pflichtgemässer prüfung", in H. Mayer – F. S.,* 1965, pág. 178.

nalidade entre o relevo das notícias e os bens da personalidade atingidos com a sua divulgação, a existência de meios alternativos de difusão das informações menos lesivos, bem como a interferência regulativa de princípios fundamentais de direito penal como a presunção de inocência, ou de exigência criminais de ressocialização, a oportunidade temporal de transmissão das notícias...

Encontrando-nos situados num domínio onde se tutelam valores fundamentais do ordenamento jurídico contra violações valoradas em termos comunitários como particularmente graves, impõe-se à imprensa uma particular prudência ao pronunciar-se sobre tais questões. O sensacionalismo informativo dominante nos nossos dias nem sempre adopta uma atitude de contenção, procedendo com frequência à publicação de notícias de crimes com pouco relevo comunitário. Este empolamento da importância das questões jurídico-penais, assim como a publicação de informações desactualizadas, constituem fonte de ataques desproporcionados aos bens jurídicos da personalidade das pessoas naquelas visadas.

No tocante ao núcleo de situações mencionado em último lugar, são muito frequentes os ataques injustificados ao bom nome e ao crédito dos visados. A publicação de notícias onde se dá conhecimento de situações jurídico-penais ocorridas, como sentenças de condenação, instauração de processos penais..., mas sem a posterior preocupação de fazer alusão a factos supervenientes susceptíveis de anular, ou pelo menos de atenuar, as repercussões nefastas desses acontecimentos (conduta exemplar da pessoa condenada no período de execução da pena, desistência da queixa que determinou o procedimento criminal...), são exemplos significativos de agressões ilícitas aos aludidos bens da personalidade.

Mesmo quando eventualmente o órgão da imprensa se retracte do comportamento assumido, nem sempre é possível reparar integralmente os danos entretanto provocados aos sujeitos visados pelas notícias iniciais. Desde logo, no caso da condenação penal cumprida de modo exemplar, o modo de actuação da comunicação social atrás indicado acabou por contender com exigências fundamentais de ressocialização. Importa então sopesar devidamente todas estas circunstâncias para podermos concluir acerca da licitude da divulgação de factos relativos à actividade judiciaria, uma vez que esta, por si só, não pode ser invocada como um interesse legítimo susceptível de permitir certos ataques desferidos a bens fundamentais da personalidade([864]).

---

([864]) Acerca do interesse público da divulgação pela imprensa de assuntos ligados à administração da justiça, cfr. COSTA, JOSÉ DE FARIA, *anotação ao art. 180.º...*, *ob. cit.*, pág. 619.

Não pensamos ser necessário autonomizar, à semelhança de quanto se verifica no âmbito do direito penal (art. 199.º do Código Penal), o direito à palavra. Na verdade, o direito à palavra (n.º 1 do art. 199.º do Código Penal) aparece, juntamente com o direito à imagem (n.º 2 do mesmo preceito da lei penal), regulados como realidades jurídicas merecedoras de uma tutela autónoma face ao bem jurídico da intimidade/privacidade.

Ao proceder deste modo, o legislador penal actuou em conformidade com a nossa lei fundamental, onde estes valores jurídicos são merecedores de protecção. Na senda de Costa Andrade, devemos caracterizar o direito à palavra como "o direito que assiste a cada um de decidir livremente se e quem pode gravar a sua palavra bem como, e depois de gravada, se e quem pode ouvir a gravação"([865]). De acordo com o autor, o titular deste direito, para além de ter, como sublinha Schmidhäuser, um poder soberano de domínio acústico sobre a palavra, goza ainda de uma plena disponibilidade sobre a mesma enquanto directa expressão da dignidade e personalidade humanas.

Neste contexto, a solução do direito penal português revelou-se inovadora, uma vez confrontada com o panorama do direito comparado (Suiça, Espanha, Áustria) onde a tutela da palavra, bem como da imagem, se encontram dependentes da protecção dispensada à intimidade/privacidade.

Também no direito germânico, o preceito onde esta matéria aparece regulada §201 do STGB – o bem jurídico aí protegido parece ser o da confidencialidade da palavra, configurando-se a infracção penal como um crime de indiscrição. Uma tal conclusão aparece, desde logo, apoiada pela rubrica constante no próprio artigo "violação da confidencialidade da palavra". Porém, a questão não se revela pacífica, propendendo o Tribunal Constitucional Federal a conceber o bem jurídico da palavra "autonomamente considerado como o alvo típico da protecção jurídico-penal"([866]).

No modelo acolhido pela legislação penal portuguesa, a protecção dispensada à palavra revela-se mais forte que aqueloutra reservada à imagem, pois enquanto a incriminação relativamente ao primeiro destes bens se verifica desde que sejam gravadas palavras **sem o consentimento** de quem as proferiu, o mesmo já não se passa quanto à imagem, onde a criminalização tem lugar apenas quando as fotografias ou filmes sejam obtidos ou utilizados **contra a vontade** do titular do direito à imagem.

---

([865]) Cfr. ANDRADE, M. COSTA, *anotação ao art. 199.º do Código Penal*, in Comentário Conimbricense do Código Penal, Parte Especial, tomo I, Coimbra, 1999, pág. 821.

([866]) Para uma análise mais desenvolvida do panorama jurídico alemão acerca do direito à palavra, cfr. ANDRADE, M. COSTA, *ob. ant. cit.*, pág. 820.

Já no âmbito do direito civil não encontramos uma referência expressa e autonomizada ao direito à palavra, ao invés de quanto sucede no tocante ao direito à imagem, o qual se encontra regulado no art. 79.º. Porém, a protecção juscivilista concedida à imagem revela-se também distinta dos contornos da tutela penal atrás esboçados. Desde logo, o ilícito civil emerge quando o retrato de uma pessoa é exposto, reproduzido ou lançado no comércio sem o consentimento, não exigindo uma manifestação de vontade contrária à realização de tais actos por parte do titular do direito à imagem.

Para além disso, a tutela da imagem surge, à semelhança da generalidade das leis penais europeias, particularmente associada à protecção da intimidade/privacidade tal como resulta do disposto no n.º 2 do art. 79.º.

Porém, se relativamente à imagem ainda se poderá justificar uma autonomia de tratamento face ao direito ao livre desenvolvimento da personalidade onde se filia, tendo em conta todas as especificidades técnicas necessárias para a sua emergência (retrato), o mesmo não se deve sufragar quanto ao direito à palavra. Com efeito, em causa está tão somente uma prerrogativa naturalmente incluída no *Rahmenrecht* da liberdade de expressão. O concreto direito de cada um expressar por palavras as suas opiniões, bem como certas afirmações de factos, corresponde a uma natural necessidade antropológica de comunicação.

Desta feita, o seu conteúdo esgota-se na referência ao direito matriz, constituindo uma das suas dimensões mais significativas. Uma outra vertente intimamente relacionada com este poder de expressão por palavras, traduz-se na faculdade de dialogar e discursar através de outras formas relativamente às quais também seja reconhecido valor comunicativo, em suma, aos comportamentos concludentes (art. 217.º). Uma tal conclusão surge legitimada pelo princípio da equiparação, no âmbito do ordenamento civil, entre as declarações expressas e tácitas. Apesar da equiparação referida neste preceito do Código Civil se reportar especificamente à atribuição de valor negocial às declarações, pensamos não se suscitar dúvidas em estender a aplicabilidade desta regra a todos os comportamentos humanos com relevância comunicativa.

Aliás, apenas de acordo com este entendimento se podem equacionar devidamente certas questões, como sejam a da conformidade de certas manifestações artísticas com as exigências dos bons costumes, e dos possíveis ataques por aquelas dirigidas aos bens da honra e do bom nome de outrem. Estamos a pensar nomeadamente em certos domínios específicos do universo artístico, cumprindo destacar, como exemplo paradigmático, o sector da pintura, escultura e do comummente designado teatro mudo.

Revelando-se o "direito à palavra" como uma das manifestações da liberdade de expressão, então a possibilidade do seu titular não admitir a gravação das palavras por si produzidas tutelado pelo art. 199.º do Código Penal, aparece garantida no direito civil através do reconhecimento da existência de uma vertente negativa no âmbito deste poder.

### 3.4. Declarações anónimas e a prossecução de interesses legítimos

Ainda com o propósito de melhor apurar o sentido e alcance da causa de exclusão do ilícito prevista no II §824, cumpre fazer referência a uma característica fundamental para admitir a sua relevância: a transparência do *iter* informativo, destacando-se a este propósito a possibilidade de identificar com clareza o autor das afirmações divulgadas. Não se revela assim legítima a divulgação anónima de informações quando estas provoquem ofensas nos bens da personalidade de outrem, não obstante poder corresponder algum interesse, do ponto de vista informativo, à temática ou conteúdo das mensagens difundidas. Apesar de se poderem revelar significativos os assuntos versados nas mensagens publicamente divulgadas, o anonimato faz presumir apenas a existência de motivações pessoais suspeitas do agente desconhecido, ou seja de notícias parciais[867] ou tendenciosas.

Ao interesse social de esclarecimento do público acerca de questões relevantes, acabam por sobrepor-se os propósitos meramente pessoais, que se revelam amiúde particularmente mesquinhos e suspeitos[868].

---

[867] Neste sentido, cfr. PALANDT, *Bürgerliches...*, *ob. cit.* (65 auflage), pág. 1277, WAGNER, GERHARD, anotação ao §824 do B.G.B...., Münchener..., *ob. cit.*, págs. 1880-1881.

[868] Neste sentido, cfr. a decisão paradigmática do B.G.H. (*urt.v. 8.3.1966(Hamun,* in N.J.W., 1966, págs. 1213-1215), onde claramente se considera que a divulgação anónima de notícias causadoras de danos não patrimoniais a outrem não pode considerar-se justificada com fundamento na prossecução de interesses legítimos § 193 STGB. O tribunal de recurso veio problematizar a questão *sub índice* devolvendo os autos às instâncias inferiores para apurar devidamente os assuntos objecto da polémica.

O demandado era membro de um partido político antagónico ao do autor, e ambos desempenhavam funções de direcção na imprensa escrita. O réu começou por publicar um artigo num periódico luxemburguês onde noticiava um negócio de aquisição de um edifício estadual realizado pelo autor durante o período da segunda grande guerra, altamente rentável para o adquirente, em virtude de este ter beneficiado de significativas vantagens financeiras ao abrigo do seu estatuto de refugiado alemão.

Considerando-se particularmente atingido nos seus direitos de personalidade, o autor veio a deduzir em juízo um pedido compensação pelos danos não patrimoniais sofridos. Estando em causa a divulgação de factos susceptíveis de pôr em risco a reputação social do lesado, o tribunal de recurso considerou indispensável averiguar da veracidade das declarações transmitidas, fazendo recair sobre o autor o ónus da prova da falsidade das declarações. Ao réu compete apenas demonstrar ter procedido com diligência à recolha das informações, cfr. N.J.W., 66, *ob. cit.*, pág. 1215.

De acordo com a opinião do B.G.H., cumpre averiguar se a divulgação da notícia através do periódico luxemburguês não se poderá considerar justificada nos termos do §193.º STGB, ou seja, se o esclarecimento do público acerca do episódio narrado não envolverá a prossecução de legítimos interesses informativos capaz de excluir a responsabilidade de quem o divulgou. Em relação a tal ponto, este tribunal superior não considerou suficiente a circunstância do artigo ter sido publicado num jornal reputado como credível. Revelar-se-á, antes de mais, necessário demonstrar que o periódico forneceu ao público destinatário os elementos suficientes para este ficar esclarecido quanto ao posicionamento dos protagonistas da situação descrita, competindo ao réu demonstrar a observância de todos os cuidados exigíveis para garantir a neutralidade informativa, de um modo particular, a preocupação de aceder a fontes de informação rigorosas.

Com a divulgação deste evento noticioso, o réu quis denegrir publicamente a seriedade negocial e financeira do autor. Através do seu advogado, o visado por estas notícias chamou a atenção do chefe de redacção do periódico do réu para a gravidade penal de tais declarações difamatórias. Na sequência deste contacto, o réu deliberadamente deixou de publicar novos artigos através da imprensa. Porém, posteriormente começaram a circular nos mais variados departamentos de Hamburgo e Frankfurt (lojas, igrejas, instituições oficiais, museus) notícias com o mesmo teor, mas cuja autoria era desconhecida. As pesquisas e estudos comparativos da caligrafia permitiram identificar o réu como sendo o autor destes escritos.

No tocante à divulgação anónima das notícias, o tribunal de recurso considerou fundamental determinar se esta forma de actuação não deverá considerar-se como um instrumento legítimo da luta partidária empreendida pelo director do periódico, que é simultaneamente membro de uma força política da Alemanha. Encontrando-nos situados num universo específico, onde a livre expressão de opiniões ou de juízos valorativos é considerada como a força motora da actividade político-partidária, esta forma de actuação do réu poderá até considerar-se legítima, e como tal, não ofensiva dos direitos de personalidade do autor.

Porém, no caso *sub judice*, encontrava-se em causa a divulgação de factos.

Neste contexto, pode-se, porém, questionar se a litigância e a conflitualidade política não devam antes socorrer-se de outras formas de expressão mais adequadas para se desenvolver. Tem-se realmente entendido que o anonimato não constitui o tipo de actuação mais idóneo para garantir o livre debate político. A discussão travada neste universo apenas pode surtir efeito útil quando se destine a clarificar ideias, programas de actuação ..., ao serviço das quais as forças políticas se encontram.

Assim sendo, deve ser exigível uma transparência e frontalidade de posições enquanto pressuposto fundamental do debate político. A assunção da paternidade ou autoria das afirmações divulgadas publicamente representa, por seu turno, uma condição indispensável para que a discussão político-partidária revista as características acabadas de mencionar.

O anonimato na divulgação das mensagens constitui um indício sério de que o discurso desse modo encetado tem em vista servir apenas interesses pessoais inconfessados e

## 3.5. O exercício de direitos e o cumprimento de deveres como causas de justificação do ilícito ao crédito e ao bom nome

Cumpre interrogarmo-nos sobre a possibilidade de a prossecução de interesses legítimos, seja do autor das declarações, ou dos destinatários, funcionar como uma causa de exclusão da responsabilidade civil prevista no art. 484.º, apesar da nossa lei não consagrar uma formulação idêntica à contida no II § 824 do B.G.B. Não podemos, todavia, ignorar que são unanimemente reconhecidas certas causas gerais de exclusão da ilicitude, a par das específica e tipicamente previstas no Código Civil português (arts. 336.º, 337.º, 339.º e 340.º).

Neste contexto, podemos reportar-nos ao universo dos factos lesivos dos direitos de outrem praticados na sequência do exercício de um direito do agente, ou do cumprimento de um dever por parte deste[869]. Em tais situações, a aparente ilicitude da conduta do lesante consubstanciada na violação dos direitos subjectivos absolutos alheios, encontra justificação, seja num quadro de deveres funcionais fixado, por via legal ou regulamentar, seja ao abrigo do exercício de prerrogativa(s) reconhecida(s) pelo ordenamento jurídico ao agente.

Quando no cumprimento das atribuições integradas no organigrama funcional correspondente a uma determinada categoria sócio-profissional, alguém profere declarações ofensivas do bom nome e crédito de outrem, pode este não ser civilmente responsável, tal como sucederia em termos gerais, se o agente não invocasse o cumprimento de um dever como causa de exclusão do ilícito cometido. Basta pensar na leitura por um oficial de justiça de uma sentença judicial ou de um outro documento, onde se encontrem reproduzidas[870][871] declarações ofensivas dos direitos de personali-

---

mesquinhos. Na hipótese *sub judice*, a divulgação anónima de declarações podia ter ainda como objectivo desacreditar um concorrente, extravasando-se deste modo os cânones de uma "concorrência leal" no universo político. Acerca *"die anonyme verbreitung des artikels"*, cfr. N.J.W., 1966..., *ob. cit.*, pág. 1215. O tribunal de recurso ao determinar a *zurückverweisung*, teve em vista permitir um adequado esclarecimento das questões relevantes para uma correcta decisão da causa, abrindo-se desta forma ao autor a possibilidade de sustentar fundamentadamente as suas pretensões relativamente aos vários problemas controvertidos, através de uma demonstração da existência e relevância dos factos onde o seu pedido se encontra apoiado. Cfr., N.J.W., *ob. ant. cit.*, pág. 1216.

([869]) Neste sentido, cfr., por todos, VARELA, J. ANTUNES, *Das Obrigações I...*, *ob.cit.*, págs. 552-553, COSTA, M. ALMEIDA, *Direito das Obrigações...*, *ob. cit.*, pág. 567 e ss.

([870]) Porém, podem registar-se situações em que, não obstante a reprodução de declarações de terceiros seja feita em condições que permitam aos destinatários identificar o

dade de quem propôs uma acção ou outro procedimento adequado para a sua tutela([872]). Porém, a exclusão da ilicitude apenas ocorre quando estiver em causa uma relação de direito público e já não quando nos situamos perante o cumprimento do dever de obediência filiado numa vulgar relação laboral([873]).

Em relação ao exercício de um direito enquanto causa geral de exclusão do ilícito previsto no art. 484.º, podemos destacar as afirmações proferidas por um juiz, ou as diligências por este desenvolvidas para o apuramento da verdade dos factos, nas quais o magistrado atinge o bom nome e o crédito([874]) das partes no processo. Não é, porém, inteiramente líquido enquadrar a exclusão do ilícito em tais hipóteses apenas no quadro do exercício de direitos. Na verdade, o juiz no exercício das suas prerrogativas judiciais, não deixa de, simultaneamente, cumprir um dever a que se encontra constitucionalmente vinculado: o dever de boa administração da justiça.

---

verdadeiro autor das declarações, deverá haver lugar para a responsabilização de quem proceda à sua reprodução pública. Para tanto, basta registar-se uma hipótese de descontextualização das afirmações proferidas, ou de uma clara desproporção entre os interesses protegidos com as declarações e os valores da personalidade atingidos. O ilícito fundamenta-se aqui na renovação inoportuna e desadequada de ofensas pelas quais o seu verdadeiro autor possa ter até já sido responsabilizado.

Assim, e a título exemplificativo, se o oficial de justiça proceder à leitura dos documentos oficiais numa reunião de amigos, ou noutro local onde não se encontre a exercer as suas funções, poder-se-á admitir a sua responsabilização com os fundamentos atrás referidos.

([871]) Poderemos referir-nos aqui mais genericamente às múltiplas relações de dependência existentes na administração estadual central, a qual se estrutura de acordo com um modelo de repartição vertical de competências.

Porém, nem sempre o dever de obediência e o correspectivo poder de direcção e de controlo, permitem a justificação da ilicitude cometida pelos funcionários do Estado quando a actuação destes se traduza no cumprimento de directrizes ou ordens emanadas pelo superior hierárquico. Na verdade, quando do cumprimento dos deveres de obediência resulte a prática de crimes, veja-se o disposto no art. 271.º, n.º 3 da Constituição.

([872]) Neste sentido se pronuncia também Antunes Varela, ao referir como exemplo paradigmático de exclusão da ilicitude por cumprimento de um dever. "O acto dos funcionários de justiça que, em cumprimento de ordem legítima, sacrificam certos direitos do réu ou do presuntivo delinquente", cfr. VARELA, J. ANTUNES, *Das Obrigações em Geral I..., ob. cit.*, págs. 552-553.

([873]) Cfr., a este propósito, LEITÃO, L. MENEZES, *Direito das Obrigações I..., ob. cit.*, pág. 305.

([874]) Em certo tipo de procedimentos judiciais, como sejam aqueles relacionados com crimes sexuais, tanto no caso da decisão das questões criminais, como dos problemas cíveis, assiste-se a uma natural e legítima devassa judicial do direito à intimidade da vida privada, do arguido ou do assistente, do lesante ou do lesado.

Destarte, as prerrogativas ao abrigo das quais o juiz possa encontrar justificação para as afirmações ofensivas dos direitos de personalidade das partes, podem também, paradoxalmente, traduzir-se no cumprimento dos respectivos deveres funcionais. No fundo, poderemos convocar com toda a propriedade a figura dos poderes-deveres ou poderes funcionais para enquadrar devidamente os actos praticados pelos juízes no exercício das respectivas atribuições jurisdicionais.

Mesmo conferindo ao exercício dos poderes judiciais esta natureza mista de poder-dever, não é incorrecto convocar o exercício do direito enquanto causa de exclusão do ilícito previsto no 484.º, nas hipóteses em que o juiz exerça certas prerrogativas próprias no âmbito da sua magistratura. Todos os exemplos acabados de mencionar permitem-nos responder afirmativamente à questão colocada no início deste capítulo([875]).

Porém, a exclusão do ilícito apenas se verifica quando os factos divulgados pelo agente não sejam demonstravelmente verdadeiros([876]) conquanto posteriormente seja demonstrada a sua falsidade, ou as declarações tenham sido proferidas num momento em que não se tenha produzido actividade probatória suficiente em ordem à definição da verdade sobre a situação *sub judice*.

---

([875]) Exactamente na mesma direcção se inclina a decisão do acórdão do Supremo Tribunal de Justiça de 27 de Novembro de 2001, ao considerar que o exercício do direito de queixa, mesmo quando o arguido tenha sido absolvido no processo criminal pode justificar a lesão causada na consideração e prestígio social deste último. Apoiando-se nos ensinamentos de Antunes Varela, já atrás também por nós convocados, o Supremo entendeu "que os ora réus exerceram um direito de queixa perante a autoridade policial, imputando ao ora autor o "furto" de determinados objectos. Por isso, também nesta vertente se justifica concluir pela não verificação dos requisitos que a indemnização por facto ilícito pressupõe, desde logo, o da ilicitude", cfr. Acórdão do Supremo Tribunal de Justiça de 27 de Novembro de 2001, *in* Colectânea de Jurisprudência, ano IX, tomo III, 2001, pág. 124.

([876]) Neste sentido se pronuncia também o acórdão do Supremo Tribunal de Justiça de 27 de Novembro de 2001, à semelhança do que a propósito da mesma questão havia sustentado o acórdão da Relação de Coimbra de 20-03-01. Estando em causa no caso *sub índice* a apresentação de uma queixa crime, da qual o arguido foi absolvido em virtude de os elementos do crime não terem ficado provados, e na sequência da mesma este se considerou particularmente lesado no seu "bom nome e consideração social, honra e liberdade"(cfr. acórdão do Supremo Tribunal de Justiça de 27 de Novembro de 2001..., *cit.,* pág. 122), a Relação e o Supremo entenderam não ter ficado demonstrado que "os réus tivessem apresentado a queixa crime cientes da falsidade da imputação", cfr. acórdão do Supremo Tribunal de Justiça de 27 de Novembro de 2001..., *cit.,* pág. 123. Apesar desta apreciação dos tribunais superiores se destinar fundamentalmente a excluir a existência de denúncia caluniosa na situação decidida em via de recurso, não podemos deixar de retirar desta conclusão importantes ilações quando nos pronunciamos sobre os problemas de responsabilidade delitual aí implicados.

De igual modo, apesar de não encontrarmos no art. 484.º uma fórmula onde se faça expressa menção ao requisito dos interesses legítimos prosseguidos por quem profere as afirmações ou pelos respectivos destinatários, certo é que o cumprimento de um dever ou o exercício de um direito levam necessariamente implicado a tutela de interesses legítimos (de outrem, no primeiro caso([877]), e próprios no segundo). Razão por que, ao admitirmos o afastamento da ilicitude pela invocação destas causas gerais de exclusão, acabamos por aceitar como pressuposto para o funcionamento das mesmas a prossecução de interesses legítimos. Cumpre finalmente sublinhar que ao atribuir-se relevância às causas gerais de exclusão do ilícito atrás referidas, estamos apenas a subordinar o ilícito previsto no art. 484.º enquanto modalidade especial da ilicitude, aos princípios gerais da responsabilidade delitual([878]).

# CAPÍTULO 4
# ILÍCITO AO CRÉDITO E AO BOM NOME.
# QUESTÕES PROBATÓRIAS

**4.1. O ilícito ao crédito e ao bom nome e a questão da prova. Breves considerações em torno das normas sobre repartição do ónus da prova e a proibição do "non liquet"**

Problema particularmente relevante no âmbito do ilícito ao bom nome e ao crédito é o de saber quem tem de provar o quê, a fim de se efectivar o direito à indemnização pelos danos provocados em virtude da afirmação de factos violadores do bom nome e do crédito de outrem.

Impõe-se assim uma atenção especial quanto à questão do ónus da prova, e de um modo particular, em relação às normas sobre a sua repartição([879]). A importância do instituto do ónus da prova não se confina apenas

---

([877]) Como sabemos, o dever jurídico traduz-se num comportamento imposto a alguém para satisfazer interesses alheios, ou seja, os interesses do titular do correlativo direito. Cfr., neste sentido, VARELA, J. ANTUNES, *Das Obrigações... I, ob. cit.*, pág. 52 e ss.

([878]) Neste sentido, cfr. acórdão do Supremo Tribunal de Justiça de 27 de Novembro de 2001..., *cit.*, pág. 122.

([879]) Ao pretendermos averiguar o problema de saber a quem compete provar os factos, estamos a reportar-nos apenas a uma das dimensões da figura do ónus da prova: o ónus da prova subjectivo, na distinção sufragada por Rosenberg entre ónus subjectivo e ónus objectivo. Na verdade, esta faceta do ónus da prova (*Beweisfuhrunglast*) encontra-se ligada à posição dos litigantes, pois a grande preocupação neste contexto consiste em saber quem deve suportar o risco decorrente da prova frustrada ou da falta de prova.

Não podemos, porém, ignorar a outra dimensão do ónus da prova conexionada com a actividade do juiz quando procede ao julgamento da matéria de facto. Num sistema processual, como é o nosso, onde o princípio do dispositivo, apesar de preponderante, não vigora em termos absolutos, surgindo, antes, contemporizado com exigências regulativas do inquisitório, torna-se fundamental tomar em consideração esta faceta objectiva do ónus da prova. Neste contexto, a grande questão está em determinar se todos os factos constantes da base instrutória podem ser valorados, para efeitos probatórios pelo juiz.

Os princípios da aquisição processual (art. 515.º do Código de Processo Civil) e da livre apreciação da prova apontam para uma solução afirmativa. Neste sentido, referindo-se a estes princípios enquanto limites ao ónus da prova subjectivo, cfr. REIS, JOSÉ ALBERTO DOS, *Código de Processo Civil Anotado, III,* Coimbra, 1962, pág. 271. Em nome da descoberta da verdade material, importante é saber se o juiz formou uma convicção acerca da existência de determinados factos, e não tanto se a prova dos mesmos foi efectuada pela parte a quem incumbia fazê-la. De acordo com esta perspectiva, mesmo quando determinado aspecto da matéria de facto tenha sido provado pela parte contrária a quem incumbia o ónus da respectiva prova, o decidente pode valorar livremente o material probatório que chegou ao seu conhecimento. A mesma conclusão deve ser sufragada quando uma questão de facto tenha ficado esclarecida em virtude das diligências realizadas por iniciativa do juiz ao abrigo do disposto no n.º 3 do art. 265.º do Código de Processo Civil. Quaisquer provas obtidas durante a tramitação processual devem considerar-se como uma aquisição processual, e constituem importantes elementos para evitar uma situação de *non liquet.*

Podemos legitimamente questionar se o ónus da prova objectivo pode ser qualificado como um autêntico ónus. A actividade do interessado não surge aqui como uma condição necessária e suficiente para o onerado alcançar uma vantagem jurídica, tal como é característico nesta figura. Razão por que Castro Mendes se tenha referido ao ónus da prova objectivo como um ónus imperfeito, cfr. MENDES, J. CASTRO, *Do conceito jurídico da Prova em Processo Civil,* Lisboa, 1961, pág. 440. Ao atribuir-se relevância a esta vertente do ónus da prova limita-se de forma clara a influência do *Beweisfuhrunglast,* porquanto o juiz não decide necessariamente contra a parte onerada, se do processo constarem elementos susceptíveis de concluir pela procedência da sua pretensão, mesmo que estes tenham sido trazidos à lide pela contraparte.

Uma tal circunstância não anula, porém, a importância assumida pelas normas de repartição do ónus da prova enquanto regras de conduta. Com efeito, tendo consciência da incerteza coenvolvida no domínio da produção da prova, a parte sobre quem recai a ónus de provar tenderá a demonstrar a existência da matéria factual que sustenta a sua pretensão. De igual modo, a contraparte, uma vez convicta da falta de veracidade do(s) facto(s) alegado(s) por quem recaía o ónus probatório, tem interesse em impugná-lo(s) especificadamente, a fim de o juiz não se convencer da exactidão daquela base factual.

Constituindo a descoberta e a restituição da verdade material uma finalidade principal do processo, torna-se importante aproveitar as possibilidade probatórias oferecidas

a este universo do ilícito ao bom nome e ao crédito. No âmbito do ordenamento jurídico português, as normas sobre a repartição do ónus da prova revelam-se um precioso auxílio para uma boa administração da justiça.

Ao contrário de quanto era característico na tradição romanística, o juiz não pode abster-se de julgar (art. 8.º)[880], mesmo quando lhe subsistam dúvidas insanáveis acerca do modo como há-de pôr termo ao litígio. Quer o estado de dúvida do juiz se reporte à matéria de facto submetida à sua apreciação, quer respeite ao direito aplicável ao litígio, não é possível ao decidente, em nome do valor da certeza ou segurança jurídica, abster-se de julgar.

Não é assim permitido ao tribunal proferir uma decisão sob reserva, relegando para outro julgamento o esclarecimento das dúvidas existentes quanto á matéria de facto. Com efeito, o nosso ordenamento jurídico não conhece a categoria intermédia dos factos duvidosos, pois a matéria factual apenas se pode qualificar como verdadeira ou falsa.

As regras sobre a repartição do ónus da prova podem revelar-se então como um auxiliar precioso para desfazer as dúvidas judiciais, e assim permitir pôr termo ao litígio.

Quando subsista uma dúvida acerca de determinados factos considerados como indispensáveis para proferir a decisão, o juiz deve desatender a pretensão da parte a quem, de acordo com regras probatórias, competia fazer a prova dos mesmos. No fundo, está-se a ligar a produção de um determinado efeito jurídico ao comportamento adoptado por uma das partes no processo[881][882].

---

pelas dimensões subjectiva e objectiva do ónus da prova. Ambas as vertentes constituem auxiliares fundamentais para impedir o *non liquet* judicial. Embora com sentidos e lógicas diversas, os ónus da prova objectivo e subjectivo fornecem regras capazes de alcançar uma decisão mesmo quando no espírito dos juízes persistem irredutíveis dúvidas.

Com efeito, não sendo possível ao juiz, em face de todo o arsenal probatório recolhido durante a lide, dissuadir as dúvidas em relação a determinadas questões factuais, a decisão judicial apresentará um conteúdo contrário ao da pretensão da parte a quem incumbia fazer a prova do(s) facto(s) respectivo(s). Como sublinha o acórdão da Relação de Coimbra de 3.2.1981, no âmbito do ónus da prova tem-se fundamentalmente em vista determinar como deve o tribunal decidir no caso de não se provar certo facto, cfr. Acórdão da Relação de Coimbra de 3.2.1981, *in* Colectânea de Jurisprudência, tomo I, 1981, pág. 32.

[880] A proibição de *non liquet* vem igualmente formulada no art. 3.º, n.º 2 do Estatuto dos Magistrados Judiciais. Também o n.º 1 do art. 156.º e o n.º 2 do art. 659.º do Código de Processo Civil fazem menção à obrigação do juiz proferir uma decisão.

[881] Tendo em conta que a sanção negativa é uma reacção desfavorável do ordenamento jurídico ao comportamento assumido por um determinado sujeito (acerca das sanções negativas, cfr. NEVES, A. CASTANHEIRA, *O sentido...*, ob. cit., pág. 23), e configurando-se

Bem vistas as coisas, encontra-se aqui em causa o conceito do ónus da prova subjectivo já atrás caracterizado. Em última análise, são as normas sobre a repartição do ónus da prova que condicionam o sentido da decisão judicial, sem prejuízo de o juiz poder tomar em consideração todos os elementos probatórios constantes do processo, independentemente de quem tenha efectuado a respectiva prova.

Desta feita, a complementaridade entre as dimensões objectiva e subjectiva do ónus da prova, revela-se essencial para garantir o cumprimento da regra fundamental contida no art. 8.º.

---

a sanção como o correlato do dever jurídico, poderíamos ser levados a falar de um dever de provar os factos a cargo das partes no processo, e não propriamente de ónus da prova. Uma tal qualificação não é, porém, rigorosa. A circunstância de não se considerarem provados determinados factos alegados pelo autor, ou de serem dados como assentes aqueloutros não contestados pelo réu, não pode ser necessariamente valorada como reacção desfavorável para a parte a quem incumbia provar a existência da matéria de facto, ou os obstáculos à determinação da sua existência.

Com efeito, a falta de prova de certos factos pelo autor pode não inviabilizar o ganho de causa da acção, assim como a constatação da existência da matéria factual não contestada pelo réu pode ser considerada como irrelevante na perspectiva da defesa. A incumbência de fazer a prova, deve ser antes qualificada como um ónus para as partes, porquanto a actividade probatória por estas desenvolvida deve ser vista como um comportamento destinado a alcançar um benefício. Ora, as partes são soberanas na avaliação das vantagens ligadas ao desenvolvimento da actividade probatória que sobre si impende. Um tal encargo probatório é assim estabelecida no interesse do onerado, e não no de outrem, tal como sucede quanto à figura do dever jurídico. Acerca da integração do ónus da prova no conceito de ónus, cfr. VARELA, J. ANTUNES, *Das Obrigações... I*, *ob. cit.*, págs. 59-61.

([882]) Uma tal avaliação acerca do acatamento pelas partes do ónus da prova que sobre elas impende fomenta "a inacção probatória da parte contrária até à prova do facto pela parte onerada (arts. 342.º e 343.º do Código Civil), cfr. SOUSA, MIGUEL TEIXEIRA DE, *A livre apreciação da prova em processo civil*, in Scientia Ivridica, 1984, pág. 116. Por seu turno, o sentido das decisões de acordo com as regras de repartição do ónus da prova é diverso consoante nos encontramos situados no âmbito do processo civil ou do processo penal. Com efeito, enquanto no processo civil as dúvidas probatórias são resolvidas contra a parte a quem incumbia a prova dos factos (a este propósito, cfr. MEYER, JUSTUS, *Wirtschaftsprivatrecht...*, *ob. cit.*, págs. 22-23), ocupe ela a posição de autor ou de réu, no processo penal, em virtude da influência regulativa do princípio *in dubio pro réu*, uma situação de *non liquet* será resolvida a favor do arguido. Assim sendo, tal como considera Teixeira de Sousa "em processo civil as exigências de fundamentação são iguais para a condenação e para absolvição e em processo penal as exigências de fundamentação são maiores para a condenação do que para a absolvição", cfr. SOUSA, MIGUEL TEIXEIRA DE, *A livre apreciação...*, *ob. cit.*, pág. 117.

### 4.1.2. Modelo normativo / modelo casuístico das regras de repartição do ónus da prova

Não constitui tarefa fácil proceder à repartição do ónus da prova dos factos entre as partes litigantes. Desde logo, formular um critério geral capaz de fornecer uma solução invariável para todos os casos constituiria a situação ideal do ponto de vista da segurança jurídica, mas revela-se uma tarefa extremamente complexa, para não dizer impossível.

Fixando-se nestas indiscutíveis dificuldades, uma certa doutrina sufragou um modelo casuístico para levar a cabo esta árdua tarefa de repartição do ónus da prova.

Competindo às partes, de harmonia com uma estrutura dispositiva do processo, a alegação e demonstração dos factos subjacentes às suas pretensões, o problema da identificação dos sujeitos incumbidos de desenvolver a actividade probatória, assim como a determinação do *quid* ou objecto sobre o qual recai, deve pertencer a alguém com uma particular ligação à lide processual. Caberia ao juiz, em face das circunstâncias do caso, e de acordo com as regras da equidade, determinar quem devia provar o quê.

Uma tal solução, se por um lado, evita os riscos decorrentes da adopção de um modelo abstracto e geral de repartição do ónus da prova, por outro, não deixa de levantar também algumas perplexidades.

Envolvendo-se o juiz de modo directo e intenso na questão da repartição do ónus da prova a propósito de cada questão judicial, corre-se o perigo de a posição de equidistância do decidente face ao conflito ficar bastante comprometida[883]. Estar-se-ia assim a atingir uma das características fundamentais do poder judicial: a independência dos magistrados.

Ponderadas as vantagens e os inconvenientes coenvolvidos em cada um dos paradigmas mencionados, a generalidade das legislações propendem para adoptar um sistema pré-definido e geral de repartição do ónus da prova[884].

---

[883] Cfr. SERRA, ADRIANO VAZ, *Provas, Direito Probatório Material*, in Bol. Min. Just., n.º 110, 1961, pág. 119.

[884] O Direito Português atribuiu sempre ao legislador a tarefa de ditar os critérios de orientação na repartição do ónus da prova, afastando assim os perigos decorrentes da opção por um modelo casuístico. Inspirado no Direito Romano *"ei incumbit probation qui dicit non qui negat"*, o art. 2045.º do Código de Seabra fazia recair sobre quem alega um facto, o ónus da respectiva prova, excepto quando existir alguma presunção de direito a seu favor.
Mais tarde, o art. 519.º do Código de Processo Civil de 1939, na senda do pensamento de Alberto dos Reis, onerava o autor com a prova dos factos positivos e negativos que constituem o fundamento da acção, e o réu com a demonstração da existência dos factos positivos e negativos da excepção por si invocada. Desde 1966, a regra geral de repartição

### 4.1.3. Algumas considerações em torno de vários critérios de repartição do ónus da prova

Não podemos ignorar que no contexto de uma estrutura processual dispositiva os factos e o processo são das partes, competindo a estas a arrumação e organização da matéria factual de acordo com as regras processuais em vigor.

Porém, a enunciação de princípios gerais em matéria de repartição do ónus da prova constitui uma árdua tarefa[885], tendo dado origem à emergência no plano doutrinal de vários critérios, de acordo com os quais se têm baseado as propostas de resolução dos principais problemas surgidos neste contexto.

Referimo-nos, entre outras, às perspectivas do **interesse na prova, interesse na afirmação, ónus de afirmação, ónus da prova da norma favorável em face da posição ocupada pelas partes na lide processual**.

Segundo o critério do interesse da prova, a cada uma das partes cumpre provar os factos que pretende sejam considerados como verdadeiros pelo juiz. Uma tal orientação sufragada por Chiovenda reservava ao autor a prova dos factos constitutivos e ao réu prova dos factos impeditivos.

---

do ónus da prova encontra-se consagrada no Código Civil (art. 342.º). Aí se estatui o encargo probatório dos factos constitutivos do direito sobre quem procede à invocação da sua titularidade e a prova dos factos impeditivos, modificativos e extintivos competirá aquele contra quem a invocação do direito é feita.

Ao longo dos tempos não podemos deixar de acentuar uma tendência dos sucessivos legisladores para tornar mais precisos os critérios de repartição do ónus da prova. Uma tal preocupação resulta clara se atentarmos na fórmula genérica e indiscriminada utilizada pelo art. 2045.º do Código de Seabra, por contraposição às especificidades constantes nas posteriores legislações mencionadas, quer na referência à posição das partes no processo, quer ao tipo de factos por estas invocados. Apesar de se ter registado um esforço no sentido de tornar mais claros os critérios de repartição do ónus da prova, o legislador actual continua bem consciente da dificuldade de regular a matéria em análise. Na verdade, nem sempre constitui tarefa fácil fazer a destrinça entre os factos constitutivos do direito e os factos impeditivos, modificativos e extintivos do direito alegado.

A consciência legislativa de tais dificuldades revela-se de modo manifesto na circunstância de o art. 342.º conter um número 3, onde se estatui que subsistindo dúvida quanto à qualificação dos factos, estes devem classificar-se como constitutivos. Para além disso, não nos parece evidente a possibilidade de considerar os factos modificativos como uma categoria autónoma. Na verdade, como adverte Alberto dos Reis, os factos modificativos não têm autonomia, porquanto estes acabam por se converter em factos impeditivos ou extintivos da relação jurídica, conforme o sentido da modificação aí operada. Cfr. REIS, JOSÉ ALBERTO DOS, *Código de Processo Civil Anotado, III*, n.º 7 da anotação aos arts. 519.º e 520.º.

[885] Cfr. a este propósito, SERRA, ADRIANO VAZ, *Provas..., ob. cit.,* pág. 119.

A proposta mencionada suscitou particulares críticas, tendo em conta as equivocidades nela patenteadas. Baseando-se no interesse da prova dos factos pelas partes litigantes, a teoria de Chiovenda cria um ambiente de certa ambiguidade, uma vez que a alegação de um facto em juízo gera interesses probatórios com direcções distintas. Enquanto o autor visa demonstrar a existência do facto, o réu preocupa-se em provar a sua inexistência.

Tendo em conta estas dificuldades, e centrando-se na distinção entre interesse da prova (ao qual corresponde natureza bilateral), e interesse na afirmação (caracterizado pela sua unilateralidade), Carnelutti faz recair o ónus da prova dos factos sobre quem os tenha invocado como base da sua pretensão. Desta feita, competiria ao autor provar os factos constitutivos invocados como suporte da sua pretensão, e ao réu demonstrar os factos impeditivos, modificativos ou extintivos subjacentes à excepção por si alegada em juízo.[886]

Revelando-se como particularmente ajustada, em virtude de fazer recair a prova sobre quem, em princípio, se encontre em melhores condições para demonstrar os factos (o alegante da matéria factual)[887], a perspectiva

---

[886] Cfr. CARNELUTTI, FRANCESCO, *Sistema di Diritto Processuale Civile,* Padova, 1936, pág. 424 e ss.

[887] Subjacente a esta perspectiva, bem como em relação às demais propostas doutrinais de repartição do ónus da prova, encontra-se pressuposta a distinção entre ónus da prova e ónus de alegação. O ónus de alegação antecede cronológica e logicamente o ónus da prova, uma vez que a prova há-de recair necessariamente sobre os factos invocados pelas partes em juízo como fundamento da sua pretensão (acção ou excepção). Com isto não se quer significar que a actividade probatória desenvolvida em juízo tenha de recair sobre todos os factos invocados pelas partes em juízo. Apenas se quer concluir, que não podemos considerar válida a prova de factos não alegados pelas partes, assim como se deve considerar irrelevante a actividade probatória desenvolvida relativamente a factos não invocados nas diversas peças processuais onde se consubstancia o *thema probandum.* Cfr., neste sentido, CARLI, ANDREA, *Alla ricerca di un critério generale in tema di ripartizione tra le parti dell'onere di allegazione e dell'onere della prova, in* Contratto e Impresa, 2002, n.º 3, pág. 1007 e ss.

Este modelo de dependência do ónus da prova face ao ónus de alegação, constitui a solução mais consentânea com as exigências regulativas do princípio do contraditório. Apenas deste modo é facultado às partes o conhecimento prévio e tempestivo dos factos especificamente constitutivos da demanda ou da defesa. Referimo-nos a factos especificamente constitutivos, uma vez que o ónus de alegação implica uma actividade de concretização ou individualização dos factos, não bastando uma alegação genérica das circunstâncias onde se fundamentam a acção ou a excepção deduzidas em juízo. A título meramente exemplificativo, numa acção de indemnização por ilícito contratual, ao autor compete fazer a alegação do título de onde emerge a obrigação (o contrato), assim como do facto determinante do incumprimento (a falta de entrega da coisa devida num determinado

de Carnelutti presta-se a alguns equívocos, por não tomar em devida consideração a avaliação das partes quanto à oportunidade de desenvolver uma actividade probatória. A simples circunstância de o réu ter afirmado em juízo a inexistência dos factos alegados pelo autor na acção, não implica necessariamente que lhe incumba proceder à prova da não ocorrência da matéria factual em discussão. Na verdade, quando o autor não tenha provado a existência de tais factos, não tem o réu vantagem jurídica em provar a inexistência dos mesmos, ao contrário de quanto se poderia inferir da proposta de Carnelutti.

Razão por que uma certa orientação doutrinal (Betti) tenha preferido um outro critério – o do ónus da afirmação em lugar daqueloutro do interesse([888]). De acordo com esta perspectiva, a resolução do problema do ónus da prova conexionase com o momento da produção da prova, e não com a fase dos articulados onde as partes definem as suas posições processuais. No fundo, o ónus da prova do réu só surge quando o autor tenha feito a prova dos factos constitutivos do direito por si invocado.

De acordo com esta orientação, pode falar-se de uma coincidência ou sintonia entre o ónus do pedido, o ónus da afirmação e o ónus da prova. Assim, quem formula um pedido em juízo tem o ónus de alegar os factos em que se apoia a sua pretensão, e subsequentemente o respectivo ónus de provar essa base factual. Por seu turno, se o réu se defender por excepção, recai sobre ele o ónus de alegar os factos onde aquela se baseia e o respectivo ónus de os provar. Este critério de Betti pode ser perspectivado não apenas de acordo com esta dimensão formal, onde se coloca em destaque a posição das partes na dialéctica processual, mas também segundo uma vertente material.

Nesta dimensão, coloca-se sobretudo em destaque a relevância assumida pelos factos na relação jurídica, tendo em conta as indicações fornecidas pelo direito substantivo. Destacando a necessidade de proceder ao entrecruzamento das exigências implicadas nas duas dimensões do critério de Betti, certos autores (Rosenberg e Micheli) criticam a tentativa de proceder a uma repartição do ónus da prova sem tomar em consideração a posição das partes no processo face ao efeito jurídico por elas pretendido.

Rosenberg coloca em destaque a necessidade das partes procederem à prova dos pressupostos fácticos das normas jurídicas como fundamento

---

prazo). A propósito do objecto do ónus de alegação, cfr. CARLI, ANDREA, *ob. ant. cit.,* pág. 1004 e ss.

([888]) BETTI, EMILIO, *Diritto Processuale Civile Italiano,* Roma, 1936, págs. 333 e ss.

das suas pretensões. Encontrando-se o efeito jurídico visado pelos litigantes dependente da aplicação de uma norma jurídica, e estando esta condicionada pela concreta verificação de um conjunto de elementos de facto, incumbe às partes proceder à prova dos mesmos para o juiz poder aplicar a norma jurídica capaz de dar guarida às suas pretensões([889]).

Para Micheli, a repartição do ónus da prova não deve ter em consideração a posição das partes perante a hipótese normativa abstracta da lei, mas sim o concreto efeito jurídico por elas pretendido em juízo. Apenas descortinada a posição real dos litigantes no processo([890]), se torna possível averiguar qual o papel desempenhado pelos factos invocados na relação jurídica entre aqueles entabulada.

No fundo, somente tendo em conta a pretensão jurídica substantiva deduzida pelas partes em juízo se torna possível determinar com rigor se os factos por elas invocados se destinam a fazer surgir um direito (cons-

---

([889]) Inerente a uma tal orientação encontra-se o princípio fundamental em matéria probatória, de acordo com o qual a prova deve ser feita por quem careça da demonstração da matéria factual respectiva para que o seu direito seja reconhecido em juízo. Neste sentido, cfr. MEYER, JUSTUS, *Wirtschafsprivatrecht...*, ob. cit., pág. 22. Desta feita, os factos não têm de ser provados por parte de quem os alega. Apenas quando os factos afirmados forem favoráveis à posição desse sujeito processual, podemos fazer recair sobre si o ónus da prova dos mesmos, pois o decidente não pode aplicar a norma de direito onde se fundamenta a pretensão deduzida em juízo se não ficarem provados os factos subjacentes à respectiva hipótese legal. Acerca desta possível dissonância entre a alegação e a prova dos factos, cfr. SERRA, ADRIANO VAZ, *Provas...*, ob. cit., pág. 121.

([890]) Concordando com a posição de Micheli, Vaz Serra avança com este sugestivo exemplo: "A prova relativa a se certo contrato é ou não nulo por incapacidade, erro, dolo ou coacção, cabe ao incapaz, errante ou coagido, se for demandado com base no contrato ou para a anulação deste, e cabe ao outro contraente, se intentar acção para declaração judicial da inexistência de algum de tais vícios ou da validade plena do contrato", cfr. SERRA, ADRIANO VAZ, *Provas...*, ob. cit., pág. 132. Considera, no entanto, necessário não levar os efeitos desta orientação até às últimas consequências. Nomeadamente em relação à prova pelo autor de uma acção para declaração judicial da validade plena do contrato, Vaz Serra considera praticamente impossível fazer a demonstração da inexistência de todos os vícios susceptíveis de atingir a validade do contrato, pois estes são numerosos e de difícil prova. Em causa está também aqui um outro problema particularmente complexo no universo probatório: o ónus da prova dos factos negativos.

Compreende-se, de resto, as advertências feitas por Vaz Serra, pois como sabemos a questão do ónus da prova não pode ser resolvida de forma inflexível para todos os casos, revelando-se particularmente importante a existência de normas especiais destinadas a regular de modo particular certas áreas onde as complexidades probatórias se afirmam mais intensamente. No sentido da posição sufragada por Micheli, propende ainda na doutrina nacional Antunes Varela, cfr. VARELA, J. ANTUNES, BEZERRA, MIGUEL e NORA, SAMPAIO, *Manual de Processo Civil*, 2.ª ed., Coimbra, 1985, pág. 454 e ss.

titutivos) ou se ao invés, nos deparamos perante um outro tipo de realidade, ou seja, factos tendentes a modificar ou extinguir um direito já existente.

Ora, uma tal avaliação revela-se de suma importância para levar a cabo uma distribuição equilibrada do ónus da prova, pois apenas com o acesso a estes dados se torna possível identificar quem deve provar o quê. Apesar das suas especificidades, as orientações de Rosenberg e de Micheli comungam de um núcleo de referências valorativas idênticas, devendo, por isso, ser consideradas como as mais abrangentes, por integrarem no seu âmago exigências de índole formal e substancial, e ainda por nelas se registar uma preocupação de ter em conta a posição concreta das partes no processo, e não apenas o seu posicionamento face ao quadro normativo abstracto da lei processual ou substantiva.

Por revestirem estas características, as perspectivas mencionadas conseguem minorar os perigos coenvolvidos na adopção de modelos gerais e abstractos de repartição do ónus da prova: a rigidez e inflexibilidade decorrentes da linearidade e unilateralidade dos pontos de vista onde a generalidade das concepções doutrinais sobre esta matéria se fundamentam. Ora, é precisamente com base nos ensinamentos de Rosenberg e Micheli que devemos enquadrar as soluções reservadas pelo direito positivo português ao problema da repartição do ónus da prova.

Assim, quem em juízo invoque uma determinada pretensão ou direito tem o ónus de provar os factos que, de acordo com as normas do direito substantivo vigentes, são considerados constitutivos de tal prerrogativa (art. 342.º, n.º 1). Por seu turno, aquele contra quem o direito é invocado incumbe-lhe fazer a prova dos factos considerados impeditivos, modificativos ou extintivos de uma tal pretensão (n.º 2 do art. 342.º). Tratando-se de um ónus, as partes apenas têm de fazer a prova dos factos considerados essenciais para a sua estratégia processual.

Estando em causa no domínio probatório uma actividade onde é frequente o risco de não se alcançar o objectivo à qual é dirigida – a demonstração da realidade dos factos –, as normas relativas ao ónus da prova permitem atenuar significativamente essa margem de incerteza, funcionando simultaneamente como importantes regras de conduta e de decisão[891].

---

[891] Como já nos referimos a propósito da distinção entre ónus subjectivo e ónus objectivo, as normas de repartição do ónus da prova (ónus subjectivo) fornecem indicações modeladoras da conduta das partes durante o processo. Por seu turno, o reconhecimento da influência modeladora dos princípios da aquisição processual e do inquisitório em matéria probatória (ónus objectivo), constituem pontos de apoio significativos para o juiz eliminar as suas dúvidas e proferir uma decisão.

## 4.2. Relevância probatória das presunções

Particularmente relevante no universo do ónus da prova são as presunções, pois a sua admissibilidade levanta questões delicadas, como sejam o problema da eventual alteração das regras de repartição do ónus da prova, da definição da tipologia de presunções, e da distinção entre esta categoria jurídica e outras figuras próximas. Igualmente problemática se configura a discussão em torno da natureza jurídica (processual ou substantiva) das presunções.

Não nos iremos debruçar sobre todas estas questões, porquanto um tal estudo extravasaria manifestamente o âmbito das nossas preocupações. Interessa-nos, porém, averiguar se a propósito do ilícito ao bom nome e ao crédito não poderemos identificar a existência de presunções em relação a algum dos pressupostos do art. 484.º, susceptíveis de implicar particulares especificidades em matéria de ónus da prova.

Antes de entrarmos na análise de uma tal problemática, não podemos deixar de caracterizar a figura da presunção. Nos termos do art. 349.º, presunções "são as ilações que a lei ou o julgador tira de um facto conhecido para firmar um facto desconhecido". Tendo em conta a natural incerteza reinante no domínio probatório, a prova por presunções revela-se de grande importância para evitar a ocorrência de situações de *non liquet*.

Sendo em muitos contextos (responsabilidade civil extracontratual, posse, filiação ...) extremamente difícil proceder à prova directa de determinados elementos, os ordenamentos jurídicos atribuem uma particular relevância aos juízos de probabilidade, retirados de regras da experiência, com o objectivo de permitir alcançar conclusões onde elas se revelariam particularmente difíceis de estabelecer.

Tendo em conta a normal conexão ou ligação existente entre determinados factos, a prova de um deles pode permitir concluir pela existência do outro, sem ser necessário estar a onerar a parte incumbida, de acordo com as regras legais, do encargo da prova do facto presumido. Assim sendo, subjacente a este aligeiramento da carga probatória encontram-se também razões de economia processual. Como nos diz Vaz Serra, inspirado nos ensinamentos de Ferruci e Barbero, "a presunção é a inferência ou processo lógico, mediante o qual, por via de uma regra de experiência (*id quod plerumque accidit*), se conclui, verificado certo facto, a existência de outro facto, que, em regra, é a consequência necessária daquele"([892]).

---

([892]) Cfr., SERRA, ADRIANO VAZ, *Provas...*, ob. cit., pág. 183.

Estas breves considerações em torno das presunções suscitam algumas questões pertinentes quanto ao seu enquadramento no universo probatório, bem como em relação às suas repercussões no tocante à repartição do ónus da prova. No tocante à qualificação das presunções no contexto do direito probatório, podemos legitimamente interrogar-nos se não nos encontraremos perante autênticos meios de prova.

A nossa lei regula a matéria das presunções no Capítulo II do Livro I – Título II do Código Civil dedicado às provas, e dentro deste na sua secção II. Em termos sistemáticos, nenhuma conclusão definitiva se pode retirar do lugar ocupado pela disciplina jurídica das presunções no Código Civil.

Com efeito, a matéria das presunções surge tratada logo após as disposições gerais relativas à matéria probatória (Secção I), e antes de certos meios de prova: Confissão (Secção III), Prova documental (Secção IV), Prova pericial (Secção V). Como o legislador não regula unitariamente os meios de prova numa única secção, não podemos retirar particulares ilações da sistematização legal da matéria da prova quanto à natureza jurídica das presunções.

Na verdade, as presunções tanto podem configurar-se como meios de prova, à semelhança daqueloutros regulados autonomamente nas secções subsequentes, como são susceptíveis de assumir uma qualquer outra qualificação mais compatível com a sua natureza no contexto específico do direito probatório. A convocação do elemento sistemático revela-se neste contexto como particularmente inócua[893]. Desta feita, cumpre debruçarmo-nos atentamente sobre a "estrutura probatória" das presunções para podermos avançar algumas conclusões acerca da sua natureza jurídica[894].

Não constitui tarefa fácil a resposta à questão de saber se as presunções constituem verdadeiros meios de prova. A doutrina tem-se manifestado particularmente dividida quando se debruça sobre esta problemática, apesar de a generalidade dos autores se inclinar para a resposta negativa, embora com fundamentos diversos. A maior dificuldade em demonstrar a realidade fáctica ligada à prova por presunções é o carácter indirecto da mesma, por contraposição à maior certeza e ao carácter directo[895] da

---

[893] Cfr., SERRA, ADRIANO VAZ, *Provas...*, ob. cit., pág. 172.

[894] Aliás, uma tal análise sempre seria exigível mesmo se o contexto sistemático da regulamentação positiva das presunções oferecesse indicações mais precisas acerca da sua natureza. Se assim não fizéssemos, estaríamos a adoptar uma posição conceitualista, a qual se revela de todo inaceitável.

[895] Referimo-nos ao carácter indirecto da prova por presunções pois neste âmbito retiram-se de um facto conhecido conclusões ou ilações de factos desconhecidos (o facto

prova *stricto sensu*, constituem critérios usualmente avançados para distinguir estas realidades consideradas como diversas([896]).

Uma outra dificuldade comummente apontada como obstáculo à qualificação das presunções enquanto meio de prova prende-se com a circunstância de estas se consubstanciarem em processos ou mecanismos lógicos de alcançar a verdade acerca de factos ou de relações jurídicas([897]) Na verdade, a convicção formada pelo juiz com base em presunções legais, ou judiciais, não resulta de uma normal actividade probatória desenvolvida pelas partes em juízo([898]).

Quem tiver a seu favor uma presunção legal, apenas lhe incumbe fazer a prova do facto base daquela, pois deste modo o juiz poderá logo concluir pela existência do facto presumido. Desta feita, não é exigível ao beneficiário da presunção desenvolver uma actividade probatória destinada a demonstrar a verificação do facto ou elemento normativo que o legislador, de acordo com ilações fundadas nas regras da experiência, presume ocorrer([899])([900]).

---

presumido). Não admira asim que o vocábulo romano da *fictio* tenha sido substituído, sem grande rigor, pela categoria da presunção. Sobre a substituição da *fictio* por outras expressões, cfr., JUSTO, A. SANTOS, *A "Fictio Iuris" no Direito Romano ("Actio Ficticia"), Época Clássica I, in* Suplemento ao B.F.D. n.º 32 (1982), pág. 8 e ss., *A Actio Ficticia e a Actio Utilis, in* Estudos em Homenagem ao Prof. Doutor Rogério Soares, Coimbra, 2001, pág. 1134.

Porém, e em rigor, também em relação à prova documental e testemunhal as mesmas conclusões se podem tecer, porquanto se retiram de factos conhecidos (documento ou depoimento testemunhal), conclusões acerca de factos desconhecidos (os factos sobre os quais incide a actividade probatória). Assim sendo, também em relação a estes domínios probatórios, poderíamos falar em provas indirectas. Cumpre, no entanto, colocar em destaque uma diferença fundamental: os documentos e as testemunhas enquanto meios de prova facultam uma demonstração dos factos desconhecidos tão rápida e imediata, que se torna muito difícil proceder à distinção entre estes e os factos conhecidos constantes destes instrumentos de prova. Razão por que, ao contrário das presunções onde as conclusões alcançadas resultam de processos de inferência lógicos (prova indirecta), devemos referirmo-nos à prova testemunhal, documental, pericial, com formas directas de produção probatória.

([896]) Cfr. MENDES, J. CASTRO, *Do Conceito Jurídico ..., ob. cit.,* pág. 312.

([897]) Consoante se retirem da base da presunção ilações acerca de factos ou de relações jurídicas, encontramo-nos respectivamente perante presunções de facto ou de direito. Para uma análise mais detalhada desta distinção, cfr. SERRA, ADRIANO VAZ, *Provas..., ob. cit.,* págs. 181-182.

([898]) Neste sentido se pronuncia Alberto dos Reis, ao considerar que "no aspecto do procedimento probatório, as presunções não têm autonomia processual, não dão lugar a quaisquer diligência probatórias que lhes sejam próprias...", cfr. REIS, JOSÉ ALBERTO DOS, *Código de Processo ... III, ob. cit.,* pág. 250.

([899]) Assim, quando estiver em causa uma hipótese de responsabilidade civil extracontratual fundada no n.º 2 do art. 493.º, o lesado apenas tem de provar o facto ilícito

Como a este propósito sublinha Vaz Serra, uma vez feita a prova do facto conhecido (base das presunções) com o recurso aos meios probatórios gerais "intervém a lei (no caso de presunções legais) ou o julgador (no caso de presunções judiciais) a concluir dele a existência de outro facto (presumido), servindo-se o julgador, para esse fim, de regras deduzidas da experiência da vida. Razão por que o autor, concordando com a orientação

---

consubstanciado nos direitos atingidos com o exercício de uma actividade perigosa. Uma vez realizada esta prova, presume-se, de acordo com o disposto neste preceito do Código Civil, a culpa do autor desse facto. Compete, então, a quem desenvolve um tal tipo de actividade demonstrar que não actuou de modo culposo.

Caso assim não proceda, o juiz considera culpado o agente, mesmo não se tendo desenvolvido uma normal actividade probatória dirigida a demonstrar a existência deste elemento da responsabilidade civil. A convicção do juiz é neste contexto formada com base nas referências lógicas previamente formuladas pelo legislador nesta matéria, as quais se traduzem no âmbito particular do n.º 2 do art. 493.º na seguinte conclusão: quem desenvolve actividades, por sua natureza ou pelos meios utilizados, consideradas perigosas presume-se culpado, pois a experiência tem demonstrado que quem exerce este tipo de condutas nem sempre cumpre os mais elementares deveres de diligência, de molde a evitar a ocorrência de danos. Além disso, uma tal presunção de culpa constitui um importante factor de prevenção, pois quem exerce uma actividade perigosa tenderá a cumprir com toda a diligência as suas funções para evitar a produção de danos. Na verdade, uma vez colocado um problema de responsabilidade civil nesta área, recairá sobre o agente a presunção prevista nesta norma do Código Civil. O legislador ao integrar ainda esta matéria das actividades perigosas no âmbito da responsabilidade subjectiva, quis demonstrar o carácter manifestamente excepcional conferido pelo nosso ordenamento jurídico à responsabilidade pelo risco, cfr., a este propósito, LIMA, PIRES DE, e VARELA, ANTUNES, (com colaboração de Mesquita, M. Henrique), *Código Civil... I, ob. cit.*, págs. 495-496.

([900]) O aligeiramento da carga probatória a favor de quem seja beneficiário de uma presunção legal *iuris tantum*, bem como as hipóteses de liberação ou dispensa de ónus da prova permitem-nos constatar que nem sempre se verifica uma verdadeira sintonia entre o ónus do pedido, da afirmação e o ónus da prova, tal como defendia Carnelutti a propósito da *vexata qœstio* da repartição do ónus da prova. Com efeito, nestas hipóteses o ónus de alegar em juízo os factos onde se fundamenta a pretensão das partes não é acompanhado do correspondente ónus de proceder à sua prova. Cumpre, porém, distinguir as situações atrás supra mencionadas de forma indistinta: presunções *iuris tantum* e liberações ou dispensas de prova.

Estão em causa, sem dúvida, realidades diferentes, pois enquanto a primeira categoria envolve apenas um aligeiramento da carga probatória, a segunda supõe algo de mais forte em termos de prova. Nos casos de dispensa do ónus da prova, a lei considera como adquirida determinada realidade de facto, em relação à qual o ónus da prova se inverte. Ou seja, até não haver prova do contrário, o facto considera-se como adquirido nos termos previstos na lei, sem se ter registado qualquer actividade probatória nesse sentido. Para melhor distinção entre as presunções *iuris tantum* e as dispensas do ónus da prova, cfr. SERRA, ADRIANO VAZ, *Provas...*, págs. 187-188.

fixada pelo acórdão do Supremo Tribunal de Justiça de 12 de Novembro de 1974([901]), qualifica as presunções como meios lógicos ou mentais, ou operações firmadas em regras de experiência, excluindo-os da categoria dos meios de prova.

Ponderadas estas razões, uma certa doutrina (Carnelutti) limita-se a incluir as presunções no âmbito da por si designada prova em sentido amplo, afastando-as do núcleo da prova em sentido estrito, onde apenas dava guarida aos instrumentos probatórios representativos, ou seja, aqueles susceptíveis de permitir alcançar imediatas conclusões probatórias em virtude das convicções por eles propiciadas ao decidente([902]). Assim sendo, também este autor não considera as presunções como verdadeiros meios de prova.

No contexto desta discussão em torno da natureza jurídica das presunções, cumpre fazer ainda referência à posição de Cabral de Moncada([903]) para quem as presunções *iuris tantum* devem ser qualificadas como meios de prova. Não está em causa, porém, a defesa em termos gerais da atribuição do epíteto de elementos ou meios de prova às figuras jurídicas reguladas nos arts. 349.º a 351.º. Com efeito, na opinião do autor as presunções *iuris et de iure*([904]) e as judiciais não devem considerar-se como

---

([901]) Cfr. SERRA, ADRIANO VAZ, anotação ao acórdão do Supremo Tribunal de Justiça de 12 de Novembro de 1974, in Revista de Legislação e de Jurisprudência, ano 108, 1975--1976, pág. 352, acórdão do Supremo Tribunal de Justiça de 12 de Novembro de 1974, in Boletim do Ministério da Justiça, n.º 241, 1974, pág. 294.

Ao concordar com a posição do acórdão, Vaz Serra não fundamentou aí a sua posição jurídica, pois já no Boletim do Ministério da Justiça de 1961 se havia pronunciado nesse sentido. Aliás, o próprio acórdão recorre ao pensamento de Vaz Serra e de Cunha Gonçalves para chegar às conclusões mencionadas no texto. Por seu turno, a posição do ilustre Mestre de Coimbra seguiu de perto as orientações de Carnelutti e Barbero, de acordo com as quais as presunções não devem ser vistas como autênticos meios de prova. Cfr. SERRA, ADRIANO VAZ, *Provas..., ob. cit.*, págs. 190-191, nota 242.

([902]) A este propósito, Cfr. CARNELUTTI, FRANCESCO, *La Prova Civile*, 2.ª ed., 1947, págs. 121-122.

([903]) Cfr. MONCADA, CABRAL DE, *Lições de Direito Civil, vol. II,...,* pág. 535

([904]) Para Cabral de Moncada, este tipo de presunções consistem em normas legais donde se podem inferir factos daqueloutros ali previstos, aos quais, por seu turno, se associam determinados efeitos jurídicos. A mesma opinião é, de resto, partilhada por outros autores (Cavaleiro Ferreira e Barbosa Moreira), para quem as presunções absolutas devem configurar-se como meros expedientes ou artifícios técnicos destinados a estender a esfera de aplicabilidade das normas jurídicas onde aqueles se encontram previstos. Com a estatuição destas presunções visa-se tão somente associar os efeitos jurídicos ligados ao facto base da presunção, ao esquema factual presumido. Revelando-se irrefutável a existência do facto presumido, não assume qualquer relevância a actividade probatória destinada a confirmá-lo. Para uma análise mais aprofundada destas posições em torno da natureza

meios de prova. O autor limita-se tão somente a incluir no elenco dos meios de prova as presunções *tantum iuris*.

O debate doutrinal desenvolvido em torno da questão de saber se as presunções constituem autênticos meios de prova, permitiu-nos concluir que a maioria das posições a este propósito avançadas tendem para responder negativamente a uma tal interrogação. Propendemos também no sentido das orientações doutrinais maioritárias, em virtude de se encontrar ausente neste universo específico a típica actividade de demonstração dos factos que caracteriza a prova como actividade, e os meios probatórios enquanto elementos fundamentais desse processo.

Com efeito, nas presunções tem-se por admitida a existência de uma determinada realidade fáctica, antes e independentemente de se proceder à comprovação da mesma. Apesar de não considerarmos as figuras jurídicas em análise como um verdadeiro meio de prova, não podemos deixar de lhes reconhecer uma importante relevância probatória([905]).

### 4.2.1. *Repercussões processuais das presunções face às regras gerais de repartição do ónus da prova*

A forte probabilidade ou verosimilhança da ocorrência da realidade factual ou normativa presumida pelas normas legais ou pela convicção judicial, conferem às presunções uma importante credibilidade probatória. Como já atrás deixámos referido, quem disponha a seu favor de uma presunção, beneficia de um aligeiramento da carga probatória, pois apenas lhes é exigida a prova do facto base da presunção, e já não a do facto presumido.

As presunções legais relativas conduzem a uma certa alteração do procedimento normal de repartição do ónus da prova, pois o facto presumido não tem de ser provado pelo beneficiário da presunção([906]).

---

jurídica das presunções *iuris et de iure*, Cfr. FERREIRA, MANUEL CAVALEIRO, *Curso de Processo Penal II*, Lisboa, 1981, pág. 313 e ss., MOREIRA, BARBOSA, *As Presunções e a Prova, Temas de Direito Processual*, S. Paulo, 1977, pág. 6 e ss. Na senda das posições mencionadas, propendemos também para não reconhecer relevo probatório às presunções *iuris et de iure*.

([905]) Salvo em relação às presunções absolutas, as quais, como vimos, representam meros expedientes técnicos destinados a estender a aplicabilidade dos efeitos das normas jurídicas a determinada realidade factual.

([906]) Compete à parte contra quem a presunção é oposta fazer prova do contrário. Ou seja, incumbe a esta criar no juiz a convicção da inexistência do facto ou do direito presumido. Não basta no âmbito das *praesumptiones iuris* (presunções legais) a contraprova

Uma tal inversão do ónus da prova reconduz-nos à segunda das questões suscitadas em torno das presunções: as repercussões probatórias por elas suscitadas. Poderemos neste contexto legitimamente interrogar-nos se a presença de presunções legais implica uma profunda derrogação das regras legais de repartição do ónus da prova. A existência de uma presunção legal conduz inevitavelmente a algumas alterações quanto ao modo de produção da prova em juízo.

Resta, porém, aquilatar do impacto de tais modificações. Em suma, cumpre determinar se as presunções envolvem profundas derrogações às regras gerais de repartição do ónus da prova, ou se tais alterações, por não gozarem de uma verdadeira autonomia processual, se podem considerar dispiciendas. Este problema tem suscitado alguma discussão, provocando certas divisões no plano doutrinal.

Por um lado, há quem considere que as presunções legais constituem uma autêntica derrogação das regras sobre o ónus da prova. Ao registar-se uma inversão do ónus probatório estaríamos colocados perante disposições excepcionais, insusceptíveis, por isso, de uma aplicação analógica[907].

Por outro, uma certa orientação doutrinal considera não se registar qualquer eliminação nem modificação do resultado de repartição do ónus da prova. As presunções apenas poderão provocar alterações quanto ao facto a provar pelas partes[908]. A parte sobre quem, por regra, recai o ónus da prova não terá de demonstrar a existência do facto presumido, mas apenas a do facto base da presunção.

Razão por que a parte sobre quem, de acordo com as regras gerais sobre a repartição do encargo probatório, recai o ónus da alegação e prova

---

para as ilidir. De outra forma, não se registaria qualquer inversão do ónus da prova, tal como realmente sucede. Caso a prova em contrário tenha lugar, seja através da demonstração da inexistência do facto presumido, ou até mesmo do facto base da presunção, poderá então a parte beneficiária da mesma rebater a conduta probatória que faz ilidir a presunção.

Já no âmbito das presunções naturais ou de facto, basta a contraprova para haver lugar ao seu afastamento. Cfr. acórdão do Supremo Tribunal de Justiça de 16.01.1948 (R.L.J., ano 81, pág. 122).

[907] Neste sentido, Cfr. SERRA, ADRIANO VAZ, *Provas...*, ob. cit., pág. 188, LIMA, PIRES, e VARELA, J. ANTUNES (com a colaboração de Mesquita, M. Henrique), *Código Civil... I*, ob. cit., pág. 495. De igual modo, também Rita Lynce considera que as presunções determinam uma verdadeira inversão das regras do ónus da prova, cfr. FARIA, RITA LYNCE, *A Inversão do ónus da prova no direito civil*, Lisboa, 2001, págs. 34 e ss.

[908] Neste sentido, apoiando-se na perspectiva de Rosenberg-Schwab, se orienta Rui Freitas Rangel, cfr. RANGEL, RUI M. FREITAS, *O ónus da prova no Processo Civi*, 2.ª ed. revista e ampliada, Coimbra, 2002, pág. 230.

dos factos continua a estar onerado. A diferença reside apenas no objecto sobre o qual recai a actividade probatória.

Como ao longo da exposição em torno desta querela doutrinal fomos deixando indicações, propendemos, na senda da orientação de Vaz Serra, para reconhecer que a existência de presunções legais implica a verificação de verdadeiros entorses ao regime normal de repartição do ónus da prova.

### 4.3. A regra geral do art. 487.º, n.º 1, e o ilícito ao bom nome e ao crédito

A divulgação de factos ofensivos ao bom nome e ao crédito representa um ilícito extracontratual, razão por que devemos ter em conta os pressupostos fundamentais deste tipo de responsabilidade, e de um modo particular os *Tatbestände* do art. 484.º, para nos podermos pronunciar sobre a repartição do ónus da prova neste contexto. Não existe neste contexto uma obrigação pré-constituída[909] do devedor estipulada na sequência de uma relação contratual anterior com o credor, decorrente da lei, ou de negócio unilateral, em função do qual o autor fique dispensado de provar a culpa do réu.

Como todos sabemos, a existência de um programa contratual onera o devedor dessa relação com a prova do cumprimento da obrigação[910] a

---

[909] Na perspectiva de Menezes Leitão reside aqui o traço essencialmente distintivo entre a responsabilidade delitual e a responsabilidade obrigacional. Qualquer das modalidades em confronto constituem fontes das obrigações, residindo a distinção entre ambas na circunstância da "responsabilidade delitual resultar da violação de direitos absolutos, que aparecem desligados de qualquer relação inter-subjectiva previamente existente entre o lesante e o lesado, enquanto a responsabilidade obrigacional pressupõe a existência de uma relação inter-subjectiva que primariamente atribui ao lesado um direito à prestação, surgindo como consequência da violação de um dever emergente dessa relação específica". Um tal entendimento encontra-se, pois, ao arrepio de quanto sufraga a doutrina tradicional, porquanto o acento tónico da distinção centra-se, de acordo com esta concepção, na diferente natureza das responsabilidades. Enquanto a responsabilidade delitual é perspectivada como uma autêntica fonte das obrigações, a responsabilidade contratual traduz-se tão somente numa modificação da obrigação inicialmente constituída. Acerca desta polémica, cfr. LEITÃO, LUÍS MENEZES, *Direito das Obrigações...I*, ob. cit., págs. 283-284.

[910] Em rigor, o n.º 1 do art. 799.º não exige que o devedor faça a prova do cumprimento da obrigação para conseguir ilidir a presunção de culpa prevista neste preceito do Código Civil. Basta, como resulta, *expressis verbis*, da letra da lei, demonstrar ausência de culpa sua na falta de cumprimento ou no cumprimento defeituoso. Na verdade, a verificação

que estava adstrito, ou da falta de culpa no incumprimento do vínculo obrigacional (art. 799.º)([911]).

Não sendo conclusiva a prova liberatória feita pelo devedor, o incumprimento da obrigação deve ser considerado como culposo. Ao credor, basta-lhe fazer a prova do facto constitutivo da obrigação, bem como da situação de inadimplemento ([912]).

---

dos condicionalismos previstos nos arts. 790.º e 791.º, bem como a falta de existência de um juízo reprovador da conduta do agente, podem permitir ao devedor alcançar o desiderato de ilidir a presunção de culpa supra mencionada. Porém, se o devedor tiver cumprido a obrigação e conseguir demonstrar em juízo o respectivo facto extintivo, obviamente que, por maioria de razão, conseguirá ilidir a presunção de culpa contida no n.º 1 do art. 799.º.

([911]) Relativamente ao ónus da prova de ausência da culpa há quem entenda que ao devedor não basta demonstrar ter adoptado um comportamento não merecedor de qualquer juízo de censura, exigindo-se algo mais, ou seja, a prova de que o incumprimento do contrato resultou de uma causa estranha. Neste sentido, *vide*, MARTINEZ, PEDRO ROMANO, *Cumprimento Defeituoso, Em Especial na Compra e Venda e na Empreitada,* Coimbra, 1994, pág. 306. Se mesmo em face da redacção do art. 705.º do Código de Seabra uma tal orientação se afigurava duvidosa, parece-nos não encontrar hoje apoio, se tivermos em conta a formulação do n.º 1 do art. 799.º. Ao reportar-se ao facto do credor, a causa de força maior e ao caso fortuito enquanto causas de exclusão de responsabilidade contratual, o Código de Seabra parecia sugerir que apenas quando o incumprimento deriva de uma destas circunstâncias para as quais o devedor "de modo nenhum haja contribuído" se pode considerar afastada a obrigação de indemnizar do devedor. Em virtude do n.º 1 do art. 790.º não ter atribuído relevo à distinção constante do art. 705.º do Código Seabra entre causa de força maior e caso fortuito, utilizando tão somente uma fórmula genérica com um carácter negativo "por causa não imputável ao devedor", então no âmbito do art. 799.º, n.º 1, deve apenas exigir-se que o devedor prove a falta de culpa no incumprimento ou no cumprimento defeituoso para ilidir a presunção de culpa aí estatuída. Assim sendo, não parece haver razão para impor um grau de exigência tão forte na exclusão da responsabilidade do devedor como poderia admitir-se, e mesmo aí com dúvidas, no âmbito do art. 705.º do velho Código de Seabra.

([912]) Uma tal posição não se revela, porém, pacífica. No âmbito da jurisprudência superior italiana têm-se suscitado dúvidas quanto aos termos da prova, nas hipóteses de resolução com fundamento em incumprimento do contrato (art. 1453.º, 1.º parágrafo do Codice Civile). De acordo com uma certa orientação maioritária, quando o credor opte pela resolução, compete-lhe fazer a prova não apenas do título constitutivo da obrigação como do próprio incumprimento. No mesmo sentido, cfr. REIS, J. ALBERTO, *Código de Processo Civil anotado,* vol. III, Coimbra, 1981, pág. 293 e ss. Ao invés, se o credor optar por intentar uma acção de cumprimento nos termos deste preceito do Código Civil italiano bastar-lhe-ia fazer a prova do facto donde emerge a obrigação.

Pelo contrário, uma outra orientação no âmbito da cassação defendia um tratamento unitário da matéria do ónus da prova nestes dois tipos de acções. Apesar de minoritária, esta posição jurisprudencial foi sempre acolhida com particular entusiasmo no plano doutrinal. Uma tal divisão no âmbito da jurisprudência deste tribunal superior determinou

Poderemos falar aqui de uma situação de inversão do ónus da prova([913]) em relação a um elemento fundamental da responsabilidade civil: a culpa.

A existência de um vínculo prévio de natureza especial, fundado a maioria das vezes na autonomia contratual das partes([914]), justifica o agravamento da posição do devedor no tocante à prova da culpa.

Na verdade, tendo assumido voluntariamente, ou sendo-lhe imposto por força da lei o cumprimento de um dever especial, o devedor fica adstrito à realização de um programa obrigacional previamente acordado, ou por si conhecido, destinado a satisfazer o interesse do credor. Razão

---

uma tomada de posição por todas as secções (*sezioni unite*) da cassação a propósito desta matéria na decisão proferida em 30 de Outubro de 2001. De acordo com esta jurisprudência uniforme, entendeu-se ser mais defensável proceder a um tratamento uniforme da questão do ónus da prova, seja nas acções indemnizatórias, seja nas acções de resolução, bem como naqueloutras de cumprimento. No mesmo sentido, entre nós, cfr. RANGEL, R. FREITAS, *O Ónus da Prova..., ob.cit.*, pág. 167. Desta feita, em qualquer das hipóteses mencionadas, basta ao credor fazer a prova em juízo do titulo donde emerge a obrigação, e já não do incumprimento. Para uma análise mais desenvolvida desta problemática no âmbito do direito italiano, cfr. TUOZZO, MASSIMO, *Inadempimento ed onere della prova. Intervengono, finalmente, la sezioni unite*, in Contratto e Impresa, 2002, n.º 2, pág. 547 e ss.

([913]) Há quem considere duvidoso falar de inversão do ónus da prova no âmbito da responsabilidade civil contratual. Tais hesitações revelam-se bem patentes no pensamento de Freitas Rangel, ao considerar que a tão propalada recodificação do regime normal de repartição do ónus da prova apenas faz sentido quando nos reportamos à responsabilidade subjectiva, "pois, se for de natureza objectiva, responsabilidade pelo risco, como acontece nos acidentes de viação, é suficiente que o autor prove o facto do acidente e as consequências dele". Cfr. RANGEL, RUI M. FREITAS, *O ónus da prova..., ob. cit.*, pág. 167.

Apesar de concordarmos com o autor quando considera a inversão do ónus da prova como uma consequência probatória indelevelmente ligada à responsabilidade subjectiva, pois o que se encontra realmente em causa é tão somente uma alteração daquelas regras relativamente à demonstração da existência da culpa do devedor, não podemos deixar de discordar da fundamentação por ele avançada para sustentar a sua perspectiva. Na verdade, Freitas Rangel chama a atenção para a circunstância de não se registar qualquer alteração ao regime normal de repartição do ónus da prova quando estivermos perante hipóteses de responsabilidade pelo risco. Simplesmente, as hipóteses enunciadas para explicitar o raciocínio – acidentes de viação – situam-se no âmbito de um outro tipo de responsabilidade – a responsabilidade civil extracontratual.

Apenas se poderá compreender a referência do autor se este se estiver a reportar aos danos ocasionados por acidentes de viação na sequência de contratos de transporte. Porém, e mesmo em tais hipóteses, o regime da responsabilidade objectiva por danos provocados por veículos tem a sua sede no domínio extracontratual (art. 503.º e ss.).

([914]) Apesar de a maioria dos direitos de crédito cuja violação dá origem a responsabilidade contratual resultar de relações contratuais, não podemos esquecer que este tipo de ilícito se encontra também associado aos ataques dirigidos aqueles direitos quando os mesmos derivem da lei ou de negócio unilateral.

por que quaisquer perturbações ou anomalias ocorridas nessa relação específica são, em princípio, imputáveis à esfera jurídica do devedor.

Diferente é a situação no âmbito da responsabilidade civil extracontratual. Neste domínio, o equilíbrio natural e social é posto em causa([915]) pela acção ilícita do agente, justificando-se assim a sua responsabilização pelos danos causados. A prática de um facto humano anti-jurídico permite explicar a derrogação à regra *"causum sentit dominus"*. Compete, porém, ao lesado demonstrar que os danos por si sofridos resultaram de uma alteração do curso normal dos acontecimentos, em virtude de um facto culposo do agente.

Constituindo um tal facto a causa de atribuição do direito à indemnização do lesado, cabe a este último fazer a prova da culpa do lesante enquanto elemento constitutivo da sua pretensão indemnizatória([916]). Uma tal solução resulta, *expressis verbis,* do disposto na primeira parte do n.º 1 do art. 487.º, o qual se limita a reproduzir a regra geral de repartição do ónus da prova contida no n.º 1 do art. 342.º. Torna-se, porém, indispensável averiguar se estas considerações válidas, em termos gerais, para a repartição do ónus da prova na responsabilidade civil extracontratual, se revelam igualmente aplicáveis no domínio específico do ilícito ao bom nome e ao crédito.

### 4.3.1. *Ónus da prova da culpa e divulgação de factos falsos*

Uma resposta adequada a este problema no tocante ao ónus da prova da culpa, implica, desde logo, a consideração de um aspecto fundamental: a culpa enquanto pressuposto da responsabilidade civil é avaliada por referência a um outro *Tatbestand*: o facto ilícito([917]). Razão por que temos de

---

([915]) Cfr., a este propósito, GOMES, JÚLIO, *Responsabilidade subjectiva...*, ob. cit., págs. 109-110.

([916]) Esta solução apenas se revela defensável quando nos encontrarmos situados no âmbito da responsabilidade civil subjectiva, tal como sucede quando está em causa um ilícito ao bom nome e ao crédito. Com efeito, se estivermos perante uma hipótese de responsabilidade objectiva a prova da culpa já não se revela necessária, uma vez que este tipo de responsabilidade prescinde da existência deste elemento constitutivo da ilicitude extracontratual.

([917]) Como a propósito da caracterização do facto voluntário enquanto pressuposto da responsabilidade civil extracontratual sublinha Antunes Varela "só quanto a factos dessa índole têm cabimento a ideia da ilicitude, o requisito da culpa e a obrigação de reparar o dano nos termos em que a lei o impõe", Cfr. VARELA, J. ANTUNES, *Das Obrigações...*, ob. cit., I, pág. 527.

De igual modo, ao caracterizar a doutrina da causalidade adequada, tal como a julga mais defensável do ponto de vista do direito a constituir, o autor considera essencial a

levar em linha de conta quanto expusemos a propósito da delimitação do ilícito ao bom nome e ao crédito, para nos podermos pronunciar acerca da questão da prova da culpa no âmbito do art. 484.º.

Cumpre então neste contexto chamar de novo à colação a *vexata qæstio* suscitada em torno da relevância assumida pela verdade na configuração do ilícito extracontratual em análise. Como já constatámos, ao contrário do direito alemão (§824), o nosso legislador não se refere *expressis verbis* à desconformidade das afirmações de facto divulgadas com a verdade enquanto pressuposto de aplicabilidade do art. 484.º.

Apesar desta falta de referência da letra da lei às afirmações de facto contrárias à verdade, por si só, não permitir alcançar conclusões significativas quanto à questão da relevância da verdade, propendemos, tendo em conta os valores tutelados na órbita do ilícito ao bom nome e ao crédito, para não considerar a desconformidade com a verdade como um único *Tatbestand* admissível desta forma especial da ilicitude.

Poder-se-á então questionar se o binómio verdade/falsidade não assume qualquer relevância em sede probatória. Quanto à possibilidade da prova pelo declarante da veracidade das suas afirmações excluir a ilicitude, devemos considerá-la afastada.

Porém, a obrigação de indemnizar por divulgação de factos ofensivos ao bom nome e ao crédito surge quando ficar demonstrada a censurabilidade do agente pelo desconhecimento da falta de veracidade das afirmações fácticas divulgadas. Se estiver em causa a transmissão de factos contrários à verdade, a responsabilização do declarante alcança-se com mais facilidade, pois um facto falso, quando especificamente referido à actividade económico-negocial de outrem, deve ser, em si mesmo, considerado como idóneo para provocar lesões no bom nome e crédito das pessoas visadas pelas *Aussagen*.

Razão por que ao lesado revelar-se-á útil demonstrar a falta de conformidade com a verdade do facto divulgado([918]). Para além disso, deverá

---

previsibilidade pelo agente do facto constitutivo da responsabilidade, mas já não se revela exigível que os danos decorrentes da sua prática tenham sido por aquele igualmente pré-figurados. A aceitação de uma tal orientação revela-se particularmente importante quanto aos seus resultados práticos. Na verdade, ao reportar-se o requisito da culpa apenas ao facto ilícito do agente e já não aos danos decorrentes das respectiva prática, o agente acaba por ser obrigado a indemnizar um leque de danos significativamente mais amplo. Desta forma, sobre ele recai a obrigação de ressarcir os danos reflexos ou mediatos. Para uma análise mais desenvolvida desta problemática, cfr. VARELA, J. ANTUNES, *ob. ant. cit.,* págs. 895-896.

([918]) Ao fazer a prova da falsidade dos factos divulgados pelo agente, o lesado consegue, desde logo, demonstrar a existência de dois pressupostos da responsabilidade extracontratual: a ilicitude e o nexo de causalidade entre o facto e o dano.

o lesado no seu bom nome e crédito provar a culpa do declarante pela divulgação de um tipo de informações, em si mesmas, susceptíveis de ofender indelevelmente estes bens jurídicos.

Se o agente não conseguir fazer a prova do contrário, ou seja, que a falta de veracidade das suas afirmações advém de um desconhecimento da falsidade a si não imputável, deverá ser responsabilizado pelos danos causados pelas afirmações publicamente difundidas. Apesar de não considerarmos indiferente para efeitos probatórios a invocação em juízo da falsidade das afirmações transmitidas, a orientação por nós defendida em termos de repartição do ónus da prova no tocante à culpa do agente não implica qualquer alteração face ao regime geral enunciado no n.º 1 do art. 487.º.

Esta posição não é, porém, acolhida unanimemente na doutrina. Os defensores de uma aplicação restritiva do art. 484.º, circunscrevendo-a apenas às hipóteses de divulgação de factos falsos, propendem para sufragar uma inversão do ónus da prova. Partindo do pressuposto que a difusão de um facto falso é de molde a criar uma situação de perigo, há quem faça recair sobre o lesante "o risco de não ser possível fazer a prova da verdade"([919]).

Tratando-se de afirmações susceptíveis de contender com valores fundamentais da personalidade, nunca deveriam ter sido proferidas. Razão por que, de acordo com esta orientação, se o declarante "pretende ter por si a verdade dos factos, deve demonstrá-lo"([920]). Não podemos, assim, ignorar a maior relevância assumida pela prova da verdade feita pelo agente, para quem defende uma inversão do ónus da prova com fundamento numa aplicação restritiva do art. 484.º à divulgação de factos falsos([921]). Com efeito, a *exceptio veritatis* funciona, num tal contexto, como causa de exclusão do próprio ilícito([922]).

---

([919]) Neste sentido, cfr. MONTEIRO, J. SINDE, *Relatório sobre o programa, conteúdo, ..., ob. cit.,* pág. 49.

([920]) Cfr. MONTEIRO, *Relatório sobre o programa, conteúdo, ..., ob. cit.,* pág. 49.

([921]) O mesmo já não se pode afirmar quanto à prova feita pelo lesado da cognoscibilidade do agente em relação ao carácter manifestamente desproporcionado, e por conseguinte, lesivo das afirmações verídicas difundidas. Não constituindo os factos verdadeiros um *Tatbestand* da responsabilidade prevista no art. 484.º, mas antes uma causa de justificação do ilícito, uma tal orientação não poderá conferir relevância à prova da culpa feita pelo lesado em relação à divulgação de factos verdadeiros.

([922]) Com isto não queremos afirmar que quem defende uma restrição da aplicabilidade do art. 484.º à divulgação de factos contrários à verdade, não admita também a responsabilização do agente por factos verdadeiros. Ao debruçar-se sobre a matéria, Sinde Monteiro não tem dúvidas sobre a possibilidade da divulgação de factos verdadeiros poder

Porém, mesmo segundo este entendimento deverá sempre reconhecer-se um ónus a cargo do lesado: o da invocação da falsidade dos factos divulgados pelo agente.

### 4.4. Relevância do binómio falsidade/verdade e ónus da prova da culpa

Ao defendermos a possibilidade da divulgação de factos verdadeiros constituir motivo de responsabilização do agente no âmbito do art. 484.º, o ónus da prova da culpa incide então sobre a questão de determinar o grau de cognoscibilidade do agente quanto ao carácter lesivo das suas afirmações, em virtude da manifesta desproporção entre os interesses prosseguidos com a divulgação das afirmações verdadeiras e os valores do bom nome e do crédito por estas atingidos. O binómio da prova falsidade/verdade revela-se ainda de indiscutível significado, se atentarmos na circunstância de muitas das afirmações divulgadas em público não se apresentarem como absolutamente verdadeiras ou falsas.

O lesado pode sentir-se atingido por determinadas declarações cujo conteúdo se traduza num *compositum* de informações verídicas e não verdadeiras. Mais concretamente, a pessoa visada pelas afirmações pode considerar-se lesada quer pela parte falsa, quer pelo núcleo verdadeiro das declarações. Quando assim suceder, sobre o lesado recai o ónus da prova da culpa, quer quanto ao carácter inverídico dos factos transmitidos, quer em relação à flagrante desproporção entre os valores prosseguidos e atingidos com as delarações verdadeiras divulgadas.

A pessoa atingida no seu bom nome e crédito pode ter em tais situações um interesse particular na prova da culpa relativamente a estas duas realidades.

Na verdade, se o autor das afirmações conseguir demonstrar em juízo a inexistência de culpa na divulgação dos factos falsos, não lhe poderá ser assacada responsabilidade por esse motivo. Todavia, o agente poderá ainda incorrer na obrigação de indemnizar fundada no art. 484.º, se o lesado conseguiu fazer a prova da culpa daquele na divulgação de factos verídicos desproporcionados, e o agente não provar o contrário.

---

vir a responsabilizar o agente. Todavia, como o próprio sublinha "os requisitos da responsabilidade pela afirmação de um factor verídico terão de ser outros...", cfr. MONTEIRO, J. SINDE, *Relatório sobre o programa, conteúdo, ..., ob. cit.,* pág. 48. Apenas no âmbito do abuso do direito, ou ao abrigo de uma disposição legal de protecção seria então possível encontrar um fundamento para afirmar o ilícito ao bom nome e ao crédito resultante de divulgação de facto verdadeiro.

Assim sendo, a utilidade prática de levar a cabo esta dupla prova pode traduzir-se em evitar uma total exoneração do autor das afirmações lesivas ao bom nome e ao crédito. Propendemos para defender o regime normal de repartição do ónus da prova vigente para a responsabilidade civil extracontratual (art. 487.º, n.º 1). Constituindo a culpa do lesante um elemento constitutivo do direito á indemnização da pessoa atingida no seu bom nome e crédito, compete então ao lesado fazer a prova daquele elemento subjectivo da responsabilidade, quer quando o declarante tenha divulgado afirmações falsas, quer quando difunda factos verdadeiros.

Com efeito, a divulgação de factos verdadeiros desproporcionados além de gozar de potencialidade ofensiva dos bens jurídicos do bom nome e do crédito, representa também, na maioria dos casos uma circunstância cognoscível do agente. Razão por que, à semelhança de quando está em causa a divulgação de factos falsos, estas hipóteses poderão também configurar-se como elementos constitutivos do direito do autor.

### 4.5. Recusa da inversão do ónus da prova. Justificação da solução à luz dos valores tutelados no art. 484.º (liberdade de expressão / crédito e bom nome). A experiência norte-americana e a inversão do ónus da prova

A defesa da inversão do ónus da prova no âmbito do ilícito ao bom nome e ao crédito funda-se sobretudo na ideia de que a divulgação de factos falsos é, em si mesma, idónea a criar uma situação de particular perigosidade. Subjacente a uma tal perspectiva encontra-se, como vimos, uma visão restritiva do domínio de aplicabilidade do art. 484.º aos factos falsos.

Cumpre, porém, interrogarmo-nos, se mesmo para quem, como nós, sustenta uma maior latitude do âmbito normativo deste preceito, não será defensável a possibilidade da inversão do ónus da prova. Como acabámos de referir no ponto anterior, e de modo mais desenvolvido no capítulo dedicado à delimitação do âmbito normativo do ilícito ao bom nome e ao crédito, a difusão de factos verdadeiros também oferece, não raras vezes, um grau de ofensividade particularmente forte dos valores tutelados no art. 484.º. Poder-se-ia assim sufragar a inversão do ónus da prova nas hipóteses em que se registe uma manifesta desproporção entre os valores prosseguidos com a afirmação dos factos e os bens jurídicos protegidos no preceito do código civil objecto do nosso estudo.

Em tais situações, competiria então ao lesado o ónus da invocação da ofensa baseada na violação do princípio da proporcionalidade. Por seu turno, ao agente é que caberia a prova da falta de um tal desequilíbrio, ou da não cognoscibilidade dessa circunstância([923]).

A defesa de uma tal solução em termos gerais parece-nos manifestamente excessiva. No fundo, ao admitir-se a inversão do ónus da prova nos termos acabados de referir estar-se-ia a dar um tratamento absolutamente idêntico à divulgação de factos verdadeiros e à transmissão de afirmações falsas, no pressuposto de se defender a inversão do ónus da prova neste último universo.

Ora, uma tal equiparação além de injusta, revelar-se-ia também manifestamente lesiva de valores jurídicos fundamentais, como a liberdade de expressão. Se para além de se admitir a responsabilidade de quem divulga factos verdadeiros, se fizesse recair ainda sobre o agente o ónus da prova da culpa, estar-se-iam a criar demasiados obstáculos à livre circulação das informações.

O resultado final de todo este processo traduzir-se-ia num manifesto prejuízo a nível da formação da opinião pública, pois esta poder-se-ia ver privada de importantes informações, em virtude das pessoas se coibirem de proceder ao relato de acontecimentos ou factos isoladamente considerados.

Razão por que é de repudiar, sem qualquer margem para dúvidas, a defesa em termos gerais da inversão do ónus da prova. Podemos, porém, questionar-nos se uma tal inversão não se afigurará defensável em certos domínios específicos, onde apesar da descoberta de divulgação da verdade representar uma exigência nuclear, não pode deixar contudo de ser contemporizada com a prossecução de outros valores e interesses igualmente relevantes.

Estamos a pensar de modo particular no sector da comunicação social, onde a liberdade de expressão é basicamente sinónimo da liberdade de imprensa. As notícias difundidas através dos media não devem apenas procurar garantir o rigor e a objectividade das informações, mas também ter a preocupação de respeitar os direitos ao bom nome, à reserva da intimidade da vida privada, e outros direitos fundamentais dos cidadãos. Além disso, a tutela do interesse público, e a defesa da democracia, devem considerar-se referentes fundamentais orientadores da actividade da imprensa no contexto de qualquer Estado de direito democrático([924]).

---

([923]) Fazendo a prova da falta do desequilíbrio excluiria a ilicitude, e provando apenas a não cognoscibilidade de tal circunstância, o agente apesar de não justificar o ilícito, veria afastada a culpa, e por conseguinte a responsabilidade.

([924]) Reproduzimos, no essencial, a formulação do art. 3.º da lei 2/99 de 13 de Janeiro, onde se encontram mencionados os limites ao exercício da liberdade de imprensa. Entre esses limites contam-se precisamente os direitos e os referentes valorativos indicados no texto.

Tendo em conta a indiscutível necessidade de a verdade informativa respeitar os direitos inalienáveis do homem, como sejam o bom nome e o crédito([925]), e revelando-se cada vez mais frequentes os riscos de atropelo destes valores como resultado da actuação de uma comunicação social profundamente sensacionalista e pouco rigorosa, poder-se-á questionar acerca da legitimidade da inversão do ónus da prova neste particular sector de actividade.

Tais perigos afirmam-se de modo particularmente intenso quando o nosso objecto de análise se volve sobre a comummente designada "imprensa cor de rosa". Destacamos sobretudo os inúmeros ataques desferidos neste contexto aos direitos ao bom nome ou reputação social e à reserva da intimidade da vida privada. Com vista a despertar a atenção do público para o seu acervo noticioso, estes órgãos da comunicação social tendem a enaltecer de forma exacerbada certos aspectos insignificantes dos factos por si transmitidos([926]). Apesar de verdadeiras, muitas das notícias que são difundidas pelos periódicos "cor de rosa" acabam por provocar irreversíveis prejuízos na consideração e prestígio social dos visados, sem estar associado um interesse público significativo à sua divulgação.

Configurando-se a imprensa como uma fonte especial de perigos, à semelhança de quanto ocorre no domínio da vigilância dos menores, da conservação de edifícios que ameaçam ruir, ou do exercício de actividades perigosas([927]), poder-se-ia então sustentar a existência de uma presunção de culpa neste particular domínio de actividade, mesmo quando nos deparemos perante a divulgação de notícias verdadeiras.

Aliás, na *common law* este tipo de solução corresponde à regra tradicional adoptada pela prática judicial e pelas leis de diversos Estados Federais. Porém, não podemos considerar este entendimento como pacífico e

---

([925]) O reconhecimento de que toda e qualquer pessoa goza de uma presunção de boa reputação, tem constituído no âmbito da *common law* um argumento importante para justificar a inversão do ónus da prova nas hipóteses de divulgação de factos considerados ofensivos de tais bens fundamentais da personalidade. Uma maior atenção dedicada à defesa destes direitos pode determinar uma certa limitação do valor da liberdade de expressão, decorrente da modificação das normais regras de repartição do ónus da prova. Uma tal constatação encontra-se bem patenteada na análise levada a cabo por François Rigaux a propósito do sistema norte americano de repartição do ónus da prova no âmbito da divulgação de factos ofensivos à boa reputação social. Cfr. RIGAUX, FRANÇOIS, *La Protection de la Vie Privée...*, ob. cit., pág. 222.

([926]) Para já não falar da recorrente utilização por estes periódicos da técnica da descontextualização, pois quando assim sucede corre-se, não raras vezes, o risco de as notícias verdadeiras se convolarem em falsas.

([927]) Estamos a considerar as presunções de culpa estabelecidas nos arts. 491.º, 492.º e 493.º, n.º 2.

perfeitamente consolidado no sistema norte-americano. Alguns importantes arestos judiciais (*Gertz V. Robert Welch Inc*, 418 U.S. 323 (1974) e *Philadelphia Newspapers, Inc. V. Hepps*, 475 U.S. 767 (1986)), pronunciaram-se num sentido diverso([928]).

Não obstante os contínuos e cada vez mais intensos atropelos registados no âmbito do exercício das prerrogativas inscritas no valor fundamental da liberdade de imprensa, pensamos ser de repudiar a inversão do ónus da prova nas hipóteses de divulgação de factos verdadeiros pelos órgãos de comunicação social. O inalienável e imprescindível respeito pelos direitos ao bom nome e crédito, não podem fazer esquecer a enorme relevância atribuída no universo de comunicação à descoberta e divulgação da verdade. Doutra forma corre-se o sério perigo de convertermos a difusão de factos verdadeiros numa actividade ilícita.

Nem se abone a favor desta orientação o argumento de acordo com o qual se torna mais fácil aos órgãos de comunicação social pronunciarem-se acerca da verdade/falsidade das declarações por si proferidas, uma vez que a verdade difundida através dos media obedece a todo um conjunto de parâmetros específicos definidos nos preceitos normativos orientadores da

---

([928]) De acordo com a orientação definida nestas decisões judiciais, o ónus da prova recai sobre o lesado, e não sobre o autor das notícias ofensivas. No caso Gertz estava em causa a divulgação de notícias ofensivas nos meios de comunicação social em relação a figuras públicas. Tendo em conta o interesse público subjacente à difusão de informações relativas a pessoas com notoriedade social, bem como a sua melhor preparação para desmentir as afirmações contra si dirigidas, para além do mais fácil acesso à justiça e aos meios de comunicação social para fazer valer os seus pontos de vista, esta decisão judicial faz recair sobre esta categoria de lesados e não sobre os periódicos o ónus da prova dos factos constitutivos das pretensões por si deduzidas em juízo.

No tocante ao caso Philadelphia, estava em discussão as notícias difundidas em cinco artigos sucessivos de um periódico, nos quais se fazia menção a alegadas ligações de um grande accionista de uma cadeia de armazéns a organizações criminosas. Na sequência deste procedimento judicial foi objecto de apreciação de um recurso constitucional uma lei da Pensilvânia onde se fazia recair o ónus da prova sobre o autor das afirmações cujo carácter lesivo é objecto de discussão.

Contrariamente ao estipulado nesta lei e à regra dominante na Common Law, este aresto judicial de 1986 decidiu atribuir o ónus da prova da falsidade das afirmações divulgadas ao comerciante atingido no seu crédito pelos factos propalados. Reportando-se aqui o problema da prova à demonstração da falsidade das declarações, e não à desproporcionalidade de afirmações verídicas, a questão probatória é, todavia, substancialmente idêntica à por nós agora analisada: a inversão do ónus da prova.

Aliás, como já referimos no ponto anterior, a inversão do ónus da prova no caso de divulgação de factos falsos revela-se menos discutível. Porém, nem mesmo em tais hipóteses sufragamos essa posição.

actividade da imprensa. Cumpre realçar neste contexto as particularidades respeitantes aos problema do acesso às fontes informativas, e as exigências impostas à própria expressão linguística do mundo do jornalismo. Quanto a este último aspecto, não podemos ignorar as dificuldades em cumprir a regra dos três C, ou seja a divulgação de textos claros, concretos e concisos.

Se estas especificidades e dificuldades de ordem técnica poderiam justificar a solução de inversão do ónus da prova, não podemos ignorar também o reverso da medalha. Na verdade, as pessoas visadas pelas declarações ofensivas podem ser consideradas como mais idóneas para se pronunciarem sobre a veracidade de acontecimentos por si vivenciados e experimentados.

O conhecimento dos pormenores e detalhes de tais realidades poder-lhes-á conferir maior facilidade de poderem demonstrar em juízo a conformidade das alegações factuais com a efectiva ocorrência de tais factos no contexto histórico-social. No fundo, os participantes nos acontecimentos têm sempre um conhecimento mais directo e imediato do que quem proceda a uma análise dos mesmos com objectivos de investigação, informação[929]. Ao invés, a falta de imediação com a realidade narrada torna os jornalistas em meros intérpretes ou observadores da realidade cuja demonstração é pretendida[930].

Sopesados estes argumentos, e tendo sobretudo em conta a preocupação fundamental de preservar o valor da liberdade de expressão, propendemos para a solução de fazer recair sobre o lesado o ónus da prova sobre os factos constitutivos das suas pretensões, ou seja, a demonstração da falsidade ou do carácter ofensivo dos factos verdadeiros divulgados, bem como a censurabilidade do agente na divulgação desses eventos noticiosos.

---

[929] A estas vantagens não deixam, porém, de se contrapor inconvenientes. Com efeito, o envolvimento emocional nos acontecimentos retira aos seus protagonistas um indispensável distanciamento face à realidade probanda. Poderíamos invocar neste contexto o célebre adágio de que ninguém é bom juiz em causa própria. Porém, esta parcialidade no relato dos acontecimentos não contende com a posição de imparcialidade do juiz, pois é a este terceiro independente que compete proceder à apreciação da prova produzida em juízo. Razão por que a imparcialidade é um requisito indispensável para o exercício da função jurisdicional, e não um atributo exigível às partes enquanto litigantes. Todavia, o juiz ao apreciar o material probatório tende a conferir menor credibilidade às afirmações e diligências de quem, sob o pretexto de ter um conhecimento mais profundo da verdade factual, acaba por adulterar, em seu benefício, a realidade cuja prova pretende fazer valer.

[930] Salvo quando quem procede ao relato dos acontecimentos foi também protagonista dos mesmos. Porém, a regra não é essa, pois a imparcialidade e objectividade exigida às informações transmitidas nos media poderiam, de outro, ficar amplamente comprometidas.

Não podemos chegar a este ponto da discussão sem sublinhar que toda esta problemática em torno da admissibilidade da inversão do ónus da prova, a propósito do ilícito ao bom nome e ao crédito, deve situar-se no plano do direito a constituir, tendo em conta a excepcionalidade daquele regime no ordenamento jurídico português. Como resulta *expressis verbis* da parte final do n.º 1 do art. 487.º, apenas quando existir um presunção legal de culpa se poderá admitir a inversão do ónus da prova.

Revelando-se o nosso sistema legal partidário da regra da culpa provada([931]), e apenas admitindo o seu afastamento nos casos excepcionais atrás mencionados, não se torna então admissível a aplicação analógica da culpa presumida à hipótese normativa do art. 484.º.

Julgamos, no entanto, ser importante abrir a discussão sobre tais matérias, pois as realidades jurídicas não são imutáveis e no contexto dos

---

([931]) A estatuição da responsabilidade subjectiva como regra geral (art. 483.º, n.º 1), e a prova da culpa pelo lesado enquanto elemento constitutivo do seu direito à indemnização (art. 487.º, n.º 1) constituem soluções tributárias do pensamento modeno-iluminista onde se exalta a ideia do homem como um ser livre e responsável. Para uma melhor caracterização da condição antropológica do pensamento modernoiluminista, cfr. NEVES, A. CASTANHEIRA, *O pensamento moderno iluminista como factor determinante do positivismo jurídico (a origem moderno-iluminista do legalismo)*, lições policopiadas, págs. 3-5, pág., BRONZE, F. PINTO, *Lições de introdução..., ob. cit.*, pág. 318 e ss. A ampla liberdade reconhecida ao homem tem como correlato necessário a responsabilidade. Porém, elegendo a culpa como factor de responsabilização do agente, permite-se um notável alargamento da livre iniciativa individual. De igual modo, a repartição do ónus da prova da culpa nos termos definidos no n.º 1 do art. 487.º fomenta uma mais ampla afirmação da livre iniciativa económica.

Na verdade, quer a extensão da responsabilidade objectiva aos mais variados sectores da actividade económica, quer a solução da inversão do ónus da prova da culpa, fazendo-o recair sobre quem desenvolva determinadas actividades, podem traduzir-se significativos obstáculos ao livre desenvolvimento da economia. Na senda de Esser, Hein Kötz, Rehbinder, Busnelli e outros autores, Calvão da Silva considera "que o princípio da culpa, no seu preconceito ideológico individual-liberal a justificar que entre o lesante e o lesado, que agem sem culpa, seja este sacrificado, suportando o dano, constitua um subsídio à expansão da indústria nascente, ao não entravar o *laissez faire-laissez passer* com encargos (leia-se, indemnizações independentes de culpa) gravosos e excessivos sobre as empresas". Cfr., SILVA, J. CALVÃO DA, *Responsabilidade Civil..., ob. cit.*, págs. 364 e 365, e nota 1 da pág. 364. Ainda acerca da influência do pensamento iluminista no tocante à centralidade da culpa no regime da responsabilidade civil, GOMES, JÚLIO, *Responsabilidade subjectiva..., ob. cit.*, pág. 100.

Em contrapartida, o grande desenvolvimento industrial registado, e a emergência de uma "sociedade de riscos" constituíram factores determinantes para a sensibilização da posição das vítimas do progresso económico-social e da consequente imposição, em nome dos valores da solidariedade e da justiça distributiva, de restrições à actividade económica das empresas.

principais valores tutelados pelo ilícito ao bom nome e ao crédito têm-se registado alterações significativas. Como deixámos referido ao longo da exposição, o grande desenvolvimento dos *mass media* e das técnicas informáticas e a crescente necessidade dos órgãos de comunicação social despertarem a atenção do público, bem como o impacto cada vez maior assumido por estes meios na vida dos cidadãos constituem fontes de inúmeros perigos para os direitos destes últimos, mormente no tocante à reputação e ao bom nome.

Assim sendo, torna-se legítimo debruçarmo-nos sobre a questão de saber se a solução da inversão do ónus da prova constitui uma resposta adequada para os desafios emergentes neste particular sector de actividade caracterizado por tantas perplexidades. No fundo, a evolução futura registada nestes sectores legitima as interrogações acerca da oportunidade de abrir uma nova excepção quanto às regras normais de repartição do ónus da prova, desta vez no âmbito do ilícito ao bom nome e ao crédito.

### 4.6. A prova da primeira aparência e o ilícito ao bom nome e ao crédito

Em lugar da solução da inversão do ónus da prova, poder-se-á questionar se os perigos cada vez mais fortes de ataques aos direitos da personalidade levados a cabo através dos meios de comunicação social ou por via informática, bem como as dificuldades acrescidas do lesado proceder à prova da culpa do autor das ofensas, não poderão justificar o recurso à comummente designada prova da primeira aparência (*Anscheinsbeweis* germânica ou a *prima facie evidence* do direito inglês). À partida não encontramos na lei (art. 351.º) obstáculos para a sua admissibilidade, pois no contexto do ilícito ao bom nome e crédito é admitido o recurso à prova testemunhal. Cumpre, porém, averiguar se fará sentido convocar este mecanismo probatório, o qual se traduz numa *relevatio ab onerem probandi* relativamente ao elemento cuja prova se revela particularmente difícil.

Em termos práticos, ao lesado incumbiria fazer a prova da divulgação através da comunicação social ou por via informática de um facto ofensivo ao seu bom nome e crédito, fosse falso ou verdadeiro, para o juiz a partir daí considerar o autor das declarações como culpado, porquanto o *quod plerumque accidit* lhe permitiria concluir que as ofensas aos bens fundamentais da personalidade difundidas pelos media são normalmente imputáveis a título de culpa de quem procede à difusão de mensagens por aquelas vias. Enquanto instrumento auxiliar para ultrapassar graves dificuldades probatórias, a prova *prima facie* foi amplamente convocada no âmbito da responsabilidade civil do produtor, sobretudo quando os sistemas jurídicos integravam este instituto jurídico dentro dos parâmetros tradicionais da culpa.

Perante as inúmeras dificuldades, por vezes até inultrapassáveis, de demonstrar a culpa do fabricante ou de qualquer outro interveniente nos complexos e imbricados processos produtivos, o recurso à prova da primeira aparência poderia revelar-se de particular importância. Uma vez provada pela vítima a existência de um produto defeituoso e dos danos por ele causados, o juiz poderia deduzir, a partir das regras da experiência comum, a culpa do produtor([932]). Apesar das inevitáveis dificuldades sentidas pelo lesado em fazer a prova da culpa dos agentes difusores de notícias através da comunicação social, tendo em conta as particulares limitações por estes sentidas na busca da verdade informativa, não se colocam no âmbito do ilícito ao bom nome e ao crédito tantos obstáculos à demonstração deste elemento da responsabilidade extracontratual como os suscitados no domínio da responsabilidade do produtor se a esta correspondesse uma natureza subjectiva.

Convém lembrar que a prova da primeira aparência começou por ser aplicada por Rumelin às questões probatórias suscitadas em torno do nexo causal, vindo posteriormente a estender-se a sua influência a outros domínios, nomeadamente em relação à prova da culpa. Para além disso, importa referir que a prova da primeira aparência não produz uma inversão do *ónus probandi*, pois o encargo da prova continua a caber ao lesado nos termos gerais, permitindo apenas um certo aligeiramento da carga probatória, quando se revele particularmente difícil, se não mesmo impossível, proceder à prova do facto presumido. Calvão da Silva considera sugestivamente que a prova *prima facie* conduz tão somente a uma "lassidão do ónus probatório"([933]). Aliás, desde há muito se chegou a uma tal conclusão, pois a prova da primeira aparência não se consubstancia numa prova plena, mas apenas numa mera justificação. Veja-se a este propósito a posi-

---

([932]) Para uma análise mais desenvolvida da relevância assumida pela prova *prima facie* no contexto da responsabilidade civil do produtor, tendo em conta uma análise evolutiva deste instituto, cfr. Silva, J. Calvão da, *Responsabilidade Civil...*, ob. cit., pág. 387 e ss.

([933]) Cfr., Silva, J. Calvão da, *Responsabilidade civil...*, ob. cit., pág. 394. De igual modo, no sentido de não reconhecer a existência de inversão das regras do ónus da prova no âmbito da *Anscheinsbeweis*, cfr. MONTEIRO, J. SINDE, *Seguro Automóvel Obrigatório. Direito de Regresso*, in Cadernos de Direito Privado, n.º 2, 2003, pág. 51 (nota 71), GOMES, JÚLIO, *Responsabilidade subjectiva...*, ob. cit., pág. 123.

ção avançada por Blomeyer já em 1959([934]). Razão por que, a convicção formada pelo juiz não tem de ser afastada mediante prova do contrário, bastando criar um espírito dubitativo no decidente (contraprova) para abalar as suas conclusões probatórias.

Desde logo, o fenómeno de diluição da responsabilidade, com o risco inerente da impossibilidade de identificação do responsável, não encontra paralelo no universo dos ilícitos ao bom nome perpetrados pelos media. Ao estatuir-se no n.º 2 do art. 29.º da actual lei de imprensa a responsabilidade solidária das empresas jornalísticas e dos autores das notícias, o nosso ordenamento jurídico acaba por resolver ainda mais pacificamente algumas dúvidas neste plano eventualmente suscitadas.

Maiores perplexidades podem surgir, sob este aspecto, quando a divulgação de factos ofensivos ocorra por via informática. Na verdade, a questão do anonimato dos agentes revela-se aí de modo mais premente.

Porém, nem mesmo neste particular domínio pensamos ser necessário fazer apelo ao mecanismo probatório da primeira aparência para resolver essas dificuldades, porquanto existem vários expedientes de direito substantivo capazes de permitir um enquadramento adequado. Apesar das limitações infligidas à liberdade de expressão pelo regime da prova *prima facie* serem menos intensas que as decorrentes da admissibilidade de inversão do ónus da prova, não encontramos razões justificativas para a adopção de um tal sistema. Na verdade, também o regime da *Anscheinsbeweis* envolve particulares ataques aquele valor fundamental, sem se descortinarem, em contrapartida, vantagens significativas para o sufragar([935]).

### 4.7. Inexigibilidade de culpa em relação a todo o círculo de danos causados ao lesado

Ao longo da exposição em torno da repartição do ónus da prova, temo-nos referido insistentemente à questão da demonstração da existência da culpa.

Apesar do nosso artigo 484.º não ser a este propósito tão explícito quanto o §824 do B.G.B., onde se faz expressa menção à censurabilidade

---

([934]) Cfr., BLOMEYER, ARWED, *Die Umkeher der Beweis, in* AcP, 158, 1958, págs. 97 e ss.
([935]) Para uma análise mais desenvolvida da prova da primeira aparência, cfr. SERRA, ADRIANO VAZ, *Provas..., ob. cit.*, pág. 78 e ss., RANGEL, RUI M. FREITAS, *O Ónus da Prova..., ob. cit.*, págs. 248-249, KOHLHOSSER, HELMUT, *Anscheinsbeweis und frei richterliche beweiswürdigung, in* AcP, 165 (1964-65), pág. 46 e ss.

da conduta do agente pelo desconhecimento da falsidade das suas declarações "... *wenn er die unwahrheit zwar nicht kennt, aber kennen muâ*", enquanto *Tatbestand* de um tal preceito, não podemos deixar de considerar a culpa enquanto requisito essencial da responsabilização do agente, quando este procede à divulgação de factos capazes de contenderem com o bom nome e o crédito de outrem.

Uma tal conclusão deriva, desde logo, das regras gerais da responsabilidade civil (art. 483.º). Porém, a própria formulação legal do art. 484.º "quem afirmar ou difundir um facto capaz de prejudicar...", aponta também no sentido de se exigir para a responsabilização do agente a cognoscibilidade ou a consciência quanto à potencialidade ofensiva das afirmações por si divulgadas([936]).

Na verdade, o legislador ao utilizar a fórmula *capaz de prejudicar*, pretende claramente colocar em relevo a importância atribuída no preceito dedicado ao ilícito ao bom nome e ao crédito à possibilidade de representação pelo agente do carácter lesivo das declarações proferidas.

Não se suscitam então dúvidas quanto à exigência, em qualquer circunstância([937]), de uma possibilidade de prefiguração pelo agente do resul-

---

([936]) Neste sentido, cfr. MONTEIRO, J. SINDE, *Relatório sobre o programa...*, ob. cit., pág. 49.

([937]) Ao referirmo-nos em texto "em qualquer circunstância", estamos a querer abranger no âmbito normativo da hipótese legal do art. 484.º tanto as declarações expressas, quanto os comportamentos concludentes adoptados pelo agente. Como já atrás deixámos referido, também as declarações tácitas podem determinar a responsabilização do seu autor nos termos do art. 484.º, apesar de em muitas destas situações não se conseguir detectar com clareza o propósito do agente quanto à publicidade de declaração e produção do resultado ilícito.

Não pode causar estranheza a exigibilidade a um homem mediano, face às normais exigências da vida comunitária, de ter de assumir as consequências objectivamente associáveis aos seus actos por todo e qualquer destinatário razoável. Desta feita, quando alguém adopte determinados comportamentos, que de acordo com as regras normais da experiência e da vida, possam ser qualificados de ofensivos ao bom nome e ao crédito de outrem, dever-lhe-á ser exigível a previsibilidade de ocorrência do resultado ilícito. Se num caso concreto não se verificou uma tal prefiguração, conquanto em termos meramente eventuais, seria pelo menos previsível que tivesse desenvolvido uma tal operação intelectual.

Razão por que a censurabilidade da conduta do agente reside em tais situações na omissão das diligências devidas para ter adoptado um tal tipo de conduta do ponto de vista intelectual. No fundo, estamos pura e simplesmente a constatar que a reprovação da conduta do agente nestas hipóteses de declarações tácitas ofensivas do bom nome de outrem se consubstancia fundamentalmente em hipóteses de negligência, e até de modo preponderante em casos de negligência inconsciente.

Apenas num número marginal de situações se poderá equacionar a exclusão da culpa do agente. Estamos a pensar na ignorância não censurável de um conjunto de elementos

tado ilícito. Quando, porém, a falta de representação intelectual da antijuridicidade da conduta do autor das afirmações lesivas se ficar a dever a um comportamento tido como censurável, a sua responsabilidade não deixa de afirmar-se.

Em contrapartida, não consideramos ser razoável definir como condição para afirmar a responsabilidade do agente a perspectivação e conformação por parte deste de todo o resultado danoso desencadeado pela divulgação das afirmações ofensivas do bom nome e do crédito de outrem.

Assim sendo, mesmo quando o declarante não tenha previsto toda a extensão danosa da sua conduta, não deixa de lhe poder ser imposta a obrigação de indemnizar certos prejuízos por ele não representados mentalmente e em relação aos quais não tenha também aderido no plano

---

cuja cognoscibilidade permitiria ao autor das afirmações prefigurar a existência do ilícito. Assim, se alguém recém chegado a um ambiente sócio-profissional proferir afirmações factuais consideradas lesivas do bom nome e crédito do destinatário, poderá não ser responsável pela circunstância da sua ignorância não ser censurável.

Estando em causa um contexto onde vigoram códigos, linguagem e costumes muito específicos, cuja apreensão do seu sentido implique um certo período de adaptação, a falta de consciência da potencialidade ofensiva de determinadas declarações pode considerar-se justificada em virtude da inexperiência de quem profere as declarações. Em suma, encontramo-nos aqui perante uma situação de uma aparente falta de diligência do agente, enquanto tal não culposa, semelhante às hipóteses de erro do declarante não censurável. Convém, porém, ter bem presente que a exclusão da culpa em virtude de erro quanto à consciência da ilicitude assume particular relevância a propósito de uma outra modalidade da culpa: o dolo.

Com efeito, o conhecimento das circunstâncias de facto integrantes das hipóteses de violação dos direitos de outrem, ou das normas legais de protecção e a consciência da ilicitude representam o elemento intelectual do dolo. Ora, como sabemos, a reprovação da conduta do agente nas situações de negligência não tem como fundamento o mencionado elemento intelectual, mas sim o não acatamento pelo agente dos deveres objectivos de cuidado.

Cumpre então averiguar, socorrendo-nos do critério da culpa em abstracto plasmado no n.º 2 do art. 487.º, se um homem medianamente diligente, poderia e deveria ter adoptado uma conduta diferente. Tendo em conta, na hipótese atrás referida, a inexperiência e a falta de adaptação ao respectivo sector de actividade, ao declarante não deve ser censurada a conduta aparentemente menos prudente ou avisada por si adoptada.

Já no tocante à influência do erro a nível da exclusão da culpa, devemos distinguir os casos de representação errónea das circunstâncias de facto, daqueles onde se regista uma falta de consciência da ilicitude. Apenas em relação ao primeiro núcleo de hipóteses podemos admitir, sem grandes hesitações, a relevância excludente do erro. Já quanto ao erro de direito se levantam maiores perplexidades, porquanto a regra fundamental contida no art. 6.º (a ignorância da lei não escusa) constitui um forte obstáculo à sua admissibilidade em termos gerais. Acerca do diferente relevo assumido pelos erros de facto e de direito em relação à exclusão da culpa, cfr. MONTEIRO, J. SINDE, *Relatório sobre o programa..., ob. cit.,* pág. 32.

volitivo([938]). Uma tal conclusão limita-se no fundo a reproduzir quanto a propósito da repartição do ónus da prova já tínhamos deixado como assente: a culpa enquanto pressuposto da ilicitude extracontratual reporta-se ao facto praticado pelo agente, e não à extensão dos danos por este provocados.

### 4.7.1. A relevância da boa fé ao abrigo do art. 494.º no âmbito do ilícito ao bom nome e ao crédito

Ainda no tocante ao tratamento da matéria da culpa no âmbito do ilícito ao bom nome e ao crédito, não se suscitam dúvidas quanto à responsabilização do agente pela divulgação de toda e qualquer afirmação imputável à sua vontade, independentemente da modalidade que este elemento subjectivo da responsabilidade civil possa assumir. Não se regista aqui nenhuma limitação digna de nota, apesar de nas ofensas ao bom nome e ao crédito perpetradas através de comportamentos concludentes ser mais frequente a ocorrência de condutas negligentes([939]).

Assim sendo, haverá lugar à aplicabilidade do art. 484.º, quer quando nos deparemos com situações de *dolus (specialis*([940])*, principalis* ou *eventualis*), ou de negligência (consciente ou inconsciente).

---

([938]) Diferente parece ser a opinião de Paula Andrade ao referir-se às situações de imputações ofensivas verdadeiras dolosas. Segundo o seu entendimento, "o agente não quer apenas a sua conduta mas também e sobretudo o resultado danoso". Cfr. ANDRADE, M. PAULA GOUVEIA, *Da ofensa do crédito..., ob. cit.,* pág. 90. Uma tal afirmação enquadra-se dentro da perspectiva que sufraga a exigibilidade de uma previsão culposa relativamente à produção dos danos.

Todavia, se continuarmos a analisar o pensamento da autora, aperceber-nos-emos da existência de uma certa confusão das referências por si feitas ao plano da ilicitude e aqueloutro relativo aos danos. Com efeito, depois de considerar como essencial a imputação dos danos à vontade do agente, dá como exemplo da existência de resultado danoso a lesão do crédito ou do bom nome. Ora, bem vistas as coisas, a ofensa destes bens fundamentais previstos no art. 484.º consiste no ilícito ou quando muito no dano real, e não propriamente no círculo de danos, maior ou menor, que possa decorrer da prática de um facto com aquelas características, e que verdadeiramente consubstancia o resultado mencionado por Paula Andrade.

([939]) Uma tal conclusão reproduz apenas uma tendência dominante na realidade sociológica, pois, do ponto de vista jurídico, não existe qualquer obstáculo em afirmar a responsabilidade do agente mesmo quando este actue com dolo. Aliás, em certos ambientes onde vigorem determinados códigos e regras específicas, a adopção de determinadas condutas (gestuais, ausências ou presenças físicas, insurreições…) pode ser dotada de uma maior potencialidade ofensiva que a divulgação de declarações expressas. Assim sendo, a opção por um tal tipo de conduta pode expressar uma maior premeditação e conformação do agente com o resultado ilícito. Quando assim suceder, encontramo-nos claramente perante comportamentos dolosos.

([940]) Ao caracterizar a figura do dolo directo, Antunes Varela apresenta como exemplo paradigmático uma hipótese particularmente relacionada com o objecto do nosso estudo:

Também na órbita do ilícito ao bom nome e ao crédito, à semelhança do regime geral da responsabilidade civil, a regra contida no art. 494.º revela-se de uma particular importância prática. Como resulta do preceituado nesta norma do Código Civil, não basta a negligência para o juiz ter a possibilidade de fixar um montante indemnizatório inferior ao dano. Importa tomar em consideração outras circunstâncias, nomeadamente a situação económica do lesante e do lesado.

Reportando-nos ao contexto específico do art. 484.º, cumpre legitimamente questionar se entre as "demais circunstâncias do caso" não devemos ter em consideração a boa fé do autor das afirmações lesivas. Antes de entrarmos propriamente na análise desta problemática, importa salientar que ao reportarmo-nos à boa fé do agente estamos apenas a perspectivar este conceito jurídico na sua dimensão subjectiva. Não se pretende convocar a este propósito o princípio jurídico fundamental consagrado nos arts. 227.º e 762.º, n.º 2, de acordo com o qual as partes, em diversos momentos do ciclo de vida das obrigações(941), têm o dever de pautar a sua conduta de acordo com critérios de honestidade, lisura e correcção.

Centramo-nos antes no plano das convicções ou dos estados de espírito considerados pelo ordenamento jurídico relevantes. A propósito de várias matérias (posse [art. 1294.º](942), casamento [art. 1647.º], efeito de sequela [art. 291.º], ...), o direito faz desencadear ou paralisar determinados efeitos jurídicos, em virtude de os sujeitos a quem se reporta a prática de certos actos se encontrarem convencidos da conformidade das suas condutas com as exigências da ordem jurídica.

A delimitação do conceito de boa fé subjectiva implica assim a necessária referência a dois elementos fundamentais: a existência de uma convicção do sujeito quanto à conformidade da sua conduta com os impe-

---

"o jornalista sabe que, narrando certo facto, atinge a honra ou o bom nome de outrem; e é esse preciso efeito que ele pretende atingir". Cfr. VARELA, J. ANTUNES, *Das Obrigações I...*, ob. cit., pág. 570.

(941) Enquanto no art. 227.º a boa-fé intervém na fase pré-contratual, já no âmbito do art. 762.º, n.º 2, a sua influência manifesta-se num outro período: o do cumprimento das obrigações. Acerca da relevância do princípio da boa-fé (art. 762.º) a propósito do problema da redução da cláusula penal, cfr. MONTEIRO, A, PINTO, *Sobre o Controlo da Cláusula Penal, in* Comemorações dos 35 Anos do Código Civil e dos 25 Anos da Reforma de 77, vol. III (Direito das Obrigações), Coimbra, 2007, págs. 200-201.

(942) Já no Direito Romano a *bona fides* era considerada como elemento fundamental (subjectivo) da *usucapio*, cfr. JUSTO, A. SANTOS, *A Presença do Direito Romano no Direito Português, in* Stvdia Ivridica 70 – Colloquia 11, Separata de Jornadas Romanísticas, Coimbra, pág. 217 e ss.

rativos do ordenamento jurídico (elemento subjectivo propriamente dito), e a relevância conferida pelo direito a um tal estado de espírito([943]).

Ora, no preceito relativo ao bom nome e ao crédito não se faz qualquer alusão à vertente subjectiva da boa-fé. Não sendo a boa-fé, à semelhança de quanto se passa com a culpa, um requisito fundamental da responsabilidade civil, a falta de referência legislativa a um tal elemento, permite-nos concluir pela sua irrelevância no âmbito das ofensas dirigidas aos valores tutelados pelo art. 484.º.

Equacionando, porém, a atribuição de um hipotético papel de destaque à vertente subjectiva da boa fé no preceito normativo que constitui o centro das nossas atenções, cumpria antes de mais indagar acerca dos termos da efectividade a conferir ao estado de espírito do autor das afirmações lesivas do bom nome e ao crédito. Por outras palavras, impunha-se como questão prévia apurar o elemento ou aspecto essencial da hipótese normativa do art. 484.º relativamente ao qual se deveria reportar a boa fé do lesante.

Basicamente este problema prévio traduzir-se-ia em saber se o estado de desconhecimento ou ignorância do agente se conexionaria com o problema da verdade das afirmações de facto divulgadas, ou se contenderia antes com a consciência acerca da potencialidade ofensiva das declarações. Uma correcta abordagem desta problemática supõe necessariamente que seja levada em linha de conta a questão da relevância atribuída à verdade no âmbito do ilícito ao bom nome e ao crédito.

Ao admitir-se a responsabilidade do agente mesmo nas hipóteses de divulgação de factos verdadeiros, a invocação da convicção quanto à veracidade das afirmações transmitidas, além de não determinar a exclusão do

---

([943]) Como a este propósito justamente sublinha Carneiro da Frada, O Direito tem aqui em vista a tutela da aparência. Desta feita, tais situações são distintas daqueloutras subsumíveis no âmbito da responsabilidade pela confiança, onde se desencadeiam consequências indemnizatórias em virtude de frustração de expectativas. Cfr., FRADA, M. CARNEIRO DA, *A Responsabilidade pela Confiança nos 35 Anos do Código Civil – Balanço e Perspectivas*, in Comemorações dos 35 Anos do Código Civil e dos 25 Anos da Reforma de 1977, Coimbra, 2007, págs. 289-290.

([944]) Aliás, mesmo no âmbito de ordenamentos jurídicos positivos ou no contexto de posições doutrinais em que se admita a relevância da *exceptio veritatis*, a invocação de um estado de convicção acerca da veracidade das afirmações proferidas não implicaria a exclusão do ilícito quando o agente acabe por efectivamente proferir declarações falsas. Porém, este estado de ignorância poderá mais facilmente ser considerado como um elemento atendível para efeitos da graduação do montante indemnizatório em face das posições e ordenamentos onde a verdade assume um maior impacto na defesa invocada pelo lesante.

ilícito([944]), pouca importância assume também na fixação do montante indemnizatório quando o agente actue com mera culpa, mas tenha consciência do carácter ofensivo das suas declarações.

Razão por que apenas nas situações de negligência inconsciente poderíamos atribuir importância à aludida boa fé do declarante.

Já no tocante às situações de transmissão dolosa de afirmações fácticas, pensamos não ser correcto equacionar a existência de boa fé por parte do lesante. Na verdade, quando nos encontramos em face de comportamentos particularmente reprováveis, como são os casos de actuação dolosa, o lesante nunca poderá invocar um estado de desconhecimento relativamente ao carácter lesivo da sua actuação, mesmo nas hipóteses menos censuráveis de dolo eventual([945]). Constituindo a boa fé subjectiva uma convicção ou um estado de espírito traduzido no desconhecimento da potencialidade ofensiva da conduta do agente, então em qualquer situação de dolo a cognoscibilidade dessa circunstância sempre se afirmará.

Desta feita e em jeito de síntese, devemos admitir apenas, em termos timoratos, uma relevância autónoma, face ao disposto no art. 494.º, da boa-fé subjectiva no âmbito do ilícito ao bom nome e ao crédito, circunscrita basicamente às hipóteses de negligência inconsciente.

### 4.7.2. Exclusão da culpa e subsistência do ilícito

Como decorre dos princípios gerais e a própria formulação legal do art. 484.º sugere, a responsabilidade do agente encontra-se dependente da cognoscibilidade da potencialidade lesiva das suas afirmações face aos bens jurídicos do bom nome e crédito dos destinatários.

Fica assim excluída a responsabilidade do lesante por falta deste elemento subjectivo da ilicitude extracontratual, sempre que o autor das afirmações fácticas não tenha efectivo conhecimento e nem lhe seja exigível a possibilidade de prever a ocorrência do resultado ilícito([946]), ou nas hipóteses

---

([945]) Em sentido diferente se pronuncia Paula de Andrade, referindo-se expressamente à categoria das afirmações dolosas verdadeiras proferidas pelo agente de boa fé. Cfr. ANDRADE, M. PAULA GOUVEIA, Da ofensa do crédito..., ob. cit., págs. 89-90. Apesar de discordarmos desta posição, a autora não deixou de mostrar alguma cautela ao considerar que "porém, a boa fé opera ao nível de motivações mas não exclui, de per si, o dolo do lesante", cfr. ANDRADE, M. PAULA GOUVEIA, ob. ant. cit., pág. 90.

([946]) Diferente se apresenta a solução do §824 do B.G.B., onde como já atrás deixámos referido, a culpa se reporta à veracidade das afirmações divulgadas. Desta feita, basta ao agente demonstrar não ter conhecimento, e não lhe ser exigível a cognoscibilidade da falta de verdade das suas afirmações para não lhe ser assacada qualquer responsabilidade. Não se revela então necessária a prova da ignorância da potencialidade ofensiva das suas declarações face aos bens jurídicos tutelados neste preceito da lei civil alemã.

em que apesar da cognoscibilidade da potencialidade ofensiva das declarações, o lesado não tenha conseguido fazer prova em juízo de uma tal circunstância.

Cumpre porém relembrar, convocando para o efeito as regras gerais da responsabilidade civil, que a exclusão da culpa nos termos expostos não envolve concomitantemente o afastamento da ilicitude da conduta do lesante. Conquanto se tenha registado uma hipótese de divulgação de factos ofensivos do bom nome e do crédito, encontramo-nos colocados perante um ilícito a bens fundamentais da personalidade.

Em tais hipóteses, o lesante, apesar de não ser civilmente responsável nos termos do art. 484.º[947], não deixou de desenvolver uma actividade anti-jurídica, relativamente à qual o nosso ordenamento não permanece indiferente. Constituindo o bom nome e o crédito projecções fundamentais da personalidade humana[948], cuja tutela é garantida através da cláusula geral do art. 70.º, ao lesado é permitido o recurso às providências atípicas previstas no n.º 2 deste preceito legal com o objectivo de alcançar uma reparação, conquanto parcial[949], das ofensas dirigidas aqueles bens jurídicos.

A retractação pública do lesante, o recurso aos procedimentos cautelares, a publicação de sentenças condenatórias de abstenção, representam, para além doutros, importantes mecanismos de tutela subsumíveis na panóplia dos meios enunciados neste preceito do Código Civil[950].

---

[947] Neste sentido, se pronuncia Menezes Cordeiro, ao considerar que mesmo que esteja em causa a divulgação de um facto falso, pode não se registar um delito por falta do elemento voluntário, CORDEIRO, A. MENEZES, *Direito das Obrigações, vol. II, ob. cit.*, pág. 349.

[948] Como a propósito da delimitação do âmbito normativo do art. 484.º deixámos referido, o bom nome traduz-se basicamente na dimensão externa ou social da honra, e como tal, através da protecção conferida pelos art. 70.º e 483.º, o lesado nestes bens jurídicos essenciais da personalidade pode encontrar em tais disposições legais os mecanismos de tutela adequados. Já em relação ao crédito, face às maiores especificidades patenteadas pelo seu conteúdo económico, a protecção delitual que lhe é conferida pelo ilícito do bom nome e do crédito adquire uma particular relevância. Tal não significa porém o afastamento da possibilidade do titular do direito ao crédito recorrer às providências atípicas do n.º 2 do art. 70.º, pois o crédito não deixa de constituir, antes de tudo, uma faceta da dimensão social ou externa da honra.

[949] Na verdade, o recurso às providências atípicas indicadas no n.º 2 do art. 70.º não constitui um mecanismo adequado para assegurar ao lesado o ressarcimento dos prejuízos por este invocados. Apenas a convocação do instituto da responsabilidade civil permitirá responder de modo adequado a uma tal pretensão indemnizatória.

[950] Para além destes, outros expedientes jurídicos podem ser convocados quando o autor das afirmações lesivas consiga excluir a culpa da sua conduta, para alcançar efeitos idênticos aos atingidos por estes procedimentos atípicos. Estamos a pensar, desde logo, no

Não obstante as especificidades próprias de cada um destes expedientes, concretizadas quer em requisitos particulares da sua aplicabilidade, quer no diverso grau de discricionaridade judicial na delimitação do âmbito dos mesmos, somos, no entanto, forçados a reconhecer um indesmentível denominador comum subjacente a todo esse amplo acervo de medidas.

Para além de outros aspectos dignos de destaque, e a cuja apreciação se procederá em sede de mecanismos de tutela do bom nome e do crédito, não podemos deixar de destacar, desde já, um aspecto nuclear particularmente atinente com esta problemática distintiva entre as causas de exclusão da ilicitude e da culpa a propósito do art. 484.º.

Referimo-nos à aplicabilidade autónoma e independente destas figuras jurídicas face ao instituto da responsabilidade civil. Uma tal característica permite assim justificar a relevância do recurso aos instrumentos jurídicos integrados no âmbito do n.º 2 do art. 70.º, nas hipóteses em que não tenha sido provada em juízo a censurabilidade ético-jurídica da conduta do agente que se consubstanciou na divulgação de afirmações ofensivas do bom nome e do crédito de outrem.

Como temos vindo a referir, excluída a culpa do agente, subsiste ainda a ilicitude da sua conduta, relativamente à qual o ordenamento jurídico coloca à disposição dos titulares dos bens atingidos mecanismos de reacção idóneos para remover ou atenuar os efeitos da actuação lesiva.

### 4.8. A excepção da má reputação

A atribuição do direito à indemnização com fundamento no ilícito ao bom nome e ao crédito implica, do ponto de vista probatório, a demons-

---

direito de resposta e nos mecanismos de autotutela dos direitos (acção directa, legítima defesa e estado de necessidade). Apenas não os incluímos no mesmo elenco, em virtude destes institutos se encontrarem regulamentados na lei, e enquanto tais, deverem ser qualificados como expedientes ou mecanismos típicos de tutela, observando-se os condicionalismos próprios da respectiva disciplina legal.Porém, e salvaguardadas as especificidades de cada um deles, podem descortinar-se um conjunto de características, objectivos e uma natureza idêntica entre os procedimentos atípicos e os típicos.

Não procederemos nesta sede a uma análise pormenorizada das afinidades e diferenças entre este tipo de meios, pois um tal estudo será feito quando nos debruçarmos sobre os mecanismos de tutela do bom nome e do crédito. Neste momento, cumpre tão somente salientar que na ausência de uma disciplina legislativa especialmente dedicada a estes procedimentos tipificados, sempre seria admissível a sua convocação com fundamento nas amplas potencialidades abertas pelo n.º 2 do art. 70.º

tração pelo lesado dos elementos constitutivos do seu direito, de harmonia com a regra fundamental colhida no art. 342.º.

Uma adequada protecção dos bens jurídicos do bom nome e do crédito não implica necessariamente o reconhecimento da existência de uma presunção de boa reputação social a favor de toda e qualquer pessoa([951]). Apesar do bom nome ter a sua matriz referencial na dignidade da pessoa humana, certo é que nos encontramos indiscutivelmente perante um bem jurídico cuja configuração depende da influência conformadora de uma constelação de arquétipos e concepções sociais.

Não pode, então, o lesado deixar de fazer a prova da boa reputação e do crédito por si desfrutado no meio social, pois apenas deste modo é possível afirmar a existência da ilicitude prevista no art. 484.º. Dependente desta prova encontra-se também aqueloutra da ocorrência de prejuízos não patrimoniais ou patrimoniais decorrentes da violação dos bens jurídicos em análise. Na verdade, apenas podemos aceitar a verificação de perdas económico-patrimoniais ou de alterações no equilíbrio psíquico-emocional de quem invoca a violação do seu bom nome e crédito, se previamente tiver ficado definida a existência de tais bens jurídicos.

Obviamente que o direito à indemnização não depende apenas da prova do ilícito e do dano, pois exige-se também que fique comprovada a conexão entre o evento lesivo e o dano([952]).

Aplicando-se no âmbito do ilícito ao bom nome e ao crédito, a regra geral da repartição do ónus da prova, então competirá ao lesante, a título de excepção, demonstrar que o lesado não goza da titularidade dos bens relativamente à violação dos quais requer o ressarcimento dos respectivos prejuízos.

De acordo com um certa orientação, a exclusão da responsabilidade do agente implica a prova da má reputação do lesado([953]).

---

([951]) A admissibilidade de uma tal presunção aliviaria substancialmente a actividade probatória a desenvolver pelo lesado. Sobre este recairia apenas o ónus de alegação da existência do seu bom nome e crédito. Competiria então a quem proferisse as declarações alegadamente ofensivas provar a falta de titularidade daqueles bens jurídicos por parte de quem invoca a sua violação.

([952]) Para além da demonstração da culpa do lesante, a qual se deve reportar ao facto ilícito por si praticado. Porém, em texto, estávamos apenas a considerar, em função das nossas concretas finalidades expositivas, os pressupostos do facto ilícito e do dano, bem como aqueloutro respeitante às conexões entre eles envolvidas.

([953]) Cfr. ANDRADE, M. PAULA GOUVEIA, *Da Ofensa do crédito...*, ob. cit., pág. 87.

### 4.8.1. Condições de relevância da exceptio da má reputação

A procedência da invocação da falta de qualidades ou atributos sociais do lesado enquanto causa de exclusão do ilícito previsto no art. 484.º, n.º 1, encontra-se particularmente dependente do carácter relativo ou contextualizado dos bens sobre os quais incide a prova indispensável para ser possível o funcionamento desta excepção.

O prestígio ou a notoriedade social de uma pessoa são categorias multidimensionais[954], cujo âmbito apenas pode ser delimitado tomando

---

[954] De acordo com um entendimento dominante nas sociedades pré-modernas, o bom nome e a reputação eram vistos como atributos associáveis apenas a quem ocupasse uma determinada posição social. No contexto de tais sociedades profundamente hierarquizadas, onde se registavam distinções qualitativas entre as pessoas, o bom nome representava uma forma de afirmação social. De igual modo, também no advento das sociedades modernas, assistiu-se a uma generalização do crime de difamação, que era então visto como uma forma de sancionar as infracções cometidas contra certas regras básicas de organização e estratificação social.

Actualmente, as nossas estruturas sociais são caracterizadas pela nota da diversidade, atenta a especialização e a divisão social de trabalho reinante. Como já várias vezes fomos referindo, a nossa posição no contexto social é essencialmente definida a partir dos status e papéis sociais.

Assim sendo, também não podemos escamotear que a reputação e o prestígio social das pessoas se encontra muito dependente do lugar por elas ocupado na mencionada grelha social. Porém, a atribuição do direito ao bom nome e ao crédito não tem a sua fonte numa qualquer escala de hierarquização social.

Concebendo-se a sociedade como uma comunidade de convivência entre seres livres e iguais, tal como é timbre dos Estados de Direito democráticos e plurais, não podemos admitir a existência de diferenças qualitativas entre as pessoas. Razão por que o bom nome e o crédito de alguém não podem ser vistos hoje como uma específica qualificação social, mas antes como prerrogativas cujo fundamento se encontra na dignidade da pessoa humana.

*A priori*, em função de considerações de hierarquia social, ninguém pode ser privado da titularidade do direito ao bom nome e ao crédito. De forma mais ou menos intensa, tendo em conta as particulares qualidades individuais e o modo como as pessoas as exercitam, a todos deve ser reconhecido uma certa reputação ou prestígio social.

Apenas assim não sucederá, quando em virtude dos comportamentos por si adoptados, os titulares de tais direitos tenham degradado substancialmente a sua imagem ou reputação social. Ressalvadas situações manifestamente excepcionais, não podemos admitir a falta de bom nome e reputação em termos gerais. Pelo menos, relativamente a certos aspectos ou dimensões da vida das pessoas, sempre poderão subsistir razões para afirmar uma certa credibilidade social, não obstante a mutilação registada noutros domínios significativos da sua existência social.

Com efeito, fundando-se o bom nome na dignidade da pessoa humana, nunca podemos admitir o seu total aniquilamento. Admitir entendimento diverso implica necessariamente um ataque inadmissível ao homem naquilo que tem de mais precioso (Acerca da evolução

em consideração os vários domínios ou sectores onde se desenvolve a sua actividade social. Não é possível pronunciarmo-nos acerca da amplitude exigível para a relevância da *exceptio* da má reputação sem previamente tomarmos em consideração a eficácia irradiante das declarações ofensivas proferidas pelo agente. Reconduzindo-se o ilícito às afirmações fácticas divulgadas pelo lesante, cumpre determinar, antes de tudo, qual (ou quais) a(s) faceta(s) ou dimensão(ões) do perfil sócio-profissional do lesado atingida(s) com a matéria factual publicamente transmitida.

Conquanto os factos difundidos possam apenas dizer respeito a uma certa dimensão estruturante do posicionamento social do lesado, mormente à sua actividade profissional (ou até eventualmente a traços particulares das suas atribuições funcionais) revela-se possível, tendo em conta, por um lado, os múltiplos círculos concêntricos em que se desdobra a vida sócio-profissional do visado, e por outro, as convenções ou regras sociais dominantes através das quais as declarações ofensivas são avaliadas, que a potencialidade ofensiva das declarações se estenda para além dos domínios nelas expressamente referenciados, ou até intencionalmente perspectivados pelo agente.

Esta possível assimetria entre a censurabilidade subjectiva e objectiva da conduta do lesante permite explicar que a avaliação do grau de ofensividade das declarações lesivas do bom nome e do crédito seja efectuada não a partir dos critérios da culpa, mas antes em torno de considerações de causalidade.

Torna-se então mister, de acordo com tais cânones, definir previamente qual o âmbito da ofensividade das declarações divulgadas pelo agente. Ora é precisamente a partir deste enquadramento que se poderá analisar criticamente, quer a actividade probatória desenvolvida pelo lesado quanto aos prejuízos por si sofridos na sequência da violação do bom nome e do crédito, quer a defesa por excepção deduzida pelo agente, ao pretender demonstrar a inexistência do bom nome e crédito cuja violação é invocada pelo lesado.

Cumpre, porém, indagar se a exclusão do ilícito ao bom nome e ao crédito implica a prova positiva da má reputação do lesado, ou, se não bastará demonstrar a falta de existência da boa reputação ou prestígio social deste.

Apesar de eventualmente não ser associado ao lesado, em conformidade com as regras dominantes no sector sócio-profissional onde desen-

---

histórica registada no tocante à caracterização do bom nome, cfr. MACHADO, JÓNATAS, *Liberdade de expressão...*, ob. cit., págs. 759 e ss.).

volve a sua actividade, um descrédito ou desconsideração social, tal não significa, porém, que lhe devam ser reconhecidos todos os atributos ou predicados por ele invocados como fundamento da sua boa nomeada ou reputação social.

Entre os vários patamares ou bitolas de qualificação social não figuram apenas os arquétipos de desconsideração ou de elevado respeito. Uma tal dicotomia envolve o esquecimento de toda uma zona fundamentalmente dominada pela normalidade ou anonimato social.

Seja em virtude de um certo *deficit* de aptidões ou talentos, seja em função da opção por um certo aniquilamento do "eu social" no modo como cada pessoa dimensiona o relacionamento da sua sociável insociabilidade, certo é que muitas pessoas deliberadamente se decidem colocar num estatuto de neutralidade social. Quem intencionalmente decidiu desenvolver a sua actividade sócio-profissional ignorando ou menosprezando todo um conjunto de arquétipos ou referências sociais, não pode pretender prevalecer-se dos predicados ou atributos que apenas naqueles podem encontrar o seu fundamento constitutivo. Idênticas considerações devem ser desenvolvidas relativamente a quem, independentemente da sua vontade, seja considerado, objectivamente, ou seja, de acordo com as mais diversas convenções ou padrões sociais, numa posição de uma certa neutralidade ou indiferença social.

Se defendermos a configuração do bom nome e do crédito, única e exclusivamente a partir de um conjunto diversificado e relativo de concepções e referências sociais, então o agente para se eximir da responsabilidade decorrente do art. 484.º apenas tem de provar que o lesado não tem a notoriedade e projecção social alegada, mas não se torna necessário ficar demonstrada a sua má reputação. Conseguindo, porém, fazer a prova da má reputação do lesado, a responsabilidade do agente, ficará, por maioria de razão, excluída. Todavia, exigir uma tal actividade probatória, como requisito indispensável para afastar o ilícito ao bom nome e ao crédito revelar-se-ia uma solução muito exigente.

#### 4.8.2. *A má reputação do lesado como causa de exclusão do ilícito*

Cumpre ainda salientar que independentemente do modo como em juízo o agente consiga rebater ou contestar a projecção ou notoriedade social alegada pelo lesado, a sua responsabilidade considerar-se-á afastada em virtude de não se configurar aqui a existência de um facto ilícito.

Neste contexto, poder-se-á também sustentar que na prática, em tais hipóteses, o agente não será responsável em virtude da inexistência dos danos invocados pelo lesado([955]). Apesar de uma tal conclusão não deixar de corresponder à realidade, certo é que, em rigor, a responsabilidade do art. 484.º considerar-se-á afastada, pela circunstância prévia do ilícito ter sido excluído. Importa, porém, distinguir várias situações.

Assim, quando as afirmações de facto sejam susceptíveis de contender com várias vertentes da reputação social das pessoas por elas visadas, então apenas se poderá admitir a exclusão do ilícito se o agente conseguir demonstrar que o lesado não é uma pessoa credível nos diversos planos referenciados. Uma tal prova, apesar de condição necessária, não se revela, porém, como suficiente para o lesante alcançar o seu desiderato de ver afastada a aplicação do art. 484.º. Importa, com efeito, chamar aqui à colação as considerações já atrás expendidas a propósito da *exceptio veritatis*.

Mesmo quando os factos causadores do descrédito sejam verdadeiros e até existam motivos justificativos para a sua divulgação, se não forem respeitadas as exigências da proporcionalidade entre a relevância dos factos narrados e o impacto por estes causados nos bens da personalidade, então não poderemos admitir a procedência da excepção de má reputação.

Esta inobservância das regras de proporcionalidade pode conduzir a situações onde se registem resultados manifestamente gravosos para a postura e relacionamento social da pessoa visada com as declarações, provocando uma total e absoluta segregação da mesma. Assim sendo, uma vez provada pelo lesante a completa descredibilização do lesado, apenas seria de admitir a relevância da excepção de má reputação([956]) se o agente conseguisse demonstrar que o visado pelas afirmações de facto não gozava

---

([955]) Neste sentido se pronuncia Paula G. de Andrade, cfr. ANDRADE, M. PAULA GOUVEIA, *Da ofensa do crédito...*, ob. cit., pág. 87.

([956]) A questão da relevância de uma genérica excepção de má-reputação apenas se pode discutir quando a mesma se reportar à divulgação de factos ofensivos do bom nome e crédito.

Se as declarações lesivas se tiverem traduzido em juízos de valor, não nos encontramos já no âmbito de aplicabilidade do art. 484.º, e não faz então sentido discutir o problema da excepção de má-reputação como causa de exclusão do ilícito previsto neste preceito. Poder-se-á legitimamente questionar se o agente não poderá ver afastada a ilicitude da sua conduta, fundada nestas hipóteses no art. 483.º. Neste contexto, e não no âmbito da exclusão do ilícito ao bom nome e ao crédito se deve incluir o exemplo avançado por Paula Gouveia de Andrade, de acordo com o qual as afirmações do agente consubstanciam a ideia que a pessoa por estas visada é um "advogado incompetente", Cfr. ANDRADE, M. PAULA GOUVEIA, *Da ofensa do crédito...*, ob. cit., pág. 87. Ora, a referência à incompetência do advogado deve considerar-se já como uma apreciação valorativa, a qual extravasa já o âmbito de aplicabilidade do art. 484.º. A autora deveria ter-se reportado expressamente a declarações de factos que patenteassem a incompetência do mencionado advogado.

de qualquer prestígio em nenhum dos círculos sociais onde desenvolvia a sua actividade, bem como o interesse público da divulgação do evento noticioso e o equilíbrio da forma como foram transmitidas as informações.

Cumpre salientar o carácter residual destas situações no âmbito das sociedades plurais e profundamente marcadas pela especialização e divisão social do trabalho. A profunda diversificação e heterogeneidade registadas no tecido social tem conduzido, um pouco paradoxalmente, a uma autonomização e a um relativo isolamento dos vários *status* e papéis sociais assumidos pelas pessoas enquanto membros da comunidade.

Razão por que se torna difícil aceitar a possibilidade de uma total segregação das pessoas no seu meio comunitário, e correlativamente muito inverosímil a relevância da invocação de uma completa e absoluta má-reputação do lesado. Entre as dificuldades para admitir a eficácia de uma tal causa de exclusão cumpre destacar, desde logo, a circunstância de tais declarações serem proferidas, em regra, com manifesto desrespeito das exigências conformadoras do princípio de proporcionalidade, e conduzirem, por conseguinte, a resultados claramente inadmissíveis à luz da dignidade da pessoa humana, a qual constitui, de resto, a matriz de fundamentação dos direitos ao bom nome e ao crédito.

Para além disso, a procedência de uma genérica excepção de má--reputação pode conduzir a resultados injustos, por não se tomar em devida conta o particular contexto em que foram proferidas as declarações ofensivas do bom nome e crédito de outrem. Não obstante o lesado poder ser reputado como pouco credível em determinado sector de actividade, tal não significa necessariamente que se deva excluir a responsabilidade do lesante pela circunstância de ter feito a prova dessa genérica falta de reputação. Basta pensar na hipótese de as afirmações de facto ofensivas se reportarem a concretos comportamentos sócio-profissionais adoptados pelo lesado não merecedores de qualquer censura ético-social. A título meramente exemplificativo, devem considerar-se lesivas do bom nome e do crédito de um comerciante, por regra, pouco cumpridor dos compromissos jurídico-negociais assumidos, as afirmações proferidas publicamente por um seu parceiro negocial relativamente a uma concreta relação contratual onde o comportamento do visado pelas declarações se revelou exemplar.

A circunstância da capacidade de cumprimento do comerciante se apresentar aos olhos do público como particularmente vulnerável, não legitima que genericamente sejam desculpabilizados os comportamentos daqueles que se refiram a essa pessoa em termos menos abonatórios, se no caso concreto não existem quaisquer razões justificativas para proferir esse tipo de declarações. Atribuir imediata e automaticamente "à parte" as características associadas "ao todo" representa em muitas circunstâncias uma atitude precipitada, que pode ser considerada como substrato do ilícito previsto no art. 484.º.

Por maioria de razão, não é também de aplaudir a tendência para a partir de determinados factos ou circunstâncias concretas se procederem a considerações generalizadas acerca do prestígio sócio-profissional das pessoas visadas com as declarações.

Pelo facto de estar a ser discutida judicialmente a questão do não cumprimento de uma obrigação contraída por um certo devedor, não legitima, de modo algum, a formulação de considerações genéricas desabonatórias acerca da sua vontade e capacidade de cumprimento.

Podem assim considerar-se ofensivas as afirmações proferidas pelo advogado do autor de uma acção de condenação para pagamento de quantia pecuniária, quando declara que o não cumprimento de uma tal obrigação pelo réu indicia claramente uma manifesta falta genérica de correcção e lisura no mundo dos negócios.

Tal tipo de declarações poderá ser considerado particularmente ofensivo do bom nome e crédito da pessoa visada, se tivermos em consideração o facto de o apuramento da questão do cumprimento das obrigações se traduzir numa questão técnica, ou pelo menos, implicar o prévio esclarecimento de problemas desta índole. Se tiverem ocorrido determinadas causas justificativas para o devedor deixar de cumprir os compromissos assumidos, nem sempre se podem considerar como verdadeiras as declarações proferidas pelo advogado.

Porém, mesmo que a propósito da concreta questão controvertida se possa concluir pela existência de uma situação de incumprimento, não se poderá a partir daí inferir pela repetição do mesmo tipo de comportamento noutras hipóteses, nem mesmo qualquer conclusão genérica indicativa de uma má situação económico-financeira do réu.

### 4.8.3. *A comparticipação culposa do lesado na violação do bom nome e crédito*

Não obstante algumas atinências com a questão atrás discutida da relevância da *exceptio* da má-reputação, encontramo-nos aqui perante um problema distinto onde se discute a concorrência da culpa do lesante e do lesado para a produção do dano, que neste contexto, se consubstancia na violação do bom nome e crédito de outrem.

Encontramo-nos situados num domínio onde se faz sentir a influência regulativa do fragmento pomponiano contido no Digesto *"quod quis ex culpa sua damnum sentit, non intelligitur damnum sentire"*. Uma tal máxima inspirou profundamente disposições de modernas codificações civilísticas, entre as quais destacamos o §254 do B.G.B.([957]) e o n.º 1 do art. 570.º([958]). Uma adequada compreensão deste preceito do Código Civil Português apenas se torna possível se se tiver em devida conta os respectivos pressupostos da sua aplicabilidade: a unilateralidade do dano, a concorrência causal efectiva dos comportamentos do lesante e do lesado, bem como a natureza culposa de tais condutas([959]) ([960]).

---

([957]) Não obstante o amplo espaço de problemas comuns regulados pelos §254 do B.G.B. e pelo nosso art. 570.º, certo é que no modo como estes dois preceitos enfrentam a sua resolução registam-se significativas diferenças entre ambos.

Enquanto o preceito alemão se apresenta mais flexível através da referência expressa na sua letra para as "circunstâncias do caso", podendo qualificar-se como uma cláusula geral (criticada por alguns autores por se tratar de uma fórmula vazia, cfr. DUNZ, WALTER, *Abwägungskriterien bei der schadensausgleichung, in* N. J. W., 1964, págs. 2 133 e ss.), o art. 570.º apresenta, por seu turno, uma formulação mais rígida. Se relativamente à legislação alemã o grande desafio colocado é o da compatibilização entre a relevância causal das condutas do lesante e do lesado com o quadro aberto de outras circunstâncias atendíveis para a fixação do montante indemnizatório a cargo do primeiro, já o preceito português aponta para a consideração exclusiva pelo decidente das questões da concorrência causal dos comportamentos para a produção do dano e para o concurso de culpas de quem pratica o facto lesivo e da pessoa que sofre os respectivos prejuízos.

Não podemos, porém, hiperbolizar estas assimetrias entre os regulamentos jurídicos em confronto, porquanto mesmo relativamente ao nosso art. 570.º, há quem sustente na doutrina a atribuição ao juiz de um poder moderador face ao quadro pouco flexível estabelecido pela legislação portuguesa. Na perspectiva de Brandão Proença, será assim permitido ao decidente tomar em consideração todo um conjunto de circunstâncias (situação económica do lesante e do lesado, a existência de seguro...), com o objectivo de determinar um montante indemnizatório justo e adequado. No tocante à existência de seguro o autor considera que "é a funcionalização do seguro de responsabilidade que constitui a razão primacial para, mesmo intrasistematicamente, se desculpabilizarem as pequenas faltas ou imprudências dos lesados, cometidas em situações de maior pressão e para se "corrigir", em medida maior ou menor, o resultado prático da ponderação legal. *Vide* PROENÇA, JOSÉ C. BRANDÃO, *A conduta do lesado..., ob. cit.,* págs. 174 e 175.

([958]) Esta norma encontrou no ordenamento jurídico interno a sua fonte inspiradora no §2.º do art. 2398.º do Código de Seabra.

([959]) Cfr., a este propósito, PROENÇA, JOSÉ C. BRANDÃO, *A conduta do lesado ..., ob. cit.,* pág. 335.

([960]) A convocação dos pressupostos do art. 570.º revela-se fundamental para delimitar o seu âmbito face a outros preceitos cuja aplicação cumulativa ou subsidiária neste contexto levanta particulares perplexidades. Estamos a reportar-nos ao art. 494.º, que à semelhança do art. 570.º tem subjacente uma finalidade de redução do montante indemnizatório a cargo do lesante, e onde perpassam na sua disciplina imperativas exigências de justiça. Acerca das afinidades entre os preceitos em análise, cfr. PROENÇA, JOSÉ C. BRANDÃO, *A conduta do lesado ..., ob. cit.,* págs. 169 e 170.

Tendo em conta as linhas de força subjacentes ao nosso preceito dedicado à concorrência de culpas entre o lesante e o lesado, não podemos aceitar o entendimento pandectístico([961]), de acordo com o qual a máxima de Pomponius se destinava a resolver tão somente um problema de compensação de culpas.

Não podemos, na verdade, sufragar que as modernas codificações tenham acolhido o entendimento erróneo da regra pomponiana, de acordo com o qual a culpa do lesado elimina ou preclude a do lesante, porquanto uma tal perspectiva redundaria numa certa tendência para desfavorecimento do lesado, negando-lhe sistematicamente a atribuição de um montante indemnizatório.

Na senda de Brandão Proença, não é possível compreender a *ratio* de um preceito como o art. 570.º se não tivermos em conta que à sua redacção presidiu um princípio elementar de justiça, dirigido neste contexto da impropriamente chamada "concorrência de culpas, a proceder a uma «correcta ordenação do dano»". Em consonância com este objectivo fundamental, o autor encontra o fundamento deste normativo numa ideia de auto-responsabilidade do lesado "no sentido de uma imputação das consequências patrimoniais decorrentes de opções livres que toma e que se revelaram desvantajosas para os seus interesses, dada a sua aptidão autolesiva"([962]) ([963]).

---

Para quem não faça uma interpretação inflexível e rígida do art. 570.º, poderá admitir-se que o juiz atenda na concreta mobilização deste preceito jurídico a factores susceptíveis de ser levados em linha de conta quando se aplique o critério do art. 494.º (ex.: a existência do seguro, a situação económica do lesante e lesado). Porém, como justamente sublinha Brandão Proença, defender a aplicação exclusiva do art. 494.º, ou propender para uma intervenção cumulativa ou supletiva do art. 494.º no âmbito do relacionamento destes dois preceitos(art. 570.º e 494.º), constituem soluções criticáveis, pois qualquer destas vias "ignora a demarcação legal, a especificidade e o âmbito natural de aplicação dos dois normativos", cfr. PROENÇA, JOSÉ C. BRANDÃO, *A culpa do lesado...*, *ob.cit.*, págs. 177-178.

Com efeito, não podemos ignorar que o art. 494.º, ao contrário do art. 570.º, não tem em conta a questão da existência de uma concorrência de condutas culposas para a produção do dano.

([961]) Para uma análise mais desenvolvida da construção dogmática do princípio da compensação de culpas levada a cabo pela pandectística alemã, cfr. PROENÇA, JOSÉ C. BRANDÃO, *A conduta do lesado...*, *ob.cit.*, pág. 347 e ss.

([962]) Neste sentido, cfr. PROENÇA, JOSÉ C. BRANDÃO, *A conduta do lesado...*, *ob.cit.*, págs. 416-417.

([963]) Esta ideia de auto-responsabilidade do lesado é profundamente inspirada na posição de Baptista Machado a propósito da figura do *venire contra factum proprium*. Reportando-se especificamente à análise do art. 570.º, o autor encontra o fundamento para a solução jurídico-positiva aí consagrada numa concepção de "culpa perante si próprio", a qual radica, por seu turno no ónus que a cada um incumbe de uma adequada autoprotecção dos seus

Este entendimento afasta-se assim das doutrinas de conteúdo objectivo, onde se destacam as perspectivas causalistas, bem como das orientações subjectivistas assentes na reprovação da conduta do lesado([964]).

Outra questão particularmente pertinente é a de saber, em face da fórmula sintética do nosso texto legislativo, qual o sentido a atribuir ao concurso do facto do lesado quando este contribuir para o agravamento dos danos.

Importa, neste contexto, apurar se o legislador apenas se quis referir às hipóteses em que o lesado através da sua acção causa um novo dano ou agrava o já existente (o lesado que se levanta da cama do hospital onde se encontra internado e dá uma nova queda da qual resulta um agravamento da fractura óssea sofrida na sequência do acidente que o vitimou) ou se abrange também as situações de agravamento derivadas de comportamentos passivos ou omissões do lesado (a enfermidade provocada pelo facto lesivo é acentuada em virtude do lesado não seguir o receituário prescrito pelo médico).

Não se registam na doutrina divergências quanto a esta questão, sendo opinião comum a defesa da aplicabilidade da regra contida no art. 570.º, n.º 1, quer às hipóteses de agravamento dos danos decorrentes de uma conduta positiva do lesado (as quais encontram um imediato apoio na letra da lei), quer aqueloutras situações onde a causa de intensificação dos danos se traduz numa omissão por parte de quem os sofreu([965]).

### 4.8.4. O problema do agravamento dos danos e o art. 484.º

Situando-se o ilícito ao bom nome e ao crédito no universo extracontratual([966]), não existe à partida qualquer obstáculo à aplicabilidade do regime da concorrência de culpa do lesado neste particular contexto.

---

interesses. Para uma análise mais pormenorizada desta posição, cfr. MACHADO, JOÃO BAPTISTA, A cláusula do razoável, in Revista de Legislação e de Jurisprudência, ano 121.º, págs. 135-136.

([964]) Na doutrina nacional integram esta orientação subjectivista, embora em termos não absolutos, autores como Antunes Varela, Almeida Costa e Ribeiro de Faria. Para uma análise desenvolvida das perspectivas objectivistas e subjectivistas em torno do art. 570.º, cfr., PROENÇA, JOSÉ C. BRANDÃO, A conduta do lesado..., ob.cit., pág. 401 e ss.

([965]) Neste sentido, cfr., SERRA, ADRIANO VAZ, anotação ao acórdão do Supremo Tribunal de Justiça de 4 de Maio de 1971, in Revista de Legislação e de Jurisprudência, ano 105.º, págs. 169-170, VARELA, J. ANTUNES, Das Obrigações...I, ob.cit., págs. 917-918, FARIA, J. RIBEIRO, Direito das Obrigações, I, Coimbra, 2003, pág. 524, PROENÇA, JOSÉ C. BRANDÃO, A conduta do lesado..., ob. cit., pág. 643 e ss.

([966]) Não estamos, no entanto, a querer confinar a aplicabilidade do art. 570.º, n.º 1, ao campo da responsabilidade civil extracontratual. A questão da concorrência da culpa do

Algumas perplexidades podem, no entanto, levantar-se pela circunstância da conduta do lesado não envolver a normal existência de um ilícito causador de prejuízos a um terceiro.

Resta então saber se será necessário para desencadear a aplicação do art. 570.º, n.º 1 que o comportamento do lesado além de ser merecedor de um juízo de reprovação ou de censura, revista ainda todas as características susceptíveis de afirmar a existência de responsabilidade civil.

Sem cair numa análise subjectivista e particularmente inflexível do art. 570.º, não podemos deixar de considerar como mais compatível com o texto da lei, a orientação de acordo com a qual a aplicabilidade do critério contido neste preceito não está dependente de uma censurabilidade objectiva([967])([968]).

---

lesado para a produção ou agravamento dos danos traduz-se num problema da delimitação do montante indemnizatório a atribuir ao lesado, razão por que em termos sistemáticos apareça tratado na secção dedicada à obrigação da indemnização. Ora, encontramo-nos perante uma área temática onde os problemas atinentes à responsabilidade contratual e extracontratual são tratados unitariamente. A este propósito, cfr. VARELA, J. ANTUNES, *Das Obrigações...*, I, ob. cit., pág. 877.

([967]) Neste sentido mais flexível, cfr. PROENÇA, JOSÉ C. BRANDÃO, *A Culpa do Lesado...*, ob. cit., pág. 405-406. Uma tal conclusão não se revela incompatível com a admissibilidade da aplicação da regra do art. 570.º a outras situações onde se não verifique uma efectiva censurabilidade subjectiva do lesado. Com efeito, ao defendermos como fundamento do preceito em análise o ónus de conservação da esfera de interesses a cargo do lesado, admitimos claramente a possibilidade de diminuição ou redução da indemnização da responsabilidade do lesante noutras situações para além da estrita censurabilidade no plano subjectivo de quem sofreu os prejuízos.

([968]) Neste contexto há quem advogue um fundamento ético ancorado na boa-fé para justificar a solução da redução do montante indemnizatório a cargo do lesante. De acordo com um tal entendimento, o pedido de indemnização deduzido pelo lesado não é coerente com o seu comportamento anterior, pois o modo como actuou criou legítimas expectativas no lesante de que não pretendia exercer o seu direito a ser ressarcido dos prejuízos sofridos. Com efeito, não se revela compatível com as exigências da boa-fé, mormente as coenvolvidas na proibição do *venire contra factum proprium*, que aquele que causou com culpa ("culpa contra si mesmo") um dano, possa vir a exigir a reparação integral dos prejuízos ao lesante. Neste sentido, cfr. SILVA, J. CALVÃO DA, *Responsabilidade civil...*, ob.cit., págs. 733-744.

Também aqui não se exige para desencadear a aplicação do art. 570.º uma conduta do lesado configuradora de um típico ilícito contratual ou extracontratual. Encontramo-nos antes perante posições que pretendem basear a censura objectiva da conduta do lesado numa ideia de justiça, ou mais concretamente, numa dimensão ética do direito.

Porém, este entendimento não encontrou um acolhimento unânime na doutrina nacional. Brandão Proença, na senda de autores alemães como Greger revela-se bastante crítico de um tal entendimento, em virtude de faltar entre o lesante e o lesado um prévio vínculo

Desta feita, não nos parece exigível relativamente ao comportamento do lesado impor a observância dos requisitos necessários para afirmar a sua responsabilidade, tal como seria na eventualidade de um tal facto ter provocado prejuízos a terceiros([969]).

Relativamente ao universo do ilícito ao bom nome e ao crédito, a generalidade das situações de concorrência da culpa do lesado para a produção ou agravamento dos danos por si sofridos não configuram a prática de factos ilícitos desencadeadores de prejuízos a terceiros.

Basta pensar na hipótese de factos publicamente divulgados por um órgão da comunicação social considerados ofensivos do bom nome da pessoa por eles visada, quando na base da elaboração da notícia estiveram factos erróneos facultados pelo próprio lesado. Uma tal situação apenas pode suscitar a aplicabilidade do art. 570.º quando o agente tiver na elaboração da notícia, através de uma descontextualização ou deformação de elementos factuais, provocado prejuízos no bom nome do lesado. Se assim não fosse, o dano dever-se-ia considerar como exclusivamente imputado ao lesado, não se registando o pressuposto indispensável da concorrência causal do facto do lesante para a situação lesiva.

Em causa está uma situação de concorrência do lesado para a própria produção do dano, sem, todavia, a conduta deste ter causado prejuízos ao lesante ou a qualquer outro terceiro.

Idênticas observações podem, porém, tecer-se relativamente às condutas do lesado tão somente susceptíveis de provocar um agravamento dos prejuízos causados. Exemplo elucidativo de uma tal realidade podemos visualizá-lo quando a pessoa lesada no seu bom nome na sequência de um debate televisivo, se abstém de responder às afirmações ofensivas, dando assim aso a maiores especulações em torno do episódio, e a posteriores afirmações mais ofensivas dos bens da sua personalidade.

A opção de lesado em abster-se de contradizer e até de corrigir as afirmações fácticas lesivas veio a provocar um aumento da extensão dos prejuízos provocados pela actuação do lesante. Assim sendo, parece haver razões justificativas para limitar o montante indemnizatório a cargo do lesante, pela circunstância do lesado não ter actuado de modo a garantir uma adequada conservação da sua esfera de interesses.

---

de relacionamento específico capaz de convocar a interferência regulativa da boa-fé. Cfr. PROENÇA, JOSÉ C. BRANDÃO, *A Conduta do Lesado...*, ob. cit., pág. 408 e ss. e 659 e ss.

([969]) No tocante à falta de exigibilidade do carácter ilícito do comportamento do lesado, cfr. VARELA, J. ANTUNES, *Das Obrigações...I*, ob.cit., pág. 917 (nota 3).

Neste tipo de hipóteses também não é possível visualizar uma conduta do lesado lesiva dos direitos de outrem. Não se exigindo para o funcionamento do regime jurídico do art. 570.º um facto do lesado com as características susceptíveis de o considerar como civilmente responsável, não encontramos então obstáculos capazes de convocar a aplicação do critério contido neste preceito aos dois tipos de situações de ilícito ao bom nome e ao crédito atrás enunciadas.

Uma tal conclusão encontra, de resto, o seu fundamento na circunstância de o lesado ao ter actuado sem a preocupação de preservar devidamente o seu perfil sócio-económico acabou por não beneficiar da vantagem de obter um montante indemnizatório consideravelmente superior. No fundo, todas estas consequências jurídicas foram resultado do livre exercício do poder de autodeterminação no tocante à forma considerada mais idónea de regular a sua esfera de interesses, e como tal, deve ser imputável ao espaço de auto-responsabilidade do lesado.

# PARTE V
# DOS MEIOS DE TUTELA DO BOM NOME E DO CRÉDITO

Até ao momento as nossas preocupações debruçaram-se fundamentalmente sobre a delimitação do âmbito normativo do preceito da nossa lei civil que consagra o ilícito ao bom nome e ao crédito.

Tentámos então definir os pressupostos de aplicabilidade do art. 484.º, e averiguar das razões eventualmente justificativas da conduta ilícita do agente, para assim podermos tomar uma posição acerca da responsabilidade do agente pela divulgação de factos que se mostram ofensivos do bom nome e do crédito de outrem.

Uma vez apurada, de acordo com os critérios enunciados ao longo do nosso estudo, a existência da responsabilidade do agente com fundamento no art. 484.º, cumpre então defrontar uma nova área problemática, não menos relevante – a da obrigação de indemnizar. Pesa agora sobre nós a tarefa de dilucidar quais os meios ressarcitórios colocados à disposição do lesado, com o objectivo de reparar os prejuízos causados na sua esfera jurídica, na sequência da divulgação das afirmações factuais ofensivas ao bom nome e ao crédito.

Revela-se então fundamental proceder a uma análise atenta em torno da *summa divisio* ressarcitória acolhida pelo nosso legislador no art. 566.º, n.º 1, sem deixar de levar em linha de conta as afinidades e divergências por esta patenteada, face às soluções consagradas noutros ordenamentos jurídicos integrados na grande família ronamo-germânica de fontes.

A concreta convocação do critério regulativo acabado de mencionar apenas poderá considerar-se adequada se não perdermos de mente a natureza dos prejuízos (patrimonial/não patrimonial) coenvolvidos na violação do bom nome e do crédito. Uma prévia auscultação da tipologia do universo dos danos a ressarcir, revela-se, na verdade, imprescindível para averiguar da oportunidade e dos limites do recurso aos diversos mecanismos de restituição natural para tornar indemne a esfera jurídica do lesado.

Estando fundamentalmente em causa no âmbito do nosso estudo violações a bens jurídicos da personalidade, não podemos deixar de atribuir um particular destaque à solução legal acolhida no nosso ordenamento jurídico a propósito da ressarcibilidade dos danos não patrimoniais, confrontando-a com critérios acolhidos noutras ordens jurídicas, em particular com o modelo germânico e italiano. Uma tal digressão comparatística tem como objectivo nuclear avaliar da aptidão do nosso normativo (art. 496.º), e permitir uma avaliação crítica em torno da oportunidade ou necessidade de importar sugestões que ultrapassam as fronteiras do nosso universo jurídico para responder aos problemas suscitados pela obrigação de indemnizar neste contexto específico do ilícito ao crédito e ao bom nome.

Não deixaremos também de fazer uma breve referência ao modelo processual de tutela considerado mais idóneo para efectivar as providências destinadas a reagir contra a violação dos direitos ao bom nome e ao crédito. Incumbe então indagar da oportunidade e possibilidade, atenta a natureza pessoal destes bens jurídicos, de convocar os expedientes processuais oriundos do universo da jurisdição voluntária para decidir dos problemas colocados pelos ilícitos civis do crédito e do bom nome.

# CAPÍTULO 1
# DA RESSARCIBILIDADE DOS DANOS NO ÂMBITO DO ILÍCITO AO CRÉDITO E AO BOM NOME

**1.1. A reparação das ofensas ao bom nome e ao crédito**

Constituindo o ilícito ao bom nome e ao crédito uma forma típica de responsabilidade civil aquiliana, importa agora debruçarmo-nos sobre os meios colocados pelo ordenamento jurídico à disposição do lesado para eliminar os danos por si sofridos. Na verdade, sobre o lesante, uma vez verificados os *tatbstände* da responsabilidade, recai a obrigação de reparar os danos causados a outrem. Como resulta do art. 562.º, sobre o sujeito responsável pela produção dos danos recai a obrigação de praticar os actos necessários para reconstituir a situação hipoteticamente existente, se não tivesse ocorrido o facto determinante de um tal dever.

Particularmente sensível à finalidade de reconstituição da mencionada situação hipotética, Pereira Coelho entende estar consagrada neste preceito a teoria da diferença([970])([971]).

No fundo, o grande objectivo da obrigação de indemnizar é a eliminação ou remoção dos prejuízos causados ao lesado. Todavia, para se

---

([970]) Para além disso, o autor entende que a análise conjugada deste preceito com o seguinte, permite-nos concluir pelo acolhimento na nossa lei civil da doutrina da causalidade adequada. A este propósito, cfr. COELHO, F. M. PEREIRA, *A Causalidade na Responsabilidade Civil em Direito Português, in* Rev. Dir. Est. Sociais, 1965, ano XII, n.º 4, pág. 8. A apreciação crítica de Pereira Coelho não se reportava, contudo, ao actual preceito do Código Civil, mas antes à 2.ª revisão ministerial. Porém, a formulação do preceito revela-se praticamente idêntica em ambos os texto legais.

([971]) Um tal entendimento em torno do alcance a atribuir ao art. 562.º não teve, no entanto, uma adesão unânime na doutrina. Para pessoa Jorge, a perspectiva sufragada por Pereira Coelho não é de aceitar, porquanto a teoria da diferença surge consagrada no art. 566.º, n.º 2. Assim sendo, não fazia sentido o legislador fazer menção à mesma regra em dois artigos tão próximos entre si, e para além disso formulá-la em termos diferentes, como resulta da parte final dos preceitos em confronto. De acordo com este professor, apenas é possível atribuir sentido útil ao art. 562.º, tendo em conta a sua inserção sistemática, se considerarmos que nele se consagra "como primeiro critério de causalidade o princípio da equivalência das condições, permitindo funcionar, em segundo momento, o princípio da adequação". Cfr. JORGE, F. PESSOA, *Ensaio sobre os pressupostos..., ob. cit.,* págs. 406 e ss.

Apesar de permitir entendimentos diversos, pensamos ser de aplaudir a redacção do art. 562.º, uma vez confrontada com a formulação do preceito paralelo do código de 1867 – o art. 2364.º. Na verdade, a redacção de um tal artigo não foi muito feliz, tendo em conta as finalidades da obrigação de indemnizar. Com efeito, ao contrário do que aí se prescrevia, o lesante não se encontra obrigado a restituir ao lesado o estado anterior à lesão. De acordo com a melhor orientação doutrinal (preconizada por Vaz Serra, e por Pereira Coelho, (*O Problema da Causa Virtual na Responsabilidade Civil* (reimpressão), Coimbra, 1998, pág. 79 (nota 36)), subscrita também por Antunes Varela (*Das obrigações em geral I..., ob. cit.,* págs. 908-909), a fórmula mais adequada para fixar o cálculo da indemnização de acordo com as exigências implicadas na teoria da diferença, consubstancia-se na determinação da diferença entre a situação real actual (encerramento da discussão em 1.ª instância ou o momento da sentença) e a situação hipotética do lesado no mesmo momento. Ora, o *quantum* do objecto da obrigação de indemnizar traduz-se precisamente nesta diferença, e não no valor que as coisas e ou prestações atingidas tinham no momento anterior à prática do facto lesivo. No mesmo sentido, a propósito do direito italiano, cfr. VALCANI, GIOVANNI, *Ancora sull tempo di riferimento nella stima del danno, in* Riv. Dir. Civ., 1991, n.º 1, págs. 67-68.

Para além da finalidade mencionada, o art. 2364.º do código de 1867 aditava-lhe ainda uma outra: "de satisfazer as perdas e danos que lhe haja causado". Na verdade, não nos parece correcto atribuir cumulativamente à obrigação de indemnizar estes dois objectivos, porquanto a suposta restituição do lesado à situação anterior à lesão, poderia traduzir-se precisamente numa reparação de perdas e danos. No fundo, a formulação do preceito apontava para a defensabilidade, como regra, do cúmulo da reparação *in natura* e da indemnização por equivalente.

alcançar uma tal finalidade, o legislador prevê no n.º 1 do art. 566.º duas vias alternativas: a reparação *in natura* (em forma específica) ou a indemnização pecuniária (em dinheiro).

Aliás, este preceito não se limita à enunciação dos modelos possíveis de reparação dos danos, mas toma também uma clara opção pela forma reputada como mais idónea para remover os danos reais ou concretos decorrentes da prática do facto ilícito([972]). Assim, a reconstituição natural da situação em que o lesado se encontraria, se não se tivesse verificado o evento determinante do surgimento da obrigação de reparação dos danos, foi eleita como a medida ideal para remover os prejuízos aquele causados ([973])([974])([975]).

---

([972]) Em texto, as nossas preocupações dirigem-se para a questão da ressarcibilidade dos danos coenvolvidos no âmbito da responsabilidade civil extracontratual, pela circunstância do art. 484.º se situar precisamente neste universo. Todavia, o legislador ao regular nos arts. 562.º e ss., a matéria da obrigação de indemnizar, define as regras e os princípios ordenadores deste núcleo temático, quer em relação aos ilícitos extracontratuais, quer quanto aqueloutros registados no domínio contratual. Preferiu-se assim reconhecer a existência de um núcleo de preocupações comuns às duas áreas, em vez de tratar separadamente esta matéria, ora como efeito do não cumprimento das obrigações, ora como consequência da prática de factos ilícitos. Razão por que a obrigação de indemnizar surge inserida no capítulo dedicado às modalidades das obrigações, e não nas secções das responsabilidade extracontratual e contratual.

([973]) A esta forma preferencial de tutela já se referia, de resto, o art. 2364.º do Código de Seabra.

Não podemos, porém, deixar de convocar a propósito deste modelo de ressarcimento dos danos os ensinamentos da já aludida teoria da diferença. Com efeito, a reposição natural não implica necessariamente a reposição das coisas ao estado anterior à ocorrência do facto lesivo. Impõe-se atender às utilidades ou vantagens susceptíveis de ser retiradas das coisas no período que medeia entre prática do ilícito e a restituição. Estamos a reportar-nos de modo particular aquele tipo de bens susceptíveis de gerar frutos naturais ou civis.

No fundo, essencial é conseguir satisfazer com a reposição o interesse do credor, atribuindo-lhe coisas com um valor e natureza idêntica às que tinham para ele os bens existentes no seu património antes da prática do facto lesivo, quando estiver em causa a obrigação de entrega de coisas.

Tratando-se de prestações de coisas fungíveis, a restituição *in natura* consubstancia-se basicamente na atribuição ao credor de bens de igual espécie e valor. Porém, mesmo neste âmbito, o mecanismo de ressarcimento em análise não deixa de levantar algumas perplexidades.

Assim, se o bem atingido com a prática do facto lesivo já era velho, estando o credor da obrigação de indemnizar disposto a adquirir um novo para o substituir, a restituição pelo devedor de uma coisa nova para assegurar a reparação, pode implicar a questão de saber se não se deverá restituir aquela diferença do preço entre uma e outra. Não se aceitando que a restituição *in natura* seja acompanhada da devolução pelo credor da mencionada diferença de valores pecuniários, corre-se o risco de não se estar a compensar apenas a perda patrimonial por ele sofrida, mas de se provocar um aumento do seu património.

Na senda de Vaz Serra, o desconto da diferença entre o valor do objecto novo e do antigo, apenas deverá ter lugar quando a indemnização "poupe ou adie ao prejudicado a necessidade de novas aquisições". Cfr. SERRA, ADRIANO VAZ, *Obrigação de indemnização (colocação, fontes, conceito e espécie de dano. Nexo causal. Extensão do dever de indemnizar. Espécies de indemnização. Direito de abstenção e remoção*, in Boletim do Ministério da Justiça, n.º 84, 1959, pág. 137. Ficariam excluídos deste mecanismo de compensação aquelas hipóteses em que o credor da indemnização ainda poderia e estaria disposto a utilizar coisa atingida com a prática do facto ilícito durante bastante tempo.

Por vezes, não constitui tarefa fácil averiguar se era ou não velha a coisa danificada. O grau de dificuldade na determinação deste problema pode ser muito variável. Assim, quando o bem violado pertença a uma empresa com aquisições sistematicamente planeadas, a consulta dos livros contabilísticos permite calcular com maior facilidade o valor a atribuir-lhe (tendo em conta nomeadamente o desgaste por ele sofrido e o respectivo período de amortização), do que nas hipóteses de objectos de uso doméstico integrados no âmbito dos orçamentos familiares. Cfr. a este propósito, SERRA, ADRIANO VAZ, *Obrigação de indemnização (Colocação, fontes ...), ob. cit.*, pág. 137.

A admissibilidade do recurso à reparação natural com a intervenção dos mecanismos de compensação nas condições atrás referidas não constitui, apesar de nos parecer a solução mais razoável, uma solução pacífica. Ennecerus-Lehmann, em oposição a Oertman repudia uma tal perspectiva, advogando a possibilidade de o devedor substituir o velho pelo novo, mas sem o direito de exigir do credor da indemnização a restituição da diferença de valores. Para uma análise mais aprofundada desta querela doutrinal, Cfr. a este propósito, SERRA, ADRIANO VAZ, *Obrigação de indemnização (Colocação, fontes ... ob. cit.*, pág. 134 e ss (notas 265 e 266). Como já tivemos ocasião de referir, propendemos a este propósito para defender a restituição da diferença de valores pelo credor quando a reparação *in natura* possa conduzir a resultados iníquos, em que nomeadamente se provoca um enriquecimento injustificado daquele. Uma tal solução revela-se, de resto, como a mais consentânea com a regra da *compensatio lucri cum damno*. Nesta linha de orientação se deve filiar a tendência registada na jurisprudência inglesa para atribuir relevância às valorações subjectivas do lesado, e aos seus eventuais hábitos de consumo arbitrários, enquanto parâmetros para determinação de um montante indemnizatório a atribuir ao credor desta obrigação. Para uma apreciação deste tipo de prática no direito inglês, cfr. ALPA, GUIDO, *Danno aquiliano..., ob. cit.*, pág. 826 e ss. Com efeito, não se manifesta admissível que a prática de facto ilícito tenha como consequência directa e imediata a obtenção de uma vantagem para o lesado. Para uma análise mais aprofundada da proibição de alcançar um tal resultado em virtude do cumprimento da obrigação de indemnizar pelo devedor, cfr. ALPA, GUIDO, *Danno aquiliano, in* Contratto e Impresa, 1990, n.º 2, pág. 798 e ss.

Todas estas considerações traduzem-se tão somente em complementos e especificações capazes de permitir uma melhor compreensão do critério nuclear orientador da restituição *in natura* por nós já atrás esboçado. Tais esclarecimentos adicionais dirigem-se fundamentalmente, como já referimos, ao universo da restituição *in natura* de coisas fungíveis.

Em relação às demais situações, cumpre adaptar o critério enunciado às respectivas especificidades. Assim, estando em causa lesões corporais susceptíveis de serem curadas, a restituição *in natura* alcança-se com o pagamento pelo devedor de tratamentos médicos ou até de intervenções cirúrgicas considerados adequados para o restabelecimento do lesado.

Por vezes, a restituição *in natura* consubstancia-se na realização de prestações de facto. A título meramente exemplificativo, consideremos a hipótese de alguém ter despejado ilicitamente lixo para o terreno de um vizinho. Em tais situações, a forma ideal de reparação do dano traduz-se na limpeza do lixo efectuada por conta do devedor. Cumpre ainda fazer menção às hipóteses em que o facto ilícito determinou a produção de danos jurídicos. Assim, se na sequência da lesão o agente adquiriu um direito, a melhor forma de proceder ao ressarcimento consiste no acto de renúncia a uma tal prerrogativa. Poderíamos ainda enumerar muitos outros exemplos, mas uma tal tarefa não corresponde aos nossos propósitos de tão somente tentar proceder a um melhor esclarecimento da regra nuclear informadora desta modalidade da obrigação de indemnizar – a restituição *in natura*.

([974]) Porém, a indemnização por equivalente constitui uma forma mais precisa e simples de proceder ao ressarcimento dos danos. No âmbito de uma economia de mercado, onde o dinheiro é considerado a medida preferencial de valoração de qualquer bem ou prestação, a restituição por equivalente é vista como a forma privilegiada de ressarcimento para uma certa corrente doutrinal italiana, não obstante o texto da lei (art. 2058.º do Codice Civile) ter elevado a restituição *in natura* a mecanismo geral de ressarcimento dos danos. No sentido de considerar o modelo patrimonial do ressarcimento como o mais consentâneo com as modernas exigências do tráfico jurídico, cfr. Salvi, Cesare, *Il Danno Extracontrattuale, Modelli e Funzioni*, Napoli, 1985, pág. 23 e ss., Libertini, Mario, *Le nuove frontiere del danno rissarcibile*, in Contrato e Impresa, 1987, págs. 104 e ss., Ceccherini, Grazia, *Nuove ricerche in tema di rissarcimento in forma specifica*, in Contratto e Impresa, 1991, n.º 2, pág. 784.

Elegendo-se a restituição em dinheiro como modo preferencial de cumprimento da obrigação de indemnizar, evitar-se-iam assim alguns inconvenientes resultantes dos obstáculos materiais, não raras vezes, levantados pela restituição *in natura*. No entanto, do ponto de vista do interesse do credor, o qual deve nortear o regime jurídico de qualquer obrigação (mesmo o de indemnizar), desde o seu nascimento até à respectiva extinção, a restituição *in natura* deve ser tida como o modo preferencial de indemnizar os prejuízos por aquele sofridos.

Na verdade, mesmo quando o montante indemnizatório em dinheiro atribuído ao credor seja considerado como razoável para ressarcir os danos por si suportados na sequência do facto lesivo, sobre ele não deixarão de recair as tarefas, cuidados e até as despesas necessárias para conseguir o restabelecimento da situação existente no momento anterior ao da prática do ilícito. O mesmo não se passa no âmbito da restituição natural, onde os esforços e cuidados para repor o *ex state ante* constituem um encargo do devedor.

Estamos obviamente a pensar em todas as hipóteses em que o objecto atingido com a prática do facto lesivo não seja uma quantia em dinheiro. Com efeito, nestas ultimas situações regista-se uma perfeita equiparação entre a restituição *in natura* e a indemnização por equivalente, não fazendo sentido falar aqui numa relação alternativa das modalidades da obrigação de indemnizar.

De igual modo, para a óptica do devedor também se pode considerar preferível a restituição *in natura*. Como a este propósito sublinha Vaz Serra, "ora, parece que a reposição natural, se o devedor tiver interesse nela, e o credor não tiver interesse em a recusar, deve ser aceite. Ao devedor pode ser mais fácil indemnizar assim do que por meio de indemnização em dinheiro (o devedor é, por exemplo, operário e pode facilmente consertar a coisa deteriorada) e, como tal forma de indemnização satisfaz, em princípio, mais perfeitamente, o interesse do credor, não há motivo para não a considerar legítima". Cfr. SERRA, ADRIANO VAZ, *Obrigação de Indemnização...*, *ob. cit.*, pág. 143.

([975]) O princípio da restituição *in natura* não constitui apenas uma solução perfilhada pelo legislador português. Também o B.G.B. (§249, parte 1) e o art. 2058.º do Codice Civile italiano estatuíram o primado deste modelo ressarcitório.

De igual modo, em qualquer destes ordenamentos jurídicos se prevê a possibilidade do ressarcimento ter lugar através da indemnização por equivalente, quando a restituição *in natura* não se revele possível ou seja excessivamente onerosa para o devedor. A parte inicial do n.º 1 do §251 do B.G.B. exclui claramente a restituição *in natura* quando esta não se revele possível.

Idêntica conclusão se deve retirar de uma leitura atenta da primeira parte do art. 2058.º do Codice Civile, apesar do legislador italiano não ter sido tão explícito como o português e o germânico. Ao conceder ao devedor a possibilidade de reparar o dano *in forma specifica* quando tal for total ou parcialmente possível, a lei italiana acaba também por excluir uma tal faculdade quando se revele integralmente impossível a restituição *in natura*. O legislador italiano consagrou pois uma solução de compromisso entre o primado da restituição natural e o reconhecimento dos limites desta modalidade ressarcitória.

No tocante à excessiva onerosidade enquanto causa de exclusão de recurso à restituição *in natura*, tanto o n.º 2 do §251 do B.G.B., como a última parte do art. 2058.º do Codice Civile se referem *expressis verbis* a este limite à reparação natural. Não havendo dúvidas que a apreciação da excessiva onerosidade constitui uma missão jurisprudencial, o código italiano faz expressa menção a uma tal circunstância, ao contrário de quanto sucede nas legislações portuguesa e alemã. Neste contexto, a formulação do art. 2058.º do Codice Civile deve considerar-se muito clara, pois além de explicitar a conclusão apodítica atrás mencionada, não deixa margens para dúvidas quanto à possibilidade de o juiz apreciar *ex officio* a verificação da excessiva onerosidade (sem a fazer depender da actividade probatória do devedor da obrigação de indemnizar) e ordenar ao devedor o cumprimento da indemnização por equivalente. Para uma análise mais desenvolvida dos poderes atribuídos por este preceito da lei italiana ao juiz, e dos perigos de arbítrio judicial aí coenvolvidos, cfr. CECCHERINI, GRAZIA, *Nuove Ricerche in tema...*, *ob. cit.*, pág. 787 e ss.

Bem vistas as coisas, as limitações à restituição *in natura* determinadas em virtude da cláusula da excessiva onerosidade encontram justificação em razões de ordem económica, conciliando a este nível os interesses do credor e do devedor.

Mais discutível, e sem consagração em qualquer legislação, se afigura a restrição determinada por interesses ligados à economia nacional. Reportando-se a uma tal causa de exclusão da restituição natural, Vaz Serra ilustra-a com o seguinte exemplo: "A deteriora uma máquina fabricada em país estrangeiro e que só nesse país é susceptível de reparação, pode o juiz, mesmo que o devedor não alegue excessiva onerosidade na reposição natural, determinar que a indemnização tenha lugar em dinheiro, se, visto o interesse da economia nacional em que se poupem divisas necessárias para a reparação, e atendendo às demais circunstâncias (como a natureza do interesse do credor) for de entender preferível a indemnização pecuniária", Cfr. SERRA, ADRIANO VAZ, *Obrigação de indemnização...*, ob. cit., pág. 144.

Apesar de também aqui nos encontrarmos colocados perante limitações de ordem económica, certo é que o plano onde se coloca a discussão já não se reporta às esferas patrimoniais do credor e do devedor, mas antes a um nível macro-económico onde são devidamente sopesados os interesses da economia nacional. Ora, *a priori*, não se descortina qualquer obstáculo à modelação do conteúdo das relações jusprivatísticas por considerações de ordem pública. Não constituiria propriamente uma novidade afirmada apenas no âmbito da obrigação de indemnizar, porquanto o direito privado conhece vários exemplos onde a interferência de interesses públicos se faz sentir de modo indelével (arts. 280.º, 334.º). Porém, este tipo de restrição à reparação natural constitui claramente um exemplo de medida proteccionista dos interesses nacionais.

Não tendo a cláusula de protecção dos interesses da economia nacional obtido acolhimento no Codice Civile italiano numa época em que vigorava o padrão ouro, e por conseguinte, a poupança de divisas se revelava uma solução importante para o fortalecimento das economias nacionais, muito menor justificação encontra a adopção deste limite à restituição *in natura* no âmbito de ordenamentos jurídicos integrados numa ordem económica onde vigora a regra da livre circulação de mercadorias. Assim sucede actualmente com os países membros da União Europeia onde existe uma moeda única.

Porém, não são apenas razões cambiais que constituem "interesses da economia nacional" susceptíveis de justificar a adopção de medidas proteccionistas. A este propósito, não podemos ignorar a relevância das motivações de ordem estratégica no plano económico. Num mundo onde a influência das tecnologias da informação se revela esmagadora, não admira que muitos estados considerem fundamental garantir o segredo em relação a certas técnicas informáticas e cibernéticas. Ora, a adopção de tais orientações estratégicas podem determinar a emergência de limitações quanto ao aludido primado da reparação natural.

Assim, e reportando-nos ao exemplo há pouco avançado por Vaz Serra, quando a reparação de um aparelho informático tenha de ser necessariamente realizada num país estrangeiro, nem sempre aquela modalidade de reparação poderá ter lugar. Estamos a pensar de um modo particular naquelas hipóteses em que este tipo de ressarcimento implique a descoberta por terceiros estados de segredos de fabrico e ou utilização de tecnologias estritamente nacionais.

Em relação às limitações registadas na admissibilidade de recurso à restituição *in natura*, cumpre mencionar o disposto na 2.ª parte do §249 e no §250 do B.G.B., para além das já atrás referidas. A primeira das disposições mencionadas faz alusão a dois grupos de hipóteses onde se pode revelar usual a perda de interesse do credor na efectivação da restituição *in natura*. Neste contexto, refere-se o legislador germânico às lesões corporais e aos danos em coisas.

No tocante às lesões corporais torna-se bem patente a preferência pela exigibilidade de uma indemnização por equivalente. Com efeito, pode revelar-se mais importante para o lesado obter uma quantia pecuniária para proceder à respectiva gestão, de acordo com os objectivos por si traçados, em lugar de ter de aceitar o comportamento ressarcitório do devedor. Entre a assistência médica prestada pelo sujeito passivo da obrigação de indemnizar ou por uma pessoa por este escolhida, e a possibilidade conferida ao credor de seleccionar o médico considerado mais competente, procedendo ao pagamento das respectivas despesas com a quantia indemnizatória, revela-se em abstracto como preferível este segundo termo da alternativa acabada de mencionar.

O mesmo raciocínio pode ser feito valer em relação aos danos causados em coisas. Em lugar da reparação do objecto danificado, ou da compra pelo devedor de uma coisa idêntica aqueloutra destruída, pode considerar-se preferível em muitas situações atribuir uma quantia em dinheiro ao credor, permitindo-lhe a aquisição de um objecto por ele considerado como equivalente ao bem destruído ou danificado. Esta enumeração feita na segunda parte do §249 do B.G.B. apenas encontra uma explicação plausível se tivermos em conta que o código alemão atribui ao devedor da obrigação de indemnizar um direito a optar pela modalidade ressarcitória da restituição *in natura*. Cfr., neste sentido, SERRA, ADRIANO VAZ, *Obrigação de Indemnização..., ob. cit.*, pág. 141. Ora, uma tal prerrogativa não pode ser feita valer nas hipóteses expressamente mencionadas naquele preceito do código germânico, quando o credor tenha pretendido nas circunstâncias aí referidas exigir uma indemnização em dinheiro.

Não podemos vislumbrar um regime paralelo ao acabado de enunciar no âmbito da legislação italiana, pois no art. 2058.º do Codice Civile a reposição *in natura* constitui um direito do credor. Desta feita, a possibilidade de recorrer à restituição *in natura* ou à indemnização por equivalente encontra-se em qualquer situação dependente de uma opção do credor, salvo quando se revele totalmente impossível ou excessivamente oneroso o recurso à restituição *in natura*. Casos esses em que o direito do lesado fica dependente de uma intervenção do julgador. Sobre esta matéria, *vide*, VELOSO, MARIA MANUEL, *A compensação do dano contratual..., ob. cit.*, pág. 217.

Neste contexto, podemos legitimamente questionar-nos se em face do regime estatuído no §249 do B.G.B. não se poderá descortinar numa obrigação com faculdade alternativa. Cfr, SERRA, ADRIANO VAZ, *Obrigação de Indemnização..., ob. cit.*, pág. 148.

Ainda a propósito das limitações estabelecidas na legislação alemã quanto à admissibilidade de recurso à restituição *in natura*, impõe-se ter em consideração o disposto no §250 do B.G.B. Sem paralelo nas legislações italiana e portuguesa, este preceito do Código Civil alemão confere ao credor a possibilidade de fixar um prazo adequado para o devedor proceder à restituição *in natura* dos prejuízos por si sofridos. Esta fixação de prazo será acompanhada ainda pela declaração do credor através da qual se dá conhecimento ao devedor da essencialidade do *frist* definido.

Como resulta *expressis verbis* da letra da lei, se o devedor não proceder ao ressarcimento *in natura* dentro do período definido, será permitido ao credor exigir a correspectiva indemnização por equivalente. Porém, uma vez decorrido o prazo pré-fixado, já o credor não poderá pedir a restituição *in natura*, mesmo quando esta se revele ainda possível. Nos ordenamentos jurídicos onde uma tal solução não se encontre plasmada, sempre será permitido alcançar um resultado idêntico ao decorrente da aplicação do disposto no §250. Todavia, apenas por via de um acordo entre o credor e o devedor se revela possível a fixação de um prazo essencial, cujo decurso envolva as consequências no plano ressarcitório atrás mencionadas.

Ora, apesar das consequências práticas se poderem revelar idênticas em ambas as situações, certo é que nos encontramos perante realidades diversas, porquanto no âmbito

Quando porém a reparação *in natura* não se revele materialmente possível, ou se afigure excessivamente onerosa para o lesante, o legislador admite o recurso à outra via alternativa, ou seja, a indemnização por equivalente.

Porém, bem vistas as coisas, tanto a reparação natural, como a realizada por equivalente pecuniário, representam mecanismo sucedâneos de satisfazer o interesse do lesado. Com efeito, mesmo quando nos encontramos perante a modalidade reputada como mais idónea para eliminar os prejuízos, está-se a atribuir ao credor da obrigação de indemnizar um

---

do §250 do B.G.B. o prazo fixado ao devedor para proceder à restituição *in natura* é definido unilateralmente pelo credor. Na verdade, a solução consagrada neste preceito do Código Civil alemão também apenas se revela explicável pela circunstância de a reposição natural constituir um direito do devedor.

Não seria muito justo sujeitar o credor a um período de espera muito prolongado em relação à decisão do devedor adoptar o comportamento capaz de permitir realizar a restituição *in natura*. Assim sendo, permite-se ao sujeito activo da obrigação de indemnizar estipular um prazo ao devedor para que este torne efectiva esta modalidade ressarcitória, conquanto o lapso temporal a este concedido se revele adequado (*angemessene frist*) ou razoável.

Para além disso, e no tocante ao tipo de sanções envolvidas neste regime jurídico, parece-nos um sistema equilibrado. Por um lado, o devedor será sancionado se não proceder à restituição natural dentro do prazo estipulado, com a possibilidade conferida ao credor de exigir uma indemnização por equivalente. Obviamente que só se poderá configurar aqui uma sanção quando a reparação natural se revele materialmente possível e não excessivamente onerosa para o devedor. Neste sentido se orienta o B.G.H. quando considera não ter justificação a fixação do prazo nas hipóteses em que esta modalidade de restituição se revele impossível ou quando a pretensão creditória se encontre prescrita, cfr. NJW, 1988, pág. 1780.

Por outro, decorrido o prazo fixado sem se ter efectivado a restituição *in natura*, o credor apenas pode exigir a indemnização por equivalente. Uma tal inibição deve ser vista como uma contrapartida da faculdade concedida ao credor no §250 do B.G.B. No fundo, a solução legislativa em análise permite ao lesado exigir uma indemnização em dinheiro independentemente da verificação dos pressupostos fixados no §249 II e 251. Aliás, na prática, o §250 do B.G.B. vem admitir amplamente uma indemnização por equivalente nas hipóteses em que os pressupostos do §§249 II, 251, não tenham sido preenchidos. Neste sentido, cfr. PALANDT, anotação ao §250 do B.G.B., *Bügerliches..., ob. cit.*, pág. 294.

A este propósito, Vaz Serra considera "conveniente reconhecer ao credor o direito de fixar um prazo razoável para que faça a reposição, com ou sem a declaração de que, decorrido esse prazo sem resultado, a rejeitará (...)". Como o mesmo autor sublinha "desde que o credor não declare que recusará tal reposição, a fixação do prazo serve apenas para legitimar o pedido de indemnização em dinheiro (além de poder levar o devedor a fazer a reposição)", SERRA, ADRIANO VAZ, *Obrigação de Indemnização..., ob.cit.*, págs. 147-148. A admissibilidade de tais hipóteses, apesar de não resultar da lei, tem o mérito de se revelar mais conforme com o princípio do primado da restituição natural consagrado no §249 I do B.G.B.

sucedâneo, porquanto a pretensão de conservação da incolumidade da sua esfera jurídica que constitui o desiderato fundamental do titular dos direitos absolutos foi indelevelmente atingida([976]).

---

([976]) Não se confundem assim com os meios indemnizatórios atrás referidos, as formas de cumprimento ou realização coactiva do direito integradas no âmbito da comummente designada execução específica. Acerca da importância desta distinção a propósito do ordenamento jurídico italiano, cfr. ROMANO, SALVATORE, *Il cosi detto risarcimento del danno in forma specifica, in* Ann. Univ. di Perugia, 1928, pág. 29 e ss., CECCHERINI, GRAZIA, *Nuove ricerche in tema..., ob. cit.,* pág. 793 e ss., SCALISI, VINCENZO, *Immissioni di Rumore e Tutela della Salute, in* Riv. Dir. Civ., 1992, I, págs. 132-133, *Inadempimento del mandatario e tutela del mandante, in* Riv. Trim. Dir. Proc. Civ., 1977, págs. 1492-1493. Com efeito, não nos encontramos perante formas de reparação dos direitos violados, uma vez que ainda se pode afigurar possível o cumprimento, conquanto tardio, das obrigações assumidas pelo devedor. Neste sentido, cfr. SCONAMIGLIO, RENATO, *Il risarcimento in forma specifica, in* Riv. Trim. Dir. Proc. Civ., 1957, pág. 224 e ss. Representando o cumprimento o meio ideal para garantir a efectividade jurídica dos interesses ou posições abrangidas no âmbito dos direitos cujo exercício é pretendido, as medidas susceptíveis de assegurar a execução específica dos direitos devem ainda integrar-se neste modelo privilegiado de tutela. Assim, no âmbito do cumprimento é de incluir não apenas o seu modo mais perfeito, ou seja, o cumprimento voluntário, como as medidas coactivas, entre as quais podemos distinguir as relativas à fase declaratória, como é o caso da acção de cumprimento, e aqueloutras relativas à fase executiva (arts. 827.º, 828.º e 829.º). Apesar do interesse do credor não ser espontaneamente satisfeito por um acto de vontade do devedor, mas sim em virtude da intervenção de um acto de autoridade judicial, não deixam de ser alcançados no âmbito do cumprimento coercivo os objectivos pretendidos pelos titulares dos direitos.

Pressuposto fundamental para o recurso à execução específica é a manutenção do interesse no cumprimento da obrigação. Apesar de tardiamente, o credor pretende ainda a entrega da coisa pelo devedor (art. 827.º), ou a realização por este, ou por terceiro, de um facto fungível (art. 828.º). Para além da manutenção do interesse creditório, exige-se ainda a possibilidade material de realização da prestação devida, para poder ter lugar a execução específica das obrigações no domínio contratual.

Já no tocante aos deveres de abstenção correlativos dos direitos absolutos do bom nome e do crédito, uma vez violados já não há possibilidade de requerer a sua execução específica, uma vez que o acto da sua violação reveste carácter definitivo. Apenas é possível aos titulares de tais direitos, através da *unterlassungsklage*, requerer a inibição da prática do mesmo tipo de ofensas para o futuro. Neste sentido, poder-se-á vislumbrar no exercício deste tipo de pretensão algo de substancialmente idêntico à execução específica, porquanto o titular dos direito violados conserva o interesse de não ver mais tarde reiteradas as violações às suas posições jurídicas. Neste domínio revelar-se-á até de grande utilidade o recurso à sanção pecuniária cumpulsória, com vista ao reforço da condenação *in futurum* do devedor a cumprir a obrigação de *non facere*.

Todavia, e no tocante às violações já perpetradas, apenas está aberta ao lesado a possibilidade de obter a reparação, seja *in natura*, seja por equivalente pecuniário, dos prejuízos por si sofridos.

Alguma perplexidade nos poderá então suscitar a inclusão das prestações de facto negativo na subsecção do Código Civil dedicada à execução específica. Com efeito, enquanto obrigação negativa, derivada de fonte contratual, não podemos admitir, pela natureza das coisas, o seu cumprimento ou execução específica. Todavia, há quem considere correcta (Silva, J. Calvão da, *Cumprimento e sanção...*, *ob. cit.*, pág. 156, nota 258, Micheli, G. Antonio, *Dell'esecuzione forzata*, in "Commentario del códice civile de Scialoja e Branca", Livro VI, 1964, pág. 199) a inserção do art. 829.º na subsecção dedicada à execução específica. De acordo com o entendimento destes autores, o objecto do cumprimento traduz-se na obrigação de *facere*, ou seja, a demolição da obra que determinou a violação da originária obrigação de *non facere*. Ora uma tal obrigação já se revela susceptível de execução específica.

Em sentido diverso, para o qual de resto propendemos, uma outra orientação doutrinal (Monteiro, A. Pinto, *Cláusulas limitativas...*, *ob. cit.*, pág. 192, nota 419, Cupis, A. DE, *Il danno*, vol. II, 3.ª edição, Milano, 1979, págs. 315-317) integra as providências destinadas a executar uma obrigação de *non facere* na categoria das medidas reparatórias, qualificando-as como indemnizações em espécie. Não sendo possível o cumprimento em via específica de tais prestações, a destruição da obra constitui a medida que oferece resultados mais próximos do efeito conseguido como o cumprimento. Trata-se, então, de uma forma de reparação *in natura*. Para reforçar um tal entendimento, Pinto Monteiro (*Cláusulas limitativas...*, *ob. cit.*, pág. 192, nota 419) invoca ainda a coincidência das soluções contidas nos arts. 566.º, n.º 1 e 829.º, n.º 2, uma vez que em ambos os preceitos se prevê a possibilidade de substituir a indemnização em espécie pela indemnização em dinheiro quando o prejuízo para o devedor implicado se revele significativo.

Não temos, porém, quaisquer dúvidas em considerar como providência integrada no universo da execução específica, o cumprimento coercitivo previsto no art. 830.º. Trata-se, no entanto, de uma hipótese peculiar, distinta da execução das obrigações de coisa, e da execução das obrigações de *facere* fungível, previstas, respectivamente, nos arts. 827.º e 828.º. Com efeito, este tipo de medidas são efectivadas no processo executivo, enquanto a execução específica do contrato de promessa se alcança no âmbito do processo declarativo. O cumprimento coercitivo é aqui conseguido por via de uma sentença, a qual possui uma eficácia constitutiva. Não está em causa porém uma sentença de condenação, porquanto em virtude da decisão judicial o contrato considera-se automaticamente concluído. De igual modo, também o objecto da execução específica é distinto do das execuções atrás mencionadas. Com a sentença referida no art. 830.º, visa-se suprir a falta da declaração negocial do faltoso. Assim sendo, o seu objecto traduz-se numa prestação de facto jurídico.

No entanto, à semelhança de quanto sucede a propósito das demais medidas onde tem lugar a execução específica das obrigações, o cumprimento destas ainda se revela possível. Assim sendo, a mora constitui pressuposto de aplicabilidade do art. 830.º. Razão por que o credor pode exigir cumulativamente com a execução específica do contrato de promessa, uma indemnização dos danos por si sofridos em consequência do atraso no cumprimento.

Aliás, uma tal solução pode estender-se também a outras situações onde o cumprimento coercitivo das obrigações seja possível. Com efeito, a circunstância de uma prestação de facto fungível ser realizada por um terceiro à custa do devedor (art. 828.º), não é incompatível com a atribuição de um montante indemnizatório ao credor a título de ressar-

Apesar de com a restituição natural se alcançar uma situação muito idêntica ou aproximada daquela que existiria se não tivesse ocorrido a violação dos direitos do lesado, certo é que não se registou da parte do lesante a originariamente esperada atitude de respeito para com os bens jurídicos merecedores de protecção delitual.

Assim sendo, a observância do dever de abstenção por todo e qualquer membro da comunidade jurídica representa o modo ideal de garantia dos direitos protegidos no âmbito extracontratual([977]). No entanto, quando se verifique uma ruptura deste almejado equilíbrio jurídico, o modo ideal e mais perfeito de reposição da harmonia perdida traduz-se precisamente no ressarcimento do dano *in natura*([978])([979]).

---

cimento dos danos por este sofridos em consequência do atraso ocorrido na realização do programa obrigacional. O pedido de indemnização por danos moratórios pode assim acrescer às medidas de execução específica, mas não é de algum modo confundível com este tipo de sanções. Como já ficou bem frisado, a indemnização no seu sentido rigoroso, constitui um meio de reparação dos danos, enquanto no âmbito de execução específica o credor consegue alcançar a finalidade atingida com o cumprimento voluntário. Acerca da distinção entre a indemnização e a execução específica, cfr., VARELA, J. ANTUNES, *Das Obrigações em geral...I, ob. cit.,* pág. 878.

([977]) No universo por nós analisado – o do ilícito ao bom nome e ao crédito – as ofensas a estes direitos subjectivos resultam basicamente ou de declarações de facto falsas, ou de afirmações da mesma índole verdadeiras – que tendo em conta o contexto da sua divulgação e o desrespeito de certas exigências jurídicas fundamentais mencionadas nos capítulos 1.º e 2.º da parte IV do nosso estudo, sejam susceptíveis de atingir aqueles bens jurídicos dos visados por tais informações. Desta feita, a atitude ideal sancionada pelo direito para alcançar a protecção do bom nome e do crédito traduzir-se-ia ou na abstenção de toda e qualquer declaração, ou na divulgação de afirmações cujo conteúdo e o contexto da sua publicitação se revelem inteiramente conformes com exigências ético-jurídicas básicas impostas pelo ordenamento jurídico.

Na verdade, ao exigir-se de todos os membros da comunidade jurídica a abstenção de qualquer comportamento susceptível de causar prejuízos ao titular do bom nome e do crédito, não se lhes está necessariamente a impor uma obrigação de silêncio. Tal traduzir-se-ia numa excessiva limitação ao valor da liberdade de expressão. Apenas quando estejam em causa afirmações de facto falsas se justifica a observância de um tal dever, porquanto neste contexto não nos encontramos face a um modo legítimo de manifestação do mencionado *Rahmenrecht*.

Desta feita, a obrigação geral de respeito manifesta-se compatível neste domínio com a possibilidade de as pessoas se dedicarem à análise e descrição de acontecimentos reais, conquanto o façam com respeito pela verdade histórico-social, e de outras exigências jurídicas fundamentais, mormente as da transparência expositiva e da proporcionalidade.

([978]) Temo-nos referido em texto apenas ás situações de responsabilidade civil extra contratual, por serem estas as mais significativas no âmbito do nosso estudo. Todavia, as mesmas considerações podem ser expendidas a propósito da responsabilidade contratual.

Neste contexto, parece-nos lapidar a análise de Calvão da Silva: "o ressarcimento do dano *in natura*, porque se funda na lógica do próprio crédito, constitui a sanção perfeita e ideal do dano (proveniente do não cumprimento) ... O cumprimento constitui a garantia (sanção) ideal do direito, porque realiza o próprio direito, ...", cfr. SILVA, J. CALVÃO DA, *Cumprimento e sanção pecuniária compulsória*, Coimbra, 1987, pág. 154.

([979]) Tendo em conta a disciplina fixada no I § 249 do B.G.B., de acordo com a qual o ressarcimento em forma específica constitui um direito do devedor, alguns autores (Von Tuhr, Oertmann e Mandrioli) identificavam neste contexto uma obrigação com faculdade alternativa.

De acordo com esta perspectiva, o objecto de obrigação consistia unicamente numa prestação em dinheiro, sendo permitido ao devedor, sem a aquiescência do credor, liberar-se através da restituição *in natura*. Uma tal orientação não se nos afigura correcta, porquanto não pode, desde logo, afirmar-se que o devedor se encontre apenas vinculado à realização da prestação pecuniária.

Verdadeiramente, o devedor encontra-se obrigado à reparação do dano, mas a forma através do qual esta possa ter lugar fica em boa parte dependente da escolha do credor. Assim sendo, não é correcto afirmar, à semelhança do quanto ocorre no âmbito das obrigações com faculdade alternativa, que ao credor apenas seja possível exigir uma só prestação, e também não é exacto identificar como prestação *in obligatio* no contexto da obrigação de indemnizar delineada no §249 do B.G.B. a restituição por equivalente.

Com efeito, em face da redacção deste preceito da lei alemã, devemos considerar a restituição *in natura* como o tipo de ressarcimento preferível para repor os interesses do credor atingidos com a prática do facto ilícito. Apenas nas hipóteses previstas no II §249 do Código Civil alemão se confere ao credor a possibilidade de exigir uma indemnização em dinheiro, atenta a especificidade dos bens jurídicos aí mencionados.

Porém, mesmo em tais situações, a possibilidade de proceder ao ressarcimento *in natura* será sempre admitida, conquanto seja considerada a forma mais adequada para satisfazer o interesse do credor. Em face de quanto deixámos exposto, a perspectiva do credor revela-se fundamental no tocante à determinação do modo tido por mais adequado para efectivar a obrigação de indemnizar.

Aliás, nos casos previstos no II §249 B.G.B., não pode o devedor, sem a aquiescência da contraparte, considerar-se liberado do cumprimento da obrigação e consequentemente constituir o credor em mora, quando este se recuse a aceitar a reparação *in natura* dos prejuízos por si sofridos. Para além disso, na generalidade dos casos, a insuficiência da reparação natural para satisfazer o interesse do credor torna este mecanismo de restituição inadequado para permitir o cumprimento da obrigação de indemnizar (§251). Ora, a apreciação de tais situações de impedimento parcial encontra-se dependente da posição assumida pelo credor a este propósito.

Não se verifica, tendo em conta o regime estatuído nos §249 e ss. do B.G.B., a realidade correspondente à obrigações com faculdade alternativa traduzida na formulação romanística *"uma res in obligatione duae antem in facultate solutionis"*.

Quando muito, poder-se-ia visualizar, neste contexto, uma obrigação com faculdade alternativa por parte do credor. No âmbito desta categoria incluir-se-iam aquelas obrigações em que as partes atribuem ao credor a faculdade de escolher uma outra prestação, em lugar

Constituindo qualquer um dos meios enunciados instrumentos idóneos para reagir contra a responsabilidade civil do lesante, então a existência de danos ressarcíveis traduz-se numa condição necessária para a sua efectivação.

**1.2. Os meios de supressão do ilícito: uma realidade distinta da restituição "in natura"**

Não podemos então identificar a restituição *in natura* com os expedientes jurídicos destinados a actuar sobre o próprio ilícito, de entre os quais se destacam os meios idóneos para levar a cabo a cessação ou supressão do mesmo.

---

da prestação devida (para uma melhor caracterização destas obrigações, cfr. VARELA, J. ANTUNES, *Das Obrigações ... I, ob. cit.*, págs. 844-845), COSTA, M. ALMEIDA, *Direito das Obrigações...*, *ob. cit.*, pág. 729). Porém, como adverte Antunes Varela, "na prática, porém, deve tratar-se de espécie rara. Os interesses do credor, que poderiam justificar uma composição jurídica desse tipo, serão sempre satisfeitos, em maior grau, mediante a instituição de uma obrigação alternativa, com escolha do credor", cfr VARELA, J. ANTUNES, *ob. ant. cit.*, pág. 845.

Mesmo admitindo a relevância desta modalidade de obrigação com faculdade alternativa, afigura-senos duvidoso qualificar deste modo a obrigação de indemnizar delineada no §249 e ss. do B.G.B. Apesar do interesse do credor se revelar decisivo no tocante à determinação da modalidade ressarcitória pela qual se garante o cumprimento do dever de indemnizar, não podemos deixar de considerar que o poder de escolha atribuído ao credor conhece algumas limitações, pela circunstância de no ordenamento jurídico germânico o ressarcimento pela via de restituição natural corresponder a um direito do devedor.

Apenas nas hipóteses previstas no II §249 do B.G.B. podemos visualizar a existência de obrigações alternativas com o poder de escolha atribuído ao credor. Afastada fica, porém, a qualificação de obrigações com faculdade alternativa ou aqueloutra de faculdade alternativa com poder de escolha do credor, quando nos debruçamos sobre o objecto da obrigação de indemnizar a cargo do devedor no âmbito do direito alemão.

Já no tocante ao direito italiano, a formulação do art. 2058.º configura o direito á restituição *in natura* como uma prerrogativa do credor, conquanto não se verifique uma impossibilidade ou excessiva onerosidade do cumprimento do dever de indemnizar.

Assim sendo, em termos gerais, podemos visualizar neste contexto legislativo uma obrigação alternativa com poder de escolha do credor. Aliás, no mesmo sentido nos devemos inclinar no âmbito do ordenamento jurídico positivo português, em face do regime estatuído no n.º 1 do art. 566.º. Também no universo da Common Law, a *restitution* e a *compensation* são perspectivados como meios alternativos de tutela do ilícito extracontratual, cfr. BURROWS, ANDREW, *Remedies for Torts and Breach of Contract*, London, 1987, pág. 254.

Na verdade, estes mecanismos jurídicos não pressupõem a existência dos danos ressarcíveis, ao contrário de quanto sucede a propósito das formas de reparação atrás aludidas. Basta atentar no disposto no n.º 2 do art. 70.º para chegarmos a uma tal conclusão. Com efeito, resulta com toda a clareza desta norma a possibilidade de recurso a meios destinados a evitar o ilícito ou atenuar o seus efeitos[980], "independentemente da responsabilidade civil a que haja lugar"[981].

[980] A lei não se refere especificamente aos meios destinados a fazer cessar o ilícito, aludindo antes a providências adequadas a atenuar os efeitos da ofensa já cometida. *Prima facie*, poderíamos ser levados a concluir pela exclusão dos meios aptos para fazer cessar o ilícito do âmbito de previsão desta norma legal. Tal não é correcto. O problema centra-se antes no critério utilizado pelo legislador, aquando da elaboração da norma, para enquadrar as várias providências aptas para garantir a tutela da personalidade.
A este propósito, distinguem-se os meios operantes num plano preventivo idóneos para evitar as ofensas, daqueloutros intervenientes em momento posterior à consumação das mesmas. Ora, em relação à utilização dos primeiros, poder-se-á alcançar substancialmente um efeito idêntico à supressão do ilícito, ou seja, a não ocorrência do mesmo. Todavia, empiricamente não nos encontramos perante a mesma realidade. Para além disso, e no tocante aos outros, isto é, aqueles meios idóneos para atenuar os efeitos das ofensas, podemos em rigor considerá-los como mecanismos destinados a permitir a cessação do ilícito. Acerca destes meios (acções de remoção ou de destruição de objectos...) no âmbito do direito de autor e direitos conexos, cfr. ALESI, ROSALBA, *I diritti conessi al diritto d'autore nel pensiero di un interprete esecutore*, in Riv. Dir. Civ., 1996, n.º 5, págs. 601 e ss. Tendo em conta o mencionado critério legal, estas medidas não conseguem evitar a prática do ilícito, porquanto este se encontra já consumado. No entanto, a atenuação dos efeitos das ofensas, envolve, por regra, a cessação do ilícito, bem como a proibição de, no futuro, se virem a manifestar outros efeitos do mesmo. Podemos, então, com toda a propriedade integrar neste universo a *unterlassungsklage* do direito alemão, e a *injunction* inglesa. Estas medidas apenas não conseguem impedir a produção de alguns efeitos do ilícito, mas a reparação destes pode ser alcançada através de expedientes próprios da responsabilidade civil, entre os quais a forma mais perfeita da restituição *in natura*.

[981] De igual modo, também no domínio da responsabilidade civil contratual podemos encontrar expedientes aptos para actuar sobre o ilícito em si mesmo, pondo-lhe termo, conquanto não se tenha verificado ocorrência de danos. Estamos a reportar-nos à acção de cumprimento ou de execução específica. Neste sentido, cfr. SILVA, J. CALVÃO DA, *Cumprimento e sanção...*, ob. cit., pág. 155, MONTEIRO, ANTÓNIO PINTO, *Cláusulas limitativas...*, ob. cit., pág. 186 e ss.
A comprovação de quanto acabámos de referir manifesta-se de modo claro se admitirmos a relevância das cláusulas de exclusão para as hipóteses de actuação com culpa leve no âmbito da responsabilidade contratual. Apesar de não ser uma questão pacífica, propendemos, na senda do magistério de Pinto Monteiro, para aceitar uma tal solução. Ao estipularem convencionalmente a exclusão da responsabilidade de indemnizar derivada do incumprimento contratual, as partes não desvirtuam a natureza do vínculo obrigacional.

Não fica desta forma afectada a exigibilidade da obrigação pelo credor. Razão por que consideramos excessivo sancionar com a nulidade prevista no art. 809.º as cláusulas de exclusão da responsabilidade civil contratual.

Apesar da letra deste preceito legal nos levar a concluir num tal sentido, certo é que a sua *ratio legis* parece confirmar esse entendimento. O propósito do legislador não terá sido estabelecer uma diferença qualitativa entre as cláusulas limitativas dos montantes indemnizatórios e as cláusulas de exclusão da responsabilidade, sancionando apenas com a nulidade estas últimas, em nome da função preventiva atribuída ao instituto da responsabilidade civil. Efectivamente, poder-se-á admitir uma diferença de regimes em função das diversidades registadas nas cláusulas acabadas de referir, mas uma tal assincronia manifestar-se-á tão somente a propósito da natureza jurídica do vínculo obrigacional, a qual poderá considerar-se atingida apenas com as cláusulas da irresponsabilidade. Todavia, a necessidade de manter incólume a natureza do vínculo obrigacional e não propriamente a de satisfazer a finalidade preventiva da responsabilidade civil, considerar-se-á satisfeita com a restrição da sanção da nulidade para as cláusulas de irresponsabilidade em caso de dolo do devedor.

Na verdade, apesar de o credor ter prescindido do ressarcimento dos danos resultantes do incumprimento contratual, não vê, no entanto, afastada a possibilidade de requerer a execução específica das obrigações, porquanto o recurso a este meio de tutela dos direitos é independente da existência dos danos. Neste sentido, cfr. MONTEIRO, A. PINTO, *Cláusulas limitativas...* , ob. cit., pág. 187 e ss. Apenas fica afastado com a cláusula de irresponsabilidade o direito à indemnização, mas já não o vínculo jurídico obrigacional. Aliás, a juricidade das obrigações não se traduz unicamente na possibilidade de exigir a reparação por equivalente pecuniário em caso de incumprimento das prestações devidas. Os meios de auto-tutela dos direitos, como a acção directa, os procedimentos cautelares e o direito de resolução, além da já mencionada execução específica, garantem a coercibilidade da relação obrigacional, afastando assim o perigo do cumprimento desta ficar colocado na dependência da boa vontade do devedor, à semelhança de quanto ocorre no âmbito das obrigações naturais.

Estando cientes que a reparação por equivalente é apenas uma das formas de tutela dos interesses creditórios, assegurando-se, de igual modo, a coercibilidade do vínculo jurídico obrigacional com o recurso a outro tipo de mecanismos jurídicos, não encontramos razões justificativas para limitarmos a admissibilidade das cláusulas de exclusão da responsabilidade à área extracontratual.

Tendo em conta a mencionada preocupação da relevância das cláusulas de irresponsabilidade atingirem a natureza jurídica do vínculo obrigacional, uma certa doutrina (VARELA, J. ANTUNES, *Das Obrigações ... I*, ob. cit., págs. 914 a 916, e de um modo particular a nota 1 da pág. 915), apenas considera não se verificar a ocorrência de uma tal desfiguração no âmbito da responsabilidade civil extracontratual, quando os danos tenham sido causados com mera culpa. Com efeito, resultando a obrigação de indemnizar nestas situações da violação de direitos absolutos, não podemos falar então de uma relação obrigacional previamente existente à ocorrência do facto ilícito. Apesar de admitir a eficácia das cláusulas de irresponsabilidade na área extracontratual, Antunes Varela não lhes reconhece, porém, uma particular importância prática, porquanto o devedor da eventual obrigação de indemnizar apenas pode excluir a sua responsabilidade face a pessoa(s)

Para além de serem distintos os pressupostos de aplicação dos meios de reparação do ilícito e destes outros aptos a suprimi-lo, revela-se também diverso o contexto temporal em relação ao qual se reporta a intervenção dos mesmos. Na verdade, enquanto a reparação, seja *in natura*, seja por equivalente, tem em vista actuar sobre situações passadas, já os meios de supressão do ilícito dirigem-se sobretudo a pôr termo a eventos produtores de efeitos no presente, bem como a fazer cessar a sua perpetuação no futuro([982]).

---

determinada(s), não podendo estender a eficácia da convenção a todos os membros da comunidade jurídica.

O autor afasta-se então da interpretação restritiva do art. 809.º levada a cabo por Pinto Monteiro, pelo receio dos abusos susceptíveis de serem permitidos por "esta brecha aberta no sistema" (cfr. VARELA, J. ANTUNES, *Das Obrigações ... I, ob. cit.*, pág. 915, nota 1). Não vislumbramos porém razões para uma tal atitude, porquanto as cláusulas de exclusão da responsabilidade, de acordo com a mencionada interpretação do art. 809.º, não é permitida nas hipóteses de actuação dolosa do devedor, onde claramente se verifica o perigo de desfiguração da natureza jurídica do vínculo obrigacional. Admitir a relevância das cláusulas de exclusão de responsabilidade nestas hipóteses, seria de premiar a atitude de quem premeditadamente quis excluir um dos meios mais idóneos e frequentes de tutela dos interesses do credor, isto é, a reparação por equivalente pecuniário. Desta feita, a orientação de acordo com a qual o art. 809.º não afasta a relevância das cláusulas de limitação da responsabilidade e daqueloutras de irresponsabilidade nas hipóteses de mera culpa, parece-nos a tese mais aceitável, tendo em conta a *ratio legis* deste preceito legal.

([982]) Apesar de termos como pacífica a distinção entre os mecanismos de restituição *in natura* e as formas de supressão ou cessação do ilícito, não podemos, contudo, ignorar algumas divergências ao longo dos tempos registadas no plano doutrinal em torno desta assimilação. Scognamiglio advertia para o perigo de ao eleger-se a restituição *in natura* como forma preferencial de ressarcimento se estar a correr o risco de sairmos do universo da responsabilidade civil para se entrar numa área diversa: a da repressão do ilícito em geral.

Uma certa orientação doutrinal fazia, na verdade, coincidir a reparação em forma específica ou natural com certos modos de sanção do ilícito, tais como a invalidade negocial e a execução coactiva da obrigação, cfr. DE CUPIS, ADRIANO, *Il danno*, 1951, págs. 361-364, MANDRIOLI, *in* Riv. Dir. Com., 1922, I, págs. 352 e ss.

De acordo com estas perspectivas, a restituição *in natura* não visa a reparação dos efeitos económicos provocados pelo facto lesivo, mas sim a eliminação de uma concreta situação danosa. No dizer de Oertmann, a restituição *in natura* reporta-se tão-somente ao dano concreto real, sem tomar em consideração as repercussões patrimoniais do ilícito.

Apesar de ter chamado a atenção para as perplexidades suscitadas em torno da restituição *in natura*, Scognamiglio não deixa de a incluir no âmbito dos mecanismos ressarcitórios, distinguindo-a das várias modalidades de sancionamento do ilícito. A este propósito, cfr. SCOGNAMIGLIO, RENATO, *Il risarcimento in forma specifica..*, *ob. cit.*, págs. 201 e ss.

Não obstante em texto termos referido que a restituição *in natura* visa sobretudo a resolução de uma concreta situação danosa, tal não significa como propugnava Oertmann que se verifique neste contexto uma desconsideração pelos efeitos patrimoniais do ilícito.

No fundo, o traço essencial da distinção das medidas sumariamente descritas radica no tipo de realidade por estas erradicado. Com efeito, enquanto a reparação *in natura* tem como objectivo essencial eliminar o dano real ou concreto, as formas de supressão do ilícito revestem já uma maior intensidade, e ambicionam pôr fim à própria situação ilícita([983]). Verdadeiramente, neste último universo pretende-se é a reintegração do direito violado, independentemente de se proceder à análise da eventual questão da responsabilidade. De acordo com a sugestiva expressão de Di Majo, torna-se, então, mister o recurso a mecanismos restitutórios e/ou represtinatórios (*restitutori e/o ripristinatori*)([984]).

### 1.2.1. Os meios de cessação do ilícito e a "injunction" do direito britânico

Ficaria incompleta a nossa análise em torno dos mecanismos de tutela da personalidade dirigidos à supressão do ilícito e dotados de uma flexibilidade capaz de permitir ao decidente proceder a uma sua concreta e materialmente adequada aplicação (em função das exigências e peculiaridades próprias das situações *sub índice*), se não fizessemos uma breve referência acerca das diversas modalidades de *injunction* oriundas do ordenamento jurídico britânico.

Antes de proceder a uma breve análise das notas essencialmente caracterizadoras da *injunction*, impõe-se, antes demais, colocar em des-

---

Como também já atrás acentuámos à reparação *in natura* aplicam-se os ensinamentos da teoria da diferença subjacente ao art. 562.º, fazendo-se aí uma inevitável referência à situação hipotética em que se encontraria o património do lesado se não tivesse ocorrido o facto ilícito. Apenas relacionámos a restituição *in natura* com o dano real ou concreto, porque em qualquer processo ressarcitório se tem de atender, e tomar como ponto de partida a situação danosa objecto da obrigação de indemnizar. No fundo, o grande objectivo de qualquer mecanismo indemnizatório é remover ou pôr termo a um concreto prejuízo patrimonial.

O mesmo não sucede no universo das medidas de cessação do ilícito, onde se tem em vista eliminar a ocorrência de previsíveis situações de violação de direitos, não se registando a preocupação de ressarcir a concreta situação danosa cuja renovação é temida. Para uma análise mais desenvolvida desta querela em torno da distinção entre a restituição *in natura* e as formas de cessação do ilícito, cfr. SERRA, ADRIANO VAZ, *Obrigação de indemnização (colocação...), ob. cit.*, págs. 131 e ss. (em particular a nota 263).

([983]) Para uma análise mais desenvolvida acerca desta distinção, cfr. MONTEIRO, A. PINTO, *Cláusulas limitativas e de exclusão de responsabilidade civil*, Coimbra, 1985, págs. 85 e ss, *Cláusula penal..., ob. cit.*, pág. 27 e ss., (especialmente nota 69 da pág. 28), SILVA, J. CALVÃO DA, *Cumprimento e sanção, ob. cit.*, pág. 153 e ss.

([984]) Cfr. MAJO, ADOLFO DI, *Tutela risarcitoria: alla ricerca di una tipologia*, in Riv. Dir. Civ., 2005, n.º 3, pág. 245.

taque a atipicidade desta categoria jurídica, porquanto um tal aspecto permite-nos aproximá-la do elenco das medidas de tutela da personalidade referidas genéricamente no n.º 2 do art. 70.º.

Não se pense, contudo, que a *injunction* possa ser concebida como uma medida exclusivamente confinada ao plano da tutela da personalidade. Bem pelo contrário. Desde logo, o campo inicial da sua aplicação foi precisamente o oposto: o da protecção dispensada às situações jurídicas patrimoniais(*property interests*)[985]. Porém, a grande ductibilidade ou maleabilidade da figura jurídica em análise conferiu-lhe um largo espectro de actuação, que em breve ultrapassou largamente os desafios suscitados na órbita do gozo da propriedade imobiliária (trespasse, servidões, violações de promessas de compra e venda de imóveis...). Foi-se, pois, assistindo a uma convocação da aplicabilidade do instituto da *injunction* a sectores bem diversos, entre os quais podemos referir a título meramente exemplificativo, o da propriedade intelectual, o da prática processual civil, o dos comportamentos ilícitos da administração pública, e até o universo criminal. Neste percurso, interessa-nos, de modo particular, salientar a regularidade com que a *injunction* é utilizada no âmbito dos ilícitos perpetrados através da comunicação social, e mais genéricamente a propósito da protecção dispensada aos direitos de personalidade[986].

Uma outra afinidade manifesta entre a *injunction* e os meios atípicos de tutela da personalidade referidos no art. 70.º, n.º 2, prende-se com a sua natureza jurídica. Também em relação a este expediente jurídico oriundo da *common law* presidem fundamentalmente exigências preventivas, e de execução em via específica, as quais se revelam independentes dos problemas ressarcitórios ou compensatórios[987] suscitados pela responsabilidade civil.

Particularmente relevante, face à atipicidade da *injunction*, se manifesta a classificação deste expediente jurídico em função do conteúdo. Dada a multiplicidade de conteúdos susceptíveis de serem delineados pelo juiz ao decretar a *injunction*, revela-se fundamental reconduzir essa pluralidade indeterminada a categorias tipo, tendo em conta o(s) sentido(s) prevalecente(s) nas decisões judiciais obtidas em tais procedimentos. Sob pena de alguma simplificação conceitual, podemos neste contexto distinguir

---

[985] Cfr. SPRY, I.F.C., *The Principles of Equitable Remedies*, London, 2.ª ed., 1980, pág. 315 e ss.

[986] Acerca do amplo âmbito da aplicação da *injunction*, cfr. SNELL'S, *Principles of Equity*, London, 27.ª ed., a cura di R. MeGarry e di P. V. Baker, 1973, pág. 644 e ss.

[987] Neste sentido, cfr. FRIGNANI, ALDO, *L'injunction nella Common Law e l'Inibitoria nel Diritto Italiano*, Milano, 1974, pág. 175.

fundamentalmente as *injunction* de conteúdo negativo – *prohibitory (o negative) injunction*, das *injunction* de conteúdo positivo – *mandatory (o positive) injunction*. Enquanto nas primeiras, o juiz condena numa abstenção da prática de um facto, ou impede a sua reiteração, já nas segundas, o decidente impõe um determinado *facere* à parte contra quem venha a ser decretada a *injunction*. Bem vistas as coisas, podemos constatar uma profunda proximidade entre a *prohibitory (o negative) injunction*, a nossa acção de abstenção, a acção inibitória do direito italiano, e a *unterlassung* do direito germânico.

Revelar-se-ia incompleta esta breve análise em torno da *injunction* do direito britânico se não fizessemos ainda referência a uma outra classificação onde o tempo de aplicação da medida constitui o principal critério distintivo. Sob esta óptica podemos falar de *final o perpetual injunction*, por um lado, e de *interlocutory, o preliminary injunction*, por outro. Neste último contexto estamos a reportar-nos aos procedimentos cautelares, não tendo aí o decidente apreciado devidamente as provas produzidas pelas partes, nem proferido, por conseguinte, um juízo de mérito sobre a causa. Não admira assim que esteja associada a estas medidas uma duração limitada, ao invés de quanto sucede com as *perpetual injunction*, proferidas já depois do juiz se ter pronunciado sobre o mérito, e constituindo, assim, parte integrante da respectiva decisão que põe termo ao conflito das partes. Ora, tais medidas, ao contrário de quanto ocorre com as anteriores, são susceptíveis de ter uma duração ilimitada.

Procedendo a uma análise conjugada dos critérios distintivos atrás mencionados, devemos considerar as *prohibitory (o negative) injunction* como medidas susceptíveis de ser aplicadas quer nos *preliminary*, quer nos *perpetual injunction*, enquanto as *mandatory (o positive) injunction* apenas devem considerar-se como medidas proferidas em decisões em que o juiz tendo já apreciado o mérito da causa, e estando perfeitamente ciente da situação relativa das partes na lide, poderá considerar-se numa posição que lhe permite impor aqueles específicos deveres de *facere*. Com efeito, dificilmente será possível alcançar um conhecimento cabal da situação controvertida na fase meramente preliminar onde se procede a uma análise perfunctória, em vista da aplicação das *preliminary injunction*[988].

Todas estas conclusões têm pleno cabimento quanto às comuns *preliminary injunction*, porquanto podemos deparar-nos com certas subespécies, que, não deixando embora de ter carácter provisório e temporário,

---

[988] Neste sentido, cfr. BEAN, D., *Injunctions,* London, pág. 17 e ss.

apenas podem ser aplicadas naqueles casos, e só naqueles, em que possa vir a ser cominada uma final *injunction:* as *interlocutory injunction*([989]).

Encontramo-nos em face de medidas destinadas à conservação do *status* existente até ser proferida uma decisão conclusiva acerca dos direitos das partes litigantes. Apesar de por regra este expediente ser perspectivado como uma decisão antecipatória do conteúdo da *final injunction*, certo é que esta não tem necessariamente entendida como uma mera réplica da *interlocutory injunction*([990]).

Neste contexto, o apuramento em torno da realidade material controvertida (sobre a qual se irá pronunciar a *final injunction*), surge na fase preliminar mais rigoroso e definido. Desta feita, o juiz deverá proceder, com respeito das exigências do contraditório, a um confronto entre as vantagens da aplicação da medida para o requerente, e os prejuízos daí decorrentes para o destinatário da mesma *"balance of convenience"*([991]).

Por extravasar o âmbito das nossas preocupações, não procederemos a uma análise mais desenvolvida da figura da *interlocutory injunction*, bem como de certos expedientes nela filiados, como a *Mareva injunction*, a qual se consubstancia num autêntico meio de conservação da garantia patrimonial do credor([992]).

Em jeito conclusivo, poderemos referir que a tutela da personalidade assegurada através da *injunction* se traduz num meio de pressão sobre os destinatários, sem consubstanciar uma agressão sobre os respectivos patrimónios. Não nos encontramos então face a meios de coerção indirecta.

### 1.3. A ressarcibilidade dos danos não patrimoniais e a restituição "in natura". As vantagens do modelo acolhido no art. 496.º. Confronto com o sistema germânico da tipicidade

Ao admitir a ressarcibilidade em termos gerais dos danos não patrimoniais, o legislador português optou por um modelo capaz de evitar uma

---

([989]) Para uma melhor caracterização da *interlocutory injunction*, cfr. FRIGNANI, ALDO, *L'Injunction nella Common...*, *ob.cit.*, pág. 176, LAWSON, F.H., *Remedies of English Law*, London, 2.ª ed., 1980, pág. 188.

([990]) LAWSON, F.H., *Remedies...*, *ob. cit.*, pág. 188.

([991]) Para uma análise mais desenvolvida desta matéria, *vide*, VARANO, VINCENZO, *Tendenze Evolutive in Materia di Tutela Provvisoria Nell'Ordinamento Inglese, con Particolare Riferimento all'"Interlocutory Injunction"*, in Riv. Dir. Civ., 1985, I, pág. 44 e ss.

([992]) A este mecanismo de conservação da garantia patrimonial do credor foi atribuída a designação do caso que lhe deu origem – Mareva Compania Naviera S. A. V. International Bulkcarriers S.A. [1975] z Lloyd's Rep. 509.

série de problemas levantados pelos sistemas onde vigora a regra da taxatividade dos danos não patrimoniais([993])([994]).

([993]) Estamos a reportar-nos aos ordenamentos jurídicos italianos e alemão onde pontifica o sistema do *numerus clausus* da ressarcibilidade dos danos não patrimoniais. Assim, e no tocante ao direito italiano, um tal regime jurídico decorre *expressis verbis* do disposto no art. 2059.º do *Codice Civile*: "o dano não patrimonial deve ser ressarcido apenas nos casos determinados na lei", confinando-se àquelas hipóteses em que o facto ilícito se traduza na prática de um crime. De igual modo, esta regra da taxatividade resulta, sem margens para dúvidas, das soluções estatuídas no B.G.B. mesmo depois das alterações aí introduzidas com a reforma de 2002.
Com efeito, o princípio basilar em matéria de danos não patrimoniais constante do §253 não sofreu qualquer modificação. Neste sentido, cfr. MÄSCH, GERARD, *Chance und Schaden*, Tübingen, 2004, págs. 283-284. Apesar do §253 conter actualmente mais uma alínea, certo é que continua na sua primeira parte a ler-se o seguinte: "por causa de um dano não patrimonial, só pode exigir-se indemnização em dinheiro nos casos determinados por lei".
A regulamentação da ressarcibilidade dos danos não patrimoniais conheceu modificações sistemáticas com a reforma de 2002. Com efeito, até então a questão era disciplinada não apenas no §253 (o qual apenas era composto por um número), como pelo §847, não se admitindo face ao disposto na parte final do número um deste preceito a compensação dos danos não patrimoniais no universo das relações contratuais (acerca desta alteração do âmbito de ressarcimento dos danos não patrimoniais, cfr. MÄSCH, GERALD, *Chance...*, *ob. cit.*, pág. 284). A migração do preceituado no §847 do B.G.B. para o §253, vem abrir caminho para a admissibilidade de danos não patrimoniais no campo contratual.
De acordo com aquele preceito, o lesado, "em caso de lesão do corpo ou da saúde, assim como da liberdade", podia exigir "uma indemnização equitativa em dinheiro do dano que não seja patrimonial" (n.º 1 do §847 do B.G.B.). Por seu turno, no §847 II atribuía-se ainda o mesmo tipo de pretensão à mulher em relação à qual tivesse sido cometido um crime contra os bons costumes, ou que, por ameaça, embuste, ou abuso da relação de dependência, fosse levada a consentir numa coabitação conjugal. Bem vistas as coisas, a nova redacção do §253 do B.G.B., através do abs. II aí incluído, acaba por acolher as hipóteses do §847 I e II onde já era admitida a ressarcibilidade dos danos não patrimoniais.
Não podemos, porém, falar neste contexto de uma mera absorção pelo II §253 do conteúdo do §847. Com efeito, o âmbito do §253 II revela-se mais amplo, quando confrontado com a anterior redacção daqueloutro parágrafo do B.G.B. As maiores diferenças registam-se a propósito da delimitação do direito à autodeterminação sexual expressamente mencionado no II §253 do B.G.B. O conjunto de situações susceptíveis de serem abrangidas no âmbito deste direito já não se reconduz apenas aos casos de forçada coabitação conjugal prevista no antigo abs. §847 II. O direito à *sexuellen selbstimmung* não pode circunscrever-se apenas à mulher, devendo também admitir-se a sua titularidade pelas crianças e pelos homens. Neste sentido, cfr. PALANDT, *Bürgerliches Gesetzbuch...*, *ob. cit.*, 65 aufl., pág. 301 (o autor põe em relevo a importância da complementaridade entre os §253 II e §825 do B.G.B., referindo-se também à grande amplitude da tutela conferida no §253 II B.G.B. ao direito à autodeterminação sexual. De igual modo, cfr. OETKER, anotação ao §253 do B.G.B., *in Münchener Kommentar zum Bürgerlichen...*, *ob. cit.* (2003), pág. 497).

Além de mais, antes da reforma não se poderia verdadeiramente falar em termos legislativos de um direito à autodeterminação sexual, tal como hoje é comummente entendido na doutrina e na jurisprudência.

A defesa da sexualidade nas suas mais variadas dimensões (protecção da intimidade, liberdade na opção sexual e na orientação da vida sexual) tem sido considerada como uma dimensão integrante do direito geral da personalidade, cfr. SOUSA, R. CAPELO, *O Direito Geral...*, *ob. cit.*, págs. 450-451 (nota 1242).

A aceitação do direito à autodeterminação sexual antes da reforma do B.G.B. de 2002, apenas podia fundamentar-se através do apoio alcançado nos arts. 1.º e 2.º do *Grundgesetz*, concebendo-o como uma dimensão fundamental do direito geral de personalidade previsto nestas disposições. Porém, e como já ao longo do trabalho temos referido, deparar-nos-iamos com a *vexata quaestio* da aplicabilidade directa (*drittwirkung*) dos direitos fundamentais nas relações entre os particulares.

Ora, tais dificuldades não se suscitam em face da actual redacção do §253 II do B.G.B., onde o direito à autodeterminação sexual além de surgir expressamente consagrado, não se confina apenas às hipóteses especialmente previstas no anterior §847 II do B.G.B. Na verdade, em face desta revogada disposição da lei alemã, não se afirmava sequer um direito à autodeterminação da mulher com um âmbito geral. Apenas se assegurava a tutela da sexualidade feminina nas situações circunscritas aí referidas. De resto, uma tal opção pode encontrar uma certa justificação na desigualdade de tratamento entre homens e mulheres que seria contrabalançada com o reconhecimento apenas ao sexo feminino de um direito à autodeterminação sexual. Porém, não estamos certos ter sido essa a preocupação fundamental do legislador alemão, ao estatuir um regime tão especial como o constante do §847 II.

Em face da igualdade de sexos, plasmada em diversas directivas comunitárias (96/97 CE, 86/613 CE, 97/80 CE, 2000/78 CE), e da mutação das concepções sociais dominantes nesta matéria, o legislador alemão mais não fez que adaptar o ordenamento jurídico à realidade material.

Para uma melhor caracterização do direito à autodeterminação sexual previsto no §253 II do B.G.B., cfr. PALANDT, anotação ao §253 II do B.G.B., *Bügerliches gesetzbuch...*, *ob cit.*, pág. 301.

Já em relação à violação dos demais bens protegidos no abs. II do §253 – Körper, Gesundheit, Freiheit –, os quais são merecedores da tutela delitual dispensada pelo §823 I B.G.B., não se registaram alterações face à protecção que lhes era conferida pelo §847 I, entretanto revogado.

Os casos de captura (*inhaftiergen*) enquanto forma mais recorrente de violação do direito à liberdade, e as situações de lesões corporais e de ataques dirigidos à *gesundheit* já constituíam causa de ressarcibilidade de danos não patrimoniais na anterior redacção do B.G.B.

Tendo em conta a enunciação taxativa levada a cabo pelo legislador alemão, não podemos admitir a ressarcibilidade do dano da morte, à semelhança de quanto se prevê no n.º 2 do art. 496.º da legislação civil portuguesa. Não havendo qualquer alusão à *verletzung des lebens* neste momento de reformulação do regime de ressarcibilidade dos danos não patrimoniais, resulta clara a posição do legislador em manter a proibição da compensação do dano da morte. Uma análise comparativa entre as soluções dispensadas pelos direitos italiano e alemão em matéria de danos não patrimoniais e o regime consagrado no direito positivo português, permite-nos falar de uma maior abertura e de um carácter mais prospectivo do nosso ordenamento jurídico.

Na senda de Calvão da Silva, podemos então considerar: "este progresso, o da consagração em termos gerais da ressarcibilidade dos danos não patrimoniais, não é despido de significado. Na verdade, ao deixar ao tribunal a conveniente margem para, dentro do circunstancialismo do caso, determinar objectivamente se um determinado dano extrapatrimonial merece ou não a tutela do direito, a lei portuguesa não dá azo a ter de considerar patrimoniais danos de natureza não patrimonial, com vista a indemnizar o prejuízo que de outro modo seria irressarcível, por não estar previsto na lei". Cfr. SILVA, J. CALVÃO DA, *Responsabilidade Civil...*, ob. cit., págs. 682-683.

([994]) Mantendo-se embora a regra da taxatividade, a reforma do B.G.B. de 2002 permitiu contudo um alargamento significativo do círculo de danos não patrimoniais susceptíveis de ressarcibilidade. Estamos a referir-nos à admissibilidade de proceder à compensação dos *immaterieller schaden* no âmbito da responsabilidade contratual. A resposta positiva a esta *vexata qœstio* resultou da alteração sistemática consubstanciada na inclusão do conteúdo do revogado §847 no âmbito do §253 (a este propósito, cfr. MEYER, JUSTUS, *Wirtschaftsprivatrecht...*, ob. cit., pág. 194).

Esta mutação não se traduziu unicamente na inclusão de mais um número neste último parágrafo do B.G.B. Ao retirar-se o §847 do âmbito extracontratual, para o passar a integrar na parte geral do Código Civil alemão, registou-se uma mudança muito profunda no sistema de ressarcibilidade dos danos não patrimoniais alemão. Com efeito, agora a admissibilidade da compensação dos danos não patrimoniais nas hipóteses de *verletzung des körpers, der gesundheit, der freiheit oder der sexuellen selbestimmung* não fica circunscrita à prática de ilícitos extracontratuais, estendendo-se antes a todo e qualquer ataque dirigido a estes bens jurídicos, mesmo quando na sua base se encontre uma situação de incumprimento contratual. Cfr., MÄSCH, GERALD, *Chancen ...*, ob.cit., pág. 284.

No fundo, esta modificação sistemática veio permitir consolidar as posições defendidas já há algum tempo na doutrina e na jurisprudência alemã no sentido de admitir a ressarcibilidade dos danos não patrimoniais no campo contratual. Além de algumas decisões jurisprudenciais terem defendido a aplicação analógica do §847 (caso Herrenreiter, B.G.H. 14 febbraio 1958, Herrenreiter, *in* J.Z., 1958, pág. 571 (B.G.H.Z., 26, 349 e ss.)), a doutrina ao longo do tempo foi também colocando em destaque a necessidade de protecção dos direitos de personalidade conferida pelos §1 e 2 do G.G. e a importância de estender a tutela aí conferida às relações contratuais. Com efeito, no caso em análise neste célebre aresto, punha-se o problema da violação de um contrato de exclusividade de reprodução de um retrato, da qual resultaram danos não patrimoniais na reputação e integridade moral do retratado (industrial, cuja imagem passou a ser utilizada na publicidade de um fármaco – "Okase"). Não tendo o B.G.H. aplicado aqui a técnica da *Lizenzanalogie* que havia sido acolhida a propósito do caso Dahlke (B.G.H., 8 maggio 1956, Dahlke, *in* B.G.H.Z., 20 (1956), 345), por não estar em causa um problema de restituição do enriquecimento (§812 do B.G.B.), este tribunal superior proferiu uma paradigmática decisão em matéria de ressarcimento de danos não patrimoniais, contribuindo de modo significativo para denunciar as fragilidades do sistema germânico de taxatividade no ressarcimento dos danos não patrimoniais. Para uma análise na dogmática germânica do relevo desta decisão, cfr. SCHWERDTNER, PETER, *Der Herrenreiter-Fall, in* Jura, 1985, pág. 521 e ss., SCHIEMANN, GOTTFRIED, *Argumente und Prinzipien bei der Fortbildung des Schadensrechts – dargestellt an der Rechtsprechung des B.G.H.*, München, 1981, pág. 20.

Apesar de ter permitido ultrapassar dificuldades antes colocadas no plano legislativo à ressarcibilidade dos danos não patrimoniais, a reforma do B.G.B. manteve, como atrás deixámos frisado, a regra da taxatividade do I §253 do B.G.B (revelaram-se mais significativas as alterações introduzidas pela reforma de 2002 em matéria de prazos de prescrição no plano delitual, cfr., a este propósito, OLZEN, DIRK, WANT, ROLF, *Die Schuldrechtsreform,* Köln u.a. 2002, RZ 572 e 579). Razão por que também no âmbito contratual a compensação deste tipo de prejuízos só é admissível nas situações especialmente previstas no II do §253.

Aliás, mesmo no âmbito de ordenamentos jurídicos como o português, onde o ressarcimento dos prejuízos não patrimoniais é reconhecido em termos gerais no n.º 1 do art. 496.º, a doutrina e jurisprudência durante muito tempo mostraram-se divididas quanto a esta questão. Uma certa orientação da doutrina tradicional propendia para limitar a aplicabilidade do art. 496.º, n.º 1, ao universo extracontratual. Tendo em conta, por um lado, a inserção sistemática deste preceito no âmbito da responsabilidade extracontratual por factos ilícitos (arts. 483.º e ss.), e mostrando-se muito apreensivo com a possível perturbação da segurança e certeza do comércio jurídico decorrente da extensão da regra prescrita no n.º 1 do art. 496.º à ilicitude contratual, Antunes Varela não vislumbra entre estes dois sectores do instituto da responsabilidade civil uma analogia capaz de justificar um tal alargamento do âmbito da aplicabilidade da referida norma do Código Civil. Cfr. VARELA, J. ANTUNES, *Das Obrigações ... I, ob. cit.*, pág. 605, (nota 3). No tocante às razões de segurança jurídica invocadas como obstáculo à compensação de danos não patrimoniais na responsabilidade contratual, a doutrina nacional seguiu de perto a lição de Larenz. Para uma análise da posição de Larenz sobre a matéria, cfr. LARENZ, KARL / CANARIS, CLAUS--WILHELM, *Lerbuch des Schuldrechts, II, 2,* 13.ª ed., München, 1994, pág. 590.

Apesar de não serem tão peremptórios como Antunes Varela, também Rui de Alarcão e Ribeiro de Faria parecem seguir a orientação atrás enunciada em relação à matéria aqui em análise. Cfr., neste contexto, ALARCÃO, RUI DE, *Direito das Obrigações..., ob. cit.,* pág. 210, FARIA, J. RIBEIRO DE, *Direito das Obrigações. vol. I,* Porto, 2003, pág. 493. De igual modo, Sinde Monteiro, revelando-se particularmente sensível à inserção sistemática do art. 496.º, considerava inaplicável este preceito ao incumprimento dos contratos, cfr. MONTEIRO, J. SINDE, *Dano Corporal (um roteiro do direito português), in* Revista de Direito e Economia, 1989, pág. 368. Porém, mesmo no seio da doutrina tradicional já se faziam ouvir vozes noutro sentido. Vaz Serra, Almeida Costa e Galvão Telles propendiam claramente no sentido de admitir a aplicação das soluções do n.º 1 do art. 496.º à responsabilidade civil contratual, cfr. SERRA, ADRIANO VAZ, *Reparação do dano não patrimonial, in* Boletim do Ministério da Justiça, n.º 83, págs. 69 e ss., anotação ao acórdão do Supremo Tribunal de Justiça de 4 de Junho de 1974, *in* Revista de Legislação e de Jurisprudência, ano 108.º, pág. 222, COSTA, M. ALMEIDA, *Direito das Obrigações..., ob. cit.,* págs. 603-605, TELLES, INOCÊNCIO GALVÃO, *Direito das Obrigações,* 6.ª ed., Coimbra, 1989, págs. 383-385.

Não podemos deixar neste contexto de fazer menção à posição assumida sobre esta matéria por Pinto Monteiro. Segundo o autor, o argumento sistemático invocado a favor da não ressarcibilidade dos danos não patrimoniais não constitui um argumento decisivo para alcançar um tal resultado jurídico. Como resulta da decisão contida no acórdão do Supremo Tribunal de Justiça de 30 de Janeiro de 1981 (*in* BMJ n.º 303, pág. 212), poder-se-á admitir a aplicação analógica do art. 496.º à responsabilidade contratual. Para além disso, e não obstante reconhecer a menor frequência de surgimento dos danos não patrimoniais no âmbito contratual, Pinto Monteiro refere-se às hipóteses de ofensas a bens não patrimoniais (direitos de personalidade) ocorridas no âmbito do cumprimento de contratos, bem como aqueloutras em que a natureza não patrimonial da prestação, ou as demais circunstâncias coenvolvidas na violação do contrato, fazem suscitar prejuízos não patrimoniais, como situações demonstrativas da ressarcibilidade de danos não patrimoniais no domínio contratual. Estando consciente dos problemas suscitados pela admissibilidade da aplicação do art. 496.º no âmbito contratual, o autor considera o critério da gravidade objectiva contido neste preceito como o "travão mais indicado para se combater... o perigo da extensão da obrigação de indemnizar". Cfr. MONTEIRO, A. PINTO, *Cláusula Penal e Indemnização*, Coimbra, 1990, pág. 653 (nota 1525), págs. 31 e ss. (nota 77). Porém, já no estudo relativo às cláusulas limitativas e de exclusão da responsabilidade civil, Pinto Monteiro havia tomado posição idêntica, cfr. *Cláusulas Limitativas..., ob. cit.,* pág. 84 (nota 164).

Mais recentemente esta posição tem sido sufragada em estudos especialmente dedicados à matéria, cfr. VELOSO, MARIA MANUEL, *A compensação do dano contratual...,* pág. 1 e ss (e de um modo particular quanto ao direito português, pág. 93 e ss.). Em relação à jurisprudência portuguesa, a maioria das decisões proferidas nesta matéria apontam no sentido da compensabilidade dos danos contratuais não patrimoniais. A primeira decisão onde foi acolhido um pedido de ressarcimento de prejuízos não patrimoniais no âmbito contratual registou-se em 1974 num acórdão do Supremo Tribunal de Justiça. Além deste, podemos ainda referir os acórdãos deste tribunal superior de 30 de Janeiro de 1981 e de 25 de Maio de 1985 (publicados respectivamente nos Boletins do Ministério da Justiça n.ºˢ 313 (pág. 212) e 347 (pág. 389 e ss.), bem como o acórdão de 25 de Novembro de 1997 (cfr. *in* Colectânea de Jurisprudência – Acórdão do Supremo Tribunal de Justiça, 1997, III, pág. 140).

A análise da evolução da jurisprudência na apreciação deste problema jurídico evidencia uma crescente adesão dos tribunais à tese da ressarcibilidade dos danos não patrimoniais contratuais. Apesar desta orientação do Supremo ter contribuído para uma certa uniformização das decisões dos tribunais inferiores nesta matéria, cumpre registar que se verificam ainda algumas hesitações, especialmente patenteadas nos acórdãos das relações quanto à admissibilidade de aplicação do n.º 1 do art. 496.º ao domínio contratual (cfr., a este propósito, a redacção do acórdão do Supremo Tribunal de Justiça de 25 de Novembro de 1997, onde se dá conta da discordância da relação sobre esta questão).

Para além disso, a maioria das decisões jurisprudenciais onde é reconhecido o direito ao ressarcimento por danos contratuais não patrimoniais são proferidas a propósito do contrato de arrendamento, onde, por regra, são susceptíveis de se registar várias situações de violação de direitos de personalidade. Não obstante a orientação doutrinal e jurisprudencial maioritária no âmbito do direito nacional se inclinar no sentido de admitir a compensação dos danos não patrimoniais no domínio contratual, julgamos ser necessário decidir com prudência as questões colocadas neste contexto.

Representando o universo contratual o campo onde por excelência se desenvolve a dinâmica patrimonial, cumpre analisar e depurar devidamente as situações submetidas a

A orientação tradicional, de acordo com a qual não seria possível atribuir ao lesado uma quantia em dinheiro para assegurar a reparação de prejuízos, em si mesmos insusceptíveis de avaliação pecuniária, não constituiu obstáculo decisivo para o acolhimento do regime jurídico fixado no art. 496.º, n.º 1.

Apesar de os bens não patrimoniais violados e o dinheiro constituírem grandezas diversas ou heterogéneas[995], o legislador de 66 foi mais sensível a um argumento de justiça comutativa. Entre deixar o lesado sem qualquer compensação pelos danos sofridos em virtude de se revelar particularmente difícil proceder ao seu cálculo, ou atribuir-lhe uma reparação pecuniária, conquanto o dinheiro não seja a forma mais idónea de proceder à indemnização deste tipo de prejuízos, o art. 496.º optou por esta última solução.

Subjacente a esta disciplina encontra-se o entendimento realista de acordo com o qual o dinheiro pode propiciar ao lesado um conjunto de vantagens, gozos ou benefícios, mormente de índole espiritual, adequados para atenuar os desgostos ou sofrimentos derivados da prática de facto lesivo[996][997].

---

apreciação judicial a fim de evitar uma alargada e indiscriminada compensação de danos não patrimoniais. Como temos vindo a sustentar, não julgamos defensável o ressarcimento dos prejuízos não patrimoniais quando estiverem em causa situações com uma natureza essencialmente económica, ou nos defrontarmos com lesões em coisas. Em abono desta posição, cumpre relembrar a atitude de prudência recomendada por Pinto Monteiro, nas situações em que houver lugar á compensação dos danos contratuais não patrimoniais.

[995] Acerca da dificuldade de quantificação dos danos não patrimoniais cfr. GOMES, JÚLIO, *Uma função punitiva para a responsabilidade civil e uma função reparatória para a responsabilidade penal?*, in Rev. Dir. Econ., 1989 (ano XV), pág. 118, VELOSO, MARIA MANUEL, *Danos Não Patrimoniais*, in Comemorações dos 35 Anos do Código Civil e dos 25 Anos da Reforma de 77, vol. III (Direito das Obrigações), Coimbra, 2007, págs. 499-501, e das tentativas de simplificação deste obstáculo levadas a cabo em certos sectores (as tabelas de incapacidade no âmbito do direito dos seguros a propósito do ressarcimento dos danos da morte e da integridade física), cfr. SCOGNAMIGLIO, RENATO, *Il danno morale*, in Riv. Dir. Civ., 1957, I, págs. 293-295.

[996] Um tal entendimento já desde 1886 foi sufragado por Ihering ao sublinhar a natureza compensatória e não meramente ressarcitória, susceptível de ser associada ao dinheiro, vide SCOGNAMIGLIO, RENATO, *Il danno...*, ob. cit., pág. 300 (nota 63). Acerca das diversas perspectivas coenvolvidas na opção legislativa consagrada no art. 496.º, cfr. VARELA, J. ANTUNES, *Das Obrigações...I*, ob. cit., págs. 602 e ss., COSTA, M. ALMEIDA, *Direito das Obrigações...*, ob. cit., pág. 599 e ss., GOMES, JÚLIO, *Uma função punitiva...*, ob.cit., págs. 119-120 (o autor fala a este propósito de uma ideia de satisfação que anda associada à compensação dos danos não patrimoniais em certos sistemas jurídicos como o suíço e onde perpassa uma dimensão punitiva da reparação deste tipo de danos).

[997] Outros argumentos podem ainda ser aduzidos, consoante as diversas orientações doutrinais a favor ou contra a ressarcibilidade dos danos não patrimoniais. De acordo com

Não vingou assim a tese indelevelmente inspiradora do regime estatuído no art. 2059.º do Codice Civile e no abs. I §253 do B.G.B. no âmbito da qual se associava a admissibilidade de ressarcimento dos danos não patrimoniais a uma concepção grosseiramente materialista da vida. Com este entendimento restritivo teve-se fundamentalmente em vista, de acordo com a fórmula lapidar deixada por Mugdan, evitar a *"Gewinnsucht Eigennutz und Begehrlichkeit"*([998]) susceptível de ser propiciada pela regra da atipicidade da compensação das violações perpetradas em bens de natureza espiritual (*immaterielle interessen*). Encontrar-nos-íamos então colocados perante um terreno propício para a emergência de fenómenos de autêntica comercialização em torno de bens de ordem espiritual, uma vez que a compensação dos danos não patrimoniais acaba sempre por implicar um enriquecimento para o lesado.

Para além disso, ao admitir-se, em termos gerais, a ressarcibilidade dos danos morais correr-se-ia o risco, segundo este entendimento restritivo, de se operar uma subversão dos objectivos nucleares da responsabilidade civil, passando este instituto a ser dominado por preocupações sancionatórias e punitivas([999]). Tais receios resultam, desde logo, da circunstância do montante da compensação por danos não patrimoniais ter como única fonte a equidade judicial.

---

o entendimento de Carbonnier ao impor-se ao lesante a obrigação de compensação por danos não patrimoniais, alcança-se também um desejável efeito punitivo da conduta do agente. Assim sendo, a indemnização funcionará nestes casos como uma espécie de pena privada, não em proveito do Estado, mas em benefício da vítima, cfr. CARBONNIER, JEAN, *Droit Civil*, 20.º ed., t. 4, (Les Obligations), 1996, n.º 89, pág. 355. No mesmo sentido, também Pais de Vasconcelos coloca em destaque a vertente de **retorsão** inerente ao fenómeno da compensação por danos não patrimoniais, VASCONCELOS, P. PAIS, *Direito da..., ob. cit.*, pág. 147. Criticando o ressarcimento dos danos não patrimoniais, por entender que se regista, deste modo, um regresso à pena privada, pois ao lesante é indiferente a circunstância de pagar ao Estado ou ao lesado, cfr. HIRSCH, HANS J., *Zur Abgrenzung von Strafrecht und Zivilrecht, Festschrift für Karl Engisch*, Frankfurt am Main, 1969, pág. 317.

Não se revela, assim, pacífica a configuração penalística da ressarcibilidade dos danos não patrimoniais. Com efeito, não podemos ignorar que a aplicação de uma pena visa fundamentalmente infligir um mal ao infractor. Ora, a compensação dos danos não patrimoniais tem sobretudo em consideração a posição jurídica do lesado, visando-se, com tal medida, proceder ao ressarcimento dos danos por este sofridos. Trata-se, no fundo, de uma reacção civilística perante o dano, cfr. SCOGNAMIGLIO, RENATO, *Il danno..., ob. cit.*, pág. 299 e ss.

([998]) Cfr. MUGDAN, BENNO, *Die Gesamten Materialien zum Bügerlichen Gesetzbuch für das Deutsche Reich, Bdz, Recht der Schuldverhältnisse*, Berlin, 1899), *appud*, MÄSCH, GERALD, *Chance ..., ob.cit.*, pág. 283.

([999]) Cfr. DEUTSCH, ERWIN, *Schmerzengeld und genutguung, in* Jus, 1969, pág. 201 e ss.

A adopção de uma posição tão restritiva em matéria de danos não patrimoniais tem conduzido, porém, à emergência de elaborações teóricas cujos fundamentos se revelam contrários aos subjacentes à perspectiva que pontificou à feitura dos n.ᵒˢ I e II §253.

Referimo-nos às concepções da comercialização e da frustração, as quais exerceram uma particular influência em decisões do B.G.H.([1000])([1001]). Tais orientações pretendem realçar que certas vantagens imateriais ligadas ao uso das coisas são susceptíveis de ser adquiridas mediante uma contraprestação pecuniária. Assim, e a título exemplificativo, a privação do gozo de férias foi considerada por este tribunal superior como um dano ressarcível quando um terceiro ou um contraente impeçam alguém de usufruir um período de descanso já devidamente programado. Apesar de estar em causa um prejuízo de natureza não patrimonial (os incómodos e perturbações psicológicas provocados por tais situações)([1002]), o sistema

---

([1000]) Estamos a pensar concretamente no caso da viagem à Roménia(ver B.G.H., N.J.W., 1975, 42)

([1001]) Para uma análise mais desenvolvida da teoria da comercialização e da frustração, cfr. VELOSO, MARIA MANUEL, *A compensação do dano contratual...*, ob. cit., págs. 79-81.

([1002]) Não estamos a querer afirmar a imediata ressarcibilidade de tais prejuízos no âmbito de sistemas como o português, onde a reparação dos danos não patrimoniais é admitida em termos bastante amplos. Como sabemos, a atribuição de uma compensação nestas hipóteses encontra-se dependente da "gravidade objectiva" dos prejuízos, cuja apreciação compete ao poder judicial

Apesar da maior flexibilidade patenteada pelo nosso ordenamento jurídico nesta matéria, não podemos admitir a relevância autónoma atribuída por uma certa doutrina ao direito ao tempo. De acordo com uma tal orientação, encontramo-nos perante um direito de personalidade que pode ser concebido como "a faculdade a todos reconhecida de utilizarem o tempo de que dispõem da forma mais adequada à sua realização pessoal e comunitária". Concebido como um direito de personalidade, distinto do direito à liberdade, do qual podia ser perspectivado como uma concreta manifestação, a sua violação "causa sempre um dano moral, cumulado ou não com um dano patrimonial". A propósito da caracterização do direito ao tempo, cfr. JESUS, M. FILIPE CORREIA DE, *Direitos de Personalidade – Direito ao Tempo, in* Ab Uno Ad Omnes (75 anos da Coimbra Editora), Coimbra, 1998, pág. 550.

Não contestando a indiscutível relevância do tempo enquanto elemento fundamental para o desenvolvimento e afirmação da personalidade humana, parece-nos excessivo perspectivar este bem jurídico com uma dimensão substantiva capaz de ser visto como uma faceta da personalidade, ela mesmo, merecedora de tutela. O tempo deve antes ser visto como pressuposto ou condição indispensável à vida dos homens, mormente ao exercício dos seus direitos, incluindo os de personalidade.

Porém, a influência do factor temporal na delimitação do âmbito dos direitos faz-se sentir de forma mais incisiva no plano patrimonial. De modo particular, no elenco das circunstâncias atendíveis para a fixação do montante indemnizatório a atribuir ao lesado na sequência de uma questão de responsabilidade civil deve tomar-se em conta os prejuízos

taxativo fixado pela legislação alemã nesta matéria, obrigou o B.G.H. a reconhecer natureza patrimonial a este tipo de ofensas.

A ressarcibilidade dos prejuízos decorrentes da privação do gozo de férias foi atribuída, tendo em conta as vantagens que o gozo de um período de descanso é susceptível de propiciar para a maior rentabilidade da actividade profissional do lesado. Aliás, o cálculo do montante ressarcitório a conferir nestas situações tem como parâmetro o rendimento auferido pela pessoa privada do gozo das vantagens propiciadas pelo período de descanso.

Sem querer entrar numa análise casuística do problema, não podemos deixar de pôr em destaque a principal debilidade patenteada por este tipo de decisão judicial: a necessidade de modificar a natureza jurídica de uma realidade com o objectivo de alcançar um determinado efeito jurídico considerado como mais justo. Porém, este tipo perverso de alteração da essência das categorias e realidades jurídicas é basicamente determinado pelas limitações do regime jurídico onde tais matérias se encontram reguladas.

Torna-se, porém, duvidosa a questão de saber se são ressarcíveis as situações incluídas no âmbito da teoria da comercialização e da frustração mesmo em face de sistemas onde a reparação dos danos não patrimoniais é concebida em termos mais amplos, tal como sucede no âmbito do ordenamento jurídico português([1003]).

Tais dificuldades são mais intensamente sentidas pela jurisprudência alemã quando estejam em causa situações susceptíveis de levantar apenas

---

por aquele sofridos em virtude do tempo de que foi privado, impedindo-o de alcançar determinadas vantagens patrimoniais. Desde logo, a categoria dos lucros cessantes implica uma forçosa consideração das circunstâncias temporais, podendo estas também assumir relevo, embora menor, no contexto dos danos emergentes.

Ainda a este propósito, cumpre também destacar a influência do tempo para efeitos de aplicabilidade do art. 494. No domínio que particularmente nos preocupa – o ilícito ao bom nome e ao crédito –, a consideração das circunstâncias temporais revela-se decisiva a vários títulos. Antes de mais, a própria determinação da existência do ilícito encontra-se dependente da contextualização das afirmações proferidas pelo agente em termos espaço-temporais. Para além disso, e ainda a outros propósitos, como seja o das ofensas à memória das pessoas falecidas, a tomada em consideração do decurso do tempo entre a divulgação dos factos, e a ocorrência cronológica dos mesmos é particularmente importante para a delimitação do ilícito. As mesmas considerações podem ser expendidas a propósito do aludido *Diritto all'Oblio*, nas hipóteses de divulgação pública do envolvimento dos visados pelas notícias em processos judiciais já há muito transitados em julgado, e nalguns dos quais sem se terem sequer produzido resultados jurídico-penais sancionatórios das condutas das pessoas neles implicadas.

([1003]) Não pretendemos, contudo, excluir do círculo dos danos não patrimoniais ressarcíveis, o comummente designado na doutrina francesa *"préjudice d'agrément"*.

A privação da qualidade de vida, ou da oportunidade da pessoa gozar os prazeres da vida podem ser susceptíveis de compensação quando o facto ilícito impeça o lesado de beneficiar de forma duradoura ou permanente de um conjunto de vantagens espirituais ou imateriais. Para uma melhor caracterização do "préjudice d'agréement", cfr., SILVA, J. CALVÃO DA, *Responsabilidade...*, *ob. cit.,* pág. 680. Estamos a pensar nomeadamente nas hipóteses de lesões graves à integridade física ou de ilícita privação da liberdade onde a perda de alegria de vida pode revelar-se irreversível, e como tal, causadora de particulares dores e perturbações psíquicas ao lesado. Em tais situações, podemos com propriedade considerar que o homem enquanto unidade incindível de corpo e espírito foi atingido de forma indelével no seu equilíbrio.

Torna-se então fundamental proceder a uma análise global ou conjunta das repercussões da prática do facto ilícito no reduto da inviolabilidade pessoal do lesado, pois apenas desta forma se torna possível avaliar adequadamente os prejuízos não patrimoniais por aquele sofridos.

Uma apreciação individualizada e atomística dos bens jurídicos insusceptíveis de avaliação patrimonial corre o risco de conduzir a uma inaceitável duplicação do mesmo tipo de prejuízo na determinação do montante indemnizatório. Na verdade, os danos estéticos, as dores físicas, a falta de alegria de viver, as perturbações sexuais, os problemas afectivos... quando sejam valorados como objectivamente graves, devem ser tidos em conta como itens ou elementos integrantes do global montante indemnizatório a atribuir em virtude da violação da unidade bio-psíquica que constitui a pessoa humana.

Ora, é o impacto de todas essas vicissitudes no equilíbrio físico-psíquico do lesado, em si mesmo, não redutível a um equivalente pecuniário, que se visa reconstituir com a compensação prevista no art. 496.º, n.º 1. Assim sendo, não faz sentido que a indemnização por danos não patrimoniais seja concebida como uma mera soma do valor individualizado de cada um dos bens jurídicos atingidos.

Quando, por exemplo, na sequência de um acidente de viação são causados a uma pessoa danos estéticos, disfunções sexuais, dores físicas, perturbações psíquicas e perda de alegria de viver, a reparação pecuniária a atribuir ao lesado não pode ser concebida como uma soma de quantias individuais correspondentes à violação de cada um dos prejuízos acabados de mencionar. Com efeito, os sofrimentos psíquicos e a perda de alegria de viver não podem ser concebidos como realidades autónomas das dores físicas, danos estéticos... suportados pelo lesado, mas devem antes perspectivar-se como corolários ou manifestações daquele tipo de danos. Estas considerações podem assumir um particular relevo em face de uma multiplicação indiscriminada das classificações dos danos não patrimoniais a que se vem assistindo no espaço dogmático-jurusprudencial de alguns ordenamentos jurídicos.

Muitas vezes essas categorias conceituais pretendem ser uma resposta a contingências próprias do ordenamento jurídico onde emergem, mormente as implicadas no princípio da taxatividade do ressarcimento de danos não patrimoniais. Aliás, independentemente de todas estas especificidades, a proliferação de conceitos em torno deste tipo de danos já tem preocupado certos universos dogmáticos como o francês, onde se assiste a um esforço de reagrupamento das várias categorias. A este propósito, cfr. VINEY, GENEVIÉVE, *Les obligations. La responsabilité: effets,* Paris, 1988, págs. 198 e ss.

problemas de índole extracontratual, mormente por implicarem a violação de direitos de personalidade como a honra, o bom nome e a intimidade da vida privada. Não estando em causa bens jurídicos especificamente nominados no II §253 do BGB, a possibilidade de obter uma indemnização em dinheiro (*geldentschädigung*) apenas se torna possível com o recurso a construções teóricas cujo fundamento se revela discutível. Basta tomar em conta as paradigmáticas decisões do BGH de 11 de Novembro de 1994([1004]), de 5 de Dezembro de 1995([1005]) e de 12 de Dezembro de 1995([1006]).

Por considerarem estar em causa, em qualquer das hipóteses, violações graves de direitos de personalidade, nas quais a ausência de uma compensação em dinheiro equivaleria à inexistência de qualquer tipo de sanção eficaz, a jurisprudência alemã tem arbitrado quantias pecuniárias a título de reparação, alegando em favor desta orientação a circunstância de não estarem em causa situações de ressarcimento previstas no antigo §847 do BGB, mas antes medidas de tutela dos direitos plasmados nos arts. 1.º e 2.º I da G.G.

Como se verificavam nas hipóteses em análise ofensas à personalidade perpetradas através da comunicação social, o B.G.H., invocou razões de prevenção como fundamento da obrigação de indemnizar. Tendo em conta os elevados lucros propiciados pela divulgação de notícias sensacionalistas e a gravidade da conduta do agente, por um lado, e as profundas repercussões das mesmas na esfera do lesado, ou seja, a extensão das ofensas, por outro, a compensação em dinheiro foi considerada como a medida mais adequada para reparar o lesado.

Toda esta fundamentação entertecida na jurisprudência, e aceite por alguma doutrina([1007]), para afastar os obstáculos levantados pelo sistema de tipicidade de ressarcimento dos danos não patrimoniais, não encontra, porém, um apoio incondicional no plano dogmático.

Apesar de poderem considerar compreensíveis as soluções encontradas pelo B.G.H.([1008]) no plano da justiça material, as vozes críticas põem

---

([1004]) BGH 11.11.1994, in NJW, 1995, págs. 861-865.
([1005]) BGH 05.12.1995, in NJW, 1996, págs. 984-985.
([1006]) BGH 12.12.1995, in NJW, 1996, págs. 985-987.
([1007]) PRINZ, MATTHIAS, *Der Schütz der Persönlichkeitsrechte vor verletzungen durch medien*, in NJW, 1996, pág. 953 e ss., STEFFEN, ERICH, *Schmerzensgeld bei persönlichkeitsverletzung durch medien*, in NJW, 1997, pág. 100 e ss., STEGMANN, OLIVER, *Tatsachenbehauptung...*, *ob. cit.*, pág. 127 e ss. (especialmente pág. 129, a propósito dos casos Carolina I e II) – o autor coloca em destaque a necessidade de concretizar, neste tipo de situações, a dimensão da personalidade integrada no *allgemeine persönlichkeitsrecht* que foi violada.
([1008]) Neste sentido, cfr. SEITZ, WALTER, *Prinz und die prinzessin-wandlungen des deliktrechts durch zwangskommerzialisierung der persönlichkeit*, in N.J.W., 1996, pág. 2848 e ss.

sobretudo em relevo o carácter *contra legem* das mencionadas decisões. Para além disso, no plano do direito constituído, certos institutos como o enriquecimento sem causa([1009]), constituem meios idóneos para reagir contra as violações de direitos de personalidade perpetradas pela imprensa, permitindo, de modo particular, reagir contra a acumulação de lucros alcançados pelos *mass media* com a divulgação deste tipo de notícias.

Esta questão permite-nos colocar em destaque uma característica fundamental do regime instituído pelo art. 496.º, n.º 1 que vem claramente comprovar o equilíbrio do modelo adoptado pelo nosso ordenamento jurídico nesta matéria. Apesar de se ter consagrado em termos gerais a possibilidade de ressarcir os danos não patrimoniais, o direito positivo português não aceita a compensação de todo e qualquer tipo de prejuízo não patrimonial sofrido pelo lesado. Como resulta *expressis verbis* da letra da lei, apenas é de admitir a ressarcibilidade dos danos desta natureza que "pela sua gravidade mereçam a tutela do direito"([1010]).

Desta feita, existem todo um conjunto de incómodos, perturbações e dores psíquicas, cuja compensação não pode ser assegurada por não serem considerados, do ponto de vista objectivo, como particularmente graves. Este requisito imposto pelo art. 496.º representa, por um lado, uma importante limitação à discricionariedade judicial na atribuição de compensações por danos não patrimoniais, e por outro, constitui expressão das hesitações

---

([1009]) Neste sentido, cfr. CANARIS, WILHELM, *Gewinnabschöpfung bei verletzung des allgemeinen persönlichkeitsrechts, in* Festschrift für Erwin Deutsch zum 70. Geburtstag, Colónia Heymanns, 1999, pág. 85 ss., SEITZ, WALTER, *ob. cit.*, pág. 2848 e ss.

([1010]) Em relação a esta fórmula utilizada no art. 496.º, n.º 1 – "danos não patrimoniais, que, pela sua gravidade mereçam a tutela do direito", cumpre legitimamente questionar se são apenas de excluir do âmbito da compensação aí prevista os danos que, atenta a sua falta de gravidade, não merecem qualquer tutela jurídica, ou se ao invés basta para serem afastados do respectivo âmbito da aplicabilidade a característica da irrelevância dos prejuízos para efeitos de responsabilidade civil.

Apesar da insignificância de certos prejuízos não patrimoniais decorrentes de ataques dirigidos a bens fundamentais da personalidade humana, o titular deste tipo de direitos pode socorrer-se das medidas de tutela jurídica em termos gerais, sem todavia envolverem a atribuição de uma compensação em dinheiro para os lesados. Podemos então concluir na senda de Capelo de Sousa que a expressão "mereçam a tutela do direito" enquadra-se no âmbito circunscrito da responsabilidade civil e terá sido pensada, no espírito do legislador, com a equivalência de "merecimento de compensação pecuniária". Cfr. SOUSA, R. CAPELO DE, *O Direito Geral...*, *ob. cit.*, pág. 556. Em face de tais considerações, não temos dúvidas em responder à questão levantada no sentido de considerar apenas necessário a falta de merecimento de tutela dos prejuízos para efeitos de responsabilidade civil, para imediatamente se excluir a possibilidade de proceder à sua compensação nos termos do n.º 1 do art. 496.º.

sentidas em torno desta difícil opção legislativa de admitir a ressarcibilidade em termos gerais dos *immaterieller schaden*.

Apesar de a civilização ocidental valorizar cada vez mais as dimensões lúdicas e de lazer enquanto condições de realização do homem, temos algumas dúvidas em qualificar como graves os incómodos ou perturbações causados por terceiros a quem previa poder desfrutar de um período tranquilo de descanso, e acaba por ver frustrada essa possibilidade. A privação de uso ou de gozo, por si só, não pode conceber-se como um dano não patrimonial susceptível de compensação, salvo quando as concretas circunstâncias envolvidas na prática do facto lesivo causador de uma tal situação possam determinar violações em direitos geradores de incómodos ou prejuízos não patrimoniais considerados como particularmente graves.

Sentimos, ainda, uma particular dificuldade em conceder indemnização por danos não patrimoniais decorrentes da destruição de coisas([1011]) bem como em virtude da privação do uso das mesmas. Socorrendo-nos da terminologia atrás usada na doutrina italiana, tais danos decorrem da violação do *"interesse di affezione alla cosa"*. Não devemos descaracterizar a categoria dos danos não patrimoniais, incluindo nela toda uma série de prejuízos cuja natureza se revela dissonante da matriz nuclearmente compreensiva de toda esta temática.

Por natureza, os danos não patrimoniais reportam-se às ofensas provocadas em bens de índole pessoal, e como tal, insusceptíveis de avaliação pecuniária. Revela-se, porém, inegável o reconhecimento de hiatos de afectividade e sentimentalismo entretecidos no âmbito das relações estabelecidas entre as pessoas e as coisas.

---

([1011]) Já neste domínio nos pronunciámos a propósito da possibilidade de conferir indemnização ao dono de um cão pelos desgostos sofridos na sequência da morte do animal provocada por atropelamento. Cfr., o nosso estudo, *O contrato de seguro obrigatório...*, ob.cit., págs. 335-336 (nota 10). De resto, limitamo-nos apenas a seguir a lição a este propósito deixada por Carbonnier ao considerar "de todo aberrante a decisão judicial que concedeu a indemnização por danos morais pedida pelo dono duma *écurie de course*, com fundamento no desgosto que lhe causou a morte de um dos seus cavalos". Cfr., VARELA, J. ANTUNES, *Das Obrigações I...*, ob. cit., pág. 606, nota 1. Um certo sector doutrinal vai mesmo ao ponto de excluir da categoria dos danos não patrimoniais, os prejuízos decorrentes da violação do *"interesse di affezione"*, cfr. BARASSI, LODOVICO, *Teoria Generale delle Obbligazione, II,* Milano, 1948, pág. 543, NEUMANN, HORST, *Der Zivilrechtsschaden, in* Iherings Ih, 1936 (L), pág. 324. Cumpre ainda mencionar a posição daqueles que reconhecem a existência, em tais situações, de danos não patrimoniais, porquanto a circunstância de os prejuízos de ordem espiritual se encontrarem estritamente conexionados com a situação do património, não provoca uma alteração na natureza dos danos, mas claramente repudiam a sua ressarcibilidade, atentos os riscos de subjectivismo aí coenvolvidos, neste sentido, *vide* SCOGNAMIGLIO, RENATO, *Il danno..., ob. cit.,* págs. 297-299.

Porém, a relação dominial serve fundamentalmente interesses de natureza económica([1012]), cuja sede própria para garantir a ressarcibilidade dos prejuízos nesta área ocorridos é o universo dos danos patrimoniais.

O alargamento da compensação por prejuízos não patrimoniais aos danos decorrentes de lesões em coisas arrasta consigo riscos particularmente graves, e faz tábua rasa de princípios basilares da responsabilidade civil.

Quanto aos riscos, cumpre destacar, desde logo, o perigo de prevalência neste domínio de um nível de subjectividade indesejável, forçando o juiz a apreciações em áreas particularmente insondáveis([1013])([1014]). Ora, o

---

([1012]) Neste contexto, cumpre relembrar os critérios de distinção entre o direito das obrigações e os direitos reais, bem como os avançados para a destrinça entre aquele ramo do direito e o direito da família e o das sucessões. Assim, a principal diferença entre os domínios jurídicos mencionados em primeiro lugar regista-se no plano estrutural, conferindo as relações jurídicas reais ao seu titular um poder directo e imediato sobre uma coisa (acerca desta característica dos direitos reais desde há muito associada à propriedade – *mancupium, dominium, proprietas* – cfr., JUSTO, A. SANTOS, *A Propriedade no Direito Romano. Reflexos no Direito Português*, in B.F.D., Coimbra, 1999, pág. 99 e ss., *A "Cautio Damni Infecti" (Época Clássica)*, *in* Estudos em Homenagem ao Professor Doutor Manuel Gomes da Silva, Coimbra, 2001, pág. 573 e ss.) e os direitos de crédito um direito à prestação.

Não queremos porém negligenciar outros aspectos distintivos dignos de menção, como sejam a eficácia relativa das obrigações e a natureza absoluta dos direitos reais, e a subordinação destes ao princípio tipicidade e a contraposta regra da atipicidade vigente no âmbito do direito das obrigações.

Porém, pensamos, na senda de Henrique Mesquita, que o traço essencialmente distintivo entre estes dois ramos de direito reside na já aludida diferença estrutural. Para uma análise mais desenvolvida sobre a concepção clássica do direito real como um *ius in re*, cfr. MESQUITA, M. HENRIQUE, *Obrigações Reais...*, *ob. cit.*, pág. 41 e ss.

Já no tocante à *summa divisio* entre o direito das obrigações e o direito da família e das sucessões, devemos colocar-nos num plano diverso: o funcional. São as finalidades próprias da instituição familiar e da devolução sucessória, que permitem separar estes ramos da ordem jurídica do universo das obrigações, porquanto no plano estrutural não se registam quaisquer assimetrias. Na verdade, também no âmbito do direito da família e no das sucessões é frequente a emergência de relações obrigacionais sem especificidades no tocante à sua estrutura. No tocante às sucessões, cfr. TELLES, I. GALVÃO, *Direito das Sucessões (Noções Fundamentais)*, 6.ª ed., Coimbra, 1991, pág. 257 e ss. Acerca dos critérios distintivos entre as obrigações e as relações jurídicas reais, familiares e sucessórias, cfr. VARELA, J. ANTUNES, *Das Obrigações I...*, *ob. cit.*, pág. 164 e ss. e 198 e ss., COSTA, M. ALMEIDA, *Direito das Obrigações*, *ob. cit.*, pág.

([1013]) A averiguação do nível de afectividade entre as pessoas e as coisas constitui uma tarefa particularmente difícil para o decidente. Um juízo adequado em torno de tais questões pode implicar até o recurso a certos conhecimentos técnicos da área da psicologia.

Na verdade, a determinação do grau de afectividade em relação às coisas supõe, antes de mais, uma apreciação da personalidade do respectivo titular, mormente da sua sensibilidade. De um modo particular, pode revelar-se importante averiguar se o lesado se encontra

resultado deste estado de coisas poderia traduzir-se, com toda a probabilidade, num indesejável arbítrio judicial.

No tocante aos princípios jurídicos fundamentais reguladores da matéria da responsabilidade civil, não podemos ignorar a velha máxima *"casum sentit dominus"*([1015])([1016]). O surgimento da obrigação de indemnizar a cargo do agente deve configurar-se como uma excepção.

---

quanto a uma tal característica integrado num padrão médio. Ora, tais conclusões supõem a colaboração amiúde de técnicos especialistas na matéria. Aliás, mesmo com o recurso à intervenção de tais terceiros, os resultados nem sempre se revelam precisos e objectivos. O corolário necessário deste rol de dificuldades traduz-se precisamente no aludido perigo do arbítrio judicial. Como sugestivamente observa Scognamiglio, a admissibilidade do ressarcimento de danos não patrimoniais emergentes de lesões em coisas acarretaria consigo o risco de se dar guarida a valorações meramente subjectivas, arbitrárias e injustificadas do lesado, cfr. SCOGNAMIGLIO, RENATO, *Il danno...*, *ob. cit.*, pág. 298.

([1014]) Cumpre ainda destacar o risco de duplicação da ressarcibilidade pelo mesmo tipo de prejuízos.

Estamos a pensar concretamente em situações de danificação ou destruição de coisas reputadas como infungíveis, atento o valor afectivo em relação a elas nutrido pelo seu titular. O quantitativo pecuniário atribuído ao lesado em tais situações pode exceder o valor de mercado normalmente associado a bens do mesmo género.

Neste contexto, cumpre relembrar o ensinamento de Larenz, de acordo com o qual as coisas usadas não são, em geral, fungíveis, pois em virtude da sua particular utilização, deve proceder-se a uma valoração individual das mesmas, e não de acordo com os critérios prevalecentes para o género ou espécie onde se devam considerar integradas. Cfr. LARENZ, KARL, *Lehrbuch des Schuldrechts*, 2.ª ed., 1957, I §14, VI, af. Ora assim sendo, a concessão de um montante indemnizatório a título de ressarcimento dos prejuízos afectivos decorrentes da destruição ou danificação de tais coisas, pode envolver um injustificado benefício patrimonial para o lesado.

([1015]) Esta máxima aparece designada no direito anglo-saxónico pela expressão *property rule*.

([1016]) Referindo-se a este princípio a propósito critérios de imputação dos danos no âmbito da responsabilidade civil, Brandão Proença considera-o como "o primeiro na ordem natural das coisas". No tocante aos resultados decorrentes da aplicação da premissa *casum sentit dominus,* o autor faz recair sobre a esfera jurídica do lesado "os danos fortuitos relacionados com acontecimentos exteriores de tipo natural (tempestades, seca, aluimento de terras, ciclone, etc.), ou mais genericamente, deixa com os lesados os danos sem um responsável. O *dominus* suporta também, e por maioria de razão, o dano que ocorra no seu círculo de actuação e ligado a uma qualquer infelicidade (o caso da queda dada no quarto de banho ou na rua, ou o despiste fortuito do veículo que se conduz). Cfr., a este propósito, PROENÇA, J. CARLOS BRANDÃO, *A conduta do lesado ...*, *ob. cit.*, pág. 90. Ainda no tocante à caracterização deste princípio, GOMES, JÚLIO, *Responsabilidade subjectiva...*, *ob.cit.*, pág. 109 e ss. (o autor põe sobretudo em destaque o forte pendor religioso associado a esta regra, além de se debruçar sobre o pensamento de Venezian, Starck e Epstein, para quem o princípio básico em matéria de ressarcimento dos danos se deve fundar na ideia de que "quem

Apenas quando os danos sofridos pelo lesado tiverem na base uma conduta ilícita e culposa do agente que mudou o rumo natural dos acontecimentos, ou resultou do exercício de actividades consideradas pelo legislador como particularmente perigosas e, enquanto tais, fontes de responsabilidade objectiva, poderemos falar do surgimento a cargo do lesante da obrigação de indemnizar prevista nos arts. 562 e ss. Podemos assim descortinar uma vasta panóplia de prejuízos que têm de ser suportados pelas próprias pessoas que os sofreram[1017], pois tal corresponde a um preço a pagar pela circunstância de se viver em sociedade[1018], bem como pelo facto incontestável do homem não poder deixar de se encontrar particularmente condicionado pelas contingências da natureza[1019]. A vida em sociedade implica neces-

---

parte paga". CAMPOS, L. FERNANDO REGLERO, *Los Sistemas de Responsabilidad, Lecciones de Responsabilidad Civil,* Navarra, 2002, pág. 55.

[1017] Salvo quando o lesado seja tomador de um seguro que cubra o tipo de danos sofridos. Estamos a pensar, desde logo, nos seguros de saúde, de acidentes pessoais ou de danos. Porém, encontramo-nos situados perante o direito dos seguros, constituindo este um universo independente da responsabilidade civil, não obstante as particulares interconexões registadas entre estas áreas.

No fundo, o ressarcimento nestas hipóteses é assegurado não em virtude de opções de direito substantivo, onde assumem uma particular interferência as considerações de justiça comutativa, mas antes em função da intervenção de uma área assistencial do direito, à qual não são alheias exigências de justiça geral e distributiva.

[1018] Acerca do conceito de adequação social, cfr. HUBMANN, HENRICH, *Das persönlichkeitsrecht...,* ob. cit., pág. 158., FARIA, P. RIBEIRO, *A adequação social...,* ob. cit., pág. 47 e ss (a autora coloca em destaque a importância da figura do risco permitido na conformação do conceito de adequação social).

No âmbito da responsabilidade civil, a opção por uma apreciação da culpa como uma conduta deficiente exprime claramente a necessidade de haver lugar a uma auto-contenção individual do agente. Como sublinha Antunes Varela "não seria justo que a inaptidão, a imperícia, a incompetência, as taras, as reacções anormais de temperamento ou de carácter, em lugar de onerarem o próprio agente, prejudicassem antes a pessoa ou o património dos terceiros com quem ele contacta (vítimas dos danos), cfr. VARELA, J. ANTUNES, *Das Obrigações I...,* ob. cit., pág. 579.

Ora, o mesmo raciocínio deve ser feito valer relativamente à posição jurídica do lesado, mormente no tocante à avaliação dos prejuízos por este suportados. Também não é justo fazer repercutir sobre a esfera jurídica do lesante uma série de prejuízos imputáveis a uma sensibilidade muito particular do lesado ou localizados numa esfera de afectividade dificilmente perceptível aos olhos de um homem comum. De outra forma, a pretensão ressarcitória por danos não patrimoniais pode traduzir-se num meio de satisfazer os caprichos do lesado, o que vai frontalmente contra o disposto no n.º 2 do art. 398.º.

[1019] Assim se compreende a exclusão do âmbito do instituto da responsabilidade civil por factos ilícitos dos factos naturais. O facto enquanto pressuposto da responsabilidade civil tem de ser entendido como comportamento dominável ou controlável pela vontade

sariamente a partilha de um *sum comune,* e não se torna possível a integração comunitária se as pessoas não tiverem uma capacidade de auto-controlo em relação aos seus impulsos, emoções ou sentimentos.

Por mais nobres e respeitáveis que se afigurem certas dimensões afectivas ou emocionais, estas não podem, de modo algum, fazer perigar as exigências básicas da vivência comunitária. De um modo particular, o espaço da actividade societária disciplinado pelo direito, ou seja, o campo da interferência inter-subjectiva revela-se particularmente sensível às exigências de auto-controlo, disciplina e correcção. A este propósito podemos invocar o conceito de adequação social, entendido como um conjunto de referentes indispensáveis à convivência comunitária, e em nome das quais cada indivíduo deve suportar as contrariedades individuais tidas como normais e razoavelmente aceitáveis. Poderá, neste contexto, aludir-se com propriedade, a um "grau mínimo de tolerância" que a cada pessoa é exigido, o qual representa, entre outras coisas, uma condição fundamental para garantir a liberdade individual([1020]).

Desta feita, o alargamento indiscriminado, em nome de considerações subjectivistas do núcleo de danos não patrimoniais ressarcíveis, além de não atender às específicas dificuldades levantadas a propósito da compensação deste tipo de prejuízos, acaba também por ignorar as referências mais elementares e estruturantes do instituto da responsabilidade civil.

Na verdade, ao estender-se o conceito de dano não patrimonial, acaba por se poder admitir a responsabilização do agente num maior número de situações, mesmo quando razões de justiça comutativa apontem em sentido contrário.

**1.4. As debilidades patenteadas pelo sistema italiano de ressarcibilidade dos danos não patrimoniais**

**1.4.1.** *Propostas dogmáticas (as categorias do dano biológico e do dano existencial) para o suprimento das limitações impostas pela tipicidade*

Um outro ordenamento jurídico onde se fazem sentir fortes limitações à compensação dos danos não patrimoniais é o italiano (art. 2059 do

---

humana. Quando, por exemplo, alguém é irremediavelmente arrastado pela força do vento, tem de suportar os prejuízos sofridos pela actuação de tal facto natural.

([1020]) A este propósito, cfr. VITTORIA, DANIELA, *Un "regolamento di confini"..., ob.cit.,* pág. 1232, NAVARRETTA, EMANUELA, *Art. 2059 c.c. e valori costituzionali: dal limite del reato allo soglia della tolleranza, nt a trib. Roma 20 maggio 2002, in* Danno e Resp., 2002, pág. 870.

Codice Civile). Apesar de não se encontrar no Codice Civile uma enumeração taxativa das várias hipóteses onde se revela admissível o ressarcimento deste tipo de danos, à semelhança de quanto se verifica no B.G.B., certo é que o princípio da tipicidade aparece aqui consagrado por via indirecta. Apenas quando o lesante adopte uma conduta qualificavel como crime, nos termos da lei penal (art. 185 do Codice Penal), se poderá admitir a compensação pelos prejuízos sofridos pelo lesado na sequência de tais comportamentos. Desta sorte, a tipicidade surge também aqui como um dado incontornável.

Tendo em conta as profundas injustiça que um espartilho legal desta natureza é susceptível de provocar, a doutrina e a jurisprudência, aproveitando-se dos termos amplos em que o requisito da ilicitude (*danno ingiusto*) – art. 2043.º do Codice Civile surge formulado, tentam alargar o leque de situações em que se admite a ressarcibilidade dos prejuízos não patrimoniais([1021])([1022]). Com o manifesto objectivo de ladearem as fortes limitações

---

([1021]) Em face das fortes limitações impostas pelo art. 2059.º do Codice Civile italiano, tem-se assistido a uma tendência no plano jurisprudencial para alargar o âmbito de aplicabilidade do art. 2043.º, convocando neste contexto directamente as normas e princípios constitucionais onde se tutelem direitos fundamentais dos particulares. Desta feita, acabam por integrar-se no âmbito do art. 2043.º, todo um conjunto de danos (dano à saúde psíquica, dano existencial, e outros prejuízos tidos como tipicamente não patrimoniais), considerando registar-se aqui comportamentos "injustos" ou antijurídicos susceptíveis de fazer aplicar este preceito da lei civil italiana. Por vezes, a aplicabilidade desta norma terá lugar quando estiverem em causa meros interesses juridicamente protegidos. Apesar de tradicionalmente não ser defensável a inclusão deste tipo de interesses no contexto do art. 2043.º, certo é que a jurisprudência e doutrina italianas, em nome da tutela de direitos fundamentais e posições jurídicas dos cidadãos contidos na carta constitucional acaba por fazer uma interpretação das normas do direito civil de acordo com a constituição, ou até mesmo convocar directamente o texto constitucional para regular as relações entre os particulares. Para uma análise crítica desta orientação, reportando-se à construção do direito à saúde, cfr. MESSINETTI, DAVIDE, *Recenti orientamenti...*, ob. cit., págs. 178-179.

Como a este propósito sublinha Monateri, o sistema italiano conhece hoje uma classificação tripartida de danos: a) danos patrimoniais decorrentes de lesões injustas (art. 2043.º do Codice Civile), b) os danos não patrimoniais ressarcíveis nos termos restritos previstos nos arts. 2059.º do Codice Civile e 185.º do Código Penal, e c) os danos fundados na violação de direitos dos cidadãos consagrados na constituição enquanto direitos fundamentais de cidadania. Na perspectiva do autor, esta última categoria de danos é subtraída do âmbito limitado do art. 2059.º do Codice Civile, para se integrar no domínio do art. 2043.º da mesma lei. Cfr., neste sentido, MONATERI, GIUSEPPE, *Cittadinanza, libertá de coscienza e illecito civile*, in Responsabilitá Civile e Previdenza, vol. LXIV – n.º 1, 1999, págs. 156 e ss., BONA, MARCO, *Danno Alla Persona*, in Riv. Dir. Civ., 1999, 2.ª parte, pág. 316 e ss, MAJO, ADOLFO DI, *Tutela Risarcitoria...*, ob. cit., pág. 249, FRANZONI, MASSIMO, *Il Nuovo corso del danno non patrimoniale*, in Contrato e Impresa, 2003, n.º 3, pág. 1199 e ss., SCALISI, VICENZO, *Danno e Ingiustizia...*, *ob.cit.*, pág. 790 e ss., *Ingiustizia del danno e analítica della rsponsabilitá civile*, in Riv.Dir.Civ., 2004, n.º 6, pág. 865 e ss.

Estas lacunas patenteadas pelo sistema de ressarcibilidade dos danos não patrimoniais delineado pelo art. 2059.º do Codice Civile tem motivado a apresentação por certos grupos de estudo de projectos para a alteração da redacção deste preceito legislativo. Neste contexto, cumpre fazer menção ao projecto da denominada Comissão ISVAP, que propôs a seguinte redacção para o art. 2059.º: "Il danno morale é risarcito quando il fatto illecito há cagionato alla persona un'offesa grave".

([1022]) A estreiteza dos termos em que é admitida a ressarcibilidade dos danos não patrimoniais tem conduzido a jurisprudência italiana a realizar uma interpretação sistemática e teleológica dos arts. 2059.º do Codice Civile e 185.º do Códice Penale, com vista a ultrapassar as fortes limitações estabelecidas na letra da lei. Neste sentido se pronunciou a cassação na sua decisão de 6 de Dezembro de 1982, ao considerar que para admitir a ressarcibilidade dos danos não patrimoniais basta o facto de poder ser considerado abstractamente como um ilícito penal, independentemente de se encontrarem preenchidos todos os elementos definidores do tipo legal de crime. De acordo com uma tal orientação, o factor essencial para admitir a ressarcibilidade do dano não patrimonial reside na circunstância do facto ilícito poder ser considerado, de acordo com a consciência social dominante, como particularmente grave.

Um tal posicionamento permitiu garantir a compensação de danos não patrimoniais sofridos por um terceiro lesado, na sequência de um facto praticado em concreto, não punível (uma vez que o seu autor não é passível de um juízo de censura), porquanto tal comportamento era susceptível, uma vez levado a cabo por pessoa imputável, de responsabilizar quem o praticava.

Para além disso, estava em causa uma hipótese subsumível no âmbito do art. 2048.º do Codice Civile, o qual admite claramente a responsabilização indirecta pela prática de facto de outrem. De acordo com a perspectiva desta alta instância jurisdicional, a intenção do legislador foi circunscrever o ressarcimento dos danos não patrimoniais à hipóteses tidas como particularmente graves, razão por que a compensação destes prejuízos deve ser assegurada em certas hipóteses de falta de punibilidade do agente em virtude da ocorrência de algumas circunstâncias particulares como a existência de uma amnistia, ou de falta do exercício do direito de queixa. Ora, assim sendo, o mesmo deve aceitar-se relativamente a outras situações, como as incluídas no âmbito do art. 2048.º, em que apenas por razões subjectivas do autor da prática do facto, este deixou de ser penalmente punível.

Aliás, se assim não fosse correr-se-ia o risco de estar a fazer coincidir a configuração do ilícito penal (*reato*), com a posição ou situação do autor do mesmo (*reo*). Cfr., a este propósito, ZENO-ZENCOVICH, VICENZO, *Danni non patrimoniali e reato comesso dal non imputabile*, (anotação à decisão da corte di cassazione de 6 dicembre 1982 n.6651), in Rivista del Diritto Commerciale 1983, II, págs. 227-228. Como sublinha este autor, ao considerar-se a imputabilidade como elemento essencial do ilícito penal, tal como sustenta uma boa parte da doutrina e jurisprudência italianas, poder-se-ia legitimar a conclusão aberrante de não se considerarem os inimputáveis abrangidos por causas de exclusão da ilicitude como a legítima defesa.

Estabelecida uma tal distinção entre "*reato e reo*", "*colpevolezza e imputabilitá*", impõe-se, contudo, determinar se a existência do ilícito penal (*reato*) deve ser apreciada única e exclusivamente pelos juízos criminais, ou se será admissível a intervenção dos tribunais cíveis neste contexto. A este propósito, cumpre ter em mente o disposto no art. 198.º do Códice Penale, de acordo com o qual a extinção do ilícito penal ou da pena, não importa a extinção das obrigações civis derivadas daquele ilícito. De acordo com uma certa orientação doutrinal, a extinção do ilícito apenas pode ser declarada pela jurisdição penal que se debruçou sobre a questão jurídico-penal. Cfr. MANZINI, VINCENZO, *Trattato di Diritto Processuale Italiano*, UTET, 1956, pág. 314.

Porém, certas hipóteses de improcedência da pretensão penal, como sejam as de não exercício do direito de queixa, acabam por não se integrar na letra do mencionado preceito da legislação penal italiano. Acerca desta questão do ressarcimento dos danos não patrimoniais na hipótese de falta de queixa, cfr. PISANI, MARIO, *Veritá del fatto e risarcimento del danno nei delitti contro l'onore*, in Foro Italiano, 1957, I, pág. 1514, CHIARLONI, SERGIO, *Giudizio civile, risarcimento dei danni morali ed estenzione del reato*, in Giurisprudenza Italiana, 1981, I, 1, pág. 147.

Tais situações devem levar-nos a admitir a competência da jurisdição civil para, como ironicamente refere Calamandrei, determinar, não o ilícito que existe, mas aquele que existiria se não tivesse deixado de existir, *appud*, ZENO-ZENCOVICH, VICENZO, *Danni non patrimonial...*, ob. cit., pág. 229.

Na verdade, o ilícito penal é aqui apreciado em termos mais restritos, e numa perspectiva meramente abstracta, ou seja, o juiz deve averiguar da possibilidade eventual do facto praticado consubstanciar um ilícito de ordem criminal. A questão penal será avaliada então em termos menos rígidos do que o julgamento dirigido à determinação de todos os pressupostos estabelecidos no Códice Penale, cfr. ZENO-ZENCOVICH, VICENZO, *Danni non patrimoniali e reato comesso dal non imputabile*, (anotação à decisão da corte di cassazione de 6 dicembre 1982 n.6651), *in* Rivista del Diritto Commerciale 1983, pág. 229. Acerca desta orientação, cfr. ainda SCALISI, VICENZO, *Danno e Ingiustizia del Danno...*, ob. cit., pág. 32 e ss., ALPA, GUIDO, *La responsabilitá oggetiva*, in Cont. e Imp., 2005, n.º 3, pág. 991-993 (reportando-se à posição da corte di cassazione a propósito da decisão do tribunal de Roma de 20 de giugno 2002, onde se aceita a posição em análise), CURSI, MARIA FLORIANA, *Il Danno non patrimoniale...*, ob. cit., págs. 872-873.

Bem vistas as coisas, estas posições doutrinais acabam por reproduzir os argumentos expendidos no já longínquo ano de 1957 por Sconamiglio, cfr. SCONAMIGLIO, RENATO, *Il Danno...*, ob. cit., pág. 302 e ss. Tendo em conta a distinção entre estes dois planos de apreciação do *reato*, a cassação entendeu que o ilícito penal aparece mencionado no art. 198.º do Codice Penale italiano nessas duas acepções. Assim, ao referir-se a *"estinzione del reato"*, o legislador está a reportar-se ao facto penalmente perseguido em todos os elementos, enquanto na parte final do mesmo preceito (*"obbligazioni civili derivanti da reato"*), o *reato* surge como facto abstractamente idóneo a configurar como ilícito, conquanto todos os elementos típicos não se encontrem preeenchidos. Porém, como sublinha Zeno-Zencovich, o ressarcimento dos danos não patrimoniais não pode ser admitido pura e simplesmente quando o facto do agente atinja ou perturbe particularmente a consciência social, prescindindo da prova em juízo da sua concreta verificação. Cfr. ZENO-ZENCOVICH, VICENZO, *Danni non patrimonial...*, ob. cit., pág. 239. Para uma análise mais desenvolvida da problemática analisada na decisão da cassação de 6 de Dezembro de 1982, cfr. ZENO-ZENCOVICH, VICENZO, *ob. ant. cit.*, pág. 217 e ss.

impostas pelo art. 2059.º do Codice Civile, acabam, como teremos ocasião de referir, por emergir categorias conceituais em torno do requisito do dano de contornos particularmente duvidosos. Exemplos paradigmáticos de quanto acabámos de referir podemos colhê-los nas figuras do dano biológico, dano existencial, bem como na destrinça entre dano moral e dano psíquico.

Seja em virtude da convolação da natureza da realidade objecto da análise, prefigurando como patrimonial uma situação com contornos meramente não patrimoniais, seja através da confusão "consentida" pela híbrida distinção entre facto ilícito e dano decorrente da formulação do art. 2043.º do Codice Civile, certo é que o excessivo rigor do art. 2059.º da lei civil italiana tem dado origem ao surgimento de figuras com contornos muito nebulosos.

### 1.4.2. *O dano biológico e o art. 2059.º do codice civile*

Como temos vindo a referir, o sistema de ressarcibilidade dos danos não patrimoniais previsto no art. 2059.º do Codice Civile constitui fonte de múltiplos entorses no âmbito da caracterização de determinadas realidades jurídicas, com o objectivo deliberado de contornar as fortes limitações por aquele patenteado. Estas dificuldades fazem-se ressentir de modo particular na delimitação do âmbito do dano biológico([1023]).

---

([1023]) Este dano aparece também identificado na doutrina italiana como dano à saúde, por se entender que um tal prejuízo decorre da violação do direito à saúde tutelado no art. 32.º da Constituição Italiana. Neste sentido se inclinam Bargagna e Busnelli, caracterizando o dano à saúde como uma violação da integridade físico-psíquica (aspecto estático do direito à saúde), onde se deve tomar ainda em conta as repercussões provocadas por uma tal infracção nos mais variados sectores da vida do titular do direito (aspecto dinâmico do direito à saúde). Um tal âmbito anda normalmente associado à caracterização do dano biológico, não obstante se registar também a este propósito uma certa tendência para o identificar unicamente com a vertente estática do direito à saúde. Para uma melhor caracterização do direito à saúde, cfr. BARGAGNA, MASSIMO, BUSNELLI, FRANCESCO DONATO, *La Valutazione del Danno alla Salute. Profili Giuridici, Medico-Legali ed Assicurativi*, Padova, 1988, pág. 10 e ss, CASSANO, GIUSEPPE, *Falsa Luce Negli Occhi dei Fedeli: Novitá in Tema di Rissarcimento del Danno da Lesione ai Diritti Della Personalita (A Propósito di Trib. Verona 26 Febbraio 1996),* in Il Diritto di Famiglia e Delle Persone, 2000, n.º 1, págs. 431-432, BESSONE, MÁRIO, *La Persona, Il Diritto Alla Salute e il Danno Alla "Vita di Relazione" Negli Orientamenti della Giurisprudenza*, in Il Diritto di Famiglia e Delle Persone, 1982, (ano XI), págs. 918-919, *Valore Precettivo dell'art. 32 Cost., diritto Alla Salute e danno Biologico*, in Foro Padano, 1982, pág. 197 e ss, ALPA, GUIDO, *Danno Biologico e Diritto Alla Salute*, in Giurisprudenza Italiana, 1980, I, pág. 9, *Danni alla Persona e Danni...*, ob. cit., págs. 183.184,

Em rigor, a figura do dano biológico consubstancia-se basicamente na violação do direito à integridade físico-psíquica do respectivo titular. Uma característica essencial para a delimitação do âmbito do dano biológico traduz-se no carácter objectivo deste dano evento, ou seja, na possibilidade de comprovar em termos médico-legais as limitações físico-psíquicas provocadas pela prática do facto lesivo[1024].

O reconhecimento deste direito no domínio das relações jurídico-privadas resultou da aceitação da interferência regulativa do direito à saúde previsto na constituição no plano das interacções entertecidas entre os particulares[1025].

Os termos genéricos do âmbito do direito biológico tem permitido à doutrina e à jurisprudência atribuírem-lhe conteúdos e sentidos diversos, não se encontrando disponível um conceito unívoco em torno deste direito.

No tocante ao bem jurídico cuja violação dá origem ao dano biológico, está fundamentalmente em causa, como já atrás fizemos menção, a integridade físico-psíquica dos respectivos titulares. Ligado a este "dano evento", o qual deve configurar-se como a estrutura interna do ilícito, podem associar-se danos patrimoniais e não patrimoniais naquele implicados, os quais se devem qualificar, por seu turno, como "danos consequência"[1026].

No dano biológico devem assim integrar-se todas as alterações registadas no equilíbrio físico-psíquico, revistam estas natureza temporária ou permanente, e impliquem as mesmas repercussões totais ou parciais na estrutura psico-somática dos titulares dos direitos atingidos com a prática do facto ilícito.

---

[1024] Neste contexto, Giuseppe Cassano refere-se sugestivamente à "*matrice medico-legale* do dano biológico", cfr. CASSANO, GIUSEPPE, anotação à sentença do Tribunale Pen. di (Siderno) Locri 6 ottobre 2000 – Est Liberati, in Il Diritto di Famiglia e Delle Persone, 2001, n.º 3, pág. 1048, COMANDE, GIOVANNI, *Il Danno non Patrimoniale: dottrina e giurisprudenza a confronto*, in Contratto e Impresa, 1994, n.º 2, págs. 896-897.

[1025] A este propósito, cfr. SCALISI, VICENZO, *Immissioni di Rumore e Tutela della Salute*, in Riv. Dir. Civ., 1982, I, pág. 138 e ss.

[1026] Sobre a distinção entre "*danno evento*" e "*danni-consequenza*" a propósito da delimitação do âmbito do dano biológico, cfr. DIAS, J. ÁLVARO, *Procriação Assistida e Responsabilidade Médica*, in Stvdia Ivridica 21, Coimbra, 1996, pág. 390 (nota 326), GIANNINI, GENNARO, *Danno Alla Persona, anno Zero: Si Ricomincia Daccapo (a propósito dell'Ordinanza Trib. Bologna, 13 Giugno 1995)*, in Responsabilità Civile e Previdenza, vol. LX, n.º 5, 1995, págs. 658-659, *Danno Alla Persona anno Zero: qualche domanda alla Corte Costituzionale*, in Responsabilità Civile e Previdenza, vol. LX, n.º 2, 1995, págs. 284-285, PIZZOFERRATO, ALBERTO, *Il Danno alla Persona: linee evolutive e techniche di tutela*, in Contratto e Impresa, 1999, n.º 3, págs. 1062-1063. VELOSO, MARIA MANUEL, *Danos Não Patrimoniais...*, ob. cit., pág. 518.

Tendo em conta o já mencionado carácter genérico e elástico da figura em análise, a doutrina e a jurisprudência têm oscilado ao longo do tempo na respectiva caracterização.

De um modo particular, a sentença 372/94, da Corte Constitucional agitou profundamente a questão em torno do sistema de ressarcibilidade no âmbito dos danos da pessoa. Mais do que discutir a *vexata qœstio* da compensação do dano biológico em caso de morte, esta sentença teve o efeito de alertar para a necessidade de discutir, e até mesmo de reequacionar o problema da reparação dos danos pessoais, inspirando simultaneamente outros arestos judiciais a problematizarem o sistema taxativo consagrado no art. 2059.º do Codice Civile a propósito dos danos morais[1027].

Com o objectivo de ladearem as dificuldades criadas pelo sistema taxativo italiano em matéria de danos não patrimoniais, a doutrina e também alguma jurisprudência deslocaram o centro das atenções da natureza do interesse violado para se centrarem na autónoma consideração dos prejuízos sofridos pelo lesado, elevando as respectivas repercussões patrimoniais à categoria de *"danno injusto"*.

No fundo, a grande preocupação consiste em identificar a existência de um dano com conteúdo patrimonial, o qual, neste caso, se traduz num dano susceptível de avaliação médico-legal, e a partir daí consideram-se também subsumidos pela indemnização a violação de interesses não patrimoniais, ou seja, os atrás mencionados danos consequência ou resultado[1028].

### 1.4.3. *Dano moral/dano psíquico*

Como já atrás referimos, a figura do dano biológico tem-se traduzido num expediente utilizado pela jurisprudência italiana para justificar a

---

[1027] A decisão do Tribunal de Bolonha de 13 de Junho de 1995 constitui um exemplo paradigmático do clima de discussão suscitado pela sentença do Tribunal Constitucional n.º 372/94. Com o objectivo de contornar as dificuldades colocadas pelo art. 2059.º do Codice Civile à ressarcibilidade dos danos morais, esta decisão jurisprudencial entendeu que quando as perturbações psíquicas (*sofferenza psichica*) assumam carácter permanente, implicando alterações nos hábitos e vida quotidiana do lesado, devem configurar-se como um dano biológico.

O referido aresto acaba ainda por incluir as dores, angústias e perturbações de ordem psíquica, mesmo sem natureza permanente no âmbito do dano biológico. Filiando-se a tutela deste tipo de prejuízo no art. 32.º da Constituição Italiana, então os danos morais acabados de mencionar não se devem considerar apenas ressarcíveis nos apertados termos previstos no art. 2059.º do Codice Civile. Para uma análise do texto da decisão do Tribunal de Bolonha de 13 de Junho de 1995, cfr. *Responsabilitá Civile e Previdenza*, vol. LX, n.º 5, 1995, pág. 783. Para uma apreciação crítica do mesmo, cfr. GIANNINI, GENNARO, *Danno Alla Persona...*, ob. cit., pág. 655 e ss.

[1028] Neste sentido, cfr. ALPA, GUIDO, *Danni alla Persona e danni...*, ob. cit., pág. 180.

ressarcibilidade dos danos não patrimoniais fora das situações especialmente previstas na lei([1029]). Cumpre verdadeiramente questionar se todo e qualquer dano moral se pode integrar no âmbito do dano biológico, e como tal considerar-se ressarcível, em virtude desta figura gozar de tutela constitucional (art. 32.º da Constituição Italiana), e por força do *Drittwirkung* dos direitos fundamentais, o direito à saúde assumir também relevância na conformação das relações entre os particulares([1030]).

A resposta afirmativa a uma tal interrogação implicaria a admissibilidade da compensação dos danos não patrimoniais mesmo fora das hipóteses referidas na lei (art. 2059.º do Codice Civile).

Alguma jurisprudência([1031]) propende neste sentido, criando algumas confusões conceptuais baseadas no seguinte silogismo: O sofrimento e a dor constituem perturbações psíquicas, as perturbações psíquicas são danos morais, e como tal, os danos morais devem considerar-se integrados no âmbito do dano biológico de tipo psíquico, por representarem uma alteração do equilíbrio bio-psíquico.

Poderá, no entanto, ter-se como certa a conclusão contida neste silogismo, de acordo com a qual todas as dores ou perturbações psíquicas devem ser incluídas no domínio do dano biológico, e enquanto tais, considerar-se ressarcíveis?

Uma tal perspectiva não é unanimemente partilhada pela doutrina e jurisprudência italianas, registando-se também nestes estratos do sistema jurídico uma tendência para se colocar em relevo a importância da distinção entre dano moral e dano psíquico([1032]).

Neste contexto, há quem ilustre a diferença, referindo-se ao luto e à melancolia([1033]) do cônjuge sobrevivo, enquanto estados diferentes por este vividos na sequência da morte do outro.

---

([1029]) Neste sentido, cfr. ZENO-ZENCOVICH, VICENZO, *Danni Non Patrimoniali...*, ob. cit., pág. 231.

([1030]) O reconhecimento da relevância do direito constitucional à saúde no plano das relações entre os particulares, tida hoje como pacífica no panorama doutrinal e jurisprudencial italiano, não foi aí acolhida nas décadas de 80 com unanimidade. Para uma análise mais desenvolvida do caminho percorrido pela jurisprudência italiana no sentido do reconhecimento da eficácia do direito à saúde nas relações entre os particulares, cfr. GRASSO, BIAGIO, *Il Problema della Valutazione del danno "non patrimoniale" all'integrità psicofisica*, in Rasegna di Diritto Civile, n.º 1, 1982, pág. 40 e ss. (cumpre salientar que o autor se pronunciava já em tal momento a favor do *Drittwirkung* do direito à saúde).

([1031]) Neste sentido se pronunciou, como já tivemos ocasião de referir, a decisão do Tribunal de Bolonha de 13 de Junho de 1995.

([1032]) Na jurisprudência cumpre mencionar a decisão da cassação civil de 9 de Maio de 1988, n. 3367, *in* Responsabilitá e Previdenza, 1988, pág. 1066.

([1033]) Cfr. GIANNINI, GENNARO, *Danno Alla Persona...*, ob. cit., págs. 666-667.

No âmbito deste binómio, o estado de luto corresponde basicamente às dores e sofrimento psíquicos([1034]) suportados na sequência do falecimento do familiar, que perturbam a vida quotidiana de quem as sente. As pessoas não estão propriamente lesadas nas funções psíquicas (intelectivas e emocionais), ou seja não são portadoras de uma *"malattia psichica"*.

Diverso é um estado de melancolia (*malinconia*) eventualmente surgido na sequência do falecimento. Em tais situações, chegam a registar-se verdadeiros estados de doença psíquica, que privam os lesados de desenvolverem com normalidade, seja total ou parcialmente, a sua vida quotidiana([1035]).

Enquanto o luto constituiria um estado causador de danos morais, a melancolia consubstanciaria o exemplo de um dano biológico de tipo psíquico.

De acordo com esta orientação, os danos morais, assim como os patrimoniais devem ser qualificados como danos-consequência, por contraposição ao dano biológico que se traduz num dano-evento. Assim sendo, ao dano biológico enquanto dano-evento podem associar-se quer danos morais quer patrimoniais, enquanto os danos morais não podem originar danos patrimoniais, pois à semelhança destes, também aqueles são meros danos-consequência.

Cumpre ainda fazer referência no elenco dos traços distintivos entre as duas categorias ao carácter evanescente dos danos morais, uma vez que os seus efeitos se amortecem ao longo do tempo, por contraposição ao

---

([1034]) Neste contexto, há quem qualifique estes prejuízos como meros danos morais subjectivos, cfr. COMANDE, GIOVANNI, *Il danno non patrimoniale...*, ob. cit., pág. 897.

([1035]) A jurisprudência italiana tem propendido para integrar no âmbito do dano biológico apenas aquelas perturbações ou alterações do foro psíquico consideradas como patológicas. Nesse sentido se pronunciou o Tribunal Penal de (Siderno) Locri, qualificando como dano biológico de tipo psíquico, aquele sofrido por uma mãe na sequência do nascimento de uma filha deficiente, sem que as má-formações tivessem sido detectadas pelo médico aquando da realização das ecografias.
Não tendo sido preparada para enfrentar uma tal situação, nem dada a possibilidade de optar pela interrupção da gravidez prevista na Lei n.º 194/1978, a mãe da criança ficou a padecer de distúrbios psíquicos insanáveis, tais como taquicardia, crises de pânico, ansiedade e desespero, vendo-se assim forçada a consumir medicamentos como o Lexotan, Valium..., para tentar obviar às atrás mencionadas reacções psíquicas. O Tribunal de Locri considerou estarmos perante um dano biológico, ressarcível nos termos do art. 2043.º do Codice Civile. Uma tal orientação foi igualmente sufragada pelo Tribunal de Roma, em situação equiparável na decisão de 13 de Dezembro de 1994, *vide*, *in* Diritto di Famiglia e Delle Persone, 1955, pág. 662 e ss. Para uma análise crítica da decisão do Tribunal Penal de (Siderno) Locri, cfr. anotação à decisão do Tribunal Penal de (Siderno) ..., *ob. cit.*, pág. 1039 e ss.

dano psíquico relativamente ao qual podemos, em virtude das consequências irreversíveis, associar-lhe o qualificativo de permanente.

Para além destas diferenças, há ainda quem se refira à insusceptibilidade de proceder à quantificação dos danos morais de acordo com o critério do tabelamento, por contraposição à admissibilidade da adopção de tais métodos a propósito dos danos psíquicos([1036])([1037])([1038]).

---

([1036]) Acerca destas características distintivas entre o dano biológico e os danos morais, cfr. GIANNINI,GENNARO, *Danno Alla Persona..., ob.cit.*, págs. 667-668.

([1037]) Apesar do sistema das tabelas se revelar um método possível para a quantificação do dano biológico, tal não equivale a considerá-lo como a única ou a preferencial técnica de liquidação deste tipo de prejuízos.

O sistema de ressarcimento do dano biológico através do recurso às tabelas de incapacidade tende a uniformizar e tornar mais seguro o processo de liquidação deste tipo de prejuízos. Com efeito, neste contexto o juiz procede à quantificação dos prejuízos através do recurso a elementos certos e predeterminados. Acerca das vantagens da convocação de critérios pré-estabelecidos para a quantificação do dano biológico, cfr. MEDICO, G. DEL, *Il danno alla salute: forse non è una predica inutile, in* Responsabilitá Civile e Previdenza, 1981, pág. 429 e ss. (nota ad app.Firenze, 17 febbraio 1981).

Uma tal avaliação procura calcular o prejuízo consubstanciado no grau de incapacidade física temporária ou permanente do lesado, tomando em conta o rendimento nacional *per capita* do respectivo ano em que a invalidade é apreciada. Enquanto na invalidade temporária (parcial ou total) o dano deve ser calculado na proporção do número de anos (ou respectivas fracções) durante os quais a incapacidade se perpetua, já no tocante à invalidade permanente, atribui-se ao lesado uma renda vitalícia cujo montante é determinado em função do atrás referido rendimento médio *per capita*. Para uma análise mais desenvolvida destas técnicas tabulares de avaliação do dano biológico, cfr. GRASSO, BIAGIO, *Il problema della valutazione..., ob. cit.*, págs. 43-44. Uma outra técnica uniforme adoptada para o cálculo da indemnização do dano da invalidade foi a consagrada no art. 4.º, parágrafo terceiro, da lei 39/1977, onde se previa a atribuição do triplo da pensão social, independentemente de se tomar em consideração o respectivo *status* (trabalhador dependente ou autónomo, desempregado...). A adopção deste método de tabelamento reporta-se sobretudo às hipóteses de incapacidade temporária. Neste sentido, cfr., ALPA, GUIDO, *Il danno biológico e le tecniche di valutazione della persona, in* Contratto e Impresa, 1985, n.º 1, págs. 66-67. Um tal método foi considerado desde sempre a nível jurisprudencial como um parâmetro referencial, do qual o juiz, por via equitativa, se podia afastar. Cfr., a este propósito, BONA, MARCO, *Danno alla persona..., ob. cit.*, pág. 320 e ss (o autor dá ainda conta das tentativas então levadas a cabo pela comissão de estudo ISVAP, no sentido de elaborar uma tabela indicativa nacional).

Apesar deste tipo de procedimento se revelar menos sujeito à interferência da apreciação subjectivista do julgador, certo é que um tal método leva sempre coenvolvido o perigo de serem duplamente contabilizados os prejuízos de ordem patrimonial sofridos pelo lesado, pois através da convocação do critério do rendimento *per capita*, acaba por indirectamente se estar a avaliar os prejuízos decorrentes da perda da capacidade genérica para o trabalho.

Ora, como iremos ter ocasião de referir, pode colocar-se a questão de saber se os danos

Por fim, cumpre sublinhar a independência do problema da liquidação dos danos biológicos psíquicos enquanto "dano-evento" face à eventual ocorrência de danos morais, cuja ressarcibilidade apenas deve admitir-se nos termos delineados no art. 2059.º do Codice Civile.

---

emergentes e os lucros cessantes laborais derivados das lesões perpetradas na integridade físico-psíquica não devem ser contabilizados com autonomia face ao dano biológico. Razão por que poder-se-á registar um certo perigo de dupla contabilização dos mesmos prejuízos na indemnização atribuída ao lesado na sequência do dano biológico. Acerca destes perigos, cfr. GRASSO, BIAGIO, *Il problema della valutazione..., ob. cit.*, pág. 44.

Para além destas dificuldades, o método de cálculo da indemnização de acordo com as tabelas de incapacidade, pela inflexibilidade e rigidez aí coenvolvidas, não permite ao juiz apreciar a real dimensão ou extensão do dano biológico (seja nos planos quantitativo ou qualitativo das lesões sofridas). Neste sentido, cfr. BONA, MARCO, *Danno alla persona..., ob. cit.*, pág. 322.

A uniformização alcançada através do sistema do tabelamento dos montantes indemnizatórios, não permite ao julgador tomar em consideração todas as especificidades do caso. Apenas levando em linha de conta as múltiplas circunstâncias coenvolvidas no facto lesivo, o juiz poderá determinar com rigor o grau de incapacidade físico-psíquica sofrida pelo lesado, e consequentemente atribuir-lhe uma indemnização adequada para proceder à sua reparação. *Vide*, a este propósito, BUSNELLI, F. D., *Il problema della valutazione dei dani alla salute, in* Responsabilitá civile e previdenza, 1989, pág. 130, CASSANO, GIUSEPPE, anotação à decisão do Tribunale di (Siderno) 6 ottobre 2000, *in* Il Diritto di Famiglia e delle Persone, n.º 3, 2001, págs. 1050-1051. ALPA, GUIDO, *Danni alla persona e danni..., ob. cit.*, pág. 185.

Para além disso, o processo técnico de cálculo do dano biológico através do recurso ao sistema das tabelas representa uma particular concretização dos cânones de uma análise económica do direito, particularmente relevante na experiência norte americana, onde se torna possível proceder a uma valoração económica da pessoa através do recurso a um conjunto de referentes de ordem estatística. A este propósito, *vide,* ALPA, GUIDO, *Il danno biológico e le tecniche..., ob. cit.*, pág. 65 e ss. No ordenamento jurídico português, as portarias n.º 367/2008, de 26 de Maio, e n.º 679/2009, de 25 de Junho (que actualizou a atrás citada), estabeleceram o sistema das tabelas para efeitos de regularização dos danos corporais. Cumpre, porém, salientar que os valores indemnizatórios constantes das tabelas não são vinculativos, constituindo antes sugestões de "propostas razoáveis" para reparar aquele tipo de prejuízos.

([1038]) A avaliação equitativa do dano biológico representa ainda a solução mais consentânea com as exigências regulativas do princípio do ressarcimento integral dos danos. Na verdade, um tal método de quantificação dos danos permite atribuir ao lesado um montante indemnizatório para cobertura dos custos de tratamentos médicos mais elevado e consentâneo com os progressos técnico-científicos, quando confrontado com os custos normalmente envolvidos nos cuidados médicos, por regra, dispendidos naquele tipo de patologia. A este propósito, cfr. PINORI, ALESSANDRA, *Il principio generale della riparazione integrale dei danni, in* Contratto e Impresa, 1998, n.º 3, págs. 1153 e 1159. O resultado da adopção de um tal procedimento traduz-se obviamente numa maior protecção da posição do lesado.

De acordo com a exposição efectuada, esta tentativa de delimitação dos danos morais face ao dano biológico, continua a salvaguardar a operatividade do critério regulativo do art. 2059.º do Codice Civile. Apenas uma maior ligeireza jurisprudencial na apreciação da existência das perturbações do estado psíquico como *malattia psichica*, poderá determinar uma certa neutralização do sistema taxativo de compensação dos danos não patrimoniais acolhido pelo mencionado preceito da lei civil italiana.

**1.4.4. O dano biológico e o ressarcimento dos danos patrimoniais**

Como já deixámos caracterizado, o dano biológico corresponde a um estado de diminuição físico-psíquico do lesado provocado pela prática do facto ilícito.

A ocorrência deste tipo de situações faz emergir, por regra, um conjunto de consequências patrimoniais desvantajosas, ou seja, os comummente designados danos patrimoniais.

Entre os mais frequentes cumpre destacar a perda de capacidade de trabalho (*capacitá lavorativa*), traduzindo-se esta na diminuição sentida no normal desempenho da sua actividade, na impossibilidade de desenvolver uma carreira futura, na inviabilidade de poder exercer uma dupla actividade, ou até ainda na colocação antecipada na situação de aposentado.

Por vezes existe a tentação de admitir a ressarcibilidade imediata dos danos patrimoniais uma vez determinado em termos médico legais a perda de capacidade de trabalho decorrente das ofensas perpetradas na integridade física do lesado.

Antes de mais, cumpre salientar que a constatação da perda de capacidade laboral corresponde a uma actividade médico-legal, não se podendo configurar esta diminuição como uma categoria jurídica([1039]).

Desta feita, o lesado em tais situações não fica dispensado de exercer a actividade probatória prevista no art. 2697 do Codice Civile relativamente a concretos prejuízos, sejam eles danos emergentes ou lucros cessantes derivados da perda de "*capacitá lavorativa*"([1040]).

Não basta então ao lesado alegar e provar a perda genérica de capacidade para o trabalho, bem como as latentes repercussões desvantajosas nas suas restantes actividades sócio-económicas e até recreativas. Impõe-se, antes, uma demonstração da existência de concretos prejuízos económicos derivados da prática do facto ilícito causador do dano biológico.

---

([1039]) Neste sentido, cfr. GIANNINI, GENNARO, *Danno alla persona...*, ob. cit., pág. 659.
([1040]) A este propósito, *vide* GIANNINI, GENNARO, *Danno alla persona ano zero: quelche domanda...*, ob. cit., pág. 285.

Com efeito, não existe no sistema jurídico italiano a propósito da ressarcibilidade dos danos patrimoniais decorrentes de violação à integridade física, um preceito idêntico ao art. 9.º, n.º 3, da Lei Orgânica espanhola relativa à tutela da honra, imagem e intimidade da vida privada.

Ainda a propósito da ligação da ressarcibilidade dos danos patrimoniais ao dano biológico, cumpre clarificar a independência da reparação deste tipo de prejuízo face ao problema da indemnização dos danos de ordem patrimonial decorrentes da perda de capacidade para o trabalho.

Ora, uma tal autonomia conduz claramente à aceitação de uma valoração da integridade físico-psíquica como uma entidade *a se*([1041]).

De acordo com esta perspectiva comummente designada de "método genovês"([1042]), o dano biológico não é reconduzível nem ao âmbito dos danos patrimoniais, nem ao domínio dos danos morais em sentido estrito, mas deve ser visualizado como um "dano injusto" à saúde subsumível no art. 2043.º do Códice Civil([1043]).

Assim sendo, devemos distinguir a ressarcibilidade do dano biológico em si mesmo considerado, a qual defende uma apreciação médico--legal, de uma outra questão com ela particularmente relacionada, mas distinta: a reparação dos danos patrimoniais. Esta última apenas pode ter lugar se o lesado conseguir fazer a prova em juízo dos concretos prejuízos desta natureza por si suportados, e em função de tal actividade probatória, o juiz poderá avaliar se esses danos terão já sido, pelo menos parcialmente, contabilizados aquando da averiguação do grau de incapacidade em sede de identificação do dano biológico.

Esta distinção de planos será mais facilmente lograda se o juiz na sua tarefa de quantificação do dano biológico proceder a uma apreciação equitativa da situação *sub índice*, e não a uma determinação uniforme do montante indemnizatório a partir de critérios pré-definidos, ou seja, a partir das comummente designadas tabelas de incapacidades.

---

([1041]) Cfr., a este propósito, GRASSO, BIAGIO, *Il problema della valutazione...*, *ob. cit.*, pág. 40, BESSONE, MARIO, *Garanzie costituzionali, danno alla persona e normativa di cui all'art. 2059 Cod.Civ.*, in Diritto di Famiglia e delle Persone, 1982, pág. 781, GIANNINI, GENNARO, *Danno alla persona anno zero: qualche...*, *ob. cit.*, pág. 284.

([1042]) A designação de um tal método resulta da circunstância de a orientação por ele proposta se ter inspirado na decisão da *corte di Apello di Genova* de 20 de Outubro de 1982. Com efeito, o dano biológico aparece aí configurado como uma entidade *a se* e essa qualidade influencia necessariamente o processo de cálculo da indemnização de tais prejuízos. Para uma análise mais desenvolvida de uma tal metodologia, cfr. ALPA, GUIDO, *Il danno biológico e le technice...*, *ob. cit.*, pág. 69.

([1043]) Neste sentido, cfr. CASSANO, GIUSEPPE, anotação à decisão do Tribunale Pen. di (Siderno) locri..., *ob. cit.*, pág. 1048.

Como já atrás deixámos mencionado, a determinação da indemnização a partir do sistema das tabelas poderá conduzir a uma dupla contabilização dos mesmos prejuízos patrimoniais([1044]) no âmbito da indemnização conferida ao lesado por violação do seu direito à integridade física (*diritto a la salute*).

### 1.4.5. Dano biológico e dano existencial

Particularmente problemático se afigura o problema da integração ou da autonomia da figura do dano existencial, cuja paternidade se deve a Cendon, Gaudino e Ziviz nos inícios da década de 90([1045]) do século passado face à categoria do dano biológico.

Antes de entrarmos propriamente na análise desta questão, cumpre avançar uma noção aproximada de dano existencial.

Os interesses atingidos no âmbito deste tipo de dano reconduzem-se basicamente a aspectos fundamentais de integração comunitária da pessoa humana([1046]). Com efeito, o dano existencial traduz-se nas alterações registadas na vida quotidiana dos lesados, em virtude de estes ficarem impedidos, na sequência da prática do facto lesivo, de se relacionarem e inter--agirem no plano comunitário nos termos em que o faziam até esse momento.

No entendimento de Paolo Cendon, o dano existencial implica necessariamente para o lesado um diverso relacionamento com o tempo e com o espaço, bem como a renúncia forçada a momentos de felicidade quotidiana, e a uma diminuição da qualidade de vida([1047]).

---

([1044]) Acerca destes perigos, cfr. ALPA. GUIDO. *Il danno biológico e le techniche...*, ob. cit., pág. 67.

([1045]) A emergência deste direito na dogmática italiana anda associada à resenha jurisprudencial realizada por Cendon, Gaudino e Ziviz na Rivista Trimestrale di Diritto e Procedura Civile (CENDON, GAUDINO, ZIVIZ, *Sentenze d'un anno, in* Riv. Trim. Dir. Proc. Civ., 1990, pág. 1067), destacando-se, desde logo, um maior empenho de Ziviz para o reconhecimento desta nova realidade jurídica. Aliás, poderá mesmo considerar-se determinante neste *iter* de afirmação da figura do dano existencial o trabalho da autora publicado na revista Contratto e Impresa em 1994 (ZIVIZ, PATRIZIA, *Alla Scoperta del danno esistenziale, in* Contratto e Impresa, 1994, n.º 2, pág. 845 e ss.). Para além disso, deve-se à mesma autora a mais precisa delimitação do estatuto desta figura jurídica na monografia editada em 1999 – *La tutela risarcitoria della persona,* Milano, 1999 (em particular no subtítulo *danno morale e danno esistenziale,* pág. 428 e ss.).

([1046]) Nas palavras de Paolo Cendon, encontramo-nos face a um *"fattispecie inedite"* de dano, na qual as lesões se reportam à esfera de actuação coloquial/relacional do lesado, cfr. CENDON, PAOLO, *Prospettive del danno esistenziale, in* Il Diritto di Famiglia e delle Persona, n.º 1, 2000, pág. 257. No mesmo sentido, *vide* ZIVIZ, PATRIZIA, *Alla Scoperta del danno..., ob. cit.,* págs. 864 e ss.

([1047]) Cfr. CENDON, PAOLO, *Prospettive del danno..., ob. cit.,* pág. 257.

*Prima facie*, um tal tipo de prejuízos parece não assumir autonomia face aqueloutros de índole espiritual comummente designados por danos morais(*le sofferenze, il dolore, il patemi d'animo...*). Todavia, para quem defende a individualização do dano existencial, não é possível situá-lo unicamente no plano sentimental ou afectivo([1048]).

Desta feita, afasta-se o problema da ressarcibilidade deste tipo de dano dos estritos limites definidos pelo art. 2059.º do *Codice Civile*. Estando aqui em causa alterações significativas na vivência societária das pessoas, não será então correcto configurar este tipo de prejuízos como uma modificação do equilíbrio bio-psíquico dos indivíduos, e como tal, integrá-los na órbita do dano biológico?

Uma resposta afirmativa a esta interrogação poderia implicar a perspectivação do dano existencial como uma concreta manifestação dos danos consequência subsumíveis no evento biológico([1049]).

Porém, quem defenda a individualização do dano existencial como uma entidade *a se*, a distinção face ao dano biológico manifesta-se, desde logo, na circunstância deste último consubstanciar uma patologia confirmada do ponto de vista médico-legal([1050]).

---

([1048]) Neste sentido, distinguindo claramente o dano existencial da categoria dos danos morais, VITTORIA, DANIELA, *Un "regolamento di confini" per il danno esistenziale, in* Contratto e Impresa, 2003, n.º 3, págs. 1222-1223.

([1049]) Neste sentido se tem pronunciado alguma doutrina e jurisprudência italiana, PIZZOFERRATO, ALBERTO, *Il danno alla persona: ..., ob. cit.,* págs. 1057 e ss. (este autor considera que o dano biológico deve ser entendido no contexto de uma análise da constituição centrada numa perspectiva axiológica cujo epicentro se radica na pessoa e nos respectivos direitos invioláveis, *ob. ant. cit.,* pág. 1066), PECCENINI, FLÁVIO, *Danni reflessi e danno esistenziale, in* Contratto e Impresa, 2000, n.º 3, pág. 1107, decisão da cassação de 17 de Novembro de 1990 (n.º 11133), *in* Responsabilitá Civile e Previdenza, 1991, pág. 744, decisão do Trib. Crema de 18 dicembre 1987, *in* Responsabilità Civile e Previdenza, 1988, pág. 214. Em sentido diferente se orienta uma certa orientação doutrinal, ZIVIZ, PATRIZIA, *Danno alla vita di relazione..., ob.cit.,* págs. 917-918, *Alla Scoperta del danno..., ob. cit.,* pág. 854 e ss.

([1050]) Poder-se-á então entender o dano existencial como a dimensão dinâmica do dano biológico, e enquanto tal, não subsumível nesta categoria perspectivada como estado patológico de perturbação biopsíquica. Razão por que uma certa doutrina acaba por conceber o dano existencial (dano na vida de relação) como uma espécie de lesão perpetrada ao direito à identidade pessoal. Desta feita, encontrar-nos-íamos perante um tipo de dano injusto (art. 2043.º) susceptível de reparação evitando-se assim particulares dificuldades levantadas pelo ordenamento jurídico italiano ao ressarcimento dos prejuízos coenvolvidos no âmbito do dano existencial. Para uma análise desta posição, cfr. CASSANO, GIUSEPPE, *False Luce Negli Occhi..., ob. cit.,* págs. 430 e ss. Porém, e em rigor, uma tal posição acaba por não conferir uma verdadeira autonomia ao dano existencial, uma vez que este se configura como uma vertente do direito à identidade pessoal.

Assim sendo, não se deve fazer coincidir o âmbito do dano existencial com as perturbações psíquicas que alteram substancialmente o carácter ou a personalidade do lesado, pois tais anomalias configuram um dano biológico de tipo psíquico.

Para além disso, o prejuízo existencial deve considerar-se como um dano evento, não dependendo a sua ressarcibilidade da demonstração da existência de concretas repercussões negativas na actividade sócio-comunitaria dos lesados.

De acordo com esta perspectiva, o dano existencial traduz-se num *non facere*, ou melhor, num *"non poter piu fare"*, ou seja na impossibilidade de fazer([1051]). Apresentando-se o dano existencial como uma "lesão em si mesma", ou seja, a única e exclusiva consequência da prática do facto lesivo, a actividade probatória do lesado com vista a obter o ressarcimento dos prejuízos sofridos, não lhe impõe a prova das concretas consequências negativas suportadas a nível da sua actuação comunitária, isto é, da difícil tarefa de definição da extensão (*quantum*) de tais repercussões. Basta-lhe apenas fazer prova da relevância do bem atingido, isto é, dos pressupostos do direito do lesado, para lhe ser assegurado o direito à compensação do dano existencial([1052]). Cumpre ainda mencionar que, ao contrário do sistema das tabelas normalmente seguido no âmbito do ressarcimento do dano biológico, a compensação do dano existencial obedece a critérios de equidade([1053]).

Por se tratar de um dano-evento, cujo âmbito não se encontra dependente da existência de concretas repercussões patrimoniais e não patrimoniais desfavoráveis, nem tão pouco da ocorrência de comportamentos penalmente censuráveis, o dano existencial não deve, de acordo com esta orientação, ser entendido como uma sub espécie do género mais amplo do dano biológico.

Antes pelo contrário. Pela sua grande amplitude, a figura em análise deve ser vista como uma categoria geral e omnicompreensiva no universo

---

([1051]) Neste sentido, cfr. CASSANO, GIUSEPPE, anotação à decisão do Tribunal Pen. di (Siderno)..., *ob. cit.*, pág. 1070, VITTORIA, DANIELA, *Un "regolamento di confini"*..., *ob.cit.*, n.º 3, pág. 1222.

([1052]) A este propósito, cfr. CASSANO, GIUSEPPE, anotação à decisão do Tribunal Pen. di (Siderno)..., *ob. cit.*, pág. 1072. Porém, em sentido diverso, *vide*, ZIVIZ, PATRIZIA, *Alla scoperta...*, *ob.cit.*, pág. 886.

([1053]) A este propósito, qualificando o ressarcimento do dano existencial como uma "compensativa impropria" "che non è né satisfattiva, né afflitiva", cfr. VITTORIA, DANIELA, *Un "regolamento di confini..."*, *ob. cit.*, pág. 1224 e pág. 1225 (onde se faz uma expressa referência à relevância dos critérios de equidade na determinação do montante indemnizatório).

dos danos pessoais (*danno alla persona*)([1054]). Assim sendo, o dano biológico e as suas variantes (dano psíquico, dano estético...) devem ser perspectivados de acordo com as referências regulativas do dano existencial, por ser este uma categoria com maior amplitude.

**1.4.6. *A fundamentação juspositiva do dano existencial. As posições da escola de turim e da escola de trieste***

Fruto das limitações impostas pelo art. 2059.º do Codice Civile, a admissibilidade da categoria do dano existencial, à semelhança de quanto sucedeu com o dano biológico([1055]), implica uma ineliminável articulação das regras privatísticas com regulativos de ordem constitucional. Ora é precisamente a questão de relacionamento das exigência regulativas dos preceitos 2043.º e 2059.º do Código Civil italiano com o preceito constitucional (art. 2.º) onde se consagra um direito com uma larga amplitude "direito ao livre desenvolvimento da personalidade", que suscitou uma viva discussão doutrinal entre os representantes das escolas de Turim e de Trieste.

Enquanto de acordo com a orientação doutrinal sufragada pelos pensadores de Turim, a relevância do dano existencial deve circunscrever-se unicamente às violações perpetradas em situações claramente merecedoras de tutela constitucional, como sejam o direito à identidade pessoal, liberdade religiosa, e direitos inerentes à relações familiares...([1056]), a perspectiva defendida pelo cultores de Trieste revela-se mais ampla. Sem deixar de reconhecer a inelutável importância do preceito constitucional atrás mencionado na conformação e delimitação do âmbito do dano existencial, a escola de Trieste considera ainda susceptíveis de ser aqui incluídas as

---

([1054]) Neste sentido se pronunciou Patrizia Ziviz, considerando importante optar por uma técnica unitária de tutela da pessoa humana, e referindo-se à categoria do dano existencial enquanto conceito residual idóneo para garantir a protecção face a ataques dirigidos a dimensões não patrimoniais da personalidade humana, cfr. ZIVIZ, PATRIZIA, *Alla Scoperta...*, ob. cit., págs. 864 e ss.

([1055]) Como já deixámos atrás mencionado, o ressarcimento do dano biológico resulta basicamente da interpretação do art. 2043.º do Codice Civile de harmonia com o art. 32.º da lei fundamental italiana onde se reconhece o direito à saúde.

([1056]) Neste sentido se orientam, entre outros, autores como Monateri e Bona. Cfr. MONATERI, GIUSEPPE, *Alle Soglie di una nuova categoria risarcitoria: il danno esistenziale*, in Danno e Resp., 1999, pág. 5 e ss, *"Alle soglie": la prima vittoria in cassazione del danno esistenziale*, nota a dec. cass. 7713/2000, in Danno e Resp., 2000, pág. 838, BONA, MARCO, *Danno morale e danno esistenziale*, in Il Danno alla Persona, a cura di Monateri, Turim, 2000, pág. 100 e ss.

muitas outras agressões ou violações de conteúdo não patrimonial ao pleno desenvolvimento da pessoa humana, conquanto as mesmas não logrem obter uma clara e expressa tutela na lei fundamental italiana([1057]). Na figura em análise seriam, pois, de incluir várias hipóteses de responsabilidade civil extracontratual e contratual, revelando-se particularmente relevantes neste último contexto, os ilícitos ocorridos no âmbito das relações laborais. Desta feita, não se pode considerar o art. 2.º da Constituição italiana como o fundamento único e exclusivo da deslocação do tratamento de inúmeros problemas ressarcitórios do art. 2059.º para o art. 2043.º do Codice Civile.

Não obstante o reconhecimento dos estritos limites impostos pelo art. 2059.º do Codice Civile à ressarcibilidade dos danos não patrimoniais, esta orientação doutrinal defende a manutenção deste preceito, propugnando, porém, por uma eventual reforma capaz de flexibilizar as condições da sua aplicabilidade. Para alcançar um tal desiderato, propõem então o abandono da *summa divisio* classificatória dos danos em patrimoniais e não patrimoniais, por um sistema onde além destas categorias figurem ainda as do dano biológico e do dano existencial.

### 1.4.7. Reacção da escola pisana e bresciana à categoria dos danos existenciais

Perspectivando-se o dano existencial como uma cláusula geral dos danos pessoais onde apenas ficariam excluídos os desgostos ou sofrimentos (*dolore o paterna d'animo*)([1058]), e tendo em conta que o dano existencial e o dano biológico constituem realidades contíguas, a escola de Pisa na voz de um seu representante autorizado (Busnelli) pressagia um esmagamento do direito à saúde([1059]). Ao estender-se o âmbito de aplicabilidade do art. 2043.º do Codice Civile de modo indiferenciado a todas as alterações registadas no equilíbrio bio-psíquico pessoal (de um modo particular

---

([1057]) Cfr. ZIVIZ, PATRIZIA, *Il danno esistenziale preso sul serio*, nota à dec. trib. Milano 21 ottobre 1999, in Resp. Civ. e Prev., 1999, pág. 1347, DELLA CASA, MATTEO, *"Bianco Natale"... ma in aeroporto: tra danno esistenziale e rimedi sinallagmatici*, nota a giudice di pace Milano 23 luglio 2002, in Danno e Resp., 2003, pág. 303.

([1058]) Cfr. NAVARRETTA, EMANUELA, *Diritti inviolabili e risarcimento del danno*, Turim, 1996, pág. 320, *Il futuro dell danno alla persona tra progetti di legge e diritto vivente*, in Danno e Resp., 2000, pág. 1149 e ss.

([1059]) Cfr. BUSNELLI, FRANCESCO, *Il danno alla persona al giro di boa*, in Danno e Resp., 2003, pág. 237 e ss., *Il danno biologico dal "diritto vivente" al "diritto vigente"*, Turim, 2001, págs. 213 e 255.

na configuração que lhe é associada pela escola de Trieste), então não seria já necessário a comprovação médico-legal das patologias e incapacidades para assegurar o ressarcimento de tais danos, uma vez que o dano biológico seria absorvido pela omnipresente categoria dos danos existenciais.

Como a este propósito sublinha Navarretta, sob o manto do dano existencial cobrem-se realidades tão diversas que vão desde as hipóteses de violação de interesses constitucionalmente protegidos, até às alterações emocionais subsequentes à morte de um animal de estimação, ou aos incómodos suportados por uma viagem aérea mal organizada[1060].

Idênticas críticas foram dirigidas por pensadores da escola de Brescia, ao qualificarem a categoria do dano existencial como excessivamente genérica e muito heterogénea[1061].

Uma outra debilidade apontada pelos cultores de qualquer destas escolas (Brescia e Pisa)[1062] diz respeito às incongruências do modelo de ressarcimento alcançado com a indiscriminada qualificação dos danos existenciais como danos injustos (art. 2043.º do Codice Civile). Ao contrário de quanto sucede com as lesões na integridade física, os prejuízos existenciais não se revelam compatíveis com a finalidade restituitória subjacente ao paradigma da reparação dos danos acolhido naquela norma da lei civil italiana. Em causa está antes uma preocupação "compensatória", com manifestas afinidades com o modelo de reparação dos danos consagrado no art. 2059.º do Codice Civile[1063].

Encontramo-nos então, como já atrás deixámos sublinhado, perante uma técnica de reparação dos danos *"sui generis"* onde se revelam decisivas as preocupações ou objectivos de solidariedade. Tendo em conta a grande amplitude associada à figura do dano existencial (sobretudo no modo como é normalmente concebido pela escola de Trieste), corre-se o risco, tal como sublinham as vozes críticas destas duas destacadas correntes doutrinárias italianas, do sistema ressarcitório prefigurado para este

---

[1060] NAVARRETTA, EMANUELA, *Diritti inviolabili...*, ob. cit., pág. 140.

[1061] Neste sentido, *vide* PEDRAZZI, GIORGIO, *Semiserie avvertenze sul danno esistenziale, in* Danno e Resp., 2003, pág. 797 e ss.

[1062] Revela-se um pouco paradoxal que as críticas mais duras dirigidas à figura do dano existencial provenham precisamente de sectores do pensamento que mais intensamente contribuiram para a delimitação da categoria vizinha do dano biológico (a escola de Pisa). Porém, como já atrás referimos, a razão de ser da contundência da crítica prende-se precisamente com o receio de o dano existencial, em face da grande amplitude que lhe foi atribuída, poder vir a provocar a asfixia da categoria para cuja emergência esta corrente doutrinal teve uma influência decisiva.

[1063] VITTORIA, DANIELA, *Un "regolamento di confini"...*, ob. cit., pág. 1232.

tipo de prejuízos se converter numa espécie de regime de segurança social, com custos particularmente elevados para a comunidade([1064]).

Contudo, e ao contrário de outras propostas radicais dirigidas à erradicação da figura do dano existencial([1065]), as orientações sufragadas pelos cultores das escolas de Pisa e de Brescia defendem a sua sobrevivência. Com efeito, a admissibilidade desta categoria entronca naquela tendência vertida na decisão da corte costituzionale 184/1986([1066]) para reduzir o âmbito da noção do dano moral que é ressarcível de acordo com o art. 2059.º do Codice Civile, na senda do contributo deixado por Scognamiglio já em 1957([1067]). Revela-se então mister delimitar o âmbito do dano existencial em termos mais rigorosos, impondo-se, para tal, substituir a exigência da prática de um ilícito criminal, por uma outra – a gravidade da ofensa cometida. Uma tal exigência seria imposta apenas para a ressarcibilidade de todos os outros direitos invioláveis da pessoa, distintos do direito à saúde, cujas violações serão apreciadas de acordo com os critérios de comprovação médico-legal, mantendo-se assim intocada a figura do dano biológico.

Não podemos nunca perder de vista que todo este debate doutrinal e jurisprudencial em torno das categorias do dano biológico e do dano existencial é fomentado pelos limites apertados do ressarcimento dos danos não patrimoniais (impostos pelo art. 2059.º do Codice Civile). Com enfoques e fundamentos diferentes, certo é que todas estas orientações acabam por reconhecer as limitações excessivas resultantes deste preceito normativo.

Podemos então compreender melhor as posições mais recentes da jurisprudência da cassação([1068]), no sentido de perfilhar um entendimento em que, por um lado, se sublinha a necessidade de recuperar uma noção

---

([1064]) Cfr. PEDRAZZI, GIORGIO, *Lifting the veil: il disvelamento del danno esistenziale*, *in* Critica del Danno Esistenziale, a cura di Ponzanelli, Padova, 2003, pág. 76.

([1065]) Neste sentido se pronunciou ROSSETTI, MARCO, *Danno esistenziale: adesione, iconoclastia od epoche*, *in* Danno e Resp., 2000, pág. 209 e ss. Para o autor não existe, em rigor, qualquer distinção entre o *patti* em que se consubstancia o dano moral, e o *non facere* característico do dano existencial. Porém, também Rossetti se pronuncia no sentido de considerar o art. 2059.º do Codice Civile como inconstitucional, e a causa desta multiplicação de catagorias em torno do dano.

([1066]) Sent. 14 luglio 1986, n. 184.

([1067]) SCOGNAMIGLIO, RENATO, *Il danno morale...*, *ob. cit.*, pág. 277 e ss. Em sentido diferente, sufragando uma concepção mais ampla do dano não patrimonial, DE CUPIS, ADRIANO, *Il danno*, Milano, 1966, pág. 51.

([1068]) Decisão da cass. 8827 e 8828 de 2003.

clássica de dano não patrimonial, não apenas identificada com a *patema d'animo*, e por outro, se reforça a ideia de não conter a ressarcibilidade de tais prejuízos dentro dos estritos limites do art. 2059.º do Codice Civile. Com efeito, se os danos não patrimoniais são o reflexo da lesão de interesses e valores constitucionalmente protegidos, não faz sentido, no entendimento destes arestos, admitir a sua ressarcibilidade apenas nas hipóteses de prática de crimes.

Sem contestar o relevo da *summa divisio* danos patrimoniais/danos não patrimoniais, cumpre porém, "despatrimonializar" a formulação do art. 2043.º do Codice Civile, conferindo-lhe, na senda da proposta avançada por alguma doutrina, a seguinte redacção: "*qualunque fatto doloso o colposo che provoca un danno ingiusto, obbliga colui che lo ha commesso a risarcire il danno patrimoniale e a riparare il danno non patrimoniale*"([1069]).

No fundo, a via da constitucionalização do dano não patrimonial([1070]) pode representar um caminho para a abrogação dos limites do art. 2059.º do código civil italiano, passando a discussão a travar-se em torno do art. 2043.º, cuja interpretação terá de se revelar conforme com a Constituição.

Toda esta discussão lançada acerca da categoria dos danos biológico e existencial, e dos termos em que se revela admissível a sua ressarcibilidade representa, no fundo, a consciencialização de que os bens ou valores eminentemente pessoais não deixam de ser susceptíveis de permitir uma avaliação pecuniária, pelo menos, para o efeito de admitir a **compensação** pelos danos resultantes da sua violação([1071]). Aliás, a evolução dogmática registada em Itália aponta claramente no sentido de encontrar um modelo de ressarcimento dos danos não patrimoniais semelhante ao acolhido pela legislação portuguesa nesta matéria. Parece então estar aberto o caminho para a compreensão e tratamento delitual das dimensões ou vertentes patrimoniais que possam estar coenvolvidas nas realidades pessoais, uma vez que paulatinamente se foi abandonando o dogma dominial na delimitação dos direitos subjectivos merecedores de um tal tipo de tutela.

### 1.4.8. Dano existencial e os danos reflexos

A figura do dano existencial tem sido invocada como fundamento de ressarcibilidade dos danos sofridos pelos familiares conviventes na

---

([1069]) Cfr., neste sentido, VITTORIA, DANIELA, *Un "regolamento di confini..."*, *ob.cit.*, pág. 1257.

([1070]) A este propósito, cfr. SCALISI, VICENZO, *Danno e ingiustizia ...*, *ob.cit.*, pág. 815.

([1071]) A este propósito, cfr. FRANZONI, MASSIMO, *Danno morale...*, *ob.cit.*, págs. 341-342.

sequência da perda de um ente do agregado. Estamos a reportar-nos aos prejuízos consubstanciados nas modificação na vida quotidiana do cônjuge sobrevivo ou dos filhos em virtude da morte do cônjuge ou do pai.

Neste sentido se pronunciou o tribunal de Treviso (sentença de 5 de Maio de 1992) reportando-se ao dano decorrente "il fatto storico di non aver piú il marito o il padre o il figlio e quindi di non poter piú essere moglie, figlio o genitore"([1072]).

Estes prejuízos são comummente integrados na categoria dos danos reflexos, considerando-se aqui abrangidos todos os que sejam suportados por quem, em virtude da relação de proximidade existencial com a vítima, se possa sentir atingido de modo indelével pela perda daquela.

Não se deve assim confundir esta categoria com aqueloutra dos danos indirectos ou mediatos, na qual se tem fundamentalmente em vista proceder à delimitação dos danos sofridos apenas pelo lesado na sequência da prática do ilícito, de acordo com as exigências regulativas dos critérios de causalidade([1073]).

Ao pretender-se garantir a ressarcibilidade destes danos reflexos através da figura do dano existencial está-se no fundo a ampliar o âmbito de operatividade do dano biológico, considerando-se abrangidas por este aquelas alterações registadas no equilíbrio bio-psíquico (mormente na livre autodeterminação individual) mesmo quando não se registem verdadeiras patologias psico-somáticas.

O dano-evento suportado pelos conviventes da pessoa causalmente atingida pela prática do facto ilícito, traduz-se nas alterações registadas no estilo de vida quotidiano da "vítima secundária"([1074]), ficando esta impossibilitada de adoptar os mesmos comportamentos, ou de poder dispor ou gerir autonomamente o seu tempo, tal como sucedia antes da ocorrência do facto que determinou a morte da "vítima primária". Porém, a partir de finais da década de 90 do século passado (desde 98) assistiu-se a uma viragem na posição da jurisprudência italiana quanto à qualificação dos danos sofridos na sequência da lesão mortal dos cônjuges. Sob a veste de dano existencial, e em virtude das profundas alterações provocadas nos hábitos e no modo de vida do cônjuge sobrevivo, tais prejuízos passaram a ser perspectivados como danos directos, e já não enquanto danos

---

([1072]) Cfr. decisão do Tribunale de Treviso de 5 maggio 1992, in Responsabilitá Civile e Previdenza, 1992, pág. 441.

([1073]) Acerca desta distinção entre danos reflexos e danos indirectos ou mediatos, cfr. PECCENINI, FLÁVIO, *Danni riflessi...*, ob.cit., pág. 1102.

([1074]) Cfr. PECCENINI, FLÁVIO, *Danni riflessi...*, ob.cit., pág. 1103-1104 e 1106.

reflexos([1075]). Subjacente a esta evolução encontra-se a *vexata qæstio* de saber se o direito à reparação do dano da morte é adquirido pela vítima, e depois transmitido, por via sucessória, aos seus conviventes mais próximos, ou se, ao invés, se trata de um dano adquirido, *iure proprio*, pelos parentes. Quem propenda para esta última perspectiva acaba por qualificar os **danos reflexamente sofridos** pelos familiares como danos **directos**.

Poderíamos então identificar aqui um dano injusto (art. 2043.º do Codice Civile) reflexa ou directamente causado a quem no processo causal não se pode qualificar como vítima imediata do facto causador do dano.

Esta categoria de prejuízos existenciais sofridos por via reflexa, ou directa, andam normalmente associados ao dano da morte. Porém, a sua ocorrência pode ainda descortinar-se quando a pessoa imediatamente atingida com a prática do facto ilícito tenha ficado incapacitada na sequência de graves lesões corporais([1076]). Toda esta discussão em torno da ressarcibilidade dos danos existenciais reflexos não encontra a mesma ressonância no nosso ordenamento jurídico. Com efeito, nas hipóteses em que se tenha verificado a morte da vítima, o problema encontra uma expressa resolução no art. 496, n.º 2. O mesmo não sucede no âmbito do direito positivo italiano, onde a compensação do dano da morte não está consagrada([1077]). Porém, também na doutrina e jurisprudência portuguesas se mantém o debate em torno da já mencionada qualificação dos danos sofridos pelos familiares próximos da vítima mortal, como danos meramente reflexos ou enquanto danos directos([1078]).

No tocante aos danos reflexos sofridos na sequência de lesões corporais graves, propendemos, em face do regime de compensação dos danos não patrimoniais acolhido pelo nosso código civil, para não admitir a sua

---

([1075]) Para uma análise mais desenvolvida desta evolução registada na jurisprudência a partir de 1998, cfr. VITTORIA, DANIELA, *Un "regolamento di confini...", ob. cit.*, págs. 1258-1259, CHINDEMI, DOMENICO, *Il danno edonístico, in* Nuova Giur. Civ. Comm., 2000, I, pág. 8 e ss., LA BATTAGLIA, LUIGI, *Uno, nessuno, centomila: il destino (costituzionale) del danno morale da perdita del congiunto, in* Foro Italiano, 2002, col. 2882.

([1076]) Bem vistas as coisas, o já atrás mencionado dano na auto-determinação individual, mormente no tocante à livre disponibilidade do tempo, assume uma maior relevância precisamente neste tipo de hipóteses.

([1077]) Acerca da falta de compensação do dano da morte no âmbito do direito positivo italiano, cfr. PIZZOFERRATO, ALBERTO, *Il danno alla persona..., ob. cit.*, pág. 1054.

([1078]) Neste sentido, cfr. VARELA, J. ANTUNES, *Das Obrigações... I, ob.cit.*, pág. 608 e ss., COELHO, F. M. PEREIRA, *Direito das Sucessões* (lições ao curso de 1973-1974, actualizadas em face de legislação posterior), Coimbra, 1992, pág. 65 e ss.

ressarcibilidade. Apesar da nossa solução legislativa se poder considerar bastante mais generosa quando confrontada com a posição do direito italiano, pensamos no entanto apenas ser defensável compensar os danos não patrimoniais sofridos directamente pelo lesado. Basta tomar em consideração o regime estatuído pelo art. 495.º, n.º 3, para nos apercebermos que foi propósito do legislador circunscrever a ressarcibilidade dos prejuízos sofridos por um círculo de pessoas muito restrito – aquelas a quem o lesado prestava alimentos –, ao universo dos danos patrimoniais. Idêntica solução resulta do disposto no n.º 2 deste preceito do Código Civil.

Assim sendo, uma tal solução parece-nos também ser sufragável, por maioria de razão, em face do quadro legislativo da ordem jurídica italiana([1079]). Todavia, a jurisprudência italiana([1080]) tem-se mostrado receptiva à solução da ressarcibilidade dos "danos existenciais reflexos ou directos" dos cônjuges, nas hipóteses de lesões corporais e até mesmo naqueloutras em que se tenham verificado ofensas em bens jurídicos como a honra e reputação.

## 1.5. O modelo de ressarcimento dos danos não patrimoniais acolhido pelo art. 496.º e o art. 484.º

Para além de todas as vantagens assinaladas ao modelo acolhido pelo legislador português quanto à compensação dos danos não patrimoniais, cumpre relembrar aqui os problemas específicos de tutela suscitados em torno do ilícito ao bom nome e ao crédito, em relação aos quais o critério contido no n.º 1 do art. 496.º permite também encontrar soluções materialmente mais adequadas. Como a propósito da delimitação dos bens jurídicos tutelados no art. 484.º já referimos, a defesa de aspectos nucleares da personalidade humana constitui uma preocupação fundamental do legislador português aquando da criação deste tipo de ilícito.

Apesar de também se verificar uma incontestável relevância dos valores patrimoniais, mormente quando se tenha em consideração o bem jurídico do crédito, não podemos deixar de colocar em destaque a grande preponderância dos prejuízos insusceptíveis de avaliação pecuniária no particular contexto aqui considerado.

---

([1079]) No panorama doutrinal italiano, a figura dos danos existenciais reflexos encontra também uma certa resistência, cfr. PECCENINI, FLAVIO, *Danni riflessi...*, ob. cit., pág. 1107.

([1080]) Neste sentido se pronunciou a sentença da cassação 9556 de 2002, ao admitir o ressarcimento do cônjuge da vítima nas hipóteses de lesões não mortais, cfr. VITTORIA, DANIELA, *Un "regolamento di confini..."*, ob. cit., pág. 1261.

Sendo a restituição *in natura* a forma privilegiada de ressarcimento, quer em termos gerais, quer na área específica da tutela da personalidade([1081]), não admira a grande importância assumida por instrumentos jurídicos, como a publicação de sentenças condenatórias, a retractação pública do lesante, o direito de resposta, enquanto medidas destinadas a assegurar a reparação dos danos não patrimoniais.

Porém, como ao longo do trabalho fomos também referindo, tais mecanismos revelam, em virtude de circunstâncias várias, algumas limitações, nem sempre permitindo alcançar os fins a que se propõem: ressarcir integralmente os prejuízos sofridos pelo lesado.

Ora, a adopção de um modelo onde a compensação dos danos não patrimoniais é admitida em termos gerais, permite suprir mais facilmente este tipo de limitações.

No tocante aquele conjunto de danos cuja ressarcibilidade não foi assegurada através do modo tido como mais idóneo para proceder à sua remoção, será permitido ao lesado deduzir um pedido complementar dirigido a suprir as insuficiências reveladas pela restituição natural levada a cabo.

Tal apenas não surte efeito quando estivermos em face de prejuízos não patrimoniais tidos como insignificantes, e como tal insusceptíveis de uma compensação pecuniária.

Não se verificando esta limitação constante do n.º 1 do art. 496.º, a qual deve ser entendida como uma cláusula de salvaguarda, não existem quaisquer obstáculos para a procedência do pedido do lesado acima referido.

Todavia, a mesma solução não pode ser alcançada no âmbito de ordenamentos jurídicos, como o italiano e o alemão([1082]), onde se consagra um sistema taxativo de compensação dos danos não patrimoniais.

---

([1081]) Acerca do primado da restituição *in natura* no contexto da tutela da personalidade, cfr. CECCHERINI, GRAZIA, *Nuove ricerche in tema..., ob. cit.,* pág. 784.

([1082]) Perante as insuficiências reveladas pelos mecanismos de restituição natural para garantir o ressarcimento dos prejuízos sofridos pelos lesados, a jurisprudência alemã, com vista a assegurar uma efectiva tutela das respectivas posições quando estão em causa danos não patrimoniais, desde há muito tentou socorrer-se de expedientes jurídicos adequados para suprir tais limitações.

Assim sucedeu no célebre caso *"Herrenreiter"* (B.G.H.Z. 26, 349 e ss.) onde o B.G.H. aplicou analogicamente o então vigente §847 do B.G.B., de modo a alcançar a reparação dos prejuízos não patrimoniais decorrentes da violação dos direitos de personalidade do lesado. Em causa estava a publicação da fotografia de uma pessoa, sem o consentimento desta, associada ao lançamento no mercado de um produto farmacêutico relativo a problemas de disfunção sexual.

A aplicação analógica do §847 do B.G.B. revelou-se a solução mais adequada para garantir a ressarcibilidade dos danos não patrimoniais sofridos pelo lesado, porquanto na

Em tais contextos, a possibilidade de alcançar um ressarcimento em dinheiro como forma de suprir as limitações derivadas da reparação *in natura* dos prejuízos do credor, surge limitada às situações especialmente previstas nas legislações desses ordenamentos jurídicos. Apenas quando estejam em causa certos e determinados bens jurídicos cuja violação dê lugar a *immaterieller schaden,* aos quais a lei faça corresponder um direito a uma compensação em dinheiro, será possível atingir o efeito jurídico supra-mencionado.

Desta feita, também as insuficiências patenteadas pela reparação *in natura* para garantir o ressarcimento integral dos danos não patrimoniais se faz sentir de maneira mais intensa no âmbito daqueles ordenamentos jurídicos onde vigora o sistema de taxatividade na compensação deste tipo de prejuízos. Com efeito, uma parte significativa dos sofrimentos morais, dores e angústias que atingiram o lesado ficam por ressarcir([1083]).

## CAPÍTULO 2
## UMA MULTIPLICIDADE DE MEIOS AO SERVIÇO DA TUTELA DO BOM NOME E DO CRÉDITO

### 2.1. O direito de resposta enquanto manifestação e limite da liberdade de expressão

No elenco dos meios de tutela postos à disposição de quem tenha sido atingido no seu bom nome e crédito conta-se precisamente o direito

---

base destes prejuízos encontrava-se a violação de direitos de personalidade naquele preceito não previstos, ou seja, os direitos à honra e à imagem. Em decisões posteriores, o B.G.H. veio a admitir igualmente a ressarcibilidade dos danos não patrimoniais decorrentes da violação do direito geral de personalidade, apoiando-se tais arestos na directa violação dos §823 I do B.G.B. e do art. 2.º G.G. Para uma análise mais desenvolvida da evolução registada na jurisprudência alemã acerca da ressarcibilidade dos danos não patrimoniais fora das hipóteses especificamente previstas no antigo §847 e actual II§253 do B.G.B., cfr. STEGMANN, OLIVER, *Tatsachenbehauptung...*, ob. cit., pág. 127 e ss.

([1083]) Assim sucede no âmbito do direito alemão quanto aos danos não patrimoniais sofridos pelo lesado quando nos encontramos face ao ilícito previsto no §824 do B.G.B. Porém, como já tivemos ocasião de mencionar, a propósito da caracterização da do ilícito consagrado no §824 do B.G.B., o âmbito de intervenção deste preceito reporta-se ao domínio económico-negocial. Razão por que a ocorrência de danos não patrimoniais manifesta--se, neste contexto, como meramente residual.

de resposta. Basicamente este direito caracteriza-se no poder atribuído a quem tenha sido visado por notícia ou artigo divulgado na comunicação social, de fazer publicar no respectivo meio de difusão uma rectificação ou a sua versão dos acontecimentos narrados. Ora, uma tal prerrogativa dirige--se aos órgãos de comunicação, principalmente à imprensa (mas também à rádio e à televisão), configurando-se estes como os sujeitos passivos desta relação obrigacional.

Bem vistas as coisas, está em causa um mecanismo de tutela com um âmbito específico, porquanto apenas se podem incluir na sua alçada([1084]) as notícias ofensivas do bom nome e do crédito divulgadas através dos

---

([1084]) Sem querer analisar já detalhadamente o âmbito normativo do direito de resposta previsto no art. 16.º do Decreto-Lei n.º 85-C/75 de 26 de Fevereiro, e posteriormente alterado pela Lei n.º 15/85 de 25 de Maio, e pela Lei 2/99 de 13 de Janeiro, cumpre apenas assinalar que estes diplomas apesar de não se referirem expressamente ao direito ao crédito, acabam por tutelá-lo através da menção ao bem jurídico da reputação. Já no tocante ao bom nome, pensamos estar este bem jurídico protegido *expressis verbis* em todos estes diplomas legais, pois em qualquer um se mantém invariável a referência à boa fama, a qual deve ser entendida como uma realidade sinónima daqueloutro bem jurídico. Neste sentido se inclina Vital Moreira quando a propósito da caracterização do direito de resposta previsto no Dec.--Lei n.º 85-C/75 se refere indistintamente às categorias do bom nome e da boa fama, Cfr. MOREIRA, VITAL, *O Direito de Resposta na Comunicação Social*, Coimbra, 1995, pág. 75 e ss.

Todavia não é possível considerar o direito de resposta como um meio de defesa especialmente pensado como instrumento sancionatório do art. 484.º. Com efeito, se por um lado, o preceito onde se consagra o ilícito ao bom nome e ao crédito se apresenta com uma maior latitude, uma vez que se reporta a toda e qualquer hipótese de divulgação de factos ofensivos dos direitos de personalidade aí mencionados, e não apenas aos difundidos pelos meios de comunicação social, por outro, o seu âmbito revela-se mais circunscrito, porquanto se refere apenas à transmissão de factos, e já não de opiniões ou juízos valorativos, tal como sucede a propósito do direito de resposta. Na verdade, tanto na formulação do Dec.--Lei n.º 85-C/75 (art. 16.º) como na da Lei n.º 2/99 (art. 24.º) se admite o exercício do direito de resposta ou de rectificação por parte de quem tenha sido alvo de ofensas directas no artigo respondido. Ora, o legislador ao referir-se a par dos factos inverídicos ou erróneos (art. 16.º do Dec.-Lei de 75) a ofensas directas ao respondente, ou reportando-se aqueles a propósito do direito de rectificação (art. 24.º, n.º 2 da Lei de 99) quando já se havia referido também ás ofensas (até mesmo indirectas) ao visado na comunicação social (art. 24.º, n.º 1, deste preceito legal), pretendeu estender a eficácia do direito de resposta não só às afirmações de facto, como também aos juízos de valor.

Sem pretendermos proceder aqui a uma rigorosa delimitação deste meio de tutela, cumpre, porém, assinalar a importância do direito de resposta enquanto instrumento de protecção dos direitos ao bom nome e ao crédito previstos no art. 484.º, uma vez que aquele expediente previsto na lei da imprensa tem aplicação face á difusão de **afirmações de facto.** Sendo a divulgação de factos um dos *Tatbestände* do ilícito previsto naquela norma do Código Civil, a importância do direito de resposta neste domínio revela-se, assim, por demais evidente.

meios de comunicação social. Todavia, neste particular contexto informativo urdido através dos mass media, o direito de resposta deve ser visto como um poderoso aliado na defesa dos direitos de personalidade protegidos no art. 484.º.

Reportando-nos de um modo particular à imprensa, os periódicos são obrigados a publicar, nos termos e condições fixadas na lei reguladora da actividade daquela, as respostas de uma pessoa singular, ou colectiva, entidade privada ou pública, cuja reputação e boa fama tenha sido atingida pelos eventos divulgados pelos respectivos órgãos de comunicação. Desta feita, uma vez verificados os pressupostos para o exercício do direito de resposta, não é permitido aos periódicos recusarem a publicação das mencionadas respostas.

Sem querer ainda entrar na análise da natureza da prerrogativa atribuída pelo direito de resposta aos seus titulares, somos, porém, forçados a reconhecer que nos encontramos perante um direito muito forte, porquanto os sujeitos passivos não podem recusar-se a fazer a publicação do texto das respostas. Assim sendo, a admissibilidade de um tal direito pode levantar algumas dificuldades, uma vez que este pode constituir uma limitação ao valor constitucional da liberdade de expressão, e de um modo particular, da liberdade de imprensa.

Em rigor, a liberdade de imprensa representou uma reivindicação da liberdade individual de expressão perante o Estado. Visava-se fundamentalmente preservar a opinião individual e a expressão do pensamento de cada um, libertando-as de toda e qualquer pressão ou constrangimento ditado por exigências político-ideológicas. No entanto, a progressiva complexificação dos interesses económico-sociais envolvidos no universo dos meios de comunicação social, implicou uma subversão de um tal panorama. Com efeito, os detentores destes órgãos de comunicação passaram a configurar-se como fortes organizações economico-empresariais, muitas vezes colocadas ao serviço de certas correntes de orientação político-ideológica.

Desta feita, a própria imprensa tornou-se uma fonte de perigosos ataques aos direitos e às liberdades dos cidadãos[1085]. O direito de resposta emerge então neste contexto como um instrumento de defesa dos direitos dos particulares perante a própria imprensa[1086][1087].

---

[1085] Neste sentido se pronuncia Löffler, qualificando sugestivamente o direito de resposta com un importante factor de protecção da personalidade humana face à omnipotência dos modernos meios de comunicação social. Cfr. LÖFFLER, MARTIN, *Das Internationale Gegendarstellungsrecht, in* N.J.W., 1972, pág. 2161.

[1086] Neste sentido, Cfr. MOREIRA, VITAL, *O Direito de Resposta...*, ob. cit., págs. 9-11, e págs. 18-23.

Uma tal lógica defensiva subjacente ao direito de resposta, supõe que o mesmo se configure como uma limitação à liberdade de imprensa([1088]).

Na verdade, a caracterização deste *Rahmenrecht* implica necessariamente o reconhecimento de uma dupla vertente – positiva e negativa([1089]). Aos titulares dos órgãos de comunicação tanto lhes é permitido definirem livremente o conteúdo dos periódicos (liberdade de imprensa em sentido positivo), como lhes é reconhecido o poder de se recusarem a publicar notícias dissonantes da sua linha de orientação editorial (liberdade de imprensa em sentido negativo).

Ora, assim sendo, *prima facie*, o direito de resposta deve ser visto como uma restrição à liberdade de imprensa, e de um modo particular à sua vertente negativa([1090]). Com efeito, ao impor-se aos titulares dos órgãos de comunicação o dever de publicarem nos respectivos periódicos as respostas de quem se considera atingido por artigos aí divulgados, está-se--lhes a retirar o poder de impedirem a inserção de um certo tipo de notícias – as respostas. Todavia, e em rigor, a liberdade de expressão dos periódicos pode não se considerar coartada, uma vez que estes não foram *ab initio* impedidos de publicar as notícias por si consideradas oportunas, tendo em conta a respectiva linha de orientação editorial. As restrições fazem-se sentir antes em relação à liberdade de gestão dos meios de comunicação. Os órgãos de comunicação vêm-se assim privados do poder de seleccionarem livremente as notícias a publicar.

Seja como for, não podemos deixar de reconhecer que o direito de resposta ao implicar uma obrigação de publicação a cargo de órgãos de comunicação social representa indubitavelmente uma limitação ao valor da liberdade de imprensa.

No ordenamento jurídico português, um tal limite encontra-se expressamente previsto na nossa lei fundamental (art. 39.º, al. g)). Porém, se tal não sucedesse, sempre deveria ser admitido como um limite imanente da mencionada liberdade([1091]). Para além desta limitação que se afirma no

---

([1087]) Há mesmo quem configure o direito de resposta como uma manifestação da liberdade de expressão do respectivo titular. Cfr. ARNDT, ADOLF, *Begriff und Wesen der Öffentlichen Meinung, in* "Die Offentliche Meinung" von Löffler, Arndt, Noelle-Neumann, Haacke, pág. 16.

([1088]) Neste sentido, cfr. GROSS, ROLF, *Zur Rechtsgrundlage des Gegendarstellungsanspruchs, in* N.J.W., 1963, pág. 480.

([1089]) Por todos, Cfr. MOREIRA, VITAL, *O Direito de Resposta..., ob.cit.*, pág. 19.

([1090]) Neste sentido, Cfr. NUVOLONE, PIETRO, *Libertá di cronaca,* Enciclopédia del Diritto, XI, 1962, pág. 428.

([1091]) Aliás, assim sucede na generalidade dos países europeus, onde o direito de resposta não encontra acolhimento constitucional. Uma tal limitação encontra o seu funda-

plano jurídico, há ainda quem se reporte a outras restrições susceptíveis de surgir na actividade dos meios de comunicação social; mormente as práticas de auto-censura([1092]).

Apesar de constituir um limite à liberdade de imprensa dos titulares dos órgãos de comunicação social, o direito de resposta não deixa, paradoxalmente, de encontrar o seu fundamento no próprio valor da liberdade de expressão.

Com efeito, o direito de resposta pode ser encarado como uma particular manifestação da liberdade individual de expressão. No fundo, este direito representaria um instrumento privilegiado de acesso dos particulares aos meios de comunicação social, permitindo-lhes assim assumir o papel de participantes na formação da opinião pública. Um tal entendimento implica o reconhecimento de que a liberdade de informar não constitui um monopólio exclusivo dos *media*, podendo o exercício das suas prerrogativas ser atribuído também a qualquer pessoa([1093]), pois apenas deste modo é possível alcançar o tão almejado pluralismo informativo([1094]).

---

mento na necessidade de garantir a tutela dos direitos de personalidade, a qual representa, à semelhança de quanto sucede com o valor da liberdade de expressão, uma exigência inalienável de qualquer ordenamento jurídico.

De modo diverso se passam as coisas nos ordenamentos jurídicos onde a liberdade de imprensa é sobretudo vista como liberdade de gestão dos meios de comunicação. Assim ocorre, na verdade, nos Estados Unidos, bem como naqueloutros sistemas jurídicos de influência anglo-saxónica.. Num contexto particularmente marcado pela forte concorrência no sector da imprensa, dando origem a uma constante circulação de ideias e eventos noticiosos, a relevância do direito de resposta enquanto mecanismo de defesa perante os abusos dos *media* acaba por ser esquecida. Acredita-se assim no poder de autoregulação do mercado de comunicação social, corrigindo-se os eventuais abusos aí cometidos através dos mecanismos gerais da tutela penal e da indemnização cível dos prejuízos sofridos. Para além disso, a prática da imprensa estadunidense revela-se pródiga na publicação das cartas dos leitores respeitantes a artigos publicados nos jornais. Nesta conjuntura, não admira que este direito seja reputado nalguns destes ordenamentos jurídicos como inconstitucional. Para uma análise mais desenvolvida em torno do direito de resposta no sistema jurídico americano e noutros ordenamentos anglo-saxónicos, Cfr. MOREIRA, VITAL, *O Direito de Resposta..., ob. cit.,* págs. 20-22.

([1092]) Neste sentido, cfr. RODOTÁ, STEFANO, *Tecniche..., ob. cit.,* pág. 58.

([1093]) Esta orientação é susceptível de encontrar um especial acolhimento no âmbito dos sistemas jurídicos onde o direito de resposta seja concebido em termos bastante amplos, à semelhança de quanto sucede no modelo francês. Para uma melhor caracterização do direito de resposta em França, cfr. MONIZ, HELENA, *Direito de Resposta: Limite à Liberdade de Imprensa ou Protecção do Consumidor?, in* B.F.D., 1996, pág. 284 e ss. Admitindo-se o exercício deste direito independentemente de as notícias envolverem a ofensa dos direitos ou interesses das pessoas nelas visadas, a delimitação do mesmo ultrapassa assim o plano puramente individual, acabando por assumir também uma importante relevância

Apesar de considerarmos excessivos os termos como é concebido o direito de resposta enquanto direito de acesso dos particulares aos meios de comunicação social, não podemos, no entanto, deixar de o perspectivar enquanto instrumento capaz de facultar aos particulares a expressão através dos *media* das suas opiniões ou a sua versão dos factos, face aos juízos valorativos ou aos factos acerca de si narrados no respectivo órgão de comunicação social.

Assim sendo, quando muito poderemos falar a este propósito de um direito de acesso aos meios de comunicação com um âmbito específico e um objectivo determinado: permitir à opinião pública formular um juízo correcto acerca das pessoas e situações narradas nos artigos respondidos, tendo em conta o teor das declarações proferidas neste contexto pelo respondente.

### 2.1.1. *O direito de resposta como instrumento do exercício do contraditório*

Como acabámos de expor, o direito de resposta apesar de reflexamente assumir uma particular relevância na formação da opinião pública, tem como objectivo fundamental permitir ao respondente rebater ou con-

---

pública, Cfr., neste sentido, MOREIRA, VITAL, *O Direito de Resposta...*, *ob. cit.*, pág. 26. Também na Itália, onde o direito de resposta não vem previsto na lei fundamental, há quem o perspective como uma manifestação da liberdade de expressão individual, Cfr. CORASANITI, GIUSEPPE, *Diritto di acesso, diritto di rettifica, impresa di informazione*, Milano, 1993, pág. 122, *Il Diritto di rettifica nel sistema di autodisciplina*, *in* Il Diritto dell'Informazione e dell'Informatica, n.º 2, 1991, pág. 460. Todavia, e na senda de Vital Moreira "mesmo na concepção ampla do direito de resposta ele só legitima o acesso à imprensa de quem tenha sido chamado à liça pela mesma imprensa e apenas na limitada medida necessária para desmentir, rebater ou comentar os factos ou juízos que se refiram ao interessado". Desta feita, não podemos falar a este propósito de um direito geral de acesso à imprensa com vista a permitir a realização da livre expressão individual. Cfr. MOREIRA, VITAL, *ob. ant. cit. ...*, pág. 27-28. Neste sentido, também se pronuncia Oreste Dominioni, para quem o direito de resposta assume uma dimensão supra-individual, garantindo o acesso de todos aos meios de comunicação social, condicionado porém à observância de determinados pressupostos específicos. Cfr. DOMINIONI, ORESTE, *Il diritto di rettifica, prassi e prospettive*, *in* Tutela dell'onore e mezzi di comunicazione di massa, Milano, 1979, pág, 148 e ss.

[1094] Neste sentido se pronuncia Enzo Roppo, cfr. ROPPO, ENZO, *Il diritto di rettiffica nella disciplina dei mezzi di comunicazione di massa*, *in* Il Foro Italiano, 1983, 1.ª parte, Vol. CVI, págs. 464-465, TORRE, MARIA ENZA LA, *Ripubblicazione di rettifica e (limiti del) potere del giudice*, *in* Il Foro Italiano, Anno CXVI, n.º 9, 1991, (1.ª parte), pág. 2558, FIGONE, ALBERTO, *Il diritto di rettifica nelle recenti elaborazioni di dottrina e giurisprudenza*, *in* Giurisprudenza Italiana, 1987, pág. 406 (este autor considera simultaneamente o direito de resposta como um instrumento de tutela da identidade pessoal).

tradizer([1095]) os factos ou os juízos de valor, ou uns e outros simultaneamente([1096]), acerca de si proferidos no artigo objecto da resposta.

[1095] Encontramos na doutrina múltiplas referências à configuração do direito de resposta como uma manifestação do contraditório, cfr. CORASANITI, GIUSEPPE, *Il diritto di rettifica nel sistema...*, ob. cit., pág. 461, SCHEELE, MICHAEL, *Reform des gegendarstellungsrechts*, in N.J.W., 1992, pág. 958, COLUCCI, ENNIO, *La rettifica come risarcimento in forma specifica*, in Tutella dell'onore e mezzi di comunicazione di massa, Milano, 1979, págs. 145-146 (para o autor este é o modo mais correcto de conceber o direito de resposta, recusando a sua configuração como um limite à liberdade de imprensa, ou como um meio de alcançar a verdade), RODOTÁ, STEFANO, *Tecniche...*, ob. cit., págs. 57-58.

[1096] Nem sempre o direito de resposta apresenta o mesmo conteúdo, encontrando-se este particularmente dependente da opção adoptada pelo ordenamento jurídico no seio do qual este poder é exercido. Na verdade, a análise comparativa de alguns modelos a este propósito perfilhados nas várias ordens jurídicas, particularmente por aquelas integradas no espaço europeu ocidental, leva-nos a concluir pela existência de diversos tipos de pressupostos condicionadores da admissibilidade e exercício do direito de resposta.

Importa assim distinguir os sistemas onde o direito de resposta é admitido quer em relação às afirmações de facto, quer quanto aos juízos de valor, daqueles mais restritos em que esta prerrogativa é tão só admitida quando esteja em causa a divulgação de factos. Para além deste, um outro critério se tem revelado importante para distinguir as várias opções tomadas pelos diversos ordenamentos jurídicos quanto à delimitação do âmbito do direito de resposta. Referimo-nos àquela *summa divisio* consubstanciada na existência ou inexistência de ataques dirigidos aos bens da personalidade do respondente, como sejam o bom nome, reputação, fama, honra...

Com efeito, deparamo-nos ora com critérios bastante amplos, de acordo com os quais se revela admissível o exercício do direito de resposta independentemente da verificação de ofensas à personalidade do respondente, ora com modelos onde o âmbito de um tal direito se manifesta mais circunscrito, limitando-se a sua relevância às hipóteses de ocorrência de ataques aos mencionados bens jurídicos. Reportando a nossa análise fundamentalmente à realidade europeia, podemos confrontar-nos aí com duas referências paradigmáticas: o modelo francês e o modelo alemão. No essencial, a distinção entre ambos funda-se na natureza mais permissiva do primeiro, face à maior circunscrição patenteada pelo segundo.

Na verdade, foi França o berço próprio do direito de resposta (lei da imprensa de 1822 e especialmente a lei da imprensa de 1881, onde este direito é regulado mais pormenorizadamente), surgindo aí delineado em termos bastante generosos para o respondente, com uma estrutura sucessivamente mantida ao longo dos tempo nos vários diplomas legislativos que o regularam. À pessoa visada em notícias difundidas na imprensa é permitido o exercício do direito de resposta, quer quando estejam em causa afirmações de facto ou juízos de valor, quer se considerem ou não atingidas por ataques à sua personalidade. De igual modo, quando o artigo desencadeador da resposta verse sobre factos, não se exige a falta de veracidade dos mesmos para ser possível efectivar esta prerrogativa. Porém, a partir das alterações introduzidas pela lei de 1944 no art. 35, n.º 3, da lei de 1881, a divulgação de factos verdadeiros deixou de legitimar o exercício do direito de resposta. Acerca de tais alterações, cfr., TEBMER, DIRK, *Der Privatrechtliche Persönlichkeitsschutz von Prominenten vor Verletzung durch die Medien – Mit rechtsvergleichenden Bezügen*, Marburg, 2000, pág. 10, SCHMIDT, EIKE, *Wahrnehnung berechigter interessen ein rechtfertigungsgrund?*, in J.Z., 1970, págs. 8-9.

Já ao invés, o modelo adoptado pela Alemanha foi desde o início (lei de Baden de 1831) bem mais restritivo, circunscrevendo o direito de resposta às hipóteses do artigo respondido conter afirmações de facto. Uma tal solução foi igualmente sufragada pela generalidade das leis de imprensa dos *Länder*, Cfr. *Bayerisches Pressegesetz de 1949* (e mantida na actual redacção de 2002 do n.º 1 do art. 10.º, *Hamburgisches Pressegesetz de 1965* (veja-se o seu n.º 1 do §11, de acordo com as alterações legais de 2003), e na *Berliner Pressegesetz de 1965* (n.º 1 §10, em conformidade com as recentes modificações legislativas de 2003). Todavia, quando estiverem em causa referências factuais não se exige que as mesmas se revelem ofensivas para os direitos de personalidade do visado nas notícias. Apenas se impõe a possibilidade de comprovação das declarações proferidas com a realidade histórico-social à qual se reporta. Acolheu-se assim um conceito amplo de declarações de facto para efeitos de delimitação do âmbito do direito de resposta.

Apesar de exercerem uma influência significativa nas soluções das demais legislações europeias, estes modelos nem sempre foram acolhidos na sua pureza em tais ordenamentos. Basta atentar no caso da legislação portuguesa, onde nos deparamos com um sistema misto. Não obstante as sucessivas alterações introduzidas na fórmula adoptada pela lei que institui entre nós o direito de resposta (1837), deparamo-nos já aí com um regime distinto do francês e do alemão. Ao admitir o direito de resposta contra juízos de valor e afirmações de facto revela um manifesta influência do sistema jurídico francês, distanciando-se, no entanto, do seu modelo originário, porquanto todas estas declarações têm de se revelar ofensivas dos bens de personalidade do visado, ou conterem referências erróneas ou incorrectas. Assim sendo, o sistema português também não se identifica com o modelo germânico, pois admite a resposta não apenas às afirmações de facto, mas também contra juízos de valor, apresentando assim uma maior amplitude. Todavia, e paradoxalmente, o seu âmbito configura-se mais restrito, pois ao contrário do ordenamento jurídico alemão, exige o ataque à reputação e à boa fama do visado como condição de admissibilidade do direito de resposta.

Podemos ainda fazer uma breve alusão aos figurinos adoptados em Itália e na Espanha. Tanto na ordem jurídica italiana como no Direito espanhol revela-se de forma clara a influência do arquétipo alemão, ao circunscrever-se o exercício deste direito à divulgação de factos. Todavia, tanto um como outro dos sistemas jurídicos mencionados são mais restritivos que as fontes onde se inspiraram. Com efeito, em ambos se exige a ofensa dos bens da personalidade do visado ou a falta de veracidade dos factos divulgados como condição de admissibilidade do exercício do direito de resposta. No tocante à determinação do carácter ofensivo das declarações divulgadas, cumpre destacar a relevância do momento subjectivo da apreciação do lesado. Importa então averiguar, de acordo com o entendimento pessoal do visado pelas afirmações, se estas se revelam particularmente ofensivas. No âmbito do direito italiano, esta relevância do momento subjectivo apenas se fez sentir com as alterações introduzidas no art. 8.º da Lei de Imprensa de 1948, pela Lei 416 de 1981. Sobre esta matéria, *Vide* MACIOCE, FRANCESCO, *Diritto di rettifica e identitá personale*, *in* Giurisprudenza Italiana, vol. CXXXVI, 1984, pág. 516.

Sem pretendermos proceder a uma análise aprofundada da evolução histórica do direito de resposta nos sistemas jurídicos acabados de mencionar, não podemos deixar de

Conceber o direito de resposta como uma concreta manifestação das exigências regulativas do princípio do contraditório revela-se o entendimento mais compatível com a sua natureza. Não podemos esquecer que nos encontramos perante um direito derivado. Com efeito, o direito de resposta apenas emerge na sequência de uma mensagem anteriormente difundida([1097]) configurando-se como uma contra-declaração, ou uma contra-mensagem. Uma tal dependência da resposta face ao artigo respondido não se manifesta apenas na sua génese. Também a delimitação do âmbito do direito de resposta se encontra profundamente vinculada pela notícia causadora do seu aparecimento. Desde logo, essa influência revela-se clara quanto ao conteúdo, ou seja, a propósito das matérias ou assuntos abordados nos dois textos([1098]). Na verdade, o assunto versado na notícia inicial e no artigo onde consta a resposta tem de ser exactamente o mesmo([1099]).

Não é assim permitido ao respondente aproveitar a ocasião proporcionada pelo contra-ataque para desferir uma nova agressão ao autor do artigo respondido, mesmo quando tais declarações digam respeito a assuntos particularmente conexionados com a matéria da defesa([1100]).

---

referir o profundo desvio registado a partir da lei de imprensa italiana de 1948, face ao modelo inicialmente perfilhado (1848), o qual manifestava uma clara influência do paradigma francês. O mesmo sucedeu de resto no ordenamento jurídico espanhol, sendo a primeira lei reguladora do direito de resposta – a lei de imprensa de 1857 – marcada pela concepção ampla sufragada em França. Para uma análise desenvolvida da posição dos vários ordenamentos jurídicos europeus a propósito do direito de resposta e da evolução histórica aí registada, Cfr. MOREIRA, VITAL, *O Direito de Resposta...*, ob. cit., pág. 43 e ss.

([1097]) Esta natureza derivada do direito de resposta é unanimemente reconhecida por quem se debruce sobre o instituto do direito de resposta. A este propósito, ao pronunciar-se sobre os requisitos da figura em análise, Zeno-Zencovich refere-se expressamente a uma exigência de *pertinenza*, entendida como a necessária referência da resposta a notícias anteriormente difundidas, cujo conteúdo o respondente pretende desmentir ou rectificar. Cfr. ZENO-ZENCOVICH, *Rettifica Inviata dal Legale e Necessitá di Procura Scritta*, in Il Diritto dell'Informazione e dell'Informatica, n.º 3, 1990, pág. 964.

([1098]) Neste sentido se orientam as prescrições de algumas legislações germânicas da imprensa (n.º 2 do §11 da *Hamburgisches Pressegesetz* e o n.º 2 do art. 10.º da *Bayerisches Pressegesetz*).

([1099]) Como resulta *expressis verbis* do n.º 4 do art. 25.º da Lei de Imprensa n.º 2/99 de 13 de Janeiro "o conteúdo da resposta ou da rectificação é limitado pela relação directa e útil com o escrito ou imagem respondidos, ..."

([1100]) Aliás, se for propósito do respondente, a pretexto do exercício do seu direito de resposta levar a cabo um ataque ao autor do artigo respondido, aquele poderá incorrer em responsabilidade civil ou criminal, se as suas afirmações revestirem as características próprias deste tipo de ilícitos. Uma tal solução resulta claramente do disposto na parte final do n.º 4 do art. 25.º da lei 2/99. Todavia, mesmo se o texto da lei de imprensa não contivesse

De igual modo, também do ponto de vista subjectivo, se impõem, por regra, particulares exigências de legitimidade condicionadas pelo artigo desencadeador do direito de resposta. Com efeito, o direito de resposta não é de exercício geral, e como tal não pode ser facultado a quem, por razões de solidariedade ou justiça, não concorde com as afirmações constantes do artigo respondido, mas se considere também atingido, conquanto reflexamente, pelo conteúdo das mesmas.

Pelo contrário, apenas quem tenha sido directamente visado pelas notícias (ou quem legalmente o represente[1101]) ou se encontre subrogado na sua posição jurídica por motivos sucessórios), poderá lançar mão deste expediente jurídico. No nosso ordenamento jurídico, uma tal solução resulta claramente do n.º 1 do art. 25.º da lei de imprensa em vigor([1102]).

Estas exigências objectivas e subjectivas de conformidade entre a resposta e o artigo respondido são de tal modo relevantes que podem justificar a recusa da publicação daquela pelo periódico (n.º 7 do art. 26.º da Lei de Imprensa de 99)([1103]).

---

uma tal regra, este resultado seria alcançado através da convocação das regras gerais reguladoras daqueles institutos.

([1101]) No tocante à possibilidade de exercício do direito de resposta através do instituto da representação, em particular no âmbito do direito italiano, Cfr. ZENO-ZENCOVICH--VICENZO, *Rettifica ..., ob. cit.,* págs. 964-965.

([1102]) Idêntica solução era já propugnada no âmbito da lei n.º 85-C/75. Aí se prescrevia: "o direito de resposta deverá ser exercido pela própria pessoa atingida pela ofensa, pelo seu representante legal ou pelos herdeiros ou cônjuge sobrevivo...". Basicamente, a formulação deste preceito é, a este propósito, idêntica à do n.º 1 do art. 25.º da actual lei da imprensa, distinguindo-se, porém, na referência feita ao cônjuge sobrevivo, a qual posteriormente deixou de existir. Uma tal supressão é, porém, perfeitamente compreensível. Com efeito, em 1975, o cônjuge sobrevivo ainda não tinha a qualidade de herdeiro legitimário, e integrava apenas a 4.ª classe de sucessiveis na sucessão legítima, razão por que fazia sentido incluí-lo no elenco de pessoas com legitimidade para exercer o direito de resposta. Todavia, na sequência da reforma do Código Civil levada a cabo em 77, o cônjuge sobrevivo passou a adquirir a qualidade de herdeiro legitimário (art. 2157.º), surgindo colocado na 1.ª classe dos sucessores legítimos. Assim sendo, não faria sentido estar a referenciar na actual lei de imprensa o cônjuge sobrevivo ao lado dos herdeiros, pois uma tal menção revelar-se-ia uma redundância inútil. Acerca do privilégio que a reforma de 77 concedeu à família conjugal sobre a família parental, cfr. COELHO, F. M. PEREIRA, *Direito das Sucessões (lições ao curso de 1973-1974, actualizadas em face de legislação posterior),* Coimbra, 1992, pág. 306, CAMPOS, D. LEITE, *Tributação da Família: Carga Fiscal e Inconstitucionalidade, in* B.F.D., 1979, pág. 96, *Família e Sucessão, in* B.F.D., 1980, pág. 141 e ss., OLIVEIRA, GUILHERME, *Observações Sobre os Regimes de Bens, in* R.L.J., ano 130, pág. 41.

([1103]) A este propósito convém referirmo-nos ao n.º 9 do art. 16.º da lei 15/95, o qual veio revogar o disposto no n.º 7 do art. 16.º da lei n.º 85-C/75, onde à semelhança do preceito mencionado em texto, se previam várias situações em que o director do periódico podia recusar a publicação das respostas. De acordo com este preceito, restringe-se significativamente o número de situações onde se revelava admissível a mencionada recusa. Apenas nas hipóteses de ilegitimidade e intempestividade do n.º 2 do art. 16.º da Lei 85-C/75, ou de excesso na extensão da resposta face aos parâmetros definidos no n.º 5 do art. 16.º desta lei de 95 se admite ao periódico impedir a publicação das respostas. Uma tal norma revelou-se, desde o início, polémica, tendo suscitado até um pedido de fiscalização preventiva da inconstitucionalidade.

Com efeito, na base desta restrição da liberdade editorial negativa dos periódicos decorrente da enunciação de causas de escusa de publicação do direito de resposta está a convicção da imprescindibilidade desta medida para garantir a efectividade do direito de resposta. Devemos todavia interrogar-nos se com a admissibilidade de causas de escusa de publicação, como a falta de relação directa e útil da resposta com o escrito ou imagem respondidos (n.º 4 do art. 16.º da Lei de 75 e n.º4 do art. 25.º da Lei de 99), da utilização de expressões desproporcionadamente desprimorosas... (n.º 4 do art. 16.º da Lei de 75 e n.º 4 do art. 25.º da Lei de 99), bem como, em termos mais genéricos, a falta manifesta de todo e qualquer fundamento (n.º 7 do art. 26.º da actual Lei de Imprensa), se estará a correr o risco de esvaziar de sentido útil o direito de resposta. Pensamos dever responder negativamente a uma tal interrogação, louvando a revogação deste n.º 9 do art. 16.º da Lei 15/95, pela actual Lei de Imprensa de 99.

Na verdade, ao impor-se uma obrigação de inclusão das respostas com uma tal latitude, seriam fatalmente cometidos inúmeros abusos no exercício do direito de resposta, aproveitando o respondente, na maior parte dos casos, a oportunidade para a pretexto de uma actuação conforme a lei, violar os próprios pressupostos da admissibilidade de uma tal prerrogativa. De acordo com os comentários de Vital Moreira, ao n.º 9 do art. 16.º da Lei de 95 e à decisão do Tribunal Constitucional (acórdão n.º 13/95) acerca desta alteração legislativa "a lei passa a obrigar os periódicos a publicar sempre as respostas, mesmo quando descabidas, impertinentes, verbalmente incontinentes ou ilícitas. Cfr., MOREIRA, VITAL, *O direito de resposta, a liberdade de imprensa e a constituição* (a propósito do Acórdão n.º 13/95 do Tribunal Constitucional), Lisboa, 1995, pág. 57. A previsão na parte final do n.º 9 do art. 16.º da Lei de 95 da responsabilidade do respondente por abuso do direito de resposta, apesar de pretender contrabalançar os riscos de abuso inerentes à solução adoptada, não se configura como uma medida capaz de compensar o impacto negativo causado aos leitores com a publicação de respostas abusivas. Na verdade, o valor da liberdade de imprensa no seu sentido negativo pode sair altamente prejudicado. Se o direito de resposta, representa, já por si, um entorse a este bem jurídico fundamental, a sua admissibilidade, em termos tão rigorosos para os periódicos, constitui em muitos casos um autêntico golpe de misericórdia para a liberdade de imprensa. Desta feita, em tais situações a atribuição de um montante indemnizatório, com todas as delongas e dificuldades judiciais inerentes, revela-se praticamente dispiciendo.

Em face de todas estas considerações manifesta-se pouco compreensível o acórdão do Tribunal Constitucional n.º 13/95, ao pronunciar-se no sentido da constitucionalidade da norma em análise. Uma tal solução revela-se tanto mais surpreendente, se tivermos em conta que o Tribunal admitiu claramente o risco de a sua adopção poder determinar a emergência de inúmeras "situações absurdas" e "aberrantes". Aliás, de um modo pouco perceptível, este órgão jurisdicional considera necessário, para atenuar os inconvenientes da adopção de um tal critério, aceitar a existência de causas de justificação de recusa da publicação das respostas. Todavia, como sublinha Vital Moreira "o Tribunal não especifica que circunstâncias podem justificar a recusa e também não esclarece como é que essa admissão é compatível com a exclusão dos "motivos subjectivistas" na base da solução legal em causa", Cfr. MOREIRA, VITAL, ob. ant. cit., pág. 58. Na verdade, uma vez afastados os fundamentos para a recusa de publicação consagrados na Lei de 75, não vislumbramos, à excepção da publicação de respostas injuriosas para o próprio jornal, quais possam ser causas de justificação aludidas nos acórdãos do Tribunal Constitucional.

Assim sendo, com o objectivo de garantir uma maior efectividade ao direito de resposta, corre-se o risco de desvirtuar a principal finalidade para a qual foi concebido: permitir ao respondente expressar publicamente os seus pontos de vista acerca das notícias acerca de si divulgadas e susceptíveis de atingir os bens da personalidade. Uma tal defesa deve ser, por seu turno, exercida em condições capazes de permitir ao titular da defesa uma efectiva igualdade de oportunidades ou de armas. No entanto, a alteração legislativa contida no n.º 9 do art. 16.º da Lei de 95, acaba por introduzir factores perturbadores no almejado equilíbrio, acabando por colocar o titular do direito de resposta numa posição de supremacia face à imprensa.

A este propósito, também não concordámos com uma tal modificação, afigurando-se-nos, em contrapartida, muito feliz a formulação do preceito da actual lei de imprensa, onde se regulam as causas de recusa de publicação. Com feito, além de se terem recuperado os motivos justificativos previstos na Lei 85-C/75 para os periódicos não se encontrarem obrigados a publicar as respostas, acrescentou-se ainda uma outra importante hipótese onde se considera excluída a referida obrigação de publicação: a falta manifesta de "todo e qualquer fundamento" da resposta (n.º 7 do art. 26.º da Lei de Imprensa de 99). Aliás, uma tal solução já havia sido defendida *de iure condendo* por Vital Moreira na vigência do Dec.-Lei de 75. Com vista a evitar situações onde se revele evidente o abuso do exercício do direito de resposta, o autor defendia a possibilidade de recusa de publicação nas hipóteses de manifesta falta de pressupostos que condicionam o recurso a uma tal prerrogativa.

Esta posição encontrava já apoio no regime das leis da rádio e da televisão (art. 25.º, n.º 3, da Lei da Rádio n.º 87/88, de 30 de Julho, e o art. 38, n.º 2, de Lei da Televisão 58/90, de 7 de Setembro), onde se previa a possibilidade de recusa de publicação das respostas no caso de manifesta falta de pressupostos para a sua admissibilidade. Ao sufragar-se esta solução não se está a conferir ao órgão da comunicação social o poder de controlar a existência efectiva dos pressupostos do direito de resposta. Apenas se está a permitir "um controlo de limites, quando seja patente a todas as luzes" que as notícias divulgadas não são ofensivas dos direitos de personalidade do visado, nem os factos são inverídicos. "Com esse sentido estrito, este limite tem a mesma função que noutros países é conferida à proibição do abuso do direito de resposta ou á exigência de um interesse legítimo da resposta", Cfr., MOREIRA, VITAL, *O direito de resposta...*, *ob. cit.*, pág. 120.

Desta feita, somente quando se revele incontrovertida a falta de pressupostos do direito de resposta é legítimo aos periódicos recusarem a publicação das respostas. Como sublinha Vital Moreira "em caso de dúvida deve prevalecer o direito de resposta.

Cumpre, porém, salientar que o contraditório exercitado pelo direito de resposta encontra-se no nosso ordenamento jurídico dependente de ter ocorrido uma violação dos bens jurídicos da reputação, da boa fama, ou da divulgação de factos inverídicos respeitantes à pessoa visada pelo artigo difundido nos meios de comunicação social. Trata-se assim de um contraditório com contornos muito específicos, porquanto apenas admissível em determinadas áreas temáticas([1104]).

### 2.1.2. Condições de exercício do direito de resposta e a influência regulativa do princípio da igualdade de armas. O direito de resposta enquanto meio de tutela dos direitos de personalidade

De igual modo, também a propósito das concretas formas de exercício do direito do direito de resposta se faz sentir a influência regulativa da ideia de congruência ou do princípio da igualdade de armas. Na verdade, a resposta apenas pode constituir um mecanismo de tutela eficaz se esta tiver o mesmo impacto que assumiu a notícia determinante do seu aparecimento([1105]). Pretende-se assim alcançar uma paridade entre a posição do autor da notícia lesiva da personalidade do visado e a do respondente.

---

Também não basta que ele esteja convicto de que a notícia não é ofensiva e/ou que as referências de facto são verídicas... Em caso de incerteza, mesmo se débil, a resposta deve ser publicada. Torna-se mais grave a recusa de uma resposta devida do que a publicação de uma resposta indevida". Cfr., MOREIRA, VITAL, ob. ant. cit., pág. 121. Ao alargar no n.º 7 do art. 26.º o elenco das hipóteses de admissibilidade da recusa de publicação das respostas, o legislador optou por um regime prudente e equilibrado. Sem pôr em causa a efectividade do direito de resposta, a admissibilidade de um controlo dos seus pressupostos em hipóteses excepcionais tem o mérito de evitar a ocorrência de situações de manifesto abuso no exercício deste direito.

([1104]) Em rigor, o princípio do contraditório supõe necessariamente uma dependência das contestações, respostas, em suma, da defesa, face às acções, pretensões, declarações..., em relação às quais o primeiro tipo de intervenções é dirigido. Com efeito, qualquer actuação concretizadora do direito de contestar ou contradizer é sempre delimitada, no seu conteúdo, objectivos..., por um comportamento precedente. É precisamente a conduta inicial que delimita o objecto e os próprios termos de toda a discussão subsequente.

Todavia, as exigências do princípio do contraditório são, por norma, orientadoras de toda e qualquer discussão jurídica, independentemente do núcleo temático ao qual se reportam. Ora, o mesmo não sucede a propósito do direito de resposta. Apesar deste direito constituir uma manifestação daquele princípio regulativo, apenas é possível afirmar a sua influência regulativa quando estiver em causa a necessidade de tutela de direitos da personalidade (bom nome e reputação) ou de fazer triunfar a verdade.

([1105]) Reportando-se à mesma realidade (condições de exercício do direito de resposta), há quem convoque aqui a influência regulativa do princípio da proporcionalidade, cfr.

Para atingir um tal desiderato, os vários diplomas reguladores do direito de resposta estabelecem frequentemente um conjunto de condições procedimentais e de requisitos formais. Basta atentar, desde logo, na regra da gratuitidade.

Por regra([1106]), a publicação das respostas nos periódicos é gratuita. Apenas deste modo se confere uma possibilidade efectiva de defesa a

---

Conso, Giovanni, *Libertá di espressione e tutela dell'onore nei mezzi di comunicazione di massa*, in Tutela dell'Onore e Mezzi di Comunicazione di Massa, Milano, 1979, pág. 44. Apesar de também neste âmbito estar em causa um problema de medida ou de proporção, certo é que a questão nuclear se centra aqui numa ponderação acerca da eficácia de condições formais (local de publicação, extensão da notícia...) subjacentes ao binómio (artigo respondido e a respectiva resposta). Como iremos referir em breve, preferimos reservar a influência regulativa da proporcionalidade no âmbito do direito de resposta ao contexto do controlo substancial do respectivo exercício de modo a evitar que a defesa dos direitos de personalidade operada através do direito de resposta se converta num ataque aos direitos de idêntica natureza do autor do artigo respondido.

([1106]) A regra da gratuitidade da publicação das respostas resulta *expressis verbis* do disposto no n.º 3 do art. 26.º da Lei 2/99. Aliás, uma tal solução constava já do n.º 3 do art. 16.º do Decreto-Lei n.º 85-C/75, tendo sido mantida pela redacção do n.º 3 do art. 16.º da Lei n.º 15/95. Apesar das sucessivas alterações introduzidas no regime jurídico-positivo do direito de resposta, o mencionado princípio da gratuitidade manteve-se, no entanto, inalterado ao longo dos tempos. O não pagamento dos custos de publicação pelo respondente encontra-se, porém, estritamente conexionado com as exigências regulativas do princípio da igualdade de armas. Com efeito, em qualquer dos diplomas mencionados, a isenção de custos apenas ocorre se o espaço ocupado pela publicação da resposta não ultrapassar o limite abstracto definido na lei (actualmente correspondente a 300 palavras – n.º 4 do art. 25.º da Lei de 99) ou na melhor das hipóteses, se não exceder a dimensão do artigo respondido. A *ratio legis* da exigência de certas dimensões para a efectivação de um tal direito, prende-se precisamente com a importância de garantir ao texto do respondente o mesmo impacto que foi causado no público pelo artigo respondido.

Na verdade, se o artigo do respondente ultrapassar os parâmetros atrás referidos, não fica inviabilizada a sua publicação. Todavia, em relação à parte excedente já não vale o mesmo princípio da gratuitidade, nem o espaço reservado à sua publicação é o mesmo daqueloutro dispensado à parte da notícia circunscrita aos limites legalmente previstos. Com efeito, quando o artigo do respondente corresponder, na sua dimensão, à notícia respondida, a sua publicação é "feita na mesma secção, com o mesmo relevo e apresentação do escrito ou imagem que tiver provocado a resposta..." – art. 26.º, n.º 3, da Lei 2/99). Porém, se a resposta exceder tais limites "a parte restante é publicada, por remissão expressa, em local conveniente à paginação do periódico" (art. 26.º, n.º 1, da Lei 2/99). Em face de quanto atrás expusemos, poderemos deparar-nos com hipóteses de publicações de respostas parcialmente gratuitas, razão por que a regra da gratuitidade não é absoluta.

Esta regra da gratuitidade encontra-se igualmente consagrada nas leis da imprensa dos vários *Länder*, no âmbito do direito germânico. Cumpre a este propósito atentar no disposto no n.º 2 do art. 10.º da *Bayerisches Pressegesetz (BAYPRG) de 3 de Outubro de 1949*

quem tenha sido atingido publicamente por determinadas notícias. Com efeito, a exigência de um preço pela mencionada publicação poderia afastar do exercício deste direito muitas pessoas interessadas em expor em público a sua versão dos acontecimentos.

Um tal princípio deve ainda considerar-se como uma expressão de elementares exigências de justiça. Deixar sem oportunidade de defesa quem, com a sua conduta, nada contribui([1107]) para a marginalização social em seu torno suscitada com a divulgação das notícias nos órgãos de comunicação social, conduziria a situações de profunda injustiça. As dificul-

---

(com as alterações introduzidas pela lei de 24 de Dezembro de 2002), e no n.º 3 do §11 da *Hamburgisches Pressegesetz de 29 de Janeiro de 1965* (com as alterações constantes da lei de 28 de Janeiro de 2003), e no n.º 3 do §10 da Berliner Pressegesetz de 15 de Junho de 1965 (com as modificações levadas a cabo pela lei de 3 de Julho de 2003).

([1107]) Eventualmente o comportamento habitual, ou os traços da personalidade das pessoas visadas no artigo respondido, podem até corresponder ao perfil dela traçado na notícia. Não é, porém, esta questão substancial que está em discussão no âmbito do direito de resposta. Pretende-se antes facultar à pessoa atingida pela notícia, uma exposição pública da sua opinião ou versão dos acontecimentos. Apenas deste modo o público poderá proceder a uma representação da realidade não baseada unicamente na versão unilateral do autor do artigo respondido.

Não se procedendo a um controlo substancial da realidade narrada a propósito do exercício do direito de resposta, pensamos ser correcto afirmar, tal como o fizemos já em texto, que o respondente em nada contribuiu, com a sua conduta, para a marginalização social em seu torno suscitada em virtude da publicação do artigo respondido. Com efeito, a causa imediata da desconsideração social encontra-se nos efeitos desencadeados pela divulgação da notícia nos meios de comunicação social e não propriamente na apreciação do comportamento e perfil associados à pessoa naquela visada. Ao assumir a posição de mero destinatário do artigo ou notícia desencadeadores da resposta, o respondente não teve realmente qualquer protagonismo nesse *iter* informativo.

Diversa se apresenta a questão de saber se realmente se verificou uma ofensa aos bens jurídicos da reputação e da boa fama, ou se no caso de estarem em causa afirmações de facto, estas serem ou não verídicas, bem como aqueloutra de apurar se o visado pela notícia respondida sofreu alguns prejuízos. Uma tal panóplia de problemas apenas pode obter um tratamento jurídico adequado numa sede distintiva do direito de resposta. Na verdade, a discussão de tais matérias deverá fazer-se no âmbito do instituto da responsabilidade civil, revelando-se particularmente importante neste contexto a convocação do art. 484.º.

O direito de resposta deve então configurar-se como uma realidade jurídica distinta do instituto da responsabilidade civil, não sendo necessário para admitir o seu exercício apreciar a existência dos pressupostos desta fonte das obrigações. A este propósito, Cfr. também, GOUDET, CLAUDE, *Le droit de réponse à la rádio et à la télévision*, Recueil Dalloz, 1975, pág. 197, MELCHIONDA, ACHILLE, *Il diritto di rettifica come mezzo di tutela del diffamato: realtá e prospettive, in Tutela dell'Onore e Mezzi di Comunicazione di Massa*, Milano, 1979, pág. 157.

dades económicas não devem, na verdade, constituir um obstáculo à pretensão do respondente reabilitar publicamente a sua imagem.

No elenco das condições particularmente relevantes para garantir uma igualdade de armas ao autor do artigo respondido e ao respondente, cumpre salientar a questão da localização da resposta no periódico onde esta vai ser publicada.

Com o fim de assegurar um idêntico impacto à divulgação dos dois artigos, a tendência das legislações sobre a matéria aponta para a regra da coincidência do local da publicação do artigo respondido e da resposta([1108]).

---

([1108]) Neste sentido se orienta a legislação portuguesa vigente ao prescrever que a publicação deve ser "feita na mesma secção, com o relevo e apresentação do escrito ou imagem que tiver provocado a resposta..." – n.º 3 do art. 26.º da Lei 2/99. Uma tal regra não se afirma, porém, sem derrogações, pois quando a resposta diga respeito a texto ou imagens publicados na primeira página, permite-se ao periódico publicá-la em página ímpar interior, conquanto naquela se faça uma expressa menção, com a devida visibilidade, ao local onde se vai proceder à respectiva divulgação (n.º4 do art. 26.º da Lei 2/99). Estando em causa uma página com características muito especiais, confere-se uma maior margem de liberdade dos periódicos para incluir as respostas em página diversa da do artigo respondido, porquanto a folha de rosto de um jornal deve ser preenchida com novidades, e não propriamente com réplicas. Todavia, neste n.º 4 do art. 26.º perpassa a preocupação do legislador em assegurar uma idêntica visibilidade à publicação das respostas. Na verdade, na primeira página deve ser inserida no local da publicação do texto ou imagem que motivaram a resposta "uma nota de chamada com a devida saliência, anunciando a publicação da resposta e o seu autor, bem como a respectiva página". De igual modo, apenas se permite a colocação da resposta nas páginas ímpares interiores, ou seja, naquelas dotadas de maior visibilidade.

Cumpre ainda salientar que a solução constante do n.º 4 do art. 26.º da actual lei de imprensa apenas é aplicável se as respostas relativas a artigos publicados na primeira página tiverem uma certa dimensão. Uma tal condição resulta com toda a clareza deste preceito ao prescrever "quando a resposta se refira a texto ou imagem publicados na primeira página, **ocupando menos de metade da sua superfície**...". A este propósito, reportando-se ao exercício do direito de resposta no universo radio-televisivo italiano (tendo em conta o art. 10.º da Lei de 6 de Agosto de 1990, n. 223), ZENO-ZENCOCICHI, VICENZO, *La Disciplina del Diritto di Rettifica nella Nuove Leggi Radiotelevisiva*, in Diritto dell'Informazione e dell'Informatica, n.º 3, 1990, pág. 839 e ss. Ainda acerca desta matéria, tendo em conta o disposto na lei italiana n.º 416/81 (art. 42.º), Cfr. RICCIUTO, VINCENZO, *Diritto di rettifica e art. 700 C.P.C.: Novitá, Conferme e tendenze Restrittive in Alcuni Recenti Provvedimenti Pretorili*, in Il Diritto dell'Informazione e dell'Informatica, n.º 2, 1990, pág. 575. De igual modo, reportando-se ao princípio de igualdade de armas no exercício do direito de resposta quando o artigo respondido se traduz num título jornalístico, cfr. PRINZ, MATTHIAS, *Gegendarstellung auf den Titelblatt einer Zeitschrift*, in N.J.W., 1993, págs. 3039 e ss. O recurso a este instituto nestas hipóteses não é isento de dificuldades, pois a aplicação do princípio de igualdade de armas é susceptível, sobretudo no universo das revistas, de ser fonte de particulares agressões e de assumir um carácter manifestamente sancionatório,

Igualmente significativo se revela neste contexto a imposição de prazos destinados a assegurar a publicação das respostas no mais breve espaço de tempo. A eficácia do direito de resposta será tanto maior, quanto menor for o lapso temporal entre a data da divulgação do artigo respondido e a da respectiva resposta. Esta exigência de brevidade deve então fazer-se sentir em relação a dois tipos de prazos: a) o do exercício do direito de resposta pelo respondente; b) o da adstrição de publicar a resposta pelos periódicos.

Quanto menos distante da publicação do artigo respondido se revelar o exercício do direito e o cumprimento da adstrição acabadas de mencionar, maior actualidade revestirá a resposta, e mais capaz de despertar a atenção do público se torna([1109]).

No fundo, a eficácia do direito de resposta é directamente proporcional à actualidade da respectiva publicação. Para além de todos os elementos já mencionados, outros pormenores de ordem técnica, como seja o tamanho ou dimensão dos caracteres tipográficos podem traduzir-se em importantes instrumentos de efectivação do aludido princípio da equivalência entre a resposta e a notícia respondida([1110]).

---

extravasando assim a sua específica função, REHBOCK, KLAUS, *Gegendarstellung auf dem titelblatt einer zeitschrift, in* N.J.W., 1993, 1448 e ss.. Em sentido diferente, LÖFFLER – RICKER, *Handbuch des Presserechts,* München, 2.ª aufl., 1968, pág. 146.

([1109]) Actualmente prevê-se um prazo de 30 ou 60 dias a partir da difusão do artigo respondido para o exercício do direito de resposta, consoante esteja em causa a divulgação da resposta num periódico mais regular (diário ou semanário), ou num outro com menos frequência de publicação (n.º 1 do art. 25.º da Lei 2/99). De igual modo, são também breves os prazos impostos aos periódicos para publicação das respostas. Como resulta do disposto no n.º 2 do art. 26.º, esta adstrição da imprensa deverá ser cumprida ou dentro de dois dias após a recepção daquelas como consta da al. a) deste preceito (tratando-se de publicação diária), ou dentro dos prazos igualmente curtos referidos nas alíneas b) e c) da mesma disposição, quando estiverem em causa publicações semanais, ou outras publicações periódicas.

([1110]) Entre as exigências técnicas impostas aos periódicos para a publicação das respostas, cumpre ainda destacar a obrigatoriedade de aquela ter lugar de uma só vez, e de ser feita "sem interpolações nem interrupções…"(n.º 3 do art. 26.º da Lei 2/99, de 13 de Janeiro). Tais requisitos reconduzem-se fundamentalmente ao princípio regulativo da indivisibilidade da resposta. Ao publicar-se o texto integral deste mecanismo de tutela sem o director do periódico lhe poder introduzir quaisquer alterações consubstanciadas em divisões, interpolações ou interrupções, pretende-se garantir ao respondente o respeito pelo seu entendimento acerca dos acontecimentos narrados no artigo respondido, bem como uma particular eficácia à sua resposta.

Na verdade, a publicação do texto da resposta não teria o mesmo impacto se fosse fraccionada no tempo em mais de uma edição do periódico, ou se os leitores tivessem que ter uma particular atenção às remissões ou comentários introduzidos pelos jornalistas. Neste sentido se tem orientado também a doutrina e a jurisprudência francesas considerando

Desta feita e no essencial, esta ideia de igualdade de armas enquanto critério normativo orientador do exercício do direito de resposta, não se satisfaz apenas com a imposição aos periódicos da adstrição de publicarem a resposta, exigindo também uma simetria ou igualdade de tratamento entre os dois textos([1111])([1112]).

---

indivisível o texto das respostas publicadas. Assim, se no exercício do direito de resposta o respondente dirigir ataques à reputação do jornalista ou de terceiros, será possível ao periódico recusar a publicação do artigo respondido, mas não lhe será permitido estabelecer divisões ou cisões, a fim de se aproveitar do texto sem referências ofensivas. De igual modo, também aos tribunais fica vedado o poder de impor aos periódicos a publicação parcial de uma resposta. Neste sentido, Cfr., HERSAUT, A. MAURICE, *Le droit de réponse (art. 13 et 34 de la loi sur la presse), in* Recueil Dalloz, 1982, chronique XXV, pág. 169.

([1111]) Acerca das várias condições (local de inserção da resposta, extensão e prazos para a publicação desta...) necessárias para assegurar a igualdade de armas entre o artigo respondido e a resposta, cfr. HERSAUT, A. MAURICE, *Le droit de réponse..., ob. cit.,* págs. 28 e ss., FIGONE, ALBERTO, *Il diritto di rettifica..., ob. cit.,* pág. 404, COLUCCI, ENNIO, *La rettifica come..., ob. cit.,* pág. 143, LOJODICE, ALDO, *Riabilitazione dell diffamato nell'opinione pubblica: la tutela del diritto all'informazione degli utenti dei mass media, in* Tutela dell'Onore e Mezzi di Comunicazione di Massa, Milano, 1979, pág. 164. De igual modo, reportando-se a tais condicionalismos do exercício do direito de resposta no âmbito do ordenamento jurídico grego, cfr. KOUMANTOS, GEORGES, *Droit d'Auter, Droits Voisins, Droit de Réponse en Gréce, in* Revue International de Droit Comparé, n.º 2, 1989, pág. 427.

([1112]) Para assegurar uma igualdade de armas entre o autor do artigo respondido e o respondente torna-se fundamental uma posição de neutralidade ou isenção do periódico quando procede à publicação da resposta. Entre os instrumentos mais significativos para alcançar um tal desiderato cumpre destacar as limitações impostas aos periódicos quanto à inclusão de anotações nas respostas aí publicadas. A aposição de comentários poderá permitir aos periódicos efectuarem verdadeiras contra-respostas, legitimando assim autênticas situações de abuso. Com efeito, as apreciações realizadas pelos órgãos de comunicação social podem revelar-se mais ofensivas para o respondente que os próprios artigos desencadeadores do direito de resposta. Neste sentido, cfr. MOREIRA, VITAL, *O direito de resposta, a liberdade de imprensa e a Constituição (a propósito do acórdão n.º 13/95 do Tribunal Constitucional),* Lisboa, 1995, págs. 61-62.

Se a admissibilidade de aposição ilimitada de comentários se traduz, por um lado, na solução mais conforme com as exigências regulativas do valor da liberdade de expressão, permitindo ainda aos periódicos não estarem a suportar injustificadamente as incorrecções contidas nas respostas publicadas, não pode deixar de considerar-se, por outro, como um factor fortemente limitativo da eficácia do direito de resposta.

A tensão dialéctica vivida entre estas exigências contraditórias subjacentes à resolução do problema do direito de apostilha dos periódicos, permite não somente compreender a delicadeza do problema, como também as consequentes hesitações sentidas pelos legisladores ao debruçarem-se sobre esta matéria. Tomando como ponto de referência o direito português, o estado de indefinição em torno do assunto tem-se revelado de modo particular nas sucessivas alterações introduzidas na lei da imprensa quanto à regulamentação deste direito.

Todavia, esta similitude entre o artigo respondido e a resposta não pode afirmar-se integralmente, devendo conhecer, quanto aos respectivos conteúdos, algumas limitações.

Assim, estando em causa uma notícia ofensiva dos bens da personalidade([1113]), não pode o visado dirigir-se em termos igualmente ofensivos ao autor do artigo desencadeador do direito de resposta([1114]). No fundo, o ilícito não justifica a prática de um outro subsequente([1115]).

Aliás, a lei de imprensa portuguesa hoje vigente faculta aos periódicos a recusa de publicação de respostas, quando "as expressões nestas utilizadas sejam desproporcionalmente desprimorosas ou que envolvam responsabilidade criminal"([1116])([1117])([1118]) – arts. 25.º, n.º 4, e 26.º, n.º 7, da Lei 2/99.

---

Assim, enquanto o Dec.-Lei de 75 conferiu ao direito de apostilha dos periódicos uma certa amplitude, a subsequente lei de 95 aniquilou-o quando este fosse exercido no número onde tenha sido publicada a resposta. Posteriormente, veio a ser reconhecido (Lei 2/99), mas em termos mais mitigados, do que os previstos na lei da imprensa elaborada no período pós-revolucionário.

([1113]) Tal como é exigível no direito português para se poder exercer o direito de resposta (n.º 1 do art. 24.º da lei 2/99). Todavia, esta exigência não se afirma em todos os ordenamentos jurídicos. Basta pensar no modelo francês, onde qualquer pessoa visada por um artigo difundido pelos órgãos de comunicação social pode exercer o direito de resposta, independentemente de contra ele serem dirigidas referências ofensivas à sua personalidade. Apesar de aí não ser exigido um tal requisito para o visado pelas notícias poder responder, o exercício do direito de resposta continua a ser permitido, por maioria de razão, quando, em concreto, essas ofensas ao bom nome e à reputação constarem dos artigos divulgados na imprensa.

([1114]) Neste sentido, Cfr. MOREIRA, VITAL, *O Direito de resposta..., ob. cit.,* pág. 41, HERSAUT, A. MAURICE, *Le Droit de Réponse (art. 13 et 34 de la loi sur la presse) in* Recueil Dalloz, 1982, pág. 169(crim. 8 nov. 1962, bull. crim., n.º 313, pág. 651; D. 1963. somm. 31), ZENO-ZENCOVICH, VINCENZO, *Rettifica Inviata..., ob. cit.,* pág. 964 (referindo-se a este propósito ao requisito da *continenza* para ser admissível o exercício do direito de resposta. De acordo com o autor, o modo de expressão linguística e o conteúdo da resposta não podem, de modo algum, conter ofensas configuradoras de um ilícito penal).

([1115]) A este propósito, a *Bayerisches Pressegesetz* proíbe *expressis verbis* a possibilidade da resposta ter um conteúdo penalmente punível "*Die gegendarstellung ... darf keinen strafbaren inhalt haben*" (n.º 2 do §11 da mencionada lei da imprensa). No mesmo sentido, cfr. n.º 2 do §10 da lei da imprensa de Berlim.

([1116]) A lei não confere idêntico destaque à responsabilidade civil coenvolvida nas respostas. Porém, o legislador tem consciência que na maior parte das situações descritas no n.º 4 do art. 25.º, se suscitam problemas de responsabilidade civil. Razão por que a letra deste preceito legal, após fazer referência a expressões desproporcionadamente desprimorosas ou que envolvam responsabilidade criminal, alude igualmente à "eventual responsabilidade civil".

([1117]) Tal não sucedia, como já atrás referimos, no âmbito do n.º 9 do art. 16.º da lei n.º 15/95, onde mais facilmente emergiam situações de abuso de exercício do direito de resposta.

Ora, bem vistas as coisas, a uma resposta com um tal conteúdo andam normalmente associadas referências ofensivas ao bom nome e reputação dos respectivos destinatários. Repare-se, porém, que a atribuição do poder de recusa aos periódicos nas situações atrás mencionadas, não assegura necessariamente a exclusão de respostas com conteúdo ofensivo. Com efeito, não competindo aos periódicos realizar um controlo substancial a fim de apurar a existência de responsabilidade civil, apenas os casos de ofensas ostensivas aos bens da personalidade do autor do artigo desencadeador do direito de resposta ficam afastadas.

Apesar de se exigir do respondente um particular cuidado na elaboração da resposta, com o objectivo de este não cair na prática de um ilícito, não se lhe retira, tendo em conta as exigências implicadas na regra da igualdade de armas, a possibilidade de assumir uma atitude firme e contundente([1119]). Aliás, ao expor uma versão dos acontecimentos distinta da anteriormente divulgada é natural registarem-se certos níveis de conflituosidade no plano da expressão linguística.

Como é sabido, o esclarecimento das situações ou a descoberta da verdade implica, não raras vezes, a adopção de atitudes aparentemente rudes. Não temos dúvidas em afirmar, em face de toda a exposição anterior, que o direito de resposta representa uma manifestação típica das exigências do princípio do contraditório. Porém, num sistema como o português onde as ofensas ao bom nome e à reputação constituem um requisito do seu exercício, devemos concebê-lo simultaneamente como um instrumento de defesa dos direitos de personalidade([1120])([1121]). Trata-se, no entanto, de uma tutela

---

([1118]) Na doutrina alemã Schmidt/Seitz defendem a possibilidade de recusa das respostas erróneas *"irreführende" gegendarstellung*, quando a equivocidade das declarações do respondente se revele evidente aos olhos de um leitor imparcial, cfr. SCHMIDT, GERMAN / SEITZ, WALTER, *Aktuelle Probleme des Gegendarstellungsrechts, in* N.J.W., 1991, págs. 1014-1015. Uma tal recusa tem na base, porém, um controlo meramente superficial.

([1119]) Neste sentido, Cfr. MOREIRA, VITAL, *O Direito de Resposta..., ob. cit.,* pág. 41. Sobre uma tal questão também se têm pronunciado afirmativamente a doutrina e a jurisprudência francesas, baseando as posições neste princípio fundamental da igualdade de armas. Para uma análise mais desenvolvida da posição do universo dogmático-jurisprudencial francês em torno desta questão, Cfr., ROCHA, MANUEL A. LOPES, *Sobre o Direito de Resposta na Legislação Portuguesa de Imprensa (Algumas Questões), in* Boletim do Ministério da Justiça, n.º 346, 1985, págs. 24-26, HERSAUT, A. MAURICE, *Le Droit de Réponse..., ob. cit.,* pág. 169 (crim. 6 oct. 1959, bull. crim., n.º 409, pág. 799, D. 1960. somm. 35).

([1120]) O mesmo não se pode sustentar no âmbito de outros ordenamentos jurídicos como o alemão ou o francês, onde o exercício do direito de resposta não se encontra dependente de ofensa cometida aos direitos de personalidade da pessoa visada pelo artigo difundido nos órgãos de comunicação social. Como sabemos, no caso francês, basta que alguém tenha sido mencionado em notícia divulgada na imprensa, e na Alemanha apenas se exige a divulgação de factos relativos à pessoa visada. A propósito do direito alemão, cfr. n.º 1 do §11 da lei da imprensa de Hamburgo e o n.º 1 do §10.º da *Berliner Pressegsetz*, tal como a generalidade das leis da imprensa dos demais *Länder*, vêm claramente confirmar o mencionado modelo.

Tal não sucede noutros ordenamentos jurídicos, como o espanhol e o italiano, onde, não obstante a forte influência aí exercida pelo direito alemão, se revela importante a tutela dos direitos de personalidade. Com efeito, aí se faz menção a afirmações lesivas da dignidade ou a factos cuja divulgação possam causar prejuízo, enquanto *Tatbestände* desencadeadores do exercício do direito de resposta. Certo é que mesmo nos sistemas onde a ofensa aos direitos de personalidade é identificada como fundamento legitimador do recurso a este mecanismo de tutela, nem sempre se apresenta como a causa única ou exclusiva para a sua admissibilidade.

Na verdade, assim sucede no âmbito do direito italiano e do direito português. Reportando-nos à nossa realidade jurídica, podemos constatar que o legislador trata separadamente "as referências, ainda que indirectas, que possam afectar a sua reputação e boa fama" (n.º 1 do art. 24.º, da Lei 2/99), das "referências de facto inverídicas ou erróneas que lhes digam respeito (n.º 2 do art. 24.º, da Lei 2/99).

No nosso entendimento, uma tal distinção correspondeu, de resto, a uma boa escolha. Por um lado, admite-se claramente a possibilidade das ofensas ao bom nome e à reputação se basearem em afirmações de facto verdadeiras, pois a inveracidade não é atributo das ofensas mencionadas no n.º 1 do art. 24.º. Por outro, ao fazer alusão às afirmações de facto inverídicas sem exigir cumulativamente a verificação de ofensas aos mencionados bens da personalidade, o legislador está consciente de que não é forçoso ocorrerem ofensas ao bom nome e à reputação quando se divulgam factos inverídicos ou erróneos. Basta pensar na rectificação de informações erróneas mesmo quando estas não sejam susceptíveis de causar qualquer prejuízo à personalidade. Assim, por exemplo, a divulgação de dados biográficos inexactos constituem uma informação neutral capaz de determinar a rectificação do seu conteúdo.

De igual modo, também é possível o exercício do direito de resposta mesmo quando as referências de facto não verdadeiras sejam elogiosas para o visado. Em tais situações, não se verifica objectivamente qualquer ataque à personalidade. Apenas a pessoa mencionada nas notícias se poderá considerar afectada no valor da sua identidade pessoal, por entender estar a verificar-se uma distorção da imagem que a pessoa tem de si própria. Todavia, esta faceta ou dimensão mais íntima do tão propalado direito à identidade pessoal não parece incluir-se nos bens da boa fama e reputação, cuja protecção é garantida em certos sistemas reguladores do direito de resposta, como é o caso do português. Quando muito, certos regimes de pendor mais subjectivista em matéria de direito de resposta (ex: italiano) poderão incluir a divulgação de factos erróneos elogiosos no âmbito dos ataques dirigidos aos bens da personalidade.

Independentemente desta questão em torno da desfiguração do direito à identidade pessoal enquanto condição do exercício do direito de resposta, certo é que estando em causa a divulgação de factos inverídicos, conquanto elogiosos, o direito de resposta, de acordo com a letra da lei portuguesa, deve ser admitido (n.º 2 do art. 24.º, da Lei 2/99). Uma tal solução inspira-se claramente no modelo francês colhido no art. 13 da Lei de 1881, onde se reconhece o direito de resposta a toda e qualquer pessoa visada no artigo respondido, mesmo quando as referências a esta imputadas se revelem elogiosas. Particularmente mais restrito se manifestou a legislação francesa de 72, circunscrevendo-se aí (art. 8.º) o direito de resposta às hipóteses de ataques à reputação e à honra das pessoas atingidas pelas notícias divulgadas nos órgãos de comunicação social. No fundo, o direito de resposta aparece aqui particularmente identificado com as situações de difamação, as quais surgiam especificamente reguladas no art. 29.º da Lei de 1881. Para uma análise mais desenvolvida acerca da evolução registada na configuração do direito de resposta, com particular atinência às referências elogiosas do artigo respondido no âmbito do direito francês, Cfr., GOUDET, CLAUDE, *Le Droit de Réponse à la Rádio...*, ob. cit., págs. 198-199.

Desta feita, não podemos afirmar que a violação dos bens da personalidade (boa fama e reputação) constitui uma condição indispensável para o exercício do direito de resposta no ordenamento jurídico português. Apesar disso, a tutela dos direitos ao bom nome e à reputação não deixa de apresentar uma indelével influência na delimitação do âmbito do direito de resposta (n.º 1 do art. 24.º da actual lei de imprensa e até o n.º 2 do mesmo preceito, porquanto os factos inverídicos, por norma, revelam-se ofensivos daqueles bens de personalidade). Assim sendo, continuamos a sufragar a conclusão referida no texto, de acordo com a qual o direito de resposta representa um instrumento de defesa dos direitos de personalidade, apesar de ter como principal objectivo garantir ao respondente o direito ao contraditório no tocante às afirmações e comentários a seu propósito difundidos na imprensa. Acerca do direito de resposta enquanto instrumento de tutela da personalidade, cfr. SCHMIDT, GERMAN / SEITZ, WALTER, *Zur Reform des gegendarstellungsrechts, in* N.J.W., 1992, pág. 2400, SEITZ, WALTER, *in* A.F.P., 1991, pág. 581. Neste contexto, cumpre salientar a posição de Castanheira Neves e Figone, para quem o direito de resposta deve ser entendido como um instrumento de afirmação da identidade pessoal. *Vide* NEVES, A. CASTANHEIRA, *Direito de resposta, in* Digesta 2, Coimbra, 1995, pág. 436, FIGONE, ALBERTO, *Il diritto di rettifica..., ob. cit.,* pág. 406, *Sul diritto di rettifica e sulla tutela dell'identitá personale, in* Giurisprudenza Italiana, vol. CXXXVI, 1984 (parte I), pág. 517 e ss., MACIOCE, FRANCESCO, *Sul diritto di rettifica..., ob. cit.,* pág. 501 e ss.(especialmente 511 e ss.), SALVI, CESARE, *La Responsabilitá..., ob.cit.,* pág. 70.

([1121]) Ao direito de resposta pode ainda associar-se uma outra importante tarefa: a de **contribuir para assegurar a verdade informativa** (neste sentido, Cfr., CARRILLO, MARC, *Los limites a la libertad de prensa en la constitución española de 1978,* Barcelona, 1987, pág. 145, MELCHIONDA, ACHILLE, *Il diritto di rettifica come mezzo..., ob. cit.,* pág. 158). De acordo com um tal entendimento, a função do direito de resposta extravasaria manifestamente o plano da conflituosidade individual consubstanciada no exercício do direito de contestar aí coenvolvido. Desta feita, o respondente ao expor a sua versão pessoal dos acontecimentos estaria a contribuir significativamente para a imprensa poder cumprir o seu dever elementar de informar com veracidade a colectividade. Além da prossecução dos interesses individuais, o interesse colectivo revelar-se-ia de igual modo significativo na delimitação do âmbito deste direito. Não é esta porém a função primacial do exercício do direito de resposta. O respondente ao expor a sua versão dos acontecimentos pode contribuir para alcançar uma visão o mais aproximada possível da realidade, mas não permite,

basicamente circunscrita a direitos como a honra e o bom nome, uma vez que o direito de resposta se revela como um mecanismo inadequado para a protecção de outros bens da personalidade, como sejam a privacidade e a imagem([1122]).

### 2.1.3. Algumas considerações em torno da natureza jurídica do direito de resposta

Uma vez definidas as principais funções do direito de resposta, e enunciadas algumas das exigências axiológicas fundamentais no âmbito das quais deve ser enquadrado o respectivo exercício, pensamos ser agora altura indicada para nos debruçarmos sobre a questão da natureza do direito de resposta. Não interessa tanto ao nosso estudo abordá-lo na qualidade de direito fundamental([1123]), mas antes analisá-lo segundo uma perspectiva juscivilística.

---

por si só, assegurar o restabelecimento da verdade objectiva. Com efeito, o periódico apenas se encontra vinculado a publicar "*tout court*" as respostas da pessoa visada na imprensa, mas já não está adstrito a certificar-se da veracidade do conteúdo das mesmas.

Para além disso, e em regimes como o português a inveracidade é uma das causas do exercício do direito de resposta, mas não um requisito indispensável para a sua afirmação. Na verdade, mesmo face à divulgação de factos verdadeiros pode ser admitido o recurso a este mecanismo de tutela. Mesmo em sistemas onde a inveracidade seja concebida como um *Tatbestand* essencial para a admissibilidade do direito de resposta, nunca a verdade como entidade a se, ou seja, enquanto valor fundamental do ordenamento jurídico, constitui o referente axiológico norteador do exercício deste direito. Para tal suceder, seria necessário atender não apenas ao depoimento do respondente, mas também a considerações de terceiros sobre a matéria em discussão, bem como a outros elementos igualmente relevantes. Com efeito, o apuramento da verdade objectiva, mesmo quando respeite a uma situação individual bem delimitada, pode revelar-se uma questão particularmente complexa, cujo âmbito de apreciação extravase as fronteiras do caso *sub índice*, exigindo a convocação do depoimento de outros sujeitos para além dos litigantes. Não obstante o reconhecimento de um direito de resposta a quem seja visado em artigos difundidos na imprensa constitua um importante mecanismo de auto-controlo dos jornalistas na sua tarefa de informar com veracidade o público, certo é que a principal função deste direito se consubstancia basicamente na possibilidade facultada ao respondente de exercer o seu direito de contestar ou contradizer quanto acerca de si foi divulgado. Neste sentido, *vide* LODATO, MARIA GABRIELLA, *Diritto di Rettifica in materia di stampa e tutela cautelare ex art. 700 Cod. Proc. Civ.*, in Il Diritto dell'Informazione e dell'Informatica, 1993, pág. 683.

Para uma análise mais desenvolvida a propósito da caracterização do direito de resposta como garante do "dever de verdade" da imprensa, Cfr., MOREIRA, VITAL, *O Direito de Resposta...*, ob. cit., págs. 30-31.

([1122]) Neste sentido, cfr. ANDRADE, M. COSTA, *Liberdade de Imprensa...*, ob.cit., pág. 65.

([1123]) Na verdade, o direito de resposta pode ser concebido como um limite à liberdade de imprensa, independentemente da questão do seu expresso acolhimento pelas leis

Em causa está, como já anteriormente referimos, um **direito particularmente forte**.

Bem vistas as coisas, uma vez verificados os pressupostos de emergência do direito de resposta e cumpridas que sejam as condições legalmente fixadas para o seu exercício, não pode o sujeito passivo recusar-se a publicar a resposta da pessoa visada pelo artigo difundido na comunicação social.

Uma tal afirmação parece contrariar o disposto no n.º 7 do art. 26.º da lei 2/99, onde claramente se admite a possibilidade de os periódicos recusarem a publicação das respostas([1124]). Porém, trata-se tão somente de

---

fundamentais. Acerca da caracterização do direito de resposta como limite à liberdade de imprensa, Cfr., RIVERO, JEAN, *Les Libertés Publiques (2.º vol. – Le régime des principales libertés)*, Paris, 1977, pág. 228.

Como sabemos, na ordem constitucional portuguesa, este direito encontra-se expressamente previsto no âmbito da liberdade de expressão (Cfr. art. 39.º, al. g), da C.R.P.). Trata-se, porém, de um direito fundamental com contornos muito especiais. Por norma, estes direitos (sejam eles os tradicionais direitos, liberdades e garantias, ou os direitos económicos, culturais e sociais), envolvem uma pretensão dos particulares perante o Estado. Seja para exigir deste um comportamento negativo (tal como sucede a propósito dos direitos, liberdades e garantias) ou para lhe impor a realização de um *facere* (tal como acontece no âmbito dos direitos económicos, sociais e culturais), o Estado aparece sempre como o sujeito passivo da relação obrigacional.

Ora, no âmbito de regimes onde a imprensa é exercida de forma livre e pluralista, o direito de resposta dirige-se a particulares, ou seja, a quem detiver a exploração dos respectivos órgãos de comunicação social. Para além disso, a titularidade deste direito pode ser assumida pelo Estado, ao contrário do figurino dominante em sede dos direitos fundamentais. Encontramo-nos porém situados perante um direito fundamental, com particular relevância conformadora nas relações entre os particulares, uma vez que as hipóteses de titularidade activa do direito de resposta pelo Estado são marginais.

([1124]) Como vimos, no âmbito da lei n.º 15/95 o núcleo de situações onde a recusa da publicação das respostas era admissível, revelava-se bem mais circunscrito. Todavia, não é a diferença de amplitude desta prerrogativa atribuída aos periódicos que vai alterar a natureza jurídica do direito de resposta. Com efeito, tanto na lei de 95, como no diploma legislativo de 99, apenas é permitido recusar a publicação das respostas quando não se verificarem os pressupostos ou as condições concretas de exercício do mencionado direito. A este propósito, a lei de 95 era dotada de menor flexibilidade, ao negar a possibilidade de recusa de publicação mesmo quando não se encontrem preenchidos os pressupostos para o exercício do direito de resposta, legitimando, como já referimos, situações de abuso neste particular universo.

Porém, do ponto de vista substancial, a força jurídica do direito de resposta é a mesma, pois uma vez não se encontrem na lei obstáculos ao seu exercício, os periódicos não têm outra alternativa senão garantir a publicação das respostas. Apenas, em termos quantitativos, se podem registar diferenças, consoante os diplomas legislativos reguladores do direito

uma contradição aparente, porquanto as hipóteses de recusa encontram-se taxativamente fixadas na lei e visam apenas garantir o regular exercício do direito de resposta, acautelando a observância dos respectivos pressupostos e de uma efectiva igualdade de armas entre o autor do artigo respondido e o respondente.

Assim sendo, quando estiverem preenchidas todas as condições definidas na lei([1125]), o titular do direito de resposta não está dependente da cooperação do periódico para ver assegurada a publicação da sua versão pessoal dos acontecimentos relatados no artigo respondido. Ou seja, a publicação da resposta revela-se independente da vontade do director do periódico em assegurá-la. Não podemos falar a este propósito em incumprimento ou violação do dever de publicação de resposta pelos órgãos de comunicação social([1126]).

---

de resposta se revelem mais ou menos exigentes quanto à admissibilidade da faculdade de recusa de publicação pelos periódicos. Assim, quanto maior for o nível de exigência para os periódicos exercerem a mencionada prerrogativa, maior amplitude reveste o direito de resposta. No entanto, quer o seu âmbito seja mais amplo ou mais circunscrito, a estrutura e a força jurídica do direito de resposta é substancialmente a mesma.

([1125]) Bem como até aqueloutros comummente aceites no universo doutrinal e jurisprudencial como requisitos para o exercício do direito de resposta, pois a actual lei da imprensa admite a recusa de publicação pelo periódico quando a resposta careça "manifestamente de todo e qualquer fundamento" (n.º 7 do art. 26). Ora, a utilização de uma fórmula tão ampla, implica quase forçosamente o seu preenchimento através do recurso a ensinamentos dogmático-conceptuais dominantes na respectiva área do saber. Na verdade, ao aceitar-se a possibilidade de recusa da publicação da resposta quando esta se configure desprovida de todo e qualquer fundamento, está-se a exigir do intérprete um conhecimento dos pressupostos ou requisitos do direito de resposta, os quais não se encontram necessariamente definidos na lei, constando também dos referentes dogmáticos neste contexto prevalecentes. Esta é a perspectiva também sufragada por Vital Moreira ao considerar que "a lei exige vários requisitos para que a regularidade da resposta ou rectificação. E outros decorrem implicitamente da própria função da resposta, cfr. MOREIRA, VITAL, *O Direito de Resposta...*, ob. cit., pág. 111.

([1126]) Não concordamos assim com Vital Moreira quando autonomiza numa secção específica a questão dos "remédios contra a violação do direito". Segundo o autor "o direito de resposta, sendo, para mais, um direito constitucionalmente protegido, não pode deixar de dispor de garantias de efectivação e de meios de tutela contra a sua violação", cfr. MOREIRA, VITAL, *ob. ant. cit.*, pág. 141.

Todavia, poder-se-á legitimamente questionar se não ocorre efectivamente a violação do direito de resposta nas hipóteses em que um periódico não publica as respostas e naqueloutra de recusa de publicação nos termos do n.º 7 do art. 26.º da Lei 2/99, sem ter fundamentado devidamente a sua decisão, tal como lhe é exigido, *expressis verbis*, neste preceito legal. *Prima facie*, poderemos falar a este propósito de situações de violação do direito de resposta. Tal não corresponde, porém, à realidade jurídica. Com efeito, ao proceder assim, o periódico não está a violar o direito do respondente, porquanto uma tal prerrogativa está constituída, preenchidos que estejam os respectivos requisitos, e como tal, não é susceptível de contestação. Apenas está a perpetuar a violação dos direitos de personalidade já desencadeada com a publicação do artigo respondido.

A nossa ordem jurídica ao permitir (n.º 1 do art. 27.º da Lei 2/99) o recurso da recusa ilícita para o tribunal judicial do domicílio do respondente e ou para a Entidade Reguladora da Comunicação Social, não tem em vista, em caso de procedência do pedido, a condenação dos periódicos à respectiva publicação. Antes porém, a publicação das respostas é imposta coercivamente aos periódicos como uma espécie de execução em via específica, sem possibilidade de recusa de acatamento da ordem judicial, tal como poderia suceder se estivesse em causa uma simples sentença de condenação.

Para o efeito da publicação coercitiva ocorrer, basta verificar apenas se os pressupostos do direito de resposta estavam preenchidos. Todo este regime decorre sem margem para dúvidas, do disposto no n.º 4 do art. 27.º da lei 2/99. Ao optar por este modelo de realização coercitiva do direito de resposta, o legislador mais não faz do que remover de forma particularmente eficaz os obstáculos práticos às formas concretas do exercício de um direito de natureza inviolável. Na verdade, a admissibilidade do direito de resposta encontra-se dependente da observância de requisitos, cuja averiguação da sua existência no caso concreto, pode revelar-se particularmente complexa. Aliás, aceitando-se como motivo de recusa da publicação da resposta uma cláusula geral "carecerem manifestamente de todo e qualquer fundamento" (n.º 7 do art. 26.º), assim como a violação do disposto no n.º 4 do art. 25.º, onde se proscreve a utilização nas respostas de "expressões desproporcionadamente desprimorosas", torna-se amiúde tarefa difícil saber se tais condições se encontram reunidas. Razão por que os periódicos podem levantar algumas dificuldades na publicação das respostas por entenderem não estar preenchidos os mencionados pressupostos. Ora, em tais situações não se pode falar propriamente em violação do direito de resposta, mas antes perante um problema prévio de apuramento de existência de um tal direito.

Todas estas dificuldades prendem-se pois com a circunstância de a delimitação do âmbito do direito de resposta não ser uma actividade lógico-substantiva. Neste contexto, a apreciação, em via de recurso, desta questão prévia, seja por via judicial, seja através da já extinta Alta Autoridade para a Comunicação Social (e agora Entidade Reguladora da Comunicação Social), revela-se um instrumento indispensável para o afastamento dos obstáculos suscitados ao exercício do direito de resposta. Não vigora entre nós um sistema prévio de controlo judicial ou administrativo, o qual representaria também uma condição para o exercício do direito de resposta. Apesar da adopção de um destes modelos poder evitar alguns problemas suscitados pelo regime acabado de descrever, revelando-se mais conforme com as exigências de segurança jurídica, levantaria contudo enormes embaraços ao célere exercício do direito de resposta. Ora, como sabemos a tempestividade do exercício deste direito constitui uma das garantias fundamentais para lhe conferir efectividade. A este propósito, cfr. LODATO, MARIA GABRIELLA, *Diritto di rettifica...*, ob. cit., pág. 683. Porém, mesmo adoptando-se um destes sistemas de controlo prévio, em nada alteraria a natureza jurídica do direito de resposta.

Na verdade, o traço essencialmente característico dos direitos potestativos reside na atribuição ao seu titular de um poder inelutável de produção de efeitos jurídicos na esfera

Os efeitos jurídicos positivos associados ao direito de resposta (a faculdade de responder ou contestar), produzem-se inelutavelmente na esfera jurídica da contraparte. Tendo em conta os atributos acabados de mencionar, devemos qualificar o direito em análise como um direito potestativo constitutivo([1127]). Os direitos potestativos criam, na verdade, para o sujeito passivo uma situação de sujeição, sendo esta o outro traço característico deste tipo de prerrogativas.

Com efeito, perante um poder tão forte (inelutável) atribuído aos titulares dos direitos, não resta aos seus destinatários senão sujeitarem-se à produção dos efeitos correspondentes ao exercício daquelas prerrogativas. Ora, os periódicos encontram-se precisamente nesta posição de sujeição, quando confrontados com o exercício do direito de resposta pelas pessoas visadas nas notícias difundidas nos órgãos de comunicação social.

Poder-se-á, no entanto, legitimamente questionar se o respondente não poderá exigir uma indemnização pelos danos não patrimoniais por si sofridos em virtude da demora no restabelecimento público da sua imagem, ou até por danos patrimoniais resultantes de lucros cessantes derivados da publicação do artigo respondido. Um tal montante indemnizatório a ser atribuído, nunca poderá fundar-se na "violação" do direito potestativo à resposta, o qual, como vimos, é, por sua natureza, inviolável. A recusa da resposta, o correspectivo atraso na sua publicação poderão quando muito ter contribuído para perpetuar a violação aos direitos de personalidade (bom nome e reputação) já iniciado com a divulgação do artigo respondido.

Assim sendo, poder-se-á colocar uma questão de responsabilidade civil extracontratual por violação de direitos absolutos, à qual é associável uma obrigação de indemnizar cuja titularidade passiva é susceptível de ser

---

jurídica de outrem. Porém, o exercício deste tipo de prerrogativa pode consubstanciar-se tão somente na prática de actos de iniciativa do respectivo titular, ou na necessidade de integração destes por um acto de uma entidade pública (mormente dos órgãos judiciais). Basta ter em conta o regime jurídico português do direito ao divórcio até à pouco tempo em vigor, para podermos concluir que a sua natureza potestativa não era atingida pela circunstância do respectivo exercício implicar o recurso forçoso aos órgãos judiciais. A doutrina qualificou sempre, sem quaisquer hesitações, o direito ao divórcio como um direito potestativo extintivo (cfr., por todos, VARELA, J. ANTUNES, *Das Obrigações ... I, ob. cit.,* pág. 56 (nota 4).

Mesmo na vigência da actual lei, o exercício deste direito, implica a intervenção de uma entidade pública, conquanto não judicial – o conservador do registo civil. Ora, uma tal circunstância não invalida a qualificação do direito ao divórcio como um direito potestativo.

([1127]) Neste sentido, cfr. LAX, PIERLUIGI, Il diritto di rettifica nell'editoria e nella radiotelevisione, Padova, 1989, pág. 22.

assumida pelo autor do artigo e pela empresa jornalística solidariamente (art. 29.º, n.ᵒˢ 1 e 2 da lei 2/99).

Porém, o surgimento de um tal tipo de problemas jurídicos não é forçoso, encontrando-se dependente da violação pelo autor do artigo respondido dos direitos de personalidade do visado. Ora, como sabemos, o exercício do direito de resposta pode basear-se noutros fundamentos em relação aos quais não se coloquem essas questões.

## 2.2. O direito à publicação de sentenças judiciais enquanto instrumento de tutela do direito ao crédito e ao bom nome

Um outro meio particularmente importante para a tutela do bom nome e da reputação com alguma proximidade com o direito de resposta é o direito de quem tenha sido atingido naqueles bens da personalidade ver publicada na imprensa uma sentença onde seja reconhecida a ocorrência de tais violações. Por regra, estamos a pensar em sentenças condenatórias proferidas no âmbito de acções de responsabilidade civil por ofensas ao bom nome e ao crédito, onde para além da obrigação imposta ao lesante de pagamento de um determinado montante indemnizatório, se exige também a publicação, a expensas deste, da respectiva decisão.

Porém, pode estar em causa a publicação de uma sentença cujo conteúdo se traduza unicamente na ordem de afixação na imprensa de sentença onde seja reconhecida a existência do ilícito ao bom nome e ao crédito e identificado o respectivo responsável, ou seja, a quem é imposta esta obrigação de suportar os encargos com a divulgação da respectiva decisão judicial([1128]).

Trata-se de um mecanismo de tutela regulado especificamente na lei, apesar de não estar previsto na Constituição, tal como sucede no direito de resposta. Porém, o n.º 4 do art. 34.º da Lei de Imprensa refere-se unicamente à publicação das decisões judiciais condenatórias proferidas em acções de responsabilidade civil na sequência de ilícitos cometidos através da imprensa. Razão por que o meio de tutela em análise deve considerar-se apenas parcialmente típico. Com efeito, a relevância do direito à publicação das decisões judiciais extravasa manifestamente o âmbito dos ilícitos perpetrados através da comunicação social.

---

([1128]) Estamos a pensar naquelas situações em que a reconstituição natural alcançada através da adopção deste meio de tutela se revela idónea para reparar integralmente os prejuízos sofridos pelo lesado (art. 566.º, n.º 1).

O recurso a este tipo de expediente jurídico continua a encontrar fundamento na cláusula geral do nosso art. 70.º n.º 2, onde se faculta a quem tenha sido alvo de ataques à sua personalidade física ou moral o recurso às "providências adequadas às circunstâncias do caso, com o fim de evitar a consumação da ameaça ou atenuar os efeitos da ofensa já cometida".

Neste contexto, encontramo-nos então colocados perante as comummente designadas medidas atípicas([1129]) de tutela da personalidade humana. Tais meios de tutela, apesar de poderem revelar-se independentes

---

([1129]) Neste sentido, cfr. MOREIRA, VITAL, *O Direito de Resposta...*, ob. cit., pág. 164 e ss. Porém, o autor procedia à caracterização deste direito num momento (1994) em que ainda não estava previsto na lei da imprensa o direito em análise. Apesar da epígrafe do art. 54.º do Dec.-Lei n.º 85-C-75 se referir genericamente a "publicações das decisões judiciais", a realidade aí regulada não era, contudo, a mesma.

No âmbito normativo deste preceito legal fazia-se tão somente referência à publicação de decisões condenatórias proferidas em relação a crimes de imprensa cometidos pelos periódicos. Assim sendo, a obrigação de publicação a cargo da imprensa aparecia aqui circunscrita às hipóteses mais graves, ou seja, aquelas onde se registe a prática de crimes. Razão por que a publicação dessas decisões obedecia ao princípio da gratuitidade (n.º 1 do art. 54.º do Decreto-Lei de 75). Apesar de no n.º 1 do art. 34.º da lei 2/99 não se proclamar, *expressis verbis*, à semelhança de quanto se prescrevia no n.º 1 do art. 54.º do Dec.-Lei de 75, a regra de ausência de custos para a publicação das condenações de natureza penal, esta deve depreender-se do disposto no n.º 3 do art. 34.º onde se prevê o pagamento dos custos da divulgação das sentenças a cargo dos responsáveis, nas hipóteses de o periódico onde foram cometidos os crimes de imprensa não ter cumprido a obrigação de as publicar.

Esta situação excepcional era, de resto, já prevista no âmbito do Dec.-Lei de 75 (n.º 2 do art. 54.º). Mantendo o legislador a necessidade de se referir especificamente a estas hipóteses, parece ter também admitido, sem dificuldades, a inalterabilidade da regra da gratuitidade para as situações típicas de publicação das decisões condenatórias penais nos periódicos onde foram cometidos os crimes de imprensa. A favor de uma tal orientação depõe não apenas a natureza das próprias situações reguladas, como ainda a própria tradição legislativa nesta matéria, de resto não expressamente modificada pela redacção do actual n.º 1 do art. 34.º da Lei de Imprensa. A omissão legislativa sobre esta matéria não equivale, de modo algum, ao abandono da regra da gratuitidade. A aplicação de um tal regime revela-se, de resto, compreensível, porquanto desta forma se acaba por estabelecer uma sanção contra condutas particularmente censuráveis adoptadas pela imprensa.

Apenas com a lei 2/99 de 13 de Janeiro se prevê, para além das situações indicadas no Dec.-Lei de 75, a publicação de decisões condenatórias proferidas no âmbito de acções de responsabilidade civil (n.º 4 do art. 34.º desta Lei). O legislador não regula detalhadamente o modo de exercício do direito à publicação em tais hipóteses, remetendo antes para o regime instituído nos números anteriores a propósito das sentenças condenatórias por crimes cometidos através da imprensa. Além do conteúdo remissivo do preceito, declara-se ainda a necessidade de proceder à adaptação daquele regime face às especificidades próprias das decisões proferidas em acções de responsabilidade civil. Entre as particularidades dignas de registo neste contexto, cumpre acentuar a falta de gratuitidade da publicação.

da questão da responsabilidade civil, não deixam de assumir uma particular relevância neste âmbito.

**2.2.1. *O direito à publicação de sentenças condenatórias no universo das medidas de restituição natural.* Exercício cumulativo ou alternativo de um tal direito com o direito de resposta**

Cumpre, porém, debruçarmo-nos sobre a importância da obrigação de publicar a sentença onde se encontre definida a existência do ilícito ao bom nome e ao crédito, e identificado o respectivo responsável, a qual representa, como já referimos, um expediente parcialmente tipificado com particular relevo na área de responsabilidade civil.

A reconstituição *in natura* enquanto modalidade preferencial da obrigação de indemnizar encontra neste mecanismo um aliado significativo, pois pretende-se fundamentalmente com a sua utilização alcançar o restabelecimento da verdade([1130]) e do prestígio daqueles que tenham sido atingidos com o comportamento que esteve na base da condenação proferida na sentença.

Estando em causa um expediente situado no mesmo universo onde se integra o direito de resposta, poder-se-á legitimamente questionar se será possível cumular o exercício do direito de resposta com este direito à publicação das sentenças([1131]).

---

([1130]) A este propósito, *vide* GIARDA, ÂNGELO, *La pubblicazione della sentenza penale di condanna come mezzo di risarcimento del danno non patrimoniale derivante da reato*, in Tutela dell'Onore e Mezzi di Comunicazione di Massa, Milano, 1979, pág. 139.

([1131]) Um tal problema foi equacionado por Vital Moreira, restringindo, porém, a sua relevância às áreas onde seja admitido o exercício do direito de resposta. Como refere o autor "o problema da cumulação ou da concorrência só se coloca em relação às publicações periódicas e outros meios de comunicação onde existe o instituto do direito de resposta, visto que noutras áreas (*v.g.*, publicações não periódicas) a "resposta" ou "rectificação" só pode conseguir-se justamente por via das referidas providências atípicas. Cfr. MOREIRA, VITAL, *O Direito de Resposta ...*, ob. cit., pág. 165.

As mesmas observações foram expendidas por Vicento Ricciuto, considerando inevitável o recurso aos mecanismos atípicos abrangidos pelo art. 700.º do Códice Proc. Civile, a fim de garantir a tutela dos bens protegidos com o direito de resposta sempre que as respectivas agressões tenham ocorrido fora da imprensa periódica, da rádio e da televisão. Cfr. RICCIUTO, VICENZO, *Diritto di Rettifica e Art. 700 C.P.C.: Novitá, Conferme e Tendenze Restrittive in Alcuni Recenti Provvedimenti Pretorili*, in Il Diritto dell'Informazione e dell'Informatica, n.º 2, 1990, pág. 578.

Tratam-se então de questões diversas. Enquanto no problema analisado pelos autores acabados de mencionar, a ausência de exclusividade do exercício do direito de resposta, tal como ele surge regulado no âmbito da respectiva legislação, resulta da circunstância de a

Apesar de revestirem a mesma natureza (formas de reconstituição natural do dano), as figuras em análise têm um alcance e impacto diferente, razão porque não podemos impedir a publicação das sentenças, pela simples circunstância de o lesado ter já lançado mão do direito de resposta([1132])([1133]).

situação em análise não se enquadrar no âmbito da aplicabilidade desse diploma, já na óptica pela qual encaramos a questão, encontramo-nos situados face a hipóteses integradas no quadro normativo regulador do direito de resposta, colocando-se, porém, os problemas a nível das limitações ali estatuídas a propósito das concretas condições de exercício desta prerrogativa. Utilizando a sugestiva terminologia de Leite Campos, podemos falar de concorrência alternativa (electiva) ou de concorrência cumulativa de normas, cfr. CAMPOS, D. LEITE, *A Subsidiariedade da Obrigação de Restituir o Enriquecimento*, Coimbra, 1974, pág. 35.

([1132]) Em texto referimo-nos somente ao problema do cumulo do exercício do direito de resposta com aqueloutro da publicação das sentenças condenatórias ou de outras medidas atípicas de tutela da personalidade previstas no art. 70.º. Todavia, pode colocar-se também neste contexto uma outra questão com aquela conexa traduzida na alternatividade do exercício do direito de resposta face a outros expedientes acabados de mencionar, quando as declarações desencadeadoras do direito de resposta atinjam, para além da reputação e o bom nome, outros direitos da personalidade não protegidos naquela prerrogativa fundamental prevista na constituição e na lei de imprensa.

Com efeito, o núcleo de direitos de personalidade susceptíveis de ser tutelados com as medidas atípicas previstas no art. 70.º é bem mais amplo que aqueloutro protegido no âmbito do direito de resposta. Assim, na eventualidade de o recurso a este mecanismo de tutela permitir apenas uma reparação parcial dos prejuízos sofridos pelo lesado, torna-se então inevitável a convocação de outros mecanismos de reconstituição *in natura*, se aquele pretender uma integral reposição, ou seja, ficar colocado em situação idêntica à que se encontraria se não tivesse ocorrido a prática do facto lesivo.

Em tais situações a alternatividade entre o direito de resposta e os outros mecanismos de tutela pode surgir como a solução mais ajustada. A superação dos limites impostos pelo quadro normativo regulador do direito de resposta pode alcançar-se ou pela via de acumulação deste expediente com os procedimentos previstos no art. 70.º, ou através da opção por estes últimos, em virtude de serem reputados como uma alternativa mais viável para efectivar as pretensões dos lesados.

Neste sentido, cfr. RICCIUTO, VINCENZO, Diritto di rettifica e art. 700.º C.P.C..., *ob. cit.*, pág. 578, LAX, PIERLUIGI, Il diritto di rettifica..., *ob. cit.*, págs. 99 e ss., ARCESE, GERARDO, Riflessione sull'autonomia dell'identitá personale, in Rassegna di Diritto Civile, 1985, I, pág. 241, NANNI, GUSTAVO, *Diritto di rettifica, identitá personale e principio di uguaglianza*, in Il diritto dell'informazione e dell'informatica, 1989, n.º 1, pág. 286 (o autor debruça-se sobre esta questão no âmbito da análise das relações entre o direito à identidade pessoal e a rettifica, pronunciando-se a este propósito sobre as potencialidades e as limitações deste meio de tutela enquanto mecanismo de reparação natural das violações daquele direito).

([1133]) No sentido de considerar que o exercício do direito de resposta não preclude a possibilidade de publicação da sentença condenatória, cfr. FIGONE, ALBERTO, *Il Diritto di Rettifica nelle Recenti...*, *ob. cit.*, pág. 408.

Como já deixámos referido, o direito de resposta, apesar de poder constituir um instrumento importante para o apuramento da verdade, não representa senão uma manifestação da perspectiva do respondente acerca dos acontecimentos ou opiniões contidas no artigo respondido. Em suma, a publicação da resposta não se encontra dependente de uma apreciação pelo periódico da veracidade das afirmações dela constantes.

Ora, o mesmo não se passa no tocante ao direito à difusão através da imprensa de sentenças condenatórias. Ao impor-se, por via judicial, a obrigatoriedade de publicação de uma sentença onde se reconheça a falta de veracidade, ou o carácter ofensivo das declarações do artigo respondido, o público confere maior credibilidade a este evento noticioso. Com efeito, encontramo-nos perante a divulgação de uma decisão judicial, a qual teve na base um juízo proferido por um terceiro imparcial[1134].

Enquanto o artigo derivado do exercício do direito de resposta pode ser visto pelos leitores destinatários como um instrumento ou elemento integrante de um conflito, a publicação da decisão relaciona-se já com a resolução do mesmo. Para além disso, provindo a sentença de um órgão com uma especial *auctoritas*, o público tende a confiar mais intensamente nas orientações ali expressas[1135]. Assim, considerar-se-á tanto mais eficaz o expediente jurídico utilizado quanto maior for a *auctoritas* de quem promove o emprego desses mecanismos.

Na verdade, um procedimento decretado por um tribunal tem em princípio outra força que não goza uma medida promovida por um particular. Todavia, também a obrigação de publicar uma decisão judicial num periódico acaba por ter na base uma iniciativa de particular. Com efeito, a sentença nunca teria sido proferida se o lesado não tivesse intentado uma acção em tribunal. Porém, a força deste mecanismo de reconstituição do dano reside na circunstância de lhe estar subjacente uma decisão de um órgão de soberania. Optar pela publicação da decisão judicial fica assim dependente de uma apreciação pelo tribunal do pedido perante si deduzido.

Ora, o mesmo não sucede com o direito de resposta, onde a sua efectivação não se encontra dependente de intervenção judicial, impondo-se a pretensão dos particulares inelutavelmente ao periódico. Assim sendo,

---

[1134] Este meio de tutela encontra-se expressamente previsto na lei orgânica espanhola de 1/1982 de 5 de Maio, na parte final do n.º 2 do art. 9.º.

[1135] Estamos aqui a proceder a uma graduação da eficácia dos meios de reparação natural, tomando como referência um critério da origem, fonte ou iniciativa. Sobre esta matéria, cfr. MOREIRA, VITAL, *O Direito de resposta...*, ob. cit., pág. 165, NANNI, GUSTAVO, *Diritto di rettifica...*, ob. cit., pág. 286.

a reabilitação pública da imagem das pessoas visadas no artigo onde constam as ofensas ou as afirmações inverídicas pode alcançar-se mais eficazmente através do expediente da publicação das sentenças que pelo direito de resposta.

Uma tal constatação revelar-se-á tanto mais certa, se atendermos à circunstância de o expediente da publicação das decisões judiciais ser susceptível de atingir um círculo de destinatários mais amplo. Na verdade, enquanto a publicação da resposta apenas tem lugar no periódico onde foi divulgado o artigo respondido, a difusão por ordem judicial das sentenças pode verificar-se em órgãos de comunicação social distintos, e capazes de influenciar mais intensamente a opinião pública, face ao seu maior espectro de actuação.

Esta maior eficácia irradiante das notícias onde sejam divulgadas as decisões judiciais não pode considerar-se como uma característica pouco relevante, se tivermos em conta que a curiosidade em torno de notícias ofensivas se estende muito para além do círculo habitual de leitores do periódico onde aquelas tenham sido publicadas[1136].

Revelando-se particularmente difícil apagar da memória do público a deformação da imagem das pessoas causada pelas notícias difamatórias, torna-se fundamental alargar o mais possível o âmbito de irradiação dos artigos fundamentalmente destinados a atenuar os efeitos dos ataques dirigidos à personalidade dos visados pelos artigos difundidos na comunicação social[1137].

Aliás, a eficácia redobrada deste mecanismo de reparação *in natura* revela-se tanto mais importante quanto é certo que a decisão judicial vem a ser concerteza proferida com uma distância temporal significativa do momento da divulgação dos eventos noticiosos responsáveis pelas agressões ao bom nome e à reputação dos lesados. Ou seja, na memória colectiva ficaram durante muito tempo registadas apenas as informações ofensivas ou inverídicas. Razão por que, quando em relação ao mesmo assunto, e bastante mais tarde, se verifica uma clarificação da problemática em análise, impõe-se despertar a atenção do público para uma realidade por ele já sentida como distante, e perfeitamente definida de acordo com as indicações

---

[1136] Neste sentido, cfr. MOREIRA, VITAL, *O direito de resposta...*, ob. cit., pág.

[1137] Neste sentido se pronuncia Angelo Giarda, convocando aqui as exigências regulativas da proporcionalidade. No entendimento do autor, a eficácia deste meio de reposição da verdade encontra-se dependente do seu conhecimento pelo mesmo círculo de pessoas que, do ponto de vista físico e social, tenham sido os destinatários do facto causador do dano. GIARDA, ANGELO, *La pubblicazione della sentenza...*, ob. cit., pág. 141.

contidas no artigo originariamente difundido. Daí, se atribuir uma particular importância à maior amplitude do direito à divulgação pública das decisões judiciais.

Esta possibilidade de recurso cumulativo a distintos mecanismos de restituição natural afirma-se não apenas entre o direito de resposta e aqueloutro da publicação das sentenças, como ainda entre este e a retractação. Atenta, pelos motivos expostos, a significativa força ressarcitória do direito à publicação de sentenças judiciais condenatórias, compreende-se a possibilidade de recorrer a este expediente quando a retractação do lesante não logre alcançar a finalidade reintegrativa pretendida([1138]). Como iremos verificar, a retractação constitui no universo da restituição natural um meio de tutela mais eficaz que o direito de resposta.

## 2.3. Os direitos de resposta e de publicação de sentenças condenatórias e a reconstituição in natura

Em face de toda a exposição anterior em torno do direito de resposta e do direito à publicação de sentenças, não temos quaisquer dúvidas em incluí-los no elenco das medidas de reparação natural([1139])([1140]), cujo

---

([1138]) Cfr., a este propósito, ABREU, L. VASCONCELOS, *A violação de direitos de personalidade...*, ob. cit., págs. 472-473.

([1139]) Não é todavia pacífica a qualificação do direito de resposta e de outras figuras afins como a publicação de sentenças condenatórias, a retractação pública ... como formas de reparação natural. Neste sentido, reportando-se especificamente ao direito de resposta, Ennio Colucci entende que neste expediente jurídico, por não se realizar um controlo da verdade e objectividade do artigo respondido, não é possível então visualizar um mecanismo de *risarcimento in forme specifica*, cfr. COLUCCI, ENNIO, *La rettifica come risarcimento...*, ob. cit., págs. 142 e ss. (em particular, 145).

Partindo do pressuposto da impossibilidade de levar a cabo a restituição *in natura* no domínio dos danos não patrimoniais, regista-se uma certa tendência para não considerar estes expedientes jurídicos como meios idóneos para conseguir apagar as consequências danosas produzidas em bens da personalidade do lesado, como sejam o bom nome e o crédito. Não sendo considerados como meios de reparação natural, nem se traduzindo em formas de indemnização em dinheiro, os expedientes supra mencionados seriam fatalmente lançados para uma espécie de limbo jurídico.

Porém, mesmo quem coloque um particular ênfase na dificuldade de haver lugar para a restituição natural no âmbito dos danos não patrimoniais, tende a ver a publicação da sentença, a retractação, o direito de resposta, como medidas capazes de permitir uma "represtinação do direito violado", cfr. VINEY, GENEVIÉVE, *La responsabilité: effets, in* Traité de Droit Civil, (dir. Jacques Ghestin), 2.ª ed., Paris, 1995, pág. 20, configurando-as como formas de uma tutela autónoma e específica face aos demais mecanismos de reparação dos

objectivo se traduz na reposição da situação jurídica de quem tenha sido lesado em virtude de ataques dirigidos a bens fundamentais da sua personalidade, tais como o bom nome e o crédito([1141]).

À semelhança de quanto sucede com a aplicabilidade da sanção pecuniária compulsória no âmbito do ilícito previsto no art. 484.º, também o direito de resposta pode ser como um mecanismo de tutela autónomo face às questões de responsabilidade civil([1142]). Uma tal autonomia revela-se, na verdade, mais intensa quando confrontada com o expediente da publicação de sentenças. Com efeito, encontramo-nos aqui colocados perante um instituto filiado no universo da responsabilidade civil.

Desta feita, e no tocante à protecção dos bens da personalidade, o direito de resposta goza de uma eficácia irradiante para além do núcleo de situações especialmente previstas no preceito do Código Civil atrás mencionado.

---

danos. Neste sentido, parece ainda propender Enza La Torre, ao colocar em destaque o reequilíbrio informativo como finalidade associada ao exercício do direito de resposta. Cfr. TORRE, MARIA ENZA LA, *Sul diritto di rettifica di notizia publicata su di un "manifesto", in Il Foro Italiano*, 1990, vol. CXIII, Parte I, págs. 2367-2368.

([1140]) Neste sentido, cfr. RIESE, CHRISTOPH, *Vergaberecht...*, ob. cit., pág. 301.

([1141]) Cumpre, porém, acentuar que tanto em relação à reparação *in natura*, quanto à indemnização em dinheiro, o objectivo da obrigação de indemnizar é colocar o lesado na situação hipotética em que este se encontraria se não tivesse ocorrido a prática do facto lesivo. Não está então em causa uma simples reposição da situação anterior à verificação do ilícito. Como sublinha Antunes Varela "consistindo a lesão na destruição de certos animais (coelhos, pintos, leitões, etc.) ou de certas plantas em viveiro, que a reconstituição se há-de operar tendo em conta a idade (o desenvolvimento, e por consequência, o valor) que os animais ou as plantas teriam, se não tivessem sido destruídos, à data em que a substituição é efectuada". Cfr. VARELA, J. ANTUNES, *Direito das Obrigações I...*, ob.cit., pág. 905.

Ora, o mesmo critério se deve aplicar a propósito da reparação *in natura* de bens jurídicos da personalidade como o bom nome e o crédito. Assim sendo, o direito de resposta e outras medidas afins apenas funcionam como medidas de reparação natural se permitirem ao respondente alcançar a imagem pública que previsivelmente lhe seria associada ao tempo da restituição se não fosse a circunstância de ter sido alvo de ataques ao seu bom nome e crédito.

([1142]) Ao incluirmos o direito de resposta no universo da restituição *in natura* estamos fundamentalmente a colocar em destaque a sua aptidão e finalidade reintegrativa (cfr., neste sentido, WAGNER, GERHARD, anotação ao §824 do B.G.B., *in* Münchener Kommentar..., ob. cit., pág. 1864, MESSINETTI, DAVIDE, *Recenti Orientamenti...*, ob. cit., pág. 184-185), assim como a índole não patrimonial desta medida. Assim sendo, este expediente jurídico participa de características comuns às típicas medidas de restituição natural mencionadas no n.º 1 do art. 566.º, conquanto, do ponto de vista técnico, não se possa considerar rigorosamente integrada neste domínio específico.

Com efeito, o direito de resposta mesmo quando assuma relevo no âmbito da responsabilidade civil, mantém sempre a sua autonomia face a esta fonte das obrigações. Tendo

Na verdade, quando as referências inverídicas à pessoa visada pelo artigo respondido constituam uma ameaça ao livre desenvolvimento da sua personalidade, ou se revelem mesmo ofensivas da sua honra, bom nome ou reputação sócio-económica..., sem contudo se registar uma hipótese de responsabilidade civil, poderá haver lugar ao exercício do direito de resposta.

Uma tal constatação não é contudo incompatível com o reconhecimento da relevância deste mecanismo de tutela no âmbito do ilícito ao bom nome e ao crédito. Antes pelo contrário. Apesar de o direito de resposta não facultar ao lesado uma indemnização por equivalente, certo é que este pode continuar a ter um interesse em recorrer a um tal expediente jurídico. Como resulta claramente do art. 562.º, o objectivo fundamental da obrigação de indemnizar traduz-se na reposição de lesado na situação em que este se encontraria se não tivesse ocorrido a prática do facto lesivo.

Ora, a exposição pelo lesado no mesmo meio de comunicação social onde foram divulgadas as notícias ofensivas da versão pessoal dos acontecimentos, pode constituir um instrumento particularmente eficaz para apagar a má imagem pública criada em seu torno na sequência da publicação do artigo respondido. Como sugestivamente considera Stefano Rodotà encontramo-nos perante um mecanismo de reparação do dano de tipo coloquial[1143].

Aliás, num domínio onde está particularmente em jogo a compensação dos danos não patrimoniais, o exercício do direito de resposta pode revelar-se um meio idóneo para reparar, pelo menos parcialmente, as ofensas dirigidas ao respondente[1144]. Assim sendo, o recurso ao direito de res-

---

em conta o sentido técnico preciso de restituição natural, uma certa doutrina nega uma tal qualificação ao direito de resposta. Cfr. FIGONE, ALBERTO, *Il diritto di rettifica nelle recenti elaborazione di dottrina e giurisprudenza, in* Giurisprudenza Italiana, 1987, parte IV, pág. 407, AULETTA, TOMMASO A., *La riparazione del danno per la diffusione di notizie contrarie a veritá, in* Il Diritto all'Identitá personale, Padova, 1981, pág. 119.

[1143] Uma tal nota, surge com maior evidência no âmbito da *rettifica* televisiva, mas não deixa de se verificar também no âmbito da imprensa. Cfr. RODOTÀ, STEFANO, *Techniche risarcitorie..., ob. cit.,* págs. 57-58.

[1144] Porém, o universo dos danos não patrimoniais é normalmente apontado como um sector onde a restituição *in natura* não se revela sempre possível. Na verdade, pela sua natureza este tipo de prejuízos (o sofrimento psíquico, os desgostos, o desprestígio social...) dificilmente são susceptíveis de ser repostos ou removidos. Com efeito, está em causa a lesão de bens infungíveis. Todavia, certo tipo de expedientes jurídicos (a publicação das sentenças onde foram condenados quem promoveu os actos capazes de provocarem a diminuição ou desconsideração social, a retractação pública de quem cometeu as referidas ofensas, o direito de resposta), uma vez que consubstanciam comportamentos

posta não exclui a possibilidade de o lesado reclamar um indemnização por equivalente.

Com efeito, estando em causa a ressarcibilidade de danos patrimoniais, como acontece quando nos encontramos face a violações do bem jurídico do crédito, o recurso ao direito de resposta não exclui a dedução de um pedido indemnizatório em dinheiro([1145]). Na verdade, a reposição da situação jurídica do lesado a um estado idêntico ao que existiria antes da ocorrência do ilícito pode implicar em tais hipóteses o recurso à indemnização por equivalente.

Todavia, a idoneidade do mecanismo de reparação natural em análise para garantir uma tutela satisfatória da posição do lesado estende-se claramente para além do núcleo de hipóteses acabado de mencionar, afirmando-se, como já vimos anteriormente, quando se registem fundamentalmente danos não patrimoniais. Porém, as limitações normalmente impostas nas legislações reguladoras do direito de resposta quanto ao local da publicação do texto onde este se concretiza, circunscrevendo-a ao perió-

---

onde se manifesta uma contrição ou arrependimento (ex.: a retractação), ou são susceptíveis de provocar um abalo na imagem social de quem adoptou condutas ofensivas (ex.: publicação de sentenças), podem considerar-se idóneos para repor o equilíbrio psíquico do lesado afectado pelas afirmações lesivas do seu bom nome e crédito. Razão por que nos encontramos perante mecanismos excepcionais de restauração natural admissíveis no âmbito dos danos não patrimoniais. Neste sentido, Cfr. VARELA, J. ANTUNES, *Das Obrigações em Geral I, ob. cit.*, pág. 906 (nota 1), COSTA, M. ALMEIDA, *Direito das Obrigações..., ob. cit.*, pág. 771, VELOSO, MARIA MANUEL, *A Compensação do Dano..., ob. cit.*, págs. 220-221.

Encontrando-nos então perante expedientes excepcionais capazes de garantir uma reparação *in natura* de prejuízos, por regra, não susceptíveis de um tal tipo de reposição, devemos considerar a tutela por estes realizada como particularmente intensa. Ao contenderem com a dimensão social do lesante, em virtude das declarações públicas de arrependimento por este proferidas, ou por causa do reconhecimento da sua culpa na sentença a cuja divulgação se procede, o lesado poderá encontrar nestes meios de tutela uma compensação mais idónea, e quase integral, para as profundas dores espirituais e deformação social da sua imagem causadas pelas afirmações contra si publicamente divulgadas.

O mesmo raciocínio deve valer em relação ao direito de resposta, na medida em que é facultado ao respondente lesado exercer através da imprensa o contraditório face às afirmações consideradas lesivas da sua personalidade. No fundo, perante ataques a bens de ordem não patrimonial, abre-se a quem é agredido a possibilidade de defender-se através de meios com a mesma índole ou natureza, ou seja, igualmente não patrimoniais. Apesar das dificuldades de assegurar a reparação *in natura* no âmbito dos danos não patrimoniais, certo é que quando esta se revela possível pode considerar-se, como referimos em texto, um meio idóneo, diríamos mesmo, o mais idóneo, para reparar, pelo menos parcialmente, as ofensas dirigidas ao respondente.

([1145]) RIESE, CHRISTOPH, *Vergaberecht, ob. cit.*, pág. 301.

dico onde foi divulgado o artigo respondido, assim como o estabelecimento de restrições quanto ao espaço reservado para as respostas, constituem factores de neutralização da eficácia reparadora deste mecanismo dela([1146]).

Para além disso, e como já referimos a propósito da distinção entre o direito de resposta e o da publicação das sentenças, a figura em análise não goza de uma particular *auctoritas* derivada do desempenho de funções públicas e soberanas pelo seu autor. Com efeito, ao exercer o direito de resposta, o particular visado pelo artigo respondido, desprovido de todo e qualquer *ius imperium,* apenas se limita a expor a sua versão acerca dos acontecimentos ali narrados. Ora, tal não se passa quanto ao direito do lesado ver publicadas decisões judiciais relativas a conflitos onde se encontre coenvolvido. Na verdade, as sentenças devem ser respeitadas, entre outros motivos, pela circunstância de serem emanadas por uma entidade soberana.

Um tal *deficit* de legitimidade do direito de resposta levou Gustavo Nanni a considerar a *rettifica* como um meio de tutela menos intenso do ponto de vista da sua substância e força reparatória. Esta conclusão ganha uma força significativa, se tivermos em conta a mais intensa dimensão ressarcitória patenteada pelo direito à publicação das sentenças condenatórias. Paradoxalmente, o direito de resposta permite aos particulares atingidos nos bens da sua personalidade, ou em relação a quem sido visado por afirmações inverídicas, um mais fácil acesso aos meios de comunicação social para reagirem contra tais ataques.

Com efeito, a desnecessidade de levar a cabo um controlo judicial, ou administrativo, para efectivar o exercício da faculdade jurídica em análise, associada à gratuitidade deste expediente jurídico, permite, por um lado, uma mais célere e imediata reparação das ofensas cometidas, e, por outro, um recurso mais generalizado e universal a um modo, conquanto superficial, de garantir a reconstituição *in natura* dos prejuízos sofridos. Razão por que Nanni se tenha referido também à *rettifica* como uma forma de tutela mais eficaz, do ponto de vista superficial([1147]).

Não querendo porém insistir nesta polémica em torno da maior ou menor eficácia do direito de resposta enquanto forma de reparação *in natura* face a outros instrumentos de tutela como o direito à publicação de

---

([1146]) Sobre tais dificuldades, cfr. COLUCCI, ENNIO, *La rettifica como risarcimento...,* ob. cit., págs. 143 e ss.

([1147]) Acerca desta dualidade dialéctica suscitada pela *rettifica* enquanto expediente jurídico capaz de permitir uma restituição *in natura* dos prejuízos do lesado, cfr. NANNI, GUSTAVO, *Diritto di rettifica...,* ob. cit., pág. 290.

sentenças, cumpre tão somente acentuar, em face das características atrás mencionadas, a insuficiência reparatória patenteada pela *rettifica,* mesmo quando esteja em causa unicamente a ocorrência de danos não patrimoniais.

Desta feita, a restituição *in natura* da posição jurídica do lesado no âmbito do ilícito ao bom nome e ao crédito encontra no direito de resposta uma das formas possíveis da sua realização, não ficando porém excluída a intervenção de outros meios com os mesmos atributos a fim de alcançar idêntico objectivo([1148]). Basta pensar no direito do lesado à publicação na imprensa de sentenças condenatórias relativas á actuação do lesante, bem como a divulgação pública da retractação deste último pela conduta por si assumida.

Porém, a utilização alternativa ou cumulativa destes meios de tutela pode não se manifestar suficiente para reparar as ofensas não patrimoniais causadas ao lesado. Os desgostos, angústias, enfim, todo o sofrimento causado à pessoa atingida no seu bom nome e crédito pode ter-se revelado de tal modo forte que se torne necessário atribuir uma quantia pecuniária ao lesado para compensar essas dores.

Apenas pode sufragar-se uma tal solução quando a tentativa de reposição *in natura* da esfera jurídica do sujeito atingido nos seus bens da personalidade não tenha permitido reparar integralmente os prejuízos não patrimoniais por este sofridos.

Assim sendo, o juiz através de uma ponderação das circunstâncias do caso pode determinar a condenação do lesante ao pagamento de uma quantia pecuniária, não obstante ter havido lugar à aplicação de medidas de reparação natural. Resta porém interrogarmo-nos se uma tal solução se revelará aceitável face ao disposto no n.º 1 do art. 566.º.

Poder-se-á admitir o "recurso cumulativo"([1149]), a título de pedido complementar, a formas de reparação *in natura* e de indemnização por equivalente em face do disposto neste preceito do Código Civil?

Somente uma resposta afirmativa a uma tal questão, poderá permitir uma fundamentação de *iure conditio* da proposta atrás avançada. De outra forma tratar-se-á de uma solução defensável somente no plano do direito a constituir.

---

([1148]) Neste sentido, cfr. LOJODICE, ALDO, *Riabilitazione del diffamato...*, ob. cit., pág. 164.

([1149]) Utilizámos a expressão "recurso cumulativo", colocando-a entre aspas, com o propósito de não subsumir tal realidade no universo das obrigações cumulativas. Como nos iremos referir adiante, a obrigação do devedor indemnizar de acordo com os modos de reparação previstos no n.º 1 do art. 566.º, deve configurar-se como uma obrigação alternativa.

Resta então indagar se será possível admitir a existência de situações onde apesar de se verificar o recurso à restituição *in natura* e à indemnização por equivalente, a estrutura alternativa da obrigação em análise permaneça incólume.

O modo como se encontra formulado o n.º 1 do art. 566.º deve, na verdade, conduzir-nos a duas conclusões. Por um lado, consagra-se aqui, *expressis verbis,* o princípio do primado da restauração natural. Por outro, encontra-se aqui plasmada a regra da alternatividade no recurso aos meios de tutela referidos([1150]).

Assim sendo, quando a reparação *in natura* não se revele materialmente possível, não repare de modo integral os danos, ou seja excessivamente onerosa para o devedor, a indemnização deve ser fixada em dinheiro([1151]).

---

([1150]) Em consonância com esta regra do direito positivo português, a obrigação do devedor resultante do disposto no preceito em análise parece-nos merecer a qualificação de obrigação alternativa com poder de escolha a favor do credor. Neste sentido, cfr. COELHO, F. M. PEREIRA, *Obrigações, aditamentos à Teoria Geral das Obrigações de Manuel de Andrade,* 3.ª ed., Coimbra, 1967, pág. 174 (nota 2). Estando em causa o cumprimento de uma obrigação (a obrigação de indemnizar decorrente da prática de factos ilícitos), não podemos ignorar que a função de todo e qualquer vínculo obrigacional se dirige à satisfação do interesse do credor. Para além disso, um tal interesse é particularmente relevante na fixação do regime jurídico das obrigações, em todas as fases da sua vida, ou seja, desde o momento da respectiva constituição (art. 398.º, n.º 2) até ao da inevitável extinção, como a este propósito se comprova com a possibilidade aberta de opção entre os meios alternativos indicados no art. 566.º, n.º 1. Ora, tendo em conta a finalidade essencial das obrigações, parece-nos natural atribuir ao credor o poder de decidir acerca da forma – restituição *in natura* ou indemnização por equivalente – considerada mais idónea para satisfazer a situação de necessidade ou de carência provocada com a prática do facto ilícito. Acerca da relevância do interesse do credor no ciclo de vida das obrigações, cfr. VARELA, J. ANTUNES, *Das obrigações I..., ob. cit.,* pág. 157 e ss, ALARCÃO, RUI DE, *Direito das obrigações..., ob. cit.,* págs. 58-60.

Apesar da atribuição do poder de escolha ao credor no âmbito da alternativa delineada no n.º 1 do art. 566.º se nos afigurar a solução mais justa, não podemos deixar de simultaneamente constatar a existência de inequívocas limitações ao exercício de uma tal prerrogativa. Desde logo, o primado da restituição *in natura* não deixa de constituir uma solução legislativa ditada também em nome da protecção dos interesses do devedor, por se considerar em muitos casos particularmente mais vantajoso para o sujeito passivo proceder à reparação natural dos prejuízos por si causados.

Porém, mesmo quando para o credor esta modalidade de restituição se afigurar como a medida mais perfeita, nem sempre será possível proceder de uma tal forma. Como a própria lei adverte, quando a restituição *in natura* não for possível, se revelar insuficiente ou excessivamente onerosa, a obrigação de indemnizar consubstanciar-se-á numa reparação por equivalente pecuniário.

No entanto, algumas destas limitações, como seja o carácter insuficiente da restituição natural, são estabelecidas no interesse do próprio credor, pois o lesado é o verdadeiro juiz a quem compete apreciar uma tal insuficiência. Tendo em conta este enquadramento, ao credor será lícito optar por um dos termos da dijunção, ou seja, pela restituição *in natura* ou pela indemnização por equivalente.

Não pode assim pretender uma reparação em via específica parcial complementada com uma indemnização em dinheiro, quando for possível efectivar a obrigação de indemnizar

Uma análise isolada da regra fundamental contida no art. 566.º, n.º 1, levar-nos-ia a concluir que nas hipóteses onde o recurso aos mecanismos de reparação natural apenas seja susceptível de alcançar uma reparação parcial dos danos, o lesado dever contentar-se apenas com uma indemnização em dinheiro.

Aceitando-se apoditicamente esta solução, e considerando o direito à publicação das sentenças, a retractação, o direito de resposta..., como formas de reparação natural sem quaisquer especificidades, a proposta atrás avançada não pode ser sufragável senão no plano do direito a constituir. Pensamos, no entanto, ser possível, mesmo no plano do direito constituído, admitir a dedução pelo lesado de um pedido indemnizatório em dinheiro como complemento da insuficiente restituição *in natura* dos prejuízos por si sofridos.

Esta solução, além de não ser excluída pela letra da lei, manifesta-se também como a mais conforme com o regime jurídico estatuído no nosso Código Civil acerca da impossibilidade parcial (art. 793.º) (aqui aplicável com as necessárias adaptações) e, de um modo particular, com a disciplina definida nos arts. 545.º e ss., a propósito da *unmöglichkeit* de realização das prestações no âmbito das obrigações alternativas([1152]).

---

apenas por um destes modos. Admitir esta possibilidade implicaria uma desconsideração da essência das obrigações alternativas, onde não é lícita a opção de parte de uma prestação e parte de outra ou outras.

Apenas no âmbito das obrigações cumulativas se verifica uma unidade incindível entre as várias prestações, impondo-se ao devedor a realização simultânea das mesmas. Porém, uma tal qualificação não encontra apoio na formulação contida no n.º 1 do art. 566.º, onde, como já várias vezes referimos, os dois modos de ressarcimento dos prejuízos são tratados como termos ou realidades disjuntivas ou alternativas.

([1151]) Neste sentido, enunciando apenas as modalidades da obrigação de reparação do dano previstas no art. 566.º e sem se debruçarem sobre a questão da natureza da obrigação aqui contida, Cfr. VARELA, J. ANTUNES, *Das obrigações em geral I...*, ob. cit., págs. 905-906, MONTEIRO, A. PINTO, *Cláusulas limitativas ...*, ob. cit., pág. 89-90.

([1152]) Não podemos, porém, ignorar que a obrigação de indemnizar fundada em ilícito extracontratual (nomeadamente quando na sua base se encontra a violação do art. 484.º) pode fazer incorrer o agente em responsabilidade contratual. Tendo em conta precisamente estas hipóteses de violação de deveres de crédito decorrentes da lei, há quem considere mais oportuno apelidar a commumente designada responsabilidade contratual por responsabilidade obrigacional (neste sentido, cfr. LEITÃO, L. MENEZES, *Direito das Obrigações...*, ob.cit., págs. 346-348).

Sem querermos entrar nesta discussão meramente terminológica, fundamental neste particular contexto é constatar a aplicabilidade do regime previsto nos arts. 762.º e ss. à obrigação de indemnizar consagrada nos arts. 562.º e ss.

Quando nas situações aqui em análise, a restituição *in natura* não permitir o ressarcimento integral dos prejuízos causados ao credor, o enquadramento jurídico de tais realidades não pode deixar de implicar a convocação do regime da impossibilidade parcial (art. 793.º), uma vez que ele não resulta excluído do âmbito do art. 545, onde o art. 790.º sofre um desvio face às especificidades das obrigações alternativas (acerca de um tal desvio, cfr. PIRES DE LIMA e ANTUNES VARELA (com a colaboração de M. Henrique Mesquita), *Código Civil Anotado, vol. I.,* 4.ª ed. revista e actualizada, Coimbra, 1977, pág. 554). Apesar do regime jurídico fixado no art. 793.º ter sido basicamente arquitectado para as hipóteses de não cumprimento dos contratos (e sobretudo de eventos contratuais de índole bilateral), não pode deixar de admitir-se a sua aplicabilidade, embora com as necessárias adaptações, às demais hipóteses de responsabilidade obrigacional.

Como sabemos, no universo dos direitos de personalidade nem sempre a restituição *in natura* permite reparar integralmente os prejuízos sofridos pelos respectivos titulares, apesar de este constituir inequivocamente o meio de tutela preferencial, atenta a particular natureza dos interesses em jogo.

Desta feita, existem limitações naturais inerentes a este mecanismo ressarcitório, e como tal não imputáveis ao devedor, justificativas da exoneração do sujeito passivo conquanto este tenha adoptado os comportamentos razoavelmente exigíveis para alcançar as finalidades visadas com este tipo de reparação. Porém, uma parte dos prejuízos causados com a prática do facto ilícito ficam ainda por ressarcir.

Razão por que, sendo possível o ressarcimento de tais danos através da compensação com uma grandeza diferente – uma quantia em dinheiro -, não vemos razão para não admitir a indemnização desta parte excedente dos prejuízos com a entrega pelo devedor da quantia pecuniária necessária para reparar a integralidade. Ora, no ordenamento jurídico português, onde é reconhecida, em termos gerais, a ressarcibilidade dos danos não patrimoniais, não existem obstáculos capazes de impedir um tal resultado. Nem se diga que ao proceder-se deste modo se põe em causa a estrutura essencial da obrigação alternativa derivada do n.º 1 do art. 566.º, ao permitir-se ao credor exigir parte do ressarcimento *in natura*, e a outra parte em dinheiro, pois tal não é possível em face do disposto no art. 544.º.

Na verdade, as coisas não se passam exactamente da forma acabada de referir, uma vez que a indemnização em dinheiro representa apenas um sucedâneo, em face da constatação da impossibilidade de proceder a uma integral reparação *in natura* dos prejuízos. Assim sendo, o pedido de indemnização por equivalente constitui um complemento e a única via então possível para repor a posição do lesado, pois perante a impossibilidade atrás mencionada já não se torna possível afirmar a existência de uma verdadeira alternativa. Porém, no pedido deduzido em juízo o credor respeitou os termos alternativos definidos no art. 566.º, n.º 1, a propósito da obrigação de indemnizar, pois o seu objectivo primordial era ser ressarcido *in natura* dos prejuízos por si sofridos.

Revelando-se possível proceder à reparação de todos os danos decorrentes da prática do facto ilícito através deste pedido complementar, não encontramos quaisquer razões para privar o credor de conseguir ressarcimento integral dos prejuízos. Esta solução revela-se também possível no âmbito do B.G.B. tendo em conta a formulação do I§ 251. Reportando--se de um modo particular a este preceito da legislação civil alemã, Vaz Serra considerava que "se o dano causado ao credor não fica completamente reparado com a restituição natural, pode o credor exigir também indemnização em dinheiro por essa diferença". Cfr. SERRA, ADRIANO VAZ, *Obrigação de Indemnização...*, ob. cit., pág. 143 (nota 282).

O direito de resposta traduz-se num importante mecanismo de tutela da personalidade independente do problema da responsabilidade civil. Ora, essa independência mantém-se incólume mesmo quando esta figura jurídica desempenhar um importante papel no âmbito da fonte legal das obrigações acabada de mencionar. Bem vistas as coisas, o lesado para exercer o direito de resposta não tem de deduzir qualquer pedido em tribunal, podendo pronunciar-se sobre o artigo simultaneamente desencadeador do ilícito ao bom nome antes de esta questão ser alvo de apreciação judicial.

Razão por que, mesmo quando o visado pelas declarações tenha recorrido ao direito de resposta como forma de repor publicamente o prestígio abalado na sequência de notícias ofensivas, não fica impedido de deduzir um pedido de ressarcimento em dinheiro dos danos não patrimoniais.

No fundo, encontramo-nos perante um mecanismo de tutela capaz de alcançar a restituição *in natura* em virtude da sua aptidão para apagar da memória do público as distorções provocadas pelas notícias ofensivas divulgadas e de simultaneamente permitir aproximar o lesado do nível ou prestígio social que lhe corresponderia se não fosse a circunstância de ter sido atingido no seu bom nome e reputação.

Porém, e como vimos no âmbito dos danos não patrimoniais, torna--se, em rigor difícil admitir uma autêntica restituição natural([1153]), mas

---

Quando porém estejam em causa situações de violação de bens fundamentais da personalidade, tal como se passa no ilícito ao bom nome e ao crédito, não se revela possível uma reparação em dinheiro da parte dos prejuízos não ressarcida com a restituição em dinheiro pois, como sabemos, vigora no sistema alemão o princípio da taxatividade da compensação dos *immaterieller schaden*.

No entanto, em termos gerais uma tal solução revela-se sufragável no âmbito do direito alemão, como muito bem afirmava Vaz Serra. Revelando-se a formulação do n.º 1 do art. 566.º particularmente idêntica à do atrás mencionado preceito do Código Civil alemão, poderíamos então considerar que o saudoso professor teria emitido uma conclusão muito semelhante se se tivesse pronunciado a propósito do nosso artigo do Código Civil. Aliás, no mesmo sentido se pronuncia actualmente Capelo de Sousa em relação às hipóteses de violação do bom nome, sem levantar quaisquer problemas quanto ao enquadramento legal da questão. Cfr. Sousa, R. Capelo de, *O direito geral ..., ob. cit.,* pág. 464.

Ainda no tocante à fundamentação legal da solução por nós proposta, cumpre acentuar que além da letra da lei não a excluir, a mesma encontra um particular apoio não apenas no supra mencionado art. 793.º (a propósito da aplicabilidade deste preceito às obrigações alternativas nas hipóteses de impossibilidade originária, cfr. Varela, J. Antunes, *Das Obrigações... I. ob.cit.,* pág. 838), como também nas normas reguladoras das situações de impossibilidade no âmbito das obrigações alternativas, e de um modo particular o art . 545.º.

([1153]) A este propósito, cfr. Stegmann, Oliver, *Tatsachenbehauptung..., ob. cit.,* pág. 128.

paradoxalmente, revelam-se preciosos os efeitos jurídicos susceptíveis de repor materialmente a situação anterior à ocorrência do ilícito, tal como sucede quando o direito de resposta é exercido pelo lesado.

Encontramo-nos assim colocados perante formas de restituição natural *sui generis*, susceptíveis de uma aplicação paralela e, por conseguinte, complementar da indemnização por equivalente([1154]).

No caso do direito de resposta, quando um tal mecanismo surge entrecruzado com o universo da responsabilidade civil, o âmbito e o nível de incidência de ambos é de tal modo diverso, que não há lugar para sufragar a relação de alternatividade([1155]) entre a restituição natural e a indemnização em dinheiro prevista no n.º 1 do art. 566.º. Relativamente aos demais meios de restituição natural, apesar de ser notória essa alternatividade, certo é que não deixa de ser possível recorrer, a título complementar, à indemnização em dinheiro quando se registar, nos termos atrás expostos, uma manifesta insuficiência daqueles para satisfazer a pretensão ressarcitória do lesado.

### 2.4. A retractação pública e a tutela do bom nome e do crédito

A defesa dos bens jurídicos protegidos no art. 484.º encontra na retractação pública de quem divulgou afirmações ofensivas de tais valores um aliado inestimável. A figura da retractação (*widerruf*), à semelhança de quanto sucede com o direito de resposta, supõe necessariamente a prévia divulgação de uma mensagem ou declaração. O conteúdo das afirmações consubstanciadoras desta forma de tutela reporta-se a declarações anteriormente proferidas por quem agora se vem pronunciar sobre o mesmo assunto naquelas versado.

De igual modo, tal como ocorre no direito de resposta, o teor das afirmações do texto da retractação manifesta-se dissonante do sentido das declarações iniciais desencadeadoras de uma tal contestação.

---

([1154]) Admitindo a possibilidade do lesado deduzir um pedido indemnizatório, apesar de já ter exercido o direito de resposta (não obstante não considerarem este instrumento jurídico como uma forma de restituição natural), cfr. FIGONE, ALBERTO, *Il diritto di rettifica nelle recenti...*, ob. cit., pág. 408, MELCHIONDA, ACHILLE, *Il diritto di rettifica...*, ob. cit., págs. 157 e ss.

([1155]) A este propósito Wagner admite a aplicação cumulativa do direito de resposta com as soluções da responsabilidade civil (§824 do B.G.B.), atenta a independência destes meios de tutela, cfr. WAGNER, GERHARD, anotação ao §824 do B.G.B., *in* Münchener Kommentar..., ob. cit., pág. 1864.

Porém, não está aqui em causa um direito tão eficaz quanto o *gegendarstellung*. Com efeito, não nos encontramos confrontados com um direito potestativo, mas antes com um direito de crédito de quem se tenha considerado atingido nos seus bens fundamentais da personalidade.

Na verdade, ao titular dos direitos ao bom nome e ao crédito é reconhecido o poder de exigir de quem divulgou afirmações ofensivas de tais bens jurídicos uma retractação no mesmo meio de comunicação onde aquelas foram efectuadas, ou num outro local público equiparado, com vista a corrigir o teor de declarações e a manifestar arrependimento pelo conteúdo das mesmas. A retractação leva implícita uma confissão, pois ao "dar-se o dito por o não dito", o retractante está a manifestar publicamente o seu arrependimento. Não está apenas em causa a reposição da verdade conseguida através de uma **rectificação** (*richtigstellung*), pois a retractação enquanto mecanismo ressarcitório supõe necessariamente uma dimensão penitente. Com efeito, a retractação traduz-se numa atitude adoptada na sequência de um comportamento anterior do retractante juridicamente reprovável. Ora, seria desprovido de eficácia uma lacónica rectificação, pois desta forma o agente não conseguiria reconciliar-se com o lesado, e repor a paz por ele atingida ao praticar o facto ilícito[1156]. Porém, quando o autor das declarações provar a verdade das afirmações factuais por si difundidas não se pode considerar procedente o recurso à *widerruf*[1157].

Bem vistas as coisas, a concretização de uma tal prerrogativa implica necessariamente um acto de cooperação do lesante traduzido num comportamento positivo. A adopção de uma tal conduta encontra-se intrinsecamente dependente da vontade do devedor.

Encontramo-nos então colocados perante um poder susceptível de não ser acatado pelo sujeito passivo. Assim sendo, ou extra-judicialmente se alcança um acordo nos termos do qual o lesante se compromete a retractar-se, ou o lesado pode requerer em tribunal a adopção de um tal tipo de conduta por parte de quem violou os seus direitos ao bom nome e ao crédito.

---

[1156] Porém, se estivesse em causa um pedido do lesado de cessação do ilícito que não tivesse coenvolvida uma questão de responsabilidade civil, então a mera **rectificação** bastaria para alcançar os objectivos de quem tendo sido ofendido nos bens da sua personalidade, não foi, porém, vítima de uma atitude culposa do agente. Podemos então concluir que a rectificação constitui uma dimensão da retractação, mas esta figura perspectivada enquanto mecanismo ressarcitório implica também uma atitude de arrependimento do lesante.

[1157] Cfr., SCHLOSSER, PETER, *Zur Beweislast im System des Zivilistischen Ehrenschutzes*, in J.Z., 1963, pág. 309, DAMM, RENATE, REHBOCK, KLAUS, *Widerruf, unterlassung und schadensersatz in Presse und Rundfunk*, 2. auf., München, 2001, RZ. 669.

Porém, quer numa, quer noutra das hipóteses mencionadas, o lesante pode acabar por não cumprir os termos do acordo firmado com o credor, ou desrespeitar([1158]) a decisão judicial que lhe impõe a adopção da conduta retractante.

Ora, o mesmo não se passa a propósito do exercício do direito de resposta.

Uma vez verificados os pressupostos definidos na lei da imprensa a propósito de um tal direito, ao sujeito atingido no seu bom nome e reputação é inelutavelmente garantido pelo periódico([1159]) onde foram divulgadas

---

([1158]) Com o objectivo de evitar a ocorrência de situações de não acatamento de tais decisões judiciais admite-se a possibilidade de recorrer à aplicabilidade da sanção pecuniária compulsória. Encontrando-nos situados no universo das prestações de facto infungíveis, nada obsta a que sobre quem seja condenado a retractar-se publicamente em determinado(s) meios(s) de comunicação social, recaia a ameaça de cominação de uma sanção pecuniária pelo atraso na adopção da conduta retractante.

A possibilidade de recorrer a um tal expediente jurídico apenas ficará excluída quando o acto de retractação implicar particulares qualidades artísticas e científicas do devedor. Estamos a pensar concretamente nas hipóteses em que a retractação envolva a convocação de particulares atributos literários, como por exemplo as declarações deverem revestir a forma de poema. O mesmo se diga dos pedidos públicos de desculpa cujo conteúdo implique uma particular elaboração técnico-científica. Em face do disposto no n.º 1 do art. 829-A não é possível aplicar a sanção pecuniária compulsória em tais situações. Acerca da inaplicabilidade da sanção pecuniária compulsória às obrigações que exijam especiais qualidades científicas ou artísticas do obrigado, enquanto corolário da liberdade de criação pessoal, cfr. SILVA, J. CALVÃO DA, *Cumprimento...*, *ob. cit.*, pág. 476 e ss.

Porém, o instituto da retractação surge aí convocado no âmbito de discussões de índole científica, literária, cultural, ... Ora, bem vistas as coisas estamos a reportar-nos a domínios que saem do âmbito de interferência regulativa do art. 484.º.

Em relação ao ilícito ao bom nome e ao crédito, a retractação enquanto mecanismo de tutela apenas tem relevo quando nos encontrarmos perante declarações de facto, ou seja, face a afirmações fácticas ofensivas do bom nome e crédito de outrem. Quem as proferiu apenas pode tentar reparar os prejuízos causados ao lesado retractando-se com a divulgação pública de declarações do mesmo teor. Por apenas terem eficácia reparatória as afirmações proferidas pelo lesante, e não as divulgadas por qualquer outra pessoa, deparamo-nos aqui perante prestações de facto infungíveis. Porém, estão em causa prestações onde a aplicabilidade do art. 829-A se torna possível, pelas razões acabadas de expor.

([1159]) Não se contesta a natureza potestativa do direito de resposta com a circunstância de aos periódicos se atribuir em determinadas hipóteses a faculdade de recusar a publicação de artigos onde aquela prerrogativa se concretize. Com efeito, tal apenas sucede nas situações onde não se encontrem preenchidos os pressupostos de exercício do direito de resposta. Ora, como no capítulo dedicado a esta matéria já deixámos referido, nesses casos não podemos visualizar a existência deste direito.

Aliás, o regime estatuído no art. 27.º da lei da imprensa de 1999 onde se prevê a efectivação coerciva do direito de resposta e de rectificação nas hipóteses de recusa

as afirmações ofensivas a publicação de um texto onde se contenha a versão pessoal dos acontecimentos do respondente.

No tocante ao tipo de prestação imposta ao sujeito passivo no âmbito da figura jurídica da retractação, devemos falar neste contexto de um comportamento positivo([1160]) exigido a quem divulgou as afirmações ofensivas

---

infundada de publicação da resposta, demonstra claramente a diferença entre este mecanismo de tutela e o da retractação pública. Com efeito, no n.º 4 do mencionado preceito impõe-se ao periódico a publicação do artigo do respondente quando o tribunal ou a já extinta Alta Autoridade para a Comunicação Social tenham considerado injustificada a recusa da imprensa em divulgar a resposta. Ora, o mesmo tratamento jurídico não é reservado para os casos em que o sujeito condenado à retractação das afirmações por si proferidas se tenha recusado a adoptar uma tal conduta.

Em tais hipóteses, ou tem lugar a aplicação da sanção pecuniária compulsória eventualmente requerida pelo lesado que funciona como um meio de coerção ao cumprimento, ou restará a este formular um pedido de indemnização por equivalente pelos danos sofridos em virtude das afirmações proferidas pelo lesante.

A impossibilidade de recurso à execução em via específica nos casos de não observância pelo lesado do acordo extra-judicial de retractação, ou de não acatamento da decisão judicial onde lhe tenha sido imposto um tal meio de tutela, revela claramente a menor eficácia jurídica desta figura quando confrontada com a grande força inerente ao poder jurídico exercido pelo titular do direito de resposta. A disparidade de tratamento jurídico atrás referida reflecte assim a diversa natureza de poderes jurídicos em confronto: o direito de resposta enquanto direito potestativo, e o direito à retractação como direito de crédito.

([1160]) De igual modo, também no âmbito do direito de resposta a publicação do texto do respondente supõe um comportamento positivo da parte do periódico. A concreta inserção da notícia onde aquele direito se concretiza implica a realização de uma prestação pelo órgão de comunicação social em relação ao qual o direito à publicação do respondente se impõe inelutavelmente.

Caso o periódico não venha a incluir o texto da resposta, não devemos falar em violação do direito de resposta pois este é inviolável, e o efeito da publicação constitui-se independentemente do assentimento do referido órgão de comunicação social. Poderá quando muito visualizar-se nessas hipóteses uma situação de persistente violação dos direitos de personalidade já atingidos com a publicação do artigo respondido. Razão por que não nos parece correcta a formulação do art. 27.º, n.º 1, quando se refere ao "caso de o direito de resposta ou de rectificação não ter sido satisfeito...". Com efeito, ao referir-se a falta de satisfação do direito de resposta, o legislador parece estar a sugerir a possibilidade de ocorrência da situação de violação neste âmbito. Tal não é, no entanto, correcto, pelas razões já atrás aludidas.

Algo de semelhante se passa em relação às servidões de passagem. Uma vez verificados os pressupostos do art. 1550.º, a servidão de passagem encontra-se necessariamente constituída. Se porém, o dono do prédio serviente levantar obstáculos materiais, impedindo a passagem ao titular do direito à servidão, não estamos propriamente perante uma hipótese de violação de um tal poder. Na verdade, o direito à servidão já se encontra constituído, e o proprietário do prédio serviente encontra-se numa situação de sujeição. Verdadeiramente

ao bom nome e ao crédito do lesado. Desta feita, poderemos identificar aqui uma prestação de facto([1161]) infungível.

### 2.4.1. *A fundamentação juspositiva do direito à retractação pública*

Ao contrário do direito de resposta, o direito do lesado à retractação pública por parte de quem divulgou afirmações ofensivas do bom nome e do crédito, não se encontra tipificado. Porém, uma tal prerrogativa não deixa de encontrar um apoio no nosso direito positivo. Como já várias vezes fizemos menção, no n.º 2 do art. 70.º faculta-se a quem tenha sido atingido nas múltiplas manifestações da sua personalidade, o recurso a um conjunto indeterminado de providências consideradas adequadas para evitar ou atenuar os efeitos das aludidas ofensas.

Tendo em conta a formulação legal deste preceito, não estão aqui em causa medidas com um conteúdo bem definido, em relação ás quais seja reservada uma disciplina jurídica própria.

Antes porém, a delimitação do âmbito de tais procedimentos encontra-se dependente de um conjunto variado de circunstâncias, entre as quais podemos destacar o tipo de ofensa cometida, a posição do lesante e do lesado, a extensão das agressões perpetradas...([1162]). Deparamo-nos

---

aquilo que se verifica é uma violação de uma das faculdades inerentes ao direito de propriedade do dono do prédio dominante surgida na sequência da constituição da servidão, ou seja, do seu direito real de passagem. Ora este direito já é susceptível de violação, conquanto o proprietário do prédio de serviente não respeite o cumprimento dos deveres de abstenção que sobre si recaem.

([1161]) A prestação de facto traduz-se neste contexto na emissão de uma declaração por parte do retractante. Cfr., a este propósito, MONTEIRO, J. SINDE, *Responsabilidade por Conselhos...*, ob. cit., pág. 233. Não se trata, porém, de um caso insólito. Vários são os exemplos de prestações de facto cujo objecto se consubstancia numa declaração. Basta pensar na obrigação assumida pelos(s) promitente(s) no âmbito de um contrato-promessa para constatarmos a veracidade de quanto acabámos de referir. Porém, neste particular contexto estão em causa prestações de facto jurídico, pois a declaração a que se encontra adstrito o promitente tem natureza negocial. Acerca da qualificação da obrigação de emitir declarações de vontade como prestação de facto jurídico, contrapondo-a à categoria onde se integram as prestações de facto material, cfr., por todos, VARELA, J. ANTUNES, *Das Obrigações em Geral I...*, ob. cit., pág. 84, COSTA, M. ALMEIDA, *Direito das Obrigações...*, ob. cit., pág. 694.

A mesma natureza não assumem as declarações do retractante, pois no domínio por nós considerado – o ilícito ao bom nome e ao crédito – o seu objecto confina-se, como sabemos, às afirmações de facto, além de nos situarmos no âmbito da responsabilidade extracontratual. Razão por que as considerações e apreciações jurídicas escapam manifestamente ao círculo de declarações efectuadas pelo retractante, quando a retractação apareça como mecanismo de tutela dos bens jurídicos incluídos no âmbito normativo do art. 484.º.

([1162]) A este propósito Capelo de Sousa refere-se expressivamente à regra da adequação, explicitando que "a moldura, a profundidade e a duração de cada uma dessas providências não

então perante as comummente designadas medidas atípicas de tutela da personalidade([1163]).

Atendendo a esta característica da atipicidade, a aplicabilidade destas medidas preventivas e atenuantes de violação da personalidade([1164]) está indelevelmente ligada às especificidades próprias da casuística jurisprudencial. Porém, o julgador não se encontra entregue a si próprio quando desenvolve a sua actividade neste contexto, uma vez que a lei delimita teleologicamente os objectivos a prosseguir com tais medidas, os quais se reconduzem basicamente à tentativa de evitar a consumação das ameaças à personalidade, ou à atenuação dos efeitos das ofensas já cometidas.

Ora é precisamente em função deste critério teleológico que podemos distinguir dois grupos no universo das medidas atípicas previstas no n.º 2 do art. 70.º: o das **providências preventivas** e o dos **procedimentos atenuantes**. As limitações do julgador neste domínio não resultam apenas da definição legislativa dos objectivos das medidas de tutela de personalidade, mas ainda, e com um relevo não menos significativo, da observância de princípios jurídicos gerais do ordenamento jurídico, como sejam o da **adequação**, da **necessidade**([1165]) e o da **proporcionalidade**.

Desta feita, a aplicabilidade destes expedientes jurídicos impõe ao juiz uma averiguação cuidadosa acerca da sua necessidade, bem como um juízo de ponderação acerca das vantagens ou inconvenientes da sua cominação, tendo em conta a natureza dos interesses dos destinatários susceptíveis de por eles serem atingidos.

Além da atipicidade, resulta com toda a clareza do texto do n.º 2 do art. 70.º uma outra característica particularmente importante das medidas aí previstas: a dissociação entre o âmbito da sua aplicação e o problema da responsabilidade civil. Não é então necessário colocar-se uma questão de

---

estão aprioristicamente determinadas pelo legislador, antes deverá o julgador estruturá-las casuisticamente, sem dúvida que em função dos objectivos, teleologicamente definidos na parte final do n.º 2 do art. 70.º...", cfr. SOUSA, R. CAPELO DE, *O Direito Geral..., ob. cit.,* pág. 474.

([1163]) Neste sentido, cfr. SOUSA, R. CAPELO DE, *O Direito Geral..., ob. cit.,* pág. 474, MOREIRA, VITAL, *O Direito de resposta..., ob. cit.,* pág. .

([1164]) Neste contexto, seguimos de perto a terminologia utilizada por Capelo de Sousa. Cfr. SOUSA, R. CAPELO DE, *O Direito Geral..., ob. cit.,* pág. 472 e ss.

([1165]) Neste contexto, e a propósito da aplicação das providências previstas no art. 70.º, n.º 2, a doutrina propende para exigir uma ameaça de ofensa concreta, e não apenas pensável, dos direitos de personalidade, cfr. HÖRSTER, HEINRICH E., *A Parte Geral..., ob.cit.,* pág. 260.

responsabilidade civil por ofensas aos direitos de personalidade([1166]) para o julgador poder fazer desencadear a aplicação das medidas atípicas de tutela, entre as quais se inclui de forma paradigmática a figura da retractação pública.

Pressuposto fundamental para garantir a defesa da personalidade através deste tipo de expedientes jurídicos é a verificação de uma ofensa ou ameaça de ofensa aos bens jurídicos tutelados no âmbito da cláusula geral do art. 70.º.

Impõe-se então a existência de uma acção ilícita do agente, razão por que as situações de responsabilidade por actos lícitos ou pelo risco([1167]) devem considerar-se excluídas do âmbito de incidência do n.º 2 do preceito jurídico em análise. O regime consagrado nos n.ºs 1 e 2 do art. 70.º constitui então um argumento decisivo a favor da orientaçao que elege a perspectiva da "ilicitude do resultado" como o critério mais adequado para compreender o sentido da ilicitude. Com efeito, se fosse necessário efectuar uma ponderação em torno do carácter doloso ou negligente da conduta do agente, tal como defende a concepção da "ilicitude da conduta", o recurso a boa parte dos procedimentos previstos no preceito mencionado perderia o seu sentido útil([1168]).

Todavia, registando-se uma conduta humana voluntária do agente lesiva de todo e qualquer direito da personalidade de outrem([1169]), poderá

---

([1166]) Neste sentido se pronuncia Ernst Helle, a propósito dos pressupostos de aplicabilidade "*der widerrufanspruch*" considerando que, ao contrário "*der schadensersatzanspruch*" não se exige a culpa de quem pratica o facto, ou seja, as declarações, cfr. HELLE, ERNST, *Der Schutz der persönlichen...*, *ob. cit.*, pág. 16. Uma tal posição revelou-se contrária à orientação sufragada pela jurisprudência alemã tradicional, para quem a aplicabilidade deste tipo de meios de remoção do ilícito apenas se podia compreender no âmbito do §249 do B.G.B., neste sentido, Cfr. OLG Frankfurt, *in* J.W., 1937, pág. 1261.

([1167]) Neste sentido, cfr. SOUSA, R. CAPELO DE, *O Direito Geral...*, *ob. cit.*, págs. 472 e 473.

([1168]) Reportando-se especificamente ao exercício da legítima defesa, Koziol tenta contornar tais dificuldades, distinguindo o critério da "ilicitude da conduta" que seria aplicável no âmbito da responsabilidade civil, e o da "ilicitude do resultado", considerado como mais idóneo no tocante ao exercício das prerrogativas de prevenção e eliminação de ofensas aos direitos dos particulares. Apesar de o autor considerar o entendimento da "ilicitude da conduta" como o mais idóneo para atingir o desejado objectivo de unificação do direito da responsabilidade civil, não deixou de reconhecer a insuficiência de um tal critério a propósito de domínios próximos dos abrangidos pelo art. 70.º. Cfr. KOZIOL, HELMUT, *Unification of Tort Law: Wrongfulness*, Kluwer Law International, Dordrecht, 1998, pág. 130.

([1169]) Tendo em conta os termos genéricos em que está formulado o n.º 2 do art. 70.º, as providências aí mencionadas podem aplicar-se a qualquer tipo de direito de personalidade

fazer desencadear-se a aplicação destas medidas, não se tornando necessário que a acção seja censurável do ponto de vista subjectivo, isto é, não se exige a culpa do lesante. Ora, em todas as situações onde se registe unicamente uma antijuridicidade objectiva da conduta do agente, devemos visualizar aí ofensas à personalidade sem que se esteja perante um ilícito extracontratual. Situando-nos no universo dos relatos históricos, não é invulgar o surgimento de ofensas à personalidade dos sujeitos visados pelas crónicas, sem se poder simultaneamente assacar um juízo de censura ao autor destes trabalhos.

Conquanto na elaboração dos estudos se tenha registado uma diligência mediana quanto à averiguação da fidedignidade das fontes, não se torna possível culpabilizar o investigador por afirmações erróneas ou descontextualizadas, que, como tais, são susceptíveis de atingir os bens fundamentais da personalidade das pessoas sobre quem versa o âmbito dos trabalhos([1170]).

Uma tal solução revela-se, aliás, como a mais consentânea com a defesa dos valores da liberdade de investigação. De um modo particular, no universo da pesquisa histórica, a descoberta da verdade traduz-se, não raras vezes, numa tarefa árdua, constituindo terreno propício para o surgimento de dúvidas e erros. Razão por que a exigibilidade ao investigador de padrões de diligência particularmente elevados, senão mesmo implacáveis, no âmbito da análise histórica, poderia comprometer irremediavelmente a investigação nesta área da ciência e cultura.

### 2.4.2. Relevância da retractação no âmbito do ilícito ao bom nome e ao crédito

A circunstância de a retractação enquanto meio de tutela dos direitos de personalidade filiado no âmbito da cláusula geral do art. 70.º gozar de uma eficácia que extravasa manifestamente da órbita das questões atinentes ao instituto da responsabilidade civil([1171]), não invalida o reconheci-

---

ofendido ou ameaçado de ofensa. Não se faz assim condicionar a cominação das medidas de tutela atípicas da ocorrência da violação de um concreto e determinado direito de personalidade. Neste sentido, cfr. Sousa, R. Capelo de, *O Direito Geral...*, ob. cit., pág. 474. Desta feita, também não podemos considerar as providências atípicas mencionadas neste preceito legal como mecanismos de tutela especialmente pensados para assegurar a protecção dos direitos ao bom nome e ao crédito.

([1170]) Tomando em consideração que os estudos históricos implicam, por regra, um certo distanciamento temporal em relação ao momento da sua ocorrência, não admira a frequente emergência neste contexto de ofensas à memória das pessoas falecidas.

([1171]) Neste sentido, por todos, cfr. Hörster, Heinrich E., *A Parte Geral...*, ob. cit., pág. 258 e ss.

mento da importância da aplicabilidade deste expediente jurídico quando nos encontrarmos face a um ilícito extracontratual, mormente se estivermos perante uma hipótese subsumível no art. 484.º. No fundo, passa-se aqui algo de semelhante com quanto se verifica em relação ao direito de resposta.

Porém, em termos comparativos, podemos considerar a figura jurídica da retractação como um mecanismo de tutela dotado de maior eficácia. Desde logo, o âmbito de aplicabilidade da retractação é bem mais amplo. Com efeito, o direito de resposta constitui apenas um meio de reacção susceptível de ser utilizado quando estivermos perante ofensas aos bens da personalidade difundidos através dos órgãos de comunicação social (imprensa e meios de comunicação áudio-visuais). Ora, o mesmo não sucede em relação ao expediente de retractação, admitindo-se a sua utilização independentemente do meio através do qual foram cometidas as ofensas aos direitos de personalidade.

Para além desta maior extensão, o direito à retractação deve ser considerado também como mais intenso, quanto aos efeitos produzidos. A retractação tem assim de ser sentida pelo público como um acto de contrição do lesante[1172]. Torna-se mister tomar em consideração a perspectiva do

---

[1172] Onde com maior impacto se faz sentir o estado de espírito de contrição e penitência do lesante é nas retractações feitas na sequência de ofensas dirigidas aqueles bens da personalidade do lesado resultantes da divulgação de juízos de valor ou opiniões. Tendo em conta que a emissão de um juízo valorativo envolve com frequência uma adesão particularmente forte do seu autor a um conjunto de valores ou convicções, então o abandono público de tais posições representa, por norma, um sacrifício muito significativo para quem delas abdica. Constituindo a contrição manifestada pelo lesante uma limitação tão intensa na afirmação da sua personalidade, poder-se-á questionar se será sempre licitamente exigível impor um tal comportamento ao retractante. Razão por que, a jurisprudência alemã exclua a possibilidade de retractação no universo das opiniões ou declarações valorativas. Uma tal solução poderia contender de modo significativo com o valor da liberdade de expressão, e assim sendo, mesmo quando as afirmações críticas tenham sido expressas de um modo particularmente duro e severo, os tribunais alemães tendem a recusar a possibilidade de recurso a este meio de tutela, cfr., a este propósito, MONTEIRO, J. SINDE, *Responsabilidade por Conselhos...*, ob. cit., págs. 233 e 234, KÜBLER, FRIEDRICH, *Öffentliche...*, ob. cit., págs. 180-181. Correr-se-ia o risco de se abrir as portas a um controlo da verdade das declarações valorativas, instituindo-se uma censura judicial das opiniões (*richterlichen meinungszenzur*), HAGER, JOHANNES, *Der Schutz der Ehre, in* Zivilrecht in AcP 196 (1996), págs. 168 e 208. Estamos apenas a reportar-nos à inadmissibilidade de um constrangimento judicial à retractação de opiniões ou juízos de valor, e já não à possibilidade de um tal mecanismo de tutela ser aplicado neste contexto, na sequência de um acordo extrajudicial.

De igual modo, também não nos parece de excluir o recurso, por via extrajudicial, à *widerruf* quando esta se reporte a afirmações de facto verdadeiras ofensivas do bom nome e crédito de outrem. Todavia, parece-nos então justo afirmar a existência de alguns limites ao exercício do direito à retractação, uma vez que apesar de tudo as declarações proferidas pelos retractantes eram verdadeiras.

Neste contexto, parece-nos ser de excluir o recurso a este mecanismo de tutela quando o sacrifício por ele imposto ao retractante se possa considerar como manifestamente superior aos danos causados aos bens da personalidade do lesado em virtude da divulgação das afirmações de facto ofensivas. Com efeito, admitir a aplicabilidade da figura da retractação em tais situações representaria uma manifesta violação das exigências da personalidade num domínio tão sensível como o atinente à tutela da personalidade.

Desta feita, também não nos parece defensável admitir o recurso a este expediente jurídico nas hipóteses em que a retractação implique um aviltamento da personalidade do retractante semelhante ao provocado no lesado com a divulgação das declarações ilícitas, cfr., a este propósito, a decisão do BGH de 19.3.1957, *in* NJW, 1957, pág. 826, no mesmo sentido, HELLE, ERNST, *Der Schutz der persönlichen..., ob. cit.,* pág. 17.

Nestas hipóteses, ao invés de quanto sucedia no núcleo de situações atrás mencionado, não podemos falar da violação das exigências jurídicas de proporcionalidade. Antes porém, em apoio da solução contrária poder-se-ia invocar a regra da igualdade de armas. Aplicando neste contexto um tal critério, seria possível então sustentar que uma ofensa de determinado teor pode considerar-se reparada com uma ofensa do mesmo tipo contra o autor da primeira. Esta perspectiva taleónica não deve contudo ser sufragável, porquanto não faz sentido que a prática de um ilícito legitime a emergência de um outro subsequente com o mesmo teor. A tutela dos bens fundamentais da personalidade não consegue seguramente ser alcançada através de ataques dirigidos aos mesmos valores jurídicos. Desta feita, a objecção quanto à aplicabilidade da regra da igualdade de armas em relação à delimitação do âmbito do mecanismo da retractação justifica-se com a teleologia inerente ao regime jurídico de defesa dos bens fundamentais da personalidade, e não com a regra da proporcionalidade.

Não queremos com isto afastar a relevância do princípio da igualdade de armas na conformação do modo de exercício da retractação. Desde logo, a eficácia do comportamento do retractante encontra-se dependente da observância da regra da publicidade. Se a ofensa ao bom nome e ao crédito resultou da divulgação pública de certas afirmações, então a única forma de assegurar uma reacção eficaz contra tais ataques é conferir também publicidade à retractação enquanto meio idóneo de defesa daqueles bens jurídicos.

Apesar da retractação pública se revelar instrumento de tutela da personalidade mais eficaz quando as ofensas a reparar tenham tido como causa a divulgação de juízos de valor, não deixa, no entanto, de constituir um importante meio de reacção nas hipóteses mencionadas no art. 484.º, ou seja, de difusão de afirmações de facto. De um modo particular, quando a divulgação de factos ofensivos ao bom nome e ao crédito tenham na base uma conduta dolosa do agente, a retractação pública reveste-se também de uma força significativa. Isto é, a eficácia deste meio de tutela será tanto maior, quanto mais censurável tenha sido a conduta do agente determinante de uma tal reacção. Desta feita, quando o lesante tenha praticado actos ofensivos do bom nome e crédito de outrem com mera negligência inconsciente, a retractação pública que posteriormente venha a fazer deve ser tida praticamente como uma mera rectificação, pois a sua vontade de praticar o facto lesivo daqueles bens jurídicos foi bastante ténue.

Enquanto no âmbito da divulgação de juízos de valor a retractação perspectivada como um acto de contrição se traduz num meio de remoção do ilícito, já no universo das

destinatário razoável para podermos aquilatar a aptidão reparatória da retractação. Na determinação da eficácia ressarcitória deste meio de tutela da personalidade não é possível tomarmos como referente a convicção subjectiva do retractante([1173]). A adopção deste entendimento subjectivista implicaria na prática a institucionalização de um benefício para o infractor.

Ora, esta dimensão penitente da retractação, avaliada de acordo com o entendimento acabado de enunciar, constitui num contexto de restabelecimento da auto-estima ou consideração sociais perdidas ou diminuídas uma poderosíssima arma para atingir o efeito reparatório pretendido com o recurso a este tipo de expediente jurídico.

No fundo, o lesante ao reconhecer publicamente que as suas afirmações não foram correctas, mostrando assim um arrependimento pela conduta anteriormente assumida, contribui de modo determinante para apagar a imagem negativa criada em torno da pessoa do lesado.

Bem vistas as coisas, a maior eficácia da retractação enquanto mecanismo de reparação das ofensas causadas pelo retractante resulta da circunstância desta figura jurídica se basear num comportamento do próprio lesante.

Tal não sucede no âmbito do direito de resposta, uma vez que aí se tenta alcançar o ressarcimento dos prejuízos sofridos pelo lesado através de uma oportunidade a este concedida de expor a sua versão pessoal acerca dos acontecimentos narrados no artigo respondido.

Razão por que à retractação se associa com maior propriedade o atributo de sanção negativa([1174]) do comportamento do lesante.

---

afirmações de facto, uma tal dimensão deste expediente jurídico representa um importante factor de reconhecimento público da atitude culposa coenvolvida na sua conduta. Razão por que, no contexto acabado de mencionar, a eliminação do ilícito cometido prende-se antes com a vertente rectificativa da retractação.

([1173]) Neste sentido, cfr. HELLE, ERNST, *Der Schutz der persönlichen..., ob. cit.*, pág. 18.

([1174]) Fazemos aqui apelo à distinção entre sanção negativa e positiva, na convicção porém de que a sanção é uma dimensão essencial da ordem jurídica. A sanção deve ser considerada como o meio necessário e adequado para converter a intencionalidade prático--normativa do direito nos efeitos práticos necessários para garantir a sua efectividade.

No fundo, a sanção, e recorrendo ao sentido etimológico da palavra, traduz-se na confirmação de algo no seu valor autêntico. Ora, neste contexto, o carácter sancionatório visa que o direito conforme efectivamente o todo da realidade histórico-social com o seu dever-ser. Para uma análise mais desenvolvida em torno da sanção como dimensão essencial da ordem jurídica, cfr. NEVES, A. CASTANHEIRA, *O Direito ..., ob. cit.*, pág. 15 e ss.

Seguindo de perto a lição de Castanheira Neves, podemos classificar as sanções negativas como uma reacção desfavorável à conduta do agente, enquanto nas sanções positivas o ordenamento jurídico liga ao comportamento deste a produção de efeitos prático-jurídicos favoráveis.

Porém, uma tal qualidade não deixa de se poder conferir ao direito de resposta, porquanto também aí se impõe ao periódico onde foi publicado o artigo respondido a divulgação do texto onde se contenha a visão do respondente.

Todavia, num grande número de situações os artigos desencadeadores do direito de resposta não são da autoria da direcção do periódico. Apesar de nesses casos se poder afirmar a responsabilidade solidária da empresa jornalística([1175]), certo é que o verdadeiro agente do ilícito ao bom nome e ao crédito foi quem proferiu as declarações ofensivas. A responsabilidade do periódico resulta tão somente do não cumprimento ou do defeituoso cumprimento pelo respectivo director dos deveres de coordenar e orientar a publicação.

Além de mais, a estatuição na lei de imprensa da responsabilidade solidária da empresa jornalística com o autor dos artigos ofensivos, não deixa de constituir uma medida destinada a proteger o interesse do lesado, ou seja, do credor da obrigação de indemnizar([1176]).

---

As sanções positivas revelam-se assim como manifestações típicas da actuação de um Estado de direito social. Tendo em conta as bissectrizes essenciais ao critério mencionado, não nos suscita quaisquer dúvidas a inclusão da retractação no universo das sanções negativas.

([1175]) Uma tal solução resulta *expressis verbis* do disposto no n.º 2 do art. 29.º da Lei de Imprensa de 13-1-1999. Com efeito, aí se estatui a responsabilidade solidária das empresas jornalísticas quando "com conhecimento e sem oposição do director ou seu substituto legal" tenham sido inseridos na publicação periódica escritos ou imagens susceptíveis de fazer incorrer o respectivo autor em responsabilidade civil. Competindo ao director do periódico nos termos do n.º 1, al. a), do art. 20.º da mencionada lei "orientar, superintender e determinar o conteúdo da publicação", dificilmente os artigos ofensivos podem ser publicados sem o seu conhecimento. O desconhecimento do teor de tais escritos apenas poderá então resultar de negligência do director do periódico pelo não cumprimento dos seus deveres de diligência nas tarefas de coordenação e superintendência do conteúdo da publicação.

([1176]) Todavia, a função de garantia não parece ter dominado os propósitos do legislador quando procedeu à regulamentação do instituto da solidariedade. Como sublinha Januário Gomes a este propósito, estão em causa "institutos que permitem aumentar pelo número de patrimónios responsáveis as probabilidades de satisfação do crédito apesar de não ter sido delineada como garantia...", cfr. GOMES, MANUEL JANUÁRIO, *Assunção Fidejussória de Dívida sobre o sentido e o âmbito da vinculação como fiador*, Coimbra, 2000, pág. 100. Ora, é esta possibilidade de reforçar o efectivo cumprimento das obrigações facultada pela solidariedade (art. 519.º, n.º 1) que permite compreender a sua afirmação como regime regra no âmbito do direito comercial, quando estejam em causa obrigações plurais (art. 100.º do Código Comercial).

Diversamente o escopo de garantia resulta bem patenteado no instituto da sub-rogação (art. 592.º). Uma tal finalidade resulta com toda a clareza da própria letra da lei, onde se pode ler: "o terceiro que cumpre a obrigação só fica sub-rogado nos direitos do credor

Por todas estas razões, quem se deve considerar particularmente sancionado com o exercício do direito de resposta é o periódico onde foram publicados os artigos respondidos e não tanto o autor dos mesmos.

As mesmas observações são igualmente válidas quanto aos custos económicos para o retractante e para o respondente decorrentes do exercício dos respectivos meios de tutela. Apesar de em qualquer das situações se poder afirmar a regra da gratuitidade, no exercício dos direitos em relação aos respectivos titulares, certo é que a publicação de textos onde se consubstancia a tutela à custa do autor das ofensas ao bom nome e ao crédito apenas se verifica verdadeiramente no âmbito da retractação. Com efeito, no direito de resposta a gratuitidade da publicação é assegurada a expensas do periódico, e não propriamente por conta da autor material das afirmações ofensivas.

---

quando tiver garantido o cumprimento ..."(o sublinhado é nosso). Ao contrário de quanto ocorre no âmbito da solidariedade, o garante não é propriamente o autor do facto gerador de responsabilidade. Desta feita, a sua intervenção com vista a ressarcir os prejuízos sofridos pelo lesado justificar-se-á, ou em virtude de exigências legais, ou da existência de uma relação contratual entre o garante e o civilmente responsável.

Registando-se porém um núcleo de problemas comuns inerentes à sub-rogação e à solidariedade, entre os quais podemos destacar a questão do reembolso no plano das relações internas das quantias dispendidas com o lesado, nem sempre constitui tarefa simples a integração de algumas situações no âmbito de um ou de outros dos institutos mencionados.

As hipóteses subsumíveis no art. 500.º, ou no art. 19.º do Dec.-Lei n.º 522/85 (que corresponde ao art. 27.º do Dec.-Lei n.º 291/2007), normalmente incluídas em virtude das referências aí contidas (n.º 3 do art. 500.º e a epígrafe do art. 19.º do Dec.-Lei n.º 522/85, correspondente ao art. 27.º do Dec.-Lei n.º 291/2007 actualmente definidor da disciplina do seguro obrigatório de responsabilidade civil automóvel) no âmbito do instituto da solidariedade, devem, no nosso entendimento, considerar-se antes integradas no domínio da sub-rogação, uma vez que a intervenção do comitente e das seguradoras é fundamentalmente determinada por um escopo de garantia. Independentemente de entrarmos na discussão da *vexata qœstio* de saber se o direito de regresso constitui um atributo essencial das obrigações solidárias (acerca desta polémica doutrinal, vide, GOMES, MANUEL JANUÁRIO, *Assunção Fidejussória...*, ob. cit., pág. 213 e ss.), certo é que nas situações acabadas de mencionar não se verificam as notas estruturantes características das obrigações solidárias, ou seja, a) pluralidade de obrigações independentes, b) identidade da prestação, c) identidade de posições jurídicas. Quanto à exclusão do art. 19.º do Dec.-Lei n.º 522/85 do âmbito do instituto da solidariedade, cfr., o nosso estudo, *O Contrato de seguro obrigatório de responsabilidade civil automóvel. Alguns aspectos do seu regime jurídico*, in B.F.D., Coimbra, 2002, pág. 348 e ss., (especialmente nota 31).

### 2.4.3. A retractação enquanto mecanismo de restituição in natura: insuficiências e aplicação cumulativa com outros instrumentos ressarcitórios

Ao longo da exposição procedemos com frequência ao confronto do direito de retractação com o direito de resposta, ficando bem patente que as diferenças entre as figuras em análise não se registam ao nível da própria essência, mas sim quanto ao grau de tutela por elas propiciado.

Assim, devemos incluir a retractação no universo da restituição *in natura*([1177]), com as limitações próprias deste tipo de ressarcimento numa área tão delicada como é a dos direitos de personalidade.

Podemos legitimamente questionar se será possível repor materialmente a imagem e o prestígio social de alguém que tenham sido perdidos com a difusão de factos ofensivos do seu bom nome e crédito, colocando essa pessoa na posição que se encontraria se não tivesse ocorrido a prática de tal ilícito. Por não estarem em causa realidades palpáveis, cuja essência se encontra para além da inteira disponibilidade das partes intervenientes no ilícito, a reposição do equilíbrio perdido nestas matérias de ordem espiritual, que contendem com o bem estar psíquico e a vivência íntima das pessoas, constitui uma tarefa particularmente difícil.

Porém, e tendo em conta a maior aptidão da figura jurídica da retractação para alcançar a reposição do *status quo ante* no plano das realidades de ordem espiritual([1178]), podemos estão considerar precioso o efeito ressarcitório alcançado com o recurso a este mecanismo de tutela. Todavia, não admira que muito raramente o ressarcimento dos danos conseguido com o recurso à figura jurídica da retractação seja integral.

Esta impossibilidade parcial de ressarcimento acaba por levantar delicados problemas conexionados com a questão do cúmulo da restituição *in natura* com a compensação dos prejuízos no quadro da reparação do mesmo tipo de danos.

Não nos estamos assim a reportar à situação de emprego concorrencial destas formas de tutela quando nos encontrarmos perante círculos de danos diversos. No âmbito do ilícito ao bom nome e ao crédito, e de um

---

([1177]) A este propósito, *vide*, MONTEIRO, J. SINDE, *A Responsabilidade por Conselhos...*, ob. cit., págs. 230-231, COSTA, M. ALMEIDA, *Direito das Obrigações...*, ob. cit. (ant. pág. 637), KÜBLER, FRIEDRICH, *Öffentliche Kritik...*, ob. cit., pág. 180, HELLE, ERNST, *Der Schutz der persönlichen...*, ob. cit., pág. 15 e ss., RIESE, CHRISTOPH, *Vergaberecht...*, ob. cit., pág. 301.

([1178]) Cfr., a este propósito, HELLE, ERNST, *Der Schutz persönlichen...*, ob. cit., pág. 15, O.L.G, *Zweibrücken, in* JW, 1934, pág. 51.

modo particular quando estiverem em causa violações do crédito é vulgar a emergência de danos patrimoniais significativos, ao lado dos prejuízos causados em bens de natureza não patrimonial. Na verdade, conforme deixámos exposto a propósito da delimitação do âmbito do ilícito previsto no art. 484.º, não nos encontramos apenas situados unicamente perante realidades tuteladas na área dos direitos de personalidade.

Razão por que o pedido de condenação do lesante a uma retractação pública pelo seu comportamento ilícito, não impede o lesado de requerer também a compensação dos danos patrimoniais por si sofridos[1179].

O problema prende-se antes com a questão de recurso a um mecanismo de restituição natural e de compensação para se atingir um pleno ressarcimento dos danos não patrimoniais sofridos pelo lesado[1180]. No fundo, volta a colocar-se aqui a questão de saber[1181] se em face do disposto no art. 566.º, será possível utilizar meios distintos e em princípio alternativos para alcançar os mesmos objectivos.

Não podemos ladear a questão com base na independência ou autonomia da figura da retractação face ao instituto da responsabilidade civil. Apesar de indiscutível, uma tal característica não se pode afirmar neste particular contexto, pois estamos a referir-nos aqui ao problema da relevância da figura em análise no âmbito da responsabilidade civil.

O problema está em averiguar se tal como sucede a propósito do direito de resposta, a retractação mesmo quando convocada a intervir como mecanismo de tutela no âmbito da responsabilidade civil mantém a sua autonomia em relação a esta fonte das obrigações.

No âmbito do direito de resposta, uma tal autonomia continua a afirmar-se. Porém, assim não ocorre quanto à figura jurídica da retractação.

Salvo quando por acordo extra-judicial se tenha estipulado o recurso a este mecanismo de tutela como forma idónea de reparação dos prejuízos

---

[1179] Com efeito, a retractação pública apesar de poder constituir um importante meio de cessação do ilícito, e assim sendo permitir evitar a ocorrência de novos danos patrimoniais, não é de modo algum um mecanismo idóneo para garantir a ressarcibilidade dos prejuízos desta natureza já produzidos. Sobre a possibilidade de cumulação destes meios de tutela, cfr. RIESE, CHRISTOPH, *Vergaberecht...*, ob. cit., pág. 301.

[1180] Neste sentido se orientou o BGH na decisão proferida em 11 de Novembro de 1994 a propósito do caso Carolina I. Por considerar que a retractação não cumpre integralmente o escopo de satisfação do lesado. Esta instância jurisdicional admitiu ainda a atribuição de uma indemnização em dinheiro ao lesado. Cfr., BGH 11.11.1994, *in* NJW, 1995, pág. 868 e ss.

[1181] O mesmo problema já se havia suscitado a propósito do direito de resposta.

causados ao lesado([1182]), a ressarcibilidade dos danos não patrimoniais decorrente da divulgação de factos ofensivos ao bom nome e ao crédito apenas pode ser alcançada através da retractação quando se encontrarem preenchidos os pressupostos da responsabilidade civil.

Revela-se então fundamental a tarefa de apreciação e comprovação jurisdicional de tais requisitos, para ser possível a condenação do lesado a adoptar um comportamento retractante.

Encontramo-nos assim perante um meio de tutela cujos pressupostos, âmbito de conformação, extensão dos seus efeitos..., são definidos pelo decidente em sede de responsabilidade civil.

Apesar de enquanto mecanismo ressarcitório integrado no âmbito do art. 566.º, a retractação possa ter perdido a autonomia que lhe era característica enquanto instrumento geral de defesa da personalidade previsto no n.º 2 do art. 70.º, não podemos esquecer a, já várias vezes repetida, dualidade problemática da importância/dificuldade da restituição *in natura* na área da tutela dos direitos de personalidade. Razão por que, em face de tais particularidades, não vislumbramos motivos válidos para excluir a possibilidade de complementar o ressarcimento proporcionado por estes meios de tutela com a compensação em dinheiro.

Neste contexto, consideramos relevante os ensinamentos de Capelo de Sousa ao considerar "as medidas possíveis em ordem à reconstituição

---

([1182]) Aceitando o lesante por via deste convénio extra-judicial a retractação como meio idóneo do ressarcimento dos prejuízos por si sofridos, já não se nos afigura possível o recurso subsequente às vias judiciais com vista a obter a reparação dos prejuízos não patrimoniais tidos ainda por não reparados. Não está aqui em causa um problema idêntico ao da concorrência dos meios de restituição *in natura* e de indemnização por equivalente no âmbito da obrigação de indemnizar.

Registou-se antes uma composição extra-judicial do litígio, na base da qual o lesante voluntariamente acedeu em retractar-se publicamente no pressuposto de nada mais lhe ser exigido em virtude do facto ilícito por si praticado. Desta feita, na generalidade dos casos onde se verifique a celebração de acordos com tais características, deve presumir-se que o lesado se considera integralmente ressarcido dos prejuízos por si sofridos.

Apenas ficam ressalvadas as hipóteses onde claramente se registem declarações de retractação parciais ou insuficientes. Todavia, encontramo-nos então face a situações de incumprimento dos acordos extrajudiciais, as quais extravasam manifestamente do âmbito por nós agora analisado. Porém, quando a retractação cumpra os termos acordados entre o lesante e o lesado, não vislumbramos razões para se admitir o recurso às vias judiciais para resolver um litígio já considerado sanado. Contra uma tal solução não são apenas de aduzir razões de economia processual, como também considerações de justiça. Na verdade, o recurso ao tribunal em tais condições pode consubstanciar-se num *venire contra factum proprium*.

natural podem não reparar integralmente os danos, pelo que têm de ser complementadas por indemnização em dinheiro... Também a retractação do injuriante não compensa o injuriado de vexames, desgostos, desprestígio e perdas económicas efectivamente causados"([1183]).

Uma tal solução revela-se, de resto, como a mais consentânea com o princípio fundamental do ressarcimento integral dos danos que está subjacente ao regime estatuído pelo legislador português a propósito da obrigação de indemnizar (art. 562.º e ss.) ([1184]).

---

([1183]) Cfr. SOUSA, R. CAPELO DE, *O Direito Geral...*, *ob. cit.*, pág. 464, no mesmo sentido, cfr. VISINTINI, GIOVANNA, *Colpa contrattuale: un falso concetto?*, in Contratto e Impresa, 2004, n.º 1, pág. 16.

([1184]) Um tal princípio encontra-se, de acordo com a orientação dominante na doutrina e jurisprudência italiana, igualmente subjacente ao art. 1223.º do Codice Civile. Este preceito, além de uma vertente descritiva onde se enuncia o conteúdo da obrigação de indemnizar, consubstanciado basicamente no ressarcimento dos danos emergentes e nos lucros cessantes, encerra também uma dimensão preceptiva quando estabelece na parte final um critério limitativo de uma tal obrigação. Com efeito, a obrigação de ressarcir encontra-se circunscrita aos danos que sejam uma consequência imediata e directa do incumprimento. Para uma análise mais desenvolvida da doutrina italiana acerca do princípio da reparação integral dos danos e da sua consagração no art. 1223.º do Codice Civile, cfr. PINORI, ALESANDRA, *Il principio generale della riparazione integrale dei danni*, in Contratto e Impresa, 1998, n.º 3, pág. 1144 e ss., ALPA, GUIDO, *Danno aquiliano...*, *ob. cit.*, págs. 805 e 806.

A referência na parte final do 1223 do Codice Civile ao carácter directo e imediato dos danos constitui uma delimitação do âmbito da obrigação de indemnizar decorrente de exigências de causalidade. Durante muito tempo, a doutrina e jurisprudência italianas apenas consideravam ressarcíveis os prejuízos que fossem uma consequência necessária da prática do facto ilícito. Porém, tem-se registado uma evolução no sentido de considerar também integrados no objecto da obrigação de restituir, aqueles danos que sendo uma consequência mediata ou reflexa, possam, porém, em termos de uma normalidade ou regularidade causal, ser considerados ainda imputáveis ao facto praticado pelo agente. Substituiu-se assim a ideia de condição necessária, por uma outra: a da previsibilidade dos danos, de acordo com os cânones da regularidade causal ou da normalidade. Neste contexto, cumpre ainda salientar a tendência registada na doutrina e jurisprudência italianas, para estender ao ilícito extracontratual as exigências de previsibilidade dos danos impostas no art. 1225.º relativamente à responsabilidade contratual. Apesar de não ser essa a posição tradicional (cfr. FERRARI, FRANCO, *Previdibilitá del danno e contemplation rule*, in Contratto e Impresa, 2,1993, pág. 762 e ss.), fundamentalmente baseada nos trabalhos preparatórios, e na circunstância de no domínio contratual existir um programa obrigacional previamente estabelecido, em relação ao qual se podem associar naturalmente juízos de prognose quanto à ocorrência futura de prejuízos, certo é que este elemento de previsibilidade já não é agora visto como traço nuclear para a distinção entre os dois tipos de ilícito, a este propósito, cfr. PINORI, ALESSANDRA, *Previdibilitá del danno*, in Riv. Dir. Civ., 1994, II., pág. 139 e ss., CENDON, PAOLO, *Il dollo nella responsabilitá extracontrattuale*, Turim, 1974, pág. 476, *Danno imprevedibile e illecito doloso*, in Rissarcimento del danno Contrattuale ed

### 2.4.4. A publicidade da retractação

Na caracterização entretanto efectuada da figura jurídica da **retractação**, temo-nos sucessivamente referido a um dos seus traços estruturantes, apesar de não lhe termos feito uma expressa menção: a publicidade.

Uma vez que os ataques ao bom nome e ao crédito apenas podem ser considerados como constitutivos de responsabilidade civil quando tiverem sido difundidos perante terceiros([1185]), então os mecanismos destinados a assegurar a reparação de tais ofensas têm de revestir a mesma natureza, ou seja, devem ser necessariamente públicos.

Trata-se de uma característica comum ao direito de resposta. Porém, sob este aspecto cumpre registar algumas diferenças dignas de menção.

Desde logo, a publicação do texto do respondente tem de ser efectuada no mesmo periódico, e dentro deste, na mesma secção onde foi difundido o artigo respondido([1186]), enquanto no tocante à figura da retractação não é forçoso que assim suceda. Sendo a retractação uma medida atípica de tutela de personalidade, competirá ao juiz, tendo em conta as peculiares circunstâncias do caso, decidir acerca do modo ou da forma de tornar pública a declaração do retractante.

Ao tomar uma tal opção, o decidente deverá ter em devida conta os fins a prosseguir com a retractação: atenuar os efeitos das ofensas cometidas contra o bom nome e o crédito do lesado.

---

Extracontrattuale, Milano, 1984 (a cura di G. Visintini), pág. 84 e ss. Em sentido diverso, cfr., porém, TURCO, CLAUDIO, *Brevi considerazioni sul principio di prevedibilitá del danno come profilo distintivo fra responsabilitá contrattuale e extracontrattuale,* in Riv. Crit. Dir. Priv., 1986, pág. 93 e ss.

Para além disso, a regra da *compensatio lucri cum damno,* baseia-se ainda nestas restrições fundadas nas exigências da causalidade à obrigação de indemnizar. Cumpre, por fim, sublinhar que as limitações contidas no art. 1223.º do Codice Civile em matéria de incumprimento contratual se devem considerar extensívas ao âmbito do ilícito extracontratual. A propósito da delimitação da obrigação de indemnizar, de acordo com as exigências da causalidade formuladas no art. 1223.º do Codice Civile, e o modo como a doutrina e a jurisprudência italianas tem interpretado tais exigências, cfr. VISINTINI, GIOVANNA, *Rissarcimento del danno,* in Riv. Dir. Civ., 1988, II, pág. 673 e ss., *Rissarcimento del danno,* in Riv. Dir. Civ., 1983, II, pág. 811 e ss., SCHLESINGER, PIERO, *La "ingiustizia del danno nell'illecito civile,* in JUS, 1960, I, pág. 346.

([1185]) Neste sentido se tem inclinado a jurisprudência alemã, ao não considerar procedente a pretensão de retractação quando as declarações ofensivas do bem jurídico da reputação não tenham sido proferidas publicamente. Cfr. MONTEIRO, J. SINDE, *Responsabilidade por Conselhos..., ob. cit.,* pág. 233, (especialmente nota 180).

([1186]) Tais exigências são impostas, como vimos anteriormente, pela lei de imprensa de 1999, onde actualmente o direito de resposta surge regulado. Em concreto, estamos a reportar-nos ao art. 26.º do mencionado diploma legislativo.

Para além disso, a forma escolhida para tornar pública a declaração do retractante deverá permitir uma efectiva reparação dos prejuízos causados ao lesado. Ora, para alcançar um tal desiderato, o juiz não pode deixar de tomar em consideração a regra da igualdade de armas. No fundo, a aplicação de uma tal directriz neste particular contexto, impele a que se alcance uma paridade entre o impacto público causado pelo texto onde se contêm as ofensas ao bom nome e ao crédito do lesado e o grau de publicidade conferido à declaração do retractante.

Assim, estando em causa uma notícia ofensiva dos bens da personalidade difundida na imprensa, não se torna forçosa[1187] a publicação da declaração do rectractante no mesmo periódico onde tenham sido divulgadas as afirmações que a desencadearam.

Aliás, pode revelar-se mais adequado, em face das circunstâncias concretas do caso, divulgar o texto da retractação num periódico ou em outro meio público de divulgação com maior audiência daqueloutro onde as declarações ofensivas foram transmitidas. Com efeito, a notícia lesiva do bom nome e do crédito pode ter extravasado os seus efeitos danosos muito para além do âmbito geográfico onde seria natural verificarem-se[1188].

Em tais situações, a aparente desigualdade quanto ao modo de difusão da notícia ofensiva e do respectivo meio de tutela poderá ser considerada como a única forma possível de assegurar a realização da tão propalada regra da igualdade de armas.

Ao proceder desta forma, o juiz terá a oportunidade de realizar a propósito do instituto da retractação as exigências regulativas da igualdade em sentido material, ao invés de quanto sucede a propósito do direito de resposta.

---

[1187] Apesar de como regra tendencial devermos aceitar como solução preferível a publicação do meio de tutela no mesmo periódico, a fim de alcançar a mencionada paridade entre o impacto público da notícia ofensiva e o grau de publicidade conferido à retractação.

[1188] Já ao longo do trabalho nos temos referido ao efeito propulsor ou irradiante associado às notícias ofensivas de bens da personalidade como o bom nome e o crédito. Em face da divulgação de afirmações com este teor é perfeitamente previsível criar-se um ambiente de especulação em torno da pessoa visada. Para um tal clima contribuirão com certeza declarações de terceiros. Com efeito, apesar de baseadas nas afirmações do autor do artigo ofensivo, estas declarações acabam por empolar freneticamente o alcance deste último.

Não estamos propriamente a reportar-nos às hipóteses de adulteração pelos terceiros do conteúdo das afirmações desencadeadoras do ilícito ao bom nome e ao crédito. Com efeito, nesses casos poderia haver razões para proceder à averiguação da existência de um novo ilícito, desta vez cometido pelo terceiro. Referimo-nos antes a um fenómeno natural no contexto social, e como tal perfeitamente previsível de acordos com os usos sociais, consubstanciado numa certa intriga palaciana susceptível de adensar e estender substancialmente o alcance e o impacto de notícias difundidas publicamente.

Em face dos estritos condicionalismos fixados na lei de imprensa, ao periódico([1189]) apenas lhe é permitido proceder à publicação da resposta nas condições definidas no mencionado diploma legal.

Desta feita, a concreta mediação judicativa autonomamente constitutiva permitida no contexto da retractação enquanto procedimento atípico permitirá alcançar resultados mais eficazes do ponto de vista da reparação dos prejuízos, que a estrita observância de esquemas legais previamente definidos e inalteráveis.

Porém, e como já deixámos mencionado, a retractação nem sempre constitui um mecanismo capaz de apagar ou atenuar as dores e os desgostos sofridos por quem foi alvo das notícias ofensivas do bom nome e do crédito. Uma tal insuficiência ressarcitória da retractação ressalta com maior evidência quando a confrontamos com uma figura vizinha: a publicação das sentenças condenatórias. A maior *auctoritas* e imparcialidade de quem profere a decisão condenatória representam elementos capazes de permitir uma reabilitação pública dos visados pelas declarações mais ampla que a conseguida com o reconhecimento do ilícito por parte do retractante. Razão por que sufragamos a possibilidade de complementar, com o recurso à publicação de sentenças condenatórias, as limitações patenteadas pela retractação.

### 2.5. Sanção pecuniária compulsória

Constituindo os deveres de abstenção correlativos aos direitos do bom nome e ao crédito prestações de facto infungíveis, não é então possível fazer valer neste particular domínio a regra da preferência pela execução específica.

Impondo-se a todos e a cada um dos membros da comunidade jurídica a obrigação de silêncio([1190]) acerca de certos factos ou aqueloutra de se

---

([1189]) O mesmo se diga quanto à actuação da já extinta Alta Autoridade para a Comunicação Social ou do tribunal na hipótese de efectivação coercitiva do direito de resposta e de rectificação. Na verdade, mesmo a concreta realização do direito de resposta ordenada por via judicial tem de obedecer aos parâmetros definidos na lei da imprensa (art. 26.º da lei de 13 de Janeiro de 1999).

([1190]) Como já referimos a propósito do valor fundamental da liberdade de expressão, não existe necessariamente uma incompatibilidade entre as suas exigências regulativas e a obrigatoriedade de permanecer em silêncio ou de guardar reserva em determinadas situações. A exigibilidade de um tal tipo de postura funda-se, desde logo, no inevitável reconhecimento da existência de limites ao exercício dos poderes ou faculdades contidas no âmbito

exprimirem sobre eles com a reserva de não se pronunciarem quanto a determinados aspectos ou detalhes aqueles respeitantes, certo é então que o cumprimento de tais deveres fica intimamente dependente da vontade de cada um em respeitar tais comandos da ordem jurídica. A impossibilidade de fazer intervir neste contexto mecanismos subrogatórios capazes de suprir a falta de vontade de cumprimento de tais deveres, explica, por um lado, o fracasso quanto à possibilidade de realização coactiva destes comportamentos negativos, e por outro, a necessária emergência de concretas formas de violação dos direitos, em nome de cuja tutela os deveres de abstenção foram impostos.

Encontramo-nos pois situados num contexto onde assume uma particular relevância o brocardo *"Nemo praecise potest cogi ad factum"*([1191]).

---

deste *Rahmenrecht*. Neste contexto particular, tais restrições são impostas em nome do respeito devido aos bens da personalidade tutelados no art. 484.º.

([1191]) Apesar de os glosadores e os comentadores atribuírem a este brocardo uma origem romanística, tal corresponde, no entanto, a um erro destas correntes particularmente empenhadas no renascimento do direito romano. Com efeito, a distinção entre obrigações de *dare* e de *facere* era então desconhecida. Foi Bártolo quem teorizou o erro então difundido, estabelecendo uma clara cisão entre as prestações *de dare*, no âmbito das quais era permitida a execução específica, e as prestações *de facere*, onde apenas se admitia a condenação por equivalente pecuniário. A grande questão a partir daí cifrava-se em qualificar o tipo de prestações, para então proceder a um correcto tratamento jurídico das diversas situações. De acordo com o autor, o cumprimento coercitivo era apenas admitido em relação às obrigações cujo objecto se traduza na transferência do direito de propriedade.

Com todos estes equívocos, a distinção atrás mencionada foi-se consolidando, mas somente no sec. XVI, graças ao pensamento de Favre, apareceu formulado pela primeira vez o brocardo ainda hoje bem conhecido: *"Nemo praecise potest cogi ad factum"*. De igual modo, deve-se a este autor uma clarificação do sentido e alcance deste adágio. Impedir a coacção ao *facere* sobre o devedor constituía, de acordo com a sua perspectiva, a razão determinante da elaboração da regra mencionada. Porém, um correcto entendimento em torno deste brocardo foi apenas possível com os contributos dados por Vinnius e Pothier. Deve-se a Vinnius a distinção entre os factos estritamente pessoais (*nuda facta*) e os factos não pessoais, bem como a exclusão da execução específica apenas quanto aos primeiros. Perfilhando a posição de Vinnius, Pothier amplia ainda mais o âmbito de admissibilidade do cumprimento coercitivo, com base na fungibilidade da prestação de facto material e jurídico. No fundo, toda esta evolução registada na compreensão do sentido e alcance da regra *nemo precise* vem culminar na ideia, hoje pacificamente aceite, da restrição da sua aplicabilidade aquelas prestações cujo cumprimento esteja dependente de particulares qualidade pessoais do devedor. Assim sendo, abrir a porta da execução específica em tais situações poderá considerar-se como um ataque inadmissível à liberdade e dignidade humana. Acerca da evolução e do sentido e alcance atribuível ao brocardo *"nemo precisae"*, cfr. SILVA, J. CALVÃO DA, *Cumprimento...*, ob. cit., págs. 215 e ss.

Aliás, a impossibilidade de constranger ao cumprimento dos deveres de abstenção, com o fim de evitar a consumação do ilícito ao bom nome e ao crédito, manifesta-se pois indelevelmente, porquanto a pessoa sobre quem recai a obrigatoriedade de observância de tais deveres é simultaneamente titular de poderes ou faculdades filiadas no *Rahmenrecht* da liberdade de expressão.

Revelando-se impraticável a tutela coercitiva dos direitos de personalidade através da execução *in natura*, o recurso à sanção pecuniária compulsória enquanto meio de coerção ao cumprimento([1192]) revela-se particularmente importante, porquanto nos encontramos situados perante o campo privilegiado para a sua aplicação, ou seja, o das prestações de facto negativas duradouras. Cumpre destacar aqui a frequente utilização deste expediente jurídico pela jurisprudência francesa, onde desde finais do séc. XIX se fazia já a aplicação da *astreinte*([1193]).

Com efeito, o dever de respeito correlativo dos direitos ao bom nome e ao crédito, protela-se ininterruptamente ao longo do tempo([1194]). Não estão em causa deveres de abstenção cujo cumprimento se esgote num só instante temporal([1195]). Ora, em tais situações, não pode efectivamente haver lugar à aplicabilidade da sanção pecuniária compulsória, uma vez que o comportamento negativo era exigido uma única vez, e assim sendo não há possibilidade de ocorrência de futuras violações a evitar mediante a cominação de meios compulsórios.

No tocante ao dever de respeito exigido em nome da tutela do bom nome e do crédito, o mesmo já não se verifica. Apesar de ser impossível evitar a eclosão de violações a tais direitos, assumindo, por conseguinte,

---

([1192]) A este propósito, *vide*, MAZZAMUTO, S., *L'attuazione degli Obblighi di Fare*, Napoli, 1978, pág. 57.

([1193]) Cfr. Trib. Civ. Seine, 16 giugno 1858, *in* D., 1858, III, pág. 62, trib. civ. Seine 30 aprile 1896, *in* D., 1896, III, pág. 376 (ambas as decisões a propósito de violações do direito à imagem).

([1194]) Estão em causa prestações duradouras em sentido estrito de execução continuada. Acerca deste tipo de prestações onde o tempo exerce uma influência significativa na configuração do objecto da obrigação, e das diversas classificações das prestações tendo em conta um critério temporal, cfr. VARELA, J. ANTUNES, *Das Obrigações em Geral... I*, ob. cit., págs. 92 e ss.

([1195]) A fonte de tais deveres encontra-se em eventos contratuais. A este propósito, Calvão da Silva refere-se aos exemplos emblemáticos de alguém se ter obrigado a guardar um segredo a pessoa(s) certa(s) e determinada(s), ou da actuação de um artista num espectáculo no dia em que estava vinculado a não o fazer, cfr. SILVA, J. CALVÃO DA, *Cumprimento...*, ob. cit., págs. 459, nota 852.

estes comportamentos ilícitos carácter definitivo, existe, contudo, o risco de se renovarem no futuro o mesmo tipo de ofensas. Assim sendo, o titular dos direitos de personalidade supra-mencionados, ao formular um pedido indemnizatório ou de restituição *in natura*([1196]) com o objectivo de obter a reparação dos prejuízos por si sofridos na sequência da(s) agressão(ões) aos respectivos direitos, pode ainda pretender evitar a reiteração do mesmo tipo de ofensas. A sanção pecuniária compulsória, enquanto meio de coerção indirecta ao cumprimento([1197]) pode então revelar-se um preciosíssimo instrumento de pressão sobre a vontade do devedor para alcançar um tal desiderato.

No âmbito das acções de abstenção (*unterlassungsklage*), o juiz além de condenar o devedor a não praticar acções susceptíveis de violar os direitos de personalidade do lesado, deve ainda atender ao pedido por este

---

([1196]) Particularmente frequente neste domínio é o pedido de condenação do lesante a uma retractação no mesmo meio de comunicação ou noutro equiparado aquele onde foram divulgadas as informações lesivas dos direitos ao bom nome e ao crédito.

Estando aqui em causa um mecanismo de restituição *in natura* dos direitos violados, dever-se-á considerar preferível uma tal solução aqueloutra de atribuição de uma indemnização em dinheiro. Tal não exclui, porém, que seja deduzido um pedido de indemnização, para além da mencionada retractação pública. Na verdade, a restituição *in natura* pode revelar-se insuficiente para reparar integralmente os prejuízos sofridos pelo lesado.

([1197]) Acerca da sanção pecuniária compulsória como meio de coerção indirecta, cfr. SILVA, J. CALVÃO DA, *Cumprimento e Sanção...*, *ob.cit.*, pág. 375 e ss. Por se tratar de uma característica indefectível da sanção pecuniária compulsória, Calvão da Silva entende que no art. 33.º do Dec.-Lei n.º 446/85 não está consagrada, apesar de o legislador a designar como tal, uma autêntica sanção pecuniária compulsória, mas antes uma multa. Do preceito em análise parece resultar que a sanção pecuniária só podia ser pedida e decretada depois da violação da obrigação de não utilização ou recomendação de cláusulas gerais proibidas, ocorrida após o trânsito em julgado de sentença inibitória. Desta feita, não nos encontramos perante uma "**arma preventiva e intimidante**", tal como tem de ser concebida a sanção pecuniária compulsória. Apenas quando a sanção seja aplicada na própria sentença inibitória, poderemos deparar-nos com a eficácia coercitiva que lhe é característica, tal como sucede nos termos gerais previstos no art. 829.º-A. Porém, de acordo com Calvão da Silva, o art. 33.º do Dec.-Lei n.º 446/85 encontra-se revogado pelo art. 10.º, n.º 2, da Lei n.º 24/96, fundamentando a sua posição não apenas nos argumentos de ordem substantiva já expostos, mas também com o recurso aos trabalhos preparatórios da Lei de Defesa do Consumidor. Para uma análise mais desenvolvida desta posição, cfr. SILVA, J. CALVÃO DA, *Banca, Bolsa e Seguros, Direito Europeu e Português, Tomo I (Parte geral)*, Coimbra, 2005, págs. 189 e 191. Porém, um tal entendimento já tinha sido sufragado pelo autor em *Protecção do Consumidor, in* "Direito das Empresas" – INA – Instituto Nacional da Administração (Coordenação de Diogo Leite de Campos), 1990, págs. 148 e 149.

deduzido([1198]) de condenar o lesante no pagamento de uma quantia pecuniária por cada infracção cometida([1199]).

([1198]) Na verdade, como resulta do n.º 1 do art. 829.º-A, o juiz apenas pode aplicar uma sanção pecuniária compulsória a pedido do credor. Todavia, as partes não têm a faculdade de definir convencionalmente os termos de aplicabilidade desta medida de coerção privada. Apenas ao juiz lhe é concedido esse poder. Trata-se, porém, de um poder-dever jurisdicional, porquanto ao magistrado judicional não é conferida a prerrogativa de apreciar e decidir acerca da oportunidade de aplicação da sanção pecuniária compulsória. Na esteira dos regimes jurídicos alemão, austríaco e brasileiro, uma vez requerida a sanção pecuniária compulsória e verificados os requisitos legais para a sua aplicabilidade, este meio de coerção ao cumprimento tem de ser decretado pelo juiz. Diferente se apresenta o sistema jurídico francês, onde o juiz conserva o seu poder soberano de apreciar e decidir quanto à oportunidade de impor este tipo de sanções.
No nosso ordenamento jurídico apenas se reconhece liberdade ao juiz para definir a modalidade e o montante da quantia da sanção pecuniária compulsória. Um tal sistema é, no entanto, passível de críticas. Tal como adverte Calvão da Silva "parece-nos mais consentâneo reconhecer ao tribunal a faculdade de a impor oficiosamente.. É que, se pela sanção pecuniária compulsória se procura favorecer o respeito pelas decisões judiciais, coerentemente deveria aceitar-se que ela pudesse ser ordenada *ex officio*...", cfr. Silva, J. Calvão da, *Cumprimento*..., *ob. cit.*, pág. 430. Para maiores desenvolvimentos quanto ao poder-dever do juiz em decretar a sanção pecuniária compulsória, cfr. Silva, J. Calvão da, *ob. ant. cit.*, págs. 428 e ss.

([1199]) Apesar da lei não se referir expressamente no n.º 1 do art. 829.º-A, ao juiz é ainda permitida a fixação de uma sanção pecuniária de montante global, sem ter necessariamente de socorrer-se das modalidades indicadas neste preceito legal, ou seja das sanções pecuniárias por unidade de tempo, ou por infracção. Todavia, e tal como mencionámos em texto, no domínio aqui considerado – o das prestações de facto negativas – , a modalidade mais vulgarmente aplicada é a das sanções pecuniárias compulsórias por infracção. Resultando, por regra, o ilícito extracontratual da prática de actos imprevisíveis, que vêm romper com um equilíbrio histórico-social previamente existente, não se torna então fácil definir a periodicidade das condutas ofensivas dos direitos. Razão por que a aplicabilidade desta modalidade de sanção não se apresenta neste âmbito tão eficaz como naqueloutro das prestações de facto positivas onde normalmente são previamente definidos prazos para a realização dos comportamentos debitórios. Assim sendo, o juiz com maior facilidade poderá determinar qual o quadro temporal de intervenção desta medida coercitiva, de molde a considerar-se como um meio efectivo de pressão sobre a vontade do devedor.
Tal não impede, tendo em conta as particulares circunstâncias do caso (art. 829.º, n.º 1-A), a aplicação conjugada das duas modalidades de sanções pecuniárias supra-mencionadas, mesmo no contexto das prestações de facto negativas. A título meramente exemplificativo, quando seja previsível a divulgação de novos factos ofensivos do bom nome e do crédito, pode ser oportuno para o juiz decidir-se pela aplicabilidade de sanções pecuniárias por unidades de tempo. Tal pode, na verdade, ocorrer com alguma frequência no campo da litigância política protagonizada na comunicação social através de publicações periódicas.
Não estamos, no entanto, a equacionar a possibilidade de a sanção pecuniária compulsória constituir um meio de pressão para tornar efectiva a condenação futura à abstenção

### 2.5.1. *A sanção pecuniária compulsória e os pedidos de abstenção e de retractação pública*

Como ficou claramente mencionado, a tutela dos direitos ao bom nome e ao crédito tem lugar através da observância por terceiros de prestações de facto negativas, as quais revestem uma natureza infungível. Não temos, desta feita, dúvidas em considerar este como um campo privilegiado para a aplicabilidade das sanções pecuniárias compulsórias. Tendo em conta o figurino traçado no art. 829.º, n.º 1-A, este meio de coerção privado reveste uma natureza subsidiária.

Visa-se com um tal tipo de instrumento suprir a impossibilidade de recurso à execução específica no círculo restrito das prestações de facto infungíveis, e dentro deste consideram-se apenas por ele abrangidas aquelas cujo cumprimento não requeira particulares qualidades artísticas e científicas do devedor.

A pretensão do legislador foi unicamente a de circunscrever o âmbito da sanção pecuniária compulsória às prestações de carácter pessoal[1200], admitindo-se, porém, dentro deste género, a sua aplicabilidade a um elenco muito diversificado de prestações. Com efeito, o recurso a estas medidas coercitivas é permitido, quer estejam em causa obrigações extracontratuais ou contratuais, autónomas ou não autónomas, patrimoniais ou extrapatrimoniais[1201].

---

de divulgar opiniões ou juízos político-sociológicos. Tal representaria uma insustentável forma de limitação do valor da liberdade de expressão, apenas compreensível nos quadros da censura política levada a cabo pelos regimes autocráticos. Este meio de coerção ao cumprimento terá antes em vista impedir a divulgação de novas afirmações de facto, quando estas se revelem desfiguradoras de bens jurídicos da personalidade, como sejam o bom nome e o crédito. Estando em causa declarações de facto pelas quais o respectivo autor pode ser civilmente responsável nos termos do art. 484.º, a sanção pecuniária compulsória é susceptível de representar um importante instrumento para evitar a ocorrência de novas violações a estes bens da personalidade, num domínio onde de resto, não se revela possível a execução específica. No tocante às várias modalidades da sanção pecuniária compulsória, e à ampla liberdade do juiz para a sua determinação, cfr. SILVA, J. CALVÃO DA, *Cumprimento...*, *ob. cit.*, págs. 415 e ss.

[1200] Afastando-se, porém, dessa esfera de aplicabilidade, como deixámos mencionado em texto, aquelas prestações de natureza pessoalíssima, ou seja, todas quantas o devedor não possa ser substituído por terceiro na realização da prestação, em virtude do seu cumprimento envolver certas qualidades profundamente ligadas ao radical subjectivo de cada indivíduo. Estão em causa características inatas, conquanto se encontrem também particularmente dependentes de um esforço de valorização pessoal. Basta pensar nas qualidades artísticas para podermos constatar a exactidão de quanto afirmámos.

[1201] A este propósito, cfr. SILVA, J. CALVÃO DA, *Cumprimento...*, *ob. cit.*, pág. 450.

Assim sendo, a cominação de uma sanção pecuniária compulsória deve ser considerada como um meio idóneo para compelir o devedor a acatar a condenação num comportamento omissivo (*unterlassungsanspruch*)([1202]), ou de constranger o devedor a proceder à rectificação do teor das afirmações proferidas ou de um pedido público de desculpas (*widerrufanspruch*). O recurso a estes meios de tutela particularmente relevantes no universo dos direitos de personalidade não se encontra dependente da prova da culpa do autor das lesões([1203]).

Quer a *unterlassungsanspruch*, quer a *widerrufanspruch* representam importantes mecanismos de tutela do bom nome e do crédito, e os comportamentos através dos quais se concretizam constituem prestações de facto infungíveis, cujo cumprimento não implica particulares qualidades artísticas, literárias ou científicas do devedor. A título meramente exemplificativo a rectificação de declarações de facto lesivas anteriormente divulgadas, não exige da parte do devedor um particular rigor, do ponto de vista literário, na elaboração do texto onde conste este mecanismo de reparação *in natura*.

Conquanto o teor da exposição se revele claro e perceptível, permitindo a um destinatário normal aperceber-se da existência do conteúdo rectificativo do texto, bem como da autoria de quem o subscreve, então não devem ser impostas quaisquer outras exigências adicionais. Importante é tão somente a realização da prestação pelo devedor, porquanto o credor apenas tem interesse que aquela seja efectuada por quem com uma anterior conduta violou a sua esfera jurídica.

Já não se torna sustentável a aplicabilidade da sanção pecuniária compulsória no âmbito das sentenças condenatórias do devedor à publicação, a expensas suas, da decisão judicial onde este tenha sido considerado autor do ilícito ao bom nome e ao crédito. Bem vistas as coisas, um tal tipo de sentenças impõe ao devedor uma obrigação de pagamento dos custos envolvidos na mencionada publicação. Ora, está então em causa, neste tipo de situações, o cumprimento de uma obrigação de prestação de coisa. Assim sendo, e por nos encontrarmos situados perante realidades fungíveis,

---

([1202]) Neste sentido se pronuncia claramente Oliveira Ascensão, defendendo o recurso à sanção pecuniária compulsória no âmbito da *unterlassungsklage* decretada em sede de concorrência desleal, cfr. ASCENSÃO, J. OLIVEIRA, *Concorrência...*, ob. cit., pág. 225.

([1203]) Neste contexto, reportando-se à aplicação analógica do §1004 abs. 1 satz 2 do B.G.B. no âmbito da tutela da honra, Hohloch refere-se à complementaridade entre os institutos da responsabilidade e da *unterlassung*, Cfr., HOHLOCH, GERHARD, *Die negatorischen ausprüche und ihre beziehungen zum schadensersatsrecht*, Frankfurt am Main, 1976, pág. 122.

não é este um domínio onde a sanção pecuniária compulsória possa desempenhar a sua função coercitiva, tendo em conta a mencionada natureza subsidiária.

Em face de tudo quanto ficou exposto, resulta bem clara a idoneidade da sanção pecuniária compulsória para a cessação e prevenção do ilícito no âmbito das violações perpetradas aos direitos de personalidade.

Um preceito onde claramente se encontra plasmado o princípio de acordo com o qual "o sujeito activo de uma relação jurídica tem o direito à cessação e supressão do ilícito presente, bem como à prevenção de ilícito futuro"([1204]) é o art. 829.º, n.º 1. Razão por que Calvão da Silva defenda que não há motivo para "interpretar restritivamente o art. 829.º, n.º 1, acantonando o seu âmbito de aplicação aos casos em que a contravenção da obrigação de *non facere* se concretiza num resultado material susceptível de demolição... Deve, antes, aplicar-se a todos os casos em que seja possível pôr termo ao ilícito, isto é, à situação antijurídica criada pela violação da obrigação negativa"([1205]). O autor defende então a aplicabilidade deste preceito aquelas hipóteses de violação de obrigações negativas, em que seja possível repor o *status quo ante*, referindo-se ao caso de encerramento de estabelecimento comercial aberto em violação de uma obrigação de não concorrência([1206]). Porém, uma tal extensão ao universo das violações aos direitos de personalidade não se revela sustentável, porquanto a cessação do ilícito não é aqui acompanhada da possibilidade de levar a cabo a execução em via específica.

### 2.5.2. Sanção pecuniária compulsória e responsabilidade civil

A tutela inibitória exercida pela sanção pecuniária compulsória com vista a evitar uma renovação do ilícito no futuro, não se encontra dependente da existência da culpa, nem do dano. Ou seja, a aplicabilidade desta medida coercitiva no âmbito da protecção dispensada aos direitos da personalidade do bom nome e do crédito, não implica a verificação dos pressupostos da responsabilidade civil mencionados no art. 484.º. Neste contexto, não podemos, contudo, confundir os ilícitos já consumados com a necessidade de impedir a perpetuação do mesmo tipo de violações no futuro. No tocante aos ilícitos ao bom nome e ao crédito, já praticados,

---

([1204]) Cfr. SILVA, J. CALVÃO DA, *Cumprimento...*, *ob. ant. cit.*, pág. 463.
([1205]) Neste sentido, cfr. SILVA, J. CALVÃO DA, *Cumprimento...*, *ob. cit.*, pág. 462.
([1206]) Em sentido diferente se pronunciam Pires de Lima e Antunes Varela, PIRES DE LIMA e ANTUNES VARELA, *Código Civil Anotado*, vol. II, 4.ª ed. rev. e act., Coimbra, 1997, pág. 101.

não se suscitam quaisquer dúvidas quanto à verificação dos pressupostos da responsabilidade civil. Para reparar danos daí derivados, o lesado optará pela restituição natural ou por equivalente.

Todavia, nas hipóteses onde se tenha dado preferência à via da reparação em espécie, ou quando tenha sido deduzido um *unterlassungsklage*, poderá revelar-se vantajosa a cominação de uma sanção pecuniária compulsória com o objectivo de cessar definitivamente o ilícito cometido, evitando a renovação da prática do ilícito no futuro, uma vez que nos encontramos situados perante prestações duradouras de execução continuada. Assim sendo, em tais hipóteses não podemos descortinar a existência de uma conduta culposa e danosa por parte de quem já anteriormente violou os direitos de personalidade do lesado, pois ainda não se registou aqui qualquer outra lesão em tais bens jurídicos.

Configurando-se a aplicabilidade da sanção pecuniária compulsória como uma questão perfeitamente autónoma do problema da averiguação dos requisitos da responsabilidade civil, propendemos também para aceitar a cominação desta medida coercitiva mesmo nas situações onde exista uma cláusula de exclusão da responsabilidade civil[1207]. Apesar de ser particularmente difícil visualizar a existência deste tipo de cláusulas no âmbito do ilícito extracontratual do bom nome e do crédito, tal não se revela, no entanto, impossível. Basta pensar na hipótese de no seio de um grupo de pessoas amigas periodicamente reunido, os seus participantes convencionarem a exclusão da responsabilidade de qualquer um dos seus membros para a eventualidade de, em alguma circunstância, se registarem ofensas susceptíveis de desencadear a aplicação do art. 484.º.

Num tal contexto, o lesado, apesar de ter prescindido antecipadamente do seu direito à reparação dos prejuízos, pode vir a intentar uma acção de abstenção a fim de evitar a repetição do mesmo tipo de situações, e deduzir igualmente um pedido de aplicação de uma sanção pecuniária compulsória. *Prima facie*, a admissibilidade de recurso a esta medida coercitiva no âmbito das situações analisadas parece um contra senso. No fundo, o

---

[1207] Seguimos a este propósito a posição sufragada por Pinto Monteiro. Este autor invoca, por seu turno, a favor de um tal entendimento quer a experiência da jurisprudência francesa em torno da figura jurídica da *astreinte*, quer a posição de consagrados juristas acerca desta matéria. Cumpre, na verdade, relembrar a forte influência exercida pelo modelo francês da *astreinte* na delimitação do regime jurídico da nossa sanção pecuniária compulsória. Para uma análise mais desenvolvida acerca da possibilidade de aplicação da sanção pecuniária compulsória nas hipóteses de existência de cláusulas de exclusão da responsabilidade, cfr. MONTEIRO, ANTÓNIO PINTO, *Cláusulas limitativas...*, ob. cit., págs. 198 e ss.

devedor poderá vir a entregar uma quantia em dinheiro ao credor, quando à partida já tinha sido exonerado, por via convencional, deste género de obrigação. Este argumento não se revela contudo decisivo, tendo em conta a natureza da sanção pecuniária compulsória. Como temos vindo a salientar, não nos encontramos perante uma medida de natureza reparatória, mas antes face a um meio com uma índole predominantemente inibitória, mercê do seu carácter coercitivo.

Aliás, a quantia pecuniária a cujo pagamento o devedor venha a ser condenado, em virtude do incumprimento da obrigação principal, destina-se em partes iguais a favor do credor e do Estado (art. 829.°A, n.° 3). Uma tal solução legislativa vem assim infirmar o carácter indemnizatório da sanção pecuniária compulsória.

Desta feita, a existência de uma cláusula de irresponsabilidade apenas implica a renúncia do credor à indemnização a que teria direito, mas não equivale, de modo algum, a uma manifestação de falta de interesse da sua parte pelo cumprimento da obrigação[1208].

Para além demais, num domínio onde se encontra afastada a possibilidade de recurso à execução específica, e tendo o credor renunciado, através da cláusula de irresponsabilidade, ao seu direito à indemnização, o recurso à sanção pecuniária compulsória pode constituir um precioso auxílio para assegurar o cumprimento das prestações de facto infungíveis impostas ao devedor no âmbito de tutela dos direitos de personalidade.

### 2.5.3. A sanção pecuniária compulsória como meio idóneo de cessação e prevenção do ilícito ao bom nome e ao crédito

A aplicação da sanção pecuniária compulsória no âmbito da tutela do bom nome e do crédito tem em vista fundamentalmente assegurar a cessação do ilícito, bem como a prevenção da ocorrência do mesmo no futuro.

Encontrando-nos situados na área dos direitos de personalidade, os quais, por serem inerentes à pessoa humana, revestem uma natureza extrapatrimonial[1209], indisponível e intransmissível, a forma considerada mais adequada para a sua reparação quando tenham sido violados é a restituição *in natura*[1210]. Desta feita, constituem preocupações essenciais

---

[1208] Tal seria de resto proibido pelo art. 809.°.

[1209] Apesar de na caracterização do direito ao crédito se revelar fundamental uma particular atenção pela sua dimensão patrimonial. Todavia, tendo em conta as suas características essenciais, continuámos a qualificá-lo como um direito de personalidade.

[1210] Estamos obviamente a considerar a hipótese de se ter suscitado uma questão de responsabilidade por factos ofensivos ao bom nome e ao crédito (art. 484.°) ou por violação

neste domínio evitar a consumação de ameaças a estes direitos, bem como impedir a renovação de ataques a eles já anteriormente perpetrados([1211]).

A tutela preventiva([1212]) enquanto paradigma preferencial da defesa dos direitos de personalidade encontra na sanção pecuniária compulsória um poderoso aliado para atingir os seus desideratos fundamentais([1213]). Perante a ameaça de violação deste tipo de direitos, os respectivos titulares têm legitimidade de exigir uma condenação inibitória para evitar a consumação da ameaça([1214]), ou não conseguindo evitá-la, o pedido de cominação de sanção peduniária não deixa de revelar-se igualmente importante para evitar no futuro a perpetuação da ofensa. Em termos jurídico-positivos, o recurso a este expediente de coerção privada é admitido, sem quaisquer dificuldades, em face do disposto no n.º 2 do art. 70.º e tendo em conta os pressupostos de aplicabilidade da sanção pecuniária compulsória

---

de outros direitos de personalidade. Com efeito, em tais situações, o recurso à restituição *in natura* revela-se preferível à reparação por equivalente.

([1211]) Nestas últimas hipóteses de aplicação de expedientes jurídicos destinados a impedir a renovação de ofensas aos bens jurídicos da personalidade, podem ter já ocorrido situações de responsabilidade civil. Todavia, a aplicação de meios coercitivos como a sanção pecuniária compulsória, assume uma natureza preventiva, uma vez que têm fundamentalmente em vista evitar a prática futura do mesmo tipo de ofensas.

([1212]) Estamos a referir-nos em texto à importância desempenhada pela sanção pecuniária compulsória na tutela dos direitos da personalidade, em particular na defesa dos direitos ao bom nome e ao crédito. Não devemos então confundir esta temática com aqueloutra da função preventiva associada à responsabilidade civil. Apesar de nos encontrarmos perante uma tarefa secundária deste instituto, a figura anglo-saxónica dos danos punitivos (*punitive damages*) tem suscitado um interesse acrescido em torno de uma tal função da responsabilidade civil. Ao conceder-se ao juiz a faculdade de fixar um montante indemnizatório adequado para sancionar o desvalor da acção particularmente censurável do agente, e não apenas definir a indemnização em função do dano causado ao lesado, pretende-se, por um lado, punir a conduta do agente, e por outro, prevenir ou dissuadir a adopção de condutas idênticas no futuro.

Todavia, a função preventiva assim realizada pelo ordenamento jurídico é alcançada através do instituto da responsabilidade civil, e em particular no âmbito da obrigação de indemnizar. Ora, a tutela inibitória desempenhada através da aplicação da sanção pecuniária compulsória, é independente da ocorrência de uma situação de responsabilidade civil. Desta feita, encontramo-nos assim perante uma função de natureza preventiva de âmbito mais genérico, a qual opera a título exemplificativo no âmbito da defesa dos direitos de personalidade, mesmo quando aí não se tenham registados problemas de ilicitude extracontratual.

([1213]) Acerca da importante função de prevenção do ilícito genéricamente associada à sanção pecuniária compulsória, cfr. RAPISARDA, CRISTINA, *Premesse allo Studio della Tutela Civile Preventiva, in* Riv. Dir. Proc., 1980, pág. 92 e ss.

([1214]) Nestas hipóteses revela-se frequentemente mais frutífero o recurso aos meios de auto-tutela dos direitos para garantir em tempo útil a salvaguarda dos mesmos.

previstos no art. 829.º-A. Independentemente da aplicação do instituto da responsabilidade civil, o lesado nos seus direitos de personalidade "pode requerer as providências adequadas às circunstâncias do caso, com o fim de evitar a consumação da ameaça ou atenuar os efeitos da ofensa já cometida". Ora, neste elenco diversificado de meios jurídicos, pode integrar-se precisamente a possibilidade de o titular dos direitos ameaçados ou atingidos solicitar a aplicação da sanção pecuniária compulsória. Não se encontrando o recurso a este expediente jurídico dependente da verificação dos pressupostos da responsabilidade civil, e sendo conhecida a sua idoneidade para prevenir ou fazer cessar o ilícito, não se suscitam quaisquer dúvidas quanto à sua inclusão no âmbito normativo do n.º 2 do art. 70.º.

Aliás, assegurada uma tutela inibitória dos direitos de personalidade pode até dispensar-se o recurso à acção de responsabilidade civil, a qual, neste particular contexto, onde estão fundamentalmente em causa bens de ordem extrapatrimonial, se pode configurar como um sucedâneo([1215]).

## 2.6. Insuficiências do modelo ressarcitório e reforço da tutela inibitória no âmbito do ilícito ao bom nome e ao crédito

Um dos domínios onde maior acuidade pode assumir a dimensão preventiva ou sancionatória da responsabilidade civil é precisamente o do ilícito ao bom nome e ao crédito([1216]).

Não obstante ao instituto da responsabilidade civil ser de associar uma função predominantemente reintegradora ou ressarcitória – colocar o lesado na situação em que se encontraria se não tivesse ocorrido a prática do facto ilícito –, certo é que o dever de indemnizar representa sempre uma sanção para o lesante. Ao invés de quanto sucede no âmbito do enriquecimento sem causa, a simples ideia de reparação não basta para justificar o dever de indemnizar quando na esfera jurídica do lesante se registe qualquer enriquecimento([1217]). O dever de reparar os danos sofridos pelo lesado pressupõe a culpa do agente, representando nessa medida uma sanção contra o comportamento reprovável de quem causou os prejuízos([1218]).

---

([1215]) Neste sentido, cfr. SILVA, J. CALVÃO DA, *Cumprimento...*, ob. cit., pág. 466.

([1216]) A este propósito, reportando-se à experiência norte-americana, cfr. MONTEIRO, A. PINTO, *Cláusula Penal ...*, ob.cit., pág. 653 (nota 1525)

([1217]) Cfr., a este propósito, VARELA, J. ANTUNES, *Das Obrigações I...*, ob. cit., págs. 542-543.

([1218]) Neste sentido, cfr. EÖRSI, GYULA, *Quelques problémes de la responsabilité civile delictuelle selon le droit soviétique et le droit hongrois*, in Rev. Trim. Dr. Civ., 1971, pág. 735 e ss.

Em causa está, porém, apenas uma ideia de prevenção ou repressão necessariamente consentânea com o escopo de reagir contra condutas objectiva e subjectivamente reprováveis.

Destarte, uma tal finalidade sancionatória, deve considerar-se como meramente acessória face à preocupação nuclear da responsabilidade civil – o ressarcimento dos danos. Esta subalternidade da vertente sancionatória perante a dimensão ressarcitória, manifesta-se de modo particular na delimitação do objecto da obrigação de indemnizar, não podendo neste contexto o juiz fixar um montante indemnizatório superior ao dano.

Uma tal conclusão ressalta evidente da análise do art. 494.º do nosso Código Civil, onde se pode inferir, não obstante estar aí subjacente a vertente sancionatória do instituto da responsabilidade civil, a existência de um limite imposto ao juiz na fixação da indemnização a conceder ao lesado. Este limite deve coincidir com o montante dos danos por este sofridos([1219]), de molde a garantir, de acordo com as exigências de justiça comutativa, ínsitas ao modelo ressarcitório, uma adequada reparação ao lesado.

Ficam assim excluídos do quadro dos elementos atendíveis no âmbito da obrigação de indemnizar fundada em responsabilidade civil, quaisquer outras finalidades ou interesses que extravazem o objectivo de reposição do equilíbrio patrimonial da esfera jurídica agredida, funcionando esta finalidade, por seu turno, como referente e limite para sancionar a ilicitude e a culpa do agente([1220]).

Resta questionar se no universo da tutela dos direitos de personalidade, onde se deve integrar a defesa dispensada ao bom nome e ao crédito, o modelo ressarcitório deve ser convocado na sua pura ortodoxia, ou se não deverá antes articular-se harmonicamente com a relevância atribuível a outros factores ou interesses situados para lá do universo privatístico.

Não podemos, neste contexto, ignorar a manifesta debilidade patenteada pelas alternativas oferecidas pelo modelo ressarcitório (restituição

---

([1219]) De acordo com o entendimento de Sinde Monteiro, o princípio regra de acordo com o qual a indemnização deve corresponder ao montante dos danos encontra-se acolhido no art. 562.º. Na perspectiva do autor, a prerrogativa conferida à jurisprudência pelo art. 494.º só deve ser exercida quando razões ponderosas o justifiquem, "embora se note por vezes na jurisprudência uma tendência para aplicar com alguma largueza esta disposição", cfr. MONTEIRO, J. SINDE, *Dano Corporal...*, *ob.cit.*, págs. 367-368.

([1220]) Acerca das dificuldades dos clássicos modelos ressarcitórios enquanto causa da relevância crescente assumida pelas sanções punitivas no âmbito do direito civil, cfr. PONZANELLI, GIULIO, *I punitive damages, il caso Texaco e il diritto italiano*, in Riv. Dir. Civ., 1988, pág. 405 e ss.

natural e indemnização por equivalente) para garantir a reparação dos prejuízos, *maxime*, os de índole não patrimonial sofridos pelo lesado no âmbito do ilícito ao bom nome e ao crédito. Raramente o abalo causado no prestígio e na reputação das pessoas visadas pelas declarações de facto ofensivas consegue ser integralmente reposto, isto quer nas hipóteses em que o lesado se socorra das medidas integradas no universo da restituição natural, quer quando para além destas exija, a título complementar, uma compensação pecuniária.

Na base da dificuldade de proceder a uma integral reparação dos prejuízos causados em sede de ilícito ao bom nome e ao crédito, encontra-se uma outra questão prévia não menos delicada, que se traduz na exacta delimitação dos danos sofridos pelo lesado.

Como já várias vezes referimos ao longo do trabalho, os boatos, as insinuações, as declarações inexactas, bem como aqueloutras verdadeiras mas desproporcionadas são portadoras de uma carga ofensiva dificilmente calculável com algum rigor. Toda a declaração ofensiva do bom nome e do crédito é susceptível de ter um efeito propulsor na produção de novos danos, na medida em que atrás dela muitas outras com o mesmo teor podem suceder-se-lhes em virtude de se ter criado um clima propício para a difusão dos rumores sociais em torno das pessoas visadas.

Basta recordar a este propósito as declarações proferidas por pessoas sem conhecimento directo das realidades narradas e dos protagonistas nelas coenvolvidos, as quais consistem basicamente em citações, mais ou menos exactas de declarações de outrem, dando origem ao que já atrás apelidámos de declarações de terceiros. Todos temos consciência do risco de adensamento dos danos ínsito nestas cadeias de transmissão das notícias, porquanto o grau de rigor das declarações subsequentes é, por regra, bastante menor que o das originárias. No fundo, a falta de contacto e conhecimento directo dos factos pode constituir fonte de repetidos e desmesurados equívocos. Estes perigos fazem-se sentir com particular acuidade nas hipóteses de difamação (*"libel and slander"*) perpetradas através da imprensa([1221]).

Ora, é precisamente contra esta **eficácia danosa irradiante**, e por conseguinte, imprevisível, que urge reagir, sendo certo que múltiplos expedientes integrados no âmbito da restituição natural (direito de resposta, publicação das sentenças condenatórias, retractação) não se revelam verdadeiramente operantes. Não obstante as preocupações da generalidade

---

([1221]) A este propósito, cfr. GOMES, JÚLIO, *Uma função punitiva ...*, *ob. cit.*, pág. 116.

dos ordenamentos jurídicos em garantir uma idêntica eficácia à declaração ofensiva e ao respectivo meio de tutela, consubstanciadas em múltiplas exigências como sejam a igualdade de espaço, a proximidade temporal da divulgação de ambas, e a gratuitidade de transmissão([1222]), certo é que, um pouco paradoxalmente, outros requisitos jurídicos imprescindíveis para a admissibilidade do recurso a estes meios de tutela (necessidade, proporcionalidade, adequação...) constituem obstáculos a uma eficácia ressarcitória plena ou integral dos mecanismos atrás referenciados.

Esta extrema dificuldade de alcançar uma integral reposição do prestígio social das pessoas visadas pelas afirmações de facto ofensivas do bom nome e do crédito constitui um problema particularmente delicado no âmbito das sociedades hodiernas, onde as exigências da imediação informativa nem sempre se revelam compatíveis com o rigor das notícias. O elenco das dificuldades assinaladas ainda se revela mais extenso se tivermos em conta a manifesta insuficiência de intervenção assumida pelo legislador penal em matéria ressarcitória. Aliás, mesmo no plano da actuação preventiva ou punitiva, a actuação do direito penal deve ser qualificada de subsidiária e fragmentária. Impõe-se então um olhar atento sobre toda esta problemática na medida em que nos encontramos perante um terreno propício para a emergência de situações de exclusão ou marginalização social. Tendo em conta a enorme relevância assumida pelos *status* e papéis sociais para a definição do perfil dos indivíduos no contexto de sociedades profundamente marcadas pela especialização e divisão social do trabalho, não admira que a difusão de notícias susceptíveis de contender com o posicionamento social da pessoa possa constituir fonte de autênticas *capitio diminutio*.

Revelando-se a representação ou a imagem social dos indivíduos uma condição absolutamente indispensável para a pessoa humana se afirmar como tal, cumpre então questionar se não devemos associar à tutela privatística da reputação social uma dimensão pública que ultrapasse o plano dos interesses puramente individuais.

O reconhecimento da profunda relevância pública da protecção de direitos da personalidade como o bom nome e o crédito permitirá então reforçar neste domínio a vertente preventiva ou sancionatória da responsabilidade civil, através de convocação para este domínio da figura da pena. Não será então oportuno fazer aqui um particular apelo para os ensina-

---

([1222]) Vejam-se neste contexto muitas da exigências configuradoras do âmbito de exercício do direito de resposta.

mentos de Hans Stoll, Gross Feld, Pugliese, Starck em torno da figura do *exemplary damages*?([1223])

Uma resposta afirmativa a esta questão tem a seu favor as aludidas limitações patenteadas pelo modelo ressarcitório para reagir contra as ofensas perpetradas ao bom nome e ao crédito. A atribuição ao lesado de um montante indemnizatório superior ao dano por si suportado permitirá garantir-lhe um ressarcimento integral dos prejuízos, dissuadindo, por outro lado, o agente da prática de futuros ilícitos.

Do ponto de vista da fundamentação dogmática e positiva, a admissibilidade deste tipo de tutela inibitória encontra apoio na existência de espaços significativos de indisponibilidade no universo dos direitos de personalidade, bem como na circunstância de a jurisdição voluntária constituir o universo processual idóneo para se efectivarem múltiplos mecanismos de tutela de tais prerrogativas([1224]).

### 2.6.1. *O âmbito de incidência da tutela inibitória dos punitive damages no contexto do ilícito ao bom nome e ao crédito*

A tentativa de superar as debilidades patenteadas pelo modelo ressarcitório tradicional para reparar os prejuízos sofridos pelo lesado no bom nome e crédito através do recurso à figura dos *exemplary damages* não pode, de modo algum, configurar-se como uma solução infalível e susceptível de ser sufragada em termos genéricos.

Cumpre, então, proceder à delimitação do âmbito operativo desta técnica de reparação dos danos, enquadrando-a, por um lado, no contexto do binómio ressarcitório (restituição natural/indemnização por equivalente), e precisando, por outro, os domínios da actividade social privilegiados para a sua intervenção. No tocante ao problema da definição da natureza deste mecanismo ressarcitório, encontramo-nos perante uma técnica situada no espaço ocupado pela indemnização em dinheiro ou por equivalente.

---

([1223]) A nível terminológico, podemos deparar-nos com uma pluralidade de designações comummente utilizadas como sinónimas, entre as quais podemos destacar *"penal damages"*, *"punitive damages"*, *"indignant damages"*, *"aggravated damages"*... A este propósito, cfr. GOMES, JÚLIO, *Uma função punitiva..., ob. cit.,* pág. 107. Porém, estas expressões acabam por reportar-se a realidades diferentes. Com efeito, enquanto nos *"aggravated damages"* encontra-se ainda subjacente uma finalidade de reparação do dano, abrangendo sobretudo as situações de impacto na extensão dos danos da intencionalidade da actuação do agente, nos *"punitive damages"* estão fundamentalmente em causa exigências preventivas e punitivas.

([1224]) Pense-se, a este propósito, nos procedimentos atípicos de tutela da personalidade enunciados no art. 70.º, n.º 2.

Os efeitos inibitórios alcançados com o recurso aos danos punitivos não constitui assim um mecanismo abrangente, uma vez que se encontra excluída do seu campo de interferência a área dos mecanismos de restituição natural, que constituem instrumentos privilegiados de ressarcimento dos danos causados por violações aos direitos de personalidade.

Não existem, em termos gerais, obstáculos do ponto de vista técnico-jurídico que impeçam o recurso à tutela inibitória dos *punitive damages* com o objectivo de garantir a reparação dos danos não patrimoniais. Apesar das especificidades coenvolvidas na compensação deste tipo de prejuízos, não podemos deixar de a configurar como uma "indemnização por equivalente".

Importa, porém, averiguar se independentemente das questões de ordem técnica, não existirão outras razões capazes de inviabilizar a aplicabilidade dos *exemplary damages* num domínio tão relevante da tutela dos direitos de personalidade como é o da compensação dos danos não patrimoniais.

Como claramente se depreende da discussão preparatória travada em torno do nosso art. 496.º, a compensação dos danos morais encontra o seu fundamento de admissibilidade na aptidão patenteada pelo dinheiro para propiciar satisfações de ordem espiritual([1225]).

Na verdade, um tal argumento revelou-se absolutamente decisivo para a consagração da solução legislativa portuguesa nesta matéria, desvalorizando os obstáculos levantados por razões contrárias, seja de ordem técnica, seja de índole moral.

Do ponto de vista técnico, um dos obstáculos à ressarcibilidade dos danos não patrimoniais consubstancia-se na heterogeneidade das grandezas em confronto: a diversa natureza dos interesses atingidos, e do meio ressarcitório apto para proceder à compensação das violações perpetradas nos bens não patrimoniais (quantia em dinheiro).

No tocante às razões de índole moral, a doutrina mostrava-se particularmente renitente em aceitar a compensação em dinheiro destes danos, por considerar que se correria o sério risco de se estar a legitimar um autêntico comércio em torno de bens de índole afectiva ou moral([1226]).

---

([1225]) Há quem considere preferível falar a este propósito de satisfação (*genugtuung*). Apesar da dificuldade de operar uma distinção entre compensação e satisfação dos danos não patrimoniais, sempre se poderá dizer que à satisfação anda associada uma ideia mais acentuada de punição, pela circunstância de o lesado se sentir mais conformado, em virtude da confiança no direito sair reforçada. Cfr., a este propósito, Gomes, Júlio, *Uma função punitiva...*, ob. cit., págs. 119-120.

([1226]) Estas razões encontram-se naturalmente subjacentes à consagração do princípio da tipicidade do ressarcimento dos danos não patrimoniais em ordenamentos jurídicos como

Consciente de todos estes argumentos, o legislador português revelou-se particularmente cauteloso, circunscrevendo a admissibilidade da compensação dos danos não patrimoniais às situações consideradas objectivamente graves.

Para além disso, a indemnização não se encontra sujeita aos critérios do estrito direito legal, abrindo-se antes espaço para a interferência regulativa de critérios de equidade judicial. Ainda com o objectivo de evitar o arbítrio nas decisões judicativas proferidas em sede de danos não patrimoniais, a nossa lei enuncia, por via remissiva([1227]), alguns critérios atendíveis para a fixação do montante a atribuir ao lesado a título compensatório, entre os quais cumpre destacar a gravidade da culpa do lesante, a ponderação das circunstâncias económicas deste e as do lesado, a existência de seguros...

Sem querer negar a possibilidade de o juiz concretizar uma certa dimensão preventiva ou inibitória da responsabilidade civil em sede da compensação por danos morais([1228]), certo é que, o direito positivo nacional não admite neste universo a atribuição ao lesado de uma compensação de montante superior ao do dano, mau grado as dificuldades de proceder à sua quantificação.

Abrir-se a possibilidade de convocar, a propósito da concreta mobilização judicativa do critério contido no art. 496.º, o mecanismo inibitório dos *exemplary damages*, poderá considerar-se uma forma sugestiva e eficaz de evitar a perpetração de ilícitos ao bom nome e ao crédito, mas corre-se o intolerável risco de abrir as portas ao desenvolvimento de um comércio em torno dos bens de natureza espiritual. Ora, este constitui um perigo cuja concretização representa o inimigo mais temível de qualquer regulamentação justa e adequada que se venha a alcançar em matéria de compensação dos danos não patrimoniais.

Destarte, não podemos admitir em nome das mais elementares razões de justiça, o reforço da tutela inibitória a propósito da compensação de danos não patrimoniais([1229]), apesar de a natureza técnica do mecanismo jurídico dos *punitive damages* não ser, por si só, impeditiva de um tal resultado.

---

o alemão e o italiano. Acerca destes argumentos a propósito da solução consagrada no §253 do B.G.B. após a reforma de 2002, cfr. MÄSCH, GERALD, *Chance...*, ob. cit., pág. 283 e ss.

([1227]) O art. 496.º, n.º 1, remete *expressis verbis* para o art. 494.º. Acerca destas circunstâncias atendíveis, cfr. MARQUES, J. A. SACADURA GARCIA, *A Tutela Geral da Personalidade...*, ob. cit., págs. 128-129.

([1228]) GOMES, JÚLIO, *Uma função punitiva...*, ob. cit., pág. 116 e ss.

([1229]) Cfr., neste sentido, RODOTÁ, STEFANO, *Tecniche Rissarcitorie...*, ob. cit., pág. 52 e ss.

**2.6.2. Os punitive damages e o ressarcimento dos danos patrimoniais**
Excluída a possibilidade de sufragar o reforço da tutela inibitória no âmbito dos danos não patrimoniais decorrentes da violação dos bens jurídicos do bom nome e do crédito pelas razões atrás enunciadas, então parece não haver motivos para afastar a admissibilidade da aplicação da técnica dos danos punitivos quando esteja em causa o ressarcimento de prejuízos tipicamente patrimoniais associados à violação daqueles direitos.

*Prima facie*, afigura-se sedutora a convocação da tutela inibitória consubstanciada nos danos punitivos para reprimir boa parte dos prejuízos decorrentes da violação do crédito, e como expediente idóneo para evitar o enriquecimento do lesante([1230]).

Não podemos esquecer que a técnica dos *exemplary damages* se revela tributária de uma lógica capitalista([1231]). Razão por que podemos constatar a forte influência desempenhada por este tipo de tutela inibitória em sistemas como o norte-americano onde, como sabemos, a pressão económica exercida sobre os diversos actores sociais acaba por influenciar indelevelmente os seus comportamentos. Servindo fundamentalmente as exigências de uma economia de mercado, a eficácia dos *exemplary damages* acaba por revelar-se significativa quando o alvo da medida sejam pessoas, singulares ou colectivas, com parcos recursos económicos, e com menor poder dissuasor quando a condenação se reporte a entidades economicamente influentes([1232]). Porém, se tivermos em conta que uma das características susceptíveis de serem atribuídas à figura dos *exemplary damages* se consubstancia no carácter **ilimitado** do montante indemnizatório a atribuir ao lesado, então aquela crítica perde boa parte do seu sentido. Dada a incerteza do montante indemnizatório, os agentes com receio das sanções excessivas que lhe possam ser aplicadas, retraem-se naturalmente nas condutas a adoptar, pois já não têm a certeza de estarem a desenvolver actividades lucrativas([1233]).

Não se revela, porém, possível tomar uma posição acerca da relevância e delimitação do âmbito da técnica indemnizatória dos danos punitivos

---

([1230]) A este propósito, cfr. VASCONCELOS, A. PAIS, *Direito...*, ob. cit., pág. 148.

([1231]) Neste sentido se pronuncia expressamente Stefano Rodotá, cfr. RODOTÁ, STEFANO, *Tecniche rissarcitorie...*, ob. cit., pág. 52.

([1232]) Neste sentido se inclina Stefano Rodotá a propósito da diversa eficácia preventiva dos *exemplary damages*, consoante estejam em causa periódicos de pequena ou grande dimensão económica, cfr. RODOTÁ, STEFANO, *Tecniche rissarcitorie...*, ob. cit., pág. 48.

([1233]) Sobre esta matéria, *vide* GOMES, JÚLIO, *Uma função punitiva...*, ob. cit., págs. 110 e 114.

sem conciliarmos as exigências económicas neste âmbito coenvolvidas com os princípios jurídicos estruturantes em matéria de obrigação de indemnizar, os quais, não podem ser ignorados a propósito de qualquer tipo de modalidade ressarcitória. Constituindo os danos punitivos uma técnica através da qual o lesado pode acumular uma quantia indemnizatória substancialmente superior ao dano([1234]), poderá legitimamente questionar-se se um tal mecanismo indemnizatório não se revelará contrário ao princípio da *compensatio lucri cum damno*. Neste contexto, há mesmo quem configure a pena privada como uma forma de expropriação([1235]) advertindo, deste modo, para a ameaça que o acolhimento em termos gerais deste expediente jurídico pode trazer para a liberdade de acção, e de um modo particular quanto à livre iniciativa económica. Paradoxalmente, este benefício atribuído aos lesados na sequência desta técnica de indemnização sancionatória funciona como um mecanismo compulsivo, porquanto estimula aqueles a recorrerem aos tribunais para fazerem valer as suas pretensões, mau grado os incómodos que tenham de suportar([1236]).

Revelando-se indiscutível o perigo da derrogação do princípio jurídico fundamental em matéria indemnizatória atrás mencionado, certo é que o recurso à técnica dos danos punitivos não pode ser, *a priori*, afastado em virtude destes receios. Como vimos, um pouco paradoxalmente, a pena privada pode gozar de uma eficácia reduzida quando tem por objectivo sancionar a actividade de entidades com forte poder económico.

Tomando como horizonte referencial os elevados lucros alcançados por um periódico de larga difusão na sequência de notícias ofensivas do bom nome e crédito de pessoas altamente reputadas, poder-se-á então constatar que a condenação desse órgão de comunicação social numa elevada quantia pecuniária nem sempre redundará numa expropriação ou confisco. Uma tal situação ocorre sobretudo quando parte significativa dos proveitos alcançados com a mencionada publicação se fiquem a dever fundamentalmente ao mediatismo e carácter difamatório da notícia, e não tanto ao mérito intrínseco do texto ou ao prestígio da publicação.

Revela-se então mister determinar a relação de causalidade registada entre o teor ofensivo das declarações com os benefícios daí decorrentes para o autor das mesmas([1237]). Apenas quando se concluir pela existência

---

([1234]) Acerca do perigo de enriquecimento do lesado coenvolvido na utilização da técnica dos *punitive damages*, cfr. VASCONCELOS, P. PAIS, *Direito...*, ob. cit., pág. 148.

([1235]) CENDON, PAOLO, *La Pena Privata in Tutela dell'Onore e Mezzi di Comunicazione di Massa*, Milão, 1979, pág. 191

([1236]) Cfr. GOMES, JÚLIO, *Uma função punitiva...*, ob. cit., pág. 114.

([1237]) Neste sentido, cfr. CENDON, PAOLO, *La Pena...*, ob. cit., pág. 190.

de uma ligação exclusiva ou pelo menos preponderante dos benefícios económicos alcançados ao carácter ofensivo da notícia, será então de equacionar a aplicação de um montante indemnizatório inspirado por critérios punitivos, sem daí poderem emergir situações manifestamente desconformes com as exigências de justiça comutativa.

Porém, como justamente sublinha a este propósito Paolo Cendon([1238]) esta tarefa de imputação dos benefícios auferidos pelo agente à prática de facto ilícito ou ao talento e ao valor intrínseco da obra no âmbito da qual aquele foi perpetrado, apenas pode ser alcançada através da duríssima prova da questão da causalidade.

Devemos então olhar com particulares reservas a possibilidade de admitir punições exemplares no âmbito do ressarcimento dos danos patrimoniais, pois de outra forma podem estar a criar-se situações de enriquecimento na esfera jurídica do lesado que não encontram qualquer justificação em razões tributárias de uma justiça comutativa. Para além de mais, a necessidade ou o objectivo de sancionar a gravidade de condutas particularmente reprováveis do agente acaba por não ser suficiente para criar através do surgimento da obrigação de indemnizar tais desequilíbrios patrimoniais, porquanto um tal efeito será alcançado por via da tutela penal relativamente aos comportamentos considerados como mais graves.

### 2.6.3. As afirmações ofensivas dolosas divulgadas pela imprensa como alvo preferencial dos punitive damages

A delimitação do âmbito de aplicação da técnica ressarcitória dos danos punitivos implica, para além dos condicionalismos de ordem técnica acabados de mencionar, a consideração de razões de ordem moral que extravasam o plano de composição dos interesses puramente individuais.

Para além disso, a tutela dos direitos de personalidade, mormente a dispensada à reputação social das pessoas tem sido em muitos aspectos, assumida como um universo onde não são apenas atendíveis os prejuízos ou danos dos particulares, mas ainda certos interesses de colectividade, como seja o do combate à exclusão ou segregação social.

Toda e qualquer ofensa dirigida ao bom nome de outrem é susceptível de provocar um certo clima de marginalização ou segregação do lesado. Porém, cumpre destacar, de modo particular, o grau de exclusão social provocado pelas notícias ofensivas difundidas publicamente, tendo em conta nomeadamente a eficácia irradiante por estas assumidas.

---

([1238]) cfr. CENDON, PAOLO, *La Pena...*, *ob. cit.*, pág. 190.

No âmbito das sociedades modernas plurais, e conflituais, onde o espaço ocupado pelo diálogo individual entre os *socci* tem perdido relevo face à comunicação desenvolvida pelos *mass media*, atenta a sua maior aptidão para o estabelecimento de contactos com um público indiferenciado([1239]), os ataques mais violentos à reputação social dos indivíduos são os perpetrados através da imprensa, e actualmente também por via da net.

Desta feita, parece dever reservar-se a operatividade dos meios sancionatórios mais eficazes para as situações onde o impacto das ofensas aos bens da personalidade sejam mais fortes([1240]).

Não podemos também esquecer que a tutela alcançada com a punição exemplar dos danos tem subjacente a preocupação de acautelar exigências de ordem moral, as quais são mais intensamente atingidas nas condutas onde se revele um maior grau de censurabilidade do agente. Razão por que elegemos o universo das afirmações dolosas([1241]) lesivas do bom nome e do crédito como o único domínio, ou campo privilegiado para a aplicação da técnica dos *exemplary damages*. Temos assim de considerar a culpa do agente como elemento essencial na fixação do montante indemnizatório punitivo, o qual, por seu turno, se deve considerar directamente proporcional à gravidade do ponto de vista subjectivo, da conduta ao lesante. Razão por que, não julgamos admissível estender o modelo ressarcitório dos *"punitive damages"* à responsabilidade civil do produtor, pois encontramo-nos aí perante uma modalidade de *"strict liability"*([1242]).

Com esta delimitação do âmbito objectivo e subjectivo de interferência da tutela inibitória dos *punitive damages*, não estamos necessariamente

---

([1239]) Acerca do impacto deste modelo de comunicação de massas na formação da mentalidade e nos modos de agir de um "número astronómico" de centenas de milhões de destinatários, cfr. COSTA, JOSÉ DE FARIA, *Entre Hermes ..., ob. cit.*, pág. 136.

([1240]) Razão porque os *exemplary damages* sejam preferencialmente dirigidos à actividade dos grandes periódicos. Acerca da dimensão punitiva da responsabilidade civil implicada nos *exemplary damages*, cfr. EADES, RONALD, *Law of Damages*, Norcross, Geórgia, 1985, pág. 25 e ss.

([1241]) A este propósito, tem-se registado uma tendência para estender o campo de aplicabilidade da figura às condutas negligentes quando estejam em causa hipóteses de negligência grosseira e flagrante, cfr. GOMES, JÚLIO, *Uma função punitiva..., ob. cit.*, pág. 114-115.

([1242]) Acerca das dificuldades de estender um mecanismo ressarcitório baseado fundamentalmente na culpa a situações de responsabilidade objectiva, cfr. GOMES, JÚLIO, *Uma função punitiva..., ob. cit.*, pág. 115. Porém, um dos domínios onde a técnica dos *punitive damages* tem logrado uma particular aplicação na experiência norte-americana, mormente nas situações de condutas comerciais fraudulentas, violações de normas atinentes à segurança dos produtos..., é o da responsabilidade do produtor, *vide*, MONTEIRO, A. PINTO, *Cláusula Penal..., ob. cit.*, págs. 653-654 (nota 1525).

a sufragar a sua convocação nos particulares domínios atrás seleccionados. Relativamente à oportunidade da convocação desta modalidade ressarcitória valem todas as considerações, de ordem técnica, moral e económica atrás expendidas. Somente pela análise articulada e devidamente sopesada de todos estes argumentos poderemos alcançar soluções juridicamente ajustadas. Ora, do ponto de vista técnico-jurídico deparamo-nos com um obstáculo significativo à admissibilidade de recurso a esta modalidade de ressarcimento que se traduz no princípio da reparação integral dos danos, contemporizado com o poder equitativo atribuído ao juiz de fixar um montante indemnizatório inferior ao dano nas hipóteses de negligência (art. 494.º). Deste normativo legal, resulta claramente que o valor da indemnização a atribuir ao lesado encontra-se condicionado pelo montante dos prejuízos sofridos.

## 3. A tutela do bom nome e do crédito e os meios de auto-tutela

Na protecção dos bens jurídicos do bom nome e do crédito podem assumir uma particular relevância os mecanismos de auto-tutela previstos em termos gerais nos arts. 336 e ss. Antes de entrarmos na análise desta matéria, não podemos deixar de proceder a algumas considerações de ordem geral. Tanto no âmbito da acção directa (art. 336.º) como nos da legítima defesa (art. 337.º) e do estado de necessidade (art. 339.º), deparamo-nos com resquícios de *vindicta privata* que constituía o paradigma dominante dos sistemas primitivos de administração da justiça. Em qualquer dos institutos mencionados, a gestão do uso da força encontra-se na disponibilidade do titular do direito, ou de alguém que se encontre, com aquele([1243]), por motivos variados, numa relação de proximidade existencial.

Encontramo-nos então colocados face a modos primários e inadequados de realização da justiça, pois faz-se depender a efectividade deste valor fundamental da força de quem *in concreto* procede à sua administração.

---

([1243]) Tanto a legítima defesa, como o estado de necessidade constituem mecanismos de auto-tutela onde se pode registar uma actuação destinada a salvaguardar a pessoa ou o património de terceiros. Nestas situações, a gestão do uso da força não fica dependente de um juízo emitido pelo próprio titular do direito ameaçado ou atingido, mas sim da intervenção de um terceiro. Razão por que em texto tivemos necessida-

de de integrar no elenco das pessoas com legitimidade para recorrer à auto-tutela aqueles sujeitos que apesar de não serem titulares dos direitos atingidos ou ameaçados, têm conhecimento ou presenciam os ataques ou as ameaças contra aqueles dirigidas, e pretendem proceder à sua remoção.

A imposição da lei do mais forte revela-se então susceptível de provocar profundas injustiças relativamente a quem fisicamente seja mais fraco[1244].

Longe de constituir uma forma perfeita, a lei de talião[1245] representou um avanço significativo no caminho trilhado para alcançar uma mais justa e civilizada administração do uso da força.

Revelando-se incontestado no contexto dos ordenamentos jurídicos dos países civilizados o sistema da justiça pública[1246], este modelo não se pode considerar, no entanto, perfeito e sem lacunas. Nem sempre as respostas facultadas pelos meios estaduais de tutela permitem oferecer em tempo útil respostas adequadas para proceder a uma justa composição dos conflitos, conseguindo assim evitar a ocorrência de prejuízos irreparáveis. Ora, é precisamente com o objectivo de preencher as frestas deixadas por todo e qualquer sistema público de tutela (mesmo pelos mais perfeitos), que se revela admissível no âmbito dos mesmos, conquanto em termos limitados, o recurso aos mecanismos de auto-tutela. Torna-se assim compreensível a exigência do requisito da necessidade imposto pelas legislações dedicadas à matéria, sendo o mesmo também objecto de elaboração dogmática[1247].

---

[1244] Cfr., a este propósito, as considerações de Antunes Varela acerca da concretização de tais perigos no âmbito da acção directa, VARELA, J. ANTUNES, *Das Obrigações I...*, *ob. cit.*, pág. 553.

[1245] O talião representou, desde logo, uma invenção importante face aos modelos primitivos colectivos de resolução dos conflitos. De acordo com tais arquétipos, os danos sofridos pelos membros de um grupo seriam resolvidos pelo respectivo chefe. Ora, o talião situa-se já numa linha de evolução que culminou na individualização da responsabilidade, e dentro desta tendência mais civilizada de composição dos conflitos individuais, representa uma solução mais racional e ponderada que a retorsão. Com efeito, o modelo taleónico faz um particular apelo a exigências de ponderação, moderação e medida, susceptíveis de frenar os excessos cometidos pelas primitivas formas de exercício da *vindicta privata*. Para uma análise mais aprofundada desta matéria, cfr. CORDEIRO, A. MENEZES, *Da Responsabilidade Civil dos Administradores das Sociedades Comerciais*, Lisboa, 1996, págs. 402-403, JÚNIOR, E. SANTOS, *Da Responsabilidade Civil...*, *ob. cit.*, pág. 178 e ss., SARRIÓN, ANGEL M., *La evolución del derecho de daños celebrada em Barcelona el 12 de Diciembre de 1991*, Coordenação de Luís Ribó Durán, Barcelona, 1992, pág. 24.

[1246] Como sublinha Calamendrei, num Estado de direito "não é concebível civilização sem garantia judiciária", Cfr. CALAMENDREI, PIERO, *Processo e Giustizia, in* Atti del Congresso Internazionale del Diritto Processual Civil, Pádua, 1953, pág. 121.

[1247] A propósito do requisito da necessidade no contexto dos mecanismos de auto-tutela dos direitos (acção directa, legítima defesa e estado de necessidade), cfr. VARELA, J. ANTUNES, *Das Obrigações I...*, *ob. cit.*, págs. 553 e ss, COSTA, M. ALMEIDA, *Direito das Obrigações...*, *ob. cit.*, pág. 570 e ss.

Apenas quando o recurso aos meios normais de tutela não permitir a resolução dos conflitos num lapso temporal capaz de evitar a consumação de prejuízos irreversíveis, será possível proceder à administração privada da justiça. Cumpre ainda realçar o tratamento sistemático atribuído à matéria, integrando-se a análise e estudo da acção directa, legítima defesa e estado de necessidade no universo das causas de exclusão da ilicitude.

Compreende-se, de resto, uma tal abordagem, pois a defesa encetada através destes mecanismos de auto-tutela, implica a agressão de bens jurídicos protegidos de modo absoluto, sejam eles da titularidade do agressor ou de um terceiro[1248]. Apenas as circunstâncias excepcionais aí coenvolvidas podem justificar a exclusão da responsabilidade civil do agente[1249], pois de outra forma este seria considerado autor da prática de ilícitos previstos no art. 483.º, n.º 1.

Ainda em termos sistemáticos, as causas de justificação do ilícito referidas encontram-se tipificadas na lei (arts. 336.º, 337.º e 339.º). Porém, para além destas causas específicas de ilicitude, podemos deparar-nos com outras de ordem geral, como sejam o exercício regular de um direito (*qui iure suo utitur nemini facit injuriam, feci sed iure feci*), ou o cumprimento de um dever. Esta distinção assume uma particular relevância a propósito da matéria que ocupa o lugar central das nossas preocupações: as ofensas ao bom nome e ao crédito. Na verdade, as causas gerais de justificação da ilicitude acabadas de mencionar permitem explicar a falta de responsabilização do agente quando profere declarações de facto ofensivas destes bens jurídicos.

Quando um funcionário judicial, em cumprimento dos seus deveres funcionais[1250] emitir afirmações contrárias ao bom nome, honra e crédito de outrem, ou uma testemunha num processo judicial, respeitando o dever de fazer o seu depoimento de acordo com a verdade, adoptar também uma conduta semelhante, não devem considerar-se responsáveis nos termos do art. 484.º. Conquanto profiram as suas declarações no cumprimento das respectivas atribuições funcionais, e observem os deveres fundamentais a

---

[1248] Com efeito, nas actuações em estado de necessidade, o agente desfere ataques à propriedade alheia.

[1249] Já no período de vigência da *Lex Aquilia*, a legítima defesa e o estado de necessidade (para além da prática desportiva) eram consideradas como causas justificativas da *iniuria*, cfr. Justo, A. Santos, *Lex Aquilia..., ob. cit.*, pág. 17 (especialmente nota 23).

[1250] A este propósito, reportando-se em termos gerais à justificação da conduta dos funcionários de justiça quando se encontrem no cumprimento dos seus deveres funcionais, cfr. Varela, J. Antunes, *Das Obrigações...I, ob. cit.*, págs. 552-553.

estas inerentes, as ofensas dirigidas aos direitos absolutos tutelados neste preceito do Código Civil consideram-se justificadas, não havendo lugar para afirmar a responsabilidade civil do agente.

Porém, ao debruçarmo-nos neste capítulo sobre os mecanismos de auto-tutela enquanto formas de efectivação da tutela do bom nome e do crédito estamos a reportar-nos a um problema distinto.

Nesta sede, preocupamo-nos antes com a paralisação ou remoção do ilícito ao bom nome e crédito perpetrado por pessoa diferente de quem lança mão destas formas particulares de administração da justiça. No âmbito da legítima defesa, o agente para suster ou impedir a consumação dos ataques ao seu bom nome ou crédito não se encontra legitimado a proferir declarações igualmente susceptíveis de provocar danos em tais bens da personalidade do agressor([1251]).

Estando em causa ofensas consideradas como particularmente graves, o meio de reacção utilizado não pode ser tido como adequado quando venha a desencadear lesões valoradas pelo ordenamento jurídico como igualmente reprováveis. Será, porém, permitido ao agente atingir outros valores ou bens protegidos até em termos absolutos, como a propriedade ou até a liberdade de expressão.

Ao contrário de quanto afirmámos a propósito da possibilidade de conseguir uma auto-tutela do bom nome e do crédito através da divulgação de factos ofensivos da mesma natureza dirigidos contra o agressor, a destruição do documento onde se contenham declarações atentatórias dos

---

([1251]) Constituindo a legítima defesa um meio de reacção facultado ao agredido para pôr termo às ofensas contra si dirigidas, os meios por este empregues devem respeitar estritamente as finalidades a que se dirigem, não podendo converter-se o facto defensivo numa agressão desencadeadora de uma outra reacção defensiva levada a cabo pelo antigo agressor. Se tal fosse admissível, estar-se-iam a criar condições para a emergência de um círculo interminável de ofensas.

Apesar de na hipótese por nós considerada, o agredido pretender defender-se através de ofensas dirigidas a bens de idêntica natureza e valor aos atingidos pelo agressor (honra/honra, crédito-crédito, bom nome-bom nome), certo é que o meio de reacção utilizado não se revela idóneo em virtude de com ele não se conseguir suster a agressão, mas tão somente o surgimento de uma nova agressão. Não está aqui propriamente em causa a violação da regra de proporcionalidade coenvolvida no juízo de adequação a realizar quando se procede à averiguação do requisito da adequação do meio de defesa utilizado pelo agredido, mas antes a falta de uma verdadeira defesa.

Com efeito, ao atingir-se o bom nome e o crédito de outrem com a divulgação de factos ofensivos destes bens da personalidade do agressor, não se consegue pôr termo ao ilícito desencadeado com a actuação deste e que suscitou o recurso aos meios de auto--defesa em análise.

valores atrás mencionados, bem como a criação de obstáculos colocados à liberdade de expressão podem ser considerados como meios idóneos para alcançar a tutela privada dos direitos aqui considerados.

Não sendo possível recorrer em tempo útil aos meios coercitivos normais, quem pretenda defender-se de uma agressão que contra si está a ser desencadeada, ou afastar o perigo de consumação de ameaças aos direitos supra-mencionados pode danificar ou até destruir o texto ou artigo do lesante ou de terceiro (consoante estejam em causa situações de legítima defesa ou de estado de necessidade), com base no qual estão ou possam vir a ser difundidas as declarações ilícitas. Uma tal possibilidade deve considerar-se todavia excluída quando o documento cuja destruição se revele necessária tiver uma natureza oficial, pois em tais circunstâncias a destruição de um tal objecto não se pode considerar justificada.

Como atrás mencionámos a auto-tutela do bom nome e do crédito pode alcançar-se impedindo o lesante ou o eventual agente de transmitir as suas mensagens, coartando-lhe para tal a sua liberdade de expressão. Um tal resultado poderá atingir-se de modos diversos, seja através de criação de um ambiente de ruído que não permita escutar o agente, seja por meio de agressões desferidas à integridade física deste, conquanto se revelem adequadas (ex.: tapar a boca, ou prender temporariamente as mãos do agente, impedindo-o assim de comunicar).

Tratando-se de limitações temporárias e parciais do valor da liberdade de expressão destinadas a reagir contra concretas agressões ou ameaças de consumação a outros bens jurídicos fundamentais poderão ser admitidas, conquanto sejam respeitados os requisitos gerais de recurso às medidas de auto-tutela, e de um modo particular as regras da necessidade e da adequação. Não sendo postos em causa valores manifestamente superiores aos defendidos com os meios de tutela privada, e revelando-se imprescindível o recurso a este tipo de mecanismos de protecção dos direitos, podemos fundamentar a sua admissibilidade no contexto específico da protecção do bom nome e do crédito através da respectiva inclusão no universo das medidas atípicas de tutela da personalidade mencionadas no n.º 2 do art. 70.º([1252]).

Este enquadramento jurídico permite-nos colocar em relevo um aspecto fundamental do papel desempenhado pelas medidas de auto-tutela no âmbito da protecção dos bens jurídicos do bom nome e do crédito: não é no

---

([1252]) Para além da imprescindível observância dos requisitos típicos das medidas de auto-tutela aqui consideradas (arts. 336.º, 337.º e 339.º).

domínio do ilícito previsto no art. 484.º que se faz sentir a influência dos meios de tutela privada previstos nos arts. 336 e ss. Com efeito, o recurso à acção directa, legítima defesa ou ao estado de necessidade, não tem em vista o ressarcimento dos prejuízos causados pela divulgação de factos ofensivos ao bom nome e ao crédito[1253].

Antes pelo contrário, a convocação das medidas de auto-tutela visa fundamentalmente evitar a consumação dos prejuízos, ou afastar o perigo de ocorrência dos mesmos[1254]. Assim sendo, falta neste contexto um pressuposto fundamental para afirmar a existência da responsabilidade civil: o dano.

Não podemos pois incluir as medidas indicadas nos arts. 336.º e ss. no catálogo dos mecanismos especificamente ressarcitórios, à semelhança de quanto sucede com a retractação pública, a publicação de sentenças condenatórias e a indemnização por equivalente. Porém, e à semelhança de quanto afirmámos a propósito da sanção pecuniária compulsória e do direito de resposta[1255], encontramo-nos perante mecanismos de tutela do bom nome e do crédito cuja aplicabilidade não depende da existência de uma questão de responsabilidade civil.

Apesar de constituírem importantes instrumentos de defesa em relação a ataques ao bom nome e ao crédito entendidos como dimensões ou vertentes fundamentais da personalidade, a auto-tutela privada não só constitui um domínio autónomo do instituto da responsabilidade civil, como também não exerce neste universo uma função reparatória.

Não podemos então qualificar a acção directa, a legítima defesa e o estado de necessidade como modos de reparação *in natura*[1256] no âmbito

---

[1253] A acção directa pode, no entanto, traduzir-se numa condição indispensável para permitir o ressarcimento dos danos provocados por um ilícito ao bom nome e ao crédito. Pense-se na hipótese de alguém que pretende exercer o direito de resposta em relação a notícias ofensivas contra si divulgadas, mas necessita da obtenção de um documento não oficial guardado por outrem, não estando este disposto a facultar-lho. Tomando em devida conta a regra da proporcionalidade, pode ser admitido o arrombamento do local onde se encontra o mencionado objecto, face à necessidade do lesado exercer em tempo útil o seu direito de resposta.

[1254] Consoante esteja em causa, respectivamente, o recurso à legítima defesa ou à acção directa.

[1255] Apesar destes instrumentos de tutela poderem exercer uma influência muito significativa enquanto modos de reparação dos prejuízos causados pelos ilícitos ao bom nome e ao crédito, ao contrário de quanto sucede com as medidas de auto-tutela previstas nos arts. 336.º e ss.

[1256] Na verdade, se estes mecanismos de auto-tutela pudessem ser concebidos enquanto formas de reparação do ilícito ao bom nome e ao crédito, deveriam ser naturalmente integrados no universo da restituição *in natura*.

do ilícito ao bom nome e ao crédito. Resta-nos então colocá-los na sua sede própria, ou seja, no domínio das causas de justificação do ilícito. Como vimos, a defesa dos bens da personalidade através deles conseguida implica significativos ataques aos direitos de outrem, os quais, uma vez respeitados os requisitos dos arts 336.º e ss., devem considerar-se justificados. Porém, e no que tange ao domínio específico das ofensas perpetradas ao bom nome e ao crédito, devemos integrar, tal como atrás sublinhámos, estes meios de auto-tutela na categoria dos mecanismos de prevenção ou remoção do ilícito.

## CAPÍTULO 3
## BREVES REFERÊNCIAS DE ORDEM PROCESSUAL A PROPÓSITO DA TUTELA DO CRÉDITO E DO BOM NOME

**3.1. A tutela dos direitos de personalidade e a jurisdição voluntária. Os critérios da ausência de conflito e do caso julgado e a vexata qæstio distintiva entre jurisdição contenciosa e jurisdição voluntária**

As medidas atípicas de tutela da personalidade previstas no art. 70.º, n.º 2, bem como aqueloutras da mesma natureza destinadas a proteger o direito ao nome (art. 72.º, n.º 2) e as cartas missivas confidenciais (art. 75.º, n.º 2), efectivam-se processualmente não através do processo comum, mas sim de processos especiais previstos nos arts. 1474.º e 1475.º do Código de Processo Civil. O legislador processual integrou a tutela adjectiva da personalidade, do nome e da correspondência confidencial, no capítulo XVIII, onde se contém o regime jurídico dos processos de jurisdição voluntária.

Estando em causa valores jurídicos fundamentais para a afirmação e desenvolvimento da pessoa humana, e possuindo tendencialmente os bens jurídicos tutelados nos direitos de personalidade uma natureza indisponível, compreende-se que a protecção das realidades jurídicas controvertidas emergentes nesta área ultrapasse amplamente o simples plano dos interesses individuais([1257]).

---

([1257]) Basta atentar nalguns exemplos de processos de jurisdição voluntária como sejam a curadoria provisória dos bens do ausente (art. 1451.º e ss. do Código de Processo

Civil), e o processo de herança jacente (arts. 1467.º e ss., do Código de Processo Civil) para podermos constatar o acerto desta conclusão.

O mesmo se pode dizer, embora com maiores hesitações, quanto ao processo especial de interdição e inabilitação. Apesar de não se encontrar integrado no capítulo do código processual civil dedicado aos processos de jurisdição voluntária, não deve ser excluído deste universo, considerando-se assim errada a inserção sistemática que lhe foi reservada. Na verdade, a ausência de litígio, a equidade enquanto critério fundamental da decisão, a forte relevância do princípio do inquisitório nestes processos representam elementos inequivocamente caracterizadores dos processos de jurisdição voluntária. Não podemos, porém, ignorar a presença de elementos contenciosos nos procedimentos de interdição e de inabilitação. A admissibilidade de recurso aos meios normais de impugnação enquanto forma de garantir o contraditório, a existência de caso julgado (art. 956.º do Código de Processo Civil), embora com algumas limitações, a necessidade de obedecer a regras de estrita legalidade, são características manifestamente ligadas aos processos de jurisdição contenciosa.

Esta combinação de características dos dois tipos de jurisdição no âmbito dos processos especiais de interdição e inabilitação não torna fácil a tarefa de integrar num dos universos mencionados os referidos procedimentos de incapacidade.

Razão por que não encontramos uma unanimidade de posições na doutrina quanto a esta matéria. Para Castro Mendes, o processo especial de interdição e inabilitação constitui um caso subsumível no âmbito da jurisdição voluntária, apesar de formalmente não se integrar no capítulo da lei processual a esta dedicada. Cfr. MENDES, J. CASTRO, *Direito Processual Civil*, vol. I, Lisboa, 1978/1979, pág. 91. Já no entendimento de Paula Távora Victor podemos encontrar dois tipos de decisões no âmbito de um processo especial de interdição e inabilitação. Por um lado, a decisão de incapacitação exige uma protecção acrescida da pessoa cuja capacidade é diminuída, e por essa razão devem-se-lhe associar as maiores garantias facultadas pela jurisdição contenciosa.

Por outro, a decisão onde se decretam as medidas de protecção adequadas para os incapazes tem sobretudo na base juízos de oportunidade, devendo, por conseguinte, considerar-se integrada no espaço da jurisdição voluntária. Para uma análise mais aprofundada desta posição, bem como das orientações doutrinais estrangeiras, em particular a italiana e a espanhola, nesta matéria, Cfr. VICTOR, P. TÁVORA, *A Administração do Património das Pessoas com Capacidade Diminuída*, Coimbra, 2008, pág. 140 e ss.

Também Luigi Montesano considera que a decisão de interdição ou inabilitação tem uma inegável estrutura contenciosa, devendo ser rodeada de todas as garantias próprias deste tipo de procedimento. Neste contexto, chama a atenção para a influência regulativa das regras do dispositivo, apesar de se admitir simultaneamente a maior amplitude dos poderes instrutórios do juiz, em nome da tutela de interesses de terceiros e da colectividade com quem o interditado ou inabilitado se possa relacionar. No fundo, uma tal tutela deve estar sempre condicionada pelo objectivo fundamental de salvaguardar de modo mais conveniente e oportuno os direitos e interesses do interditado ou inabilitado. Cfr., a este propósito, MONTESANO, LUIGI, *Sull'efficacia, sulla revoca e sui sindicati contenziosi dei provvedimenti non contenziosi dei giudici civili*, in Riv. Dir. Civ., 1986, I, págs. 608-610.

Porém, não se revela líquida a possibilidade de incluir no âmbito da jurisdição voluntária processos formalmente não integrados no contexto sistemático a esta dedicado pela lei

No âmbito da jurisdição voluntária, o juiz deve considerar-se não apenas como um decidente, mas também um gestor de interesses com relevância publicística, cuja tutela lhe é remetida. A definição de um critério distintivo que permita delimitar com rigor os âmbitos das jurisdições contenciosa e voluntária não constitui propriamente uma tarefa fácil([1258]).

Vários têm sido os critérios avançados na doutrina com o objectivo de definir as fronteiras entre os dois universos jurisdicionais. A ausência de litígio na jurisdição voluntária tem sido a característica distintiva mais invocada na doutrina. De acordo com esta perspectiva, enquanto a jurisdição contenciosa tem como objectivo decidir os litígios, a voluntária visa antes proceder à composição dos interesses sem estar propriamente em causa um verdadeiro conflito.

Apesar de lhe estarem subjacentes certas linhas de força particularmente importantes, não podemos considerar esta regra como infalível. Com efeito, basta tomar em consideração os processos especiais de tutela da personalidade previstos nos n.ºs 1474 e 1475 do Código de Processo Civil,

---

processual civil. A este propósito cumpre recordar as palavras do autor do projecto do código de processo de 39 ao considerar: "resolvi, pois, adoptar o sistema de enumerar taxativamente os processos de jurisdição voluntária". Todavia, o mesmo autor, um pouco mais à frente, reconhece "há-de dizer-se que é arbitrária e defeituosa a classificação, que outros processos deviam aí figurar". "A arrumação é defeituosa porventura; mas tem a vantagem de oferecer à jurisprudência segurança e certeza". Neste sentido, cfr. REIS, JOSÉ ALBERTO DOS, *Processos Especiais, vol. II* (reimpressão), Coimbra, 1982, pág. 398. Todas estas hesitações reveladas pelo próprio autor de um sistema taxativo quanto aos processos de jurisdição voluntária podem continuar a suscitar-se em face da arrumação sistemática do código de 61. Razão por que podemos considerar legítima a posição de Castro Mendes e Paula Távora Victor, ao incluir no âmbito da jurisdição voluntária processos formalmente não integrados na secção do código de processo dedicada a tais procedimentos.

No fundo, apenas se pretende corrigir e abrir um sistema logicamente fechado e concluso a realidades substancialmente idênticas às aí integradas, em nome da teleologia subjacente à própria arrumação sistemática, com vista a alcançar uma mais adequada tutela dos valores coenvolvidos nas novas situações a incluir ali. Não faz assim sentido ficar amarrado a uma classificação rígida quando a sua matriz fundamentante não assenta num critério inamovível. Tal poderia provocar um desfasamento particularmente grave entre o "sistema" e o "problema", e envolveria uma manifesta ignorância das incertezas que pairaram no espírito de quem inicialmente concebeu uma tal organização sistemática, apesar da regra da taxatividade se manter no actual Código de Processo Civil (art. 460.º, n.º 2).

([1258]) Mais ainda, encontramo-nos perante uma tarefa praticamente impossível. Socorrendo-nos das palavras de Alberto dos Reis sobre uma tal questão, podemos concluir ser antiga esta distinção entre jurisdição voluntária e jurisdição contenciosa; "mas a doutrina ainda não conseguiu fixar com nitidez a linha de demarcação entre as duas espécies", cfr. REIS, JOSÉ ALBERTO DOS, *Processos Especiais, vol. II, ob. cit.*, pág. 397.

para constatarmos a existência de verdadeiros conflitos entre quem ofende ou ameaça ofender os direitos de personalidade e o respectivo titular([1259]).

Em regra, nos processos de jurisdição voluntária o objectivo fundamental traduz-se na salvaguarda de certos interesses, sem se registar propriamente uma situação de colisão dos mesmos, tal como sucede no âmbito da curadoria provisória dos bens do ausente (arts. 1451.º e ss. do Código de Processo Civil). Com efeito, o objectivo nuclear em tais situações consiste na definição de um regime capaz de permitir a conservação do património do ausente, sendo todas as providências decretadas no âmbito deste processo no sentido de tutelar os interesses daquele([1260]).

Tal não exclui, como já vimos, a emergência de autênticos conflitos de interesses no âmbito destes processos. Porém, e mesmo em tais hipóteses, o juiz deve tentar harmonizá-los, não perdendo de vista a existência de um conjunto de referências comuns, de um modo geral com relevância pública, às quais os procure reconduzir. A ideia de tutela dos interesses em presença da forma mais conveniente ou oportuna, deve considerar-se como a referência nuclear a reter do critério da ausência de conflito([1261]).

Uma outra regra distintiva particularmente utilizada nesta tentativa de definir as fronteiras entre a jurisdição voluntária e a jurisdição contenciosa consubstancia-se na ausência de caso julgado no âmbito do primeiro dos domínios considerados. Não obstante a jurisdição voluntária ser confiada à actividade da jurisprudência, certo é que as decisões proferidas neste âmbito não gozam de força de caso julgado.

De acordo com o disposto no n.º 1 do art. 1411.º do Código de Processo Civil, quando circunstâncias supervenientes o justifiquem pode haver

---

([1259]) A este propósito, cfr. MARTINS, ROSA CÂNDIDO, *"Processo de jurisdição voluntária, acções de regulação do poder paternal, audição de menor"*, in B.F.D., Coimbra, 2001, pág. 724 (nota 7).

([1260]) Este corresponde, de resto, ao entendimento de Proto Pisani, referindo-se às situações de tutela de interesses dos menores e incapazes, bem como às hipóteses de separação de patrimónios. De acordo com o autor, esta área da jurisdição voluntária não leva a cabo uma tutela jurisdicional de direitos, mas realiza uma verdadeira gestão dos interesses. Cfr. PISANI, PROTO, *Usi e abusi della procedura camerale ex. art. 737 ss C.P.C. (appunti sulla tutela giurisdizionale dei diritti e sulla gestione di interessi devoluta al giudice*, in Riv. Dir. Civ., 1990, I, pág. 443).

([1261]) Como sublinha Alberto dos Reis a propósito dos processo de jurisdição voluntária, "em vez de se orientar por qualquer conceito abstracto de humanidade ou de justiça pura, o julgador deve olhar para o caso concreto e procurar descobrir a solução que melhor serve os interesses em causa, que dá a esses interesses a solução mais conveniente e oportuna". Cfr. REIS, JOSÉ ALBERTO DOS, *Processos Especiais*, vol. II..., ob. cit., págs. 490-491.

lugar a alteração das decisões proferidas em sede de jurisdição voluntária. Fica então excluída a força de caso julgado das sentenças proferidas neste âmbito([1262])([1263]). A justificação para esta livre reversibilidade das decisões não pode deixar de se encontrar na circunstância de o juiz não estar necessariamente vinculado às exigências do direito legal estrito, podendo fazer apelo a critérios de oportunidade e de conveniência. Ora, esse espaço de "discricionaridade decisória" acaba por permitir uma maior flexibilidade da tramitação processual face às especificidades próprias das situações submetidas à apreciação do tribunal.

Aliás, a integração pelo legislador processual dos processos especiais de tutela da personalidade, do nome e da correspondência confidencial no âmbito da jurisdição voluntária, constitui a solução adjectiva mais correcta para permitir a efectivação das providências atípicas de defesa daqueles bens da personalidade previstas no n.º 2 do art. 70.º. Ao conceder-se ao lesado ou a quem seja ameaçado de lesão nos seus direitos de personalidade a faculdade de requerer as "providências adequadas às circunstâncias do caso, com o fim de evitar a consumação da ameaça ou atenuar os efeitos da ofensa já cometida", a nossa lei substantiva claramente concede ao julgador uma maior liberdade decisória quanto à determinação dos termos de aplicação de tais medidas([1264])([1265]).

---

([1262]) De igual modo, a inadmissibilidade de recurso para o Supremo Tribunal de Justiça das decisões baseadas em critérios de conveniência prevista no n.º 2 do art. 1411.º do Código de Processo Civil, constitui uma clara derrogação das regras gerais da jurisdição contenciosa.

([1263]) No fundo, o caso julgado acaba por existir, nos termos em que ele se forma no âmbito da jurisdição contenciosa. Porém, ao contrário de quanto nesta área ocorre, o caso julgado não é imodificável. Tal instabilidade do caso julgado não há-de, porém, permitir a perturbação dos efeitos já produzidos pelas respectivas decisões. Cfr. REIS, JOSÉ ALBERTO DOS, *Processos Especiais, vol. II..., ob. cit.*, pág. 403.

([1264]) Aliás, já nos referimos claramente a uma tal realidade quando procedemos ao confronto entre o direito de resposta e o direito à retractação pública enquanto mecanismos de tutela dos direitos de personalidade e do ilícito ao bom nome e ao crédito. Nesse contexto, concluímos pela maior liberdade do juiz para delimitar o âmbito do direito à retractação pública, em comparação com os poderes de determinação dos contornos do direito de resposta conferidos aos periódicos, ou em via de recurso à já extinta Alta Autoridade para a Comunicação Social e aos tribunais.

([1265]) Também no âmbito do direito italiano se regista uma progressiva valorização da pessoa humana enquanto centro das preocupações do ordenamento jurídico. Faremos de seguida uma breve menção às alterações registadas a nível do direito substantivo para alcançar um tal desiderato, e procuraremos também indagar se no plano processual se adoptaram medidas adequadas para acompanhar uma tal evolução.

Ao prescrever-se no art. 2.º da Constituição de 1948 o reconhecimento e a garantia pela República Italiana dos direitos invioláveis do homem (seja das pessoas individuais ou das pessoas colectivas), bem como o direito ao desenvolvimento da personalidade humana, para além da necessidade imperiosa de assegurar o cumprimento de inderrogáveis deveres de solidariedade política, económica e social, esta lei fundamental teve precisamente como preocupação nuclear colocar a pessoa humana como valor central do ordenamento jurídico. Ora, tal constituiu uma novidade, para não se falar mesmo de uma autêntica revolução copérniciana (Foi esta a designação empregue por Proto Pisani para caracterizar as profundas alterações introduzidas pela constituição de 1948 no sistema privatístico de tutela da personalidade, cfr. PISANI, ANDREA PROTO, *La tutela giurisdizionale dei diritti della personalitá: strumenti e techniche di tutela, in* Il Foro Italiano, Parte 5,1990, pág. 3.), face ao sistema de tutela da personalidade humana delineado até então pelo Codice Civile de 1942.

O modelo de tutela da personalidade definido por este Código era fundamentalmente influenciado por uma preocupação de defesa intransigente dos bens jurídicos da propriedade e da empresa. No fundo, a protecção jurídica dispensada à pessoa humana era dominada por uma visão estática do homem, devendo-lhe ser assegurada uma tutela idêntica à garantida pelo ordenamento jurídico às relações jurídicas do homem com as coisas.

Somente assim podemos compreender o sistema fechado e tipicizado de direitos de personalidade definido no Codice Civile, o qual se consubstanciou no reconhecimento dos seguintes direitos: à disposição do próprio corpo (art. 5.º), ao nome (art. 6.º) e à imagem (art. 10.º), assim como nas disposições reguladoras do direito de autor previstas na lei de 22 de Abril de 1941.

A grande preocupação do legislador italiano traduzia-se na tentativa de garantir uma intransigente defesa da autonomia individual da pessoa humana. O livre desenvolvimento da personalidade, subjacente ao qual se encontra uma visão da pessoa humana como um ente dinâmico ("um ser em devir") e um ser eminentemente comunitário, cujo *sum proprium* se relaciona inevitavelmente com as exigências do *sum comune*, constituiam referências axiológicas ignoradas por aquela visão "individualista do indivíduo", delineada pelo Codice Civile. A identidade individual, tal como apareceu delineada na legislação de 42, assentou basicamente em conceitos com uma particular influência regulativa na área dos direitos reais, entre os quais cumpre salientar a noção de relação possessória e mais genericamente uma ideia de afectação ou destinação dos bens tutelados pelos direitos aos seus titulares.

Com as necessárias adaptações derivadas do *intuitus personae* inerente a estas matérias da tutela da personalidade, o catálogo de direitos consagrados no Codice Civile (direito ao nome, disposição do próprio corpo, à imagem) (Cfr, a este propósito, PISANI, ANDREA PROTO, *La tutela giurisdizionale dei diritti..., ob. cit.,* pág. 2) é fortemente inspirado por uma ideia de pertença ou de domínio.

Razão por que a previsão no art. 2.º da Constituição italiana de um direito ao livre desenvolvimento da personalidade, com uma fórmula semelhante à utilizada pelo legislador português de 67 no art. 70.º, n.º 1, se, por um lado, representou uma forte abertura no sistema tipicizado de tutela dos direitos de personalidade, por outro, não deixou de constituir fonte de particulares perplexidades.

As amplas possibilidades de tutela da personalidade facultadas pelo regime constitucional não encontraram uma particular ressonância no plano das previsões legislativas de índole juscivilísticas, registando-se assim uma situação de vaguidade ou indeterminação constitucional. Coloca-se, desde logo, a *vexata quaestio* de saber se a tutela de múltiplas manifestações da personalidade humana admitidas ao abrigo da cláusula geral da Constituição de 48, poderá ter lugar no plano das relações jurídicas entre os particulares, uma vez que tais prerrogativas não encontrem uma particular consagração na legislação substantiva de direito privado.

No fundo, está aqui em causa o problema da *Drittwirkung* dos direitos fundamentais, matéria sobre a qual não nos debruçaremos aqui, remetendo antes para as conclusões já avançadas também a propósito do art. 2.º da Constituição italiana no capítulo referente ao direito à identidade pessoal.

Porém, o cenário não se afigura neste contexto tão dramático, porquanto a nível da legislação ordinária têm sido assimiladas algumas novas manifestações da tutela da personalidade, ou quando assim não sucedeu, a profícua actividade dogmático-jurisprudencial tem conseguido sabiamente adaptar a maior abertura axiológico-constitucional em matéria de direitos de personalidade às exigências próprias das relações entre os particulares.

Com efeito, não podemos ignorar que o sistema de ilicitude acolhido pelo art. 2043.º do *Codice Civile* optou por uma enunciação não tipicizada dos factos desencadeadores deste elemento fundamental da responsabilidade civil. Deixou-se então um amplo espaço à jurisprudência e à doutrina para, no âmbito dos direitos da personalidade, criarem novos tipos de ilícito, em consonância, porém, com as exigências constitucionais, bem como com as finalidades da cláusula geral do art. 2043.º. No âmbito deste preceito, a escolha dos interesses cuja lesão deva ser qualificada como ilícita obedece sobretudo a finalidades ressarcitórias e não punitivas ou sancionatórias. Acerca desta questão, e da admissibilidade de criação dogmático-jurisprudencial de ilícitos no âmbito do direito civil italiano, cfr. VISINTINI, GIOVANNA, *Responsabilitá civile, in* Contrato e Impresa, 1998, n.º 3, pág. 1139 e ss. Ainda a este propósito, considerando que o art. 2043.º do *Codice Civile* se deve configurar como uma cláusula geral de ilicitude entendida como base de um sistema de "ilícitos típicos" criados pela actividade dogmático-jurisprudencial, SALVESTRONI, UMBERTO, *Azione illecita e danno ingiusto..., ob. cit.,* 2000, pág. 255 e ss., CASTRONOVO, CARLO, *Le frontieri mobili della responsabilitá civile, in* La Civilística Italiana Degli Anni 50 ad Oggi – Atti del Convegno di Venezia – 23-26 Giugno, 1989, Padova, 1991, pág. 628.

Mais complexa se revela porém a resposta facultada pelo ordenamento jurídico italiano para permitir uma efectiva tutela jurisdicional dos direitos de personalidade. Por outras palavras, cumpre questionar se o direito processual italiano conseguiu acompanhar a evolução registada a nível do direito substantivo, de um modo particular no plano constitucional, em matéria dos direitos de personalidade. Neste contexto, Proto Pisani constata a existência de uma situação de *stasi* (Cfr. PISANI, ANDREA PROTO, *La tutela giurisdizionale dei diritti..., ob. cit.,* pág. 3). Segundo a autora, os procedimentos processuais de tutela dos direitos de personalidade encontra-se profundamente influenciado pelo modelo substantivo de regulação dos mesmos definido pelo Codice Civile de 42.

Ora, no tocante à matéria dos direitos de personalidade registaram-se posteriormente, sobretudo a partir de 48, significativas alterações, razão por que o modelo processual se possa considerar um pouco desfasado neste particular contexto. Com efeito, apenas no 2.º título do Livro IV do *Codice de Procedura Civile* nos deparamos com procedimentos

### 3.1.1. Outros traços distintivos da jurisdição voluntária e da jurisdição contenciosa: a equidade enquanto fonte decisória e a maior simplificação processual

Apesar de não haver menção legal expressa nesse sentido, não se suscitam dúvidas quanto à relevância atribuída no âmbito da jurisdição voluntária à equidade([1266]) enquanto base de fundamentação decisória.

Compreende-se então, em face da natureza destas medidas, a maior idoneidade dos processos de jurisdição voluntária para alcançar os objectivos definidos na parte final do n.º 2 do art. 70.º.

---

atípicos de tutela da personalidade aptos para poder garantir a efectividade deste tipo de direitos. Porém, essas medidas revelam-se sobretudo idóneas em matérias respeitantes à família e ao estado das pessoas (separação, interdição, morte presumida...). Com maior adequação para responder às novas e diversificadas exigências em sede de direitos de personalidade afiguram-se os procedimentos cautelares atípicos previstos no art. 700.º do *Codice di Procedura Civile*.

Em relação a toda e qualquer situação de perigo iminente de ocorrência de prejuízo irreparável num direito no decurso de um procedimento declaratório onde a questão da sua violação se encontra a ser discutida, abre-se a possibilidade de recurso às medidas cautelares previstas na mencionada disposição processual. Estão em causa medidas de carácter genérico, susceptíveis de ser aplicadas, independentemente do conteúdo do direito em relação ao qual se verifique o *periculum in mora*.

Apesar de constituírem uma importante válvula de escape oferecida pelo ordenamento processual, os procedimentos cautelares previstos no art. 700.º do Códice de Procedura Civile são frequentemente utilizados como um expediente normal, quando a sua aplicabilidade deveria ser subsidiária. Uma tal realidade deriva da inexistência em muitas situações de medidas de tutela inibitória e coercitivas especialmente adequadas para fazer face a determinadas hipóteses de violação dos direitos de personalidade.

([1266]) Não se pense, contudo, que a equidade apenas assume relevo na actividade decisória dos juízes no âmbito da jurisdição voluntária. Também no domínio das acções de condenação proferidas em sede de responsabilidade civil nos podemos aperceber da importância da equidade. Basta ter em conta o disposto no n.º 1 do art. 489.º para constatarmos quanto acabou de se afirmar. A obrigação de indemnizar apenas pode ser imposta a uma pessoa não imputável quando razões de equidade assim o determinarem. Cfr., a este propósito, LIMA, PIRES, e VARELA, J. ANTUNES (com a colaboração de Henrique Mesquita), *Código Civil Anotado, vol. I*, 4.ª ed. revista e act., Coimbra, 1987, pág. 490. Trata-se porém de uma forma de responsabilidade subsidiária, pois o inimputável apenas será responsabilizado quando "não seja possível obter a devida reparação das pessoas a quem incumbe a sua vigilância".

Porém, não deixamos de nos encontrar situados perante conflitos situados na área da jurisdição contenciosa. Apesar de reconhecermos a possibilidade da equidade também assumir neste contexto uma influência significativa, somos forçados a atribuir-lhe aí um papel bem mais modesto do assumido por esta fonte de direito no domínio da jurisdição voluntária. Na verdade, no universo dos processos previstos nos arts. 1410.º e ss. do Código de Processo Civil, a prevalência da equidade sobre o direito legal estrito constitui a regra, enquanto na jurisdição contenciosa passa-se precisamente o contrário.

A particular apetência dos processos de jurisdição voluntária enquanto procedimentos destinados a efectivar as medidas atípicas de tutela da personalidade decorre ainda dos amplos poderes conferidos ao juiz para investigação dos factos. Como sublinha Alberto dos Reis "na jurisdição voluntária o princípio da actividade inquisitória do juiz prevalece sobre o princípio da actividade dispositiva das partes"([1267]).

Desta feita, a base factual subjacente à decisão do julgador não tem de ser necessariamente apenas a carreada pelas partes para o processo, mas também os factos apurados por iniciativa e actividade daquele([1268]). Esta maior amplitude dos poderes do juiz no tocante à investigação da matéria de facto relevante para a decisão da causa permite um conhecimento mais aprofundado das particularidades do caso submetido à apreciação jurisdicional, e consequentemente a obtenção de soluções mais adequadas ([1269]).

Ainda no elenco das características normalmente associadas à jurisdição voluntária, há quem coloque em destaque a maior simplificação processual dos procedimentos incluídos nesta área. *Prima facie*, poderíamos ser tentados a identificar os processos de jurisdição voluntária com os procedimentos cautelares, cuja característica fundamental se traduz num aligeiramento das solenidades e requisitos processuais. Todavia, uma tal

---

([1267]) Cfr. REIS, JOSÉ ALBERTO DOS, *Processos Especiais, vol. II..., ob. cit.*, pág. 399.

([1268]) Porém, também no âmbito da jurisdição contenciosa o julgador pode realizar uma ampla actividade inquisitória. Mas, como sublinha Alberto dos Reis "há em todo o caso uma diferença de tonalidade: na jurisdição contenciosa os poderes oficiosos do juiz em matéria de instrução do processo têm carácter subsidiário em confronto como os poderes das partes, ao passo que na jurisdição voluntária não se verifica tal subordinação". Cfr. REIS, JOSÉ ALBERTO DOS, *Processos Especiais, vol. II..., ob. cit.*, pág. 399.

Como salienta Proto Pisani, no âmbito da jurisdição voluntária não apenas se verifica um abandono da regra processual da limitação da actividade probatória à matéria factual disponibilizada pelas partes ao processo, como também nos deparamos com o afastamento de uma rígida tipicidade dos meios de prova, e dos critérios da sua admissibilidade ou valoração. Segundo o autor, tais derrogações face ao regime regra prevalecente na jurisdição contenciosa implicam um manifesto reconhecimento de amplos poderes inquisitórios ao juiz e a admissibilidade de provas atípicas. Cfr., neste sentido, PISANI, ANDREA PROTO, *Usi e abusi..., ob. cit.*, pág. 418.

([1269]) Referimo-nos em texto unicamente a uma vertente do princípio do inquisitório consubstanciada na liberdade concedida ao juiz de investigar os factos relevantes para a decisão da causa, não se encontrando este circunscrito apenas aos carreados ao processo pelas partes.

Porém, uma outra dimensão não menos relevante deste princípio fundamental com particular importância neste âmbito, traduz-se na faculdade reconhecida ao juiz de ordenar as diligências probatórias consideradas adequadas para proferir uma justa decisão sobre a matéria submetida à sua apreciação.

identificação não se nos afigura correcta. Por um lado, o recurso à jurisdição voluntária não tem como requisito a concreta verificação de um *periculum in mora*. Por outro, não se regista aqui, à semelhança de quanto ocorre no âmbito dos procedimentos cautelares uma relação de instrumentalidade do expediente processual em análise face a um procedimento principal de natureza contenciosa([1270]).

## 3.2. A natureza jurídica da jurisdição voluntária

Tendo em conta as características da jurisdição voluntária e os princípios reguladores de tal actividade jurisdicional, não podemos deixar de considerar como uma autêntica *vexata quaestio* a definição da sua natureza jurídica.

Basicamente, cumpre averiguar se os juízes neste particular contexto exercem uma verdadeira **função jurisdicional**, ou se não nos encontraremos antes perante o desenvolvimento de uma **actividade administrativa**.

Bem vistas as coisas, estas dúvidas de enquadramento devem considerar-se legítimas. Por um lado, tendo em conta uma perspectiva orgânica([1271]), deparamo-nos com um tipo de funções levadas a cabo por juízes. Assim sendo, e de acordo com este critério puramente formal, poderíamos falar de uma verdadeira actividade jurisprudencial.

Por outro, as decisões proferidas no âmbito da jurisdição voluntária são desprovidas de força de caso julgado, orientando-se os decidentes por

---

([1270]) A este propósito, cfr. PISANI, ANDREA PROTO, *Usi e Abusi...*, ob. cit., pág. 419. Na legislação processual portuguesa, esta maior simplificação processual revela-se claramente no âmbito dos processos de jurisdição voluntária. A desnecessidade de constituição de advogado (n.º 4 do art. 1409.º do Código de Processo Civil) a estatuição de um prazo particularmente curto para os juízes proferirem a decisão (n.º 3 do art. 1409.º do Código de Processo Civil), os termos extremamente simplificados da tramitação processual prevista no art. 1475.º do Código de Processo Civil são exemplos significativos desta característica também associada aos processos de jurisdição voluntária.

([1271]) Neste sentido, cfr. MICHELI, G. ANTONIO, *Forma e sostanza nella giurisdizione voluntária*, in Rivista di Diritti Processuale, vol. II, Padova, 1947, pág. 119, MONTESANO, LUIGI, *Sull'efficacia, sulla revoca...*, ob. cit., págs. 596-597, *La tutela giurisdizionale dei diritti*, Torino, 1985, pág. 17 e ss. Apesar de propender para uma defesa da natureza jurisdicional da actividade desenvolvida no âmbito da jurisdição voluntária, este último autor considera que o legislador é livre quanto á escolha de uma estruturação jurisdicional ou administrativa das funções não contenciosas, porquanto na constituição italiana não se contem qualquer exigência expressa de jurisdicialização da "jurisdição voluntária".

critérios de oportunidade e de conveniência. Ora, estas características apontam para uma qualificação da jurisdição voluntária como função de direito administrativo.

Quem propenda para esta orientação está, na senda de Chiovenda, a caracterizar a jurisdição voluntária de acordo com o fim aí prosseguido. Segundo um tal entendimento, este tipo de jurisdição tem em vista a constituição de relações jurídicas novas ou a cooperação na constituição e desenvolvimento de relações existentes([1272]). Assim, no âmbito da jurisdição voluntária não se tem em vista a resolução de questões de direito, à semelhança de quanto se verifica na área do direito administrativo([1273]).

Poderemos então visualizar neste contexto situações de gestão pública de interesses privados([1274]). Ainda a propósito da natureza jurídica da jurisdição voluntária, uma certa orientação doutrinal entende este modo de exercício da função jurisdicional como um *tertium genus* entre a administração e a jurisdição.

Tendo em conta a profunda heterogeneidade dos actos praticados no âmbito da jurisdição voluntária, bem como a diversidade das características por estes patenteadas, apenas ampliando os conceitos tradicionais de jurisdição e de administração seria possível sufragar a natureza jurisdicional ou administrativa da jurisdição voluntária. Em causa está então uma actividade autónoma do Estado, em que os juízes exercem uma função pública, debruçando-se embora sobre interesses privados([1275]).

Sem pretender entrar na análise detalhada desta delicada controvérsia, pois uma tal atitude extravasaria manifestamente os nossos propósitos, propendemos, na senda de Alberto dos Reis, para atribuir à jurisdição voluntária natureza administrativa.

As especificidades e as derrogações registadas na jurisdição voluntária às regras gerais dominantes no âmbito da jurisdição contenciosa são de

---

([1272]) Esta perspectiva constituiu, de resto, a fonte inspiradora do pensamento de Alberto dos Reis. Para uma análise mais desenvolvida da posição deste autor, cfr. REIS, JOSÉ ALBERTO DOS, *Processos Especiais, vol. II...*, ob. cit., págs. 397 e 398. Na doutrina portuguesa, também Castro Mendes se orienta no sentido de considerar a jurisdição voluntária como uma actividade de natureza administrativa, cfr. MENDES, J. CASTRO, *Direito Processual...I*, pág. 88.

([1273]) A este propósito, cfr. QUEIRÓ, AFONSO RODRIGUES, *A função administrativa*, in Revista de Direito e de Estudos Sociais, ano XXIV, Janeiro-Setembro, 1977, pág. 30.

([1274]) Neste sentido se parece orientar Proto Pisani, cfr. PISANI, ANDREA PROTO, *Usi e abusi...*, ob. cit., pág. 407 e ss.

([1275]) Para uma análise mais desenvolvida desta perspectiva, cfr. VICTOR, P. TÁVORA, *A Administração do Património...*, ob. cit.,

tal modo intensas que se torna muito difícil aderir a um critério meramente formal ou orgânico, de acordo com o qual se pode afirmar a natureza jurisdicional dos procedimentos previstos nos arts. 1410.º e ss. do Código de Processo Civil.

Mesmo quando se verifique a ocorrência de um autêntico conflito susceptível de ser qualificado como uma questão de direito([1276]), a sua resolução pelo decidente não implica única e simplesmente um apelo às regras do direito legal estrito, mas coenvolve mais amplos e flexibilizados poderes de intervenção jurisdicional. Razão por que a fundamentação das decisões proferidas nesta área se ancore frequentemente em considerações de conveniência e oportunidade, tal como sucede no contexto da actividade administrativa.

### 3.3. A jurisdição voluntária e o ilícito ao bom nome e ao crédito

Após esta breve excursão em torno das características e da natureza dos processos de jurisdição voluntária, e tendo em conta a inserção sistemática dos processos dirigidos à tutela da personalidade, do nome e da correspondência confidencial naquele universo, cumpre questionar neste momento se as acções de responsabilidade civil fundadas no ilícito previsto no art. 484.º deverão ou poderão obedecer à tramitação processual definida nos arts. 1410.º do Código de Processo Civil, e em particular nos arts. 1474.º e 1475.º desta legislação.

Como atrás já sucessivamente nos fomos referindo, os processos especiais previstos nestas disposições da lei processual constituem o instrumento adjectivo idóneo para efectivação das medidas atípicas de tutela da personalidade consagradas no n.º 2 do art. 70.º. Ora, como também se acentuou anteriormente, a aplicação destas providências revela-se independente da ocorrência de situações de responsabilidade civil onde se verifique a violação dos direitos de personalidade. Assim sendo, o espaço das controvérsias em torno dos bens da personalidade onde a intervenção da jurisdição voluntária se pode considerar relevante é precisamente aquele ocupado pelas hipóteses acabadas de mencionar.

Com efeito, a maior simplificação processual caracterizadora dos processos de jurisdição voluntária, e a possibilidade concedida ao juiz de

---

([1276]) À semelhança de quanto sucede nos processos especiais para a protecção de bens fundamentais da personalidade previstos nos arts. 1474.º e 1475.º do Código de Processo Civil.

decidir com base em considerações de oportunidade e conveniência, constituem razões justificativas para se efectivarem através deste tipo de jurisdição um conjunto de medidas destinadas a garantir a tutela do bom nome e do crédito, em particular quando estas tenham em vista o fim preventivo de evitar a consumação da ameaça de ataque aqueles bens fundamentais da personalidade[1277], ou aqueloutro de minorar os efeitos danosos causados pelo facto lesivo deste tipo de direitos.

Referimo-nos, entre outros exemplos, ao pedido de imediata retirada de prospectos afixados em locais públicos, nos quais se contenham afirmações ofensivas ao bom nome e ao crédito, ou de restituição de documentos onde tenham sido feitas declarações pelo seu autor, cuja publicação por terceiro fora do contexto a que se dirigiam foi susceptível de comprometer a boa reputação e credibilidade de quem elaborou o texto[1278].

Independentemente de já ter sido, ou vir a ser intentada uma acção de responsabilidade civil fundada na violação desses direitos com eficácia *erga omnes*[1279], o juiz pode efectivar, desde logo, tais pretensões do lesado. Porém, a exacta averiguação dos contornos e termos das ofensas cometidas

---

[1277] Apesar de em relação a qualquer dos bens da personalidade mencionados – bom nome e crédito –, se manifestarem intensamente exigências de interesse público ligadas à tutela da dignidade da pessoa humana, cuja ponderação se revela mais adequada no âmbito dos processos de jurisdição voluntária, certo é que a relevância deste tipo de procedimentos não se faz sentir de modo idêntico em relação aos dois bens jurídicos referenciados. Como já deixámos mencionado a propósito da delimitação do âmbito do art. 484.º, o crédito deve ser tido como sinónimo de reputação sócio-económica, implicando a sua correcta caracterização o reconhecimento de uma forte componente patrimonial no seu conteúdo.

Assim sendo, o âmbito de interferência dos processos especiais previstos nos arts. 1474.º e 1475.º do Código de Processo Civil faz-se sentir de modo mais intenso onde as exigências de tutela da personalidade sejam mais fortes, ou seja, no âmbito de protecção do bom nome.

Para além disso, a relevância dos processos de jurisdição voluntária fazem-se sentir de modo particular quando não estejam propriamente em causa questões de responsabilidade civil. Porém, como nos iremos referir adiante, mesmo no domínio dos processos contenciosos onde se coloquem problemas atinentes ao ilícito ao bom nome e também ao crédito, o regime jurídico da jurisdição voluntária pode assumir também algum relevo.

[1278] As hipóteses mencionadas em texto constituem medidas de cessação ou supressão do ilícito. Na aplicação deste tipo de mecanismos de tutela, o recurso à jurisdição voluntária pode revelar-se particularmente útil. Com efeito, a concreta determinação da medida a cominar implica uma particular atendibilidade a considerações de conveniência ou oportunidade.

[1279] Uma tal característica permite assim distinguir claramente estes procedimentos especiais das medidas cautelares. Para uma distinção entre este tipo de processos e os procedimentos cautelares, cfr. PISANI, ANDREA PROTO, *Usi e abusi...*, *ob. cit.*, pág. 419.

contra o bom nome e o crédito, e a escolha das medidas mais adequadas para ressarcir o lesado deve ter lugar no âmbito de um processo capaz de oferecer as maiores garantias, quer ao lesado, quer em relação a quem praticou o facto ilícito e lhe vai ser imposta a correspondente obrigação de indemnizar.

Na verdade, em relação ao lesante podem ser impostas medidas sancionatórias particularmente limitativas dos bens da sua personalidade, sobretudo quando estejam em causa medidas de restituição *in natura*, como a retractação pública([1280]).

Relativamente a compressões ou limitações registadas em situações jurídicas subjectivas de conteúdo não patrimonial, e enquanto tais incluídas na esfera pessoal inviolável, apenas podem ter lugar num processo capaz de oferecer suficientes garantias aos titulares do direito em cujo âmbito as restrições se hão-de produzir. Apenas em jurisdição contenciosa, estes conflitos em torno de valores tão sensíveis como os da personalidade poderão ser resolvidos de modo adequado.

Desde logo, se o lesante se considerar particularmente atingido na sua dignidade em virtude das sanções infligidas ser-lhe-á sempre aberta a possibilidade de recorrer da decisão judicial contra si proferida. Ora, tal poderia não suceder se as limitações aos seus direitos de personalidade

---

([1280]) Como já atrás tivemos ocasião de referir, a aplicabilidade de uma tal sanção implica uma particular ponderação acerca da adequação da medida e da proporcionalidade da sua cominação.

No fundo, ao juiz é exigida uma particular intervenção constitutiva, competindo-lhe proceder a uma cautelosa ponderação entre o valor ou relevância dos bens jurídicos violados com o comportamento do lesante, e a importância dos valores atingidos com a aplicação de um tal mecanismo de restituição natural. Tal não constitui, por si só, um óbice à integração de medidas como a retractação no universo da jurisdição voluntária. Para quem, como nós, propende para defender a natureza administrativa deste tipo de justiça, somos forçados a ver o âmbito da actividade da administração como um terreno de excelência para a afirmação de juízos de ponderação acerca das matérias submetidas à respectiva apreciação.

Porém, aqui estão em causa matérias particularmente sensíveis com uma índole muito pessoal, apresentando-se como manifestações de um radical axiológico indisponível: a dignidade da pessoa humana enquanto ser livre e responsável. Impõe-se então reconhecer a quem possa ser atingido em dimensões tão essenciais da sua personalidade todas as garantias necessárias para que os processos onde tais medidas se efectivem não possam considerar-se como um meio capaz de permitir agressões a esses valores fundamentais.

Ora, sob este aspecto a jurisdição contenciosa representa um universo capaz de oferecer melhores condições para salvaguardar posições irredutíveis, porquanto as regras de direito estrito tornam tais procedimentos menos dependentes das contingências próprias da discricionariedade administrativa.

tivessem lugar no âmbito de processos de jurisdição voluntária. Com efeito, de harmonia com o disposto no n.º 2 do art. 1411.º, afasta-se a possibilidade de intentar recurso para o Supremo Tribunal de Justiça, quando as decisões proferidas nos processos previstos nos arts. 1409.º e ss. se fundarem basicamente em considerações de oportunidade e conveniência.

Em contrapartida, o caso julgado eventualmente formado em torno de tais decisões não tem carácter irreversível, à semelhança de quanto ocorre no domínio da jurisdição contenciosa.

Todavia, a reversibilidade das sentenças proferidas em jurisdição voluntária fica também dependente de critérios de oportunidade aplicados pelo juiz para valorar novas circunstâncias aduzidas pelos interessados ([1281]).

Razão por que a garantia do recurso facultado pela jurisdição contenciosa é mais forte que aqueloutra da reversibilidade decisória permitida no âmbito de justiça voluntária([1282]). Pensamos então ser mais oportuno fazer aplicar as medidas ressarcitórias das ofensas ao bom nome e ao crédito, sejam elas formas de reparação natural ou por equivalente, através das acções de responsabilidade civil claramente integradas no contexto da jurisdição contenciosa.

No fundo, o grande objectivo das acções de responsabilidade civil é de natureza ressarcitória([1283]). O juiz ao proferir uma sentença condenatória, não está apenas, tal como sucede no âmbito da jurisdição voluntária, a decidir, de acordo com o seu entendimento, qual a melhor forma de atenuar ou fazer cessar os efeitos do ilícito. A decisão judicial na jurisdição

---

([1281]) Ao invés, no âmbito da decisão dos recursos em sede de jurisdição contenciosa, o juiz faz apenas uma reapreciação das questões de direito envolvidas no litígio, porquanto a matéria de facto se encontra definitivamente fixada.

([1282]) A este propósito, também Proto Pisani referindo-se à falta de garantia decorrente da inadmissibilidade de recursos no âmbito dos procedimentos previstos no art. 737.º e ss. do Códice de Procedura Civille, considera que a ausência desta dimensão garantística não é de modo algum compensada com a possibilidade de revogação ou modificação a todo o tempo das decisões judiciais proferidas nestes processos. Cfr. PISANI, ANDREA PROTO, *Usi e abusi...*, ob. cit., pág. 429.

([1283]) Como já ao longo do trabalho temos considerado, há quem também associe à responsabilidade civil uma função sancionatória ou preventiva. Exemplo significativo de um tal escopo encontramo-lo nos *punitive damages* da doutrina norte-americana. Sem querer entrar no âmago desta problemática, pois tal extravasaria manifestamente as nossas presentes preocupações, cumpre tão somente sublinhar que a efectivação das finalidades sancionatórias da responsabilidade civil conferiria mais amplos poderes instrutórios ao juiz. Ora, esta realidade acabaria por aproximar-se mais significativamente do universo da jurisdição voluntária.

contenciosa revela-se antes como uma resposta imparcial a um concreto pedido ressarcitório deduzido pelo lesado no processo. De acordo como o direito vigente, o juiz considera procedentes ou sem fundamento as propostas de solução do conflito avançadas pelo autor da petição inicial([1284]). Razão por que, o ganho ou a perda da causa revela-se neste contexto bem mais limitativo e forte para as partes envolvidas no litígio.

Apesar de nos processos especiais de jurisdição voluntária onde se tutelam os direitos de personalidade (arts. 1474.º-1475.º do Código de Processo Civil) o impulso processual estar também dependente de um pedido formulado pelo lesado, certo é que a pretensão por este deduzida em juízo pode revestir, e por norma reveste, carácter mais genérico, além de representar uma mera indicação ao juiz quanto ao tipo de tutela a adoptar pelo titular do direito violado([1285])([1286]).

Tendo em conta a estrutura inquisitória dos processos de jurisdição voluntária, compreende-se, de resto, quanto acabámos de afirmar. Ao juiz será permitido escolher a forma mais adequada às circunstâncias do caso

---

([1284]) Em consonância com a estrutura dispositiva dos procedimentos contenciosos, o juiz não pode de modo algum condenar *ultra petitum*.

([1285]) A propósito desta maior flexibilidade e simplificação procesual envolvida nos processos mencionados nos arts. 1474.º e 1475.º do Cód. Proc. Civil, cfr. VASCONCELOS, P. PAIS, *Direito de ..., ob.cit.*, pág. 127. O art. 70.º, n.º 2 e art. 1474.º do Cód. Proc. Civil, ao referirem-se genericamente ao pedido de providências destinadas a evitar a consumação da ameaça já cometida, parecem legitimar a possibilidade de o lesado requerer que o tribunal faça aplicar as medidas consideradas mais convenientes, formulando um pedido genérico.

([1286]) Esta maior flexibilidade processual dos processos de jurisdição voluntária decorrente do carácter mais genérico do pedido, bem como da possibilidade do juiz se decidir por medidas não indicadas, ou aplicar as sugeridas na petição inicial em termos diversos, inspira-se claramente no modelo vigente em sede dos procedimentos cautelares.

Apesar de termos já concluído pela diversidade estrutural entre os processos de jurisdição voluntária e os procedimentos cautelares, certo é que o regime jurídico aplicável no âmbito dos procedimentos previstos nos arts. 1474.º e ss. do Cod. Proc. Civ. e ss. se inspira bastante no figurino delineado a propósito dos processos fundamentalmente caracterizados pela existência do *periculum in mora*.

De resto, tal circunstância não deve causar particular estranheza, pois ambos os tipos processuais se caracterizam pelo carácter sumário ou simplificado da respectiva tramitação processual. A este propósito. cfr. MONTESANO, LUIGI, *Sull'efficacia... ob. cit.,* pág. 601.

Na legislação processual portuguesa encontramos exemplos significativos de excepções do princípio de vinculação do juiz ao pedido no âmbito dos processos especiais de interdição e inabilitação. Uma análise atenta do disposto no n.º 1 dos arts. 952.º, 953.º e 954.º (em particular o n.º 4) do Código de Processo Civil permite-nos confirmar tais derrogações. A este propósito, cfr. GERALDES, ANTÓNIO ABRANTES, *Temas da Reforma do Processo Civil, vol. I* (2.ª ed. revista e ampliada), Coimbra, 2003, pág. 54.

para assegurar a tutela dos direitos violados ou ameaçados, sendo-lhe permitido até desviar-se do sentido das sugestões eventualmente contidas no pedido deduzido pelo lesado.

Destarte, a decisão neste âmbito proferida, apesar de também poder envolver compressão ou limitação de situações jurídicas subjectivas de conteúdo não patrimonial, ou de liberdade individuais([1287]), não é sentida como tão fortemente limitativa pelos respectivos destinatários, uma vez que as sentenças em sede de jurisdição voluntária são perspectivadas como medidas de carácter preventivo. Com efeito, não tem de existir nestas decisões um juízo de reprovação ou de censura dirigido ao lesante, tal como ocorre no contexto das acções de responsabilidade civil([1288]).

Em face de todas as considerações efectuadas ao longo deste capítulo, somos forçados a integrar a resolução das questões atinentes ao ilícito previsto no art. 484.º no âmbito da jurisdição contenciosa.

A este propósito parece-nos ainda pertinente averiguar se na resolução das questões de responsabilidade civil por factos ofensivos ao bom nome e ao crédito, não haverá lugar para afirmação de uma certa margem de discricionaridade judicial decisória em relação ao pedido deduzido pelo lesado em juízo, à semelhança de quanto ocorre em jurisdição voluntária. Uma tal problemática levanta-se com particular acuidade quando o lesado pretende obter o ressarcimento *in natura* dos prejuízos sofridos, visando simultaneamente a cessação futura do ilícito.

Além de possível, este pedido cumulativo pode ser deduzido com alguma frequência([1289]). Ora, no tocante à definição das formas de cessação

---

([1287]) Reportando-nos ao exemplo atrás indicado em texto, do pedido de restituição de um documento pelo respectivo autor a terceiro que procedeu à publicação daquele descontextualizadamente, vindo assim a abalar a reputação de quem elaborou o texto entretanto publicado, podemos visualizar na aplicação desta medida algumas limitações impostas à liberdade de expressão do terceiro.

([1288]) Na verdade, ao apreciar o ilícito civil, o juiz teve de se debruçar necessariamente sobre o requisito da culpa do agente, ao invés dos procedimentos em sede de jurisdição voluntária, onde o problema da responsabilidade civil não está em discussão.

([1289]) Com efeito, o lesado além de pretender ser ressarcido da concreta ofensa dirigida à sua reputação com a retractação pública do lesante, através da publicação de um desmentido acerca da matéria por parte deste último, pode ainda pretender eliminar o foco ou a causa da ilicitude, com fundamento no receio da concretização futura de novas ofensas ao seu bom nome.

Assim, no caso de os ataques ao bom nome e ao crédito resultarem da edição de publicações periódicas de autoria do lesante, ou da sua colaboração na coluna semanal de um determinado jornal, o lesado pode pedir ao tribunal para impedir a publicação futura de novos folhetos com idêntico conteúdo, ou proibir intervenções análogas do lesante no periódico onde é colaborador.

do ilícito revela-se, como vimos, particularmente importante o reconhecimento de uma margem de liberdade ao juiz no tocante à delimitação do âmbito das medidas a aplicar.

Resta então saber se o juiz poderá num mesmo processo aceitar a cumulação de pedidos com formas processuais diferenciadas([1290]). Nesta hipótese, encontrar-nos-iamos perante um processo onde se entrecruzam uma dimensão contenciosa e uma vertente voluntária.

A resolução de um tal tipo de questões deve tomar em conta as exigências regulativas do princípio da adequação formal do processo, o qual supõe a análise entrecruzada das regras da cumulação dos pedidos (art. 470.º, n.º 1 do Código de Processo Civil), com o problema da compatibilização das formas de processo.(art. 31.º, n.º 2 do Código de Processo Civil).

Propendemos então para admitir a existência de processos contenciosos dirigidos à resolução de questões de responsabilidade civil, onde não deixam de ser reconhecidos ao juiz poderes inquisitórios com vista a garantir uma tutela mais eficaz dos bens da personalidade. Um tal posicionamento encontra a sua justificação na necessidade de encontrar complementos adequados para assegurar um desejável ressarcimento "em via específica" no âmbito das violações em bens jurídicos de conteúdo não patrimonial([1291]).

Em face de quanto deixámos exposto a propósito da "jurisdição voluntária e tutela do bom nome e do crédito", importa reter estas considerações fundamentais. Por um lado, o recurso aos procedimentos especiais previstos nos arts. 1474.º e 1475.º do Código de Processo Civil é independente do surgimento de uma questão de responsabilidade civil. No entanto, quando se coloque um problema de tutela do bom nome e do crédito e o lesado já tenha desencadeado os procedimentos especiais de tutela de personalidade, não fica, por essa circunstância, precludida a possibilidade de decidir a questão da responsabilidade em sede de jurisdição contenciosa([1292]).

---

([1290]) Algo de semelhante ocorre no âmbito dos processos especiais de interdição e inabilitação, onde, como já nos referimos, se associam características da jurisdição contenciosa e voluntária. Para uma análise mais desenvolvida desta matéria, cfr. PISANI, ANDREA PROTO, Usi e abusi..., ob. cit., págs. 447 e ss.

([1291]) Como já atrás tivemos ocasião de referir, esta necessidade faz-se sentir mais intensamente a propósito da tutela do bem jurídico do bom nome.

([1292]) Neste sentido, referindo-se genericamente à questão do recurso aos procedimentos sumários especiais de jurisdição voluntária ou de *giurisdizione oggettiva* não precludir a possibilidade de reapreciar os problemas aí decididos em sede contenciosa, cfr. PISANI, ANDREA PROTO, Usi e Abusi..., ob. cit., págs. 437 e 443, MONTESANO, LUIGI, Sull'efficacia..., ob. cit., págs. 601 e ss.

Por outro, admite-se a existência de processos onde se regista um misto de características das jurisdições contenciosa e voluntária. A circunstância de se estar a decidir um problema de responsabilidade civil por divulgação de factos ofensivos ao bom nome e ao crédito, não impede que neste processo onde vigora o princípio da vinculação do juiz ao pedido (a regra básica do dispositivo), e as normas gerais em matéria probatória, ecludam manifestações típicas de maior flexibilidade processual tributárias do universo da jurisdição voluntária. Uma tal miscigenação deriva da necessidade de assegurar uma maior tutela dos bens da personalidade violados, tentando-se assim harmonizar de modo equilibrado a necessidade de rodear de cautelas as compressões de situações jurídicas subjectivas, com o objectivo de assegurar uma gestão eficiente de interesses cuja relevância transcende o plano da pura inter-subjectividade privada.

## BREVES CONCLUSÕES EM TORNO DA OBRIGAÇÃO DE INDEMNIZAR NO ÂMBITO DO ILÍCITO AO BOM NOME E AO CRÉDITO

Após termos procedido à análise dos vários mecanismos colocados à disposição pelo nosso ordenamento jurídico para tutela do bom nome e do crédito, cumpre agora tecer algumas considerações conclusivas.

Encontrando-nos situados no domínio da responsabilidade por factos ilícitos, o ressarcimento dos danos decorrentes da violação do bom nome e do crédito (art. 484.º) não pode deixar de realizar-se de acordo com a grande bissectriz definida no n.º 1 do art. 566.º, a propósito da obrigação de indemnizar. A preferência manifestada neste preceito legislativo pela restituição natural encontra no âmbito da violação dos bens jurídicos do bom nome e do crédito uma particular ressonância.

Compreende-se, de resto, que assim seja, pois nestes bens jurídicos tutelam-se manifestações essenciais da personalidade humana. Porém, e paradoxalmente, são conhecidas as dificuldades em conseguir alcançar uma efectiva reposição da situação jurídica do lesado no estado em que se encontraria se não fosse a prática do facto lesivo. Uma tal dificuldade prende-se com a natureza das obrigações correlativas dos direitos atrás mencionados, ou seja, obrigações de *non facere* e de *facere* infungíveis, no âmbito das quais não é possível haver lugar à execução específica das mesmas.

Em face de tais dificuldades, torna-se frequente o surgimento de situações em que o recurso à restituição *in natura* apenas permite uma reparação parcial dos danos sofridos pelo lesado. Quando assim suceder, deve ser permitido ao lesado obter um equivalente pecuniário para conseguir garantir a parte excedente dos prejuízos, conquanto estes sejam susceptíveis de uma expressão em dinheiro.

Apesar de a restituição por equivalente não corresponder à forma ideal de permitir o ressarcimento dos prejuízos sofridos pelo lesado, não deixa de constituir um modo possível de o levar a cabo, porquanto a violação de bens de conteúdo não patrimonial como os direitos de personalidade é susceptível de provocar danos de natureza patrimonial. A este propósito, não podemos tratar indiferenciadamente as várias realidades jurídicas tuteladas no art. 484.º, porquanto ao crédito se tem de associar uma dimensão patrimonial muito mais significativa que a correspondente ao bem jurídico do bom nome. Razão por que o recurso à indemnização por equivalente no tocante ás violações desferidas ao bem jurídico do crédito pode assumir uma relevância idêntica ou maior da atribuída em tal contexto aos meios de restituição *in natura*.

Já no tocante ao bom nome, apesar de não se excluir a possibilidade de haver lugar à atribuição de uma quantia em dinheiro ao lesado, esta forma de reparação é contudo sentida como uma certa convolação da natureza do bem jurídico violado([1293]). Porém, não nos encontramos perante uma autêntica forma de reparação por equivalente, mas antes em face de uma compensação pecuniária dos danos não patrimoniais.

Relativamente aos mecanismos jurídicos integráveis no universo da restituição *in natura*, referimo-nos à relevância assumida pelos direitos de resposta, pelas figuras da publicação de sentenças condenatórias e da retractação pública. A propósito destes expedientes, não deixámos de proceder a um confronto entre a eficácia reparatória dos mesmos, acabando por reconhecer um âmbito de interferência mais amplo relativamente aos mecanismos jurídicos da publicação de sentenças condenatórias e da retractação pública.

Apesar de ao direito de resposta se ter de reconhecer uma maior independência face ao instituto da responsabilidade civil (mesmo quando aí intervém como medida de reparação), e de ser indiscutível a circunscrição da sua eficácia aos limites definidos na lei da imprensa, não podemos deixar de simultaneamente o conceber como um direito mais forte, atenta a sua natureza potestativa.

---

([1293]) A propósito da indemnização por equivalente enquanto forma de tutela dos direitos de personalidade, Proto Pisani refere-se de um modo expressivo a uma operação de expropriação do direito ao bem e da correspectiva transformação em direito à indemnização, cfr. PISANI, ANDREA PROTO, *La tutela giurisdizionale dei diritti...*, ob. cit., pág. 5.

Ao solicitar a restituição *in natura* dos prejuízos sofridos, o lesado não raras vezes cumula esta sua pretensão com o pedido de cessação do ilícito. Um ataque dirigido à fonte de onde emergem as ofensas ao bom nome e ao crédito traduz-se numa providência perfeitamente compatível com o pedido de restituição *in natura*, conferindo a este uma maior eficácia, mas não deixa, simultaneamente, de levantar algumas perplexidades. Antes de mais, a imposição de medidas adequadas para pôr termo ao ilícito podem implicar particulares limitações ao valor da liberdade de expressão.

Para além disso, a adopção deste tipo de providências no âmbito de manifestações essenciais de personalidade como o bom nome, tem lugar no âmbito de processos de jurisdição voluntária (art. 1474.º e 1475.º do Código de Processo Civil), onde vigoram regras de maior flexibilidade processual.

Esta questão de entrecruzamento no seio de um procedimento contencioso, como é a acção de responsabilidade civil, de exigências de um tipo de jurisdição diversa (a voluntária), não nos parece encontrar, a nível das regras da cumulação de pedidos e da compatibilidade das respectivas formas de processo, obstáculos impeditivos para o mencionado cúmulo.

Porém, as questões nucleares relativas ao apuramento da existência do ilícito ao bom nome e das respectivas consequências jurídicas são definidas no âmbito de um normal processo declaratório de natureza contenciosa, pois não nos encontramos apenas perante uma hipótese de violação de direitos de personalidade (art. 70.º, n.º 1), onde se revela particularmente adequado o recurso aos procedimentos especiais de jurisdição voluntária. Tais conclusões gozam de pleno acolhimento sobretudo no tocante aos ataques dirigidos ao crédito, atenta a natureza especial deste direito de personalidade.

Alguma relevância assume também a questão de saber se será admissível a convocação dos procedimentos cautelares neste universo das acções de responsabilidade civil por factos ofensivos ao bom nome e ao crédito.

Tendo em conta os significativos atrasos de tramitação processual, o lesado no bom nome e crédito que tenha requerido judicialmente a cessação do ilícito pode ter um particular interesse em intentar um procedimento cautelar destinado a inviabilizar novos ataques a esses bens, em face do receio de novas afirmações ofensivas serem divulgadas publicamente na sequencia do processo judicial. Está em causa, porém, uma forma de tutela subsidiária e excepcional dos bens jurídicos do bom nome e do crédito.

Em face da já mencionada impossibilidade de haver lugar à execução específica das obrigações correlativas dos direitos de personalidade, parece justificar-se o reforço de uma tutela inibitória e o recurso a medidas coercitivas para evitar a sucessiva violação dos bens protegidos no art. 484.º. Todavia, se uma tal conclusão se revela inatacável nos seus fundamentos, certo é que se impõe uma particular cautela quanto ao modo de a efectivar. Não julgamos assim sufragável a aplicabilidade neste contexto da figura norte americana dos *punitive damages*.

Porém, já nos parece correcta a convocação da figura da sanção pecuniária compulsória para evitar a repetição do ilícito, revelando-se então como uma medida adequada para alcançar a cessação do ilícito ao bom nome e ao crédito, ou pelo menos para frenar a provocação sucessiva de ataques a tais bens.

## EM JEITO DE CONCLUSÃO:

O tema estudado ao longo da dissertação – "A responsabilidade civil por ofensa ao crédito ou ao bom nome" – constitui universo onde se regista uma tensão dialéctica entre exigências regulativas contraditórias, mas harmonizáveis entre si. Torna-se impossível escamotear o conflito latente de direitos – liberdade de expressão, por um lado, direito ao crédito e ao bom nome, por outro – que perpassa a regulamentação jurídica contida no art. 484.º. Este dado incontornável permite, assim, justificar o esforço desenvolvido na parte I e na parte II, em torno da delimitação dos bens jurídicos tutelados no preceito da responsabilidade civil delitual em causa – o art. 484.º do Código Civil.

Ao procedermos à circunscrição do âmbito normativo do art. 484.º, tivemos forçosamente que afastar do campo das nossas preocupações o enfoque da liberdade de expressão enquanto princípio estruturante de um Estado de Direito democrático. Volvemos antes a nossa atenção para uma perspectiva juscivilística deste valor fundamental e chegámos à conclusão de que a liberdade de expressão, apesar de participar das características fundamentais associadas a todo e qualquer direito de personalidade (eficácia *erga omnes*, extrapatrimonialidade, irrenunciabilidade, vinculatividade vertical e horizontal), não pode ser concebida, face à indeterminação do seu conteúdo, como direito subjectivo. Devemos antes visualizar a liberdade de expressão como um *Rahmenrecht*, no qual se filia uma pluralidade de concretos poderes ou faculdades susceptíveis, esses sim, de serem concebidos como direitos subjectivos. Interessa-nos fundamentalmente, num tal contexto, colocar em destaque o direito à divulgação de informações (comummente designado na doutrina transalpina por *diritto di cronaca*), uma vez que o nosso legislador circunscreve a responsabilização do agente às hipóteses de afirmação ou divulgação de factos. Não obstante a inequívoca delimitação do objecto do direito sobre que incide o nosso estudo, tal não invalida que a sua inteligibilidade implique uma necessária referência ao direito matriz onde se filia.

Porém, a determinação da existência da ilicitude, quando esteja em causa o exercício de um concreto direito subjectivo filiado na liberdade de expressão, torna-se muito mais facilitada quando confrontada com tarefa idêntica reportada àquele direito matriz.

Na verdade, quando nos confrontamos com uma genérica convocação do valor de liberdade de expressão enquanto fundamento de legitimidade para a conduta do agente, a margem de intervenção judicativa para a definição da ilicitude é substancialmente maior, assistindo-se aqui a um significativo enfraquecimento do peso da distinção entre ilicitude de conduta e ilicitude do resultado.

Excluído do horizonte das nossas preocupações encontra-se toda a vasta panóplia de declarações valorativas, consubstanciem-se estas em juízos científicos, culturais, políticos... Em face da expressa circunscrição legal da responsabilidade do agente à divulgação de factos, a tutela dos bens da personalidade atingidos com tais referências crítico-valorativas ter-se-á de alcançar fora do quadro especial da ilicitude previsto no art. 484.º. O tratamento adequado para este tipo de ataques será alcançado, seja através da cláusula geral da tutela da personalidade (art. 70.º, n.º 2), seja ainda pelo recurso à primeira variante da ilicitude prevista no n.º 1 do art. 483.º quando as agressões à personalidade de outrem configurem situações de responsabilidade civil.

Importa então tomar em linha de conta esta *summa divisio* entre afirmações de facto e juízos de valor para proceder a uma correcta abordagem do ilícito civil. Razão por que dedicámos uma especial atenção a este binómio, procurando apontar critérios auxiliares capazes de nos permitirem alcançar o propósito de dilucidar com maior clareza uma tal *vexata qæstio* distintiva.

Antes de nos debruçarmos sobre esta problemática, foi nosso intento, em ordem a uma correcta delimitação do âmbito do art. 484.º, precisar o sentido e alcance atribuíveis aos bens jurídicos do crédito e do bom nome tutelados neste preceito do Código Civil.

Tendo em conta a circunstância dos direitos em análise terem uma matriz comum traduzida na ideia de prestígio ou reputação social, constituiu uma preocupação da nossa investigação averiguar se faz algum sentido tratar autonomamente estas categorias, e ainda mais amplamente indagar se terá alguma utilidade a consagração legislativa do ilícito ao crédito e ao bom nome.

No contexto de um ordenamento jurídico onde é garantida protecção bastante ampla aos direitos de personalidade através da cláusula geral do art. 70.º e do art. 483.º, todas as dúvidas atrás elencadas não podem considerar-se despidas de sentido ou puramente especulativas.

O problema do tratamento autónomo dos bens jurídicos do bom nome e do crédito no âmbito do ilícito delineado no art. 484.º encontra-se profundamente dependente da caracterização de tais categorias. Ora, esta tarefa supõe uma ineliminável referência ao conceito de honra, e em particular às imbricadas concepções fáctica (honra objectiva – honra subjectiva) e normativa (normativa-pessoal – normativa-social) emergentes na dogmática penal para a delimitação deste bem jurídico fundamental.

Substancialmente, acabámos por concluir que tanto o bom nome como o crédito se traduzem em facetas ou dimensões da personalidade entroncadas basicamente nas concepções objectiva e normativa-social da honra. Não terá constituído propósito do nosso legislador civil garantir, no âmbito do art. 484.º, uma protecção às vertentes subjectiva e pessoal de honra, cujo denominador comum se traduz numa ideia de auto-estima?

Estas facetas mais íntimas ou recônditas da honra acabam por encontrar no direito à intimidade da vida privada um mecanismo privilegiado de defesa relativamente à devassa, indiscrição e intromissão do público nessa esfera de recato individual.

Apesar da existência de zonas de intersecção entre os âmbitos de tutela reservados à honra e ao direito à intimidade, certo é que este não deixa de justificadamente merecer um tatamento autónomo, em virtude de se revelar aí determinante a necessidade de garantir um espaço de reserva ou sigilo relativamente às várias dimensões da sociável insociabilidade por ele tuteladas.

Por seu turno, não podemos identificar o perfil ou a reputação desfrutada pela pessoa no seu meio social com a evanescente e conjuntural categoria da fama, nem tentar proceder à sua caracterização a partir dos critérios ou bitolas disponibilizadas pela ordem de mero trato social. Ao reportarmo-nos à reputação ou prestígio social enquanto sinónimos de bom nome e crédito, estamos a perspectivá-los enquanto dimensões essenciais da personalidade humana, revelando-se ineliminável a referência às exigências axiológicas implicadas na dignidade da pessoa humana enquanto ser livre e responsável.

Sendo insofismável a existência de uma base comum à caracterização dos direitos de personalidade do bom nome e do crédito, não deixámos, no entanto, de constatar algumas especificidades neste último bem jurídico susceptíveis de justificar a referência legislativa ao binómio mencionado. Devemos assim colocar em evidência a natureza específica do crédito, configurando-o como uma reputação sócio-económica ou sócio-profissional, apenas capaz de ser associada a quem seja titular de um determinado *status*. Apenas o particular conhecimento das *leges artis* vigentes no sector onde o particular exerce a sua actividade económica ou profissional permitirá uma correcta delimitação do bem jurídico em análise. Torna-se então mister proceder à contextualização das declarações proferidas para determinar o respectivo grau de ofensividade. Afirmações absolutamente inócuas proferidas perante um auditório de leigos podem ser consideradas muito lesivas do crédito dos visados se divulgadas em face de um grupo de especialistas, ou vice-versa.

Não obstante o direito ao crédito assumir uma natureza irrenunciável, intransmissível e imprescritível, devendo, por conseguinte, qualificar-se como um verdadeiro direito de personalidade, certo é que não podemos deixar de lhe reconhecer uma forte dimensão patrimonial. Não estamos aqui a sufragar a autonomização desta vertente em termos semelhantes aos registados a propósito dos direitos sobre bens imateriais, uma vez que não podemos admitir, à semelhança do que a propósito destes sucede, a existência de relações negociais cujo objecto se traduza naquela dimensão patrimonial. Reconhecemos, porém, uma relevância mitigada desta componente no universo delitual, no sentido de atribuir ao lesado, nas hipóteses de violação do direito ao crédito, um montante pecuniário correspondente ao lastro económico abalado com a divulgação das afirmações de facto. Trata-se, na verdade, de uma relevância circunscrita, e de difícil tradução em termos contabilísticos. Apenas nas situações marginais onde seja possível determinar a repercussão em termos patrimoniais do prestígio ou bom nome do visado, ou quantificar a dependência do sucesso sócio-económico deste dos respectivos méritos ou talentos, poderemos aceitar a relevância autónoma da dimensão patrimonial. Ora, uma tal tarefa apenas se revelará possível, e mesmo aí com algumas reservas, nas hipóteses em que actividade sócio-económica do lesado seja exercida num universo concorrencial, e dentro desta consideraremos apenas aquelas hipóteses em que seja viável proceder a uma análise comparativa da actividade da pessoa visada com a dos demais concorrentes. Uma tal análise revelar--se-á particularmente difícil, se tivermos em conta que a relevância autónoma do crédito em termos patrimoniais supõe a admissibilidade de um conjunto de factores constantes, o que nem sempre sucede numa economia de mercado que se apresenta profundamente marcada pela influência de um conjunto de factores de distorção muito heterogéneos.

Ao advogar-se a relevância patrimonial mitigada do crédito, não estamos a pretender assegurar, tal como chegou a ser avançado no ante-projecto Vaz Serra, a tutela do direito à empresa (*Recht am eingerichteten und ausgeübten Gewerbebetrieb*). Não podemos, na verdade, ignorar que esta construção da dogmática germânica encontra razões justificativas para a sua emergência no âmbito das particularidades próprias do respectivo ordenamento jurídico positivo, mormente a estreiteza do âmbito dos §824 e 826 do B.G.B. Independentemente de concebermos esta figura como um direito de personalidade, ou enquanto um direito real, certo é que a sua emergência tem fundamentalmente em vista no direito alemão alargar a protecção delitual relativamente à divulgação negligente de juízos de valor, ou de factos verdadeiros particularmente lesivos do crédito de outrem. Ora, como teremos ainda ocasião de mencionar nestas breves notas conclusivas, tais limitações não se registam no nosso ordenamento jurídico.

Igualmente despicienda se revela para nós a autonomização de um direito à identidade pessoal, tal como sucede na doutrina transalpina. Com efeito, o direito de cada pessoa exigir da comunidade jurídica o respeito da projecção da sua identidade pessoal apenas se pode revelar necessário no âmbito de um sistema jurídico que não contemple uma cláusula geral de tutela da personalidade como o nosso art. 70.º. Este direito de tutela da "verdade pessoal", com contornos algo imprecisos resultantes sobretudo de uma profícua actividade jurisprudencial, abrange uma vasta panóplia de faculdades ínsitas no âmbito de outros valores fundamentais, igualmente protegidos pela ordem jurídica, entre os quais podemos destacar as liberdades religiosa, de participação política e sobretudo o direito à honra, ao bom nome e à intimidade da vida privada. A ausência no *Codice Civile* de uma cláusula geral semelhante ao art. 70.º do nosso Código Civil, e a emergência na Constituição italiana de 49 de uma formulação idêntica à daquele último preceito, constituiram as principais razões justificativas do surgimento do aludido direito à identidade pessoal, e das correlativas perplexidades suscitadas pela conformação das relações jurídico-privadas por valores e exigências constitucionais (*Drittwirkung*).

Levando em linha de conta todas as considerações expendidas em torno da caracterização do bom nome e do crédito concluímos que apenas o modo autónomo como é concebido o direito ao crédito, nos permitirá afirmar a importância da consagração legislativa no art. 484.º do ilícito ao crédito ou ao bom nome. Com efeito, nem o argumento da maior potencialidade ofensiva das afirmações de facto face aos juízos de valores constitui motivo ponderoso para justificar a disciplina especial estatuída pelo nosso legislador civil naquele preceito. Bem vistas as coisas, uma adequada articulação das exigências regulativas dos arts. 70.º e 483.º permitem a defesa da pessoa lesada na sua reputação social, quer nas hipóteses de divulgação de juízos de valor, quer quando na base dos ataques se encontrem afirmações de facto. Encontrando o bom nome uma ampla tutela na primeira variante da ilicitude extracontratual, o surgimento desta norma especial (art. 484.º) manifestar-se-ia como uma duplicação inútil, não fora a circunstância de reconhecermos o crédito como uma forma de reputação especial dotada de particular autonomia.

Delineadas as principais linhas axiológicas que perpassam todo o regime jurídico do art. 484.º, procedemos depois à análise dos respectivos pressupostos.

Circunscrevendo-se a obrigação de indemnizar à divulgação de factos, constituiu tarefa prioritária tentar dilucidar um critério distintivo entre afirmações de facto e juízos de valor. A omnipresença de uma atitude valorativa no âmbito da narração de matérias factuais acaba por colocar o intérprete perante uma autêntica *vexata qœstio*. Partindo da constatação irrefutável de que apenas as declarações de facto são susceptíveis de ser qualificadas de acordo com o binómio verdadeiro/falso, enquanto as propostas valorativas apenas se podem conceber como justas ou rectas, cumpre porém avançar alguns tópicos auxiliares para a distinção das categorias em estudo.

Neste contexto, não deixámos de tomar em linha de conta as características fundamentais dos factos enunciadas pela jurisprudência do tribunal federal alemão: a perceptibilidade, a concretude, e a historicidade. De igual modo, os vários critérios a este propósito avançados na doutrina germânica (a funcionalidade das declarações, a posição relativa das mesmas no contexto mais amplo onde se integram, a possibilidade de autonomização de uma base ou decisão factual no âmbito das apreciações valorativas...) reflectem claramente a necessidade de encontrar arrimos normativos, que subtraiam esta querela distintiva de um plano puramente naturalístico.

Esta problemática distintiva em torno das declarações de facto e dos juízos de valor não se pode estender com a mesma intensidade a todos os domínios em que a conflitualidade histórico-social determine a emergência de ataques ao bom nome e ao crédito. Basta tomar em consideração os universos da litigância política, da discussão académica, da criação artística (sátira e paródia), do discurso religioso, para poder concluir que o núcleo essencial dos comportamentos aí entertecidos são marcados por uma forte carga de subjectividade e de dimensão crítico-valorativa. Porém, mesmo em tais universos (e de um modo particular no da ciência), não podemos deixar de fazer menção a certas realidades onde se manifesta com particular intensidade o entrecruzamento da matéria factual com a dimensão valorativa (ex.: os relatórios periciais, as previsões a curto prazo...). Com o objectivo de proteger mais intensamente o crédito, não podemos ignorar uma certa tendência da doutrina germânica para criar categorias intermédias (*Deutung, Tatsachenurteil*...), para além do clássico binómio (declarações de facto / juízos de valor), no âmbito das quais perpassa a preocupação de autonomizar uma base factual no âmbito de declarações valorativas ofensivas e se pode descortinar uma concepção ampla do conceito de "declarações de facto".

Todas as dificuldades distintivas das categorias em análise não nos impedem de visualizar neste contexto um problema de interpretação jurídica, para a resolução do qual se revelam importantes os contributos deixados pelas teorias da interpretação das leis e dos negócios jurídicos. Sendo apenas possível avançar alguns critérios ou tópicos auxiliares de distinção, não queremos deixar de destacar, pela relevância assumida, a regra da atendibilidade do sentido objectivo das declarações, depurando-o da perspectiva subjectiva do declarante, e tomando como destinatário de referência "o destinatário independente". Tendo em vista a determinação do sentido objectivo das declarações revela-se indispensável atender ao contexto no seio do qual as declarações são divulgadas, à posição do declarante, ao local e ao tempo de emissão das afirmações, e não apenas ao teor literal das mesmas. No domínio particular dos *Warentests*, devemos então concluir que estes devem ser considerados como declarações de facto quando os seus resultados permitam facultar a um "leitor médio" o acesso a um conjunto de dados susceptíveis de orientar as suas escolhas ou opções. Em tais situações, a dimensão factual dos estudos comparativos de mercadorias poder-se-á considerar como preponderante relativamente à margem de apreciação valorativa naqueles coenvolvida.

Em termos gerais, e como critério supletivo para a resolução das dúvidas persistentes acerca da natureza valorativa-factual das afirmações (mau grado o recurso a todos os tópicos de apoio enunciados), deve considerar-se, em nome da tutela da liberdade de expressão, a declaração como um juízo valorativo.

Neste caminho percorrido, em torno da definição dos pressupostos de aplicabilidade do art. 484.º, revela-se indispensável a referência à característica da publicidade das declarações proferidas. Torna-se fundamental averiguar, de acordo com as exigências legais vigentes ao tempo da emissão das afirmações, ou em conformidade com as regras normais da experiência e da vida, se as declarações se destinam a ser conhecidas por um público, mais ou menos determinado, ou se, ao invés, a mensagem divulgada pelo agente se dirige unicamente ao lesado. Uma vez registadas ofensas aos bens da personalidade neste último núcleo de situações, o meio de tutela adequado não pode ser o art. 484.º, mas sim a defesa dos bens da personalidade atingidos através dos arts. 70.º e 483.º.

As considerações expendidas acerca deste requisito da publicidade valem, não apenas quanto às declarações expressas, mas também em relação aos comportamentos concludentes. Porém, no tocante a este tipo de condutas torna-se mais difícil determinar, em termos objectivos, se ao declarante era exigível a cognoscibilidade do carácter público das suas afirmações.

Apesar de, por regra, as declarações divulgadas serem da autoria do agente, tal não corresponde necessariamente ao único figurino de afirmações factuais difundidas. Particularmente no universo da comunicação social, revela-se de grande utilidade o recurso às comummente designadas declarações de terceiros. Quando tal suceda, importa, para efeitos de identificação do responsável, apurar se o público destinatário pode, razoavelmente, em face das circunstâncias, determinar que o declarante é pessoa diversa do autor das afirmações. Para além disso, a divulgação de declarações de terceiros pode levantar algumas perplexidades quando aquelas sejam ilícitas. Em abstracto, algumas alternativas válidas se deparam nestas situações: ou a abstenção de divulgar tais afirmações, a difusão das mesmas sem quaisquer limitações, ou a sua divulgação com as adaptações suficientes para lhes retirar o carácter ilícito.

Tendo em conta as exigências regulativas impostas pelo valor da liberdade de expressão, a primeira e a última das opções não se nos afiguram viáveis. Porém, não podemos isentar, só por si, o agente, com fundamento no exercício do "diritto di cronaca". Com efeito, estando em causa afirmações ofensivas dos bens de personalidade de outrem, impõe-se sopesar se a relevância do interesse público dos eventos noticiosos divulgados e o meio de divulgação utilizado poderão justificar os ataques perpetrados às esferas jurídicas alheias.

No tocante à determinação da ilicitude das declarações de terceiros, constitui questão problemática definir o método para averiguar a veracidade das notícias. Abrem-se a este propósito duas alternativas fundamentais: ou optar por um controlo único do conteúdo das afirmações do terceiro, ou exigir um duplo controlo, a fim de averiguar se o teor das afirmações corresponde efectivamente à realidade histórica social a que se reportam. Enquanto a primeira das soluções se revela mais compatível com as exigências de liberdade de expressão, a segunda manifesta-se bem mais limitativa de um tal valor. A opção por um dos modelos não pode ser feita sem levar em linha de conta a natureza das matérias sobre as quais versam as declarações, bem como a questão particularmente relevante da fidedignidade das fontes informativas.

Ainda com o objectivo de delimitação do âmbito do art. 484.º, debruçámo-nos sobre um problema expressamente resolvido pelo legislador português: a titularidade do bom nome e do crédito pelas pessoas colectivas. Não deixámos de fazer referência à regra fundamental norteadora da resolução dos problemas nesta sede suscitados: o princípio da especialidade do fim e a questão da natureza dos direitos invocados pelas pessoas colectivas. Atenta a natureza instrumental deste tipo de entes jurídicos, concluímos que a sua capacidade jurídica de gozo é mais circunscrita e diversificada, quando confrontada com a das pessoas singulares. Algumas menções foram ainda dirigidas quanto à questão da aplicabilidade do art. 484.º às hipóteses de ofensas ao bom nome e crédito de pessoas falecidas. A este propósito, considerámos essencial proceder a uma análise conjugada dos arts. 484.º e 71.º e respondemos afirmativamente ao problema enunciado.

Questão particularmente delicada, no âmbito deste ilícito ao crédito e ao bom nome, é a respeitante ao papel da verdade na conformação do respectivo regime jurídico. Não tendo o nosso legislador tomado posição expressa sobre a matéria, a possibilidade ou a inadmissibilidade de responsabilização do agente pela divulgação de factos verdadeiros representam soluções, à partida, igualmente sustentáveis.

O mesmo não se pode afirmar quando o horizonte da nossa análise é o preceito inspirador (§824 do B.G.B.) do nosso preceito dedicado ao ilícito ao crédito e ao bom nome. Aí, o legislador germânico erigiu "o carácter não verídico das declarações a pressuposto de aplicabilidade do parágrafo em análise".

Uma correcta resolução deste delicado problema implica uma inevitável compreensão teleológica do nosso art. 484.º, obrigando-nos a debruçar, de um modo muito particular, sobre o conflito de direitos neste implicado, e a sopesar de modo equilibrado a tensão aí vivida entre a liberdade de expressão, por um lado, e o bom nome e o crédito, por outro.

Ninguém duvida da potencialidade ofensiva das declarações notoriamente falsas para os bens jurídicos protegidos neste preceito do Código Civil. Conquanto digam respeito à esfera da actividade sócio-económica ou sócio-profissional dos lesados, tais afirmações não podem qualificar-se, de modo algum, como inócuas.

Por seu turno, o Direito não deve tratar indistintamente a mentira e a verdade, porquanto esta se traduz num valor nuclear cuja procura deve ser fomentada. Porém, todos temos consciência da impossibilidade de sufragar a tutela da verdade em termos absolutos no universo do direito, resignando-se o ordenamento jurídico em muitas situações com uma verdade presumida. Aliás, a verdade alcançada a nível processual deve reputar-se sempre como uma "verdade sob a reserva do possível", atentas as contingências probatórias.

Aceitando como dado incontestável uma certa margem de relativização da verdade admitida pelo Direito, e tendo em conta que os factos verdadeiros, pela circunstância de o serem, não deixam de ter uma potencialidade ofensiva para os bens da personalidade, podemos legitimamente questionar se será admissível responsabilizar o agente pela divulgação de factos verdadeiros. Melhor dito, devemos interrogar-nos se haverá lugar para admitir a responsabilização pela divulgação de factos verdadeiros no âmbito do art. 484.º. Bem vistas as coisas, também no âmbito do ordenamento jurídico germânico, onde é admitida a relevância da *exceptio veritatis*, podemos aceitar a responsabilidade do agente quando difunde factos verdadeiros. Porém, o fundamento para a responsabilização há-de encontrar-se noutros lugares sistemáticos, como sejam o direito da concorrência, ou a cláusula geral contida no §826 do B.G.B.

Entendemos, porém, ser possível no âmbito do próprio preceito dedicado ao ilícito ao crédito ou ao bom nome encontrar fundamento, mediante o apelo à influência regulativa do princípio da proporcionalidade, para impor ao agente a obrigação de indemnizar, não obstante ter divulgado factos verdadeiros.

Na verdade, a convocação do princípio da proporcionalidade nesta sede é reclamada pelo conflito de direitos (liberdade de expressão / bom nome e crédito) subjacente à regulamentação jurídica do art. 484.º. Cumpre então, de modo coerente e unitário, averiguar se a actuação do declarante está legitimada por um interesse social relevante, se se revela adequada e necessária e não se manifestou , quanto aos efeitos, excessiva ou exorbitante, face à densidade e intensidade dos interesses prosseguidos com as afirmações. Ora, quando tal não suceder, podemos fazer recair sobre quem proferiu declarações verdadeiras a obrigação de indemnizar os prejuízos decorrentes de violação dos direitos ao bom nome e ao crédito. A favor de uma tal solução concorre ainda a evolução registada nos nossos trabalhos preparatórios, onde se registou uma manifesta tendência, ao longo das sucessivas alterações aí registadas, para o afastamento das soluções contidas no preceito inspirador (§824 do B.G.B.) do nosso art. 484.º.

Particularmente conexionada com a problemática da *exceptio veritatis* se encontra aqueloutra respeitante à possibilidade de justificação do ilícito através da invocação da cláusula de prossecução de interesses legítimos, à semelhança de quanto ocorre no §824 II do B.G.B., e na al. a) do n.º 2 do art. 180.º do Código Penal Português. Como ponto de partida da nossa reflexão, dir-se-á, desde logo, que, a admitir-se a relevância desta cláusula de justificação, a sua eficácia limitar-se-á ao universo dos factos não demonstravelmente verdadeiros, ou quanto a factos verdadeiros.

Apesar de a admissibilidade da relevância da cláusula de prossecução de interesses legítimos constituir uma solução mais consentânea com as exigências axiológicas implicadas na liberdade de expressão, não propendemos para sufragar em termos genéricos (ou seja, para além das reconhecidas causas de exclusão do ilícito consubstanciadas no exercício de um direito, ou no cumprimento de um dever) uma tal solução. Não podemos, na verdade, ignorar a potencialidade ofensiva das afirmações de facto verdadeiras, desde logo, por revestirem uma tal qualidade. Desta feita, não basta o facto ser verdadeiro (ou não demonstravelmente verdadeiro), e por trás da divulgação dos mesmos se encontrarem interesses legítmos, para se considerar a conduta do agente justificada, quando desta decorram ataques significativos aos bens da personalidade de outrem.

De acordo com o nosso entendimento, o eixo fundamental em torno do qual gravita a justificação do ilícito não se centra tanto na verdade, ou na verdade associada à prossecução de interesses públicos, quanto na falta de potencialidade ofensiva das declarações, atentas as exigências regulativas do princípio da proporcionalidade. Com isto não estamos a proceder a um tratamento igualitário da verdade e da mentira, porquanto, como já referimos, apenas no contexto das declarações verdadeiras, ou não demonstravelmente verdadeiras, se pode admitir a relevância da cláusula de prossecução de interesses legítimos.

A adopção de uma tal perspectiva acaba por ter repercussões significativas a nível da actividade probatória no âmbito deste ilícito ao crédito ao bom nome e ao crédito. Ao lesado não incumbe apenas a prova da falsidade das declarações do agente, porquanto as afirmações verdadeiras se revelam susceptíveis de responsabilizá-lo. Em tais hipóteses, a actividade probatória recai sobre a gravidade das declarações proferidas, e a exoneração do agente supõe a prova do contrário, ou seja, do cumprimento das exigências implicadas no princípio da proporcionalidade.

Não aceitamos a inversão da regra geral de repartição do ónus da prova acolhida no art. 487.º n.º 1, mesmo naqueles domínios, como o da comunicação social, onde os atropelos ao bom nome e ao crédito de outrem se sucedem com particular frequência e intensidade. Para além de razões de ordem técnica não aconselharem o acolhimento de uma tal solução, correr-se-ia o risco de o valor da liberdade de expressão sofrer um entorse significativo, de resto, não justificado pelo objectivo de frenar os excessos cometidos por uma imprensa cada vez mais sensacionalista.

Do ponto de vista probatório, cumpre ainda destacar que incumbe ao lesado provar, por se tratar de um elemento constitutivo da sua pretensão, a sua boa reputação. Neste contexto, não nos parece viável a prova contrária do declarante, enquanto causa de justificação da sua conduta, de uma genérica má reputação do visado pelas declarações. Uma tal solução encontra um particular apoio na circunstância de a configuração do bem da reputação social se encontrar particularmente dependente de exigências regulativas de natureza sectorial, não se revelando, por conseguinte, como aceitáveis as conclusões sobre a matéria que tenham na base raciocínios indutivos e dedutivos.

Recaindo o nosso estudo sobre a responsabilidade civil por ofensa ao bom crédito e ao bom nome, não deixámos de nos debruçar sobre as questões fundamentais neste âmbito suscitadas pela obrigação de indemnizar. Constituiu então preocupação fundamental integrar os vários meios de tutela (direitos de resposta, de publicação de sentenças condenatórias, de retractação pública, de exigir a abstenção de futuras condutas ilícitas, indemnização por equivalente...), comummente utilizados neste universo do art. 484.º, no âmbito da alternativa aberta ao lesado (restituição *in natura* / ou por equivalente) para o ressarcimento dos prejuízos causados na sequência da violação do bom nome e crédito. A adequação do recurso aos meios ressarcitórios sumariamente elencados depende, contudo, da natureza dos prejuízos causados (patrimoniais / não patrimoniais) ao lesado pela divulgação das afirmações de facto ofensivas. Recordámos a este propósito a maior preponderância da dimensão patrimonial no âmbito da violação do direito ao crédito.

Tendo em conta que o ilícito ao bom nome e ao crédito constitui um domínio propício para a emergência de danos não patrimoniais, o modelo de restituição *in natura* representa assim uma solução preferencial para o ressarcimento deste tipo de prejuízos. Porém, e paradoxalmente, as debilidades patenteadas pelo recurso aos expedientes de restituição natural (direito de resposta, retractação pública, publicação de sentenças condenatórias...) para alcançar o objectivo de reparação integral do prejuízos sofridos pelo lesado constituem um dado indiscutível. Perante tais perplexidas, o ordenamento jurídico português, com a solução consagrada no art. 496.º, ao invés de quanto se regista na Alemanha e na Itália, oferece uma mais ampla possibilidade de o lesado suprir com uma compensação em dinheiro quanto não conseguiu ser ressarcido através da forma preferncial de restituição. Contra a possibilidade de o lesado formular um pedido complementar de indemnização por equivalente, face às insuficiências dos expedientes de restituição natural para satisfazer integralmente as suas pretensões, não depõe sequer o carácter alternativo da obrigação de indemnizar (art. 566.º, n.º 1), uma vez que um tal resultado surge legitimado pelo disposto nos arts. 793.º e 545.º e ss. Não se torna assim necessário proceder à criação (como se verifica nos ordenamentos onde se consagra um sistema taxativo de ressarcibilidade dos danos não patrimoniais), de figuras dogmáticas de contornos incertos (dano biológico, dano existencial ...) e que acabam por convolar em patrimoniais realidades por natureza não patrimoniais.

Apesar do núcleo primordial das nossas preocupações se consubstanciar no problema de ressarcimento dos danos, não deixámos, no entanto, de fazer menção aos procedimentos atípicos da tutela da personalidade previstos no n.º 2 do art. 70.º. O recurso a este tipo de expedientes pode revelar-se particularmente útil para a defesa do bom nome e do crédito, nas hipóteses em que, apesar de não se verificarem todos os pressupostos para a aplicação do art. 484.º, a ilicitude ainda subsiste. Neste particular universo, onde o recurso aos mecanismos atípicos de tutela se revela independente da existência de um problema de responsabilidade civil, analisámos, de um modo particular, a natureza voluntária dos procedimentos destinados à efectivação de tais medidas. Além de uma maior ductilidade e simplificação processuais serem impostas pela lei, a natureza especial dos direitos tutelados (atento o carácter indisponível, e os interesses supra--individuais coenvolvidos no universo dos bens da personalidade) depõe claramente no sentido da opção legislativa. Não obstante os problemas que constituem o alvo das nossas preocupações se resolverem ao nível da jurisdição conteciosa, consideramos ser possível, mesmo nos processos dirigidos à resolução de questões de responsabilidade civil, convocar expedientes processuais mais flexíveis oriundos da área de jurisdição voluntária, sobretudo quando o lesado pretende pôr termo ao ilícito através do recurso a expedientes de cessação ou eliminação dos mesmos.

# BIBLIOGRAFIA

ABREU, J. COUTINHO, *Curso de Direito Comercial, vol. I.*, 6.ª ed, Coimbra, 2006
— *Da Empresarialidade (As Empresas no Direito)*, Coimbra, 1996
— *L'Europeanisation du concept d'entreprise*, in Revue Internationale de Droit Economique, 1995

ABREU, L. VASCONCELOS, *A violação de direitos de personalidade pela comunicação social e as funções da responsabilidade civil. Recentes desenvolvimentos jurisprudenciais. Uma breve comparação luso-alemã*, in Estudos em Homenagem à Professora Doutora Isabel Magalhães Collaço, Coimbra, 2002

ADRIAN, REINHOLD, HEIDORN, THOMAS, *Der Bankbetrieb (Lehrbuch und Aufgaben)*, 15.ª ed., Wiesbaden, 2000

AJELLO, MICHELE, *Il diritto alla identità personale nella giurisprudenza sui diritti della persona*, in Il Diritto alla Identità Personale, Padova, 1981

ALARCÃO, RUI DE, *Direito das Obrigações* (texto elaborado por J. Sousa Ribeiro, J. Sinde Monteiro, Almeno de Sá e J. C. Proença, com base nas lições do Prof. Doutor Rui de Alarcão), ed. policopiada, Coimbra, 1983
— *Declarações expressas e declarações tácitas – o silêncio*, in BMJ, n.º 86

ALESI, ROSALBA, *I diritti conessi al diritto d'autore nel pensiero di un interprete esecutore*, in Riv. Dir. Civ., 1996

ALEXANDRE, ISABEL, *Provas ilícitas em Processo Civil*, Coimbra, 1988

ALLEN, ANITA L., *Rethinking the Rule Against Corporate Privacy Rights: Some Conceptional Quandaries for the Common Law*, in 20 Marshall L. Rev. 607 (1987)

ALMEIDA, C. FERREIRA DE, *Texto e Enunciado na Teoria do Negócio Jurídico, II*, Coimbra, 1992

ALPA, GUIDO, *Danni alla persona e danni alla personalità*, in Tutela del'Onore e Mezzi di Comunicazione di Massa, Milano, 1979
— *Danno aquiliano*, in Contratto e Impresa, 1990
— *Danno Biologico e Diritto Alla Salute*, in Giurisprudenza Italiana, 1980
— *Il danno biológico e le tecniche di valutazione della persona*, in Contratto e Impresa, 1985
— *La responsabilitá oggetiva*, in Cont. e Imp., 2005
— *Un questionário sul diritto alla identità personale*, Il diritto alla identità personale, Padova, 1981

AMORIM, J. PACHECO, *A liberdade de Profissão*, in Estudos Comemorativos dos Cinco Anos da Universidade do Porto, Coimbra, 2001
ANDRADE, J. C. VIEIRA DE, *Os Direitos Fundamentais na Constituição Portuguesa de 1976*, 2.ª edição, Coimbra, 2001
– *Os Direitos Fundamentais nas Relações entre Particulares*, in BMJ, Documentação e Direito Comparado, n.º 5, 1981
ANDRADE, M. COSTA, *anotação ao art. 199.º do Código Penal*, in Comentário Conimbricense do Código Penal, Parte Especial, tomo I, Coimbra, 1999
– *Liberdade de Imprensa e Inviolabilidade Pessoal – Uma Perspectiva Jurídico-Criminal*, Coimbra, 1996
– *Consentimento e Acordo em Direito Penal*, Coimbra, 1991
ANDRADE, MANUEL DE, *Esboço de um anteprojecto de código das pessoas e da família / na parte relativa ao começo e ao termo da personalidade jurídica, aos direitos da personalidade, ao domicílio*, in B.M.J., n.º 102, 1961
– *Teoria Geral da Relação Jurídica*, 1.º vol. (reimpressão), Coimbra, 1983
– *Teoria Geral das Obrigações* (com a colaboração de Rui de Alarcão), 3.ª ed., Coimbra, 1966
ANDRADE, MARIA P. GOUVEIA, *Da Ofensa do Crédito e do Bom Nome. Contributo para o Estudo do art. 484 do Código Civil*, Lisboa, 1998
ANTON, TOMÁS S. VIVES, *Derecho Penal, Parte Especial, vol. I* (dirigido por Manuel Cobo del Rosal y otros), Valência, 1987
ANTUNES, L. COLAÇO, *Interesse Público, Proporcionalidade e Mérito: Relevância e Autonomia Processual do Princípio da Proporcionalidade*, in Estudos em Homenagem à Professora Doutora Isabel de Magalhães Colaço, volume II, Coimbra, 2002
ARAÚJO, J. SILVA, *Crimes contra a honra*, Coimbra, 1957
ARCESE, GERARDO, *Riflessione sull'autonomia dell'identitá personale*, in Rassegna di Diritto Civile, 1985
ARE, MARIO, *L'oggetto del diritto d'autore*, Milano, 1963
ARNDT, ADOLF, *Begriff und Wesen der Öffentlichen Meinung*, in "Die Offentliche Meinung" von Löffler, Arndt, Noelle-Neumann, Haacke
ASCARELLI, TULLIO, *Teoria della concorrenza e dei beni immateriali*, Milano, 1960
ASCENSÃO, J. OLIVEIRA, *Concorrência desleal*, AAFDL, Lisboa, 1994
– *Estabelecimento Comercial e Estabelecimento Individual de Responsabilidade Limitada*, in R.O.A., 1987
– *Direito à informação e direito ao espectáculo*, in R.O.A., 1988
ASCENSÃO, J. OLIVEIRA e FRADA, M. CARNEIRO, *Contrato celebrado por agente de pessoa colectiva. Representação, Responsabilidade e Enriquecimento sem Causa*, in Rev. Dir. Econ., anos 1990-1993
ASCENSÃO, J. OLIVEIRA e VASCONCELOS, P. PAIS, *Forma da Livrança e Formalidade*, in R.O.A., Ano 60, 2000

AULETTA, TOMMASO, *La riparazione del danno per la diffusione di notizie contrarie a veritá*, in Il Diritto all'Identitá personale, Padova, 1981
— *Il Diritto alla Riservatezza e "droit à l'oubli"*, in L'Informazione e i Diritti della Persona, Nápoles, 1983
AUTERI, PAOLO, *Diritto alla paternitá dei próprio atti e identità personale*, in Il diritto alla Identità Personale, Padova, 1981
BALDELLI, PIO, *La diffamazione occulta*, in Tutela dell'onore e Mezzi di Comunicazione di Massa, Milano, 1979
BALLE, FRANCIS, *Médias et Sociétés*, Paris, 1990, 5.ª ed.
BALLESTRERO, MARIA VITORIA, *Il diritto alla identità nei raporti di lavoro*, in Il Diritto alla Identitá Personale, Padova, 1981
BANAKAS, EFSTATHIOS K., *Tender is the night: Economic loss – the issues*, in Civil Liability for Pure Economic Loss, London, The Hague, Boston, 1996
BAR, CHRISTIAN VON, *Deliktsrecht, Gutachen und Vorschlaege zur Überarbeitung des Schudrechts*, Band II, Koeln, 1981
— *Verkehrspflichten, Richterliche Gefahrsteurungsgebote im deutschen Deliktsrecht*, Carl Heymanns, 1980
BARASSI, LODOVICO, *Teoria Generale delle Obbligazione*, II, Milano, 1948
BARGAGNA, MASSIMO / BUSNELLI, FRANCESCO, *La Valutazione del Danno alla Salute. Profili Giuridici, Medico-Legali ed Assicurativi*, Padova, 1988
BARILE, PAOLO, *Libertá di manifestazione del pensiero*, Milano, 1975
— *La Libertá di espressione del pensiero e le notizie false, esagerate e tendenziose*, in Il Foro Italiano, 1962
— *Libertá di Manifestazione del Pensiero*, Enciclopedia del Diritto, XXIV
BARILE, PAOLO / GRASSI, S., *Informazione (libertà di)*, in "Noviss. Digesto it., Appendice IV", s.d., Torino, 1983
BASEDOW, JÜRGEN, *Münchener kommentar zum BGB*, II (Schuldrecht algemeineir teil), München, 2003
BASTON-VOGT, MARION, *Der Sachliche Schutzbereich des Zivilrechtlichen Allgemeinen Persönlichkeitsrechts*, Tübingen, 1997
BASTOS, JACINTO R., *Das Obrigações em Geral (segundo o Código Civil de 1966)*, II (arts. 473 a 533), Lisboa, 1972
BAVETTA, GIUSEPPE, *Identità (Diritto alla)*, Enciclopedia del Diritto, XIX, Milano, 1970
— *Immagine (diritto alla)*, in Enc. del Dir., XX BEAN, D., *Injunctions*, London
BEIGNIER, BERNARD, *L'honneur et le droit*, Paris, 1995
BELLANTONI, DOMENICO, *Lezione dei diritto della persona*, Padova, 2000
BELLINI, PIERO, *Diritti inviolabili dell'uomo e formazioni sociali religiose (contributo all'interpretazione dell'art. 2 della costituzione)*, in Saggi di diritto ecclesiastico italiano, I, Soveria Mannelli (Catanzaro), 1996
BENEDIKT-JANSEN, WOLFGANG, *Die anwendung der Begriffe Tatsachenbehauptung und Werturteil alls allgemeines äußerungsrechtliches Problem*, Afl, 1987

BENUCCI, E. BONASI, *Il sistema di vendita a prezzo imposto*, in Riv. del Dir. Commerciale, 1961
— *Atto illecito e concorrenze sleale*, in Riv. Trim. Dir. Proc. Civ., 1957
— *Liceità del Warentest*, in Riv. Dir. Comm., 1963, I
BERENGUER, JOSÉ LÓPEZ, "*La Colisión de derechos*", in A.V.M., 1955-1956
BERNSTEIN, A., *How to make a nes tort: three paradoxes*, in 75 Tex.L.Rev. 1539 (1977)
BESSONE, MARIO, *Garanzie costituzionali, danno alla persona e normativa di cui all'art. 2059 Cod.Civ.*, in Diritto di Famiglia e delle Persone, 1982
— *La Persona, Il Diritto Alla Salute e il Danno Alla "Vita di Relazione" Negli Orientamenti della Giurisprudenza*, in Il Diritto di Famiglia e Delle Persone, 1982
BETHGE, HERBERT, *Das Persönlichkeitsrecht als Grundgrecht – Ausstrahlungen im Bereich von Meinungs*, Presse und Rundfunkfreiheit, UFITA95 (1983)
BETTI, EMILIO, *Diritto Processuale Civile Italiano*, Roma, 1936
BEUTHIEN, VOLKER, *Schütz das allgemeine Persönlichkeitsrecht auch Kommerzielle Interessen der Person? Kritik an der Marlene Dietrich Entscheidungen des B.G.H.*, in ID. (a cura di), Persönlichkeitsgüterschutz vor und nach dem Tode, Baden-Baden, 2002
BIANCA, C. MASSIMO, *Diritto Civile*, I, Milano 1990
BLIN, HENRI, CHAVANNE, ALBERT ET DRAGO, ROLAND, *Traité du Droit de la Presse*, Paris, 1969
BLOMEYER, ARWED, *Die Umkeher der Beweis*, in Archiv f. d. Civilistische Praxis, 158, 1958
BOCHICCHIO, FRANCESCO, *La concorrenza sleale nel settor finanziario tra principi generali e specificitá*, in Contrato e Impresa, 2003
BONA, MARCO, *Danno Alla Persona*, in Rivista di Diritto Civile, 1999
— *Danno morale e danno esistenziale*, in Il Danno alla Persona, a cura di Monateri, Turim, 2000
BONI, GERALDINA, *Tutela Rispetto al Trattamento dei Datti Personali tra Sovranitá dello Stato e Sovranitá della Chiesa Cattolica*, in Il Diritto di Famiglia e delle Persone, 2001
BOURGEOIS, ISABELLE / GROSSER, ALFRED, *Eine Komplexe Informationskultur*, in: Wer Medien bewacht. Medienfreiheit und ihre Grenzen im Internationalen vergleich. Herausgegeben von Gerhardt, Rudolf und Pfeifer, Hans-Wolfgang, Frankdfurt am Main, 2000
BRANAHL, UDO, *Medienrecht (Eine Einführung)*, 4.ª ed. Westdeutscher Verlag, 2002
BRANDNER, HANS ERICH, *Das Algemeine Persönlichkeitsschutz in der Entwicklung durch die Rechtsprechung*, in JZ, 1983
— *Das Algemeine Persönlichkeitrecht in der entwicklung durch die rechtsprechung*, in J.Z., 1983

Bronze, F. Pinto, *Lições de Introdução ao Direito*, Coimbra, 2006
Brosio, Manlio, anotação à decisão da corte di cassazione del regno de 7 agosto 1935 – Credito, avviamento, clientela dell'azienda – in Foro Italiano, 1936
Burrows, Andrew, *Remedies for Torts and Breach of Contract*, London, 1987
Busnelli, Francesco, *Il problema della valutazione dei dani alla salute*, in Responsabilitá civile e previdenza, 1989
– *Itinerari europei nella "terra di nessuno tra contratto e fatto illecito": la responsabilità da informazioni inesatte*, in Contrato e Impresa, 1991
– *Il danno alla persona al giro di boa*, in Danno e Resp., 2003
– *Il danno biologico dal "diritto vivente" al "diritto vigente"*, Turim, 2001
Busnelli, Francesco / Bargagna, Massimo, *La Valutazione del Danno alla Salute. Profili Giuridici, Medico-Legali ed Assicurativi*, Padova, 1988
Cabral, Rita A., *O Direito à Intimidade da vida privada (breve reflexão acerca do art. 80.º do Código Civil)*, in Estudos em Memória do Professor Doutor Paulo Cunha, Lisboa, 1989
– anotação ao acórdão arbitral de 31 de Março de 1993, in Revista da Ordem dos Advogados, ano 55 (1995)
Caemmerer, Ernest von, *Der Privatrechtliche Persönlichkeitsschutz nach deutschem Recht*, in Festschrift für Fritz von Hippel, Tübingen, 1967
Calabrese, Antonello, *Diritto di Cronaca, cronaca giudiziaria, tutela della reputazione e della credebilitá economica dell'imprenditore*, in Riv. Trim. Dir. Proc. Civ., 1995
Calamendrei, Piero, *Processo e Giustizia*, in Atti del Congresso Internazionale del Diritto Processual Civil, Pádua, 1953
Callejon, M.ª Luísa Balaguer, *El derecho al honor*, Madrid, 1992
Calvo, Roberto, *Giurisdizione di equitá e gerarchie assiologiche*, in Contratto e Impresa, 2005
Campenhausen, Axel F., *Staatskirchenrecht*, 2.ª ed., München, 1983
Campos, D. Leite, *A Génese dos Direitos da Pessoa*, in Nós – Estudos sobre o Direito das Pessoas, Coimbra, 2004
– *A Indemnização do Dano da Morte*, in BFD, Coimbra, 1974
– *A Relação da pessoa consigo mesma*, in Comemorações dos 35 anos do Código Civil e dos 25 anos da Reforma de 77, vol. II, Coimbra, 2006
– *A Subsidiariedade da Obrigação de Restituir o Enriquecimento*, Coimbra, 1974
– *A Vida, a Morte e a sua Indemnização*, (BMJ, 1987), in Nós (Estudos Sobre Direitos das Pessoas), Coimbra, 2004
– *Família e Sucessão*, in B.F.D., 1980
– *Lições de Direitos da Personalidade*, 2.ª ed., Coimbra, 1992
– *O Direito e os Direitos da Personalidade*, in Nós (Estudos Sobre Direitos das Pessoas), Coimbra, 2004

– *Os Danos causados pela Morte e a sua Indemnização*, in Comemorações dos 35 anos do Código Civil e dos 25 anos da Reforma de 77, vol. III, Coimbra, 2007
– *Os Direitos da Personalidade: Categoria em reapreciação*, in Nós (Estudos Sobre Direitos das Pessoas), Coimbra, 2004
– *Plaidoyer pour la vie: l'indemnisation du dommage de la mort*, in Archive de Philosophie du Droit, 1980
– *Tributação da Família: Carga Fiscal e Inconstitucionalidade*, in B.F.D., 1979

CAMPOS, L. FERNANDO REGLERO, *Los Sistemas de Responsabilidad, Lecciones de Responsabilidad Civil*, Navarra, 2002

CANARIS, CLAUS-WILHELM, *Grundrechte und Privatrecht*, in Archiv für die Civilistiche Praxis, 1984
– *Grundrechtswirkungen und Verhältnismäβigkeitsprinzip in der Richterlichen Anwendung und Fortbildung des Privatrechts*, in Juristisches Schulung, ano 29, 1989
– *Gewinnabschöpfung bei verletzung des allgemeinen persönlichkeitsrechts*, in Festschrift für Erwin Deutsch zum 70. Geburtstag, Colónia Heymanns, 1999
– *Handelsrecht*, 22. auflage, 1995
– *Schutzgesetze-verkehrspflichten-Schutzpflichten*, in "Festschrift für Karl Larenz zum 80. geburtstag", München, 1983

CANARIS, CLAUS-WILHELM / LARENZ, KARL, *Lerbuch des Schuldrechts, II, 2*, 13.ª ed., München, 1994
– *Lehrbuch der Schuldrechts, vol. II, Besonder teil*, München, 1994

CANOTILHO, J. GOMES, *Anotação ao Acórdão 174/93, do Tribunal Constitucional*, in Revista de Legislação e de Jurisprudência, ano 126, 1993-94
– *Direito Constitucional e Teoria da Constituição*, 7.ª edição, 2003
– *Direito Constitucional de Conflitos e Protecção de Direitos Fundamentais*, in Revista de Legislação e de Jurisprudência, ano 125.º

CANOTILHO, J. GOMES e VITAL MOREIRA, *Constituição da República Portuguesa Anotada*, 4.ª ed. rev., vol. I (artigos 1 a 107), Coimbra, 2007

CARBONNIER, JEAN, *Droit Civil*, 20.º ed., t. 4, (Les Obligations), 1996

CARLI, ANDREA, *Alla ricerca di un critério generale in tema di ripartizione tra le parti dell'onere di allegazione e dell'onere della prova*, in Contratto e Impresa, 2002

CARNELUTTI, FRANCESCO, *Arte e Oscenitá*, Il Foro Italiano, 1947
– *a proposito della libertá di pensiero i risposta ad un sorriso*, in Foro Italiano, 1957, vol. LXXX
– *Diritto alla Vita Privata, Contributo alla teoria della libertá di stampa*, in Riv. Trim. Dir. Proc., 1955

– *La Prova Civile*, 2.ª ed., 1947
– *Sistema di Diritto Processuale Civile*, Padova, 1936
CARRILLO, MARC, *Los limites a la libertad de prensa en la constitución española de 1978*, Barcelona, 1987
CARUSI, DONATO, *Avviamento, Proprietá e Locazione*, Milano, 1992
CARVALHO, A. TAIPA DE, *A Legítima Defesa*, Coimbra, 1995
– *Anotação ao art. 200 do Código Penal*, in Comentário Conimbricense do Código Penal, Parte Especial, Tomo I, Coimbra, 1999
CARVALHO, ORLANDO DE, *Critério e Estrutura do Estabelecimento Comercial, I, O Problema da Empresa como Objecto de Negócios*, Coimbra, 1967
– *Empresa e lógica empresarial*, in Estudos em Homenagem ao Prof. Doutor Ferrer Correia IV, Boletim da Faculdade de Direito, Coimbra, 1997
– *Os Direitos do Homem no Direito Civil Português*, Coimbra, 1973
– *Para um novo paradigma interpretativo: O Projecto Social Global*, in Boletim da Faculdade de Direito, 1997
– *Teoria Geral do Direito Civil*, Coimbra, 1981
CARVALHO, PEDRO NUNES DE, *Omissão e Dever de Agir em Direito Civil*, Coimbra, 1999
CASART, ME GEORGES, *Le Controle Judiciaire des Renonciations Conventionnelles aux Droits Aliéniables de la Personalité en Droit Belge*, in Travaux de l'Association Henri Capitant pour la Culture Juridique Française, tomo XIII, 1959-1960
CASSANO, GIUSEPPE, anotação à sentença do Tribunale Pen. di (Siderno) Locri 6 ottobre 2000 – Est Liberati, in Il Diritto di Famiglia e Delle Persone, 2001, n.º 3
– *Falsa Luce Negli Occhi dei Fedeli: Novitá in Tema di Rissarcimento del Danno da Lesione ai Diritti Della Personalita (A Propósito di Trib. Verona 26 Febbraio 1996)*, in Il Diritto di Famiglia e Delle Persone, 2000
– *Giurisprudenza de Mérito*, in Il Diritto di Famiglia e Delle Persone, 1999
CASSESE, SABINO, *La cultura giuridica dagli anno sessanta ad oggi*, in Riv. Trim. Dir. Proc. Civ., 2004
CASTRONOVO, CARLO, *Le frontieri mobili della responsabilitá civile*, in La Civilística Italiana Degli Anni 50 ad Oggi – Atti del Convegno di Venezia – 23-26 Giugno, 1989, Padova, 1991
CATAUDELLA, ANTONINO, *La Tutela Civile Della Vita Privata*, Milano, 1972
CECCHERINI, GRAZIA, *Nuove ricerche in tema di rissarcimento in forma specifica*, in Contratto e Impresa, 1991
CENDON, PAOLO, *Il dollo nella responsabilitá extracontrattuale*, Turim, 1974
– *La Pena Privata in Tutela dell'Onore e Mezzi di Comunicazione di Massa*, Milano, 1979
– *Prospettive del danno esistenziale*, in Il Diritto di Famiglia e delle Persona, n.º 1, 2000

CENDON / GAUDINO / ZIVIZ, *Sentenze d'un anno, in* Riv. Trim. Dir. Proc. Civ., 1990
CERRI, AUGUSTO, *Tutela dell'onore, riservatezza e diritto di cronaca in alcune sentenze della corte, in* Giur. Cost., 1974
CHIAROLLA, MIRELLA, *Satira e tutela della persona: il pretore e la "musa infetta", in* Il Foro Italiano, 1990
– anotação à decisão do Tribunal de Roma de 2 de Novembro 1994. *in* Il Foro Italiano, 1995
CHAVANNE, ALBERT, *in* Juris-Classeur Pénal Annexes, tome 5, "Presse", fascicule 90, "Diffamation", Paris, stand:6, 1998
CHIARLONI, SERGIO, *Giudizio civile, risarcimento dei danni morali ed estenzione del reato, in* Giurisprudenza Italiana, 1981
CHINDEMI, DOMENICO, *Il danno edonístico, in* Nuova Giur. Civ. Comm., 2000
CHIOLA, CLAUDIO, *L'Informazione Nella Costituzione*, Padova, 1973
– *Il diritto – dovere all'informazione, in* Tutela dell'Onore e Mezzi di Comunicazione di Massa (Atti Del Convegno Giuridico "Informazione Diffamazione Risarcimento" promosso dal Centro di Iniziativa Giuridica Piero Calamandrei), Milano, 1979
CHIRONI, GIAN PIETRO, *Colpa extracontrattuale*, II, Turim, 1906
COELHO, F. M. PEREIRA, *A Causalidade na Responsabilidade Civil em Direito Português, in* Rev. Dir. Est. Sociais, 1965, ano XII, n.º 4
– *Direito das Sucessões* (lições ao curso de 1973-1974, actualizadas em face de legislação posterior), Coimbra, 1992
– *Obrigações*, aditamentos à Teoria Geral das Obrigações de Manuel de Andrade, 3.ª ed., Coimbra, 1967
– *O Enriquecimento e o Dano*, reimpressão, Coimbra, 1999
– *O Problema da Causa Virtual na Responsabilidade Civil* (reimpressão), Coimbra, 1998
COELHO, J. GABRIEL PINTO, *Operações de Banco*, 2.ª ed., Lisboa, 1962
COING, HELMUT, *Der Rechtsbegriff der Menschlichen Person und die Theorien der Menschenrecht, in* Id., Zur Geschichte des Privatrechtsystems, Frankfurt am Main, 1962
– *Droit a l'Honneur et Droit d'Information en Droit Allemande, in* Mélanges en l'Honneur de Paul Roubier, Tome II, Paris, 1961
– *Zur Entwicklung des Zivilrechtlichen Persönlichkeitsschutzes*, JZ, 1958
COLAIANNI, NICOLA, *Libertá religiosa e societá dell'informazione, in* Quad. Dir. pol. eccl., 1999
COLUCCI, ENNIO, *La rettifica come risarcimento in forma specifica, in* Tutela dell'onore e mezzi di comunicazione di massa, Milano, 1979
COMANDE, GIOVANNI, *Il Danno non Patrimoniale: dottrina e giurisprudenza a confronto, in* Contratto e Impresa, 1994
CONSO, GIOVANNI, *Libertá di espressione e tutela dell'onore nei mezzi di comunicazione di massa, in* Tutela dell'Onore e Mezzi di Comunicazione di Massa, Milano, 1979

CORASANITI, GIUSEPPE, *Diritto de acesso, diritto di rettifica, impresa di informazione*, Milano, 1993
– *Il Diritto di rettifica nel sistema di autodisciplina*, in Il Diritto dell'Informazione e dell'Informatica, n.º 2, 1991
CORDEIRO, A. MENEZES, *Da Boa-fé no Direito Civil*, vols. I e II, Coimbra, 1984
– *Da Pós-eficácia das Obrigações*, Lisboa, 1984
– *Da Responsabilidade Civil dos Administradores das Sociedades Comerciais*, Lisboa, 1996
– *Defesa da concorrência e direitos fundamentais das empresas: da responsabilização da Autoridade da Concorrência por danos ocasionados em actuação de inspecções*, in Concorrência, Perspectivas e Limites da Defesa da Concorrência, Coimbra, 2005
– *Direito Bancário*, relatório, Almedina, 1997
– *Direito das Obrigações, vol. II*, Lisboa, 1994
– *Direito das Obrigações, vol. III*, Lisboa, 1991
– *Direito do Ambiente. Princípio da Prevenção. Direito à Vida e à Saúde. Anotação ao Acórdão do Supremo Tribunal de Justiça de 2 de Julho de 1996*, in Separata da Revista da Ordem dos Advogados, ano 56, II, Lisboa, 1996
– *Direitos Reais*, Lisboa, 1979
– *O Levantamento da Personalidade Colectiva, no Direito Civil e Comercial*, Coimbra, 2000
– *Os Direitos de personalidade na civilística portuguesa*, in Revista da Ordem dos Advogados, ano 61, 2001
– *Teoria Geral do Direito Civil – Relatório*, Lisboa, 1988
– *Tratado de Direito Civil Português, Parte Geral, Tomo I*, 3.ª ed., Coimbra, 2005
– *Tratado de Direito Civil Português, Parte Geral, tomo III, Pessoas*, Coimbra, 2004
– *Tratado de Direito Civil Português, Parte Geral, tomo IV*, Lisboa, 2005
CORREIA, A. FERRER, *Sobre a projectada reforma da legislação comercial*, in Revista da Ordem dos Advogados, 1984
– *Da Responsabilização de Terceiro que Coopera com o Devedor na Violação de um Pacto de Preferência*, in Revista de Legislação e de Jurisprudência, ano 98
CORREIA, A. FERRER e SÁ, ALMENO DE, *Oferta pública de venda de acções e compra e venda de empresa*, in separata da "Colectânea de Jurisprudência", IV Vol., 1993
CORREIA, A. FERRER e XAVIER, VASCO LOBO, *Efeito externo das obrigações; abuso do direito; concorrência desleal (a propósito de uma hipótese típica)*, in Revista de Direito e Economia, 1979
CORREIA, SÉRVULO, *Legalidade e Autonomia Contratual nos Contratos Administrativos*, Coimbra, 1987

Cossio, M. de, *Técnicas de proteccion y limites,* Valência, 1993
Costa, A. Rodrigues da, *A Liberdade de Imprensa e as limitações decorrentes da sua Função, in* Revista do Ministério Público, 1989, (Jan. a Março)
Costa, José de Faria, anotação ao art. 180.° do Código Penal, *in Comentário Conimbricense do Código Penal, Parte Especial, Tomo I,* Coimbra, 1999
– anotação ao art. 185.° do Código Penal, *in Comentário Conimbricense do Código Penal, Parte Especial, Tomo I,* Coimbra, 1999
– *As Telecomunicações e a Privacidade: O Olhar (in)Discreto de Um Penalista, in* As Telecomunicações e o Direito na Sociedade da Informação (Actas do Colóquio organizado pelo IJC em 23 e 24 de Abril de 1998), Coimbra, 1999
– *Entre Hermes e Creonte: um novo olhar sobre a liberdade de imprensa, in* Revista de Legislação e Jurisprudência, ano 135.°, n.° 3936
– *Estudos Comemorativos do 150.° aniversário do Tribunal da Boa-Hora,* 1995
– *O Círculo e a Circunferência: Em Redor do Direito Penal da Comunicação,* Direito Penal da Comunicação (Alguns Escritos), Coimbra, 1988
Costa, M. Almeida, *A Eficácia Externa das Obrigações. Entendimento da Doutrina Clássica, in* Revista de Legislação e de Jurisprudência, ano 135.°, n.° 3936
– *Direito das Obrigações,* 10.ª ed. reelaborada, Coimbra, 2001
– *Noções Fundamentais de Direito Civil,* 4.ª ed. revista e actualizada, Coimbra, 2001
Craig, P.P., *Negligent misstatements, negligente acts and economic loss,* The Law Quarterly Review, Abril 1976
Cruz, Sebastião, *Direito Romano,* Coimbra, 1984
Cunha, Carolina, *A Indemnização de Clientela do Agente Comercial,* Coimbra, 2003
– *Controlo das concentrações de empresas (direito comunitário e direito português),* Coimbra, 2005
Cupis, Adriano de, anotação à decisão do Tribunal de Milano de 9 maggio de 1950, *Nome – nome altrui usato come presudonimo, in* Il Giurisprudenza Italiana, 1950
– *Etica Religiosa e Obbligo Giuridico, in* Riv. Dir. Civ., 1986, II
– *Il danno,* vol. II, 3.ª edição, Milano, 1979
– *Il Diritto all'Identità Personale,* Milano, 1949
– *Il Diritto alla Riservatezza existe, in* Foro Italiano, 1954
– *La solidarietá Umana nel diritto Civile, in* Rivista di Diritto Civile, 1985
– *Riconoscimiento Sostanziale, ma non Verbale, del diritto alla riservatezza, in* Il Foro Italiano, 1963
Damm, Renate / Rehbock, Klaus, *Widerruf, unterlassung und Schadensersatz in Presse und Rundfunk,* 2. auflage, München, 2001

DE NOVA, GIORGIO, *Qualitá del soggeto leso e risarcimento del danno: il caso dell'uomo politico, in* Tutela dell'Onore e Mezzi di Comunicazione di Massa, Milano, 1979
DE SIMONE, *Pubblicazione e diffusione di notizie false esagerate o tendenziose, in* Giustiza Penale, 1958
DEL VECCHIO, *La Veritá nella Morale e nel Diritto,* Roma, 1952
DELITALA, G., *I limiti giuridici della libertá di stampa, in* Justitia, 1959
DELLA CASA, MATTEO, *"Bianco Natale"... ma in aeroporto: tra danno esistenziale e rimedi sinallagmatici,* nota a giudice di pace Milano 23 luglio 2002, in Danno e Resp., 2003
DEUTSCH, ERWIN, anotação à decisão do B.G.H. 2.7.1963, in Juristenzeitung, 1964
 – anotação à decisão do BGH de 21.6.1966, *in* N.J.W., 1967
 – *Finalität, Sozialadäquanz und Schuldteorie als Zivilrechtliche Strukturbegriffe, Wezels Fernwirkung auf die Zivilrechtsdogmatik, in* Festschrift für Welzel, 1974
 – *Schmerzengeld und genugtuung, in* Jus, 1969
DEUTSCH, ERWIN / AHRENS, HANS-JÜRGEN, *Deliktsrecht: unerlaubte Handlungen, Schadensersatz, Schmerzensgeld,* 4. auf., München, 2002
DIAS, GABRIELA F., *Fiscalização de Sociedades e Responsabilidade Civil,* Coimbra, 2006
DIAS, J. ÁLVARO, *Procriação Assistida e Responsabilidade Médica, in* Stvdia Ivridica 21, Coimbra, 1996
DIAS, J. FIGUEIREDO, *anotação ao acórdão de 28 de Abril de 1982, in* Revista de Legislação e de Jurisprudência, ano 116.º
 – *Direito de Informação e tutela da honra no Direito Penal da Imprensa Português, in* Revista de Leg. e Jurisp., ano 115 (n.ᵒˢ 3694-3705)
 – *Direito Penal,* sumários de lições, Coimbra, 1975
 – *Direito Penal, Tomo I, Questões Fundamentais, A Doutrina Geral do Crime,* Coimbra, 2004
 – *Direito Penal Português. As Consequências Jurídicas do Crime* (reimpressão), Coimbra, 2005
 – *Informazione, diffamazione e risarcimento nel diritto portoghese, in* Tutela dell'Onore e Mezzi di Comunicazione di Massa, Milano, 1979
 – *O Problema da Consciência da Ilicitude em Direito Penal,* 5.ª ed., Coimbra, 2000
DIAS, SILVA, *Alguns aspectos do regime jurídico dos crimes de difamação e injúrias,* 1989
DOGLIOTTI, MASSIMO, *Le persone fisiche, in* Trattato di Diritto Privato, diretto da Rescigno, II, Turim, 1982
 – *Il diritto alla identità personale nel quadro dei diritti della personalitá, in* Il Diritto alla Identitá Personale, Padova, 1981
DOMINIONI, ORESTE, *Il diritto di rettifica, prassi e prospettive, in* Tutela dell'onore e mezzi di comunicazione di massa, Milano, 1979

DRAETA, UGO, Il Diritto dei Contrati Internazional, La Formazione dei Contratti, Padova, 1984
DUNZ, WALTER, *Abwägungskriterien bei der schadensausgleichung,* in Neue Juristische Wochenschrift, 1964
EADES, RONALD, *Law of Damages,* Norcross, Geórgia, 1985
EDELMAN, BERNARD, *De la Proprieté – personne à la valeur-désir,* in D., 2004
EHMANN, HORST, *Zur Struktur des Allgemeinen Persönlichkeitsrechts,* in Jus, 1997
ENNECCERUS-LEHMANN, *Recht der Schuldverhältnisse,* 15.ª ed., 1958
EÖRSI, GYULA, *Quelques problémes de la responsabilité civile delictuelle selon le droit soviétique et le droit hongrois,* in Rev. Trim. Dr. Civ., 1971
ESSER-JOSEF, SCHMIDT-EIKE, *Schuldrecht, vol. I (Allgemeiner Teil) (Entstehung Inahlt und Beendigung von Schuldverhältnissen),* 8.ª ed., Heidelberg, 1995
ESTORNINHO, M. JOÃO, *A Fuga para o Direito Privado (contributo para o estudo da actividade do direito privado da Administração Pública),* Coimbra, 1996
 – *Requiem pelo Contrato Administrativo,* Coimbra, 1990
FABIANI, MARIO, *Considerazioni in margine all'esposizione in pubblico di un ritratto-nudo,* in Il Diritto di Autore, 1956
FACCI, GIOVANNI, *Il risarcimento dell danno per violazione dei diritti della personalitá, al di fuori della privacy,* in Responsabilitá Civile e Previdenza, 2000
FALZEA, ANGELO, *Gli Standards valutativi e la loro aplicacione, ora in Id, richerche di teoria generale del diritto e di dogmatica giuridica, I. Teoria generale del diritto,* Milano, 1999
FARIA, J. RIBEIRO DE, *Direito das Obrigações, vol. I.* (reimpressão dos apontamentos das lições proferidas na Universidade Católica), Coimbra, 2003
FARIA, PAULA RIBEIRO DE, *A Adequação Social da Conduta no Direito Penal (ou o Valor dos Sentidos Sociais na Interpretação da Lei Penal),* Porto, 2005
FARIA, RITA LYNCE, *A Inversão do ónus da prova no direito civil,* Lisboa, 2001
FECHNER, FRANK, *Medienrecht,* Tübingen, 2000
FERNANDES, LUÍS CARVALHO, *Teoria Geral do Direito Civil,* vol. I, 2.ª ed., Lisboa, 1995
FERNANDEZ, ANTONIO AGUILERA, *La libertad de Expresión del Ciudadano y la Libertad de Prensa o Información (Posibilidades y Limites Constitucionales),* Granada, 1990
FERNANDEZ, CRISTINA, *The Right of Publicity on the Internet,* Marq. Sports L.J. 8 (1988)
FERRARA, JR. FRANCESCO, *La teoria giuridica dell'azienda,* Florença, 1949
 – *Teoria Giuridica dell'Azienda,* Florença, 1943
FERRARI, FRANCO, *Previdibilitá del danno e contemplation rule,* in Contratto e Impresa, 1993
FERREIRA, M. CAVALEIRO DE, *Curso de Processo Penal II,* Lisboa, 1981
 – *Direitos Humanos e Estado de Direito,* in Revista da Faculdade de Direito da Universidade de Lisboa, 1997

– *Do exercício e da tutela do direito*, Conferência proferida na Faculdade de Direito da Universidade de Lisboa, ed. policopiada, Lisboa, 1968

FERRI, GIOVANNI, *Tutela della persone e diritto di cronaca*, in Quadrimestri, 1984
– *Diritto all'Informazione e diritto all'oblio*, in Riv. Diritto Civile, 1990

FESTAS, D. OLIVEIRA, *Do Conteúdo Patrimonial do Direito à Imagem, Contributo para um Estudo do seu Aproveitamento Consentido e Inter Vivos (edição policopiada)*, 2002-2003
– *O Direito à Reserva da Intimidade da vida privada do trabalhador no Código do Trabalho*, in R.O.A., n.º 64, 2004

FIANDACA, GIOVANNI, *Nuove tendenze repressive in tema di diffamazione a mezzo stampa?*, in Il Foro Italiano, 1984

FIGONE, ALBERTO, *Il diritto di rettifica nelle recenti elaborazione di dottrina e giurisprudenza*, in Giurisprudenza Italiana, 1987, parte IV
– Sul diritto di rettifica e sulla tutela dell'identitá personale, in Giurisprudenza Italiana, vol. CXXXVI, 1984 (parte I)

FIKENTSCHER, *Schuldrecht*, 9.ª ed., Berlim, 1997

FLUME, WERNER, *Allgemeiner Teil des bürgerlichen rechts*, II band, Rechtsgeschäft, 4.ª ed., Berlim, 1992

FOIS, PAOLO, *Principi costituzionali e libertá di manifestazione del pensiero*, Milano, 1957

FORKEL, HANS, "*Das bundesverfassungsgericht, das Zitierem und die Meinungsfreiheit.*
*Überlegungen aus Anlass des Maastrich-Urteils*, in J.Z. (Juristenzeitung), 1994

FRADA, M. CARNEIRO DA, *A responsabilidade objectiva por facto de outrem face à distinção entre responsabilidade obrigacional e aquiliana*, in Direito e Justiça, Tomo I, 1998
– *A Responsabilidade pela Confiança nos 35 Anos do Código Civil – Balanço e Perspectivas*, in Comemorações dos 35 Anos do Código Civil e dos 25 Anos da Reforma de 1977, vol. III, Coimbra, 2007
– *A Verdade e o Direito, João Paulo II e o Direito*, in Estudos por Ocasião do 25.º Aniversário do seu pontificado, Cascais, 2003
– *Contrato e Deveres de Protecção*, Coimbra, 1994
– *Da inadmissibilidade da recusa de rectificação por venire contra factum proprium*, in Direito, ano 126, III-IV
– *Teoria da Confiança e Responsabilidade Civil*, Coimbra, 2004
– *Uma "terceira via" no direito da responsabilidade civil? / O problema da imputação dos danos causados a terceiros por auditores de sociedades*, Coimbra, 1997

FRADA, M. CARNEIRO e ASCENSÃO, J. OLIVEIRA, *Contrato celebrado por agente de pessoa colectiva. Representação, Responsabilidade e Enriquecimento sem Causa*, in Rev. Dir. Econ., anos 1990-1993

FRADA, M. CARNEIRO DA, VASCONCELOS, MARIA JOÃO, *Danos Económicos Puros (Ilustração de Uma Problemática)*, in Estudos em Homenagem ao Professor Doutor Marcello Caetano, vol. II, Coimbra, 2006

FRANCESCHELLI, REMO, *Concorrenza sleale*, in Studi Riuniti di Diritto Industriale, Milano, 1972
 – *Importazioni libere in zona d'esclusiva e concorrenza sleale*, in Riv. Dir. Ind., 1954, I

FRANCO, ANTÓNIO L. SOUSA, *Crédito*, in Enciclopédia Verbo Luso-Brasileira de Cultura, vol. 7

FRANZONI, MASSIMO, *Il danno non patrimoniale, il danno morale: una svolta per il danno alla persona*, in Corr. Giur., 2003
 – *Danno Morale*, Contratto e Impresa, 1990
 – *Il Nuovo corso del danno non patrimoniale*, in Contrato e Impresa, 2003

FREITAG, A., *Die Kommerzialisierung von Darbietung und Persönlichkeit des Ausübenden Künstlers*, Baden-Baden, 1993

FRIGNANI, ALDO, *L'injunction nella Common Law e l'Inibitoria nel Diritto Italiano*, Milano, 1974

GABRIELLI, ENRICO, *Appunti su diritti soggettivi, interessi legittimi, interessi collettivi*, in Riv.Trim.Dir.Proc.Civ., 1984

GÄDEKE, PETER, *"Pressefreiheit". Medienrecht, Lexikon für Wissenschaft und Praxis*, Berlin, 1994

GALGANO, FRANCESCO, *La globalizzazione nello specchio del diritto*, in Contratto e Impresa, 2005
 – *Le Associazioni, le fondazioni e i comitati, I grandi orientamenti della giurisprudenza civile e commerciale*, Padova, 1990
 – *Diritto civile e commerciale*, II, 1, Pádua, 2004

GAMBARO, ANTONIO, *A propósito del plurilinguismo legislativo europeo*, in Riv. Trim. Dir. Proc. Civ., 2004
 – *Diritti della personalità*, in Riv. Dir. Civ., n.º 2
 – *Falsa luce agli occhi del publico (False light in the public eye)*, in Riv. Diritto Civile, 1981

GARCIA, PEDRO DEL OLMO, *Responsabilidad por daño puramente económico causado al usuário de informaciones falsas*, in Anuario de Derecho Civil, Tomo LIV, Fascículo I, 2001

GAREIS, KARL, *Das Juristische Wesen der Autorrechte, Sowie des Firmen – und Markenschutzes*, in Archiv für Theorie und Praxis des Allgemeinen und Deutschen Handels – und Wechselrechts, 1877
 – *Die Privatrechtssphären im modernen Kulturstaate, Insbesondere im Deutschen Reiche*, in Zeitschrift für Gesetzgebung und Praxis auf dem Gebiete des Deutschen Öffentlichen Rechtes, 1877

GAUDINO, LUIGI, *I Diritti Della Personalità*, in Persona e Danno (a cura di Paolo Cendon), Milano, 2004

GERALDES, ANTÓNIO ABRANTES, *Temas da Reforma do Processo Civil, vol. I* (2.ª ed. revista e ampliada), Coimbra, 2003

GERLACH, JÜRGEN VON, *Der Schutz der Privatsphäre von Personen des Öffentlichen Lebens in* Rechtsverglichender Sicht, in J.Z., 1998

GERNHUBER, JOACHIM, *Bügerliches recht,* 2.ª ed., 1983, §24, II, 4

GHIDINI, GUSTAVO, *La repressione della concorrenza sleale nel sistema degli artt. 2598 ss Cod. Civ., in* Riv. Dir. Civ., 1969

GIAMPIERI, ALBERTO, *Satira e reputazione del partido politico, in* Giurisprudenza Italiana, 1994, I, (Sezione II)

GIAMPICCOLO, GIORGIO, *La tutela giuridica della persona umana e il c. d. diritto alla riservatezza, in* Riv.Trim.Dir.Proc.Civ., Ano XII, 1958

GIANNINI, AMEDEO, *Sulla tutela del ritratto, in* Riv. Dir. Comm., 1953

GIANNINI, GENNARO, *Danno Alla Persona, anno Zero: Si Ricomincia Daccapo (a propósito dell'Ordinanza Trib. Bologna, 13 Giugno 1995), in* Responsabilità Civile e Previdenza, vol. LX, n.º 5, 1995

– *Danno Alla Persona anno Zero: qualche domanda alla Corte Costituzionale, in* Responsabilità Civile e Previdenza, vol. LX, n.º 2, 1995, págs. 284-285, PIZZOFERRATO, ALBERTO, *Il Danno alla Persona: linee evolutive e techniche di tutela, in* Contratto e Impresa, 1999, n.º 3

GIARDA, ÂNGELO, *La pubblicazione della sentenza penale di condanna come mezzo di risarcimento del danno non patrimoniale derivante da reato, in* Tutela dell'Onore e Mezzi di Comunicazione di Massa, Milano, 1979

GIERKE, OTTO VON, *Deutsch Privatrecht, Band I, Allgemeiner Teil und Personnenrecht,* Munchen-Leipzig, 1936

– *Die genossenschaftstheorie und die deutsche rechtsprechung,* Weidmannsche Verl., Berlin, G. Olms Verl., Hildesheim, 1963 (reprod. da ed. de 1887)

GIORGIANNI, MICHELE, *La tutela della riservatezza, in* Rivista Trimestreale di Diritto e Procedura Civile, 1970

GIULIANI, ALDO, *La tutela aquiliana della reputazione economica, in* Contratto e Impresa, 1985

GOMES, JÚLIO, *Responsabilidade subjectiva e responsabilidade objectiva, in* Revista de Direito e Economia, ano XIII, 1987

– *Uma função punitiva para a responsabilidade civil e uma função reparatória para a responsabilidade penal?, in* Revista de Direito e Economia, 1989 (ano XV)

GOMES, JÚLIO VIEIRA e Sousa, António Frada, *Acordos de Honra, Prestações de Cortesia e Contratos, in* Estudos Dedicados ao Prof. Doutor Mário Júlio de Almeida Costa, Lisboa, 2002

GOMES, M. JANUÁRIO, *O problema da salvaguarda da privacidade antes e depois do computador,* Lisboa, 1982

– *Assunção Fidejussória de Dívida sobre o sentido e o âmbito da vinculação como fiador,* Coimbra, 2000

GÖTTING, HORST PETTER, *Persönlichkeitsrechte als vermögensrechte* (Ius Privatum, Bd. 7), Tübingen, 1995
GOUDET, CLAUDE, *Le droit de réponse à la rádio et à la télévision*, Recueil Dalloz, 1975
GRANDI, ROBERTO, *Texto y contexto en los medios de comunicacion. Análisis de la informacion, Publicidad, Entretenimiento y su consumo*, Barcelona, 1995
GRASSO, BIAGIO, *Il Problema della Valutazione del danno "non patrimoniale" all'integritá psicofisica*, in Rasegna di Diritto Civile, n.º 1, 1982
GRAZIANI, ERMANNO, *Limiti di sindiciabilitá del provvedimento canónico*, in Giurisprudenza Italiana, 1958
GRECO-VERCELLONE, *I diritti sulle opere dell'ingegno*, Torino, 1974
GROSS, ROLF, *Zur Rechtsgrundlage des Gegendarstellungsanspruchs*, in N.J.W., 1963
GROSSER, ALFRED / BOURGEOIS, ISABELLE, *Eine Komplexe Informationskultur*, in: *Wer Medien bewacht. Medienfreiheit und ihre Grenzen im Internationalen vergleich*. Herausgegeben von Gerhardt, Rudolf und Pfeifer, Hans-Wolfgang, Frankdfurt am Main, 2000
GUADAGMO, *Diritto di cronaca e diffamazione a mezzo stampa*, in Giust. Pen., 1951
GUASTALLA, E. LUCCHINI, *Diritto di cronaca* e *Dichiarazioni di terzi*, in Revista di Diritto Civile, n.º 1, 1997
GUEDES, A. MARQUES, *"O Contrato Administrativo"*, in "Estudos de Direito Administrativo", Cadernos de Ciência e Técnica Fiscal, Lisboa, 1963
GUERRA, PIETRO, anotação à sentença do Tribunal de Milano de 3 febbraio 1958, *in* Foro Italiano, 1959
GUERRINI, LUCA, *Sulla violazione degli obblighi di informazione in materia di affiliazione commerciale*, in Contratto e Impresa, 2005
GUITIÁN, ALMA MARIA R., *El derecho al honor de las personas jurídicas (comentário a la STC 139/1995, de 26 de Septiembre)*, *in* Anuário de Derecho Civil, Tomo XLIX, fascículo II, Abril-Junio, MCMXCVI (1996)
HAGER, JOHANNES, *Der Schutz der Ehre im Zivilrecht*, AcP 196(1996)
HELLE, ERNST, *Der Schutz der persönlichen Ehre und des Wirtschaftlichen Rufes im Privatrecht*, Tübingen, 1957
– *Die unwarheit und die nichterweislichkeit der ehrenrühigen behauptung*, in N.J.W., 1964
HENNEBERG, CLAUS H., *Grenzen der Kunstkritik*, *in* Das Persönlichkeitsrecht im Spannungsfeld Zwischen Informationsauftrag und Menschenwürde, Munique, 1989
HENRIQUES, PAULO V., *"Os excessos de linguagem" na imprensa*, Coimbra, 2002
– *O regime geral das associações*, in Comemorações dos 35 Anos do Código Civil e dos 25 Anos da Reforma de 77, Coimbra, vol. II, 2006
HERGENRÖDER, CURT WOLFGANG, anotação à decisão O.L.G. Rostock de 21.3.2001, in DZWIR, 2002

HERRMANN-MASCARD, V. N., *La Censure des Livres à Paris, à la fim de l'Ancien Régime (1750-1789)*, 1968

HERSAUT, A. MAURICE, *Le Droit de Réponse (art. 13 et 34 de la loi sur la presse) in Recueil Dalloz*, 1982

HILGENDORF, ERIC, *TatsachenAussagen und Werturteile im Strafrecht: Entwickelt am Beispiel des Betruges und der Beleidigung*, Berlin, 1998

HIRSCH, HANS J., *Ehre und Beleidigung, grundfragen des strafrechtlichen ehrenschutzes*, Karlsruhe, 1967
– *Zur Abgrenzung von Strafrecht und Zivilrecht, Festschrift für Karl Engisch*, Frankfurt am Main, 1969

HIRST, H. N., *A Theory of Liberty, The Constitution and Minorities*, New York, 1992

HOHLOCH, GERHARD, *Die negatorischen Ansprüche und ihre Beziehungen zum Schadensersatsrecht*, Frankfurt am Main, 1976

HORIOU, M. PAUL, *La Protection de la Personalité en Droit Social Belge*, in Travaux de l'Association Henri Capitant pour la Culture Juridique Française, Tomo XIII, 1959-1960

HÖRSTER, HEINRICH E., *A Parte Geral do Código Civil Português (Teoria Geral do Direito Civil)*, Coimbra, 2003

HUBMANN, HEINRICH, *Das Persönlichkeitsrecht*, 2.ª ed., Köln u.a., 1967
– *Kritikfreiheit, Zitierfreiheit und Interpretationsvorbehalt*, UFITA, Bd. 94 (1982)

IGNOR, ALEXANDER, *Der Straftatbestand der Beleidigung*, Baden Baden, 1995

JAEGER, P. GIUSTO, *Valutazione comparativa di interessi e concorrenza sleale*, in Riv. dir Ind., 1970
– *La concorenza sleale come atto illecito e la prescrizione delle azioni relative*, in Riv. Dir. Ind., 1961

JAYME, ERIK, *Cognome e Protezione dell'Identitá della Persona*, in Riv. Dir. Civ., 1994

JEMOLO, ARTURO C., *Il diritto positivo e il diritti della coscienza*, in Giurisprudenza Italiana, Vol. CXVI (1964)
– *Lezioni di diritto ecclesiastico*, 5.ª ed., Milano, 1979

JESUS, M. FILIPE CORREIA DE, *Direitos de Personalidade – Direito ao Tempo*, in Ab Uno Ad Omnes (75 anos da Coimbra Editora), Coimbra, 1998

JORGE, F. PESSOA, *Ensaio sobre os pressupostos da responsabilidade civil*, Cadernos de Ciência e Técnica Fiscal, Lisboa, 1968

JOSSERAND, LOUIS, *La personne humaine dans le commerce juridique*, in D.H., 1932

JÚNIOR, E. SANTOS, *Da Responsabilidade Civil de Terceiro por Lesão do Direito de Crédito*, Coimbra, 2003

JUSTO, A. SANTOS, *A Actio Ficticia e a Actio Utilis*, in Estudos em Homenagem ao Prof. Doutor Rogério Soares, Coimbra, 2001

- A *"Cautio Damni Infecti"* *(Época Clássica)*, in Estudos em Homenagem ao Professor Doutor Manuel Gomes da Silva, Coimbra, 2001
- A *"Fictio Iuris"* no Direito Romano (*"Actio Ficticia"*), Época Clássica I, in Suplemento ao B.F.D. n.º 32 (1982)
- A *Presença do Direito Romano no Direito Português*, in Stvdia Ivridica 70
- Colloquia 11, Separata de Jornadas Romanísticas, Coimbra
- A *Propriedade no Direito Romano. Reflexos no Direito Português*, in B.F.D., Coimbra, 1999
- *Direito Privado Romano I, Parte Geral (Introdução. Relação Jurídica. Defesa dos Direitos)*, in Stvdia Ivridica 50, Coimbra, 2000
- *Direitos Reais*, Coimbra, 2007
- *Introdução ao Estudo do Direito*, Coimbra, 2001
- *Lex Aquiliae*, separata de Estudos em Honra de Ruy de Albuquerque, Coimbra, 2006
- *Recordando o Visconde de Seabra, no Centenário do Seu Falecimento*, in B.F.D., Coimbra, 1995
- *Vontade e Negócio Jurídico no Direito Romano. Breve Referência ao Direito Português*, in Comemorações dos 35 Anos do Código Civil e dos 25 Anos da Reforma de 77, vol. III, Direito das Obrigações, 2007

KAYSER, PIERRE, *Les Droits de la Personalité. Aspects Théoriques et Pratiques*, 1971

KLÄVER, M., *Bereicherungsrechtliche Ansprüche bei einer Verletzung des Allgemeinen Persönlichkeitsrechts*, Hamburg, 1999

KLIPPEL, DIETHELM, *Historische Wurseln und Funktionen von Immaterialgüter und Persönlichkeitsrechte* im 19. Jahrhundert, in Zeitschrift für Neuere Rechtsgeschichte, 1982
- *Der Zivilrechtliche Schutz des Namens*, in Ufita, 1988

KOHLER, JOSEF, *Der unerlautere wettbewerb*, Berlin e Leipzig, 1914

KOHLHOSSER, HELMUT, *Anscheinsbeweis und frei richterliche beweiswürdigung*, in Archives für die Civilistische Praxis, 165 (1964-65)

KOUMANTOS, GEORGES, *Droit d'Auter, Droits Voisins, Droit de Réponse en Gréce*, in Revue International de Droit Comparé, n.º 2, 1989

KOZIOL, HELMUT, *Unification of Tort Law: Wrongfulness*, Kluwer Law International, Dordrecht, 1998

KOZIOL, HELMUT/ WESER, RUDOLF, *Bürgeliches Recht*, Band I, 11.Auflage, Wien, 2000

KRIELE, MARTIN, *Ehrenschutz und Meinungsfreiheit*, NJW, 1994

KÜBLER, FRIEDRICH, *Öffentliche Kritik am Gewerblichen Erzeugnissen und beruflichen Leistungen*, in AcP, 1972
- *Öffentlichkeit als Tribunal?* – *zum konflikt zwischen Medienfreiheit und Ehrenschutz*, in J.Z., 1984

KÜSTER, OTTO, *Persönlichkeitsschutz und Pressefreiheit*, 1960

L. BIGLIAZZI GERI / U. BRECCIA / F.D. BUSNELLI / U. NAZOLI, *Diritto Civile*, Turim, 1987

LA BATTAGLIA, LUIGI, *Uno, nessuno, centomila: il destino (costituzionale) del danno morale da perdita del congiunto*, in Foro Italiano, 2002

LAGHEZZA, PAOLO, *Il Diritto all'oblio existe (e si vede)*, in Il Foro Italiano, 1998

LARENZ, KARL, *"Das Allgemeine Persönlichkeitsrecht" im recht der unerlaubten Handlungen*, in N.J.W., 1955

— *Lehrbuch des Schuldrechts*, 2.ª ed., 1957

LARENZ, KARL / CANARIS, CLAUS-WILHELM, *Lerbuch des Schuldrechts, II, 2*, 13.ª ed., München, 1994

LARENZ, KARL / WOLF, MANFRED, *Allgemeiner Teil des Bürgerlichen Rechts*, München, 2004

LAWSON, F.H., *Remedies of English Law*, London, 2.ª ed., 1980

LAX, PIERLUIGI, *Il diritto di rettifica nell'editoria e nella radiotelevisione*, Padova, 1989

LE PERA, *Intervista giornalistica e responsabilitá del cronista per il reato di diffamazione*, anotação à decisão do trib. de Roma de 24 settembre 1991, in Giust. Pen., 1993

LEIPOLD, DIETER, *Zur Beweislast beim Schutz der Ehre und des Persönlichkeitsrechts*, in Beiträge zum schutz der Persönlichkeit und ihrer Schöpferschen Leistungen. Festschrift für Heinrich Hubmann, Frankfurt am Main, 1985

LEISNER, W., *Der Abwägungsstaat: Verhältnismäβigkeit als gerechtigkeit*, Berlin, 1997

LEITÃO, L. MENEZES, *Direito das Obrigações, I*, 5.ª ed., Coimbra, 2006

— *O Enriquecimento sem Causa no Direito Civil*, Lisboa, 1996

LENCKNER, THEODOR, *"Die rechtfertigungsgründe und das Erfordermis pflichtgemässer prüfung"*, in H. Mayer – F. S., 1965

LEONE, F., *Diritto di Cronaca e diffamazione giornalistica*, in Giust. Pen., 1971

LEONTIN-JEAN CONSTANTINESCO, *Die Persönlichkeitsrechte und ihr schutz im französischen Recht*, in AcP, 1960/1961

LEβMANN, HERBERT, *Der Persönlichkeitsschutz juristischer personen*, in A.CP, 1970

LEUZE, DIETER, *Die Entwicklung des Persönlichkeitsrechts im 19. Jahrhundert/ Zugleich ein beitrag zum verhältnis allgem. Persönlichkeitsrecht-rechtsfähigkeit*, Bielefeld, Gieseking, 1962

LIBERTINI, MARIO, *Le nuove frontiere del danno rissarcibile*, in Contrato e Impresa, 1987

LIBLING, DAVID F., *The concept of property: property in intangibles*, in L. Q. Rev., 1978

LIGI, FRANCO, *Il diritto alle vicende e la sfera della personalitá*, in Il Foro Italiano, 1955

– *La Tutela dell'Imagine nel Diritto Comparato, in* Rivista del Diritto Commerciale, ano LII (1954)
– *Nome Civile, Nome Familiare, Nome Commerciale, in* Foro Italiano, Vol. LXXVII – 1954

LIMA, PIRES e VARELA, J. ANTUNES (com a colaboração de Henrique Mesquita), *Código Civil Anotado, vol. I*, 4.ª ed. revista e act., Coimbra, 1987

LINHARES, J. AROSO, *O Dito do Direito e o Dizer da Justiça, Diálogos com Levinas e Derrida, in* Stvdia Ivridica, Entre Discursos e Culturas Jurídicas, Coimbra, 2006

LIOTTA, MAURIZIO, *Onore (diritto all'), in* Enciclopedia del Diritto, XXX

LIPARI, NICOLÒ, *Libertá d'informare o diritto ad essere informato? (Spunti di riflessione), in* Dir. Radiodiff., 1978

LODATO, MARIA GABRIELLA, *Diritto di Rettifica in materia di stampa e tutela cautelare ex art. 700 Cod. Proc. Civ., in* Il Diritto dell'Informazione e dell'Informatica, 1993

LÖFFLER, MARTIN, anotação à decisão do B.G.H. de 19.3.1957, *in* N.J.W., 1957
– *Das Internationale Gegendarstellungsrecht, in* N.J.W., 1972
– *Der informationsanspruch der Press und des Rundfunks, in* N.J.W., 1964
– *Die Sorgfaltspflichten der Press und des Rundfunks, in* N.J.W., 1965

LÖFFLER, MARTIN / RICKER, REINHART, *Handbuch des Presserechts*, 4 auflage, München, 2000

LOJODICE, ALDO, *Riabilitazione dell diffamato nell'opinione pubblica: la tutela del diritto all'informazione degli utenti dei mass media, in* Tutela dell'Onore e Mezzi di Comunicazione di Massa, Milano, 1979

LOPEZ, ETTORE, *Sui limiti di liceitá del diritto di sátira, in* Il Diritto di Famiglia e Delle Persone, 1994

LUMINOSO, ANGELO, *Responsabilitá civile della banca per falsa ou inesatta information, in* Rivista del Diritto Commerciale, 1984

MACHADO, JÓNATAS EDUARDO, *Liberdade Religiosa Numa Comunidade Constitucional Inclusiva, in* Stvdia Ivridica, B.F.D., Coimbra, 1996
– *Liberdade de Expressão. Dimensões Constitucionais da esfera pública no sistema social*, Coimbra, 2002

MACHADO, JOÃO BAPTISTA, *A cláusula do razoável, in* Revista de Legislação e de Jurisprudência, ano 121.º

MACIOCE, FRANCESCO, *Diritto di rettifica e identitá personale, in* Giurisprudenza Italiana, vol. CXXXVI, 1984
– *Tutela Civile della persona e identità personale*, Padova, 1984

MAJO, ADOLFO DI, *Tutela risarcitoria: alla ricerca di una tipologia, in* Riv. Dir. Civ., 2005

MANZINI, VINCENZO, *Trattato di Diritto Processuale Italiano*, UTET, 1956

MARCHETTI, PIER G., *Boicottaggio e rifiuto di contrattare*, Padova, 1969

MARIN, CARMEN CHINCHILLA, *Derecho de información, libertad de empresa informativa y opinión pública libre, in* Revista Poder Judicial, 1986

MARINI, GIOVANNI, La giuridificazione della Persona. Ideologie e Techniche nei Diritti della Personalitá, in Riv. Dir. Civ., 2000

MARINI, GIOVANNI / MARELLA, M.R., *La Costruzione Sociale del danno, ovvero l'importanza degli stereotipi nell'analisi giuridica*, in Riv. Crit. Dir. Priv., 1999

MARKESINIS, BASIL, *Quattro secoli di convergenze e divergenze fra diritto inglese e diritto francese*, in Riv. Trim. Dir. Proc. Civ., 2005

MARKESINIS, BASIL / HUMBERATH, H., *The german law of torts*, Oxford, 2002

MARQUES, J. REMÉDIO, *Biotecnologia(s) e Propriedade Intelectual. Direito de Autor. Direito de Patente e Modelo de Utilidade. Desenhos ou Modelos.* Coimbra, 2007

– *Algumas notas sobre a patenteabilidade de animais e vegetais*, in Lusíada, Revista de Ciência e Cultura, Série Direito, 1998, n.º 2

MARQUES, JOSÉ A. SACADURA GARCIA, *A tutela geral da Personalidade e o direito ao bom nome na jurisprudência do S.T.J.*, in Comemorações dos 35 Anos do Código Civil e dos 25 anos da reforma de 77, vol. II, Coimbra, 2006

MARTINEZ, PEDRO R., *Cumprimento Defeituoso, Em Especial na Compra e Venda e na Empreitada*, Coimbra, 1994

– *O Homem e a Economia*, in Revista da Faculdade de Direito da Universidade de Lisboa, 1997

MARTINS, F. LICÍNIO LOPES, *As Instituições Particulares de Solidariedade Social*, Coimbra, 2009

MARTINS, ROSA CÂNDIDO, *Processo de jurisdição voluntária, acções de regulação do poder paternal, audição de menor*, in Boletim da Faculdade de Direito, Coimbra, 2001

MÄSCH, GERALD, *Chance und Schaden*, Tübingen, 2004

MATOS, F. ALBUQUERQUE, *A fase preliminar do contrato*, Coimbra, 1995 (ed. policopiada)

As declarações reticentes e inexactas no contrato de seguro.

– *O artigo 429.º do Código Comercial: delimitação do seu âmbito*, in Estudos em Homenagem ao Prof. Doutor António Castanheira Neves, Coimbra, 2008

– *O Contrato de Seguro Obrigatório de Responsabilidade Civil Automóvel*, in Boletim da Faculdade de Direito, Coimbra, 2001

– *O Contrato de seguro obrigatório de responsabilidade civil automóvel. Alguns aspectos do seu regime jurídico*, in Boletim da Faculdade de Direito, Coimbra, 2002

MAYR, CARLO EMANUELE, anotação à decisão da cassação de 26 maggio 1996, n. 4943, *in* Annuario Italiano Diritto Autore, 1999

MAYER, DANIELE, *Aum. zu TGI* Paris, 18.4.1985, D 1985

MAZEAUD (HENRI, LEON ET JEAN) / CHABAS, FRANÇOIS, *Leçons de Droit Civil, I, 2, Les personnes, la personalité, les incapacités*, Paris, Montchrestien, 1986

MAZONI, C., *Atti emulativi, utilitá sociale e abuso del diritto, in* Riv. Dir. Civ., 1969
MAZZAMUTO, S., *L'attuazione degli Obblighi di Fare*, Napoli, 1978
MEDICUS, DIETER, *Die Forderung als "Sonstiges Recht" nach §823 abs I BGB?*, Festschrift für Erich Steffen, Berlin, New York, 1995
MELCHIONDA, ACHILLE, *Il diritto di rettifica come mezzo di tutela del diffamato: realtá e prospettive, in* Tutela dell'Onore e Mezzi di Comunicazione di Massa, Milano, 1979
MENDES, JOÃO DE CASTRO, *Direito Processual Civil*, vol. I, Lisboa, 1978/1979
– *Do conceito jurídico da Prova em Processo Civil*, Lisboa, 1961
– *Teoria Geral do Direito Civil*, vol. I, Lisboa, 1995, (Lições 1978/1979)
– *Teoria Geral do Direito Civil*, vol. II, Lisboa, AAFDL, 1979 (revista em 1985)
MENEGHELLI, RUGGERO, *Sul diritto come dover essere, in* Rivista di Dir. Civ., 1994, I
MESQUITA, M. HENRIQUE, *Direitos Reais (sumários das lições ao curso de 1966--1967)*, Coimbra, 1967
– *Obrigações Reais e Ónus Reais*, Coimbra, 1990
MESSINETTI, DAVIDE, *Diritti della Famiglia e Identitá della Persona, in* Riv. Diritto Civile, 2005
– *Personalitá (diritto della), in* Enc. Dir., XXXIII, Milano, 1983
– *Recenti orientamenti sulla tutela della persona. La moltiplicazione dei diritti e dei danni, in* Riv. Crit. del Dir. Priv., 1992
– *Processi di formazione della norma e tecniche "rimediali" della tutela giuridica, scienza e insegnamento del diritto civile in Italia*, a cura di V. Scalisi, Convegno di Studio in Onore del Prof. Angelo Falzea, Milano, 2004
– *Sapere Complesso e Tecniche Giuridiche Rimediali, in* Europa e Diritto Privato, 2005
MESTRE, JACQUES, *Formation du contrat, in* Revue Trimestrielle de Droit Civil, 1994
METAFORA, VINCENZO, *Satira, Opera Satírica e diritto d'autore, in* Contrato e Impresa, 2001
MEYER, JUSTUS, *Wirtschaftsprivatrecht, Eine Einführung*, 6.ª ed., Dresden, 2006
MICHELI, G. ANTONIO, *Dell'esecuzione forzata, in* "Commentario del códice civile de Scialoja e Branca", Livro VI, 1964
– *Forma e sostanza nella giurisdizione voluntária, in* Rivista di Diritti Processuale, vol. II, Padova, 1947
MINERVINI, GUSTAVO, *Concorrenza e Consorzi*, Milano, 1965, anotação à decisão da cassação de 18 aprile 1957, n. 1337, *in* Giust. Civ., 1957
MIRANDA, JORGE, – *A Concordata e a Ordem Constitucional Portuguesa, in* Direito e Justiça, vol. V, 1991
– *Direitos fundamentais – liberdade religiosa e liberdade de aprender e ensinar, in* Direito e Justiça, vol. III, 1987-1988
– *Ensino de Religião e Moral nas Escolas Públicas, in* O Direito, 1998

– *Liberdade de trabalho e de profissão, in* Rev. Dir. Est. Sociais, vol. XXX, Série 2, 1988

MIRANDOLA, PICO DELLA, *On the Dignity of Man, On Being and de One,* Heptaplus, Bobbs-Merril Company, Indianopolis, 1977

MOESER, EKKEHARD, *Neue rechtsprechung zur vergleichende werbung, in* N.J.W., 1987

MOLFESSIS, NICOLAS, *La dignité de la personne humaine,* Economica, 1991

MONATERI, GIUSEPPE, *Alle Soglie di una nuova categoria risarcitoria: il danno esistenziale, in* Danno e Resp., 1999

– *"Alle soglie": la prima vittoria in cassazione del danno esistenziale,* nota a dec. cass. 7713/2000, *in* Danno e Resp., 2000

– *Cittadinanza, libertá de coscienza e illecito civile, in* Responsabilitá Civile e Previdenza, vol. LXIV – n.º 1, 1999

MONCADA, CABRAL, *Lições de Direito Civil, Parte Geral*, 3.ª ed. (1959), 4.ª ed. póstuma, 1995

MONIZ, HELENA, *Direito de Resposta: Limite à Liberdade de Imprensa ou Protecção do Consumidor?, in* B.F.D., 1996

MONTEIRO, A. PINTO, *Cláusula Penal e Indemnização,* Coimbra, 1990

– Cláusulas limitativas e de exclusão de responsabilidade civil, Coimbra, 1985

– *Contrato de Agência* – anotação Decreto-Lei 178/86, de 3 de Julho, 6.ª edição actualizada, Coimbra, 2007

– *Contratos de Adesão: o Regime Jurídico das Cláusulas Contratuais Gerais Instituido pelo Decreto-Lei n.º 446/85 de 25 de Outubro, in* R.O.A., 1986

– *Contratos de Adesão e Cláusulas Contratuais Gerais: Problemas e Soluções, in* Stvdia Ivridica 61 – Ad. Honorem 1 (Estudos em Homenagem ao Prof. Doutor Rogério Soares), Coimbra, 2001

– *Do Direito do Consumo ao Código do Consumo, in* Estudos de Direito do Consumidor (dir. de Pinto Monteiro), n.º 1, Coimbra, 1999

– *Inflacção e Direito Civil,* separata dos "Estudos em Homenagem ao Prof. Doutor Ferrer Correia", Coimbra, 1984

– *La transposition de la Directive Europeenne sur les clauses abusives au Portugal, in* European Review of Private Law, 2, 1997

– *Noções gerais de Direito,* (apontamentos policopiados destinados aos alunos do Curso de Administração Autárquica), Coimbra, 1985

– *Sobre as Cartas de Conforto na Concessão de Crédito* (com a col. de Júlio Gomes), *in* Ab Uno ad Omnes / 75 anos da Coimbra Editora, 1920-1995, Coimbra, 1998

– *Sobre o Controlo da Cláusula Penal, in* Comemorações dos 35 Anos do Código Civil e dos 25 Anos da Reforma de 77, vol. III (Direito das Obrigações), Coimbra, 2007

– *Venda de Padrasto a Enteado, in* Separata da "Colectânea de Jurisprudência", ano de 1994, tomo IV
MONTEIRO, J. SINDE, anot. ao Ac. do STJ de 12 de Novembro de 1996, na Revista de Legislação e Jurisprudência, Anos 131.º e 132.º – anot. ao Ac. do STJ de 17 de Fevereiro de 2000 e Sentença do Juiz do 3.º Juízo de
Competência Especializada Cível do Tribunal da Comarca de Santo Tirso, de 2 de Maio de 1996, na mesma Revista, Ano 133.º
– *Dano Corporal (um roteiro do direito português), in* Revista de Direito e Economia, 1989
– *Erro e Vinculação Negocial,* Coimbra, 2002
– *Estudos Sobre a Responsabilidade Civil,* Coimbra, 1983
– *Parecer Porto 2001* (não publicado)
– *Reparação dos Danos em Acidentes de Trânsito, Um Estudo de Direito Comparado Sobre a Substituição da Responsabilidade Civil por Um Novo Seguro de Acidentes de Trânsito,* Coimbra, 1974
– *Relatório sobre o Programa, Conteúdo e Métodos de Uma Disciplina de Responsabilidade Civil,* Coimbra, 2001
– *Responsabilidade Delitual. Da Ilicitude, in* Comemorações dos 35 Anos do Código Civil e dos 25 Anos da Reforma de 77, vol. III, Direito das Obrigações, 2007
– *Responsabilidade por Conselhos, Recomendações ou Informações,* Coimbra, 1989
– *Rudimentos da Responsabilidade Civil, in* sep. Revista da Faculdade de Direito da Universidade do Porto, Ano I – 2005
– *Seguro Automóvel Obrigatório. Direito de Regresso, in* Cadernos de Direito Privado, n.º 2, 2003
MONTESANO, LUIGI, *La tutela giurisdizionale dei diritti,* Torino, 1985
– *Sull'efficacia, sulla revoca e sui sindicati contenziosi dei provvedimenti non contenziosi dei giudici civili, in* Riv. Dir. Civ., 1986
MONTROSE, *Is Negligence an Ethical or Sociological Concept?, in* Modern Law Review, vol. 21 (1958) MOORE, ROY L., *Mass Communication Law and Ethics,* Mahwah, N. J., 1999
MOOSHEIMER, T., *Die actio iniuriarum aestimatoria im 18 und 19 jahrhundert. Eine untersuchung zu der gründen ihrer abschaffung,* Tübingen, 1997
MOREIRA, BARBOSA, *As Presunções e a Prova, Temas de Direito Processual,* S. Paulo, 1977
MOREIRA, GUILHERME, *Instituições de Direito Civil Português – Parte Geral,* 1907
MOREIRA, VITAL, *O Direito de Resposta na Comunicação Social,* Coimbra, 1995
– *O direito de resposta, a liberdade de imprensa e a Constituição* (a propósito do Acórdão n.º 13/95 do Tribunal Constitucional), Lisboa, 1995
MOREIRA, VITAL e CANOTILHO, J. GOMES, *Constituição da República Portuguesa Anotada,* 4.ª ed. rev., vol. I (artigos 1 a 107), Coimbra, 2007

Moro, Aldo, *Osservazioni Sulla Natura Giuridica Della "Exceptio Veritatis"*, in Rivista Italiana di Diritto Penale, 1954

Mugdan, Benno, *Die Gesamten Materialien zum Bügerlichen Gesetzbuch für das Deutsche Reich, Bdz, Recht der Schuldverhältnisse*, Berlin, 1899

Müller, C. F., *Großes Leherbuch Schellhammer / Zivilrecht nach Anspruchsgrundlagen*, 1994

Müller, Gerda, *Ehrenschutz und Meinungsfreiheit*, AfP, 1997

Musco, Enzo, *Bene Giuridico e tutela dell'onore*, Milano, 1974
 – *Stampa (dir. pen.)*, in Enciclopédia del Diritto, XLIII

Nabais, J. Casalta, *Os Direitos Fundamentais na Jurisprudência do Tribunal Constitucional*, in B.F.D., vol. LXV, 1989

Nanni, Gustavo, *Diritto di rettifica, identitá personale e principio di uguaglianza*, in Il diritto dell'informazione e dell'informatica, 1989, n.º 1

Navarretta, Emanuela, *Diritti inviolabili e risarcimento del danno*, Turim, 1996
 – *Il futuro del danno alla persona tra progetti di legge e diritto vivente*, in Danno e Resp., 2000
 – *Art. 2059 c.c. e valori costituzionali: dal limite del reato allo soglia della tolleranza, nt a trib. Roma 20 maggio 2002*, in Danno e Resp., 2002

Nerson, M., *De la protection de la personnalité en droit privé français*, in Travaux de l'Association Henri Capitant pour la Culture Juridique Française, tomo XIII, 1959-1960,

Neumann, *Der Zivilrechtsschaden*, in Iherings Ih, 1936

Neumann, Horst-Duesberg, *Einschränkung des Geltungsbereichs des §824 B.G.B. durch die Meinungs – und Informationsfreiheit*, in N.J.W., 1968

Neves, A. Castanheira, *Apontamentos de Metodologia Jurídica* (lições policopiadas), Coimbra, 1988-1989
 – *Curso de Introdução ao Estudo do Direito*, (lições policopiadas), Coimbra, 1971-1972
 – *Direito de resposta*, in Digesta vol. II, Coimbra, 1995
 – Interpretação Jurídica, Digesta, vol. II, Coimbra, 1995
 – *Fontes do Direito, Digesta, vol. II*, Coimbra, 1995
 – *Introdução ao Estudo do Direito*, Coimbra, 1968-1969
 – O Direito (O Problema do Direito), O Sentido do Direito (lições policopiadas)
 – *O Pensamento Moderno-iluminista como Factor Determinante do Positivismo Jurídico (a Origem Moderno-iluminista do Legalismo)*, (lições policopiadas)
 – *Uma perspectiva de consideração da comunicação e o poder – ou a ineluctável decadência eufórica, notas de um esboço de reflexão*, in Estudos de Direito da Comunicação, Coimbra, 2002

Nicola, Valeria di, *L'atto di disposizione del diritto all'immagine ha, dunque, natura non patrimoniale*, in Contratto e Impresa, 2005

Nimmer, Melville B., *The Right of Publicity*, in Law & Contemp. Probs., 1954

NIPPERDEY, HANS CARL, *Rechtswidrigkeit Sozialadäquanz, Fahrlässigkeit, Schuld im Zivilrecht, in* N.J.W., 1957
– *Tätbestandsaufbau und systematik der deliktischen grundtatbestände, zum "referentenentwurf eines gesetzes zur Änderung und Ergänzung Schadenersatzrechtlicher Vorschriften", in* Neue Juristische Wochenschrift, 1967
NIZZO, C., *Il "Bel Paese" guarda al modello europeo, na estende la tutela alle persone giuridiche, in* Guida al Diritto, 1 Fev. 1997, n.º 4
NOVA A., *La tutela del diritto alla riservatezza nel tratamento dei dati personali, in* Aggiornamenti sociali XLIX, 1998
NUVOLONE, PIETRO, *Libertá di cronaca,* Enciclopédia del Diritto, XI, 1962
OLIVEIRA, GUILHERME, anotação ao acórdão do Trib. Rel. de Coimbra, de 28 de Novembro de 1995, *in* R. L. J., ano 129
– *Critério Jurídico da Paternidade,* Coimbra, 1983
– *Investigação de Paternidade Ilegítima: Inconstitucionalidade do art. 1860.º do Código Civil, in* Rev. Dir. Est. Soc., ano XXIV – 1977
– *Observações Sobre os Regimes de Bens, in* R.L.J., ano 130
– *Sobre a Verdade e a Ficção no Direito da Família, in* B.F.D., 1975
OLIVEIRA, N. PINTO, *Sobre o Conceito de Ilicitude do art. 483.º do Código Civil, in* Estudos em Homenagem a Francisco José Velozo, Braga, 2002
OLZEN, DIRK / WANK, ROLF, *Die Schuldrechtsreform,* Köln u. a. 2002
OMMESLAGHE, PIERRE V., *La Bonne Foi (Journées Lousianaises), in* Travaux de l'Association Henri Capitant des Amis de la Culture Juridique Française, tomo XLIII, 1992
OPPO, GIORGIO, *Costituzione e diritto privato nella valutazione della concorrenza, in* Riv. dir. Civ., 1993
– *Diritto dell'Impresa e Morale Social, in* Riv. di Dir. Civ., 1992, I
– *Diritto privato e interessi pubblici, in* Rivista di diritto civile, 1994, I
ORSELLO, GIAN PIERO, *Il Sistema Radiotelevisivo Nell'Ordinamento Internazionale,* Milano, 1984
OETKER, anotação aos §249 a 253 do B. G. B., *in* Münchener Kommentar zum Bürgerlichen Gesetzbuch, München, 2003
PACE, ALESSANDRO, *Il c.d. diritto alla identitá personale e gli artt. 2 e 21 della Costituzione, in* Il Diritto alla Identità Personale, Padova, 1981
PALANDT, *Bürgerliches gesetzbuch (kommentare),* anotação ao §824, 65 auf., München, 2006
PALMIERI, ALESSANDRO, *Gli insulti volano e le notizie strisciano: splendorie e miserie della satira televisiva, in* Il Foro Italiano, 1997
– *Responsabilità Civile – Esercizio del Diritto di Cronaca, in* Il Foro Italiano, 1996
PANELLA, MARCO, *Assassínio o tortura dell'immagine: difendersene, impedirlo per salvare com la "persona" la vita civile e il fondamento della democracia, in* Tutela dell'Onore e Mezzi di Comunicazione di Massa, Milano, 1979

PARDO, IGNACIO DE OTTO y RETORTILLO / LORENZO MARTÍN, *Derechos Fundamentales y Constitución*, Madrid, 1988
PARDO, J. ESTEVE, *Régimen jurídico-administrativo de la televisión*, Madrid, 1984
PARDOLESI, ROBERTO, nota a decisão da cass. 18 ottobre 1984, n. 5259, *in* Foro Italiano, 1984
— *Persona física e diritti della personalità*, *in* Il Foro Italiano, 1985 (com anotação de R. Pardolesi)
— *Responsabilità Civile – diffamazione a mezzo stampa – diritto di cronaca – limiti (Cod. Civ., art. 2043)*, *in* Foro Italiano, 1984
PARGA, MANUEL JIMÉNEZ DE, *"La televisión privada en la Constitución"*, *in* Revista Cuenta y Razón, 1981
PÄRN, FRANZISKUS, *Tatsachenmitteilung und Tatsachenbehauptung (zur naturalrestitution beim rechtsschutz der persönlichkeit)*, *in* N.J.W., 1979
PASSARELI, SANTORO, *Dottrine generali dell diritto civile*, Nápoles, 1954
PATERIS, *La correttezza nella disciplina della concorrenza sleale*, Milano, 1964
PAULO II, JOÃO, *Memória e Identidade*, tradução portuguesa de António Ferreira da Costa, 2.ª ed., Lisboa, 2005
PECCENINI, FLÁVIO, *Danni reflessi e danno esistenziale*, *in* Contratto e Impresa, 2000
PECORELLA, GAETANO, *Nuove techniche di diffamazione a mezzo stampa*, *in* Tutela dell'onore e Mezzi di Comunicazione di Massa, Milano, 1979
PEDRAZZI, GIORGIO, *Semiserie avvertenze sul danno esistenziale*, *in* Danno e Resp., 2003
— *Lifting the veil: il disvelamento del danno esistenziale*, *in* Critica del Danno Esistenziale, a cura di Ponzanelli, Padova, 2003
PEREIRA, ALEXANDRE D., *Informática, Direito de Autor e Propriedade Tecnodigital*, *in* Stvdia Ivridica, 55, Coimbra, 1999
PEREIRA, ANDRÉ DIAS, *A capacidade para consentir: um novo ramo da capacidade jurídica*, *in* Comemorações dos 35 anos do Código Civil e dos 25 anos da reforma de 77, vol. II, Coimbra, 2006
PERETTI, GRIVA, *In tema di dirito alla propria immagine*, in Riv. Dir. Comm., 1953
PERLMAN, *Interference with contract and other economic expectancies: a clash of tort and contact doctrine*, *in* The University of Chicago Law Review, 1982
PETERS, BUTZ / PRINZ, MATTHIAS, *Medienrecht, Die Zivilrechtlinen ansprüche*, Munchen, 1999
PICKER, EDUARD, *Positive Forderungsverletzung und Culpa in Contrahendo – zur Problematik der Haftung "Zwischen" Vertrag und Delikt*, *in* AcP 183 (1983)
PINO, G., *Il diritto all'Identitá Personale*, Bolonha, 2003
PINORI, ALESANDRA, *Il principio generale della riparazione integrale dei danni*, *in* Contratto e Impresa, 1998
— *Previdibilitá del danno*, *in* Riv. Dir. Civ., 1994
PINTO, CARLOS A. DA MOTA, *Teoria Geral do Direito Civil*, 3.ª ed., Coimbra, 1999

PINTO, PAULO MOTA, *A Protecção da Vida Privada e a Constituição, in* BFD, separata vol. LXXVI, Coimbra, 2000
– *Declaração tácita e comportamento concludente no negócio jurídico*, Coimbra, 1995
– *O Direito à Reserva sobre a Intimidade da Vida Privada*, B.F.D., vol. LXIX, Coimbra, 1993
– *Os Direitos de Personalidade no Código Civil de Macau, in* Separata do Boletim da Faculdade de Direito, vol. LXXVI, Coimbra, 2000
PINTO, R. LEITE, *Liberdade de Imprensa e Vida Privada*, Revista da Ordem dos Advogados, ano 54.º, Lisboa, 1994
PIRAINO, FABRIZIO, Diritti nazionali e comparazione, "ingiustizia del danno" e antigiuridicitá, in Europa e Diritto Privato, 2005
PIRES DE LIMA e ANTUNES VARELA (com a colaboração de M. Henrique Mesquita), *Código Civil Anotado, vol. I.*, 4.ª ed. revista e actualizada, Coimbra, 1977
PIRES DE LIMA e ANTUNES VARELA, *Código Civil Anotado, vol. II*, 4.ª ed. revista e actualizada, Coimbra, 1997
PISANI, ANDREA PROTO, *La tutela giurisdizionale dei diritti della personalitá: strumenti e techniche di tutela, in* Il Foro Italiano, 1990
– *Usi e abusi della procedura camerale ex. art. 737 ss C.P.C. (appunti sulla tutela giurisdizionale dei diritti e sulla gestione di interessi devoluta al giudice), in* Riv. Dir. Civ., 1990
PISANI, MARIO, Veritá del fatto e risarcimento del danno nei delitti contro l'onore, in Foro Italiano, 1957
PIZZOFERRATO, ALBERTO, *Il Danno alla Persona: linee evolutive e techniche di tutela, in* Contratto e Impresa, n.º 3, 1999
PIZZORUSSO, ALESSANDRO, *I profili costituzionali di un nuovo diritto della persona, in* Il Diritto alla Identità Personale, Padova, 1981
POLVANI, MICHELE, *La diffamazione a mezzo stampa*, Padova, 1995
Ponzanelli, Giulio, *Alcune Novitá in Tema di Diritto al Nome, In* Giurisprudenza Italiana, CXXXIII, 1981
– *I punitive damages, il caso Texaco e il diritto italiano,* in Riv. Dir. Civ., 1988
PRANTL, HERIBERT, *Die Journalistische Information Zwischen Ausschlußrecht und Gemeinfreiheit (Schriften zum Deutschen und Europäischen Zivil – Handels – und Prozeßrecht, BD 99)* – Bielefeld, Gieseking, 1983
PRINZ, MATTHIAS, *Der Schütz der Persönlichkeitsrechte vor verletzungen durch medien, in* NJW, 1996
– *Gegendarstellung auf den Titelblatt einer Zeitschrift, in* N.J.W., 1993
PRINZ, MATTHIAS / PETERS, BUTZ, *Medienrecht, Die Zivilrechtlinen ansprüche,* Munchen, 1999
PROENÇA, JOSÉ C. BRANDÃO, A *Conduta do Lesado como pressuposto e critério de imputação do dano extracontratual*, Coimbra, 1997

PUGLIESE, GIOVANNI, *Diritto di cronaca e libertá di pensiero*, in Foro Italiano, 1958, vol. LXXXI
— *Il Diritto alla "Riservatezza" nel quadro dei diritti della personalita*, in R.D.C., ano IX, 1963
QUEIRÓ, A. RODRIGUES, *A função administrativa*, in Revista de Direito e de Estudos Sociais, ano XXIV, Janeiro-Setembro, 1977
QUELHAS, JOSÉ M., *Sobre a Evolução Recente do Sistema Financeiro (Novos "Produtos Financeiros")*, Coimbra, 1996
RAISCH, PETER, *Unternehmensrecht, i – unternehmensprivatrecht: Handels – und gesellschaft– srecht rowohlt*, Reinbek bei Hamburg, 1983
RAMAJOLI, *Offesa all'onore della persona e libera manifestazione del pensiero*, Milano, 1966
RAMOS, M. ELISABETE, *Aspectos substantivos da responsabilidade civil dos membros do órgão de administração perante a sociedade*, in B.F.D., Coimbra, 1997
RANGEL, R. FREITAS, *O ónus da prova no Processo Civi*, 2.ª ed. revista e ampliada, Coimbra, 2002
— *Registo da Prova: A Motivação das Sentenças Civis no âmbito da Reforma do Processo Civil e as Garantias Fundamentais do Cidadão*, Lisboa, 1996
RAPISARDA, CARMELO, anotação à decisão do tribunal de Turim de 25 de marzo 1983, *in* Il Foro Italiano, 1984
RAPISARDA, CRISTINA, *Premesse allo Studio della Tutela Civile Preventiva*, in Riv. Dir. Proc., 1980
RAPOSO, MÁRIO, *Da Intimidade da Vida Privada*, in R.O.A., ano 32.º, 1972
— *Sobre a protecção da intimidade da vida privada*, in R.O.A., ano 32, 1972
REBELO, MARIA GLÓRIA, *A responsabilidade civil pela informação transmitida pela televisão*, Lisboa, 1999
REHBOCK, KLAUS, *Gegendarstellung auf dem titelblatt einer zeitschrift*, in N.J.W., 1993
REINHARDT, RUDOLF, *Das Problem des Allgemeinen Persönlichkeitsrechts, Zugleich eine Besprechung von: Heinrich Hubmann, "Das Persönlichkeitsrecht"*, in Archiv für die Civilistisches Praxis, 1954
— *Zivilrechtlicher Schutz des Ansehens und berechtige interessenwahrung*, in Festschrift für Heinrich Lange, München, 1970
REIS, J. ALBERTO DOS, *Código de Processo Civil Anotado, III*, Coimbra, 1962
— *Processos Especiais, vol. II* (reimpressão), Coimbra, 1982
RESTA, GIORGIO, *Autonomia Privata e Diritti Della Personalitá*, Napoli, 2005
RIBEIRO, J. SOUSA, *Constitucionalização do Direito Civil*, in BFD, vol. LXXIV, Coimbra, 1998
— *Contratos – programa e outras técnicas consensuais de execução do Plano em França*, in R.D.E., Coimbra, 1978

– *Fundações: "uma espécie em vias de extensão"?*, in Comemorações dos 35 Anos do Código Civil e dos 25 Anos da Reforma de 77, volume II, Coimbra, 2006
– *O Problema dos Contratos / as cláusulas contratuais gerais e o princípio da liberdade contratual*, Coimbra, 1999
RICCIO, ANGELO, *L'equitá correttiva é, dunque, assurta a regola generale*, in Contratto e Impresa, 2005
RICCIUTO, VINCENZO, *Diritto di Rettifica e Art. 700 C.P.C.: Novitá, Conferme e Tendenze Restrittive in Alcuni Recenti Provvedimenti Pretorili*, in Il Diritto dell'Informazione e dell'Informatica, n.º 2, 1990
RICKER, REINHART / LÖFFLER, MARTIN, *Handbuch des Presserechts*, 4 auflage, München, 2000
RIENDEAU, ANDRÉ, *Colloque "La Bonne Foi: Rôlle et Exigences"*, Revue de Droit Université de Sherbrooke, vol. 26, n.º 2
RIESE, CHRISTOPH, *Vergaberecht*, Berlin Heidelberg, 1998
RIGAUX, FRANÇOIS, *La Protection de la Vie Privée et des Autres Biens de la Personalité*, Paris, 1990
RIVERO, JEAN, *Les Libertés Publiques (2.º vol. – Le régime des principales libertés)*, Paris, 1977
ROCHA, M. LOPES, *Sobre o Direito de Resposta na Legislação Portuguesa de Imprensa (Algumas Questões)*, in Boletim do Ministério da Justiça, n.º 346, 1985
RODOTÁ, STEFANO, *Tecniche risarcitorie e nuovi interessi*, in Tutela dell'Onore e Mezzi di Communicazione di Massa, Milano, 1979
ROMANO, SALVATORE, *Il cosi detto risarcimento del danno in forma specifica*, in Ann. Univ. di Perugia, 1928
RONCERO, R. CAPILLA, *La persona jurídica. Funciones y disfunciones*, Tecnos, 1984
ROPPO, ENZO, *La corte di cassazione e il decalogo del giornalista*, in Nuova Giur. Civ. Comm., 1985
– *Il diritto di rettiffica nella disciplina dei mezzi di comunicazione di massa*, in Il Foro Italiano, 1983
ROSENBERG / SCHWAB, *Zivilprozeârecht*, 14. auflage, 1986
ROSSATO, ANDREA, *Diritto alla riservatezza*, in Rivista di Diritto Civile, 1989
ROSSEN, HELGE, *Freie Meinungsbildung durch den Rundfunk*, Baden-Baden, 1988
ROSSETTI, MARCO, *Danno esistenziale: adesione, iconoclastia od epoche*, in Danno e Resp., 2000
ROTONDI, MARIO, *Diritto Industriale*, 5.ª ed., Padova, 1965
– *Le varie forme di lesione dell'avviamento come critério di classificazione degli atti di concorrenza sleale*, in Rivista del Diritto Commerciale, 1956
RÜHLL, ULLI, *Tatsachen – Interpretationen – wertungen: Grundfragen einer anwendungs – orientierten Grundrechtsdogmatik der Meinungsfreiheit*, Baden-Baden, 1998

SÁ, ALMENO, *Cláusulas Contratuais Gerais e Directiva Sobre Cláusulas Abusivas*, 2.ª ed. rev. e aumentada, Coimbra, 2005

SÁ, ALMENO DE e CORREIA, A. FERRER, *Oferta pública de venda de acções e compra e venda de empresa*, in separata da "Colectânea de Jurisprudência", IV Vol., 1993

SÁ, F. CUNHA DE, *Abuso do Direito*, 1973

SALVESTRONI, UMBERTO, *Azione illecita e danno ingiusto, in* Contratto e Impresa, 1993

SALVI, CESARE, *Il Danno Extracontrattuale, Modelli e Funzioni*, Napoli, 1985
– *La Responsabilitá Civile*, Giuffré, 1997

SANTINI, GERARDO, *I diritti della personalitá nel diritto industriale*, Pádua, 1959

SANTOS, J. BELEZA DOS, *Algumas considerações jurídicas sobre crimes de difamação e de injúria, in* R.L.J., ano 92

SARRIÓN, ANGEL M., *La evolución del derecho de daños celebrada em Barcelona el 12 de Diciembre de 1991*, Coordenação de Luís Ribó Durán, Barcelona, 1992

SATURNO, ANGELO, *Notorietá della vita e riservatezza della morte: un confronto tra ordinamento spagnolo ed italiano, in* Riv. Diritto Civile, 1992

SAUER, WILHELM, *Die ehre und ihre verletzung*, Berlin, 1915

SCALISI, ANTONINO, *Brevi riflessioni su "la libertà di cronaca ed il valore della persona umana", in* Il Diritto di Famiglia e delle Persone, 1994

SCALISI, VICENZO, *Danno e ingiustizia nella teoria della responsabilitá civile, in* Riv. Trim. di Dir. Proc. Civ., 2004
– *Immissioni di Rumore e Tutela della Salute, in* Riv. Dir. Civ., 1982
– *Inadempimento del mandatario e tutela del mandante, in* Riv. Trim. Dir. Proc. Civ., 1977
– *Ingiustizia del danno e analítica della rsponsabilitá civile, in* Riv.Dir.Civ., 2004
– *La revoca non formale del testamento e la teoria del comportamento concludente*, Milano, 1974

SCHEELE, MICHAEL, *Reform des gegendarstellungsrechts, in* N.J.W., 1992

SCHERMI, ALDO, *Diritto della personalitá e sátira, in* Giustizia Civile, , 1998

SCHEYHING, ROBERT, *Zur geschichte des persönlichkeitsrechts im 19. jahrhundert, in* AcP, 1959/1960

SCHIEMANN, GOTTFRIED, *Argumente und Prinzipien bei der Fortbildung des Schadensrechts – dargestellt an der Rechtsprechung des B.G.H.*, München, 1981
– anotação ao §824 do B.G.B., *in* Erman B.G.B., 11. auflage. Band. II, Münster, Köln, 2004

SCHLESINGER, PIERO, *La "ingiustizia del danno nell'illecito civile, in* JUS, 1960

SCHLOSSER, PETER, *Zur Beweislast im System des Zivilistischen Ehrenschutzes*, JZ, 1963

SCHMIDT, CHRISTIAN, *Leithoff – Die Verantwortung der Unternehmensleitung*, Tübingen, 1989
SCHMIDT, EIKE, *Wahrnehmung berechtigter interessen ein Rechtfertigungsgrund?*, JZ, 1970
SCHMIDT, GERMAN / SEITZ, WALTER, *Aktuelle Probleme des Gegendarstel-lungsrechts*, in N.J.W., 1991
– *Zur Reform des gegendarstellungsrechts*, in N.J.W., 1992
Schneider, Egon, *Der Widerruf vom Werturteilen*, in M.D.R., 1978
SCHNEIDER, PETER, *Pressefreiheit und staatssicherheit*, Mainz, 1968
SCHÖNKE, ADOLF / SCHRÖDER, HORST, *Strafgesetzbuch Kommentar*, 26 Auflage, München, 2001
SCHULTZ, DIETRICH, *Vergleichender Warentest und recht am eigerichteten und ausgeübten gerwerbebetrieb*, in N.J.W., 1963
SCHWERDTNER, PETER, anotação à decisão do B.G.H. de 7.2.1984, *in* J.Z., 1984
– *Das Persönlichkeitsrecht in der deutschen zivilrechtsordnung*, Berlin, Schweitzer, 1977
– *Der Herrenreiter-Fall*, in Jura, 1985
– Der zivilrechtliche persönlichkeitsschutz, in Jus, 1978
SCOGNAMIGLIO, RENATO, *Il danno morale. Contributo alla teoria del danno extracontrattuale*, in Riv. Dir. Civ., 1957
– *Il risarcimento in forma specifica*, in Riv. Trim. Dir. Proc. Civ., 1957
SEELMANN, *Menschenwürde Zwischen Person und Individuum von der Repräsentation zur Selbst– Darstellung?*, in Festschrift für Ernst-Joachim Lampe zum 70, Geburtstag, Berlin, 2003
SEILER, H.H., *Römisches deliktisches schadensersatzrecht in der obergerichtlichen rechtsprechung des 19 jahrhunderts*, in Festschrift für Hermann Lange, zum 70 gebutstag am 24 januar 1992, Stuttgart-Berlin-Köln, 1992
SEITZ, WALTER, *Prinz und die prinzessin-wandlungen des deliktrechts durch zwangskommerzialisierung der persönlichkeit*, in N.J.W., 1996
SEQUEIRA, ELSA VAZ DE, *Dos pressupostos da colisão de direitos no Direito Civil*, Lisboa, 2004
SERGIO, GUSTAVO, *Libertá d'Informazione e Tutela dei Soggetti Deboli*, in Diritto di Famiglia e delle Persone, n.º 2, 2000
SERRA, ADRIANO VAZ, – *Abuso do Direito (em matéria de responsabilidade civil)*, in BMJ, ano 85
– anotação ao acórdão do Supremo Tribunal de Justiça de 4 de Maio de 1971, *in* Revista de Legislação e de Jurísprudência, ano 105.º
– anotação ao acórdão do Supremo Tribunal de Justiça de 4 de Junho de 1974, *in* Revista de Legislação e de Jurisprudência, ano 108.º
– anotação ao acórdão do Supremo Tribunal de Justiça de 12 de Novembro de 1974, in Revista de Legislação e de Jurisprudência, ano 108, 1975-1976
– anotação ao acórdão do Supremo Tribunal de Justiça de 16 de Junho de 1964, in Revista de Legislação e de Jurisprudência, ano 98

– anotação ao acórdão do Supremo Tribunal de Justiça de 6 de Maio de 1969, in Revista Leg. e Jurisp., ano 103.º
– *Contratos a favor de terceiro. Contratos de prestação por terceiro*, in Boletim do Ministério da Justiça, n.º 51, 1955
– *Obrigação de indemnização (colocação, fontes, conceito e espécie de dano. Nexo causal. Extensão do dever de indemnizar. Espécies de indemnização. Direito de abstenção e remoção*, in Boletim do Ministério da Justiça, n.º 84, 1959
– *Os actos emulativos no direito romano*, in BFD, ano X, 1929
– *Provas, Direito Probatório Material*, in Bol. Min. Just., n.º 110, 1961
– *Reparação do dano não patrimonial*, in Boletim do Ministério da Justiça, n.º 83
– *Requisitos da Responsabilidade Civil*, in Boletim do Ministério da Justiça, n.º 92

SGROI, VITTORIO, *Spunti sui diritti degli interpreti nel quadro dell'elaborazione dell'opera cinematografica*, in Riv. Dir. Ind., 1954

SIASCIA, LEONARDO, *La diffamazione come mezzo di lotta culturale e politica*, in Tutella dell'onore e Mezzi di Comunicazione di Massa, Milano, 1979

SICHIERO, GIANLUCA, *Il Contratto com causa mista*, Pádua, 1995

SILVA, J. CALVÃO DA, Anotação ao acórdão de 12 de Novembro de 1998 (vício de forma e abusos do direito), R.L.J. 132 (1999/2000)
– *Banca, Bolsa e Seguros, Direito Europeu e Português, Tomo I (Parte geral)*, Coimbra, 2005
– *Cartas de Conforto*, in Estudos de Direito Comercial, Coimbra, 1996
– *Cumprimento e sanção pecuniária compulsória*, Coimbra, 1987
– *Negociação e Formação de Contratos*, in Estudos de Direito Civil e Processo Civil, Coimbra, 1996
– *Protecção do Consumidor*, in "Direito das Empresas" – INA – Instituto Nacional da Administração (Coordenação de Diogo Leite de Campos), 1990
– *Sinal e Contrato Promessa*, 11.ª edição, revista e aumentada, Coimbra, 2006
– *Responsabilidade Civil do Produtor*, Coimbra, 1990

SILVA, J. NUNO CALVÃO, *Elisão Fiscal e Cláusula Geral Anti-Abuso*, in R.O.A., ano 66-II, Lisboa, 2006

SILVA, MANUEL GOMES DA, *Esboço de Uma Concepção Personalista do Direito*, in Revista da Faculdade de Direito da Universidade de Lisboa, 1964

SILVA, VASCO PEREIRA DA, A vinculação das entidades privadas pelos Direitos, Liberdade e garantias, in RDES, ano XXIX, n.º 2, 1987

SNELL's, *Principles of Equity*, London, 27.ª ed., a cura di R. McGarry e di P. V. Baker, 1973

SOARES, ROGÉRIO EHRARDT, *Colóquio – comunicação e poder*, in Estudos de Direito da Comunicação, Coimbra, 2002

SOEHRING, JÖRG, *Die Neuere Rechtsprechung zum Presserecht*, in N.J.W., 1994

Sousa, M. Teixeira de, *A livre apreciação da prova em processo civil*, in Scientia Ivridica, 1984
— *Sobre a Teoria do Processo Declarativo*, 1980
Sousa, Nuno, *A liberdade de Imprensa*, Coimbra, 1984
Sousa, R. Capelo de, *Conflito entre a liberdade de imprensa e a vida privada*, AB VNO AD OMNES, 75 Anos da Coimbra Editora (1920-1995), Coimbra, 1998
— *Lições de Direito das Sucessões I*, Coimbra, 2000
— *O Direito Geral de Personalidade*, Coimbra, 1995
— *Os actos ilícitos civis de pedofilia violadores do direito geral de personalidade*, in Comemorações dos 35 anos do Código Civil e 25 anos da reforma de 77, vol. II,Coimbra, 2006
— *Teoria Geral de Direito Civil, vol. I*, Coimbra, 2003
Spatolisano, Francesca Maria, *L'informazione e il diritto alla identitá personale*, in Il Diritto alla Identitá Personale, Padova, 1981
Spry, I.F.C., *The Principles of Equitable Remedies*, London, 2.ª ed., 1980
Steffen, Erich, *Schmerzensgeld bei persönlichkeitsverletzung durch medien*, in NJW, 1997
— *Wahrheit und wertung in der Presserkritic*, in Archiv für presserecht, 1979
Stegmann, Oliver, *Tatsachenbehauptung und werturteil in der deutschen und französischen presse*, Tübingen, 2004
Stoll, Hans, *Der Persönlichkeitsschutz In Der Neuesten Entwicklung Der Verfassungsgerichtlichen Rechtsprechung*, in Jura, 1981
Staudinger, A., Schmidt, R., *Marlene Dietrich und der (postmortale) Schutz Vermögenswerter Persönlichkeitsrechte*, in Jura, 2001
Stürner, Rolf, *Die Verlorene Ehre des Bundesbürgers – Bessere Spielregehn für die Offentliche Meinungsbildung*, in J.Z., 1994
Sudre, Frederic, *Droit à la Liberté d'Expression (art. 10.º de la convention Européenne des Droits de l'Homme)*, in La Semaine Juridique, Jan. 2001
— *Droit de la Convention Européenne des Droits de l'Homme*, in Semaine Juridique, n.º 3, Janeiro 2002
Sueiro, Maria E. Rovira, *Daños a los Derechos de la Personalidad (l'honor, intimidad y própria imagem)*, Lecciones de responsabilidad civil (Coordinador – Fernando Reglero Campos), Navarra, 2002
Sunstein, Cass R., *Democracy and the problem of Free Spreech*, New York, 1993
Tarello, Giovanna Visintini, *Il c.d. diritto alla identitá personale e le reazioni della doutrina di fronte alla attivitá creatice di un diritto della giurisprudenza*, in Il Diritto alla Identità Personale, Padova, 1981
Tavares, José, *Os princípios fundamentais do direito civil*, vol. I, 2.ª ed., 1929
Tedeschi, Ugo, *Il diritto alla riservatezza ed alla veritá storica*, in Riv. del Dir. Commerciale, 1957

TELLES, I. GALVÃO, *Direito das Sucessões (Noções Fundamentais)*, 6.ª ed., Coimbra, 1991
  – *Direito das Obrigações*, 6.ª ed., Coimbra, 1989
TENCKHOFF, JÖRG, *Grundfälle zum Beleidigungsrecht*, in Jus, 1988
TEβMER, DIRK, *Der Privatrechtliche Persönlichkeitsschutz von Prominenten vor verletzung durch die Medien – mit rechtsvergleichenden Bezügen*, Marburg 2000
TIMM, BIRTE, *Tatsachenbehauptungen und Meinungsäußerungen. Eine Vergleichende Darstellung des Deutschen und US – Amerikanischen Rechts der Haftung für Ehrverletzende Äußerungen*, Frankfurt am Main, 1996
TIRELLI, FRANCESCO, *Informazione e Responsabilitá Civile*, Milano, 1996
TOMMASINI, RAFFAELE, *L'identità dei soggetti tra apparenza e realtá aspetti di una ulteriore ipotesi di tutela della personna*, in Il Diritto alla Identitá Personale, Padova, 1981
TORRE, MARIA ENZA LA, *Ripubblicazione di rettifica e (limiti del) potere del giudice*, in Il Foro Italiano, Anno CXVI, n.º 9, 1991
  – *Sul diritto di rettifica di notizia publicata su di un "manifesto"*, in Il Foro Italiano, vol. CXIII, Parte I, 1990
TUOZZO, MASSIMO, *Inadempimento ed onere della prova. Intervengono, finalmente, la sezioni unite*, in Contratto e Impresa, 2002
TURCO, CLAUDIO, *Brevi considerazioni sul principio di prevedibilitá del danno como profilo distintivo fra responsabilitá contrattuale e extracontrattuale*, in Riv. Crit. Dir. Priv., 1986
ULMER, PETER, *Das AGB-Gesetz: ein eigenständiges kodifikationswerk*, in JZ, 2001
VALCANI, GIOVANNI, *Ancora sull tempo di riferimento nella stima del danno*, in Riv. Dir. Civ., 1991
VARANO, VINCENZO, *Tendenze Evolutive in Materia di Tutela Provvisoria Nell'Ordinamento Inglese, con Particolare Riferimento all'"Interlocutory Injunction"*, in Riv. Dir. Civ., 1985
VARELA, J. ANTUNES, *Alterações legislativas do direito ao nome*, in Revista de Legislação e de Jurisprudência, n.º 3710, ano 115º
  – *Das Obrigações em Geral, vol. I.*, 10.ª edição, Coimbra, 2005
  – *Das Obrigações em Geral, vol. II*, Coimbra, 2001
VARELA, J. ANTUNES, BEZERRA, MIGUEL e NORA, SAMPAIO, *Manual de Processo Civil*, 2.ª ed., Coimbra, 1985
VARELA, J. ANTUNES e LIMA, PIRES DE, (Com a colaboração de M. Henrique Mesquita), *Código Civil Anotado, vol. I*, 4.ª ed., rev. e act.., Coimbra, 1987
VARELA, J. ANTUNES e PIRES DE LIMA, *Código Civil Anotado, vol. II*, 4.ª ed. rev. e act., Coimbra, 1997
VASCONCELOS, L. PESTANA, *Dos Contratos de Cessão Financeira (Factoring)*, Coimbra, 1999

VASCONCELOS, P. PAIS, *A Natureza das Coisas, in* Estudos em Homenagem ao Professor Doutor Manuel Gomes da Silva, Coimbra, 2001
– *A Participação Social nas Sociedades Comerciais,* Coimbra, 2005
– *Contratos Atípicos,* Coimbra, 1995
– *Direito de Personalidade,* Coimbra, 2006
– *O efeito externo da obrigação no contrato-promessa, in* Scientia Ivridica, Braga, 1983
– *Teoria Geral do Direito Civil,* 3.ª ed., Coimbra, 2005

VASCONCELOS, P. PAIS e ASCENSÃO, J. OLIVEIRA, *Forma da Livrança e Formalidade, in* R.O.A., Ano 60, 2000

VASSALLI, GIULIANO, *Libertá di stampa e tutela penale dell'onore, in* Arch. Pen., 1967

VELOSO, MARIA MANUEL, *A compensação do dano contratual não patrimonial (em especial no direito de autor),* policopiado, Coimbra, 1998
– *Danos Não Patrimoniais, in* Comemorações dos 35 Anos do Código Civil e dos 25 Anos da Reforma de 77, vol. III (Direito das Obrigações), Coimbra, 2007

Vercellone, Paolo, *Il diritto sul proprio ritratto,* Turim, 1959

Victor, P. Távora, *A Administração do Património das Pessoas com Capacidade Diminuída,* Coimbra, 2008

VINEY, GENEVIÉVE, *La responsabilité: effets, in* Traité de Droit Civil, (dir. Jacques Ghestin), 2.ª ed., Paris, 1995
– *Les obligations. La responsabilité: effets,* Paris, 1988

VISINTINI, GIOVANNA, *Colpa contrattuale: un falso concetto?, in* Contratto e Impresa, 2004
– *Responsabilitá civile, in* Contrato e Impresa, 1998
– *Rissarcimento del danno, in* Riv. Dir. Civ., 1983
– *Rissarcimento del danno, in* Riv. Dir. Civ., 1988

VITERBO, ALFREDO, *Fatto processuale, Menzogna, Diritto della persona, in* Il diritto alla Identità Personale, Padova, 1981

VITTORIA, DANIELA, *Un "regolamento di confini" per il danno esistenziale, in* Contratto e Impresa, 2003

VOENA, GIOVANNI PAOLO, *ingiuria e diffamazione – Diffamazione a mezzo stampa,* anotação à decisão do Trbunale Napoli, X Sezione Penale, 23 giugno 1978, *in* Giurisprudenza Italiana, 1979

WAGNER, GERHARD, anotação ao §824 do B.G.B., *in* Munchener Kommentar zum Bürgerlichen Gesetzbuch, München, 2004

WANK, ROLF / OLZEN, DIRK, *Die Schuldrechtsreform,* Köln u. a. 2002

WASSERBURG, KLAUS, *Der Schutz der Persönlichkeit im Recht der Medien: Ein Handbuch über die Ansprüche auf Schadensersatz, unterlassung, widerruf und gegendarstellung,* Heidelberg, 1988

WEBER, W., *Innere Pressefreiheit als verfassungsproblem*, Berlin, 1973
WEISS, LUIGI, *Diritto Costituzionale di satira o diritto di pettegolezzo*, in Il Diritto di Famiglia e Delle Persone, 1994
WELLBROCH, RITA, *Persönlichkeitsschutz und kommunikationsfreiheit. Eine analyse der zuordnungs problematik anhand der rechtssprechung der zivilgerichte und des bundesverfas- sungsgerichts*, Baden-Baden, 1982
WESER, RUDOLF / KOZIOL, HELMUT, *Bürgeliches Recht*, Band I, 11.Auflage, Wien, 2000
WENZEL, KARL, anotação à decisão do BGH de 20-6-1969, *in* N.J.W., 1970
WOLF, MANFRED / LARENZ, KARL, *Allgemeiner Teil des Bürgerlichen Rechts*, München, 2004
WOLFF, E., *Ehre und Beleidigung. Zugleich eine besprechung des gleichnamigen buches von H.J.Hirsch*, in ZStW (Zeitschrift für die gesamte Strafrechtswissenschaft), 1969
XAVIER, VASCO LOBO e CORREIA, A. FERRER, *Efeito externo das obrigações; abuso do direito; concorrência desleal (a propósito de uma hipótese típica)*, in Revista de Direito e Economia, 1979
ZATTI, PAOLO, *Il diritto alla identità e l'"applicazione diretta" dell'art.2 cost.*, in Il Diritto alla Identità Personale, Padova, 1981
ZENO-ZENCOCICHI, VICENZO, *La Disciplina del Diritto di Rettifica nella Nuove Leggi Radiotelevisiva*, in Diritto dell'Informazione e dell'Informatica, n.º 3, 1990
– *Onore e reputazione nel sistema del diritto civile*, Napoles, 1985
– *Rettifica Inviata dal Legale e Necessitá di Procura Scritta*, in Il Diritto dell'Informazione e dell'Informatica, n.º 3, 1990
– *Danni non patrimoniali e reato comesso dal non imputabile*, (anotação à decisão da corte di cassazione de 6 dicembre 1982 n.6651), *in* Rivista del Diritto Commerciale, 1983
– *La reputazione del magistrato*, nota a trib. Roma 19 giugno 1985, *in* Dir Inf., 1986
ZIMMERMANN, REINHARD, *Schuldrechtsmodernisierung ?*, in JZ, 2001
ZIPPELIUS, REINHOLD, *Demokratie und Meinungslenkung*, in Juristische Schulung, 1965
– *Über die Wahrheit von Werturteilen*, in Festgabe für Theodor Maunz zum 70 geburtstag am 1. September 1971
ZIVIZ, PATRIZIA, *Alla scoperta del danno esistenziale*, in Contratto e Impresa, n.º 2, 1994
– *Danno alla vita di relazione: Il tramonto di una categoria*, in Responsabilità Civile e Previdenza, n.º 5, 1996
– *Il danno esistenziale preso sul serio*, nota à dec. trib. Milano 21 ottobre 1999, *in* Resp. Civ. e Prev., 1999
– *La tutela risarcitoria della persona*, Milano, 1999

# ÍNDICE GERAL

## PARTE I
## A LIBERDADE DE EXPRESSÃO: DIMENSÃO ESTRUTURANTE DO ART. 484.º

### Capítulo 1
### Considerações preliminares

1.1. A comunicação como condição indispensável da existência humana .................... 8
1.2. A Dupla Vertente (individual/comunitária) da liberdade de expressão. Unidade incindível entre a liberdade de pensamento e a liberdade de expressão ............................................................................ 12

### Capítulo 2
### A liberdade de expressão numa perspectiva juscivilística

2.1. A liberdade de expressão num enfoque juscivilístico. Princípio jurídico fundamental ou direito subjectivo. A fundamentação juscivilística da liberdade de expressão ............................................................ 21
2.2. Dimensões essenciais do conteúdo da liberdade de expressão. A clássica trilogia "poder de informar, de informar-se e de ser informado".... 27
2.3. A liberdade de expressão e as questões judiciais. A clássica trilogia e a emergência do "direito à crítica judiciária" ................................. 29
2.4. Tentativa de delimitar o âmbito da liberdade de expressão: uma ineliminável referência ao seu sentido negativo e positivo .................... 33
2.5. Encruzilhada dogmática na qualificação da liberdade de expressão como princípio jurídico fundamental ou direito subjectivo. As perspectivas de Carnelutti e de Pugliese ............................................. 39
2.6. Eficácia irradiante da liberdade de expressão: Relevância da liberdade de expressão nas relações entre os particulares e os poderes públicos e nas relações entre os particulares ..................................... 41
2.7. Carácter defensivo dos direitos filiados na liberdade de expressão e eficácia erga omnes ............................................................. 48

2.8. Titularidade universal dos direitos filiados na liberdade de expressão .... 58
2.9. A questão da natureza extrapatrimonial dos direitos de personalidade e a qualificação da liberdade de expressão como direito subjectivo .... 63

**Capítulo 3**
**Liberdade de expressão: Direito subjectivo ou Rahmenrecht?**

3.1. A liberdade de expressão como Rahmenrecht. A delimitação dos bens jurídicos protegidos e o ilícito extracontratual ..................................... 69
3.2. Delimitação dogmático-jurisprudencial do círculo de bens e interesses protegidos e conflitos de interesses ....................................... 73
3.3. Critérios de resolução de conflitos entre direitos filiados na liberdade de expressão e outros bens da personalidade. Questão prévia: "será possível falar de conflitos entre direitos de personalidade?" ............. 76
3.4. Dificuldades da tarefa de delimitação da liberdade de expressão como Rahmenrecht. Os riscos de um subjectivismo judicial ...................... 86
3.5. A indeterminação do conteúdo e as dificuldades de atribuir à liberdade de expressão o epíteto de direito subjectivo .............................. 92
3.6. Limitações à liberdade de expressão e poderes de disposição dos titulares ................................................................................ 94
3.7. Limites sociológicos à liberdade de expressão. Razões justificativas para a sua emergência ........................................................................ 102
Breves conclusões em torno da liberdade de expressão enquanto dimensão estruturante da personalidade humana ................................................... 105

**PARTE II**
**CARACTERIZAÇÃO DO BOM NOME E DO CRÉDITO**

**Capítulo I**
**O bom nome: uma projecção da honra?**
**O bom nome e algumas categorias afins**

1.1. O bom nome e o crédito: categorias distintas? Traços de aproximação e distinção ............................................................................ 114
1.2. Em busca de uma noção de honra: os contributos da dogmática penal.... 120
1.3. Ainda a propósito da delimitação do conceito da honra: a dualidade da vertente interna e externa à luz da lei orgânica espanhola de 82. 130
1.4. O bom nome como dimensão essencial da honra ............................ 135
1.5. Uma breve referência a categorias afins ao bom nome: A fama e a questão do decoro social ........................................................................ 143
1.6. Diferenças de tratamento legislativo em torno do bom nome e da reserva da intimidade da vida privada................................................... 146

1.7. Dúvidas acerca da oportunidade legislativa da tutela delitual do bom nome no art. 484.º. Um breve excurso em volta dos trabalhos preparatórios .................................................................................................... 150

## Capítulo 2
## O crédito e outras figuras afins

2.1. A tutela do crédito de outrem ............................................................... 156
2.2. As especificidades da tutela delitual do crédito e o art. 484.º .......... 163
2.3. Conteúdo patrimonial do direito ao crédito. O direito ao crédito como direito de personalidade .......................................................... 170
2.4. A emergência do direito à empresa no direito germânico e as insuficiências da tutela do crédito patenteadas pelo §824 do B.G.B ........ 179
2.4. Direito à empresa: Direito real ou direito de personalidade? ............ 182
2.5. Âmbito de tutela da reputação económica no direito italiano e inexistência de uma protecção jurídica genérica da empresa .................... 186
2.6. Breves conclusões acerca das razões justificativas da tutela dispensada ao crédito no art. 484.º ................................................................ 189

## Capítulo 3
## O Direito à identidade pessoal: âmbito do direito
## e a questão da sua autonomia

3.1. O modelo tradicional de tutela da personalidade humana. A emergência do direito à identidade pessoal: resposta adequada do direito italiano às sucessivas alterações histórico-sociais sofridas por aquele paradigma? ............................................................................................ 190
3.2. O direito à identidade pessoal. Delimitação do seu âmbito. Um direito de criação pretoriana ....................................................................... 198
3.3. Contingências normativas do ordenamento jurídico italiano e direito à identidade pessoal ................................................................................ 200
3.4. Delimitação do direito à identidade pessoal – Principais notas caracterizadoras .............................................................................................. 204
3.5. Diversos enfoques em torno do direito à identidade pessoal: o modelo intimista, o modelo da aparência, o modelo da integração comunitária. De novo um debate em torno das concepções subjectiva/Objectiva – normativo-pessoal/normativo-social da honra? .......................... 207
3.6. A liberdade religiosa enquanto elemento integrador do âmbito do direito à identidade pessoal. Traço igualmente atendível na caracterização do direito ao bom nome ............................................................... 215
3.7. Reversibilidade das opções religiosas. Alguns problemas ................... 218
    3.7.1. Repercussões no plano juscivilístico de questões de ordem religiosa: um campo de aplicação do art. 484.º ......................... 228

3.8. A identidade política como traço estruturante da identidade pessoal. Problemática em torno da reversibilidade da verdade política e respeito dos dados históricos. Integração da identidade política no âmbito do bom nome .................................................................................. 230
3.9. Carácter evolutivo da identidade pessoal e direito ao esquecimento. Encruzilhada em torno da Protecção da identidade e das exigências de segurança ............................................................................................. 234

PARTE III
DOS PRESSUPOSTOS ESPECÍFICOS DA RESPONSABILIDADE
CIVIL POR OFENSA AO CRÉDITO E AO BOM NOME

Capítulo 1
Breve confronto entre os arts. 484.º e 485.º

1.1. As informações e a divulgação de factos. A regra da irresponsabilidade pela transmissão de informações (o art. 485.º, n.º1) .................. 242
1.2. A responsabilização do agente pela divulgação de informações (art. 485.º, n.º 2) e os deveres de informação ............................................... 248
1.3. A informação como fonte de responsabilidade no art. 484.º. Breve confronto entre o regime jurídico estatuído nos arts. 485.º e 484.º ..... 257
1.4. Os conselhos e as recomendações e o âmbito normativo do art. 484.º .. 260

Capítulo 2
Em torno da distinção entre declarações de facto e juízos de valor

2.1. Os factos enquanto "Tatbestand" da responsabilidade civil prevista no art.484.º ............................................................................................. 263
2.2. As dificuldades distintivas entre as declarações de facto e os juízos de valor. A omnipresença de uma atitude valorativa no universo da narração dos factos ............................................................................... 267
2.3. A perceptibilidade das declarações de facto ......................................... 271
2.4. O trinómio de Rühll – Tatsache – Deutung – Wertung ..................... 274
2.5. A distinção de Pärn entre "Tatsachenmitteilung" e "Tatsachenbehauptung" ................................................................................................... 276
2.6. A funcionalidade das afirmações enquanto critério distintivo entre as declarações de facto e os juízos de valor. O critério de Steffen ........ 277
2.7. Tópicos auxiliares para uma destrinça entre declarações de facto e juízos de valor ...................................................................................... 279
2.9. O cepticismo do "Bundesverfassungsgericht" a propósito da distinção entre Tatsachenbehauptung e Werturteil ............................................ 284
2.10. "Echten Fragen" e "Rhetorischen fragen" e a distinção entre declarações de facto e juízos de valor ......................................................... 285

## Capítulo 3
### Relevância da distinção entre declarações de facto e juízos de valor numa pluralidade de domínios

3.1. Dúvidas de qualificação em torno das afirmações de facto e juízos de valor. A questão particular das declarações com relevância jurídica e os relatórios periciais ................................................................. 287
3.2. Um domínio controverso: "testes comparativos de mercadorias" (Warentests) ................................................................................. 291
3.3. As declarações de facto e os estados de incerteza ........................... 298
3.4. A manifesta exclusão dos juízos de valor ou meras opiniões do âmbito normativo do art. 484.º. Alguns universos particulares. Breves considerações em torno da crítica ideológico-política ..................... 300
3.5. Juízos valorativos e as análises técnico-científicas ......................... 303
3.6. Juízos crítico-valorativos e a liberdade religiosa ............................. 304
3.7. A sátira como expressão artística e a pluralidade das suas manifestações ................................................................................................ 306
    3.7.1. A sátira como instrumento de controlo do poder constituído .... 307
    3.7.2. A sátira e a paródia ..................................................................... 309
3.8. A relevância do critério da impressão causada no público destinatário no âmbito da sátira e da paródia ................................................. 311
3.9. A sátira e a paródia e o âmbito do art. 484.º ..................................... 312
    3.9.1. A sátira e a tutela de outros direitos de personalidade ............ 314

## Capítulo 4
### Em torno do requisito da publicidade das declarações de facto

4.1. Difusão ou afirmação de factos: pressuposto fundamental para aplicabilidade do art. 484.º. Publicidade e confidencialidade das declarações ................................................................................................ 316
4.2. A divulgação das declarações e o caso particular da transmissão das declarações de terceiros ...................................................................... 320
4.3. Declarações de terceiros e a clareza de exposição ("leale chiarezza") ... 322
4.4. Declarações de terceiro ilícitas. O dilema da sua divulgação por outrem ..................................................................................................... 328
4.5. Assimetrias entre os títulos e conteúdo das notícias e o rigor informativo .................................................................................................... 334
4.6. A divulgação de declarações de terceiros e o respeito pela verdade. As teorias do controlo único e do duplo controlo ............................. 336
    4.6.1. Controlo da verdade das declarações de terceiros e factualidades política e científica ................................................................. 342
4.7. A divulgação dos factos e o círculo de destinatários ........................ 348
4.8. A divulgação de factos ofensivos ao bom nome e ao crédito e as omissões ............................................................................................... 351

4.9. Divulgação de factos e os comportamentos concludentes ............... 357

## Capítulo 5
### O ilícito ao crédito e ao bom nome e as pessoas colectivas

5.1. A ofensa ao bom nome e ao crédito das pessoas colectivas ............ 363
5.2. Ilícito ao crédito e ao bom nome das pessoas colectivas e o círculo de danos ressarcíveis .................................................................. 379
5.3. A multiformidade da capacidade de gozo das pessoas colectivas: um corolário do princípio da especialidade do fim ........................... 381

## Capítulo 6
### Ofensa ao bom nome e crédito de pessoas já falecidas

6.1. As ofensas ao bom nome de pessoas já falecidas ........................ 383
6.2. A questão do menor impacto das ofensas ao bom nome e ao crédito e o art. 71.º ................................................................................ 389
6.3. A liberdade de investigação histórica e a tutela dos bens de personalidade do falecido ................................................................... 391

## PARTE IV
## A RELEVÂNCIA DA VERDADE NA DELIMITAÇÃO DO ÂMBITO NORMATIVO DO ART. 484.º

### Capítulo 1
### A questão da relevância da exceptio veritatis

1.1. O modelo germânico do §824 do B.G.B. e a circunscrição do kreditgefährdung à divulgação de factos falsos. A responsabilização do agente por divulgação de factos verdadeiros e juízos de valor no âmbito da U.W.G. .................................................................... 396
1.2. A cláusula geral do §826 do B.G.B. e a responsabilização do agente por divulgação de factos verdadeiros e juízos valorativos ............. 408
1.3. A verdade como causa de exclusão do ilícito previsto no §824 do B.G.B. ....................................................................................... 415
1.4. O papel da verdade na conformação do ilícito ao crédito e ao bom nome ....................................................................................... 420
    1.4.1. Os trabalhos preparatórios e a vexata qæstio da exceptio veritatis ............................................................................. 424
    1.4.2. Interpretações doutrinais e jurisprudenciais dos trabalhos preparatórios e exceptio veritatis ................................................. 427

## Capítulo 2
### Da responsabilização do agente pela divulgação de factos verdadeiros

2.1. Responsabilização do agente pela divulgação de factos verdadeiros. A relativização em torno da verdade e o carácter inter-relacional do crédito e do bom nome .................................................................... 432
2.2. Breve referência à exceptio veritatis no âmbito do ilícito criminal da difamação ........................................................................................ 435
2.3. Potencialidade ofensiva das declarações de facto verdadeiras e exigências de proporcionalidade ........................................................... 442
    2.3.1. A influência regulativa da proporcionalidade no âmbito do ilícito ao bom nome e ao crédito nos trabalhos preparatórios ............. 448
2.4. Dificuldades de definição do binómio veracidade/falsidade dos factos divulgados. Algumas causas de distorção da verdade ...................... 452
2.5. Coexistência num mesmo texto do binómio veracidade/falsidade ...... 457
2.6. Responsabilização por divulgação de factos verdadeiros e tutela presuntiva do bom nome e do crédito ..................................................... 459

## Capítulo 3
### A prossecução de interesses legítimos e a exclusão do ilícito ao crédito e ao bom nome

3.1. A prossecução de interesses legítimos como causa de exclusão da responsabilidade prevista no art. 484.º. O modelo germânico prescrito no II §824 do B.G.B. ...................................................................... 462
3.2. Declarações divulgadas em processos judiciais e a transmissão de informações a nível associativo. Domínios paradigmáticos de aplicabilidade da cláusula de prossecução de interesses legítimos ............ 468
3.3. A crónica judiciária e a prossecução de interesses legítimos ............ 471
3.4. Declarações anónimas e a prossecução de interesses legítimos ........ 475
3.5. O exercício de direitos e o cumprimento de deveres como causas de justificação do ilícito ao crédito e ao bom nome .............................. 477

## Capítulo 4
### Ilícito ao crédito e ao bom nome. Questões probatórias

4.1. O ilícito ao crédito e ao bom nome e a questão da prova. Breves considerações em torno das normas sobre repartição do ónus da prova e a proibição do "non liquet" ..................................................... 480
    4.1.2. Modelo normativo / modelo casuístico das regras de repartição do ónus da prova .................................................................... 484
    4.1.3. Algumas considerações em torno de vários critérios de repartição do ónus da prova ............................................................... 485

4.2. Relevância probatória das presunções ................................................. 490
   4.2.1. Repercussões processuais das presunções face às regras gerais de repartição do ónus da prova ................................................ 495
4.3. A regra geral do art. 487.º, n.º 1 e o ilícito ao bom nome e ao crédito ... 497
   4.3.1. Ónus da prova da culpa e divulgação de factos falsos ........... 500
4.4. Relevância do binómio falsidade/verdade e ónus da prova da culpa ... 503
4.5. Recusa da inversão do ónus da prova. Justificação da solução à luz dos valores tutelados no art. 484.º (liberdade de expressão / crédito e bom nome). A experiência Norte-americana e a inversão do ónus da prova ............................................................................................ 504
4.6. A prova da primeira aparência e o ilícito ao bom nome e ao crédito ... 510
4.7. Inexigibilidade de culpa em relação a todo o círculo de danos causados ao lesado ................................................................................ 512
   4.7.1. A relevância da boa fé ao abrigo do art. 494.º no âmbito do ilícito ao bom nome e ao crédito ............................................. 515
   4.7.2. Exclusão da culpa e subsistência do ilícito ............................ 518
4.8. A excepção da má reputação ............................................................. 520
   4.8.1. Condições de relevância da exceptio da má reputação ........... 522
   4.8.2. A má reputação do lesado como causa de exclusão do ilícito ..... 524
   4.8.3. A comparticipação culposa do lesado" na violação do bom nome e crédito .......................................................................... 527
   4.8.4. O problema do agravamento dos danos e o art. 484.º ............ 530

PARTE V
**DOS MEIOS DE TUTELA DO BOM NOME E DO CRÉDITO**

**Capítulo 1**
**Da ressarcibilidade dos danos no âmbito do ilícito ao crédito e ao bom nome**

1.1. A reparação das ofensas ao bom nome e ao crédito ........................ 536
1.2. Os meios de Supressão do ilícito: uma realidade distinta da restituição "in natura" ................................................................................. 549
   1.2.1. Os meios de cessação do ilícito e a "Injunction" do direito britânico ................................................................................... 553
1.3. A ressarcibilidade dos danos não patrimoniais e a restituição "in natura". As vantagens do modelo acolhido no art. 496.º. Confronto com o sistema germânico da tipicidade ............................................. 556
1.4. As debilidades patenteadas pelo sistema italiano de ressarcibilidade dos danos não patrimoniais ............................................................... 573
   1.4.1. Propostas dogmáticas (as categorias do dano biológico e do dano existencial) para o suprimento das limitações impostas pela tipicidade .......................................................................... 573

1.4.2. O dano biológico e o art. 2059.º do Codice Civile ................. 577
1.4.3. Dano moral/dano Psíquico ......................................................... 579
1.4.4. O dano biológico e o ressarcimento dos danos patrimoniais ... 584
1.4.5. Dano biológico e dano existencial ............................................. 586
1.4.6. A fundamentação juspositiva do dano existencial. As posições da escola de Turim e da escola de Trieste ............................... 589
1.4.7. Reacção da escola Pisana e Bresciana à categoria dos danos existenciais ................................................................................. 590
1.4.8. Dano existencial e os danos reflexos ........................................ 593
1.5. O modelo de ressarcimento dos danos não patrimoniais acolhido pelo art. 496.º e o art. 484.º ...................................................................... 596

### Capítulo 2
### Uma multiplicidade de meios ao serviço da tutela do bom nome e do crédito

2.1. O direito de resposta enquanto manifestação e limite da liberdade de expressão ............................................................................................... 598
    2.1.1. O direito de resposta como instrumento do exercício do contraditório ................................................................................. 603
    2.1.2. Condições de exercício do direito de resposta e a influência regulativa do princípio da igualdade de armas. O direito de resposta enquanto meio de tutela dos direitos de personalidade ..... 610
    2.1.3. Algumas considerações em torno da Natureza jurídica do direito de resposta ......................................................................... 620
2.2. O Direito à publicação de sentenças judiciais enquanto instrumento de tutela do direito ao crédito e ao bom nome .................................. 625
    2.2.1. O direito à publicação de sentenças condenatórias no universo das medidas de restituição natural. Exercício cumulativo ou alternativo de um tal direito com o direito de resposta ............ 627
2.3. Os direitos de resposta e de publicação de sentenças condenatórias e a reconstituição in natura ................................................................. 631
2.4. A retractação pública e a tutela do bom nome e do crédito ............. 641
    2.4.1. A fundamentação juspositiva do direito à retractação pública .... 645
    2.4.2. Relevância da retractação no âmbito do ilícito ao bom nome e ao crédito ................................................................................. 648
    2.4.3. A retractação enquanto mecanismo de restituição in natura: insuficiências e aplicação cumulativa com outros instrumentos ressarcitórios. ............................................................................... 654
    2.4.4. A publicidade da retractação ....................................................... 658

2.5. Sanção pecuniária compulsória ............................................................ 660
  2.5.1. A sanção pecuniária compulsória e os pedidos de abstenção e de retractação pública ............................................................ 665
  2.5.2. Sanção pecuniária compulsória e responsabilidade civil .......... 667
  2.5.3. A sanção pecuniária compulsória como meio idóneo de cessação e prevenção do ilícito ao bom nome e ao crédito ......... 669
2.6. Insuficiências do modelo ressarcitório e reforço da tutela inibitória no âmbito do ilícito ao bom nome e ao crédito ................................ 671
  2.6.1. O âmbito de incidência da tutela inibitória dos punitive damages no contexto do ilícito ao bom nome e ao crédito ............. 675
  2.6.2. Os punitive damages e o ressarcimento dos danos patrimoniais .. 678
  2.6.3. As afirmações ofensivas dolosas divulgadas pela imprensa como alvo preferencial dos punitive damages ........................ 680
3. A tutela do bom nome e do crédito e os meios de auto-tutela ............ 682

**Capítulo 3**
**Breves referências de ordem processual**
**a propósito da tutela do crédito e do bom nome**

3.1. A tutela dos direitos de personalidade e a jurisdição voluntária. Os critérios da ausência de conflito e do caso julgado e a vexata qæstio distintiva entre jurisdição contenciosa e jurisdição voluntária ............ 688
  3.1.1. Outros traços distintivos da jurisdição voluntária e da jurisdição contenciosa: A equidade enquanto fonte decisória e a maior simplificação processual ............................................................ 695
3.2. A natureza jurídica da jurisdição voluntária ....................................... 697
3.3. A jurisdição voluntária e o ilícito ao bom nome e ao crédito ............ 699
Breves conclusões em torno da obrigação de indemnizar no âmbito do ilícito ao bom nome e ao crédito ............................................................ 708

Em jeito de conclusão ..................................................................................... 709